刑法学教义

（总论）

（第二版）

林亚刚 著

北京大学出版社
PEKING UNIVERSITY PRESS

图书在版编目(CIP)数据

刑法学教义:总论/林亚刚著. —2版. —北京:北京大学出版社,2017.1
ISBN 978-7-301-27964-9

Ⅰ.①刑… Ⅱ.①林… Ⅲ.①刑法—法的理论—中国 Ⅳ.①D924.01

中国版本图书馆CIP数据核字(2017)第012677号

书　　　名	刑法学教义(总论)(第二版)
	Xingfaxue Jiaoyi(Zonglun)
著作责任者	林亚刚　著
责 任 编 辑	毕苗苗
标 准 书 号	ISBN 978-7-301-27964-9
出 版 发 行	北京大学出版社
地　　　址	北京市海淀区成府路205号　100871
网　　　址	http://www.pup.cn
电 子 信 箱	law@pup.pku.edu.cn
新 浪 微 博	@北京大学出版社　@北大出版社法律图书
电　　　话	邮购部62752015　发行部62750672　编辑部62752027
印 刷 者	北京大学印刷厂
经 销 者	新华书店
	730毫米×1020毫米　16开本　42印张　895千字
	2014年7月第1版
	2017年1月第2版　2017年3月第1次印刷
定　　　价	79.00元

未经许可,不得以任何方式复制或抄袭本书之部分或全部内容。
版权所有,侵权必究
举报电话: 010-62752024　电子信箱: fd@pup.pku.edu.cn
图书如有印装质量问题,请与出版部联系,电话: 010-62756370

谨以本书献给恩师

马克昌教授

第二版自序

《刑法学教义(总论)》自第一版出版至今已有两年多,适逢《刑法修正案(九)》又对《刑法》进行了重大修订,借此契机,应本书责任编辑毕苗苗之邀,我着手对第一版进行修订。如果有读者耐心读过拙著,定会发现该书的特点是对问题投入的阐述比较多,而在体系上仍然欠缺圆满。虽然我对此下了功夫,但仍旧舛误尽显,多数管见也难谓雅教。不过,由于本书直抒个人学术情绪和理念,期望能为司法实务与刑法理论衔接更好地服务,为修订本书的动因。

即便只是刑法总则部分,我国最高司法机关也颁布过大量的司法解释,也有读者建议再次修订时能够将这部分内容充实。但这次修订最终放弃了这一想法,主要考虑是,虽然最新的司法解释对司法实践最具有实用价值,能够较全面地引注也十分必要,但是这样一来会使原本就显"臃肿"的内容部分不堪重负,增加了读者的负担,也会与本书注重从刑法文本出发对基础理论进行研究的初衷有所背离。

除充实《刑法修正案(九)》的相关规定外,本次修订将第一版时因字数过多删除的部分以注释或单独问题作技术处理,希望使第一版中没有表述清楚的内容能够在新版中得到纠正(也包括一些错别字),便于读者能够更明了作者个人的拙见。

本书能够顺利修订并再次与读者见面,与毕苗苗编辑的辛勤和努力分不开,同时也与关心此书的读者分不开,在此我表示诚挚的感谢。

然而,限于水平有限,本书谬误在所难免,欢迎方家、同行批评指正。

林亚刚
2016 年 12 月
于武汉当代国际花园寓所

第一版自序

自1983年任教至今,我已有32年教授刑法学的经历。虽不敢妄言已经形成系统、成熟的刑法思想,但自忖对刑法诸多问题还是有自己的独立思考,并且能够对司法实务中的典型案件提出可行性的解决思路。改革开放三十多年来,随着国外优秀的刑法理论被国内学者广泛介绍、借鉴和接受,我国刑法学理论的研究水平日益精进,已然不再是二十多年前只注重对传统刑法理论继承和研究的状况。诚然,反观刑法理论在司法实务的运行情况,在很多场合下,司法实务部门的见解与学理之间还存在相当大的缝隙。如何使刑法理论与我国的司法实务能更好地衔接,是本书写作的重要动机之一。

本书并不奢望能够消弭二者之间的差距,只是希望能够就此有些许抛砖引玉之用。刑法学研究的问题是我们身边发生的各种犯罪现象,然而,欲有效解决我国的犯罪问题,当然不能完全抛弃和背离我国的法律文化传统,过分寄希望于对国外理论的全盘引进。为此,如何实现对成熟刑法理念与学理以卓有成效的借鉴,也是本书考虑的重要问题。我完全明白以已瓶颈之识当然难以写出一本完美不致谬误的刑法教科书来,特别是在动笔后,面对中外汗牛充栋的文献、浩如烟海的著述、见仁见智的学说见解,多年前第一次撰写论文的困境,常常出现在我的面前。

全书共分为四编:刑法序说、犯罪构成论、犯罪形态论和刑罚论,并没有完全采用传统的主编教科书式的样本和体例。首先,考虑到国外成熟的刑法理论在我国传统平面犯罪构成理论中难有合适的位置,本书在改良传统"犯罪构成四要件"的基础上,将犯罪构成形式上的构成要件要素分解为客观要素与主观要素两部分;将实质上影响到犯罪构成以及责任判断的内容,以对违法性阻却和责任阻却、减轻的内容予以研究,最终形成实质判断要素与形式构成要素相统一的结构。其次,正是从消极否定犯罪,即阻却犯罪成立的意义上说,刑法规定的正当防卫、紧急避险、不可抗力,以及理论上探讨的其他阻却违法的事由,形成阻却具体客观行为可罚违法性的考察;刑法规定的精神障碍、意外事件,以及理论上探讨的认识错误、期待可能性等,形成阻却或者减轻责任的考察。最后需要指出的是,本书在介绍相关理论的基础上,重点评价在国内(外)有影响的著述理论以及有影响力的方家观点,并阐述一番道理,这也正是本书冠名以"教义"的初衷。当然,本书的尝试与探索是否具有可行性和合理性,期待着理论同仁的批评和司法实务的检验。

本书篇幅较大,虽然耗时费力,但其实也是一种学术情绪和理念的抒发,也并非苦事。但本书的完成并未使自己如释重负,反而更平添了忧虑与不安。以一篇之作、一己之力，难以对刑法所有问题的探讨面面俱到，特别是面对浩如烟海的文献、观点，我一直在思考，研究中的取舍是否得当，对其他学者观点的表述是否准确，是否存在由于理论立场不同而对其他学者观点理解不当的问题，这些不安即使在本书划上句号之时，也难以消除。《刑法学教义（总论）》只是本人三十多年学习、研究和教授刑法的小结，期望不久的《刑法学教义（分论）》能够与之珠联璧合。

　　本书能顺利付梓得益于很多人的帮助与鼓励。首先要感谢我的恩师马克昌教授，是先生多年的谆谆教诲和提供的宽厚平台，极大提升了我对刑法学理论研究的素养！西北政法大学是我从事刑法学研究的起步之地，我的成长与进步与"她"紧密相连，我必须感谢给我授业解惑的老师以及曾与我多年共事并给予我无私帮助的同事们！感谢武汉大学法学院刑法教研室和《法学评论》编辑部的各位同仁，与他们相处的那段时光，我的生活充满了更多的快乐！感谢三十多年来曾经听我讲授刑法学的本科生、研究生和博士生，是他们纯洁的、渴望知识的眼睛，时时提醒着我必须认真对待每一节课、每一个学生！也要感谢我的家人给予我充足的时间和空间，使我安心授课、潜心向学，并最终促成了本书的诞生。要感谢北京大学出版社毕苗苗编辑，在本书的体例编排以及研究内容上，毕编辑以刑法专业的慧眼提出了不少宝贵意见！最后，当然还要感谢北京大学出版社慷慨允许本书出版！

林亚刚
2014 年 4 月 12 日
于武汉当代国际花园寓所

本书立法文件与司法文件缩略语

《宪法》:《中华人民共和国宪法》
《刑法》:《中华人民共和国刑法》
《刑法修正案》:《中华人民共和国刑法修正案》
《刑事诉讼法》:《中华人民共和国刑事诉讼法》
《人民法院组织法》:《中华人民共和国人民法院组织法》
《检察官法》:《中华人民共和国检察官法》
《税收征管法》:《中华人民共和国税收征管法》
《森林法》:《中华人民共和国森林法》
《公司法》:《中华人民共和国公司法》
《文物保护法》:《中华人民共和国文物保护法》
《劳动法》:《中华人民共和国劳动法》
《预防未成年人犯罪法》:《中华人民共和国预防未成年人犯罪法》
《未成年人保护法》:《中华人民共和国未成年人保护法》
《企业破产法》:《中华人民共和国企业破产法》
《外国人入境出境管理法》:《中华人民共和国外国人入境出境管理法》
《惩治骗购外汇、逃汇和非法买卖外汇决定》:全国人民代表大会常务委员会《关于惩治骗购外汇、逃汇和非法买卖外汇犯罪的决定》
《关于维护互联网安全的决定》:全国人民代表大会常务委员会《关于维护互联网安全的决定》
《取缔邪教活动决定》:全国人民代表大会常务委员会《关于取缔邪教组织、防范和惩治邪教活动的决定》
《关于严惩拐卖、绑架妇女、儿童的犯罪分子的决定》:全国人民代表大会常务委员会《关于严惩拐卖绑架妇女儿童的犯罪分子的决定》
《关于〈中华人民共和国刑法〉第93条第2款的解释》:全国人民代表大会常务委员会《关于〈中华人民共和国刑法〉第93条第2款的解释》
《关于惩治走私罪的补充规定》:全国人民代表大会常务委员会《关于惩治走私罪的补充规定》
《关于加强法律解释工作的决议》:全国人民代表大会常务委员会《关于加强法律解释工作的决议》
《关于禁毒的决定》:全国人民代表大会常务委员会《关于禁毒的决定》

02.07.24《已满 14 周岁不满 16 周岁刑事责任范围答复意见》:全国人民代表大会常务委员会法制工作委员会《关于已满 14 周岁不满 16 周岁的人承担刑事责任范围问题的答复意见》(2002 年 7 月 24 日施行)

《境外投资管理办法》:中华人民共和国商务部《境外投资管理办法》

14.01.01《人体损伤标准》:《人体损伤程度鉴定标准》(2014 年 1 月 1 日施行)

《关于办理死刑案件审查判断证据若干问题的规定》:最高人民法院、最高人民检察院、公安部、国家安全部、司法部《关于办理死刑案件审查判断证据若干问题的规定》(2010 年 7 月 1 日施行)

《关于办理刑事案件排除非法证据若干问题的规定》:最高人民法院、最高人民检察院、公安部、国家安全部、司法部《关于办理刑事案件排除非法证据若干问题的规定》(2010 年 7 月 1 日施行)

11.04.14《通知》:最高人民法院《关于准确理解和适用刑法中"国家规定"的有关问题的通知》(2011 年 4 月 14 日施行)

《关于案例指导工作的规定》:最高人民法院《关于案例指导工作的规定》(2010 年 11 月 26 日公布并施行)

01.01.21《金融犯罪座谈会》:《全国法院审理金融犯罪案件工作座谈会纪要》(2001 年 1 月 21 日公布)

03.11.13《经济犯罪座谈会》:《全国法院审理经济犯罪座谈会纪要》(2003 年 11 月 13 日公布)

《关于适用刑法第 12 条几个问题的解释》:最高人民法院《关于适用刑法第 12 条几个问题的解释》(1998 年 1 月 13 日公布并施行)

99.06.18《单位解释》:最高人民法院《关于审理单位犯罪案件具体应用法律有关问题的解释》(1999 年 6 月 18 日通过)

《关于涉嫌犯罪单位被撤销、注销、吊销营业执照或者宣告破产的应如何进行追诉问题的批复》:最高人民检察院《关于涉嫌犯罪单位被撤销、注销、吊销营业执照或者宣告破产的应如何进行追诉问题的批复》(2002 年 7 月 15 日施行)

《妨害预防、控制突发传染病疫情案件解释》:最高人民法院、最高人民检察院《关于办理妨害预防、控制突发传染病疫情等灾害的刑事案件具体应用法律若干问题的解释》(2003 年 5 月 15 日施行)

00.11.21《交通肇事解释》:最高人民法院《关于审理交通肇事刑事案件具体应用法律若干问题的解释》(2000 年 11 月 21 日施行)

06.01.23《未成年人刑事案件解释》:最高人民法院《关于审理未成年人刑事案件具体应用法律若干问题的解释》(2006 年 1 月 23 日施行)

00.02.21《骨龄鉴定》:最高人民检察院《关于"骨龄鉴定"能否作为确定刑事责任年龄证据使用的批复》(2000 年 2 月 21 日施行)

《关于已满 14 岁不满 16 岁的人犯走私贩卖运输制造毒品罪应当如何适用法律问题的批复》:最高人民法院《关于已满 14 岁不满 16 岁的人犯走私贩卖运输制造毒

品罪应当如何适用法律问题的批复》(1992年5月18日施行)

13.04.04《盗窃司法解释》：最高人民法院、最高人民检察院《关于办理盗窃刑事案件适用法律若干问题的解释》(2013年4月4日施行)

00.12.05《黑社会性质组织犯罪若干问题》：最高人民法院《关于审理黑社会性质组织犯罪的案件具体应用法律若干问题的解释》(2000年12月5日公布)

00.06.27《贪污、职务侵占解释》：最高人民法院《关于审理贪污、职务侵占案件如何认定共同犯罪几个问题的解释》(2000年6月27日通过)

《关于渎职侵权犯罪案件立案标准的规定》：最高人民检察院《关于渎职侵权犯罪案件立案标准的规定》(2006年7月26日施行)

《关于对怀孕妇女在羁押期间自然流产审判时是否可以适用死刑问题的批复》：最高人民法院《关于对怀孕妇女在羁押期间自然流产审判时是否可以适用死刑问题的批复》(1998年8月7日公布)

00.12.19《适用财产刑规定》：最高人民法院《关于适用财产刑若干问题的规定》(2000年12月19日施行)

98.01.13《附加剥夺政治权利问题》：最高人民法院《关于对故意伤害、盗窃等严重破坏社会秩序的犯罪分子能否附加剥夺政治权利问题的批复》(1998年1月13日施行)

《关于规范量刑程序若干问题的意见(试行)》：最高人民法院、最高人民检察院、公安部、国家安全部、司法部《关于规范量刑程序若干问题的意见(试行)》(2010年10月1日施行)

《量刑规范化的指导意见》：最高人民法院《量刑规范化的指导意见》(2011年2月28日公布)

《关于在审判执行工作中切实规范自由裁量权行使保障法律统一适用的指导意见》：最高人民法院《关于在审判执行工作中切实规范自由裁量权行使保障法律统一适用的指导意见》(2012年2月28日公布)

98.05.09《自首和立功解释》：最高人民法院《关于处理自首和立功具体应用法律若干问题的解释》(1998年4月6日通过,1998年5月9日施行)

10.12.22《自首和立功意见》：最高人民法院《关于处理自首和立功若干具体问题的意见》(2010年12月22日公布)

《关于被告人对行为性质的辩解是否影响自首成立问题的批复》：最高人民法院《关于被告人对行为性质的辩解是否影响自首成立问题的批复》(2004年4月1日施行)

《关于办理走私刑事案件适用法律若干问题的意见》：最高人民法院、最高人民检察院、海关总署《关于办理走私刑事案件适用法律若干问题的意见》(2002年7月8日公布并施行)

《关于罪犯因漏罪、新罪数罪并罚时原减刑裁定应如何处理的意见》：最高人民法院《关于罪犯因漏罪、新罪数罪并罚时原减刑裁定应如何处理的意见》(2012年1月

18日公布并施行)

《关于开展社区矫正试点工作的通知》:最高人民法院、最高人民检察院、公安部、司法部《关于开展社区矫正试点工作的通知》(2003年7月10日公布并施行)

11.04.28《适用禁止令有关问题》:最高人民法院、最高人民检察院、公安部、司法部《关于对判处管制、宣告缓刑的犯罪分子适用禁止令有关问题的规定(试行)》(2011年4月28日公布)

10.06.01《财产刑执行规定》:最高人民法院《关于财产刑执行问题的若干规定》(2010年6月1日施行)

00.12.19《财产刑规定》:最高人民法院《关于适用财产刑若干问题的规定》(2000年12月19日施行)

11.05.01《限制减刑规定》:最高人民法院《关于死刑缓期执行限制减刑案件审理程序若干问题的规定》(2011年5月1日施行)

12.07.01《减刑、假释司法解释》:最高人民法院《关于办理减刑、假释案件具体应用法律若干问题的规定》(2012年7月1日施行)

《关于贯彻执行〈中华人民共和国民法通则〉若干问题的意见(试行)》:最高人民法院《关于贯彻执行〈中华人民共和国民法通则〉若干问题的意见(试行)》(1988年4月2日公布并施行)

目录 CONTENTS

001　第二版自序

003　第一版自序

005　本书立法文件与司法文件缩略语

第一编　刑法序说

003　**第一章　刑法概述**
003　　第一节　刑法的概念和渊源
003　　　一、刑法的概念
005　　　二、刑法的渊源
006　　　三、刑法的类型和表述
008　　　四、刑法规范的不足
009　　第二节　刑法的基本原则
009　　　一、刑法基本原则的概念和界定
009　　　二、罪刑法定原则
014　　　三、法律面前人人平等原则
016　　　四、罪责刑相适应原则
019　　第三节　近代刑法与刑罚的近代合理化
019　　　一、近代刑法的概念
020　　　二、刑法的发展

024	第四节	刑法的解释
024		一、刑法解释的必要性
028		二、刑法解释的分类
033	第五节	刑法的用语
033		一、立法规定的用语
037		二、学理上个别用语

041	**第二章**	**刑法的效力范围**
041	第一节	刑法的空间效力
041		一、刑法的空间效力
043		二、我国刑法空间效力的规定
050	第二节	刑法的时间效力
050		一、刑法时间效力的概念
050		二、刑法的生效和失效
051		三、刑法的溯及力

第二编　犯罪构成论

057	**第三章**	**犯罪及其要件**
057	第一节	犯罪的概念
057		一、犯罪观与犯罪概念
057		二、犯罪的概念
065	第二节	犯罪构成
065		一、犯罪构成概说
069		二、我国刑法中犯罪构成的概念
072		三、犯罪构成的结构和类型
076		四、犯罪构成要件的要素
081		五、犯罪构成的体系

第四章　构成客观必备要件

083　第一节　客体
083　　一、客体的概念和意义
087　　二、客体的分类
089　　三、直接客体的理解和把握
091　第二节　对象
091　　一、犯罪对象的概念
093　　二、犯罪对象在犯罪构成中的意义和作用
094　第三节　危害行为
094　　一、行为的学说
099　　二、危害行为
105　　三、危害行为的形式
116　　四、不纯正不作为犯作为义务来源的范围
118　　五、作为犯与不作为犯在刑法中的规定
120　　六、"持有"的法律属性
121　　七、危害行为与思想的界限
122　第四节　犯罪主体
122　　一、犯罪主体的概念
123　　二、自然人主体
125　　三、单位主体
136　第五节　危害结果
136　　一、危害结果的概念及种类
144　　二、危害结果的地位与意义
147　第六节　因果关系
147　　一、因果关系概说
150　　二、大陆法系因果关系的学说
165　　三、我国刑法中的因果关系理论

180	第七节 时间、地点和方法
180	一、时间
180	二、地点
181	三、方法

183	**第五章 构成主观必备要件**
183	第一节 责任能力
183	一、刑事责任能力的概念
184	二、刑事责任能力的程度和划分
186	第二节 罪过
186	一、罪过界定及其要素
190	二、罪过的认定
190	第三节 故意
190	一、犯罪故意的学说
191	二、犯罪故意的概念
192	三、犯罪故意的心理结构
207	四、犯罪故意的法定类型
217	五、刑法理论上犯罪故意的其他分类
219	六、犯罪故意的认定
221	第四节 过失
221	一、犯罪过失的概念
225	二、犯罪过失的构造
228	三、注意义务
231	四、注意能力
235	五、注意义务与注意能力的关系
236	六、过失的法定类型
239	七、过失的理论分类

243	八、允许的危险和危险的分配
245	九、信赖原则在过失犯罪中的应用
248	十、过于自信的过失与间接故意
251	第五节　动机与目的
252	一、犯罪目的
253	二、犯罪动机
257	三、犯罪目的与犯罪动机的关系

259	**第六章　违法阻却事由**
259	第一节　违法阻却事由概述
259	一、违法阻却事由的概念
260	二、违法阻却事由的理论依据
265	第二节　正当防卫
265	一、正当防卫的概念
265	二、一般正当防卫
283	三、特殊防卫
287	四、警察正当防卫
288	第三节　紧急避险
288	一、紧急避险的概念
290	二、紧急避险的条件
299	三、避险过当及其刑事责任
299	四、避险失败的责任
300	第四节　其他违法阻却事由
300	一、不可抗力
300	二、义务冲突
302	三、被害人承诺
303	四、推定承诺

304		五、法令行为
305		六、正当业务行为
305		七、自救行为与自我冒险
307		八、自损行为
308		九、劳资争议

第七章 责任阻却和减轻事由

309

第一节 责任阻却和减轻事由概述

- 309 一、责任阻却和减轻事由的概念
- 310 二、责任的本质
- 315 三、责任原则与责任阻却与减轻

第二节 年龄

- 323 一、刑事责任年龄的概念
- 323 二、刑事责任年龄的立法规定
- 329 三、已满14周岁不满16周岁未成年人的刑事责任的范围

第三节 精神障碍及重要生理功能缺陷

- 332 一、精神障碍的概念
- 332 二、精神障碍对刑事责任能力的影响
- 334 三、影响刑事责任能力的重要生理功能缺陷

第四节 认识错误

- 335 一、刑法上的认识错误的概念及存在的范围
- 336 二、法律认识错误
- 336 三、事实认识错误

第五节 期待可能性

- 346 一、期待可能性的意义
- 347 二、期待可能性的标准
- 350 三、意外事件

351	四、不可非难的社会行为
355	第六节　原因自由行为
355	一、原因自由行为的意义
357	二、醉酒人的责任能力

第三编　犯罪形态论

361	**第八章　故意犯罪的停止形态**
361	第一节　故意犯罪的犯罪形态
361	一、概述
364	二、故意犯罪的停止形态存在的范围
368	第二节　犯罪既遂
368	一、犯罪既遂标准的考察
374	二、既遂犯的形式
382	第三节　犯罪预备
382	一、犯罪预备的概念和特征
386	二、预备行为的形式
387	三、犯罪预备与犯意表示
389	四、预备犯的刑事责任
390	第四节　犯罪未遂
390	一、犯罪未遂的概念
391	二、犯罪未遂的特征
403	三、犯罪未遂形态的种类
411	四、未遂犯的刑事责任
413	第五节　犯罪中止
413	一、犯罪中止的概念
413	二、我国刑法中的犯罪中止的类型

414		三、犯罪中止的特征
424		四、中止犯的刑事责任

430　第九章　共同犯罪

430	第一节	共同犯罪概述
430		一、犯罪的参与体系
435		二、共同犯罪成立的学说
438		三、我国刑法理论有关共同犯罪的观点
443	第二节	正犯与共犯
443		一、正犯与共同正犯
445		二、正犯与狭义共犯
452	第三节	狭义共犯
452		一、共犯处罚根据
456		二、狭义共犯的法律属性
461	第四节	共同正犯中的争议
461		一、共谋的共同正犯
467		二、继承共同正犯
470		三、片面共犯
476		四、间接正犯
484		五、亲手犯
489		六、对向犯
492		七、过失共同正犯
495	第五节	基于我国立法共同犯罪的分析
495		一、共同犯罪的条件
500		二、共同犯罪的形式
504	第六节	我国刑法中共同犯罪参与者及其刑事责任
504		一、我国刑法中共同犯罪参与者的分类标准

506	二、共同犯罪参与者的刑事责任
521	第七节　共犯与身份
522	一、主犯犯罪性质说的争议
525	二、不真正身份犯与共犯的定罪处罚
526	三、无身份者能否为真正身份犯的共同正犯
528	第八节　共同犯罪中的认识错误及共同犯罪关系的脱离
528	一、共同犯罪中的认识错误
530	二、共同犯罪关系的脱离

533	**第十章　罪数形态**
533	第一节　罪数形态概述
533	一、罪数区分的意义和区分标准
534	二、罪数的种类
535	第二节　实质的一罪
535	一、想象竞合犯
541	二、继续犯
544	三、结果加重犯
551	第三节　法定的一罪
551	一、集合犯
554	二、结合犯
558	第四节　处断的一罪
558	一、连续犯
562	二、牵连犯
565	三、吸收犯

第四编 刑 罚 论

571	第十一章	刑罚及其裁量
571	第一节	刑罚理论
571		一、刑罚的概念
572		二、刑罚的目的
573	第二节	刑罚种类
573		一、主刑
577		二、附加刑
581		三、非刑罚处理方法
584	第三节	刑罚适用原则
584		一、量刑的原则
586		二、量刑情节
588	第四节	累犯
588		一、累犯的概念和分类
589		二、一般累犯及成立条件
590		三、特别累犯及成立条件
590		四、累犯的刑事责任
591	第五节	自首与立功
591		一、自首的概念和类型
598		二、自首与坦白的关系
599		三、立功
603	第六节	数罪并罚
603		一、数罪并罚概述
604		二、数罪并罚的原则
607		三、不同情况下数罪并罚原则的具体适用
609		四、数罪并罚的其他问题

611	第七节　缓刑
611	一、缓刑的概念
612	二、一般缓刑
616	三、战时缓刑
617	**第十二章　刑罚执行制度**
617	第一节　刑罚执行概述
617	一、刑罚执行的概念
617	二、刑罚执行的原则
619	第二节　刑罚的执行
619	一、死刑的执行
622	二、有期徒刑、无期徒刑的执行
624	三、拘役、管制刑的执行
625	四、财产刑的执行
630	五、剥夺政治权利刑的执行
630	第三节　减刑
630	一、减刑的概念
631	二、减刑的适用条件
635	三、减刑的程序和减刑后的刑期计算
636	第四节　假释
636	一、假释的概念
637	二、假释适用的条件
639	三、假释的程序、考验和撤销
641	**第十三章　刑罚的消灭**
641	第一节　刑罚消灭概述
641	一、刑罚消灭的概念
641	二、刑罚消灭原因

642	第二节 时效
642	一、时效概述
642	二、追诉时效
646	第三节 赦免
646	一、赦免的概念和种类
646	二、我国赦免制度的特点

第一编 | 刑法序说

第一章　刑法概述
第二章　刑法的效力范围

第一章 刑法概述

第一节 刑法的概念和渊源

一、刑法的概念

刑法是规定犯罪、刑事责任和刑罚的法律。近代德国著名刑法学家李斯特指出，刑法是将作为犯罪构成的犯罪与作为法律后果的刑罚联结在一起的国家法律规范的总和。① 这是从"静态"的意义上对刑法下的定义，也是定义刑法最简洁、明快、朴实而实在的形式定义。如果从"动态"，也即从制定、适用法的意义上说，刑法也可定义为：规定什么样的行为是犯罪、应承担何种刑事责任并给予该种行为以何种处罚的法律。

应该看到，当学者们从不同视角审视这一法律时，对它的称谓多有不同。我国台湾刑法学家韩忠谟教授指出："关于法规之命名，现代各国不尽相同，有注重犯罪行为一端而称之为'犯罪法'者，如英美法系国家习用"Criminal law"一辞是。亦有注重刑罚一端而称之为'刑罚法'或'刑法'者，如德法等大陆法系国家流行 Strafrecht, droit penal 等用语是。实则，刑罚乃犯罪之法律效果，而犯罪系科刑之前题，二者密切相依，任举一端，皆可概括全体，故用语虽殊，含义则一。"②

在以往的传统习惯上，我国学者对法的定义是从法的阶级性上把握的，以期从阶级属性上表明社会主义国家在法的定义上与西方国家形式的法的定义加以区别，而认为刑法是掌握政权的阶级，为了维护本阶级政治上的统治和经济上的利益，根据自己的意志，规定哪些行为是犯罪和应负刑事责任，并给予犯罪人以何种刑罚处罚的法律。③ 这种定义方法仍然有一定的影响力。黎宏教授认为，这种传统定义的方法，将刑事责任作为与犯罪和刑罚并列的，作为连接犯罪与刑罚的中介是不当的，因为"在刑法理论上，刑事责任作为一种主观谴责，是行为人对所造成的客观侵害，主观上必须受到谴责的依据，属于犯罪的成立要件。无论从理论还是法律规定的角度看，刑事责任都不是与犯罪和刑罚并列的内容，因此，将刑法看作为规定犯罪、刑事责任和刑

---

① 参见〔德〕李斯特：《德国刑法教科书》，徐久生译，法律出版社2000年版，第2页。
② 韩忠谟：《刑法原理》，中国政法大学出版社2002年版，第1页。
③ 参见高铭暄、马克昌主编：《刑法学》(上)，中国法制出版社1999年版，第3页；马克昌主编：《刑法》(第3版)，高等教育出版社2012年版，第1页。

罚的法律,显然是不妥的"①。

将刑事责任视为犯罪成立的条件,是大陆法系刑法理论上"责任主义"的当然结论。责任主义是在区分"主观责任"与"客观责任"的相对意义上被提出的,这在解释论上,就必然如同黎宏教授所说的,"责任"意味着是对行为人主观上的谴责,是犯罪成立的条件,即仅有客观上惹起法益侵害或者侵害危险的客观结果,行为人尚不因此而受到处罚,还须行为人同时具有责任能力、故意或者过失、违法意识可能性、期待可能性等,才有追究其责任的可能。但是,显然在当前我国的刑法理论上,并没有在借鉴意义上运用大陆法系理论上"责任"的概念,其中的缘由不言之明,因为我国刑法理论上建构的犯罪构成理论体系与大陆法系的构成要件理论体系差别极大。虽然理论上如何定义"刑事责任"还有分歧意见②,但多数学者仍然主张刑事责任是连接犯罪与刑罚之间的桥梁和纽带③。从我国的刑事立法看,刑法总则第二章"犯罪"的第一节就明确规定的是"犯罪和刑事责任",第三章则规定的是"刑罚",而在刑法条款中有14个条文22处规定有"刑事责任",在附属刑法条款中这一术语运用的更为常见;在个罪的研究中,问题也最终要落脚在"是否应追究刑事责任""追究何种刑事责任""如何实现刑事责任"等问题上。显然黎宏教授认为无论从理论还是立法上看,刑事责任都不应该是与犯罪和刑罚并列内容的批评,至少从我国刑法理论和立法现状看,还是值得商榷的。

从我国刑法理论对刑事责任的解读看,刑事责任的程度也与刑罚的程度不成比例关系。详言之,刑事责任程度严重的,并不必然导致相应严重程度的刑罚后果。例如,未成人犯罪,无论其罪行程度多么严重,也不允许适用死刑,这也就是刑法中规定刑事责任在适用上的适例,也是刑事责任在理论体系中具有独立意义之所在。所以,应该承认,在我国目前的犯罪构成理论体系上,刑事责任有其值得肯定的体系地位,更不宜将刑事责任定位在犯罪成立条件的意义上。

刑法在法律体系中是一项重要的基本的部门法④。在宪法这一根本法之下,刑法一直排列在部门法之首。之所以如此,是因为动用刑法所致的法律后果往往直接涉及人身自由权、财产权、政治权利,乃至生命权。它所调整、规制的是人的行为,并据以判断其行为是否构成犯罪、是否需要动用刑罚给予惩处。所以,刑法也被称为是掌握生杀之权的法律。正因为在维护和巩固政权上,刑法与其他部门法相比较更显著、更直接,故为历来的政权所重视。

---

① 黎宏:《刑法学》,法律出版社2012年版,第1页。
② 参见贾宇主编:《刑法学》,陕西人民出版社2002年版,第215—216页。
③ 参见高铭暄、马克昌主编:《刑法学》(第5版),北京大学出版社、高等教育出版社2011年版,第199页。
④ 部门法也称为法的部门,它是指一个国家根据一定的原则和标准划分一国现存全部法规范的总称。宪法(高位阶法)之下的部门法(低位阶法)主要是:刑法、民商法、行政法、诉讼法、经济法、环境法、军事法等。国际法有其独特性,主要是以国际上通行的惯例以及国与国、国家与地区之间等签订的双边或者多边协定而形成的。

二、刑法的渊源

法的渊源,即法的表现形式。刑法的渊源,也即刑法的表现形式。在我国,刑法的渊源主要是以下几种:

(一) 刑法典

刑法典是指条理化和系统化规定犯罪、刑事责任与刑罚的一般原则,以及各种具体犯罪与刑罚的法律规范,并具有统一体系的刑事实体法。刑法典是刑法的主要表现形式,也是一国刑事法治是否健全的主要标志。我国刑法典即是指1979年颁布实施、1997年修订的《中华人民共和国刑法》(以下简称《刑法》)。在全面修订刑法典后,又对修订后的刑法部分条款进行的修订的《刑法修正案》,也是刑法典的组成部分。

(二) 单行刑法

单行刑法是指立法机关为弥补刑法典的不足或者为修订刑法典条款,针对特定人、事、时、地所规定的某一类犯罪的刑事责任和刑罚的法律。单行刑法具有可单独引用适用的特点,故被称为"单行刑法"。在我国自1979年颁行第一部刑法典至1997年对其全面修订,全国人大常委会共颁布了23个《补充规定》《决定》[①];在1997年修订《刑法》实施后,全国人大常委会于1998年12月29日颁布《关于惩治骗购外汇、逃汇和非法买卖外汇犯罪的决定》(以下简称《惩治骗购外汇、逃汇和非法买卖外汇决定》)、2000年12月28日颁布《关于维护互联网安全的决定》和《关于取缔邪教组织、防范和惩治邪教活动的决定》(以下简称《取缔邪教活动决定》)即属于单行刑法。

(三) 附属刑法

附属刑法是指规定在非刑事法律中有关犯罪、刑事责任和刑罚的法律规范,即刑事法律规范的内容不是该法律的主体部分。我国在1997年修订《刑法》时,已将大量的附属刑法条款吸纳在修订后的《刑法》中。附属刑法条款基本上对具体的刑罚不作规定,通常是表述为"构成犯罪的,依法追究刑事责任"。当前仍然有少量的附属刑法条款。

(四) 司法解释

司法解释是指最高司法机关针对具体罪刑条款的内容以及条款在适用中的问题所作的说明或者规定。一般而言,司法解释不能成为刑法的渊源,但是,在司法实务上,司法解释也是各级人民法院刑事审判时必须遵守的具有法律效力的规定,使得司法解释具有了"刑法"的属性。而且,即便司法解释时有僭越立法的现象[②],在司法实

---

① 上述规定的罪刑内容,已吸纳在修订后《刑法》中。
② 例如,2000年11月21日起施行的最高人民法院《关于审理交通肇事刑事案件具体应用法律若干问题的解释》(以下简称00.11.21《交通肇事司法解释》)第5条第2款规定:"交通肇事后,单位主管人员、机动车辆所有人、承包人或者乘车人指使肇事人逃逸,致使被害人因得不到救助而死亡的,以交通肇事罪的共犯论处。"在现行刑法中,共同犯罪必须是共同故意犯罪,而交通肇事罪系过失犯罪,显然,这一规定僭越了立法。尽管这样的司法解释受到学者指责,但是,就目前现状而言,也不失为刑法的渊源。

务中，法院也是需要遵守司法解释规定的。因此，在我国，司法解释具有刑法渊源的属性。

三、刑法的类型和表述

根据不同的标准，对刑法可有多种分类。主要有以下几种：

(一) 广义的刑法与狭义的刑法①

这是以刑法的表现形式(渊源)为标准所做的分类。

广义的刑法，是指一切规定犯罪、刑事责任与刑罚的刑法规范的总和。其表现形式不仅包括刑法典，还包括单行刑法和附属刑法。在西方刑法理论中，广义的刑法不仅被理解为实体法，还包括有关刑事追诉的程序法。

狭义的刑法，是指规定犯罪、刑事责任与刑罚的一般原则，以及各种具体犯罪与刑罚的法律规范，并对此加以条理化和系统化，具有统一体系的刑法典。对狭义刑法，有的国家或者地区冠以"刑法典"之谓，例如《法国刑法典》《德国刑法典》《意大利刑法典》《西班牙刑法典》等，有的国家刑法没有冠以"典"的称谓，但实际上具有法典之义，如《中华人民共和国刑法》就是如此。

(二) 普通刑法与特别刑法

这是以刑法效力范围(适用范围)为标准所做的分类。

普通刑法，是指刑法效力及于一国领域内任何地区和任何人的刑法规范，即具有普遍适用效力的刑法。普通刑法，是任何一个国家刑法的基本构成部分，其基本表现形式是现行刑法典，还可以包括作为刑法典补充的具有相同效力范围的其他修订、补充性质的刑法规范。例如，我国1997年修订的《刑法》颁布后，至今通过的一系列的刑法修正案，也属于普通刑法。

特别刑法，是普通刑法的对称，是指仅适用于特定的人、时、地、事的刑事实体法。1997年《刑法》修订后，全国人大常委会一共颁布了3个《决定》，即《惩治骗购外汇、逃汇和非法买卖外汇决定》《关于维护互联网安全的决定》《取缔邪教活动决定》②，以及在《刑法》修订之前曾颁布过23个《补充规定》和《决定》，这些均属于特别刑法。

理论上，特别刑法包含两层含义：一是作为普通刑法的对称的特别刑法，指国家为了适应某种特殊需要而颁布的，效力仅及于特定人、时、地或特定事的刑事法律，被称为"实质意义上的特别刑法"，其条款在内容上是"罪刑"条款。例如，1982年1月1日实施的《中华人民共和国惩治军人违反职责罪暂行条例》。二是作为现行刑法的对称的特别刑法，指国家为弥补现行刑法的不足而颁布的一切刑法规范，被称为"形式意义上的特别刑法"，它既包括有具体罪刑条款的规范，也可以包括只具有一般规范

---

① 本书在没有特指的情况下，刑法的称谓采"广义刑法"之概念。

② 《取缔邪教活动决定》由于内容中没有具体的罪刑条款，也有学者质疑其并不属于单行刑法之列，参见黎宏：《刑法学》，法律出版社2012年版，第2页下注释。当然，相反的认识也存在，参见阮齐林：《刑法学》(第3版)，中国政法大学出版社2011年版，第3—4页。由于在《取缔邪教活动决定》涉及对具体犯罪的适用原则，因此，本书认为具有特别刑法的属性。

意义上提示性的刑法条款。例如,1987 年 6 月 23 日全国人大颁布的《关于对中华人民共和国缔结或者参加的国际条约所规定的罪行行使刑事管辖权的决定》(现为《刑法》第 9 条的规定)。此外,前述的 23 个《补充规定》《决定》,在这一意义上,也属于特别刑法。特别需要指出的是,普通刑法和特别刑法,是指在同一的法域内对刑法的分类,非指对一国内刑法的分类。香港、澳门的刑法,均是我国的国内刑法,但它们不与祖国内地刑法为同一法域的刑法,不存在相互适用的问题。所以,香港、澳门虽然地域特别,但与内地刑法非普通刑法与特别刑法的关系。台湾地区"刑法"目前也不能纳入祖国大陆刑法之中,当然也就不存在"普通刑法与特别刑法"的关系。

(三) 单一刑法与附属刑法

这是以刑法规范的立法体例是否具有独立(适用)性为标准所作的分类。

单一刑法,是指法规的内容全部是刑法规范或基本上是刑法规范的刑事实体法。单一刑法可分为两种:一是刑法典,其条款在内容均为刑法规范;二是单行刑法,也称为单行刑事法律,如前述的 1997 年修订的《刑法》施行后颁布的三个《决定》。单行刑法的内容基本上都是刑法规范,所谓基本上,是指不排除在个别单行刑法中包含某些非刑法内容。例如,1991 年颁布的《关于严禁卖淫嫖娼的决定》,规范的主体内容是刑法规范(现行刑法已将刑法规范的内容吸纳,所以,《决定》中的刑法规范失效),但其中有治安处罚的规定,而规定治安处罚内容目前仍然有效。

附属刑法,是指非刑事法律中所规定的有关犯罪与刑罚的规范,如我国《税收征管法》《森林法》等行政、经济法规中规定犯罪与刑事责任的条款。

(四) 形式刑法与实质刑法

这是以刑法的外在表现特征为标准所作的分类。

形式刑法,是指从法的外在表现形式或者名称上就可知是刑法的法律,如我国《刑法》《刑法修正案》《惩治骗购外汇、逃汇和非法买卖外汇决定》等。

实质刑法,是指从法律的外在表现形式或者名称上不能使人明确知道有刑法条款,但是其内容上有涉及犯罪与刑事责任以及刑罚处罚的条款,如我国《税收征管法》规定犯罪与刑事责任的条款,以及前述的附属刑法。

(五) 国内刑法与国际刑法

这是以刑法所控制、惩治犯罪地域为标准所作的分类。

国内刑法,是指调整国内刑事法律关系,对发生在本国领域内的罪行适用的刑事实体法律。例如,前述所有的分类中所涉及的刑法,均属于国内刑法。

国际刑法,是指调整国际刑事法律关系,即只能根据相关国际条约,针对国际性罪行适用的刑事法律。国际刑法是调整国际刑事关系的实体法与程序法的总称,其规范的内容主要包括国际社会预防和惩治国际犯罪以及国际刑事司法协助与合作的原则、规则和制度等。例如,为遏制和控制毒品犯罪,《联合国禁止非法贩运麻醉药品的精神药物公约》即属于国际刑法。应该注意到,国际刑法的规范,只有经本国的承认才有拘束力。因此,国际刑法涉及的不仅是国际公约、条约和国际法一般原则,也涉及各国国内法的规定。由于世界各国的社会制度、意识形态和法律概念都存在很大的区别,而刑事审判权又是一国国家主权的重要组成部分,所以在由主权国家组成的国际社会中,不可能建立世界统一的、超国家的刑事审判机构,由它来适用一部有普遍拘束力的国际刑法典。当前一般所称国际刑法,是指国家间为特定问题所签订或认可的有关刑事问题的各种公约、条约和依据国际法一般原则所制定的有关制裁国际性犯罪的国际条约。而这样的公约、条约或者国际性原则等,既包括实体法内容,也包括程序法的内容。

从刑法的分类着眼,所谓的刑法,都要求具有两个最基本的内容,或者说都必须具备两个最基本的特征:一是要规定什么是犯罪,二是要规定刑事责任和如何适用刑罚。这两点内容也是刑法区别于其他非刑事法律规范的主要特点。

四、刑法规范的不足

(一) 内容上的不完整性

任何国家的刑法,包括我国刑法在内,事实上不可能将所有应当给予刑罚制裁的行为都毫无遗漏地加以规定。刑法处罚的是实然的犯罪——立法明文规定的应给予刑罚处罚的行为,而不是应然的犯罪——应当给予犯罪化的行为,这是犯罪学研究的对象,其范围要广于实然的犯罪。造成刑法规范内容上的不完整的原因多种,如立法者对哪些行为应该予以犯罪化或者去犯罪化的认识片面性,国家在改革时期的刑事政策调整过严或过宽以及立法者的主观认识错误以及立法技术粗糙等。自 1997 年《刑法》全面修订后,全国人大常委会仍然在此后颁布了 3 个《决定》以及 9 个《刑法修正案》,就可以看到刑法规范内容上的不完整的特征。因此,刑事法律规范的制定,总是有一定的滞后性,其规范内容上的不完整性将伴随刑法永远存在。

(二) 社会功能上的不完整性

刑法作为规定犯罪、刑事责任和刑罚的法律,是与其他部门法区别的主要特征,而其具有强制制裁手段的严厉性,是与其他部门法的最重要区别之一。因此,刑法也被誉为法益保护的"后盾法",也是在法治社会保护法益的"终极手段"。但是,刑法并不是"万能"的法律。通过对犯罪的惩罚,并不能使社会变得更安全,甚至在通过适用刑罚控制、减少犯罪方面,也不是刑法的终极任务。刑罚可以防止一般邪恶的许多后果,但是刑罚不能铲除邪恶本身。① 它只能做到在法治的基础上,为社会提供更有效、更准确、更合理地为贯彻罪刑法定原则,保护国民利益,控制和减少犯罪的尽可能规范和准确的标准。因此,一方面,其"后盾法"效果的实现,有赖于与其他部门法、行政规范、党纪以及社会道德规范的相互配合;另一方面,在法治社会,正因为刑法是保护法益的"终极手段",也就要求刑罚的发动必须遵循刑罚的适用是不得不发动——谦抑理念(原则)。"谦抑",就是要求不应该将所有的违法行为都视为刑罚处罚的对象,能够成为刑罚处罚对象的行为,必须是那些不得不给予刑罚处罚的行为。不能将所有违法行为,或者违反道德的行为通过刑罚的制裁来实现对法益的保护、实现社会

---

① 参见〔法〕孟德斯鸠:《论法的精神》(上册),张雁深译,商务印书馆 2010 年版,第 314 页。

的稳定。因此,刑法在其社会功能上的不完整性,也同样将伴随刑法永远存在。

(三)维护本国利益上的不完整性

众所周知,任何国家国内法对犯罪的认定标准都是有区别的,而在国际社会众多国家适用普遍管辖原则的前提下,国内刑法必须间接适用国际刑法有关犯罪标准的条款。当然,任何一个国家采纳国际刑法的有关标准认定犯罪时,是基于对本国国家、国民利益的保护,由于也必须以国际刑法的规定为依据,会在认定犯罪的标准上形成国内犯罪与国际性犯罪的不完全统一。但是,只要是国际性惩罚犯罪条约国的成员国,都不可能以与自己本国法犯罪标准的不同,作为抗拒接受依据国际刑法犯罪标准以及判决的理由。即使根据本国刑法相关条款对外国不公正的判决作出某种程度的修正,所造成的法益损失也是不可能通过改判后的判决得到恢复的。因此,国内刑法在维护本国国家及国民利益上,具有不完整(缺失)性。随着国际刑法的发达,国内刑法维护本国利益上的不完整(缺失)性也会愈来愈大。

第二节 刑法的基本原则

一、刑法基本原则的概念和界定

刑法的基本原则,是指刑法固有的,贯穿于全部刑法规范,指导和制约刑事立法和刑事司法活动的基本准则。

曲新久教授指出,刑法的基本原则是具有宪法属性,如罪刑法定原则、罪刑相当原则,既是刑法的基本原则,同时也具有宪法属性;违反其中的任何一个,都意味着是对于《宪法》的违反。同时,他还认为,一些教科书将"法律面前人人平等"原则,改为"平等适用刑法原则",或者"刑法面前人人平等原则"等,是不合适且没有必要的,因为"法律面前人人平等"原则首先是规定在宪法中的,是所有部门法都要遵循的原则,因此也是具有宪法属性。即使《宪法》没有直接规定罪刑法定原则、罪刑相当原则等,也均能在《宪法》中找到法律依据。① 本书赞同这一认识。我国《宪法》第 5 条规定:"一切法律、行政法规和地方性法规都不得同宪法相抵触。"显然,刑法的基本原则同样不得与宪法相抵触,违反刑法的基本原则当然意味着对宪法的违反。

刑法的基本原则是贯穿于刑法规范始终的并指导和制约刑事立法和刑事司法活动的准则,因而基本原则具有根本性。所谓根本性,就在于无论刑事立法还是刑事司法活动,都必须遵循基本原则的要求。在我国刑法中,罪刑法定原则、罪责刑相适应原则、法律面前人人平等原则,自始至终贯穿于我国刑事立法和刑事司法活动中。

二、罪刑法定原则

罪刑法定原则用一句法谚来概括就是"法无明文规定不为罪、法无明文规定不

---

① 参见曲新久:《刑法学》(第 2 版),中国政法大学出版社 2009 年版,第 29 页。

处罚"。

罪刑法定原则是西方资产阶级在大革命时期反封建司法制度罪刑擅断的产物，是对封建特权阶层社会司法制度的彻底否定。作为法律原则，罪刑法定原则最早规定在 1215 年英国《大宪章》，其第 39 条规定："凡自由民除经其贵族依法判决或遵照国家法律之规定外，不得加以拘留、监禁、没收财产、剥夺其法律保护权，或加以放逐、伤害、搜索或逮捕。"这一限制国家司法权力泛滥的思想，此后又体现在 1628 年英国《权利请愿书》和 1689 年《权利法案》中，并伴随人权思想的普及，逐渐得到确认。① 1772 年在美国波士顿，英国在北美的殖民者集会上要求北美殖民地确认英国《大宪章》和《权利请愿书》中的权利，使得这一思想在北美开始普及并逐渐被立法所肯定。几乎在同一时期，1789 年这一思想也在法国资产阶级革命后的宪法性文件《人和公民权宣言》中得到确认。《人和公民权利宣言》第 8 条规定："法律只应规定确实需要和显然不可少的刑罚，而且除非根据犯罪行为前已制定、公布和合法实施的法律，不得处罚任何人。"1810 年《法国刑法典》第 4 条规定："不论违警、轻罪或重罪，不得判处犯罪前法律未规定的刑罚。"这是首次在刑事实体法中规定罪刑法定原则，此后，这一立法得到许多国家仿效，并将罪刑法定原则作为保障人权的基本原则。

德国著名古典刑事法学者冯·费尔巴哈（von Feuerbach，1775—1833）在其 1801 年出版的刑法教科书中将罪刑法定原则表述为："无法律则无刑罚，无犯罪则无刑罚，无法律规定的刑罚则无犯罪。"此后，这一思想被表述为"法无明文规定者不为罪，法无明文规定者不处罚"。西方学者通常认为，奠定罪刑法定原则的思想基础的是自然法思想、"三权分立"的政治理论以及费尔巴哈的心理强制说。第二次世界大战结束后，国际社会随着自由、人权思想和民主主义思想的进一步强化，当代罪刑法定原则也被赋予了新的内涵和意义。

罪刑法定原则的基本要求在于：犯罪和刑罚必须以成文的法律予以规定。而这一要求的实质意义，在于基于对国民人权、自由权的保障而限制国家刑罚权的任意发动。基于这样实质意义的要求，便具有了对罪刑法定原则的实质性理解：一是罪刑规定必须明确；二是罪刑规定必须妥当合理②。

一般认为，基于上述实质性要求，罪刑法定原则具有以下派生原则：

（1）排斥习惯法原则。习惯法是独立于国家实定法之外，依据某种社会权威和社会组织，具有一定强制性的行为规范的总和。习惯法是在某种事实反复出现，而多数人一般对此抱有法的确信的情况。由于习惯法缺乏明确表达，人们难以据此推测自己的行为的性质与后果。习惯法也不可能被归纳为一套规则，使之法典化则意味着令其面目全非。③ 更为重要的是，习惯法难以起到限制司法权力的作用。"刑法比其它法的领域更需要法的安定性，因为只有成文法才能保证法的安定性，故此每部现

---

① 1774 年美国费城的《居民依据自然法，拥有不可侵夺之权》、1776 年《弗吉尼亚权利法案》等。
② 参见黎宏：《刑法学总论》（第 2 版），法律出版社 2016 年版，第 18 页。
③ 参见[美]昂格尔：《现代社会中的法》，吴玉章、周汉华译，中国政法大学出版社 1994 年版，第 44 页。

代刑法典都将刑法完全浇注为成文法的形式。"①因此,根据罪刑法定原则预测可能性的原理,习惯法不能成为刑法的渊源;不能依据习惯法对行为人定罪量刑,只能依据国家制定的成文法为定罪判刑的依据。

(2) 禁止类推解释。类推是指在现行成文法没有明文规定为犯罪的情况下,允许比照刑法分则中与其行为最相类似条文定罪判刑的制度。因而,类推也被称为"比附援引"。显然,类推在本质上是与罪刑法定原则相悖的。根据罪刑法定原则的要求,定罪量刑必须依照事先制定的法律明文规定的条款,而类推是对法律没有明文规定为犯罪的行为允许比照类似条款定罪量刑,而这样做则是对国民自由、人权的侵犯。因此,法治国家严禁适用类推②;如果允许类推,则意味着成文刑法的规定丧失了意义。因为类推解释导致刑法的规定适用于相类似的情况,"相似就是客观事物存在的同与变异矛盾的统一"③。当两种现象之间只要存在相同之处,人们就可以说它们具有相似性。这样一来,任何行为都可能与刑法规定的行为相似,都有被科处刑罚的危险,而这是不能容忍的。

(3) 法无溯及力原则。也称为"禁止事后法原则",即刑法只能适用于颁布之后的行为,不能适用于颁布之前的行为,也就是刑法不具有溯及既往的效力。国民只能根据现行的法律预测自己的行为,当现行刑法没有规定为犯罪的,其行为就是合法的;如果允许法溯及既往,则就是要求国民在今天去遵守明天的法律,意味着国民必须遵守行为时根本不存在的"法律",这当然会剥夺国民预测和选择能力。"有人将刑法比喻为一根'带哨子的皮鞭':在打人之前,法律应当给一个'预先通知'。这就是'lex moneat priusquam feriat'(法律在做出惩罚之前应当予以警告——引者注)的规则。所以,刑法仅适用于其颁布之后的行为。"④因此,从保障国民人权的角度出发,禁止事后法是罪刑法定原则的当然的结论。但是从保障人权的角度出发,现代刑法基于"有利于被告原则",对法无溯及力原则并不予以绝对化的解释,即新法重于旧法时,法无溯及力;但是,新颁布的法律对该种行为不认为是犯罪,或者处罚轻于旧法时,则新的法律具有溯及力。这是法无溯及力原则的例外。

(4) 禁止绝对不定期自由刑。禁止绝对不定期刑原则,是由罪刑法定原则要求对一定的犯罪规定刑罚的种类和程度而产生的。绝对不定期自由刑,是指在法律中没有明确规定刑种或刑度,完全由法官自由裁量适用的刑罚。绝对不定期自由刑,包括只规定了刑种而没有规定刑度,行刑幅度由行刑机构决定的刑

---

① 〔德〕古斯塔夫·拉德布鲁赫:《法律智慧警句集》,舒国滢译,中国法制出版社2001年版,第38页。
② 类推适用是罪刑法定原则所禁止的,但是,由于存在类推解释,类推解释与扩张解释之间的关系也是目前有争议的论题,黎宏教授持"类推解释与扩张解释无实质区别"的观点。参见黎宏:《刑法学总论》(第2版),法律出版社2016年版,第23页以下。
③ 张光鉴:《相似论》,江苏科学技术出版社1992年版,第4页。
④ 〔法〕卡斯东·斯特法尼:《法国刑法总论精义》,罗结珍译,中国政法大学出版社1998年版,第158页。

罚。那种既没有规定刑种，也没有规定刑度的不定期自由刑，是违反罪刑法定原则而被绝对禁止的；规定刑种但没有规定刑度的不定期自由刑，虽然实定法中有刑种的规定，但是行刑的幅度完全由行刑机关自己把握，从本质上说也是违反罪刑法定原则。①

(5) 明确性原则。明确性原则，是指由刑法规定的犯罪和刑罚必须是清楚和明确的，而不能含混不清。国民只能根据明确的法律规定才能预测自己的行为，司法人员只能根据明确的法律规定去遵循、适用。否则，国民无法预测自己的行为，司法人员无法理解法律的规定甚至会曲解法律。但是，相对于繁纷复杂的社会现实，刑法不可能对所有应予以刑罚处罚的行为作出详尽的规定。我国刑事立法中大量存在列举式的罪刑条款，又有不断颁行的《刑法修正案》对此予以修正。其中，不乏对刚经过修正的条款再次修正的现象。这也从一个方面可以看出刑法明确性在立法层面的难度。实际上，"明确性"也只能从相对意义上理解，要求刑法明确到无需解释的程度只是一种幻想。事实上，即便是精确的数字概念，如自然人的年龄，也存在如何起算的解释问题。② 解释刑法就是为了使刑法明确，所以，实现刑法的明确性是刑事立法与刑法理论的共同任务，即虽然刑法规定本身不太明确，但如果能够通过解释使之明确，也不失为明确，只有那种本身不明确，而且不能使人们作出明确解释的规范，才属于不明确的规范。③ 但是，因为刑法规范的内容是否明确的判断，是一个易于发生分歧看法的问题，要宣告某项刑法规范的内容不明确，是一个宪法问题。④ 黎宏教授指出，刑法规范是否明确，只能由立法机关予以审查。有明确性原则在国外是作为司法原则适用的⑤，法院在案件审理中，可以该法规内容不明确而宣告被告人无罪，但从适用明确性原则的国家审判实践看，以此为由宣告无罪的并不常见，多数情况下要通过解释使所认为的不明确的规定明确，以避免与明确性原则的

---

① 刑事人类学派和刑事社会学派的学者认为，犯罪是由行为人的主观恶性所产生的，刑罚是矫正、改善罪犯的主观恶性的手段；但是对改造罪犯人的主观恶性要求多少时间很难预料，所以法律只能规定不定期刑。法官在判决时，只宣布罪名和刑罚种类，至于究竟服多少刑期，则由行刑机关根据罪犯主观恶性改造的情况来决定。判处不定期刑，将导致确定罪犯的服刑期间长短的权力完全由行刑机关所掌握，这样会丧失刑法保障人权的机能。所以，不论法定刑或者宣告刑，都不能允许绝对不定期刑。参见马克昌：《比较刑法原理——外国刑法学总论》，武汉大学出版社2002年版，第72页。
② 2006年1月23日最高人民法院《关于审理未成年人刑事案件具体应用法律若干问题的解释》(以下简称06.01.23《未成年人刑事案件解释》)第2条规定：《刑法》第17条规定的"周岁"，按照公历的年、月、日计算，从周岁生日的第二天起算。
③ 〔日〕前田雅英：《刑法的基础·总论》，日本有斐阁1993年版，第40页。
④ 在美国，联邦最高法院于1914年确认法律"因不明确而无效"是一项宪法原则。参见〔日〕芝原邦尔：《刑法的社会机能》，日本有斐阁1973年版，第157页以下。
⑤ 日本最高法院在1975年9月10日的判决中指出："之所以说因为刑罚法规所规定的犯罪构成要件含混、不明确而违反《宪法》第31条而无效，是因为这种规定没有向具有通常判断能力的一般人明示被禁止的行为与非被禁止的行为的识别基准，因此，不具有向受适用的国民预先告知刑罚对象的行为的机能，而且产生重大的弊害……因此，某种刑罚法规是否因为含混、不明确而违反《宪法》第31条导致无效，应当根据具有通常判断能力的一般人的理解，在具体场合能否判断某行为是否适用该法规为基准来决定。"参见日本《最高裁判所刑事判例集》第29卷第8号，第489页。

冲突。①

(6) 实体适当原则。也称为刑罚法规内容妥当原则，或禁止处罚不当罚行为原则。它是指刑罚法规中所规定的犯罪和刑罚，在将该行为规定为犯罪时，要具有合理根据，并且，该行为和该犯罪之间是均衡适当的。犯罪和刑罚即便在法律中被明确规定，但如果在其内容缺乏处罚的必要性和合理根据的时候，也是刑罚权的滥用，实质上是对国民的人权侵害。所以，实体适当原则包括两方面的要求：一是刑法规定犯罪必须适当，即刑法将某种行为规定为犯罪要求有实质上合理的根据；二是刑法规定的刑罚必须适当，即不得规定酷刑以及要求罪刑的适当，并具有实质上合理性的根据。②刑法只有在其他部门法不能充分的保护法益时，才需要介入。这既是刑法保护的法益的范围的广泛性的特点，也是刑法补充性、谦抑性特点，从而使刑法成为其它法律的保障法（后盾法）。如果对于各种事项不分轻重，时刻都需要动用刑罚，就会降低国民对刑罚的信用，损及国家的威望。

罪刑法定原则进一步探讨

我国《刑法》第 3 条规定：法律明文规定为犯罪行为的，依照法律定罪处刑；法律没有明文规定为犯罪行为的，不得定罪处刑。这是我国《刑法》中罪刑法定原则的具体规定。前半段"法律明文规定为犯罪行为的，依照法律定罪处刑"，有学者称其为"积极的罪刑法定"，它强调了对于一切犯罪都必须依照刑法的规定认定和处罚，做到有法可依、有法必依、执法必严、违法必究，不放纵犯罪。后半段"法律没有明文规定为犯罪行为的，不得定罪处刑"，被称为"消极的罪刑法定"，这一规定与罪刑法定原则的经典表述一致，所强调的是对国家刑罚权发动的限制，防止国家刑罚权的滥用，以使刑法既成为国民的"大宪章"，也成为犯罪人的"大宪章"。③罪刑法定原则既有限制国家刑罚权的发动，保障国民不受国家刑罚权的非法侵害，以及保障犯罪者的合法权益不受侵犯的人权保障功能，也具有保护的国家、社会以及国民个人利益的保护功能。因此，将我国《刑法》第 3 条罪刑法定原则理解为包括积极和消极两个方面，也是与刑法的基本功能以及刑法任务相契合。

但是，我们必须清晰地认识到，罪刑法定原则的灵魂和精髓，不仅仅在于定罪判刑需要明文规定，也不在于刑法以多少条款文明规定了多少犯罪和具体的刑罚。刑法之所以需要罪刑法定原则，不是为了遏制犯罪之人，而是为了约束国家刑罚权的随意发动。如果仅仅是为了打击犯罪，那没有刑法，没有这样"一张纸"，国家对犯罪的打击和镇压更有力、更及时、更有效。因此，从这个意义上说，"罪刑法定原则"，正是

---

① 参见黎宏：《刑法学总论》（第 2 版），法律出版社 2016 年版，第 20 页。
② 参见马克昌主编：《刑法》（第 3 版），高等教育出版社 2012 年版，第 11 页。
③ 参见何秉松：《刑法教科书》，中国法制出版社 2000 年版，第 63 页以下。这一看法也得到一些学者的赞同，参见曲新久：《刑法学》（第 2 版），中国政法大学出版社 2009 年版，第 27 页以下。

以国家为对象,不能清楚地认识到这一点,刑法就自然而然成为国家对付犯罪的工具,刑法只能沦为工具的角色,而失去自身的目的。如果刑法自身只能成为国家实现目的的工具,那么,刑法的合理性就只能取决于国家目的的有效性,而在国家目的的效果不能达成时,罪刑法定原则完全有可能被形式上遵守而实质上被架空,刑法不再是"规范性"的,会沦为"政治性、政策性"的刑法,全体国民也就不再是刑法秩序中的主体,而均有被作为刑法对象(犯罪主体)的可能。而要保障国民(包括犯罪之人)在法秩序中主体的地位,即必须保证国家刑罚权不能在刑法规范之外介入国民的利益,刑罚的适用只能在刑法规范的责任范围内,刑罚的适用不应偏离特别预防的目的,并始终如一贯彻不应将犯罪之人视为法秩序的对立面予以打击的意识,应通过适当的刑罚唤醒其作为法秩序主体的法的意识和责任感,能够使违法犯罪的国民尽可能以健康的心理复归社会。

根据《刑法》第3条规定,我国罪刑法定原则的基本内容,应该包括犯罪的法定性与刑事责任的法定性之外,前述藉由罪刑法定原则所派生要求的原则。即使是在当前某些方面做得不够,也应该以此为我国罪刑法定原则的必需内容以及立法和司法上要实现的目标。

不过根据多民族的社会情况,在我国目前尚不宜能够完全排斥习惯法的适用,这也是符合我国现实的。马克昌教授指出,"习惯虽然不能直接成为刑法的渊源,但与刑法所规定的一定概念的解释,常常不能否定习惯的意义。所以关于犯罪的成立条件和刑罚的量定,在不少情况下仍然要根据习惯、条理来决定。"①张明楷教授认为,虽然习惯法不能成为刑法的渊源,但它仍然是人们在解释犯罪构成要件和是否犯罪必须考虑的因素。另一个方面,当存在有利于行为人的习惯法,行为人以习惯法为根据实施行为时,可能以缺乏违法性认识可能性为由,排除犯罪的成立②。

三、法律面前人人平等原则

人类社会的发展,就是一部人与人不平等的历史,同时也是追求人与人的平等的社会进步发展的历史,追求人与人平等的思想贯穿于其中。但是,明确将这一思想作为社会存在、发展目标的,是欧洲的启蒙思想家在反对封建刑法的罪刑擅断、身份等级刑法中所提出的"法律面前人人平等"思想。英国启蒙思想家洛克说:"人类天生都是自由、平等和独立的。"③法国启蒙思想家卢梭说:"每个人都生而自由平等。"④这些革命性的思想,是对封建特权阶层社会制度、司法制度的彻底否定,为资产阶级颠覆

---

① 马克昌:《比较刑法原理——外国刑法学总论》,武汉大学出版社2002年版,第68页。
② 参见张明楷:《刑法学》(上)(第5版),法律出版社2016年版,第49页。
③ 〔英〕洛克:《政府论》(下),叶启芳、瞿菊农译,商务印书馆1964年版,第59页。
④ 〔法〕卢梭:《社会契约论》,何兆武译,商务印书馆1980年版,第9页。

封建等级制度,建立资本主义社会制度、法律制度,做出了巨大的贡献,并最终成为一项宪法性原则。

我国《宪法》第 33 条第 2 款规定:"中华人民共和国公民在法律面前一律平等。"第 5 条第 5 款规定:"任何组织和个人都不得有超越宪法和法律的特权。"法律面前人人平等首先是宪法原则,不言而喻在刑法面前人人也是平等的。《刑法》第 4 条"对任何人犯罪,在适用法律上一律平等。不允许任何人有超越法律的特权"的规定是这一宪法原则在刑法中的具体体现。该原则的基本含义是:对任何人犯罪,不论犯罪人的家庭出身、社会地位、职业性质、财产状况、政治面貌、才能业绩如何,都应追究刑事责任,一律平等的适用刑法,依法定罪、量刑和行刑,不允许任何人有超越法律的特权。[1]

依据我国《刑法》第 4 条的规定,平等原则包括:(1) 保护法益的平等。只要是受到刑法保护的法益,无论法益主体是国家、社会,还是个人,都应当得到刑法的平等保护,而不能只保护部分主体的法益。因此,应该拒绝地方保护,这是严重违反了平等适用刑法原则的。[2] (2) 认定犯罪的平等。既不允许将有罪认定为无罪,也不允许将重罪认定为轻罪;反之亦然。任何人犯罪,无论身份、社会地位的高低、权力的大小、功劳大小、财产多少,都应适用相同的定罪标准。对于未实施犯罪人的任何人,也必须平等地对待,不允许随意适用刑法出入人罪,更不能允许任何人享有超越刑法的特权。(3) 裁量刑罚的平等。在犯罪性质、危害程度与行为人的人身危险性均大致相同的情况下,所科处的刑罚必须相同。不得因犯罪之人的出身、社会地位、权力的大小、功劳大小、财产多少而随意加重或减轻刑罚。该判重刑的不得判处轻刑,该判轻刑的也不得免除刑罚;反之亦然。我国《刑法》第 61 条规定:"对于犯罪分子决定刑罚的时候,应当根据犯罪的事实、犯罪的性质、情节和对于社会的危害程度,依照本法的有关规定判处。"因此,决定刑罚轻重的因素,是犯罪的事实,不能是其他因素。但是平等的裁量刑罚并不意味对实施相同犯罪的人必须判处绝对相同的刑罚,不同的人实施了相同的犯罪,量刑也可能存在差异。所以,平等并不意味着在所处的刑罚上没有差别。(4) 执行刑罚的平等。对于判处同样刑罚的人,依法应当受到相同的处遇,不得因犯罪人出身、社会地位、权力、功劳、财产等区别对待。当然,依据我国《监狱法》的有关规定,对不同服刑人员,根据其所犯罪行的性质、刑罚种类、刑期长短、个人的改造表现等条件,采取分管、分押的不同方式,并不是行刑的不平等,而是改造和管理的需要。此外,在执行行刑制度上,特别在适用减刑、假释规定时,也必须依照刑法规定的条件,不得以受刑人的出身、社会地位、权力、功劳、财产为依据,必须平等适用。

追求平等应该是人类的最高理想之一,这是因为事实上平等适用刑法的原则是

---

[1] 参见高铭暄、马克昌主编:《刑法学》(第 5 版),北京大学出版社、高等教育出版社 2012 年版,第 28 页。

[2] 参见张明楷:《刑法学》(第 2 版),法律出版社 2003 年版,第 69 页。

难以企及的最高点。因而,对这一最高理想追求的历程,事实上是不会有终点的。某一方面的平等都会在其他方面产生明显的不平等。例如,甲、乙所犯的罪的危害程度和二者的人身危险性相同,但两人的财产状况相差甚远。就犯罪本身而言,应当判处相同的罚金,否则不平等;针对财产状况而言,对富有者应当多判处罚金,对贫穷者应当少判处罚金,否则两人实际上承受的痛苦不相等。实现了一个平等,就会引起另一个不平等,这虽然是一个悖论,但是不能因此放弃对于平等理念的追求和斗争。① 正如约翰·洛克所言:法律不能使人平等,但是,法律面前人人是平等的。

四、罪责刑相适应原则

罪责刑相适应原则的称谓,是近年来理论上基于我国《刑法》第5条规定的一种提法。该原则原本被称为"罪刑相适应原则""罪刑均衡原则""罪刑相当原则"或者"罪刑等价原则"。它的基本含义是"刑罚的性质和犯罪的性质相适应,刑罚的轻重和犯罪行为对社会的危害大小相均衡,重罪重罚,轻罪轻罚,罪刑应相当"。罪刑相适应原则是源于因果报应观念,适应人们朴素的公平意识的一种法律思想。② 这些思想也同样成为18世纪欧洲启蒙思想家反对封建刑法罪刑擅断时所提出的革命性口号,为资产阶级革命的成功发挥了巨大的贡献,在资产阶级制度建立后,成为其刑事司法制度中的重要原则。

罪刑相适应原则,是以刑事古典学派报应主义刑罚观为理论基础,机械地看待刑罚与已然犯罪的关系,强调刑罚与已然犯罪的客观危害的相适应性。但是在19世纪末,欧洲大陆各国社会矛盾的日益激化导致社会动荡,累犯增加、犯罪激增。以刑事古典学派理论为基础制定的刑法,并没有能发挥预防、减少犯罪发生的作用。刑事古典学派的理论,包括罪刑相适应理论的合理性都受到质疑。随着刑事人类学派和刑事社会学派的崛起,所提倡的以行为人为中心的理论和人身危险性理论,保安处分以及不定期刑的出现,使罪刑相适应原则面临巨大的挑战。虽然在一个时期内,罪刑相

---

① 参见张明楷:《刑法学》(第2版),法律出版社2003年版,第70页。
② 法国启蒙思想家孟德斯鸠认为:"刑罚应有程度之分,按罪大小,定刑罚轻重。"〔法〕孟德斯鸠:《波斯人信札》,梁守锵译,商务印书馆1962年版,第141页。意大利启蒙思想家贝卡利亚认为:"公众所关心的不仅是不要发生犯罪,而且还关心犯罪对社会造成的危害尽量少些。因而,犯罪对公共利益的危害越大,促使人们犯罪的力量越强,制止人们犯罪的手段就应该越强有力。这就需要刑罚与犯罪相对称……在这两极之间,包括了所有侵害公共利益的、我们称之为犯罪的行为,这些行为都沿着这无形的阶梯,从高到低顺序排列……如果说,对于无穷无尽、黯淡模糊的人类行为组合可以应用几何学的话,那么也很需要有一个相应的、有最强到最弱的刑罚阶梯。"英国的启蒙思想家边沁则总结道:"孟德斯鸠意识到了罪刑相称的必要性,贝卡利亚则强调了它的重要性。然而,他们仅仅作了推荐,并未进行解释;他们未告诉我们相称性由什么构成,让我们努力弥补这一缺憾,提出计算这个道德原则的主要规则:(1) 第一个规则,刑罚之苦必须超过犯罪之利;(2) 第二个规则,刑罚的确定性越小,其严厉性就应该越大;(3) 第三个规则,当两个罪行相联系时,严重之罪应适用严厉之刑,从而使罪犯有可能在较轻阶段停止犯罪;(4) 第四个规则,罪行越重,适用严厉之刑减少其发生的理由就越充足;(5) 第五个规则,不应该对所有犯罪的相同之罪适用相同之刑,必须对可能影响感情的某些情节给予考虑。"〔英〕杰里米·边沁:《立法理论——刑法典原理》,孙力等译,中国人民公安大学出版社1993年版,第68—70页。

适应原则受到质疑和排挤,但是原则本身的合理内核,使之仍然发挥着刑法基本原则的重要作用。现代意义上的罪刑相适应原则,已经在借鉴刑事人类学派和刑事社会学派理论下得到发展,采取了将犯罪行为所造成的后果与犯罪人的主观恶性以及人身危险性相适应的折中理解。我国《刑法》第 5 条的规定,也被誉为是在这一指导思想下并得到进一步发展的立法规定。

我国《刑法》第 5 条规定:"刑罚的轻重,应当与犯罪分子所犯罪行和承担的刑事责任相适应。"在分析罪重罪轻和刑事责任大小时,不仅要看犯罪的客观社会危害性,而且要结合考虑行为人的主观恶性和人身危险性,把握罪行和罪犯各方面因素综合体现的社会危害性程度,从而确定其刑事责任程度,适用相应轻重的刑罚。① 罪责刑相适应原则包括以下三方面内容:

第一,刑罚与犯罪性质相适应。犯罪性质是其质的规定性,不同的罪质,表明各该犯罪行为侵害、威胁法益不同。这种不同,正是表明各种犯罪不同的危害程度,从而决定刑事责任大小的根本所在。国家的刑事立法,首先着眼于犯罪性质的不同,制定与之相适应的轻重有别的法定刑。审判机关在裁量刑罚时,也要首先确定与该犯罪的犯罪性质相对应的法定刑。这一点是保证总体上正确量刑的根本,即便在决定刑罚种类、刑罚幅度时略有偏差,也是法律所能允许的,因为这种偏差并非刑罚畸轻畸重。相反的是,犯罪性质在认定上发生错误,据以裁量的刑罚就必然是错误的,而这种错误是法律不能允许的,因为必然会导致案件的重新审理。

第二,刑罚与所犯罪行相适应。所犯罪行,是其已经实施的危害行为以及所造成的危害后果。对危害行为的定性正确,只是解决了选定法定刑的问题,并不意味着所裁量的刑罚就必然是合适的。罪行严重则相应的刑罚就应比较重;反之,则相应的刑罚就应该比较轻。所犯罪行的轻重,既包括所造成的危害后果的评价,也包括对罪行的评价,而罪行的评价,既有刑法所规定的情节,也有刑法没有明文规定,但是在裁量刑罚时必须考虑的情节。在性质相同的犯罪中,不同案件的犯罪情节各不相同,其危害程度也存在重大的差异。盗窃相同数额的财物,在经济发达地区与欠发达地区,危害程度就存在差别,在决定具体刑罚时,就必须考虑到这一情节。这并非同罪异罚,而恰恰是罪责刑相适应原则的要求。我国《刑法》采取相对确定的法定刑,可以便于审判机关针对每个具体案件所犯罪行的大小和犯罪人的具体情况,分别定罪量刑,使刑罚能够真正适应各不同犯罪的危害程度。

第三,刑罚与犯罪人的人身危险性相适应。犯罪人的人身危险性,是指再犯的可能性。再犯的可能性并不直接反映罪行的轻重,却可以表明今后对社会潜在威胁程度。对犯罪人的人身危险性评价,包括需要正确认识和评价对社会的潜在威胁程度,也包括及其消长的本身。有的犯罪人在初期时可能对其罪行没有正确的认识,会表现出具有较大人身危险性,但是在接受一定教育后,对自己的罪行有正确认识,人身

---

① 高铭暄、马克昌主编:《刑法学》(第 5 版),北京大学出版社、高等教育出版社 2012 年版,第 28—29 页。

危险性就会降低。所以,考察再犯可能性,既需要考察罪前的情况,也需要考察罪后的情况。犯罪人犯罪以前的一贯品行或者有无劣迹、有无前科等,以及犯罪是否自首或者逃避、推卸罪责、积极退赔经济损失或者隐瞒赃款赃物等,这些内容虽对其所实施的罪行本身没有直接影响,却能够预示其改造的难易程度和再犯罪的可能性大小。因此,对犯罪之人适用刑罚,都应该注重刑罚对犯罪之人再犯罪趋势的遏制作用。

罪责刑相适应原则的检讨

张明楷教授认为,我国《刑法》第5条的规定,实际上是要求刑罚的轻重必须与罪行的轻重以及犯罪人的人身危险性相适应。与罪行的轻重相适应,是报应刑的要求;与犯罪人的人身危险性相适应,是目的刑的要求。其实质内容,在于坚持以客观行为的侵害性与主观意识的罪过性相结合的犯罪危害程度(罪行的轻重),以及犯罪主体本身对于社会的潜在威胁和再次犯罪的危险程度,作为量刑的尺度。其出发点和归宿点,都在于最大限度的发挥刑罚的积极功能,实现刑罚的正义和预防犯罪的目的。也正是基于这样的考虑,没有必要将《刑法》第5条规定的原则概括为罪责刑相适应原则①。这是有一定道理的,只不过在第5条的规定中,明确指出了刑罚应与"所犯罪行和承担的刑事责任相适应"的要求,正是依据这一规定,学界对此内容做了与原本对"罪刑适用原则"不同的诠释,即原尚无立法规定时,将"罪刑相适应原则"表述为"就是说犯多大的罪,便判多重的刑,重罪重判,轻罪轻判,罪刑相称,罚当其罪"②。而在结合现行立法规定情况下,主观恶性和人身危险性成为该原则的主要内容。因此,将"罪刑相适应原则"称为"罪责刑相适应原则"并不会引起对该原则合理内核有歧义的解读,学界对该原则这一提法变化也没有大的异议,将该原则称为"罪责刑相适应原则"也未尝不可。

罪责刑相适应原则,脱胎于"以血还血""以牙还牙"同态复仇的报应观,在现代法治社会中,该原则不可能再以这样的姿态出现。"尽管'以眼还眼,以牙还牙'的绝对报应主义作为标准是最明确的,然而作为标准无论怎样明确,根据禁止残酷刑罚的近代人道主义观点,不可能维持它。"③如前所述,该原则中在现代社会中已经融入了刑事人类学派和刑事社会学派理论的合理内核,施刑的教育刑理念(目的刑)成为裁量刑罚的重要制约因素。但是,为达到教育的目的④,所适之刑必要要给予受刑者一定的痛苦,使之感受到法的威严,杜绝再次犯罪的念头而达到教育的目的。刑罚的本质在于对犯罪人的报应(或惩罚),其实质就是一种痛苦。正是刑罚之苦是一种"易

---

① 参见张明楷:《刑法学》(第2版),法律出版社2003年版,第72页及页下注释。
② 高铭暄主编:《刑法学》,法律出版社1982年版,第39页。
③ 〔日〕村井敏邦:《刑法》,日本岩波书店1994年版,第47页。
④ 任何"目的"都是人对事物所设定的一种期望,是人为的结果,而非事物自身具有。目的能否实现,又与事物的本质相关,受其制约。

感"的力量(贝卡利亚语)才能震撼包括犯罪人在内的全体社会成员的心灵,从而才能产生威慑机能及其他机能。而相适应,则要求所适之刑既要与所犯罪行和承担的刑事责任相适应,也需要考虑刑罚惩罚带来的痛苦,在何种程度上相当于犯罪的恶,才能够发挥刑罚教育的功能。"如果把刑罚的目的仅仅当做威慑,就可能把刑罚的惩罚属性提高到不恰当的严厉程度;如果把刑罚目的仅仅当做教育,则会使刑罚的惩罚属性宽缓到不恰当的程度。"① 然而,直至目前,也不可能有受刑之痛苦与犯罪之恶相匹配,能够实现教育目的计量方法,当然也无法证明所犯罪之恶与某种类型的刑罚或某一等级的刑罚之间具有像数学上一般的比例关系。贝卡利亚提出的"精确的、普遍的犯罪与刑罚的阶梯"②,仍然是一种罪责刑相适应的理想,是一个无法证明的哲学命题。因此,该原则在现实中能够做到的只是将严厉的刑罚分配给严重的犯罪,轻微的刑罚分配给轻微的犯罪,中等程度的刑罚分配给中等程度的犯罪③。

第三节 近代刑法与刑罚的近代合理化

一、近代刑法的概念

所谓近代刑法,从概念的产生而言,是大陆法系国家的刑事法学者对1791年法国大革命后,以提倡个人自由、平等为中心,体现上升时期的资产阶级刑法思想的刑法的统称。从刑法史的角度而言,近代刑法则是相对于中世纪欧洲封建刑法而言。正因为所谓的近代刑法所体现的是那一时期资产阶级的普遍性的政治思想,同时又代表了广大的底层平民反对封建酷刑的强烈要求,因此,近代刑法也被西方学者称为"市民刑法"。

毋庸置疑,近代刑法的产生,当然与近代启蒙刑法思想有着直接的思想渊源。法国大革命前,以格老秀斯、霍布斯、洛克、孟德斯鸠、伏尔泰、卢梭等启蒙思想家的自然法理论和社会契约论为理论基础的思想,针对中世纪封建刑法的恣意性、宗教性、身份性和残酷性,提出了刑法的"合理主义",明确倡导罪刑法定、罪刑相称、废除酷刑、法律面前人人平等、刑法与宗教分离以及客观性的刑法等主张。④ 在法国大革命后,这些具有重大社会进步意义的思想被反映在近代资产阶级统治者制定的刑法中。所以,近代刑法是根植于近现代资本主义社会、市民社会的自由、平等的思想之中,是以推动近代资本主义发展为目的,并成为其社会制度建立并得以维持的最强有力的支柱。

---

① 谢望原:《论刑罚的本质、机能、目的的相互关系》,载《法律科学》1997年第5期。
② 〔意〕贝卡利亚:《论犯罪与刑罚》,黄风译,中国大百科全书出版社1993年版,第65页。
③ 参见〔英〕H.L.A.哈特:《惩罚与责任》,王勇译,华夏出版社1989年版,第155页。
④ 参见马克昌主编:《近代西方刑法学说史》,中国人民公安大学出版社2008年版,第3—6页。

近代刑法的突出特点就在于强调"对合理性的关心","平等是法存在根据"成为法的构成结构中具有决定性的最基本动力。因此,近代刑法中由于对这种合理性的关心而产生的罪刑法定原则,成为近代刑法产生的标志,也就成为近代市民刑法的根本原则。所谓近代刑法,必须与罪刑法定原则的联系是不言自明的。

从刑法的阶级性上而言,虽然在第二次世界大战后社会主义国家的刑法从根本上说同样是反对封建刑法的,但仅此还不能说这类刑法是"市民刑法"。从我国现代史上说,民国时期中国的刑法也并非能被称为"市民刑法",因为从法的产生的思想渊源上说,这样的刑法均不是建立在近代的资本主义社会的、市民社会的、自由平等的思想之上的。从古至今,中国不具备,也从来没有产生过这样的思想并在立法上得到体现。即使我国现行刑法规定了罪刑法定原则,也不宜认为我国现行刑法是"市民刑法"。

二、刑法的发展

刑法的发展以什么为标志?这是个见仁见智的问题,从不同角度可能都会得到并非错误的结论。我国的第一部成文刑法法典,是1979年颁布,在1997年进行全面的修订,从过去一百多个条款修订到现在有四百多个条款,从过去的一百多个罪名发展到如今四百多个罪名。在全面修订之前,还颁布了23个《决定》《补充规定》,现在还有《刑法修正案》的不断补充。那么,刑法的发展,能否从一次次修订中得到答案:这就是刑法自身的发展?本书认为结论是否定的。刑法的发展,应是以刑罚制度变革为前提的。

(一)刑罚合理化的发展进程度和趋势

根据刑罚在各国历史存在的形式和历史时期,理论上对刑罚归纳为五种进化形态(报复时代、威慑时代、等价时代、矫正时代、折衷时代),相应的就具有:报复刑、威慑刑、等价刑、矫正刑、折中刑思想的产生,并直接影响到各个时期各国刑罚制度的变化。在此基础上,对各自的特征予以剖析,对不同时期刑罚的存在形态和方式及适用的特征予以对比分析,可以发现,刑罚向近代化发展过程至少呈现出如下五种趋势和特点[1]。

(1)刑罚由严酷走向缓和。通观刑罚进化的历程,虽然威慑刑较之报复刑更为严厉,但在总体上,刑罚史呈现出由严酷走向缓和的趋势。其最明显的标志是肉刑在等价时代被唾弃,而死刑经由等价时代、矫正时代与折中时代逐渐走向消亡,自由刑取而代之成为刑罚体系的中心。

(2)刑种由复杂走向简单。在报复时代与威慑时代,刑罚方法纷繁复杂,仅仅死刑的执行方法就多达数十乃至上百种。这在我国奴隶制、封建制刑法中也有相当程

---

[1] 以下刑罚制度的发展,主要参考邱兴隆教授观点,不再一一注明出处。参见邱兴隆:《刑法理性评论——刑罚正当性反思》,中国政法大学出版社1999年版,第二章至第六章。

度的存在。然而,纵观刑罚至等价时代,死刑的执行基本上实现了单一化,体刑、肉刑①与羞辱刑不复存在,刑罚体系大为简化。至矫正时代与折衷时代,死刑走向消亡,自由刑亦走向单一化。因此,刑罚明显地呈现出由复杂至简单的进化趋势。

(3) 刑罚由消极走向积极。在报复思想盛行的时代,刑罚只是对犯罪的机械的反动,因完全取决于犯罪而处于被动、消极的状态。在威慑思想的时代,刑罚已被作为对犯罪的遏制手段,其纯消极的惩罚性已被积极的遏制性取代。在等价思想时代,虽然在理念上,刑罚被作为等价报应的手段,但实际上,由通过威慑而遏制一般人犯罪与通过剥夺再犯罪能力功能而防止罪犯再次犯罪,所体现的对犯罪预防的积极性,已经非常明显。在矫正时代,刑罚的消极惩罚性被彻底抛弃,预防犯罪人再犯罪,被奉为刑罚的唯一目的,其积极性不言而喻。提倡折中思想的时代,刑罚虽不再以单纯的个别预防为目的,但在公正的前提下,最大限度地追求预防犯罪的效果,仍是刑罚之积极目的所在。显然,由消极的惩罚走向积极的预防,构成刑罚的又一进化趋势。

(4) 刑罚由单纯的权利剥夺走向兼顾对权利的保障。在报复、威慑时代,单纯的客观责任、主观责任构成刑罚的基石,刑及无责任能力者、无责任者、株连无辜与罪刑擅断之风盛行,刑罚注重的是对犯罪人的权益的剥夺,很难说有对其权益的保障可言。至等价时代,罪刑法定被奉为用刑施罚的准则,株连无辜被严禁,刑罚的剥夺与保障机能兼具。虽然在矫正时代,人身危险性取代犯罪的严重性而成为动刑的前提与根据,以及不定期刑与保安处分被采纳,使刑罚的保障机能被削弱,但至折中时代,罪刑法定原则、罪刑等价原则重新被采用,使刑罚的保障机能再次受到重视。可见,由单纯的剥夺走向兼顾保障,也是刑罚明显的进化趋势之一。

(5) 刑罚由不合理走向合理。报复时代,社会报复观念是主宰刑罚的唯一根据,刑罚的不合理性不言而喻。威慑时代只求威慑不求个别预防且刑罚不受报应的节制,其不合理性同样明显。至等价时代,等价报应与等价威慑初步奠基于公正与功利相统一的理性基础之上,刑罚因而初步走向合理化。虽然在矫正时代,刑罚因为完全抛弃了报应与一般预防理论而被作为单纯的个别预防手段,从而再度陷于不合理状态。但是,至折中时代,刑罚以法律报应与双重预防相折中为理性基础,接近于报应与功利相统一的基本理性,因而回归到基本合理的轨道。因此,虽然矫正刑的出现使刑罚的合理化的历程受阻,但刑罚终呈现出由不合理走向合理的发展趋势。

(二) 刑罚制度近代合理化的基本内容

1. 刑罚合理化的理解

刑罚的合理化,也可以说是刑罚的理性问题(在法哲学意义上)。根据现代刑罚理论,刑法学者对刑罚的理性的思考,实际上是对刑罚进行的价值判断,如果从法的体系上说,应属于法哲学的领域。但是,这样并不不排斥我们同时,或者说必须从法社会学视角对于刑罚的合理性进行分析。本书认为,刑罚的合理化(性)是指刑罚是否符合人类理性。当然,这里对人类理性也是可以有多种解释的,因为它本身就是一

---

① 目前世界上还有极少数国家保留有肉刑,如新加坡。

个历史的、阶段性的。如启蒙时代的人类理性，就是指"作为资产阶级人"的人类理性等。本书认为，刑罚的合理性是指人类社会不区别种族、肤色、宗教信仰等而普遍存在，共同具有的理性，如反对酷刑、反对不人道刑罚、宗教信仰自由、反对战争等。

刑罚的进化实际上也就是刑罚理性的进化。对于刑罚，不仅应当有进化论的眼光，而且还应当持相对论的观点。因为在每一个时代，任何事物都有其存在的特殊的理性，黑格尔的《法哲学原理》序言中有句名言："凡是合乎理性的东西都是现实的；凡是现实的东西都是合乎理性的。"因此，任何时代、任何国家都不可能存在所谓"不合理性"的刑罚，因而也就不存在刑罚"由不合理走向合理"的进化规律。例如，用今天的眼光看，"酷刑"当然是不符合人类合理性的，但在当时的历史时期内，不一定能够得出这样的认识。在这一意义上，不同时代不同时期刑罚的报复、威慑、等价与矫正，在具体的历史时期是被作为刑罚的理性来认识的。问题仅在于被作为理性来认识的东西，是否就真正是符合人类理性。如果从今天的眼光看，刑罚具有的单一性功能为其显著特点，而使其具有片面性，虽然应当说是不合理的，但其毕竟曾被作为刑罚的理性来认识。因此，对其理性承继、更迭是对刑罚的合理性认识的演变过程。人的认识能力的发展决定着对刑罚理性的认识，进而决定了作为这种认识之结果的刑罚合理性的发展。

从社会发展的角度可以看到，刑罚的严厉程度与权力的集中成正比，社会进化并不是刑罚变化的唯一决定因素。在奴隶制、封建制的低级社会中，以监禁剥夺自由作为刑罚没有实际意义，只是在社会崇尚的个人主义得到发展，个人自由才成为可以剥夺并具有值得剥夺的价值。随着社会文明的发展，以刑罚为主要调整形式的社会关系逐渐减少，而以赔偿型法律调整的社会关系范围在扩大，并以此推动了整个刑罚制度的进化。当然，刑罚从不合理性到合理性发展的原因是多元的，但是，在刑罚合理性发展、进化的诸种原因中，人类的精英（如启蒙思想家）对刑罚合理性的不断发现与追求，能不能说是刑罚发展的主要原因？根据经济基础决定上层建筑的理论，能不能说是推动刑罚合理化发展的直接原因？

本书认为，社会经济生活条件在刑罚的发展史上的确起到了不容怀疑的作用。但是，在刑罚合理性发展的原因中，人类的理性对刑罚理性的不断发现与追求是最直接的原因，它的作用远比社会经济生活条件所起的作用更直接；经济基础决定上层建筑，而上层建筑远非刑罚制度一种，因此，把经济条件作为决定刑罚合理化发展、进化的主要原因，是不是能够反映刑罚合理化和进化不同于作为上层建筑的其他制度的进化，不是没有疑问的。因为在相同经济条件之下，刑罚也存在不同发展形态，在这一点尚不能以"经济决定论"对刑罚合理化发展与进化的原因作出完整的解释。经济条件虽然构成刑罚合理化发展的基础，但是并非刑罚合理化发展的主因；构成刑罚合理化发展、进化的主要原因应当是人类对刑罚理性的不断发现与追求。

当然，从社会制度层面上，经济基础是重要的，"饱暖思淫欲""仓廪实而知廉耻"，这里都是在解决了"经济"的问题之后才有的追求。所以，经济产出当然重要，但并非经济基础的变化就决定作为上层建筑中人类思想的变化。只能反过来说，是符合人类社会发展的思想在先,推动了上层建筑的变化,并最终影响和推动了经济基础的变革。

2. 刑罚合理化的含义

如前所述,成为刑法近代化直接的原动力的是启蒙主义的思想和自然法理念。在欧洲宗教改革时代,神学通过迷信这座桥梁处于优越的支配地位,是启蒙主义理念取代神学使人的理性逐渐支配到社会生活的。而启蒙思想下人的理性决定刑罚的意义,决定了刑罚的合理目的。正是通过这样的认识,在刑法的发展中,刑罚必然地朝着人道主义化的方向发展。刑罚的人道主义化的最高点是废除死刑的强有力的立论和以自由刑、财产刑为中心的刑罚体系的建立。废除死刑的要求和努力,对缓和刑罚,促进刑罚合理化发展具有强烈的推动作用。

欧洲大陆在启蒙时代依然存在着中世纪残酷的死刑和残废刑、身体刑等非合理性刑罚,由此而引起的矛盾,已经引起了社会的动荡。在这种背景下,1764年贝卡利亚发表著名的《论犯罪与刑罚》一书,对死刑和刑讯逼供展开了正面的抨击,并在欧洲大陆引起了强烈的反响。在启蒙主义时代,具有代表性的思想家连续不断地开展了死刑废除的讨论,对非合理性刑罚引发社会矛盾的强烈意识,标志着要求合理性刑罚时代的到来。自17世纪欧洲各国的死刑适用范围逐渐缩小,直到18世纪影响到残酷死刑的执行,残废刑逐渐向废除方向发展。

从中世纪非合理性刑罚向合理性刑罚的转变,就必须实行替代非合理性刑罚的新的刑罚。为此,就不能仅仅奉行以威吓为目的的刑罚,必须赋予刑罚新的目的。与这一要求相适应的是近代自由刑刑罚体系的确立,与为缓和刑罚作出努力的废除死刑相同,近代自由刑同样具有推进刑罚制度近代合理化机能的作用。从刑法的发展历史而言,近、现代意义上的自由刑,是资产阶级革命后,由于刑罚指导思想、目的的变化,自由刑替代生命刑、羞辱刑、身体刑(残疾刑)而上升为刑罚体系的中心。这是刑罚近代化所结出的硕果。

自由刑的观念是近代才逐渐发展起来的,但也不能否认近、现代自由刑与古代及中世纪剥夺人身自由的刑罚有着密切联系。但如果仅从刑罚是否以剥夺或者限制犯罪人人身自由为内容的形式上来理解,将古代的有关剥夺人身自由的刑罚方法称为近、现代意义上的自由刑的渊源是否恰当?能否说近、现代自由刑就是对古代自由刑的继承和发展?本书认为,这种联系是形式上的而非本质上的。即使替代、废除残废刑、身体刑或者废除死刑使长期自由刑之说能够成立,也不能说长期自由刑是近代自由刑的原型,也并不是近、现代自由刑的渊源[①]。

从刑法发展历史上来说,古代的酷刑时期,基本上是有刑而无度的,即使有些有刑制,也极不完备,刑罚和刑罚权的行使具有超越性和绝对性。该时期的自由刑,根本谈不上对犯罪人有系统的改善和教育的目的。在我国古代以及欧洲大陆中世纪,

---

① 长期自由刑在古罗马时期就已经存在,在罗马法中是"公役刑"(Opuspublicum)形式。被判处"公役刑"的即由看守押解强制进行造船、建筑城堡、要塞等劳动作业。参见〔日〕庄子邦雄等:《刑罚的理论与现实》,日本岩波书店1972年版,第6—7页。

针对犯罪人的主要刑罚为生命刑、身体刑,虽然有剥夺人身自由为内容的徒刑,也多具有强制劳役的内容,但并无一定组织化的拘禁场所,也没有改善犯罪人思想的具体要求,与近、现代自由刑的观念上有本质上的不同之处。正是因为如此,古代及中世纪剥夺人身自由的刑罚与近、现代意义上的自由刑只徒具形式上的联系,在刑罚的观念上并没有直接的关系。因此,不应认为古代及中世纪剥夺人身自由的刑罚就是近、现代意义上自由刑的直接渊源,只是在形式上有继承性,即近、现代自由刑是由其逐渐演变而来是比较恰当的。

为刑罚制度的合理化发展提供强有力的理论依据的学者,是费尔巴哈和李斯特。也就是指费尔巴哈提出的著名的"心理强制说"并以此为基础理论确立的罪刑法定原则和一般预防说。费尔巴哈出于建构近代市民刑法的目的,根据形式的合理主义的要求,提出了罪刑法定原则,刑法典成为保护一般人权利的大宪章。但是,从19世纪初与19世纪后半期欧洲大陆资产阶级开始兴起产业革命,社会形势发生了巨大变化,犯罪现象日益严重,刑法典不能仅成为对一般市民保护的"大宪章",同时被要求具有对犯罪人权利保护"大宪章"的机能。李斯特顺应了时代发展的要求,强调刑法典是"犯罪人的大宪章",为刑罚合理化发展提供了实质性理论基础。李斯特在1882年的《刑法中目的的观念》中作出如下的阐述:"法具有内在的目的观念,这一目的是法的本质……根据刑法中的正义目的,被严格要求遵守的是刑罚的量……依据目的观念对刑罚权力进行严格的约束,是刑罚正义的理想。"罪刑法定原则"是无所不能的国家对国民的保护,这是从多数的权力所设立的绝对性的力,可以说是对个人的保护。所以,反过来严格地说,刑法典是犯罪人的大宪章"[①]。李斯特主张对短期自由刑实行限制,提倡缓刑制度,主张对少年犯和累犯的特别处遇以及保安处分制度、缓起诉制度等刑罚个别化思想和理论,对刑事政策的合理化起到了实质性的影响,其核心内容,即是刑罚的特别预防。

虽然费尔巴哈的心理强制说也被评价为对人心理的解读是一知半解,但心理强制说因罪刑法定原则的创设而对刑法的发展是功不可没,没有它也就根本不可能有罪刑法定原则;虽然李斯特的特别预防论是建立在社会防卫目的上,适用刑罚是根据犯罪人人身危险性,由此决定其反社会的危险性的大小,来决定刑罚的质与量,也是被现代刑罚理论所质疑的,但是,不可否认为现代刑罚制度建立提供了理论准备,最终使得刑罚制度进化发展的历史功绩是不容否定的。

第四节 刑法的解释

一、刑法解释的必要性

法的解释,在德国以及我国台湾地区,称为"法学方法论",是指根据立法原意、立

[①] 转引自〔日〕庄子邦雄等:《刑罚的理论与现实》,日本岩波书店1972年版,第14页。

法意图、法的意识和有关需要对法或法的规定的具体内容、含义所作的解答和说明。①"法"作为行为规范和裁判规范,为何还需要解释?这正如前述对刑法如何定义那样虽然有不同认识,但可以说都从某一个角度给出了关于刑法的几乎完美的诠释。概念所反映的只是对结构复杂、具有丰富内涵的社会事物的语言凝练,也正是如此,被概念所概括、抽象的社会事实必然是经过取舍、剪裁,从而可能造成对社会事实的反映并非全面,也因为概念使用的文字具有多义性(可以说每个文字都是一个多义字,甚至不同的学者对同一个文字的理解也存在很大差异),因此,被概括、抽象的社会事实,在概念中难以避免在结构上的单一性、局限性,甚至不排除概念对社会事实有着扭曲反映的危险。"中国现代法治不可能只是一套细密的文字法规加一套严格的司法体系,而是与亿万中国人的价值、观念、心态以及行为相联系的。"②因此,对"法"的解释,不可避免。

当然,需要解释的对象并非仅仅是"实定法"的规范,还包括各种具有"准法律性质"的最高司法机关制定的司法解释、习惯和判例制度,以及国务院及有关部门所制定具有"规范性、确定性、普适性、强制性③"的规章制度。

法律解释的必要性是由法律调整的特殊性及其运作的规律所决定的,是将抽象的法律规范适用于具体的法律事实的必要途径。"法解释者对某个法律文本进行解释,不只是限于理解该法律文本,而是要将法律文本(某个条文)作为解决待决案件的准据,亦即将该法律条文适用于待决法律事实,从中得出判决。换言之,法律解释以法律适用为目的。"④同时,法律解释也是寻求对法律规范的适用统一、准确和权威的理解和说明的需要。面对繁冗复杂的法律事实,"法律如果没有法院来详细说明和解释其真正含义和作用,就是一纸空文"⑤。因此,法律解释就是以法律适用为目的;"适用"有其特定涵义,是将解释的法律规范适用于待决案件事实,适用是法解释的目的,而非解释的要素。⑥ 而且,法律解释是弥补法律漏洞的重要手段。再完备的法律均有漏洞,当此种漏洞一时无法通过立法予以弥补时,则必须由法律解释予以填补,这就是"法律漏洞补充"⑦,解释成为拾遗补缺的重要手段之一。法律的适用,首先必须探寻可得适用的法律规范,其结果无非有三种:一是有可适用的法律规范;二是没有可适用的法律规范,即存在法律漏洞;三是有规范但过于抽象,必须加以具体化。在第一种可能性下,应通过各种解释方法将法律规范适用于待决案件事实;在第二种可能性下,应进行漏洞补充;而在第三种可能性下,则应进行价值补充。⑧ 此外,实定

---

① 这说明,法的解释是具有价值取向的法的实践活动。
② 苏力:《法治及其本土资源》,中国政法大学出版社 2004 年版,第 20 页。
③ 也即具有显性处罚机制的规范,如行政法规、经济法规范。
④ 梁慧星:《民法解释学》,中国政法大学出版社 1995 年版,第 148 页。
⑤ 〔美〕汉密尔顿、杰伊、麦迪逊:《联邦党人文集》,程逢如、在汉、舒逊译,商务印书馆 1980 年版,第 111—112 页。
⑥ 参见梁慧星:《民法解释学》,中国政法大学出版社 1995 年版,第 149 页。
⑦ 同上书,第 148 页。
⑧ 同上书,第 192—193 页。

法的规范总是落后于社会的发展变化的,因此,法律解释是调节法律的稳定性与社会的发展变化之关系的媒介。因为法律规范都是抽象、概括的规定,要适用到现实生活中具体的人和事,需要法律解释的媒介作用;也因为法律规范都应该具有稳定性,要适应现实生活和人们认识的不断发展变化,需要法律解释①。

同理,刑法的解释,是对刑法规范用语含意以及意义的阐明,是对刑法规范的内容赋予特定意义的实践活动。刑法规范是以文字加以规定的,要求用语及文字的简练,应避免条款内容的重复、臃肿。但是文字、用语在现实中又往往存在歧义,因此,为了准确理解刑法规范内容的含义,就需要对刑法规范内容加以解释。贝卡利亚说:"刑事法官根本没有解释刑事法律的权利,因为他们不是立法者。严格遵守刑法文字所遇到的麻烦,不能与解释法律所造成的混乱相提并论。这种暂时的麻烦促使立法者对引起疑惑的词句作必要的修改,力求准确,并且阻止人们进行致命的自由解释,而这正是擅断和徇私的源泉。"②要求刑法规定明确到不允许解释的程度,当然是最为理想的,但这只是一种幻想,任何刑法都有解释的必要。③ 如果不通过解释统一执法,刑法的规定,也是一纸空文。

在现代法治国家,对立法机关制定的成文法,当然是不允许司法人员随意解释的,因为存在着在解释中随意变更规定的内容,曲解法律的可能性,如此一来,即便有刑法的规定,也仍然会落入罪刑擅断。但是,即使再精确的语言,在对事物的概括性上仍然是有缺陷和不足,再加上法律的用语应该使得社会上的普通人也能够理解它的含义,不应该使用晦涩、难懂的文字表达,因此,刑法的用语是以普通用语为基础,需要将普通的用语在法律的意义上加以明确或者补充。还因为刑法既是行为规范同时也是裁判规范,因此,其用语需要力求简洁,所以刑法规定的各种犯罪及其类型,都是对犯罪现象抽象的结果,而现实中的犯罪案件则都是具体的,二者之间存在着距离,个案能否抽象符合刑法规定的具体条件,也必须通过解释。在刑法规范中,还有大量的需要以价值观进行阐释的概念,只有通过解释,刑法的用语才得以明确。因此,对法的规范内容进行必要的解释,成为适用法律的前提条件。

就刑法的解释而言,"刑法解释的对象是刑法的规定,刑法又是以文字做出规定的,故刑法的解释不能超出刑法用语可能具有的含义,否则便有违反罪刑法定原则的嫌疑。刑法以保护法益为目的,所以,刑法解释不能违背保护法益的目的。刑法是根据宪法制定的,所以,刑法解释不仅不能违反宪法,而且必须自觉地以宪法为指导进行解释。合宪性解释不只是一种解释方法,更重要的是解释原则;对刑法条文的解释必须符合宪法;如果对刑法条文的解释,无论如何都得出违反宪法的结论,那么该条文就是违宪的;对于公民行使宪法所赋予的权利的行为,即便是行使的方式或者程序

---

① 参见张志铭:《中国的法律解释体制》,载梁治平主编:《法律解释问题》,法律出版社1998年版,第174页。
② 〔意〕贝卡利亚:《论犯罪与刑罚》,黄风译,中国大百科全书出版社1993年版,第12—13页。
③ 参见张明楷:《刑法学》(上)(第5版),法律出版社2016年版,第28页。

不妥当,也不能轻易解释为犯罪"①。

当前,刑法学界形成了遵循实质解释与形式解释相对立的解释方法论。② 实质解释论中,解释的出发点所首要确定的因素是法益,法益既是判断行为类型的前提,同时对责任类型也具有重要意义。③ 在实质解释看来,法益具有先导性、基础性、解释性的功能。因此,在构成要件行为样态的判断上,并不拘泥于规范本来的意思,而是以法益作为概念基底,对行为(类型)和构成要件的含义进行不断的调整和补充,以适应社会发展的需要。形式解释论中,法益并不重要,法益在认定构成要件的行为类型上并不能发挥重要的作用,行为类型根据行为本身样态和行为对象来进行判断就可以。陈兴良教授就认为:"构成要件是犯罪的骨架,它和犯罪成立其他要件的关系犹如骨架与血肉之间的关系。"④"对构成要件作形式解释,是指对一个行为是否符合构成要件作形式上的判断,这是一种规范判断……而对构成要件作实质解释,是指对一个行为是否符合构成要件作实质上的判断,这是一种价值判断。"⑤也就是说,在形式解释中,实质判断(对法益的侵害)基本上在行为类型上是不予考虑的。

形式解释,当然是与"罪刑法定原则"的贯彻具有最直接关联性的解释方法,毫无疑问是为了限制国家刑罚权的发动,但是,法律术语的抽象性又决定了即便再精确的语言,也难以完全胜任适用法律的需要,"离开刑法的法益保护目的就不可能解释构成要件,不可能对构成要件符合性做出判断"⑥。在不考虑保护法益目的的前提下,甚至连一个"用放火方法致人死亡"现象,都无法确定是成立"故意杀人罪"还是"放火罪"。然而,过于强调实质解释,当然也存在形式解释论者所批评的问题,有扩大处罚范围之虞。

本书认为,无论形式解释还是实质解释,都是刑法解释不可或缺的;排除形式解释,仅从现象上说也是对构成要件界限机能的否定,而不待见实质解释,也难以实现刑法对法益保护的目的。但是,正是基于学者们实质解释的价值观各异,如何在保障罪刑法定原则的基础上进行规范解释,是重要的。

无论何种解释,必须遵循的是解释不能超出罪刑法定原则的要求。具体而言,既包括解释不能超出一般人对刑法用语所能够理解的范围,也包括不能将条款所没有的内容解释为所包含的内容。但是,当立法解释、司法解释,特别是司法解释超出罪

---

① 参见张明楷:《刑法学》(上)(第5版),法律出版社2016年版,第29—30页。
② 参见邓子滨:《中国实质刑法观批判》,法律出版社2009年版,第312—313页;陈兴良:《形式解释的再宣示》,载《中国法学》2010年第4期;张明楷:《实质解释的再提倡》,载《中国法学》2010年第4期;苏彩霞:《实质的刑法解释论之确立与展开》,载《法学研究》2007年第2期;刘艳红:《转化型抢劫罪主体条件的实质解释——以相对刑事责任年龄人的刑事责任为视角》,载《法商研究》2008年第1期等。
③ 从主张实质解释论学者对"限制刑事责任年龄人"责任范围的研究中,可以明显看到对此的认识。参见刘艳红:《转化型抢劫罪主体条件的实质解释——以相对刑事责任年龄人的刑事责任为视角》,载《法商研究》2008年第1期。
④ 参见陈兴良:《构成要件论:从贝林到特拉伊宁》,载《比较法研究》2011年第4期。
⑤ 陈兴良:《形式与实质的关系:刑法学的反思性检讨》,载《法学研究》2008年第6期。
⑥ 张明楷:《实质解释的再提倡》,载《中国法学》2010年第4期。

刑法定原则进行解释时,当然完全是可以通过这一刚性的要求,由作出解释的机构予以纠正。① 而对学理解释,这一要求难以发挥作用。我们甚至不能以此作为批评不同学术观点有错误的理由,因为没有哪位学者是想在背离罪刑法定原则的前提下进行解释。所以,学理上的解释,只能通过实践的检验来证明正确还是错误。

二、刑法解释的分类

刑法解释具有解释主体的广泛性、解释效力的多层次性和解释方法的多样性等特征。因此,刑法解释有多种不同的分类。

(一) 根据解释主体不同所作的分类

1. 立法解释

立法解释是指由立法机关所作的解释。通说认为,包括三种情况:一是在刑法立法中所作的解释性规定。如我国《刑法》第99条规定的"本法所称以上、以下、以内包括本数"属之。二是法律的起草说明中所作的解释。如王汉斌副委员长在《关于〈中华人民共和国刑法(修订草案)〉的说明》中将我国《刑法》第5条解释为罪刑相当原则,并进一步解释说"罪刑相当,就是罪重的量刑要重,罪轻的量刑要轻……"属之。三是在刑法施行的过程中,立法机关对发生歧义的规定所作的解释。如2000年4月29日全国人大常委会对我国《刑法》第93条第2款规定的"其他依照法律从事公务的人员"的解释属之。对于上述通说认为属于立法解释的情况,张明楷教授认为只有第三种解释属之,而其他两种均不属于立法解释②。但马克昌教授认为,第二种"立法说明"类的文件能否称为"立法解释"还值得研究。③

张明楷教授认为,在刑法中就相关问题作的解释性规定,不宜等同于立法解释,因为刑法中的解释性规定本身就是刑法文本的组成部分,如果认为这等同于立法解释,可以说几乎整部刑法都是立法解释。所以解释性规定与立法解释是有区别的。至于"立法说明",则是因为"说明"是为了使立法机关通过立法,对刑法修订的说明,为了使审议者了解制定、修订的目的。但这只是起草者的解释,从本质上说仍为学理解释,而且,它是向审议者而不是向全国人民的说明,也不是向适用者的法官的说明,所以难以认可是立法解释。④

本书赞同张明楷教授有关"立法说明"不宜视为立法解释的看法。但是,对于将"刑法中所作的解释性规定"也排除在立法解释之外的看法,则不认同。解释是对某种事物的说明(当然可以从不同角度说明),刑法是规定犯罪与刑罚的规范,但从其创设的内容而言,是对某种事项、事物在法律上的说明,即在解释"什么是"。从解释"什

---

① 本书认为,目前我国司法解释僭越到立法层面的现象是比较严重的,如对过失共同犯罪的有关司法解释。从理论以及立法的发展看,可以持赞同的态度,但对违反罪刑法定原则的解释现象,持不赞同态度,毕竟立法的欠缺,不应通过司法来解决。

② 参见张明楷:《刑法学》(上)(第5版),法律出版社2016年版,第30页。

③ 参见马克昌主编:《刑法》(第3版),高等教育出版2012年版,第7页。

④ 参见张明楷:《刑法学》(上)(第5版),法律出版社2016年版,第30页。

么是"看,当然对所有犯罪规定的内容都是以"什么是"作为启示的,如"什么是"故意犯罪、"什么是"过失犯罪、"什么是"故意杀人罪、"什么是"抢劫罪,诸如此类只要是从无到有的规定,都是在"解释"。如此,正如张明楷教授所言,整部刑法都是立法解释了。但是,刑法条款中还有在这种"什么是"的前提下,对具有普遍性的事项的规范解释。例如,我国《刑法》第94条规定:"本法所称司法工作人员,是指有侦查、检察、审判、监管职责的工作人员。"这是适用于整部刑法以"司法人员"为犯罪主体的所有犯罪;第95条规定:"本法所称重伤,是指有下列情形之一的伤害:(一)使人肢体残废或者毁人容貌的;(二)使人丧失听觉、视觉或者其他器官机能的;(三)其他对于人身健康有重大伤害的。"这是适用于整部刑法所有涉及对人身造成损伤结果的解释。这种具有普遍性要求的解释,如果不认为是立法解释,就很值得商榷。

2. 司法解释

司法解释是指由国家最高司法机关所作的解释。1981年6月10日全国人大常委会《关于加强法律解释工作的决议》第2条规定:"凡关于法院审判工作中具体应用法律、法令的问题,由最高人民法院进行解释。凡属于检察院检察工作中具体应用法律、法令的问题,由最高人民检察院进行解释。"由此可见,有权对刑法进行司法解释的机关是最高人民法院和最高人民检察院(以下简称"两高")。近几年来,"两高"特别是最高人民法院对刑法具体应用的问题作了大量的司法解释,对刑法的正确施行起了积极作用;但是,在解释的准确性、科学性等方面也还存在某些问题,有待不断地改进。

3. 指导性案例

2010年11月26日和7月9日,"两高"分别通过并颁布了《关于案例指导工作的规定》,标志着案例指导制度在我国的正式建立。案例指导制度中的案例,又称为指导性案例。指导性案例不同于不具有指导性的普通案例,在某种意义上说,所谓指导性案例其实就是判例。[1] 根据最高人民法院《关于案例指导工作的规定》第4条第1款的规定,指导性案例既可以是最高人民法院各审判业务单位已经发生法律效力的裁判,也可以是地方各级人民法院已经发生法律效力的裁判。但这些案例要成为指导性案例,必须符合"两高"规定的一定条件并经过一定程序确定。经过程序确定的指导性案例,对下级检察院和法院在处理相似案件时,具有"照此执行"的指导意义。

陈兴良教授将指导性案例分为:(1)影响性案例。影响性案例是指社会广泛关注,群众反映强烈的案例。(2)细则性案例。细则性案例是指在法律规定较为原则的情况时,将法律原则性规定予以细则化的案例。(3)典型性案例。典型性案例是指具有典型意义的案例,是指对于处理同类型的案件具有样板性意义的案例。(4)疑难性案例。疑难性案例是指疑难复杂的案例。(5)新类型案例。新类型案例是指新出现并且具有一定典型性的案例[2]。

---

[1] 参见陈兴良:《案例指导制度的规范考察》,载《法学评论》2012年第3期。
[2] 同上。

4. 学理解释

学理解释是指由国家宣传机构、社会组织、教学科研单位或者专家学者从学理上对刑法规定的含义所作的解释。这种解释不具有法律上的效力,其通常在各类刑法教科书、刑法讲义、刑法学术专著、论文等表现出来,这均属于学理解释。学理解释虽然不具有法律效力,但正确、合理的学理解释有助于理解刑法规定的含义,对刑事司法中正确执行刑法有重大的帮助,学理解释也对我国刑法理论的发展起着推动作用。

(二) 根据解释方法不同所作的分类

1. 文理解释

文理解释是指依据刑法条文中文句的意义所作的解释。解释的根据主要是语词的含义、语法与标点,有助于阐明具体的概念、含义。拉丁法谚云:"文字之解释为先。"[1]因而文理解释也被认为是刑法解释的基础。我国《刑法》第94条对"司法人员"的解释、第95条对"重伤"的解释等,均属之。文理解释只要使得刑法上的具体概念足够清晰,就不再需要运用其他解释的方法;反之,就需要运用其他解释方法予以明确。例如,我国《刑法》第95条对"重伤"的解释,虽然有三项具体的规定都属于"重伤",但是,并不意味着只要是上述部位的伤害,都能够达到"重伤"的程度。也就是说,上述文理解释的"重伤",仍然是不清晰的。为此,早在1986年8月15日,最高人民法院、最高人民检察院、司法部、公安部就联合下发了《人体重伤鉴定标准(试行)》,并在1990年3月29日进行修订适用,1997年修订的《刑法》通过后仍然适用。2013年8月30日最高人民法院、最高人民检察院、公安部、国家安全部、司法部联合发布的《人体损伤程度鉴定标准》(以下简称14.01.01《人体损伤标准》),于2014年1月1日起施行,以明确对人体各类损伤的认定[2]。

2. 论理解释

论理解释是指对刑法条文的含义,在考虑立法精神,结合刑法制定的理由、沿革、当时的背景、刑法原理,以逻辑推理的方法所作的解释。论理解释的特点是,解释刑法规定不拘泥于字面的意义,而是联系一切有关因素阐明其含义。论理解释的结果可能会扩大条文字面的含义,也可能缩小条文字面的含义。但无论是扩大还是缩小条文字面含义,都必须符合罪刑法定原则的要求。具体而言,论理解释又可分为以下几种:

(1) 扩大解释。也称为扩张解释,是指条文字面的含义比刑法真实的含义小,因而能根据刑法的立法精神,扩张所使用的词语的含义,使之符合刑法规定真实含义的

---

[1] 转引自马克昌主编:《刑法》(第3版),高等教育出版社2012年版,第8页。
[2] 14.01.01《人体损伤标准》,包括对各类人体损伤的鉴定标准,因此,《人体重伤鉴定标准》(司发[1990]070号)、《人体轻伤鉴定标准(试行)》(法(司)发[1990]6号)和《人体轻微伤的鉴定》(GA/T 146—1996)同时废止。

解释。① 扩张解释不能超出词语可能具有的含义,否则就属于禁止适用的类推解释。根据罪刑法定原则,并不禁止扩大解释,也就是说,扩大解释在解释的理由上并不违反罪刑法定原则,但是也不意味着只要是扩大解释,其结论就一定是合理的。不合理的扩张解释与类推解释无异。扩张解释与类推解释在区别上是相对的,并没有绝对的界限。但是扩张解释与类推解释是有区别的。从罪刑法定原则的意义上说,类推解释逾越了罪刑法定原则,是"因类推解释造法",所以应被禁止。台湾陈子平教授认为,扩张解释是从上位概念的一般性命题,对下位概念的特殊性命题进行的演绎性推理,而类推解释无此种概括关系,仅是根据类似性,在特殊与特殊关系概念之间进行的讨论。不过,实际上区别扩张解释与类推解释有一定的困难,界限有点模糊,所以要坚持罪刑法定原则,至少要坚持在推论形式上的差异。可以在"是否在成文法条文句之可能意思范围内"和"是否剥夺一般人之预测可能性"为标准,凡是逾越一般人预测可能性的解释,则属于应被禁止之类推适用;而有利于被告人的类推适用,则是应被容许的。② 如"枪支"当然包括"军用"和"非军用",而对"非军用枪支"再进行的列举种类的解释,虽然是扩张了字面的"枪支"的概念,但是,是属于向下位概念的扩张,当然是不违反罪刑法定原则的。上述的解释是司法解释,是有法律效力的,但这并不意味着是司法解释的结论都是合理的。

(2) 缩小解释。或称为限制解释,是指根据刑法的立法精神,将刑法规定中所使用的词语的含义缩小到较字面含义为窄,以阐明刑法规定真实含义的解释。例如,《刑法》第 232 条规定的"故意杀人",其"杀人"当然包括"自己故意杀自己"的自杀,也包括"故意杀他人"的杀人。但根据我国《刑法》的规定,在解释时只限于"故意杀他人"的杀人,而不包括自杀,即属缩小解释。缩小解释在何种情况下需要,缩小的何种范围,张明楷教授认为,这是需要根据法益保护目的来界定的,也同时需要考虑到国民的自由保障,法条之间的关系等因素。也是认为,对属于消极的构成要件要素和有利于减免处罚条件的解释在适用缩小解释时,要防止违反罪刑法定原则的情况。③

(3) 当然解释。又称为自然解释,是指刑法虽未明文规定某一事项,但依形式逻辑推理或事物本身属性的当然道理,作出将该事项包括在该规定适用范围之内的解释。例如,对强迫卖淫罪的"强迫",学理上解释为"使用精神和肉体损害的方法"进行的强迫,属于当然解释。当然解释在方式上,有依据形式逻辑的解释方法,例如,破坏交通工具罪所列举的是"火车、汽车、电车、船只、航空器",汽车里并没有"小汽车"的规定,电车里没有"有轨或无轨"之分。但是,作为交通工具,无论汽车大小,无论电车有轨还是无轨,都属于交通工具,破坏当然都可以构成犯罪。依据当然道理,在解

---

① 例如,1995 年 9 月 20 日最高人民法院《关于办理非法制造、买卖、运输非军用枪支、弹药刑事案件适用法律问题的解释》第 1 条对刑法有关"枪支"的解释,包括"非军用枪支",非军用枪支"是指射击运动枪、猎枪、麻醉注射枪、气枪、钢珠枪、催泪枪、电击枪以及其他足以致人伤亡或者使人丧失知觉的枪支"即属扩张解释。
② 参见陈子平:《刑法总论》(上),台湾元照出版公司 2005 年版,第 53 页。
③ 参见张明楷:《刑法学》(上)(第 5 版),法律出版社 2016 年版,第 40 页。

释方法上有入罪解释的"举轻以明重"和出罪解释的"举重以明轻"的区别。"举轻以明重"是指对刑法规定的某一事项虽然未明确规定，但是以刑法所规定的事项可以明确，该事项具有相同性质而且在危害程度上相比，较轻的都要入罪，那么更为严重的事项，当然应该适用刑法的规定入罪。例如，非法制造、买卖、运输、邮寄、储存枪支、弹药、爆炸物罪，列举的对象是"枪支、爆炸物"，没有列举其他作为武器的对象，但既然非法制造、买卖、运输、邮寄、储存武器中危害程度轻的枪支，都要入罪，更何况非法制造、买卖、运输、邮寄、储存危害程度更大的其他武器，如非法制造"火炮"的，当然要入罪。相反，"举重以明轻"是指对刑法规定的某一事项虽然未明确规定，但是以刑法规定的事项可以明确，该事项具有相同性质而且在危害程度上相比，最重的不被规定为犯罪，那么在危害程度上相比更轻的事项，当然不应该适用刑法的规定入罪。例如，传播性病罪，是明知自己患有梅毒、淋病等严重性病卖淫、嫖娼的行为。这在违法的性交易中是最为严重的行为才视为犯罪，那么，虽然性质相同但危害程度较其为轻的一般卖淫、嫖娼行为，就不能视为犯罪。

（4）历史解释。又称为沿革解释，是指根据刑法制定或修订的时代背景与同类规定历史演变的沿革，阐明刑法规定真实含义的解释。这种解释方法，主要通过查询历史文献、立法的草案、立法的说明、审议的意见、讨论的情况等历史资料进行解释。例如，高铭暄教授所著的《中华人民共和国刑法的孕育诞生和发展完善》[①]就是一部回顾我国刑法发展历史包括众多历史解释的专著。历史解释主要是通过对立法的历史回顾而得出解释的结论，可能在某种意义上对于纠正不当的解释有意义。但是，由于社会是处于不断变化、发展中的，历史解释不得不采纳新的含义。由此可见，历史解释的方法，其说服力是很有限的。

（三）根据解释对象不同所作的分类

1. 主观解释

主观解释是指对立法者立法时主观上立法原意的解释，即通过对法律条文的解读，还原立法者的立法原意。这种解释认为，基于罪刑法定原则，什么行为是犯罪，科以何种刑罚只能是立法的规定，司法人员所能做到的仅仅是依法裁判，依法裁判就能还原立法者的意思。因此，刑罚的解释应以探讨立法者的意思为目标。然而，主观解释要想能够准确解读立法者的意思是很难做到的，这不仅因为立法者也存在主观上的失误，而且立法者对今后的社会事物能否有准确的预测，以及是否具有完整的立法资料以供研究，都可能成为阻碍正确解读立法者原意的障碍。更何况社会是不断变化、发展的，如果用已经不符合当前社会现状的立法原意去解决当前的问题，也是不适宜的。

2. 客观解释

客观解释是指解释客观存在的法律文本本身的意思，即解释刑法条文在客观上所表现出来的意思，而不是立法者在制定刑法条文时，主观上赋予刑法条文的意思。

[①] 参见高铭暄：《中华人民共和国刑法的孕育诞生和发展完善》，北京大学出版社2012年版。

所以,客观解释是以法律文本为解释对象。客观解释认为,主观解释所解读的立法者的意思,原本就是一个模糊的概念,因为立法者可以是一个人,也可以是一个团体,那么,哪一方可以代表立法者的意思,是不清楚的。而且,要让司法者去揣测立法者的意思,也是难以做到的。① 所以,只有将刑法解释的目标确定为刑法条文现在的意思,才是可行的解释。诚然,在客观解释中,其优点是可以使法律条文保持稳定不变的情况,并使其能够适用于社会情况的变化。但是,对法律条文文本的解释,是完全受解释者的立场、学识、情感等个人因素制约的。例如,个人的价值观可能直接影响到解释的结论,如何防止"法官造法",则是客观解释面临的难题。

3. 折中解释

折中解释是指刑法的解释应兼采主观解释和客观解释方法的主张。其中又有两种具体主张:一是以主观解释为主,客观解释为辅,即原则上采主观解释,对刑法的解释应忠实于立法者赋予法条的原意,但在认为立法当时的价值判断与现阶段的社会公平、正义理念、价值观不相符时,则例外采客观解释。二是以客观解释为主,主观解释为辅,即对刑法的解释原则上以客观解释为主,但如果客观解释的结论与现阶段的社会公平、正义理念、价值观已经不相符时,则采主观解释。②

第五节 刑法的用语

刑法中对于一些重要的、具有普遍性的用语,在立法中以专条加以规定,主要集中在刑法总则第五章"其他规定"中,也有个别规定体现在分则中。这些条款的解释,一般都属于文理解释,已经能够比较充分地表达了立法者的主观认识。但是,对这些规定,随着社会、政治、经济、文化和司法的变化,有时需要作进一步的解释。

一、立法规定的用语

1. 公共财产

我国《刑法》第91条规定:"本法所称公共财产,是指下列财产:(一)国有财产;(二)劳动群众集体所有的财产;(三)用于扶贫和其他公益事业的社会捐助或者专项基金的财产。在国家机关、国有公司、企业、集体企业和人民团体管理、使用或者运输中的私人财产,以公共财产论。"

在上述规定中,公共财产的一般范围是不难把握的,只是对第2款规定的"以公共财产论"的私人财产,之所以要以公共财产对待,其当然的结论在于只要是在国家机关、国有公司、企业、集体企业和人民团体管理、使用或者运输中的私人财产,如果发生毁损、丢失,是由造成损失的单位承担赔偿责任,因此,对这样的私人财产的侵犯,如同对公共财产的侵犯。

---

① 参见宗建文:《刑法的机制研究》,中国方正出版社2000年版,第155—156页。
② 参见张明楷:《刑法的基础观念》,中国检察出版社1995年版,第210—214页。

2. 私人所有的财产

我国《刑法》第 92 条规定:"本法所称公民私人所有的财产,是指下列财产:(一) 公民的合法收入、储蓄、房屋和其他生活资料;(二) 依法归个人、家庭所有的生产资料;(三) 个体户和私营企业的合法财产;(四) 依法归个人所有的股份、股票、债券和其他财产。"

刑法分则中有大量的条款设置对公共财产的保护,但是,并没有明确设置对私人所有的财产予以特别保护的条款。该条的规定,对明确私人所有的财产保护的范围,具有重要意义。

3. 国家工作人员

我国《刑法》第 93 条规定:"本法所称国家工作人员,是指国家机关中从事公务的人员。国有公司、企业、事业单位、人民团体中从事公务的人员和国家机关、国有公司、企业、事业单位委派到非国有公司、企业、事业单位、社会团体从事公务的人员,以及其他依照法律从事公务的人员,以国家工作人员论。"

根据上述规定,国家工作人员包括三类:(1) 在国家机关中从事公务的人员。根据我国《宪法》的规定,这里的"国家机关"亦是指国家机构,包括全国人民代表大会及其常务委员会、国务院、国家主席、中央军事委员会、民族自治地方的自治机关、地方各级人民代表大会及地方各级人民政府、最高人民法院、最高人民检察院以及地方各级人民法院、人民检察院。其中的工作人员属于国家工作人员,这也称为"国家机关工作人员",在刑法中是少数犯罪所要求的特殊主体。例如,我国《刑法》第 416 条不解救被拐卖、绑架妇女、儿童罪,其主体即为"负有解救职责的国家机关工作人员",而不是国家工作人员。

中国共产党的各级机关、各级政协机关、各民主党派机关,是否属于国家机关?其中的工作人员是否属于国家工作人员?理论上一直存在争议。多数学者持肯定看法。从国家的角度出发,执政党的各级机关以及人民政协各级机关不属于国家机关;但从我国的实践看,中国共产党是唯一的执政党,这是宪法明文规定的,其中的绝大多数工作人员实际从事的是公共管理事务,因此,对他们应该视为"依照法律从事公务的国家工作人员"。本书认为,是否属于国家机关并不是认定其工作人员身份的关键,而在于所从事的是否属于公共管理事务。只要从事公共管理事务,就应当视为国家工作人员。换言之,只是在中国共产党各级机关以及人民政协各级机关从事纯粹党务工作的人,不能视为国家工作人员;如果身兼数职(这是比较普遍的),同时也承担社会公共管理职责,就应该具体分析其犯罪是否与公共管理职责有关。

(2) 国有公司、企业、事业单位、人民团体中从事公务的人员和国家机关、国有公司、企业、事业单位委派到非国有公司、企业、事业单位、社会团体从事公务的人员。这里主要存在两个问题:一是如何解释"从事公务"? 所谓从事公务,就是指从事社会公共管理事务。在我国当前的经济体制下,经过经济体制改革后,多数的国有公司、企业、事业单位已经不再具有管理社会公共事务的职能,其中除了由上一级领导机构任命的领导层外,一般工作人员不具有国家工作人员的身份。目前,我国仍然有少数属于国家垄断的行业,如石油、天然气、通讯等行业,这种垄断行业中国家设立的公司、企业,由于投资的主体是国家,因此,这些单位即使对社会不再具有公共事务管理职能,但是担任领导职务的工作人员,是国家工作人员。① 二是如何解释"国有单位委派到非国有单位的人员"? 受委派到非国有单位从事公务,主要由国家作为投资主体,将资金投入非国有单位中,因而,受国有单位委派到非国有单位从事监督、管理国有财产的职务活动的,属于受委派到非国有公司、企业、事业单位、社会团体从事公务的人员,仍然属于国家工作人员。但是国家投资的情况是十分复杂的,其委派的工作人员身份在实务中仍然是棘手的问题。② 三是如何理解"其他依照法律从事公务的人员"? 这是立法为防止疏漏而设置的"兜底性"规定,当时立法时,因为还不知道应将哪些人视为国家工作人员。修订《刑法》施行后,随着改革的发展,村民委员会等基层组织中的工作人员的身份的确定,成为司法实务中的难题,理论上也存在很大的争议。2000年4月29日全国人大会常务委员会《关于〈中华人民共和国刑法〉第93条第2款的解释》指出,全国人民代表大会常务委员会讨论了村民委员会等村基层组织人员在从事哪些工作时属于《刑法》第93条第2款规定的"其他依照法律从事公务的人员"。③ 此外,03.11.13《经济犯罪座谈会》规定了"其他依照法律从事公务人员"的条件。④

4. 司法工作人员

我国《刑法》第94条规定:"本法所称司法工作人员,是指有侦查、检察、审判、监管职责的工作人员。"由此可见,司法工作人员包括在各级公安、检察、法院、监狱中工作,负有侦查、检察、审判、监管职责的工作人员。从我国的司法实践看,在上述各公

---

① 2003年11月13日《全国法院审理经济犯罪座谈会纪要》(以下简称03.11.13《经济犯罪座谈会》)指出:"从事公务,是指代表国家机关、国有机关、企业、事业单位、人民团体等履行组织、领导、监督、管理等职责。公务主要表现为与职权相联系的公共事务以及监督、管理国有财产的职务活动。如国家机关工作人员依法履行职责,国有公司的董事、经理、监事、会计、出纳人员等管理、监督国有财产等活动,属于从事公务。"

② 2010年11月26日最高人民法院、最高人民检察院《关于办理国家出资企业中职务犯罪案件具体应用法律若干问题的意见》第6条规定:"经国家机关、国有公司、企业、事业单位提名、推荐、任命、批准等,在国有控股、参股公司及其分支机构中从事公务的人员,应当认定为国家工作人员。具体的任命机构和程序,不影响国家工作人员的认定。经国家出资企业中负有管理、监督国有资产职责的组织批准或者研究决定,代表其在国有控股、参股公司及其分支机构中从事组织、领导、监督、经营、管理工作的人员,应当认定为国家工作人员。国家出资企业中的国家工作人员,在国家出资企业中持有个人股份或者同时接受非国有股东委托的,不影响其国家工作人员身份的认定。"

③ 村民委员会等村基层组织人员协助人民政府从事下列行政管理工作时,属于我国《刑法》第93条第2款规定的"其他依照法律从事公务的人员":(1)救灾、抢险、防汛、优抚、移民、救济款物的管理和发放;(2)社会捐助公益事业款物的管理和发放;(3)土地的经营、管理和宅基地的管理;(4)土地征用补偿费用的管理和发放;(5)代征、代缴税款;(6)有关计划生育、户籍、征兵工作;(7)协助人民政府从事的其他行政管理工作。村民委员会等村基层组织人员在从事前款规定的公务时,利用职务上的便利,非法占有公共财物,构成犯罪的,适用我国《刑法》第382条和383条贪污罪、第384条挪用公款罪、第385条和第386条受贿罪的规定。

④ "其他依照法律从事公务的人员"应具备两个基本特征:"一是在特定条件下行使国家管理职能;二是依照法律规定从事公务。具体包括:(1)依法履行职责的各级人民代表大会代表;(2)依法履行审判职责的人民陪审员;(3)协助乡镇人民政府、街道办事处从事行政管理工作的村民委员会、居民委员会等农村和城市基础组织人员;(4)其他由法律授权从事公务的人员。"

安司法机关中,除正式录用的人员之外,还有未被正式录用的人员,虽然他们不能成为正式的侦查、检察、审判、监管人员,但是,实务中却从事有关司法职责的工作。例如,地方各级法院、检察院聘用的合同制司法警察、书记员,与正式录用的司法警察、书记员执行同样的公务①。

5. 重伤

我国《刑法》第95条规定:"本法所称重伤,是指有下列情形之一的伤害:(一)使人肢体残废或者毁人容貌的;(二)使人丧失听觉、视觉或者其他器官机能的;(三)其他对于人身健康有重大伤害的。"

该条第1、2项是具体规定,第3项是概括性规定。重伤是人体损害中最严重的伤害,除重伤外,对人体的损害还包括轻伤害和轻微伤害两种。在我国,重伤害、轻伤害和轻微伤害,都要求"遵循实事求是的原则,坚持以致伤因素对人体直接造成的原发性损伤及由损伤引起的并发症或者后遗症为依据,全面分析,综合鉴定"②,而且,对特别部位的具体的损伤结果的鉴定,也有具体的要求。例如,"以容貌损害或者组织器官功能障碍为主要鉴定依据的,在损伤90日后进行鉴定;在特殊情况下可以根据原发性损伤及其并发症出具鉴定意见,但须对有可能出现的后遗症加以说明,必要时应进行复检并予以补充鉴定"③。造成重伤和轻伤后果的,在《刑法》中均有直接可以入罪的条款,同时也是其他犯罪能否入罪的条件中必须考察的内容;针对轻微伤害后果,刑法中没有直接可以入罪的条文,但是在造成多人轻微伤害的情况下,不应排除可以作为判断"情节严重"的内容入罪或者量刑情节中应该考虑的内容的可能性。

6. 违反国家规定

我国《刑法》第96条规定:"本法所称违反国家规定,是指违反全国人民代表大会及其常务委员会制定的法律和决定,国务院制定的行政法规、规定的行政措施、发布的决定和命令。"

然而,在我国司法实务中,何为"违反国家规定"仍然有不同认识。这主要是因为在刑法分则的条款中,有众多相似而有不同的规定,如《刑法》第137、163、190、222、225条等,规定的是"违反国家规定";但还有的条文规定的是"违反……法",或规定"违反规章制度""违反管理规定"等。而且,以地方性法规、部门规章、规定作为"违反国家规定"根据的情况比较多见,最突出的就是《刑法》第225条非法经营罪的认定和处理。为规范执法,2011年4月14日最高人民法院发布《关于准确理解和适用刑

---

① 如受聘符合03.11.13《经济犯罪座谈会》"一是在特定条件下行使国家管理职能;二是依照法律规定从事公务"规定的人员,则符合"其他依照法律从事公务的人员",应以司法工作人员论;解聘后不再具有司法工作人员身份。
② 14.01.01《人体损害标准》4.1.1。
③ 14.01.01《人体损害标准》4.2.2。

法中"国家规定"的有关问题的通知》(以下简称 11.04.14《通知》)①,分则条款中明确规定"违反国家规定"的,应依照上述解释。此外,条款中"违反……法""违反法律、行政法规规定""违反……法规",与上述解释系同一要求,必须是全国人大及其常委会制定的法律和决定,国务院制定的行政法规、规定的行政措施、发布的决定和命令。而"违反规章制度""违反管理规定"等,则不属于对"违反国家规定"的要求,可以是违反地方性法规、部门规章。

7. 首要分子

我国《刑法》第 97 条规定:"本法所称首要分子,是指在犯罪集团或者聚众犯罪中起组织、策划、指挥作用的犯罪分子。"该规定系刑法对涉及数人共同实施违法犯罪行为时,其中起主要作用的犯罪人所存在范围的特别提示性(注意)规定。对此规定,目前理论上仍然有不同认识。

8. 告诉才处理

我国《刑法》第 98 条规定:"本法所称告诉才处理,是指被害人告诉才处理。如果被害人因受强制、威吓无法告诉的,人民检察院和被害人的近亲属也可以告诉。"该规定也系对刑法分则中少数犯罪司法程序启动的特别提示性规定,意指并非所有犯罪司法程序的启动都是需要国家司法机关主动介入,对当事人双方具有特定关系的犯罪,除非有特别情况发生,是否启动国家司法程序,需要当事人自己决定。

9. 以上、以下、以内

我国《刑法》第 99 条规定:"本法所称以上、以下、以内,包括本数。"这是对刑法中有期自由刑规定的上限、下限的具体解释,同时,该解释对确定追诉时效,具有重大意义。例如,《刑法》第 114 条以危险方法危害公共安全罪中,3 年以上有期徒刑,包括 3 年在内;10 年以下有期徒刑,包括 10 年在内。同时,根据追诉时效的规定②,犯该罪的,其追诉期为 15 年,也即只有经过 15 年后,该罪未经追诉的不再追诉。

二、学理上个别用语

1. "但书"③

"但书"是指法律条文中用以规定相反的例外的情况或附加一定条件的条文部

---

① 11.04.14《通知》指出,根据我国《刑法》第 96 条的规定,刑法中的"国家规定",是指全国人民代表大会及其常务委员会制定的法律和决定,国务院制定的行政法规、规定的行政措施、发布的决定和命令。其中,"国务院规定的行政措施"应当由国务院决定,通常以行政法规或者国务院制定文件的形式加以规定。以国务院办公厅名义制定的文件,符合以下条件的,亦应视为刑法中的"国家规定":(1) 有明确的法律依据或者同相关行政法规不相抵触;(2) 经国务院常务会议讨论通过或者经国务院批准;(3) 在国务院公报上公开发布。《通知》并明确要求:各级人民法院在刑事审判工作中,对有关案件所涉及的"违反国家规定"的认定,要依照相关法律、行政法规及司法解释的规定把握。对于规定不明确的,要按照本通知的要求审慎认定。对于违反地方性法规、部门规章的行为,不得认定为"违反国家规定"。对被告人的行为是否"违反国家规定"存在争议的,应当作为法律适用问题,逐级向最高人民法院请示。
② 我国《刑法》第 87 条第 1 款第 3 项规定:法定最高刑为 10 年以上有期徒刑的,经过 15 年。
③ "但书"非刑法专用术语。

分,即在一个条文中,前后两段条文以转折词"但是"加以连接,"但是"之后的条文部分,被称为"但书"。

"但书"的规定,在我国刑法中通常是指三种情况:(1)条文后部文字的内容是对前面部分规定的说明。如《刑法》第13条在规定犯罪的概念后,但书规定"但是情节显著轻微,危害不大的,不认为是犯罪",指属于这种情况时不是犯罪,与前面规定内容完全相反。(2)条文后部的规定是前面规定的例外。如《刑法》第65条规定累犯成立条件以外,又规定"但是过失犯罪除外",即说明将过失犯罪排除在外。(3)条文后部的内容是对前部内容在适用上的限制。如《刑法》第73条对判处缓刑的规定,前半部是缓刑考验期的规定,后半部分是对决定考验期限的限制,即拘役的缓刑考验期限为原判刑期以上1年以下,但是不能少于2个月;有期徒刑的缓刑考验期限为原判刑期以上5年以下,但是不能少于1年。

2."自由刑""生命刑"和"财产刑"

"自由刑"相对于"生命刑"而言,是刑法学理论上对剥夺权益刑罚种类的分类。自由刑是指剥夺、限制人身自由权利的刑罚。我国刑法中的自由刑包括拘役和管制、有期徒刑、无期徒刑。"生命刑"即是指剥夺生命的刑罚方法,也即死刑;财产刑即是剥夺犯罪人财产的一部或全部的刑罚方法。

3."法定刑"与"宣告刑"

"法定刑"是"宣告刑"的对称,是指是指刑法分则条文对具体犯罪所确定可适用的刑罚种类,包括刑种(刑罚种类)和刑度(刑罚的幅度)。所以,法定刑是刑法条文中刑罚的具体规定,所以它是法定的量刑标准,审判人员只能在规定的范围内选择适用,而不能随意在规定的范围外适用刑罚。"宣告刑"是"法定刑"的对称,是指法院根据犯罪人的具体罪行的危害程度,决定对其执行的具体刑罚,包括决定执行的刑种和刑度。所以宣告刑是对具体罪行决定适用的具体刑罚。

4.主刑与附加刑

这是依照刑罚方法是否可以独立适用为标准进行的分类。主刑是指可以单独适用的刑罚方法,如死刑、无期徒刑、有期徒刑、拘役刑、管制刑都是主刑。附加刑,也称为"从刑",是指附随主刑适用的刑罚方法,主要指罚金、没收财产以及对犯罪的外国人适用的驱逐出境。不过,根据我国《刑法》第34条第2款的规定,附加刑也可以独立适用,但是没收财产刑只能附加适用,不能独立适用,这是一个例外。

5.自然犯与法定犯

自然犯与法定犯系以犯罪行为是否违反社会伦理为标准所作的分类。自然犯或称刑事犯(普通刑事犯罪),是指由于犯罪行为在性质上违反社会伦理,自有法以来就被认为是犯罪。例如,故意杀人、抢劫、强奸等犯罪在各国刑法中都有规定,不过具体内容会有区别。法定犯或称行政犯,这类犯罪原本可能并不违反社会伦理,未被认为是犯罪,国家出于行政取缔的需要,在一些经济、行政法规中规定此类禁止行为。但是,因社会情况的不断变化,刑法将其中严重的经济、行政违法行为规定为犯罪。所以,法定犯首先是以违反了一定的经济、行政法规为前提的。我国刑法分则"破坏社会主义市场经济秩序罪"和"妨碍社会管理秩序罪"中有大量的犯罪属于法定犯。当然,随着社会形势的变化,也存在原来被刑法规定为犯罪的行为不再成立犯罪。

有无必要区分自然犯与法定犯,刑法学界有不同的认识。如对逃避纳税的行为,自有法以来,都是规定为犯罪的,因为税收都是一国经济发展资金的基本来源,所以,逃避纳税的行为也是违反社会伦理的。但是,征税活动必须依照一定的税收法律、法规进行,逃避纳税行为构成犯罪,又是以违反相关的税收法律、法规为前提。那么,逃避纳税的犯罪行为是自然犯还是法定犯,就难以界定。但本书认为,针对哪些逃避纳税的行为能够入罪,哪些不能入罪,仍然是以税收法律规范为前提。因此,逃避纳税的犯罪行为归于法定犯是合适的。多数学者认为,这种划分仍然具有价值,特别是对罪过的认定具有一定的意义。

6. 隔离犯与非隔离犯

这是以行为实施的地点(结果)或时间对新旧刑法(条款)的适用或刑事管辖是否有意义为标准所作的分类。隔离犯,是指行为实施的地点或时间与犯罪结果发生的地点或时间有间隔,并对新旧刑法(条款)的适用或者刑事管辖有意义的犯罪,也可以进一步分为隔地犯与隔时犯。隔地犯,是指实施的行为与作为构成要件的结果发生于不同地点的犯罪。例如,A邮寄包裹中夹带爆炸物品,该爆炸物在B收取后爆炸,而B是C省人,A是D省人,案件应由C省还是D省管辖,这就是隔地犯所面临的问题。隔时犯,是指实施的行为与作为构成要件的结果发生在不同时间的犯罪。例如,A邮寄包裹的行为是1997年9月30日,但B是10月2日收到邮包被炸死,对A是适用修订前的刑法还是修订后的刑法,这就是隔时犯所面临的问题。当然,同时对新旧刑法(条款)适用和刑事管辖均有意义的隔离犯也存在。非隔离犯,是指行为实施的地点或时间与犯罪结果发生的地点或时间,对新旧刑法(条款)的适用或刑事管辖不具有意义的犯罪。例如,A与B居住在同一个城市,B是在当天收取A邮寄的包裹后被炸死的,虽然A的行为在地点和时间上也有间隔,但不涉及新旧刑法(条款)的适用或刑事管辖的问题。由此可见,是否是隔离犯,是相对意义上的,即时间、地点必须具有在选择适用刑法(条款)、刑事诉讼案件管辖上评价的意义;如果无此意义,时间、地点即便有一定的间隔,也不是隔离犯。

7. 身份犯与非身份犯

这是以犯罪主体是否被限定于特定身份为标准所作的分类。身份犯,是指犯罪主体被限定于具有一定身份的人才能构成的犯罪。如贪污罪,必须是由具有国家工作人员身份的人才能构成。身份可以分为法律身份和自然身份两类。法律身份的获得必须经由法律、法规赋予,自然身份是基于出生或者血缘关系而自然获得。理论上,身份犯分为纯正身份犯与不纯正身份犯两类。纯正身份犯是指具有某种特定身份才能构成的犯罪,无身份者只能成立共犯。如受贿罪,主体是国家工作人员,而无身份者,可以与其共同构成受贿罪,但不能单独构成受贿罪。不纯正身份犯是指因具有某种特定身份(该种身份也称为"责任身份")而致使其刑罚有轻重的犯罪。如诬告陷害罪,一般人都可以构成,但"国家机关工作人员犯前款罪的,从重处罚",即具有国家机关工作人员身份的人成立诬告陷害罪,其身份是法定从重处罚的条件。非身份犯,是指在犯罪构成上不要求犯罪主体具有特定身份即可构成的犯罪。在刑法中,多数犯罪都不要求具有特定身份,如故意杀人、抢劫、强奸等犯罪,是否具有特定身份都可以构成。但实施该类犯罪,如果刑法规定具有某种身份会影响刑罚轻重的,该身份就是前述的"责任身份"。如未满18周岁的未成年人实施犯罪,必须从轻或者减轻处罚。

第二章　刑法的效力范围

刑法的效力范围亦称为刑法的适用范围,是指刑法适用于什么地方、什么时间,以及是否具有溯及既往的效力。法的效力问题,是基于国家主权而产生的,它涉及国际关系、国与国关系以及国家与其所属的地区之间的关系等,在一国领域内,法的效力还涉及国家与国民之间的关系以及民族关系,涉及新旧法律实施对国民利益保护等问题。

刑法效力范围包括两方面的内容,即刑法的空间效力和刑法的时间效力。我国刑法总则第一章第6条至第12条分别规定了刑法的空间效力和时间效力。

第一节　刑法的空间效力

一、刑法的空间效力

(一) 刑法空间效力的概念

刑法的空间效力,也称为刑法的地域适用范围,是指刑法在什么地域和对什么人具有效力,包括刑法对地和对人的效力两个方面。刑法的空间效力是基于国家领土主权而产生的,它关系到维护一国的刑事管辖权、审判权以及协调国际关系、民族关系等重要问题。

(二) 刑法空间效力的原则

从维护本国国家主权为出发点,各国在采取何种原则作为本国刑法空间效力的原则各不相同。

1. 属地原则

属地原则也称为属地主义、地域原则、领土原则、领域主义。属地原则主张应以一国领域(也有称以犯罪所在地)为标准,确定本国刑法的空间效力范围。凡在本国领域内犯罪的,不问犯罪人或者受害人是本国人还是外国人,也不问被侵害的是本国的还是外国的利益,都适用本国刑法。当然,如何在本国法中规定"犯罪地",即犯罪发生在"本国领域内",各国刑法采用的标准也是不尽相同的。可以看出,如果单纯采用属地原则则存在较大的缺陷:(1) 当本国人或者外国人在本国领域外,或者在不属于任何国家的领域内实施了危害本国国家和公民利益的犯罪时(比如在南极野外考察时),不能适用本国刑法,不利于维护国家主权;(2) 由于各国国内法对犯罪地标准规定的不一致,因此,当国与国的规定在此有冲突时,要确定犯罪地时会发生困难,如果发生争执又没有其他补充规定,则很难解决,也不利于对本国主权的维护。所以,必须以其他原则补充之。

2. 属人原则

属人原则也称为国籍原则、属人主义、积极国民主义。属人原则主张应以犯罪人是否具有本国国籍为标准,来确定本国刑法的空间效力范围。凡本国人犯罪,不问是在本国领域内还是本国领域外,也不问被侵害的是本国还是外国国家或公民的利益,都适用本国法。换言之,外国人即使在本国领域内犯罪,侵害本国家公民利益的,也不适用本国刑法。同时,一国国内法如何规定取得或者丧失本国国籍,所采取的原则也不尽一致。因此,如果单纯采用属人原则也存在较大的缺陷:(1) 由于国籍原则是以犯罪人是否具有本国国籍为标准,因而对外国人即使在本国领域内犯罪不适用本国法违背了国家主权原则;(2) 主张对在领域外犯罪的本国人要适用本国法,这在实践中不仅不能完全现实,而且也必然与他国的刑事管辖权相抵触,如犯罪人虽然具有本国国籍,但是,其居住国采属地原则时,必然会发生冲突;(3) 各国国内法规定取得或者丧失本国国籍的法律规定不尽相同时,也会发生冲突,如对具有双重国籍的人,若其居住国也采用属人原则的,也必然发生管辖冲突。所以,采属人原则作为空间效力原则的,也需要以其他原则来补充,或者对领域外犯罪的本国人适用本国法设置一定的条件,即只对某几种严重的犯罪才适用本国法。

当然,属人原则背后,隐藏着"不向外国引渡本国人原则"的积极意义,只是在当代国际社会中,这一原则的积极意义,已经由国内法中是否规定承认外国审判效力的问题所取代。

对国籍原则的解释可分为两种:一是对领域外犯罪的本国人行使管辖权的,称为"被告人国籍原则"。这是国籍原则的原本的基本内容,是以实施犯罪的人的国籍为标准,凡本国公民犯罪,无论在域内或域外,都适用本国法;反之则不适用。二是根据受害人是本国国民而对在域外犯罪的外国人行使管辖权的,称为"被害人国籍原则",即只要受害人是本国人,即可适用本国刑法;反之,则不适用。而后种解释最终形成刑法空间效力新的原则——自卫原则。

3. 自卫原则

自卫原则亦称保护主义、保护原则、消极的国民主义、安全原则。自卫原则主张应以绝对保护本国国家和公民利益为标准,确定刑法空间效力范围。也就是说,凡是侵犯本国国家和公民利益的犯罪,不问犯罪人是本国人还是外国人,也不问犯罪地在本国领域内还是本国领域外,都适用本国刑法。显然,自卫原则也存在缺陷,不仅对发生在本国领域内侵害他国国家、公民利益的犯罪不行使管辖会危害到本国与他国的国家关系,而且,对在本国领域外侵犯本国国家和公民的利益的犯罪要行使管辖权,必然涉及他国的国家主权,如果外国法的规定与本国法规定不同时,要主张行使刑事管辖权成为不可能。自卫原则的补救措施主要有两种:一是为保护本国国家和国民利益,虽然不限制犯罪种类,但规定该犯罪行为不仅依照本国法,而且犯罪地法也认为是犯罪的,才能适用本国刑法。二是为避免与他国主权发生重大冲突,将刑事管辖权的行使限制为在本国领域外侵害到本国国家安全或重大利益的某些犯罪,才适用本国刑法。

4. 普遍管辖原则

普遍管辖原则也称为世界原则、世界主义等。依据现代社会犯罪普遍具有的"国际连带性"特点,普遍管辖原则主张,刑法的空间效力应以维护各国共同利益为标准,即不问犯罪人的国籍,也不问犯罪地在何处或侵犯的是哪一个国家或公民的利益。换言之,凡发生国际条约所规定的侵害各国共同利益的犯罪,缔约国均有权根据本国的刑法加以惩罚。很显然,普遍管辖原则适用范围很窄,除了国际条约规定的罪行以外,很难对其他性质的犯罪适用此原则予以管辖。所以,普遍管辖原则目前主要是作为空间效力原则的补充原则。当然,该原则虽然在含义上宣称惩罚的是"侵害各国共同利益"的犯罪,但实际上仍然是为维护本国的利益。

5. 折中原则

折中原则亦称为折中主义、结合原则、混合主义、综合原则。基于单纯采用上述原则都存在一定的缺陷,为更好地维护本国主权而又能很好地处理与他国的关系共同打击犯罪,而提出将采上述原则之长的折中原则。折中原则是以属地原则为基础,以属人原则、保护原则、普遍管辖原则作为其补充,即凡是在本国领域内犯罪的,不问是本国人还是外国人,都适用本国刑法;本国人或外国人在本国领域外侵犯本国国家或公民利益,在一定条件下,也适用本国刑法;对国际性犯罪,可以适用本国刑法。该原则在很大程度上弥补了单纯采用上述任何一个原则作为刑法空间效力原则的不足,目前是世界上多数国家在解决刑法空间效力时采用的原则。

二、我国刑法空间效力的规定

(一) 对我国领域内犯罪人的刑事管辖

我国《刑法》第6条第1款规定:"凡在中华人民共和国领域内犯罪的,除法律有特别规定的以外,都适用本法。"据此,无论犯罪人是否为我国公民,也不论犯罪是否侵害我国国家或公民的利益,只要在我国领域内实施我国刑法规定的犯罪的,除法律有特别规定的之外,都可适用我国刑法,即对领域内犯罪者的刑事管辖采取以属地原则为主,以属人原则和保护原则为补充。

在我国领域内的犯罪,当犯罪人具有中华人民共和国国籍时,一律适用我国刑法,没有例外,刑法是以属人管辖原则补充属地管辖原则;当犯罪人不具有中华人民共和国国籍时,除刑法有特别规定外,刑法以保护管辖原则补充属地管辖原则。因此,我国刑法的属地管辖,是以属人原则和保护原则为补充的属地管辖。

1. 我国领域的含义

我国领域是指我国国境以内的全部区域。领域也即领土,由领陆、领空、领水和其范围内的底土构成。领陆是指陆地领土,包括岛屿、岛礁;领水是指内水和领海,内水包括国境内的江、河、湖泊,领海基线内的内海、海峡、入海口和港口水域。国与国以河流、湖泊为界的,通常以其中心线为界,可通航的以主航道中心线为界。领海是指岛国或临海国家主权扩展于其陆地领土及其内水以外邻接于其海岸的带状海域，一国主权的行使不仅及于水域，也扩展于领海之上的空气空间及海床和底土①。领空是指领陆、领水所及上空的空气空间，不包括外层空间。底土亦称为地下领土，包括领陆的底土、内水和领海的水床和底土，理论上直至地心。

就刑法适用的效力而言，适用于"中华人民共和国领域内"，但是根据我国的现实状况，现行刑法的效力适用范围不及于我国国境以内，如中央政府尚不能行使关境管辖权（属于国家的行政权）的香港、澳门、台湾地区。

我国《刑法》第 6 条第 2 款规定："凡在中华人民共和国船舶或者航空器内犯罪的，也适用本法。"根据国际惯例，一国的领域还包括悬挂本国国旗的船舶和航空器，属于悬挂本国国旗的拟制领土，并不是真正的本国领土。悬挂本国国旗的船舶和航空器，不限于民用的，军用的也包括在内。涉及本国刑法的适用问题时，只是指船舶、航空器停靠在外国港口和空港的情况。外国（地区）刑法通常都规定有类似我国《刑法》第 6 条第 2 款的规定，但这并不构成对我国刑法效力的否定，但同样我国刑法也不能以此规定抗制外国（地区）刑法的管辖。

在我国驻外使、领馆内的犯罪，可适用我国刑法。但是，本国刑法对驻外使、领馆内的犯罪行使管辖权的法律依据，学界还有不同认识。有的学者认为，根据《维也纳外交关系公约》的规定，本国驻外使、领馆不受驻在国的司法管辖而受本国的司法管辖，因此，本国驻外使、领馆是派出国的领土的延伸。② 这种观点长期以来被视为通说。不同观点认为，本国驻外使、领馆不应视为是派出国领土的延伸。因此，在使、领馆内发生的犯罪，可以根据不同情况处理，侵犯我国利益的，依照保护原则管辖；侵犯国际社会利益的，依照普遍原则管辖；侵害外国利益而又不影响驻外使、领馆正常秩序的，不管辖，由驻在国管辖。③ 可以称为具有折中意思的观点认为，不能以驻外使、领馆属于派出国领土的延伸为根据而认为理所当然地适用本国刑法。因为在使、领馆发生的犯罪，在法律上被认为是在驻在国境内发生的，除非犯罪者享有外交豁免权，属于驻在国管辖。所以，不应将发生在使、领馆在内的犯罪认为是在本国领域内的犯罪，能否行使管辖权在于驻在国是否放弃管辖权。④

在上述不同认识中，折中观点与否定观点虽然在管辖权行使上有相似的看法。但是，折中观点却是在承认驻外使、领馆仍然是派出国领土延伸的前提下的主张；而否定观点在为什么使、领馆不是派出国领土的延伸上并没有给出国际法上的依据。

本书认为，一国刑法的管辖权的规定，在很大程度上是为了彰显本国是主权国家，因为任何国家都有关于本国刑法适用效力的规定。然而，任何国家都不可能以本国刑法有关适用效力的规定去否定他国刑法的适用效力。例如，我国刑法规定的"凡

---

① 我国政府于 1958 年 9 月 4 日宣布领海宽度为 12 海里。国际海洋法会议 1977 年确定 12 海里为领海，200 海里为经济水域，由沿岸国管理。
② 参见陈兴良：《口授刑法学》，中国人民大学出版社 2007 年版，第 67 页。
③ 参见曲新久：《刑法学》（第 2 版），中国政法大学出版社 2009 年版，第 47 页。
④ 参见黎宏：《刑法学总论》（第 2 版），法律出版社 2016 年版，第 30 页。

在中华人民共和国船舶或者航空器内犯罪的,也适用本法",也绝不意味着停泊在外国港口、空港上的我国的船舶、航空器内发生的侵犯我国公民的犯罪,能够排斥该国以属人原则、保护原则或者普遍管辖原则适用本国刑法。在驻外使、领馆内发生的犯罪,能否适用本国刑法也是同一个道理,并不意味着驻外使、领馆的驻在国的刑法对上述犯罪都不具有刑事管辖权。因此,驻在国如果不放弃管辖权,即使派出国是主权国家,也不可能去驻在国执法。所以,在结论上折中观点是合适的解读。

2. 犯罪地的标准

犯罪地即发生犯罪的区域,只有确定了犯罪地,也才能确定何种情况下的犯罪属于"在我国领域内犯罪"。各国在犯罪地的确定上,采取的标准不尽一致。主要有:(1) **行为地说**。该说是以实施犯罪行为之地为犯罪地的标准。(2) **结果地说**。该说认为犯罪就是造成一定结果的行为,因此,结果发生地就是犯罪地的标准。(3) **中间地说**。该说认为犯罪从实施行为到结果发生之间所经过之地,是增加结果发生危险作用之地,因此,应以中间地为犯罪地标准。(4) **折中说**,亦称为综合说、混在说。该说认为犯罪行为实施之地和犯罪结果发生之地对犯罪都具有重要意义,不应人为割裂开,因为犯罪结果是由犯罪行为的实施造成的,而犯罪行为就是引起犯罪结果发生的行为。因此,无论犯罪行为实施之地还是犯罪结果发生之地,都是犯罪地。

根据维护国家主权和保护本国利益的需要,我国《刑法》第6条第3款规定:"犯罪的行为或者结果有一项发生在中华人民共和国领域内的,就认为是在中华人民共和国领域内犯罪。"这表明我国刑法在确定犯罪地标准上,采折中说。同样需要注意的是,虽然我国刑法有如此规定,但这并不意味着他国一概无权管辖。如果罪犯在国外被该国政府捕获,且该国采取的是同我国一样的犯罪地标准,则同样有权对该犯罪人进行审判,适用本国刑法。

3. 在我国领域内的犯罪不适用我国刑法的例外规定

《刑法》第6条第1款以属地原则作为我国刑法地域管辖的规定,但是,既然是原则,就会有例外,这就是在没有"除法律有特别规定的以外"的特别规定时,才适用我国刑法。如果在我国境内实施的犯罪属于刑法特别规定时,则会排除刑法的适用。从广义刑法的角度来说,这种刑法特别规定,主要是指以下几种情况:

(1)《刑法》第11条规定的"享有外交特权和豁免权的外国人的刑事责任,通过外交途径解决"的特别规定。这种特别规定,是基于国际惯例所作出的。派驻他国的外交人员和代表,应该遵守驻在国家的法律。但是,即使派遣国的外交人员或者代表在驻在国触犯刑法,为了保障派遣国的外国外交机构及其代表人员能够履行职责并保持国与国之间的正常外交关系,给予其不受驻在国刑事管辖的一种特殊权利。当然,这是在已经建立外交关系的国家之间基于相互尊重主权和平等互利而作出这样的规定的。因此,上述规定既不是指对我国境内犯罪的外交人员给予其"治外法权"[①]

---

① "治外法权"是外国公民免受犯罪地司法管辖的豁免权,是一国不能行使国家主权的象征,在现代国际社会中已经没有"治外法权"存在的余地。

的特权,也不是说依据我国法律规定其行为不是犯罪,而是其刑事责任问题,经由外交途径解决。如要求派遣国将其召回、可以宣布其为不受欢迎之人,令其限期离境。

(2) 我国香港特别行政区和澳门特别行政区基本法中的特别规定。基于我国"一国两制"国策的推行,1997 年 7 月 1 日和 1999 年 12 月 20 日,我国对香港和澳门恢复行使主权,分别成立了香港和澳门两个特别行政区。依据《香港特别行政区基本法》和《澳门特别行政区基本法》的规定,两个特别行政区实行高度自治,享有行政管理权、立法权、独立的司法权和终审裁判权。因此,在特别行政区内施行本特区刑法,《中华人民共和国刑法》不能在特别行政区内适用。

(3)《刑法》第 90 条对民族自治地方的特别规定。我国是一个疆域广阔的多民族国家,各民族不仅生活区域的自然条件存在很大的区别,而且存在着政治、文化、风俗习惯、宗教信仰以及经济发展上的诸多差异。因此,就不能不考虑少数民族地区的特殊情况。《刑法》第 90 条规定:"民族自治地方不能全部适用本法规定的,可以由自治区或者省的人民代表大会根据当地民族的政治、经济、文化的特点和本法规定的基本原则,制定变通或者补充的规定,报请全国人民代表大会常务委员会批准施行。"由此可见,少数民族地区对刑法效力的特别规定,并不是完全排斥全国性统一刑法的适用,而只是仅就其中的一部分,主要是与少数民族特殊风俗习惯、宗教文化传统相关内容的少部分犯罪,可以制定变通规定;在制定的变通规定报请通过后,刑法所规定的这部分犯罪,不在该地区具有效力。同时可以看出,制定的变通规定的内容,也是不能与刑法的基本原则和基本规定相冲突的。

(4) 国家立法机构在《刑法》颁行后制定的特别刑法的规定。在《刑法》颁行后,根据社会发展的需要,立法机构会在其颁行后制定特别刑法的条款,修正《刑法》有关的罪刑条款。如 1997 年《刑法》修订后,全国人大常委会颁布了三个《决定》,即《惩治骗购外汇、逃汇和非法买卖外汇决定》《关于维护互联网安全的决定》《关于取缔邪教组织、防范和惩治邪教活动的决定》。根据特别法优于普通法的原则,针对特别刑法所规定的犯罪,要适用特别刑法的条款追究刑事责任,我国《刑法》的原罪刑条款,不再具有效力。

(二) 对我国领域外犯罪人的刑事管辖

对在我国领域外侵害我国国家和公民利益的犯罪的刑事管辖,我国《刑法》采取(被告人)国籍原则、保护原则以及普遍管辖原则。

1. 对领域外犯罪的中国人的刑事管辖权

我国刑法采取国籍原则(被告人国籍原则),解决刑事管辖权的问题。所谓"中国人",是指具有中华人民共和国国籍之人,至于是否具有中国血统,在所不问。

我国《刑法》第 7 条第 1 款规定:"中华人民共和国公民在中华人民共和国领域外犯本法规定之罪的,适用本法,但是按本法规定的最高刑为 3 年以下有期徒刑的,可以不予追究。"第 2 款规定:"中华人民共和国国家工作人员和军人在中华人民共和国领域外犯本法规定之罪的,适用本法。"

根据上述规定,我国刑法对中国人在中华人民共和国领域外犯罪的刑事管辖分为两种情况：

(1) 选择性的适用管辖，即《刑法》第 7 条第 1 款的规定。具有我国国籍的人在领域外实施我国刑法规定的犯罪时，无论其所在国的刑法是否将该种行为规定为犯罪，原则上我国刑法都具有管辖权，只是实施了我国《刑法》规定的法定最高刑为 3 年以下有期徒刑的犯罪，可以不予追究。但是，是否追究其刑事责任，要根据具体情况决定，并非一概不予追究。所谓"法定最高刑为 3 年以下有期徒刑"，是指刑法规定中的某一条款与其罪行轻重相适应的法定刑幅度的最高刑为 3 年以下。① 如果只有一个法定刑幅度的，则该幅度的法定最高刑就是应适用的法定最高刑。

这里值得研究的是，对我国领域外具有中国国籍的人的刑事管辖，采用属人原则(被告人国籍原则)是目前的通说。不过，这是从自然人的国籍出发对自然人刑事管辖的规定，但我国刑法除规定有自然人犯罪外，还有大量的条款规定有单位可以构成的犯罪。那么，上述解释是否适用于由境内企业、事业单位在境外投资设立的单位实施我国刑法规定的单位犯罪的刑事管辖问题？从我国刑法的规定看，有少数几个单位犯罪的条款只处罚单位而不处罚单位中的自然人，即便是单位和自然人②都为犯罪主体的单位犯罪，对单位的刑罚仍然是罚金刑，是符合"法定最高刑为 3 年以下有期徒刑"的条件，从这一点而言，似乎在适用我国刑法予以刑事管辖并不存在障碍。但是，问题显然不仅仅是依照刑法条款就可以适用的问题，关键在于对境外所设立的单位，是否可认为是具有"中国国籍"的人。

当然，在国际经济关系中，由于各国所采标准的不同，法人国籍(依据我国刑法仍可称为单位的国籍)同样是众说纷纭的法律问题，有资本控制说、登记地说、主业所在地说、实际控制说以及混合标准说等学说。最高人民法院《关于贯彻执行〈中华人民共和国民法通则〉若干问题的意见(试行)》第 184 条第 1 款规定："外国法人以其注册登记地国家的法律为其本国法，法人的民事行为能力依其本国法确定。"而我国《公司法》第 191 条规定："本法所称外国公司是指依照外国法律在中国境外设立的公司。"由此可见，前者对外国法人属人法，采用的是注册登记地国法，即成立地标准，但后者采准据法标准，一定程度上又兼顾了登记地，实质上倾向于准据法标准。依照上述规定，对于我国境内企业以及事业单位在我国领域外投资设立的单位，只要是依照外国法律注册登记成立的，与其所在地无关，均应视为"外国法人"而不具有"中国国籍"。那么，只能以保护原则解决我国境内企业以及事业单位在我国领域外投资设立的单位刑事管辖权问题。但是，如果依据我国相关对外投资法律规定以及作为资本输出国对输出资本监管的法律地位出发，如果不将领域外的投资设立的单位视为具有"中国国籍"，对保护输出的资本安全和维护国家利益是不利的。所以，这一问题还有待与国际私法理论共同进行研究来解决。

---

① 我国《刑法》第 99 条"本法所称以上、以下、以内，包括本数"的规定。
② 境外设立单位中具有我国国籍犯罪的自然人，当然属于"属人管辖"的范畴。

（2）无条件的适用管辖，即《刑法》第7条第2款的规定。与普通公民相比，中华人民共和国国家工作人员和军人在我国领域外实施我国刑法规定的犯罪的，无论刑法规定的法定刑如何，均无条件适用我国刑法。

然而，我国刑法对属人管辖规定的意义，并不在于对领域外的中国人一定要追究其刑事责任，更多的是要看到属人原则的积极意义：一方面，所谓"适用本法"表明我国是一个主权独立的国家，另一方面表明对本国国民的保护，即可以依据《刑法》第10条的规定，对在我国领域外犯罪的中国人，在外国已经受过刑罚处罚的，"可以免除或者减轻处罚"，以保护我国公民的利益。

2. 对领域外犯罪的外国人的刑事管辖权

我国刑法采取保护原则解决领域外外国人针对我国国家以及公民犯罪的刑事管辖。"外国人"，是指不具有中华人民共和国国籍的人，包括具有外国国籍以及无国籍人，是否有中国的血统，在所不问。我国《刑法》第8条规定："外国人在中华人民共和国领域外对中华人民共和国国家或者公民犯罪，而按本法规定的最低刑为3年以上有期徒刑的，可以适用本法，但是按照犯罪地的法律不受处罚的除外。"其管辖适用的条件是：（1）所实施的犯罪必须是针对我国国家或者我国公民的犯罪；（2）必须是依照我国刑法规定的最低法定刑为3年以上有期徒刑的犯罪；（3）必须是按照犯罪地的法律也规定为应予以处罚的犯罪。如果犯罪地的刑法没有将该种行为规定为犯罪的，我国刑法不予管辖。《刑法》第8条"可以适用本法"的规定，表明我国司法机关会对该行为的实际情况予以考虑，保留适用我国刑法追究其刑事责任的可能性，可以对我国驻外人员以及在外华侨起到很好的保护作用。当然，因为犯罪人是外国人，如未被引渡或进入我国境内，则无法适用我国刑法。同时，我国《刑法》第8条的规定，也不具有否定犯罪地国或被告人国籍所在国可以适用本国刑法予以管辖。

3. 对领域外犯罪的外国人的普遍管辖权

基于预防和打击国际性犯罪的国际连带性理论，为了打击、预防和惩治日益严重的国际性犯罪，各国缔结和签订了不少国际性条约，我国于20世纪70年代开始陆续加入一些条约。因此，我国《刑法》对条约所规定的犯罪行为，在所承担条约义务的范围内行使刑事管辖权的义务。《刑法》第9条规定："对于中华人民共和国缔结或者参加的国际条约所规定的罪行，中华人民共和国在所承担条约义务的范围内行使刑事管辖权的，适用本法。"根据该条的规定，行使刑事管辖权应符合以下条件：（1）必须是我国缔结或者参加的国际条约所规定的罪行；（2）必须是我国所承担义务范围内的罪行（对保留的条款不具有承担的义务——保留，则意味着该条款我国没有予以接受）；（3）所发生的罪行必须是我国刑法中明文规定的犯罪；（4）条约所规定的罪行必须发生在我国领域外，如发生在我国领域内的，则适用属地原则管辖；（5）犯罪人必须是外国人，如果是具有中国国籍的人，则适用属人原则管辖；（6）犯罪人必须是在外国境内或者进入我国境内，否则没有可能行使刑事管辖权。

针对我国《刑法》第9条的规定，曲新久教授认为，在刑法上采取普遍管辖原则与国家对国际性犯罪行使管辖权是两种不同性质的刑事管辖权，对国际犯罪行使管辖权是基于国际条约经转化为国内法而享有的权力;而普遍管辖权是针对一切犯罪,其产生的权力的依据是国内法。因为即使没有采取普遍管辖原则的国家,也不影响依据国际条约对国际性犯罪行使刑事管辖权。所以,《刑法》第9条的规定是我国为履行国际公约的义务所提供的依据,并不意味着采取了普遍管辖原则。只不过国际性犯罪侵害的是国际社会共同利益的犯罪,采取普遍管辖原则自然会将国际性犯罪纳入其中,说是依据普遍管辖原则也是可以的。但是,如果外国人实施国际性犯罪以外的,没有侵害我国国家、公民利益的犯罪,对其管辖只能依据双边或多边条约,而不是依据普遍管辖原则。① 而张明楷教授认为,"对根据普遍管辖原则所审理的犯罪,其实体法的适用根据是国内刑法,而非国际条约,因为国际条约没有对罪行规定法定刑,而是要求缔约国或参加国将国际条约所列罪行规定为国内刑法上的犯罪。因此,认为对于我国缔结或参加的国际条约所规定的罪行行使普遍管辖时不适用我国刑法的观点,值得商榷"②。两位教授论述问题的角度有一定差别,而且结论相左,本书赞同张明楷教授的结论。

4. 外国刑事判决的效力

当两个以上国家采取相同或者相近的刑事管辖原则时,针对本国人或者外国人当然都可以适用本国刑法。但是,如前所述,任何一个国家都不可能以本国的刑事管辖权对抗或者否定他国的刑事管辖权,因此,就必然存在本国针对领域外犯罪的本国人或者外国人在领域外犯罪,犯罪地国家依据属地原则已经对犯罪人进行了刑事审判后,本国对他国刑事判决效力是否承认的问题。主要有以下理论:(1)**承认说**,也称为积极说,即依据一事不二理的原则,承认外国刑事审判的效力,无论外国依法判决有罪还是无罪,均不再予以刑事管辖。(2)**否定说**,也称为消极说,即依据国家主权独立原则,不承认外国刑事审判的效力,仍然要依据本国刑法行使管辖权。(3)**折中说**,即在承认他国是一个主权国家的前提下,承认已经过刑事审判的事实,但同时,也从维护本国国家主权的意义上,对他国刑事判决的效力不予承认。因此,可以依据本国法律重新审理,改变判决。折中说是在尊重他国国家主权的前提维护本国的国家主权,具有灵活性与原则性统一的特点。

我国《刑法》第10条规定:"凡在中华人民共和国领域外犯罪,依照本法应当负刑事责任的,虽然经过外国审判,仍然可以依照本法处理,但是在外国已经受过刑罚处罚的,可以免除或者减轻处罚。"由此可见,我国刑法对外国判决的效力原则上是采取否定说,但是,如果犯罪之人在外国已经受过刑罚处罚时,依照我国刑法审理后再次使其接受刑罚处罚,的确有不公正之嫌。因此,规定"可以免除或者减轻处罚",也体现出一定的原则性和灵活性。

虽然我国已经对香港和澳门恢复行使主权,但是对香港和澳门的刑事判决应采取承认说还是否定说,理论上还有不同看法。黎宏教授主张对"外国审判"做扩大解

---

① 参见曲新久:《刑法学》(第2版),中国政法大学出版社2009年版,第52页。
② 张明楷:《刑法学》(上)(第5版),法律出版社2016年版,第74—75页。

释,包括我国香港和澳门、台湾地区的刑事判决以及国际法院等国际性法院的刑事审判在内。① 张明楷教授认为,"外国审判"可以包括国际法院的刑事审判,但是不能包括我国香港、澳门、台湾地区的刑事审判。因为不能认为上述地区的审判是"外国审判",而且,因《刑法》对此没有规定,若适用《刑法》第 10 条,则是类推适用且不利于被告人,违反罪刑法定原则。② 诚然,将"外国审判"扩大到我国港、澳、台地区,从法理上说,等于承认港、澳、台是"外国",显然是不当的。因此,对我国香港和澳门、台湾地区的刑事审判,应该以采取承认说为当。

值得关注的是,在我国领域外犯罪的中国人虽然在外国经过刑事审判,但是,依据我国刑法的规定,不构成犯罪的,如何保护我国公民的利益?由于适用《刑法》第 10 条规定的前提条件之一是"依照本法应当负刑事责任的",显然是不能适用第 10 条规定通过改判来保护。而属人原则、保护原则正面的意义都在于行使刑事管辖权来"怎样追究刑事责任",所以,这一问题还是值得研究和需要解决的。

第二节 刑法的时间效力

一、刑法时间效力的概念

刑法的时间效力,就是刑法在时间上的适用范围,具体是指刑法生效和失效的时间,以及刑法对它生效以前发生的尚未审判或者判决尚未确定的行为是否具有溯及既往的效力。根据罪刑法定原则的要求,当行为时法律还没有将该种行为规定为犯罪时,就不能以行为后颁布的法律追究其刑事责任;当行为时的法律处罚轻时,就不得适用行为后颁布的处罚重的法律。由此可见,刑法的时间效力是与罪刑法定原则密切相关的问题。

二、刑法的生效和失效

(一)刑法的生效

刑法的生效是指刑法从何时起发生效力。刑法的生效通常有两种形式:(1)从刑事法律颁布之日起生效,即从公布之日起生效适用该项法律;(2)在刑事法律公布之后,经过一定的法定期限之后生效,即公布和施行有一段时间间隔。对于一些重大法律,人们对它的了解需要一个过程,通常就会采取第二种做法。如我国现行《刑法》是 1997 年 3 月 14 日修订通过,但在 1997 年 10 月 1 日起施行,从颁布到生效有一定的时间间隔。

(二)刑法的失效

刑法的失效是指刑法从何时起失去效力。一经失效的法律,则不能再成为处理

---

① 参见黎宏:《刑法学总论》(第 2 版),法律出版社 2016 年版,第 35 页。
② 参见张明楷:《刑法学》(上)(第 5 版),法律出版社 2016 年版,第 75 页。

刑事法律问题的依据。刑法失效方式主要有三种：(1) 明令宣布与宪法和新法律相抵触的旧法失效（包括条款）；(2) 随着新法律、法令的颁布实施，具有同一内容的旧法律、法令，因"新法优于旧法的原则"其效力自然丧失，例如刑法修正案颁布后，与其同一内容的旧法条的效力自然丧失；(3) 在当初规定适用该法律、法令的特殊条件已经消失，法律、法令的效力自然丧失。

三、刑法的溯及力

（一）刑法溯及力的概念及其一般原则

刑法的溯及力，也称为刑法溯及既往的效力，是指刑法对它生效以前发生的未经审判，或者判决尚未确定的行为，是否适用；如果适用，该法律就具有溯及力，如果不适用，该法律就没有溯及力。解决刑法溯及力理论上有以下原则：

(1) 从旧原则。从旧原则是指新颁布的法律对生效前的行为一概不具有溯及力，即"法不溯及既往"，不论新颁布刑法和颁布前的旧刑法对该种行为处罚谁轻谁重，一律适用行为时的旧刑法。因为行为时的刑法没有规定该行为时犯罪，以颁布的新的刑法追究责任，不仅剥夺国民对自己行为的预测，而且，是"不教而诛"的。因此，从旧原则是实行严格意义上的罪刑法定原则的必然结论。

(2) 从新原则。从新原则是指新颁布的刑法具有溯及既往的效力。具体而言，新颁布的刑法对生效前未经审判或判决尚未确定的行为，不论新颁布的刑法与旧刑法对该行为的处罚谁轻谁重，一律适用新颁布的刑法处理。理论根据就是"新法优于旧法"的原则，之所以颁布新的刑法，就是因为旧刑法已经不适应社会的需要，既然如此，就应适用新法处理，否则就是不适时宜的①。

(3) 从轻原则。从轻原则是指比较新旧刑法法定刑的轻重，择较轻的而适用。新法较轻时适用新法，新法具有溯及力；旧法较轻时适用旧法，新法无溯及力。该原则是以行为时和审判时法定刑或者处罚条件都已有变更时，选择适用最有利于行为人的轻法，其理论基础是"有利于被告原则"。在为维护被告人利益时承认新颁布的刑法具有溯及力，这被认为是对罪刑法定原则"法不溯及既往"的重大例外。

(4) 从新兼从轻原则。从新兼从轻原则是对从新原则的折中，即新法在原则上具有溯及既往的效力，对生效前未经审判或判决尚未确定的行为适用新的刑法，但是在旧法不认为是犯罪或处刑较轻时，则适用行为时的旧刑法。

(5) 从旧兼从轻原则。从旧兼从轻原则是对从旧原则的折中。新颁布的刑法在原则上不具有溯及既往的效力，对生效前未经审判或判决尚未确定的行为适用行为时的旧刑法。但是，在新法不认为是犯罪或者处刑较轻时，则适用新法，新颁布的刑法就具有溯及既往的效力。

从新兼从轻原则和从旧兼从轻原则两项原则，理论上都称为折中原则，只是由于

---

① 该原则多在单行刑法中采用，我国曾经在1983年9月2日颁布的《关于严惩严重危害社会治安的犯罪分子的决定》第3条规定："本决定公布后审判上述犯罪案件，适用本决定。"即是采用的"从新原则"。

折中方式不同而分为两种。从新兼从轻原则是新法原则上具有溯及力，只是例外地适用旧法；其理论依据是认为新法乃是修正旧法不适宜的内容，原则上新法具有溯及力符合刑法修改的旨意。从旧兼从轻原则是原则上依旧法，新法不具有溯及力，只是例外适用新法；其理论依据是认为必须遵循罪刑法定原则。但无论是从新兼从轻还是从旧兼从轻，两者只在新法溯及效力的具体内容有区别，但相同点是最终仍是选择轻法而适用，都遵循"择轻而从原则"。不过，因从旧兼从轻原则更符合罪刑法定原则的精神，因而国际上大多数国家采从旧兼从轻原则。

(二) 我国刑法溯及力的规定

我国刑法在溯及力问题上采从旧兼从轻原则。《刑法》第12条第1款规定："中华人民共和国成立以后本法施行以前的行为，如果当时的法律不认为是犯罪的，适用当时的法律；如果当时的法律认为是犯罪的，依照本法总则第四章第八节的规定应当追诉[①]，按照当时的法律追究刑事责任，但是如果本法不认为是犯罪或者处刑较轻的，适用本法。"第2款规定："本法施行以前，依照当时的法律已经作出的生效判决，继续有效。"根据上述规定，自1949年10月1日起至1997年9月30日之前实施的行为，应该按照以下情况处理[②]：(1) 行为时的法律不认为是犯罪的，不论修订后的刑法[③]如何规定，均不认为是犯罪，修订后的刑法不具有溯及力。(2) 行为时的法律认为是犯罪，而修订后的刑法不认为是犯罪的，只要该行为未经审判，或者判决尚未确定的，修订后的刑法具有溯及力，不认为是犯罪。(3) 行为时的法律和修订后的刑法都认为是犯罪，而且，该行为是在修订后的刑法规定的追诉时效之内的，如果修订后的刑法规定的法定刑重于行为时的刑法的法定刑，则适用行为时的刑法，修订的刑法不具有溯及力；如果修订后的刑法规定的法定刑轻于行为时的刑法的法定刑[④]，则适用修订后的刑法，即修订的刑法具有溯及力。(4) 第12条第2款规定："本法施行以前，依照当时的法律已经作出的生效判决，继续有效。"该规定说明，刑法溯及力的规定，只适用于在新的刑法颁布施行后，行为未经审判或者判决尚未确定(即为判决没有发生法律效力)案件的审理。如果在新的刑法颁布生效之前，案件已经审理终结并

[①] 有必要时请查阅我国《刑法》第87条关于"时效"条款的规定。

[②] 对于修订后刑法溯及力的规定，还需要参考以下司法解释：1997年9月25日最高人民法院《关于适用刑法时间效力规定若干问题的解释》；1998年1月13日施行的最高人民法院《关于适用刑法第12条几个问题的解释》；1998年12月2日，最高人民检察院《关于对跨越修订刑法施行日期的继续犯罪、连续犯罪以及其他同种数罪应如何具体适用刑法问题的批复》。

[③] 这里所谓的"修订后的刑法"，包括1997年10月1日起生效的《中华人民共和国刑法》，也包括此后由最高立法机关颁布的《刑法修正案》以及增加的新罪名。

[④] 1998年1月13日最高人民法院《关于适用刑法第12条几个问题的解释》有如下规定，第1条：《刑法》第12条规定的"处刑较轻"，是指刑法对某种犯罪规定的刑罚即法定刑比修订前刑法轻。法定刑较轻是指法定最高刑较轻；如果法定最高刑相同，则指法定最低刑较轻。第2条：如果刑法规定的某一犯罪只有一个法定刑幅度，法定最高刑或者最低刑是指该法定刑幅度的最高刑或者最低刑；如果刑法规定的某一犯罪有两个以上的法定刑幅度，法定最高刑或者最低刑是指具体犯罪行为应当适用的法定刑幅度的最高刑或者最低刑。第3条：1997年10月1日以后审理1997年9月30日以前发生的刑事案件，如果刑法规定的定罪处刑标准、法定刑与修订前刑法相同的，应当适用修订前的刑法。

且判决已经发生法律效力的,无论依照行为当时的刑法作出的是有罪还是无罪判决,都不得再以生效后的新的刑法重新审理。这是保障法院判决有效性、严肃性和权威性的必要规定。

法定刑轻重的比较

1998年1月13日最高人民法院《关于适用刑法第12条几个问题的解释》规定,刑法的溯及力是依照新旧刑法的"处刑较轻"为标准的,那么,这一标准具体应如何执行?

所谓处刑较轻,是指对于同一性质的犯罪行为,在法律规定的罪状不变的条件下,现行刑法与行为当时的法律所规定的法定刑的轻重比较而言。不是指对犯罪行该判轻刑(宣告刑)相比较。所以比较刑的轻重是以两者法定刑罚及标准,而不是以宣告执行的刑罚为标准。可以参照以下比较方法:

(1)主刑的轻重,依刑法总则刑种排列次序决定,排于前面的是较轻的刑种,后面排列的是较重于前面的刑种。相较之下,则看是否是以一种较轻的主刑代替或变更为另一种主刑。

(2)管制、拘役、有期徒刑,应以法定最高刑较低的为轻,如法定最高刑相同,以法定最低刑较轻的为轻。例如,某罪规定的法定刑为3年以上5年以下有期徒刑,修订后的刑法对某罪法定刑修订为3年以上7年以下有期徒刑,则前者为轻;某罪规定的法定刑为7年以上有期徒刑,修订后的刑法修订为5年以上有期徒刑,则修订后的刑法为轻。

(3)法定刑有2种以上主刑时,以最重主刑较轻的为轻,或者刑期较短的为轻。例如,某罪规定的法定刑为拘役、5年以下有期徒刑,修订后的刑法修订为10年以上有期徒刑、无期,则前者为轻;某罪规定的法定刑为10年以上有期徒刑,修订后的刑法修订为7年以下有期徒刑,则修订后的刑法为轻。

(4)在旧刑法和修订后刑法对某种犯罪规定的主刑没有发生变化的情况下,则可以通过比较附加刑的刑种是否发生变更来判断法定刑的轻重。附加刑的轻重,仍然以排列在前的为轻。例如,某罪的附加刑规定有罚金或者没收财产,修订的刑法修订为罚金,则修订的刑法为轻。如果附加刑也没有变更,则考虑对附加刑的适用原则是否发生变更。例如,某罪的附加刑规定的是"必须"附加适用,修订的刑法修订为"可以"选择附加适用,则修订的刑法为轻。

第二编 | 犯罪构成论

第三章　犯罪及其要件

第四章　构成客观必备要件

第五章　构成主观必备要件

第六章　违法阻却事由

第七章　责任阻却和减轻事由

第三章 犯罪及其要件

第一节 犯罪的概念

一、犯罪观与犯罪概念

犯罪观,是一个阶级或者社会阶层对犯罪这种社会现象予以否定评价思想体系的总和。它属于某一特定阶级或者社会阶层世界观的组成部分,在统治阶级掌握国家政权时,它就是该种社会上层建筑的内容之一。犯罪观包含着对犯罪这种社会现象最基本问题的认识,即什么是犯罪、犯罪的产生、发展、变化及其如何减少、预防的途径、采取什么方法、手段惩罚犯罪等。对这些基本问题的总体认识就是该阶级或者社会阶层的犯罪观。当然,作为统治阶级或者社会阶层犯罪观的变化,会导致立法者对犯罪圈认识上的变化。犯罪行为侵犯了本阶级的阶级利益,危害了统治秩序,是对现行统治关系的蔑视、轻视,甚至是一种对抗。所以,犯罪观所揭示的就是该阶级或者社会阶层对犯罪这种社会现象本质属性认识,所体现的就是之所以要将该种行为规定为犯罪并给予刑罚处罚根本性的理由。可以认为,犯罪之所以是犯罪,是由掌握着国家机器的统治阶级或阶层赋予行为的犯罪属性。

犯罪观是对有关的犯罪基本问题的认识,但这些认识中最核心的问题就是要首先回答"什么是犯罪"的问题;反映在刑法上,就是犯罪的概念问题,因而,也可以说,犯罪概念集中体现着统治阶级的犯罪观。

二、犯罪的概念

(一) 犯罪概念评说

当今国际社会的各个国家都有刑法,也都有关于"什么是犯罪"的一般定义。然而,是否需要在刑法上规定犯罪的一般定义?不同国家的做法不尽相同。多数国家并不在刑事立法上规定犯罪的定义,而是主要通过判例或者学理上的解释来明确这种社会现象。

采用立法方式在刑法中规定犯罪一般概念的,主要有以下立法例:一是形式的概念。例如,1810年《法国刑法典》从对犯罪和刑罚分类的角度,对犯罪作出规定。第1条规定:"法律上以违警刑处罚之犯罪,称为违警罪;法律上以惩治刑处罚之犯罪,称为轻罪;法律以身体刑所处罚之罪,称为重罪。"《法国刑法典》对犯罪的定义,在法国大革命成功后被欧洲大陆多个国家所仿效。例如,如 1871 年《德国刑法典》第 1 条①。即使在现代西方发达国家,不少仍然采用犯罪的形式定义。二是实质的概念。如 1919 年《苏俄新刑法指导原则》第 6 条规定:"犯罪是危害某种社会关系制度的作为或不作为。"1922 年《苏俄刑法典》第 6 条规定:"威胁苏维埃制度基础以及工农政权向共产主义过渡时期所建立的法律秩序的一切危害社会的作为或不作为,都被认为是犯罪。"形式和实质两种不同的定义,一个明确表达出"无刑罚则无犯罪"的罪刑法定原则的基本精髓,揭示出罪刑关系以及在实定法上的重要意义,另一个则鲜明地表达出掌握着国家政权的阶级要将某种行为视为犯罪,并予以刑罚处罚的根本性理由,明确指出犯罪是危害现行统治关系这一本质属性。三是混合概念,即形式与实质相结合的定义。例如,1958 年《苏联和各加盟共和国刑事立法纲要》第 7 条规定:"凡是刑事法律规定的危害苏维埃社会制度或国家制度,破坏社会主义经济体系和社会主义所有制,侵犯公民的人身、政治权利、劳动权利、财产权利和其他权利的危害社会的行为(作为或不作为),以及刑事法律规定的违反社会主义法律秩序的其他危害社会的行为,都是犯罪。"这就是同时强调犯罪实质特征和法律特征的犯罪定义②。

我国《刑法》第 13 条规定了犯罪的一般概念,属于上述第三种立法例。该犯罪概念传承了苏联犯罪定义理论,绝大多数学者给予了高度的评价,并认为这个概念明确将危害国家主权和领土完整,危害无产阶级专政制度,破坏社会主义革命和社会主义建设的行为规定为犯罪,体现了犯罪的鲜明阶级性;它以概括的方法,揭示了各类犯罪所侵犯的客体,明确了主要打击对象;它明确规定只有行为的社会危害性达到违反刑法,应受刑罚惩罚的程度才是犯罪,从而把相当程度的社会危害性这一犯罪的实质特征,与刑事违法性和应受处罚性这一法律特征结合起来。因此,我国刑法关于犯罪概念的规定,在其科学性上,不仅资本主义国家刑法无法比拟,就是在社会主义国家刑法中,这个规定也是最完善的。③ 根据这一法定犯罪概念,我国刑法理论上通说的犯罪概念是:犯罪是具有一定的社会危害性、刑事违法性并应当受刑罚处罚的行为。

我国《刑法》第 13 条的混合概念,是解决立法问题的犯罪概念,还是解决司法问题的犯罪概念? 如果要解决立法问题,立法者要到何处去寻找已经具有刑事违法性的行为,然后才把它规定为犯罪? 很明显,犯罪的混合概念是无法在立法领域内适用的,它不能发挥指导立法的功能,如果要解决司法问题,是否确有必要让普罗大众都知道某些行为被国家规定为犯罪的根本理由。国民以不具有社会危害性作为自己行为不构成犯罪的抗辩理由,在司法层面上如何保障实质概念的真正实现? 在司法领域内,按照通说观点,犯罪混合概念的确是告诉司法者"为什么是",但是,当面对某一完全符合犯罪构成的行为时,司法者是否还需要另行考察该行为具有社会危害性?

---

① 为现行《德国刑法典》第 12 条。
② 1997 年 1 月 1 日生效的《俄罗斯联邦刑法典》中的犯罪定义已是形式定义,该法第 14 条规定:本法典以刑罚相威胁所禁止的有罪过地实施的危害社会的行为,被认为是犯罪。参见《俄罗斯联邦刑法典释义》(上册),黄道秀译,中国政法大学出版社 2000 年版,第 21 页。
③ 参见高铭暄主编:《刑法学原理》(第 1 卷),中国人民大学出版社 1993 年版,第 381—382 页。

如果司法者认为该行为不具备社会危害性,是否可以据此认为完全符合构成要件规定的行为不构成犯罪①?

从我国当前的立法而言,犯罪概念中为司法者的确保留有自由解释的空间。《刑法》第13条犯罪概念中"但书"的规定,就是立法者预留给司法者的解释"空间"之一②,更不用说分则条款中仍然存在较多的以"其他方法"作为入罪条件的设置。本书并不质疑我国刑法在规定具体犯罪时,是以"社会危害性"的实质概念指导得出的观点,也不质疑"犯罪概念是对犯罪构成的概括和抽象;犯罪构成是犯罪概念的具体化"命题的合理性。就以通说中"犯罪构成是决定某一行为的社会危害性及其程度,而为该行为成立犯罪所必需一切主观要件和客观要件的统一"③的观点来说,犯罪构成是认定犯罪的唯一标准。这一命题蕴含着"行为的社会危害性"这一本质属性,已经是其确立具体犯罪构成的基础,犯罪构成是犯罪成立的充分条件,符合犯罪构成就是犯罪的成立。因而在规范刑法学的解释上,根本就不应该在犯罪构成之外在去寻找"社会危害性"的实质性条件。所以,问题在于立法所保留的解释空间,是从"犯罪是危害社会的行为"的形式上来解释,还是要从"犯罪是具有社会危害性"的本质上予以解释的问题。

应该看到,行为危害社会与行为具有社会危害性是两个不同的概念,犯罪是具有社会危害性的行为,所描述的是行为的属性,而这一属性是立法者赋予行为的属性;而犯罪是危害社会的行为,是指行为导致现实社会事物发生异常变化状态的客观事实,它是犯罪具有的外在形式特征。而现实社会事物的事实状态是否发生异常变化,是需要客观查证的。换言之,只有在查证行为导致社会事物发生异常变化时,才能说行为具有被赋予的危害社会的本质属性。但是,查证的依据只能在刑法规定的具体犯罪的危害行为中(依据犯罪构成),而不可能从行为具有危害社会的属性中得到当然的答案。正如"会思维是人的属性"之一,但不意味具备"会思维"属性的,当然就可以得到这就是"人"的结论一样。如前所述,犯罪危害统治关系的社会危害性属性,是立法者所赋予的,所以,是否需要赋予行为社会危害性的属性,是立法者所要关注的,而是否属于危害社会的行为,才是司法者应该遵循的形式标准。

行为的社会危害性,是立法者赋予行为的属性,是立法者对犯罪的社会政治、社会道义上的否定评价,这当然是正确的。但是,问题在于,它并不当然就具有法的规范性。所谓"不具有法的规范性",是指如果想要处罚一个行为,社会危害性在任何时候都能够提供的依据;如果不想处罚一个行为,社会危害性同样可以提供根据。正因为社会危害性是犯罪的本质,理所当然在任何情况下,只要有需要就可以此来决定法

---

① 参见贾宇、林亚刚:《犯罪概念与特征新论》,载《法商研究》1996年第4期。
② 当然,"但书"的规定,在一般解释上强调它的主要功能是"出罪",但在"社会危害性"的实质理由下,当然也存在"任意"被否定的可能性。
③ 高铭暄、马克昌主编:《刑法学》,北京大学出版社、高等教育出版社2005年版,第46页。

律规范的形式①,因而,可能为司法者提供超越法律规范入罪、出罪的依据。正是从这一意义上说,在混合概念指导下的刑事司法,可以通过"社会危害性是犯罪本质"的理由,突破罪刑法定原则的束缚,为刑罚处罚提供一个具有浓厚政策、政治色彩的理论根据(当然,看上去仍然是刑法理论依据,但实则为政策、政治根据)。这样一来,罪刑法定原则不仅有被架空的危险,更有可能在实践中对国家法治体系的构建起到反作用。因此,混合概念不能成为一个能够同时指导司法的合理概念。

正是基于上述认识,对分则条款中大量存在的"其他方法"入罪条件的犯罪,也应该从犯罪是危害社会行为的形式意义上,与所列举的危害行为具有相同性质予以规范地解释,不应该以只要具有"社会危害性"即可以入罪作为指导;否则,是对"犯罪构成是认定是否犯罪唯一标准"的背离,无疑也是对具体犯罪构成界限功能的否定。在此,还应该讨论我国刑法中大量以"情节严重""情节恶劣"为入罪条件的犯罪。由于实务中的"情节"是难以穷尽予以规范表述,因此,如何进行法规范上解释,是一个理论上的难题。本书认为,"情节严重""情节恶劣"的规定同样不应该以"社会危害性"的实质考察为理论依据。"情节严重""情节恶劣"要求考察的是"危害社会的程度",而不是"社会危害性"的实质。如果以"具有社会危害性"的实质意义考察"情节","情节严重""情节恶劣"就只是为提供"入罪"服务,而不能成为"出罪"的标准,而且,会形成理论上难以解释的悖论。本书并不否认有的"情节"具有社会危害性,但是,能够界定行为危害程度的情节,未必都具有"社会危害性"的属性。例如,因家境极度贫寒动机引发的盗窃,在危害程度的评价上,是较轻微的,可能成为"出罪"的依据,但是,作为"情节"不能说"因家境贫寒的动机"具有社会危害性。所以,如果以"社会危害性"作为评价的标准,那么,不具有"社会危害性"的"情节",将会被排除在认定是否"情节严重""情节恶劣"的程度之外。如此一来,在具有"社会危害性"界定下的"情节"将只有"入罪"作用而无"出罪"功能。

正是从这一意义上说,本书认为,从规范意义上解释"情节严重""情节恶劣"也只应该从有无危害以及危害程度评价,不应以"社会危害性"作为考察的内容,即使"情节"本身不具有社会危害性,也同样可以成为评价"危害程度"的依据。也只有如此理解,"情节严重""情节恶劣"才能并非只为"入罪"服务,同时也会具有"出罪"功能。在这一前提下,犯罪的概念,应该在两个方面发挥其作用:一是指导立法的概念,这应该也必须是以犯罪本质特征为根据的犯罪的实质概念;二是指导刑事司法的犯

---

① 以实质的"社会危害性"定义考察是否犯罪,具有社会危害性的行为与犯罪行为的界限,只在于该种危害行为是否由刑法所规定。这也就是通说"刑事违法性是社会危害性的法律表现形式"之意,换个角度,也可以说犯罪行为的社会危害性这一实质,最终是由刑法规定的这一形式上的"刑事违法性"来决定的。但是,行为是否值得国家动用刑罚来处罚(实质上的违法性,或者通说的"应受惩罚性"由何而来),以犯罪实质是"社会危害性"的理论,就只能以"社会危害性程度严重"来解释。但在追问何为判断"社会危害性程度严重"的客观标准时,又只能以循环式的是否由刑法规定为标准来回答。这就表明,"行为的社会危害性"在有所需要时,完全可以规范的形式出现,而根本不用回答行为是否具有值得国家动用刑罚的实质违法性。在刑法分则中大量的以"其他方法"作为为防止"疏漏"的兜底式条款,就是"行为的社会危害性"是犯罪本质,以规范形式表现出来的最好诠释。

罪概念,这应当是以实质概念为基础的犯罪的形式概念。作为指导司法的犯罪概念,应该是后者。

(二) 犯罪的一般概念

在我国刑法中,被规定为犯罪并给予刑罚处罚的根本理由在于,行为危害到我国社会主义制度以及人民民主政权、破坏社会秩序和经济秩序,侵犯国有财产或者劳动群众集体所有的财产,侵犯公民私人所有的财产,侵犯公民的人身权利、民主权利和其他权利,具有达到应受刑罚处罚程度的社会危害性。这应该是犯罪实质定义的基本内容。基于我国《刑法》第1条规定的刑法目的和第2条规定的刑法任务,刑法规定为犯罪给予刑罚处罚的,就是侵犯刑法所保护的法的利益(刑法所保护的社会关系)的行为。这就是犯罪的实质定义。

根据我国《刑法》第13条的犯罪概念,犯罪的形式定义应为严重危害社会、应受刑罚惩罚、触犯刑法规范的行为。这是基于上述规定的犯罪的形式定义。根据犯罪的形式定义,犯罪具有以下特征:

(1) 犯罪是应受刑罚处罚、严重危害社会的行为[①]。

犯罪是危害社会的行为,就是指行为对刑法所保护的法的利益(法益)造成的损害或者可能造成的损害,也就是对法益的侵犯性。这是立法者赋予该种行为具有社会危害性属性的根本理由。危害社会的行为对法益的侵犯性主要表现在:第一,行为造成实际的物质或非物质性损害事实。例如,故意杀人的行为,已经造成被害人死亡,他人的生命法益遭受侵犯,是以被害人死亡的事实而体现出来;诬告陷害他人犯罪,刑法保护的他人的名誉利益遭到损害,则是非物质性损害事实。第二,行为对刑法所保护的法益构成现实的威胁,具有造成物质或非物质性损害的可能性。例如,刑法中所规定的"犯罪预备""犯罪中止"和"犯罪未遂",都是可以没有发生实际的物质性损害事实。例如,故意杀人案件中被害人没有死亡的,但是具有发生死亡结果的现实可能性;刑法分则中对危险犯的规定,也是不要求发生实际损害事实,但有发生实际损害事实的现实危险时,同样构成犯罪。在这种情况下,由于刑法保护的法益已被置于遭到损害发生的现实危险和威胁之中,因此,只要条件具备实际的损害就会发生,这就是行为具有造成实际损害的现实可能性。

刑法中的所谓犯罪都是各种各样具体的犯罪,不存在所谓一般的、抽象的犯罪,都是各个具体的犯罪。由于各种犯罪不同,不同犯罪行为侵犯的法益不同,决定了危害社会行为的具体内容也不同。所以,每一种具体的犯罪都有危害社会的具体表现和具体内容。虽然具体犯罪对社会危害的内容不相同,但是经过抽象和概括,可以归纳出危害社会行为所侵害法益具有共性的一般内容。我国《刑法》第13条通过列举犯罪侵犯的主要法益(即犯罪客体),揭示了危害行为对法益侵害的八个基本方面。这八个方面内容是:危害国家的国体、政体和国家安全;危害社会的公共安全;破坏社会主义市场经济秩序;侵犯公民的人身权利、民主权利和其他权利;侵犯国有、集体和

---

① 如果从犯罪本质上解读,通说是以"犯罪具有严重社会危害性的行为"的理论来解释的。

公民私人财产；破坏社会秩序；危害国防利益、军事利益；危害国家的行政、司法秩序，侵犯公务活动的廉洁性。但并不是说，只要行为侵害到上述八个方面中的任何一点，都需要作为犯罪予以评价的；危害社会的行为所导致的危害后果必须达到一定的严重程度，并需要国家动用刑罚给予处罚的，才能视为犯罪。《刑法》第13条的"但书"规定，虽然并不是犯罪概念的固有内容，却是在认定危害社会行为是否达到值得动用刑罚处罚，要求具有实质性考察的重要规定。

"但书"规定设置有两个条件：情节显著轻微和危害不大。这两个假设条件必须同时具备，才能认定为不是犯罪，缺一不可。所谓"情节显著轻微"，是指侵害法益的行为，在具体的侵害事实中，不具有应给予较重否定评价或者情节本身就不具有危害事实，而且是"显著轻微"的。具体而言，可以是所实施的行为本身情节显著轻微，也可以是其危害行为充分得到被害人、社会的谅解，也可以是真诚的悔过而不再具有再犯可能性（人身危险性）等。所谓"危害不大"，是指对法益侵害的行为既没有造成实际的损害结果，也没有造成较恶劣的社会影响。"但书"规定虽然不是犯罪概念的内容，但是它也表明，只有危害社会行为的危害程度达到值得动用刑罚处罚时，才能被视为犯罪。因此，应受刑罚惩罚性，也是犯罪的实质性特征。"但书"规定是一个原则性的规定，它适用于一切从形式看符合刑法规定的危害社会的行为，但是，从适用"但书"的标准而言，考察则是实质性的要求，即从危害行为导致的客观状态中查证行为的情节以及危害程度。

鉴于我国刑法中仍有大量条款以"情节严重""情节恶劣"作为入罪的条件，因此，实践中考察行为的危害程度具有重要意义。能够决定危害社会行为危害程度的因素很多，难以准确地以立法方式规范描述，大体上可以归纳为以下内容：第一，行为侵害的是何种法益？它的重要性和意义如何？例如，人身法益中生命法益的重要性与其他人身法益相比，不可同日而语。第二，行为的方式、手段、后果以及实施的时间、地点、针对的对象的具体情况。例如，使用残忍手段实施伤害的，就比没有以此种手段的危害程度严重。第三，实施行为时的一些主观因素。例如，在致人重伤的情况下，故意行为的主观恶性就比过失行为的主观恶性大。第四，行为人的生活状况以及一贯品行。如出身、受教育程度、职业、婚姻状况，是否有前科，是否累犯，是否因同种行为受过行政处罚等。第五，行为时的社会政治、经济以及社会治安形势等情况。例如，社会治安形势较好时，该种行为的危害程度评价低（社会容忍度大）；治安形势不好时，同样的行为危害程度评价就相对比较高。第六，行为的情节是否严重、恶劣。例如，是以何种手段、何种动机实施犯罪，即可视为考察情节严重、恶劣的参考因素。第七，行为人犯罪后的表现。例如，行为人主动实施抢救行为或主动挽回损失，说明主观恶性小，人身危险性（再犯的可能性）减弱。第八，行为人实施危害行为受到何种刺激。任何犯罪都有外界刺激因素的存在，但是，任何外界刺激都不能成为行为人犯罪的借口，却可以成为考虑的情节。例如，被害人的重大过错、家庭的极度的贫困等。第九，行为人对所实施的危害行为的认知程度。这是与受教育程度无关的对危害事实的认知，主要是指行为人的社会地位、从事职业、专业知识与所犯之罪的关联度。

例如,主动索取贿赂与被动接受贿赂,前者的认知程度就高于后者。总之上述考察也是需要从法规范的角度,对具体危害行为所表现出的事实予以考察。换言之,在刑事司法中,就"情节严重""情节恶劣"作为入罪条件的条款而言,法官也应在法规范要求的范围内,判断行为的危害程度,以及在构成犯罪时刑事责任的轻重。

通说认为,犯罪具有应受刑罚处罚性,被认为是犯罪的社会危害性与刑事违法性所派生的特征(法律后果)。① 从立法者的角度说,正是危害行为的危害程度达到立法者认为必须给予刑罚处罚时,才需要将该种行为规定在刑法中,从而赋予行为的刑事违法性特征。虽然我们在定义刑罚时,离不开明确"什么是犯罪",但在定义犯罪时,也同样离不开刑罚的概念,二者之间存在着循环被定义的关系。只有认为当刑罚具有不可避免性时,才是立法者决定是否将某种行为规定为犯罪的实质根据之一。实际上,对于危害社会的行为,其"社会危害性只有达到应受刑罚惩罚的程度,才为立法者所规定为犯罪,也才具有刑事违法性"②的通说,也是将应受刑罚惩罚性视为刑法规定某种行为是犯罪的立法理由,所以将应受刑罚惩罚性视为所派生的结论,很值得商榷。本书认为,以犯罪是具有应受刑罚处罚的危害社会行为来认识犯罪,并不是对犯罪具有严重社会危害性这一本质属性的否定,而正是从刑罚的必要性(不可避免性)上,对这一本质属性的肯定,也是从罪刑关系上对罪刑法定原则的解读。

"应当受刑罚处罚性"并不等同于"有罪必须处罚"。即使行为人的危害社会的行为具有严重的危害性,具有"应当受刑罚的处罚性",但是,我国司法实务中可以依据《刑法》第37条的规定,依据案件的具体情况,对于犯罪情节轻微不需要判处刑罚的,可以作出免予刑事处罚的裁决。例如,行为人具有自首、悔罪、犯罪情节轻微等事实,审判机关可以依法作出免予刑事处罚的判决。当然,免予刑事处罚,是以具备"应当受刑罚处罚"为前提,无此前提,谈不上"免予刑事处罚";免予刑事处罚,也不等同于"无罪不得处罚"。无罪不得处罚,是行为人根本没有实施犯罪,或者说行为就没有触犯刑法的规定,当然不承担刑罚的制裁。

(2)犯罪是触犯刑法规范的行为,具有刑事违法性。

刑事违法性是指行为违反刑法规范,也就是说,是行为符合刑法规定的犯罪构成。如果行为不违反刑法规范,违反的是行政法规范、民事法等法律规范,那么属于

---

① 通说认为,刑法只是有选择地将那些危害程度比较严重,超出党纪、政纪以及其他法律所能够处理范围的违法行为规定为犯罪。即只有立法者认为该种行为的社会危害性已超越了除刑法以外的其他规范所能调整的范围,才需要在刑法上规定为犯罪。这样,犯罪不仅具有危害社会的本质,而且因规定在刑法中也被立法者赋予刑事违法性特征。进一步说,刑罚因是立法者对行为的社会危害性程度在社会政治、法律上予以否定评价的具体体现,所以某种危害社会的行为,只有立法者认为其社会危害性达到相当严重的程度,应当给予刑罚惩罚时,才会在刑法上规定为犯罪,从而赋予该种行为刑事违法性特征。就这一点而言,通说认为,应受刑罚惩罚是社会危害性和刑事违法性所派生的特征,它从属于社会危害性和刑事违法性。参见高铭暄主编:《刑法学原理》(第1卷),中国人民大学出版社1993年版,第394页;高铭暄、马克昌主编:《刑法学》(第5版),北京大学出版社、高等教育出版社2012年版,第46页;马克昌主编:《刑法》(第3版),高等教育出版社2012年版,第30页等。

② 参见高铭暄主编:《刑法学原理》(第1卷),中国人民大学出版社1993年版,第394页。

一般的行政、民事违法行为，而不是犯罪。违法行为由于违反的法律规范不同，危害程度不相同，所以处理的方法、手段也不相同。刑事违法性特征说明，即使某种危害社会的行为的危害程度严重，但只要刑法没有明文将其规定为犯罪，也就表明该行为不具有应受刑罚惩罚性，同样不是犯罪。这是罪刑法定原则的要求。因此，犯罪是违反刑事法律的行为；具有刑事违法性，是犯罪的法律形式特征。

由此可见，从实践的角度上，危害行为即使严重危害到社会，也未必会规定为犯罪而受到刑罚处罚，应受刑罚处罚性与刑事违法性有时会出现脱节现象，产生这种现象的原因主要是：第一，犯罪是危害社会行为，是否应受刑罚的惩罚，必须是通过立法反映到刑法中，这涉及立法者的主观认识和立法技术表述环节，而在认识和立法技术表述环节上，难免发生立法者认识上的偏差和立法技术上难以避免的失误，如果存在这样问题，会导致二者之间出现分离。例如，我国《刑法》第116条规定的"破坏交通工具罪"，对于犯罪对象，是以明文列举了"火车、汽车、电车、船只、航空器"，那么，对实践中破坏承担交通运输业务的大型拖拉机，能否构成破坏交通工具罪？由于立法没有规定，就成为理论很有争议的问题。显然，在刑法对该罪立法时，并没有考虑到破坏承担交通运输业务的大型拖拉机同样会对公共安全构成现实的威胁这一问题。再如，我国《刑法》第121条规定了劫持航空器罪，第122条规定了劫持汽车、船只罪，但是，没有规定劫持火车入罪的条款。对此，是否可以"举轻以明重"入罪，就值得研究。第二，犯罪是危害社会的行为，是否应受刑罚惩罚的认识，会因为社会发展而变化，但是基于法律稳定性的需要，刑法同样不能"朝令夕改"。法的稳定性的需要会导致刑法规范的增删、修改往往落后于现实需要，在这种情况下，二者之间也会产生不一致。例如，基于我国经济快速发展的现实，"泡沫经济"现象在各地都有发生，商业银行对民营企业贷款在一段时期内基本停滞，如果资金链条断裂，会对民营企业造成巨大的生存压力，因而民间"地下钱庄"应运而生，普遍存在非法集资、违法高利贷行为。虽然这些违法行为都严重扰乱了国家金融秩序，但是，其中游走在"法律边缘"、有一定规范性的"地下钱庄"，现实中的确对当地民营企业发展和当地经济发展有积极的一面，现实要求不能对这样的行为一概都作为犯罪处罚，要求对《刑法》中"擅自设立金融机构罪""非法吸收公众存款罪""集资诈骗罪"等罪作出相应的修订也是社会发展的需要。第三，基于刑事政策的原因，对某些危害社会的行为否需要作为犯罪予以规制，必须采取慎重态度。在这种情况下，也同样会导致二者之间不一致。例如，社会上包养情人的现象会破坏婚姻家庭稳定，会危害到社会公序良俗，但是目前仍然不宜将此类行为入罪。这并不是说这种行为没有危害到社会，或者说危害都是不严重的，而是从刑事政策考虑。因包养情人尚不会严重影响到社会重大利益，主要是个人道德问题，应由社会道德规范调整；只有在构成重婚的情况下，才考虑作为犯罪处罚，而不宜将包养情人的行为一概入罪。

综上所述，犯罪是严重危害社会的行为，具有应受刑罚处罚性是犯罪的本质特征，而刑事违法性是严重危害社会行为应受刑罚处罚性的法律表现。

第二节 犯罪构成

一、犯罪构成概说

(一) 构成要件理论的由来

构成要件理论是大陆法系刑事古典学派根据罪刑法定原则的实质性要求所确立的理论。但在德、日刑法中此理论称为"构成要件"理论,不是"犯罪构成"理论。该理论的历史沿革大致可分为两个阶段。

第一个阶段:构成要件的概念从刑事诉讼法上的概念转变为刑法上的概念。 构成要件的概念来自中世纪意大利宗教裁判中的"查究程序"或"纠问手续"(Corpus delicti)一词,表明已经被查证的"犯罪事实",即在诉讼程序上表明有确定发生犯罪的客观事实。查究、纠问手续可分为两种:一是一般纠问,二是特殊纠问。前者是指对一般人的调查盘问;后者则是对具体嫌疑人的调查盘问。1796 年德国刑法学家克莱茵(E. F. Klein,1774—1810)将该词翻译成德语时,将它译成"构成要件"或者"整个犯罪事实"(Tatbestand),但该概念仍然只在诉讼法上使用。18 世纪末至 19 世纪初,随着各主要西方国家相继编纂刑法典,在罪刑法定原则指导下,这一术语逐渐被移植到刑法的犯罪理论中,作为实体法中的用语来使用。即在确认犯罪时,着重考虑的已不是那些能证实犯罪发生的客观事实,而是着重看这些事实是否抽象地符合具体的实体法中的某一具体犯罪的概念。要追究某人的刑事责任,就必须确定该人的行为是否与刑法所规定具体犯罪相符合,这是适用成文法典的必然要求。这一转变是由德国刑法学家费尔巴哈(P. V. Feuerbach)和斯鸠贝尔(C. C. Stubel,亦译休特贝尔)完成的。

第二个阶段:从刑法各个具体犯罪的具体要求发展为犯罪论体系意义上其有指导意义的概念。 费尔巴哈等学者在刑法上使用这一概念时,只是指各个具体犯罪事实中的客观事实要件。即从罪刑法定原则出发,要求在确认任何行为是犯罪,并对其课以刑罚时,都必须根据法律的规定来确定。由此把刑法上关于犯罪成立的条件称为构成要件,他们指出:构成要件乃是违法的行为中所包含的各个行为或者事实的诸要件的总和,强调只有存在客观的构成要件的场合,才可以被惩罚。但是,费尔巴哈等学者仍然是在刑法的各罪上运用的这一概念,尚不能用来指导对体系意义上犯罪理论问题的研究,所以"构成要件"概念不具有普遍意义。将构成要件从各论的概念抽象出来发展为总论的理论体系的基本理论,则是 20 世纪初之后,主要是经由古典学派德国刑法学家,如贝林(E. Beling, 1866—1932)、麦耶尔(M. E. Mayer, 1875—1923)和麦兹格(E. Mezger——亦译梅兹格,1884—1962)等人的努力,构成要件一语从各个具体犯罪构成的要件,最终成为刑法学犯罪论中的概念。特别是后期古典学派的贝林的"类型说",被西方刑法学者推崇为构成要件理论的"嚆矢"。"类型说"也成为当前大陆法系国家所采纳的"三分法"或"三阶层"犯罪成立条件理论奠基理论。

苏联的刑法学者,在借鉴使用这一概念时,将其译为"犯罪构成"一语,并进行了必要的重新建构。新中国成立后的刑法理论是借鉴苏联的刑法理论,因此这一概念也就在我国的刑法理论中一直沿用下来,但是所包括的理论内容以及架构与大陆法系"构成要件"理论有了重大的区别。大陆法系的德、日刑法理论中构成要件理论所研究的内容,只是犯罪成立条件中的一个核心条件,被称为"构成要件的符合性"①。在大陆法系理论中,多数学者主张的"三阶层"犯罪成立的理论认为,犯罪必须是同时具备以下三个条件才能成立:必须具备"构成要件的符合性""违法性""有责性"三条件,三条件缺一不可。而构成要件符合性,只是其中的一个条件而已。即使符合"构成要件",也不意味着就成立"犯罪"。在这一点上与我国的犯罪构成理论的意义完全不同,我国犯罪构成的理论,认为符合犯罪构成就意味着犯罪的成立。也就是说,我国理论上的犯罪构成是实质意义上的,而不同于"构成要件理论"是在形式意义符合了犯罪成立的一个条件。

(二) 德、日刑法理论上构成要件理论的具体内容和理解

构成要件与犯罪成立条件的关系是什么?贝林的构成要件理论,既要在构建犯罪论体系有所建树,也必须维护罪刑法定原则。1906 年贝林在其《犯罪理论》一书中提出了构成要件理论。他认为,构成要件是刑法分则所规定的,某一具体犯罪的"犯罪行为类型"或者说是"犯罪类型"的一种轮廓,即是一种用于指导性的"类型",它只是客观地记叙了犯罪的纯粹客观的要素,而成立犯罪所必需的需要经过评价的主观因素,及故意、过失、责任能力等需要价值评判的规范要素,均不包含在构成要件的内容中。此后,由于他的理论受到学者的批评,他在晚年(1930 年)出版了《构成要件理论》一书,对其理论进行了修正,将"犯罪类型"与"构成要件"作了区别,并认为"犯罪类型是一个由不同要素组成的整体"。因而犯罪类型是包括主观和客观的各种要素,而"犯罪类型不是法定构成要件,法定构成要件是犯罪类型先行存在的指导形象"②。这是他仍然维持构成要件符合性与违法性、有责性是相分离的观点。

迈耶发展了贝林的构成要件论,认为构成要件符合性与违法性应严格区别,但两者具有像"烟与火"那样的密切关系,即看到"烟"——符合构成要件,就知道下面有"火"——违法性。他认为构成要件不仅包括记述的、客观的要素,而且包括规范的、主观的要素;具体事实符合抽象的构成要件(构成要件符合性)是违法性的最为重要的认识根据或者表征,只要没有违法阻却事由,符合构成要件的行为就是违法的,所以构成要件符合性是违法性的认识根据。

麦兹格进一步发展了迈耶的构成要件论,提出构成要件符合性是违法类型论。他认为刑事立法根据规定的构成要件,设定了特殊的被类型化的不法("不法"是指否定的价值判断,该概念中包含着对实施该种行为的故意、过失等已被否定的评价),因此符合构成要件是违法性的存在根据,而不是认识违法的根据。换言之,构成要件是刑法对可罚的违法行为所作的类型性的记述,它不仅是违法性的认识根据,而且是违

---

① 也有翻译为"该当性"。
② 〔德〕贝林:《构成要件理论》,王安异译,中国人民公安大学出版社 2006 年版,第 4、27 页。

法性的存在根据。因此,构成要件是"违法行为的类型"或者"可罚的违法类型",即犯罪是符合构成要件的行为、符合构成要件的违法、符合构成要件的责任。这样一来,他将行为、违法、责任有机联系在一起,组成以构成要件为核心的犯罪论体系,因而麦兹格的理论被称为新构成要件论。

日本学者小野清一郎(1891—1986)将德国学者构成要件论引入日本后,做了进一步的发展,提出了构成要件是"违法、责任类型论"。他认为构成要件要素不是纯记述性的、客观的,而是也包含规范评价的要素和主观评价的要素。因此,构成要件既是违法的类型,也是责任的类型。在犯罪论体系中,构成要件的符合性、违法性和有责性是构成犯罪的三要件;构成要件本身不具有评价功能,因而是价值中性的关于违法性和责任的犯罪要素,只具有鉴别刑法上重要行为和非重要行为的机能。构成要件所记述的,是违反社会伦理的类型化的行为,因而构成要件的符合性就成为违法性的象征和认定依据。行为如果符合构成要件而且不存在阻却违法事由时,就可以推定该行为具有形式违法性;行为具有违法性,那么行为人在不具有责任阻却事由时,就具有刑事责任。其犯罪论体系,基本上反映了当前大陆法系刑法学理论发展的趋势。

由此可见,大陆法系德、日刑法的构成要件理论,是以行为为中心的客观结构构成理论。它是犯罪成立的出发点,无行为则犯罪无从谈起,但这一行为不仅要具有对社会有危险性,也要与具体犯罪条款所规定的内容相符合,这样实施犯罪行为者的行为才实现(符合)构成要件。只有存在这一前提要件之后,才谈得上违法性要件和有责性要件。这种构成要件理论原本是将主观因素排除在外的理论,使之与违法性要件和有责性要件相并列成为犯罪成立的要件。此后虽然在其理论发展中,构成要件内容的理解逐渐发生了变化,认为其包括主观等评价因素,但是,认为构成要件符合性只是犯罪成立的一个条件的认识是没有发生变化的。因此,不要将大陆法系德、日的构成要件理论误解成因为是客观构成理论而在认定犯罪上属于客观归罪。从上述简单介绍中可以看出,其犯罪构成理论具有如下特点:

第一,构成要件理论并不揭示犯罪的实质,只说明了行为在何种情况下构成犯罪,这是其刑法理论的特点,但是,从历史上看,古典学派所创立的这一理论,有其非常重要的进步意义,它从法定的角度来限制司法专横,是罪刑法定原则的必然性结论。

第二,构成要件理论是以法律规定的客观行为定型化为核心内容,因而它是主客观相分离的理论。这既与其主张的罪刑法定原则相符合,同时可以得到一般民众的拥护,因为其倡导的理念与民众要求的自由民主思想相同。

第三,构成要件理论将构成要件作为一种纯法律概念的问题来对待,虽然不揭示犯罪的实质,但是将社会实际生活中应然的犯罪现象[1]从刑法领域中排除出去。这与西方学者坚持严格的形式主义犯罪观、形式主义犯罪概念的研究方法相一致的。

---

[1] "应然的犯罪"是指犯罪学研究的犯罪现象。

近代大陆法系刑法理论中的犯罪构成理论的发展,经历了从古典派到新古典派再到目的主义的犯罪构成理论的变化过程,最终确立了构成要件该当性、违法性和有责性的犯罪构成三阶层理论,建构了近代刑事法学犯罪论体系的基本理论框架。但是,大陆法系的三阶层犯罪论体系,也是一直处于发展和变动之中的。马克昌教授指出,三阶层犯罪论体系确有其优点,这正是它在某些国家刑法理论中成为通说的原因。但应当指出,它既不是完美无缺的,也不是一成不变的①。正像日本学者大谷实教授所指出:"犯罪论的体系是实现刑法目的的体系,因此,随着刑法目的中的重点的变迁,体系论也会发生变化,在此意义上讲,不可能有绝对唯一的犯罪论体系。"②即使在某些国家的理论中,三阶层理论是居于通说地位,其理论观点也是不尽相同,对三阶层理论的批评意见也不在少数。③

(三) 苏联犯罪构成理论

苏联刑法学中的犯罪构成理论,基本上是建立在以实质性犯罪观基础上的犯罪构成理论。代表性的认识如"犯罪构成乃是苏维埃法律认为决定具体的、危害社会主义国家的作为(或者不作为),为犯罪成立的一切客观要件和主观要件(因素)的总和"④。

在这一体系中,犯罪的社会危害性是犯罪构成的基础。"在社会主义的刑法体系中,犯罪构成的学说应当以犯罪的阶级性的一般学说和它的实质定义与形式定义为基础。立法者也正是通过综合那些统一起来即构成社会危害行为的特征来制定犯罪构成的。"⑤犯罪构成是成立犯罪所必需的客观要件与主观要件的总和。"每个具体的犯罪构成都包含有犯罪主体和犯罪主观方面,以及犯罪客体和犯罪的客观方面要件的总和。犯罪构成的一切要件互相联系,每一个要件都是有机统一的一个组成部分。在某人的行为中,如果缺少一个要件,那就意味着缺少整个犯罪构成。"⑥因此,犯罪构成是追究刑事责任的唯一根据,行为符合犯罪构成就具备了追究刑事责任的根据。

苏联刑法学者在借鉴、批判大陆法系构成要件理论客观结构和主观结构的基础上,建构了主客观相结合的犯罪构成理论,并将其作为刑事责任的唯一根据。特别是将大陆法系的构成要件论异化整合为全部犯罪条件的犯罪构成理论(也就是实质意义上的犯罪构成理论),将大陆法系在刑事责任外研究构成要件,整合到犯罪构成与刑事责任具有一致性的理论,也创立了一个较完整的犯罪理论体系。但是,这一理论

---

① 参见马克昌:《简评三阶层犯罪论体系》,载《刑法论丛》(第19卷),法律出版社2009年版。

② 〔日〕大谷实:《刑法总论》,黎宏译,法律出版社2003年版,第71页。转引自马克昌:《简评三阶层犯罪论体系》,载《刑法论丛》(第19卷),法律出版社2009年版。

③ 参见同上。

④ 〔苏联〕特拉伊宁:《犯罪构成的一般学说》,王作富等译,中国人民大学出版社1958年版,第48—49页。

⑤ 同上书,第43页。

⑥ 〔苏联〕别利亚耶夫、科瓦廖夫:《苏维埃刑法总论》,马改秀、张广贤译,群众出版社1987年版,第78页。

在此后的发展中,也暴露出某些不足,新近理论研究的成果,在这一体系中难以有合理的地位。而且在具体问题上也存在着许多与基本原则不协调的现象①。可以说,由于社会的发展变化所导致刑事政策、刑事立法的变化,想建构一个能够一劳永逸地容纳今后刑法理论发展的内容,解决所有理论问题的犯罪论体系,是不现实的。因此,建立符合中国国情的犯罪构成要件理论体系,仍然是摆在刑法学理论工作者面前的艰巨的任务。

二、我国刑法中犯罪构成的概念

(一) 犯罪构成的概念

犯罪构成,也就是犯罪成立的条件。依据通说,所谓犯罪构成,"是指依照我国刑法规定的,决定某一行为的社会危害性及其程度而为该行为成立犯罪所必须具备的一切客观要件和主观要件的有机统一"②。这当然是在犯罪的实质定义下对犯罪构成的概括。

然而,所谓的犯罪都是具体的犯罪,如故意杀人罪、故意伤害罪、盗窃罪、抢劫罪等,这样的犯罪,即使是同样性质的行为,在具体案件中的表现也各不相同。例如,就故意杀人而言,实践中就会有以各种不同方法剥夺他人生命的行为方式,如用刀、用枪、使用毒药、使用棍棒等,刑法不可能将使用各种不同方法的故意杀人的行为方式一一列举出来,事实上也是不可能穷尽其方法的。刑法是将不同行为方式非法剥夺他人生命的行为的共同特征抽象出来,以法理上的专用术语——"故意杀人"来概括,"故意杀人"就为所有非法剥夺他人生命的行为类型,从而形成了"故意杀人罪"的构成要件。所以"犯罪构成"的概念,就是总括了各个具体犯罪构成特点的概念。因此,每一个具体罪的犯罪构成,在这个一般概念中失去了自己的特殊性,也即这一概念并不特指哪一个具体犯罪的犯罪构成。无论以何种概念定义犯罪构成,犯罪构成的一般概念也只是一个学理概念,而不具有法律的约束力。不过,正因为犯罪构成是对立法规定的具体犯罪构成共性特征的概括,因此犯罪构成概念是具有法定的内容,即它所归纳的每一个犯罪必备要件的结构及其内容,与具体的犯罪构成有着不可分割的联系,它是认识具体犯罪构成的必经阶段,是揭示具体犯罪构成内容的理论基础,因而这一概念对具体犯罪构成的理解具有重要的指导意义。

基于犯罪构成是认定犯罪与否的唯一标准,所谓犯罪构成,是指依照我国刑法规定,决定某一危害社会行为的危害程度,为该行为成立犯罪所必须具备的一切客观要件和主观要件的有机统一。我国理论界普遍认为,犯罪构成与符合犯罪构成的事实,是不同的概念。简单地说,犯罪构成是法律规定的具体犯罪的条件,是刑事法律的规范的规定,无论现实中是否发生了罪案,作为法律规范是客观存在的。符合犯罪构成的事实,是指客观社会中有符合了刑法规定的某一具体犯罪构成要件的事实,只有该

---

① 参见张明楷:《犯罪论原理》,武汉大学出版社1991年版,第108页以下。
② 高铭暄、马克昌主编:《刑法学》(第5版),北京大学出版社、高等教育出版社2012年版,第49页。

事实抽象符合了具体犯罪构成要件,它才是"犯罪构成的事实"。所以,前者是法律现象,后者是客观事实(司法)现象。作为犯罪构成理论所研究的,是从规范意义上对犯罪构成要件的解读,或者说诠释具体犯罪的构成要件,这是规范刑法学的任务。

那么,以何种态度看待规范意义上对犯罪构成要件的理论诠释,与对现实中符合犯罪构成事实分析之间的关系?黎宏教授认为,我国刑法学的研究,总是在分析现实中所发生的具体犯罪,是以对现实中的犯罪现象替代了对刑法规范本身的研究;以对实质犯罪的研究替代了对形式犯罪的研究。在犯罪构成是认定是否构成犯罪的唯一标准的理论前提下,这样的研究是本末倒置的现象。刑法学完全是应该以犯罪构成为中心的刑法解释学,即是分析每一个具体的犯罪构成,而不是考虑现实生活中犯罪人的自身客观和主观状况是如何,刑法学的任务就是分析具体犯罪构成的内容,并根据这种认识来框定现实中所发生的行为是否为刑法规制的对象。① 上述观点对(规范)刑法学的任务的诠释,以及对犯罪构成研究结论在司法适用上的运用,无疑是正确的。换言之,如果在理论研究上就偏离了规范学原理的刑法学(包括具体问题的结论,偏离规范学理论要求),是没有生命力的,这是不是司法实务中不重视刑法理论的原因之一?众多研究成果并不是从规范解读的犯罪构成要件上去认识具体的行为事实,而是从具体行为现象要解释符合规范上的构成要件,这就是黎宏教授所指出的现象。因此,从犯罪构成研究的方法而言,应该也必须是规范学意义上的。但是,刑法学本就是一门应用学科,它的生命力就是来源于实践,如果作为诠释的结论与实践无关,那么,其研究的价值恐怕是要大打折扣。从刑法学理论的发展看,还不能完全赞同对犯罪构成研究结合现实中的犯罪现象,是完全背离规范刑法学理论。也就是说,当遵循以规范研究为前提时,结合现实的犯罪现象也同样是规范刑法理论。如前所述,即就是现行立法,也未必所有的罪刑条款的规定都是符合现阶段深刻变革中的中国社会时代发展和实践要求的,更何况立法的失误并非不可存在的现象;如果没有实践中对具体犯罪现象的研究,立法的进步是不可想象的。

(二) 犯罪构成的特征

1. 法定性

法定性即组成犯罪构成必需的诸要件,是由我国刑法规定或者包含的。组成犯罪构成的诸要件,必须由刑法所规定,是指在刑法具体条文中明文规定了该种犯罪的构成要件;由刑法所包含,是指刑法条文规定的某一方面的要件,虽然在术语的表达上只是某种词汇,但是,某种行为是其逻辑结构中当然包含的。如我国《刑法》第358条规定"组织他人卖淫或者强迫他人卖淫的","强迫"这一要件,其逻辑结构中就包含着"使用精神和肉体损害的方法"进行"强迫"的要素,无此行为,就不能认为是强迫。构成要件由我国刑法规定或者包含,是刑法贯彻罪刑法定原则的要求。

那么,法定构成要件是如何形成的?在社会实践中,每一个具体犯罪案件都有一系列的犯罪事实,这些事实既复杂,又多样化,即便是同一种性质的犯罪案件,也没有

---

① 参见黎宏:《刑法学总论》(第2版),法律出版社2016年版,第55页。

任何一个案件的犯罪事实能够完全一样。虽然如此，但其中能够决定行为性质的最基本的事实，仍然能够被认识和被归纳，并能说明危害社会行为的性质和危害程度。这样的基本事实经由法律的抽象和概括，选择出区分该行为罪与非罪、此罪与彼罪的界限的个性特征，形成适用于该种犯罪的具体概念和条件规定在刑法中，也就形成该种犯罪的具体构成要件。在我国刑法中，犯罪构成是犯罪成立的充分条件，当行为事实符合某一具体犯罪构成要件时，如果不存在违法、责任的阻却事由，也就意味着行为构成犯罪。正是从这一意义上说，是否符合犯罪构成，是区别罪与非罪的标准。

法定的犯罪构成所描述的并非实践中某一个具体犯罪的形式，而是对该种性质犯罪行为全部形式的概括，因为它是对实践中同种性质客观事实的抽象和概括的总结。所以，作为法律概念的具体犯罪构成，只是将某种犯罪在实践中已出现的，或可能出现的基本事实经过抽象、概括后，规定在刑法中成为某种犯罪的构成要件的。所以任何犯罪都必须是触犯了刑法规范的行为，而触犯了刑法规范，就是指违反刑法规范的规定，意味着具体的危害行为事实，符合了刑法所规定的某种犯罪构成的各个要件。既然任何一个犯罪的构成要件都是由刑法规定的，就说明行为是否构成犯罪与是否违反刑法规范是相同的含义。

2. 主客观统一性

主客观统一性即犯罪构成是构成犯罪所必须具备的主观与客观要件的有机统一。任何一个具体的犯罪构成，都是构成要件有机统一。每一个具体的犯罪构成都是由一系列主客观方面的条件所组成的。这些主客观方面要件总和的有机统一，就是决定该行为成立犯罪必须具备的犯罪构成。因此，我国的犯罪构成是犯罪成立的充分条件，是主观与客观相统一的，行为符合犯罪构成的要件，就是成立犯罪；反之，不符合犯罪构成的要件，就意味着不是犯罪，或者说不能构成该种犯罪。

在实质性构成犯罪的意义上，我国的犯罪构成及其要件的有机统一，首先从立法层面说，是指在任何一个具体的犯罪构成中，各个要件是不可或缺的。各个要件既不能离开这个整体也不能彼此分割。如果割裂了各个要件之间的关系以及与整体的联系，就不可能形成某种具体犯罪的犯罪构成，某种"要件"将丧失它在整体结构中的性质和作用，不能称其为某种犯罪的构成要件。例如，刑法中不存在没有行为人的故意杀人罪的犯罪构成要件。其次，从司法层面看，是指在任何一个具体的犯罪构成中，符合该构成要件的事实也是"有机统一"，其中的任何一个事实，同样不能脱离具体犯罪构成的整体，也不能彼此分割。如果割裂了符合各个要件事实之间的关系以及与整体事实的联系，不仅该种犯罪不能成立，而且，任何一个事实都将丧失它在整体结构中的性质和作用，不能称其是符合某种犯罪的构成要件的事实。例如，不存在认定不满14周岁的人故意杀人的，构成"故意杀人罪"。

3. 危害行为事实必要性

当任何一个罪案发生后，都可以用许多事实加以证明，如杀人的凶器、尸体、被盗的财物等。但是并非罪案所反映出的每一个事实都可以成为刑法犯罪构成要件所要求的事实。能够成为犯罪构成要件事实的标准在于：必须是对危害行为的危害程度具有决定意义,而且为该行为构成犯罪所必须具备的那些事实,才能成为犯罪构成的要件。作为犯罪构成要件的基本犯罪构成事实,是指那些从不同的主观和客观事实中,经过抽象、概括出来的,具有共性的,能够说明危害行为所具有的特定的危害、决定危害行为的危害程度达到应受刑罚惩罚,揭示危害行为的法律属性,为构成某种犯罪所必需的事实的整体。

因此,所谓"对危害行为的危害程度具有决定意义",是指对决定危害行为是否达到应受刑罚惩罚的危害程度;所谓"为该行为成立犯罪所必需",是指对决定危害行为的法律属性而不可或缺。刑法中规定的任何一个具体的犯罪构成,其要件都应符合这一要求。首先,犯罪构成要件所要求的事实,在说明构成犯罪时是不可缺少的,如果某种事实可有可无,可以在这种性质的案件中存在,也可以在他种性质的案件中存在,这样的事实就不是说明构成该种犯罪所必需的,也就不可能作为构成要件加以规定。例如,抢劫和故意杀人案件发生的时间、地点事实,虽然可以揭示危害行为的危害程度,但是不能决定行为的性质,因此,也就不是说明构成该种犯罪所必需的,不可能作为这两个罪的要件来规定。其次,是否构成犯罪,是通过犯罪构成的整体来认定,因此作为犯罪构成要件的事实必须具有决定具体危害行为危害程度,揭示犯罪法律性质的作用。如果某种事实,不具有决定行为的危害程度以及决定危害行为法律属性的作用,刑法同样不会选择这样的事实作为要件来规定。例如,诬告陷害他人犯罪而举报,被诬陷者是否被司法机关错误地追究了刑事责任,并不决定行为是否达到犯罪的程度,也不决定危害行为的法律性质是否是诬告陷害,所以,被诬陷者是否被司法机关错误地追究了刑事责任这样的事实,就不是诬告陷害罪的构成要件。

综上所述,客观的具体事件,能否评价为符合具体犯罪的构成要件,不仅要看该事实对于决定危害行为程度是否达到应给予刑罚的惩罚程度,也要看该事实在整体上,能否说明危害行为的法律属性。

三、犯罪构成的结构和类型

(一)犯罪构成的结构特点

犯罪构成的结构,就是指犯罪构成的法律结构组成的规律性。犯罪构成是主观与客观要件的有机统一,也就是说,在任何一个犯罪的构成要件中,构成要件是在整体上表明犯罪的成立,因此各个要件之间并没有主次之分,在认定是否构成犯罪上是同等重要。但是,在刑法分则中考察任何一个具体的犯罪构成,会发现没有一个犯罪构成,是将构成该种犯罪的所必需的要件全部都规定在条文中,而且,所规定的具体要件也多少不等。犯罪构成的这种现象,就是犯罪构成的结构特点。

就我国刑法而言,构成要件的结构特点在于:刑法分则条文只是将认定该种犯罪个性特征的要件规定在分则条文中,对具有构成犯罪必需的共性要件,是由总则的条文来规定,共通适用。因此,这样的共同要件,除非有特别指出的必要,在分则条款中一般不规定。依据刑法总则共同要件认定具体犯罪的要件,可以做到对分则条款的简化,避免条款的臃肿。

从分则条文规定的具体犯罪构成要件看,还可以发现条文常常有突出规定某一个要件的情况。例如,有条文突出"重伤"的结果要件;有条文突出"数额较大""多次"等要件,还有些犯罪构成的要件,突出要求"情节严重""情节恶劣""造成严重后果"等要件。分则条款的这种现象,概括起来说,是立法者要求从整体上确认某种行为的危害程度在什么样的条件下,即可达到应受刑罚惩罚的程度。例如"伤害"的结果,主观上是出于故意还是过失,对主观上恶性评价的影响很大,造成轻伤害,如属于故意,一般认为主观恶性大,就可以构成犯罪;但是,如果主观上是出于过失,主观评价恶性小,危害程度就达不到应受刑罚惩罚的犯罪的程度,因此,为说明在过失造成伤害,什么情况下可以达到犯罪的程度,立法突出了"重伤"结果的要件。表明只有在因过失致人重伤结果发生的情况下,过失伤害他人的行为,才构成犯罪,如果最终结果是"轻伤",则不构成犯罪。在分则中,突出某一要件,作用通常有两点:一是强调这是罪与非罪的界限,二是区别此罪与彼罪的界限。

这里有必要说明的是,在有些条文中,"情节严重""情节恶劣"等要件,并不是专指主观或者客观方面的某一个方面,在多数情况下,这种要件需要考察的往往是具体危害行为中所反映出的综合性因素所反映的危害程度,可以考察主观以及人身方面的因素,也可以是客观行为方式、手段、后果方面的因素,当然也可以是对两者结合起来综合考虑。所以作为要件规定时,通常这就是一个综合性的要件。但在有些条文中,基本法定刑之后所衔接的"情节较轻""情节严重""情节恶劣""后果严重""后果特别严重"等要件,并不是作为犯罪构成的要件来规定的,而是作为刑罚处罚轻重的条件,即是适用不同幅度的法定刑的条件。例如,我国《刑法》第 202 条抗税罪的规定,其后半段规定的"情节严重",虽然在要求考察的内容上与作为构成要件的"情节严重""情节恶劣"并没有区别,但它不是构成要件,而是适用较重刑罚的条件。由此可见,当作为构成要件的"情节严重""情节恶劣"的要素内容,已经在决定是否犯罪时作为考察内容的,那么,就不应该再在作为量刑条件的"情节严重""情节恶劣"中内容重复考察,否则,同样是违反了同一事实不得重复评价的原则。

(二) 犯罪构成的分类

1. 基本的构成与修正的构成

这是以刑法所规定的犯罪构成形态为标准进行的分类。

基本的构成,是指条文就某一犯罪既遂形态所规定的犯罪构成。可以是单独犯的构成形态,也可以是二人以上必要共同犯罪的构成形态。根据通说,刑法分则所规定的具体犯罪,是以其犯罪既遂为标准设置的犯罪构成。因此,只要依据分则条款认定,完全符合其要件的,就是犯罪完成(既遂)。当然,此结论理论上有不同认识。

修正的构成,也称为扩张的构成,是指以基本构成为基础或前提,为适应犯罪行为的不同形态,对基本构成加以某些修改或者补充变更规定的犯罪构成。例如,未完成形态的预备、未遂、中止、主犯、从犯、教唆犯以及任意共同犯罪等的犯罪构成。这种修正的犯罪构成,是由刑法总则条文规定,因此在适用时,除依据分则具体犯罪的条款外,为说明犯罪的不同形态,必须同时引用刑法总则的条款。

张明楷教授指出，基本构成与修正构成的概念，是从日本刑法理论中借鉴的，能否契合于我国立法规定值得研究，因为这种分类涉及分则的构成要件是否以既遂为模式的问题。并认为构成要件是成立犯罪的最低限度条件，不是既遂条件。当然因许多犯罪只有既遂才成立犯罪，所以可以按照既遂模式研究构成要件，但是这并不意味着构成要件都是以既遂为模式。所以，与其使用基本构成、修正构成，不如直接使用"既遂犯的构成要件""未遂犯的构成要件"等概念。① 黎宏教授不赞同该观点，他认为如果是成立条件，意味着分则条款规定的是成立犯罪的最低标准，未达到这一标准，别说成立犯罪既遂，连未遂、预备也不能成立，即不是犯罪；如果说是犯罪既遂条件，则分则规定的条文是成立犯罪的最高标准，没有达到这一标准，尽管不能成立犯罪既遂，但能够成立较低的未遂、预备，因而持犯罪成立条件的观点值得商榷。至于分则条款的规定是既遂形态还是犯罪成立的条件，不应一概而论。刑法中不少条文规定的犯罪是犯罪成立条件，而不是既遂条件，如过失犯罪的规定就是如此，但是也有的条文规定的就是犯罪既遂条件。因此，不能说分则规定的都是犯罪成立的条件，基本构成与修正构成的分类有其存在的意义②。

本书赞同黎宏教授的观点，具体的补充看法，详见犯罪完成与未完成形态章节。

2. 普通（独立、原始）构成与派生构成

这是以危害行为的危害程度为标准进行的分类。

普通构成，也称为原始构成或独立构成，是指条文对具有通常危害程度的行为规定的犯罪构成。这种构成是相对于具有严重或者较轻危害程度的构成而言，是犯罪构成的基本形态。例如，故意伤害造成一般伤害结果的构成，相对于致人重伤、死亡结果的构成而言，就是普通的犯罪构成。

派生构成，是指以普通的构成为基础，因具有较重或者较轻的危害程度，从普通构成中衍生出的犯罪构成。派生的构成不具有独立的意义，离开普通的构成，则不存在派生的构成。例如故意伤害致人死亡，相对于伤害罪的基本构成而言，致人死亡的，即为派生的构成，但是，这一构成，不能离开伤害的基本构成而存在。至于一个具体的犯罪有无派生的构成，取决于立法的规定，不意味着有普通构成的，就一定有派生的构成。此外，作为量刑时必须考虑的法定"情节严重""情节恶劣""后果严重""后果特别严重"等，在这一意义上也属于派生的构成。例如，我国《刑法》第232条故意杀人罪后半段规定"情节较轻"的故意杀人，是减轻的犯罪构成。

3. 叙述构成与空白构成

这是以刑法条文对犯罪构成要件内容表述是否完整为标准进行的分类。

叙述构成，是指对犯罪构成要件内容作了简单或者比较详细的描述，能够比较完整地表现出构成内容的犯罪构成。如我国《刑法》第138条教育设施重大安全事故罪规定："明知校舍或者教育教学设施有危险，而不采取措施或者不及时报告，致使发生

---

① 参见张明楷：《刑法学》（上）（第5版），法律出版社2016年版，第117—118页。
② 参见黎宏：《刑法学总论》（第2版），法律出版社2016年版，第58页。

重大伤亡事故的,对直接责任人员,处……;后果特别严重的,处……"条款中比较详细地规定了该罪主观和客观要件的内容,即属于叙述的构成。

空白构成,是指条文对构成要件内容没有予以明了、详尽的规定,需要通过援引其他法律、法规来说明其犯罪构成要件内容。在理论上对于这种条文所规定的罪状通常称为"空白罪状"。也就是说,从条文本身是不能明了犯罪构成要件的内容。例如我国《刑法》第326条倒卖文物罪是指以牟利为目的,倒卖国家禁止经营的文物,情节严重的行为。而哪些属于"国家禁止经营的文物",则必须根据《文物保护法》的规定确定,在刑法规定的构成要件中,是没有这方面的内容的。

4. 简单的构成与复杂的构成

这是以犯罪构成内部结构的状态为标准进行的分类。

简单的构成,是指犯罪构成要件的各个要件在内容上属于单一性质的犯罪构成。如我国《刑法》第232条故意杀人罪构成,主观上是故意剥夺他人生命,客观上是剥夺他人生命的行为,侵害的法益是他人的生命权利,构成要件内容上均属于单一性质的,故为简单的犯罪构成。

复杂的构成,是指犯罪构成要件至少有一个要件的内容不属于单一性的犯罪构成。如我国《刑法》第234条故意伤害罪,在故意伤害致人死亡时,虽然故意伤害行为是单一性质的行为,但是主观上对死亡结果的发生,必须有过失,因此属于复杂的犯罪构成。

复杂的犯罪构成,可再分为:(1)选择性构成,即要求具体事实只要符合可供选择性要件的其中之一,就构成犯罪,无需同时具备,但是,即使同时具备的,也不能实行数罪并罚。选择性构成,包括对对象的选择,如我国《刑法》第240条拐卖妇女、儿童罪,被拐卖的可以是妇女,也可以是儿童。对行为的选择,如第293条寻衅滋事罪,无论实施条款规定的何种具体行为,均为寻衅滋事,不影响定罪。对行为方法、手段的选择,如第263条抢劫罪,可以暴力实施抢劫,也可以胁迫实施抢劫,或者其他方法实施抢劫,或者同时以暴力、胁迫或者其他方法抢劫公私财物,都不影响定罪。时间、地点的选择,如第340条非法捕捞水产品罪,对违反保护水产资源法规,在禁渔区、禁渔期或者使用禁用的工具、方法捕捞水产品,无论是在禁渔区还是禁渔期(或者使用禁用的工具、方法)捕捞水产品,都符合非法捕捞水产品。结果的选择,如第123条暴力危及飞行安全罪,无论是尚未造成严重后果还是造成严重后果,具备其一就符合本罪要求。主体的选择,如第137条工程重大安全事故罪,其主体包括建设单位、设计单位、施工单位、工程监理单位,无论具体是上述哪一个单位,只要违反国家规定,降低工程质量标准,造成重大安全事故的,都可以构成本罪。(2)非选择性构成,是指构成要件的内容虽然是复杂的,但是,具体事实必须同时符合所要求的条件的犯罪构成。具体而言,包括两个以上的行为必须同时具备,如第160条欺诈发行股票、债券罪,既要求实施在招股说明书、认股书、公司、企业债券募集办法中隐瞒重要事实或者编造重大虚假内容的行为,也要求发行股票或者公司、企业债券的行为,两种行为同时具备的,才符合欺诈发行股票、债券罪的要求。罪过形式是复杂的,也必须同时具备,如第234条规定故意伤害罪,在故意伤害致人死亡时,主观上既要求有伤害的故意,也要求对死亡结果的发生,必须有过失,两种罪过同时具备,才符合故意伤害致人死亡的要求。也有要求必须同时侵害到两个以上法益,如第263条抢劫罪,其方法行为的暴力、胁迫或者其他方法,是针对人身而实施,侵害人身权利,夺取他人财物,侵害他人财产所有权。

5. 完结(完全、封闭)的构成与待补充(敞开、开放)的构成

这是以构成要件内容是否完整为标准进行的分类。

完结(完全、封闭)的构成,是指刑法条款对具体犯罪规定的要件规定的是完整的,只需根据条文规定的构成要件即可以认定,而不需要其他的法律、法规对构成要件内容进行补充的犯罪构成。在我国刑法中,这种完结的犯罪构成条款比较普遍。例如我国《刑法》第238条非法拘禁罪,只要符合非法剥夺他人人身自由的行为,就构成犯罪,法官只需根据事实认定行为是否属于非法剥夺他人人身自由的性质即可。

待补充(敞开、开放)的构成,是指刑法条款只对构成要件部分内容作出规定,在适用时法官必须根据相关的法律、法规,对尚不明确的内容进行必要的补充的构成。因此行为事实在形式上符合了构成,尚不能确定为犯罪,需要法官根据一定的依据,作出必要的价值评价和判断,对构成内容加以补充后才能确定是否犯罪。在刑法中,待补充的构成主要是过失犯罪的注意义务、不作为犯的作为义务,通常是需要补充的内容。如我国《刑法》第133条交通肇事罪,行为人违反交通运输法规的何种具体规定,需要法官根据案件事实和具体交通运输法规的内容加以确定。在多数情况下,需要法官补充的内容,尚无相关的法律、法规,是需要经由法官个人依据一定的价值观进行判断的,例如,对不作为行为致人死亡时,行为人是否负有作为义务,在无相关法律明文规定作为义务的情况下,就需要法官依据一定的价值观作出负有作为义务或者不负有作为义务的判断。由于这种情况法官个人判断是必需的过程,为防止罪刑擅断就有必要注意不能以个人价值观取代社会一般价值观。

四、犯罪构成要件的要素

构成要件的要素,是指组成构成要件内容的特点,或曰构成内容所包含成分的属性。从构成要件必须具备的基本要件的内容(要素)看,理论上对这些要件的内容可以根据不同的标准可以进行多种划分,这种划分有助于认识和把握犯罪构成要件的基本特征。

(1)根据要件要素是属于外部客观事实还是内部主观事实为标准,分为客观构成要素和主观构成要素。

客观构成要素,是指要素所记述的是表现于外界的事实,是不以人意志为转移,能够被行为人所辨识内容的要素。例如,在客观上能够被识别的客体(法益)、对象、年龄、身份、客观行为、财产、单位所有制性质、结果、因果关系、时间、地点、方法、手段等要素,均属之。

主观构成要素,是指要素的内容是记述行为人自身的状况和心理状态的内容。

例如,责任能力、精神状态、故意、过失、犯罪目的、动机等。

客观要素在一般情况下,可以根据社会的一般观念加以确定,但是,并不是说对属于客观要素的,都可以只依据一般的理念或法律、法规的规定就得到符合法律的结论。例如因果关系是确定的客观要素,但危害行为与危害结果之间是否具有刑法意义上的因果关系,并不是仅仅依据客观事实之间有无联系而决定的。

主观要素,因属于对行为人自身的状态所规定的构成要素,客观事实是否能够印证构成要件要素的要求,有的是可以依据客观事实认定。例如,行为人的精神状态,只要行为人不具有无责任能力条件的,就可以认定有责任能力;不符合限制责任能力条件的人,就可以认定具有完全刑事责任能力。但是有的主观要素,是必须依据客观事实认定或者推定的。例如,主观上是故意罪过还是过失罪过,有时可以依据客观事实认定,有时就需要根据客观事实的揭示,推定具有故意或者是过失的心理态度。

(2) 根据构成要件要素是否需要经过价值判断为标准,分为记叙的构成要件要素与规范的构成要件要素①。

记叙的构成要件要素,是指审判人员通常依据社会对事物的认识,或者相关解释即能够确认的构成要素,即对符合这种构成要件事实的确认不需要经过价值判断,只需要依据事实即可确认"是"与"不是"。例如,是否属于未成年人,窝藏、销售赃物罪中"赃物"、破坏易燃易爆设备罪的"易燃易爆设备"等构成要素。这种要素通常不需要解释即可明了。但不排除也有需要有相关标准来确认的情况,如是否是未成年人需要依据《刑法》第17条规定来确认;刑法规定的"重伤",是要依据《刑法》第95条解释的"重伤"认定;刑法规定的所有涉及毒品的犯罪的"毒品",要依据《刑法》第357条解释的"毒品"来确定②。

当然,这里说对记叙的构成要件要素不需要经过价值判断,只具有相对性,因为根据社会常识或者相关的法律标准就可以判断,社会常识和法律标准事实上已经蕴含了社会的一般价值观,只是说在适用条款时无需审判人员再去探究其中的社会价值。另外,由于立法中仍然有大量的"简单罪状"的立法模式,从解释的意义上说,不同观点或学说是需要运用不同的价值观作为自己解释的论据之一的,这样会在解释中运用不同价值观念。如我国《刑法》第266条规定的诈骗罪中"诈骗"的含义从一般意义上看似不难把握,但由于是采取简单罪状的模式,因而在解释上,有的强调需要被骗的"相对人"陷于错误认识而处分财物,有的则认为无需陷于错误认识,只要行为人主观上以非法占有为目的,实施编造谎言、隐瞒真相的行为就可以构成。所以,并不是说记叙要素的内容完全与价值判断无关。再如,故意杀人罪、故意伤害罪被害"人"一直被认为属于记叙的构成要素,但是,随着"脑死亡"概念的提倡,对大脑死亡但心脏仍然跳动的,还是否属于"人",就需要司法人员予以规范的解释。

---

① 张明楷教授对此类构成要件要素有详细介绍。参见张明楷:《刑法学》(上)(第5版),法律出版社2016年版,第121页以下。
② 我国《刑法》第357条对毒品的解释仍然是列举与原则性结合的标准,根据认定毒品的原则,新型毒品的具体种类在实务中是不断增加的。

规范的构成要件要素,是指需要审判人员根据一定的社会道德、文化、和其他法律规定进行一定价值评价后才能确定的要件。换言之,仅仅对事实作出"是"与"否"的认定,还不能认为就符合构成要件的要素,只有经过一定的价值判断,才能确认。如我国《刑法》第237条猥亵妇女、儿童罪的"猥亵",第260条虐待罪的"虐待",第363条制作、复制、出版、贩卖、传播淫秽物品牟利罪的"淫秽物品",以及过失犯罪要求的"注意义务"、不作为犯罪要求的"作为义务"等,均属于规范的要件要素。如我国《刑法》第232条故意杀人罪,就"杀人"要件的理解,在一般意义上是完全可以把握的,但当行为人有不作为行为时,是否负有"作为义务",则是判断致人死亡结果的行为是否属于"杀人"要件的关键,但是,"作为义务"是需要经过社会价值判断的。

正是因为记叙的构成要素并非完全脱离规范的评价,因此,记叙的构成要素与规范的构成要素的区别是相对的,二者的差异不是质的差异①。

(3)根据构成要件要素是否为每一犯罪构成要件的内容,可分为"共同要素"和"非共同要素"。

"共同要素",是指所有的构成要件都需要具备的要素,如"行为人"的要素、"行为"的要素和"法益"要素是每一个犯罪构成都必须具备的要素。任何犯罪都是由"人"实施的,不可设想没有"人"实施的犯罪,因此,符合适格条件的行为人是所有犯罪都必须具备的共同要素。

"非共同要素",是指不是所有的构成要件都需要具备的要素。如果从立法对这样的要素在犯罪构成中也是有规定来看,这种要素也就意味着是"选择要素",如特殊身份的要素,在有的构成要件中并不需要这样的要素。例如,故意杀人罪的"行为人"要件中,就不需要特殊身份要素,"时间、地点"也不是故意杀人的构成要素,这也就意味着符合适格主体条件的任何自然人都可以成为故意杀人罪的主体、意味着在任何时间、地点实施杀人行为都不影响犯罪的构成。不过需要指出的是,由于理论上学术观点的不同,何为"共同要素"一般争议不大,但是哪些要素不属于"选择要素"认识是不尽相同的。例如,"时间、地点""方式、方法"的要素认为属于"非共同要素"基本上没有异议,但是"结果"要素以及与结果要素相关联的"因果关系"要素,是共同要素还是非共同要素,就有很大的争议。

(4)根据构成要件要素是否刑法明文规定,要素可以分为刑事立法规定的要素与非刑事立法规定的要素。

刑事立法规定的要素,是指在构成要件中所需的构成要素是明文规定的,如前述的"猥亵""淫秽物品""时间、地点"等,在刑法中绝大多数的构成要素是明文规定的。这是罪刑法定原则"明确性"的要求。

非刑事立法规定的要素,就是指刑法具体构成中虽然没有明文将其规定出来,但是,根据刑法条文的规定,某一方面的要素,是其逻辑结构中当然包含的。如我国《刑法》第232条故意杀人罪,从条款规定的构成要件要素中,并没有"死亡"结果的要素,

---

① 参见张明楷:《刑法学》(上)(第5版),法律出版社2016年版,第122页。

但是,故意杀人的既遂,就必须是被害人死亡结果发生,在其逻辑结构中,死亡结果的要素是当然的要素。再如我国《刑法》第358条组织卖淫罪、强迫卖淫罪的规定,"强迫"这一要件,其逻辑结构中就当然是指"使用精神和肉体损害的方法"进行"强迫"的要素。

此外,前述规范的构成要素中,如过失犯的注意义务要素,不作为犯作为义务的要素,通常在构成要件中也没有完整地规定出来,需要司法人员在适用该法条时予以补充。这样的构成要素,也属于非立法明文规定的构成要素。

如果从罪刑法定原则"明确性"要求说,构成犯罪的要素都必须是明文规定的,但是,如同无法避免需要价值评价的规范构成要素一样,非立法明文规定的构成要素也是无法避免的,这样做可以最大限度地避免条文的臃肿,使之简洁,另外一个方面也因为这种构成要素,有的只能根据案件的具体情况分析才能确认,难以在条文中预先予以概括。

(5)根据构成要素在认定犯罪中的意义,可分为积极的构成要素与消极的构成要素。

积极的构成要素,是指从正面肯定犯罪成立必须具备的要素,通常的构成要素都属于积极的构成要素。相反地,刑法中少数条款规定的构成要素,是否定犯罪成立的要素,就是消极的构成要素。如我国《刑法》第389条第3款规定:"因被勒索给予国家工作人员以财物,没有获得不正当利益的,不是行贿。"因"被勒索""没有获得不正当利益"的构成要素,是出罪的条件,因此属于消极的构成要素。此外,消极构成要素也不是只在刑法分则中有规定,刑法总则中也有少数条款具有出罪功能的,也属于消极的构成要素。例如,我国《刑法》第17条第2款规定:"已满14周岁不满16周岁的人,犯故意杀人、故意伤害致人重伤或者死亡、强奸、抢劫、贩卖毒品、放火、爆炸、投毒罪的①,应当负刑事责任。"即表明,不满14周岁的人无论实施何种触犯刑法的行为,都不是犯罪;已满14周岁不满16周岁的人,实施列举之外的危害行为,同样不构成犯罪承担刑事责任。这里年龄的构成要素,也是消极的构成要素。

除上述对构成要素的分类之外,张明楷教授还有其他分类,如分为"真正的构成要素与表面的构成要素",也具有一定的参考价值。②

构成要件各概念的指代及基本意义

犯罪都是具体的犯罪,不存在抽象或一般的犯罪。每一种具体犯罪都有各自具体的构成要件,而且各种犯罪具体要件的内容各不相同,因此,才具有了划清该种犯罪与他种犯罪的界限和罪与非罪的具体标准。

每一种具体犯罪的构成要件,都是立法者根据实际发生的和可能发生的同类事

---

① "投毒罪"现修订为"投放危险物质罪"。
② 参见张明楷:《刑法学》(上)(第5版),法律出版社2016年版,第123—124页。

实中的基本事实抽象出来,通过在立法上加以确认,形成该种犯罪的构成要件。所以,这样的构成要件只对确定某一行为是否构成该种犯罪时才有意义,而不具有普遍意义。换言之,某种犯罪的构成要件对于确定除本罪以外的其他犯罪就没有意义。例如,盗窃罪的"秘密窃取行为"要件,就只对认定是否构成盗窃罪有意义,对认定抢劫罪就没有指导意义。这种具体的犯罪构成要件,是刑法分则对具体犯罪规定的要件,理论上称为"具体要件",由于具体犯罪的构成要件只对认定本罪有意义,是认定本罪不可或缺的,但对其他犯罪认定没有作用,因此"具体要件"也被称为"必要要件"。再如,国家工作人员的身份,对认定贪污罪、贿赂罪有意义,但是对认定故意杀人罪、故意伤害罪就没有意义,这样的要件,虽然是具体犯罪要求具备的,但是,它只是在个别犯罪构成中规定要求具备的要件,也因其不具有普遍意义,被称为"选择要件"或"特别要件"。

如对各种犯罪进行科学概括能得出所有犯罪的基本特征一样,对各种犯罪的"具体要件"及其内容进行抽象和概括,也可以在更高层次上归纳和概括出具体犯罪构成要件中存在着具有共性要件。这种在各种犯罪构成中都要求具备一般的共同要件,是由刑法总则所规定,是所有犯罪在认定上都必须考察的要件,理论上被称为犯罪构成的"一般要件"。例如,任何犯罪都是由符合一定条件的"人"实施的,"人"的要件,由于是所有犯罪构成都要求的要件,所以具有这种特征的要件也被称为"共同要件"。"一般要件"或"共同要件",是任何一个犯罪都必须具备的要件,不论是何种性质的犯罪。由于是对犯罪这种社会现象具有的共同属性概括形成的构成要件,因此,每一个具体犯罪都必须具备。事实上,任何犯罪的成立,只有具备了犯罪构成一般要件的基础上,再具备了该种犯罪构成的具体要件,才能符合分则规定的具体犯罪构成。由于犯罪构成的一般要件是任何一个犯罪必须具备的,因此,它对于研究犯罪论中的犯罪问题,以至对各种具体犯罪的认定都具有普遍的指导意义。

上述对各种构成要件概念所指代的内容,似存在着重叠,应如何理解?

(1)"具体要件""必要要件"与"一般要件",是以构成要件是由总则规定,还是由分则规定为标准。由刑法总则规定的要件,就是"一般要件",而由刑法分则的规定的要件都是"具体要件""必要要件"。

(2)"共同要件"和"选择要件",是以所有犯罪都要求具备,还是只对于个别犯罪有意义为标准。所有犯罪都要求具备的是"共同要件",只对个别犯罪有意义的是"选择要件"。一般而言,共同要件是刑法总则规定的,而选择要件是刑法分则的特别规定。

(3)"必要要件"与"具体要件"是同语义,但前者是从认定犯罪的意义上而言,是认定具体犯罪必不可少的要件,后者是从刑法分则条款规定的样态上而言。所以,就刑法分则规定的具体犯罪而言,所有具体犯罪规定的构成要件既是"具体要件"也是"必要要件",当然,在构成要件由刑法分则规定的层面上说,"选择要件""特别要件"也包括在"具体要件""必要要件"概念所指代的内容中。

例如,故意犯罪都要求是"故意罪过",这是"一般要件",也是所有故意犯罪都要求具备的"共同要件";拐卖妇女、儿童罪是故意犯罪,要求具有故意罪过,这时故意罪过就是"具体要件";但是,拐卖妇女、儿童罪不仅要求主观上是故意的,而且要求有"出卖目的",相对于不要求有特别目的要件,只要求具有"故意罪过"的"共同要件"就可以构成的故意犯罪而言,"出卖目的"要件,就是"特别要件""选择要件";由于这是拐卖妇女、儿童罪这一具体犯罪规定的要件,"出卖目的"要件就是"具体要件"和"必要要件"。

但是"选择要件"所指代的不是所有犯罪都必须具备的要件,但是在具体的犯罪构成中,一旦作为犯罪构成的要件加以规定时,则是该罪构成的"必要要件""特别要件",而不再具有选择性。

五、犯罪构成的体系

犯罪构成的体系,目前是我国理论上争议比较大的问题。

众所周知,我国目前的犯罪构成体系是新中国建立初期从苏联刑法理论中继承、借鉴而来的"四要件理论",在经过多年的研究和实践的总结,目前该理论的称谓并没有发生变化,但是与早期的理论相比,已经有了符合本国司法实践需要和借鉴其他国家、地区优秀刑法理论的重要变革,应该说是基本能够符合我国目前司法实践的需要。当然,虽然"四要件理论"是处于通说地位的犯罪构成理论,但是,在这一体系下,仍然存在对国外优秀理论在借鉴时,有的理论在"四要件理论"中不能合理定位的问题。此外,"四要件理论"是以"填充式"对四要件的符合性进行解析,存在着"缺一皆无"的特点,因此,在体系内部各要件相互依存,体现了一种综合评价的特征,犯罪认定过程在体系内完成,不允许超法规评价(即出罪评价),所以,在体系上呈现出"入罪"功能明显;而相比大陆法系"阶层式"的犯罪成立条件的理论,在体系上是将行为从不同的侧面多次进行评价,在体系内部具有层次性和相对独立性,所以对违法性和责任可以进行超法规的评价,在体系上呈现出"出罪"功能。基于这样一些理论现象,有学者对"四要件理论"进行系统的反思,并对"四要件理论"的合理性予以根本的否定,提出需要全盘引进大陆法系"阶层式"犯罪构成理论[①]。当然,对此也有针锋相对提出根据我国实践,仍然需要坚持"四要件理论"的观点[②]。同时,也有学者指出对"四要件理论"进行必要的改良的观点,反对全盘引进大陆法系"阶层性"犯罪成立条件的理论[③]。本书支持进行必要改良的意见。同时,对各种犯罪构成理论的评析,可参见相关学者的著述。

本书认为,根据犯罪构成对犯罪与否的判断,首先需要依据具体的犯罪概念,例

---

① 参见周光权:《犯罪论体系的改造》,中国法制出版社2009年版。
② 参见高铭暄:《论四要件犯罪构成理论的合理性暨对中国刑法学体系的坚持》,载《中国法学》2009年第2期。
③ 参见黎宏:《刑法总论问题思考》,中国人民大学出版社2007年版,序言;曲新久:《刑法学》(第2版),中国政法大学出版社2009年版,第75页以下;黎宏:《刑法学总论》(第2版),法律出版社2016年版,第66—68页。

如我国《刑法》第232条故意杀人罪的概念，并不是只依据经过抽象后的"犯罪构成"，从这一意义上说，犯罪构成的概念，更多的是发挥在规范上对静态的具体犯罪构成内容的指导、研究。而根据具体犯罪概念对具体犯罪的判断，事实上所要求的全部内容就只是对罪行的判断与罪责的判断两个方面①。因此，完全可以从判断的要求上将体系分为两个层次。考虑到国外优秀理论在传统平面犯罪构成理论中难有合适的位置，本书在改良传统四要件的基础上，将**犯罪构成形式上构成要件要素分解**为**客观要素**与**主观要素**两部分；将实质上影响到犯罪构成以及责任判断的内容，以对违法性阻却和责任阻却、减轻的内容予以研究，形成**实质判断要素**与**形式构成要素相统一**的结构。具体而言，通说中的犯罪客体与犯罪客观方面，以及犯罪主体、年龄（特指未成年人）、身份这些客观要素，组成对**客观上具体罪行的判断**；而主观方面的罪过、主体的刑事责任能力这样的主观要素，组成对**主观上具体罪责的判断**。客观构成要素的结合构成罪行，主观构成要素形成罪责，二者的统一表明犯罪的构成。而从消极否定犯罪，即阻却犯罪成立的意义上说，刑法规定的正当防卫、紧急避险、不可抗力，以及理论上可以探讨的其他阻却违法的事由，构成是否**阻却具体客观行为可罚违法性**考察；刑法规定的精神障碍、意外事件，理论上探讨的认识错误、期待可能性组成**阻却或者减轻责任**的考察。换言之，在客观构成要素的结合构成罪行、主观构成要素形成罪责二者的统一的前提下，只要不存在阻却违法和责任事由时，才能确定具体犯罪的构成。当然在此前提下还应考察减轻责任的事由。

从我国刑法中具有完全阻却犯罪成立的刑法规定看，只有阻却违法性的正当防卫与紧急避险、不可抗力。黎宏教授则认为，正当防卫和紧急避险之所以不构成犯罪，是因为缺乏成立犯罪的实质性要件，即社会危害性和主观责任，在此基础上就缺乏刑事要件，即刑事违法性。因此，在正当防卫和紧急避险的场合，没有犯罪构成符合性存在的余地，也绝不可能出现行为在符合犯罪构成要件之后，又要根据正当防卫、紧急避险的规定而排除其犯罪性的情形。② 本书原则上赞同这一观点。

除此之外，在上述客观罪行要素和主观罪责要素中，并不是说均为入罪的因素。事实上，正是从判断是否构成犯罪上考察各个要素，同样具有阻却犯罪成立的功能。例如，年龄是客观要素，不符合刑事责任年龄的人，无论造成何种严重后果，也不能评价为犯罪，年龄同样能够起到阻却犯罪成立的功能。黎宏教授认为我国的犯罪构成是成立犯罪的积极要件与消极要件的统一③，也是这个意思。只不过阻却违法性以及阻却责任的各个要素，在功能上具有绝对排除入罪的功能。曲新久教授指出，犯罪如同其他任何事物一样，都可以从正反两个方面判断，但是正反两个方面的判断是相互排斥、对立的，肯定性条件不成立，就无需考虑否定性条件，犯罪自然不构成；否定性条件成立，肯定性条件则一定不成立。④

---

① 参见曲新久：《刑法学》（第2版），中国政法大学出版社2009年版，第79页。
② 参见黎宏：《刑法学总论》（第2版），法律出版社2016年版，第66页。
③ 同上。
④ 参见曲新久：《刑法学》（第2版），中国政法大学出版社2009年版，第81页。

第四章　构成客观必备要件

第一节　客　体

一、客体的概念和意义

通说认为，犯罪客体是指我国刑法所保护的，为犯罪行为所侵害或者威胁的社会关系。[1] 在多数的刑法教科书中，仍然是采用与此几乎一样的概念表述。当然，也有学者对上述概念提出批评，认为客体就是刑法保护的合法利益，完全没有必要用"被犯罪行为侵害或威胁"来修饰什么是犯罪客体。[2]

目前学者在对犯罪客体的论述中，也将客体表述为"法益"——"刑法所保护的利益，即法益"。因为保护利益既是制定和实施刑法的动力，也是刑法的目的。[3] 本书认为，刑法之所以要保护社会关系的根本，就是对合法利益保护的诉求，两者之间不存在任何矛盾，刑法所保护社会关系的内容所体现出的，也就是刑法所要保护的合法利益[4]。这也就是有学者认为没有必要以"被犯罪行为侵害或威胁"来修饰什么是"犯罪客体"的原因。[5] "法益"的概念中，"法"当然代表的是值得动用刑罚保护的法的价

---

[1] 参见高铭暄、马克昌主编：《刑法学》，北京大学出版社、高等教育出版社2011年版，第52页。

[2] 参见黎宏：《刑法学》，法律出版社2012年版，第71页。

[3] 参见张明楷：《法益初论》，中国政法大学出版社2000年版，第181—139页。除上述认识之外，对客体还有"法律秩序说"，参见赵长青、邓超：《犯罪客体再探》，载《福建政法管理干部学院学报》2000年第4期；张文：《犯罪构成初探》，载《北京大学学报》1984年第5期。

[4] 在此可以参阅通说对犯罪客体特征的解释，从"客体是刑法保护的社会关系"的论证中，可以体会到两者并没有什么本质上的区别。

[5] 客体（法益）在通说中，被界定为"刑法所保护的，而被犯罪行为所侵害的利益"，黎宏教授认为对法益完全不需用"被侵害的"来界定，但没有说具体理由。补充理由如下：通说对客体的界定涉及两个领域的问题，一是规范上保护的法益领域，二是法益被如何侵犯的领域。就前者而言，是在规范上哪些法益值得刑法保护，要说明的是刑法规范保护的目的和范围，这是立法选择的问题（不同学者有不同解读），司法者只能按照规范保护的目的和范围具体考察具体案件事实是否存在、是否符合以及是否超出保护目的和范围。就后者而言，这是考察法益被侵害的程度，是否具有达到需要评价为犯罪程度的侵害事实。因此，用"被侵害的"界定保护的目的、范围，有本末倒置之嫌，可能造成对法规范保护目的、范围的否定。例如，对强制猥亵罪，多数说认为保护的目的和范围是"性心理的健康"（也存在对保护法益的不同解释），但不能因个案对被害人性心理健康没有产生影响，而认为保护的法益不再是"性心理健康"。如此，则会造成对规范保护目的、范围的否定。而且，将侵害事实认定为所保护法益的标准，难以说明在对法益侵害"过剩"或"不足"的情况下，法益否是还是保护的法益。例如，对因诈骗致使被害人自杀（司法解释要求降低量刑规范规定数额的50%认定）构成诈骗罪，对生命权的保护显然是诈骗罪"过剩"保护；再如，"殴打"造成身体轻微伤可以评价为侵害身体法益的伤害"不足"，因为"殴打"可能是"聚众斗殴"或其他犯罪的手段行为，也可能是不构成犯罪的一般违法。

值判断;"益"则是值得动用刑罚保护的法的价值判断的对象。因此,将刑法保护的合法利益简称为"法益"是可以接受的。

所谓利益,就是人们受客观规律制约的,为了满足生存和发展而产生的,为寻求得到满足和保护的权利请求、要求、愿望或需求,这就是利益。利益可分为个人利益与集体利益。个人利益包括个人物质生活和精神生活需要的满足,如个人身体的保存、自由、生命和健康、生活的安定、财富的积累和安全、个人才能的利用和发展等;集体利益是社会集团全体成员的共同利益,同时也指人们所在集体的全体成员的共同利益,从一定意义上讲,个人利益的集合,就是国家和全体人民的利益。以刑罚的手段保护合法利益免受侵害和威胁,当然是制定刑法的目的。而刑法通过将可能侵害和威胁合法利益的行为规定为犯罪,就可使得合法利益在遭受到犯罪行为侵害和威胁后,利益关系得以恢复,这当然是刑法的任务。因此,将合法利益所体现的人与人、人与物、人与社会、人与国家、人与自然等的利益关系,即社会关系称为犯罪客体,或者将刑法保护的合法利益称为法益,本质上并没有区别。

基于上述认识,本书认为所谓法益,就是指刑法保护的社会关系,或者说是刑法保护的合法利益。

防止法益保护的泛道德化

黎宏教授认为,刑法保护合法利益是保护人的社会生活利益,诸如个人的生命、身体、自由、名誉、财产、感情愿望等合理的个人利益,还包括建立在此之上能够还原为个人利益的国家、社会利益,并认为,在理解法益的内容上,应该防止将"法益"抽象化为伦理色彩浓厚的"价值",因为这极易导致"法益"概念的主观化、精神化。例如,认为诈骗罪的法益不是财产利益,而是交易的诚实信用,伤害罪的法益不是身体安全,而是身体安全感,就是示例。这最终可能得出"犯罪是违反义务或者违反伦理行为"的结论①。本书赞同这一认识。这就是说,必须防止对法益保护的"泛道德化"现象。泛道德化,是指将一切社会现象道德化后再用理想主义或者双重道德标准予以否定性的道德评价。我国社会尚处于转型时期,伦理道德的变迁和由此产生的道德问题与伦理困惑尤为突出。对各种社会不良、丑恶的现象所表示出了强烈的批判态度,这当然没有错误,但是,在这种批判中会不同程度地存在着泛道德化批判倾向,突出反映在对刑事案件的负面道德效应的任意放大。例如,对某名人之子的"轮奸案",评判之声波及其家长的道德品质上。泛道德化批判不利于国民理性理念的增强,也不利于国民健康心态的塑造。刑法学中对法益的解释,必须防止将刑法对法益的保护陷于泛道德化评价中。换言之,在具体的理论研究中,应该避免以所谓"是非道德观"为诠释的依据。这并不是说犯罪不应该受到道德的谴责,在刑法规范中有不少罪刑条款就是依据伦理道德而设置的,强奸罪、重婚罪、虐待罪、遗弃罪等就是适例。当

---

① 参见黎宏:《刑法学总论》(第2版),法律出版社2016年版。第46—47页。

适用这样的条款认定和处罚犯罪,就已经对其行为进行了法规范上的道德评价。因此,无论是对个罪构成要件的诠释,还是对个案的研究,不应再以"额外"的道德是非观作为诠释的依据。① 因为刑法的规范本就是一个处于中立的、独立于社会道德评价体系的判断体系,如果再附加"额外"的道德评价,实际上就是对刑法规范自身正义、公正价值的否定。

犯罪客体是否应为犯罪构成的要件之一,在我国学界存在争议。代表性的观点认为,犯罪客体的内容是犯罪概念研究的内容,没有必要将其列为构成要件之一。犯罪行为侵害威胁了一定的社会关系或者法益,反映的是犯罪的实质,这正是犯罪概念所要研究的内容。传统的犯罪客体理论除了重复犯罪概念的内容外,不可能具有犯罪构成要件应有的定罪功能,不可能在犯罪构成中找到应有的位置。② 有的认为犯罪客体具有区分罪与非罪、此罪与彼罪功能也是不实在的,关键在于对犯罪主客观方面特征的分析,离开这样的要件,仅仅凭借犯罪客体来认定犯罪的性质,是行不通的。③ 此外,还因为犯罪客体本身是被侵害的法益,但要确定某种行为是否侵犯了法益以及侵犯了何种法益,并不能通过犯罪客体本身来解决,是要通过符合构成要件的事实综合反映的,即犯罪的客观方面、主观方面、主体,这些要件都是从各自不同角度说明侵犯的是何种法益,因此,不能将为说明对象的构成要件与被说明的对象并列。④

立法规范对合法利益的保护的规定,与从司法上认定犯罪的角度,即合法利益受到犯罪行为(什么样的)侵害或威胁的问题,属于不同范畴,本就不应该在同一个层面上考察。前者是在"静态"上从规范意义分析立法者选择的何种合法利益是刑法所保护的,这是为执法者准确执行法律提供必要标准;后者则是针对"动态"的具体事实,根据立法者选择的构成要件,来认定刑法保护的合法利益在何种条件下被侵害或受到威胁。前者是理论体系建构的需要;后者是依据这一体系建构的内容具体应用的过程。如果对此没有清晰的认识,那么理论上所建构的犯罪论体系的意义将大打折扣。首先,在立法层面上,难以想象立法者不需要加以选择,将所有的合法利益都作为刑法保护的法益,也难以想象立法者不需要将自己的选择,通过刑法的规定告之国

---

① 本书认为,有学者将强奸罪在解释上包括"婚内强奸",就是一种泛道德化研究。在我国的传统文化中,道德谴责是可以伴随人的一生的负担,远在刑罚惩罚力度之上。现实中杀人犯的"名誉"远高于"强奸犯",就是这个道理。这里并不是说对丈夫强制妻子发生性关系的行为不应该研究,在现行的刑法体系中,是否没有可以规制这种行为的条款? 为何一定要将婚姻关系存续期间的这种行为解释到"强奸"中? 刑法学者在该问题上所表现出的强烈的"从善如流""爱憎分明"的道德观念,对于刑事司法实践而言是"百害而无一利",会形成一种对法治破坏的强大社会力也并非不可想象。
② 参见张明楷:《犯罪论原理》,武汉大学出版社1991年版,第135—137页;张明楷:《法益初论》,中国政法大学出版社2000年版,第249页。
③ 参见张明楷:《犯罪论原理》,武汉大学出版社1991年版,第134页。
④ 参见肖中华:《犯罪构成及其关系论》,中国政法大学出版社2000年版,第250页。

民,否则,这与奴隶制、封建制刑法没有什么区别。其次,相同性质的侵害行为之所以在刑法中有不同的分类,正是依赖于立法所选择保护合法利益的不同侧重点才可能实现,执法者没有选择执行的权力,也没有可以不执行的权力,否则,法治将被架空,刑法就只能是一种摆设。

从认定犯罪,也就是从执法层面上,还不能否定我国当前立法规定的犯罪是实质构成与形式构成的统一体。这也就要求在认定犯罪的性质上,不可能在不考虑立法者对该种具体犯罪规定所要保护的合法利益是什么,而从其他构成要件上得出想当然的结论。对嫖宿幼女罪所保护利益上的质疑,是不是能够说明问题?有的学者质疑该罪所保护法益的偏差,为何同为在幼女同意情况下的性交,有强奸罪与嫖宿幼女罪这样的天壤之别。当然,也有学者对该罪的立法认为无可置疑。① 无论主张犯罪客体是否应为构成要件之一,至少可以承认,作为犯罪客体的法益内容是极其广泛,而又是多层次的。合法利益虽然有不同,但都是由国家所制定的各种不同的法律规范和非法律手段加以调整和保护的。不是所有的合法利益都是由刑法加以调整和保护的,只有经过立法者选择由刑法所保护的合法利益,才是刑法保护的法益;如果某种合法利益不是由刑法保护的,就不可能成为刑法保护的法益。我国刑法是根据危害行为对合法利益侵害或威胁的程度,以及合法利益的重要性,来确立是否由刑法调整、保护的合法利益的范围。既然有这样共同的认识,为何会在类似嫖宿幼女罪保护的法益问题上存在如此不同的认识。但是对问题质疑的本身,是不是也说明仅仅依靠主客观要件、主体要件的符合性事实而不考虑何种合法利益受到侵犯,是不能实现对合法利益的保护?

对犯罪的认定当然是从符合构成要件的事实综合进行的判断,以此确定犯罪行为的性质。但是,对犯罪性质的确定远不是仅仅从形式上判断就可以得出正确的结论的,形式上属于盗窃的小偷小摸为何不能认定为盗窃罪?同样为小偷小摸的扒窃为何可以认定为盗窃罪?从主客观要件、主体要件事实的符合性上,得不到结论。而且,对犯罪行为侵害或威胁合法利益的认定,也远不止就是为定性而定性。就我国犯罪构成的体系而言,对合法利益侵害、威胁的程度,同时也是裁量刑罚依据,如女性的性权利并不是拐卖妇女罪在立法规范意义上的保护的法益,但是,仍然是该罪附随被侵害的合法利益,因此,行为人在拐卖妇女中有奸淫妇女行为的,诱骗、强迫被拐卖的妇女卖淫或者将被拐卖的妇女卖给他人迫使其卖淫的,依法必须从重量刑。如果说

---

① 本书认为这样的质疑是有道理的,国家无权通过法律将人区分为三六九等区别对待,给予不同保护。同时,以此罪为论点,也可以说立法者在保护法益的选择上,实施了不应该的泛道德化评判之事。在我国,"处女情结"是夫权思想中非常丑陋的一面,刑法规定的"嫖宿幼女罪",虽然是以立法的方式表明了对这种行为(思想)规范上的道德的否定评价,但是,以立法方式去否定,是否意味着幼女卖淫这种社会现象目前在我国已经泛滥到需要将这种行为与非幼女卖淫加以区别?反过来说,也可以认为,在我国当前的这种丑陋的习俗、思想,已经得到法律上的"认可",所以需要通过刑法来制裁。这不得不深思,立法是不是在做即便是在以法的方式谴责、否定这种行为的同时,将卖淫的幼女也同时架上了道德拷问的"刑架"上?该罪的立法并不是对幼女的保护,而是以法律方式对幼女的第二次伤害。为此,《刑法修正案(九)》已取消嫖宿幼女罪罪名,已经修正了这一不恰当的立法。

将拐卖妇女罪保护的法益排除在构成要件之外,那么,对妇女性权利侵犯的事实,依据什么可以评价为"被侵犯"？依据什么可以从重处罚？应该看到,对合法利益侵害、威胁的程度,有些犯罪需要同时考虑不是构成要件的事实来说明和确认,而且,也有不少犯罪构成要件的设置就是要求在能够说明对合法利益的损害程度上才能认定为犯罪。如果将法益排除在构成要件之外,那在犯罪成立以及处罚上的根据,就成为无法解释的问题,"离开刑法的法益保护目的就不可能解释构成要件,不可能对构成要件符合性做出判断"①。以拐卖妇女罪为例,如果说拐卖妇女罪中妇女的人身自由、人身不受买卖的合法利益不是构成要件的内容,不是刑法保护目的的方向,在拐卖妇女中发生奸淫被拐卖的妇女的,诱骗、强迫被拐卖的妇女卖淫或者将被拐卖的妇女卖给他人迫使其卖淫的,其从重处罚的根据则成为无法说明的问题。

在主张犯罪客体不要说的观点中,是否还存在如同有的学者指出的,在预先设定"犯罪客体不是构成要件"结论的前提下,以自己的结论为根据认定自己结论正确的问题？②

应该说,犯罪的本质特征与犯罪构成中刑法保护的法益之间是有不可分割的联系的,但是,对刑法保护的法益研究,并不是对犯罪概念中犯罪本质特征的重复。犯罪概念对犯罪本质特征所揭示的内涵,表明对刑法保护的法益的侵害或威胁而造成的危害,是国家之所以要将某些行为规定为犯罪的理由,以彰示国家认定犯罪并予以处罚正当性的根据。无论是不是需要通过在立法上以条款的方式表明这一点,任何国家认定犯罪并给予处罚的理由,在根本性上是没有区别。而刑法保护的法益作为犯罪构成要件之一,只是从这一个侧面来说明具体的法益被侵害或受到威胁的状况,只是为说明具体的犯罪行为所侵害或威胁法益的具体内容,并不是在为了全面揭示犯罪行为的危害本质。犯罪的危害程度,除了通过行为对法益的侵害或威胁表现出来,还需要通过行为的性质、方法、手段、对象、后果、主观上的罪过形式以及行为人本人的具体情况,综合得到反映。③ 即使主张不需要客体的观点,也未见有否定犯罪概念所揭示的犯罪的内涵具有广泛性的见解,或否定刑法对法益保护是有选择性的见解,更未见认为犯罪概念对犯罪的界定,只是通过刑法保护的法益就已经完整地展示出来的论证。而即使主张客体是构成要件的观点,也并没有观点主张将犯罪的性质的确定仅仅依靠法益的认识。那么为何一定要说将法益置于构成要件之一,就是对犯罪概念在研究内容上的重复？这是没有道理的。

二、客体的分类④

通说依据刑法保护的法益范围不同,将客体分为一般客体、同类客体和直接客体三种类型。三者间是整体与部分,一般与特殊的关系。

---

① 张明楷:《实质解释的再提倡》,载《中国法学》2010 年第 4 期。
② 参见高铭暄主编:《刑法专论》(上编),高等教育出版社 2002 年版,第 141 页。
③ 参见马克昌主编:《犯罪通论》,武汉大学出版社 1999 年版,第 21—23 页。
④ 本书"客体"的基本内涵、外延与"法益"概念的相同。

一般客体，也称为共同客体，就是指刑法保护的法益的整体。它是刑法规定所有犯罪行为所共同侵犯的客体。任何一种犯罪，不论它的具体表现为何种形态，侵犯或威胁到何种具体的合法利益，都是侵害了我国刑法所保护的合法利益。因此，一般客体所揭示的内容，就是将犯罪作为一种社会现象，在整体上予以考察，它侵害或威胁到的是什么。它的意义，就在于能揭示出一切犯罪的共同本质和社会政治内容，阐明犯罪侵害法益的属性以及处罚犯罪的社会政治意义，同时表明犯罪行为对合法利益的侵害或威胁并非仅仅表现为个人利益之间的冲突和矛盾，而是与国家、社会利益的冲突和矛盾。

同类客体，是指刑法保护的具有共性的某一类法益，也就是某一类犯罪所共同侵害的合法利益中的某一部分或者某一方面。刑法规定各种具体的犯罪侵害或威胁的具体合法利益是不相同的，但这些不同的合法利益又有共同之处。依据一定的标准和内容，可将合法利益归纳为若干类型。某一种类型犯罪所共同侵害的合法利益，就是该类犯罪的同类客体。我国刑法分则根据犯罪的同类客体将犯罪分为10大类，刑法分则每一章标题所揭示的内容，就是该类犯罪的同类客体。除了上述同类客体外，刑法分则第三章和第六章还分别分为八节和九节，其每节的标题，也是该节规定的犯罪侵犯的同类客体，可以将其称为"同类分类客体"。同类客体的意义就在于，它是我国刑法分则对各种不同犯罪进行分类的标准，有助于从犯罪的性质和危害程度上将各种不同的犯罪区别开，以便正确贯彻国家的刑事政策。

直接客体，是指刑法具体条款所保护的具体法益，也就是具体的犯罪行为所侵害的具体的合法利益。在刑法分则所规定的每一个具体犯罪条文中，都有该种犯罪行为侵犯的直接客体，只是有些条文规定的明确，有些并未直接指出而已。直接客体，是每一个具体犯罪构成的必要要件，事实上，行为所直接侵犯的只能是某个具体直接客体。犯罪的性质，首先是由被侵犯的直接客体的性质所决定的。直接客体的意义在于，提供正确认定犯罪行为的性质的依据，以此在立法上建构具体的犯罪构成，确定该条款的适用范围，从而确立与侵犯或威胁该种客体相适应的法定刑。

对三类客体在理解上，应该注意：(1) 不能把这三种客体相互对立起来，认为犯罪侵犯的是三个互不相干的客体，这种划分只是为了从不同层次上把握犯罪客体的本质而区分的。实际上，这三类客体同时存在于每一个具体的犯罪之中，每一个具体的犯罪行为都同时侵犯这三个不同层次的合法利益。因此，三种客体的划分所反映的是一个具体犯罪与一类犯罪和所有犯罪之间在客体方面的共性与个性的关系。三种客体体现了两层关系：第一，一般客体是对同类客体和直接客体内容进行抽象、概括的结果，它反映同类客体和直接客体的共性。离开对同类客体、直接客体内容的分析，一般客体就无从存在。第二，同类客体是对直接客体的内容进行抽象、概括的结果，它反映了直接客体的共性，离开对具体犯罪直接客体内容的归纳，同类客体也不复存在。(2) 分析直接客体时，必须注意，对有些犯罪来说，它所侵犯的直接客体与同类客体在内容上具有一致性。例如，侵犯财产罪中的每一个具体犯罪如盗窃、抢夺、诈骗罪、敲诈勒索等罪，它们所侵犯的直接客体均是公私财产所有权，而公私财产所有权同时也是这一类犯罪侵犯的同类客体。由于这样的犯罪来说，掌握了同类客体，也就掌握了直接客体。

此外，应该特别注意的是，犯罪直接客体与犯罪行为在客观上所引起的其他后果所体现的法益界限。不能在刑法规范保护法益的范围之外考察"客体"，即不能把犯罪行为所造成的，在具体法规范保护的合法利益之外的损害结果所体现的合法利益，也视为犯罪的直接客体。犯罪客体，依据刑法保护的目的，只有犯罪行为使合法利益受到侵害具有发生可能性的，才被规定为"客体"而加以保护。例如，盗窃行为就不具有致人死亡的可能性，即使因盗窃而引起死亡，死亡结果所体现的生命权，也不是盗窃罪的犯罪客体。

三、直接客体的理解和把握

在理论上，依据一定的标准，可以对直接客体作进一步的分类研究。这种分类研究，对于准确把握对犯罪行为性质的认定以及合理地适用刑罚，有重要的意义。

（一）简单客体与复杂客体

依据直接客体内容是否具有单一性，直接客体分为简单客体与复杂客体。在一般情况下，一个犯罪行为只能直接侵犯一个直接客体，但某些犯罪由于其本身的性质和犯罪的特点所决定，它可能或者必须同时侵犯两种或两种以上的直接客体。因此，刑法理论上又将直接客体分为简单客体和复杂客体。

1. 简单客体

简单客体又称为单一客体，是指刑法保护的法益只有一个。例如，杀人罪侵害的法益是他人的生命权，伤害罪的法益是他人的健康权，盗窃罪的法益是财产权等。我国刑法中多数犯罪规定的客体属于单一客体。

2. 复杂客体

复杂客体是指刑法所保护的是两种或两种以上法益。也就是说，当实施该种犯罪时，行为会同时或先后直接侵犯两种或两种以上法益。例如，实施抢劫犯罪行为，既侵犯他人财产权利，同时也会侵犯他人身的人身权利。

从立法规定的复杂客体看，又可以分为两种情况：（1）只要实施的是该种犯罪行为，则必然侵犯的是复杂客体，这是因为刑法规定的该种犯罪的客体，就是两个以上的法益，如抢劫罪就是这种情况。这是一种立法现象，即立法作了如此规定，只要实施的是该种行为，就必然侵犯的是复杂客体。如果对他人财产的侵犯时不涉及人身权利的侵犯，当然就不可能构成抢劫罪。基于立法规定复杂客体而产生的问题是：根据哪一个具体客体对其进行归类以及在司法实践中认定其犯罪性质？当刑法规定的是复杂客体时，两种或两种以上的法益的意义并不是等量齐观的。也就是说，直接客体中有主要和次要之分。在我国刑法中，立法者认为法益中哪一个是主要的，则将犯罪纳入有关的犯罪类型中。司法实务中也是依据这样的认识确定犯罪的性质。具体而言,对于这种复杂客体的犯罪的归类,我国立法一般是结合这些犯罪的主观和客观特点,根据其侵害法益的主要方面决定犯罪的分类。如抢劫罪之所以被归入财产罪而不是人身的犯罪,理由就在于立法者认为该种情况下,被侵犯法益的主要方面是财产权利。(2)"不确定复杂客体"①,即刑法规定所保护客体是单一的,但是行为人在实施该种犯罪时,行为可能同时侵犯了两种或者两种以上法益,但受到侵犯的两种以上的法益并不存在如同条款明文规定的复杂客体中,两个以上的法益之间具有那种必然的联系。例如,以放火方法实施故意杀人,同时放火又危害到公共安全的,既侵犯他人的生命权,同时也危害公共安全。但是,构成故意杀人罪并不要求必须危害公共安全,同理,构成危害公共安全的犯罪,也不要求必须侵犯他人的生命权利。由此可见,这种情况下并非实施某种犯罪行为侵犯的一定是复杂客体。除上述情况外,不确定客体还有一种情况,即刑法条款保护的法益是单一性的,但是该条款也同时保护其他法益,只是该法益是同一法条的其他条款单独加以保护的,所以,实施该种犯罪基本构成要件行为时,该法益不一定会受到侵犯。例如,非法拘禁罪侵害的法益是人身自由权利,只要以强制方法非法剥夺他人人身自由,即构成犯罪。但第238条还规定,"犯前款罪,致人重伤的,处3年以上10年以下有期徒刑;致人死亡的,处10年以上有期徒刑……"。由此可见,非法拘禁罪的法益虽然是单一性的人身自由权,但人的生命、健康权利同样受保护,不过构成非法拘禁罪,并非要求同时也侵犯被害人的生命、健康权。

(二) 主要客体和次要客体

如果直接客体是复杂客体,在刑法理论上,则根据直接客体在定罪量刑中的地位作用,以及涉及对犯罪行为的立法归类,直接客体分为主要客体和次要客体。

1. 主要客体

主要客体是指在复杂客体中,刑法重点保护的法益。例如,抢劫罪,既侵犯财产所有权法益,又侵犯人身权法益,但刑法重点保护的是财产所有权。主要客体的作用在于定罪。

2. 次要客体

次要客体是指在复杂客体中,除刑法重点保护的法益之外附带保护的法益。如抢劫罪的主要法益是财产权,同时也附带保护人的人身权利,人身权法益便是次要客体。次要客体是实施某种犯罪时不可避免被侵犯的客体,其对定罪和量刑都具有重要意义。

除上述分类之外,理论上还有学者依据其他标准,将直接客体划分为:物质性客体与非物质性客体;现实客体与可能客体等。

---

① 也有称其为"随意客体"。参见赵秉志主编:《刑法总论》,中国人民大学出版社2007年版,第277页。

第二节 对 象

一、犯罪对象的概念

张明楷教授认为,行为对象也叫犯罪对象①,在我国刑法理论中,原本并无"行为对象"这一概念,以后有了将两者等同互用的说法。也有明确提出区别二者的观点。持后一种观点的学者指出,犯罪对象虽然在某些情况下与行为对象有重合现象,但是行为对象的主要作用是为了对行为的把握,有的犯罪就不需要考察行为对象也可以认定行为,如脱逃罪、偷越国(边)境罪。由于犯罪对象与行为对象功能不同,不可相互取代。不可否认二者在很多情况下是重合在一起的,但是毕竟二者是有区别的。行为对象的主要功能在于界定行为,而犯罪对象是法益的现象形态,主要作用在于揭示立法意图。② 本书赞同这种看法。例如,我国《刑法》第318条规定的组织他人偷越国(边)境罪,组织的行为对象是"他人",但是不能说"他人"是犯罪对象,因为从被组织的"他人"那里,无法对国家国(边)境管理秩序进行侵害,从行为对象的"他人"那里只能反映出行为符合"组织行为"的特征。因此,"他人"只能是行为对象,而不是犯罪对象。

将犯罪对象也称为行为对象,有的分析也是值得推敲的。有观点认为,我国《刑法》第282条伪造、变造、买卖国家机关公文、证件、印章罪的行为对象(犯罪对象)是国家机关,而不是伪造、变造、买卖的国家机关公文、证件、印章,因为真实的国家机关公文、证件、印章,犯罪行为没有对其施加任何作用,被作用、影响的是国家机关。③ 但问题是,行为人所伪造、变造、买卖的国家机关公文、证件、印章,在该罪中起到什么作用?既然是伪造、变造、买卖的国家机关公文、证件、印章,该物品既反映出行为是"伪造、变造、买卖"的特征,而且该物品也揭示了"伪造、变造、买卖"行为对国家机关信誉的侵害。如果没有该物品,依据什么说"伪造、变造、买卖"行为作用、影响的是国家机关信誉?这恰是犯罪对象与行为对象二者重合的表现。

所谓犯罪对象,是指犯罪行为直接作用的具体的物或者人。物,是具体法益(犯罪客体)的载体或物质表现,它包括有形物和无形物,前者如汽车,后者如电力、煤气、天然气、公民个人信息等。人,则是具体法益(犯罪客体)的主体或承担者(主要指自然人),也包括单位乃至国家。犯罪对象与犯罪客体有着密切的关联性,犯罪行为对法益的侵害,就是通过作用于犯罪对象,使其性质、结构、状态乃至存在的变化来体现的。例如,故意杀人的行为,就是通过对具体自然人这一犯罪对象的肉体消灭,体现出对自然人生命法益的侵害;盗窃罪的行为,也就是通过对具体财物这一犯罪对象的

---

① 参见张明楷:《刑法学》(上)(第5版),法律出版社2016年版,第163页。
② 参见李洁:《论犯罪对象与行为对象》,载《吉林大学社会科学学报》1998年第3期。
③ 参见曲新久:《刑法学》(第2版),中国政法大学出版社2009年版,第91页及注释。

非法占有,体现出对公私财产权法益的侵害。由此可见,犯罪客体虽然揭示犯罪的性质,但犯罪客体却不能凭我们的感官直接感知,而只能通过抽象思维来把握。但犯罪对象能为我们的感官直接感知,行为可以直接控制或者对它施加影响,并进而构成对法益的侵害。犯罪对象是刑法规定的人或者物,但是,并非所有在刑法上所规定之物或者人,都可以称其为犯罪对象。如果行为即使能够直接控制、对它施加影响,但不由此而揭示出对法益侵害时,那就不可能视为犯罪对象。例如,我国《刑法》第267条第2款"携带凶器抢夺"中规定的"凶器",是犯罪使用的工具;第195条信用证诈骗罪、第196条信用卡诈骗罪中的"信用证""信用卡"也是被利用于实施诈骗犯罪的工具;第318条组织他人偷越国(边)境罪第1款第6项规定的"违法所得",是犯罪行为的孳生物,也不是犯罪对象;再如我国《刑法》第253条之一侵犯公民个人信息罪规定:"违反国家有关规定,将在履行职责或者提供服务过程中获得的公民个人信息,出售或者非法提供给他人的……"该条规定中的"他人"也不是犯罪对象。

一般认为,犯罪对象虽然与犯罪客体有着密切的联系,但是二者既有联系也有区别。区别主要表现为以下几个方面:

(1) 犯罪对象是凭借行为能够控制、凭借感官能够感知的客观存在的事物,可以是有形财产、无形物以及自然人、单位等,它所呈现出的是事物的外部特征,是人的感官可以感知的具体人或者物。而犯罪客体则是观念性、无形的法的关系,它所揭示的是行为的内在本质。对犯罪客体,只能通过抽象思维来认识、抽象思维把握的事实,人的感官不能感知。所以,前者是具体、物质性的,后者是抽象、精神性的。

(2) 犯罪客体是犯罪构成的必要要件,但犯罪对象不是每个犯罪成立的必备要件,不是所有犯罪的成立都必须有犯罪对象这一要素,仅仅是某些犯罪构成的必要要件。在刑法所规定的犯罪中,有的就没有犯罪对象这一要素,如偷越国(边)境界罪、参加恐怖活动组织罪、聚众淫乱罪①就没有犯罪对象可言。

(3) 当有些犯罪行为作用于犯罪对象时,对象会遭受损害。例如,故意杀人行为,但有的犯罪对象则不一定受到损害或受到损害的威胁;又如盗窃行为所窃取的财物,财物所有权法益受到侵害,但财物本身并没有受到损坏,只是在占有的形态上发生了变化。但无论犯罪对象是否受到损害,也必然侵犯一定的法益,使客体受到一定的侵害,包括实际的侵害或实际侵害的可能性。

(4) 犯罪客体是犯罪构成的必要要件之一,它决定犯罪的性质,而犯罪对象作为具体的人或物,并不一定决定犯罪的性质。所谓并不一定决定犯罪的性质,是指具体的人或物因其所体现的社会、法律意义不同,在犯罪行为作用于它时,与犯罪客体之

---

① 需要说明的是,聚众淫乱罪也是争议较大的一个罪名。有部分学者认为,只应将具有公然特征的聚众淫乱行为入罪,而具有私密特征的聚众淫乱行为不应入罪。的确,在外国刑法中,规制的均是公然的淫乱行为,如德国、韩国、日本、加拿大、奥地利等国家的刑法。在我国现行刑法中,无论何种情况下的聚众淫乱都达到"无价值"程度,但是,现实中二人(例如情侣)在公众场合的性行为则被排除在犯罪圈之外,甚至在我国《治安管理处罚法》中,都没有对"只是二人在公众场合的淫乱行为"的处罚规定。因而,这样的价值评价标准是存在问题的。

间可形成复杂的对应关系,因而不能从作用于犯罪对象的特征上,确定犯罪的性质。

首先,同一对象,可表现出不同的法益。其一,同一对象所处的位置、状态不同,而法益不同。如盗窃的电话线,作为通讯设备,体现的是通讯安全;作为商品体现的是财产所有权,犯罪性质不同。其二,同一对象,当行为方式不同,体现的法益不同。如枪支弹药,如非法买卖、运输、制造,体现的是对公共安全的威胁;如走私,则危害国家对外贸易管制,犯罪性质不同。其三,同一对象可因实施行为主体不同,体现不同法益。如枪支弹药,普通公民盗窃危害的是公共安全;如军人盗窃,危害的是军事利益。前者是盗窃枪支弹药罪,后者是盗窃武器装备罪。其四,同一对象,实施行为的主观心理状态不同,体现法益不同。如绑架了他人,目的是为索取债务,则构成非法拘禁罪;为勒索他人财物,则构成绑架罪。

其次,不同对象,可体现相同的法益。如我国《刑法》第 225 条非法经营罪,违反国家规定,非法经营的是钢材还是汽油都不影响认定,对象虽然不同,但同是体现侵害到国家对国内市场对特许商品经营的管理秩序法益的侵害。再如无论实施盗窃、抢夺、诈骗犯罪行为针对的具体对象是什么,也无论财物所处的位置、状态,都体现着财产所有权法益。

综上所述,行为作用于同种对象,可以侵犯不同性质的法益,作用于不同对象,也可以侵犯同种性质的法益。因此,犯罪客体是刑法犯罪分类的基本依据,而犯罪对象不能成为犯罪分类的根据。

二、犯罪对象在犯罪构成中的意义和作用

虽然犯罪对象一般并不决定犯罪的性质,但研究犯罪对象,在理论上和实践中都具有重要的意义。

其一,犯罪行为是通过与对象所施加的影响,从而表现出对法益的侵害。一方面,二者的结合可以揭示出行为人的意图和行为的具体形态。例如,将使用中的电缆盗割,盗窃的行为与使用中的电缆的结合,可以揭示出行为人主观上虽然具有非法占有的故意,但行为危害到广播电视设施、公用电信的安全,有可能构成第 124 条的破坏广播电视设施、公用电信设施罪。另一方面,二者的结合也能直接或间接地反映出法益的性质以及所受到的侵害程度,从而揭示出行为的危害程度。在具体案件中,可以成为区分非与非罪、轻罪与重罪的依据,或成为从重、减轻刑事责任的情节。

其二,当犯罪对象是具体犯罪构成的必要要件时,特定的对象可能直接影响着犯罪是否成立或者是否完成,离开对象,就不可能准确揭示犯罪行为的性质、特点,以把握法益的性质。如我国《刑法》第 261 条遗弃罪适用的犯罪对象必须是"年老、年幼、患病或者其他没有独立生活能力的人";如果对象不符合,则就不可能构成遗弃罪。

其三,犯罪对象无论是否为构成要件,它作为客观存在的事实的特点,对于揭示犯罪行为的危害程度有重要作用。例如,盗窃、抢劫的是孕妇、幼儿、老人、病人等人的财物的,显然其危害程度要大于盗窃、抢劫其他对象的财物。

根据我国刑法对具体犯罪对象规定的特点,犯罪对象在犯罪构成中具有以下重

要作用：

（1）有些犯罪只能由侵害特定的对象才能构成。如遗弃罪，必须是"年老、年幼、患病或者其他没有独立生活能力的人"，否则就不可能构成遗弃罪。

（2）有些犯罪对象的性质，可成为某些犯罪与非犯罪或者是否能够完成犯罪的根据。在犯罪对象作为构成要件时，性质不同，往往决定着是否侵犯刑法所保护的法益。如泄露商业秘密罪，其对象只能是商业秘密，如不是商业秘密，则不构成犯罪。

（3）有些犯罪中，犯罪对象的特点，是划分此罪与彼罪的界限。如对于破坏交通工具罪，如果是使用中的交通工具，则成立破坏交通工具罪；如果不是正在使用中的，则成立故意毁坏公私财产罪。两者的区别，就在于前者是"使用中"的交通工具，后者不是。

（4）某些犯罪对象的数量大小、受损害的程度，是划分罪与非罪，罪重罪轻的界限。如盗窃罪，一般要求必须是盗窃数额较大的公私财物，才构成犯罪；伤害行为造成轻伤、重伤害或伤害致死，罪责轻重就不相同。

第三节 危害行为

一、行为的学说

"无行为则无犯罪"，这是刑法不变的信条，因此，行为在任何国家的刑法中都居于犯罪成立条件中的核心地位，理论研究中"行为"同样居于中心的地位，这也是信条在刑法理论中的反映。关于行为的学说，并不是在我国刑法理论上有不同认识，而是在大陆法系以德国、日本为代表的刑法理论上的学说。

1. 因果行为论

因果行为论也称为自然主义行为论或者有意行为论、机械行为论，是伴随 19 世纪后半叶兴起的自然科学研究热潮而形成的学说。因果行为论是将行为分离为外部的客观的现象与主观的意思内容之间的因果性，而强调行为的客观方面的行为理论。所谓行为，是基于主观意思在外界引起因果发展的物理过程。换言之，是以主观意思为原因而引起外部动作，以致引起结果发生的因果过程，即为行为。所以认定是否行为，仅以在对外界所发生的结果，可以通过身体还原为"意思"这一点为已足，无需以事先意识到外界所发生的结果为必要。因此，主观意思内容——故意或者过失，不再是因果行为论作为对行为考察结论的依据，而是为其犯罪成立条件中有责性所关注，"意思"的内容与形式均属于责任范畴。这种学说强调的行为有两个特征：(1)"有意性"（或者"任意性"），即行为必须基于现实的意思决定。因此，身体的反射运动、梦游中的身体活动、无（下）意识的举动、丧失意志自由被强制的活动等，均不是行为。(2)"被知觉的可能性"，即行为应是可以为感知器官感知其存在的。因此，行为应是一种物理上的运动过程和虽然静止但由此引起外界变动的过程。李斯特说道："所谓行为，是对外界的有意的举动，更正确地说，是由有意的举动使外界变更，即（作为结果)引起变更或者没有妨碍变更。"①

因果行为论被诟病具有以下缺陷:(1) 将这种理论彻底化而产生的不作为因缺乏物理性的身体活动还是不是行为的问题。根据自然科学的考察方法,作为是"动",不作为是对"动"予以否定的"静",肯定和否定不可能在行为这一上位概念中被统一。例如德国学者拉德布鲁赫就认为自然行为说不能包括不作为,使行为概念的机能被破坏。② 然而,因果行为论的学者却无法认同,如德国学者麦兹格认为,应将价值关系的考察方法引入,则不作为也应当包括在行为之中。作为是作了什么,不作为并不是什么也没有作,不外乎是期待作什么而没有作。作为与不作为,在作了"什么"上,是由意思引起身体的动静上应当定义为行为的。③ (2) 对因果行为论来说,无法解释过失犯中不作为的忘却犯的行为性。例如,劳作一天的母亲在哺乳中因过度疲劳不觉睡着了,在乳房的压迫下致使婴儿窒息死亡的。因为这里的结果根本无法还原为人的主观的"意思",就不可评价为"行为",这当然是不会被接受的结论。(3) 只重视意思与外界结果发展的因果性,而忽视了形成因果过程的目的性,因此,所谓的因果过程是一种盲目的因果过程。

2. 目的行为论

目的行为论是 20 世纪 30 年代德国著名刑法学家威尔泽尔(Welzel,亦译为韦尔策尔)首倡的,以行为的目的性作为行为本质的一种行为理论。目的行为论排斥因果行为论将行为视为单纯盲目因果性作为行为要素的看法,而从分析行为存在的结构出发,认为"人的行为,是目的活动的实行。行为是'目的'的现象,而非单纯的'因果'现象。行为的目的性,是指人基于因果法则的知识,而在一定范围内预见自己活动可能发生的结果,并依此设立种种目标,有计划地引导该活动向此目标的达成"④。由于目的行为论将行为的本质作为目的的追求活动来把握,因此,行为的要素中自然包含着意思的内容,意思中的目的性则成为最核心的要素。威尔泽尔在解释"目的性"时说:"行为的'目的性',乃以'人可以基于因果法则的知识,而在一定范围内预见其活动所发生的可能结果,并以此而设定种种目的,有计划地如其意思地使该活动向着达到此目的前进'一事为基础的。"⑤根据目的行为论,刑法上的行为,就是受目的所支配的身体运动,是人基于因果的知识,预见自己活动可能发生的结果,并依此而设定目标,为达到此目标而实施的身体运动。所以,目的行为,重视的是行为人为达到某种目标而在现实的目的上,由意思所支配、操纵的身体态度。目的性是行为的本质,它支配、操纵着人的行为。

目的行为论在解释故意行为时是比较妥当的,但是用于说明过失行为的行为性时则颇为困难。而且,对不作为行为如何解释其行为性,也是目的行为论面临的难题

---

① 转引自〔日〕大塚仁:《刑法概说》(总论),冯军译,中国人民大学出版社 2003 年版,第 96 页。
② 同上。
③ 〔日〕参见木村龟二主编:《体系刑法事典》,日本青林书院新社 1966 年版,第 94 页。
④ 〔德〕威尔泽尔:《目的行为论序说》,〔日〕福田平等译,日本有斐阁 1979 年版,第 1 页。
⑤ 同上书,第 28 页。

之一。对过失行为的行为性,威尔泽尔认为,过失行为在客观上并非是单纯地引起结果,从避免引起结果是有目的的活动这一点上,可把过失从某些盲目的自然现象中区别开。这种避免结果有目的的活动的性质与现实目的的活动的故意行为相反,具有现实目的性的是故意犯罪,过失行为属于可能性目的的活动,即具有"潜在目的性"。在潜在目的性的意义上,过失行为也是有目的的行为。此后,他又放弃了过失行为具有"潜在目的性"的提法,认为行为在存在论中必须是有意识的目的活动,并认为故意的行为是以构成要件结果为目的有目的的行为;过失行为是以构成要件结果以外的结果,或者在构成要件中不以重要的结果为目的的目的行为。对不作为的行为性,威尔泽尔认为不作为是目的活动(行为)的不作为,因而不属于行为。不作为只是与行为有关系,因为不作为是行为可能性的不作为,所以,目的行动力——"可能的目的性"是贯穿行为和不作为的共同特征,因而可将行为与不作为置于上一等级概念,统一理解为"行为状态"。当然,这样的解释仍然是受到质疑的。

3. 社会行为论

社会行为论也是在 20 世纪 30 年代由德国学者埃伯哈德·修米特(Eberhard-Schmidt)首倡的。社会行为论重视人的行为所引起的价值关系,以行为对社会的机制作为立论的根据,并使行为概念包含有社会规范的意义。社会行为论认为,人的行为各式各样,法律所关心的只是那些对社会有意义的举动,这样的举动才是行为;对社会无意义,因而不为社会规范所调整的举动,不能认定为行为。社会行为论认为,在刑法学上,不应将行为认定为"生理现象",而只用自然科学的观点加以研究,必须将行为界定为"社会现象",要从对现实社会的作用上加以研究。所以,社会行为论的行为定义是:所谓行为是指向社会性外界的有意的活动。详言之,由有意的活动引起的社会性外界的变更是行为,无论引起这种变化更的是作为还是不作为。社会行为论认为,人在社会环境中有各种举动,有的偏重于引起结果,有的偏重于对目的的追求,也有的偏重于不实施特定的积极举动。对这三种形态的举动,要在本体结构上求得共同概念绝非易事,然而在价值判断上,都有相似之处,即都属于具有社会意义的人的举动。正因为是对社会有意义,所以,行为是法律上的概念而不是自然科学上的概念。社会行为论是基于因果行为论对不作为的行为性不能做出合理解释,目的行为论难以说明过失行为的行为性而提出的理论学说。虽然社会行为论不否认行为具有"有意性"和"有体性",但是认为将"有意性"解释为"由意思支配的可能性"与"对社会结果预见可能性"[1]就足够。也就是说,行为是某种社会上有意义的人的态度。[2]但是,社会行为论认为的行为态度(主观意思),仍然属于责任论的范畴,是被排除在行为的概念之外。所以,有学者认为社会行为论仍然属于因果行为论的范畴。社会行为论将社会意义引入行为的概念中,因而其行为概念可以包括不作为行为,同时,在行为概念中排除了有意性,而以"由意思支配的可能性"与"对社会结果预见可能

---

[1] 参见马克昌主编:《刑法》(第 3 版),高等教育出版社 2012 年版。第 57 页。
[2] 参见马克昌:《比较刑法原理——外国刑法学总论》,武汉大学出版社 2002 年版,第 169 页。

性"替代,则为过失不作为的忘却犯的行为性提供了理论依据,即在对意思支配可能性的范围之内均可确认举动具有行为性。由于社会行为论将社会意义(即价值规范)纳入行为的概念之中,因此,也有人称其为"规范行为论"。

对社会行为论的评判主要有:(1)社会行为论所主张的"社会意义"是一个相当含混、模糊的概念,以此来确定某些事实是否成为刑法评价的对象,是否恰当是很成问题的。因为"社会意义"并无一定的标准,缺乏统一性。即使说某种事实不具有刑法意义上的"社会意义",是否可以说不具有"行为性"?从社会规范角度去评价刑法中的行为,虽有可取之处,但最终认定犯罪的依据是国家法律,而不是社会规范,如果法律规范与社会规范评价一致,则不发生问题;如两者评价不一致,即使无法获得社会规范的评价,法律规范也会将非刑法评价的对象评价为刑法上的行为。(2)当某种事实成为刑法评价对象之前,本属中性事实(裸的行为),但在接受刑法评价之前,要先接受社会规范评价,这样难免有重复评价之弊,与其设立的行为概念宗旨大相径庭。(3)社会行为论的行为概念是排除了意思要素的,这样一来,在刑法上并不重要的无意识行为、不可抗力行为、人的下意识行为,也可能是有社会意义的,难免成为刑法评价对象,如此,使其行为概念在事实上不具有界定的机能。(4)社会行为论认为人的态度的社会意义是多层次的,也会在变动中,如果作为刑法评价的对象,过于不确定。目前,社会行为论在德国仍然是最有力的学说。

4. 人格行为论

人格行为论是日本著名刑法学家团藤重光首倡的,认为刑法中的行为是指表现"行为者人格的主体现实化的身体动静",即行为是在人格和环境的相互作用中根据行为人的主体态度形成的,而且是在此将人格予以实现的。人的身体的动静,必须与行为人的主体人格相结合,在可以认为是该人的人格主体现实化时,才能认为是出于该人的行为。他说:"在刑法上被考虑的行为,必须是行为者人格的主体现实体。单纯的反射运动,绝对强制下的动作,自始至终都不能成为刑法上的行为。不过,主体的人格态度,也并不仅限于以作为形式的表现,不作为的形式也能表现,而且,也未必限于出于故意,基于过失轻视社会规范的主体态度,也被认为是行为。重要的是,人的身体动静,只有与其背后的行为人的人格态度相结合,在能够确认主体的人格现实化的场合,只限于在这样的场合,才能被理解为行为。行为是主体人格现实化的生动的活动,具有生物学和社会学的基础。这不外乎正是行为者的原动力,是行为者人格在一定场合下的主体表动。"①团藤重光的人格行为基础包含两个方面:生理、心理(生物学)因素与社会因素。所谓的"人格主体",就是指人格的自主性和选择性。所以,他认为某种状态下的人格并非宿命地受制于生物学因素与环境因素,它具有相当的独立性和自主性。这一认识,与刑事古典学派的责任论基础——意志自由有一致性。但是其行为论立足于责任论中的人格责任论,强调主体的人格态度,排斥自然行为论,在树立主体行为的概念上,显然又倾向于目的行为论,只是他并不是用"目的

---

① 〔日〕团藤重光:《刑法纲要总论》(改订版),日本创文社1979年版,第91—92页。

性"来解释行为的本质,是从主体的人格角度阐述行为本质的。

对于人格行为论,大谷实评价认为:"'人格行为论以行为者人格的现实化'为基础,使行为概念不仅能够完全包括作为和不作为,以及基于故意的行为和基于过失的行为,而且,由于不能认为从行为中排除了主体的人格态度的原因,使行为概念大体上满足了界定的机能。另外,所谓犯罪归根结底行为者的人格是刑罚非难所指向的。所以,可以说行为的人格表现的行为,应该成为刑法评价的对象。不过,所谓'主体的现实化场合'的主体一词是多义的,作为为揭示犯罪事实基础的定义,是不是过于模糊的疑问是有根据的。"①平野龙一评判道:"人格化意味着自由意思,从根本上讲是意味着有责的意思,这样,结果便是在行为中先行判断责任,不能满足行为的界限机能,同时,行为是人格主体的现实化,但这里所谓现实化的意义并不明确,如企图杀人,这里'企图'也是现实化的东西,若视为规范的人格态度的现实体也作为行为,则'企图杀人'也是行为了,显然不合理……这种学说,一方面排除的东西太多,另一方面,应当从行为中排除的东西又没有完全排除掉。"②由于存在上述难以解释的问题,所以主张人格行为论的学者不多。

由此可见,上述有关行为学说的理论虽然都十分繁杂,但对我们的理论研究不无启迪意义。

对大陆法系行为理论的认识

第一,大陆法系的行为理论的研究,无论是哪一种理论学说,都是把行为作为法律评价之前的一种事实概念来加以论述的,即"裸的行为论",是离开法律规范意义上去研究、评价这种社会现象的。在大陆法系构成要件理论形成之际,犯罪从其理论意义上,被归结为"符合构成要件的违法且有责的行为"。在这一定义中,行为是其核心要素。对此,德日学者认为,可以从"犯罪是行为"来把握的。如日本刑法学者的大谷实指出:"说犯罪是行为这一点,意味着没有行为就是没有构成犯罪之意。这被称为行为主义。"③由此可见行为理论在其理论体系中的重要地位。

第二,行为理论学说各自有别,主要是基于学者或者学派各自的立场,有些则从存在论的角度去评价行为,如因果行为论;有的则从结构的角度出发,如目的行为论;有些则从社会价值观去考察行为,如社会行为论、人格行为论。这些不同的观察方法,在各种行为学说中实际上是互有交错,并非绝对的。但是,无论对具体问题的分析论证的观点有什么不同,将行为作为法律评价之前的一种事实概念加以研究这一点是相同的。究其原因,是其坚持罪刑法定原则的基本要求,是要建立其犯罪论体系的必然结论。因为根据罪刑法定原则,在实定法上,应当明确"什么"是刑法评价的对

---

① 〔日〕大谷实:《刑法讲义总论》(上),日本成文堂1984年版,第126页。
② 转引自〔日〕大塚仁:《刑法总论》,日本有斐阁1972年版,第109—110页。
③ 〔日〕大谷实:《刑法讲义总论》(上),日本成文堂1984年版,第17页。

象,具有什么样的特征才应该被刑法所关注。这种先于犯罪成立要件而评价的"裸的行为论",有没有其理论价值,在西方学者中也存在不同认识,但是,理论上阐明刑法评价对象的基本结构,使犯罪的概念以及构成要件理论可依据的现实基础具有实质性,则是其理论研究必不可少的。我国有些学者对这种理论研究持否定的看法。虽然从方法论角度看,确有不可取之处,但作为大陆法系刑法理论体系中的重要内容来看,尤其从遵循罪刑法定原则的角度看,其理论价值不可抹煞。

第三,大陆法系的行为理论,行为也是包括主观面和客观面的,即主观支配客观、思想制约行为之意,但它不同于我国刑法学中危害行为在解释上的主客观辩证统一的关系。在西方大陆法系行为学说中,主观的意思被认为是引起行为的原因,行为理论并没有完全脱离主观意思作为研究行为的出发点,是沿着"主观——客观"的公式来论述的。而我国刑法学中的行为理论,则认为行为是刑法意义上的行为,不仅指一种社会现象,而且是在主观罪过支配下的一种危害行为,而这一主观罪过,是来源于一定的物质生活条件,被客观存在而决定的,即是由物质所决定的,行为是从客观到主观再返回到客观的过程,即以"客观——主观——客观"的模式来认识行为的这一发展的辩证关系。这是两者的根本区别,不可认为"裸的行为论"理论的结论就是客观归罪。

第四,当我们评价某一理论的优劣时,首先应当理清楚这一理论在西方学者看来它的基本作用是什么,即它在何种领域内发挥其作用,要解决的是什么问题。站在立法者的立场上,大陆法系行为理论是要求从社会生活中存在的无数种类的生活现象中,界定出哪些现象应当成为刑法评价对象的行为,而哪些不是。针对这样的问题,没有一个基本确定的概念和理论支持是不可能办到的。在没有理解大陆法系行为理论是解决什么问题的情况下,不应对其理论进行无端评判和简单否定。尽管大陆法系学者对行为理论的争讼有些过于繁琐,但其理论意义和对我们理论研究的启迪不应当抹煞。

二、危害行为

刑法理论上的行为,就是指基于人的意识和意志的支配下呈现的身体的外部样态。这种身体的外部样态可以表现为身体的"活动",也可以表现为身体的"相对静止",或者"动"与"静"两种因素都存在的样态。就刑法所规定的行为而言,依据不同标准可以作如下主要分类:(1) 以刑法对行为是否以给予否定评价为标准,可以划分为犯罪行为与非犯罪行为;(2) 以行为实施有无罪过为标准,可以划分为有罪过行为与无罪过行为;(3) 以社会一般理念(价值观)对社会有害与否为标准,可以划分为有害行为与无害行为;(4) 以刑法理论研究视角为标准,可以划分为危害社会的行为与无社会危害的行为。在上述分类中,第(4)种分类具有特别的意义,因我国刑法理论有关犯罪构成要件的内容是人为分解予以分别研究的,因此,对犯罪构成客观方面的危害行为,是犯罪论研究中重点关注的内容。危害行为与犯罪行为是两个不同的概念,犯罪行为是指符合了构成犯罪的一系列要件,经过刑法价值评价的行为,而危害行为仅是犯罪构成客观方面的一个要件,不能简单评价是犯罪行为。此外,对社会有益无害以及有无罪过等的行为,虽然主要涉及非犯罪行为的研究,刑法理论也应予以关注,因为这些内容涉及合理划定犯罪圈问题。

(一) 危害行为的概念和特征

犯罪是人的一种危害行为,没有危害到社会的行为,或者仅有危害社会的思想活动而没有以行为表现出来,是不可能对社会造成危害的,因而也不可能构成犯罪。

通说的观点认为,刑法中的"危害行为",是指受行为人意识、意志支配实施的危害社会的身体动静。危害行为的基本特征是:

(1) 在客观上是人的身体动静。

理论上称其为"有体性",是危害行为外在表现出的特征。这里所谓的"人",在我国刑法中既包括自然人的身体动静,也包括我国刑法规定的"单位"主体的活动。人的身体活动既包括积极动作,也包括相对静止;既包括四肢的举止活动,也包括言论或视觉器官等动作。由此可见,从强调"有体性"可将动物自发的侵害现象、自然现象对社会的危害,以及只是单纯表现于外部的人的思想活动的举止,排除在危害社会行为之外。特别是单纯表现于外部的人的思想活动的身体举止,是人的内心态度,只要不为某种心态实现付诸实施,并不能因此而危害到社会,自然是不能由刑法来加以调整、干涉的。所以,能够说明表现人思想的人的举止,包括言论,有时是人的思想活动的表象,但是,当表现思想的身体举止、言论危害到社会时,这样的身体举止、言论就不是思想活动的表象,而是危害行为。

(2) 在主观上是受行为人心理态度支配下的身体动静。

理论上称其为"有意性"[①],这是危害性为内在的主观特征。人的心理态度,即使指人的主观意思,必须是受人的意识、意志所支配,必须能够表现出人的主观意思的身体动静,才是危害行为。所以,刑法上危害行为是不能脱离主体的主观意识和意志独立存在的,只有受其心理所支配危害到社会的身体动静,才能由刑法来加以调整。根据"有意性"的要求,可将"不能辨认或者不能控制自己行为"的精神病人的行为,在绝对强制下丧失意志自由没有实施本应实施的行为、睡眠中的梦游行为、特定情况下生理上的条件反射的举动(人群拥挤、踩踏)等,排除在危害社会行为之外。至于精神受到强制下实施或者不实施某种行为,是否属于危害行为,应该具体分析,在符合紧急避险情况下不属于危害行为,否则也属于危害行为。

(3) 在价值上是对社会造成危害后果的身体动静。

理论上称其为"有害性",这是对危害行为的价值评价特征。如果某种行为不会对社会造成危害后果,固然不应为刑法所禁止,即使行为对社会造成危害后果,但行

[①] 我国也有学者认为,有意性是"行为"的特征,不宜视为"危害行为"的特征,危害行为的特征在于对社会的有害性。参见黎宏:《刑法学总论》(第2版),法律出版社2016年版,第77页以下。

为不为刑法所禁止(未被规定为犯罪)时,也不是刑法意义上的危害行为。作为被刑法禁止的行为必须是危害后果达到相当严重程度,所以,某种行为是否属于犯罪客观方面的危害行为,在于其对社会危害以及程度。这里的评价体系和评价的标准,是根据我国的社会价值观念和标准,而不可能,也不应当是某个个人,某个利益集团,或者是其他国家、其他社会的价值观念和标准。如果评价是以某个个人或者某个利益集团的价值标准,那么,这一评价就是严重违反社会的公平、正义理念的。

此外,这种评价及评价体系,必须依法并反映在刑法上。也就是说,危害行为必须是违反了刑法规范,是违反刑法规范的危害社会的行为。由行为人的思想支配的危害社会的身体动静,只有在其违反(触犯)刑法规范时,才能作为犯罪客观方面的危害行为。这是从法律的形式特征上来认识危害行为。

(二)危害行为的范围

危害行为不仅具有其实质内容和特征,而且有其特定的范围。我国刑法对危害行为的基本范围作了规定。

1. 实行行为

实行行为是指由我国刑法分则具体犯罪构成中载明或者概括的危害行为,也就是具体犯罪构成客观方面的行为。由刑法分则所规定的危害行为在刑法理论上称其为"实行行为",或客观方面的实行行为。在我国刑法中,只有第23条关于犯罪未遂的条款使用了"着手实行犯罪"一语来表述"实行"犯罪的样态。但是,何为实行犯罪,在条款中并没有解释。

通说认为,实行行为就是指由刑法分则条款所规定的行为。换言之,刑法分则条款中载明或者概括的行为,就是实行行为。因此,实行行为被认为具有"定型化"的意义。实行行为在危害行为中是最基本的、最主要的部分。在司法实务中,实行行为是否完成以及实行的程度,在绝大多数犯罪中都是定罪量刑的最主要的客观依据。实行行为,具有直接完成犯罪的重要作用,是直接威胁或侵害某一具体法益的行为,当犯罪构成以实际危害结果的发生为判定犯罪完成标志,或者是具体犯罪的构成要件时,实行行为是直接造成实际危害结果发生的行为,对危害结果的发生具有直接的原因力。

理论上,对采单一的、形式上由刑法分则定型的规定这一个标准来确定是否属于实行行为,是有争议的。代表性的见解,如张明楷教授认为,一般来说,实行行为必须是符合刑法分则构成要件的行为,这是罪刑法定原则决定的,但是实行行为并不意味着形式上符合构成要件的行为,而是要求具有侵害法益的紧迫危险的行为。即使是某种行为具有侵害法益的危险性,但这种危险程度极低,刑法也不可能将其规定为犯罪,这种行为也不可能成为实行行为。至于某种行为是否具有侵害法益的紧迫危险,应以行为时存在的所有客观事实为依据,并对客观事实进行一定程度的抽象,同时站在行为时的立场,原则上按照客观的因果法则进行判断。① 曲新久教授认为,是否实行行为,既要看是否由刑法分则规定,也需要从实质上考察是否能够直接造成对保护法益的实际损害,只有能够对刑法保护的法益直接造成危害结果具有可能性的或者原因力的行为,才是实行行为。在他看来,即使是由刑法分则规定的行为,也未必都可以认为是实行行为。例如,教唆他人自杀,如果对象是精神病人,则是故意杀人的实行行为,因这种教唆行为可以直接造成他人死亡;如果对象是正常人,就不属于故意杀人的实行行为。此外,立法者在立法时不可能将保护法益作为刑法目的贯彻始终,所以或多或少刑法会将阴谋行为、预备行为、教唆行为、帮助行为直接作为犯罪在刑法分则中加以规定。②

实行行为的概念,来源于对"实行的着手"这一近代犯罪未遂制度所确立的核心概念的延伸。在完整的犯罪实施过程中(限于故意犯罪),从预备到进入着手实行直至完成犯罪的过程,从实质上说是行为对刑法所保护法益侵害的危险逐步提升的过程,而从形式上说,立法规定处罚未遂犯,则意味着刑罚的处罚范围扩张到刑法保护的法益受到实际损害之前的阶段。由于当时一些主要国家的刑法只对一些严重犯罪在分则中规定处罚阴谋、预备行为,对一般犯罪的此类行为不处罚,因此,刑法强烈关注的是实行着手以后的阶段。"实行的着手"就被定义为:犯罪的决意已付诸实施,并且行为不表现为纯粹的预备而是表现为真正的实行行为的开始。基于罪刑法定原则犯罪的定型性,实行行为则被界定在"实施符合构成要件的行为"(分则所规定的行为)上。但是,对实行行为是否需要进行实质性考察,并不源于实行行为自身,而是源自判断何为"实行的着手"理论延伸而来,但这一点在理论上的学说观点林林总总③,要求从实质上考察"实行的着手",只不过是诸种理论中的某种观点。④ 在上述两位教授主张同时需要考察实质性要求的观点中,都没有否定刑法分则对实行行为定型性的意义,这当然是遵循罪刑法定原则必须坚持的底线。但是上述观点对实质性的解读有所区别。张明楷教授主要是在分则定型性的前提下,从实质上是否具有法益侵害危险的紧迫性上考察,所以,结论可以认为是:实施刑法分则规定的行为,未必可以评价为实行行为。这是依据刑法规范内容所包含的价值对客观事实的评价。而曲新久教授的认识则不同,即虽然主张仍然以分则规定为前提,但是认为即使是刑法分则规定的行为,也不能认为都是实行行为,因为刑法也将部分预备、教唆、帮助行为规定在分则中了。所以,结论可以认为是:刑法分则规定的并不都是实行行为,这是一种对刑法规范本身的价值评价。也可以看出,两种观点所谓实质性的意义有一定的

---

① 之所以用"一般来说",是因为张明楷教授认为刑法分则中少数条文事实上规定了"预备行为"。参见张明楷:《刑法学》(上)(第5版),法律出版社2016年版,第144—145页。
② 参见曲新久:《刑法学》(第2版),中国政法大学出版社2009年版,第88页。
③ 参见马克昌:《比较刑法原理——外国刑法学总论》,武汉大学出版社2002年版,第528页以下。
④ 参见张明楷:《刑法学》(上)(第5版),法律出版社2016年版,第342页。

区别,张明楷教授是从实际案件的角度要求具体考察①,而曲新久教授则主要是从法律规范的角度来理解。张明楷教授主张的实质性考察是具有因案件不同,因而不具有统一标准(具有因人因事因地因时的可变性),而曲新久教授主张的实质性考察主要是从刑法规范内容出发,具有规范的可解读性。还可以说,张明楷教授主张的实质性考察是依据罪刑法定原则定型性的原理,基于定型性要求下的对刑法规范所要求的事实的价值评价,而曲新久教授主张的实质性考察,是对刑法规范本身的价值评价,或多或少是否已经否定了"实行行为首先以分则规定为前提"?

然而,如果说实行行为的实质危险性判断具有因案件的不同存在可变性,那么,这一标准是否还存在是有疑问的。"例如,究竟何谓'杀人'?甲意欲杀乙,乙迅速逃离,甲在追赶途中掏出手枪,然后瞄准乙,接着开枪射击,但未能打中。司法机关应从何时起认定甲'杀人'或'剥夺他人生命'?对此不可能从形式上认定,而应以对法益的侵犯程度为依据。由于我国刑法规定处罚预备行为,故实行行为必然是侵害法益的危险性达到紧迫程度的行为。即预备行为与实行行为的实质区别,在于侵害法益的危险程度不同,而不是危险的有无不同,否则就不能说明犯罪预备的处罚根据。"②由此可见,这里对"实行行为"的界定意义,仍然是为了解决判断"着手"的标准问题,而不是其他。如果问题也可以这样考虑——如同张明楷教授所举例子,同样是开枪杀人的行为,一个是拿过射击金牌的运动员出身,一个是没有开过枪的,在都没有击中被害人的情况下,前者是否可以因为是射击专家,开枪行为可被评价为具有侵害法益的紧迫性,是实行行为;后者是否可以因为是没有开枪经验之人,开枪行为也可以评价为不具有侵害法益的紧迫性,从而得出开枪行为不是实行行为的结论?

对实行行为是有必要从实质意义上予以考察的,之所以如此,既是为了解决在何种情况下就可对行为依照刑法分则规定的法定刑适用的问题,也是为避免刑罚权的过度扩张。如果没有一个可供参考的具体标准来说明如何判断对法益侵害紧迫性,则是无从掌握的。由此,曲新久教授主张"刑法保护的法益直接造成危害结果具有可能性的或者原因力的行为,才是实行行为"的标准,则是一个从规范意义上要求的,可以解读的标准,至于依照何种事实来把握这一标准,则是另一个层面上的问题了,非由标准自身来解决③。换言之,"标准"与用来判断的"素材"并不是同一个问题。只是曲新久教授否定分则定型性的认识,实难赞同。因而,在不能否定分则定型性的前提下,张明楷教授的标准,更适宜作为"排除"实行行为的依据。换言之,即使具有"实行行为"的外观而无对法益侵害紧迫性的实质,就不是实行行为。

2. 非实行行为

非实行行为是指由刑法总则规定的犯罪预备行为、犯罪的教唆行为、主犯的组织

---

① 这里有必要说明的是,张明楷教授也指出我国刑法分则的一些条文实际上规定了预备行为。参见同上书,第341页注释。

② 同上书,第144—145页。

③ 可以参考不同学者对犯罪未遂"着手实行"的具体分析的事实把握,例如,张明楷:《刑法学》(上)(第5版),法律出版社2016年版,第342页以下。

行为、从犯、胁从犯的帮助行为等。这些行为不属于由分则具体犯罪构成客观要件的实行行为的一些危害行为,在我国理论上,一般称为"非实行行为"。非实行行为对刑法分则所规定的实行行为具有重要的制约、补充、从属作用。该种行为并不直接威胁或侵犯特定具体的法益,是对实行行为的补充或者制约或者从属于实行行为。在具体的危害结果为判断完成标准的犯罪,或者以此为要件的犯罪中,一般而言,它对危害事实的发生虽然不具有直接的原因力,但也是结果发生的原因之一,对于危害事实的发生具有间接的原因力。

有的行为具有预备、帮助、教唆或组织性质和特点时,也并非都不是实行行为,是否实行行为还是要考察在刑法分则中有无规定。如组织、领导行为,依据刑法总则对犯罪集团中首要分子的规定,一般说是非实行行为;如组织、领导抢劫集团,因为刑法分则中并没有规定组织、领导抢劫集团对首要分子具体适用的刑罚,也没有规定"组织、领导抢劫集团罪",所以,组织、领导抢劫集团的行为是非实行行为,要依据刑法总则对其中的行为人是否实施的是组织、领导行为来认定。但我国《刑法》第120条组织、领导、参加恐怖组织罪中的组织、领导和参加行为就是实行行为,而不是非实行行为。对非实行行为的研究,除预备行为有一定的独立性外,组织、领导行为,教唆、帮助行为更多集中在共同犯罪性质和作用的认定上。

如前所述,对实行行为的实质性考察要求,主要是为了解决从何时、何点上可以认为行为人开始实施刑法分则所规定的行为,但是从广义上说,该要求的反面,也包含对非实行行为是否仅以刑法总则规定为判断标准就可以的追问。换言之,如果在形式上实施的是刑法总则规定的行为,而事实上对犯罪的完成起到重要的、甚至是决定性支配、操控作用的,还是否只能视为是"非实行行为"?实质性考察的标准,一般而言不宜扩张适用于总则规定的所有行为,否则,分则定型化将不再有任何实际的意义。刑法对犯罪形式规定的原本意义,是基于罪刑法定原则"明文规定为犯罪才处罚"的要求,为限制仅从实质上考察所造成刑罚处罚范围的无限制扩大,侵犯国民自由权。总则规定的此类行为主要是补充、制约或者从属于正犯实行行为的,所以一般并不涉及其定性,最终主要为了解决归责的理由。显然要达成这一要求,并不需要将总则规定的非实行行为一律认定为实行行为才能解决;如果只是要解决非实行行为在犯罪中的作用,是否能以主要的实行者看待,那么按照在共同犯罪中"起主要作用"来追究刑事责任则完全可以达成要求的。不过,如果过于强调形式的意义,当然也会导致不合理结论。

具体而言,总则规定的组织行为,是对正犯行为起到实际的控制的作用,因此,不存在定性与责任上有困难的问题。而教唆行为、帮助行为的特点,在于不能完全对犯罪流程的掌握和操控,即被帮助者、被教唆者是否接受帮助和教唆,即便接受如何实施犯罪,怎样实施犯罪,何时去犯罪,造成何种侵害结果等等,帮助者与教唆者都是无法控制的。因此,对形式上的帮助与教唆,是否需要从实质上考察为正犯的实行行为,相对于能否起到对犯罪流程的掌握和操控的正犯行为而言,就可能存在着这种必要。例如,对于要盗窃保险柜中财物者而言,掌握保险柜密码的人,是盗窃成功与否的关键;如果不提供密码,则盗窃成功可能性小,提供者没有在犯罪现场,提供行为从形式上说是"帮助"行为。如果从实质上对完成犯罪的原因力上考察,是否应该评价为是实行行为? 如果甲对乙告知密码是为其提供方便条件,是否去盗窃由乙自己决定,那么,甲只能是帮助行为;如果甲告知自己手下乙密码,使之盗窃,甲在操控盗窃犯罪的流程,甲提供密码的行为就不是帮助行为,而是正犯的盗窃行为。这正是从完成犯罪的因果力以及对犯罪流程的支配、控制而言,决定形式上的教唆、帮助行为可能被评价为实行行为的理由。

本书不赞同将本为分则规定的正犯行为,从相对性的解释上根据需要均视为"非实行行为"。例如,将共同正犯中直接侵害法益,但对犯罪完成起的作用小、没有掌控犯罪因果流程的实行行为,解释为"非实行行为"[①]。实行行为与非实行行为,并非只是规范解释上基于法的拟制,同时也是基于构成事实在规范解释上的具体需要。即便是出于帮助正犯实现其犯罪意思,而按住被害人手脚使之被强奸的,是强奸的实行行为,不可能因其出于"帮助之意"而认定为帮助犯。

我国刑法所规定的危害社会的犯罪行为,就是实行行为与非实行行为的总和。理解其范围,对于把握我国刑法总则所规定犯罪行为,具有很重要的意义。

三、危害行为的形式

刑法所规定的危害行为的表现多种多样,但从刑法理论上归纳起来,表现形式上无非是两种形式,即作为与不作为。

(一) 作为与不作为区别的标准

虽然理论上都赞同对危害行为划分为作为与不作为,但依据什么区分作为与不作为,还是存在不同的认识。

(1) 主张以身体的动与静为标准,即身体积极运动的是作为,表现为身体的静止的,即消极行为的,是不作为。这是对作为与不作为所提出最早以身体纯粹的动与静为标准进行划分。但显然,身体的运动可以认为是作为,身体的静止也可以认为是不作为。但不作为并不意味着身体的完全静止不动,如依照身体的动静这样的标准很难划分。但是,以身体动静作为划分作为与不作为的标准,仍然具有现实的理论意义。因为无论从什么标准考察,作为肯定是身体的积极运动,没有身体活动的静止是不作为,也是没有错误的。只是在特定情况下,身体动静的标准不能得出合理的结论。

(2) 以所违反的刑法规范内容为标准划分,考察刑法规范本身是"禁止规范"还是"命令规范"的内容作为标准。禁止规范是指"不得做一定的行为","命令规范"是指"必须做一定的行为"。当以一定的举动违反法的禁止规范时,是

[①] 这种情况不同于只是具有实行行为的表象,但实际上对法益侵害是间接的。例如,听从指令将贿赂款送给公务员,雇员"送"的行为,只具有"行贿"行为的表象,实质上是指令者在侵害法益,由其掌控侵害法益行为的因果流程,雇员的行为只能视为"帮助"的共犯行为。

作为;当以一定的举动违反法的命令规范时,是不作为。以违反法规范本身是禁止的规范还是命令规范的划分,也存在一定的问题。例如,应当给婴儿哺乳,但不哺乳把婴儿饿死,是故意杀人罪,而故意杀人罪的规定从法规范的本身说是"不得为杀人之行为",属于禁止规范。不给婴儿哺乳的杀人行为,从违反规范的内容说,则是应当履行抚养义务(应哺乳)而没有履行(没有哺乳),也就是以不哺乳方式杀死了婴儿,而应当履行抚养义务(哺乳)是命令规范而不是禁止规范。那么,结论则成为行为人因违反命令规范而构成故意杀人罪。如果将刑法规定的故意杀人罪认为可以包括"命令规范",即意味着构成故意杀人可以是因为违反了杀人必须遵守的"规范"和"规则"。到哪里去找因为违反杀人的"规范"或者"规则"而构成故意杀人罪?故意杀人罪如包括命令规范的内容,也就意味着故意杀人是可以的,但要遵守一定的规范或者规则,不遵守就构成故意杀人罪。这样的结论是不是很荒谬呢?

黎宏教授对此的解读有所不同。他认为故意杀人罪的规范可以解读为"不得杀人"的命令规范,也可以解读为违反了"禁止杀人"的禁止规范。所以,从法律规范的内容是禁止还是命令的角度不可能区分作为与不作为。而主张以行为对外界的影响的角度考察,作为是使现实中平稳的法益状态恶化;而不作为是不阻止处于危险状态中的法益状态进一步恶化。① 不过,肖中华教授针对这种认识指出,将刑法规范本身理解为兼含禁止规范和命令规范是对法规范的误读,因刑法规范都是禁止规范,仅就其内容而言,可以说蕴含在其中的可能是禁止规范或者可能是命令规范,但是,禁止规范和命令规范不可能同时存在于一个刑法规范中。故意杀人罪所体现的只能是禁止规范,而不能说同时也是命令规范,否则任何犯罪的法条规范基础都可以这样来认识,那么禁止规范和命令规范没有区别的必要。由此主张,如果以不作为行为触犯禁止规范的,则违反的是禁止规范派生出的命令规范。故意杀人罪是"不得为杀人之行为"的禁止规范,当以不作为行为触犯禁止规范时,禁止规范被破坏,同时因是不作为行为,也就同时违反由禁止规范派生的"应防止他人死亡结果发生"的命令规范。② 不过,如果再向更深一个层次分析,违反"应防止他人死亡结果发生"的作为义务的内容是什么时,是不是又回到"应哺乳,防止婴儿死亡结果发生"上来?由于该种作为义务并不是由刑法规范自身所设定的,就必须从实质上判断没有履行的作为义务,而不是空洞的"应防止婴儿死亡结果发生"。如果又回到"应哺乳,防止婴儿死亡结果发生"的具体命令的要求上来,那么,结论仍然是如上述所说的一样荒谬的。如黎宏教授所言,作为使得现实中平稳的法益状态恶化,是完全可以成立的,如作为的故意杀人。不作为不阻止处于危险状态的法益进一步恶化,用于说明不真正不作为是可行的,但并不能用于完全界定真正不作为,如逃税。逃税前未必可以认为国家的税收

---

① 参见黎宏:《刑法学总论》(第 2 版),法律出版社 2016 年版,第 80 页。
② 参见肖中华:《论不作为犯罪的几个问题》,载王作富主编:《刑事实体法学》,群众出版社 2000 年版,第 81 页。

征管法益已经处于危险(恶化)状态,个体的逃税也难以认定有使其进一步恶化的作用。然而,作为违反的是禁止性规范,而不作为违反的是命令性规范,在一般意义下仍然是正确的。如故意杀人是禁止规范,通常所见的,也是以积极的身体活动的作为实施故意杀人行为的;当负有抚养义务,能履行而不履行时,不作为行为构成遗弃罪,违反的是命令规范。因此,该标准并非完全不具有区别作为与不作为的基本功能。

(3) 以行为违反的法律义务的态度为标准,即按照行为人对法律义务的态度——积极态度还是消极态度为标准。当法律义务要求"不为一定行为",行为人以身体的积极举动违反时,即不应为而为时,是作为;当法律要求行为人"为一定的积极行为",而行为人以消极的态度不为该积极行为时,即应为而不为时,是不作为。① 对法律义务标准说,也有可商讨之处。例如,研究危害行为,通说认为对危害行为的研究是与主观犯罪的心理活动相分离的,即便是危害行为的"有意性"的特征,所强调的也仅仅是危害行为在人的意识、意志支配下,而不是指在"罪过"支配下,所以,"有意性"中的意识和意志是中性而不为刑法予以价值评价的。但上述标准显然在具体的判断中有价值因素的考量要求,即要求考虑行为人对于法律义务的态度——积极态度还是消极态度。无论是积极的态度还是消极的态度,都可以说是对法律义务的蔑视、轻视等等的情感活动,而情感活动是决定行为人(心理)意志的重要因素——其直接的结论就是犯罪的意志问题。那么,以这样的标准在区别两者时,是否有违共通认识的要求,这也不是没有疑问的。

显然,如果只是强调上述标准的某一方面,都是有其存在的缺陷。因此,综合上述各种学说的合理内容,以身体动静为基础,以规范内容为依据,抛开法律义务态度标准中人对规范的态度,以"法律义务标准"考察是可以合理解决作为与不作为的区别的。当根据法律义务要求"为一定的行为"而"不为"时,无论行为人是以积极的身体运动"不为"的,还是以身体的相对静止"不为"的,都是不作为;而当法律义务要求"不为一定行为"时,行为人违反时,只能是以身体的运动才能违反,就只能是作为,而不可能是不作为。在这一标准中,第一,不以身体的动静决定而与身体动静有关,即使身体在运动时,而"不为"法律义务要求的"为一定的行为"也是不作为。第二,不以违反的规范本身内容是禁止性的还是命令性来决定,而与规范义务的设定有关,即使规范本身是禁止的规范,但当行为人负有必须"为一定行为"的命令而"不为"时,是不作为;即使规范内容是命令规范,但当法律义务要求"不得为一定行为"而违反时,是作为(例如我国《刑法》第202条抗税罪的规定,"以暴力、威胁方法拒不缴纳税款的"是犯罪,其法律义务的设定就是"不得以暴力、威胁方法抗拒缴纳税款"——以其他方法抗拒缴纳的,就不得入罪)。所以,上述标准中,作为与不作为的区别,关键在于刑法规范中的法律义务的设定是禁止的还是命令的(不是指规范内容的特点,而是规范所设置义务的属性)。

---

① 参见熊选国:《刑法中的行为论》,人民法院出版社1992年版,第120页。

(二) 作为犯

1. 作为犯的概念

所谓作为犯,就是指行为人以积极的身体的活动(运动)实施刑法规范所禁止的行为。即刑法禁止人做某事而以身体活动的方式做的情况。简单地说,作为就是人的身体的"动"起来所表现出的行为。刑法中大多数犯罪,必须是以身体的活动方式实施的。如抢劫罪、盗窃罪等,就只能以作为方式实施犯罪活动。这里仍然以"积极的身体的活动"界定"作为"的意义在于,积极的身体的活动,一定是作为,当然这并不意味着违反刑法禁止实施行为的只能是作为。同理,规范本身是禁止规范,也不意味着只能以作为方式违反。

作为是由人身体外在表现出的一系列活动所组成,有时可以表现为身体活动中的某一举动,如点头表示同意、以眨眼来示意等,当然,作为主要是指表现为身体活动的全部过程。

2. 作为犯的方式

作为,主要表现为人的身体的一系列活动,所谓的身体活动,除了身体的四肢活动之外,还包括以语言、文字表达、以视觉器官示意等动作,这都是通常意义的身体的活动。

刑法上所说的作为犯并不仅以行为人亲手实施为限。作为除了包括行为人本人亲自实施的积极活动外,还包括借助各种工具实施,借助自然力(风势、水势)实施,利用或者借助动物(狗、毒蛇、毒蝎)实施,利用他人的过错行为、过失行为来实施,也可以利用不具备犯罪主体条件的他人(儿童、精神病人)来实施。这些依然是视为利用者本人实施的作为的行为。总而言之,作为即"不应为而为"。

(三) 不作为犯

1. 不作为犯的概念

所谓不作为犯,是指行为人负有实施某种行为的特定法律义务,并且能够履行而未履行的危害行为。理论上不作为也被表述为:"应该做,且能够做而未做"的行为。不作为可以表现为"什么都没有做"的行为,如劳累的母亲哺乳时睡着了,乳房压迫在婴儿口鼻上致使婴儿窒息死亡的,母亲的身体是相对的静止"什么都没有做";也可表现为"没有做法律规定必须做"的行为,如负有扶养义务且能够履行,不履行却去国外旅游,则就是"没有做法律规定必须做"的行为。刑法中有少量的犯罪,都是以不作为方式构成的。因此,也可以说,刑法以处罚作为为原则,以处罚不作为为例外。总而言之,不作为即"应为能为而不为"。

由此可见,不作为犯的行为要符合构成要件,首要的就是负有"作为"的义务。那么,作为义务缘何产生?关于作为义务的产生根据,一般都是列举法律、法令的规定以及先行行为等,作为义务的发生根据。在理论上,这种根据一般被称为"作为义务的形式方法论"。形式的作为义务理论是由费尔巴哈提出,基于罪刑法定原则,他认为不作为犯成立的基本要素,作为义务的有无,是由法律、契约这样的刑法以外的事由作为根据加以判断的,这才是作为义务的产生根据。至于先行行为义务,费尔巴哈认为由于其在性质上是以事实上的各种关系为前提,因此不能成为作为义务的发生根据。以先行行为为作为义务根据之一的,是其后的同为古典学派的斯鸠贝尔(Stubel,亦译为休特贝尔)从生活的实际感受及对法的感情中归结出的这一结论。在19世纪中叶不作为因果关系的争论过程中,先行行为作为义务的发生根据,则是基于一般理论的理解及刑法典上的意义。

关于形式的作为义务的探讨,其意义在于严格区分道德义务和法律义务,以阻止在实质性判断为借口下扩大对(不纯正)不作为犯的处罚范围,所以,仍是有意义的。但是这种形式的探讨,由于只注重形式的列举,在说明处罚不作为犯的实质性根据上,则是欠缺的。因为从形式上探讨,并不能说明行为人尽管负有义务,但在不履行义务时何种情况下即可成立不作为犯。例如,我国刑法中规定的遗弃罪,当实施不履行抚养、赡养义务行为时,是不是只能构成遗弃罪?因遗弃而引起死亡结果发生,如果有构成故意杀人罪的可能性,则仅从负有作为义务这一点,也是无法正确解释为何构成故意杀人罪。自20世纪60年代始德国学者避开作为与不作为在构成要件上的差别,避开对传统的义务违反中规范形式的研究方法,以存在论的角度,从不作为与危害事实或者不作为者与被害者之间的特殊关系作为出发点,从实质上探讨不作为的作为义务的发生根据。这种探讨,被称为"作为义务的实质方法论"。正因为"形式的作为义务的方法论"的意义在于防止对(不纯正)不作为犯处罚范围的扩大化,因此,无论对实质性探讨持何种意见(作为义务产生的实质根据是什么),也应该重视"形式的作为义务"。目前在理论上,对形式作为义务产生范围的认识也尚不完全一致。

2. 不作为犯的条件

首先,行为人负有实施某种积极行为的特定法律义务,这是不作为犯的前提条件。所谓特定法律义务,是指行为人在特定的社会关系领域内基于某种特定的事实而产生的,必须积极实施某种行为的法律义务。从形式方法论上看,主要在以下场合产生特定作为义务。①

一是法律明文规定行为人应当履行的某种特定的法律义务。这里的"法律"是指国家以强制力保证实施的一切行为规范。该种义务的法律渊源,不仅指刑法的规定,还包括诸如行政法、经济法等规定的义务。这种义务就是根据法律规定而产生,具有某种特定身份的人负有做出某种积极行为的义务。该义务因具有这种特定的社会关系、事实的存在而产生,法律对这种社会关系一经确立,法定义务就产生。如果有能力履行而不履行,就可能构成犯罪。例如,税收法规定的纳税义务,婚姻法规定的夫

---

① 张明楷教授是从形式与实质意义上对作为义务的来源进行的归纳,但他认为我国传统理论对作为义务形式根据的研究中包括了对纯正不作为犯义务来源的考证,但这是不必要的,因为纯正不作为犯义务的根据,以及保证人地位的范围,在刑法分则中已经明确规定了。这是有道理的。本书基于对罪刑法定原则定型性的理解出发,认为形式的义务根据仍然具有将法律义务与纯粹的道德义务区别的意义,所以有必要对形式上作为义务的法的依据进行必要的说明。张明楷教授对作为义务的根据的研究,参见张明楷:《刑法学》(上)(第5版),法律出版社2016年版,第152页以下。

妻间的互相抚养义务、父母对子女的抚养、子女对父母的赡养义务等。法律义务有少数直接规定在刑法分则中,如丢失枪支后的报告义务,就是刑法直接规定为刑事法律义务,当能够履行报告义务而不及时履行时,就可能构成犯罪。但是,其他法律、法规规定的义务,只有在刑法规范中也有履行的要求,才能成为犯罪不作为的义务来源,否则,只是法律、法规规定的义务而已。①

二是职务上或业务上要求的特定作为义务。该种义务,是社会根据行为人的职务或业务活动性质而产生的要求履行的义务,这种作为义务,有的可以由一定的规章制度来规定,如重大责任事故的行为,就可以是违反公司、企业制定的规章制度规定的注意义务,有的只是根据业务、职务活动的性质,社会生活中约定俗成而公认的。当然,只有在执行从事职务或业务活动时,行为人才负有该种义务,不在此期间,不发生要求履行义务的问题。例如,在外休假中的消防员,对发生的火警不负有执行灭火的义务。

三是行为人已经实施了一定的行为(先行行为——原因性行为),当法律所保护的某种利益处于危险状态,必须采取措施消除危险以防止危害事实发生的特定作为义务。例如,带领未成人进山探险,当有危险发生,未成年人生命、健康安全处于受到损害威胁之中时,行为人负有要采取措施救护未成人,消除危险阻止损害发生的义务。

四是法律行为引起的某种特定义务。法律行为,是指在法律上能够引起一定的权利义务关系的行为,如合同规定的义务,行政委托的义务等。例如,家里所雇的保姆,有照顾所托幼儿安全的义务,自愿赡养无子嗣的老人,就负有赡养老人的义务,不履行或者不认真履行而发生严重后果的,则可能构成不作为犯罪。这种义务必须建立在真实意思、自愿接受并能够履行的基础上。例如,幼儿父母临时有事外出,将幼儿托付给明知有智障的邻居照顾,智障者不负有保障幼儿安全的作为义务,发生损害的,应由幼儿父母自己承担责任。该种作为义务以所托事项的完成,或者履行义务条件消失和变更,为义务解除的前提。解除后至根据约定再次发生委托之前,行为人不负有履行作为义务的问题。例如,幼儿夜晚与其父母同寝后,保姆在其父母没有再次将幼儿委托照看之前,即使"同在一个屋檐下"也不负有照顾幼儿安全的作为义务。

此外,有争议的是依据维护公共秩序和社会公德是否也可以产生特定的作为义务,值得研究。本书认为,如果因行为人自愿行为的主动介入,就可产生必须履行的特定义务。例如,自愿将弃婴抱养的,就具有履行抚养义务,能够履行而不履行的,可以构成犯罪。再如,路遇车祸中受伤者,因同情心而引发的救助行为,救助中途在没有采取其他措施就放弃救助的,也可以构成不作为犯罪。原因均在于行为人行为的自愿地主动介入,已经阻断了其他消除危险威胁的途径,能够支配、控制事实因果流

---

① 例如,我国《义务教育法》第5条第2款规定:"适龄儿童、少年的父母或者其他法定监护人应当依法保证其按时入学接受并完成义务教育。"即其父母或者法定监护人有送适龄儿童、少年入学保证其接受并完成义务教育的义务,但是,刑法中并没有规定不送孩子入学接受义务教育的构成犯罪的规定,因此,这样的法律义务,不能成为不作为义务的来源。

程而且具有了排他性。换言之,其介入的行为,成为排除其他救助的积极因素时,行为人就必须履行已经开始履行的义务,直至履行义务的条件消失(如因车祸伤者死亡),或者履行条件变更(如急救人员接手施救),或者义务履行完毕(如送至救治地点),才能解除义务。

当然,因公共秩序和社会公德产生的作为义务,应该有所限制,不应将任何情况下公共秩序和社会公德都视为可以产生作为义务的根据。本书认为,第一,必须是涉及人身安全的重大利益,且凭借己力(非指只是自己一个人之力)能够履行。第二,必须基于自愿而介入,至于介入的主观动机和意图,在所不问。例如,自愿介入赡养无子嗣的老人,是否为得到老人身后的房屋、财产,在所不问。第三,介入行为已经成为排除其他义务行为的积极因素,具有排他性。例如,发现火灾危险时,虽然自愿灭火,但非凭借己力就一定能实现消除火灾危险,其自愿介入的行为也不可能成为排除消防员履行灭火义务的积极因素而具有排他性,所以,在其放弃灭火时,不构成(不作为)放火罪。

其次,行为人能够履行法律规定的特定义务。能够履行是指行为人具有履行特定义务的实际可能性,也即有履行的能力和条件。如果行为人虽然负有履行特定作为义务,但由于种种原因,如遭遇不可抗力,而不具备履行该项作为义务的实际可能性,即不具备履行能力和条件,则不成立犯罪的不作为。例如,急救出诊的医生路途遭遇车祸受伤,不能及时赶至现场施救,因延误而致使病患死亡的,是客观上已经不具备履行救治义务的可能和条件。不过,如果客观上危害结果的发生具有不可避免性时,即使行为人没有履行义务的,也不能认为是不作为。例如,因病人病情重笃①、复杂或已处晚期,即使医生能够及时赶到也无法避免死亡结果发生,而医生的确没有赶到实施抢救的,不能认为医生属于不作为;再如,交通肇事已经造成被害人严重伤害,即使立即送到医院也不可避免死亡结果发生,或者事故已经当场造成死亡结果发生的,肇事者因此而逃走的,均不能因此而认定为属于交通肇事"逃逸致人死亡",应负此项罪责。所以,只有在"结果发生具有可避免性"时不履行作为义务,才能归责于行为人的不作为。

此外,在履行义务的可能性问题中,还有以下几个相当复杂、研究尚不深入的问题:

一是作为义务在有些情况下,虽然可以履行,但履行义务要冒一定风险或者履行义务本身就有危险。那么风险或者危险达到何种程度,才认为行为人不能够履行义务。换言之,未履行作为义务可以认为在法律上没有履行的能力和条件? 例如,某人带邻居家的孩子去动物园游园,孩子在玩耍时不慎掉入熊园,生命安全处于极度威胁之下,由于带孩子来动物园的先行行为,行为人具有消除危险威胁、保护孩子生命安全的作为义务。此危险时刻,有将孩子从熊园中救出的能力和条件(例如,熊还没有注意到孩子,尚有一定的时机等),但是,要履行救护义务,行为人就必须冒自己的生

---

① "笃"是指病势沉重。参见《现代汉语词典》(第5版),商务印书馆2005年版,第337页。

命也处于同样危险之中的风险，如果行为人没有选择跳入熊园救孩子，或者施救时受到熊的攻击而选择放弃救护义务从熊园中逃出，致使孩子遭到熊的攻击死亡的，是否成立不作为犯罪？再如，孩子掉入湖中，有生命危险，先行带领孩子游玩的行为人虽然会点游泳，但是技能还达不到能够实施救护的程度，现场也不具备其他救护条件，如果跳入湖中救孩子，则行为人也面临溺毙危险时，选择了没有跳入湖中救护的，是否不作为犯罪？该问题很复杂，不可能有一个具体标准。但一般而言，只要行为人穷尽可能性去履行了义务（如寻求他人的帮助、呼救等），不能要求行为人冒生命危险去履行义务，也不能要求冒严重受伤的危险去履行保护一般财产的义务。就上述案例而言，只要履行救护义务存在威胁到履行义务者生命安全的现实危险，法律就不应强制要求行为人履行义务，否则就是强人所难。

二是要求履行的作为义务都具有紧迫性，但是履行的义务发生冲突时，应如何选择履行？对没有履行义务的是否可以认为是没有能力、没有条件履行？就以前例为例，如果掉入湖中的是两个孩子，只救出一个，另一个溺亡，或者同时落水的还有研究所穷极全所之力研究的高科技产品资料，行为人选择先抢救资料而没有先抢救孩子，致使其溺亡的，是否成立不作为犯罪？本书认为，在履行义务发生冲突时，既要看义务在法的价值评价上的重要性和履行的紧迫性，也需要看不履行的义务是否具有可弥补性，以及履行义务的难易程度等进行综合评价。对互相冲突的义务能够进行法的价值序位高与低的衡量时，不履行法价值高的义务而履行了价值低的，就是不作为，相反，则不应视为不作为。例如，当需要履行抢救人的生命、健康义务与抢救重大财产义务发生冲突时，必须履行抢救人的生命、健康的义务，否则就是不作为；当相互冲突的义务在价值上同等重要时，行为人只要履行了其中一个义务就是履行了义务，如果冲突义务都没有履行时，才是不作为。如果相互冲突的义务在法的价值序位上无法衡量时，行为人只要选择履行其中的任何一个义务，对没有履行的义务，不应视为不作为。在义务上如果存在丧失则无法弥补和可以弥补的冲突时，应该选择无法弥补的义务履行；反之，就是不作为。再如，虽然资料意义、价值重大，相比人的生命而言，后者的丧失是不可弥补的，就必须履行抢救生命的义务，否则就是不作为；当履行了较易履行的义务（先救了离自己近的孩子），而没有先履行较难的义务（另一个孩子距岸边太远），不及履行救护的，不应视为不作为。

在发生义务冲突的情况下，可能涉及不作为犯罪责任减轻的还有两种情形：行为人对履行的义务选择错误和行为人对履行的义务无法选择或者缺乏对行为人选择义务履行的期待可能性。行为人之所以会选择错误与无法选择，可能是由于行为人对义务的法价值的高低序位依据自己的价值观，但是这种选择是不正确的。例如，研究所的研究资料关乎全所人的重大经济利益，所以认为资料的法价值更高，或者行为人不能衡量哪个义务更重要，如不知道应该先救离自己远的孩子合适，还是先救离自己近的，而延误了抢救的时机，或者从法律的角度看，缺乏对行为人有选择履行义务的期待可能性，如落入湖中的孩子中有一个是自己的孩子，选择了先救自己的孩子时，法律缺乏期待行为人先履行救别人孩子义务的可能性（这是人性问题，法律无法替行为人选择,也不应评价"对错")。上述情况下,即使要认定为构成不作为犯罪,也应该在责任上减轻。①

三是行为人没有履行法律规定的特定的作为义务而危害到社会。这是不作为犯罪成立的决定性条件,也是作为与不作为区别的外在标准。有的不作为,只要单纯不履行作为义务,就可以评价为犯罪,而有的不作为行为,只具有不履行义务的行为,尚不能认定犯罪,还需要发生法律要求的一定的危害结果发生,或者有发生实际危害结果的可能性时,才能评价为犯罪。当然,不能认为不作为行为必须已经造成实际危害结果才构成犯罪。是否需要发生具体危害结果才构成犯罪,是由刑法予以规定的。不作为犯罪是否要求实际危害结果(事实)的发生,也必须以刑法规定为依据。有些犯罪,法律并不要求发生实际的危害结果,但并非不会发生实际危害结果,只是法律对此没有特别要求而已。因此,当以不作为方式构成这种犯罪时,即使没有发生实际损害结果,只是有可能造成的,也构成犯罪。要求不作为必须造成实际危害结果(事实)才构成犯罪,没有法律根据。

不履行义务的表现,从我国刑法的规定来看,主要包括:纯粹以身体的相对静止状态不履行法律义务的不作为;不实施法律要求履行的行为而以身体的活动实施其他行为,如以逃避方式不履行法律义务,所以不作为不能理解为纯粹的身体的静止。作为固然是以身体的积极活动,但不作为的不履行义务,也可以有身体的积极活动的客观外在表现的行为。无论属于哪种表现,都是不履行作为义务。因此,只有不履行应当履行并能够履行的义务,才是不作为的特有属性,也是不作为与作为的根本区别。

3. 不作为犯的种类

不作为犯罪在理论上分为两种形式:纯正(真正)不作为和不纯正(不真正)不作为。所谓**纯正不作为犯**,是指刑法规定的以不作为行为为构成要件的犯罪,即危害行为在形式上只能是纯粹的不作为,作为行为不可能构成此种犯罪。纯正不作为犯的特点在于,只要不履行特定作为义务即可能构成犯罪。该种犯罪形式,有侵害事实,但并不要求实际的危害结果必须发生,也不论实际可能发生何种具体的危害结果。如遗弃罪②,只要评价其"遗弃的情节恶劣的",就构成遗弃罪,至于发生何种危害结果,并非认定构成犯罪的必要条件。因此,纯正不作为犯是根据法律规定只能以不作为形式构成的犯罪,与不作为行为是否能够造成一定的危害结果并无直接的关系。所谓**不纯正不作为犯**,是指不作为行为构成刑法上规定的通常是以积极作为为构成要件的犯罪。刑法对某种犯罪构成要件的设置,是以作为行为为构成要件的,当以不作为行为构成该种犯罪时,则为不纯正不作为犯。所以,也有将不纯正不作为犯称为"不作为的作为犯",也是很形象地揭示出不纯正不作为犯的这一特点。对于纯正

---

① 另参见第六章第四节"二、义务冲突"。
② 我国《刑法》第261条规定:"对于年老、年幼、患病或者其他没有独立生活能力的人,负有扶养义务而拒绝扶养,情节恶劣的,处5年以下有期徒刑、拘役或者管制。"

的不作为犯,法律上不以特定危害结果的发生为构成犯罪的条件,而不纯正的不作为犯,在具体犯罪构成的既遂状态,要求具有特定危害结果(如故意杀人罪的既遂,要求死亡结果的发生),则不作为行为已造成可能造成特定的危害结果,是构成犯罪既遂的重要客观标志。因此,不纯正不作为犯本质上就是"不作为的结果犯"。不纯正不作为犯罪在直接故意犯罪的情况下,可以具有犯罪预备,犯罪中止和犯罪未遂的状态。

因为刑法规定纯正不作为犯的行为形式就是不作为,在认定和处罚上都不存在任何法理上的障碍,而不纯正不作为犯所触犯的法律条文规定的行为形式是"作为"而非不作为,所以,不纯正不作为犯的不作为行为,处于"尚无法律明文规定"的情形。因此,处罚不纯正不作为犯,是否违背罪刑法定原则,是必须回答的问题。在国外就有质疑对不纯正不作为犯适用作为犯的法条是属于"类推适用"不能被允许的观点。① 但根据多数学者的看法,不纯正不作为犯所触犯的法条,立法未必只规定的是"作为"行为。例如,故意杀人罪的"杀人"行为,使用刀、枪杀人,或者医生往病患血管内注射空气杀人,与医生不履行抢救义务致使病人死亡、母亲不哺乳而将婴儿饿死具有相同的意义,对这样的行为,当然可以认为"医生以不抢救方式杀人""母亲以不哺乳方式杀人"。就杀人要件符合性而言,与使用刀、枪杀人是相同的,以作为方式规定的构成要件,本身就包含有不作为行为在内,这只是如何对构成要件(作为义务)进行解释的问题。因此,对不纯正不作为犯适用通常是作为犯的法条不违背罪刑法定原则,当然,是否刑法规定的所有"作为行为"为构成要件的犯罪,都可以不纯正不作为方式构成,即不纯正不作为犯的处罚范围问题,值得进一步研究。从保障人权、避免对法益保护的过度扩张(我国并没有规定"见危不救罪")而限制国民自由的立场出发,应将不纯正不作为犯的处罚范围限制在具体犯罪以具体危害结果发生作为判断完成犯罪标准的,或者将具体危害结果作为构成要件的犯罪中为宜。其他即使在理论上可以存在以不作为行为实施通常是作为方式构成的犯罪,也没有必要讨论是否构成犯罪的问题。例如,"为他人提供书号出版淫秽书刊罪"规定的是"为他人提供书号,出版淫秽书刊的"行为。提供行为通常是指作为行为,但具有审查职责的人,不履行审查义务而致使书号被提供的情形,也符合以不作为方式实施通常是作为行为的构成要件,但是实无必要对没有将特定实际危害结果作为构成要件(出版淫秽书刊的危害结果无法确定,只能视为是对社会良俗的一种破坏和威胁)的不作为论以犯罪。

此外,如前所述,不纯正不作为犯作为义务产生的实质性根据,也是一个颇有争议的问题。由于纯正不作为犯的作为义务,通常在相关的法律、法规中可以寻找到立法上的根据,如遗弃罪的抚养、赡养义务,可以在《婚姻法》的相关规定中找到根据。但是,不纯正不作为犯由于违反通常是作为犯的构成要件,其作为义务来源的实质性根据是什么?特别是先行行为(因是适用于不纯正不作为犯)作为义务的来源,除个

---

① 参见黎宏:《刑法学总论》(第2版),法律出版社2016年版,第83页注释。

别情况在立法上有依据之外①,其立法上的根据仍有疑问。而且,这一实质依据的意义还在于要从实质上判断不作为行为导致的危害结果是否符合构成要件。

我国学界主要是借鉴"保证人说"来解释。保证人说或保障人说,是由德国学者纳格勒首倡的,并由麦兹格、威尔泽尔推动,即把作为义务视为不作为构成要件符合性问题。该说认为,由于依据作为义务,个人就成为有法律保证的使法益不受侵害的保证人,只有这样的保证人的不作为,才能与作为实现的构成要件具有同等价值,因而才可被认为符合构成要件。因此,保证人的地位即作为义务,不是违法性问题,而是构成要件符合性的问题,更是实行行为的问题。此后更进一步将保证人的作为义务限定为不作为范围的构成要件要素,认为不纯正不作为犯是需要具有保证人身份的身份犯。该说在德国是通说,在日本学界也有不少学者持赞同观点。也因为"保证人说"的核心在于解决不纯正不作为犯构成要件的符合性问题,而这一点目前是与我国耦合式的犯罪构成理论的要求并不相悖,所以具有借鉴意义。

如何确定"保证人"地位?张明楷教授主张"一体说"的保证人学说,负有防止结果发生的特别义务的人称为"保证人",其中防止结果发生的特别义务就是作为义务。具有作为义务的人才是保证人,保证人就是作为义务人。当然,张明楷教授所说的保证人说,并不是只针对解决不纯正不作为犯构成要件符合性的问题,确定保证人范围以及作为义务履行可能性以及结果避免可能性的问题,同样适用于纯正不作为犯的认定。至于对不纯正不作为犯作为义务的实质根据,他认为是对结果发生原因的支配地位。②

就上述见解而言,即使在一般情况下,不作为者与被害者之间通常具有某种特别的关系,但依据某种特别关系为作为义务的实质根据是不明确的,不仅是因为这种特别关系的内涵、范围无法确定,而且在实务中也成为判断有无作为义务的难点。例如,对夫妻、恋人吵架,一方服毒或上吊自杀,另一方对此漠然视之的案件,有的法院会基于夫妻关系具有救助义务而不救助构成故意杀人罪来判决,有的则基于恋人关系不具有救助义务而认定无罪。所以,依据具有保证人地位而具有对危害结果发生具有排他性的支配、控制作用,无疑是确定作为义务有无实质根据的合理标准。根据学者们的见解,当居于保证人地位者在事实上具有能够支配和控制因果关系发展过程时,则具有实质上法律要求履行的作为义务;当居于保证人地位者对事实因果过程的支配、控制具有排他性时,具有实质上法律要求履行的作为义务;当居于保证人地位者开始对事实因果过程具有排他性支配、控制关系时,则具有实质上法律要求履行的作为义务。如果符合这样的要求而不履行作为义务,发生危害结果,或者有发生危害结果现实可能性的,应当认为是符合构成要件的行为。00.11.21《交通肇事解释》第6条"行为人在交通肇事后为逃避法律追究,将被害人带离事故现场后隐藏或者遗

---

① 例如,我国《道路交通安全法》第70条规定的"在道路上发生交通事故,车辆驾驶人应当立即停车,保护现场;造成人身伤亡的,车辆驾驶人应当立即抢救受伤人员,并迅速报告执勤的交通警察或者公安机关交通管理部门",就是追究交通肇事后"逃逸致人死亡"不作为义务来源的法律依据。

② 参见张明楷:《刑法学》(上)(第5版),法律出版社2016年版,第153页以下。

弃,致使被害人无法得到救助而死亡或者严重残疾的,应当分别依照《刑法》第232条、第234条第2款的规定,以故意杀人罪或者故意伤害罪定罪处罚"的规定,无疑是对居于保证人地位作为义务的肯定,按照故意杀人罪、故意伤害罪定罪处罚的依据,也完全契合对结果发生具有支配、控制,具有排他性是具有实质性作为义务这一原理。依照这样的理解,对实务中夫妻、恋人吵架,一方服毒、上吊要自杀,另一方对此漠然视之的案件,在判决结论上,是完全可以得出一致性的意见的。

四、不纯正不作为犯作为义务来源的范围

由于不纯正不作为犯的作为义务缺乏一定的立法依据,为此,需要从实质上理解作为义务的来源。

其中,先行行为产生的义务,虽然从实质性的意义上给予了充分的肯定,但是,何种先行行为可以产生作为义务,仍然存在不同认识。陈兴良教授认为,先行行为只要足以产生危险,就可以成为作为义务的来源;无论是否为违法行为、是否是有责任能力人的行为、作为行为还是不作为行为,均可以产生作为义务。[1] 这种分析相对而言还是比较含蓄的,因为并没有直接指出能够成为作为义务来源的先行行为是否要求有犯罪的属性。张明楷教授认为,只要先行行为制造了法益侵害的危险,都会成为作为义务的来源,因此,正当防卫行为、过失犯罪行为以及故意犯罪行为均可以产生作为义务。而且,对故意伤害案件中被害人没有当场死亡,行为人不实施抢救义务而致使死亡结果发生的,构成故意杀人罪,应给予数罪并罚。故意犯罪行为成为作为义务的来源,不仅有利于实现刑法的协调,而且有利于解决共同犯罪中的问题,还有利于解决数罪并罚的问题。[2] 也有学者持不同看法,认为先行行为引起的作为义务,应限制在过失导致他人生命处于危险状态的范围内,不宜扩大。[3] 赵秉志教授认为,基于罪责刑相适应原则,应以行为人客观上的不作为的危害结果是否为前行为的犯罪构成,包括加重构成所包括来考虑。能够包括的,则没有作为义务,依据构成设置的法定刑处罚即可;超出前行为的犯罪构成的范围而触犯更严重的罪名的构成,则有作为义务。[4] 对此,既要防止不足评价,也要避免重复评价。[5]

首先,如果认为犯罪行为不能成为作为义务的来源,而一般违法行为甚至合法行为却可以成为作为义务的来源,似不公正。但是,若犯罪行为都可以成为作为义务的来源,特别是故意犯罪行为都可以成为作为义务的来源,则同样存在难以解释的问题。如故意伤害他人,在没有发生死亡结果之前,行为人就负有将被害人送到医院抢

---

[1] 参见陈兴良:《刑法哲学》(第2版),中国政法大学出版社2000年版,第286—287页。
[2] 参见张明楷:《刑法学》(上)(第5版),法律出版社2016年版,第155—157页。
[3] 参见甘雨沛等主编:《犯罪与刑罚新论》,北京大学出版社1991年版,第575页。
[4] 参见赵秉志:《不作为犯的作为义务应采四来源说——解析不作为犯的作为义务根据之争》,载《检察日报》2004年5月20日。
[5] 参见许成磊:《不纯正不作为犯理论》,人民出版社2009年版,第288—289页。

救的作为义务,如果不履行该义务而导致被害人死亡的就构成故意杀人罪。[①] 这样一来,故意伤害致人死亡的结果加重犯,就只限于伤害行为必须具有当场致人死亡的属性,而且是必须致人当场死亡,否则就构成故意杀人罪。那么,当行为具有这样的属性仍然实施的,是故意杀人还是故意伤害？当然,还不只是故意伤害罪这一种犯罪存在这样令人困惑的问题,但凡是针对人身、财产侵犯而有结果加重规定的犯罪,是不是面临同样要求必须当场致人死亡,否则就同时也构成故意杀人罪需要并罚的问题？这不仅将诸多原本应按照结果加重犯处罚的犯罪排除在外,而且还应该适用数罪并罚,这就涉及结果加重犯是否有规定的必要了。本书认为,故意伤害罪的规定解读不出既有"不得实施伤害他人之行为"的禁止规范内容,同时又派生出在伤害他人后"必须实施救助义务"命令规范的内容。如果认为所有的故意犯罪都可以视为先行行为,都可以成为作为义务的来源,无论从立法还是法理上都是解释不通的。实质上,基于作为后的不救助或者没有积极做出防止更严重结果发生,并没有实施另外的违反刑法规定的行为,行为人只是放弃了不构成结果加重犯或者成立犯罪中止等时机,使自己无法得到法律的宽恕而已,没有理由再以不作为犯论。

其次,对这样针对人身的严重的故意犯罪,法律是否要求实施者还负有抢救被害人的作为义务？原本行为人就是以侵害人身重大法益为其行为内容,现在又要赋予他履行保护已经侵害法益的作为义务,这样矛盾的立法期待,如果在一个刑法条款中都实现了,法理上能够说得通吗？即使在个别时间、地点等比较特殊的案件中不排除可以由某种故意犯罪转化构成故意杀人罪的情况外,如要从普遍意义上说,不可能期待实施故意伤害行为的犯罪人在杀人、伤害他人之后都去实施抢救义务的行为。正因为没有期待可能性,如果将这样的义务赋予故意犯罪者,同样是强人所难。如张明楷教授所言,在故意杀人致人重伤后,心生怜悯打算救助,但无关路人唆使其不救助而听从,致使被害人死亡。如果不认可故意犯罪可以成为作为义务的来源,就意味着路人不可能成立犯罪,只有承认故意杀人行为引起救助义务,路人教唆行为才能成立其不作为犯罪的教唆犯。就此例而言,显然只是在事实层面提出解决方案,但显而易见的是,是否救助是行为人自我决定,而非法律设定,或者说是法律的期待,事实问题与法律规范问题本就不是同一层面的问题。换言之,是故意杀人罪设定了在致人重伤后就应该期待行为人实施救助义务,还是此案的杀人者放弃了成立杀人中止？与其说期待他在犯罪后去实施抢救的作为义务,还不如说期待不去实施这样严重的故意犯罪更具合理性。当然,也可以说是期待所有的国民不去实施犯罪更具合理性。如此一来,只要是犯罪,都是违反了所期待的义务；所有犯罪都成了作为犯,哪里还有不作为犯存在的余地？

值得注意的是,00.11.21《交通肇事解释》第 6 条的规定[②],似乎又在印证犯罪的

---

① 参见张明楷：《刑法学》(上)(第 5 版),法律出版社 2016 年版,第 156 页。
② "行为人在交通肇事后为逃避法律追究,将被害人带离事故现场后隐藏或者遗弃,致使被害人无法得到救助而死亡或者严重残疾的,应当分别依照刑法第 232 条、第 234 条第 2 款的规定,以故意杀人罪或者故意伤害罪定罪处罚。"

先行行为可以成为作为义务的来源。对此需要明确，首先这是司法解释针对交通肇事的特别规定，并不具有示范的效用，并无授权可以扩张到其他犯罪适用的意思。其次，这一规定的先行行为是过失行为，包括已经构成交通肇事罪的行为和尚不构成犯罪的一般交通违法行为。最后，该规定是认为可以转化构成故意杀人罪或者故意伤害罪，并无要求并罚的内容。

本书认为，不应将先行行为的作为义务无限制地扩张到所有犯罪中去，可以考虑将先行行为引起的作为义务，限制在无罪过行为以及过失导致他人生命、重大健康安全处于危险状态的范围内。这样既可以包括一般违法行为，也包括达到构成犯罪标准的过失犯罪行为，以及无罪过行为。例如，过失致人重伤后，不救助放任死亡的，当然可以构成故意杀人罪。再如，交通事故的发生完全是被害人的严重违章行为造成的，驾驶员即使无任何过错，也负有救护伤者的作为义务；如果逃逸不履行义务致人死亡的，同样是"交通肇事后逃逸致人死亡"。之所以这样界定其范围，是因为行为人原本就没有要侵害他人人身的意思，而是因意外、过失导致被害人伤害结果，此时法律赋予其承担起救护被害人生命的作为义务，这与上述解释的精神是一致的。如果能够履行而不履行作为义务，可以构成侵犯人身法益的严重犯罪。此外，能够视为先行行为并引起作为义务的故意犯罪行为，也应该这样去考察，即原本实施不涉及人的生命、重大健康的故意犯罪行为，在实施犯罪中意外或者过失导致他人生命、健康安全处于危险状态时，法律赋予其承担起救护被害人生命的作为义务，如果能够履行而不履行作为义务，则构成侵犯人身法益的严重犯罪。所以，本书不赞同这种观点，即一概而论地认为故意实施前危险行为，不会产生作为义务，因为无期待可能性；过失实施前危险行为，可以期待行为人防止结果发生，而构成不作为犯罪。① 当然，不履行救助义务的不作为是否构成不作为犯罪，仍然是要根据前述不作为的条件衡量的；至于是否存在数罪的问题，应该以数罪以及并罚的标准来决定。

五、作为犯与不作为犯在刑法中的规定

一般而言，不作为犯，由于其本身的特点所限制，实施犯罪时不可能采取很残酷、令人发指的手段，因而在某些犯罪中，某些场合下，危害程度相对于作为犯来说要轻一些。但这并不是绝对的，也不应作为一种规律对待。不能认为作为犯一定比不作为犯的危害程度严重，相反的观点亦不成立。根据立法对具体犯罪客观行为的规定，一般认为作为犯与不作为犯在立法中有以下几种情况：

（1）构成要件明示或者从逻辑上只能由作为行为才能构成，如抢劫罪、盗窃罪、强奸罪等。刑法中有相当一部分犯罪，只能由作为方式构成。

（2）构成要件明示或者逻辑上只能由不作为行为才能构成，如遗弃罪、贻误事故抢救罪等。刑法中只有少部分犯罪由不作为方式构成。

（3）构成要件通常规定的是作为的行为方式，但犯罪既可由作为构成，也可由不

---

① 参见黄荣坚：《论保证人地位》，载台湾《法令月刊》1994 年第 46 卷第 2 期。

作为构成,如故意杀人罪、放火罪等。这种情况规定的犯罪有一定的数量,但是如何合理界定可由不作为形式构成的犯罪范围(不纯正不作为犯),是值得研究的。

(4)构成要件明确规定可由作为行为构成,也可由不作为行为构成。张明楷教授认为,我国刑法分则的某些条文对构成要件的表述,就意味着该犯罪既可以由作为构成,也可以由不作为构成,如要件表述为"严重不负责任"的条款。因为不履行职责的不作为与恣意地履行职责的作为,都可谓"不负责"而因此构成犯罪。①

(5)构成要件中既包含有作为因素,也包含不作为因素。如抗税罪,既包括作为的"暴力、威胁"行为,也具有拒不履行纳税义务的不作为行为。

对于第五种危害行为的形式应该如何解读,理论上有不同观点。有观点认为,此种情况下的行为是一种混合类型,不能说是作为犯,也不能认为这种形式是不作为犯的独立类型。② 陈兴良教授认为,这种犯罪是不作为犯③,张明楷教授认为是作为与不作为的结合类型④。

本书认为,以前述作为与不作为区别的标准看,这种行为的前提,是具有法律要求履行的特定作为义务——纳税。首先,从行为违反的法律义务为标准来区别作为与不作为,当负有"不得为一定行为"而"为"时,符合设定是"禁止"的法律义务的条件,只能是作为;当法律义务要求"必须为一定的行为"而"不为"时,符合设定是"命令"的法律义务的条件,是"不作为";同时,"不为"法律要求必须"为"的行为,而"为"其他行为,也是不作为。这里"为"的"其他行为"应当是没有特别限制性,并不能排除实施的可以是"其他违法行为"。由此,在抗税罪中没有履行"法律要求为的"纳税义务,而是"为"了其他行为——实施了暴力、威胁行为。就其抗拒缴纳税款而言,这是以作为的方式对抗"法律要求为的"义务。那么,抗税罪作为犯罪评价的,是因没有履行纳税义务,还是抗拒履行义务的方法?抗税罪的行为,从法律规定的解读应该是:不得以"暴力、威胁方法"抗拒缴纳税款,这是禁止性的规定,也是入罪的条件。换言之,负有纳税义务的人,如果是以暴力、威胁之外的行为抗拒纳税的,则不构成犯罪。例如,当面撒泼,诬赖征税人员打人,辱骂征税人员等。以这样的手段抗拒缴纳税款的,不可能构成抗税罪,法律禁止的是以暴力、威胁方式抗拒纳税。因为现实中不履行纳税义务的方式、方法很多,但不因不履行纳税义务都要受刑法评价;只有采取法律不能容忍的较极端的方式、方法不履行纳税义务的,才会被规定为犯罪。再如,逃避追缴欠税罪,能够造成税务机关无法追缴欠缴税款的原因很多,但只有对"采取转移或者隐匿财产的手段",致使税务机关无法追缴欠缴的税款的,才是法律所不能容忍的行为,需要以犯罪论处。就抗税罪而言,当采取法律不能容忍的"暴力、威胁抗拒"纳税时,才能评价为犯罪,因而,抗税罪也就是以作为的方式抗拒"命令"应当

---

① 参见张明楷:《刑法学》(上)(第5版),法律出版社2016年版,第148页。
② 参见赵秉志主编:《刑法争议问题研究》(上),河南人民出版社1996年版,第390页。
③ 参见陈兴良:《刑法适用总论》,法律出版社1999年版,第286—287页。
④ 参见张明楷:《刑法学》(上)(第5版),法律出版社2016年版,第148页;马克昌主编:《刑法》(第3版),高等教育出版社2012年版,第60页。

"为"的纳税义务,行为形式是作为,而不是不作为。陈兴良教授认为"抗税,其本质在于逃避纳税义务,就应当纳税而不纳而言,是不作为。至于在逃避纳税义务过程中采取的一些行为方式,并不重要,更不能把它与不作为并列。否则,就不存在纯正不作为犯"①的观点,值得商榷。其次,从各国、地区的刑法而言,"暴力、威胁"是为"作为"行为设置的构成要件的要素,如果说"不作为"也可以表现为实施"暴力、威胁"的手段,这在法理上是站不住脚的。当然,在上述认识结论的基础上,能否将该种形式规定的行为样态归结为"作为与不作为的结合",仍然可以继续讨论。

六、"持有"的法律属性

法律上的"持有",是指行为人对特定物品具有在事实上或者法律上的控制、支配关系(状态)。在英美法系的立法中,持有型的犯罪规定的比较多,但在大陆法系中,原本对行为法律形式属性的认识只分为"作为"与"不作为"两种类型。我国刑法自在1990年12月28日《关于禁毒的决定》中第一次规定了"持有"犯罪——非法持有毒品罪后,立法中又不断增补了这种类型犯罪的规定。② 至于对"持有型"犯罪行为属于作为还是不作为,抑或是一种独立的行为形态,在我国理论上认识不一。(1) 作为说。该说认为法律规定这类犯罪,旨在禁止行为人取得某种物品,因此违反的是禁止性规范,所以是作为。③ (2) 不作为说。该说认为法律规定该种犯罪,旨在命令持有者将特定物品上缴给有权管理机关,以消灭对特定物品的持有状态,如果违反这一义务而不上缴,及构成禁止的不作为。④ (3) 择一说。该说认为持有有时是作为,有时应评价为不作为,至于如何评价要视具体情况而定。⑤ (4) 独立行为说。该说认为持有具有不同于作为、不作为的独特特征,既不同于作为的"动",又不同于不作为的"静",是动静结合的特征,作为与不作为不是"A与非A"的关系,持有成为作为与不作为并列的第三种行为方式是可以成立的,并不违反逻辑规则。⑥

张明楷教授认为"持有"是作为,其理由主要是:持有既然是指对物品的实际支配、控制,则难以再用不作为来解释;刑法禁止持有,是禁止利用特定物品侵害法益,而不是命令上缴特定物品;作为的实质是实施法律禁止的行为,不作为的实质是实施没有履行应当履行的积极义务,但无论作为还是不作为,除了构成要件包括由多重单一行为的情况可以既违反禁止性规范和命令性规范外,构成要件单一性结构的持有,要么违反禁止性规范,要么命令性规范;将持有视为独立的行为方式,则意味着不仅

---

① 陈兴良:《刑法适用总论》,法律出版社1999年版,第286页。
② 如非法持有枪支、弹药罪,持有、使用假币罪,非法持有毒品罪,非法持有国家绝密、机密文件、资料、物品罪,巨额财产来源不明罪等。
③ 参见熊选国:《刑法中的行为论》,人民法院出版社1992年版,第125页。
④ 参见张智辉:《刑事责任通论》,警官教育出版社1995年版,第124页;陈兴良:《刑法适用总论》(上卷),法律出版社1999年版,第291—292页。
⑤ 转引自高铭暄、马克昌主编:《刑法学》(第5版),北京大学出版社、高等教育出版社2011年版,第71页。
⑥ 参见储槐植:《三论第三种犯罪行为方式"持有"》,载《中外法学》1994年第5期。

要考察作为方面,也要考察不作为方面的犯罪条件,而且,既然持有是单一行为,当能认定为作为时,就没有必要再讨论是否不作为,更何况查寻其作为义务来源并非易事,甚至是不可能完成的任务。①

本书赞同张明楷教授"持有"是作为的见解。首先,刑法对持有型犯罪的规定,是为了取缔行为人对特定物品的支配、控制的状态,这是没有异议的,但是,值得思索是由"谁"负有取缔的义务。持有型犯罪是由于违反法律禁止持有的特定物品而持有的一种状态。所谓违反法律持有,是指无法律依据而持有,如毒品、枪支、假币等。其次,"持有"强调的是对物品的支配、控制,而与对特定物品是否"所有"无关②,法律禁止的是"不得无法律依据"而"持有"。再次,"持有"只能通过"作为"获得,而获得的"作为"在法律没有规定为犯罪的情况下,属于"不可罚的事前行为",如拾得枪支、假币、毒品。若刑法规定处罚"获得"的行为,如因盗窃而持有,则"持有状态"是"获得"行为的当然结果,属于"事后不可罚",只能论其盗窃行为。所以,不可只因"获得"行为,就一定受刑法评价。最后,对违反刑法禁止持有而造成"持有状态"消灭的义务,是由国家有权机关,包括司法机关在内,代表国家行使"公权力"的行为,而非由无期待可能性的当事者自己履行的义务。例如,农民工持有的假币来源于劳动所得,而发放的单位、企业的领导(包括国家的金融机构)不会因支付是假币而承担赔偿责任,法律如何期待当事者主动上缴假币或者销毁假币?

因此,消灭该种状态的义务是国家有权机关,持有者不负有消灭的作为义务,故"持有"与"不作为"无关;在查证"获得"行为本身构成其他犯罪的情况下,与"持有犯罪"无关;查明"获得"行为本身不构成犯罪,或者无法查清获得的来源,包括即使不能排除是通过其他违法或犯罪行为而获得时,持有才能构成相应的持有型犯罪。所以,法律否定评价"持有状态"的重心并不在"状态"本身,而是"获得"的行为,而获得行为,无疑只能是"作为"。故"持有"既不是第三种行为方式,更不可能是不作为。

七、危害行为与思想的界限

思想是指人对于客观事物的认识,而言论、举止又是人的思维的外在表现。人的认识无论对与错,犯罪的思想或非犯罪的思想,如不以具体的言论、举止将其表露在外部,既不会对客观事物发生影响,也无法被人们所认识到。人的思想必须借助于人的外部的举止,才得以体现。这也就是"行为"是在人的意识和意志支配之下之意。由此可以说,外部的能够表达思想的举止、包括言论,就是行为。然而,如果没有这样

---

① 参见张明楷:《刑法学》(上)(第5版),法律出版社2016年版,第162页。
② 有必要指出,对特定物品的非法持有,可以从我国《物权法》对物的直接支配和排他的权利来解释,但是不可不分对象地以物权中的"所有权"来解释其中的某些持有行为。例如,对"毒品"的持有的论证中,就存在从对"毒品"是否具有所有权分析的观点。按照这种荒谬的"毒品有所有权"理论,如果甲为自己吸食花钱购买的毒品,委托乙代为保管,乙则将代为保管的毒品贩卖,在甲索回时乙拒不退还毒品,也不交出贩卖所得赃款。甲难道可向人民法院起诉乙犯侵占罪?人民法院会支持甲的所有权主张并判决乙返还毒品原物或者将贩毒的赃款返还给甲?如果一定要研究"毒品"的所有权,那么结论只有一个:所有权人是国家。

表达思想的举止、言论,所谓的思想又是不可能为任何人所知,那么,这样的举动是行为还是思想?

思想的载体主要是语言和文字,如从广义上说,还可以包括图画、音乐,以至于其他任何能够表达思想的物体,如建筑物、雕塑、某种符号、宣传品、宣传片、制服、书信,甚至敬礼的方式等。至于通过或者不通过某种载体表达,在所不问。例如,著名人物去世,可以通过铸造他的塑像来表达敬仰和尊敬等思想。这不能不说通过铸造塑像表达出敬仰和尊敬的举止就是行为。但这一结论并非是说只要借助于外部的举止,包括客观上发表的言论、文字、图画、某种符号、敬礼体现了思想就是刑法意义上的行为。在刑法上区分思想和行为,不应当只着眼于二者的外在形式和表现于外部载体以及表达的渠道,应注重考察的是实质。

虽然任何思想都必须通过人体的某种外部客观表现形式——言论、语言、文字、图画、身体的某种举止等,才能显示出来,没有任何外部表现形式的思想,人们无从识别。但从刑法上说,行为作为身体的动与静,除是受主观心理态度支配的形式之外,还需要对客观外界发生某种作用和影响,对客观外界不发生任何作用和影响的身体举止,没有重要的社会意义,就不能认为是行为。因此,当并非以此举止、言论企图改变、影响客观事物的面貌和发展,而且也不是为能够实现自己主张所必须采取的,就仍属于思想范畴,而不是刑法意义上的行为。反之,企图影响和改变客观事物存在和发展和变化,表达出自己思想活动的言论、举止,危害社会并被刑法禁止的表达思想的举止和言论,才是刑法意义上的行为。例如,纳粹的"卍"字符号,就是被禁止适用的符号,纳粹的敬礼方式也是禁止使用的方式,违反者在德国刑法规定中就是犯罪。教唆犯,就主要是以言论的方式表达出自己要唆使他人去犯罪的思想,而这种言论是企图改变、影响客观存在事物的,因此,是行为而不是思想。

第四节 犯罪主体

一、犯罪主体的概念

犯罪主体,在我国传统的理论研究中,一般都是置入犯罪构成的主观方面进行研究的,因为主体不仅是实施违法行为的主体,同时也是责任的承担者。所以,主体不仅是影响责任有无的要件,同时也是客观上实施违法行为的人。但是,正是从这一意义上说,主体首先是属于客观上存在的事实。例如,刑法中有的犯罪要求具有一定身份的人才能构成,有的则要求具有特定法律属性的单位才能构成犯罪等等,都是首先需要解决主体事实上有无特定身份或者特定法律属性这样的客观事实,因此,本书将犯罪的主体,置于客观方面研究。

犯罪主体,是指实施了犯罪并依法应当承担刑事责任的自然人和单位。任何犯罪都是由一定的犯罪主体实施的,没有犯罪的主体,也就没有了犯罪行为,所以,犯罪主体是犯罪构成的基本要件,是犯罪构成中不可或缺少的重要因素。另一方面,从犯罪主体与刑事责任、刑罚的关系看,犯罪主体也是刑事责任和刑罚的承担者,只要实施犯罪行为,就必须承担刑事责任,犯罪主体实际上就是承担刑事责任的刑罚对象。只有实施了犯罪行为的自然人或者单位,才能是犯罪主体。依据我国《刑法》的有关规定,犯罪主体可分为"自然人主体"与"单位主体"(有学者称为"法人主体")。

二、自然人主体

自然人主体,是指人类中有生命的独立个体。自然人是犯罪主体中的最基本要素,既就是单位是犯罪主体的,自然人也是事实上实施违法犯罪行为的实际主体。作为犯罪主体而被追究刑事责任的自然人,必须具备一定的条件,但是,作为认定犯罪而言,主体的现实存在必须是一种客观事实,因此,主体的自身因素的属性属于构成的客观方面。当然,在刑法中承担刑事责任主体的自然人,必须具备应该承担刑事责任的能力,如果从立法上消极层面看刑事责任年龄的规定,它的意义在于排除或者减轻对刑事责任的承担,也就是说,刑事责任年龄的规定是为出罪或者减轻罪责而设立,基于这样的考虑,本书将刑事责任年龄对刑事责任能力的影响,置于主观必备要件的内容中予以讨论。

一般而言,现行刑法规定的犯罪,绝大多数的犯罪主体是自然人,理论上也将实施了犯罪行为的自然人称为"行为人"。在例外的情况下,刑法也将"单位"规定为犯罪主体时,单位也是"行为人"。但是,可以看到虽然单位是犯罪主体,但具体的行为是由其中的自然人实施的。因此,有的条款也同时规定了对其中的自然人主体也处罚。刑法中的多数犯罪主体,只要符合自然人的条件就足够。但是,在自然人主体可以构成的犯罪中,有的对自然人主体要求具备一定的身份才能构成犯罪,这就是"身份犯",而身份又有法律身份与自然身份的区别。

(一)身份的意义

刑法中的身份,是指行为人所具有的影响定罪和量刑的特定资格或人身状况,也即行为人在社会关系上所处的特殊地位和人身状况。例如,男女性别、夫妻关系、中国人、外国人、国家工作人员、证人、鉴定人等。具有这种特殊的身份,并不是自然人主体的一般要件,因此,理论上将要求具备特殊地位和人身状况的犯罪主体称为"特殊主体"。而相对于不要求这种特殊地位和人身状况,就符合犯罪主体要求的,称为"一般主体",刑法上绝大多数犯罪的主体,是一般主体。特殊主体是在具备一般主体条件的基础上要求具有这种特殊社会地位和人身状况的。

在刑法理论上,对身份通常在定罪上研究的多而在量刑方面关注的少。身份在定罪研究方面,通常将身份分为法律身份与自然身份,在量刑方面则主要研究影响刑罚轻重的身份、排除行为犯罪性或可罚性的身份。可因身份而影响到定罪与刑罚轻重的犯罪,理论上称为"身份犯",而从犯罪成立意义上,以特殊地位和人身状况为构成犯罪必要条件的,理论上称其为真正身份犯或纯正身份犯,而因为特殊地位和人身状况影响到刑罚轻重的,被称为不真正身份犯或不纯正身份犯。而不纯正身份犯的犯罪构成的主体,是一般主体,也就是说,不具有特殊地位和人身状况是犯罪构成所规定的犯罪主体,但是具备特殊地位和人身状况的人如果实施这样的犯罪,刑罚会因此而较重或者减轻(也称为"责任身份")。例如,我国刑法规定的背叛国家罪,就只能是具有"中国国籍"自然人才能构成;遗弃罪,就只能由负有扶养义务的人才能构成,这就是定罪的身份。而诬告陷害罪,犯罪的主体就是一般主体,达到年满16周岁、有刑事责任能力的自然人,都可以构成诬告陷害罪,但是刑法同时规定了"国家机关工作人员犯前款罪的,从重处罚",即具有国家机关工作人员这种特殊地位和人身状况的,是从重处罚的依据。再如,根据我国《刑法》第17条第3款的规定,已满14周岁不满18周岁的人犯罪的,一律要"从轻、减轻处罚",这就是身份影响到刑罚的轻重。

根据身份在立法中的规定,应该注意:(1)刑法所要求的身份,必须是行为人在实施犯罪前就必备的特殊地位和人身状况,如果在犯罪实施的过程中所形成的特殊地位和人身状况的,不是身份。例如,聚众扰乱社会秩序的行为,虽然只对首要分子予以处罚,但首要分子是在聚众扰乱社会秩序犯罪中,因实施组织、策划、指挥过程形成的,所以是一般主体,而不是特殊主体。(2)刑法上主体身份的要求,是针对实行犯而言,如果犯罪属于共同犯罪的情况,那么在犯罪中实施教唆、帮助行为人,是否具有某种身份,并不影响犯罪的成立。例如,贪污罪的主体是国家工作人员,是针对实施贪污行为的实行者而言,必须具备国家工作人员的身份,至于帮助或者教唆实施贪污行为的人,即使不具备该种身份,也与实施贪污行为的国家工作人员一同构成贪污罪,是其共同犯罪人。

(二)身份的类型

刑法上的身份,根据不同的标准,可以作不同的分类,目前,主要是以下两种分类。

1. 自然身份和法律身份

以身份的获得或者形成的依据为标准,可以分为自然身份和法律身份。

自然身份,是指因自然的因素而形成的身份,通常情况下,自然人自出生因性别因素形成的男女身份,因血缘关系形成的父母与子女的亲属身份,就是自然身份。刑法中有的犯罪主体,要求只有具有一定自然身份的人才能构成,例如强奸罪的主体,刑法规范意义上的主体是男性,女性原则上不能单独构成强奸罪,遗弃罪的主体就只能是与被遗弃者具有亲属关系的人才能构成。

法律身份,是指国家基于特别需要经法律规定而赋予自然人的身份。例如,基于公务员法赋予被录用的自然人以"国家工作人员"的身份,基于兵役法赋予参加国家武装部队的自然人以"现役军人"的身份等等。法律身份是可以通过法定程序改变的,例如,从现役中退伍的军人,就不再具有现役军人的身份,被依法开除、辞退或者解除职务的国家工作人员,就不再具有国家工作人员的身份。当然,法律身份是可以经过法定程序重新获得的。

在此类划分中,尚有以下问题值得研究:(1)自然人性别,可以通过手术改变,如果通过变性手术改变了性别的,改变后获得的性别身份应该如何看待?本书认为,其变性后的性别身份是要重新通过法律的登记加以确认,才能得到法律认可。所以,变性后的性别,是法律身份而不再是自然身份。亲属关系的形成,也并不一定要基于血缘关系,因收养也可以使没有血缘关系的人之间形成亲属关系,而这种亲属关系的形成,是基于《收养法》确定,也可以通过法定程序解除收养关系,因此,也属于法律身份。(2)未成年人以及老年人,是自然身份还是法律身份?自然人的年龄是随着时间的流逝而逐渐变大而直至生命的终结,年龄的变化是一种生命周期的自然现象,但是,在刑法上年龄的变化是须经法律认可的自然现象。换言之,只有经过法律认可,未成年人才能成为法律上的未成年人,老年人才能被视为法律上的老年人;必要的司法程序,是认定是否属于未成年人以及老年人的必经过程。未成年人,会因达到法律规定的年龄后丧失未成年人身份,未达到法律规定老年人年龄标准的人,也不具有老年人的身份而适用《刑法》对老年人在确定刑事责任上从轻、减轻的规定。因此,从基于法律规定而言,未成年人以及老年人是法律身份,而不是自然身份。

2. 定罪身份和量刑身份

以身份对定罪或者量刑的影响为标准,可以分为定罪身份和量刑身份。

定罪身份,是指构成要件所规定的身份,即纯正(真正)身份犯所要求的身份。只有具有一定身份的人,才能构成该种犯罪。例如贪污罪、受贿罪的主体要求是国家工作人员,不具有这种身份的人,只可能构成共犯,而不可能单独构成这样的犯罪。我国刑法中有相当数量的犯罪主体,要求必须具有一定身份的自然人才能构成。具有一定的身份,就意味着享有较普通人更多的权力,如果不正确甚至滥用人民赋予的权力,更容易危害到社会。因此,有必要通过刑法规定的犯罪,规范其职权、职务行为。

量刑身份,是指影响到刑罚轻重的身份,即不纯正(真正)身份犯所要求的身份。是否具有这种身份,不影响犯罪的成立,但可以影响到适用刑罚的轻重,所以,身份是依法从重、从轻,或者免除刑罚处罚的依据。① 例如,诬告陷害罪由一般主体可以构成,但是国家机关工作人员犯诬告陷害罪的,就必须从重处罚。之所以对具有特殊身份者在适用刑罚上需要从重、从轻或者免除处罚,是因为具有特殊身份者因其特殊地位和人身状况,使其所实施的危害行为可以呈现出不同的危害程度和征表出不同的人身危险性。例如,对未成年人犯罪,之所以采取一律从宽处罚,是因为他们涉世不深,对社会事物还缺乏足够的辨识能力,仍然具有较大的可塑性,因此需要本着挽救的态度适用刑罚。而对具有一定职权的身份犯,虽然某种犯罪一般主体就可以构成,但对于有一定身份者而言,实施这样的犯罪更多的是利用的人民赋予他的权力,理所当然地应该受到更严厉的谴责,因此,必须在适用刑罚上从重处罚。

三、单位主体

(一)单位主体的意义

现代社会中的单位(工矿企业、各类公司以及聚集大量社会财富机构、组织),在掌握、支配、运用人力、财力以及社会有限资源方面,远远超过自然人能量和活动范

---

① 理论上也称为"责任身份",是指影响到刑事责任轻重,而不影响定罪的身份。

围,在给社会创造巨大财富的同时,也存在为追逐利润而不择手段的现象,不仅造成社会财富的损失,而且也会造成巨大的人员伤亡,或者对环境的严重破坏,甚至会危害到人类生存,因此,对这种严重危害到社会发展和进步的行为,就必须通过刑罚的制裁手段予以规制。刑法理论上,将针对单位规定的犯罪,称其为"单位犯罪",其主体被称为"单位主体"。

虽然在刑法上明文规定了单位可以是某些犯罪的主体,但法律条款只是一种原则性的规定,有关单位犯罪尚有许多问题处在研究中。因为单位主体是法律上拟制的主体,是否具有自然人主体意义上的刑事责任能力?追究单位犯罪的依据何在?不可否认的是,现代刑法是针对自然人犯罪的刑事责任而规定的,我国1979年《刑法》,就没有单位犯罪的条款。在此后相当长的一段时期,犯罪学理论对单位违法现象的研究引起了立法者的关注,在1988年1月21日全国人民代表大会常务委员会通过的《关于惩治走私罪的补充规定》首次规定了企业事业单位、机关、团体可以构成走私罪之后,单位犯罪才成为我国刑法中犯罪的一个类型。但是,刑罚要适用于不具有自然人意义上行为能力和意思能力的单位的依据,显然是理论上面临的棘手问题。

原则上,刑罚是施加于成为犯罪主体的自然人,因此,犯罪主体同时也是承受刑罚的主体,这被称为"刑罚的一身专属性"原则。刑罚的一身专属性原则被认为是刑罚个别化原则的当然结论。根据该原则,行为人只对自身的符合构成要件的行为承担作为法的后果的刑罚。这是该原则的基础,也即不能根据他人的行为被处罚。而且,作为受刑主体,只能对自己行为的社会意义理解,在此基础上形成危害社会的意思而实施犯罪行为承担责任,否则,刑罚的适用就会失去道义上的依据。

在现代民法理论上,单位(法人)被视为基于一定目的而由自然人按照自己的形式拟制存在的实体,虽然不具有原本自然人一样的行为能力和意思能力,但是单位可以通过其组成的自然人的行为来实现单位的意思,正因为如此,使它具有了在法理上拟制如同自然人一样的行为能力和意思能力。所以基于"责任归于上原则",其雇员的行为被视为单位的行为,这就是单位承担民事责任的依据①,并成为民法中"替代责任原则"的主要原理之一。正是借用民法中"替代责任原则",才能从实质上解释单位作为犯罪主体承担刑事责任的根据,并最终形成刑法上"因他人行为而负刑事责任"的理论。② 从民法上说,雇主具有对雇员发号施令和指导的权力,而且,这种命令和指导就是关于雇员如何完成其职务活动的方法和指导,两者之间具有从属关系,而雇员授权实施的行为,基于这种命令或指导,处于被监督的地位,雇主处于监督者的地位。

---

① "责任归于上"原则,首先在《法国民法典》中得到确认,在英美法系的民法中也是居于"责任归于上"原理,规定的是"替代责任",雇员被视为雇主的手足、雇员是雇主的替身,雇员的行为也就等同于雇主的行为。

② 黎宏教授不同意"因他人行为而负刑事责任"的原理,认为在责任原则不能违背"个人责任原则"。参见黎宏:《刑法学总论》(第2版),法律出版社2016年版,第111页。但在单位犯罪问题上,在尚无更有力的理论解释单位责任的前提下,这一观点值得研究。实际上我国现行刑法中,必须为他人的行为所造成的后果承担刑事责任的规定是存在的,如"丢失枪支不报罪"就是适例。

这种发号施令、指挥、指示、监督的行为，从本质上说都是一方对另一方行为的支配或者发挥着重大影响。因此，雇员履行职务中所实施的违法行为责任，应该由雇主承担。正是从这一点而言，在单位意志下通过自然人所实施的犯罪行为，应该视为单位的犯罪行为而由单位承担刑事责任。但是，应当看到的是，借用民法上的责任原则寻求刑法上处罚的依据，毕竟不同于从自然人主体的行为能力和意思能力的特征为依据，具有更强的说服力，如何根据单位自身的特征寻求处罚的根据，应该是今后研究的方向。

（二）单位主体的分类

根据我国刑法所规定的单位犯罪情况，一般可做如下分类。

(1) 以构成要件是否对单位属性有要求为标准，可以分为单位一般主体和单位特殊主体。

单位一般主体，是指对单位犯罪的构成要件中没有限制单位属性的单位主体。例如，刑法规定的骗取出口退税罪、走私犯罪，无论单位属性如何，均可构成该罪。单位的特殊主体，是指只能由具有一定属性的单位才能构成的犯罪的主体。也就是说，在构成要件中要求单位必须具有特定的属性。例如，私分国有资产罪的主体只能是国家机关、国有公司、企业、事业单位、人民团体这样公有制属性的单位；不具有公有制属性的单位，私分单位资产的，侵害其他股东利益的，只能构成职务侵占罪，而非私分国有资产罪。

(2) 以受罚主体是否单一性为标准，可以分为单一自然人主体和替代制单位主体。

单一自然人主体，是指虽然是单位犯罪，但是构成要件中只将单位中的自然人列为犯罪主体，而不处罚单位。例如，雇用童工从事危重劳动罪，是单位违反劳动管理法雇佣未满16周岁的人从事超强体力劳动或危险作业，但是，处罚的是直接责任人员；出版歧视、侮辱少数民族作品罪，虽说作品是出版单位出版的，但也是处罚直接责任人员。从立法规定可以看出，这类行为在我国只可能是由具有一定资质的单位才可能从事此类生产、作业以及业务活动，因此，其主体是单位，而不是其中的自然人。这种类型的单位犯罪，在我国刑法中只有少量的规定。替代制单位主体，是指该种犯罪既可由自然人主体实施，也可由单位实施，如果表明是在单位管理之下代表着单位利益所实施的(职务、业务)行为，单位也是犯罪的主体。例如，走私犯罪，自然人可以构成，单位也可以构成，单位的雇员在单位管理之下代表着单位利益所实施的业务行为是走私犯罪活动，既要处罚实施走私犯罪活动的自然人，单位也必须承担刑事责任。这类可由单位构成的犯罪，在我国刑法中规定的数量最大。

(3) 以是否要求单位具有特定职能或者特定义务为标准，可以分为特定主体与非特定主体。

特定主体，是指要求单位负有特定职能或者法律规定的特定义务才能构成犯罪的主体。例如，刑法规定的采集、供应血液、制作、供应血液制品事故罪的主体，只限于采集、供应血液、制作、供应血液制品的部门；逃税罪、逃避追缴欠税罪的单位主体，与自然人主体一样要求负有纳税义务才能构成。非特定主体，是指除对单位主体要求具有特定职能或特定法律义务之外,所有的单位主体。例如走私犯罪的主体、逃汇罪的单位主体等等。

(三) 单位犯罪的概念和条件

我国《刑法》第 30 条规定:"公司、企业、事业单位、机关、团体实施的危害社会的行为,法律规定为单位犯罪的,应当负刑事责任。"但这并不是单位犯罪的概念,也不是单位主体的概念。因此,理论上对单位犯罪的定义有多种。例如,单位犯罪是指"公司、企业、事业单位、机关、团体实施的,依照刑法规定应当负刑事责任的行为"[①]。也有观点认为,单位犯罪是指"公司、企业、事业单位、机关、团体为本单位谋取非法利益,经单位集体决定或负责人决定实施的危害社会的行为"[②]。上述定义虽然强调了单位犯罪的罪刑法定,以及为谋取非法利益的单位犯罪意志的重要性,但是在界定何为单位犯罪上,或多或少没有揭示单位犯罪的本质性特征,或者所指出的特征并不能够视为认定单位犯罪的依据。例如,将"谋取非法利益"目的作为单位犯罪认定的标准,显然是不正确的,因为在我国刑法所规定的单位犯罪中,有的犯罪恰恰不是为了为本单位谋取非法利益,而是在损害本单位的利益。[③] 又如背信损害上市公司利益罪,单位可以构成,但构成本罪是要求对上市公司利益造成重大损失,而不是为上市公司"谋取非法利益"。因此,将单位犯罪主观犯意限定在"为本单位谋取非法利益"上,是不正确的。

诚然,从我国刑法对单位犯罪的具体情况看,大多数的单位犯罪的确是基于为单位谋取非法经济利益的目的实施犯罪行为,如前述的单位犯走私犯罪的情况等。但也有属于过失的单位犯罪的情况,如《刑法》第 229 条第 3 款规定的提供证明文件重大失实罪,属于过失犯罪,虽然没有谋取非法利益的目的,但是实际上之所以实施该种行为,当然也是从为单位谋取经济利益为出发点。此外,单位犯罪还存在因主管人员或者直接责任人员严重不负责任而导致监督、管理制度不完善,造成重大财产损失或者人员伤亡严重责任事故的情况。因单位犯罪也存在过失犯罪的情况,即便这样的犯罪的原始动机和目的,脱离不了为单位获取或降低成本的经济利益,但不能视为所谋取的"利益"本身就是非法的,因而,将单位犯罪定义在为本单位谋取非法利益上,也是不恰当的。

基于上述认识,所谓单位犯罪,是指由公司、企业、事业单位、机关、团体基于本单位意志,由其单位成员实施的依法应当承担刑事责任的危害社会的行为。据此,单位犯罪的条件有如下几项:

(1) 单位犯罪的主体具有适格性。根据我国《刑法》第 30 条的规定,主体适格,

[①] 冯军、肖中华主编:《刑法总论》(第 2 版),中国人民大学出版社 2011 年版,第 164 页。
[②] 侯国云、白岫云:《新刑法疑难问题解析与适用》,中国检察出版社 1998 年版,第 177 页。
[③] 例如,我国《刑法》第 169 条之一的背信损害上市公司利益罪规定的"上市公司的董事、监事、高级管理人员违背对公司的忠实义务,利用职务便利,操纵上市公司从事下列行为之一,致使上市公司利益遭受重大损失的"构成本罪,同时,第 3 款规定:"犯前款罪的上市公司的控股股东或者实际控制人是单位的,对单位判处罚金,并对其直接负责的主管人员和其他直接责任人员,依照第 1 款的规定处罚。"

是指单位犯罪的主体,必须是公司、企业、事业单位、机关、团体以及其他依法建立的合法组织。公司、企业、事业单位,是指公有制属性以及其他所有制形式的各种类型公司、企事业单位。① 但是,在我国现行立法上,公司与企业是并列规定的两种不同类型的经济实体,分别由不同的行政管理法规调整,因此,这里的"企业",应该是指除公司组织形式之外的其他经济实体。机关是指国家机关,包括权力、行政、军事、审判、检察机关以及党政机关。团体是指依据《社会团体登记管理条例》第2条规定设立的人民团体、社会团体,如共青团、妇联、基金会、其他科研机构等。对"单位犯罪"的称谓,理论上也有称为"法人犯罪",但对这一称谓多数学者不赞同,因为即使不具备法人资格的单位,也可以成为犯罪主体,而将不具备法人资格的社会组织、机构称为"法人主体"则不够严谨,所以根据立法上习惯的表述,称为单位主体比较合适。

作为犯罪主体的单位,必须是依法成立,能够以自己的名义对外承担责任的公司、企业、事业单位、机关、团体。

单位主体适格性的再思考

单位主体的适格问题,有以下问题值得思考:

(1) 就99.06.18《单位解释》而言,主要表明公司、企业、事业单位的犯罪主体资格——所有制属性,不再是决定是否构成犯罪的条件。但其中并没有对机关、团体作出任何说明,从这一点而言,该解释并不是对《刑法》第30条的全面解释。如果说对于"机关"无需解释的话,对于"团体"如何理解,则不是没有疑问的。一般而言,"团体"是指依法成立的群众性团体组织,包括各级工会、各级共青团、学术研究会等。在上述"团体"的范围内,根据我国现行有关法律的规定,有的毋庸置疑是属于"国家机关"的序列,而不是一般意义上的群众性团体,如全国总工会、全国妇联、共青团中央,以及地方上学校、企业中的相同机构。虽然从法律规定上说,它们是群众性团体,但是从我国的实际情况而言,在一个相当的层次上,它们属于(国家)机关,而且,这一点在实践中也是不言自明。因为,其中有的团体中的人员就是属于国家的行政编制或事业编制,主要的管理人员有一定的行政级别,而且,有相当一部分"团体"的经费是由国家财政拨款。这样一来,"机关"与"团体"内涵和外延不能是明确的。那么,在哪一个层次上的"团体"应当属于"机关"? 虽然就单位犯罪的规定而言,无论是"机关"还是"团体",都是单位犯罪的主体,但在具体的实践中,具体认定一个案件中的犯罪的单位主体,必须确定它是属于"机关"还是"团体",不可能"机关""团体"不分。因此,作为法律术语,将只能认定为"团体"的单位予以确定,划分出其范围,确定其法律属性,并非没有予以进一步解释的必要。

---

① 1999年6月18日最高人民法院《关于审理单位犯罪案件具体应用法律有关问题的解释》(以下简称99.06.18《单位解释》)第1条规定:"公司、企业、事业单位",既包括国有、集体所有的公司、企业、事业单位,也包括依法设立的合资经营、合作经营企业和具有法人资格的独资、私营等公司、企业、事业单位。"

（2）成为犯罪主体的单位，是否必须拥有一定的财产或者经费？这涉及单位的分支机构能否成为单位犯罪主体的问题。当然，也涉及单位犯罪一旦成立，单位是否具有可供执行的罚金刑的问题。所以，有学者认为成为单位主体，必须拥有一定的财产或者经费。但是01.01.21《金融犯罪座谈会》规定："单位的分支机构或者内设机构、部门实施犯罪行为的处理。以单位的分支机构或者内设机构、部门的名义实施犯罪，违法所得亦归分支机构或者内设机构、部门所有的，应认定为单位犯罪。不能因为单位的分支机构或者内设机构、部门没有可供执行罚金的财产，就不将其认定为单位犯罪，而按照个人犯罪处理。"依据上述规定的精神，单位的分支机构、内设机构，即使不具有独立的财产权的，亦应认定为单位犯罪。不过，如果单位的分支机构所实施的犯罪，作为其上级的机构并不知情，在分支机构没有可供执行的财产的情况下，执行其上级机构的财产，必然会罚及上级单位的无辜成员，侵害其合法利益，是否合理是值得研究的。

（3）单位犯罪的认定，是否要求"以单位名义"实施？① 在我国理论上一直存在不同的看法。主张以"单位名义"为单位犯罪条件的观点，被称为"单位名义说"，并以此与其他"批准说（决策说）""利益说""职务说"等有所区别。如有观点认为："法人代表或代理人经过法人决策机构的授意或批准，以法人（或单位）的名义实施了侵害我国刑法所保护的社会主义社会关系的行为。"②就以主张"以单位名义"为条件而言，在现行刑法中也不是没有依据的。例如，私分国有资产罪规定"国家机关、国有公司、企业、事业单位、人民团体，违反国家规定，以单位名义将国有资产集体私分给个人⋯⋯"的情况，就是典型的要求"以单位名义"为条件的单位犯罪。本书认为，以"单位名义"实施某种行为，只能是形式上意义上而非本质性的特征，即使有上述立法的规定，也只是特别规定（提示性构成要件）而不具有普遍的示范意义。虽然在实践中的确有以单位名义实施的单位犯罪，但是否以单位名义实施危害行为，对于认定是否构成单位犯罪不起决定性作用。99.06.18《单位解释》第2条的规定，可以说在司法层面上解决了这一问题的争议，是以现实的犯罪行为实质上代表了单位，受单位意志的支配，为认定单位犯罪的必要条件；即使对外不以单位名义，符合实质性条件的，也必须以单位犯罪论处。更何况有的情况下个人甚至假冒其单位的名义，如果要求单位犯罪必须对外以单位名义实施，实现中相当部分的案件将无法认定是否构成单位犯罪。单位犯罪作为一种客观的社会现象，与其他事物一样有着多种属性，但只有单位犯罪的本质属性——犯罪是否体现单位意志，才能决定是否属于单位犯罪。

---

① 99.06.18《单位解释》第2条规定："个人为进行违法犯罪活动而设立的公司、企业、事业单位实施犯罪的，或者公司、企业、事业单位设立后，以实施犯罪为主要活动的，不以单位犯罪论处。"第3条规定："盗用单位名义实施犯罪，违法所得由实施犯罪的个人私分的，依照刑法有关自然人犯罪的规定定罪处罚。"上述规定，表明了否定"以单位名义"为单位犯罪成立的形式要件，而采用以行为实质予以认定的原则。

② 高西江主编：《中华人民共和国刑法的修订与适用》，中国方正出版社1997年版，第150页。

（2）客观上的危害行为必须体现着单位的意志①。这里所谓的体现单位的意志，表现为单位谋取利益，包括直接为单位谋取非法利益的情况，也包括间接是出于为单位谋取利益，经单位决策机构授意、认可以及放任。这里的"放任"，通常也是指为获取经济利益，而对其雇员实施违法犯罪行为不予以管束，甚至指令雇员实施违法犯罪行为，放任严重后果发生。本书认为，即便是单位过失犯罪的，其最原始的动机也多在于为减少投入的成本而增加收入，虽然对于严重后果的发生是过失的罪过，但追根溯源主观上仍然具有间接为单位谋取经济利益的意志内容。

至于单位的行为，如前所述是指单位中的自然人所实施的行为，作为单位自身是不可能实施任何行为的。单位中的自然人的行为之所以被认可为单位的行为，就在于行为体现的是单位的利益，代表着单位的利益。无论是为单位的整体利益还是为其中多数人利益的。此外，单位成员所执行的职务、业务行为，只要是在单位主管人员同意或许可甚至默许下所实施的，无论其行为是否符合正当职务、业务活动的要求，也应视为单位行为。例如，企业职工执行领导不经灭活、无害化处理进行排污，造成重大环境污染的，应视为单位行为，而不能视为是雇员的个人行为。那么，是否需要以单位成员的行为，符合单位业务活动的政策、业务操作程序、习惯才能视为单位行为？存在不同的认识②，本书持否定看法。当然，单位成员的行为，符合单位业务活动的政策、业务操作程序、习惯的，可以视为单位行为，但是，从我国刑法规定的具体单位犯罪看，有的单位行为无论怎样解释，也是与是否符合单位业务活动的政策、业务操作程序、习惯无关。例如，强迫劳动罪，是单位可以构成的犯罪，但无论如何解释，强迫劳动的行为也不可能是单位业务活动的政策、业务操作程序、习惯的行为。再如资助危害国家安全犯罪活动罪，可由境内外机构、组织或者个人实施资助行为而构成，当由境内机构、组织资助时，无疑也是单位犯罪，但无论如何解释，资助危害国家安全的犯罪活动的行为也与单位的职务、业务活动无关。

从前述 99.06.18《单位解释》的规定看，表明了对单位犯罪予以实质性认定的基本要求，从另一个方面肯定了目前理论界对单位犯罪实质性特征之一是雇员的行为是"为单位谋求利益"③。99.06.18《单位解释》第 3 条规定："盗用单位名义实施犯罪，违法所得由实施犯罪的个人私分的，依照刑法有关自然人犯罪的规定定罪处罚。"当然，这里的自然人犯罪既然是一种集体性质的行为，在符合共同犯罪的条件时，可以按照共同犯罪处理。问题是，根据上述实质性的要求，"违法所得"的实际归

---

① 也有学者认为"单位意志"不如"经过决策机构决定或者由负责人决定"表述清楚。但是，本书认为，后种表述在认定单位犯罪主观上出于故意的行为，是可行的，但是，对因重大过失构成的单位犯罪而言，通常需要考察的是主管人员的监督过失，而不在于"经过决策机构决定或由负责人决定"，如果决策、决定是正确的，也不意味着负责人员主观上就不具有监督过失。因此，考察雇员行为只要是基于"单位意志"的，无需认定有无"经过决策机构决定或由负责人决定"的环节。
② 参见黎宏：《刑法学总论》（第 2 版），法律出版社 2016 年版，第 116 页。
③ 参见高铭暄主编：《刑法专论》，高等教育出版社 2002 年版，第 236 页。

属成为判断单位犯罪与自然人犯罪的主要界限之一,违法所得归于单位的,是单位犯罪;归属于自然人的,为自然人犯罪。学界对"违法所得"归属,通常主张作为是否单位犯罪的参考因素之一,而主张"为单位谋取利益"是单位犯罪的本质属性①,显然,为单位谋求利益的条件,远低于要求具有"违法所得"的现实。有"违法所得"的归属,须是犯罪业已完成,是一种客观的条件,而"为单位谋求利益"是主观条件,只要能够正确判断是为单位谋求利益,则无论单位的行为是否完成,并不影响单位犯罪的成立。

从刑法的规定看,以"违法所得"的归属作为判断的标准,的确具有一定可操作性,因为其结论无疑是正确的。但是,一些规定为单位犯罪的,实际上可能存在无法确定"违法所得"归属的问题。例如,妨害传染病防治罪,是单位可以构成的犯罪②,属于非典型经济类的犯罪,除供水单位供应的饮用水不符合国家规定的卫生标准可能存在违法所得的情况外,其他的行为一般不存在因为妨害传染病防治而获取违法所得的问题。例如,不能将单位拒绝对传染病病原体污染的污水、污物、粪便进行消毒处理、拒绝执行卫生防疫机构提出的预防、控制措施所节省的费用,认定为"违法所得";也不宜将单位准许或者纵容传染病病人、病原携带者和疑似传染病病人从事工作所减少的支出或者获得效益,如病原携带者从事直接供、管水工作的收益,视为"违法所得"。在类似没有可供认定为违法所得的犯罪中,其归属对于区别自然人犯罪与单位犯罪,没有实际上的价值和意义。

所以,自然人犯罪与单位犯罪的界限,只能以"行为是否体现单位意志"来衡量。即在无法确定是否具有"非法所得"的情况下,考察行为的实施是否经由单位的主管人员授意、批准或者允许,是为单位谋求利益,才是衡量单位犯罪与自然人犯罪界限的标准。

(3) 单位犯罪的主观罪过既有过意,也有过失。根据我国《刑法》的规定,既有单位故意犯罪,也有单位的过失犯罪。主观上基于故意的单位犯罪,主观上可以具有直接故意,多以追求非法经济利益为目的,但是,这里所追求的目的,并不是认定单位犯罪的必备要件;也可以是在追求经济利益时,放任严重后果发生的间接故意,或者在追求经济利益中,虽然对严重后果发生既没有追求的态度,也没有持放任的态度,但是,对严重后果的发生具有严重的过失罪过。单位的罪过,可以通过单位的决策机构或者单位的主管人员的违反法律的命令、文件、指令或者具有重大失误制度等得以体现,也可以通过单位的主管人员在负有监督职责时疏于监督而由其雇员通过实施严

---

① 参见赵秉志主编:《犯罪总论问题探索》,法律出版社 2003 年版,第 178 页。
② 我国《刑法》第 330 条规定:"违反传染病防治法的规定,有下列情形之一,引起甲类传染病传播或者有传播严重危险的,处……后果特别严重的,处……:(一)供水单位供应的饮用水不符合国家规定的卫生标准的;(二)拒绝按照卫生防疫机构提出的卫生要求,对传染病病原体污染的污水、污物、粪便进行消毒处理的;(三)准许或者纵容传染病病人、病原携带者和疑似传染病病人从事国务院卫生行政部门规定禁止从事的易使该传染病扩散的工作的;(四)拒绝执行卫生防疫机构依照传染病防治法提出的预防、控制措施的。"

重的违法行为得以体现。

认识单位的过失犯罪需注意,在单位过失犯罪过程中,代表着单位意志的决策、决定或者所制定文件、决议等,无一不反映着单位为谋取利益最大化的动机和目的,或者存在对严重后果的预见能力,没有预见,或者已经有所预见,也是自信能够避免,这如同交通肇事对违反交通运输法规可以是"明知故犯"一样,只要对严重后果发生没有持希望、放任态度的,就是过失的犯罪。

(四)没有规定为单位犯罪的单位危害行为的处理

刑法对规定的单位犯罪,并非从实质意义上理解单位可以实施此类危害行为。如果从前述单位犯罪的定义以及基本条件看,刑法规定的由自然人构成的犯罪,单位未必不能组织雇员实施。例如,过失致人死亡罪,在法国刑法典中就规定为法人犯罪①。同理,刑法中虽然明文规定是由自然人构成犯罪的行为,单位也是可以组织雇员为单位利益实施。在我国司法实践中,主要是单位组织雇员实施盗窃行为、抗税行为等。

根据罪刑法定原则,只要刑法分则条文没有明确规定可由单位构成的犯罪,即使是有单位主管人员组织雇员实施该种行为的,单位不能认为是犯罪主体,应该是没有异议的。但是对单位的自然人应该如何处理,则有不同的看法。主要有否定和肯定两种观点。否定观点认为,我国《刑法》第30条规定的另一层含义表明,只要刑法没有明文规定为单位犯罪的,任何人都不因此而受刑事追究,这就包括单位和其中的自然人。"单位犯罪以双罚制为主,个人的刑事责任是以单位构成犯罪并且追究刑事责任为前提,单位不构成犯罪,不承担刑事责任,当然不存在单位中的主管人员和直接责任人员作为个人承担刑事责任的问题。"②肯定的观点则认为,应该以自然人犯罪的条款追究单位主管人员、直接责任人员个人的刑事责任。如认为,追究单位犯罪是为了在追究个人刑事责任基础上再进一步追究单位的刑事责任,不能反之认为刑法没有规定为单位犯罪的,就不能对单位中的个人定罪处罚;刑法中许多条文没有规定为单位犯罪,如果不对其中的自然人按照个人犯罪处理,存在着不合理和现实的危险。所以按照个人犯罪处理不违反罪刑法定原则。③ 所以,无论是单位实施单位犯罪,或是单位实施非单位犯罪,单位成员承担刑事责任的唯一依据是其自然人的行为构成犯罪,与刑法是否处罚单位没有关系,因此,当单位实施非单位犯罪而单位成员的行

---

① 《法国刑法典》第221—6条规定:"因笨拙失误,轻率不慎,缺乏注意,慢待疏忽,或者,因未履行法律或条例强制规定的安全或审慎义务,造成他人死亡之行为,构成非故意杀人罪。"第221—7条规定:"法人的依第121—2条所规定的条件,经宣告对第221—6条所指犯罪负刑事责任。"其条件为"为法人之利益。"
② 参见张军等:《刑法纵横谈》,法律出版社2003年版,第306页。
③ 参见王幼璋、刘延河:《法律没有规定单位犯罪的个人刑事责任问题》,载游伟主编:《华东刑事司法评论》(第2卷),法律出版社2002年版,第1页以下。

为能够评价为自然人犯罪,就必须追究自然人的刑事责任。①

当然,作为自然人犯罪追究刑事责任的范围,应该有所限制。通常认为,直接责任人员是指单位犯罪中具体实施危害行为的人员,而主管人员是指对单位犯罪应承担刑事责任的主管领导人员。对指令实施犯罪行为的主管人员追究刑事责任一般是不会造成打击面扩大的,但是,如果参与者众多,对直接实施具体行为的直接责任人员,应该以其中的主要实行者来认定,不宜过于扩大打击面。当然,既然是作为自然人犯罪处理,在符合共同犯罪条件时,应按照共同犯罪处理。

(五) 单位犯罪的处罚原则

对单位的处罚,多数国家和地区刑法采用的是双罚制,既处罚犯罪的单位(法人),也处罚其中的自然人。我国《刑法》第31条前半段规定:"单位犯罪的,对单位判处罚金,并对其直接负责的主管人员和其他直接责任人员判处刑罚。"

对单位犯罪只能判处罚金刑,其具体的数额,应该根据分则条款的具体规定决定,而且,对自然人处罚的罚金数额,同样适用于对单位的处罚。② 在没有类似规定明确的罚金数额要求的单位犯罪,则应该根据案件的具体情况决定罚金数额。至于对单位中处罚的自然人的规定,则相对复杂一些。一种情况是对单位中的主管人员、直接责任人员按照前款规定的对自然人的刑罚处罚,如逃避追缴欠税罪③,在单位构成逃避追缴欠缴税时,单位直接负责的主管人员和其他直接责任人员也要被判处自由刑以及罚金刑。另一种情况是,在单位犯罪的情况下,对单位直接负责的主管人员和其他直接责任人员判处的刑罚较自然人犯同样罪时所适用的刑罚要低。例如,我国《刑法》第387条规定的单位受贿罪,在单位构成犯罪的情况下,对单位判处罚金,但对其直接负责的主管人员和其他直接责任人员,只能判处5年以下有期徒刑或者拘役,远远低于个人犯受贿罪最高刑可以是死刑的规定。我国《刑法》第31条后半段规定:"本法分则和其他法律另有规定的,依照规定。""另有规定"是指在分则条款中规定的虽然是单位犯罪,但只处罚单位的自然人的"单罚制"规定。对于"单罚制",学

---

① 2013年4月4日最高人民法院、最高人民检察院《关于办理盗窃刑事案件适用法律若干问题的解释》(以下简称13.04.04《盗窃司法解释》)第13条规定:"单位组织、指使盗窃,符合刑法第264条及本解释有关规定的,以盗窃罪追究组织者、指使者、直接实施者的刑事责任。"该司法解释的定罪处罚原则,可以视为在司法层面上对立法的突破,不同于有明文规定的"单罚制",即对单位构成犯罪但只处罚单位的主管人员、直接责任人员的情况(这种单罚制事实上是按照自然人犯罪对待的)。那么,该定罪处罚原则能否适用于刑法所有没有规定为单位犯罪但事实上由单位组织、策划的"犯罪",并以此规定的精神追究组织者、指使者的刑事责任吗?本书不赞同这种看法。

② 黎宏教授认为,我国刑法对单位犯罪适用的罚金是无限额的罚金制,也即对自然人如果规定有具体额度要求的罚金数额,不适用于单位。参见黎宏:《刑法学总论》(第2版),法律出版社2016年版,第123页。

③ 我国《刑法》第203条逃避追缴欠税罪规定,纳税人欠缴应纳税款,采取转移或者隐匿财产的手段,致使税务机关无法追缴欠缴的税款,数额在1万元以上不满10万元的,处……,并处或者单处欠缴税款1倍以上5倍以下罚金;数额在10万元以上的,处……,并处欠缴税款1倍以上5倍以下罚金。第211条规定,单位犯本节……第203条……规定之罪的,对单位判处罚金,并对其直接负责的主管人员和其他直接责任人员,依照各该条的规定处罚。

界颇有微词，认为单罚制不具有合理性。① 黎宏教授就认为，采单罚制只处罚单位中自然人的规定，实际上仍然是自然人犯罪。② 本书认为，应该看到此类行为很多情况下能够实施的前提，是只有具有一定资质的单位才可能实施，例如工程重大安全事故罪，就是只有具有特别资质的建设单位、设计单位、施工单位、工程监理单位才能承接工程，同样不能认为没有违反国家规定，没有降低工程质量标准的是单位的行为，而建设单位、设计单位、施工单位、工程监理单位的人员，基于单位意志，违反了国家规定，降低工程质量标准，造成重大安全事故的行为，是自然人自己的行为，这都是在法理上也是说不通的。

（六）单位中主管人员、直接责任人员的认定

对单位犯罪采双罚制的，受刑主体分别为单位和单位中对犯罪需要承担刑事责任的"主管人员、直接责任人员"，采单罚制的，一般也是处罚单位中对犯罪需承担刑事责任的"直接责任人员"③，而且，在认定需承担刑事责任"主管人员、直接责任人员"时，一般不需要区别主、从犯。④ 但直接将"法人代表"等同于"主管人员"或"直接责任人员"，是不正确的。

（七）单位被依法撤销、注销、吊销营业执照，宣告破产以及分立、合并后的处理

单位犯罪后，犯罪单位发生被撤销、宣告破产等情况的，由于原单位作为单位的资格已经终止，单位已经消灭，其行为能力与权利能力也相应丧失，在法律上被认为已经"死亡"，它将产生与自然人死亡一样的法律后果，故由于不具备刑事责任能力，对其不再追究单位的刑事责任⑤，只追究应对被撤销、宣告破产之前对单位犯罪负责的直接负责的主管人员和其他直接责任人员的刑事责任。与此不同的是，单位犯罪后，该单位发生分立、合并或者其他资产重组等等情形时，该单位虽主体发生变更，但是犯罪单位并没有完全消灭，其主体资格为变更后的单位所受继，相应的权利义务也由后者承担。因其实质上并未消灭，故对其实施的犯罪仍具备刑事责任能力，根据有

---

① 参见娄云生：《法人犯罪》，中国政法大学出版社1996年版，第141页。
② 参见黎宏：《刑法学总论》（第2版），法律出版社2016年版，第123页。
③ 01.01.21《金融犯罪座谈会》规定："单位犯罪直接负责的主管人员和其他直接责任人员的认定。直接负责的主管人员，是在单位实施的犯罪中起决定、批准、授意、纵容、指挥等作用的人员，一般是单位的主管负责人，包括法定代表人，既可以是单位的经营管理人员，也可以是单位的职工，包括聘任、雇佣的人员。应当注意的是，在单位犯罪中，对于受单位领导指派或奉命而参与实施了一定犯罪行为的人员，一般不宜作为直接责任人员追究刑事责任。对单位犯罪中的直接负责的主管人员和其他直接责任人员，应根据其在单位犯罪中的地位、作用和犯罪情节，分别处以相应的刑罚，主管人员与直接责任人员，在个案中，不是当然的主、从犯关系，有的案件，主管人员与直接责任人员在实施犯罪行为的主从关系不明显的，可不分主、从犯，在同一法定刑档次、幅度内量刑无法做到罪刑相适应的，应当分清主、从犯，依法处罚。"
④ 2000年10月10日最高人民法院《关于审理单位犯罪案件对其直接负责的主管人员和其他直接责任人员是否区分主犯、从犯问题的批复》规定："在审理单位故意犯罪案件时，对其直接负责的主管人员和其他直接责任人员，可不区分主犯、从犯，按照其在单位犯罪中所起的作用判处刑罚。"
⑤ 2002年7月15日最高人民检察院《关于涉嫌犯罪单位被撤销、注销、吊销营业执照或者宣告破产的应如何进行追诉问题的批复》规定："涉嫌犯罪的单位被撤销、注销、吊销营业执照或者宣告破产的，应当根据刑法关于单位犯罪的相关规定，对实施犯罪行为的该单位直接负责的主管人员和其他直接责任人员追究刑事责任，对该单位不再追诉。"

罪必罚和罪责自负的原理,只要受继犯罪单位权利义务的主体存在,仍应追究单位的刑事责任。①

第五节 危害结果

一、危害结果的概念及种类

(一)危害结果的概念

所谓结果,从一般意义上讲就是指客观事物在一定外力作用下所发生的变化。这种变化,即是结果。这一定义是从事物的物理特性上而言的。但刑法定义上的危害结果,并非仅着眼于从事物物理特性上的变化。如何在刑法上给危害结果下定义,在理论上不同的认识②。

如果从需要建构犯罪论体系的角度,不能不说危害结果是广义上的,只有对刑法保护的法益的侵害或威胁才是犯罪,无法益侵害则无犯罪,正是从这一意义上说的。从广义上认识危害结果,是建构犯罪论体系的需要。而狭义的结果,通常在判断犯罪完成的程度上发挥着重要的作用,它表现为直接的、具体的对法益损害的事实。例如故意杀人行为是否完成,只能以被害人是否死亡结果发生为标准,而有的犯罪,则是以是否发生这种狭义结果为构成犯罪的标准,例如过失致人死亡罪,必须以死亡结果发生为构成犯罪的标准,因果关系所研究的结果,当然也是指狭义上的(物质)结果与行为的关联性。可见,狭义的危害结果的意义主要在于认定犯罪的需要。由此,在狭义上,所谓危害结果,是指危害行为对保护法益所造成的法定的实际危害事实或者现实的危险状态。

狭义的危害结果虽然是以物质性表现为把握的核心,但纯粹从物理意义上理解危害结果也是不够准确的。这种直接的、具体的法益损害事实的狭义危害结果,从其

---

① 2002年7月8日最高人民法院、最高人民检察院、海关总署联合下发的《办理走私刑事案件适用法律若干问题的意见》第19条规定:"单位走私犯罪后,单位发生分立、合并或者其他资产重组等情况的,只要承受该单位权利义务的单位存在,应当追究单位走私犯罪的刑事责任。"

② 一般在通说中认为,危害结果有广义和狭义两个方面,广义的结果就是指犯罪行为对刑法所保护的客体造成的损害,不是指犯罪行为所造成的具体损害结果。狭义的结果,就是犯罪行为已经造成的实际损害或者说是具体物质性的损害结果,或者说是对犯罪客体造成的犯罪既遂所要求的实际损害。参见马克昌、杨春洗、吕继贵主编:《刑法学全书》,上海科技文献出版社1993年版,第67页。但主张狭义的危害结果的观点则认为,危害结果就是行为对刑法所保护的法益所造成的现实侵害事实与现实危险状态。参见张明楷:《刑法学》(第4版),法律出版社2011年版,第166页;陈兴良主编:《刑法学》,复旦大学出版社2003年版,第84页。至于对广义和狭义的结果在构成中的地位,黎宏教授认为,狭义的危害结果,是刑法所规定的、作为犯罪构成要件的结果,也就是危害行为给行为对象所造成的实际损害。广义的危害结果,是一切犯罪所共同具有的特征,没有给法益造成实际损害或者现实危险,就不构成犯罪,而且,广义结果存在于各种形式的犯罪之中,无论是行为犯、结果犯,完成还是未完成犯罪,并认为广义的结果的存在是有法律上的依据的。例如,我国刑法关于故意犯罪规定的第14条"明知自己的行为会发生危害社会的结果",其"结果"的规定,就是广义的结果,如果认为只限于对对象所造成的实际损害,则意味着第14条不能适用于犯罪预备、未遂以及中止犯,这显然是不当的。参见黎宏:《刑法学》,法律出版社2012年版,第90页。

表现形式上,可区别为有形的、物质性的危害结果与无形的、非物质性的危害结果。二者的区别在于:前者是可以具体测量和以数量予以计算的,而后者只能抽象地予以把握。例如,侮辱他人,对被害人人格、名誉以及心理上的损害,当然也是一种结果,这种结果是无形的、精神性的损害结果,但在认定构成侮辱罪时,并不需要特别独立地考察这种对被害人的精神上的损害结果(当然,现实中存在实际可以考察的情况),只要是以暴力或者其他方法公然侮辱他人,情节严重的,就可以构成侮辱罪。因此,刑法也没有必要将其纳入构成要件中作为一个相对独立的事实特别来规定。可见,狭义的结果在这层意义上,就是指对法益所造成的、现实的物质性损害事实或者可能造成物质性损害的损害。可能造成的物质性损害,即是指具有对法益造成实际损害的现实危险。

狭义危害结果中有形的危害结果,在刑法中通常作为构成要件、犯罪成立以及完成犯罪的标准;是否发生这种结果,往往是判断犯罪是否完成的标志或者是否构成犯罪的标志。但是,刑法所规定的犯罪,并不是都要求这种狭义的物质性的结果才认为构成犯罪,例如,刑法中规定的属于"行为犯"的犯罪,不要求这种狭义的结果,在"犯罪未完成形态"的有些形态的犯罪中也不存对这种狭义危害结果特别要求。也正是从这一点而言,狭义的物质性的危害结果并不是所有犯罪都需要的要件。当然,即使这样理解危害结果,也并不意味着广义上的危害结果在认定犯罪的体系上不发挥作用。广义的危害结果,既包括由行为直接引起的,也包括间接造成的。例如,由于对通讯中继站设备的破坏,致使险情上传不到抢险的一线指挥部门,延误了一线指挥部门对抢险人员的调配,使抢险人员不能到达险情严重地段开展抢险,致使水坝溃决淹没大量农田。破坏通讯中继站设备的直接结果,就是危害通讯安全的结果,造成大量农田被洪水淹没的结果,是破坏通讯设备行为的间接结果,在决定行为人刑事责任时,就必须考虑行为所造成的这一间接结果。

(二) 危害结果的种类

1. 构成犯罪的结果与非构成犯罪的结果

这是以危害结果对某种犯罪成立或者完成犯罪评价是否具有意义为标准所作的分类。

构成犯罪的结果,是指分则条文规定的或依分则条文规定,成立某种犯罪或者完成犯罪必须具备的危害结果。前者是指根据刑法分则条款的规定,以明文规定的结果发生为构成犯罪的必要条件。例如,我国刑法中的"过失犯罪",均以危害结果的发生为必要条件,没有发生的,则不构成犯罪。后者是指依照分则的规定,结合刑法理论,逻辑上为评价犯罪成立或者完成犯罪必要条件的结果。例如,理论上认为属于"间接故意犯罪"的,以放任发生的危害结果的发生,为构成要件,放任的结果没有发生的,则不能构成该种犯罪。故意杀人罪,虽然在分则条文中并没有规定明确需要何种结果为评价故意杀人罪的既遂,但是依据刑法理论,逻辑上只有死亡结果发生为完成犯罪的标准,这是不争的。

非构成犯罪的结果,是指一切由危害行为引起的具体构成要件危害结果以外,对该种犯罪行为危害程度及刑事责任有评价意义的现实损害。例如，故意杀人虽然没有造成死亡结果发生，但是杀人行为造成严重伤害结果。量刑结果也包括犯罪行为实施中直接或者间接引起的，与评价是否成立犯罪无关的结果。例如前述破坏通讯中继站造成农田被洪水所淹的结果。

2. 实害结果与危险结果

这是以危害行为对法益所造成的侵害形态为标准所作的分类。

实害结果，是指危害行为对刑法保护的法益造成现实损害。如故意杀人造成被害人死亡结果；盗窃、抢夺、诈骗造成数额较大的财产损失的结果，都属于实害结果。

危险结果，即指危害行为使得刑法保护的法益处于足以发生实害结果的现实危险状态。危险状态①，即为危险结果。

危险状态是否应列入"结果"的范畴，理论上还有不同的认识。② 曲新久教授认为，危害结果只限于物质性的、可测量的具体结果，因为危险永远是可能的而非现实的事实。③ 有的认为，危险状态只限于具体危险是危害结果，而不包括抽象危险。因为抽象危险犯的行为一旦成立，抽象的危险即可推定成立，抽象危险属于行为的属性，因与行为犯的构成要件符合性混淆不清，所以抽象危险难以成为一个独立的概念。而具体的危险是脱离了行为属性的，因为必须独立考察具体危险的现实化问题，因而具有结果的属性。例如危险公共安全的危险犯，如放火行为，未必都能够符合危害公共安全罪，必须综合考察危险是否确实成立。④ 张明楷教授认为，在大陆法系刑法理论中，危险的概念在"危险犯"的运用中，是指对法益侵害的可能性。而这种危险又可分为"行为的危险"和"作为结果的危险"，行为的危险是指具有导致侵害结果发

---

① 实际上，对"危险"的概念，理论争议是很大的，特别是对"抽象危险犯"的认识，分歧更大。有学者认为"危险"是必备构成要素的，"既然称为抽象危险犯，那么危险的存在就是必备的构成要素"。参见付立庆：《应否允许抽象危险犯反证问题研究》，载《法商研究》2013 年第 6 期。也有认为抽象危险犯与行为犯等同，"抽象危险犯对具有危险性行为进行的一般性禁止，是行为无价值的表现，对刑法规范的效力有积极的价值，虽然抽象危险犯在一定程度上背离了以结果无价值为基础的法益理论，但抽象危险犯是法益保护前置化的措施"。参见王雯汀：《风险社会下抽象危险犯的理论境域》，载《河北法学》2013 年第 2 期。这样的争议在国外理论中同样存在。本书认为，虽然具体危险犯在法益侵害上通常有与具体法益保护对象相对应的外界变化反映出来（可以类型化为法益侵害的危险——例如破坏交通工具罪的"倾覆""毁坏"危险），而与抽象危险犯一般并非都具有对应的外界变化有区别，具体危险犯可以通过具体危险表现出既是对法益的侵害，又有构成要素的特点（可以通过刑法条款规定表现出来对法益的实质侵害和形式上的损害结果），而抽象危险犯通常没有相对应的既表明法益的实质侵害和形式上的损害结果。但是，作为危险犯"危险"的要求，如果不是从规范意义上理解，依照"无法益侵害则无犯罪"的处罚根据，可以说所有的犯罪在前提上都是危险犯。就这一点而言，"危险"本身当然也可以有广义和狭义的区别。本书对"危险"的指代，限于立法确定是危险犯的"危险"，而不是指客观事实上具有的危险。例如，预备、未遂、中止行为所表现的"危险"属性。一般认为，之所以将某些"预备"行为"实行行为化"是基于行为的"危险"，即刑法预防线提前意义上的"危险"，并非学者们在诸多"风险社会"议题下所讨论的对社会的"危险"（或"风险"）。本书在"危险犯"的概念中，统一在这一前提使用"危险"概念，也是在此意义上讨论"危险犯"。在此前提下，当然，抽象危险犯对法益侵害的"结果"，也只能是与对应的外界（可能的）变化为依据才是"危险"。

② 其争议还可参见第八章第二节"犯罪既遂"。

③ 参见曲新久：《刑法学》（第 2 版），中国政法大学出版社 2009 年版，第 92 页。

④ 参见陈兴良主编：《刑法学》，复旦大学出版社 2003 年版，第 86 页。

生的可能性,所以可称为行为的属性,不作为结果看待;作为结果的危险,是指行为所造成的对法益的威胁状态,因而属于结果。即使在某些情况下二者难以区分,但是区别是存在的。在承认作为结果危险的前提下,当然也得承认行为本身的危险。刑法正是将这种对法益侵害的危险作为处罚根据的犯罪称为危险犯的。而危险犯可进一步分为抽象危险犯和具体危险犯,至于如何区别二者,则主张的标准不同,有认为具体危险犯是以发生危险作为构成要件要素,抽象危险犯虽也是以对法益侵害为处罚根据,但不以危险发生为构成要件要素;也有认为二者都是以对法益侵害的危险作为处罚根据的,但前者需要司法上的具体认定,后者是立法上的推定;也有认为具体危险是行为导致的一种状态,是作为结果的危险,抽象危险是行为本身的属性,也即行为的危险;还有认为,二者的区别在于危险的程度上有差异而已。①

诚然,从危险状态所具有的独有特点而言,是没有发生刑法所要求的具体物质性的损害事实,无论是具体危险犯还是抽象危险犯,作为处罚依据的,都只是具有侵害法益的现实危险,具有造成物质性损害事实的一种可能性。但问题是对"危险"是将其作为规范意义上的概念来把握,还是以事实意义上的概念为认识根据。本书认为,"危险"的概念,应该是一个刑法规范上的概念,是经由刑法的选择,对某些在事实上具有对刑法保护的法益侵害的行为,导致足以发生实害结果的现实危险状态,规定为"危险犯"的。因此,所谓危险,是指危害行为具有现实可能引起法定实害结果发生的一种客观事实。行为具有引起实害结果发生的本质,应当是危险犯之所以被规定为犯罪并给予处罚的根据所在,行为所导致的危险状态,必然是由于行为所具有的能够引起实害结果的本质所决定的。

如果以事实概念为认识的根据,可以说刑法上规定的犯罪,除了造成实际损害事实应评价为完成犯罪的形态之外,诸如抢劫、强奸等严重犯罪的预备,或者故意杀人开枪射击未击中被害人,或者交通肇事后为逃避法律责任将被害人拖至涵洞意图使其死亡,但被害人幸而被人发现而获救,或者因过失伤害了他人当时很严重,但经过很好的治疗没有造成重伤结果的,或者诈骗他人财物,在被害人已经受骗交付财物时,被无关人员识破及时制止等,只要能够评价为是实施了对刑法保护的法益构成侵害危险的行为,也都可以认为是"危险犯"。如此"危险"概念实无予以讨论的必要。换言之,不具有对刑法所保护法益构成侵害危险的行为,刑法根本无理由将其规定为犯罪。现实中刑法所规定的"犯罪",规范意义上都是因在实质上具有侵害法益可能性,那就都是危险犯。如此以事实上的"危险"的概念,实际上就是犯罪本质特征"社会危害性"的代名词而已。

危险虽然只是具有足以造成物质性损害事实的一种可能性,它的存在也是具有现实性的,因为它是行为的一种终局形态,是不再发展为具体物质性损害的行为的终局形态。危险状态具有客观的事实特征,是由危害行为导致的客观事实状态,这种事实状态说明了对刑法保护的法益的现实威胁。无论是抽象的危险还是具体的危险,

---

① 参见张明楷:《刑法学》(上)(第5版),法律出版社2016年版,第166—167页。

虽然都只是一种可能性，但具有的物质性内容是事后可预测的，都在事后能具体确认和衡量实害结果的可能范围和程度，才具有刑法上的意义。例如放火行为在造成严重后果之前就被及时扑灭了，所造成的物质损害甚至可以忽略不计，也是能够根据放火所针对的对象，预测如果不是及时扑灭可能的损害范围。所以，危险状态都具有一定条件下使物质性损害结果发生的可能性，转变为现实性所必需的物质性内容，不具有物质性的所谓危险状态是不存在的。[①] 实际上，认为抽象危险是行为的属性，当然是正确的，但具体的危险何尝不是行为本身固有的属性？如果行为本身不具有这种属性，如何能够在一定条件下呈现出能够被认识的"危险状态"？至于需要根据什么去判断这种终局形态是否存在，显然并不是危险状态自身的问题，而是应以什么办法去考察它存在的方法论问题。无论是需要司法上的具体认定，还是立法上的推定，"有没有"与如何考察"有没有"，这本就是两个不同层面上的问题。即使是抽象的危险难以考察，也并不能否认它是一种实现存在的事实。学界多数学者认为危险作为行为的一种结局，具有危害结果的属性，应为危害结果的一种表现形态[②]，本书赞同这一认识[③]。

理论上，根据刑法对危险犯的规定，危险犯的危险结果又可以分为"抽象危险结果"和"具体危险结果"。抽象危险结果，是指抽象的危险状态。该种危险状态，法律对危险状态应包括的具体危险内容以及危险程度，不作特别的限制，行为只要在特定的条件下或针对一定对象实行，便认为具有危险状态存在。例如，放火、爆炸、决水、投放危险物质罪，要求具有"危害公共安全"的危险状态。具体危险结果，是指具体的危险状态。该种危险状态，法律不仅要求危险状态的具体内容，也要求危险所达到的程度，只有符合法律所要求的，才视危险状态存在。所以，行为在特定条件下或针对一定对象实行，能否导致法律所要求的特定危险状态，需根据具体案情分析作出判断。

一般而言，具体危险的认定，由于具体的法条规定了所要求的具体危险状态的内容，可以依据案件的具体情况来考察。例如，破坏交通工具的，是否足以造成交通工具倾覆、毁坏的危险，需要根据交通工具所处的状态、具体被破坏的部位以及破坏的程度等具体情况作出判断。成为问题的是对抽象危险的认定，由于对抽象危险的认识，是法律根据社会一般的观念而认为具有对法益侵害的危险，对这样的行为予以类

[①] 这些特点和内涵都说明它符合危害结果的基本特征，是危害结果的种类之一。危险状态揭示出实害结果是危险状态发展的必然趋势，如果不是因某种特殊情况或者新出现的情况（行为人意志以外的原因）阻止了危险状态的进一步发展，实际损害结果必然发生。因此，无论是抽象危险还是具体危险都具有物质性内容，正是如此，才可以说危险状态具有使实害结果发生的现实可能性。

[②] 参见张明楷：《刑法学》（上）（第5版），法律出版社2016年版，第168页以下；马克昌主编：《刑法》（第3版），高等教育出版社2012年版，第63页。

[③] 从我国现行刑法的规定而言，理论上已广泛承认过失的危险犯的存在。例如，第330条妨害传染病防治罪，"违反传染病防治法的规定，有下列情形之一，引起甲类传染病传播或者有传播严重危险的，处……；后果特别严重的，处……""有传播严重危险"，具体要求的是"引起甲类传染病传播"的危险，属于具体的危险状态。

型化而规定的犯罪,因此,其危险是法律拟制的危险,对法律拟制的危险判断通常只需要以社会的一般生活经验作为依据。也就是说,在一般人都相信实际的结果会发生的情况下,即可以认为危险存在。例如,对放火、爆炸、投放危险物质的行为,是否具有危害公共安全的危险状态发生,其基本的判断是:如果在某种情形之下,实害结果没有发生仅仅是因为介入了行为人无法掌握的幸运地使实害结果没有发生的事件。例如,在长途汽车站的公用饮水机中投放了剧毒,但清洁工人不小心将饮水机碰翻,有毒的水完全被洒在地上,还没有人去该饮水机接水饮用;或者介入了一般人不能预见到的原因使实害结果没有发生,例如,在公共场所安置的爆炸装置,被具有从军经历的行人顺利拆除。按照社会的一般观念,都可以认为该情形之下就已经存在着危险。这样的抽象的危险,实质上具有造成实害结果发生的紧迫性,仍然是比较容易认定的。要防止的是不能以某些个人的经验作为判断的依据。那么,对法益的威胁是否要求一定的紧迫性,才能作为危险看待?如前所述的例子,危险造成实害结果发生的可能性,是有紧迫性的,因此在判断上一般不会产生疑问。但是,并不是所有法律拟制的危险,都具有造成实害结果发生的紧迫性。张明楷教授认为,对法律拟制的危险,由于无法预测其紧迫性问题,所以刑法是同等对待的。① 当然,即便是法律拟制的抽象危险,也要求一定程度的危险,在具体的场合如果行为的实施不可能发生法律要求的危险,则不能以所规定的犯罪论处。例如,实施投毒行为,并不意味着一定构成的就是投放危险物质罪,当不可能发生危害公共安全的危险时,可能构成故意杀人罪或其他犯罪。

3. 普通结果与加重结果

这是以适用不同法定刑档次为标准所作的分类。

普通结果也称为基本结果,是指刑法分则具体犯罪构成作为犯罪成立或者完成犯罪所要求的结果。通常在故意犯罪中属于犯罪完成形态——犯罪既遂要求的结果,如故意伤害的伤害结果;或者过失犯罪所要求的结果,例如过失重伤罪要求的重伤结果。相对于具体犯罪规定有加重结果的情况而言,普通结果的危害程度比较轻。

加重结果,是指刑法分则对发生于基本犯罪构成之外,成立严重犯罪所要求的具有独立评价意义结果。与只发生了普通结果的犯罪相比较,发生加重结果也就意味着犯罪的危害程度严重。例如故意伤害致人死亡时。加重结果具有以下特点:(1)加重结果必须依附于该种犯罪基本构成要件而产生,对基本构成要件具有依附性,不可能单独存在。(2)加重结果与基本构成要件的结果的关系,从立法规定因发生较普通结果危害程度更严重,需要加重其刑事责任的意义上看,加重结果有两种情况。一是加重结果与基本犯罪构成中的结果属于性质不相同的结果,称为"结果加重——结果加重犯";二是加重的结果与基本犯罪构成中的结果性质是相同的,但是在程度上有区别,例如,"数额较大"与"数额巨大","后果严重"与"后果特别严重"。也有称其为"数额加重","情节加重"。(3)只有刑法分则具体犯罪构成要件规定有

---

① 参见张明楷:《刑法学》(上)(第5版),法律出版社2016年版,第167页。

加重结果的,这种结果才是加重结果。

4. 物质性结果与非物质性结果

这是以危害结果的存在形态为标准所作的分类。

所谓物质性结果,是指以物质性变化为存在形态的危害结果,具有以下特点:(1)物质性结果具有直观性,感官可以直接感知;(2)物质性结果具有可测量性,可以通过数量加以计算。例如人的死亡、重伤、财物的毁损等,均属于物质性结果。

所谓非物质性结果,是指不以物质变化为存在形态的危害结果,具有以下特点:(1)非物质性结果具有抽象性,感官不可以直接感知,不具有可测量性;(2)需要根据一定的社会价值观予以评价。例如,对他人人格、名誉损害的结果,主要就是对他人心理上造成的创伤;例如聚众斗殴造成"社会恶劣影响的",捏造并散布虚伪事实,损害他人的"商业信誉""商品声誉"的结果,就是指对正常状态下的社会心理的影响。非物质性结果虽然感官不能直接感知,但并非是不可知的,是可以通过对被害人以及周围的人对事件的态度,通过社会上一般人对事件的认识,可以适当确定非物质结果所造成的损害程度。

5. 直接结果与间接结果

这是以危害结果同危害行为的联系程度为标准所作的分类。

直接结果,是指危害行为实施中未有其他独立因素介入,由行为直接引起的危害结果。也就是说,危害行为同危害结果之间存在内在的直接联系的结果。所谓内在的直接联系,是指危害行为不仅存在产生某种危害结果的根据及充足条件,而且不经过其他独立因素作为联系中介即引起了该种危害结果的发生。例如,用匕首刺中他人心脏致死,他人的死亡就是刀刺行为引起的直接结果;捏造事实诽谤他人,使其人格、名誉受损,他人人格、名誉的损害,就是诽谤行为引起的直接结果。所以,直接结果可以表现为物质性的结果,也可以表现为非物质性结果。

直接结果在刑法中有重要意义,绝大多数犯罪都由直接结果构成。但直接结果并不一定都是属于基本构成要求的结果,如实施非法拘禁,因捆绑行为致使被害人死亡,死亡结果是由非法拘禁行为直接造成的,但死亡结果并不是非法拘禁罪构成要件要求的结果。

间接结果,是指通过其他介入因素,间接引起的其他损害事实。也就是危害行为同危害结果之间通过其他独立因素成为中介而相互联系,引起的损害事实,但这种联系是一种外在的间接联系。例如诽谤行为引起自杀,死亡结果就是诽谤行为间接引起的结果。

其他介入因素可有多种:一是被害人行为的介入,如自杀;二是第三者行为的介入,可能是故意的也可能是过失的行为,或者无罪过行为的介入;三是行为人第二个行为的介入;四是自然因素,如天气、环境、距离等条件的介入。间接结果不能独立成为评价构成犯罪的条件,这样的结果即使不发生也不影响犯罪的成立。但是,在发生间接结果的情况下,间接结果对于刑罚的轻重具有重要的意义。不过在有的犯罪构成要件规定有"情节严重""情节恶劣"时,间接结果通常是需要考虑的重要因素。

有必要注意的是,"间接结果"是与行为联系上并不能直观得到的结果。但是,并不是所有领域内与行为联系上是不直观的结果都可称为是"间接结果"。例如刑法上因果关系所关注研究的结果,从需要解决的问题而言,是危害行为与"直接结果"的因果关系,但是,从研究的意义上说,恰恰是与行为联系不直观的"直接结果",即在有介入因素影响下发生的"间接结果"能否认为与危害行为之间具有因果关系。例如,用匕首刺中他人心脏致死,他人的死亡就是刀刺行为引起的直接结果,二者之间的因果关系事实上不需要研究,需要研究的恰恰是有介入因素影响下发生结果,与危害行为之间有无因果关系。例如,在街上伤害他人,他人在逃避时被过往的汽车撞死。这里死亡的结果,就是不能直观得到的"间接结果"。因果关系所关注的,是伤害行为与并非由伤害行为直接导致的,不能直观得到的死亡结果之间有无因果关系。如果确定有因果关系,在因果关系领域内,死亡结果就是伤害行为的直接结果。

6. 单一结果与复合结果

这是以危害行为所侵犯的直接客体是单一还是复杂为标准所作的分类。

单一结果,是指危害行为侵犯单一直接客体所造成的危害结果。例如故意杀人致人死亡。危害结果就是单一性的。

复合结果,是指危害行为侵犯两种以上直接客体所造成的危害结果。例如,抢劫致使被害人重伤、死亡和财产的损失。复合结果具有以下特点:(1)由一个危害行为引起。"一个危害行为",是指在具体犯罪构成中具有独立构成犯罪意义的危害行为。一个符合构成要件的过失行为造成两人死亡,两个死亡结果不是复合结果,由数个符合构成要件的行为所引起的数个危害结果,不是复合结果,而是数个结果。(2)是因两种以上直接客体受到侵犯所形成。只有一个危害行为同时侵犯两种以上的直接客体时,才能形成复合结果。(3)是两种以上密切相关但形式和性质不同的结果。通常为两种以上物质性结果形态。单一结果和复合结果,一般在构成要件中都有规定。

危害结果的再认识

危害结果无论表现为实质性损害还是危险状态,是物质性还是非物质性的,它与行为人主观上已经预见、认识的结果、所应当预见的结果不是相同的概念。危害结果属于客观范畴,而行为人主观上已经认识到的、已经预见到的或者应当预见的结果,属于主观认识的范畴,是"主观结果"。二者在具体的案件中,有时相一致,有时不一致。从认定具体犯罪的角度而言,是以行为人的主观认识的结果来确定其罪过的内容和形式是故意还是过失,而不以客观上实际发生的危害结果确定罪过。也就是依"所识"为据,而不依"所实"为据。

危害结果不是一般意义上纯粹由某种现象引起的物理变化,某种现象之所以能够具有刑法上的意义,并不都是自然因果流程的必然结果,而是立法者的选择。作为刑法上的选择,它必须是由危害行为形成的事实,危害行为是原因,危害结果是这种原因引起,而不是由危害行为所引起的结果。即使该事实具有危害社会的性质,也不是刑法意义上危害结果。例如,未满 14 周岁杀人致死的结果,就不是刑法意义上的"危害结果";当立法选择某种"状态"是行为的"结局"时,即使在客观上并非行为的最终结局,也得以法律规定为准,如危险犯的"危险状态"。

此外,刑法中对危害结果的规定,有的是具体的,如过失致人死亡的结果等;有的虽然没有在条文中明示,但是根据条文的逻辑关系可以认定是什么结果,如故意杀人被害人死亡的结果、盗窃罪"公私财物的损失"的结果。因此,危害结果在刑法中具有多样性的规定。

危害结果的发生,表明刑法保护的法益受到的损害的事实,因此,只有能够表明法益受到损害的客观事实,才能成为刑法上的危害结果,否则,某种事实即使与危害行为有直接关联性,也不能视为该种犯罪的危害结果。例如盗窃引起自杀,自杀的事实不是盗窃罪法益受到损害所表现的危害结果。即使这种损害结果在行为构成犯罪时,是要作为量刑情节考虑,也不是刑法保护的法益遭受侵害的事实。

当危害结果作为构成要件,是否发生这种法定的危害结果,对行为的社会危害程度起决定性作用,有的情况下缺少其则不成立犯罪,如过失犯罪;有的不能视为已经完成犯罪,如犯罪未完成形态。但是,就算某种损害事实没有作为构成要件,仍然是客观的一种损害事实,可能会影响到刑罚的轻重。

二、危害结果的地位与意义

(一) 危害结果的地位

危害结果在犯罪构成中的地位,主要涉及危害结果是否属于共同要件的要素,学界有不同认识。危害结果是否为犯罪的共同要件,应以刑法的规定为标准。如前所述,危害结果有广义和狭义的认识,如肯定任何犯罪都有危害结果,这是站在广义的立场上看危害结果,广义危害结果具有一定的抽象性和概括性,它侧重于体现行为的社会危害性,更多是具有建构犯罪构成理论体系的意义(也就是从犯罪是具有社会危害性的行为的意义上理解危害结果)。由此,不论何种性质、形式的犯罪,也不论是否完成犯罪,只要实施了刑法禁止的危害行为,就侵犯了刑法保护的法益,就必然有危害结果。如果从实践认定犯罪的需要看,刑法没有对所有犯罪都将狭义的危害结果作为构成要件。这种性质的危害结果在某些犯罪中就不存在。(在该意义上的危害结果,是客观的危害事实,也即"形式要件"上的危害结果,需要客观查证的事实)如犯罪未完成形态的预备、未遂、中止,即使不存在刑法所要求的特定危害结果时,刑法仍将其规定为犯罪,即使没有发生特定危害结果,仍然成立犯罪。从这个意义上说,狭义的危害结果并非每一个犯罪都要求具备。在具体的犯罪构成中,狭义危害结果是否属于构成要件,是立法者根据国家的刑事政策和实际需要而确定,只要刑法将危害结果作为构成要件加以规定时,它才是某些犯罪的必要要件。从该意义上说,狭义的危害结果仍不能认为是客观上的共同要件。在狭义的危害结果中,非物质性的损害事实通常认为是与危害行为同时发生。因此,在能够确认构成犯罪的情况下,就视为危害结果已经发生,没有特别的必要予以考察。而相反的是,刑法通常是将有形的、物质性的危害结果是否发生,作为犯罪成立,或者犯罪是否完成的标准。在这种犯罪中,是否发生物质性结果,由于决定犯罪的成立与否,以及犯罪是否完成,所以,狭义危害结果中的物质性结果,是这类犯罪的构成要件,或者既遂标准。这种物质性的危害结果,也不是所有犯罪都要求具备。因此,狭义的、物质性的危害结果也不属于共同要件。多数学者认为,在完成的犯罪形态中,结果犯、结果加重犯是以危害结果为构成要件,而行为犯、举动犯不以危害结果为构成要件。其中,有争议的是危险犯的危险结果地位。有学者认为,危险犯是以危险状态发生为既遂的标志。[1] 这基本上也是通说的认识。而过失及间接故意的危险犯,危险状态是犯罪的成立标准。不同的观点则认为,危险状态属于构成要件的内容,如不足以发生危险的,不构成犯罪。[2] 此外,还有些学者认为危险状态在危险犯中是未遂的标志。[3]

(二) 危害结果的刑法意义

1. 结果为区别犯罪的形态的依据

(1) 以结果在刑法中规定的情况为标准,可以分为行为犯、结果犯、结果加重犯(是以单独犯为标准)。

行为犯,是指以法定行为为犯罪构成的要件,而不以特定结果的发生为犯罪完成标志的犯罪。行为犯完成形态的形成,有一个由低程度行为向高程度行为的流程和演变过程,也就是从着手实施向完成行为发展的过程。但行为犯的完成形态,刑法并不是要求都必须达到实然完成犯罪的程度,而是行为只要达到法律认可的一定程度,即使实然上行为人尚未完全实施完行为,也应当以完成的犯罪论处。例如,诬告陷害他人犯罪,向司法机关告发。只要实施告发行为,即认为犯罪的完成,他人是否被错误追究刑事责任,在所不问。

结果犯,是指以法定结果为构成要件,或者为完成犯罪标志的犯罪。这里的危害结果,只限于物质性的结果。例如故意伤害罪、过失致人死亡罪,均要求发生法定结果。这种犯罪只是实施法定的行为,而没有发生法定结果时,有的是不能评价为犯罪的,例如过失犯罪就是如此,如过失致人死亡罪的死亡结果,就具有构成要件的意义;有的即便发生一定的危害结果,但不属于该种犯罪法定的结果时,结果只能是评价为犯罪未完成的依据,例如故意杀人而未致死,但造成重伤的结果。死亡结果是故意杀人罪犯罪完成的标志,没有发生死亡结果,即使造成严重伤害结果的,犯罪也是没有完成。

结果加重犯,是指实施基本的犯罪构成的要件的行为,发生基本犯罪构成要件以外的重结果,对该重结果刑法规定更重刑罚的犯罪。例如抢劫致人死亡结果发生时,

---

[1] 参见叶高峰主编:《危险公共安全罪新探》,河南人民出版社1988年版,第29页。
[2] 参见梁世伟:《刑法学教程》,南京大学出版社1987年版,第422页。
[3] 参见高铭暄、马克昌主编:《中国刑法解释》(上卷),中国社会科学出版社2005年版,第970—972页。

刑法规定的法定最高刑是死刑,远重于在没有发生致人死亡时适用的刑罚。

(2)以对刑法保护的法益造成的侵害形态为标准,可以分为实害犯、危险犯。

实害犯,又称侵害犯,是指以实施的行为对刑法所保护的法益(以及对象)造成实际的损害的犯罪。例如,前述结果犯、结果加重犯,均属于实害犯。有的学者认为,实害犯如果从规范的意义上说,与犯罪是否完成、成立没有关系,均不影响立法规定的这种犯罪是实害犯,如故意杀人罪、故意伤害罪、盗窃罪、过失犯罪都属于实害犯。也有学者认为,如果从实然意义上说,只有在造成实际物质性损害的情况下,才是实害犯。本书主张前一认识。

危险犯,是指对刑法保护的法益侵害的行为,导致足以发生实害结果的现实危险状态的犯罪。例如我国《刑法》中危害公共安全的犯罪以及第330条妨害传染病防治罪等,属于危险犯。过失危险犯,危险状态是犯罪的构成要件。危险犯,理论上又分为具体危险犯与抽象危险犯。

2. 结果是区分罪与非罪的客观标准

(1)结果可以是区别过失犯罪和有些罪与非罪的客观标准。我国《刑法》第15条第2款规定:"过失犯罪,法律有规定的才负刑事责任。"即刑法对过失行为只有导致比较严重的危害结果,才能认定为犯罪。所以法定的危害结果成为区分过失犯罪的罪与非罪的客观标准。此外,例如在数额较大作为构成要件的犯罪,是以是否发生这种危害结果区分罪与非罪。

(2)在某些犯罪中,结果是区分犯罪基本形态与加重或者减轻形态,以及区分犯罪完成与未完成形态的重要标志。例如抢劫致人死亡的,是结果加重犯;故意杀人致死亡结果发生的,是完成犯罪的标志。

3. 结果是某些犯罪区分此罪与彼罪的标准

在某些犯罪中,由于发生基本犯罪构成以外的危害结果,刑法规定依照故意造成该危害结果的行为定罪,而不得作为该基本犯罪的结果加重犯论处。这时危害结果的发生,就成为区分此罪与彼罪的标准。例如我国《刑法》第247条规定:"司法工作人员对犯罪嫌疑人、被告人实行刑讯逼供或者使用暴力逼取证人证言的,处……致人伤残、死亡的,依照本法第234条、第232条的规定定罪从重处罚。"即按照故意杀人罪或者故意伤害罪定罪处罚。

4. 结果是影响刑罚轻重的重要因素

在所有犯罪中,危害结果对刑罚的轻重都具有重要的影响。有无危害结果,以及危害结果程度直接反映着行为的社会危害程度。危害结果对刑罚轻重的影响,包括以下几个方面:

(1)危害结果是决定法定刑设置幅度的重要标准。在法定刑的设置上,分则条文是根据设置危害结果和危害结果的严重程度,相应地设置轻重不同的法定刑。所以,危害结果在立法上成为设立法定罪刑单位的根据之一。在我国刑法中多数犯罪都规定了两个或两个以上的罪刑单位。

(2)危害结果对刑罚轻重有重要影响。一是在立法上作为法定的量刑情节。例如刑法中的从重、从轻、减轻和免除刑事责任的法定量刑情节中,危害结果的程度,是确定适用法定量刑幅度以致刑的轻重的重要内容,如对中止犯,防止结果发生的,就是免除处罚的法定情节。二是在司法实务中,危害结果可以是重要的酌定情节,是量刑时决定刑罚轻重的重要情节。例如,我国《刑法》第 235 条规定:"过失伤害致他人重伤的,处 3 年以下有期徒刑或者拘役。"这里致人重伤的程度、遭受重伤的人数就成为在法定刑内量刑轻重应当考虑的因素。

第六节 因果关系

一、因果关系概说

因果关系,是指两种现象之间引起与被引起的关系。引起发生的现象称为"原因",被引起发生的现象称为"结果",二者之间引起与被引起关系,即为"因果关系"。因果关系,是客观事物(现象)之间存在的关系,且一旦发生,就不以任何人的意志为转移。因此,因果关系的有无,只能从客观事实中去具体考察,而不能臆断。

在客观世界中,各种客观现象都是普遍联系和互相制约的。在普遍联系中,在某一对现象中,作为原因的现象,可以是由另一现象引起发生的结果,而作为结果现象本身又可以是引起另一现象发生的原因。所以。某一现象对于前一现象来说是结果,而对于后一现象来说,又可以是原因。因此,原因和结果在现象的普遍联系中只是相对的,而不是绝对的,但如此显然是无法区别哪个是原因,哪个是结果。而要确定哪个现象是原因,哪个现象是结果,就必须将其中的一对现象从普遍联系中抽出来,这时才能显现哪一个是原因,哪一个是结果。这就是研究因果关系要遵循的"孤立简化"原则。就是将具体普遍联系的一系列现象中的某一对现象人为地予以绝对化,从相对的因果关系中抽出来。经绝对化的因果,原因就是原因,结果就是结果,经过绝对化的"因"与"果"之间的关系才是刑法中研究的因果关系。

在绝对化的原因与结果上,原因总是在结果发生之前存在的现象,因此,司法上只有在结果的现象之前去寻找作为原因的现象。然而,何种"适格"的现象能够成为结果发生的原因,或者能够成为原因引起的"结果",学界有不同的认识。早期有学者主张"犯罪行为、犯罪结果说",即指因果关系对象限于犯罪行为与犯罪结果之间的因果关系。[1] 高铭暄教授主张"危害行为说",即指是人的危害社会的行为与危害结果之间的因果关系。[2] 这也是目前的通说。侯国云教授主张"行为说",即指人的行为与危害结果的关系。[3] 另有"违法行为说",即指是人的"违法行为"与危害结果之间的因果关系。[4] 张明楷教授主张"类型化实行行为说",即指因果关系中的原因,只能

---

[1] 参见李光灿、张文、龚明礼:《刑法因果关系论》,北京大学出版社 1986 年版,第 21 页。
[2] 高铭暄主编:《刑法学原理》(第 1 卷),中国人民大学出版社 1993 年版,第 569 页。
[3] 参见侯国云:《论刑法因果关系的研究对象》,载《政法论丛》1997 年第 6 期。
[4] 参见吕占锁:《也谈刑法中因果关系的研究对象》,载《法学评论》1983 年第 3 期。

是类型化的实行行为。① 显然,"行为说"可将任何行为都纳入研究的范围,失之过宽,而"违法行为说"也可将所有的违法行为,包括行政、民事、经济违法行为作为研究对象,不利于刑事法领域内的研究与其他法领域的研究划清界限,同样失之过宽。"犯罪行为、犯罪结果说",需要在研究因果关系之前就要确定是"犯罪行为"和"犯罪结果",这显然并不符合司法的需要,因为司法中并非是先确定是犯罪行为之后,再研究因果关系,更何况"犯罪行为"、"犯罪结果"是已经具有了应有的价值评价后的结论。

"危害行为说"是目前的主流观点,但如前所述,危害行为可分为实行行为与非实行行为两种类型。实行行为,是直接威胁或侵害某一具体法益的行为,当犯罪构成以实际危害结果的发生为判定犯罪完成标志,或者是具体犯罪的构成要件时,实行行为是直接造成实际危害结果发生的行为,对危害结果的发生具有直接的原因力。而非实行行为是对实行行为具有重要的制约、补充、从属作用的行为,并不直接威胁或侵犯特定具体的法益,在具体的危害结果为判断完成标准的犯罪,或者以此为要件的犯罪中,虽然也是结果发生的原因之一,但不具有直接的原因力(间接的原因力)。如果从因果关系的角度说,是对作为原因的实行行为原因力给予补充的原因,其自身不能独立地引发结果。因此,本书赞同张明楷教授对因果关系研究对象的界定:是类型化实行行为与危害结果之间的因果关系。

大陆法系因果关系的简单梳理与体系地位

1. 因果关系的概念

大陆法系刑法理论中的因果关系,是指以发生一定的结果为构成要件的行为与结果之间所必须具备的连锁关系,即无前者即无后者的关系。在这一理解中,只有发生一定的结果才能构成犯罪既遂的犯罪,才有讨论因果关系的必要,至于形式犯②,不发生因果关系问题。

刑法上的因果关系理论所要解决的问题,是发生了符合构成要件的结果,依据什么标准才能将某种行为看作是该结果的原因,也就是如何判断因果关系的有无和范围,因而,刑法上的因果关系就是指行为与结果之间的一种联系。

那么,因果关系是在什么样的犯罪中才能成为必须关注的问题。大陆法系学者普遍认为,首先,因果关系对故意的结果犯而言,是为解决犯罪既遂、未遂标准问题而需要的。由于依据刑法,是以处罚既遂为原则,而有的故意犯罪不处罚未遂,因而确定不具有因果关系,则为无罪。其次,在结果加重犯的场合,因果关系是区别是否成

---

① 参见张明楷:《刑法学》(上)(第5版),法律出版社2016年版,第182页以下。
② 形式犯是与实质犯相对应的概念,是大陆法理论上经常使用的概念,前者是指对法益侵害不要求具体实质性损害为构成要素的犯罪,如诬告陷害罪;后者则是指对法益的实质性损害为构成要素的犯罪,如故意杀人罪。从这一点说,形式犯与行为犯相当,实质犯与结果犯相同。也有观点认为,形式犯的概念中,可包括抽象危险犯以及举动犯、行为犯。

立结果加重犯的标准。例如,非法拘禁他人,不料拘禁场所遭受雷击而致使被害人死亡,这是因自然现象介入而引发的结果,行为人只能构成非法拘禁罪而不成立非法拘禁致人死亡的犯罪。再次,在过失犯中,因果关系是区别有罪还是无罪的标准,以及区别重罪与轻罪的界限。当然,在过失犯中,是运用违反注意义务与结果的因果关系。最后,因果关系在共犯论中,发挥着对区别正犯(实行犯)与狭义共犯(帮助犯、教唆犯)的重要作用①。可以看出,大陆法系的因果关系,是实质犯罪构成要件成立的必要要素。

根据上述的理解,所谓刑法上的因果关系,是指一定的前行事实(实行行为)与一定的后行事实(结果)之间的原因与结果的关系,并且是一定的前行事实(实行行为)符合犯罪构成要件的要素。在无前行事实,就无后行事实的这种关联性时,就没有因果关系,否则就是有因果关系。基于这种一般的理念而认识因果关系,因此也叫论理因果关系。

德日学者多数人认为,刑法上的因果关系不是自然科学意义上的概念,也不是单纯事实上的概念,而是法律上的概念,即要在刑法上确定某一结果是不是由某人的行为所造成的。而且,要确定是符合构成要件的行为是不是引起结果发生的原因,即确定符合构成要件的行为与结果之间有无因果关系。所以,刑法上的因果关系是由法官根据具体事实和经验法则自由裁量的,不受自然科学鉴定的约束。

2. 因果关系的体系定位

因果关系在犯罪论体系上的定位,即是指因果关系究竟属于哪一个范畴的问题,是属于行为论,还是构成要件论或者责任论范畴内。

在19世纪中期之前,大陆法系刑法理论将因果关系看作是刑法分则各个犯罪(尤其是杀人罪、伤害罪)问题的一部分,而不视为刑法总则犯罪论中犯罪的一般要素。

直到19世纪60年代以后,才由德国刑法学家布黎(Buri)在1860年发表《共犯与犯罪庇护的理论》和巴尔(Bar)在1871年发表《法律、特别是刑罚中的因果关系理论》提出"原因说"后②,才逐渐将因果性的要素作为刑法总则上行为的一般特征加以论述,因果关系才逐渐成为行为论中的问题,而且不仅在理论上开始重视因果关系,在实践上因果关系也占据了重要的地位。在这个时期理论上主张,只要可以认为前行事实(实行行为)和后行事实(引起的结果)之间具有物理上的因果流程,就认为因果关系存在;有因果关系存在,就可以认为行为人应当负刑事责任。因果关系一度被称为是"万能的因果关系",在实践上所奉行的是由布黎倡导的"条件说"。

在条件说占据支配地位的时期,因果关系属于行为论的范畴。由于"条件说"主张的因果关系是一种"如无前者,即无后者"的事实(论理)因果关系,所以,因果关系不是在符合构成要件以后才发生法律上的价值判断,不属于构成要件符合性问题,在

---

① 参见〔日〕浅田和茂:《刑法总论》(补正版),日本成文堂2007年版,第131—132页。
② 参见马克昌:《比较刑法原理——外国刑法学总论》,武汉大学出版社2002年版,第203页。

体系上被置于行为论的阶段。在实务操作上要求引起符合构成要件的行为与"客观归属于行为"的结果的关联关系(因果律),因果关系在体系上被看作先于构成要件而存在的行为要素,即是将外部的意思活动的行为和构成要件的结果,都视为与行为不可分的要素。在德国刑法理论上最盛行的就是"条件说",条件说目前仍然是德国刑法中的主流观点,但在实务中也有采纳相当因果关系说,不同的是目前德国刑法中是将因果关系问题与客观归责问题分开,即因果关系是修正过的条件说,因而有因果关系也不意味着能够归责。

19世纪末20世纪初,由德国学者冯·克里斯(v. Kries)提倡的"相当因果关系说"逐渐流行,因果关系在犯罪论体系上的地位开始发生了动摇。相当因果关系说,在日本刑法理论中基本上可以说是通说。它是以一般类型化的观察方法来判断因果关系的有无,即主张引起结果的条件行为,如果按照人们的社会生活经验认为是具有相当性的,这个条件对于结果的发生就是具有相当性的原因,即有因果关系存在。此后,事实(论理)关系中的法律属性,逐渐在刑法上占据了重要地位,因果关系又逐渐被看作是法律所规定的符合构成要件的问题,逐渐脱离行为论的领域而进入构成要件领域。但此时的因果关系也被视为判断责任有无的一个方面,同时也被视为也属于责任论的范畴。

因果关系是法律上有价值的事实(论理)关系的观点,是目前多数学者的认识。也就是说,刑法上的因果关系,并非纯自然的事实之间关系,也不是抽象意义上构成要件符合性的问题,更不是责任或违法性的问题,而是在法律上具有意义和价值的事实间关联性的问题。因果关系虽以自然的事实关系为实质,但仍然是法律上具有价值的事实关系的关联性问题。所以,因果关系的研究,不是对单纯的事实(论理)关系的认识,而是法律上的概念。研究因果关系就是要解决构成要件中所规定的实行行为,与构成要件所规定的结果的事实之间的关联关系。因而,因果关系是构成要件符合性的一个要素,是构成要件符合性问题,需要在构成要件领域内加以研究。

二、大陆法系因果关系的学说①

(一) 条件说

条件说主张:"一定的前行事实(行为)与一定的后行事实(结果)之间,如果存在'无前者即无后者'的论理的条件关系时,则其行为即为结果的原因,两者之间具有因果关系。"②即肯定有条件关系就有因果关系。

条件说的特点在于:在因果关系上不区分条件与原因,虽然两者都是发生结果必不可少的因素。一个行为只要在论理上是先于结果发生的条件,就是结果的原因。

---

① 以下学说观点,没有特别注释的,主要内容参考马克昌教授《比较刑法原理——外国刑法学总论》(武汉大学出版社2002年版)一书,不再一一注释说明,当然,必要的解释,则是笔者的解读。

② 参见同上书,第204页。

"论理上的条件",即是从常理(逻辑)上说,如果没有此条件就不会发生结果,则引发结果的条件就是原因。因为所主张的是"条件就是原因",因此被称为"条件原因说"。条件说认为行为和结果,不是抽象理解的,必须做具体的理解的。例如,杀死即将死亡的人,也存在因果关系。所以,只要承认条件关系,其结果即使由于偶然事件而成立,也可以因为被害人自己或者第三者的行为而成立。条件说被批评为,不区分"论理上的条件"与"法律上的原因",主张一切条件都是法律上的原因,有因果关系就是有责任,是将因果关系与责任相混淆。

因该说主张条件与原因对于结果发生都是必不可少的,不问其价值的大小,所以,也被称为"等同说",或"等价说",或者"共同原因说"以及"论理的因果关系说"。

条件说的优点在于,它从论理的观念上将先后发生的事实联系起来,凡是为后一事实发生所必不可少的前事实,都是后事实的原因,先后两事实之间就具有因果关系,就具有责任。它坚持了因果关系的客观性,而且其结构简单、明了,没有故弄玄虚。可以说,条件说不失为因果关系的客观基础。而且,条件说是以判断因果关系是否存在为标准的,这正是它的妥当之处。但是,条件说被指责缺陷明显。

(1) 条件说主张一切条件都视为具有平等价值,这种经验性,在理论上将导致无穷无尽,其结果无限制地扩大了刑法上的因果关系。根据条件说,谋杀者的父母、祖父母,以至于制造谋杀者使用刀子的工匠也要与谋杀者共同承担谋杀的责任,这显然是荒谬的。刑法上的因果关系属于构成要件符合性的问题,理应在构成要件上限定重要范围,而条件说无法提供这一标准,这一标准,就不得不在条件说之外去寻求。这一评判为之后德国学者提出"在法律上具有重要意义的原因"的学说提供了依据,用来修正条件说的这一缺陷,并为客观归责说提供了理论基础。

(2) 从方法论上看,它所研究的是法律前的因果关系,即解决行为构成要件符合性之前的一般行为与结果的因果关系,并将这种因果关系直接运用在刑法上,在研究因果关系的范围上显然过于宽泛,扩大了刑事责任的范围,违背刑法的基本精神。所谓的刑法精神,是指刑法并不认为一有侵害性的行为,当然都是所发生的结果的原因,只有使结果发生具有可能性的行为(这就是作为相当因果关系说和客观归责说的另一个重要的基础理论——相当理论),才能认为是结果发生的原因。例如,抢劫罪和强奸罪就有实际发生致人死亡的可能性,当实施抢劫或者强奸致人死亡时,才能认为具有因果关系,而盗窃罪就不具有这种可能性,因此,在实施盗窃行为时就不包含致人死亡的可能性,也就不能认为发生死亡结果的原因是盗窃行为。例如,登山的人准备的资金被盗,不得不重新筹措资金,不料因为晚几天登山遇到大雨,因山体滑坡而死亡。如果按照条件说,盗窃者就必须为死亡结果承担责任,这显然是不合适的。

(二) 因果关系中断说

因果关系中断说仍然是条件说的基本主张,是基于条件说的因果关系范围过宽的缺陷,意在限制条件说,由德国学者冯·巴尔(v. Bar)所提倡的。巴尔认为,因果关系在进行中,介入一定的自然事件,或者他人的自由意思的行为,可使原有的因果关系中断,即前行为人的条件行为与结果之间的因果关系中断,在介入的自然事件或者他人的行为对因果关系起了支配作用时,是后行为人的行为与结果之间,继而发生因果关系,或者后行事实遮断原有的因果关系,使前行行为与后行结果之间断绝了因果关系。例如甲致伤乙,乙自己为自己疗伤,不料受感染而死亡,即可认为原因果关系中断。

对介入什么条件能够使因果关系中断,主要有两种理论:

(1) 有责任能力人基于自由意思的故意行为介入中断说。此说主张,只有在有责任能力人基于自由意思的故意行为介入,才能使原有的因果关系中断。如果介入的是无责任能力人的行为,或者非故意的行为,包括自然力和过失行为,原有的因果关系不中断,仍应认定,如间接正犯[①]的情况。其理论根据是:第一,根据共犯从属性说[②],共犯是以正犯为核心,从属于正犯。正犯既遂,共犯也既遂;正犯未遂,共犯也未遂,即共犯一般不能单独成立犯罪,只能附属于正犯承担教唆或者帮助行为的责任。教唆犯或者帮助犯虽然与结果的发生也有一定的因果关系,但是由于正犯行为的介入而被中断,所以,教唆犯或者帮助犯至多是为结果的发生提供了间接条件。这可称其为"法律上的因果关系中断说"。第二,事实中断。有责任能力人的自由意思行为(不受其他因素制约的自主行为),或者故意行为一旦介入并支配原来进行的因果关系,最初行为人的行为便与所发生的结果之间的因果关系中断,而发生了新的因果关系流程,由于新因素的介入使原有因果关系流程发生事实上的中断,所以,发生中断的原因并不是法律上的,而是事实上的。例如,甲以杀人的故意向乙开枪,乙受致命伤而入院抢救,适有丙放火,致使乙被烧死。丙是有责任能力的人,行为是基于丙自己的自由意思,并对乙的死亡具有独立的原因力,它的介入使事实上已经将甲与乙死亡结果之间的因果关系被遮断。

法律上的中断说,是以教唆犯或者帮助犯的规定作为因果关系中断的根据,从理论上说并非完全正确,因为共犯的实质在于为使结果发生而对正犯加功、协力。法律中断说却以一部分人的行为遮断由另一部分人行为(实行行为)引起的结果之间的因果关系,这是与共犯本质相悖的;而且,法律上规定教唆犯或者帮助犯,并不是因为因果关系中断,而恰恰表明刑法上的因果关系具有的延续性。事实上的中断说,也值得商榷。认为有责任能力人的自由意思行为,或者故意行为一旦介入并支配原因果关系流程,最初行为人的行为便与所发生的结果之间的因果关系中断,这在事实上并不是一种普遍的规律,后介入的行为往往并非单纯地支配因果关系的进行,也存在与前行为或其他条件相辅构成对因果关系起到支配作用,用后介入行为的支配能力完全否定前行为的支配力,是不合理的。

(2) 独立原因介入中断说。此说认为,后介入的只要是能够独立发挥作用的原因,不论是人的任何行为,还是自然现象,都足以中断原有的因果关系。认为行为由

[①] 参见第九章第四节中的"间接正犯"。
[②] 狭义共犯,即教唆犯、帮助犯,不包括共同正犯。参见第九章第一节"一、犯罪的参与体系"中的"共犯从属性"。

于时间的先后不同,可能成为独立的原因力,也可能不成为独立的原因力,而且还可能将原是独立原因力的变为非独立原因力。所以介入的原因具有遮断前行为的原因力。

独立原因介入中断说,同样是值得商榷。因为后介入的行为,有时并非单独地支配因果关系,同样可以是与其他原因相互结合来支配因果关系流程,即使后介入的行为的原因力强,也不能否定其他有原因力的行为对于结果发生所起的作用。例如甲以杀人的故意向乙开枪,乙中弹受致命伤,而入院抢救,适有丙放火,致使乙被烧死。如果不是受到前行为的致命伤害,乙完全可能逃离火灾的侵害,就不能说前行为对死亡结果的发生没有起到作用。而且,该说实质上等于说所有介入原因都视为可以独立发生支配力的原因,是不尽合理的。

为弥补因果关系中断说所存在的不足,其后学者还进一步对因果关系中断说理论,从另一个角度进行了修正,提出了"禁止溯及说"和"责任更新说"的理论。

（三）禁止溯及说

禁止溯及说是德国学者弗郎克(Frank)为弥补因果关系中断说不足而提出的,并试图以此替代因果关系中断说。该说认为,具有自由意志并且有意识的,或故意而有责的行为是引起结果的条件时,那么之前的条件(先行条件)就并非原因。也就是说,如果介入的行为是故意行为而且是有责的,那么,因果关系就不能溯及先前的行为,因果关系即是中断的,反之便可以溯及,因果关系不中断。所以,禁止溯及说,仍然是因果关系中断说而已。禁止溯及说,在大陆法系学者看来,以后介入行为有无意识,甚至有无故意和有无责任作为能否遮断前行为与结果之间因果联系,是将主观因素加入因果关系中,破坏了因果关系的客观性。所以,基本上没有支持者。但此后也有主张如果行为人对介入行为有预见可能性时,不中断因果关系。例如,乙知道甲有寻仇报复杀人的意思,故意将匕首置于甲能够发现之处,甲果真用此匕首杀人的,乙因对甲故意行为的介入已经预见到,所以因果关系不中断,乙仍然要归责。如此一来,禁止溯及说,只适用于后介入的行为限于故意时,才能适用该理论,其范围明显受到限制。

（四）责任更新说

责任更新说认为,前行为与结果之间因果关系,在理论上不因后行为的介入而中断,而只负后行为介入之前的责任,对于介入因素后所发生的结果不负责任,即没有因果关系,也就是发生了责任的更新。例如甲致伤乙,乙自己为自己疗伤,不料受感染而死亡,甲只负伤害的责任,不负死亡的责任。责任更新说在条件并不复杂的情况下,解释因果关系还是有一定道理的,但是,不能解释当前行为和后行为都是结果发生的原因时,为什么只要求后行为人承担责任,而前行为人的行为被遮断阻断责任的情况。[①]

总体上,根据条件说,并不认为因果关系的范围应有所限制,但基于条件说缺陷

---

① 此外,"责任更新说"在解释"继承的共同正犯"的因果关系问题上有明显的漏洞。

而主张的各种因果关系中断理论,是在限制条件说的适用范围,本质上与条件说的理论有相悖之处。

(五) 原因说

原因说也是因条件说扩大因果关系及刑事责任范围的弊端而产生的一种学说。主张将原因和条件予以区别,认为对于结果发生特别有力而且重要的条件是原因(法律上的原因),而其他条件与结果发生无关,没有原因力的,则为条件(单纯条件)。由于是主张分别考察,所以,也被称为"差别原因说""个别化因果关系说""原因条件区别说"或"限制条件说"。那么,如何区别原因和条件? 有以下几种不同学说:

(1) 必要条件(原因)说。该说是由德国学者伯纳(Böhner)提出的,认为在发生结果的各种条件中,只有那些为发生结果所必需的,不可缺少的一个条件才是原因,而其他的条件则属于"单纯的条件"。但是伯纳的观点在很多地方是行不通的。例如,对于身患重病已经处于病危状态的人,不使其自然死亡,而扼颈加以杀害。如此则应当认为该人的死亡已属必然,扼颈的行为只是单纯的条件,就不能认为有因果关系而归责。这一结论很显然不正确。而且,认为条件中只有一个是必要的,其余的都是单纯的条件,但很多情况下结果都是由数个条件或者原因竞合或者在连续作用下发生的,仅仅是一个原因的反而不多。在这种情况下,选择哪一个是原因,哪些是条件是很难做到的。

(2) 优势条件说。该说也称为优越条件说,该说由德国学者宾丁(Binding)所主张,认为原因中分为起果条件(积极发生结果的条件)和防果条件(消极地防止结果发生的条件),两者本来势均力敌,这种均衡的态势一旦被破坏就要发生一定的结果,而均衡的态势之所以被破坏,是因为起果条件优于防果条件而成为具有决定性的力量的原因,这种压抑防果条件而占据优势的起果条件,就是原因。所以,凡是优于其他条件而领先使结果发生的条件,就是原因,其他的均为单纯的条件。

以优势条件说主张的标准,在现实中有时无法来判断,因为有时往往存在有数个条件都具有优势地位,并且都是具有决定力的,何者为原因就很难判断。而且,通常情况下结果发生也是由各种条件协力发生的,如果仅仅认定其中某一个是原因,其他都是条件,是不妥当的。例如,甲开枪已经将乙打伤,生命垂危,适逢乙的仇人丙路过,见乙没有断气,便用刀将乙的头砍下,乙死亡。按照优势条件说,丙的行为则无疑是优势的具有决定力的,所以应当负故意杀人罪既遂的责任;但因此而认为甲的行为就属于非优势的,不承担犯罪既遂责任的结论也是值得商榷的。

(3) 最后条件说。该说也称为最终条件说、最终原因说,该说由德国学者奥特曼(Ortmann)所主张,认为在使结果发生的数个条件中,最后的条件行为,是破坏以前所保持的均衡状态而发生结果,所以,这个最后的条件就是原因。但这种观点也欠妥当,因为在数个条件中,有时在前面的条件对于结果的发生所施加的原因力更强,起决定性的作用,而后行为的力反而较弱,不起决定的作用,只是促成结果发生的作用。例如,甲致乙受到致命伤(抢救不及时必然死亡),丙驾车送医院抢救,不料途中遭遇堵车而无法及时赶到医院,乙死亡。按照最后条件说,堵车的意外反而成为乙死亡的原因,甲致乙受到致命伤的行为则成为条件,要排除归责。所以,单纯以后行为视为结果发生的原因,这显然是不妥当的。

(4) 最有力条件说或最有力原因说。该说由德国学者毕克麦耶(Birkmeyer)所主张,认为对于结果发生最有效力的条件就是原因,其余的条件为单纯条件。如甲、乙共同杀害丙,甲打击的是非致命部位,乙打击到致命部位,乙的行为最有力,乙就应当负杀人既遂的责任,而甲的行为是条件,不负既遂的责任。大陆法系学者认为,最有力条件说与优势条件说的缺陷有很多情况下是相似的。

(5) 最重要条件说。该说也称为动力条件说,该说由德国学者科勒(Kohler)所主张,认为条件可分为两类,一是动的条件,一是静的条件。给予结果发生为动力者,为原因,因为具有引起外界变化的动力;对于结果发生赋予状态者,是一种静的条件,是单纯的条件,因为只是提供了静止的状态,没有引起变化的能力。但学者们认为,实际上人的行为都是"动"的条件,如甲帮助乙伤害丙时,仅仅是站在旁边将丙堵住不让其逃走。如据此说,乙的行为是动力条件,是原因,而甲的行为只是使丙处于被动的地位,是静的条件,所以不能成为伤害的原因,是条件。显然这一结论是不能接受的。

(6) 离规条件说。该说又称为反则(背则)条件说、变易常规说,该说由德国学者巴尔(Bar)所倡导,认为应当以行为是否违反生活常规,作为决定有无因果关系的标准,在多个条件中有违反生活常规的条件,即为引起结果发生的原因,其余的条件为单纯条件。但这显然是不合理的,不能够仅仅根据行为是否违背生活常规作为标准,因为有些违背常规的行为也不一定都是结果发生的原因;而有些不违背常规的行为也不一定都不是结果发生的原因。例如,甲到乙家做客,辞行时乙诚心留甲用餐,用力将甲推坐在沙发上,不料甲患有严重的心脏病,而造成猝死。这里乙劝甲用餐推甲坐下的行为就不违背生活常规,但不能说不是造成甲死亡的原因。而且离规条件说将违反生活常规的行为与违法行为混淆,实际上是将违法行为视为是原因,显然是不妥当的。

(7) 最先原因说。该说又称为直接原因说,德国学者麦耶(Meyer)主张此说,认为在多数的条件中最先引起结果的条件或者有直接关系的,就是原因;此后引起的或者有间接关系的,就是单纯条件。最先原因说是以行为距离结果的远近和具有直接或间接作用,作为区别原因强弱的标准,并不问实际上行为力的强弱,并非合理,而且,行为对结果的发生,实际上也难以区别直接或者间接关系。依此说,将会使利用间接关系实施犯罪的行为认为不可以归责,如"间接正犯"的情况,这显然是不合理的。

(8) 决定条件说。该说由由德国学者纳格勒(Nagler)所倡导,主张根据社会的评价来决定行为是否为结果发生的原因,即将决定和支配因果链条连锁发展方向,或者对于事实的进行(结果的发生)给予决定性的原动力条件视为原因,将其余的其他条件视为单纯的条件。此说与优势条件说和最重要条件说很相似,但是该学说是将重点放在"是否曾经支配因果连锁的方向"上,所以与前述的学说有所不同。但是从主张以社会评价决定是否为原因这一点上,与其他主张有相同之处,因此,德、日学者认为此说也不妥当。

总之，原因说否定所有的条件在刑法上具有同等价值，这一点无疑是正确的，但对究竟什么是原因，什么是条件，没有能够做出一个使人心悦诚服的标准，时至今日，在大陆法系理论上，已经很少有将原因说作为解决因果关系的理论依据。

（六）相当因果关系说

相当因果关系说，也称为相当性理论、相当条件（原因）说。在日本刑法理论中居于通说的地位，但在德国刑法理论上，也有少数学者采用相当因果关系说的理论，而且，在德国实务中至少在第二次世界大战前后还采用相当因果关系说。不过此后理论上认为，可以根据传统的刑法理论，通过故意与过失、违法性与罪责等等理论，限制和缩小条件说理论在认定因果关系可能发生扩张刑事责任的弊端。因此，在德国实务中，修正后的条件说仍然是通说。

相当因果关系说是以条件说的基本理论为前提，对于因果关系的范围加以限制的一种因果关系学说。1889 年，德国逻辑学家兼医学家冯·克里斯（v. Kries）在《可能性的概念及其对于刑法的意义》一文中首创相当因果关系的概念，后由德国学者冯·巴尔（v. Bar）、科莱斯（Kries）奠定基础，由鲁梅林（Rümelin）和特拉格尔（Träger）进一步发展起来。

相当因果关系说是以条件说为理论基础，认为要主张行为与结果之间有因果关系，就需要把人类全部经验、知识作为基准，基于某种原因的行为引起某种结果的事实，一般认为相当时，就认为它是刑法上重要的因果关系，在这种相当性范围以外的结果，则没有重要性，因而在刑法上不予考虑。相当因果关系说主张，刑法上的因果关系也是论理上的因果关系，但是并非所有论理上的因果关系都可以成为刑法上的因果关系；只有那些在社会经验法则上与结果具有相当性的行为，才是刑法上的原因行为，才能具有因果关系。可见，相当因果关系说不同于条件说，因为条件说认为所有论理上可以发生结果的条件行为，都可以看作是原因；它也不同于原因说，原因说是根据个别观察方法，从诸多条件中选择出原因。而相当因果关系说是根据一般的普遍的观察方法，从诸多条件中选择原因的标准，是根据一般人的经验和知识，即依据的经验法则，从诸条件中选择对于发生结果相当的，作为法律上的原因。所谓"相当性"就是指，那些对于结果发生是"盖然性条件"或称"或然性条件"（即"可能条件"）的，就是该结果发生的法律上的相当条件。如果根据经验法则（日常生活经验）认为是结果发生的偶然条件，就不是该结果相当的原因，不存在因果关系。所以，既然是以经验法则为标准，要求诸条件对于结果的发生具有"盖然性"或说"或然性"的才是原因，因而可将具有偶然性、非类型的因果过程排除在外，由此限定了因果关系的范围。

相当性的判断，是从事后追溯事前行为时为标准的，相当因果关系意味着定型的因果关系，而构成要件就是以定型的因果关系为内容的。因此，相当因果说是决定构成要件的重要因果关系范围的学说，被日本学者认为是最妥当的，在日本的法院判例中也存在着有遵循这种学说的判例。例如，甲杀乙后，乙妻悲愤而自杀，甲的行为与乙妻死亡结果之间,不认为具有"相当的条件"关系,其间不具有因果关系。如果引起结果的条件有数个,在判断哪个或者哪几个条件是原因,也要依据是否具有"相当性"而定。所以,相当因果关系说不排除复数原因的可能性。那么,如何判断有无相当性？要根据法官的客观观察,而不是根据行为人的主观观察来决定。即凡是从结果来看条件,可以认为该结果是由该行为所造成的;从条件观察结果,可以预先认为该行为能够造成该结果的,那么,该行为就具有相当性,条件就是相当性条件。例如,甲将乙推倒,致乙因脑出血而死亡。乙的死亡原因的脑出血,而脑出血是因为被甲推倒的行为所致。由乙死亡结果观察甲推人致人倒地的行为,可以认为是由甲的推倒行为造成的;从甲推人致人倒地的行为观察乙死亡的结果,可以认为该行为能够造成死亡结果(推倒致大脑受伤、出血,可致人死亡,这是人们在生活中被认为是完全可能的)。因此,可以推断甲的行为是致乙死亡的原因,两者之间具有相当因果关系。

相当因果关系说,从诸必要条件中选择一个或者数个作为结果的原因而论,可以说是原因说中的一种,即最有力原因说,不同的是原因说中的各种学说各执一端,仅仅以各种因素个别地、具体地判断对于结果的发生哪个来决定哪一个是结果的原因;而相当因果关系说是对所有条件一般地进行普遍的观察,凡是行为对于结果的发生,根据经验法则可以认为有相当因果关系的,该行为即为结果发生的法律上的原因。所以,相当因果关系说,在理论上也被称为普遍观察说。

在大陆法系理论中,采用相当因果关系说时,还有应以什么情状作为基础判断相当性的问题。是否具有"相当性"的标准有三种主张。

1. 主观的相当因果关系说

此说由德国学者科莱斯(Kries)所主张,认为以行为人行为当时所认识或者(未能认识但)可能认识的事实为基础来判断因果关系的有无。例如,甲殴打乙,乙因为自己身体虚弱而死亡。如果甲在实施殴打行为时,对于乙的身体虚弱(被打而易造成死亡)有所认识,或者有认识的可能性,即有因果关系,如果没有认识,或者没有可能认识则没有因果关系。

此说的因果关系的有无是以行为人的主观认识为转移,违背因果关系客观性的原理。被批评的主要缺陷就在于将因果关系与责任问题相混淆。

2. 客观的相当因果关系说

此说是德国学者鲁梅林(Rümelin)所倡导,主张以行为人已经认识的行为当时客观存在的事实为基础(例如被害人的特殊体质)和行为后所发生的事实,包括行动当时存在的一切情况以及按一般经验上得以成立的所有事情,是否为一般人所能够预见或者根据一般人的经验是否有认识可能为基础,由法官作出客观判断。也就是依经验法则,综合行为当时的一切情形,进行客观的事后审查,认为在一般情形,有此环境、有此行为的同一条件,均可发生同一结果者,则该条件即为发生结果的相当条件。反之,如果在一般情形,有此同一条件,而依客观审查,未必都发生此结果者,则该条件与结果不相当,其行为与结果间即无相当因果关系。这是事后由法官基于客观立场考察行为时的各种事实,和行为后所发生的事实作为判断的基础,所以该学说又被称为"客观的事后预测"。

该学说被批评为"将行为当时所存在的事情,全部加以考虑,而将行为后的事情,仅考虑到一般人所能够预见者",而不管这些事实是否在行为当时行为人所认识的或者可能认识的,甚至将一般人不能认识的事实也会包括在内(偶然事件包括在其中),也可将即便是慎重的人也难以预见的事情考虑进去,失之过宽,会过分扩大了因果关系的范围,而且与相当因果关系说的基础——经验法则相矛盾,推演下去,则与条件说没有什么区别。在我国台湾地区实务以及德国实务中采客观说。[①]

3. 折中的相当因果关系说

此说由德国学者特拉格尔(Träger)所提倡,在日本,木村龟二、团藤重光、泉二新熊等人也支持该说。该说主张以行为当时一般人所能知或者可能预测的事实和为一般人所不能认识,但行为人实际上曾经认识或者预见的特别事实为基础,决定行为与结果之间有无因果关系。所以,该说是以一般人所能够认识为基础,以行为人的特殊认识为补充,在行为人所认识或所预见的特别事实的范围内,将其行为视为结果的原因。

持客观相当因果关系说的学者批评认为,折中的因果关系说不过是责任论的一个方面,因为是以行为人的认识或者预见这种主观要素影响到因果关系的有无,而以对结果的预见或预见可能性为前提认识因果关系,则是与故意和过失界限是相同的。而且,作为客观因果关系的存在与否问题,以行为者的主观为判断为基础是不妥当的;此外,折中说是以行为当时的情况为基础,不适用于排除行为后的偶然的因果流程。所以,如果以行为者的认识有无,成为影响因果关系存在的依据,就会得出如下奇怪的结论。例如,乙知道甲患有血友病,而教唆不知情的丙伤害甲,甲因异常出血而死亡。按照折中说,丙的行为与甲的死亡之间没有因果关系,而乙的行为与甲的死亡结果之间具有因果关系。

折中说反驳认为,所主张的相当性以"是否由于认识或预见的事情,或有预见可能性的事情,而具有发生结果的一般可能性"为基础的,而且这种可能性的有无,是根据社会的通念,即一般人的经验法则决定的。刑法属于社会科学,以社会的通念作为判断的标准,并无不当。而且因果关系的本质,并不是单纯的自然的事实关系,而是在法律上有意义和价值的事实关系的关联性,一定的行为发生一定的结果,是由于内在和外在的各种条件的结合。行为是行为人基于意思决定而为的身体"动"与"静",要判断行为与结果在刑法上有无因果关系,当然不能完全不顾及行为人对客观认识或预见。所以,在判断因果关系有无时,顾及行为人的主观要素应当是被允许的,这并不违背因果关系的客观性。

虽然大陆法系学者认为,在相当因果关系说的各种见解中,主观说在全部排除行为人不知道的事实这一点上,是过于狭隘的;而客观说在考虑一般人不可能知道、行为人也不会知道的特别事实这一点上,则过于宽泛。因此,多数学者认为折中相当因

[①] 参见林东茂:《客观归责理论》,载《北方法学》2009年第5期。

果关系说是恰当的。① 不过,近年来,基于对因果关系客观性是不受人的意思左右的认识,客观的相当因果关系说赞同的学者逐渐增多。相当因果关系运用相当性在解决客观上反常态因果流程(如果认定有相当性,则就认定为属于常态的)的因果关系,是有优势作用的,但是,无论是主张哪种相当因果关系,实际上已经不纯粹是在研究因果关系问题。因为无论是主观、客观还是折中相当因果关系说,都包含着行为人对因果流程的主观认识问题,正是在此意义上,台湾学者林东茂教授认为,相当因果关系说也是一种归责理论。②

(七) 构成要件因果关系说

构成要件因果关系说也称为定型因果关系说,是对相当因果关系说予以修正的学说。主张者有德国学者贝林(E. Beling)等。此说认为,刑法上的因果关系,是刑罚法规定型性的问题,即属于构成要件符合性,是为解决以发生结果为必要要件的构成要件符合性问题。既然在引起结果时为了认定该行为是构成要件的行为,该结果是构成要件的结果,则必须将因果关系理解为构成要件的一部分,所以,因果关系是构成要件。如果行为与结果之间没有因果关系,就不符合该犯罪的构成要件。所以,刑法上的因果关系,不外是是否符合某种实质犯罪的构成要件的问题。

构成要件因果关系说,具体主张包括三点:(1) 有无因果关系,必须首先具有"如无此行为,就不会发生该结果"这种条件(论理因果)关系。因为这是因果关系存在论的基础,没有条件关系,就不可能有因果关系。但仅有这种条件关系,还不能认定为定型的构成要件的因果关系,还必须根据经验法则来确定定型因果关系的范围(相当性理论)。(2) 由于各个构成要件的不同,构成要件的因果关系必须遵循一定的途径进行判断。例如诈骗罪,诈骗行为的结果是使被害人陷入错误认识而自愿处分和交付财物。如果不遵循这种途径,即使在相当因果关系范围内所发生的结果,也不能认为是构成要件的因果关系,例如财物的处分者不是因为受到欺骗,而是出于怜悯之心给予一定的财物,诈骗行为与获得财物的结果之间不具有构成要件的因果关系。(3) 如果已经存在的构成要件的这种定型的因果关系,即使在发展的过程中,介入了另一个原因的,也不影响因果关系的存在。例如,甲以杀人的故意向乙开枪,乙中弹受伤,伤情本不致死(或者伤情足以致死),在乘车前往医院途中,因为丙驾驶技术不良致使汽车坠河,致使乙死亡。从因果关系定型化意义上来说,杀人结果是死亡,结果既然是乙死亡,当然就符合定型要求。所以在因果关系的发展过程中介入了另一个原因的也不影响因果关系存在,甲实际上要承担犯罪既遂的责任。由于构成要件因果关系在结论上并不比其他理论更具合理性,所以主张的学者很少。

---

① 但从本书的角度看,折中的相当因果关系说,的确存在将因果关系与责任混淆的问题,至少在考虑行为人对客观的认识或预见上,才能认为有因果关系上持肯定的见解,有将客观因果关系与行为人在主观上对因果律的认识混淆之嫌。

② 参见林东茂:《客观归责理论》,载《北方法学》2009 年第 5 期。

(八) 客观归责理论

1. 客观归责的理论解读①

客观归责理论也称为"归责于客观行为构成"。这一理论是明确将因果关系与责任的归属加以区分的理论学说。但在解释论上,因果关系上仍然以条件说为基础。认为在处于条件关系的行为中,客观上有归责可能的行为制造出不被允许的危险,使得法律上禁止的危险发生,并使这种危险符合于构成要件的结果中实现时,该结果才能归责于行为。所以,客观归责理论是想从客观结果归责的角度来限制条件说中条件的等价值关系。

何为"客观上有归责可能的行为"?在客观归责理论中,德国和日本都是以危险条件说为基础的客观归责理论具有比较大的影响。危险条件说,是以刑法保护的法益和防卫社会的目的出发,认为刑法上的因果关系,并非单纯的论理关系,而应当在论理关系的基础上,从社会的、心理的立场加以研究,要以社会通常观念(相当性)为根据来理解条件说。认为刑法对于危害社会的行为,必须防止于未然或者制裁于事后,所以因果关系的界限,应当根据行为与结果的关系上有无危及社会(社会是否感觉到危险)而定:社会感觉到危险,即人们根据经验法则认为行为具有发生结果的危险性,也就是社会具有危险观念,则行为与结果之间具有因果关系;如果人们根据经验法则不认为行为具有发生结果的危险,社会对于行为不感觉到危险的,则行为与结果之间不具有因果关系。

由此可见,"危险观念"不仅是指发生结果的可能性的社会心理,同时也是指在发生结果的情况下使结果与行为发生关联的社会心理。换言之,"危险观念"既包括事前的可能性,又包括事后的现实性。所谓的"事前的可能性",是根据人们的经验知识可以预测、认识因果可能性。因为因果流程是可以为人有意识加以利用、支配,所以社会才会对这种行为感觉到危险,法律必须加以防止和制裁。所谓"事后的现实性",是指结果是由行为人实际上引起、支配的结果,是因果关系的现实力,而社会对这种现实力已经感觉到危险的结果。从上述概念的理解可以看出,危险条件说正是将社会心理因素加入论理的因果关系中,来修正条件说,从社会心理和保卫社会刑法目的的立场,研究因果关系,这就是"危险条件说"对条件说的修正和改良,以"危险条件"限制条件说中条件的等价值关系,但在因果关系问题上其本质仍然是条件说。基于危险条件说,客观归责理论重视的是这样的社会事实:由于伴随偶然情节而发生结果的情况下,一般而言,社会对于引起此结果的行为所征表的反社会性需要特别加以注意。由此而认为,如行为人的行为对于行为客体(对象)制造(或是增加)了一个法所不容许之风险(也就是指一个行为显著升高发生结果的可能性),并且该风险在具体事件历程中实现,而导致结果的发生在构成要件保护的范围内,则该结果才能归责于

---

① 理论上也有观点认为,客观归责理论与"相当因果关系说"具有相同的性质,因此也有将此置于"相当因果关系说"中介绍的。此观点转引自马克昌:《比较刑法原理——外国刑法学总论》,武汉大学出版社 2002 年版,第 211 页。

行为人。

在客观归责理论中除了条件说("危险条件说")为基础外,"相当理论"及"重要理论"也是其重要的理论基础。"相当理论"也称为"适当理论"①或"相当性理论",德国逻辑学家和医学家冯·克里斯②在提出"相当因果关系"概念中比较系统论述了"相当性"理论。他认为,在刑法意义上,行为人所实施行为时由其所引起的结果发生在一定程度上必须是可能的,便能够将该行为视为结果发生的原因。条件与结果必须适当(相当),而只有那些能够典型地导致结果发生的条件才能被认为是适当的。所以,原因仅仅是一种具有导致符合构成结果的一般倾向的行为,因此,仅仅是偶然引起这个结果的条件在法律上并不重要。在借助适当的标准的情况下,就有可能至少排除那些引起了无法预见的和行为人没有过错的作为结果的条件。"相当理论"可以说避免了(条件说)等价值理论对条件的无限制追溯。按照上述理论,当一个条件以不是不重要的方式提高了结果出现的可能性时,当一个行为引起这样一种结果不是完全不可能时,这个条件对结果就是适当的。即法官必须在事后处在一个构成行为被评价之前的客观观察者的立场上,并且运用一般人(特定的一般人)和行为人的特殊知识来判断是否相当。

由于"相当理论"主要是为排除反常因果过程的归责,作为归责理论并不十分完善,梅兹格提出了重要性理论。重要理论,仍是以条件说的因果关系理论与行为人的刑事责任问题区别为出发点,主张严格区分因果关系与归责性,并认为刑法之所以处罚行为,是因该行为所造成的具体结果具有刑法之重要性,所以,造成具体结果的条件,必须同样具有刑法之重要性,才能认为是原因。与相当理论有区别的是,重要理论不是根据行为有引起结果的可能性(或然性)来判断,而是根据所涉及的构成要件的意义来确定在何种情况下,责任应被限制在何种结果的条件上。原因有无刑法之重要性,原则上应就构成要件的规定及其保护之法益而认定。只有符合构成要件的条件,才能认为是形成结果归责之原因,而与结果具有因果关系。因此,有无因果关系应就各个构成要件的规定,分别加以判断。但是,梅兹格所提出的重要性理论也并没有建立起一般性归责理论,只是在此后理论上进一步提出了客观归责的一些具体标准后,这一理论的目标才真正实现。就重要性理论的内容而言,可以说是对相当性理论的补充和说明而已,但因重要性理论严格地区分作为结果原因与结果归责这两者,这就为客观归责理论奠定了重要的理论基础。

2. 客观归责的标准(原则)③

(1)制造法所不容许的风险。行为人的行为必须制造(创设)了法所不容许的风险,而且与行为具有因果关系的结果的联系,才能有可能归责于行为人。但在下列三

---

① 参见〔德〕克劳斯·罗克辛:《德国刑法学总论》(第1卷),王世洲译,法律出版社2005年版,第243页。

② 约翰内斯·冯·克里斯(Johannes von Kries,1853—1928)。

③ 以下理论观点,未加以特别说明的主要参见〔德〕克劳斯·罗克辛:《德国刑法学总论》(第1卷),王世洲译,法律出版社2005年版。

种情形,即使有因果关系,也有可能排除结果之归责:

第一,为降低风险时排除归责。行为人对于被害人既存之风险,为降低风险阻止之行为,因为行为人行为的介入而获得改善,使其风险因此降低,则行为人的行为即可排除结果的归责。因为行为人采取减小对被害人已经存在的危险,即对一种因果过程进行修改时,风险的创设及其可归责性就不存在了。如A以棍击B之头部,C从旁加以阻挡,导致A之棍击方向产生偏差,致击伤B肩膀。虽然C之阻挡行为系导致B肩膀受伤之原因,但是C对于B头被击中之危险,在程度上修正为肩伤,就不能将肩伤结果归责于C之行为。当不是为了减轻一种现存的危险,而是通过另一种危险加以代替,并且后一种危险的实现在结果上的损害,会比前一种危险所造成的轻一些,如为救人把孩子从着火的房间的窗子扔出去而致伤害的,从形式上说是符合一种犯罪类型的,是应当予以归责的,但显然这样是不合适的,对这种行为可以通过推定的承诺或紧急避险予以正当化。

第二,没有制造法律上具有重要性之风险时排除归责。行为虽然与结果之发生具有因果关系,但若该行为并未逾越社会所容许之界限,而属日常生活上之正常行为,没有以法律上的重要方式提高法益侵害危险时,则为没有制造出法律上具有重要性的风险,纵使结果发生,也不能够归责于行为人。所以,当行为人虽然没有减少一个法益损害的风险,但也没有以在法律上值得关注的方式提高这个风险时,不能归责于客观行为。包括使他人从事各种正常的、在法律上没有重要意义的生活性等活动的情况。这里的风险创设与风险提高而归责的原则,主要是适用"适当理论"。A怂恿B于雷雨天外出散步,希望B遭雷击毙,或是遭到其仇人C埋伏杀死。如B正巧遭雷击毙,或巧遇仇人C而被杀死,则因A之行为并未制造法律上具有重要性之风险,而对B之死亡结果系属不可归责。但是A对于外面有杀手埋伏一事,具有特殊认知时,则A之怂恿行为对于B之生命,已制造出法律上具有重要性之风险,故B之死亡结果,仍可归责于A。"接管原则"不能成为排除归责的原则,所谓"接管原则",是指当一种违法行为已经构成归责时,不能以一个代替性行为人已经准备好了,如果自己不实施,别人也会接管这个构成行为为理由排除归责。例如,对战争中的违法杀人行为,不能以如果自己拒绝,其他人也会进行这种射杀行为;偷了他人财物,不能以如果自己不拿,别人也会毫无疑问去拿,所有人反正是要失去该东西的为理由排除归责。这是一个非常值得我们理论上和实务中思考的问题。

第三,制造法所容许之风险时排除归责(允许的风险)。行为虽然已经制造出法律上具有重要性的风险,但该风险却是法所容许之风险,则仍可排除结果归责,行为人亦不需为该结果负责。例如遵守交通安全规则而开车发生事故的情形,虽然具有因果关系,但亦不具有客观可归责性。因为驾驶汽车上路,对于他人或是自己都有危险,法律亦重视此类风险,而设定有各种交通规则,因此,只要行为人遵守交通规则,不逾越法律所许可之界限,则行为人并未制造出法所不容许之风险,纵使行为与结果间具有因果关系,亦不构成过失致死罪或者业务过失致伤罪。在允许性风险的领域中包括全部的公共交通、工业生产、有风险的体育活动、医生的医事规则等。至于怂愚他人从事法所容许风险之行为,例如怂恿他人搭乘飞机,希望飞机失事,飞机果真失事,虽然具有因果关系,仍因属于被容许之风险而不可归责。但是行为人如果对于风险发展过程具有特殊认知时,则仍具客观可归责性。例如知道飞机的重要部件已经失灵,飞行中定会坠毁。

(2) 实现了法不容许的风险。行为人虽然制造了一个法所不容许之风险且因风险实现造成结果的发生,则结果始可归责于行为人;但如结果的发生并非基于该风险所导致,则因为与风险实现无关,结果无法归责于行为。所以,行为人虽对受保护的法益创设出不允许之风险,但是这个结果不是因这种危险所发生,而是仅仅在偶然的关系中与其他因素一起出现时,归责被排除。例如,在(允许的危险)超速驾车中,虽然随后又回到限定时速上,但正是超速的行为使得在那一时刻那一地点撞死了行人,也不应当归责,因为这种违反规定的危险驾驶方式对所发生的事故危险并没有提高,通过再违反规定的超速驾驶能够越过这一潜在的事故地点。法律对超速驾驶的禁止(汽车限速的目的),不是为阻止汽车在一个确定的时间行驶在一个确定的地点(阻止汽车进入街道的某个特定位置),而是为了防止事故的发生。不过对此例,德国学者有不同的认识。

风险实现必须具备下述三要件,行为才具有客观可归责性。

第一,结果与行为间需有常态(相当性)关联性时可归责。结果之发生必须是行为人所制造出法所不容许的风险所引起,且结果与危险行为之间,具有常态关联性,则行为人的行为才具有客观可归责性;如果结果与危险行为的关系只是一种不寻常结合现象,则行为人即不必对该结果负责。例如甲以杀人的故意向乙开枪,乙中弹受致命伤(或者伤情不足以致死),而入院抢救,适有丙放火,致使乙被烧死。甲的行为是法律上的之风险行为,不过该风险并未实现乙死亡结果,因为甲的行为虽然已经威胁到乙的生命,但却不会再提高和增加乙死亡的风险。所以,出于丙第三人异常介入所导致乙死亡结果,即不能归责于甲,甲只能被论以杀人未遂罪。

但这也提出一个问题:在满足一个客观构成行为时,如果是一个无法预见的因果过程而发生的结果,是否排除归责?甲以杀人的故意向乙开枪,乙受惊失足坠崖而亡,或者乙非致命部位中弹后,伤口感染而死亡。甲开枪射击之行为,已经制造出法所不容许之风险,该射击行为导致乙惊吓及坠崖死亡,并不令人感到意外,因为坠崖而死这种风险一开始就是与枪击的杀人行为联系在一起的,属寻常的现象。乙因惊吓坠崖的死亡结果,是属于实现了甲所制造的风险,故乙之死亡结果即可归责于甲。再如 A 用斧子杀 B,B 不是死于斧下,而是死于被杀伤后的伤口感染,伤口感染死亡是实现了由斧子砍伤所创设的危险,是要归责的。另外,包括失去知觉的受伤者呕吐并被自己的呕吐物窒息而死,该结果也应当归责。

第二,结果发生于构成要件(法规范)保护目的范围内时可归责。客观归责理论最重要之归责标准,在于结果和法所不容许之风险行为之间,除已经具备有因果关系外,结果尚须在避免风险的构成要件保护目的范围内(或是必须是构成要件之保护效力所要掌握之对象),则该结果始可归责于行为。这里主要是研究当超越允许性风险从一开始就明显提高了结果过程的风险,而且也发生了风险的结果,是否应当归责的问题。例如,牙医对妇女在实施全身麻醉的情况下拔了两颗牙后,妇女却死了,手术前妇女告诉医生自己"心脏有点毛病",但医生并没有要求内科医生来会诊。事实上即使在内科检查中该妇女的心脏中的问题也是发现不了的,只不过会因为内科检查推迟妇女死亡的时间而已。那么,该医生是否违反谨慎的义务?有学者认为不能归责,原因在于,请内科会诊的义务不是为了推迟手术时间这样的目的,以及由此产生的至少可以延缓患者死亡这样的目的,因此,所实现的不是违反慎重义务要求所要防止的危险,是不能归责的。但也有学者认为,即使被害人由于非正常的体质而产生的损害,应当认为有客观归责性,因为构成要件保护范围同样包括这种非典型的危险,医生的行为应被归责。

不过,在被害人认识到他人行为对自己法益所带来的风险并自我决定冒险的,应由被害人自己负责,于是阻却客观归责。为了赶时间,A 怂恿 B 闯越马路。B 听从其建议,不幸在闯越马路时,却遭汽车所撞死亡。B 死亡结果系因 A 的唆使行为所导致,故行为与结果具有因果关系。而 A 唆使他人闯越马路之行为,亦系法所不容许之风险,该风险行为与随后 B 死亡结果,在因果历程上具有常态关联性。但是杀人罪及过失致死罪法的保护目的,乃在于禁止杀害他人行为与禁止过失行为而导致他人死亡,而非自杀。因此,基于被害人本身对于风险的认知,以及自我决定去从事冒险行为所引发之死亡结果,应由被害人自负其责,故 A 的行为对于 B 的死亡结果即不具备客观可归责性。再如,甲将毒品卖给乙,乙在自己注射毒品后因过量而死亡。

但是,风险实现在涉及第三人的领域时,是否能够归责?德国的案例是:甲夜间驾驶大货车,尾灯不亮,被巡逻警车拦下。为防追撞,警员在货车后方摆放闪光灯,开罚单后,要求甲前去修理厂将尾灯修好。不料警员收起闪光灯,甲发动货车准备离开,被后方的汽车撞上,汽车司机死亡。德国联邦最高法院的判决认为,货车司机成立过失致死罪。但判决遭到不少批评①,理由是:后灯不亮的危险被交警发现并加以处理,交警就负有监控危险源的义务。车祸发生时,交警尚在监控危险源的现场,对此危险所引发的结果应归咎交警。交警受过训练,知道如何监控危险,才不至于演变成实害。交警理应将巡逻车停在违规车辆后方,并跟随在后或适当地指挥交通,以避免追撞。案例中的交警没有如此处理,所以应该被归咎。②

第三,合法的替代行为与结果具有可避免性时可归责。行为人逾越法律界限所制造出之不容许风险,业已导致实害结果发生时,除了考虑结果发生是否具有常态关联性,以及是否仍在法规范保护目的等之外,还应考虑倘若行为人所制造之风险并未逾越法律尺度,是否仍会发生结果的问题。如果可确认即使行为人实施合法行为而结果依然会发生,具有这种近乎于确定的可能性时,则行为人所未遵守之法律义务即属一种无效义务,而所发生之结果即不可归责于行为人。例如,厂长 A 按照规定将应

---

① 参见张明楷:《刑法学》(上)(第 5 版),法律出版社 2016 年版,第 179—180 页。
② 参见林东茂:《客观归责理论》,载《北方法学》2009 年第 5 期。

当先消毒山羊毛交给员工 B、C、D 加工,但 A 却未按照规定先做消毒工作,致使 B、C、D 感染炭疽杆菌而死亡。事后鉴定,当时规定的消毒措施对当时尚不知道的这种炭疽杆菌是没有作用的,即使消毒也难以避免死亡结果之发生。A 即使履行法律义务,也属无效履行,员工 B、C、D 死亡结果只能被视为意外事件,不能具归责。所以,如果合法的行为仍然不能避免结果发生的,就应当排除归责性。又如,货车司机与骑脚踏车的醉汉之间未保持一公尺的安全间隔,以致骑单车的醉汉跌入货车后轮,被辗压而死。鉴定指出,即使保持安全间隔,醉汉也很可能跌入后轮。德国联邦最高法院认为,货车司机不成立过失致死罪。判决大意是:如可以确定遵守交通规则的行为不会发生事故,那么才可以判断,不遵守交通规则是发生事故的原因。换言之,在特殊个案上,即使遵守交通规则,也很可能发生事故,那么对于未遵守交通规则的行为,没有理由责备。①

不过依据危险升高原则,也有认为只要能够证明行为人履行义务行为,有可能防止结果之发生,仍可将结果归责于行为人。因为法律义务之创设,只是在于降低损害发生之可能性,而不在于确定损害绝对不发生。因此,只要能够证明行为人履行义务有可能避免此结果发生时,虽然尚未至确定不发生之程度,也可将结果归责于行为人。如上例,可忍受风险的最大界限是由交通法规的安全距离所划定的,各种提高这种风险的做法都会使行为人承担其后果。逾越法律(升高了允许的风险)的违反义务,也就是升高了被害人的生命危险,对于结果就是原因,所以死亡结果应归咎于升高风险的行为。只是在结果的出现的风险并没有由于这种逾越而升高时,是不能归责的。但相反的情况,就应当归责。

严格地说,客观归责理论并不是解决"因果关系"的理论,而是在因果关系的前提下,确定结果能否归责于客观的行为。在若干案例中,有的行为确实没有实行行为的属性,不值得讨论。但就能否归责而言,有其独到解释的合理之处(也即排除归责),是值得肯定的。

三、我国刑法中的因果关系理论

(一) 因果关系性质的争论

学界对因果关系性质的争论,主要是两种观点,即"必然因果关系说"与"偶然因果关系说"。**必然因果关系说**认为,刑法上的因果关系,表现为一种现象合乎规律地产生另一种现象,作为原因的现象与作为结果现象之间是一种必然的联系。所以,在一定条件下,必然地、不可避免地引起某种危害结果时②,才能认为危害行为与危害结果之间存在因果关系③。例如,刀刺他人心脏就会引起死亡,死亡结果是由刀刺心脏所造成的不可逆损害符合自然法则的规律性所决定的。**偶然因果关系说**则认为,社

---

① 参见林东茂:《客观归责理论》,载《北方法学》2009 年第 5 期。
② 也有学者在此表述为,是事物与事物之间所具有的"内在联系""本质联系"等。
③ 参见高铭暄主编:《刑法学原理》(第 1 卷),中国人民大学出版社 1994 年版,第 578 页。

会实践的复杂性决定了因果关系的复杂性，也决定了现象之间联系性质的多样性，有的表现为因果的必然联系，即必然因果关系，有的表现为偶然联系，即偶然因果关系。具体而言，当某种危害行为对危害结果的发生起到决定性作用，合乎规律地产生该结果，两者间是必然因果关系；但当因果关系在发展过程中又与另外的行为或事件相竞合，合乎规律地产生另一个危害结果时，先前的行为不是最终结果的决定性原因，而最终结果对于先前的行为而言，可能出现，也可能不出现，可能这样出现，也可能那样出现，那么最终结果与先前的行为之间，就是偶然因果关系。① 必然因果关系和偶然因果关系都是刑法上的因果关系。前行为相对于最终结果而言，是发生的条件，但是条件和原因不能绝对分开，因为条件是相对于根据而言的，从与最终结果的关系看，条件与内在根据相比，只是次要的、第二位的，但对于最终结果发生的必要性而言，都是不可缺少的，只有内在根据和条件的相互作用，才能产生结果，因此，条件和根据都是原因，只是处于不同的等级和层次而已。② 例如母亲教育儿子实施了"家暴"，儿子逃避跑上了公路适有汽车驶来，驾驶员来不及采取措施将其撞死。孩子死亡与汽车所撞之间是必然因果关系，不过，因母亲的追打行为与死亡结果之间因不具有内在根据，只是偶然与驾驶员行为相结合造成死亡结果的，所以，母亲的追打行为与最终的死亡结果之间就是偶然因果关系。③

　　用必然因果关系来解释作为刑事责任的客观基础，学界不存在争议。当前，在通说中偶然因果关系说也占据一席之地，并为越来越多的学者所赞同。④ 那么，偶然因果关系是否能够担纲这一任务，就是主张偶然因果关系的学者的意见也不统一。⑤ 那么，依据偶然因果关系作为刑事责任基础，是否不会扩大刑事责任的范围？我国20世纪80年代初期发生的一个案例，可以说是运用偶然因果关系解决刑事责任的范例：一个小偷在上海火车站趁人多拥挤上车时，扒窃一个妇女的钱包后，钻过车厢逃跑，妇女发现后也钻过车厢在后面追赶，但追过两股道后听见发车铃响便放弃追赶，想返回列车，不料在她跨越铁轨时，一列火车开来当场被轧而死亡⑥。显然，妇女的死亡并不是盗窃行为导致的。小偷被抓获后，所扒窃的钱包内只有几元钱（钱包中还有在当时难得的几公斤全国通用粮票和几尺布票），远达不到当时盗窃罪定罪所要求的

---

① 参见李光灿、张文、龚明礼：《刑法因果关系论》，北京大学出版社1986年版，第114页。
② 同上书，第99页以下。
③ 参见高铭暄主编：《刑法学原理》（第1卷），中国人民大学出版社1994年版，第578—579页。
④ 参见高铭暄、马克昌主编：《刑法学》（第5版），北京大学出版社、高等教育出版社2012年版，第79页；黎宏：《刑法学》，法律出版社2012年版，第97页等。
⑤ 有学者认为，虽然客观上存在偶然因果关系，但它不能成为承担刑事责任的根据，因为会扩大刑事责任范围。也有学者认为，除了必然因果关系外，偶然因果关系也可以作为承担刑事责任的根据，这并不会扩大刑事责任范围，因为主客观相统一原则决定了只有因果关系而无主观罪过，不会承担刑事责任。还有观点认为，偶然因果关系能否作为刑事责任根据应视具体情况而定。如果是主观上具有罪过，实施的行为直接促使其结果同外界事物竞合，而且在竞合无法避免时，具有偶然因果关系的，可以成为刑事责任根据；但是，如果行为已经结束，行为引起的结果已经基本固定，尔后由某种原因引起结果与其他事物竞合，产生最终结果的，即使有偶然因果关系，也不能成为刑事责任的客观根据。以上观点转引自高铭暄主编：《新中国刑法学研究综述》，河南人民出版社1986年版，第178—179页。
⑥ 参见张绍谦：《刑法因果关系研究》，中国检察出版社2004年版，第129页。

数额标准。但是,该案仍然以盗窃罪判处 5 年有期徒刑,应该不难看出此案的处理是否扩大了责任范围。

类似这样的案件,即使作为引起事件因果流程发展的行为(包括一般违法行为)①,在本质上不具有造成最终结果法的内在根据,只是引发事件流程的条件,仍然以犯罪追究刑事责任的缘由,说到底是一些公众的非理性的观念不能接受此类事件行为人不承担刑事责任这样的结论。② 为使得案件处理的结论与其能够基本相一致,偶然因果关系的理论也可谓应运而生。甚至面对会扩大刑事责任范围的批评,有的学者则以通过具有偶然因果关系时行为人主观罪过,论及应该承担刑事责任。③ 如果这样解释,即使按照偶然因果关系限定不能成为刑事责任根据的,恐怕也是事与愿违。如前例,母亲主观上怎么会认识不到马路上车水马龙,难道没有过失罪过?这就是承担刑事责任的根据。显然,这里得出的结论甚至可以不再需要考虑刑法对危害行为定型化的要求,直接要解决的已经并不再是刑事责任的客观基础,而是解决有无刑事责任。换言之,偶然因果关系的理论,已经不再是为刑事责任寻找客观依据,而是直接为刑事责任的确定而服务。直言不讳地说,就是为入罪提供理论上的依据。"甲在火车站趁乘客登车拥挤时扒窃乙的钱包,乙发现自己的钱包被甲偷后,连忙转身去追甲,甲随后跳下站台,横穿轨道逃跑,乙也跳下站台紧跟其后奋不顾身地追赶,由于体力不支没有追上,绊倒在铁轨上,被正常调度飞驰而来的火车头撞死。在这起案件中,乙之死亡与甲偷窃行为之间无疑具有刑法意义上讲的因果关系,如果不承认具有刑法意义上讲的因果关系,因甲盗窃的数额不大,便不能追究其刑事责任。在本案中,尽管行为人偷窃财物数额不大,但情节严重,依照法律规定,其行为构成了盗窃罪,应依法追究其刑事责任。"④如果说实务中前述"上海火车站扒窃案"是适用偶然因果关系入罪的经典,这段偶然因果关系直接导致刑事责任的理论论证,称之为经典的理论论述,也并不为过。

大陆法系因果关系理论的主流观点,是根据一般类型化的观察方法来判断因果关系的有无,这种类型化的观察方法就是社会的经验法则,而经验法则实际上就是法的社会价值观的评价。引起结果的条件行为,如果按照人们的生活经验具有相当性的话,那么条件对于结果来说就是相当的原因,就有因果关系存在。⑤ 在相当因果关系中,事实关系中的法律性质具有非常重要的意义,也就是社会的经验法则(法的社

---

① 早期提出偶然因果关系的学者,是将前行为限定在"危害行为"上,至少在属于刑法规制的具有定型性要求的危害行为这一点上,还是明确的。此后主张的观点,可以明显看出前行为已经不再考虑刑法对危害行为定型化的要求,将前行为扩张到一般违法行为,甚至在一些案件的讨论中,将合法行为也包括在其中。例如,追赶、捉拿盗窃者,盗窃者走投无路跳入河中,因不熟悉水性而溺亡的,警察驾车追逐逃犯引发交通事故的,也讨论追赶、捉拿、追逐行为与死亡结果之间具有偶然因果关系,应该承担刑事责任。
② 之所以说是"非理性观念",是因为此类案件最终的处理结论如果是有罪判决,主要是为安抚一方而平息事态,也未必一定反映的是社会公众的一般公正理念。
③ 参见高铭暄主编:《新中国刑法学研究综述》,河南人民出版社1986年版,第178—179页。
④ 江礼华:《也论刑法因果关系》,载中国人民大学刑事法律科学研究中心组织编写:《现代刑事法治问题探索》(第1卷),法律出版社2004年版,第663页。
⑤ 当然,基于立场的不同,客观说以及折中说在"相当性"的判断上可能会有所区别,但是,无论结论如何,在其体系下都是可以接受的结论。

会价值)判断起了非常重要的作用。在相当因果关系中,它既是构成要件符合性问题(因果关系具有类型化的要求),同时也是被判断有没有责任的问题。按照经验法则,把上述任何一个案例运用到相当因果关系理论中,即使有因果关系,但结论无论有无刑事责任,都显得很正常,因为是否具有相当性是以社会经验法则决定的。在经验法则否定不具有相当性的前提下,即便在客观上具有因果关系,也会在法律上认为属于偶然、非类型性的因果过程排除归责。但是按照我们通说的观点,得出的结论的论据就有点不伦不类,即必须撇开行为定型化的依据,以主观上有无故意或过失罪过,直接论证应负的刑事责任。这里并不是说相当因果关系说就是我们应该全盘接受的学说,只是说其中所包含的对因果关系在刑法意义上的评价的重要性,是值得我们借鉴的。

【案例4-6-1】

　　广东佛山"小悦悦案"。2011年10月13日,2岁的小悦悦在佛山南海黄岐广佛五金城相继被两车碾压,7分钟内,18名路人路过但都视而不见,漠然离去,最后一名陈姓妇女施以援手。2011年10月21日零时,小悦悦经医院全力抢救无效死亡。2012年9月5日,肇事司机胡某被判犯过失致人死亡罪,判处有期徒刑3年6个月。①

　　本案中,肇事司机胡某驾驶中疏忽履行注意义务的违章行为,与小悦悦死亡结果之间具有刑法上的因果关系(不愿施以援手的18名路人,只有道义上的责任而无刑事责任),理所当然要承担刑事责任。本案中除小悦悦之外,其父母也可以说是受害人。但是,小悦悦只有两岁,为何会独自在街上玩耍,其父母为何没有履行对小悦悦的监护义务?小悦悦的父(母)亲此时在忙生意,根本没有注意到小悦悦何时出去。"小悦悦经常和五金城内的小孩玩,平时也经常自己出去自己回来。"②在客观事实层面上,小悦悦父母忙生意而没有履行监护义务的行为,与小悦悦死亡结果在客观上没有直观的因果关系,但是,在法价值评价层面上,没有正确履行监护义务的不作为行为与死亡结果有因果关系。即使按照偶然因果关系理论,也可以得出肯定结论。这与前述母亲追打孩子被汽车撞亡的案例本质上没有什么区别,为何疏于监护的不作为行为与结果之间有因果关系,主观上有过失罪过的情况下,就没有认为需要归责?由此可见,即使按照必然因果关系说,也未必能够为刑事责任提供可靠的客观根据,被偶然因果关系说的学者评判也就在所难免。

　　本书认为,偶然因果关系事实上要发掘出的,恰恰是刑法因果关系研究真正需要解决的重点问题。刑法上的因果关系,是前行为与之后结果之间是否存在"无前者既无后者"的关系问题,而这种关系的判断,如果是由危害行为常态下直接导致危害结

---

① "小悦悦案件"始末,载百度百科:http://baike.baidu.com/view/4682882.htm,2013年11月2日访问。报道如此,但是对定性存疑。

② 同上。

果发生,如刀刺他人心脏而致死亡,这种直观地符合自然法则的因果关系在判断上一般不发生疑问,归责于行为是当然的。现实中,因果关系理论面临的困惑问题,恰恰是由于危害行为与介入其他因素相竞合,发生一定危害结果时,危害行为与危害结果之间是否具有因果关系,并不能够直观地得到结论,存在判断上的困难,这才是因果关系理论需要重点解决的问题,而这又的确是偶然因果关系当初想要解决的。本书认为,如果可以确定前行为与最终结果之间具有因果关系时,是将其称为是"必然因果关系",还是"偶然因果关系"实际上并不重要。

(二) 因果关系与刑事责任

因果关系是不是解决刑事责任的充分条件? 在我国的通说中,因果关系是客观的,是承担刑事责任的客观基础。也就是说,危害结果是与之有因果关系的危害行为造成的,也不一定是犯罪。因为刑事责任的有无,是要看是否符合构成的其他要件。由此,因果关系和刑事责任的关系则为:没有因果关系,一定没有刑事责任,即使有因果关系,也不一定有刑事责任。这是通说一直以来坚持的观点,现在也如此。①

不过,在通说中,因果关系是只作为客观事实(经验的)层面上问题而展开的研究②,但如果只是在事实层面上,能否实现因果关系所要解决的问题是值得商榷的。例如,甲在深夜街道上拦截乙女,欲行不轨,乙女挣脱后逃跑,甲在后追赶时,乙女慌不择路只顾逃脱,被丙所驾驶的汽车所撞而亡。③ 此类案件如果只是从客观事实层面上的分析,乙女是死于车轮下,与甲的强奸行为之间并不存在客观事实层面上的因果关系。如果只是从基于客观事实层面上现象间的关系看,既然前行为的强奸行为与最终结果的死亡之间不存在客观上的因果关系,也就没有了要行为人对死亡结果承担刑事责任可能。但是这样的结论是被否决的,因为可以依据偶然因果关系确认具有因果关系。实际上,如果从深层次剖析因果关系(无论主张是必然因果还是偶然因果关系),不得不说其基本理论中实际上包含着社会一般价值观的评价要求,否则立法无理由规定像强奸、抢劫等犯罪的结果加重犯。之所以有此规定,恰恰反映是对社会的一般观念中认为此类行为具有的致人重伤、死亡高度危险性的否定价值在法律上的认可。这就不得不考虑,只做客观事实层面上的(经验的)因果关系研究,是否能够称职解决刑事责任客观基础的问题。陈兴良教授说:"作为行为事实的因果关系只有经过价值评判才能转化为犯罪的因果关系。但恰恰在这一点,我国刑法学界在坚持因果关系的客观性的口号下,予以彻底的否定。

---

① 参见高铭暄、马克昌主编:《刑法学》(第5版),北京大学出版社、高等教育出版社2012年版,第80页;马克昌主编:《刑法》(第3版),高等教育出版社2012年版,第72页等。
② 这从不少刑法教材只是对因果关系客观特征的强调上,即认为因果关系具有"客观性""相对性""时间序列性""条件和具体性""复杂性",可以得出这一结论。参见高铭暄、马克昌主编:《刑法学》(第5版),北京大学出版社、高等教育出版社2012年版,第77—79页等。
③ 参见同上书,第79页;黎宏:《刑法学》,法律出版社2012年版。第97页。

因此，我国刑法理论中的因果关系只是作为纯客观的行为事实进行研究的，这不能不说是一个缺憾。"①不过，在坚持因果关系只需作客观事实性研究的学者看来，法的价值评价问题（能否入罪），是由犯罪构成的其他要件的统一来完成的。拒绝在因果关系事实层面也需要法的价值评价的理由，无非是因为大陆法系国家审判人员"都是以经验或者以行为人或一般人是否认识来确定因果关系的有无，从而都否定了因果关系的客观性，难以认为妥当。"②

但是，审判人员依据何种标准从繁杂的现象中选择作为原因和结果的现象，当然是一种主观判断过程，如果依据人类社会公认的经验法则（社会的一般观念）加以选择，这并不是对因果关系客观性的否定，因为人类社会的经验本身就是对事物客观性认识的总结。实际上，必然因果关系说、偶然因果关系说所主张的"必然性""偶然性""规律性""内在根据"，又何尝不是对人类社会经验法则的另一种表述？区别仅在于后者是经验的公式化的规律，前者对规律的认识更多地建立公众能够接受的范围的规律化中（是否更具有公众理念中人性化的味道？），但事实上二者都是对因果关系具有的客观性的认识。不过，如果不以行为人已经认识或者可能认识的因果关系（因果律）为前提，不仅与我国刑法规定的对认定故意、过失罪过的要求上不契合，而且，从现代法治的责任原则上说，因果关系的研究也变得毫无意义，因为不能将行为人不可能认识的结果予以归责③。因此，说因果关系同时也处于责任判断领域并没有原则上的错误。

客观事实层面上的因果关系，是考察是否具有因果关系存在论的因果概念，而客观事实上的因果关系在刑法上是否具有意义，是在确定具有客观因果关系的前提下，对因果关系在归责意义上法的评价。如前所述，它既涉及构成要件符合性，也当然涉及责任以及责任程度。正是从这一意义上说，对因果关系的法的评价，绝非是可有可无的。特别是在理解不作为因果关系时，如果不引入归责意义上法的价值评价，是难以得出合理的结论的。例如，医生对已经病入膏肓、濒临死亡的患者拒绝救治，结果病患死亡。就死亡结果发生看，有疾病的作用，也有医生的不作为，医生的不作为当然与死亡结果之间具有条件（因果）关系。当医生面对病患亲属的恳求，也表示"无能为力"时，可以说医生在客观上也表现出其主观上有放任死亡结果发生的意思，但是，对医生的不作为要论以犯罪是不当的。不能视为犯罪的理由，就在于死亡在不可避

---

① 陈兴良：《刑法哲学》（第2版），中国政法大学出版社2000年版，第111页。
② 马克昌主编：《刑法》（第3版），高等教育出版社2012年版，第67—68页。
③ 在承认"偶然结果加重犯"应该负刑事责任的前提下，要求行为人对根本无法预见的加重结果也要承担刑事责任。但在现代法治实行"主观责任"的背景下，应该是被否定的。不过，无法否认的是，我国刑法中存在偶然结果加重刑事责任的规定。参见第十章第二节中的"结果加重犯"。

免的情况下,社会的一般理念认为①,医生的不作为行为,并没有提升患者死亡的危险,其不作为在法律上不具有重要的意义,因此与死亡结果之间并不具有法律上能够认可的因果关系。即使在客观事实层面上医生的不作为与病患死亡结果之间具有因果关系,在法的价值观评价上,医生的不作为也不是死亡结果发生的原因,要排除归责。如果按照我国的通说,不能认为不具有因果关系(当然,在此也可以说医生的不作为不具有造成病患死亡的规律性,但为何不具有规律性,似乎仅从不作为自身是无法回答的),不能认为主观上不具有放任的故意,即使将犯罪构成要件综合在一起,也找不到能够排除归责的根据,但能入罪吗?

因果关系中法价值评价的再思考

应该肯定因果关系的判断必须具有法的价值判断,而事实层面上(经验的)因果关系的认定标准与法律层面上的因果关系标准有区别,且法律层面的评价一般而言不能超越事实层面的评价。也就是说,只有在具有事实层面上的因果关系时,才会有该因果关系在法律层面上是否符合构成要件要素的评价问题。难以避免造成对结果发生之前的行为只从形式上考察,会忽视刑法对所规制的行为的因果关系,既具有类型化,也有实质性价值判断的要求。例如,前述"上海火车站扒窃案"就是适例,即是按照偶然因果关系说认为有因果关系,但是从规范上法所设定的因果关系看,是盗窃行为与财物损失之间的因果关系,其实质性的价值判断中,盗窃罪绝不具有包括造成死亡可能性的价值判断。如果遵循对盗窃罪因果关系的类型化要求,遵循实质性价值判断,"上海火车站扒窃案"应该从前提就排除盗窃行为是发生死亡结果的原因。换言之,可以说"上海火车站扒窃案",就是违背刑法因果关系类型化的产物,是忽视了因果关系类型化实际上也是具有实质性质价值评价的要求②。因此,在事实层面上判断时,并不意味着可以不用考虑法对因果关系的实质性要求的意义。在不具有符合刑法所要求的类型化因果关系(也就意味着不具有法的判断的价值)时,完全没有必要再探究因果关系。本书赞同周光权教授的观点:"在讨论广义的因果关联问题时,仅仅适用条件说是不够的,原则上也不存纯粹事实的因果判断问题。"③

在确定客观事实层面上有因果关系的前提下,需要价值层面上的判断的意义何

---

① 在交通肇事罪中,我国《刑法》第133条"因逃逸致人死亡"规定的执行,就存在只要事故发生后逃离现场,无论伤者是否当场死亡,或者不问损害对死亡结果发生是否还具有可避免性,一概论以"因逃逸致人死亡"。但是,根据相关司法解释的规定,"因逃逸致人死亡",是指行为人在交通肇事后为逃避法律追究而逃跑,致使被害人因得不到救助而死亡的情形。换言之,当场致人死亡以及伤势所造成的损害,致使死亡结果不可避免时,行为人即使没有实施救助行为(不作为),与死亡结果之间也不具有因果关系,不符合适用"因逃逸致人死亡"的规定。

② 这里不得不提及 2011 年 3 月 1 日最高人民法院、最高人民检察院《关于办理诈骗刑事案件具体应用法律若干问题的解释》第 2 条第 1 款第 5 项"造成被害人自杀"规定,作为酌情从严惩处的条件,其合理性也是值得质疑的。

③ 周光权:《客观归责理论的方法论意义——兼与刘艳红教授商榷》,载《中外法学》2012 年第 2 期。

在? 研究因果关系,并非为了判断而判断,而是为能否归责服务。从归责的意义上说,事实层面上的因果关系,并不是无需经过价值评价就可以当然地转化为法律因果关系。这是因为立法的条款中本身就包含着价值判断的内容。例如,抢劫中使用的暴力方法当场致人死亡的,应该确定抢劫的实行行为是导致被害人死亡的原因。但这一判断中,不能否认当认定为抢劫行为导致他人死亡结果,并没有经过价值的评价,只是说没有必要明确地将这一价值判断过程表达出来而已。而且,结果在归责上如果未经价值层面评价,可能会出现偏差。例如,抗税罪规定的暴力,在归责上的法的价值判断中本就不包含"致人死亡"的结果。现实中在暴力抗税致人死亡结果发生时,对因果关系的法的价值判断,归责在杀人罪和伤害罪,而绝不在抗税罪。也就是说,这里的死亡结果,是与杀人、伤害行为有关的因果关系,而不是抗税的实行行为与危害结果之间的因果关系。在归责层面上,即使没有表现出符合自然法则的直观的"无前者即无后者"的条件关系时,经过法价值层面的评价,也可能认定在事实层面具有因果关系,可以直接导致归责。例如,不作为因果关系,就是如此。

(三) 因果关系的认定

1. 评价标准的争议

在通说中,归责的依据,是主张在具有因果关系的基础上,通过其他必需的构成要件综合加以判断的。有学者基于我国犯罪构成四要件的体系,主张对因果关系及刑事责任的确定,应遵循"从客观归因到主观归责"的分析思路。所谓客观归因,即以最简捷的"条件说"确定因果关系,而无需引入国外各种见仁见智的规范判断学说。不过,这里所确定的"因果关系",只是确定了行为人承担刑事责任的客观基础,对由此而可能导致的责任范围过于宽泛的问题,则可以通过对主观罪过的界定予以解决,在主客观相统一的更高层面上,最终解决对行为人是否归责的问题[1]。如果从我国实务中不仅普遍存在"有因果关系即有刑事责任"的判断现象,从条件关系出发的"偶然因果关系"事实上难以为刑事责任提供客观基础看,即使在所谓的"主客观相统一"的更高层面上,也不可避免刑事责任的扩大化。

在借鉴国外因果关系研究的基础上,现在不少学者青睐于借鉴相当因果关系说的"社会经验法则"作为规范评价的标准,但依据什么"素材"作为"社会的经验法则"的标准,有不同的认识。陈兴良教授主张直接借鉴大陆法系"相当性"理论折中说,认为"事实上,能够作为定罪根据的也只能是那些行为人已经预见或者可能预见到的因果关系,如果根本不能预见,那就不能作为刑法因果关系而加以认定"[2]。张明楷、黎宏教授均不赞同全面引进"客观归责"理论,转而支持"危险现实说",即当行为与结果之间具有条件关系,且行为的危险已经现实化为侵害结果,并未超出规范构成要件

---

[1] 参见冯亚东、李侠:《从客观归因到主观归责》,载《法学研究》2010 年第 4 期。

[2] 参见陈兴良:《刑法哲学》(第 2 版),中国政法大学出版社 2000 年版,114 页;陈兴良:《陈兴良刑法学教科书之规范刑法学》,中国政法大学出版社 2003 年版,第 74 页。

的效力(保护目的范围)时,则肯定因果关系的存在。① 周光权教授主张以客观归责理论作为规范的判断标准。并认为相当因果关系说基本上仍然停留在对事实因果的分析和判断上,因而应该对相当因果关系说从整体上予以抛弃。虽然客观归责理论实质上的内容和相当因果关系(客观说)完全一致,在理念上、方法论上和案件处理上,二者似乎没有差别,但客观归责理论和相当因果关系说之间在规范判断程度上、对归责范围的限定上都存在差别。相当因果关系说的经验判断和条件说的事实判断之间存在极其紧密的关系。但是,条件说的事实判断对归责约束极其有限,因此相当因果关系说在方法论上存在重大缺陷和不合理之处。②

台湾刑法学者林东茂教授认为,相当因果关系说与客观归责理论都属于归责理论③,只是前者侧重于对介入因素后因果的关联性在归责意义上的研究,而后者是在因果关系已经证成后,对具体归责标准的把握。他指出相当因果关系说"对于反常因果历程的评价,相当因果关系说提供了足资参照的思考原则"④。正是在这意义上说,相当因果关系在确定有无因果关系上,是有重要意义的。但是,针对一些比较特殊的,甚至是"降低风险"⑤的行为,相当因果关系说是需要在确定具有因果关系后,再讨论是否归责。例如,见义勇为的路人发现小孩将要被公交车撞上,奋力一推小孩因而头部跌伤。路人将小孩重大伤亡的危险化减为程度更轻的伤害,依相当因果关系说,用力推人有普遍的倾向会导致被推的人受伤,所以推人是伤害的行为(符合构成要件)。这一行为只能依紧急避难而正当化。但是,用降低危险的观念,则根本不认为那是伤害的行为。这样的事件,以相当因果关系说处理降低危险的案例,对于行为人比较不公道。行为与结果之间,将被认为具有重要的关联性,行为人只能在违法性的判断上找寻不受处罚的理由⑥,还因为"构成要件是犯罪的类型化描述,降低危险的行为,并不符合这种描述。认定一行为构成要件符合性,再以违法性的检验上给予正面评价,等于承认这一行为更近于法益的破坏,或至少认定这行为是社会所不乐见的"⑦。

可以说,客观归责理论是实质的规范判断理论。制造法所不容许之风险、实现了法不允许的风险、规范保护目的、构成要件的效力范围等,都是尝试将法秩序的要求具体化,而它们本身都是实质的标准。⑧ 因此,在运用客观归责理论确定归责范围时,

---

① 参见张明楷:《刑法学》(上)(第5版),法律出版社2016年版,第189页以下;黎宏:《刑法学总论》(第2版),法律出版社2016年版,第99页以下。
② 参见周光权:《客观归责理论的方法论意义——兼与刘艳红教授商榷》,载《中外法学》2012年第2期。
③ 参见林东茂:《客观归责理论》,载《北方法学》2009年第5期。
④ 同上。
⑤ 客观归责理论认为,"降低危险的行为等于没有制造危险"。"降低危险"主要是指对于既存的危险在程度上修正为更轻微,或在方式上导致结果由另一种形态出现。参见林东茂:《客观归责理论》,载《北方法学》2009年第5期。
⑥ 同上。
⑦ 同上。
⑧ 参见陈兴良:《从归因到归责——客观归责理论研究》,载《法学研究》2006年第2期。

"允许的危险""危险分配""信赖原则"等重要理论,均可以合理运用在前提上排除归责,从归责的意义上说,客观归责理论更具有方法论的适用价值。但是,无论是哪种理论,要能够完全适用于圆满解答所有问题是不现实的,只能说哪一个更具合理性。无论主张哪种理论,想既解决有无因果关系,又合理界定归责的范围,总是有一定缺憾。因此,在判断方法上,因果关系的判断以相当因果关系的客观说在结论上较为合理,但在归责上,客观归责理论归责原则有比较大的优势,二者的结合,是可以较好地完成为刑事责任提供客观基础以及归责的判断的。

2. 因果关系的认定

认定因果关系,应将属于单纯引发事件的条件的行为,偶然造成非构成要件类型化的结果排除归责。这是指当行为属于单纯引发事件的条件,结果超出了构成要件范围时,应否定行为与最终结果之间的因果关系,应排除归责。例如,在前述"上海火车站扒窃案"中,从构成要件规范的要求上说,扒窃(盗窃)行为不具有造成重大人身伤亡的危险性,因此,即使在实施此类行为,引发重大人身伤亡(包括自杀)结果发生的情况下,也不具有相当性,应排除结果归责性。

(1) 客观常态因果关系

所谓客观常态因果关系,是指在客观事实层面,具有直观的条件关系的因果联系。这类直观的因果关系,在客观上因果流程清晰,无需特别考察即可确定具有因果关系的情形。这种客观常态的因果关系,一般而言,在认定有无因果关系判断上一般不存在困难,在归责上也不存在疑问。例如,甲用枪杀了乙,在因果关系上清晰,归责上也不发生问题。因此,只要对于因果流程有自然法则上的支配作用,就应该归责。但是,在客观常态因果关系中,重叠(累加)的因果关系问题比较特殊,即"多因一果"的情况。多因一果粗略可分为两种情形:一是"多因"中可以分辨出对最终结果的原因力不同。例如,为赶工程进度,建设一方领导在大雨中仍然电话指示工程承建者不得停工,承建者虽然知道在当时情况下安全施工的条件已经不具备,仍然遵照指示不允许施工人员撤离,造成暴涨的河水倒灌施工面,施工人员被溺亡。这一案件的因果流程是常态的,从因果流程的实现看,属于由施工现场承建者的掌控,而不完全属于打电话指示的工程建设一方的领导。因此对结果发生,现场的承建者的行为最具原因力,工程建设者一方的领导者的行为是次要原因。应分别以强令违章冒险作业罪归责。二是"多因"中无法准确确定对结果原因力大小,包括单独不能导致结果发生,但合并在一起造成了结果以及各自的行为单独均具有导致结果发生可能性,而共同作用下导致结果发生的。只要因果流程是常态的,即便不能分辨对最终结果原因力的大小,也需将各自的行为视为结果发生的共同原因,均需承担既遂责任。

(2) 客观非常态因果关系

所谓客观非常态因果关系,是指在因果流程中有介入因素加入,在因果流程呈现的形态并不直观、清晰,需要特别考察才可确定属于常态因果流程的情形。在因果流程中因其他因素介入,是否会中断先行行为与最终结果之间的因果联系,涉及的是所述"因果关系中断说"理论。对于介入因素后,是否使得因果关系中断,有否定的认识,也有肯定的主张。① 本书持赞同认识,因具有介入因素时,存在不能归责,是有事实上的依据。例如,甲乙互殴时甲打伤乙的眼睛,乙在治疗后不久,不听医嘱又去游泳,致使受伤的眼睛感染,为保住另一只眼睛,不得不手术摘除被感染的眼球。该种情况下,即使说甲打伤乙的眼睛无论有无致盲的可能性,乙不听医嘱游泳致使感染眼球被摘除的重伤结果,也不可归因于甲的行为。因为介入乙游泳的行为,致使因果流程完全不受甲的控制,如将重伤结果归责于甲,显然是不公正的。至于介入的因素,通常主要认为包括:第三人行为的介入;行为人第二个行为的介入;被害人自己行为的介入;自然力因素介入。当然,并不意味着只要有介入因素,都当然阻断前行行为与最终结果之间的因果联系,仍然需要考察介入因素对最终结果的原因力。我国学者在借鉴的前提下提出以下需要注意的问题:一是实行行为导致结果发生的概率;二是介入因素异常性大小;三是介入因素对结果贡献(作用)大小②。

以下依据上述原则分别重点讨论这几种情况:

第一,所实施的行为导致结果发生的概率(可能性)。这主要是解决前行行为与最终结果之间是否存在常态的因果流程(是否还具有原因力),以及结果是否在构成要件的范围之内。如果前行行为与最终结果之间仍然具有这种常态关联性,且在构成要件的范围之内,则介入的因素不足以遮断二者间的因果关联。例如,甲以杀人的故意向乙开枪,乙受惊失足坠崖而亡;或者乙非致命部位中弹后,但因无法就医伤口感染而死亡。在此,客观上均是自然因素(悬崖高度、细菌)导致死亡,但是枪击行为导致乙惊吓及坠崖死亡,或者伤口受感染而死亡,并不令人感到意外,与枪击的杀人行为联系在一起坠崖或伤口感染具有导致死亡结果的高度可能性,发生的死亡结果仍然属于甲控制中的因果流程,属于杀人构成要件的范围之内,故乙之死亡结果即可归责于甲。再如,甲故意杀人已经将被害人乙倒地致昏迷,以为乙已经死亡,便将乙抛弃在河中以灭迹,但乙实际上是溺亡的。这里甲的第二个行为介入并没有超越甲的杀人行为原本对死亡结果的支配力,乙虽然实际上是溺亡的,但因果流程仍然在甲的掌控之下,第二个行为并没有导致因果关系流程的偏离,因此不足以遮断前行杀人行为与死亡结果间因果关系,甲应承担故意杀人既遂的刑事责任。

第二,介入因素是否导致因果流程异常。这里不仅需要考察是否属于异常介入因素,也需要考察因果流程是否异常;介入因素是否异常,是依据社会的一般理念对介入因素的评价。如果介入因素异常并导致因果流程异常偏离(不受前行为人所控

---

① 否定说认为,刑法上所说的因果关系,本来是就其存在或者不存在而言的,原本存在的因果关系,在其发展过程中出现中断,这在刑法理论上是不可能的;而且在条件说中,条件关系存在但又否认因果关系,这是自相矛盾。因果关系中断论不可能推导出刑法上妥当的因果关系。所以,因果关系中断论现已经失去支持者。〔日〕大谷实:《刑法总论》(第4版),日本成文堂1994年版,第173页,转引自马克昌:《比较刑法原理——外国刑法学总论》,武汉大学出版社2002年版,第207页。马克昌教授认为,"一种现象在其向前发展的过程中,由于另一现象的介入而切断其与以后发生的结果的联系,事实上是存在的;而且,根据因果关系中断说有利于对行为与结果之间有无因果关系的认定,所以不赞同对它的否定。"马克昌:《比较刑法原理——外国刑法学总论》,武汉大学出版社2002年版,第214页。

② 参见马克昌主编:《犯罪通论》,武汉大学出版社1999年版,第223—224页。

制)的,则应否定前行为与最终结果间因果关系存在。例如,甲以杀人的故意向乙开枪,乙受伤,伤情本不致死(或者伤情足以致死),在乘车前往医院途中,丙为抢救乙而车速较快,在避让闯红灯的车辆时,致使汽车翻车,乙死亡。这种情形下,丙为救乙车速较快无可非议,但闯红灯的其他车辆的介入,确属异常因素并导致原因果流程发生偏离,乙死亡的结果既不可归责于丙,也不可归责于闯红灯的驾车人。介入的因素足以遮断甲的杀人行为与乙死亡结果间因果关系,甲应以杀人未遂承担刑事责任。再如,甲重伤乙,乙虽受伤,但伤情一时不足以致死,而入院抢救,适有丙医生救治时手术失误,导致乙死亡。这里介入丙医疗事故的行为,实属异常因素(从医疗事故发生的概率看),因果流程完全不受甲的控制,丙的医疗事故行为,足以遮断甲致伤乙可能导致死亡结果间的因果关联性。对甲只能以重伤归责而不承担死亡罪责。但即使介入因素是异常的,但没有导致因果关系流程的异常,此情形不阻断因果关系。

> 【案例4-6-2】
>
> "肇事女司机脱衣阻挠救护人员救人"案①。山东临沂市中丘路的香榭丽都小区,被害人王艳丽骑电动车带4岁女儿王巧巧回家途中被张某驾驶高速行驶中汽车撞飞。救护车到来后,肇事女司机张某脱光衣服躺在救护车前,阻拦救护车开进小区救人。医护人员只得下车步行,当急救人员抱着从车底下救出来的女孩放进救护车后,赤裸身体、拦在救护车前的张某突然从地上爬起来,挤开车门口的救护人员,试图抢下受伤女童,拉扯中与女孩一起摔倒在地上。女孩被重新抱进救护车后,张某又躺回救护车前。车辆刚一起步,她再次从地上爬起来,向车辆离开的方向扑去,并抓住了救护车的前保险杠,众人掰开她的手后,救护车倒车离开。② 王巧巧在送医后不治身亡,王艳丽重伤。

本案中,张某脱衣阻碍救护人员施救、进入救护车内抢夺受伤的儿童,这些反常的举动,都是超出常人能够理解的范围,其介入阻碍施救实属异常,但这并没有导致因果关系流程偏离③,张某对于因果流程仍然具有自然法则上的支配作用。所以,实施阻碍救难行为,只要判断为"如果不介入阻碍行为,则有可能结果不发生"时,阻碍救难就是结果发生关键性条件,应当被归责。

第三,对最终结果发生的原因力大小。这是因果关系以及归责上判断难度最大的问题。如果前行为对最终结果原本具有支配力,而后介入的因素对结果的发生作用微小或者作用不大,不足以导致因果流程发生偏离,则不阻断前行为与最终结果间的因果关系。反之,则可能影响因果关联性以及归责。如果介入因素是被害人自己

---

① "肇事女司机脱衣阻挠救护车救人案件"始末,载中国警察网: http://www.cpd.com.cn/n10216060/n10216146/c12395993/content.html,2014年2月3日访问。
② 上述事实描述,是根据视频资料。
③ 据报道,张某是因家庭矛盾负气开车,如果有证据证明,被撞女孩本有生还可能性,其阻碍救护人员施救时的精神状态如果正常,则女孩死亡的结果应被归责。

的行为,同样需要考察介入是否异常以及对结果发生作用,如果对于结果作用微小,即使是属于常态介入,也不阻断前行为与最终结果间因果关系。

【案例4-6-3】
甲在责任田喷洒杀虫剂前,发现下风处有几个儿童在水田边玩耍(摸田螺),便大声呵斥将儿童驱离,但喷洒中发现那几个儿童又回到水田边继续在玩,甲观察看风势已经变小,便没有再驱离他们。不久发现有孩子中毒倒地,速送医院抢救未果一儿童死亡。

本案中,死亡结果的发生不能不说与孩子不听劝阻仍然回到田边玩耍有关,但儿童不听劝阻是其天性,并非异常不可预见之事,而甲不再采取有效措施的行为原本就具有导致死亡结果发生的原因力,被害人介入的行为,不足以导致因果流程发生偏离而阻断因果关系,甲应以过失致人死亡归责。反之,如果系介入异常因素并对结果发生作用大时,应阻断因果联系。如甲女与乙女因琐事争执中轻伤乙女的手,乙女非常珍爱自己的手,因伤后手指变形,无法忍受手指变形所带来的精神痛苦,愤而自杀死亡的。所介入乙女的自杀行为,是异常的因素,乙女因无法忍受精神痛苦的自杀结果,其因果流程不受甲女控制,与甲女轻伤其手指的行为之间不具有因果关系,所以不能令甲女承担死亡结果的责任,只承担伤害结果的责任。

如果介入的被害人的行为系通常会介入的常态,或者不得不介入时,即使对结果发生作用大,或者在原因力上无法准确界定时,也不阻断前行为与最终结果间因果关系。例如,甲乙二人在打斗中,甲愤而将燃油倾倒在自己和乙的衣服,欲与乙同归于尽,乙在与甲争夺打火机时不慎点燃自己衣服,被迫跳入河中灭火,但水较深而溺亡。甲的行为与乙死亡结果之间具有因果关系。

如果后介入的因素是常态,且具有与前行为同等对结果的原因力,在归责上有一定的困难。例如,甲杀乙,乙中弹受致命伤,入院抢救,适有仇人丙闻讯赶到医院砍杀急救中的乙,乙死亡。这里乙的死亡结果,虽然没有偏离甲的杀人行为危险的范围,也没有超越甲行为原本的对死亡结果的支配力,但是丙砍杀行为介入并非异常,是直接导致乙死亡结果发生具有原因力的行为,所以只是丙的砍杀行为与乙死亡结果之间具有因果关系。

(3) 因果关系的客观条件

所谓因果关系的客观条件,是指除危害行为之外,在导致危害结果发生中发挥了作用(那怕所起作用微小)的外部状况。详言之,在危害行为实施前或者实施中,乃至实施后对危害结果发生起到一定作用的客观事实,都可以说是因果关系的客观条件。在这些事实中,有两个问题,是值得关注的。

一是被害人具有的特殊体质。在通说中,被害人具有特殊体质无论行为人或一般人知道与否,都不影响行为与结果间因果关系的认定,即使该种行为针对无特殊体质人实施根本不可能发生同样结果①。被害人具有特殊体质,由于侵权行为诱发,导致严重后果的案件,是否当然具有因果关系以及能否归责,在实务中是一个比较棘手的问题。而且,有的案件中被害人甚至都不知道自己患有心脏病、脾、肝脏肿大、血友病、高血压或者其他严重疾病,或者有特殊器官位移等,如何确定因果关系问题,特殊体质是否属于"介入因素",有不同认识。张明楷教授认为,特殊体质是行为人实施行为时已经存在的事实,因此,严格地说,这不是介入因素,而是行为时存在的特殊条件。在具有这种特殊条件情况下,即使所实施的行为只是诱发结果发生的因素,也应该确认行为与结果之间的因果关系。至于行为人是否认识到或是否应当预见被害人的疾病或特殊体质,只是有无故意、过失的问题。而且,判断对结果的故意或过失,也不是以认识到或可能预见到具体疾病、特殊体质为前提,而是需要综合各种情况判断。例如,对老年人的伤害,当然应该预见到可能因某种疾病诱发死亡;对特殊体质者,在发现其异常生理反应时,仍然继续施暴导致死亡,就可以视具体情况认定构成故意杀人或故意伤害致死。②显然,这已经不涉及因果关系问题,而是在确定因果关联性后的责任归属。换言之,如果该问题应归于责任的确定,则完全没有必要将此问题再置于因果关系中探讨。

被害人一方具有特殊体质,是否不再涉及因果关系的有无问题,是值得思考的。在通说所举例中,几乎是无一例外地要将"特殊体质被害人"置于"当场死亡"的情形后,再表明侵权行为与结果之间具有因果关系。③但是,如果被害人没有"当场死亡"又如何判断?对因果关系的判断,首先以事实证明确实为基础,如果事实状况不清楚,因果关系的判断难以为继,更何况结果的归责。在讨论因果关系以及结果归责问题时,都是以因果联系相对复杂的情形为理论前提,将具有特殊体质情形的案件从前提上就肯定有因果关系,实际上是将复杂问题简单化,是将被害人的特殊体质条件置于可有可无的地位,其结论与"条件即原因说"没有任何区别。

【案例4-6-4】

甲已60岁,系摊贩,一日摆摊中阻碍了乙家进出通道,引起年轻人乙的不满,遂发生争吵,乙"感到骂不过甲"随后离去,喊来自己的朋友丙,二人再次与甲对骂,相互辱骂中丙打了甲一个耳光,乙将其菜摊踢翻,二人扬长而去。甲气愤不已,在回去给家人讲述受辱过程中突发心脏病而送医,一周后医治无效死亡。

在本案中,丙对老年人的一记耳光、乙踢翻其菜摊当然可视为实施的"暴力侮

---

① 参见高铭暄、马克昌主编:《刑法学》(第5版),北京大学出版社、高等教育出版社2011年版,第77页;马克昌主编:《刑法》(第3版),高等教育出版社2012年版,第71页。
② 参见张明楷:《刑法学》(上)(第5版),法律出版社2016年版,第184页及下注释。
③ 参见高铭暄主编:《刑法学原理》(第1卷),中国人民大学出版社1993年版,第584页;高铭暄、马克昌主编:《刑法学》(第5版),北京大学出版社、高等教育出版社2011年版,第77页;马克昌主编:《刑法》(第3版),高等教育出版社2012年版,第71页。

辱",是诱发心脏病发作的因素,但是,能否排除被害人"讲述"行为本身与导致情绪发生较大波动引发心脏病突然发作无丝毫关系,如果不能否定这种关联性,那么,应如何判断这种关联性在结果发生中所起到的作用? 这种情形下,一定要说乙的行为与死亡结果之间有因果关系,与"条件即原因"的结论相同,其合理性值得质疑。因此,即使在被害人有特殊体质的情况下,首先还是需要解决有无因果关系的问题,而不是当然具有因果关系而只剩下责任的确定。而就此类案件而言,在具有条件关系的前提下,特殊体质是横亘在行为与结果之间的重要条件,没有理由视而不见。现实中此类案件引发严重后果的行为,一般表现为非严重侵害人身安全的行为①,如一个耳光、一拳、一掌,甚至表现为一般的侵权违法行为,如辱骂等。此种情形,被害人的特殊体质无疑在引发最终结果的发生,扮演着"介入因素"发挥着作用,甚至有主导着因果流程的重要作用,这与前述异常介入因素能够阻断因果关联没有任何区别,如果属于该种情形,认定诱发特殊体质者疾病发作的行为,与结果发生具有因果关联并归责,在结论上难以认为是公正的。

二是因果关系的判断能否以假设条件来研究②。毫无疑问,我国通说对因果关系的研究是对现实事实的分析,反对假设条件研究,也就是基于客观因果关系的立场,对相同或者类似案例研究结论也是肯定的,也应归责。③ 然而,作为法价值评价的社会的经验法则,或者说"规律性""内在根据"却是首先建立在无数个"假设"前提下,通过社会实践的得出的"经验认识"。从这一意义上说,运用"假定"条件,确定(或者排除)具有因果关系,并不违反因果关系客观性的要求。实际上,因果关系也是建立在"如果没有前者,就没有后者"的假设条件之上的。因此,无论是作为的因果关系还是不作为的因果关系,都存在假设"如果没有前者,就没有后者"条件关系的前提下。不过,这里的允许的"假设",是指对行为有无的"假设",即"假如没有前行为,就没有后结果",而不是对客观外界条件有无的假设。例如,甲重伤了乙,恰巧离医院不远,抢救及时没有发生死亡结果;丙也造成了丁重伤,但是不巧离医院太远,发生死亡结果。这里,不存在需要"假设"如果离医院近点,丁可能不会死亡,以这样的条件来肯定或者否定丙重伤丁,与最终发生死亡结果之间有无因果关系。

(4) 值得在研究前提上借鉴运用的理论

根据通说,判断因果关系研究对象的行为,应限定在系"危害行为"这一前提下,但是,依据何种标准将不属于"危害行为"的行为,从可能作为"原因"的行为中予以排除,学者们关注的不够。借鉴客观归责理论,"容许的危险"、"信赖原则"、"危险分配"领域内的行为,即使在客观评价上有因果关系,除非特殊情形存在,应该排除归

---

① 如果属于严重侵害人身安全的犯罪行为,而对象属于特殊体质者,其特殊体质已经不再是需要考查的重要条件,其严重侵害人身安全的行为,应上升为主要考察行为导致结果发生的危险性实质。

② 黎宏教授认为,例外的只是在对不作为的因果关系研究中允许"假设条件"。参见黎宏:《刑法学总论》(第2版),法律出版社2016年版,第94页以下。

③ 参见高铭暄、马克昌主编:《刑法学》(第5版),北京大学出版社、高等教育出版社2012年版,第78页;马克昌主编:《刑法》(第3版),高等教育出版社2012年版,第69页。

责。可以肯定的是,根据"类型化实行行为与危害结果之间因果关系"的要求,非类型化的行为应该首先排除在因果关系之外。此外,可以借鉴的理论,如属于容许的危险行为,造成结果时,应排除归责。警察搜查、追捕杀人疑犯,疑犯拒捕,警察开枪示警,疑犯亲属上前抢夺警察手枪,警察在反制抢夺枪支过程中走火将其打死的。疑犯亲属敢于抢夺警察的枪支,是极为罕见的异常情况,因此警察反制夺枪行为与死亡结果间有因果关系,也属于意外,应该排除归责;"许多经济活动带有一定程度的危险,例如卖汽油、卖火柴、卖刀械、卖棒棍、卖农药等等。依照经济交易的惯例,或对于消费者的合理信赖,这些危险都是受到容许的。如果有人买刀行凶,买农药下毒杀人,或买汽油纵火,除非有特殊情况发生,否则店家都不可被归咎"[①]。再如,除非存在不得信赖的因素,遵守交通规则的驾驶者,碾压致死违规闯红灯的电动车骑行者,依据信赖原则,有因果关系也不能归责;手术中使用了未经严格消毒的手术器械,造成病患感染后死亡,依据信赖原则和危险分配,病患受感染死亡结果,不能归责于主刀医生,而应由负责消毒的手术器械护士承担。

当然,涉及上述理论可适用的领域还有很多,不可能逐一分析,当然这其中还包括各种理论在适用上的规则,无法一一展开的问题,只能在实践中摸索和总结。

第七节 时间、地点和方法

危害行为实施的时间、地点、方法是任何一个刑事案件都具有的客观事实,但是并不是每一个犯罪都必须具备的共同要件。时间、地点和方法,在犯罪构成中属于选择性要件,只是在部分犯罪中具有构成要件的意义。这是指,当刑法把特定的时间、地点、方法明文规定在条款中时,则表明它们是这些犯罪构成必备要件。即这些条件就对某些行为是否构成该罪就具有决定性的作用,也就成为该种犯罪构成的必备要件。是否具备这样的条件可成为区分罪与非罪、此罪与彼罪的界限。

一、时间

危害行为实施的时间条件,是指在特定犯罪中,要求行为在该时间内实施,危害才能达到犯罪程度的特别要件。例如我国《刑法》340条非法捕捞水产品罪规定,违反保护水产资源法规……在禁渔期捕捞水产品,情节严重的,才构成犯罪;第421条战时违抗命令罪只有在战时违抗命令,对作战造成危害的,才构成犯罪。这里的时间条件,就是危害行为构成犯罪必须具备的要件。

二、地点

危害行为实施的地点,是指在特定犯罪中,要求行为在该种场合实施,危害才能

[①] 林东茂:《客观归责理论》,载《北方法学》2009年第5期。所谓"特殊情况"是指在明知其购买将用于犯罪活动,或者根据客观情况,已不可能信赖购买者是用于正当用途时。

达到犯罪程度的特别要件。例如,我国《刑法》第340条非法捕捞水产品罪规定,违反保护水产资源法规……在禁渔区捕捞水产品,情节严重的,才构成犯罪;第342条非法占用农用地罪规定,违反土地管理法规,非法占用耕地、林地等农用地,改变被占用土地用途,数量较大,造成耕地、林地等农用地大量毁坏的,构成犯罪;第343条第1款非法采矿罪规定,违反矿产资源法的规定,未取得采矿许可证擅自采矿,擅自进入国家规划矿区、对国民经济具有重要价值的矿区和他人矿区范围采矿,或者擅自开采国家规定实行保护性开采的特定矿种,情节严重的,构成犯罪。上述"农用地""国家规划矿区、对国民经济具有重要价值的矿区和他人矿区",就是成立犯罪必不可少的地点要件。

三、方法

危害行为的方法,是指在特定犯罪中,要求行为在采取该种方法实施,危害才能达到犯罪程度的特别要件。例如,我国《刑法》第340条非法捕捞水产品罪规定,违反保护水产资源法规……使用禁用的工具、方法捕捞水产品,情节严重的,才构成犯罪;第341条第2款非法狩猎罪规定,违反狩猎法规……使用禁用的工具、方法进行狩猎,破坏野生动物资源,情节严重的,构成犯罪;第343条第2款破坏性采矿罪规定,违反矿产资源法的规定,采取破坏性的开采方法开采矿产资源,造成矿产资源严重破坏的,构成犯罪。这里"禁用的工具、方法""破坏性的开采方法",就是成立犯罪必不可少的方法要件。

时间、地点、方法的理解

一是犯罪的时间、地点,方法(手段),从狭义上理解,只是某些特定犯罪构成的必备要件,对认定犯罪具有重要意义,但从广义上理解,还包括影响刑事责任轻重的时间、地点和方法。这是因为,即使没有被规定为犯罪构成的要件,时间、地点、方法也是客观存在的事实,是任何犯罪都具有的事实,而这些事实往往影响到犯罪行为本身的社会危害程度。因此,犯罪的时间、地点、方法(手段)对于正确认识行为的社会危害程度,从而正确量刑仍有十分重要的意义。例如,我国《刑法》第236条强奸罪第3款"在公共场所当众强奸妇女的"、第263条抢劫罪第1款"入户抢劫的""在公共交通工具上抢劫的""抢劫银行或者其他金融机构的",均是适用较重法定刑的"地点"条件;第318条组织他人偷越国(边)境罪第1款"剥夺或者限制被组织人人身自由的""以暴力、威胁方法抗拒检查的",是适用较重法定刑的"方法"条件;等等。

二是这里所说的时间、地点、方法,无论是构成犯罪的必要要件,还是考察社会危害程度的要素,既包括特别刑法的规定,也包括在相关司法解释中相应条款的规定。例如,全国人大常委会《关于惩治骗购外汇、逃汇和非法买卖外汇的决定》第4条规定,在国家规定的交易场所以外非法买卖外汇,扰乱市场秩序,情节严重的,依照《刑法》第225条(非法经营罪)的规定定罪处罚。这里"国家规定的交易场所以外",就是构成犯罪必要的"地点"要件。再如《妨害预防、控制突发传染病疫情案件解释》第2条规定,在预防、控制突发传染病疫情等灾害期间,生产、销售伪劣的防治、防护产品、物资,或者生产、销售用于防治传染病的假药、劣药,构成犯罪的,分别依照《刑法》第140、141、142条的规定,以生产、销售伪劣产品罪,生产、销售假药罪或者生产、销售劣药罪定罪,依法从重处罚。"在预防、控制突发传染病疫情等灾害期间",是依法从重处罚的必要条件。

第五章　构成主观必备要件

第一节　责任能力

根据现代刑法理念,并非行为人实施了危害社会的行为就一定会被追究刑事责任,必须是行为人在具有责任能力的情况下实施危害行为,才能承担刑事责任,也只有在行为人具有这种能力的情况下,才能对行为人给予谴责,并给予刑罚的处罚。这种能力,就是刑事责任能力。根据"行为与责任同在的原则",刑事责任能力必须是行为人在行为时具有的能力,如果行为人在行为时不具备或者丧失刑事责任能力,则就不能令行为人承担刑事责任。

刑事责任能力,一般在刑法上并不直接地以条文方式规定,而是以消极的方法规定无刑事责任能力和限制刑事责任能力等各种情况。从这一意义上说,刑事责任能力的刑法规定,也是为阻却刑事责任或者为减轻刑事责任而设置的。但是,刑事责任能力,毕竟是行为人主观上受非难、谴责应具备的前提条件,只有在有责任能力情况下的主观罪过才应给予谴责,而无论其刑事责任能力是否减弱。因此,本书将该问题置于构成犯罪主观上的必备要件予以研究。我国《刑法》第17条至第19条即以刑事责任年龄为主要依据,规定了刑事责任能力,以及影响刑事责任能力的各种情况。

一、刑事责任能力的概念

刑事责任能力,是指自然人在实施行为时,必须具备的刑法意义上的辨认和控制自己行为的能力。刑事责任能力是自然人犯罪主体的核心条件。

辨认能力,是指能够正确辨识自己行为的性质、意义、作用和后果的能力,也可以称为认识能力。反之,当行为人不具备认识自己行为的社会意义、对社会的作用以及后果的能力时,也就是不具备辨认能力。控制能力,是指根据自己辨识的结果,有意识地选择实施或者不实施某种特定行为的能力。

但是,这里所说的辨认能力和控制能力,不是一般意义上人对客观事物能否感知、辨识以及能否凭借感知、辨别实施自主行动的反应能力,而是要求具备刑法意义上的辨认能力与控制能力。

刑法意义上的辨认能力,是指行为人对自己的行为在刑法上的意义、性质、作用和后果的辨别、认识能力,即对于自己的行为在法律上是否被禁止、是否受法律谴责的认识能力。至于对此认识到何种程度,并不影响具有辨认能力的认定。因此要求辨识的内容是刑法意义上的,并非仅指对某种客观事物是否能够辨识。例如,精神病患者也能够辨识"火"的作用,但不能辨识将点燃房屋的行为在刑法上的意义。刑法意义上的控制能力,是指依据自己辨识的结果,有意识地选择和控制自己的身体"为"还是"不为"某种特定危害行为的能力,并非仅指自由支配、控制自己的身体活动的行为能力。例如,精神病患者也具有用打火机点燃财物的行为能力,但不具备的是刑法意义上"不为"放火行为的控制能力。

根据我国《刑法》的规定,辨认能力和控制能力,是刑事责任能力的两个必备条件。一般认为,辨认能力是控制能力的前提和基础,不具有辨认能力就谈不到对自己行为还具有刑法意义上的控制能力,只有对自己的行为在刑法上的意义、作用、后果有认识的能力,才谈得上凭借这种认识而自觉、有效地选择和决定自己是否实施触犯刑法的控制能力;控制能力则是对具有辨认能力的肯定,行为人只要具有控制能力,则说明也具备辨认能力,因为控制行为的能力是在辨认结果的前提下进行的。但是,实践中存在着由于种种原因在具备辨认能力时,丧失控制能力的情况。例如,精神病患者虽然也知道"不可杀人",但无法控制去杀自己认为的"可杀之人"。由此可见,控制能力是刑事责任能力的决定性内容。

根据我国《刑法》的规定,辨认能力和控制能力必须同时具备,才是具有刑事责任能力,缺少其中任何一个,都是无刑事责任能力。行为人只有在具备刑事责任能力的情况下实施危害社会的行为,才能对此负刑事责任。所以,刑事责任能力既是一种犯罪的能力,也是一种负刑事责任的能力。

自然人的刑事责任能力并不是与生俱来的,是否具备刑事责任能力及程度,主要受到两个基本因素的制约:一是是否达到一定年龄;二是精神状况是否健全。前者是自然人主体的刑事责任年龄问题,后者是自然人主体是否有精神障碍的问题。这两项因素的刑法意义和作用是不同的,前者是作为刑事责任能力的前提条件,是为确认自然人主体具备何种程度的责任能力,而后者则是为了阻却或者说是为了排除自然人主体具备责任能力或者责任能力减弱。当然,二者都是消极意义上为阻却或减轻刑事责任所设置的条件。

二、刑事责任能力的程度和划分

各国在刑事责任能力程度上的划分,由于受法律文化、传统的影响而各不相同,有的国家采取二分法,即将刑事责任能力划分为完全责任能力和无责任能力,但是多数国家采取三分法。我国刑法是将刑事责任能力程度分为四种情况,即将刑事责任能力划分为:完全责任能力、无责任能力、相对无刑事责任能力和减轻(限制)责任能力。

(一) 完全责任能力

完全责任能力,也称为责任能力,其概念和内容在刑事立法中一般不作具体规定,是由刑法理论和司法实践,结合刑法中关于刑事责任能力程度的有关规定加以明确的。从外延上看,是指行为人达到法定责任年龄后,不具备法定的无责任能力和限制责任能力、减轻刑事责任能力的条件,精神、智力、生理功能健全的,皆属完全责任能力人。我国《刑法》规定,凡年满18周岁,精神、智力、生理功能健全、认知发育正常的人,都是完全责任能力人。因而,凡符合上述情况者,依法推定其具有完全的责任能力[1]。具有完全责任能力人犯罪的,应依法负完全的刑事责任。认定完全责任能力是一种事实推定,即司法人员只需证明其不具有无责任能力者和限制责任能力、减轻刑事责任能力条件即可,无需在司法审查中证明行为人具有完全刑事责任能力。

(二)无责任能力

无责任能力,也称为完全无刑事责任能力,是指行为人不具备或者丧失了刑法意义上的辨认或者控制自己行为的能力。在我国刑法中,无责任能力人有两种:一是根据第17条的规定,尚未达到法定的最低刑事责任年龄的人,即未满14周岁之人;二是患精神疾病符合无责任能力标准的人。上述无责任能力的两种情况,前者的无责任能力,依然是依事实来推定,无需证明无刑事责任能力,而后者则必须依据一定的标准才可确认认定无刑事责任能力。

(三)相对无责任能力

相对无责任能力,也称为相对责任能力,是指只能对刑法有明确限定的一定范围内的犯罪承担刑事责任,也就是只在此明文规定范围内,法律承认具有刑事责任能力,因此对刑法明确限定以外的危害行为也不承担刑事责任。在我国刑法中,相对无责任能力的,只限于已满14周岁不满16周岁刑事责任年龄阶段的人。相对无刑事责任能力的认定,仍然是事实推定,只需证明不属于无刑事责任能力,无需证明有相对责任能力。

(四)减轻责任能力

减轻责任能力,又称限定责任能力、部分责任能力、限制责任能力,是介于完全责任能力和完全无刑事责任能力的中间状态的刑事责任能力,是指行为人因年龄、精神状况、重要生理功能缺陷等原因,在其实施犯罪时,辨认能力或控制能力较完全责任能力有一定程度减弱、降低的情况。减轻责任能力,是刑法中减轻处罚的事由之一。各国刑事立法虽对此有规定或者由实践来确认,但由于立法以及国家、民族法律传统和习惯的不同,限制责任能力人的范围广狭不一。在我国刑法中,法律明文规定的限制责任能力人有五种:(1)犯罪时已满14周岁不满18周岁的未成年人;(2)犯罪时已满75周岁的老年人;(3)又聋又哑的人;(4)盲人;(5)尚未完全丧失辨认能力或者控制能力的精神病患者。

综上所述,因年龄因素影响减轻刑事责任能力人,不满18周岁的未成年人和犯罪时已满75周岁的老年人,是依法推定为减轻责任能力人;后三种人并不因具有生理功能缺陷或者精神病状态而当然是减轻责任能力人,必须是因其生理功能缺陷或者精神病状态的原因,使其不具备完全刑事责任能力的,才是减轻责任能力人。因此,是否属于减轻刑事责任能力要根据事实来确认,而不能根据事实来推定。我国司

---

[1] 完全责任能力与完全责任年龄不是同一个概念。

法实务中对于精神病中的重症精神病早期或缓解期、精神发育不全,以及对非精神病的精神障碍人(如变态人格)程度较重的,一般也承认为减轻责任能力人。

第二节 罪 过

故意和过失,是指犯罪的故意与犯罪的过失,在理论上被称为"罪过",是行为人在实施危害行为时,在主观上应受谴责的一种的心理态度。因此,犯罪故意与犯罪过失,也是行为人承担刑事责任的主观基础。通说将其表述为"犯罪的主观方面"。犯罪的故意表明了行为人对刑法规范以及所保护的法益持有蔑视甚至是敌视的态度;犯罪过失则表明行为人对刑法规范以及所保护的法益持漠视或忽视态度。正是这种不同的主观罪过所表现出来的主观恶性,才使得行为人主观上的心理态度具有了不同的可谴责性或可非难性,也才使得其行为要受到刑法的否定性评价。

一、罪过界定及其要素

(一)罪过的界定

罪过是指行为人对自己的危害行为及其危害结果的心理态度[①]。但在符合我国《刑法》第14条对故意犯罪规定的前提下,有不同观点认为,罪过的构成内容中不包括对危害行为的心理态度。罪过,"是指行为人对自己危害行为所引起的危害结果持有的心理态度"[②]。这种观点的主要理由是:(1)从刑法规定来看,《刑法》第14条所说的"明知"是指对危害结果的明知和预见,所规定的"希望""放任"也是指对危害结果的态度,并不包括行为人对自己的行为的态度。(2)将行为人对危害行为的态度运用到司法实践中会引起混乱,主要表现在过失犯罪案件中,行为人对行为的态度和对危害结果的态度往往就不一致。例如,驾驶人员违章而交通肇事的,行为人对违章行为往往是故意的,但对发生的危害结果是过失的,如既看对行为的态度,又看对危害结果的态度,则无法得出统一的结论。因此,只能以行为人对危害结果的心理态度为准[③]。

但是,本书认为对通说的质疑是值得商榷的:(1)这种认识不能适用于我国刑法规定的所有犯罪之中。对行为人主观罪过的认定,应当依据具体犯罪构成的特点予以考察。刑法中的犯罪有结果犯与行为犯之分。对于以结果作为犯罪构成要件或者犯罪既遂标准的犯罪而言,依照这种观点来认定主观罪过是不会发生疑问,因为对于结果发生的主观意志态度,是认定故意的标准。但是,对于行为犯而言,犯罪构成在客观上不要求特定的危害结果发生为构成要件或者判断既遂的标准,即便行为人主观上有预想的有形结果,是否构成犯罪时也无需考察是否发生该种有形危害结果,实

[①] 参见高铭暄、马克昌主编:《刑法学》(第5版),北京大学出版社、高等教育出版社2011年版,第103页。
[②] 赵秉志主编:《新刑法教程》中国人民大学出版社1997年版,第123页。
[③] 参见马克昌主编:《犯罪通论》,武汉大学出版社1999年版,第304页以下。

际发生的任何结果也只是量刑情节,既然如此,在主观上也不存在要求考察行为人认识发生特定结果及对特定结果持有的心理态度的问题。(2)对故意或者过失的认定,特别是犯罪过失的认定,不存在需要同时适用两个标准而造成无所适从的问题。因为认定主观上是何种罪过的关键,在于要明确具体犯罪构成要件的规定。以交通肇事罪而言,首先要求行为人具有违反交通运输法规的行为,但违反交通运输法规的行为,在主观上是何种心理态度,并不是认定是否构成交通肇事罪的依据,可以是故意违反,也可以是过失违反(这里的故意或者过失,不具有刑法上评价为是犯罪故意或者犯罪过失的意义),行为人主观上违反交通运输法规的故意或者过失,是依据交通肇事罪构成要件的要求对其主观罪过认定的第一个层次。第二个层次则要求行为人对发生的重大事故,即对造成的严重危害结果,主观上必须具有过失的心理态度,即依照法律规定在确认行为人对交通事故具有过失罪过时,必须首先考察行为人对违章行为的过错(故意或过失),这是其犯罪构成的要求。如果不考虑第一个层次的要求,就不能认为行为人对交通事故结果的发生应具有"应当预见而没有预见"或"已经预见而轻信能够避免"的心理态度。否则,在认定上缺乏认定过失罪过的根据,有客观归罪之嫌。因此,这样的质疑是不能成立的。

　　要求犯罪的成立必须有故意或过失罪过,不是在罪过支配下实施的行为,即使造成了损害结果,也不承担刑事责任。所以,罪过是以实施了危害行为和发生危害结果[①]为前提,没有危害行为和危害结果,也就不存在罪过。根据主客观相一致原则要求,既不能只看客观损害而认定为犯罪,也不得只因主观上有犯罪的意图而归责。只有犯罪的思想,而没有在这种思想支配下的危害行为及其危害结果,就谈不上是犯罪,不能追究行为人的刑事责任。罪过"必须是以一定的危害行为与危害结果为内容",但对它的认定以及认定的标准,应当是以其实施行为时为标准,罪过只有表现在一定的危害行为中及危害结果上时,这种主观心理态度才具有刑法意义,才应受到法律的谴责。这一基本的要求,被称为"罪过与责任同在原则",不过目前这一原则,也受到挑战,即在"原因自由行为"[②]认定责任时产生的问题。

　　根据我国《刑法》的相关规定,有的条文明确规定了由故意或由过失构成;有的条文则以特定的法律术语表明了具体犯罪的主观罪过形式,如"意图""明知""以……为目的"等表明故意,以"严重不负责任……致使国家利益遭受重大损失的""违反……规定,发生……重大事故"等表明过失;有的条文则是通过对客观行为规定或描述表明主观罪过的形式是故意或过失。但无论哪一种情况,都要求必须在认定每一个具体犯罪中,刑法总则规定的故意与过失的罪过形式必须与该罪的具体内容结合起来,从而形成该罪成立所要求的特定的罪过。

[①] 是指狭义的危害结果,包括有形结果与无形结果。
[②] 参见第七章第六节"原因自由行为"。

(二) 罪过的要素和形式

1. 罪过的要素

罪过的要素即罪过结构的内容,根据普通心理学的基本理论,人的心理状态在任何情况下,都具有对客观事物认识与对客观事物意志倾向。从罪过的意义上说,也就是行为人在实施危害行为时,认识到或者应当有所认识的事实内容和必须具有的意志状态。

所谓认识到或者应当有所认识的事实内容,即罪过的认识因素,是指行为人对于犯罪构成所要求的事实的辨识。这是罪过成立前提条件。如果没有这种认识或者不可能有这种认识,罪过则无从谈起。我国刑法对罪过的认识因素是以"明知""应当预见""已经预见"来表述,这是对罪过认识因素的法律规定和概括。人的思维活动虽然受到社会客观条件的制约,但人在从事有意义的社会活动中,并不只是被动地接受客观事物,并受其制约,而是在发挥主观能动性,去主动认识客观事物,而且根据客观规律改造客观事物。正因为人具有这样的能力,根据这种认识有意识、有目的地去进行社会活动,也才产生包括刑事责任在内的社会责任问题。因此,行为人在实施行为时,对犯罪构成所要求的客观事实已经认识到或者应当有所认识,是认定主观上是否存在犯罪故意或犯罪过失的前提。但是,仅具有认识并不能认定行为人主观上具有"罪过",只有当行为人在认识的基础上产生了实施具体危害行为的意向,并将基于认识而产生的意志倾向见诸行动时,主观上才具有犯罪的意志状态,也才具有应受刑法评价的"罪过"。这种决定实施具体危害行为的意志活动,即为罪过的意志因素。我国刑法中罪过的意志因素,是以"希望""放任""疏忽大意""轻信能够避免"来表述,这是对罪过意志因素的法定概括和抽象。没有这种意志因素,就不可能实施具体的危害行为。因此,犯罪的意志因素同样是罪过成立的关键条件。认识因素和意志因素虽然都是罪过成立的必要条件,但二者对于罪过的意义不同。认识因素是罪过的基础,无此则不可能形成意志因素;意志因素是在认识因素基础上形成,是认识因素的进一步发展,仅有认识而最终没有形成实施危害行为的意志态度的,便不能自觉确定行为方向引导行为的实施。从这一意义上讲,意志因素对于罪过成立起着关键作用,对于行为的实施具有决定性、主导性。

2. 罪过的形式

罪过是构成任何一个犯罪的必备要件,无罪过就不能承担刑事责任。但这并不是说构成任何一种具体犯罪都必须同时具备犯罪的故意和过失罪过。根据刑法分则具体犯罪罪过的规定,有的犯罪须由故意成,如故意杀人罪,就只能是故意罪过;有的则必须是由过失构成,如过失致人死亡罪,就只能是过失罪过;还有的犯罪故意或过失罪过均可构成,如制造火灾的,故意的是放火罪,过失的是失火罪;而有的则要求同时具备故意和过失罪过,如故意伤害致人死亡的,伤害行为必须是故意的,而对死亡结果就只能是过失的(不能有故意的因素,否则就是杀人的故意了)。

此外,理论上根据罪过的形式和内容,也可将罪过分为单一罪过和复杂罪过两种形式。

单一罪过,是复合罪过的对称,也称为简单罪过,是指行为人实施危害行为时,主观上罪过的表现形式为单纯一个故意或单纯的一个过失。例如,故意杀人罪、盗窃罪、过失致人死亡罪等,罪过形式就属于单一罪过。

复杂罪过,是单一罪过的对称,也称为混合罪过,是指行为人实施危害行为时,主观上具有两种罪过形式的情形。行为人所实施一个犯罪行为,主观上却具有两种罪过形式。通说认为复杂罪过仅指罪过一为故意罪过一为过失罪过的情况。例如,前述故意伤害致人死亡的情形。

复杂、混合与复合罪过

复杂、混合罪过的概念已经被多数学者所接受,但也有学者提出"复合罪过"的概念。那么,复杂罪过、混合罪过、复合罪过所表述的,是否都是指向相同一种犯罪的罪过形式?

有观点认为复杂罪过与混合罪过是同一个概念,"是指在同一犯罪过程中,行为人的故意和过失相互转化的心理态度。混合罪过并不仅仅表现为故意与过失的二重罪过,更重要的是表现为两种罪过之间的特定联系。两种不同性质的罪过形式的相互转化是成立混合罪过的标志……混合罪过既包括故意向过失的转化,又包括过失向故意的转化。为突出故意在犯罪过程中的地位,对混合罪过应该一律定为故意犯罪"①。例如,故意伤害致死,就是适例。所以,混合罪过是行为人在一个犯罪过程中,具有故意与过失两种不同性质的罪过形式,并彼此吸收、转化。张智辉教授认为,混合罪过亦即并存的罪过,是指在同一犯罪过程中同时并存着两种罪过,这两种罪过共同制约着行为的结局②。

在这种认识中,复杂罪过、混合罪过表明,对于行为人主观上有不同或形式各异的两个以上的罪过时,依据刑法有关理论,不宜按数罪并罚处理,就需要在行为人的数个罪过中确定一个罪过作为定罪的依据。所以,复杂或混合罪过存在于一个犯罪行为而具有数种罪过形式及罪过内容都已经明确的基础上,只需要按其中的一个罪过定罪的情形。而提出复合罪过的学者认为,同一罪名的犯罪既包括故意(限于间接故意)又包括过失的罪过形式的,是"复合罪过"。③ 当刑法中有些犯罪条款,没有指明是故意也没有指明是过失罪过,而在理论上有存在重大的争议的,主观罪过就是"复合罪过"。如滥用职权罪与玩忽职守罪的罪过形式,有学者认为滥用职权罪是故意,玩忽职守罪是过失;有学者认为滥用职权罪是过失或间接故意,还有学者认为不论滥用职权罪还是玩忽职守罪,既可由过失构成,也可由间接故意构成。在论者看来,提出复合罪过的概念就是为了对实践中某些犯罪的罪过形式不能清晰界分时,就

---

① 姜伟:《犯罪故意与犯罪过失》,群众出版社1992年版,第407页。
② 参见张智辉:《刑事责任论》,警官教育出版社1995年版,第246—250页。
③ 参见杨书文:《复合罪过形式论纲》,中国法制出版社2004年版,第392—403页。

没有必要界分,就是复合罪过而已。例如,间接故意与过于自信的过失因为二者没有泾渭分明的界限,也没必要进行区分。所以,复合罪过的概念是在罪过形式不能区分或者在不必区分的情况下为了解决罪过认定提出的一种解决方案①。

显然,这里对复合罪过的解读,源自于认为立法对罪过规定含混的现象。上述各罪过形式的概念虽然都是源自司法需要,但是指向的并不是同一种心理现象,复杂罪过、混合罪过并不等同于复合罪过。

特别需要注意的是,两个以上叠加的单一性罪过,不是复杂、混合罪过。单一性(叠加)罪过,不仅数个单一性故意罪过可以,数个单一性过失罪过也同样可以存在。例如,交通肇事后为逃避法律责任,在驾车逃逸中又再次肇事的,主观上就是并行的单一性(叠加)过失罪过。

此外,如果行为人在主观上还具有在法律上不能评价为"罪过"的心理活动的,则与主观上具有的罪过也不是复杂罪过的关系,例如,在故意杀人犯罪后的潜逃的故意,不是罪过。

二、罪过的认定

罪过虽然是一种主观心理,虽然它是通过支配客观危害行为表现出来,是可知的,即危害行为是罪过的载体,但罪过本身是不为他人直接可感知,它是内在的、不可见的、不可感的。而犯罪客观上的危害行为的事实是外在的、可见的或可感的、可测的。所以,对犯罪客观事实的把握是直接的,而对犯罪主观罪过的把握是间接的,但即使是间接的,罪过心理仍然是客观事实,只是需要通过客观外在的事实,包括通过非构成要件所反映的事实来加以推定或者认定。所以,判断行为人主观罪过的客观事实因素往往并不是局限在构成要件所设定客观事实本身,还包括与客观事实要件相联系的其他客观的事实。判断行为人心理态度的根据,只能是其客观实施危害行为时的具体活动以及相关的客观情况。这是因为人的客观活动是人的主观思想的外向化、客观化,它反映了人的思想活动。其他的有关客观情况,如行为的时间、地点、条件、与被侵害对象的关系、行为人的一贯表现、事后的态度等,则可以从另一个方面证明行为人的主观心理态度。总之,在确定行为人的心理活动是故意或过失及具有怎样的目的、动机,应当综合所有事实给予论证。

第三节 故 意

一、犯罪故意的学说

故意是罪过的基本类型之一,但是何种心理状态应评价为故意,历来有不同的学

---

① 参见杨书文:《复合罪过形式论纲》,中国法制出版社2004年版,第133页。

说。犯罪故意的学说,是大陆法系学者对犯罪故意本质的讨论,也可以说是基于故意与过失区别的需要,而提出的理论观点。主要的学说有以下几种:

(1) 认识说。认识说又称表象说,认为故意的内容只包括认识因素就可以了,只要认识到犯罪的事实或预见到结果的发生,就是故意;至于行为人意欲何为,即对发生的结果是何种态度,不影响故意的成立。

(2) 希望说。希望说也称为意思说、意欲说,认为故意的内容包括认识因素和意志因素两个方面,仅有认识因素不成立故意,必须是认识到犯罪事实,并有意使其发生,才是故意,也即必须对行为引起的结果持希望发生态度的,才是故意。

(3) 盖然性说。该说主张根据所认识、预见的结果发生的盖然性(可能性)程度判断有无故意,如果与不发生相比发生盖然性大的,也即认识到可能发生的程度高的则成立故意;相反,如果仅有较低可能性认识的,则为过失(有认识过失)。

(4) 容认说。该说认为仅仅认识到犯罪事实,还不足以成立故意,但也不需要必须希望结果发生才是故意,认识并希望其行为的结果发生,或者认识并容认其行为的结果发生的,都是故意。该说目前是理论上的通说。

依据我国的理论,认识说主张,凡对犯罪事实有认识即可成立故意,可将属于过失的"有认识过失"包括在故意的概念之中,明显不妥当。而希望说,主张只有希望结果发生的才是故意,又将不反对、不违背自己意愿而放任结果发生的"间接故意"排除在故意的概念之外,也是不恰当的。而盖然(可能)性说,将行为人对犯罪事实发生的量,而不是个人的内心对犯罪事实认识的质作为标准,明显偏离了对故意成立认识要素要求质的认识,也完全忽视了故意的意志要素,更为不当。

容认说虽然目前对"容认"的意义还有不同的认识,理论上有从积极意义上理解为"肯定、认可、有意放任"等,也有从消极意义上解读为"听之任之、不反对、不阻止"结果发生等,二者虽然解读不同,但实质上(从行为人心理角度理解)并没有本质上的区别。正因为容认说在故意的认识要素与意志要素的关系上,有比较妥当的解读,对故意成立的范围有一个恰当的界定,是当前许多国家刑事立法采纳的故意标准。我国刑法规定的故意犯罪的概念,也是倾向于以容认说为标准。

二、犯罪故意的概念

犯罪故意的概念,我国刑法中并没有规定,但其具有的法定内容在我国《刑法》第14条中有明确的规定。第14条规定:"明知自己的行为会发生危害社会的结果,并且希望或者放任这种结果发生,因而构成犯罪的,是故意犯罪。"故意犯罪与犯罪故意是密切相关的概念,前者是指经过刑法评价后的一种具体犯罪现象,或者说是一种犯罪的样态;后者则是指行为人对所发生的这一犯罪现象的心理态度。所以,没有后者也就没有讨论前者的余地。通说对犯罪故意表述为:"明知自己的行为会发生危害社会的结果,并且希望或者放任这种结果发生所持有的心理态度。"

目前,学界对行为人主观心理态度的研究主要集中在犯罪故意上,体现出"刑法以处罚故意为原则,以处罚过失为例外"的要求。因此,对犯罪主观心理态度的研究争议比较多的,也主要集中在对犯罪故意的研究上。

通说认为,犯罪故意的要素中包括了行为人对所实施或者所要实施的行为的认识以及心理态度,也包括对自己行为所要造成的结果的心理态度。前者是"认识因素",后者是"意志因素"。至于动机,则认为一般不属于犯罪故意成立的要素,因为基于何种动机(原因)实施犯罪,不影响故意的成立,只是影响刑罚的轻重。但在刑法分则具体规定了目的要件时,目的是犯罪故意成立的特别要件,不过即使是实际上属于直接故意的犯罪,立法也没有选择将目的都作为犯罪故意成立主观要件来规定。因此,目的在犯罪故意心理态度中不具有普遍意义,是选择要件。在上述的心理要素中,认识因素与意志因素是有机统一的关系,也就是任何犯罪故意都要求同时具有认识因素与意志因素,即认识因素是意志因素的前提,意志因素是对认识因素的总结。但当认识因素发生错误时,会影响到主观罪过还能否成立犯罪故意的问题。

通说认为,动机在我国刑法中一般不属于构成要件,但以"情节严重""情节恶劣"为构成犯罪必要条件时,动机可以与其他因素一起成为属于构成要件"情节严重或情节恶劣"的具体因素从而影响定罪。

三、犯罪故意的心理结构

犯罪故意的心理结构,也就是指犯罪心理因素的内容及其关系。根据我国《刑法》第14条规定,犯罪故意的心理态度由两方面的因素构成:一是认识因素,二是意志因素。

认识因素,即"明知自己的行为会发生危害社会的结果";意志因素,即"希望或者放任这种结果发生"。前者,与普通心理学上的认识和意志因素的区别,就在于要求认识的内容必须是"明知自己的行为会发生危害社会的结果"和必须是对认识到的危害社会的结果持"希望或者放任这种结果发生"的意志态度。就心理现象说,与普通心理学对心理因素分析相同。认识因素是意志因素的前提和基础,意志因素是对认识因素的肯定和实现,不存在没有认识因素的意志态度,同时,意志态度必须与认识的内容具有一致性,如果认识的内容与意志态度不统一,则有可能阻却犯罪故意的成立。例如,在认识到自己的行为可能发生致人死亡结果发生时,如果对这种结果的发生既不持希望态度,也没有持放任态度的,就不是犯罪的故意心态。

(一)认识因素的内容

认识因素的内容,就是"明知"的内容是什么,就符合犯罪故意认识因素。成立犯罪故意,首先要求行为人必须认识到自己的行为会发生危害社会的结果,这是成立犯罪故意的前提条件。如果行为人不具有这样的认识,也就不存在可以被评价为犯罪故意心理态度的心理事实。具有认识因素说明行为人对自己的行为所造成的危害是处在一种有意识的,完全自觉的心理状态中。这是犯罪的故意与一般人心理学上故意区别的根本标准。如果不具有这种认识,即使是行为人有意识的行为引起的危害结果,也不构成故意犯罪。

1. 明知的范围

明知的范围,我国《刑法》第14条只是概括地规定为"明知自己的行为会发生危害社会的结果"。显然,这一规定的内涵和外延是不清晰的。例如,盗窃100元钱与盗窃1万元钱,都可以说是对自己的行为会发生危害社会的结果有认识,但是,前者并不构成刑法中的盗窃罪,后者则无疑构成盗窃罪。我国刑法规定的"危害社会的结果",是一个内容相当宽泛而且又抽象模糊的概念,很容易造成将一般违法的故意与犯罪的故意相混同①。因此,如何解释"明知自己的行为会发生危害社会的结果",是一项困难而又不得不解释的难题。正因为如此,学界对犯罪故意认识因素内容以及其中的关系,存在着不完全相同的理解。

通说认为,明知的内容,就是指对具体构成要所要求的基本事实的明知,即所要求是对具体刑法规范所规定的,犯罪构成要件规定的事实的认识,与成立犯罪无关的事实是否认识到,不影响故意成立。所以,要求的认识是规范的认识。通说认为,故意中的"明知"包括以下内容:

(1) 行为人应明知自己行为的性质及社会意义。例如,用刀子捅人,就要求明知自己的行为是在"杀人"(或者"伤害"),只有在明知这种行为的社会属性时,才能评价为"明知自己的行为"。不具有刑事责任能力的精神病患者也知道"刀子可以杀人",但认识不到"杀人"的社会意义,因此,使用刀子杀人的行为,也不能在规范上评价为主观上具有杀人的故意。所以要求对自己行为的性质及社会意义的明知,并不是指对自己行为的外部状况能否了解,而是要求在刑法规范范围内,了解自己行为性质的社会意义及其外部状况(如结果对社会一般人影响)的意义。

(2) 明知自己行为所造成的后果,即"会发生危害社会的结果"②。对发生危害结果的明知,并不是要求必须是认识到在具体何种情况下,发生危害结果的具体认识。例如,用刀子杀人的,只要知道会发生死亡结果,就符合明知"会发生危害社会结果",至于是在刺第几刀时可以发生死亡结果,并不是所要求认识的内容。如果行为人不可能认识自己行为产生的某种危害结果,那么,在客观上发生的危害结果(包括所体现的法益),就不是行为人主观上认识因素所要求认识的内容。例如,盗窃引起自杀的,自杀死亡的危害结果就不是盗窃罪在法规范上所要求认识的内容,因为这种情况的发生是不受行为人主观意识和意志所支配的,对发生这样的危害结果,也不能承担故意罪过的刑事责任。

那么,行为人对自己的危害行为与危害结果之间的因果关系,是否属于故意罪过

---

① 这当然涉及对"危害结果"是持广义还是狭义的认识。
② 根据通说,危害结果包括实际损害的结果,也包括未发生实际损害的危险结果,但这里明知"会发生危害结果",是指行为人主观上对行为所造成结果的预想,是主观上的结果。实际上就行为犯而言,主观上预想的也是有形结果。例如,如诬告陷害预想他人被追究刑事责任的结果——被判刑、进监狱。

成立需要认识范围的内容，理论上有肯定说①与否定说②之争。张明楷教授认为，行为人对自己的行为与危害结果之间因果关系的认识，不是故意独立的认识内容。例如，开枪杀人只致轻伤，在去医院就医途中意外坠河而亡的，就不能否认开枪者具有杀人的故意③。本书原则上赞同张明楷教授的观点。如果将明知危害行为与危害结果之间的因果关系作为成立犯罪故意明知的内容，在没有认识到危害行为与危害结果之间因果关系的情况下，就意味着阻却故意的成立，这样一来刑法上的认识错误④理论将无立锥之地。对犯罪故意成立而言，实施故意犯罪的行为人，通常是会根据日常生活的常识、积累的经验以及书本的知识，或者通过其他任何可能获取所需要信息的渠道，认识和评估自己的行为与发生的危害结果之间的发生的因果概率，决定实施行为的。但这一认识，是对行为与危害结果之间因果关系的因果律的认识，而不仅仅是对因果关系这一客观事实本身的认识。

所谓对因果律的认识，是指故意犯罪的行为人，会利用自己掌握的因果知识，有意识地利用客观条件引导行为向导致危害结果发生的方向发展，这就是行为人对自己的危害行为与发生的危害结果之间的因果规律的认识，其中也包括在认识到行为与客观事物之间因果律的情况下，不阻止因果事实的实现。由此可见，在行为人认识到自己的危害行为与发生的危害结果之间因果律的情况下，当然不能说行为人对因果关系的路径、流程是完全没有认识的，否则，就是违背常理的。但是，如果对因果律完全没有认识，则难以认定行为人主观上有追求或者放任危害结果发生的心态。

因此，只要行为人对因果律有认识，就符合故意罪过的要求，行为人认识到实际上的因果关系以及路径、流程的，当然可以成立犯罪故意，即使没有认识到实际的因果关系的，只认识到因果律的，也不影响主观上犯罪故意罪过的成立。

对故意罪过中"因果律"的再思考

对故意罪过因果关系认识，还应该注意到以下问题⑤：（1）因果律不能等同于因果事实。刑法上的因果事实是指危害行为与已经由其危害行为引起的危害结果之间的因果关系，而因果律所反映的只是危害行为引起危害结果发生的概率。已经发生

---

① 肯定说应该是我国理论上的通说，在较早的论著中，这一观点便居于共识的地位，主张对因果关系的认识是一切犯罪故意的认识内容。这一观点目前仍然有相当的影响力。参见王作富主编：《中国刑法适用》，中国公安大学出版社 1987 年版，第 109 页；高铭暄主编：《中国刑法学》，中国人民大学出版社 1989 年版，第 125—127 页；苏惠渔主编：《刑法学》（修订版），中国政法大学出版社 1997 年版，第 158 页；陈兴良：《陈兴良刑法学教科书之规范刑法学》，中国政法大学出版社 2003 年版，第 83 页；齐文远主编：《刑法学》（第 2 版），北京大学出版社 2011 年版，第 118 页。

② 参见张明楷：《刑法学》（上）（第 5 版），法律出版社 2016 年版，第 258 页；黎宏：《刑法学总论》（第 2 版），法律出版社 2016 年版，第 184—185 页。

③ 参见张明楷：《刑法学》（上）（第 5 版），法律出版社 2016 年版，第 258 页。

④ 参见第七章第四节"认识错误"。

⑤ 参见马克昌主编：《刑法》（第 3 版），高等教育出版社 2012 年版，第 93 页。

的因果事实,当然体现出一定的因果律,但有因果律的客观事实之间,并不一定就能够形成现实中的因果事实。例如,认识到用刀子刺入人的身体会造成死亡的因果律,但不意味着现实中只要用刀子刺入人的身体就一定发生死亡结果。对于犯罪故意的认识因素,首先要求的是对因果律的认识而不是因果事实,不能因为因果事实的不存在而否定行为人对因果律的认识。例如,不能因为用刀刺入了人的身体,最终被害人没有死亡而否定行为人对"用刀刺入人的身体会造成死亡的因果律"的认识。(2)行为人所认识的因果律不等于现实的因果关系。在因果事实发生的情况下,它总是体现出客观事物之间一定的因果律的,但实际存在的因果关系不一定就是行为人基于认识的因果律所设定的因果路径、流程的结果。例如,实施故意伤害行为,认识到自己的行为与造成他人受到伤害结果发生的因果律以及伤害结果的因果关系,但行为却造成死亡结果。不能因为行为人基于因果律所认识的因果路径、流程与实际发生的因果事实不符,而否定伤害行为与死亡结果之间具有刑法上的因果关系。发生这种状况,可以是行为人对因果律有错误的认识,也可以是认识的客观事实之间的因果律本来是不存在的。例如,自己认为某种药物可以杀人,于是投放该药物杀人,他人死亡了,就认为是自己的投放药物的行为致使其死亡的,但实际上,他人是在没有饮用有药物的饮料之前,因心脏病突发死亡的,而且该药物的毒性并不致命,即使他人饮用了投放了药物的饮料,也不会发生死亡结果。也可以是行为人对因果律的认识没有错误,但由于客观情况的复杂性,使得行为人所认识到的因果律没有发展成为因果事实。例如,用枪实施杀人行为,虽然开枪射击了,但被害人在躲避奔跑中,屡击不中。行为人认识的因果律是没有错误的,但客观条件使得所认识的因果律没有形成为现实的因果事实。在上述情形下,特别应该注意不能以其他因果事实,包括以其他案件的事实,去肯定或否定行为人对因果律的认识。这也就是说,所认识的因果事实可以与法律规定的犯罪构成要求的因果关系相一致,也可以是不一致的,但即使所认识的事实与实际上发生的事实不一致的,也不影响犯罪故意的成立。但以下问题是值得回答的。

在刑法规定的具体的故意犯罪,并不都是以危害结果发生为构成犯罪的必要条件的。例如,诬告他人犯罪向司法机关举报,是诬告陷害罪,但刑法并没有将特定的危害结果的发生作为构成犯罪的条件,此时是否还要求行为人对危害结果发生有"因果规律的认识"?该种类犯罪,虽然立法本身没有规定"危害结果",但是,任何犯罪在客观上都具有所造成的"危害结果"的客观事实——无论是物质性的危害结果还是非物质性的危害结果,而这一事实是以主观形态存在于行为人主观想象中,使之成为行为的动力。因此,认识"因果规律",运用"因果规律"达成行为人的意图,即便是行为犯,仍然是其主观故意的认识内容。

---

(3)对具体构成要件所要求的特定事实的认识。当刑法将某些事实作为构成要件予以规定时,行为人还应当认识构成该种犯罪在构成要件中要求的其他特定事实。

一般认为:一是法定的犯罪对象,行为直接指向的具体人、物、信息。如盗窃枪支、弹药,应明知自己盗窃的是枪支、弹药,才具有盗窃枪支、弹药的犯罪故意。二是法定的犯罪手段,如抢劫罪,应明知自己采取的是暴力、威胁、其他手段。三是法定的犯罪时间、地点。上述事实,在具体犯罪构成中一旦作为构成要件予以规定,行为人必须对此有认识的,才具有该种犯罪的故意。当然,对于上述事实的认识,也只是要求概括的认识就可以。例如,盗窃枪支,只要求明知是"枪"即可,不要求认识是什么型号、什么类型的"枪",对不属于构成要件要求内容的某些事实,行为人是否认识到,不影响认定主观上是否具有犯罪故意及定罪。

理论上,行为人的特定身份,是否属于明知的内容,也有不同认识。黎宏教授认为,只要是具体构成要件加以规定的,亦应属于行为人认识的内容,如时间、地点、行为人的身份等[①]。冯军教授认为,当行为人对自己的身份的误解是不可避免时,就不能要求行为人承担相应的刑事责任[②]。张明楷教授也指出,如患有严重性病,但误认为没有患病而实施卖淫或嫖娼行为,虽然行为符合犯罪构成要件,但由于没有认识到自己的特殊身份,也就没有认识到自己行为的社会意义与危害结果,所以不具有犯罪故意[③]。否定的观点认为,特定主体的身份不是故意认识的内容,因为是否有认识都不影响对行为人对自己行为自然属性的认识。[④] 例如实施盗窃行为的,无论他是否认识到自己国家工作人员的身份,都不影响他认识自己行为是在盗窃。如果认为对自己的特殊身份基于合理理由缺乏正确认识的人不应追究刑事责任,也就是实际上主张对基于合理理由缺乏对自己行为的刑事违法性认识的人不应追究刑事责任,但是,"不知法不赦"说明,对行为刑事违法性缺乏认识不能成为免责的理由[⑤]。年龄、身份、责任能力等情况是否存有认识,完全不影响行为人对行为社会危害性的认识。只要行为人具备了这样的条件,无论其是否认识以及认识正确与否,都不会影响对犯罪客观事实的认识,身份的认识只会影响对此罪与彼罪的认识,不会影响对行为具有社会危害性的认识[⑥]。

从否定的观点对特殊身份的误解只涉及构成此罪还是彼罪的见解而言,实际上也是承认对特殊身份的误解是可以阻却成立某一个具体罪的故意(是从不妨碍对行为危害社会的认识而言,可以成立另一个罪的故意)。在承认能够阻却特定故意成立这一点上,可以认为与肯定说的观点在结论上并没有分歧。但是,仅以不影响对行为危害社会的认识,就认为可以成立犯罪故意,是否有将一般违法的故意混同犯罪故意,是值得追问的。如前所述,正因为我国《刑法》第 14 条"明知自己的行为会发生危

[①] 参见黎宏:《刑法学总论》(第 2 版),法律出版社 2016 年版,第 184 页。
[②] 参见冯军:《刑事责任论》,法律出版社 1996 年版,第 158 页。
[③] 参见张明楷:《刑法学》(上)(第 5 版),法律出版社 2016 年版,第 258 页。
[④] 这里所谓的"自然属性",是否定对行为属性的界定,但实际上行为是否危害社会,不是行为的"自然属性",而是立法者赋予行为的属性,因为是否危害社会,是随着立法者的意志变化的。因此,确切地说,犯罪对社会的危害是行为的"社会属性",而不是"自然属性"。
[⑤] 参见赵秉志主编:《刑事法实务疑难问题探索》,人民法出版社 2002 年版,第 57—60 页。
[⑥] 高铭暄主编:《刑法专论》(上编),高等教育出版社 2002 年版,第 260 页。

害社会结果"的内涵的模糊性,至少存在即使认识危害社会也不能认为主观上有犯罪故意的事实。例如,已满14周岁不满16周岁的未成年人实施盗窃的,不能说主观上无法认识行为的社会危害(对实质违法性具有认知),但却不能认为主观上有盗窃犯罪的故意,因为从刑法上说行为人并没有实施应受刑法评价的行为。因此,如果说对自己特定身份的合理误解不能阻却故意的成立,仅以能认识行为危害社会为由,是难以有说服力的。不过,肯定的观点主张所有对特定身份的合理误解就一定能够阻却故意的成立,理由并不充分。例如,临时被委托从事公务的人员,在受委托事项内盗窃财物的贪污行为,不能因自己认为没有正式委托程序,就是没有利用职务上的便利条件,成为不构成贪污罪抗辩的理由。

如果肯定和否定观点都认可"法定符合说"仍然是可以采纳的合理学说,则有如下分析:法律的身份是国家基于社会管理的特定需求,经过一定法律程序赋予行为人的特定身份,当然这种身份可以经由一定程序发生改变,如果这种变更在于身份的消灭,则是对法律赋予的权力(利)、义务的撤销。这就意味着,当行为人对不具有身份时的误解,不足以阻却具有构成特定主体构成的犯罪故意,但却无法认定构成特定主体构成的犯罪,因为实际上行为人不具有特定身份,因而是事实上阻却成立特定主体的犯罪的故意。如果刑法规定可以构成普通犯罪时,只能依据普通犯罪认定。例如,虽然已经得到被公司除名的通知,但尚未办理离职手续时侵占本单位的财物,行为人认为盗窃的行为是利用职务上的便利实施的,应该是职务侵占行为。但是,行为人虽然有职务侵占的故意,却不能构成职务侵占罪,只能按照盗窃罪处理,阻却职务侵占故意的成立。再如,被诬陷依法羁押的嫌疑人最终查实并不是真正实施犯罪之人,在尚未依法宣布解除羁押之前从看守所逃走,行为人实际上并不具有脱逃罪所要求的法定身份,即使行为人对自己的身份有误解,也阻却脱逃罪故意的成立,而不构成犯罪。

当变更在于特定身份的获得,则是对法律赋予的权力(利)、义务的肯定,当行为人在实际具有身份时的误解,足以阻却成立构成特定主体犯罪的故意,只是基于国家法律对特定主体设置职责、义务的意义所在,不可能因行为人对自己身份的误解而阻却构成犯罪,因为现实的危害是特定主体所实施的特定行为而造成。如果该种犯罪构成所要求的就是一般主体时,更不足以阻却具有普通犯罪的故意,仍然可以按照普通犯罪认定。例如,在接到公务员录用通知前已经在国家机关工作,但自己认为领导还没有分派具体事务管理工作,就没有具体的职权,假公济私打击报复曾经举报过自己的人,诬陷举报人犯罪而去告发。当这种误解发生时,当然可以阻却报复陷害罪的故意,但不能阻却诬告陷害的故意,基于行为人实质上是利用职务之便实施诬告陷害,在阻却报复陷害故意成立时,却不影响诬告陷害故意的成立,仍然可以诬告陷害罪从重处罚。

因此,对法律身份的误解,一种情况下可因实质原因阻却特定犯罪故意的成立而构成普通犯罪,或者不构成犯罪;另一种情况下依实质原因不阻却犯罪的成立,但在刑法同时规定可以构成普通犯罪时,应依据普通犯罪处理。依据刑法的规定,对法律身份的误解,具有阻却成立特定犯罪故意的功能。

而自然身份是指因自然的因素而形成的身份,是不可能发生改变的(通过手术改变性别的,本书是持为法律身份的认识,对年龄亦持此认识①),因而对自己自然身份的误解,不足以阻却故意的成立。例如,妇女参与实施强奸犯罪时,不可能因妇女认为强奸罪只能男子构成②,自己是女性主观上就不成立强奸的故意。所以,自然身份的误解,不足以阻却故意的成立。

依据上述分析,故意认识因素中行为人对自己法律身份应该是明知的内容,而自然身份不是明知必须的内容,即使没有认识也不影响犯罪故意的成立。

对"明知"的要求需注意:(1)从刑法对具体犯罪的规定来看,有少数故意犯罪在条文中写明了"明知"二字,而大多数故意犯罪并未写明。未写明"明知"的,并不是说该种犯罪故意的成立不需考虑明知作为犯罪构成要件客观事实。只要是故意犯罪,就必须符合刑法总则对故意犯罪的指导性规定,条文未写明的也同样要求对作为犯罪构成要件客观事实有认识才能成立故意。(2)行为人对构成要件客观事实因素的认识,从刑法对具体犯罪规定来看,有的只要求具备依据日常社会生活中通常的概念,大体上认识到这些事实的社会意义即可,而不以对构成犯罪的事实具有法律上概念及其意义的认识为必要条件。例如,对致人死亡的事实在法律上最终评价是"故意伤害"还是"故意杀人",并不要求行为人在行为时自己就具有明确的认识。但是,对有的具体犯罪规定构成要件的事实,则要求必须有确实的认识,例如,盗窃"枪支"的故意,就要求对枪支的明确的概括性的认识。

2. 明知内容与客观事实的耦合性③

明知的内容与客观事实的耦合性,是指行为人的"所识"与客观事实的"所实"达到何种程度的一致性时,可认为行为人主观上具备犯罪故意认识因素? 理论上有不同的学说:

(1) **具体符合说**。主张行为人所认识的构成犯罪的事实,与实际发生的犯罪事实完全一致时,才能认为具有犯罪故意。当"所识"与"所实"两者不符时,则不成立犯罪故意。例如,认为他人的背包中是金项链,盗窃后果然是金项链,则具有盗窃的故意;如果盗窃到的只是金钱,"所识"与"所实"不符,则不具有盗窃的故意。显然,该说要求主观认识的内容与客观事实完全一致,才认为有犯罪的故意明显有所不妥。

(2) **抽象符合说**。主张行为人所认识的犯罪事实与实际发生的犯罪事实,存在抽象一致性时,不论所认识的与实际发生的犯罪事实的具体差别,据"所实"以故意犯罪论处。抽象符合说放弃对客观事实的具体符合,代之以抽象符合,这在大多数情况

---

① 参见第四章第四节第二目"身份"、第五章第一节"责任能力"、第七章第二节"年龄"。

② 不能认为妇女的这种认识是违背常理的不合理的认识,但即使存在这种的误解,也不影响主观上故意的成立。

③ 耦合性也叫块间联系,是指软件系统结构中各模块间相互联系紧密程度的一种度量。这里只是借用这一概念,用于表述行为人所认识的内容与客观发生的事实之间达到何种程度的联系,可以认为符合犯罪故意的要求。

下是可取的。如前例,虽然"所识"与"所实"不相符,但在盗窃罪所要求的构成要件的范围内,金项链和金钱都可以抽象为"财物",也就可以说是行为人具有"盗窃财物的故意",据"所实"当然可以构成盗窃罪。不过,如将该学说贯彻到底,也会产生问题。例如,刑法中规定盗窃枪支罪,枪支也可以抽象为"财物",如果以盗窃财物的故意,而实际盗窃到的是"枪支"时,"所识"与"所实"不相符,据"所实"按照盗窃枪支罪论罪,则明显是有失公正的。但据"所识"按照盗窃罪认定,则是将"枪支"所体现的社会"公共安全法益"降低为"财物所有权法益",显然丧失了刑法对社会公共安全法益的保护。

(3) **法定符合说**。主张行为人认识、预见的犯罪事实与实际发生的犯罪事实在刑法分则规定的法定构成要件中具有一致性时,才能成立犯罪故意。仍如前例,以盗窃枪支的故意,实际盗窃的是财物的,则在构成要件规范的意义上,只对枪支有盗窃的故意,而无盗窃财物的故意。"所识"与"所实"不符,阻却盗窃财物的故意,只成立盗窃枪支的故意。可以说,法定符合说,在"所识"与"所实"不符时,采"所识"而不采"所实"。法定符合说将故意的认识内容限定在犯罪构成要件之内,具有合理性。该学说为犯罪故意中的认识错误理论提供了合理的理论基础。因此,在多数国家的理论上,法定符合说是居于通说的地位。在我国,亦居通说的地位。

法定符合说的再检讨

认真思考一下,法定符合说似也存在不足。就以我国刑法为例,在针对特定对象的犯罪中,当"所识"与"所实"不符合(认识的对象与实际的对象不符合)时,则成立该种犯罪理论上的未遂,但实际上只能是既遂,而不可能是未遂。如奸淫幼女构成的强奸罪,如果意图要"强奸幼女而实际上是非幼女"时,理论上就是"未遂",但实然不可能以未遂论,只能是既遂。相反的是,在有的特定对象的犯罪,当对象不符合时,则只能是理论上的"未遂"而实际上无法认定为是犯罪。如意图收购赃物,也实施了自己认为"收购赃物"的行为,但实际上收购的并不是赃物,这在实践中则不可能认定为有罪而受到刑事处罚,因为"犯罪故意"不可能依附于合法行为。虽然法定符合说在相当的范围内仍然是具有合理性的,但也是值得进一步需要研究的理论。

显而易见的是,故意犯罪的行为人并非都是学习过刑法以后才去犯罪,也并非按照刑法的规定去故意犯罪,这当然就会存在行为人的认识内容,未必与刑法规范内容要求的认识,按照法定符合说是相一致的情况。行为人对犯罪事实的认识,一般而言是经验式的认识,也就是依据日常社会生活中通常的概念,并不是都能够依据法律上的精确的概念对所认识到的犯罪事实进行抽象的"理性"思维,进而得到认识的结果。因此,行为人的认识内容是否能够抽象地、法定符合刑法规定的构成要件所要求的事实,是司法人员所要承担的责任。但是,司法人员应该按照什么样标准来考察行为人的认识内容是否抽象符合法定构成要件所规定的事实?当然,毋庸置疑的是,对行为人的认识,不能按照法学家或者法官的认识来要求行为人去认识,但是,毕竟需要一个使法官能够依照的标准。有学者主张采纳一般人标准,即在社会一般人认识到这种行为是对社会有危害时,即使行为人自我辩解没有认识时,也被视为明知自己行为危害社会的事实。本书认为,我国《刑法》第 14 条规定的内容,并非是泛指一般抽象的危害社会,而是具体危害行为对社会危害,而具体的危害行为只能是具体的人实施的,正因为是具体的人所实施的,当然只能以该具体人的主观认识为标准,说到底是行为人的认识,而不是除此之外的其他人的认识。如果行为人是不认识的,要以一般人的认识作为标准,实际上是"强人所难"。

【案例 5-3-1】"天价手表案"

嫖客张某在与某卖淫女完成性交易后,告诉其嫖资放在床头柜上,嘱咐其离开时关好门,便倒头睡去。该女在洗完澡后,见到床头柜上的两百元钱是用一块手表压着,取钱时一并将手表拿走。张某早上醒来,发现手表不见了,疑为该女拿走,便到该女做工的发廊追问,该女否认。张某遂报警。在立案后,该女承认是自己窃走了手表,并带领民警在其住处起回赃物。经鉴定,该手表价值人民币 13 万元,而该女一直辩称不知手表的价值,认为至多只有六七百元。该女出生于贫困山区,根本没有见到过,也没有听说过这类名贵手表;其打工之处只是县城中的一个偏僻小街的发廊,难以接触带此类名表的人物,当地也没有此类名表出售,最好的手表也只在千元左右;而且,嫖客张某随意将手表压在嫖资上,让该女自己取钱,其随意性也难以让该女认识到是名贵手表;该女窃得手表并没有逃走,仍然在发廊上班,也说明她的确没有认识到手表的真实价格①。

那么,该案是按照行为人的"所识"还是一般人的"所识"来认定才是法定符合?显然,如果按照一般人对该手表的认识,结论可能就是手表的真实价格,以此来确定显然是不合适的。当然,如果说认识不到手表的真实价格也可以说是当时、当地的一般人的认识的话,那么,与其说是按照一般人,不如说是依照行为人自己的认识更恰当。

3. 违法性的意识

违法性的意识,也称为违法性认识,是指行为人对自己行为是否为法律所禁止(违法性)的判断。违法性认识与事实认识在性质上存在差别,行为人对事实的认识是对客观事物的认知,违法性认识是对法律就某一客观事物评价的主观认知。例如,认识到杂志是色情杂志,这是对客观事物的认识,是否认识到这是刑法禁止的"淫秽书刊",是违法性认识。所以,前者是对客观事实的认知,后者是对法律的认知,两者都是属于行为人主观上对客观事实的评价。但一般认为,是否具有违法性认识是法

---

① 转引自万选才:《刑法谦抑的司法实现》,武汉大学 2012 年博士学位论文,第 94 页。

规范的评价,这是因为但凡具有违法性认识的,就可以认为行为人主观上具有对犯罪的认知,也就为评价行为人具有犯罪故意提供了主观上的依据。那么,在行为人对客观事物有认知的情况下,是否要求具有违法性认识,是争议的焦点。可见,违法性认识的有无,是直接与故意的成立紧密联系在一起的,但是,理论上同时也成为故意与过失区别的界限。

(1) 违法性认识的主要学说

犯罪故意的成立是否需要违法性认识,是心理责任论与规范责任论长期争论的问题。主张心理责任论者认为,只要行为人对构成要件的事实有认识,就具有犯罪的故意,所以,犯罪故意是一种纯粹的心理事实。这是与罗马的法谚"不知法不赦"是相吻合的,能够对刑事审判提供便利。而在规范责任论者看来,责任的本质是从法规范的角度对事实加以非难的可能性,因此,责任的结构除了心理事实之外,还包括规范的评价和期待可能性①。规范的评价是指对法律规范具有遵守的义务,当违反该义务而实施违法行为时,具备受责难的客观基础;期待可能性是指,期待行为人实施合法行为的可能性,这是行为人应受责难的主观基础。只有行为人在具有避免实施违法行为可能性,作出相反的意思决定实施违法行为时,才能具备受责难的充足条件。所以,仅仅具备心理事实,不足以承担故意的责任,责任的重心在于行为人的心理事实在规范上具有值得非难的可能性上。其结论当然认为,当欠缺违法性认识时,阻却故意的成立。可见,在规范责任论中期待可能性对于认定主观(故意和过失)罪过,居于十分重要的地位,因此,规范责任论的主张,被称为"**违法性认识必要说**"。

"不知法不赦"的法谚,意味着当欠缺违法性认识(对法律认识有错误)时,不阻却故意的成立,因此,也被称为"**违法性认识不要说**"。但是,违法性认识不要说,也同时意味着不知法是对社会有害之意,将不知法的人置于法的对立面,这是国家权威主义的极端表现,与现代法治对人权的尊重和保障的理念相悖。所以,曾经一度为主流学说的"违法性认识不要说",现在几乎没有市场。规范责任论,就是为修正"违法性认识不要说"而提出的理论之一。为破除违法性认识不要说的影响,理论上还先后有违法性认识可能性、自然犯(刑事犯)与法定犯(行政犯)区别说、责任说等理论。

违法性意识可能说,也称为限制故意说。该说仍是以规范责任论为理论基础,即认为如果认识到犯罪事实,就会产生违法性意识,从而形成反对动机,对虽形成反对动机却实施违法行为的人,就可予以故意的责任非难。但故意的成立也不需具有明确的违法性意识为必要,只要具有产生违法性意识可能性时,即使没有违法性意识的,也是故意。违法意识的可能性,是说虽然没有违法意识,但如稍加必要的注意违法性意识可能产生,则就成立故意。而如果没有该种可能性,也就不具有故意非难的根据。据此,即便对法律有认识错误没有违法性意识,但有意识可能性的,也是故意。可见,故意和过失的区别不仅在于对符合构成要件事实有无认识,还在于故意中必须有违法的意识或者至少有意识的可能性。

---

① 参见第七章第五节"期待可能性"。

自然犯(刑事犯)与法定犯(行政犯)区别说，主张在自然犯(刑事犯)中不须有违法性的意识，而在法定犯(行政犯)中必须有违法性的意识。因为自然犯的行为具有当然的反社会性，只要认识到行为的社会性质并决定实施时，自然也就具有反社会的违法意识。而法定犯完全是因为法律上取缔的需要而被规定为犯罪具有反社会性的，因而，需要对违法性有认识才能成立故意。至于本应对违法性有意识或意识可能性，因为过失而没有认识的情况，被称为"法律过失"。"法律过失"是与"事实过失"相对的概念。事实过失，即指对符合构成要件的事实，以及行为、结果的违法性，由于不注意而没有认识，而具有过失的情况。"法律过失"，则是指对符合构成要件的事实有认识或者容认，但对自己行为的违法性，由于不注意而没有认识也没有容认，却有过失的情况[1]。对于"法律过失"，应视为故意还是过失，也有不同的认识。有的认为对"法律过失"在可责难性方面应重于"事实过失"，但因在法律上没有处罚"法律过失"的规定，为不使行为人逃避惩罚，对"法律过失"应视为有违法性意识，应以故意论。这也被称为"法律过失准故意说"。但是这一主张仍然被批评是基于国家权威主义以及法律工具论立场的结论。也有认为"法律过失"与"事实过失"都是过失的观点[2]。

责任说，是目的行为论者的主张，认为应将故意、过失视为主观违法要素，在构成要件中是构成要件的主观要素，属于构成要件符合性问题，而违法性的意识或意识可能性是为使责难言之有据的责任要素。两者应当有严格的区别，由此，在对符合构成要件事实有认识，虽然没有违法性认识，但若加以必要的注意即可产生违法性意识可能性的情况下，则为故意。作为其结论，对法律即使有错误认识，也没有过失存在的余地。

(2) 我国理论上的观点

在犯罪故意的认识因素中，违法性的认识是否属于"明知"的内容，在我国学界是见仁见智的问题，可以分为肯定说与否定说两种对立的观点。

否定说即通说是基于社会危害性与刑事违法性两者之间的表里关系，认为故意犯罪的行为人应当认识行为及其结果的社会危害性，刑事违法性通常不是犯罪故意的认识内容；但是，当某种行为一向并未被刑法禁止，在以后某个特殊时期或特定情况下为刑法所禁止时，如果行为人的确不知道已被刑法禁止仍然实施了该行为时，往往同时缺乏对自己行为及其结果的社会危害性的认识，就难以认为具有犯罪的故意。所以，当对刑事违法性缺乏认识而影响到对行为及其结果社会危害性认识时，刑事违法性就成为犯罪故意成立要求认识的内容[3]。而肯定说则认为，社会危害性不是故意

---

[1] 参见〔日〕木村龟二主编：《体系刑法事典》，日本青林书院新社1981年版，第235页。
[2] 参见自洪福增：《刑事责任之理论》，台湾刑事法杂志社1988年版，第113页。
[3] 参见高铭暄、马克昌主编：《刑法学》(上编)，中国法制出版社1999年版，第205页；马克昌主编：《犯罪通论》，武汉大学出版社1999年版，第332—337页。

认识的内容,而刑事违法性是故意犯罪的行为人应该具备的认识①。在罪刑法定原则下,成立犯罪故意,行为人必须认识到行为及其后果可能违反刑法,即必须具有刑事违法性的认识②。

如前所述,犯罪故意要求的明知,不是对纯粹"裸"的客观事物的认识,而是对刑法规范内容,即构成要件中规定的内容所要求的事实的认知,因此,这也是一种规范的认识。这其中当然也包含着规范的评价内容,如对社会伦理的评价、社会价值评价、社会文化评价等等的认知。换言之,这一认知也是刑法对成立犯罪故意是要求行为人明知的内容,是实质意义上对自己的行为及其结果危害社会的明知。既然如此,由明知内容的属性而言,就不仅仅只是对形式上违法认识的问题,而同时也是对行为在实质上具有违法性也是应该具有的认识,这才能评价为成立了犯罪的故意。

在我国通说中,基于犯罪概念与犯罪构成之间的对应关系,最终的结论,即使具有符合构成要件的形式违法性判断,也可因"情节显著轻微,危害不大"而出罪,因此,是否具有实质违法性的判断,即行为危害社会是否达到必须动用刑罚方法予以规制,才是入罪的标准。但是,问题在于,这种判断是司法的判断,而非行为人自己的判断,因此,何种违法性认识是犯罪故意成立要求认识的内容,成为必须解决的问题。

从刑法规范的内容上说,构成要件可以分为记述的构成要件和规范的构成要件,就记述构成要件所规定的内容看,只要行为人单纯地对客观事实认识到,就能认为行为人认识到行为的社会意义。例如,对故意杀人、故意伤害、强奸、抢劫等,行为人哪怕是只根据社会的一般概念,也能够认识到自己行为及其结果的对社会的危害,不仅能够认识到自己行为在形式上违反刑法的规定,甚至不排除具有实质上认识到违反刑法规定,是成立犯罪的认识。对这种性质的故意犯罪而言,犯罪故意中具有违法性意识一般不会发生疑问,也就是可以肯定行为人主观上具有违法性意识。只是在例外的紧急状况发生情况下实施的行为,如防卫过当、紧急避险过当的情况下,虽然存在构成犯罪可能性,但是防卫人主观上一般不存在违法性意识,而是认为自己实施的行为是正当的、法律允许实施的行为,在这种情形,很难说防卫人、避险人主观上都是具有犯罪的故意③。当然,这也并不意味着对记述的构成要件要素,故意犯罪的人,都能单纯从对客观事实的认识上就能够完全认识到它在刑法上的社会意义。例如,我国《刑法》第269条转化抢劫罪规定的"窝藏赃物",从字义上说与刑法解释上"防护赃物"不完全相同。但是,这并不是对符合构成要件事实认识与刑法解释上有着不完全相同的含义,因为字义上的文理解释,仍然包含在刑法解释"防护赃物"的内容之中,这就不能否认行为人主观上具有违法性认识。同时,也因为即使是这种不需要经过价值评价的构成要件的事实要素,也包含着社会价值内容,而这种价值内容,则是

---

① 参见赵秉志主编:《刑法争议问题研究》(上卷),河南人民出版社1996年版,第311—312页;冯军:《刑事责任论》,法律出版社2006年版,第218—228页等。
② 参见黎宏:《刑法学总论》(第2版),法律出版社2016年版,第186页。
③ 当然,这里并不意味着,防卫过当构成犯罪的情形一概是过失所致,而排斥主观上可以有犯罪故意的罪过。

社会一般的价值理念的反映。例如,无论以何种方式故意致人死亡的,仍然属于社会一般理念所说的"杀人"行为。当行为人持刀刺向他人胸膛时,只要认识到要故意致人死亡,当然也就是具有符合社会一般理念所说的"杀人"的实质违法的意识。

而规范的构成要件的要素包含着价值的评价,是必须经过法官根据经验法则或社会文化价值、社会一般的价值观念经过评价才能确定的要素。例如,"危害公共安全""有传播严重危险""以赌博为业""淫秽物品""猥亵""他人财物""淫乱活动"等,既包括由经验法则判断的要素(例如"危害公共安全"),也包括有社会评价要素(例如"淫秽物品")。当行为人在认识客观事实的情况下,是否存在未必认识行为的社会意义的情况?如对刑法规定的"猥亵",由于对它的规范解释也会随着时代价值观的变化而不同,甚至不同的人对"猥亵"的认识也会受个人价值观影响而有所区别。①因此,对规范要素的社会意义的判断,并不是仅仅从形式上进行判断就可以的,必须经过实质的违法性判断才能认定。那么,对这种规范的要素,如果行为人认识到客观事实时,是否存在对违法性缺乏认识的情况?如前所述,行为人对犯罪事实的认识,一般而言,是依据日常社会生活中通常的概念,并不是都能够依据法律上的精确的概念对所认识到的犯罪事实进行"理性"抽象思维,进而得到认识的结果。张明楷教授借鉴德国刑法理论中"行为人所属的外行人领域的平行评价理论"认为,即使不能要求行为人像法学家、法官那样精确地对这样的构成要素予以认识,但是,在行为人认识到了作为评价基础的事实或者判断资料的事实,原则上就应该认定行为人认识到了符合规范的构成要件要素的事实。例如,当一般人用"毛片"形容淫秽光盘时,只要行为人认识到自己贩卖的是"毛片",就可以肯定行为人认识到自己所贩卖的是淫秽光盘,成立犯罪的故意。即使在行为人的认识与法规范的评价要素不符合的情况下,仍然需要社会评价要素的一般人的价值观念或社会意义进行实质性的判断,当行为人具有社会一般人的认识时,当然也不影响故意的成立②。由此可见,对规范要素的社会意义的认识,同样建立在对构成要件客观事实认识的基础之上,要求对构成事实实质违法性有认知。

综上分析,本书认为,故意的成立,应以违法性认识为故意成立的要素。

4. 明知的程度

明知的程度,也就是认识的程度,即行为人对犯罪构成要件的客观事实发生的概率认识到何种程度,就符合"明知"的要求。

通说认为,从我国刑法对故意犯罪的具体规定来看,明知自己的行为会发生危害社会的结果,这里"会"发生,就是指的"明知"的程度。具体而言,包括明知危害结果必然发生和可能发生两种情况。只要具备上述两种认识情况之一的,也就符合了犯罪故意的认识因素。

---

① 基于《刑法修正案(九)》对强制猥亵罪对象由"妇女"修订为"他人","猥亵"的内涵和外延都发生了变化,再以"非性交"来理解"猥亵"是不正确的了。

② 参见张明楷:《刑法学》(上)(第5版),法律出版社2016年版,第239—240页。

明知必然发生,是指行为人对特定危害结果的发生持有一种近乎肯定发生的认识,即确确实实认识到只要实施行为,危害结果就会按照自己预想到的因果流程实现(并对这种现实的出现,寄予希望发生的心态)。明知可能发生,是行为人对某种危害结果的发生与否持有一种不能完全肯定的认识,即认识到可能发生,也可能不发生,究竟是否发生,从行为人自己的判断来说不能肯定;但是,行为人认识到,只要实施行为,危害结果的发生具有现实的可能性。理解认识程度有两点需注意:

第一,认识必然发生还是可能发生危害结果的概率,只能以行为人自己的主观认识为标准,而不能以客观事实在实际中是否具有必然或可能发生为标准。即使在一般人看来,不可能发生的危害结果,但是,行为人认为有必然或可能发生的,也必须以行为人的认识为认定的依据。例如,将无毒害性的药物当作毒药去毒害他人的,实际上不可能发生死亡结果,但行为人认为"必然"发生时,也应以行为人的认识为准。也就是说,这里所说的认识程度(概率),是行为人自己主观上的认识,不是他人的认识。所以,当行为人所认识的犯罪构成事实发生的概率与客观事实不相符合的,也应以行为人自己的主观认识为准,即以"所识"为标准,而不以"所实"来认定。

第二,行为人对构成要件事实发生的因果概率的认识(必然性或可能性),只要具备其中之一,即可符合成立故意的认识因素的要求。所以,对符合构成要件事实的发生,无论是明确知道的,还是只有概括性认识(即认识到可能性)的,都符合对犯罪故意"明知"的要求。黎宏教授认为,在行为人实际行为之前,危害结果的发生仅仅处于可能状态,因而"明知"实际上是一种预测、预见①。这当然是一种中肯的见解(之所以说是"中肯"的见解,当然是因为"概率"本身就只是一种"可能性",现实中也不存在故意犯罪时能够保证100%的"成功"),只是鉴于我国《刑法》第15条过失犯罪的规定,过于自信的过失对危害结果的发生,也是有预测、预见可能性,并且普遍认为这里对危害结果发生可能性的预测、预见与故意犯罪的认识在程度上有区别。所以仅以预测、预见可能性来表达犯罪故意的"明知"程度,有些不足。

(二) 故意的意志因素

故意的意志因素即行为人对危害结果,持有希望或者放任其发生的心理态度,该特征被称为犯罪故意的意志因素。无论希望还是放任心理态度,意志因素都是在其认识到客观事实的基础上形成。所以,意志因素,也就是指行为人在基于认识到行为与结果因果律的基础上,仍然决定实施自己既定行为的心理态度。希望或放任的心理态度均表明行为人是通过自觉选择的行为来追求、促使或有意识地放任危害结果的发生。如果认识到可能发生危害结果,但既不是持希望态度,也不是持放任态度,那就不是犯罪的故意心理态度。

希望和放任是两种不同的心理态度。希望结果发生,就是指行为人对结果的发生持有积极追求的心理态度,以结果的发生作为自己行为的直接目的,行为人企图通过一系列活动,利用各种有利的条件来促使危害结果的发生。因此,希望态度表明行

---

① 参见黎宏:《刑法学总论》(第2版),法律出版社2016年版,第188页。

为人的行为与实现一定的目的关联性，它表明了行为人通过自觉选择的行为直接追求的，就是为了实现某种犯罪目的，除所追求的犯罪目的外，主观上不具有要实现其他犯罪或非犯罪目的。当然，希望也存在是否迫切、强烈的程度问题。具有迫切实现的强烈意愿的，可能想到了就立刻去实施犯罪行为；而如果不那么迫切、强烈，就可能存在寻找恰当时机再去实施犯罪行为。但是，无论追求目的实现的愿望迫切、强烈与否，都是希望的心理态度。

放任结果发生，是指行为人对发生的结果，虽然不是希望追求危害结果发生，但也不是"不希望发生"危害结果，而是不反对发生，也不阻止危害结果发生，对危害结果发生采取自觉容忍、听之任之的心理态度。放任发生表明，危害结果发生了可以接受，这种结果可以接受，那种结果也可以接受，即使不发生也可以接受。所以说，发生的任何危害结果的事实，都在其认识（意料）之中，但无论是哪种结局都不违背行为人的意志。之所以行为人会产生这样"放任发生"的心理态度，通常来讲，就是因为行为人是为了追求其他（犯罪的或者非犯罪）目的实现，明知实施某一行为可能发生某种危害结果，但是如果防止或者阻止这种危害结果的发生，就很难达成或实现另一目的。因此，对发生的危害结果，虽不追求其发生，但也不会采取积极措施防止危害结果发生，听任危害结果发生。放任的心理态度既不像希望心理态度那样积极追求危害结果发生，但也没有表现出确实不希望，或者想阻止、避免危害结果发生的态度，而是对发生的危害结果自觉容忍、听之任之、不加阻止的意志状态。例如，为报复他人要放火烧毁房屋，明知其母年事已高行动不便，放火可能将其母烧死或者烧伤，但是为了追求放火烧毁他人房屋的目的，不采取任何防止其母可能被烧死或烧伤结果发生的措施，结果其母亲被烧死。行为人主观上追求的是放火烧毁他人的财产，对其母亲死亡的结果，并不是希望的心理态度，但是又没有采取措施想防止、避免死亡结果发生，而是采取了放任其被烧死或者烧伤结果的发生的态度，所以死亡结果发生，并不是行为人没有预料到的，而是在其预见之中，发生的死亡结果，也并不违反他的本意，是可以接受的结果。故而，行为人对危害结果的发生并不感到意外，因为已经在其预见之中，是放任其发生的。但是，这也说明，如果放任发生危害结果实际上并没有发生的，行为人也不会失望，因为他并不是追求这一结果发生的，不发生也在其预见之中。所以在放任发生而实际上没有发生的情况下，其放任态度不受刑法的评价。如上例，其母虽然行动不便，但是仍然逃离了火场，没有发生伤害或死亡结果时，行为人的放任态度不受刑法评价而被论罪，因为不发生，也符合其本意。

仍需注意的是，放任的心理态度，并不是必须查清具有另一个犯罪或非犯罪目的的存在为才能成立，只是说比较典型的放任态度表现出具有这样的特征。因为，在比较特殊的情况下，行为人主观上并没有明显表现出对某种结果持有追求的态度时，也存在放任某种危害结果发生的情形（详见对间接故意心理状态的分析）。

希望或者放任的心理态度，根据我国刑法的规定，只要持有其中任何一种，即希望或者放任，也就满足了犯罪故意的意志条件。

（三）认识因素与意志因素的关系

认识因素和意志因素是成立故意主观上必需的两个特征或条件，是从不同角度反映行为人的主观罪过内容，但应看到两者在决定的犯罪故意成立上的作用有区别：认识因素是前提和基础，只有明知自己的行为会发生危害结果，最终才能在这一认识的基础上形成实施行为的决意并形成希望或放任的心理态度；意志因素是认识因素的发展，两者是相统一的；有认识但最终没有形成希望或放任态度，便不可能自觉确定行为并引导行为的实施。所以，希望或放任态度，对于行为的实施具有决定性、主导性。

四、犯罪故意的法定类型

在刑法理论上，根据故意的认识因素和意志因素特点，犯罪故意可以分为两种，直接故意和间接故意。

（一）直接故意

我国《刑法》第14条规定，直接故意，是指明知自己的行为会发生危害社会的结果，并且希望这种结果发生的心理态度。直接故意具有两个特征：（1）认识因素，是行为人明知自己的行为会发生危害社会的结果；（2）意志因素，是希望这种结果发生。对犯罪的直接故意的成立，这两个特征缺一不可。

通说根据犯罪故意认识程度的理解，将直接故意分为两种类型：（1）行为人明知自己的行为必然发生危害社会的结果，并且希望这种结果发生；（2）行为人明知自己的行为可能发生危害社会的结果，并且希望这种结果发生（"结果"，是以"有形的结果"为主，但是，不排除行为人对无形结果持有追求态度，如对"危险状态""他人名誉的损害"的追求）。所以，无论行为人认识到必然发生还是可能发生，只要对危害结果（事实）持有希望态度的都属于直接故意，至于行为人希望的结果实际是否发生以及发生的是何种结果，都不影响其主观上直接故意的成立。可见，直接故意的明知程度，无论是明知必然性，还是认识可能性，只要持有希望态度，积极追求的，都是直接故意。在直接故意犯罪中，行为人实施行为的目的就是要使其希望发生的危害结果（事实）发生，危害结果（事实）可能现实地发生，也可能实际不发生，但只要实际发生了危害结果（事实），该结果（事实）就一定是行为人所希望发生的。当然，确定行为人主观上的心理状态是否直接故意，并不以行为人所希望发生的危害结果实际发生为条件。但危害结果是否实际发生，以及发生的是何种危害结果，对说明危害行为以及主观恶性程度有重要意义。

（二）间接故意

1. 间接故意的概念

我国《刑法》第14条规定，间接故意，是指行为人明知自己的行为可能发生危害社会的结果，并且放任这种结果发生的心理态度。间接故意具有两个特征：（1）认识因素，是行为人明知自己的行为可能发生危害社会的结果；（2）意志因素，是放任这种结果的发生。这里的危害结果，应该是以"有形结果"为主，在立法有规定的情况下,可以是无形的结果,如"危险状态"。放任的心理态度,是行为人在明知其行为可能发生危害社会的结果的情况下,自觉容忍、听之任之、不加阻止危害结果发生的意志状态。之所以在明知可能发生危害结果时,仍然要实施行为,通常是为了达成某种其他的犯罪或非犯罪目的实现。间接故意这两个特征必须同时具备。

2. 间接故意发生的场合

(1) 行为人为追求某一犯罪目的,而放任另一危害结果的发生。具体还可分为两种情况:一是为实施某种犯罪而放任对所侵害的同一个对象发生严重后果。例如,以非法占有为目的抢劫财物,在实施暴力时放任被害人死亡结果发生。二是对某一对象实施危害行为时,放任了对另一对象危害结果发生,而且放任发生的结果可能触犯相同或者不同的另一罪名。例如,为杀害妻子而投毒,在妻子与孩子分食时,由于杀妻心切,放任孩子死亡①。该种情况下行为人主观上虽然存在着数个故意罪过,但危害行为只有一个②,因此并不构成数罪。

如行为人在实施直接故意犯罪时,为达成目的,又实施另一刑法应独立评价的危害行为,放任另一危害结果的发生的,则不排除数罪并罚的可能性。例如,盗窃犯在盗窃中被发觉,使用暴力打昏被害人(抢劫罪),又恐被害人报警,将重物压在被害人身上致其窒息死亡,这种情况下应为犯数罪,即抢劫罪和故意杀人罪,这与前面案例不同,不应当混淆。

(2) 行为追求一个非犯罪目的而放任某种危害结果发生。例如,为猎取猎物,虽然在目标范围内有人,但为猎取猎物,对可能伤及他人持放任态度,而果真击中他人致死伤。

(3) 突发性故意犯罪时,行为人不计后果,放任严重结果的发生,也属于间接故意。该种情况下主观上的放任严重结果发生,不具有典型的为实现某一种犯罪或非犯罪目的的特点,多是一时的情绪冲动。例如,某人因意外伤害致相貌丑陋,外出时总是有人侧目而视,且指指点点,某日又遇此状,恼怒下拔出水果刀将蔑视自己的人刺成重伤致死。该故意杀人行为的实施,客观上看不出是在追求一种明确的某种目

---

① 这一归纳是学界通说向来对间接故意存在场合的表述,但是,在对具体的案件描述中略有区别,黎宏教授描述为"明知其妻与孩子有共同进食的习惯"。参见黎宏:《刑法学总论》(第2版),法律出版社2016年版,第189页。张明楷教授表述为"明知可能分食"。参见张明楷:《刑法学》(上)(第5版),法律出版社2016年版,第264页。二者表述有区别,即在黎宏教授看来"明确知道"可以成立间接故意,与其书中"明知必然而放任结果发生是间接故意"的观点是一致的。

② 这里是设定行为人没有在犯罪现场。如果行为人在现场而没有实施阻止其妻与孩子分食——有实施不作为行为的,还能否视为是一个危害行为,是有争议的。虽然是在同一机会下,但是完成的是两个故意杀人罪,视为同种数罪也并非不可接受(妻子即便未死亡,也是故意杀人未遂)。当然,也可以说,即使没有在现场但也没有采取任何预防措施,也可视为不纯正不作为的故意杀人,所以在不在现场,都不影响构成同种数罪,也不是没有道理。但这只是从形式上考察的结论,从行为人保证人地位而言,如果不在现场,则只是在形式上具有保证人地位,虽然对事实因果过程的支配、控制具有排他性(投毒只在妻子饭碗中),但在事实上不能够支配和控制因果关系的发展过程(其妻子是否食用、是否与孩子分食是不确定的),因此,对事实因果过程不具有排他性支配、控制关系,故不在现场的情况下,还不宜认定为是不纯正不作为行为。

的的实现(实为维护个人尊严,即使行为在客观上没有表现出这一点,也不能否认行为人在潜意识中具有这种心理要求的内容,至于实施的泄愤、报复动机有没有清楚意识到,也不影响成立故意杀人罪),但不计后果的行为,对可能发生的严重结果持放任发生的心理态度,是间接故意。再如,争吵中情绪失控拔刀伤人的,致人重伤、死亡的,或者在械斗中对对象所实施的打击不分轻重而致人死亡的(除明显具有直接杀人故意外,对死亡结果多出于间接故意的放任心态),这是因为行为人并不打算采取任何想避免发生严重后果发生的措施,主观上仍然是间接故意。对这种突发性故意犯罪的情况,既然非死即伤具有必然性,也有认为仍然是直接故意的观点。本书认为,这样分析并非没有道理,但即使伤害具有必然性,但对是否造成死亡,仍是不确定的,如果发生的是死亡结果,仍然是持放任态度。

实践中应如何把握放任心理态度?行为人虽然不是希望危害结果发生,但也不反对、阻止和排斥危害结果发生,对危害结果的发生是可以接受的。不是希望结果发生,是因为追求的目的不在发生的这一危害结果上,因而对其的发生,并不是有意识地利用使结果发生的各种条件促使其发生,否则,是直接故意的心理态度;不反对、阻止危害结果发生,是因为如阻止其发生,会直接影响其所追求的其他目的(结果)实现,所以主观上就没有防止其不发生的打算,故而也不会凭借条件和采取措施去防止结果发生,否则,是过于自信的过失。既不是有意识利用各种条件促使危害结果发生(未表现出追求态度),也不没有凭借条件和采取措施去防止结果发生(未表现出确实想避免危害结果发生的态度),是确认行为人主观上是否持有放任心理态度的主要客观依据。

3. 间接故意特征的理解

(1) 直接故意与间接故意区别的标准。间接故意的认识因素是明知自己的行为可能发生某种危害社会的结果。所谓"可能发生"是指行为人对危害结果发生的因果律的认识是不确定的,是认识到事物具有多种可能性下的认识,即行为人既不能肯定发生这种危害结果,还是发生那种危害结果,既不能肯定危害结果发生,还是不发生。从对因果律的认识上说,行为人认识的是危害结果发生的可能性,不是认识其发生的必然性。多数说认为,结合间接故意的放任心理态度来说,只有明知可能发生、可能不发生危害结果的情况下,才存在放任态度。如认识到必然性,依然实施行为使危害性结果发生,很难再认为是"放任",只能说是希望发生危害结果。只是该种情况下希望的心理态度与典型的追求结果发生的希望态度相比在程度上有差别,但是实质仍是希望,属于直接故意。

多数说虽然认为这属于直接故意,但有两种不同的理由:其一,明知必然发生时虽采取的是放任态度,但因这种放任是无碍于危害结果发生,即危害结果是肯定要发生的,从最终结果上看,与明知必然发生而希望发生的情况并无二致,所以,评价上仍属直接故意。其二,明知必然发生并决意实施此种行为,就谈不上放任,只能说是希望危害结果发生。因为放任是以存在两种可能性为前提,只有在存在可能发生与可能不发生的情况下,才谈得上"放任"①。

不同的观点认为,我国《刑法》中间接故意和直接故意在认识因素上是一样的,两者的区别仅在意志态度的不同②,即间接故意的认识因素也可以是认识到危害结果发生的可能性和必然性。主张只能认识可能性而不能认识到必然性缺乏法律依据。"明知自己的行为会发生危害社会的结果"是直接故意和间接故意的共同认识因素③。归纳其主要理由如下:其一,通说与法律规定不相符合,刑法规定的"会发生"是发生的可能性和必然性,这对于希望和放任都无例外是适用。其二,通说观点在逻辑上犯了同时并用两个标准(认识因素和意志因素)进行分类的错误。其三,上述观点未能反映人的心理活动规律。认识程度对人的意志倾向虽有一定的制约作用,但意志在心理活动中又具有相对的独立性,对危害结果采取何种意志倾向,不取决于认识程度,而取决于对危害结果所抱的情感状态。正是这种好恶倾向而不是认识程度,推动人采取不同的意志行为。明知必然发生,尽管他决意实施行为,也完全可能由于种种原因不是希望这个结果发生。所以,以认识程度推论意志倾向是靠不住的④。

上述不同认识,都是从静态的角度对放任心理现象进行说明,难以统一认识。但是事实上人的犯罪故意的心理活动并不是静态的,应该将这种心理现象置于心理活动的动态过程中,从探讨其发生的心理机制着手,尝试统一认识。该命题涉及两个问题:一是明知必然还能否产生放任态度?二是如果可以,是直接故意还是间接故意?

典型的放任某种危害结果发生,是行为人为了追求、实现另一目的(犯罪或非犯罪的目的),所放任发生的危害结果并不在行为人实施(犯罪或非犯罪)行为的直接目的方向上,即行为人是为了追求另一个目的,实现另一个结果(犯罪或非犯罪的),如果不放任该种危害结果发生,那么,所追求的目的难以实现;如果防止该种危害结果发生,同样也难以实现所追求的目的,因而,对追求目的实现的行为会引起的另一危害结果,采取了放任其发生的态度。正因为追求目的实现的行为同时也是引起所放任的结果发生的行为(如果行为人有保证人地位,也可能会同时存在不作为行为,或者作为与不作为行为的竞合),因而,在放任心理态度存在的同时,必然还有另一(犯罪或非犯罪的)心理活动的存在。正因为如此,在认识放任心理态度发生的心理机制时,没有理由脱离追求目的实现的这一心理活动,即行为人为追求行为直接目的实现的认识和意志活动,对放任心理态度有无影响和制约。

行为人放任某种危害结果的发生,通常就是为追求行为直接目的的实现,因而,任何一种放任危害结果发生的行为,必然是追求行为直接目的实现的心理活动与放任另一危害结果发生的心理活动的重叠和交叉⑤。明确这一点的意义在于:第一,在

---

① 参见高铭暄主编:《新中国刑法学研究综述》,河南人民出版社1986年版,第420—422页。
② 参见姜伟:《犯罪故意和犯罪过失》,群众出版社1992年版,第163页以下。
③ 参见马克昌主编:《犯罪通论》,武汉大学出版社1999年版,第340—341页。
④ 参见高铭暄主编:《新中国刑法学研究综述》,河南人民出版社1986年版,第420—422页。
⑤ 不属于典型的为追求某种目的实现而放任危害结果发生的,也同样存在这种重叠、交叉的心理活动,即使行为人处于未必清楚地意识到追求的"是什么"的情况下,这种心理状态也是客观存在的。例如,突发性的故意,受辱拔刀伤人致死。行为人即便没有清楚意识到"维护尊严"的需求,但是,"维护尊严"潜在需要实现的意识仍然是存在的。

放任危害结果发生的行为中,直接支配行为人实施行为的意志活动,并不是放任的意志,只能是追求某种犯罪或非犯罪目的实现的希望①的心理态度。第二,在放任危害结果发生的行为中,无论行为人对行为直接目的实现,是认识到可能还是必然发生,都是在追求其实现的希望心理态度下实施的行为。第三,在放任危害结果发生的行为中,行为人为追求直接目的实现,不顾行为会引起的另一危害结果而执意实施预定行为,必是经过动机斗争而获得解决。因为在放任的心理态度下,行为人既不是希望所放任的结果发生,又确实想实施所追求的目的实现的行为,这种对立的动机冲突,必然促使行为人根据实际需要的轻重缓急迅速作出决定,或引激烈的思想斗争。而最终,需要实现预定目的的动机抑制了与追求目的相矛盾、相冲突的动机和行为。即抑制了停止实施预定的行为或采取必要措施防止另一个危害结果发生的动机和行为(要阻止另一个危害结果发生,必以作为才可能②),才最终决定实施追求目的实现的(故意)行为的③。

  这是合乎行为事实和心理活动的理解,因除此之外,没有其他理由能够说明行为人为什么在已明知实施追求直接目的实现行为,会引起另一危害结果发生的情况下,仍执意实施自己预定的行为,原因就在于为了实现行为的直接目的。正是这一层心理活动,才是导致行为人之所以采取放任心理态度并决意实施追求目的实现行为的真正心理原因。既然行为人放任心理态度是以其追求直接目的(结果)实现的心理活动为前提,并且,所放任发生的危害结果正是由追求直接目的实现的行为所引起,因此可以说任何情况下的放任心里活动,都是以此类心理活动为前提的。在这一动态心理活动中,行为人必须对行为具备使追求目的的实现的条件是明知的;同时也对行为具备引起另一危害结果发生的条件是明知的。简言之,行为人对所追求目的的实现的条件与放任另一个危害结果发生的条件是同等条件是明知的。因此,行为人所明知的内容中,必须对追求的目的与放任发生的危害结果之间具有的某种联系④也是明知的。从放任心理机制发生看,这种重叠和交叉的心理活动应是:既认识到某种结果可

---

① 当然,如果行为人追求的是一个非犯罪目的的实现,那么这一层次的"希望心理态度"并不是直接故意犯罪的心理态度,但是,即便如此,也是影响和制约放任另一个危害结果发生的心理态度。

② 未实施阻止另一个危害结果发生的不作为,是否另行构成犯罪,需要单独评价。但无论结论如何,即便其不作为单独构成另一个犯罪,其不作为的故意或过失,都不是推动行为人实施追求目的(需要)实现的心理动因。

③ 德国刑法学者金德霍伊泽尔教授指出,在德国的刑法理论和实务中,对间接故意也存在争论,判例和主流理论,采取"承诺和认可理论"。即在间接故意情况下,"认可"是行为人对可能发生的结果是持"内心认可""认可地容忍""放任"或"合意"的态度;即便非常不希望结果发生,但又放任发生的就是"认可"。所以,认识到实现构成要件风险,但仍然做出行为决定。由于间接故意的行为也是与决定实现构成要件相联系是所"欲"的行为。间接故意要求有意志因素,是与所"欲"有关。行为人在追求他的(构成要件之外的)某个目标时,有着这样一样支配性的动机:他不想消除结果发生的具体可能,并"认可地容忍"结果的发生。这种"认可"也不是想要引起结果,只是为了某个重要的目标"不想避免"。因此,他认为可以这样定义间接故意:如果行为人根据某个构成要件性的规定,认为从具体风险上看,实现该情状乃是他所"欲"的举止的某种可能结果,那么,就是在间接故意地行事。参见〔德〕乌尔斯·金德霍伊泽尔:《刑法总论教科书》(第6版),蔡桂生译,北京大学出版社2015年版,第139—148页。

④ 所谓"某种联系",当然是指行为人对行为会造成两种危害事实现象的因果流程的规律性是认识到的;对危害事实发生的概率是认识到的;对因果流程的掌控是认识到的;等等。

能或必然发生,在追求其实现(希望)意志支配下实施行为时,又明知自己的行为(在有的事件中,其不阻止另一危害结果发生的不作为)会导致另一危害结果发生,却对这种危害结果发生持放任态度。所以,无论放任心理态度在何种具体情况下发生,事实上必然是这两种心理活动过程的重叠和交叉。那么,行为人追求的结果与放任发生的危害结果之间的联系的实质是什么?

根据"如果不放任某种危害结果发生,那么,追求的直接目的结果难以实现"的共识,通说下的这种心理机制是:认识到追求的结果可能或必然发生,而持希望追求态度,同时明知因追求结果实现(至于实际是否实现,不影响认定)而致使另一危害结果可能发生,持放任其发生的心理态度。以"为猎取猎物而放任他人被击中致死、伤"和"为杀妻而投毒放任孩子死亡"的典型例子来看。其一,实现了所追求的目的——击中猎物,或妻子被毒死,事实上不可能具有使放任的危害结果——击中他人致其死、伤或孩子被毒死,发生或者不发生的必然性;其二,追求的结果没有实现——未击中猎物,或妻子未被毒死,事实上也不可能具有使放任的危害结果——击中他人致其死、伤,或孩子被毒死,发生或者不发生的必然性。可见,两种结果的内在联系是或然性而不是必然性,所追求实现结果的行为无论使所追求结果实现与否,都不具有使所放任发生的危害结果必然发生的规律性。当行为人执意实施追求行为直接目的的行为时,只能是对所放任发生的另一危害结果,处在不能确定其必然发生状态之中的认识。这就是持"意识制约意志"的直接故意观点对两者联系实质的认识,也即行为人对放任发生的结果只能是持认识"可能性"而不是"必然性"的理解。

如果如此,当然可以说对放任发生的危害结果,根本就不存在明知必然发生的认识,然而,这一否定只能是理论上的推导而已,现实中不能排除行为人对放任发生的危害结果因果律的认识,可以处于明知必然发生状态。那么,当行为人明知所放任的危害结果是必然发生时,其重叠和交叉的动态心理活动又是何种明知?必然性,是客观事物联系和发展的合乎规律、确定不移的趋势,是在一定条件下的不可避免性和确定性(虽然仍然是"概率")。如果认识到必然性,那就表明:行为人必须是对自己所追求的结果,无论是明知可能发生还是必然发生,对实施追求行为引起另一个危害结果的发生的认识(所放任的危害结果),也是必然发生的明知。易言之,也就是明知追求结果的行为具有使放任的结果也具有确定不移发生的内在根据,无论所追求的结果是否完全实现,只要实施追求目的实现的行为,所放任的危害结果必然发生。如是,其动态的放任心理活动可有以下两种模式:一是认识到所追求的结果可能发生而持希望态度,同时明知因追求结果的行为而致使另一危害结果必然发生,持放任其发生的心理态度(认识可能发生条件,与认识必然发生的条件相同)。二是认识到所追求的结果必然发生而希望追求的态度,同时明知因追求结果的行为而致使另一危害结果必然发生,持放任其发生的心理态度(认识两个必然发生的条件相同)。

对上述心理模型进行分析,不难发现这两种心理模式难以在"明知必然发生而放任发生"这一命题下得到统一。具体而言,在第一种心理状态下,当行为人对所追求的结果,尚处于不能确定其一定实现的可能性认识之中时,能否对相同条件下的行为引起的另一危害结果的发生已经具有确定不移必然发生的明知?结论显然是否定的。由于认识所追求结果实现的条件同时也是其认识另一危害结果发生的条件,在同等条件①下不可能得出所追求结果只是可能发生,而所放任的另一个结果必然发生的认识。因为,在所认识的同等条件下,对两种结果发生的概率是一样的认识,当对一个结果发生的概率认识是可能性,没有理由对另一个结果发生的概率认识到必然性。所以从放任心理机制发生对"明知必然发生而放任发生"心理态度的剖析,可发现这一命题本身事实上不够严谨,因为它仅指在认识到追求的结果必然发生,又明知实施追求结果实现的同时,另一危害结果必然发生而加以放任这一种心理态度。如不从放任心理机制产生的动态中予以剖析而肯定这一心理态度,很难说不具有违背心理活动规律之处,因为第一种心理模型是假的。

由此可见,问题的焦点事实上集中在上述第二种心理态度应以何种故意对待。对于放任危害结果发生的心理态度,学界共识为行为人虽不是希望危害结果发生,但也并不反对、排斥危害结果发生,对危害结果发生是自觉容忍、听之任之,是有意识放任发生的。不是希望结果发生,是因为追求的结果并不是发生的这一危害结果,因而对危害结果的发生,并不是有意识地利用使结果发生的各种条件促使结果发生,否则,那是直接故意心理态度;不反对、排斥结果发生,是因为如阻止其发生,会直接影响所追求结果的实现,主观上就没有防止其不发生的打算,故而客观上也不会凭借条件和采取措施去防止结果发生,否则,那是自信的过失。所以,前者是将间接故意与直接故意区分开的根据;而后者则是间接故意与自信过失划分的界限。既不有意识利用各种条件促使危害结果发生(不是追求结果,否则是直接故意),也不凭借条件和采取措施去防止结果发生,也即未表现出确实不希望危害结果发生,是确认行为人主观上是否持有放任心理态度的主要客观依据。

无需赘言,当行为人明知危害结果必然发生时,说明行为人对引起危害结果发生的条件的必然性已有充分的认识,即对这种条件已具备使危害结果确定不移必然发生作用的充分认识(当然,客观上这样条件是否具有这种作用,是另一问题)。这样一来,恰恰说明行为人是在有意识地利用这种条件使危害结果发生。这就与放任心理态度下,行为人不凭借或根本不顾及实际可以利用的条件,促使危害结果发生,而是对其发生持有容认、听之任之的心理活动相矛盾。如果将这种有意识利用条件使危害结果发生的,不是希望结果发生以间接故意对待,那么,该种间接故意与有意识地利用条件促使追求结果发生的直接故意如何区别?因为事实上是利用了条件,在充分利用条件的情况下,有何种根据说行为人的确不是希望危害结果发生?与不凭借或根本不顾及可以利用的条件,而使得结果发生的间接故意是否应是一样的评价?

---

① 所谓同等条件,是指对发生两个以上结果概率的认识基于相同的条件下。例如,为杀害甲,明知乙也在手脚架上作业,破坏升降装置乙也必然摔死,因为甲、乙的下方都是水泥地面,所以二人必死无疑。这是基于相同条件得出的认识。如果甲、乙一方的下面有一处沙堆,乙可能掉到沙堆上不一定致死,但是乙摔在沙堆上也摔死了。如果基于这样条件的认识,那么对两种结果认识的概率,就不是基于相同的条件。这种情况下,当然可以说对乙的死亡结果的发生是持放任态度。只不过后一种情况是在不同条件下对因果概率的判断,已经不再属于该问题讨论的范围了。

显然,这些都是主张属于间接故意的观点,需要解答的难题。

持间接故意的观点认为,人的认识程度不能决定人的意志倾向,采取何种意志倾向取决于对事物(危害结果)的情感。这只能说是相对正确的。人的意志活动虽具有高度的自主性、能动性,但这种自主性和能动性是建立在对客观事物规律性的认识之上的。行为人所以要实施预定的行为并且不阻止另一危害结果发生的心理原因中,当然有情感体验在起作用,使其产生需要实现预定目的的动机并抑制了与追求目的相矛盾、相冲突的动机。但不可否认的是,人的情感体验是以对客观事物的认识为基础。认识的程度越高,产生的一定需要与渴求的情感体验越强烈,动机也就越强烈,反之亦然。没有认识程度这一个基础,谈不到会产生影响意志选择的情感体验。由此而言,当这种情感的需要达到都必须"满足"的程度时,仍然以间接故意对待很难说是对这种心态的一种妥当的评价。本书认为"明知危害结果必然发生而放任发生"的罪过,只能以直接故意对待。

(2)间接故意中所追求目的的理解。典型的放任结果发生的心理态度,由于存在着与追求实现的目的的心理现象重叠、交叉,因此,张明楷教授认为,间接故意犯罪也具有目的,包括在"目的犯"中。当行为人所放任的结果与行为人所追求的目的不具有同一性时,二者完全可能并不矛盾地存在于行为人主观心理中。并以"**短缩的二行为犯**"为例进行的必要的剖析。第一个行为结果与行为人实施第二个行为目的并不相同,因此,对第一个行为结果的放任与对第二个行为的目的完全可以并存,这正好说明间接故意的犯罪中可能存在目的①。具有放任结果发生态度时,与追求目的的心理态度的是否能够并存,不应该有异议,结论是肯定的,否则就不会有间接故意放任心理态度存在的余地。但是,与间接故意所放任的结果可以与追求的目的并存是一回事,间接故意有无独立可评价的目的,则是另一个问题。例如,猎手射击猎物(不是珍稀、保护动物),可能击中猎物旁的人,而放任死伤结果发生的,之所以没有采取预防措施(不作为②),是担心会惊动猎物,当然在构成间接故意伤害或者间接故意杀人时,有想猎取猎物的目的,这是间接故意犯罪中与放任结果发生并存目的的例证。至于用短缩的二行为犯理论解释间接故意自身的目的,值得研究。

如果从张明楷教授要求放任结果与追求目的须不相一致的观点看,诈骗类犯罪是符合要求的③。诈骗类犯罪是复行为犯,即编造谎言、隐瞒事实真相,使相对人陷于错误认识是第一个行为,进而取得相对人的财物(这与相对人作出财产处分,是一个"现象"的两个方面),是第二个行为。那么,在以"非法占有为目的"实施第一个"编

---

① 参见张明楷:《刑法学》(上)(第5版),法律出版社2016年版,第301页。该书认为,短缩的二行为犯的特点为:"完整"犯罪原本由两个行为组成,但依据我国《刑法》的规定,只要以实施第二个行为为目的实施第一个行为(即为短缩二行为犯的实行行为),就以既遂论,不要求客观上实施第二个行为;如果不以实施第二个行为为目的,即使客观上实施了第一个行为,也不成立犯罪,或者仅成立其他犯罪。

② 由于狩猎行为不是危害行为,因此,不采取避免措施不作为是导致结果发生的危害行为,故而,这是以不作为形式实施的通常是作为形式的犯罪,是不纯正不作为犯。

③ 参见张明楷:《诈骗罪与金融诈骗罪研究》,清华大学出版社2006年版,第277页。

造谎言、隐瞒事实真相"的行为时,现实中不存在编造了谎言、隐瞒了事实真相,就必然使相对人陷于错误认识,"能骗倒最好,骗不倒也不要紧,因为总是有人会上当"。这符合对第一个行为结果①是放任态度的要求。但从我国的司法实践看,在没有非法占有(骗到)他人财物时,难以认定为"诈骗既遂"。这就不符合短缩二行为犯只要以第二个行为(非法占有)目的实施第一个行为,就是实行行为,构成犯罪既遂。那对第二个行为的目的实现(结果),是否也可以是持放任态度?当行为人持有"骗到最好,骗不到也不要紧,因为总是有人会上当"②的心理态度时,这是对第二个行为结果的期待,能否说"非法占有目的"就是间接故意放任的目的?看上去似对目的(结果)的实现也是可以持放任态度的,但是,当行为人实际上非法占有他人财物的情况下,"骗到最好,骗不到也不要紧"的心理态度,已经没有了任何实际意义。因为在确认行为人罪过上,刑法不关注行为人的心理过程,而是最终结局"非法占有目的"的实现,这只能是直接故意的心理态度。否则,任何一个直接故意的犯罪也都可以说是以间接故意态度来实施。

再如预谋杀人而劫取财物,按照司法解释只按照抢劫罪论处③,但抢劫罪即使符合短缩的二行为犯要求,也得不出以"非法占有目的"实施第一个预谋杀人行为(即使被害人最终没有死亡)是放任结果发生的结论,因为预谋杀人是典型的直接故意,并且是要以抢劫既遂论处④。不过这倒也符合短缩二行为犯以实施第二个行为为目的实施第一个行为就以既遂论而不要求客观上实施第二个行为的理论。那么,是否可以承认在预谋杀人抢劫之前持有"能抢到最好,抢不到也不要紧"心态时,主观上"非法占有目的"就是与预谋杀人直接故意并存的间接故意的目的?如果将"非法占有"理解为是放任态度的故意内容,那实际上等于说,抢劫罪主观上直接故意罪过对危害结果的追求,都是以"放任发生结果——能抢到最好,抢不到也不要紧"为目的,因为没有哪一个行为人在实施直接故意犯罪之前能够保证100%实现所追求结果的实现,即使预谋杀人抢劫的也不例外。如此一来,可能引起的理论震动不仅仅是对抢劫罪直接故意应如何解读的问题,恐怕对理论上现有直接故意的心理态度的研究结论,都值得推翻重新考量。

因此,本书认为,用短缩的二行为犯原理并不能说明以放任心理态度构成犯罪的行为人所追求目的的意义。因此,仍然赞同通说,间接故意在放任发生结果的方向上,不具有犯罪目的。与间接故意放任心理态度并存的目的,也不是间接故意的目

---

① 此时,该结果尚不具有能够单独评价为"危害结果"的刑法意义,甚至都无法确认编造谎言、隐瞒事实真相的行为一定就是犯罪行为,更何况要论以既遂。

② "骗倒",意指骗术发挥作用,使得相对人陷于错误认识;"骗到",意指到手财物,实际上非法占有。

③ 2001年5月23日最高人民法院《关于抢劫过程中故意杀人案件如何定罪问题的批复》规定:"行为人为劫取财物而预谋故意杀人,或者在劫取财物过程中,为制服被害人反抗而故意杀人的,以抢劫罪定罪处罚。"

④ 2005年6月8日最高人民法院《关于审理抢劫、抢夺刑事案件适用法律若干问题的意见》第10条对"抢劫罪的既遂、未遂的认定"规定:"抢劫罪侵犯的是复杂客体,既侵犯财产权利又侵犯人身权利,具备劫取财物或者造成他人轻伤以上后果两者之一的,均属抢劫既遂;既未劫取财物,又未造成他人人身伤害后果的,属抢劫未遂。"

的,间接故意的犯罪,也不存在"目的犯"。

"放任危害结果"用语检讨

间接故意的意志因素,是对可能发生的危害结果持放任其发生的心理态度。放任,说明行为人对发生的危害结果既不是希望发生的,也不反对阻止其发生,而对危害结果发生采取自觉容忍、听之任之,不加以阻止危害事实发生的意志态度。行为人虽然对危害结果的发生的态度是放任,但对实施危害行为的态度并不是消极的而是积极的。

第一,我国《刑法》第14条明确规定的是"放任其发生"而不是"放任其不发生"。放任结果发生,是指危害结果的实际发生。以此,从刑法对放任心理态度要求上说,所放任的危害结果是否发生,直接关系到间接故意能否成立。在能够认定为间接故意的场合,总是现实地发生了危害结果,即放任的心理状态就是相对于现实发生的特定危害结果而言,但这个结果绝不是所追求或者希望发生的,否则就是直接故意,行为人实施行为总是有所追求的目的(可能是明确的目的,也可以是不明确的某种意欲),结果的发生是该目的可能涵盖或者没有涵盖,但在其行为所涉及的范围内,已经被认识到的内容。所以典型的间接故意,行为人是在追求其他目的的情况下放任发生追求目的之外的危害结果,是行为人为追求目的、结果实现的行为同时引起的结果。因而,只有放任的结果实际发生,才能与其危害行为结合而成立间接故意。如果所放任的危害结果实际上并没有发生,则无从认定为间接故意。

但是,首先,除典型的放任结果发生的间接故意外,对突发性的间接故意并不以行为人在主观上有明确的其他的追求的目的为认定的依据。其次,行为人在追求某种目的达成情况下的放任危害结果发生的心理态度,不以所追求目的的达成,为认定其主观上间接故意是否成立的标准。由此可见,间接故意与直接故意,有一个重要的区别,即出于直接故意实施犯罪的,无论其希望的结果实际是否发生,均不影响对其主观上直接故意的认定,也不影响犯罪的性质,而出于间接故意的,所放任的危害结果是否实际发生,以及发生的是何种具体危害结果,直接关系到间接故意能否成立以及成立何种性质的犯罪。

第二,不能将"放任危害结果发生"理解为"不希望这种结果发生的态度"。首先,由于结果发生与不发生是与行为人有利害关系的,放任发生的态度并不是在认识到可能发生与可能不发生这两种可能性之间采取了中立的态度。明知可能发生又放任其发生而不加以制止,是因为他另有追求,如防止这种危害结果发生,所追求的目的(结果)就难以实现。所以,放任危害结果发生,并非与他毫无利害关系,这是将该种心态规定为故意犯罪的根据。因此,放任只能从放任危害结果发生上理解,不包含放任其不发生。如果行为人对可能发生的危害结果,在实行行为中有控制、有选择,并且加以制止可能发生的结果,即使发生了危害结果,也不能认定主观上是间接故意。因这种控制、选择说明没有采取放任结果发生态度。所以,认识间接故意的节点在于行为人对发生的危害结果是想避免还是不想避免,如果不设法避免和制止结果发生,而是任凭危害结果发生,就是间接故意。其次,行为人并不是"不希望危害结果发生"。"不希望发生"包含着"希望不发生"、"希望避免发生"、"不是希望发生"等意志内容,但这样的心理态度是对危害结果的否定,不是"放任"意志的内容。所以,"放任"只能说是"不是希望危害结果发生",这就表明行为人"不是追求结果发生",但也没有表现出"希望避免结果发生"、"希望不发生结果"的心理态度。

(三) 直接故意与间接故意的异同

直接故意与间接故意的相同之处都在于明知自己的行为会引起某种危害结果的发生,并都认识到行为与结果之间因果率。区别在于:(1) 明知的程度不同。直接故意既可明知这种结果可能发生,也可明知这种结果必然发生,而间接故意只能是明知自己的行为可能引起危害结果的发生。(2) 对危害结果的态度不同。直接故意是希望认识到的危害结果发生。因此,具有追求这种结果发生的目的,至于所希望发生的结果实际上是否发生,不影响主观上犯罪故意的成立。而间接故意只能表现为放任已认识的危害结果的发生,并不积极追求危害结果的发生,对该结果来说不具有犯罪的目的。而且,如放任的结果实际并未发生的,间接故意不能成立。

五、刑法理论上犯罪故意的其他分类

结合国外刑法理论上对犯罪故意的研究,理论上对犯罪故意可做如下分类。

(1) 以认识程度及实施犯罪决意的程度为标准,分为确定的故意与不确定的故意。

确定的故意,是指行为人对于构成犯罪的事实,如对象、结果等有具体确定的认识,而决意以自己的行为使认识到的结果发生。可以是直接故意,也可以是间接故意。这种故意具有坚决性、明确性,行为的指向和结果的发生都具有确定性。例如,明知刀刺张三有致其死亡的可能性(或必然性),仍然决意实施自己的行为。

不确定故意,也称为可能故意,是指对构成犯罪的事实,如对对象、结果等无具体确定的认识,仅有概括性预见,而决定以自己的行为使认识到的结果发生的故意。可以是直接故意,也可以是间接故意。

确定故意与不确定故意的分类不等同于直接故意与间接故意的分类,即确定故意不等于直接故意,不确定故意也不一定只能是间接故意。

不确定故意进一步还可以分为:

第一,未必的故意,也称结果不确定故意,即行为人对实施行为所发生的结果认识到可能发生,但又以未必就会发生的态度实施行为,以致发生该结果的故意。就发生的危害结果而言,是持放任其发生的态度。该种故意核心在于:对结果的可能发生持有容认其发生的态度。即本意虽不是追求可能性成为现实性,但却容认其成为现实。所以,结果的发生并不违背其本意。如果行为人有根据地确信结果不可能发生而实施行为以致发生结果的,则为(自信)过失。

第二,对象不确定故意①,即是指对于犯罪对象不确定的故意。又可分为择一故意和概括故意两种。择一故意,即行为人对行为的结果发生的认识是确定的,但对数个目的物中的哪一个可能造成一定的结果无确定的认识,但确信必有其一发生结果的故意。也就是说,这种不确定是有限制性的不确定,即非此即彼,二者必居其一。但无论只是目的物的哪一个发生的结果,都与其本意相符合。这种故意可以是直接故意,也可以是间接故意。例如,向并行的二人开枪射击,确信会击中二人中的一人,至于击中哪一个致死、伤都可以,就是间接故意。概括故意,即行为人对结果的可能发生有认识,但对哪些对象会受到侵害,将会发生结果的个数无确定认识的故意。这种故意可以是直接故意,也可以是间接故意。该种故意,无论是针对个别对象还是不特定对象,都可产生。在针对特定对象时,对造成不特定对象的严重后果的发生通常是容认其发生的心态,而且行为人也是认识到对不特定对象的侵害,发生侵害事实并不违背其本意,是可以接受的。例如,为杀害甲,采取了在寝室的饮水机中投毒,造成同寝室多人中毒死亡的。

(2) 以故意形成时间的长短为标准,分为预谋的故意与一时的故意。

预谋的故意,也称为熟虑的故意,是指经过深思熟虑反复考虑,甚至进行过周密计划形成犯罪决意而实施犯罪的故意。例如,为实施盗窃金库,准备了一个月,其故意就是预谋的故意。这种故意,只能是直接故意的类型,具有坚决性、明确性的特点。

一时的故意,也称为偶然的故意、激情故意,突发故意、单纯故意,是指非经事前预谋(临时起意),实施犯罪的故意。该种故意的形成非经预谋,引起故意的事项多是偶然的,故意形成在时间上短暂,多是在受较强烈刺激的情况下形成犯罪决意。例如,受到被侮辱的强烈刺激,一时冲动下拔刀伤人的。该种故意可以是直接故意,也可以是间接故意。

一般地说,预谋故意较一时故意在主观责任受谴责性相对较重,但是,这也可以说纯粹是站在何种价值立场上予以评价的问题,并不是绝对的标准。例如,都是在遭受长期受到虐待情况下产生的杀人故意,很难说经过预谋后产生杀人的故意与一时冲动下产生的杀人故意哪一个主观上应受谴责更重。同时,即便说主观上应受较重的谴责,也不意味着要一定要承担较重刑事责任。

(3) 以行为当时的意思为标准,分为事前故意和事中故意。

事前故意,也称为延续的故意,是指行为实施后,因误信结果已经发生,已完成犯罪,又以其他目的实施另一行为,才完成事前所认识的犯罪事实的故意。也就是说,事前的故意延续到事后的行为上,才达成事前认识的犯罪事实。例如,杀害他人时误认为陷于昏迷的被害人已经死亡,出于毁灭罪证的意图将被害人掩埋,实际上被害人死于窒息。由此可见,对实施前杀人行为追求的死亡结果的故意,延续到由后行为毁灭罪证的行为时才达成,而后行为实施中并不是出于杀人的故意。这种情况限于直接故意,且不影响犯罪既遂的成立。

---

① 国外刑法中也有称其为客体不确定故意。

事中故意,是指行为人在实施一个一旦开始后就必须继续进行的行为之初时并无犯罪故意,而在行为实行过程中萌发犯意以追求结果发生或容认、不阻止结果发生的故意。例如,外出催收货款,在拿到货款后萌发非法占有的故意,将货款藏匿后向公安机关谎报被抢劫。再如,捡拾到弃婴后自愿收养,数日后发现婴儿有严重残障,未采取任何措施又将婴儿遗弃在无人之处致使婴儿死亡的,均为事中故意。该种故意,可以是直接故意,也可是间接故意。

六、犯罪故意的认定

犯罪故意的认定,也就是犯罪故意在实务中的具体应用。

(一) 犯罪故意是具体、特定的故意

只有了解具体犯罪构成要件规定的规范内容,才能依法认定行为人是否具有该种犯罪的故意。但主观罪过毕竟是行为人的心理活动,它的存在虽然是一种客观事实,但其本身是我们的感觉器官无法直接感知的,因此,对犯罪故意的认定,有时仅仅依据行为人对规范的构成要件事实的认识,尚不足以具有判断的充分依据,必要时必须考察构成要件之外的事实,通过行为人客观外在的具体表现的客观证据,才能印证其主观上的故意罪过。例如,行为人刻意选择实施的时间是晚上,那就是意图逃避检查的主观意图的表现;刻意选择人烟罕至的小道,也是为逃避检查主观意图的表现,如果没有合理的解释,而辩解随身携带的物品不知是毒品,就不足以否定主观上具有明知是毒品而具有运输毒品的犯罪故意。因此,可以依法推定行为人主观上具有运输毒品的犯罪故意。再如,患有严重性病而嫖娼的,也不是行为人自我辩解不知自己患有梅毒、淋病,就可以认为主观上不具有犯罪的故意,在查证行为人曾经就医、服用的药物证据的情况下,这一客观事实,也足以证明行为人主观上是明知自己患有梅毒、淋病的严重性病患者。

(二) 对客观处罚条件的内容[①],是否要求明知

在刑法的条款中,有大量的款项规定的内容,属于适用从重处罚或者从轻处罚的条件,其中还包括司法解释中具有相同作用的规定。例如,刑法对不少犯罪在罪刑幅度中规定的"数额较大"[②]"数额巨大""数额特别巨大"为适用较高档次法定刑的客观条件[③]。

张明楷教授在借鉴德日刑法理论中"客观处罚条件"概念的前提下,提出**"客观超过要素"**的概念,而对属于所说的"客观超过要素"的条件,即便是构成要件的内容,也

---

① 对于结果加重犯的加重结果属于客观处罚条件还是其构成要件,理论上还有不同认识,本书持后种认识,因此,这里的客观处罚条件,不包括结果加重犯的加重结果。

② 在具体条文的规定中,有的"数额较大",是认定构成犯罪的客观条件,如合同诈骗罪规定,以非法占有为目的,在签订、履行合同过程中,骗取对方当事人财物,数额较大的,处……;这里的数额较大,是构成犯罪的客观条件,但有的规定,则属于适用较重法定刑的标准,如组织他人偷越国(边)境罪第1款第6项规定的"违法所得数额巨大的",即属于适用较重法定刑的条件。

③ 13.04.04《盗窃司法解释》第2条第8项规定,因盗窃造成严重后果的,"数额较大"的标准可以按照前条规定标准的50%确定来执行。那类似这种规定,是否属于犯罪故意中行为人认识的内容?

不需要主观上具有与此对应的故意内容。例如,他认为,许多犯罪的成立为违法所得数额较大为要件,但是,成立这类犯罪只需要客观上违法所得数额较大,并不需要行为人认识到这一点。于是,违法所得数额较大就成为超出故意认识范围的客观要素。再如,丢失枪支不报罪,"造成严重后果"是构成要件要素,但不需要存在与之相应的故意内容,即该客观要素超出故意的认识内容与意志内容的范围,所以称为"客观的超过要素"。还认为,客观超过要素虽然不是故意的认识因素和意志因素内容,但也要求行为人对之有预见可能性,才能归责①。

对此,黎宏教授持有不同认识,他认为,在我国犯罪构成理论中,根本就没有属于客观处罚条件的"超过的客观要素"的存在余地。这是因为,从犯罪时应受刑罚处罚程度的社会危害行为的角度看,所谓"超过的客观要素"作为与行为人的实行行为具有某种关系的结果,是表明该行为达到了应受处罚程度的具体体现,作为说明应受刑罚处罚程度危害的标志,应当在行为人的认识范围之内,而不可能超出其外②。

本书原则上赞同黎宏教授的观点,特别是客观要素是构成要件的内容时,如果认为不要求相应的故意罪过内容,即使对如何认识和把握"超过的客观要素"设置再多的界定条件③,从根本上说仍然是对主观责任原则的否定。

但是,在我国刑法分则中,包括有关的司法解释中的确存在着有些条款的规定,属于客观上的处罚条件。例如,生产、销售伪劣农药、兽药、化肥、种子罪规定……使生产遭受较大损失的,处……使生产遭受重大损失的,处……使生产遭受特别重大损失的,处……"使生产遭受较大损失的"结果,是本罪基本犯(故意犯罪),结果行为人主观上对此是"明知"的,一般地讲是在追求非法利益的情况下,对所造成生产的损失持有间接故意放任的心理态度。而"使生产遭受重大损失的""使生产遭受特别重大损失的"结果,属于适用较重处罚的客观条件。当然这里的损失,仍然是指对农业生产的损失,没有任何理由认为,行为人对此认识还是不认识都无关紧要。只要其明知自己生产、销售的是伪劣农药、兽药、化肥、种子,那么,理所当然对农业生产所将遭受的损失结果是明知的,至于"使生产遭受重大损失的"还是"使生产遭受特别重大损失的"的结果,是依据客观情况来考察的结论。这一故意的内容,既适用于对本罪基本犯罪成立的认定,也适用于本罪适用较重刑罚的规定。只要行为人认识到"使生产遭受较大损失的"结果,那么"使生产遭受重大损失的"还是"使生产遭受特别重大损失的"的结果,根本不可能超出行为人的预测,这也是对该种行为要适用较重刑罚的理由。张明楷教授虽然认为,也要求行为人对之有预见可能性,才能归责④,但事实上这样的犯罪不需要以有"预见可能性"才能归责来解释。

---

① 参见张明楷:《刑法学》(上)(第5版),法律出版社2016年版,第261页。
② 参见黎宏:《刑法学总论》(第2版),法律出版社2016年版,第183—184页。张明楷教授对丢失枪支不报罪的主观罪过的分析,的确是基于对不报告行为的谴责立场,认为该罪是"故意"罪过。参见张明楷:《刑法学》(上)(第5版),法律出版社2016年版,第262页。
③ 参见张明楷:《刑法学》(上)(第5版),法律出版社2016年版,第262页。
④ 参见同上。

也应当承认,我国刑法中的确有属于"不需要行为人认识的客观处罚条件"的规定。例如,13.04.04《盗窃司法解释》第2条第8项中"因盗窃造成严重后果的",盗窃"数额较大"的标准可以按照所规定标准的50%确定的规定。"因盗窃造成严重后果的"内容,在性质上就是属于"不要求行为人必须认识到的"内容。换言之,即使是因盗窃行为间接引起的结果,都可以认为属之。例如,盗窃造成被害人自杀、精神失常、生活陷于极度贫困、在追回被盗物品时意外发生致死、伤等,都可以评价为"因盗窃造成严重后果"①。当然,本书认为,此种客观处罚条件放宽入罪门槛,是极其不当的。盗窃行为中本不包含着这样的属性,盗窃罪在规范的解读上,并不存在能够创设出对人身法益侵害的危险;刑法设置盗窃罪的保护目的,也不在对人身法益的方向上,此种入罪处罚的理由,已经超出了国民对自己行为的预测。因此,这在本质上讲并不是行为人对这样的客观要素是否应该认识的问题,而是值得质疑类似规定合理性问题。

第四节 过　　失

一、犯罪过失的概念

(一) 犯罪过失的心理特点

犯罪过失与犯罪故意是相对的心理态度。在具有过失心理状态的情况下危害社会,都不是行为人有意识而为之的行为,所以,刑法是有选择、有限制地处罚因过失而严重危害社会的行为,这就是"刑法以处罚故意为原则、以处罚过失为例外"之由来。

我国《刑法》第15条规定:应当预见自己的行为可能发生危害社会的结果,因为疏忽大意而没有预见,或者已经预见而轻信能够避免以致发生这种结果的,是过失犯罪。

犯罪的过失,就是指行为人对自己的行为引起的危害结果,应当预见,但由于疏忽大意而没有预见,或者已经预见,却轻信能够避免的心理态度。

从定义上说,犯罪过失的情况包括:(1) 行为人应当认识自己的行为可能发生危害结果,而行为时并没有认识到(可能是认识其他事物去了);(2) 已经认识其行为可能发生危害结果。前者之所以没有认识应当认识的事物,是因为"疏忽大意"而发生危害结果;后者虽有认识,之所以发生危害结果是因为"轻信能够避免"。犯罪过失,都是"不希望危害结果发生"的意志态度。在对危害结果发生有认识的情况下轻信能够避免其发生,表明行为人不希望危害结果发生;在对危害结果发生无认识的情况下,也更谈不到行为人是希望或者放任危害结果发生的,当然对发生的危害结果持反对的态度。因此,犯罪过失心理具有以下特点:(1) 行为人的认识能力与实际要求的认识不一致;(2) 主观愿望和客观效果不一致。

---

① 这当然可以成为"偶然因果关系"入罪的法律根据了。

根据我国《刑法》的规定,任何犯罪过失的成立,都是行为人在应该遵守一定的注意义务,需要谨慎行为时,违背注意义务的要求,而导致危害结果发生。在疏忽的情况下,行为人本应知道自己该做什么,但由于认识偏差,或者在完全没有认识到的情况下,实施了不应当实施的行为,或者没有实施应当实施的行为;在自信能够避免的情况下,本已经知道自己应当做什么,却由于认识错误,过高地估计了自己的能力和条件,实施了不应该实行的行为,或者没有实施应该实施的行为。均在(违反注意义务)能够防止危害结果发生的情况下,致使危害结果发生,这就是对行为人的过失罪过给予谴责的理由。因过失而构成犯罪的,总是与行为人主观上的认识错误联系在一起,正是因为错误的认识,导致错误的行为,所以,当应实施的行为与要求所实施的行为不一致时,才会导致违背其意愿的危害结果的发生。

(二) 过失本质及其责任根据的学说

犯罪过失是对应于犯罪故意而存在的概念,但这并不是说犯罪过失的概念只是从属于犯罪故意概念而存在。然而,不可否认,犯罪过失理论逐渐走向成熟,与犯罪故意的研究有着最直接、最密切的联系①。"过失,以不存在故意时才能成为探讨的问题。"②所以,对犯罪过失的认识过程,是在相对于犯罪故意的认识过程中产生的。如何界定过失,也就是如何区别故意与过失的问题。从沿革的意义上,先后有"无认识说""不注意说""避免结果说"三种不同学说。

1. 无认识说

12世纪后,大陆法系国家由于受罗马法侵权责任要求主观要素的影响,将刑事责任的主观要素也分为故意、过失两种。对于两者的界限,最初也就是以对事实有无认识来区别的。凡是行为人认识到行为将损害他人利益而为之,即为故意;对应加以注意的事情,怠于注意而为之,则为过失。正是从这种与故意区别中,可以说无认识说是从对犯罪故意的认识说中派生出来的。无认识说,或者可将无法预见结果的意外事件纳入过失,或者将虽认识到结果,但自信可以避免结果发生的过失视为故意,这都是与现代刑法理论不相吻合的。

2. 不注意说

不注意说认为,犯罪过失是因行为人由于不注意而欠缺对犯罪事实(以及违法性)的认识,以致发生结果。此说将违反注意义务中要求对危害结果发生的预见置于过失的核心,即没有注意,是过失成立的根本原因。不注意说,在刑法理论上仍是一种有相当影响的学说。不注意说在理论上又可分为两种见解:一种是只强调对危害结果没有认识,另一种是强调对违法性以及犯罪事实二种因素欠缺认识。但无论是否主张过失同时欠缺违法性认识,都是将未认识事实视为成立过失的核心,而所谓对事实没有认识则是因为不注意。不注意说,从揭示过失的原因上说,较无认识说有可取之处,但同时,仅仅注意了过失的认识因素,忽视与意志因素的有机联系,易将放任

---

① 参见林亚刚:《犯罪过失研究》,武汉大学出版社2000年版,第15页。
② 〔日〕团藤重光主编:《注释刑法》(2) 之Ⅱ(总则)(3),日本有斐阁1981年版,第380页。

结果发生的间接故意包括在过失之中。

3. 避免结果说

避免结果说认为,过失是违反预见结果的注意义务或结果避免义务,导致结果发生的主观心态。避免结果说以违反避免结果为注意义务的前提,将违反注意义务未能避免结果发生置于过失的核心,但实质上避免结果说仍然是以不注意为形式,是不注意说的进一步发展。由于避免结果说从规范评价的角度揭示了过失心理的实质——违反注意义务,同时,又从注意义务的内容上,划清了与放任的故意以及意外事件、不可抗力的界限,具有合理性,因而,目前是刑法理论上的主导学说。

此外,对过失进行非难的实质根据是什么?从理论发展的轨迹看,主要是心理事实说和规范违反说。以这两种不同责任根据而建立起的过失理论,被称为新、旧过失理论。

1. 心理事实说与旧过失论

心理事实说,是刑事古典学派道义责任论的核心内容。道义责任论视责任的归责基础在于人的自由意思,以人具有意思自由为道义非难的前提,认为犯罪是人基于自由意思的产物。所谓自由意思,是指人具有选择实施现行行为或者其他行为的可能性。[1] 基于这种自由意思活动而实施犯罪就能够给以道义、伦理的非难,使作为报应的刑罚正当化。由于该理论主张在能够确认故意、过失心理状态或者心理事实时能够给予责任非难,所以也称为心理责任论[2]。德国学者贝林(Beling)认为:"所谓过失,是行为者在意思决定过程中,对法秩序所要求必须履行的'认识到结果的发生是由于自己的违法行为而必须阻止自己实行违法行为义务'的懈怠,没有形成应当阻止危害结果发生的行为意思。"[3]所以,过失的责任根据在于对结果的预见可能性。在心理事实上表现为欠缺必要的意思紧张和集中,对具有预见可能性的违法结果的不注意,是过失犯刑事责任实质根据。在旧过失论中,过失为责任要素或形式,纯属主观范畴,与构成要件符合性和违法性无关。对过失的非难可能性以注意能力的存在为前提条件。由于预见可能性是对具体性的结果发生的预见,因此,在具体结果的发生能够预见的场合,对该种结果要求是应当预见的。所以,作为过失核心的违反结果预见义务就是注意义务的内容。如果有预见可能性,注意力集中就应该对该种结果有预见。对此尽管由于没有预见未能回避结果,也认为应具有过失的非难可能性。总而言之,就是指由于不注意,即缺乏意识的集中与紧张,在心不在焉的心理状态下,对于可能预见的结果没能预见,由此产生漫不经心的危害而应负过失的责任。该理论相对于其后产生的过失理论而言,由于以心理事实为过失非难实质,在理论上被称为"旧过失论"。显然,如果以具有预见可能性就应以过失认定,会不适当扩大过失的处罚范围。

---

[1] 参见马克昌主编:《刑法学全书》,上海科学技术文献出版社1993年版,第631页。
[2] 参见〔日〕大谷实:《刑事责任论的展望》,日本成文堂1983年版,第7—8页。
[3] 转引自〔日〕藤木英雄:《过失犯的理论》,日本有信堂1969年版,第16—17页。

20世纪初,责任论从心理责任论向规范责任论转移,旧过失论将过失只视为责任要素的理论受到批评,认为责任的根据不仅仅是对行为人造成结果的心理关系的非难,而是对反规范违法行为的非难可能性。所以,过失不单纯是心理概念,应包括违反注意义务之规范要素,由此形成了以规范违反说为核心理论的新的过失理论。

2. 规范违反说与新过失、新·新过失论

规范责任论认为,"为科以责任的非难,单纯依据具有责任能力和故意、过失的心理要素是不充分的,更进一步说,只应在具体的情况下由于能够期待其他适法行为而能够予以非难"①。德国学者哥德休密特(Goldschmidt)认为,过失的责任由二重规范要素而形成,作为第一的规范要素,是对注意义务即结果预见义务的违反。作为第二的规范要素,表现为对意思决定义务的违反。过失责任非难的根据,应当是第二种要素②。也就是说,即便对行为人作出违反注意义务的规范评价,也不能说已具备受谴责的根据,只有在认为行为人违反意思决定规范,即具备注意能力的情况下,不履行回避结果义务时,才应受到责难。所以,即使对结果有预见可能性,如果行为人履行了结果回避义务时,也不能成立过失。因此,建立以违反结果回避义务为判断行为违法性要素(构成要件符合性),以具有注意能力的情况下,不履行回避结果义务为过失责任根据的过失论。注意义务的中心,由结果预见义务转而为结果避免义务(只有在预见基础上为避免结果发生而实施必要的外部行为,才能免除过失责任)③。这种以避免结果为注意义务核心的过失理论,被称为"**新过失论**"。新过失论是以过失犯罪的形势变化为背景,以规范责任论为理论基础,以借鉴允许的危险④的理论和信赖原则⑤理论为前提,以期待可能性⑥理论为理论核心。新过失论是将过失作为违法要素,即以是否符合行为的定型性(符合构成要件)以及实质的违法性的要素来把握。这样一来,违反注意义务的本身就包含着具有构成要件符合性、违法性的属性,过失也就从单纯的有责性范畴转移到构成要件符合性与违法性的范畴中来。所以能否确认行为人的行为有错误,即违反客观注意义务,是构成要件符合性或违法性问题,而非责任问题。新过失论是德、日刑法中的通说。

20世纪60—70年代,日本社会进入经济高速发展时期,随之而来的是公害现象成为日益严重的社会问题。以藤木英雄为主要代表的日本刑法学者,提出了过失理论中颇有争议的"危惧感"说,亦称为**新·新过失论**。新过失论的避免结果的注意义务,是以行为人有具体结果的预见可能性为前提的,如没有具体预见,就不能要求行为人为避免结果的发生采取必要的措施。即使发生危害,也不能令行为人负过失责

---

① 〔日〕大谷实:《刑事责任论的展望》,日本成文堂1983年版,第9页。
② 参见〔日〕藤木英雄:《过失犯的理论》,日本有信堂1969年版,第23页。
③ 过失犯违法性的理论由此从"结果无价值"转而为"行为无价值"。
④ 参见第五章第四节第八目"允许的危险"。
⑤ 参见第五章第四节第九目中有关信赖原则的规定。
⑥ 参见第七章第五节"期待可能性"。

任。但随着高新科技广泛地运用于生产领域,虽然一方面对社会创造出巨大的物质利益,但另一方面也对社会及公众带来极大的危险,如环境污染、食品中毒等,往往会危及社会和公众安全。但对于这种巨大的危险,企业及其有关人员一般并没有具体结果的预见可能性,不能追究过失责任,对于社会安全的维护、公众健康的保障有所不利。藤木英雄对新过失论进行了必要的修正,他认为:"所谓在有可能预见的情况下其预见的对象,是对发生的具体危害的预见可能性,不一定是必需的。在对具体危害有可能预见的场合,对行为人而言,令其对预见的结果采取必要的避免措施是理所当然的,不过,即使在结果的具体发生不可能预见的场合……只要具有为确保安全特别慎重的注意态度,就此实施行为就会有危惧感、不安感的情况下,对行为人而言,应积极探知未知的危险,或者为了避免与未知的危险遭遇的可能性,尽可能避免采取冒险行动,要求留意谨慎行动是理所当然的……在面临未知危险的场合中,应令其承担探知危险或者作为该种危险征表事实的义务,或负特意地避免冒险,尽量慎重行动避免结果的义务。如负担这种义务有避免的可能,对具体的危害即使该种具体内容因行为当时是不可能预见的,也认为行为人有错误,令其负过失责任是合理的。这就意味着,预见可能性即使因行为当时对具体内容是不可能预见的,如确认行为人有错误,则使追究过失责任成为可能。因此,预见可能性如果是对具体的结果有预见,论以过失理所当然,但也未必要求具体性预见,对危险发生有危惧感就可以了。"①

显然,"危惧感"并不是一个对社会心理有明确定义的概念,将茫然不安的心理状态作为预见可能性的内容,使预见可能性明显地被抽象化,徒具形式。"危惧感说"运用到实践中无疑会扩大过失犯的处罚范围,也易违反责任原则。现代社会很难想象没有危惧感的事情,要求对尚未认识到的危险预先采用排除措施,否则要承担过失责任,这将回归到结果责任的道路。例如,驾驶汽车就会有发生事故的不安感、危惧感,研制、开发新药,无论采取何种措施,仍然对会有事故发生得不安、危惧感,以此为基础处罚过失,当然导致结果责任。

二、犯罪过失的构造

(一) 对通说的反思

依据"行为的社会危害性与违法性是互为表里的,认识行为的社会危害性,自然也会知道该种行为是为法律所禁止"②的通说观点,过失的心理状态,要求行为人对自己行为所进行的法律规范上的评价(依据法规范的要求对自己行为的认识③),只限于对结果社会危害性应当预见,或者已经预见。基于这一理解,姜伟博士认为,"无论是我国的刑事立法,还是我国的刑法理论,都认为犯罪过失应包括行为人对其行为的是非评价"④。犯罪过失行为人未认识的是结果的社会危害性,即便是过于自信过失

---

① 〔日〕藤木英雄:《过失犯——新旧过失论争》,日本学阳书房1981年版,第33—34页。
② 高铭暄主编:《中国刑法学》,中国人民大学出版社1989年版,第127页。
③ 实际上是"心理事实说"。
④ 姜伟:《犯罪故意和犯罪过失》,群众出版社1992年版,第271页。

心理态度，由于"轻信能够避免"的认识已经取代了"已经预见"的认识，所以，过于自信过失在实质上也是未认识危害结果的发生。而不是行为本身的社会危害性或违法性，这就统一了认定犯罪过失的标准，避免产生歧义①。这就是说，对过失的规范评价，即违法性判断与社会危害性（心理事实）判断是一致的，即只存在对心理事实过失的评价，而不需具有对过失的违法性评价，而且，过失责任评价也是一体的，违法性评价不具有独立的地位，对过失责任根据的评价实际上与对心理事实过失的评价相同。但是，本书认为，通说对过失责任评价的体系值得反思。

首先，评价"应当预见""轻信能够避免"的前提是一种违反注意义务的法律规范评价，而并非仅仅是对行为人主观心理事实的评价。行为人"已经预见危害结果可能发生"，固然行为人也可能已经认识到自己行为的违法性，根据通说"社会危害性与违法性相一致"的见解，两者之间可以说是相统一的。但是，在"应当预见"却没有认识到的情况下，在其心理状态中并不存在对"结果的社会危害性"的认识，从认识社会危害性也就认识违法性的见解来看，不能认为行为人对违反注意义务的违法性有认识。根据罪过理论，这种既没有认识到危害性，也没有认识到违法性的心理，之所以将其仍评价为犯罪过失心理的依据，并不仅仅在于行为人没有认识到危害结果可能发生的心理事实，而在于违反了法律设定的注意义务所要求的"应当预见"。在"已经预见到危害结果可能发生"的情况下，评价其没有履行或没有正确履行回避结果的注意义务，是由于"轻信能够避免"而成立过失，同样是以行为人轻率地做出不会发生的错误判断，以致对危害结果的发生也是没有实际上预见到，同样是以违反注意义务的违法性评价为前提，即只有在依法确认其违反法的"注意义务"时，才使对其"已经认识结果的社会危害性"的心理事实评价有根据。

其次，从司法实践中看，是否成立过失，也是以违法性评价的角度来考虑的。例如，交通事故致人死亡，如果行为人并没有违反注意义务或者虽然已履行了注意义务但未能阻止损害的发生，判断其主观上无过失的罪过，是因阻却其违法性，即评价的前提建立在行为人并没有违反注意义务的基础上，而不是建立在首先评价行为人对自己的行为及其结果不具有社会危害性的认识上，不是首先否定行为人是"不应当预见"或"有根据相信"不发生危害结果，而不具有社会危害性认识。所以说，在司法实践中的基本判断、评价的方法，审查的前提必须是"是否违反注意义务"，而不是是否"应当预见"或者"已经预见"结果的社会危害性的心理事实。因此，社会危害性的评价，不能替代违法性评价。

再次，对具体事件中的行为人"应当预见竟没有预见"和"已经预见却轻信能够避免"的违反注意义务的违法评价，是依照一定的标准确定了行为人是在有具体注意能力时，违反了法律、法规的"注意义务"。对此，需要确定行为人在行为时，确实有能力能够遵守法律、法规的"注意义务"却没有遵守。这不仅涉及行为人的注意能力问题，而且涉及期待可能性问题。而现实中，不仅存在行为人的注意能力低于普通人的情

---

① 姜伟：《犯罪故意和犯罪过失》，群众出版社1992年版，第271—272页。

况,而且也存在虽具有预见可能性或已经预见到结果发生可能性,但却因不能预见的原因没有预见,或无法防止的情况以及不具有期待可能性的情况。该种情况下,不能因"应当预见"或者"已经预见"结果的社会危害性而论以过失责任。

最后,通说观点主张以对"结果的社会危害性"取代"危害社会结果"的认识,也是不可取的。一是无论是行为还是结果,这种客观事实对社会有利或有害,不依据一定的标准,难以作出任何判断。二是无论是行为还是结果所具有的"社会危害性",都是对客观事实所具有的"属性"进行抽象后的概括与评价,而评价的标准,并不是依据客观事实"因果性"物理流动过程的客观结局,而是社会根据自身生存、发展的需要,赋予该种客观事实"社会属性"的一种价值判断。"社会危害性"不再是单纯的客观事实本身,而是行为人的已然的行为事实和社会根据自身的需要对这一客观事实所作出的价值判断的统一。三是这一否定性的价值判断,并非是基于行为人自己的认识,而是立法者、法学家从保护法益的立场,揭示国家之所以将某种行为规定为犯罪的根本理由。所以这种否定评价,是立法者、法学家的认识层次,是"知其所以然"的认识层次。但是在认定行为人主观上是否具有过失时,不能用立法者、法学家"知其所以然"这一层次的认识去要求行为人。要求行为人个个都具有"知其所以然"层次的预见、认识论以过失,恐怕都应当是谙熟法律之士,如果不具有该层次预见、认识的,也就不应当认为具有过失罪过,这显然是不合适的①。

(二) 犯罪过失的构造

犯罪过失的构造,是构成犯罪过失的各因素之间的关系。我国理论上主要有以下观点:

1. 二特征说

二特征说认为,犯罪过失主观前提条件之一是注意能力,无论是何种形式的过失犯罪,都离不开注意能力这个条件。在疏忽大意的过失中,行为人具有注意能力但根本没有发挥这种注意能力;在过于自信的过失中,行为人虽已预见到危害结果可能发生,但实际上并没有确切地认识到危害结果发生的内在机制,存在着注意能力没有正确、充分地得以发挥的问题。犯罪过失主观特征之二,是注意义务。注意义务是行为人行为时应当注意有无侵害某种法益,有无违反某种特定的法律义务的责任。违反这种注意义务,发生危害结果的,就构成过失犯罪②。

2. 二因素一特征说

所谓二因素,是指成立犯罪过失必须具备认识因素和意志因素。所谓一特征,是指犯罪过失在认识因素和意志因素相统一的基础上,必须违反注意义务。该说认为,只有在意识、意志因素的基础上再明确违反注意义务的特征,犯罪过失的构成条件才能得到全面的揭示。这样既指明了犯罪过失意识、意志因素的实际状况,也包含了对

---

① 参见林亚刚:《犯罪过失研究》,武汉大学出版社 2000 年版,第 55—65 页。
② 参见陈兴良:《刑法哲学》(第 2 版),中国政法大学出版社 2000 年版,第 225—228 页。

过失罪过的归责理由①。

上述观点本质上并没有区别,都是以揭示违反注意义务(不注意)为过失构造中的核心内容。过失罪过是对违反注意义务的心理事实的评价,所以,违反注意义务的意识因素和意志因素,就是过失罪过。违反注意义务是从法规范意义上,对过失罪过评价的前提,与过失罪过的心理事实不在同一个评价层次上。违反注意义务虽然处于评价的前提,但不是评价的结论,也即有违反注意义务的结论,也不意味着主观上必有过失罪过,所以它不能替代对过失意识、意志因素自身特点的认识。同时,"违反注意义务"不仅仅是一种法的评价规范,根据罪过的要求,对自己所负注意义务的违反,应是行为人对自己行为违法性地评价。因此,违法性意识是过失心理结构中的重要因素,而不是单纯对心理事实中认识因素的规范评价。在主观上有疏忽的场合,行为人具有预见能力但却没有发挥这种能力(或者去认识其他无关事项),违反注意义务,以致对危害结果的发生没有预见,没有做出回避结果发生的行为;在自信能够避免结果发生的场合,行为人已经预见到危害结果发生的可能性,却轻率地做出不会发生的错误判断,以致对危害结果的发生也是没有实际上预见到,违反注意义务,同样没有做出回避结果发生的行为。由此可见,违反注意义务,是成立疏忽过失与自信过失共同的违法性条件,同时也是对之归责的评价条件;而对应当预见的危害结果发生,没有预见(自信过失虽然是已经预见,但是错误的判断使之否定了发生的可能性,因此实质上也是没有预见),是疏忽过失与自信过失共同的责任要件;没有履行回避结果发生的义务,是疏忽过失犯罪和自信过失犯罪的共同归责要素。

基于上述认识,犯罪过失的结构是:以违法性意识可能性为前提,以违反注意义务为核心,即对自己的行为引起的危害结果,应当预见,但由于疏忽大意而没有预见,或者已经预见,却轻信能够避免的心理态度。

三、注意义务

(一) 注意义务的含义

注意义务是指法律法令及社会日常生活所要求的为一定行为或者不为一定行为时应当慎重留心,以避免危害社会结果发生的责任。② 因而,注意义务是法律上为或不为一定行为的义务,注意义务是法的规范。确定过失成立的核心要素的"注意义务",是立法者从社会一般人(包括从事特殊行业、职业的一般人)的立场,从能够识别、防止危害发生所应具有的认识能力所规定的法律规范。从法规范的角度讲,乃是为避免发生违法的结果,应为必要的作为与不作为而设立的义务。换言之,从法律判断方法的外在性而言,作为法律义务的履行,必定以作为与不作为方能体现。但是,这只是是否履行注意义务的判断,而不是注意义务本身(注意义务是规范)。

---

① 参见胡鹰:《过失犯罪研究》,中国政法大学出版社1995年版,第71页。
② 同上书,第74页。

至于注意义务的根据,学者们的见解不完全相同,但总体上包括①:

(1) 法律、法规以及规章制度规定的注意义务。例如,各类行政及业务管理法规、行业或职业规章制度、操作规范等。当然,刑法规范中的规定也包括在其中。还有将根据契约、合同、委托所生之注意义务,也归入这一类中,这种由法律明示的注意义务不但具体、明确,而且容易被人们所理解②。源自法律、法规、行业或职业规章制度的注意义务,限于其所预设的领域内适用,超出该领域范围的,行为人不负有注意义务。例如,重大责任事故罪就要求是在"生产、作业中"违反"安全管理的规定",且必须是基于生产、作业需要而违反的。如果不是在此期间内,也不是基于生产、作业需要而违反注意义务的,则与该罪无关。当行为人在该领域内实施合法、合理、合规的行为时遵循了注意义务,或者超出行为人合法行为的范围,即使发生意外造成严重后果的,也不应承担过失责任;同时,即便在该领域内有违反规章制度注意义务的行为,但"违章"与"生产、作业中"无关时,也不可能构成本罪。

(2) 基于先行行为产生的注意义务③。这种注意义务,是因自己的行为介入,注意义务也随之产生,当刑法所保护的法益处于危险之中时,要求行为人负有为一定行为或者不为一定行为,以避免或排除危害结果发生的注意义务。例如,家庭中的保姆在陪护幼儿期间,就负有防止造成幼儿意外伤害发生的注意义务。当幼儿将能伤害到自己的利器作为玩具时,就负有制止、纠正幼儿危及其自身人身安全的义务。

(3) 习惯、常理所要求的注意义务。这种注意义务是根据社会共同生活准则所形成的④,是在日常生活中出于尊重他人重大法益所应当注意的义务。这种注意义务限于一般人都认识到是共同生活准则要求遵守的注意义务,超出这一要求所发生的后果,行为人不负有注意义务。例如,狂风吹落摆放在阳台上杂物并砸中楼下行人致死的,在阳台上随意摆放杂物的行为,就是违反了共同生活中尊重他人人身重大法益的注意义务;但是,商家所悬挂的广告牌(符合悬挂的规范要求),被狂风吹落砸中行人致死的,就不应承担过失犯罪的罪责。

在法的体系中,相互配合对法益进行保护的情况不少见,但是,并不是所有涉及可能危及生命、健康、重大财产安全的情况,都有相应的法律、法规、规章制度提供作为是否违反注意义务的根据。而且,即使是在法令、规章对法益保护有配合规定的情况下,这些规定就现实生活而言也是挂一漏万,因此需要有一定的可依靠的符合法律基本精神的东西,予以补充,这也就是需要以习惯、社会道德的要求去确定注意义务,也就是依据公序良俗确定注意义务。"以习惯和常理为根据论定注意义务,就是要考虑在具体社会中遇到某具体事态的人进行什么样的行为才是必要的、相当的,必须从

---

① 在一般意义上,注意义务的根据,也多是从形式意义上讨论,但实质上也需要实质意义上需求的依据。
② 姜伟:《犯罪故意与犯罪过失》,群众出版社1992年版,第289页。
③ 先行行为的注意义务,如同先行行为的作为义务一样,在主观上出于过失罪过时,要求作为的义务,同时也是赋予行为人履行作为的注意义务。
④ 参见姜伟:《犯罪故意与犯罪过失》,群众出版社1992年版,第289页。

这种观点,进行合理的判断……对法律没有特别了解的人,也自然应该懂得,按照社会常识,在实施具体行为的时候,自己该作出怎样的注意。所以,以习惯和常理为根据的注意义务,能够与依照社会常识所认识的注意义务相一致。在德国正在被使用的'社会生活上必要的注意'的观念明显地表明了这种关系。"① 这种注意义务之所以可以成为刑法上注意义务,并非仅仅因为是人们在日常生活中一般遵循公序良俗的要求,更重要的是它能够引起法律关系产生、变更和消灭。如果因违反该种注意义务导致刑事法律关系产生、变更和消灭,那么,其违反的注意义务也就应属于刑事法律上的注意义务的范围。

这种注意义务有两个问题需要重视,"一是确实存在某种习惯和常识,这样行为人才可以根据此项要求规范自己的行为;二是设定这种注意义务确实有助于避免比较严重的危害结果,不能无限制地对行为人提出过多的注意义务,避免耗散行为人的精力,削弱其主要的注意方向及注意对象。过多的注意义务还会给行为人的社会带来不便"②。为此,可综合考虑以下几点:一是对这种注意义务行为人是否有承诺;二是该种注意义务本身是否符合法的精神;三是行为人是否意识到或者已经意识到存在着必须履行的注意义务。也就是说,仍然应从实质上解读注意义务的根据。

对注意义务有承诺,是指行为人基于单方利益或双方互利的考虑,自愿承诺担负某种注意义务行为。"我们日常的义务概念的一个根本要素是,一旦作出承诺,就导致了义务,就不能仅仅由于作出承诺和有义务的人决定他不再受它的约束而取消或废除它。"③ 注意义务是否符合法的精神,是指作为注意义务根据的社会共同生活准则所形成的习惯、常理的要求的注意,从根本上说是符合社会生存、发展和社会稳定要求,是基于人们需要的相互合作,并且该种合作是符合社会的法制精神。是否意识到或者已经意识到而存在着必须履行的注意义务,是指只有在其应当意识到或者已经意识到存在着必须履行的注意义务,而违背这一义务,才能说明是在应受刑法评价的心理状态下实施的侵害行为。站在行为人的角度,应当意识到或者已经意识到而产生必须履行的注意义务,是其履行注意义务主观上具备使行为正当化的根据;站在社会的、司法者的立场上,行为人是否应当意识到或者已经意识到而产生必须履行的注意义务,是评判其是否具备应当履行的注意义务的客观根据。

(二) 注意义务的内容

注意义务的内容,包括"结果预见义务"和"结果回避义务"。结果预见义务,是要求行为人集中注意力、保持意识紧张,应认识到行为可能产生危害社会结果的义务。结果回避义务,是要求行为人在已经预见到危害结果可能发生的情况下,应当集中注意力,保持意识的紧张并采取有效的措施(以作为或者不作为方式),防止、避免危害结果发生的义务。具体而言,首先必须预见结果,如已预见结果,则必须回避发

---

① 〔日〕大塚仁:《犯罪论的基本问题》,冯军译,中国政法大学出版社 1993 年版,第 234 页。这当然是从实质意义上解释注意义务的根据。
② 姜伟:《犯罪故意与犯罪过失》,群众出版社 1992 年版,第 290 页。
③ 〔美〕A. 塞森斯格:《价值与义务》,江畅译,中国人民大学出版社 1992 年版,第 103 页。

生结果,预见结果及回避结果,都是注意义务。然而,如无预见,则无从回避,同时,即使有预见,如不为回避,也没有意义。因此,如没有预见时,虽不发生回避义务,但是在未尽结果预见预见义务一点上,则不能免除对违反注意义务的谴责。另外,即使已尽其预见结果之义务,但是如未基于此预见而为回避结果时,则在未尽其为回避结果义务一点上,也应受违反注意义务之谴责。所以,结果预见义务与结果回避义务,事实上就处于此连接关系之中,如果欠缺其中之一,都属于违反注意义务。

结果预见义务是注意义务的前提,结果回避义务在过失中仍然是注意义务的核心内容。行为人仅尽其预见结果义务是不够的,还必须基于其对行为的危险性及其危险程度的认识与预测,为避免发生构成要件的违法结果,而履行避免结果发生的注意义务,而要避免发生结果,除要求行为人必须意识与意志的紧张与集中之外,从履行义务的客观要求看,行为人必须实施法律所要求的作为或者不作为行为以避免结果发生。

结果回避义务包括哪些内容?姜伟博士将回避结果的义务分为排除危险状态的义务、在危险状态中保持谨慎的义务、积极避免危害结果的义务三种情况①。周光权教授认为可以分为在危险状态中保持谨慎态度的义务和消除危害结果义务②。

注意义务的履行,都涉及对履行注意义务必须的注意能力问题,换言之,都包含主观上必须对应当预见的结果以紧张和集中的意识与意志加以预见,以及对已经预见的结果以紧张和集中的意识与意志指导加以避免,才可能为履行注意义务采取客观上的作为与不作为行为。从设立注意义务客观性要求上说,就是"避免结果发生",并无它义。当然这同时涉及行为人的注意能力问题,不过行为人是否有此能力,是另一个层次的问题,而并非规范上客观要求的"避免结果义务"本身所包含的内容。但是,"排除危险状态的义务""积极避免危害结果的义务"的履行都会涉及履行结果避免义务的客观外部条件。换言之,如果外部条件不具备,即使行为人想履行"排除危险状态的义务""积极避免危害结果的义务"也是不大可能的。因此,作为规范要求的"避免结果发生"的义务,与履行避免结果发生义务的客观要求,不是同一个问题,没有必要在客观性的注意义务中,添加必须具有客观条件才能加以评价的内容③。

四、注意能力

(一) 注意能力的含义

注意能力也称为认识能力、预见能力。成立犯罪过失,应以具有预见能力为前提,这是因为法律不能强人所难,如果行为人没有能力预见时,不能令其承担过失罪责。那么,在法律规范已经设定要求注意义务的前提下,如何判断行为人对自己的行

---

① 参见姜伟:《犯罪故意与犯罪过失》,群众出版社1992年版,第286页。
② 参见周光权:《注意义务研究》,中国政法大学出版社1998年版,第87页。
③ 参见林亚刚:《犯罪过失研究》,武汉大学出版社2000年版,第136—138页。

为可能发生危害结果是否具有预见的能力。

关于个人的预见能力,在理论上有不同的主张。**主观说**认为,应以行为当时具体条件下其本人的认识能力和认识水平为标准。具体而言,就是在当时的客观环境和条件下,根据其本人的年龄、健康状况、知识程度、工作经验、业务能力等以及所负担责任等条件进行判断。因为能否认识毕竟是个人的认识能力问题①。**客观说**主张,应以社会的一般人的一般人认识能力、水平来衡量。具体而言,一般人在当时的情况下能预见可能发生何种后果,行为人也就应该预见到;如果一般人在当时情况下不能预见,行为人也就不应该预见②。至于一般人的认识能力,则是由司法人员依照自己的社会经验来判断③。**折中说**,也称为主客观统一说。认为既要考虑行为人个人情况,又要考虑行为人当时所处的具体环境和条件,要综合两方面情况综合考虑。当行为人的认识能力高于一般人的场合,以一般人的认识能力为标准;当认识能力低于一般人时,以行为人的认识能力为标准④。

本书采主观说。我国学界少有主张单纯客观说的学者,"法律制度在主观因素上所作的最重要的妥协包括采纳了被不适当地称之为'客观标准'的东西。这可能会导致这样的情况,即为定罪和惩罚而把一个人看作就算他具备了他实际并没有,而某一正常人或有理智的正常人具备并将发挥出的控制行为的能力"⑤。通说以折中说为标准。胡鹰博士指出,折中说中对智力低于普通人者,注意能力依主观说标准评价,虽然可以解决客观说中客观归罪的问题,但对智力水平高于普通人者,其注意能力依客观标准认定,仍然有可能放纵罪犯。比较而言,主观说虽非十全十美,存在着对那些没有充分发挥和调动自己主观能动性的人实际上起一种保护作用的不足,但缺陷小于客观说和折中说,所以,采用主观说,利大于弊⑥。

如果首先考虑到"法的规范标准是一个具有普遍性的客观性标准",是否应当得出在考察行为人的注意能力的同时,应考虑客观标准,否则有违罪刑法定原则?

首先,作为刑法规范的注意义务标准与行为人是否违背所承担的具体注意义务,是两个不同层次的标准,对于前者来说,要确定行为人和处在相同情况下的所有的一般人,具有何种注意义务,自应是客观标准,否则就不会有法的规范。所以,法规范的客观标准是确定行为人是否具有注意义务的前提条件。行为人在客观标准中被评判的,应当是是否负有法律规范所要求的一般人在相同或者相似情况下具有的注意能

---

① 参见马克昌主编:《刑法学全书》,上海科学技术文献出版社 1993 年版,第 105 页;陈兴良:《刑法适用总论》(上卷),法律出版社 1999 年版,第 177 页以下。
② 参见高铭暄、赵秉志主编:《过失犯的基本理论》,法律出版社 2002 年版,第 26 页。
③ 由此可见,与其说是社会一般人的标准,不如说是依照司法人员的标准更为恰当。
④ 参见马克昌主编:《犯罪通论》,武汉大学出版社 1999 年版,第 356 页。
⑤ [英]H. L. A. 哈特:《惩罚与责任》,王勇等译,华夏出版社 1989 年版,第 146 页。
⑥ 参见胡鹰:《过失犯罪研究》,中国政法大学出版社 1995 年版,第 80—81 页。

力和注意义务。从这一意义上说,该标准是抽象化的、适用于同等条件下的任何人①。但并不能以该种客观标准去评判他本人实际所具有的注意能力和具体的注意义务。因为在实际中行为人的具体注意义务通常并不是单一性的,可能会存在并列的、选择的,甚至重叠的注意义务,要确定行为人违反的是什么样的注意义务,不从行为人自身的注意能力出发去确定,而以一般人的注意义务和注意能力去作为标准判断,无法得出一个正确的结论。

其次,折中说以客观标准即一般人的注意能力考察行为人在具体义务中的注意能力,也是不够恰当的。如前所述,确定过失成立核心要素的"注意义务",是立法者从一般人的立场,从能够识别、防止危害发生所应具有的认识能力、避免能力所要求的规范。但是,实务中案件行为人都是具体的人,并不是"一般人",对"应当预见竟没有预见""已经预见却轻信能够避免"的违法评价中的行为人也并非"一般人",是依照行为人自身的认识能力,认为其违反了法的"注意义务"。如果说行为人确是"一般人",行为人具有注意能力的判断,与其说依据客观标准,倒不如说是依据主观标准,没有根据说这一结论就是依据的客观标准。因为考察面对的就是一个具体的人,对象具有注意能力的判断,仍然可以说是依据个人的主观条件。如对于那些注意能力本身就低于所谓的"一般人"认识能力的行为人来说,以一般人标准去判断,则是强人所难,也恰恰不符合罪责原则,因为在注意能力的判断上,刑法谴责"应当预见竟没有预见""已经预见却轻信能够避免",是针对具体行为人行为时,而不是针对所谓的"一般人"在行为时。

最后,主观说更符合罪责自负原则。主观说并非片面强调行为人个人主观注意能力的绝对的主观说,而是要求实事求是地充分考虑行为人行为时的具体义务和环境条件的主观说。以行为人在当时所负具体义务和环境下所具有的注意能力为标准,对低于法律规范制定标准的人来说,即使他充分地注意也不可能认识,不能令其承担过失责任,符合罪责要求;对注意能力高于法律规范制定标准的人来说,令其承担责任,也符合罪责原则。至于有些学者指出,主观说对那些不充分发挥和调动自己的主观能动性的人,起到保护的消极的一面,确实存在,但行为当时确实不具有注意能力,不能以刑罚手段来达到教育他的目的,否则,刑罚则成为实现目的的手段,这并不符合现代法治精神。

(二) 注意的程度

注意的程度也称为预见程度,我国《刑法》第15条规定,行为人必须对危害结果可能发生有预见,这是没有争议的,但是预见达到何种程度,理论上有不同看法。

(1) 具体结果说。该说认为,危害社会的结果只能在法律规定的范围内理解。过失犯罪中的危害结果是构成要件,是由刑法明确规定的,所以,危害社会的结果,只能是对过失犯罪所规定的具体的危害结果。不过,具体的结果又是相对的,如在危害

---

① 即属于"有教无类"的规范。

公共安全的过失犯罪中,应当预见的结果不一定是很具体的结果,但也必须是刑法分则所要求的结果。因此,过失犯罪的法定性,决定了应当预见的是具体的犯罪结果①。

（2）一般结果说②。该说认为,要求行为人必须预见到某种具体危害结果不现实,只要预见到一般的危害结果就足够。具体理由是：其一,人的认识的有限性。人对客观世界的认识能力从整体上看是无限的,但就个别场合而言,在特定时间、地点,对事物的认识能力则是有限的。就过失犯罪而言,它常常发生在某一特定的场合、时间,往往非常急促、紧迫,行为人根本来不及认真观察和仔细观察,要求行为人对此种结果预见得清清楚楚显然是不现实的。其二,在过失犯罪中危害结果的发生只是可能的,带有很大的偶然性,要行为人对其预见得十分清晰、具体是困难的③。

（3）违法性与结果预见说。该说认为,预见的内容有两方面：一是认识到自己行为的违法性或有可能认识到自己行为的违法性；二是认识到自己的行为有可能发生某种危害结果,即具有认识危害结果发生的可能性及其与自己行为的因果关系④。

本书原则上赞同具体结果说及其理由,但是,犯罪过失的规范评价,必须具有违法性意识。如前所述,违反注意义务是犯罪过失的本质,注意义务无论以何种根据成为刑法上的注意义务,它应当是确认过失的前提因素。过失之所以能够被评价为犯罪心理态度的根本理由,并不仅仅在于没有认识到结果可能发生,或者轻信能够避免,而在于违反了法律所要求的注意义务。因此,在犯罪过失的预见的内容中,应当包含着对自己行为及结果的违法性意识或者意识的可能性。如果行为人根本不可能意识到行为对注意义务违反的违法性,就谈不上有过失。此外,之所以是原则上赞同,是因为对过失心理对因果关系的认定,也是对以"应当预见""已经预见"具体结果的因果律,而不是必须对具体客观的因果关系的预见。

---

① 参见赵秉志、吴振兴主编：《刑法学通论》,高等教育出版社1993年版,第129页。如周光权教授就认为,要求行为时预见可能发生的具体的危害结果,是以一定的认识条件为基础的。应当具体预见到的也只是与行为直接相连的结果这一环,不要求预见只有间接联系的因果锁链中的其他环节,这在客观上是可以做到的；要求预见的具体危害结果也只是根据一般人的认识水平所能够预见的,且业已被既往的反复事实所证明的东西。故而要求对具体危害后果有所认识,符合认识规律本身。同时,要求预见到的结果是具体的,但又不是绝对的,而是相对的。即对可能造成较轻的还是轻重的危害结果有所预见,但不确定。那只要实际造成了危害结果,就应当负过失责任；以预见到可能发生的危害结果为成立预见义务的条件,而不要求其对发生哪一种后果有明确无误的预见。相对性还表现在并不要求预见到危害结果究竟怎样发生,不要求预见在何时、何地、对何人发生等。此外,还要求行为人对因果关系有所预见。参见周光权：《注意义务研究》,中国政法大学出版社1998年版,第82—84页。

② 也有学者将其称为抽象结果说或危惧感说。参见周光权：《注意义务研究》,中国政法大学出版社1998年版,第78页。危惧感说其核心是主张心理上"对危险结果的发生有危惧或不安全感",与预见到一般的结果是否是相同的含义,不是没有疑问的。例如,预见到可能受伤害,而不是预见的是重伤害或者是轻伤害,可以说预见的是一般结果；但是,如果说是危惧感,只要行为时具有不安的心理,无论是否预见到伤害,就可以评价为具有危惧感。所以,将一般结果说称为危惧感说值得商榷。

③ 参见宋庆德主编：《新刑法犯罪论研究》,中国政法大学出版社1999年版,第137—139页。

④ 参见张智辉：《刑事责任论》,警官教育出版社1995年版,第228页。

五、注意义务与注意能力的关系

注意义务和注意能力是认定犯罪过失的规范评价要素。那么，两者之间是何种关系？通说的观点①认为，预见义务以预见能力为前提，有预见能力必有预见义务，没有预见能力必定没有预见义务。"所谓'应当预见'是指他负有预见义务……解决应不应当预见，也即是否有义务预见，关键就在于按照当时的实际情况，他能否预见。预见的义务和预见的可能是有机地联系一起的，法律只是对有可能预见的人才提出预见的义务。"②胡鹰博士认为，预见能力与预见义务既有联系又有区别。预见义务是一种客观要求，是行为人行为时应负的社会责任，而预见能力指行为人有无履行义务的主观基础，在具备预见能力但不负预见义务时，也属于不"应当预见"，即预见能力与预见义务是分离的③。姜伟博士也持赞同观点，"由能够预见证明注意义务的观点是不合适的。注意义务不是由认识能力设定的，而是由法律或业务产生的要求，注意义务也不能说明认识能力，认识能力是某种客观条件下的主观能力"。因此，"注意义务的存在与否和行为人是否可以履行注意义务（是否具有认识能力）并无必然的联系，在一定条件下，二者可以分离……注意义务是客观的、统一的，任何人被置于某种特定的环境都具有同样的义务，而注意能力（认识能力）则是个别的、各异的，因人而异、因时而异、因具体条件而异。过失以行为人不履行注意义务为重要条件，但又以行为人具备注意能力为前提"④。赵秉志教授、刘志伟教授还认为通说不妥当之处在于："它把预见义务的有无建立在预见能力有无的基础之上，不仅使法律上的义务失去了作为法规范的机能，违背法制原则，而且若以这种观点去实际判定行为人应否预见，可能会把虽有预见能力但并不具有预见义务之人当作有罪之人而追究其刑事责任。"⑤

本书认为，注意义务与注意能力的关系，首先需要明确所探讨的注意义务与注意能力是在哪个层面、何种意义上讨论的。如果是在法规范意义上论及两者的关系，主张注意义务与个体的注意能力应当是分离的，无疑是正确的。因为法律、法规所设定的注意义务，是客观性、普遍性的注意义务，是"有教无类"的，理所当然不是依各个行为人的注意能力所设定。详言之，即使行为人在当时的情况下不具有认识能力、避免能力，也不能否认客观上有法律所要求的客观的注意义务规范。正是在这层意义上，客观注意义务与行为人的注意能力是分离的。

---

① 参见马克昌主编：《犯罪通论》，武汉大学出版社1991年版，第330页；高铭暄主编：《中国刑法学》，中国人民大学出版社1989年版，第133页；陈兴良：《刑法哲学》（第2版），中国政法大学出版社2000年版，第230页等。
② 林准主编：《中国刑法教程》（修订本），人民法院出版社1994年版，第75页。
③ 胡鹰：《过失犯罪研究》，中国政法大学出版社1995年版，第78页。
④ 姜伟：《犯罪故意与犯罪过失》，群众出版社1992年版，第283—284页。
⑤ 赵秉志、刘志伟：《海峡两岸犯罪过失中注意能力和注意义务问题的比较研究》，载《中央政法管理干部学院学报》1996年第3期。

但是,在具体的事件中考察的是行为人的具体的注意义务(当然,这一注意义务仍然是客观性的要求),主张两者是分离的见解就值得商榷。因为如果将客观的注意义务(这是"有教无类"的规范标准——法律根据社会上"一般人的能力"制定的),与行为人在具体事件中所负的注意义务放在同一个层次上理解,而不区分二者,这就混淆了客观的法律规范与行为人在行为时具体所负的注意义务之间的差别。前者,无疑"是客观的、统一的,任何人被置于某种特定的环境都具有同样的义务",但具体到具体行为人,在具体客观环境下、具体事件中所负的注意义务,则不能够以"客观的、统一的"注意义务与注意能力的关系去判断;即便在具体事件中行为人所负的注意义务仍然是客观规范所规定的注意义务,也不能得出与其注意能力是分离的结论。这正如论者所指出的那样,"注意能力则是个别的、各异的,因人而异、因时而异、因具体条件而异"。正因为这种差异,使得各不同的行为人,即便在相同或者相似的客观环境条件下,注意能力也有区别。这种区别,决定了法律不能在行为人不可能预见结果发生或者不可能避免结果发生的情况下,要求行为人改变其原来计划的行为。只有在确认了行为人对危害结果的发生有认识可能性、回避可能性的情况下,才能要求行为人将客观规范的注意义务付诸履行,规范上的注意义务,才具有行为人应履行的注意义务的属性。

因此,在行为人具有注意能力的情况下而被赋予的注意义务,并非是一般意义上作为客观规范的注意义务,而是根据其在具体环境下具有的注意能力所赋予的注意义务。因此,通说对两者关系的解读是合理的。

六、过失的法定类型

(一) 疏忽大意的过失

根据我国《刑法》第 15 条的规定,疏忽大意的过失是指应当预见自己的行为可能发生危害社会的结果,因为疏忽大意而没有预见,以致发生了这种结果的心理态度。由于行为人没有预见到可能发生危害结果,所以,也称无认识过失、疏虞过失。

1. 疏忽大意的过失的成立条件

(1) 应当预见自己的行为可能发生危害社会的结果。应当预见,包括两层含义:一是指对危害结果的发生有预见的义务。这是指在行为时负有应当预见的注意义务。只有在负有应当预见义务的前提下,才有必要分析行为人是否应当预见以及没有预见的具体原因。如果行为人根本不负有预见义务,也就不存在疏忽的问题,即不能以没有预见的事实认为就是应当预见。预见的注意义务,通常是指国家根据行为人具体活动的性质、特点,对参与某一特定社会活动的个体所提出的职务、业务活动和日常生活中必须遵守的注意义务。这种义务,不仅包括法律、法规、职务、业务上的规章制度所确定的注意义务,也包括社会共同生活中依据公序良俗形成的对行为人要求的注意义务。二是有预见的能力,即在行为时具有预见危害结果发生的能力和条件。如果行为人虽有预见的注意义务,但因种种原因没有能力预见,不能认为是应当预见。例如,没有经过必要的安全培训,就下到矿井中采煤的工人,就没有能力预见何种情况下有危险发生的能力,或者没有条件预见到发生危害结果。

刑法只对有预见能力的人,才提出预见的义务问题。预见的能力,是预见义务的基础。法律不能要求国民对没有能力预见的事情负预见的义务和承担责任。因此,行为人具有预见结果的能力,并且在客观上是能够避免这种危害结果发生,行为人才负有预见义务和责任,这是疏忽大意的决定性条件。司法实践中,对行为人有无预见注意义务,一般可根据法律、法令、规章制度、公序良俗等去确认。而对于有无预见能力的问题,则有不同认识①。应当预见,就是法律认为行为人"能够预见",那么能够预见的内容是什么?应当预见,只是要求行为人概括性地预见发生具体结果的概率就可以了,至于危害结果具体怎样发生,并不是应当预见的要求。例如,对佩带枪械的人来说,只要求预见到在管理、使用中的不善,有可能致人伤亡就足够,不要求预见在何时、何种情况下造成他人死伤。应当预见,是要求对结果因果律的预见,但是因果过程不是应当预见的必要内容。例如,驾驶机动车,突遇行人闯红灯,避让不及撞击致死。驾驶人对行人突闯红灯没有预见到,但只要预见到行人有闯红灯的可能性,也就表明行为人具有预见结果发生的能力和条件。

(2)由于疏忽大意,没有预见到自己的行为可能发生危害结果。没有预见,是指在行为时没有认识到自己的行为与可能发生危害结果关联性,即没有预见到的是危害结果发生的可能性(因果律),而不是说对事物的因果律原本就没有认识的能力,不了解所实施的行为可能造成什么结果,如果属于这种情况,主观上就没有过失(如未经安全培训就下井工作之人)。之所以没有预见,是因为疏忽大意,即因为主观上的松懈、麻痹、马虎,这正是行为人没有采取回避结果发生行为的心理原因。疏忽,既可是在行为前根本就没有考虑到,麻痹大意,也可是在行为过程中意志松懈。但无论其表现形式和具体过程如何,本质上,疏忽就在于注意力没有集中、保持在应当注意的事项上。现实中往往是因行为人在其他的意识、意志活动的参与下,出现注意力的分散、转移,以致在行为前或行为过程中对新情况、介入的新因素缺乏认识,对危害结果缺乏预见。所以,行为之前或行为之时对危害结果没有预见,并不是指对任何事物都没有认识,心理上一定完全是空白的。

表现为心理上的空白"忘却犯",是一种例外的情况。例如,劳作一天的母亲在哺乳中因过度疲劳睡着了,在乳房的压迫下致使婴儿窒息死亡的,并不影响对其违反注意义务的认定。没有预见危害结果发生,是构成疏忽大意过失的重要心理特征;如果行为时已经预见到可能发生危害结果,则根本不是疏忽大意的过失。没有预见危害结果发生,在作为和不作为的场合都可以存在。

2. 疏忽大意的过失发生的场合

(1)对行为的违法性(违反注意义务)以及行为的违法结果均没有预见到。例

---

① 参见本章第四节第四目"注意能力"。

如,对方并没有侵害意图而发生错误判断,实行了假想防卫的情形。

(2) 对行为的违法性(违反注意义务)有认识,但对可能发生的违法结果没有预见到。例如,甲某驾驶摩托车为赴女朋友约会,在交叉路口眼看信号指示灯要变换,为赶时间强行抢道,将一行人撞倒致死。甲对自己违章强行抢道的违法性(违反注意义务)是有认识的,但是在实施行为时,却没有预见到会发生事故。

(二) 过于自信的过失

根据我国《刑法》第 15 条的规定,过于自信的过失是指已经预见到自己的行为可能发生危害社会的结果,由于轻信能够避免,以致发生这种危害结果的心理态度。由于对危害结果的发生已有认识,因此,理论上也称为有认识过失,懈怠过失。

1. 过于自信的过失的成立条件

(1) 已经预见到自己的行为可能发生危害社会的结果。这是成立过于自信过失心理的前提因素,也是与疏忽大意过失的重要区别;如果行为人对此没有认识,则不能认为是过于自信的过失。已经预见,就是指行为人在实施行为时,或行为过程中对自己行为在客观上可能引起危害结果已经有所认识(对因果律的认识),但只认识到危害结果发生的可能性而不能是必然性。所以,过于自信不仅认识行为可能发生危害社会的结果,而且是有意识(故意)地实施这种行为的,但有意识(故意)去实施某种行为,必须认识到是错误的行为,才与过失有关。如果行为是合法行为,则谈不到是自信过失的问题。因为认识到危害结果可能发生,并有意识(故意)实施这种行为,并不是自信过失所独有的特征。例如,竞技比赛的运动员、高速驾车追捕罪犯的警察,都知道自己从事的工作或者事情具有一定危险性,并都知道行为可能发生一定的危害结果,且都是故意实施的,但从事这些活动本身遵守了必须遵守的规则,就是合法行为,不存在被禁止和构成过失的问题①。这些行为只有在违反法律、法规、规章制度以及超出社会所能允许(容许)的范围,造成严重危害结果时,才可能发生过失问题。当然,在不可抗力的情况下,行为人对危害结果的可能发生也是有认识的,同样不因已有认识而论以过失。只有有意识去实施错误行为、不正确行为,甚至违法行为,才可能是与过于自信过失有关系。

(2) 过于自信能够避免这种结果的发生。这是行为人决定仍然要实施既定行为的心理原因。"轻信",是指行为人过高地估计了避免结果发生的自身条件和客观有利因素,过低地估计了导致结果发生的可能性。但是,这种自信缺乏充分的根据和理由。正因为在这种自信心理的支配下,实施错误的行为而未能避免结果发生。自恃具备避免危害结果发生的主观条件的,如具有熟练的技术、足够的经验、丰富的知识以及相信他人不会实施不合法行为等;自恃具备避免结果发生的客观上的有利条件,如车灯坏了但路灯很好等。

---

① 是"允许的危险"行为。

如何理解过于自信？自信就是有信心，相信自己。相信就意味着自己认为有依据、不怀疑自己的能力。轻信就是轻率地、轻易地相信；轻率是指不慎重、不谨慎；轻易则是随随便便。所以，自信也是一种相信，但过于自信却是轻率地、轻易地相信了自己的依据和能力。轻信也必须要有根据和理由，无根据无理由同样谈不上轻信；只是因为根据、理由不全面或不可靠，而行为人又不慎重，以致发生危害结果。轻信，一方面意味着行为人过高地估计可以避免结果发生的有利因素，而过低地估计导致危害结果发生的可能性，另一方面说明行为人希望并且相信能够避免危害结果发生。危害结果出乎意料发生，是事与愿违的。因此，轻信建立在并非可靠的根据上，缺乏充分避免结果发生的根据和理由，致使本来可以避免的结果最终未能避免，是违背了注意义务。"轻信"是自信过失成立的根本条件。

综上所述，第一，如果行为人不希望，并且相信能够避免危害结果的发生是有充分的根据或者理由，若其行为的实施不存在错误，发生危害结果的，与自信过失无关，应查清是何种意外因素导致结果发生，不排除属于不可抗力。第二，行为人建立在对不十分可靠的条件的认知基础上，由于意志态度是否定危害结果的发生，所以，仍然是会根据自己的这种错误的认知采取一定的防止危害结果发生的措施，从而表现出确实不希望危害结果发生的态度。如果根本不存在可以利用避免危害结果发生的条件，或虽然有这样的条件而行为人根本不顾及、不在乎这样条件的存在，或虽有这样的条件却没有认知，或条件对防止危害结果发生的意义极微小，那么，就不能认为主观上是过于自信的过失，而可能是间接故意。

2. 过于自信的过失发生的场合

（1）对行为的违法性（违反注意义务）以及可能发生的违法结果都已经认识到。例如，在违章操作机器设备时已经认识到危险，却仍然冒险违章操作而造成重大伤亡事故。

（2）对行为的违法性（违反注意义务）没有认识到，但已经预见到可能发生的违法结果。例如，在驾驶中发现有行人欲穿越公路，便鸣笛示警，虽知道车速快、距离太近有相撞的危险，自信行人听到喇叭声会注意到汽车临近而停下，没有认识到必须减速以及作避让、停车准备，也未料该行人耳聋，未听到喇叭声，以致相撞造成死亡。行为人对违反减速、避让、停车的注意义务没有认识到，只想到鸣笛就可以了，但事实上，行为人在已认识到可能发生危险的情况下，并没有充分履行避让的注意义务。

七、过失的理论分类

（一）有认识过失与无认识过失

以危害结果是否有认识为标准，分为有认识过失与无认识过失。有认识过失，是指已经预见到危害事实发生的可能性，自信不会发生，以致未能避免结果发生的过失。前述过于自信过失即属之。无认识过失，是指对能够预见的危害事实，因疏忽而未能预见,以致未能避免结果发生的过失。前述疏忽过失即属之。

理论上也主张有认识过失在可谴责性上要重于无认识过失,这虽有一定的道理,但不应成为规律性依据。

(二) 普通过失与业务过失

以违反的注意义务种类的不同为标准,分为普通过失与业务过失。普通过失,是指行为人在日常生活中,违反基于日常生活、交往所要求的注意义务,造成危害事实的过失心理态度。这里的注意义务,也称为一般注意义务,是国家为维护正常社会生活秩序的需要提出的注意义务。该种注意义务,适用于所有的主体,只要是达到法定责任年龄、具有刑事责任能力的自然人,在日常的生活以及社会交往中,都负有这种注意义务。违反这种注意义务,即为普通过失。业务过失,是指行为人在业务活动过程中,违反基于业务活动需要所要求的注意义务,造成危害事实的过失心理态度。这里的注意义务,也称为特别注意义务,是国家为维护社会正常的生活秩序、生产秩序以及发展的需要,对从事某些特别业务活动的人,提出的特别注意义务。这种注意义务,通常由国家法律、法规或行业、职业的规章制度等予以规定,因此,只适用于从事某些特别业务活动的特殊主体。违反这种特别注意义务,即为业务过失。

理论上认为业务过失的严重程度大于普通过失,这不仅是因为注意义务的性质有别,更重要的是现代科学技术条件下,在生产和生活日益现代化的活动中具有的危险源越来越多、危险性也越来越大,而从事这些业务活动,因违反注意义务造成的损害后果,往往是普通过失无法相比的。

此类分类中,对业务过失之"业务",主要有狭义、广义和限制三种见解。**狭义说**认为,业务是行为人基于社会生活上的需要所从事的某项合法职业,并在其业务活动权限范围内所实行的行为①。**广义说**认为,业务是行为人基于社会生活中的地位,而经常、反复执行的同种类事务就是业务活动。至于是主业务还是从业务在所不问②。**限制说**则认为,"并不是社会上的一切业务活动都可以构成业务过失的犯罪。事实上,只有那些具有危险性的业务活动才具有刑法意义"。"所以,刑法意义上的业务不仅是一种社会性的业务活动,而且是一种危害性的业务活动。"③狭义说将业务只限定在合法的范围内,失之过窄,如未领取驾驶执照而从事交通运输活动的,不合法,但不能说其不是业务活动;而广义说将一般生活活动都包含在业务之内,如作家的写作,不能不是业务,但包含在刑法中显然不当。所以,限制说是恰当的。

(三) 重过失与轻过失

以违反注意义务程度为标准,分为重过失与轻过失。重过失,是指根据行为人的注意能力,能够比较容易预见,并且能避免危害结果的,行为人没有预见或者轻信能

---

① 参见顾肖荣:《我国刑法中业务过失犯罪的特征》,载《法学》1986 年第 4 期。
② 参见〔日〕香川达夫:《刑法讲义》(总论),日本成文堂 1980 年版,第 220—221 页。
③ 姜伟:《犯罪故意与犯罪过失》,群众出版社 1992 年版,第 316 页。

够避免,表明行为人违反注意义务(不负责任)的程度比较高,则为重过失。轻过失,是指根据行为人的注意能力,较难预见或者较难避免危害结果,行为人没有预见或者轻信能够避免,表明行为人违反注意义务(不负责任)的程度比较低,则为轻过失。

轻重过失的判断标准:(1)**主观说**,认为重大过失应以行为人违反注意义务的程度考察,如尽轻微注意即可预见防止的,则为重过失。(2)**客观说**,主张过失的程度应考察行为人的外部行动,在一般情况下如认为有必要给予较重制裁的过失,则为重大过失。此外,也有主张以有无认识区别轻重过失,以及认为业务过失较普通过失为重的观点。

我国学界主要有两种见解:多数人主张是根据主观说中行为人违反注意义务的程度,区别过失的程度重大与否,认为重过失就是指违反注意义务程度严重的过失。相反,则为轻过失①。但也有学者主张应采取综合标准,既看违反注意义务的程度,也要兼顾行为及危害结果,如认识对象的复杂程度、行为的激烈程度等②。

本书认为,以对危害结果有无认识和客观说中综合评价是否应给予较重处罚这两个标准不恰当。首先,有无认识,只能在不同过失罪过形式之间进行的横向比较,而不能在同一罪过形式的过失中进行比较,因而是不合理的。而且,如果行为是相当慎重地进行,即使是有认识的过失,也不能说因为对结果的发生有认识而当然是重过失。是否对危害结果有认识,不存在绝对的恶性程度的差别。③ 其次,客观说的综合评价,将是否应给予较重的处罚为标准,事实上是一个没有明确标准的标准。因为是否给予较重处罚所依据的事实可能多种多样,可以是因违反注意义务的程度严重,也可以是因违反的注意义务本身的重要性,还可以是因造成的后果特别严重,当然,也可以是因为行为人动机恶劣、卑鄙等。由于上述事实既可能被单独作为应给予较重处罚的依据,也可能是被综合在一起而作为应给予较重处罚的依据,这实际上等于没有标准,因而是不可取的。主观说中基于违反注意义务程度为标准较为合理,该标准既可适用于同种过失罪过竖向比较,又可适用于不同种过失罪过横向比较,而且依据的事实因具有同一性而具有可比性。

(四)实害过失与危险过失

以过失违反注意义务造成法益损害事实形态为标准,分为实害过失与危险过失。实害过失,即是指因违反注意义务,对法益造成现实危害事实的过失心理态度。如我国《刑法》第233条过失致人死亡罪,即为实害过失,是对他人生命法益造成现实损害。危险过失,是指因违反注意义务,构成对法益可能发生实害结果的危险状态的过失心理态度。妨害传染病防治罪,规定"引起甲类传染病传播或者有传播危险","传

---

① 参见姜伟:《犯罪故意与犯罪过失》,群众出版社1992年版,第326页;赵秉志、吴振兴主编:《刑法学通论》,高等教育出版社1993年版,第131页;胡鹰:《过失犯罪研究》,中国政法大学出版社1995年版,第93页。
② 参见刘生荣:《犯罪构成原理》,法律出版社1997年版,第216—217页。
③ 参见马克昌主编:《犯罪通论》,武汉大学出版社1999年版,第360页。

播危险"即是对防治传染病传播的公共卫生秩序法益,遭受损害的"危险结果"的状态。刑法中的危险犯分为抽象危险犯与具体危险犯,危险过失在这两种危险犯中均可以存在。陈兴良教授认为,危险犯通常存在于直接故意犯罪之中,不要求犯罪结果,是该行为本身就具有足够危害的,是行为无价值。过失犯历来是结果犯,以发生一定的犯罪结果作为构成犯罪的必要条件,是结果无价值,因此过失不存在设立危险构成的可能性。过失犯罪的危害性日益增加是事实,但不能指望通过犯罪化来预防过失犯罪,出路只能是充分调动人的主观能动性,杜绝过失与未然。[①] 结合现行立法的规定,这一认识值得商榷。

监督过失

监督过失在过失分类中并没有相对应的概念,有狭义和广义之分。狭义的监督过失,是指与直接实施行为使结果发生的过失者相对应,是处于指挥、监督地位者,怠于履行职责,应该防止该过失发生而未履行义务,主观上有过失的情况。广义的监督过失,是指除狭义监督过失之外的管理过失。管理过失,是指与因对人事、设备、管理机构设置等制度不完善本身负责,并与危害结果发生有直接联系的过失。监督过失,追究过失责任的依据是"懈怠监督责任";而管理过失,是基于对人事、设备、管理机构设置等制度不完善而导致事故,以"组织、营运制度"上的监督过失追究的直接过失责任。前者如在施工现场不制止施工人员违章操作设备,以致引发责任事故;后者如怠于组织人员清理被杂物堆满的消防通道,在火灾发生时因消防通道无法发挥作用致使多人死亡的。

由于监督者的过失是介于直接过失者的过失行为之间,即发生所谓的"过失竞合"[②],违反监督义务虽是对被监督者的过失行为没有注意防止,但监督者的过失与结果的联系只是间接性的,并非由监督者的行为直接引起。因此,监督者的预见义务并非是对结果发生可能性的预见,而是对因自己的行为与被监督者的过失行为引起结果发生之间的可能性的预见。结果回避义务,也不是对最终发生的结果的回避义务,而是对与结果发生直接联系的被监督者过失行为的防止义务。而管理过失,确定监督者是否处于"保障人"地位,对管理过失的认定很重要。

对监督过失,主张适用信赖原则设定监督责任的界限是主流观点,即从监督者的立场来判断信赖的相当性。在业务活动中,监督者信赖被监督者实施适当的行为具有社会相当性的场合,监督者就没有具体的监督的注意义务,该被监督者违背信赖不

---

① 参见陈兴良:《刑法哲学》(第2版),中国政法大学出版社2000年版,第237页。
② 过失竞合,包括单独个人主观上存在数个过失的情况,也包括复数人过失竞合。复数人如果对共同的注意义务违反的,是过失的共同正犯;如果不具有共同注意义务而属于对等致结果发生的,分别追究过失责任。监督过失属于复数人的过失竞合。

适当行为即使导致危害结果发生,也不能追究监督者的过失责任①。如施工现场的监理人员,可以信赖施工人员会按照监理后提出的修改意见施工,只需检查而无需在现场监督施工,这种信赖是有充分依据的。如果施工人员不按照修改后的意见施工而造成的工程重大事故,监理人员不承担过失责任。但是,管理过失不同,管理过失是行政领导的过失责任,事故发生与行政上规章、制度不完善以及管理失误之间有因果关系。不过,同样可以适用信赖原则。

适用"监督过失"理论确认处于监督者、领导者有无过失罪过,主要是两点:一是合理界定对事故发生负有领导、监督职责的领导者、监督者的范围。由于在现代化的企业中,监督、领导的横向、纵向等关系十分复杂,且向细密化方向发展,要在与事故发生的范围内确认有关的监督者、领导者有无过失有相当难度。因此,合理界定对领导、监督者的范围,是确认监督过失的前提。二是合理地运用信赖原则,确认监督者、领导者有无过失责任。彼此信赖,是有组织的社会活动存在的基础,否则,社会就不可能有正常的秩序。鉴于该类事故并非是负有监督者、领导者的行为直接引起,在被监督者违背信赖,且监督者、领导者并无失察时,不能追究监督者、领导者的过失责任。只有确认监督者、领导者违反注意义务懈怠履行监督、领导者职责,确为结果发生的诸种原因之一,才能追究过失责任。

八、允许的危险②和危险的分配

允许的危险,是过失理论中具有里程碑意义的理论。根据旧过失理论,当行为人对危害结果的发生有预见可能性时,就成立过失,由于先进科学技术广泛运,在创造出巨大财富的同时,也不可避免地产生出众多的危险源,也现实地造成诸多灾害性事故。这种危险的活动,在多数情况下往往一开始就能够预见到可能的危险,如果基于原有的过失理论,要避免过失责任,就必须停止从事这样的活动。如此一来,社会就将陷于停滞而不利于社会的发展。由此,大陆法系的刑法理论提出了"允许的危险"理论,认为在某些事业虽然带来对法益的侵害的危险性,但是在危险与社会效益的相对应关系上,还具有社会的相当性,应在社会能够接受一定程度的危险的限度内上被允许存在③。允许的危险的理论意义,就在于将过失的注意义务限定在一个合理范围内,以减少对危险行业从业者分配的注意义务的份额,从而免除从业者的一部分注意义务(危险的分配)。可以起到防止过于苛刻追究过失责任而阻碍社会的发展和科技

---

① 参见〔日〕阿部纯二主编:《刑法Ⅰ(总论)》,日本评论社1987年版,第80—81页。
② 现代社会"允许的危险"并不仅局限在交通领域,应该包括为保障社会有序、平稳发展以及其他具有危险性的各行业。
③ 参见〔日〕福田平、大塚仁:《日本刑法总论讲义》,李乔等译,辽宁人民出版社1986年版,第109页。

的进步。在允许危险存在的范围内,所实施的行为是合法的。[①] 允许的危险理论,是新过失论的重要理论之一,回避结果发生的义务成为判断过失的标准。

在被允许的危险中从事的危险业务中,如何实现对从业人员注意义务的减免,形成对参与者的危险分配理论。危险的分配,基本含义是指在从事危险的业务或者事务时,参与者应当以相互间的信赖为基础,对于该业务或事务所发生的危险,相互间予以合理的分配,就各自分担的部分予以确切地实施,相互间分担回避危险,使危险减轻或者消除。例如,交通活动的参与者的注意义务的分配,既包括机动交通工具的驾驶者、指挥者、设备维护者,当然也包括参与交通活动的行人、乘客等。因此,参与者应当合理地分担对发生危害结果的危险的注意义务,而不能只由机动交通工具的驾驶者个人承担交通安全的注意义务。由此,为回避危害结果的发生,应当科以参与者在从事危险业务、事务活动中各自相应的注意义务。如果适用危险分配,则如果对一方所要求的注意义务多,则对另一方就应当要求的少,反之亦然。这当然涉及依据何种原则分配。例如,驾驶汽车撞死了行人,就该事故论及有关人员的过失时,就必须考虑驾驶员和行人各自负有什么样的注意义务,是哪一方违反了注意义务。那么,应以什么样的原则合理地分配参与者的注意义务?从实践以及理论发展的情况来看,直至目前仍然没有一个十分明确的原则,通常是基于参与者各自的法律地位,对具体事件具体分析参与者的注意义务。

危险的分配理论确定参与者各自的注意义务,是要求根据不同的场合和不同的具体情况。以公路交通为例,在对高速公路上的驾驶者与行人之间的危险的分配就不同于普通公路。高速公路是汽车专用道路的,本不允许行人进入,所以原则上不发生汽车驾驶者与行人的危险的分配,但是,在行人进入的情况下,即使不负担100%的注意义务,也要负担保证汽车安全的广泛的注意义务,而驾驶者的注意义务则大大缩小。而在普通公路上,不仅汽车要行驶,人也要行走。因此,行人对汽车的高速行驶的必要协助也是有限度的。牺牲汽车速度,应尽可能保障行人的安全,则成为对驾驶者要求的注意义务。

借鉴国外刑法理论中"危险分配"的理论,有以下几点需要明确:

(1) 该种危险必须是"经验性"的。经验性,是指已有经验证实该类活动确实存在着实害发生的危险,参与者依据经验在客观上对危险的发生有预见可能性,才需对参与者的注意义务实行分担。如果无经验可供借鉴,则不应适用危险分配确定注意义务的分配。如首次的实验性生产作业中发生的严重伤亡事故,无任何经验可供借鉴,实害发生的可能性尚无法预见,只要没有违反操作规程的,没有违反防止危险发生以及发生后的抢险预案的,就不宜以危险分配来追究有关人员的过失责任。

[①] 例如,从维护社会安全的意义上,就允许警察在追捕犯罪嫌疑人时高速驾驶(甚至逆行)、闯红灯追捕,这是社会成员希望有安全社会必须承受的风险;要增加产量,就应该允许对有机体有毒害性农药的生产和销售,这是现代农业发展要求必须承受的危险和代价。

(2) 实施的行为的危险性,必须是被社会所允许的危险的范围之内。即应对社会发展有益时,才有适用危险分配确认参与者注意义务的必要。如果行为本身是非法的或者是为牟取私利不顾公益和他人利益,就不宜以本意是为促进社会发展的危险分配来确认其注意义务。如违章携带易燃品上火车,被其他乘客不小心引燃,造成重大伤亡事故,则不能以危险分配来确认其他乘客、司乘人员的注意义务。

(3) 应根据社会观念中普遍认可的危险性的程度合理地确认参与者的注意义务的广狭。如在重型载货的汽车与小客车发生相撞,因重型载货汽车视野盲区大、转弯半径大、具有更大的惯性和制动耗时更多、制动距离更长等危险性特点,相对而言,小车司机应承担范围更广泛一些的注意义务;相反,如果是重型载货汽车与行人之间的事故,则是重型载货汽车的驾驶人员对汽车危险性特点更为了解,行人并不了解此类汽车的特性,对应承担的注意义务范围要小些。

(4) 应当从消除、减少危险发生的目的出发,依据信赖原则合理地确认参与者的注意义务。如行人与汽车司机之间的注意义务,根据危险分配的目的,从行人一方来说,应承担遵守交通规则,不妨碍汽车正常行驶为目的的防止危险发生的义务;从司机一方来说,应承担遵守驾驶规则、交通规则,以保障汽车能正常行驶为目的,消除、减少危险发生的注意义务。此外,如果参与者虽参与危险活动,但本身对危险的发生不可能采取任何避免措施,不能依据危险分配确认承担注意义务。例如,对手术中的病人而言,手术中发生医疗事故的责任无论如何病人不能承担。如是在手术前,或者手术后有应当由病人承担的注意义务,如不遵照医嘱而引起手术失败,造成医疗事故,病人应承担违反相应注意义务的责任。例如,病患违反医嘱在手术前进食,造成手术中呕吐阻塞呼吸道致死的,则完全应由病患自己承担责任。

九、信赖原则在过失犯罪中的应用

(一) 信赖原则概述

1. 信赖原则的概念

信赖原则,是指当行为人实施某种行为时,如果可以信赖被害人或者第三人能够采取相应的适当行为的场合,由于被害人或者第三人不适当的行为而导致结果发生的,行为人对此不承担过失责任的原则。[1] 信赖原则,是大陆法系理论上确定过失责任及责任程度的重要理论,也是直接与过失相联系的刑法理论。

在采信赖原则之前,根据过失理论确认过失责任,行为人如有预见危害结果的可能性,则就有预见义务,如预见到危害结果发生的可能性,基于该种预见,就负有避免危害结果的义务。例如,汽车驾驶者在驾驶过程中,必须将行人不遵守交通法规之可能性时刻置于注意的范围之内,为时刻预防行人的违反交通法规行为,就必须予以十

---

[1] 参见〔日〕西原春夫:《交通事故和信赖原则》,日本成文堂1969年版,第14页。

分谨慎的态度,避免危害结果的发生,否则就要承担过失责任①。但在采取信赖原则后,即可在行为时信赖其他参与者能够遵守交通法规为原则而实施自己的行为。

信赖原则的理论渊源,是以"允许的危险"理论而确认的"危险分配"理论,或者说,"信赖原则"是与"允许的危险""危险分配原则"互为表里。信赖原则在司法上的实际运用,肇始于德国判例,对于电车司机撞倒突然从电车修筑区跳到车轨上的行人一案,认为行为人不构成过失。其理由是,"机动车驾驶人没有'考虑到一切不注意行为'顾虑的必要,只要他有'对所有事情进行合理考虑而可能预见的不注意行为加以注意'的念头,就是已尽了注意义务"②。信赖原则从合理分担过失的注意义务出发,限制过失处罚的范围,是基于社会活动中行为人相互间的责任心以及社会连带感,在彼此能够信赖的范围内,实施的一定行为即使导致结果发生,也不承担过失责任。这就为抽象的"允许的危险""危险分配"理论,提供了一个可供操作的具体化标准。③

2. 信赖原则的适用范围

姜伟博士对信赖原则的探讨,主要集中于交通事故中,认为不适用信赖原则的情况包括:(1) 行为人自己违反注意义务,不能以相信其他人会遵守注意义务为条件避免危害结果;(2) 已发现对方有反常行为时,不能盲目相信对方会履行注意义务;(3) 因某种客观条件的限制,他人违反注意义务的可能性较大时,不适用信赖原则;(4 发现对方是幼儿、老人、盲人或其他残疾人而且无保护人陪同时,不适用信赖原则;(5) 对方的违反注意义务行为即将造成危害结果,行为人有时间及能力避免危害结果的,不适用信赖原则。针对我国交通领域现状,姜伟博士不赞同把信赖原则完全适用于我国的交通运输业。因为与发达国家相比,无论在交通工具、交通设施以及国民交通意识等方面,均不具备信赖的前提。④

---

① 德国联邦最高法院在确立信赖原则之前,曾在判例中就驾驶员的注意义务作出过如下说明:"汽车驾驶人,因不得期待其他参与交通者皆能采取遵守秩序之正当态度;故常须将'可能有人突自房屋中或人行道上闯入车道'一事,置于念头。仅在'其他的利用道路者之粗心大意,自吾人日常生活经验观之,实非可能'之情况下,始能否定汽车驾驶人之过失。"洪福增:《刑事责任之理论》,台湾刑事法杂志社1982年版,第359页。这也就意味着认定过失责任之有无,完全是根据客观上是否发生了危害结果,而行为人有无预见可能以及回避结果的可能,均在所不问,甚至,在上述理由中肯定了"只要是驾驶人皆不可能有'依日常生活经验观之,实非可能'之认识"这种理念,而推定皆有预见可能、回避可能性,当然不当。

② 〔日〕西原春夫主编:《日本刑事法的形成与特色》,李海东等译,中国法律出版社、日本成文堂1997年版,第263页。

③ 在日本的著名判例是:汽车在没有实行交通指挥管理的交叉路口右转弯的过程中,在车道的中央附近熄火,再次发动后以约5公里的时速(行人步行的速度)行驶时,从右侧方行驶的摩托车想从该汽车前方超过,结果相撞,致使摩托车的乘者负伤。本案否定汽车驾驶者过失责任的判决理由是:"在本案中,对于汽车驾驶者来说,如果不存在特别的情况,他就可以信赖从右侧方向驶来的其他车辆会遵守交通法规、为避免与自己的车相冲突而采取适当的行动,根据这种信赖进行驾驶就可以了。对于认识右侧一方的安全,预见像本案中被害人的车辆一样,竟敢于违反交通法规,突至自己车辆前方的(其他)车辆,据此防止事故发生于未然,不属于(行为人)业务上的注意义务。"〔日〕中山敬一:《信赖原则》,载中山研一、西原春夫、藤木英雄、宫泽浩一主编:《现代刑法讲座》(第3卷),日本成文堂1982年版,第80页。

④ 参见姜伟:《犯罪故意与犯罪过失》,群众出版社1992年版,第381—383页。

(二) 信赖原则的应用

信赖原则的适用要以行为人遵守规章制度(如交通法规)为必要的前提,意义在于:(1) 自己违反注意义务,意味着失去期待他人会采取适当行为的根据;(2) 自己的违反注意义务的示范作用,可能诱发其他人也想违反注意义务;(3) 不能以信赖他人会采取慎重的、适当的行为而允许自己不注意。侯国云教授认为,信赖原则"是基于人们的相互信任心、共同责任心以及'社会的连带感'而产生的,贯穿于人类社会正常生活的一切活动之中"①。这里对信赖原则产生的思想基础的分析是正确的,但认为信赖原则贯穿于社会生活的一切活动之中,则失之过宽。事实上,中外学者都主张信赖原则的适用范围不宜过宽,只有在某些特定领域内的事故,才有必要考虑适用信赖原则确认过失责任以及责任分担的问题,因为有的过失案件完全不存在需要以信赖原则确定有无过失责任以及责任的分担问题。例如,狩猎中发现猎物附近有人,轻信自己的枪法而贸然开枪射击,因这种不注意而过失致人重伤、死亡的案件,没有必要以猎手能否信赖被害人不移动,来确认行为人有无过失责任。

在一般情况下,当行为人有违章行为且自己已经认识到的情况下,已丧失了可以使他人信赖自己的基础,因而,也没有理由期待他人能够遵守共同的准则或规则行事。但是,这非绝对排斥适用信赖原则。如下情况可以考虑适用:(1) 自己的违章行为不是引发事故发生的原因。例如,在摩托车上乘坐有未成年人(系违反交通安全法),在通过路口时,为避让闯红灯的行人而与车辆相撞,未成年人遭到车辆碾压致死。让未成年人乘坐摩托车并不是引发事故的原因,换做成年人,事故也同样发生。(2) 违章行为不具有使危害结果发生的危险性增大的可能性。再如前例,该未成年人没有戴头盔(也系违反交通安全法),但是,戴头盔也不可避免头部遭受碾压致死时,则其违章行为也并没有使得危害结果发生的危险增大,上述情况下,仍然可以适用信赖原则。

本书认为,信赖原则当前也能够适用于多数人为实现一定的目的,分担协助、共同实行危险性作业的领域。当然,这里信赖原则,并非针对被害人而言,而是针对共同分担作业的参与者的信赖,即所谓的分业原则。这就是从个人信赖模式向多数人或者有组织性模式的扩大化。以信赖原则确认有无过失责任以及责任的分担,并非在任何过失案件中都需要。可以适用信赖原则确认有无过失责任及其责任分担的领域,除交通运输业以外,其他领域在适用上可以考虑以下要求:(1) 一般只适用于公认的,对社会发展有不可缺少的巨大作用和利益,但又具有危险性的领域内的事故处理;(2) 一般只适用于在多人协力为某一目的,且有一定组织性,并在合理分担各自应当注意危险义务的领域内的事故处理;(3) 一般只适用于在有具体明确的法律、法规、规章制度调整的领域内的事故处理;(4) 一般只适用于在客观上有信赖被害人或

---

① 侯国云:《过失犯罪论》,人民出版社1993年版,第234页。

者第三人能够采取相应的适当行为条件的领域内的事故处理。

十、过于自信的过失与间接故意

(一) 两者的异同点

根据通说,过于自信的过失与间接故意有以下异同:

(1) 相似点在于认识因素都是对行为引起危害结果的因果律有预见,但对发生危害结果的认识程度不同。间接故意是行为人明知实施的行为确实有可能发生危害结果,对可能发生的危害结果具有比较清楚、现实的认识,正因为有这样程度的认识,在可能性转变为现实性时,行为人不感到意外,行为人不想依靠什么办法、措施来避免这种可能性转变为现实性。因此,其主观认识与客观发生的结果之间并没有错误。这是认定放任是一种自觉容认结果发生的心理态度的理由。过于自信的过失,虽然对危害结果发生已经预见到,但是对结果发生的实际可能性是一种否定的认识,是凭借一定的条件自信这种结果不可能会发生。在结果发生的情况下,主观的认识与客观实际不一致。

(2) 意志因素都"不是希望结果的发生的",但是,意志(心理)态度完全不同。间接故意不是希望结果发生,因为行为人没有表现出追求结果发生的态度,更没有依靠任何条件和采取什么措施、办法想防止危害结果的发生。所以,间接故意不是希望结果的发生,但也不是完全想避免它的发生(否则追求的另一目的就无法实现),而是放任结果的发生,危害结果的发生并不违背他的本意。过于自信的过失,行为人确实不希望发生危害结果,而且是希望避免危害结果的发生,在预见到结果可能发生的情况下,行为人也在客观上表现出要采取各种具体措施、办法来设法防止这种结果发生;仍然相信结果不会发生,只是由于他采取的措施、办法和所依靠的条件并不完全可靠。正是这种判断上的失误,发生了危害结果,而危害结果的发生违背其意愿。因此,过于自信的过失不希望结果的发生有其主客观根据。

(二) 实务中的应用

在实务中,间接故意与过于自信的过失是最难区别的两种罪过。区别二者的关键,首先在于对放任和自信的心理态度的理解。但从哪些方面考察行为人没有放任结果的发生?换言之,依据什么可以认为行为人主观上只是过于自信而不是放任?

从客观事实上看,间接故意的不希望既不存在防止结果发生的主客观条件,或者即便有这样的条件,行为人也不会顾及它的存在,更无为防止结果发生采取的具体措施、办法的种种表现,甚至会将不希望发生结果,无根据地寄托在他人的行为上。所以间接故意的不希望是没有任何根据的不希望。而自信过失从客观事实上看,行为人会根据自己的认识,利用自认为对自己有利的条件,采取防止结果发生的具体措施的种种表现,所以,其不希望是一种有根据的不希望,不是凭空的不希望。

当行为人具备防止危害结果发生的条件,并且采取了实际上并没有真正发挥作用的措施时,能否认定其没有放任危害结果?但问题是,因何可以认为是没有放任而是自信?由于可能发生危害结果是在具体的情境之下真实存在可能性,如果在一般人看来依据某种客观条件是不可靠,而行为人认为能够避免时,还能否认为是自信而不是放任?

在案例5-4-1中,张某怀孕之事,其母亲、9月送她返校的亲戚、同班最要好的同学以及同寝室同学都没有发觉。从14日晚羊水已破并6次因羊水栓塞病症发作情况分析,张某也不清楚自己已经临产。归案后黄某供述并辩称:并不知张某的真实年龄,我以为她患的是癫痫病,认为自己走之后她可能会死,但我想走后服务员查房时看到后会救她的。

【案例5-4-1】

被告人黄某,男,案发时19周岁2个月零5天。被害人张某,女,在读学生,殁年17周岁2个月零14天。检察院以被告人黄某犯(间接)故意杀人罪提起公诉。审理查明的事实:某年4月,被告人黄某通过QQ聊天时认识了张某并确立恋爱关系。同年9月,张某到黄某所在城市与其见面,发生了性关系。同年11月13日,黄某到张某所在城市约张某见面。晚上9时许,黄某和张某入住招待所预订房间(系情侣房间无内设座机,张某已预交两天的房费)。当晚,被告人黄某欲与张某发生性关系,但张某以下身流水、很疼为由予以拒绝。当时黄某看到张某的肚子"很胖",问起缘由,被张某搪塞过去。14日中午13时许,二人外出在网吧上网至晚上21时许回房间洗澡后休息。当晚22时许,张某上厕所出来,对黄某说"我怕",便倒在床上,四肢抽搐、牙齿颤颤、口吐白沫,不省人事。黄某见状便用手捏住张某的嘴巴防止她咬到自己的舌头,同时还用手摇、拍并叫她名字想把她叫醒,约几分钟后,张某恢复意识,称不知此前发生的事情。黄某询问是否患有疾病,张承认有病,但没说是什么病。约半个多小时后,病症再次出现并伴有呕吐。张某清醒后,黄某烧了开水喂张某喝,泡方便面给张某喂食。从15日凌晨2时许至第二天中午14时,张某的病症又有四次发作。其间黄某用张某的手机与其要好的同学打电话,想询问是否知道张某有病之事,其同学未接听,黄某也曾经提出送其去医院看病,被张某拒绝。下午13时许,招待所服务员敲开房门,询问黄某是否退房,黄某表示马上就走,随后服务员离开。下午14时许,张某的病症第六次发作并失去意识,黄某害怕自己受到牵连"说不清",于是决定离开。离开前,黄某对张某声称要借用手机,拿走了张某的手机及提包内的40元钱。此时张某盖着被子躺在床上,意识不清,已无法与黄某对话。在黄某离开后,当晚张某在分娩过程中因羊水栓塞并发症(大出血、急性心衰等)而死亡,所生足月婴儿亦死亡(婴儿与黄某没有血缘关系)。其间服务员曾经听到过婴儿哭声,但认为是某间客房中的电视声而没有查看。直至16日中午,张某及婴儿的尸体才被服务员发现而案发。

在本案中,检察机关认为,被告人黄某负有先行行为义务,是在明知被害人处于危险状态,其有能力和有条件施救的情况下,不仅未履行救护义务,而且拿走被害人的手机,阻却了被害人寻求救助的条件,放任危害结果发生,致被害人死亡,其行为触犯了我国《刑法》第232条的规定,应当以(间接)故意杀人罪追究其刑事责任。

本案涉及以下问题:(1)被害人处于危险状态,被告人是否有先行行为义务?(2)被害人生命处于危险状态时,被告人有无救助义务?(3)如何看待被告人离开房间时,带走被害人手机的行为?(4)被告人主观上对被害人死亡结果的发生,是何种心理态度?

第一个问题中,答案是否定的,即张某临产时的羊水栓塞疾病状态,并非是黄某的行为所致。临产既是生理现象,也是自然现象,无论张某身处何处,该生时就得生,不是因黄某与其同居一室的行为而使张某处于临产状态,临产的羊水栓塞症状也与黄某无关,因此,黄某对张某临产以及疾病状态的发生,不负有消除危险状态的先行行为义务。

第二个问题中,在张某因病生命处于危险状态时,黄某负有救助义务。宾馆房间在租用期间,正常状态下未经允许是排斥和拒绝无关人员进入的,即客观上房间内发生的任何事情,都具有排他的属性。同时,同租同宿一室,使二人具有互为保证人的地位(张某为未成年人,如果黄某知道张某是未成年人,无疑处于保证人地位,但是无证据认为黄某知道,在此可以说互为保证人)。当一方生命受到疾病威胁处于危险之中时(黄某虽不知张某的具体病情,但是已经认识到张某患病,生命处于危险之中),居于保证人地位的黄某负有救护义务。而且,由于二人身处所租住的房间内,黄某在事实上具有对事件因果过程的支配、控制,也开始对事件因果过程具有排他性支配、控制,具有实质上要求履行救护的作为义务。但是,黄某身无分文①,让其送医院抢救不现实(无期待可能性),但具有实施其他救援帮助的条件,如向服务员、店主寻求帮助。

第三个问题中,从该房间的布置(无座机)而言,对外能够取得联系的只有手机;拿走张某手机,在客观上的确使得张某丧失自己寻求救助的条件(不用考虑张某在病重时意识不清醒还能否自己求助),具有阻断张某与外界联系通道的效果和作用,但尚得不出拿走手机是意图阻断张某与外界取得联系,企图使其死亡的故意内容。否则,那就是直接故意。从张某发病开始,黄某始终在生活上予以照顾,并用自己的方法企图使其病情好转,与张某同学打电话联系想探知张某以往有无该种症状的病史,征求张某意见去医院等行为,表明其主观上并无致人死亡的直接故意。

第四个问题中,黄某自己供述,认为自己走后张某有可能死亡,说明主观上并不符合疏忽过失的条件;黄某虽然已经成年,但也是刚满19周岁,虽然有性体验,但是社会阅历有限,对女性怀孕、临产没有任何概念。客观上黄某见到张某肚子"很胖"都

---

① 客观上黄某的确没有钱,住宿、吃饭以及上网等费用均由张某支付。这也是他只给张某同学打电话而不向医院求助的原因之一。

没有意识到张某是临产的孕妇;张某最亲近的亲属及同寝室的同学也都没有发现其怀孕;张某自己也没有已经临产的意识(羊水已破仍然外出上网时间长达8小时)。因此,要求黄某认识到张某是因临产患病而处于生命受到严重威胁之中,是强人所难,但是,黄某毕竟已经认识到张某生命受到威胁的现实,是"有可能死亡"。那么,黄某因害怕"说不清楚"而逃避责任,在有其他条件可以寻求帮助的情况下,并没有寻求帮助而离开张某的行为,是否放任死亡结果的发生?如前所述,主观上属于间接故意的,虽说不希望结果的发生,因为行为人没有表现出追求结果发生的态度,但并没有表现出确实不希望发生的态度,更没有依靠任何条件或采取有效措施、办法防止危害结果的发生。而过于自信的过失,行为人是确实不希望发生危害结果,而且是希望避免危害结果的发生,在预见到结果可能发生的情况下,行为人也在客观上表现出要采取各种具体措施、办法来设法防止这种结果发生。那么,本案应如何考察?根据黄某的供述,"我想我走后服务员查房时看到会救她的"。换言之,黄某是将避免结果发生的措施,寄托在"自己走后服务员查房时发现会施救"上。无论过于自信的过失行为人想依据何种措施(无论自身条件还是客观条件)防止、避免结果发生,都要求"有根据","无根据的"不是希望结果发生",则是间接故意。那么,黄某希望"服务员查房时发现并施救"的措施是否有根据,则是判断其主观上是过于自信的过失还是间接故意的关键(因为客观上黄某没有寻求其他实质意义上帮助)。当客人退房时,服务员查房(检查客房设施是否损坏、配置的生活用品等),是众人皆知的所有宾馆服务行业的内设制度的要求,因此,这是一种社会上宾馆、旅店业的"常态"现象,并不是一般人无法置信的现象。因此,不能说黄某希望"服务员查房时发现并施救"是没有根据的。意外的是,黄某表示马上退房并且离开后,服务员并没有履行职责去查房,这是黄某无法预见的,最终张某在分娩后因羊水栓塞并发症而死亡。因此,黄某想依据"服务行业查房的常态"防止结果发生,是有根据地想避免结果发生,主观上是过于自信的过失而非间接故意。

由此可见,是否有"自信根据"的标准当然是值得明确的。本书认为,该类问题实质上仍然是对"预见能力"(注意能力)在自信过失中的进一步深化应用。以一般人认为是否有根据,是必须参考的基础。不违背社会常理的一般人可以信赖的措施,当然可以成为行为人自信依据的措施;而且,即使在其他人看来不能、不值得信任的措施,只要行为人自信依据的措施并非一般人无法置信的,不违背社会常理、常识,也应该认为行为人的自信是有根据的(如上述案例)。因此,在结论上,仍然应以行为人所"识"的是常理、常识可以承认的措施认可为有根据的自信是合理的。

第五节 动机与目的

在任何时候,人只要是有意识地实施行为,都是在一定的动机的支配下,追求一定的目的。所以,动机是促使人去实施某种行为的内在动力(心理原因——一种需要或欲望,它总是与要达到适当目的的意向相联系),目的则是人希望通过某种行为所要达成某种结果的心理态度(愿望)。这是一般心理学上对动机和目的的认识。犯罪是人的具有社会意义的行为,当然是没有例外的。通说认为,刑法学研究的犯罪动机与犯罪目的,虽然具有普通心理学所研究的动机、目的的心理特征,但是并不等同于普通心理学上的动机与目的,而是具有刑法意义的动机与目的,即犯罪目的和动机是相对于特定内容(即特定的危害行为和危害结果)而言的。

一、犯罪目的

(一) 犯罪目的的概念

犯罪目的,是指行为人实施犯罪行为(主观上)所希望达成某种危害结果的心理态度。这里的结果,并非是指犯罪客观构成的危害结果,只是指以一种观念形态存在于人大脑中(想象)的结果。因此,所希望的这种结果可称为"主观结果"①。主观结果,有时与客观要件的危害结果重合,有时并不重合,但不重合并不影响主观罪过的成立。例如,杀人者希望将他人杀死,剥夺他人的生命,将他人杀死的结果,首先就是以观念形态存在于大脑(想象)中,这就是行为人的所希望的、追求的结果,也就是犯罪目的。实际的案件中,如果杀死了被害人,其主观的结果与客观结果是相一致的;如果被害人未被杀死,则主观结果与客观结果就不相一致,这也不影响行为人主观上具有"要杀死他人"犯罪目的。

刑法理论认为,"希望"就意味着行为人的某种追求。追求的内容,就是犯罪目的的内容。通说认为,犯罪目的只存在于主观上出于直接故意为主观要件的犯罪中,凡属于以直接故意去实施犯罪的,则行为人必定是基于某种特定的犯罪目的去实施犯罪。

(二) 犯罪目的的分类

依据我国《刑法》对犯罪目的的规定以及犯罪目的的实际意义,犯罪目的可分为"法定目的"与"非法定目的"。

法定目的,是指刑法分则条款对犯罪主观要件中明确规定要具备特别目的的要件。例如,集资诈骗罪、贷款诈骗罪,必须"以非法占有为目的"才构成犯罪;侵犯著作权罪,必须"以营利为目的"才能构成。上述"目的"均是"法定目的"。法定目的,是构成该种犯罪的必备主观要件。法定目的的主观要件表明,该种犯罪只能以某种特定目的(心理内容)为主观要素,因此,该种犯罪的主观要件只能是直接故意,不存在其他的罪过形式。

非法定目的,是指虽然在刑法条款中没有明文规定,但依据条文构成要件的表述(逻辑上)以及司法实践,认为该种类犯罪具有某种特定目的。例如,在理论上一般均认为盗窃罪、诈骗罪、抢劫罪等侵财犯罪以及金融诈骗犯罪,虽然在立法上没有规定,

---

① "主观结果"是行为人自己设定的结果,通常就是主观上的"客观有形结果",即便是行为犯,也不妨碍行为人主观上设定有预想的"有形结果",只是刑法不以特定的主观结果作为考察故意罪过的内容而已。

但依这类侵财犯罪构成要件的表述,主观要件都要求具有"非法占有目的"。非法定目的,虽然不是刑法条款明文规定的主观要件,但是根据司法实践,是否具有某种特定目的,如果成为区别与不以某种目的为要件的相似犯罪的界限,或者非犯罪行为的界限时,非法定目的,则与法定目的一样,是该种类犯罪的主观要件。

非法定目的的犯罪,在实践中有两种情况:(1) 该种犯罪除可以具有某种目的之外,还可以存在其他的罪过形式。例如,故意杀人罪,在条文中并没有规定法定目的,但主观上可以具有"以剥夺他人生命为目的"的直接故意杀人。但是,构成故意杀人罪并非只有以此为目的才能构成,放任死亡结果发生的也同样构成故意杀人罪。(2) 如同法定目的为主观要件的犯罪一样,该种犯罪也只限于主观上只能是一种罪过形式,而不存在其他的罪过形式。如盗窃罪、诈骗罪、抢劫罪等,就只能是直接故意罪过形式,不存在以放任结果发生可以构成盗窃罪、诈骗罪、抢劫罪。至于哪些犯罪属于该种情况,应从具体规定的构成要件以及司法实践中进行总结。

理论上,对以特定目的为主观要件的犯罪,称为"目的犯",也有将非法定目的犯罪称为"非法定目的犯"①。但是基于上述分析以及犯罪动机的一般解读(详见下文),本书不赞同将所有非法定目的的犯罪,都称其为"非法定目的犯"。可以说凡出于直接故意的犯罪,必定都是有犯罪目的的,但这并不意味着凡是直接故意犯罪的目的,在构成的主观要件中都是该种犯罪成立的必备要件(有的犯罪可以有其他罪过形式)。以目的为要件的,理论上称为"目的犯";是否为"目的犯",在于刑法分则是否明文规定以特别的目的为要件,或虽然条文未明文规定,但该犯罪目的具有确定性,且具备区别罪与非罪、此罪与彼罪的功能。

二、犯罪动机

动机,是指引发个体活动,并维持该种活动,引导该活动向一定目标(目的)达成的需要或欲望的内心过程。通说认为,犯罪动机是指刺激行为人实施犯罪行为以达到犯罪目的的一种内心的需要或欲望,或者说是推动、促使行为人实施犯罪行为的内心起因,是维持犯罪行为,引导犯罪行为向一定犯罪目的达成的心理原因。需要或欲望愈强烈,动机也就愈强烈。动机的产生一般需要具备以下条件:(1) 内心的需要或欲望,可以是生理的,也可以是心理的需要或欲望;(2) 刺激因素,是指个体之外可以产生刺激的因素,也可称为诱因。犯罪动机是促使行为人实施犯罪行为,追求犯罪目的实现的一种内在的推动力量。行为人某种犯罪目的的确定,并不是无缘无故的,一定有刺激他产生犯罪目的去实施犯罪的原因,这一原因,就是刑法意义上的犯罪动机。例如,直接故意杀人的行为,主观上都具有"剥夺他人生命的目的",但是,促使行为人产生剥夺他人生命目的的动机,则可能多种多样,有图财的,有报复的,也有因情的,或者泄愤、厌世的等。因此,在适用刑法时,查清行为人为何要实施某种犯罪行

---

① 参见高铭暄、马克昌主编:《刑法学》,中国法制出版社2007年版,第148页;黎宏:《刑法学总论》(第2版),法律出版社2016年版,第214页。

为,对于正确适用刑罚也具有重要意义。

从广义上讲,犯罪动机也是一种目的,是犯罪目的之后的"目的",因为它也是行为人实施犯罪行为追求的一种目标(需求),只是这种目标要通过犯罪目的的达成来实现。例如,实施故意杀人行为是为了剥夺他人生命,剥夺他人生命又是为了图财。在此,犯罪目的是剥夺他人生命,犯罪动机是图财。但追问下去,在缘何产生"图财"的心理活动时,还可以说因对方的"富有"刺激了他,对方的"富有"又成为刺激行为人产生"图财目的"的动机。如此"图财"的犯罪动机可以说是"剥夺他人生命犯罪目的"的"目的"。由此可见,在广义上,"犯罪目的"与"犯罪动机"的区分只具有相对性。

依照辩证唯物主义的认识论及其心理学的观点,人的目的与动机有着不可分离的关系。所以,就犯罪目的与犯罪动机关系而言,行为人在确定某种犯罪目的之前始终都是以一定的犯罪动机为指引的,也就说,必定有某种刺激因素存在。所以,任何一种犯罪目的确定,绝不是无缘无故的。但是,这一普通心理学的原理,并不宜作为解释"非法定目的犯"存在的原理。因为从刑法研究犯罪目的与犯罪动机的"目的"看,是不契合的。

详言之,按照"非法定目的犯"的原理来看,可以说除"法定目的犯"之外的直接故意犯罪,都可以说是具有"非法定目的犯",而"非法定目的犯"的"非法定目的"是否都具有区别罪与非罪、此罪与彼罪界限的功能?例如,为境外窃取、刺探、收买、非法提供国家秘密、情报罪,《刑法》未以"危害国家安全为目的"为主观要件,当然"为了危害国家安全目的",可以是其犯罪目的(非法定目的)。行为人之所以实施该种行为,可以是为发泄对国家、政府、执政党的不满,也可以是单纯为了图财,但是,当主观上不具有"危害国家安全为目的"时,实施该种行为,同样不影响其构成犯罪。是否具有该目的,不具有区别罪与非罪的功能。虽然不影响该罪成立,但追问行为人为何实施该种犯罪行为时,原本是"以危害国家安全为目的"的"发泄不满""图财"的犯罪动机,则可以上升成为"犯罪目的"。而危害国家安全的其他犯罪,如叛逃罪,也具有叛逃境外后非法提供国家秘密、情报的行为,也不排除主观上可以是"发泄不满""图财"的目的。如此,不仅所谓的"非法定目的"没有了边界,任何心理活动都可以成为"非法定目的"的可能内容,而且,这里所谓的"目的",也不具有区别此罪与彼罪的作用。

诚然,从广义上去理解犯罪目的与犯罪动机,并没有什么不妥,反而可以使我们更好地理解犯罪的心理活动的特点,但是,刑法上研究犯罪目的与犯罪动机,是为了揭示二者在立法层面上不同的心理活动,为了揭示不同层次心理活动的主观恶性,正确适用刑罚,显然,这些"目的"的达成,广义上充满"变数"的犯罪目的与犯罪动机是不能胜任的。在这一意义上,只能以狭义的角度看待犯罪目的与犯罪动机的关系。换言之,这就是犯罪目的和犯罪动机需要的绝对性。当刑法分则的某些条文明文将某种心理因素规定为认定某些犯罪的目的,在认定犯罪时就必须依法专门认定是否具有这些犯罪要求的目的,或者虽然刑法条文没有明文规定某种心理活动是"犯罪目的",但具有的某种心理活动能够胜任区别罪与非罪、此罪与彼罪界限功能的犯罪(如侵财犯罪的"非法占有目的"),才宜将这样特征的犯罪称为"目的犯"。将所有的非法定目的犯罪,都称为"目的犯",目的将丧失其应有的界限功能。

犯罪动机在犯罪构成中的作用,学界也有不同的认识。通说认为,犯罪动机一般不是构成要件要素,因为无论出于何种动机,都不影响犯罪的成立,但在具体犯罪以"情节严重""情节恶劣"为构成要件时,犯罪动机是考察是否"情节严重""情节恶劣"的重要因素,只有在此意义上,犯罪动机才具有作为与其他因素共同考虑的"构成要件要素"的意义①。黎宏教授将犯罪动机分为"判断责任大小要素"的动机和(法定)"量刑情节的犯罪动机"。前者如徇私枉法罪规定的"徇私枉法、徇情枉法","徇私""徇情"就是实施该种犯罪的法定犯罪动机,如果主观上不是出于"徇私枉法、徇情枉法",就不能作为本罪处理②。从解释上说,"徇私""徇情"确有"动机"之义,是行为人追求"枉法"裁判目的的动机,但是,从黎宏教授"非法定目的犯"的角度追问,缘何而"徇私、徇情",因何种具体的"私""情"事项,则可以解释为刺激行为人实施枉法行为的内心冲动,"徇私""徇情"在此则又可以解释为"犯罪目的"。例如,因被告人与司法人员有"床笫之欢"之"私情","床笫之欢"可以成为刺激其罔顾法律规定,决意为"徇情"而枉法裁判的动机,"徇情"是其"目的"。本书认为,考察犯罪动机,是指具体的动机,而非某一个具体的概念,而"徇私""徇情"就只是一个概念,既可以是因"世交"而"徇私""徇情",也可以是因"世仇"而"徇私""徇情"。在这一意义上,只有因何而"徇私""徇情",才是其动机。"徇私枉法、徇情枉法"是目的而不是动机。当然,该问题还可以继续研究。

此外,通说认为,犯罪目的和犯罪动机只有与直接故意犯罪行为相联系的目的和动机,才能称为是犯罪目的和犯罪动机。如过失行为、间接故意行为的实施,都有行为人的目的,也都有刺激实施行为的动机存在,但这里的目的和动机均不在行为人实施危害行为意图造成的危害结果发生的方向上。所以,过失犯罪、间接故意犯罪不具有犯罪目的,也不具有犯罪动机③。这种关系解读也有学者赞同,但是对于犯罪动机,学界还有不同认识④。张明楷教授认为,哪些犯罪存在动机,取决于对动机的认识,如果认为动机是犯罪性动机,似乎只有直接故意犯罪才存在犯罪的动机。如果认为动机不是犯罪性动机,只有在事后查明了行为人基于何种心理原因实施了犯罪行为,这样一来,除了过失的忘却犯,其他犯罪都有动机。因此,没有必要人为地限定动机存

---

① 参见高铭暄、马克昌主编:《刑法学》(第5版),北京大学出版社、高等教育出版社2011年版,第122页。
② 黎宏教授原以"构成要件的犯罪动机"来分类,参见黎宏:《刑法学》,法律出版社2012年版,第221页。
③ 参见高铭暄、马克昌主编:《刑法学》(第5版),北京大学出版社、高等教育出版社2011年版,第120—121页。
④ 张明楷教授持不同观点。参见张明楷:《刑法学》(上)(第5版),法律出版社2016年版,第301页。

在的范围。① 本书赞同这一认识,从引发、推动犯罪行为实施的作用上,除过失忘却犯之外,都具有动机。

通说中犯罪动机的概念,当然是因为与犯罪目的(犯罪性)密不可分的关联性,而被称为"犯罪动机"或"犯罪性动机"。换言之,即使原本动机不具有反社会性,排斥社会道德、排斥法律属性的需要和欲望②,但只要是刺激行为人实施犯罪行为以达到"犯罪目的"的一种内心的需要或欲望时,动机就被贴上"犯罪性",而成为"犯罪动机"。但是,将"动机"赋予犯罪性的做法是否妥当,是值得研究的。在本书看来,将与直接故意相关的动机赋予"犯罪性",称为"犯罪动机",仍然是在犯罪的实质特征——社会危害性指导下的结论。不可否认,有相当一些动机自身就具有"反社会性",但是,并非所有与直接故意犯罪关联的动机都具有这一属性,原本不具有"犯罪性"的需要或欲望,即便引发直接故意犯罪,也不能称为"犯罪性动机"。例如,因无力承担治疗费用而引发的盗窃,不能认为"引发盗窃行为"的动机——"筹集治疗费用"具有犯罪性,是反社会性的动机,应谴责的是"通过非法手段盗窃筹集治疗费用以及非法占有的目的"。同理,贫穷的家庭,如果因此而面临解体,那么,维护家庭完整的欲望,也会产生盗窃、抢劫的"非法占有目的";自尊的需要,也可以产生"剥夺他人生命的目的"③,但这样的动机,同样不能认为具有犯罪性,是反社会性的动机。正因为动机在界定刑罚轻重上具有非常重要的意义,将原本就具有反社会道德性、排斥法律属性的动机称为"犯罪动机"当然是恰当的。但是,并非所有引发、推动直接故意犯罪行为发生的动机都应该被称为"犯罪动机"。因此,本书赞同张明楷教授对动机的理解。

从这一点而言,如果从广义上把握与犯罪行为相关的动机,可以表述为,是刺激、促使行为人实施了犯罪行为的内心起因,或者说心理原因。而具有犯罪性的"犯罪动机",是指刺激行为人实施犯罪行为以达到犯罪目的的一种内心的需要或欲望,或者说是推动、促使行为人实施直接故意犯罪行为的内心起因(心理原因)。而这种动机,应该特指原本就具有"犯罪性"的需要或欲望,即从法的角度说,行为人内在需要、欲望,具有反社会性,排斥社会道德、排斥法律属性,如与幼女性交的欲望(畸形性欲望)、不劳而获的欲望、实施暴力的欲望等。而不能或不宜从具有"反社会性,排斥社会道德、排斥法律属性"评价的引发犯罪行为实施的心理原因,也即不具有反社会性的需要和欲望(即使引发的目的具有"犯罪性"时),引发、推动过失犯罪行为、间接故意犯罪行为实施作用的动机(可以)是非犯罪性"动机",或者就可以简称为"动机"。

不过这里值得讨论的是,在追求犯罪目的实现时,放任另一个危害结果发生的间接故意心态的动机。根据共识,当认识到"不放任该种危害结果发生,那么,所追求的目的难以实现;如果防止该种危害结果发生,同样也难以实现所追求的目的",这就存

---

① 参见张明楷:《刑法学》(上)(第5版),法律出版社2016年版,第301页。

② 有的动机,需要和欲望本身就具有否定和排斥社会道德、排斥法律的属性,也就是"天然"具有"犯罪性",例如与幼女性交的欲望(畸形性欲望)。

③ 参见第三章第一节"犯罪的概念"。

在着一个显现的动机,是行为人明确意识到的动机。从所追求"目的"实现的意义上说,它就是动机;当"动机"具有反社会性时,就是"犯罪动机"。例如,"为毒杀妻子"而放任孩子被毒死的情况下,"为毒杀妻子"①就是与放任孩子死亡结果发生相关联的"犯罪动机"。因此,这种具有"反社会性、排斥社会道德、排斥法律属性"的动机,显然不能只局限在与直接故意有关联上,而同时是与间接故意有直接关联性。但是,如果从所放任发生的危害结果,追求的是非犯罪目的时,如为猎取猎物放任孩子伤害或死亡结果发生,是上述所说的非犯罪性的"动机"。可见,在间接故意放任危害结果发生心态的情况下,"动机"具有具体甄别的要求。将"犯罪动机"视为与只有与直接故意犯罪相关联的通说,还值得商榷。

因此,本书认为,追求犯罪目的实现而放任危害结果发生的,有动机,而且可以是犯罪动机(是否应以"目的的犯罪"论处,不影响动机是犯罪动机)。追求的犯罪目的的犯罪无论是否实现,所放任的危害结果没有发生时,具有可罚性的,如应以"目的的犯罪"论处时,"动机"是"犯罪动机";所追求非犯罪目的情况下,目的未能实现,放任危害结果发生,应以所放任发生的危害结果论罪时,该种"动机"是非犯罪性"动机"。

三、犯罪目的与犯罪动机的关系

从心理学角度来考察,动机属于目的形成之前的思维活动,它可以是主体已经意识到的,也可能是尚未清楚意识到,但它刺激、促使目的形成的作用是真实存在的,因此,即使主体没有清楚地意识到,它的存在也是客观的。而目的属于需要、愿望形成以后的思维活动,它一定是主体已清楚意识到的,因此具有自觉意识性特征的心理活动。例如,A大学毕业后连续换了几个公司,之所以会有不断换单位的经历,是A需要一个收入相对较高的职业,可以尽快还清上大学的贷款。虽然在B单位收入还好,但是人际关系没有处理好;在C单位虽然收入相比稍高一点,但总感到还有缺憾,最终还是辞工了。A想"早点还清贷款,减轻父母压力"是目的,从B单位辞工,是因为"人际关系问题",这是辞工的动机;从C单位也辞工,是有"缺憾",但是缺憾是什么,A可能自己也说不清楚,但是,这并没有影响"缺憾"仍然成为选择辞工的动机。所以,目的、动机属于不同的心理活动层次,目的通过具体的行为,一般可以得到确认,但是,因动机是蕴藏在目的背后更深层次的心理活动,则不会轻易被我们认识到,需要认真的调查。

由此可见,犯罪目的与(犯罪)动机,也具有相同的心理特征。犯罪目的,一定是行为人清楚意识到的心理活动,表现出的就是犯罪直接故意的内容。因此,揭示犯罪目的有助于确定行为人行为的指向、行为的性质、行为实行的程度等,从而可以揭示出行为人主观恶性的大小。所以,它对于定罪和量刑都具有重要的意义。例如,未成年人A因其父有外遇杀害其妻(A之母亲)被判刑,A在学校总是被同学嘲笑,某日又

---

① 在这里可以说"毒杀妻子"是另有"动机"存在的,可以是"犯罪性动机",也可能是"非犯罪性动机"。

遇一贯出言不逊的B嘲讽，A在盛怒下拔出水果刀一边叫喊"杀了你"，一边挥刀将B刺成重伤致死。A在屡受同学嘲讽、歧视、羞辱的情况下，所产生报复杀人的目的，是A清楚地意识到的。至于动机(包括犯罪动机)，可以是行为人意识到的，也可以是尚未清楚意识到的。所以，动机揭示出行为人为何会产生某种需求(包括犯罪动机)，还揭示出行为人的真实思想(查明动机是否具有犯罪性)，从而能够说明主观恶性的大小。因此，(犯罪)动机是决定刑罚轻重的重要情节之一。上例的A故意杀人行为的实施，动机在于维护家庭声誉、个人尊严，无论A是否清楚地意识到都是客观存在的，事实上也成为A杀人的动机。

犯罪目的与(犯罪)动机虽属不同的心理层次，但是具有非常密切的联系：(1) 二者都是在实施犯罪行为过程中的主观心理活动，都能够揭示行为人的主观恶性程度以及危害程度；(犯罪)动机起着推动、发动犯罪行为的心理起因作用，它是犯罪目的产生的前提和基础，犯罪目的源于(犯罪)动机而产生。(2) 二者在有的情况下所反映的需求具有一致性。例如，基于报复动机而产生的故意伤害目的，在需求上是一致的。当然，也有不一致的情况。例如，实施危害国家安全的犯罪，就可以是仅出于贪利的动机；为多挣钱养家的动机，与违法超速、超载("多拉快跑")目的之间，就是不一致的。

二者的联系还表现在：(1) 产生的时间顺序不同，动机在前，犯罪目的在后；性质不同，动机表明行为人为什么犯罪，其犯罪的心理原因是什么，而犯罪目的，反映的是行为人实施行为追求的目标；意义不同，动机起到的是推动犯罪行为发生的作用，而犯罪目的，起着为犯罪行为定向，确定目标和确定行为实行程度的指挥作用。(2) 对于同一性质的犯罪而言，犯罪目的可以是一样的，但是，促使行为人产生犯罪目的的动机可以是各种各样的。例如，直接故意的杀人，目的都相同，但可以基于报复、泄愤等动机。相反地，一种犯罪动机还可以导致多种犯罪目的的产生，例如，报复动机可以产生伤害目的，也可以产生杀人目的，还可以产生非法占有目的等。(3) 在相对意义上，二者可以互相转化，即同一心理事实在该种性质的犯罪中可以是动机，而在他种性质的犯罪中则可成为犯罪目的。例如，陷害可以是成为故意伤害、故意杀人的动机(如教唆他人实施故意伤害、故意杀人)，但在诬告陷害罪中，陷害则是主观上的犯罪目的。当然，这是在相对意义上而言，具体心理活动并非是单一的属性，但在具体案件中，犯罪目的与动机则是绝对的，不是说犯罪目的与动机可以相互转化、相互取代。(4) 二者的意义不同，犯罪目的，刑法并没有将其作为每一个直接故意犯罪构成的必要要件，但有些犯罪，则在条文中明确规定了以某种特定的犯罪目的为主观构成的必要要件。如不具有这种特定的犯罪目的，则不构成犯罪。所以，犯罪目的，偏重于定罪且影响到量刑。而动机，在刑法中不属于犯罪构成主观方面的要件，即无论行为人实施犯罪出于什么动机，一般都不影响定罪。但动机是行为人犯罪的心理原因，能够说明其主观恶性的程度，所以动机偏重于影响到刑罚轻重。

第六章 违法阻却事由

第一节 违法阻却事由概述

一、违法阻却事由的概念

违法阻却,在我国刑法理论通说中,是作为"排除社会危害性"或者"排除犯罪性"的问题研究的,其中,也包括对责任阻却的内容,而且一般限于现行立法规定的正当防卫和紧急避险,范围比较窄。但是,在司法实务中尚有诸多情况下,行为人的行为虽然造成一定的损害后果,但是基于从所保护的利益考量,同样是不能作为犯罪处罚的,仅仅以正当防卫和紧急避险为研究对象,明显不足。

刑法规定的犯罪构成要件,是违法的行为类型,所以当行为符合构成要件时,构成要件便具有对具体行为违法性的评价机能,这就是构成要件所发挥的首要机能。然而,当我们评价某种行为是否构成犯罪时,首先看到的只是一个事件的局部,或者说首先判断的是客观上行为所造成某种损害的事实符合刑法中某一犯罪的要求。但在具体在司法审查中,整体地考察事件的是完整事实,当然会有完全符合犯罪构成而成立犯罪的,也会有行为虽然造成某种损害,但是与所保护的法益相比,损害更轻,或者保护了更大的利益。在这种情况下,司法上不得不承认这样的行为不为刑法所禁止,甚至基于立法的规定,应该弘扬这样的行为。由此,这样的行为应阻却违法性(阻却构成要件符合性——实质上阻却违法性)的成立。基于这样的事实而阻却刑事违法性,换言之,排除符合构成要件行为违法性的事由,便是所谓的"违法阻却事由"。

我国刑法明文规定阻却行为违法性的事由,仅仅是正当防卫和紧急避险,但是,基于社会实践,执行命令的行为、合法业务行为、合法的自救行为,某些自损、自毁行为、某些基于被害人承诺的行为、义务冲突行为等,也同样能够阻却违法性成立,这在国外刑法理论上,被称为"超法规违法阻却事由"。

根据我国刑法理论,犯罪构成是有机统一评价犯罪成立的标准。在以往的观点中,一般认为,该类行为在外表上是犯罪,而实质上并不具有社会危害性,不具有犯罪构成,并且对国家和人民有益的行为[①]。不过,近年来,通说的这一提法有所改变,只是强调了客观事实符合犯罪构成的客观要件,认为此类行为是"在客观上造成一定的损害结果,形式上符合某些犯罪的客观要件,但实质上既不具备社会危害性,也不具

[①] 参见高铭暄主编:《新中国刑法学研究综述(1949—1985)》,河南人民出版社1986年版,第269页。

备刑事违法性的行为"①。

基于犯罪构成的符合性具有违法性评价机能，故而阻却违法的事由，是阻却符合构成要件性，因此，只有在此前提下承认具有构成要件符合性，依据判断的事实才能成就阻却违法的事由；否则，构成要件的评价机能将被否定。

二、违法阻却事由的理论依据

阻却违法性的根据与具有刑事违法性，是一个问题的两个方面。换言之，具有刑事违法性，则意味着符合犯罪构成的要件，成立犯罪；不具有刑事违法性，则意味着有阻却违法性成立的事由，不成立犯罪。阻却违法事由，在国外的理论中也被称为"正当化事由"。但是，违法性阻却事由的概念是否可以与正当化事由概念通用？如果从违法性需要从实质上具有可罚性来考虑，将不具有可罚性的违法性的轻微违法行为，包括在"阻却行为违法性事由"中则不够准确，因而，只有阻却的具有"可罚的违法性"行为时，才与"正当化事由"是相通的概念。这当然涉及以何种理念确定违法性阻却事由的理论基础，有的主张防止对轻微利益的侵害，都可以成为正当化的根据，也有的主张只有阻止对重大利益的侵害才能使行为正当化。

违法性理论，并非是我国刑法理论中专门研究的内容，而是在大陆法系理论中作为犯罪成立三阶层的"构成要件符合性""违法性""有责性"中的一个条件。在近现代犯罪论三阶层体系形成后，刑事古典学派将犯罪区分为客观要件（行为、构成要件符合性、违法性）和主观要件（有责性），并主张构成要件的无价值判断，违法性应仅就行为在客观上的现象进行判断，成就了"违法是客观的、责任是主观的"命题。相反，刑事人类学派及刑事社会学派则以法规范的价值体系为出发点，主张违法性的判断并非仅就客观上存在的现象为标准，而必须兼顾行为人的主观心态。这一学说经由韦伯（H. v. Weber）、威尔泽尔（H. Welzel）等学者对不法主观构成要素的研究而主张的"目的犯罪理论"后逐渐成熟。至此，形成了两派之间"行为无价值"与"结果无价值"理论的对立。在主张三阶层犯罪论的体系中，违法性是认定犯罪不可或缺的重要阶段②。符合构成要件的行为倘若存在有阻却违法事由或者超法规违法阻却事由，则无法成立犯罪行为，因而，有无违法阻却事由，成为判断违法性的问题。在此后的理论研究中，除"行为无价值"与"结果无价值"理论外，还先后出现了"形式违法性论"与"实质违法性论"、"客观违法性论"与"主观违法性论"等理论的对立。

在大陆法系违法性理论中，一般认为违法行为（也称为"不法行为"）与违法性是有区别的③。"不法行为"是指具备主观构成要件的故意、过失而在客观上实现了构成要件的行为，也即符合构成要件的行为，是违法行为。因此，作为评价违法的对象，

---

① 高铭暄、马克昌主编：《刑法学》（第5版），北京大学出版社、高等教育出版社2012年版，第126页。
② 英美法系的刑法理论基本上不认可违法性有独立评价的意义。同为大陆法系的法国刑法理论，对此也持怀疑态度。
③ 当然也有认为二者没有实质区别必要的观点。参见陈子平：《刑法总论》（上），台湾元照出版公司2005年版，第207页。

其自身的结构中是已经具备构成要件以及其他所有评价要素。而"违法性"则是以法秩序的观点看,为法所不容许的性质,也就意味着在与法的对应关系上,进行的无价值性或无价值性判断。因此,违法性的概念,可以限制在刑法领域内,但更多情况下所指的违法性,是以全体法秩序为基础的。也就是说,在此意义上的违法性是包括违反刑事法、民事法、行政法、治安法等在内的违法性。

实体法上规定的"非法""违反""侵犯"等,从大陆法系理论中看,一般并不认为这是违法性在实体法上的规定,而属于特别的构成要件要素,即使符合这种特别构成要素的,符合构成要件的行为是否具有违法性,也需要单独考察。因此,在阶层的评价体系中,可以认为实体法中并未有积极规定违法性为构成要件的内容,只是消极地规定了阻却违法性的事由。所以,违法性判断对象的所为是否无价值性,不是特别构成要件的行为,只是从法的整体秩序对所为的无价值判断。

(一) 违法性的理论

1. 形式违法性论与实质违法性论

形式违法性与实质违法性是由李斯特(v. Liszt)提出的,在用语上与形式犯罪与实质犯罪的定义是相同。形式违法性就是指行为违反国家法的禁止性或命令性规范,所以,形式违法性只是与法律规定发生形式上的关系而已;实质违法性则是指行为具有反社会性①。从阶层判断体系上说,构成要件是违法行为的定型化,因此,如果行为具有构成要件符合性,只要不具有阻却违法事由,就可以判断是违法行为。正是在这一意义上,构成要件是违法性存在的根据。而从实质违法性的角度看,违法性的把握则有不同主张,有的认为违法性实质是违反社会伦理规范——规范违反说(以德国学者宾丁规范说为基础而展开);有的主张违法性的实质是对法益的侵害或威胁——法益侵害说(以费尔巴哈的法益侵害说为基础而展开)。这两种不同的实质违法观,前者着眼于对行为本身的评价,形成行为无价值论;后者重视行为结果对法益的侵害,归结为结果无价值论。

至于对形式违法性与实质违法性二者的关系,有认为系表里关系且相辅相成的见解,也有认为二者系矛盾对立关系。但是,无论对二者关系如何认识,实质违法性理论在阻却违法性成立中,发挥着不可或缺的重要作用,是得到共识的。例如,盗窃1元与盗窃1万元在形式违法性的评价上是一样的,但从实质违法性的角度考察,盗窃1元的违法性不具有可罚性,因而阻却的是不具有构成要件符合性。

2. 主观违法性论与客观违法性论

这也是有关违法性本质的对立学说。在学说发展历史上,客观违法性论先于主观违法性论而成为德国的通说,在1867年德国学者迈克(Adolf Merkel)提倡主观违法性论后,20世纪初期曾经一度占据优势地位,但在麦兹格(E. Mezger)将法的规范区分为评价规范与意思决定规范后,客观违法性论又成为处于支配地位的学说。主观违

---

① 转引自马克昌:《比较刑法原理——外国刑法总论》,武汉大学出版社2002年版,第306页。

法性论与客观违法性论的争议,在于规范是否仅仅针对理解规范的人。① 在其阶层性评价体系中,违法性与有责性是其评价体系中的两极,如何解释违法性与有责性的关系,成为其中的重要问题。如果从违法性理论观之,则系无责任能力人的行为,是否具有违法性的问题。主观违法性论认为,规范的本质是对人的命令、禁止的命令,因此,规范仅仅对能够理解命令的人才有意义,无责任能力者的行为、无故意、过失的行为,是规范之外的行为,因不可能违反规范,也就不能说是违法,即规范只是对能辨别是非和作出意思决定的人才有意义。因此,在主观违法性论看来,规范就是"意思决定规范",所以否认了没有责任的违法性(如无责任,也就无违法性)。相反,客观违法性论将规范理解为"评价规范",认为规范适用于不理解、不能理解、不打算理解的人,因为规范是超越其而客观存在的,是否违反规范是可以客观确定的。因此,凡是违反客观评价规范的,都认为是违法,有无责任能力在所不问。而且,判断有无理解能力或理解可能性,是有责性的评价,而在违法性的判断中加入有责性判断是不妥当的。这就是"违法是客观的,责任是主观的"命题,即违法性取决于"评价规范",责任取决于"意思决定规范",违法性判断是与行为人的认识能力无关的客观判断。

当然,在麦兹格将规范区别为评价规范和意思决定规范后的客观违法性论,是比较符合其阶层评价体系的,即"评价规范"所评价的违法性对象,是从法的秩序的整体评价的一般行为,而不是对具体人的具体行为的规范性评价。换言之,评价的是抽象的行为、抽象的人,违法性不过只是人的行为的问题②,而"意思决定规范"所评价的,则是针对具体人的具体行为的责任,也就是说,是针对具体的、个别的行为人行为的具体评价。但是,这种区分仅仅是理论上的逻辑上的分离,如果在考虑到目前主张的构成要件包括主观要素的情况下,"违法是客观的,责任是主观的"命题被有些学者质疑,也就不奇怪了。

3. 行为无价值论与结果无价值论

行为无价值论与结果无价值论也被称为"人的不法论"与"物的不法论"的对立。二者对立的核心只是在于违法性的本质是"行为无价值"还是"结果无价值"。行为无价值论是与目的行为论的兴起相关联的理论,在威尔泽尔为寻求合理解释过失行为的"目的性"的过程中,提出了过失犯在本质上系"行为无价值",其结果的无价值仅仅是为了限制从不注意的行为中,选择在刑法上具有重要性行为的意义,结果的无价值仅系单纯的处罚条件,由此否定了结果无价值违法性评价中的意义。在行为无价值论看来,形成对行为违反伦理性为否定性的价值判断标准,但在结果无价值论看来,行为引起的法益侵害或侵害危险性,是应对之否定性价值判断的根本,由此而形成二者对立的学说。

在上述对立学说中,即使没有法益侵害或侵害危险性,仅有违反伦理性质的行为

---

① 参见马克昌:《比较刑法原理——外国刑法总论》,武汉大学出版社2002年版,第310—311页。
② 〔日〕大谷实:《刑法讲义总论》(第4版),日本成文堂1994年版,第247页,转引自同上书,第312页。

就可以加以惩罚的"行为无价值论",被称为"一元行为无价值论";相反的是,仅以法益侵害或侵害危险性存在而具有违法性行为的,是"一元结果无价值论"①。黎宏教授指出,行为无价值论,所关注的是行为违反了社会一般人的观念即伦理规范,因而被评价为无价值,首先考虑行为人基于何种意图,实施了什么样的行为,然后再看行为引起了什么样的结果,也就是按照事件的发展顺序来考察行为违法性,这是从行为人的角度来判断违法性的理论。结果无价值论,则是首先考虑行为造成了什么样的危害结果,然后追溯结果是由谁的行为所引起的,由此来判断行为是否具有违法性,这是基于被害的角度来判断行为违法性的见解②。由于威尔泽尔的一元行为无价值论完全不重视作为结果的无价值,而将行为人的主观意图提升到是否具有违法性的决定地位上,失之偏颇而逐渐失去影响力。取而代之是同时考虑行为无价值与结果无价值,认为二者均为违法性提供依据的"人的不法二元论"。二元论认为,违法性的本质在于以脱离社会相当性或违反社会伦理规范的手段,引起法益侵害或侵害危险的行为③,也即通过引起事态无价值而违反评价规范的是结果无价值,而违反以一般人为对象,作为命令的决定规范则是行为无价值,原则上必须综合两者才能认定为违法。可见,二元论既承认人的主观要素是违法的根据,同时认为单纯的违反一般人都可以遵守的规范而不遵守的,也是违法行为④。当然,即使多数学者持二元论,对此仍然有质疑之声。

(二)阻却违法性理论的基础、效果及分类

应以何种理论作为阻却违法性的理论基础,也即法律为何需要将这样的行为(正当化)阻却违法性。由于理论上对具体阻却违法事由(正当化事由)的概括多系形式化,而且,阻却违法事由各自的结构有很大的差异,导致对其论证的实质基础很难统一。但是,可以肯定的是,实质违法性理论可为违法性阻却事由提供理论基础。因为实质的违法性概念,提供了对行为的定量分析,"可罚的违法性"理论由此而成为否定违法性成立,继而否定犯罪成立有力学说。可罚的违法性,是指刑法中的违法性应当具有值得科处刑罚程度的实质违法性。据此行为在形式上要求符合构成要件之外,还必须在量上达到一定严重的程度,在质上值得科处刑罚,才属于刑法上的违法⑤。盗窃1元与盗窃1万元在形式违法性论看来都是违法,抢劫杀人和故意杀人从违反的禁止规范上说也没有不同,但是量的不同、侵害法益性质的不同,在决定行为性质上就有本质的区别。这是由于实质违法行为的质与量决定了责任的轻重,并可以直接影响到刑罚的适用。

---

① 目前理论上还有"危险无价值论",即认为对法益侵害的危险毕竟不同于现实侵害的结果,而只有产生结果发生的客观危险,才是无价值的。所以未达到结果无价值,但产生结果发生的客观危险,就是危险无价值。根据对危险的不同理解,可以为抽象危险犯行为的无价值与具体危险犯危险结果无价值提供依据。参见陈家林:《外国刑法通论》,中国人民公安大学出版社2009年版,第270页。
② 参见黎宏:《行为无价值论与结果无价值论:现状和展望》,载《法学评论》2005年第6期。
③ 参见陈子平:《刑法总论》(上),台湾元照出版公司2005年版,第217页。
④ 参见陈家林:《外国刑法通论》,中国人民公安大学出版社2009年版,第269页。
⑤ 参见同上书,第273页。

从人的不法论(行为无价值)上看,是行为人意图达成什么样的结果;从法益侵害(结果无价值)角度看,是行为导致何种结果。显然,行为无价值论与形式违法性论一样,单独以此作为标准,在阻却违法性理论上,一般很难提供可供在评定阻却违法性时,法益对比的标准,而从二元的意义上理解更合适。

至于主观违法性论与客观违法性论,涉及无责任能力人的不法行为问题时,则更为复杂。这当然涉及的是国家对违法性阻却(使之正当化)的依据的理解。以阻却违法性的正当防卫为例,保护公民生命、健康、财产安全是国家的义务,但是,总是存在公权力保护不能及时兑现的现实,因此,在这种特殊情况下,法律必须允许公民保留有在公权力不能及对提供保护时,依据自卫权对侵害自己的重大利益的不法行为进行反击的权利。因而,依据自卫权而实施的行为,虽然与国家法律维护法秩序的垄断权发生了严重的冲突,但是,从保护的是重大利益而言,防卫行为不是无价值的行为,造成不法侵害者利益的损失结果,也不是无价值的结果。从这一意义上说,正当防卫对不法侵害者的人身损害,并不具有惩罚(刑罚)的意义。既然如此,不法侵害者有无责任能力,对是否成立正当防卫是没有意义的。非此理解,那就必须以承认正当防卫具有"私刑"的性质,至少可以说"在代表国家实施刑罚",这显然是不合适的。因此,客观违法性论在阻却违法事由中是比较合适的。

张明楷教授并从法益侵害说的立场,以结果无价值为基础,认为法益衡量说的利益阙如和优越利益原理(较重要法益原则),应成为违法阻却的判断基础原理。前者是指在不存在值得保护的法益时(缺乏法益保护的必要性,如被害人承诺),行为没有侵犯法益,因而阻却违法;后者则是指对某种法益的侵害是为了保护另一个相等法益或者优于所侵害法益时,便阻却行为的违法性。① 本书认为,在违法性阻却的理论中,基于法益衡量说的利益阙如和优越利益原理,不仅可对不同价值利益标准的不同阻却违法事由进行衡量,而且针对具有不同结构的事由,也可根据其重要程度进行必要的违法性阻却分析。

基于利益阙如和优越利益原理(较重要法益原则),阻却违法性一旦成立,尽管行为与禁止性规范发生冲突并对法益造成一定损害,但由于保护了更为重要的法益,是可以被社会允许和接受的。因此,行为的目的性在与法律允许的意图相符合的情况下,行为目的也将不受否定性评价,理所当然,其行为和结果的无价值也就不存在。违法阻却的法律效果,无论是基于法律允许的(如正当防卫、紧急避险),还是法律要求的(如警察依法实施的正当防卫),都具有相同的法律效果。

正因为实质违法性对不法行为能够进行定量分析,而阻却违法性不仅有客观条件的限制,也有主观条件的要求,因此,对不完全具备条件的事由,如防卫过当、避险过当等,实质违法性均可以成为决定是否需要施以刑罚,以及刑罚轻重的依据。

阻却违法性事由的分类,目前较多学者赞同将其分为法定违法性阻却事由与超法规违法性阻却事由。在大陆法系理论上,违法性的实质判断是"有教无类"的,然

---

① 参见张明楷:《刑法学》(上)(第5版),法律出版社2016年版,第194—195页。

而,对违法性的阻却事由的判断上,可以看出,并非纯粹在遵循"有教无类",而是对具体行为人处于具体环境条件下具体事由的考察。这一点,对共犯违法性①的判断无疑具有非常重要的意义。

第二节　正当防卫

一、正当防卫的概念

比较经典的正当防卫的定义,是为了避免本人和他人利益遭受现实不法侵害而采取的必要的反击(防卫)行为。虽然在正当防卫正当化的根据上,有不同的理论认识,但都是基于自罗马法以来的保卫个人生命、健康为最高法益的原则出发的。换言之,根据自然法思想,防卫权是人与生俱来的权利,而依据社会契约论,当国民将此权利向国家转移后,国家就负有保护国民生命、健康、财产安全的义务,从而使这一权利与国家刑罚权联系在一起。但当国民的权利遭受现实侵害而缺失公权力及时保护时,就必须允许国民行使自卫权。但是,就此而言,并不是说行使防卫权可以是无限制的,限制在于防卫行为是否为有效防卫不法侵害所必须,而不能将防卫权作为一种私权,更不是要使得不法侵害人应当受到怎样的惩罚。

根据我国《刑法》第 20 条的规定,我国刑法中的正当防卫包括两种情况:一是一般正当防卫,即第 20 条第 1 款规定的防卫;二是特别防卫,即第 3 款规定的防卫,针对严重危及人身安全的暴力犯罪,防卫人可以在不顾及造成不法侵害人何种损害结果的情况下实施防卫,这种情况下即使因防卫造成不法侵害人伤亡的,也不是防卫过当。但是,这并不意味着防卫权可以滥用,并不排除过当的可能性。

应该注意到,根据我国《刑法》的规定,在有其他方法防止不法侵害时,也可以对不法侵害人进行正当防卫。这与国外有的国家刑法规定"正当防卫只有在不得已的情况下才能实施"有很大的区别,因为无论从何种意义上说,正当防卫也是针对人身的一种暴力攻击,并会发生一定的人身损害,理应有所克制。只是基于我国《刑法》的规定,可以主动实施正当防卫,不以不得已为条件。当然,这绝不意味着正当防卫都是需要主动实施,作为一种权利,如果对不法侵害的危险可以容忍,或者选择其他方法避免侵害,放弃防卫权的行使也并不违法。

防卫行为虽然造成不法侵害人的人身、财产损失,从客观上看确实与某些犯罪的构成要求是相符合的,但是正当防卫由于保护了更大的利益,具备使之正当化的根据,因此,正当防卫不仅在形式上不具有构成要件符合性,在实质上也不具有违法性。

二、一般正当防卫

我国《刑法》第 20 条第 1 款规定,正当防卫是以损害不法侵害人的利益,来制止

---

① 参见第九章第三节中的"狭义共犯的法律属性"。

不法侵害的,但防卫不是一种私刑,更不是报应,防卫行为不得损害到与制止不法侵害无关的利益。因此,正当防卫的成立需要一定的条件限制。正当防卫的条件在认识上并未完全统一,有的著作分为正当防卫的前提条件和合法性条件。

(一) 正当防卫的条件

1. 必须有不法侵害行为

正当防卫实质上是要通过实施制止不法侵害的防卫行为,实现对合法权益的保护,没有不法侵害,就谈不上正当防卫。因此,正当防卫的起因或前提,就是有现实存在的不法侵害。

不法侵害就是指人的行为对法益的侵害。现实的不法侵害,就是指人所实施的、正在进行中的,对法律所保护的国家利益、公共利益、个人的合法权益的现实的侵袭和损害行为。这里的人,是指自然人,不存在可以对单位的不法侵害进行防卫。原则上,除特殊情况外,对动物的侵袭也不发生正当防卫的问题,但是可以成为紧急避险的事由。

不法侵害是何种特点的行为?如前所述,在大陆法系理论中的"不法"概念,是指具备主观构成要件的故意、过失而在客观上实现了构成要件的行为,也即符合构成要件的行为,是违法行为。那么,对不法侵害是否应从这一意义上把握?由于刑法条款上并没有特别的说明,似乎是无限制的,法益似乎只要具有可防卫性,都可以对不法侵害实行正当防卫。但从正当防卫立法的精神以及司法实践看,我国通说认为,不法侵害既包括犯罪行为,也包括一般的违法行为。例如,对民事法、行政法法益的不法侵害,也不排除具有防卫权(也可以理解为对保护微法益同样可以实施正当防卫)。这是因为,只要是违法行为,都是对法益的侵害,当面临不法侵害时,要求防卫者判断不法侵害是一般侵害还是可以构成犯罪的不法侵害,是不现实的。当然,现实中不是所有的不法侵害的性质都是无法判断的,但即便是能够判断,在一定范围内仍然具有防卫权。但通说对"微利益"并不主张通过正当防卫来解决,这就是防卫必要性的问题。

能成为正当防卫对象的不法侵害,是能够形成防卫紧迫感,并且通过防卫行为能消除危险状态、消除侵害威胁的不法侵害。这种性质的不法侵害,通常就是指具有暴力性、破坏性、法益损害发生较快,能形成防卫紧迫感,并通过防卫行为能消除或减轻危害结果、危险威胁的不法侵害。

(1) 不法侵害是指人的行为,这里的人限于"自然人",对单位的不法侵害行为,不能实行正当防卫。例如,对企业排污严重污染环境的不法侵害、对商铺售卖伪劣商品、侵权产品等,不能通过正当防卫来保护法益。换言之,对这种性质的不法侵害,如果通过其他法律途径能够保护法益的,不主张通过正当防卫来解决。

(2) 不法侵害应具有对法益造成物质性损害结果的可能性,不能造成物质性损害结果的不法侵害,不主张以正当防卫解决,如对诬告陷害者实施打击的行为。如果对此以"正当防卫"来认定,并不利于对法益的保护。这里并不是说当事人不具有自卫权,而是因为对这种性质的不法侵害,等待公权力的介入,更有利于对法益的保护,如果允许正当防卫,会助长"私刑"泛滥而破坏法的秩序。

(3) 不法侵害应具有侵害的急迫性,即造成的法益损害处于紧迫的危险之中,能够形成防卫紧迫感,也只有在这种情况下,才能使防卫成为保护法益的必要手段而具备实质的正当性。这种不法侵害,就是指具有暴力性、破坏性、法益损害发生较快的不法侵害,如对贪污、受贿行为人就不能实行正当防卫。同理,这种性质的不法侵害,要求具有一定的强度,才能形成防卫的紧迫感,对轻微的不法侵害,同样不宜以正当防卫来解决,如对现场抓住的小偷实施打击的行为,实践中也有造成其严重伤害甚至死亡的,不能认为这种行为是正当防卫。当然,对抗拒抓捕者实施只为制服、控制人身的必要的暴力,应当认为是正当防卫。

不法侵害的进一步探讨

问题一:对过失行为能否实行防卫?

一般而言,实施不法侵害行为的行为人主观上必须是故意的,对之实施防卫是没有疑问的,但对过失行为能否实行防卫,理论上有争议。折中的观点认为,对具有暴力性、攻击性的过失行为可以实施,如过失致人死亡、过失伤害行为,其他的过失犯罪行为,不能实行正当防卫①。张明楷教授认为,之所以对过失行为可以实施正当防卫,是因为有的过失实行行为与结果发生之间会有时间上的间隔,对过失行为在客观上包含造成结果的极大可能性甚至必然性的,没有理由禁止正当防卫。② 姜伟博士认为,对过失行为不能实行正当防卫,在过失行为可能引起结果发生时,可以通过很多方法提醒、帮助以避免结果发生,而且在已经造成损害时,实施防卫已经没有任何意义。③ 本书赞同否定的观点。

诚然,在过失行为具有造成法益侵害现实危险的紧迫情形下,不是不产生防卫权的问题,而是通过防卫是否能够避免法益被侵害的问题。例如,有驾驶者技术不良,有发生交通事故的可能(或者在交通事故发生后,驾驶者在慌乱中仍然驾驶汽车的),当然对行人、其他车辆构成现实的、紧迫的侵害,能够产生防卫紧迫感的危险,那么,此时将驾驶者击伤,能实现防止危险进一步扩大,还是能迫使其停止可能的侵害行为?车内的乘员可以通过正当防卫制止吗?暂且不论在车辆行驶中实行所谓的防卫将驾驶者击伤④,是扩大了危险还是能防止危险发生,若过失致人死亡、过失致人重伤在死亡、重伤结果已经发生后,还能认为将其致死、致伤是正当防卫吗?这与私刑报

---

① 参见姚辉:《试论正当防卫中的不法侵害》,载《法学杂志》1985年第1期;周国钧、刘根菊:《正当防卫的理论与实践》,中国政法大学出版社1988年版,第41—42页。
② 参见张明楷:《刑法学》(上)(第5版),法律出版社2016年版,第199页及页下注释。
③ 参见姜伟:《正当防卫》,法律出版社1988年版,第65页。
④ 防卫是通过对不法侵害者的人身侵害,达到制止不法侵害效果的,即要制止的是不法侵害人的侵害行为能力,所以只有对其实施人身加害才得以现实,如果制止的行为并没有造成不法侵害者人身的任何损害,制止行为根本不需要以正当防卫的规定来认识。

复没有本质上的区别。

至于张明楷教授所举聋哑人主观上过失地"误将人当做兽要猎取时",被身后同伴开枪击伤制止的例子①,的确可以说是通过对人身的加害制止了可能发生的严重结果,符合正当防卫的要求,问题在于该人没有开枪射击之前,何以就认为聋哑人主观上是过失而不是故意杀人?刑法上的犯罪过失是依据结果而存在的。换言之,该案要作为正当防卫认定,是司法上的认定,至于"误将人当做兽要猎取",这只是其身后要实施防卫者自己主观上的判断,至于要开枪射击他人的聋哑人在主观上是故意还是过失,对认定此案是否成立正当防卫并没有意义。包括第三者对"假想防卫"者所实施的防卫在内,也是同样的道理。成立"假想防卫"还是故意犯罪②,是事后司法上对其"防卫行为"的评价,并不是通过加害行为制止其行为的第三者对在实施"假想防卫者"行为的判断,第三者要制止的就是其所见的客观上的"不法侵害",与"假想防卫者"最终是否成立假想防卫没有任何关系,也与第三者是否成立正当防卫没有关系。如果认为第三者对假想防卫者实施防卫成立正当防卫,那么第三者针对假想防卫者的客观行为,是自己主观上判断对方的行为是不法侵害而已,欲通过防卫要制止其行为,而假想防卫者实际上实施的并非不法侵害,而是防卫行为,只是针对的对象不是适格的不法侵害者而已。因此,作为防卫者的第三者也是在"假想防卫",也只能按照"假想防卫"的原则处理,当然存在完全不成立假想防卫而构成故意犯罪的可能性,何以认为一定可以成立正当防卫?

应当说过失行为性质上虽属于不法侵害,但过失(行为)犯罪成立之时,也是过失(行为)犯罪结束之时。由于结果已发生,已不可能通过防卫来消除危害结果,即对过失(行为)犯罪不可能通过人身侵害的所谓的正当防卫解决任何问题。

问题二:对无刑事责任能力人的侵害行为,是否可以实施正当防卫?

这在理论上也是有争议的问题。无责任能力人包括未达到法定刑事责任年龄人和丧失辨别或控制能力的精神病患者。理论上一般将这种情况区分为知道其为无刑事责任能力,以及不知道其为无刑事责任能力两种情况。(1)对不知道是无刑事责任能力人的情况,有两种对立的见解。张明楷教授认为,"不法"与"违法"是同义语,应该是主客观相统一的,仅有客观上造成损害的可能,主观上无罪过、过错,不能称之为"不法侵害",因此不能实施正当防卫③。陈兴良教授认为,不法侵害不以主观上有责为必要,只要在客观上具有对法益的侵害,就是不法侵害,无责任能力者的行为同样具有不法的性质,可以对之实行防卫④。(2)对知道是无刑事责任能力人的情况,

---

① 参见张明楷:《刑法学》(上)(第5版),法律出版社2016年版,第199页注释。张明楷教授同时还认为,对假想防卫的,也可以实施正当防卫。

② 成立假想防卫,主观上是过失罪过或者无罪过,反之,则不成立假想防卫,主观上就是故意罪过。

③ 参见张明楷:《犯罪论原理》,武汉大学出版社1991年版,第325页。不过张明楷教授在此后修改了自己的认识而主张有限制的肯定说。参见张明楷:《刑法学》(上)(第5版),法律出版社2016年版,第199—200页。

④ 参见陈兴良:《正当防卫论》,中国人民大学出版社1987年版,第104—109页。

有三种不同见解。马克昌教授认为,不法侵害的违法,并不包括行为人主观情况以及责任能力的内容,防卫人也无义务去查明这些情况,所以对无刑事责任能力人,可以实行正当防卫①。刘明祥教授认为,知道是无刑事责任能力人,就不能实行正当防卫,应允许实行紧急避险。这是因为无刑事责任能力人的行为不具有违法性,所以不宜主张对之实行正当防卫②。还有学者采限制防卫观点,认为只有在迫不得已无法躲避的情况下,才可以实行正当防卫,一般情况下应该尽量避免对无刑事责任能力人实行正当防卫③。张明楷教授也主张,对防卫的必要性应加以限制,虽然不要求只能在不得已的情况下才进行防卫,但应尽量限制在必要的场合④。

从贯彻结果无价值的客观违法论立场,无论是否知道是无刑事责任能力人,都不妨碍将其行为视为不法侵害,当然可以对之实行正当防卫。本书认为,正当防卫权不是私刑权,防卫对不法侵害者所造成的损害,也不具有刑罚的意义,因此,不法侵害者有无责任能力,对是否成立正当防卫是没有意义的。如果从这层意义上说,知道还是不知道侵害者有无责任能力以及是否需要在防卫中有"必要性"的限制,这只是一个道德要求,而不是正当防卫成立的标准。在承认可以对之实行正当防卫的前提下,只在于对不法侵害人法益的损害与保护法益对比上,对防卫限度的必要限制,而不需要对其他因素考量后决定正当与否。

问题三:不法侵害是否限于作为?对不作为是否可以实行正当防卫?

否定的观点认为,对不作为行为不能实行正当防卫,因为不作为行为不具有侵害的紧迫性,而且防卫也不能制止危害结果的发生⑤。对不作为形式的侵害,只能以提醒、劝说、警告等方法制止,但这样的手段不属于正当防卫⑥。姜伟博士认为,对不作为行为能否实行正当防卫,取决于不作为能否形成紧迫的危害,能够形成紧迫危害的,无论对纯正不作为还是不纯正不作为,均可以实行正当防卫⑦。

就刑法规定而言,并没有限制不法侵害的形式,当然既包括作为行为,也包括不作为行为。事实上,不作为行为未必不能形成法益侵害的紧迫性,如锅炉工不给锅炉上水,企图使之爆炸,就不能说对法益的侵害不紧迫。然而,问题在于对之实行防卫的意图何在?如果是为了消除危险,制止对法益的侵害,那么显然将不法侵害人打死也好,击伤也好⑧,并不能使锅炉不爆炸;与其打死、打伤,不如断电、断油关闭锅炉更有效。如果不是这样的意图,那么防卫只能演变为报复,而不是正当防卫。

张明楷教授列举了非法侵入住宅,要求其退出而拒不退出,强力将之推出而致

---

① 参见马克昌主编:《犯罪通论》,武汉大学出版社1999年版,第722—724页。
② 参见刘明祥:《刑法中的错误论》,中国检察出版社1996年版,第111页。
③ 参见高铭暄主编:《刑法学原理》(第2卷),中国人民大学出版社1993年版,第214页。
④ 参见张明楷:《刑法学》(上)(第5版),法律出版社2016年版,第200页。
⑤ 参见高铭暄主编:《新编中国刑法学》(上),中国人民大学出版社1998年版,第277页。
⑥ 参见甘雨沛主编:《刑法学专论》,北京大学出版社1989年版,第143页。
⑦ 参见姜伟:《正当防卫》,法律出版社1988年版,第64页。
⑧ 正当防卫的本意就是通过对不法侵害者人身的攻击,制止不法侵害。

伤,应成立正当防卫的情形①。此例可以说明,对法益侵害的紧迫性,并不是可对不作为行为实行正当防卫的合理理由。无论是纯正不作为还是不纯正不作为,都是违反特定作为义务,能防止而不防止特定危害结果发生的行为。如果是通过强制手段使其履行特定义务来防止结果发生,防卫人是在充当"法律"执行者的角色,何以认为是正当防卫行为?如果人人都充当法律的执行者,这是违背正当防卫的精神的;而通过实施对不法侵害者人身法益的加害而制止其不法侵害,这才是设置正当防卫法秩序的真义。因此,能否以造成不法侵害人人身法益损害的方法,制止其不作为的不法侵害,消除对法益威胁,这才是对之是否能够实行正当防卫的理由。因此,笼统地说"无论以作为形式还是以不作为方式实施的,都可以反击"②,实行正当防卫,过于绝对化。本书认为,除了个别的特例③,绝大多数的不作为的侵害行为,是不可能通过防卫来消除危险状态以防止危害结果的发生的。除非在法律上认可"人人都可以作为法律执行者是正确的"。

问题四:针对动物的侵袭行为,能否实施正当防卫?

从理论上说,不法侵害是指人的行为,但以强力制止动物侵袭的行为,是否为正当防卫,有不同见解。肯定观点与否定观点均认可,在动物受人驱使下的侵袭,动物是不法侵害人的工具。有异议的观点,如陈兴良教授认为此时动物是防卫对象④;高格教授认为,动物也只是人所实施的不法侵害的工具,防卫对象仍然是人,而不是动物⑤。马克昌教授则主张具体分析,即对无主动物的侵袭的反击,谈不上正当防卫,是自然现象;对野生动物或有主动物自发的侵袭的反击,应为紧急避险;对受人驱使动物侵袭的反击,则为正当防卫⑥。基于客观违法论的观点,张明楷教授认为,这种"对物的正当防卫",无论是动物受人的驱使还是动物自发的侵袭,都不影响正当防卫的成立。对受人驱使的动物侵袭的反击成立正当防卫自不待言,对动物自发侵袭的反击,即使管理者主观上没有过失,也是其客观疏忽行为所致,管理者存在客观上不作为的侵害行为,击伤击毙动物,应该视为对管理者的正当防卫⑦。黎宏教授认为,不法侵害是就其客观上侵害法益的危险的评价,既针对人也针对物,因此,动物的侵袭也是不法侵害,对其可以进行正当防卫;对将动物作为工具的,可以对包括动物在内的他人的攻击行为进行反击⑧。上述两位教授的观点虽略有不同,但在是否能够对动物实行正当防卫上是一致的,符合正当防卫规定的精神。

---

① 参见张明楷:《刑法学》(上)(第5版),法律出版社2016年版,第200页。
② 黎宏:《刑法学总论》(第2版),法律出版社2016年版,第129页。
③ 对"动物管理者疏忽(不作为)的防卫"。参见张明楷:《刑法学》(第4版),法律出版社2011年版,第194页。
④ 参见陈兴良:《正当防卫论》,中国人民大学出版社1987年版,第121页。
⑤ 参见高格:《正当防卫与紧急避险》,福建人民出版社1985年版,第31页。
⑥ 参见马克昌主编:《犯罪通论》,武汉大学出版社1999年版,第739—740页。
⑦ 参见张明楷:《刑法学》(上)(第5版),法律出版社2016年版,第201页。以此可以视为对"不作为不法侵害"防卫的特例。
⑧ 参见黎宏:《刑法学》,法律出版社2012年版,第128页。

问题五：在不法侵害没有直接体现出侵害具体个人法益时，对侵害国家法益、社会法益的行为实行正当防卫是否应该有一定的限制？

该问题在国外的刑法理论中就存在争议。① 张明楷教授认为，在国家机关能够及时有效保护公法益的情况下，公民没有必要也不应当进行防卫，否则，反而不利于保护法益②。根据我国《刑法》第20条的规定，正当防卫所保护的法益，包括"国家、公共利益"。如果从法秩序的整体而言，每一个公民的利益都包括在其中，对单纯侵害的是国家法益、社会法益的不法侵害，也是允许任何公民实行正当防卫的。但是，这样一来，人人都可以通过所谓的防卫，成为执法者，这从根本上会破坏法治的统一性。因此，有必要对侵害国家法益、社会法益而并未直接危害到"本人或者他人的人身、财产和其他权利"的不法侵害实行防卫有一定限制。

原则上说，只要并未直接危害到"本人或者他人的人身、财产和其他权利"，就不应去实行本应由国家专门的司法机构、行政机构的专属执法权范围内的防卫行为。例如，任何人都不得以保护国(边)境安全而私自关押、逮捕或者杀害、伤害非法越境者；不得以维护公序良俗而查扣、销毁售卖淫秽光盘者的淫秽光盘；不得以有国家禁毒命令而查扣、销毁贩毒者的毒品，私自逮捕或者杀害、伤害贩毒者；不得以为民除害、大义灭亲而杀害、伤害为非作恶的亲属；不得以维护食品安全扣押、没收他人的问题食品；不得以保护环境为名上街查扣尾气排放未达到标准的机动车；不得以维护交通安全查扣无证驾驶机动车；等等。

台湾学者黄荣坚教授指出，国家和公共利益的保护是专属国家机关的任务，如将此任务委托给私人，会造成人人以警察自居，反而不利于对国家、公共利益的保护，所以，原则上任何人都不得以维护国家或者公共利益之名而行使正当防卫权。③

虽然对单纯侵害的是国家法益、社会法益的不法侵害，不宜提倡公民去实行正当防卫，但是，当不法侵害的国家、公共法益同时包含着个人法益时，应该允许实行正当防卫。例如，对盗窃国家财产的行为，财产的主体虽是国家，也是同时侵害到个人权益的，因为国家财产是由国民缴纳的税款构成，应该允许公民实行正当防卫；当侵害社会法益附随个人法益时，也应该允许实行正当防卫，如对住宅实施放火、爆炸的行为，应允许实行正当防卫；对已经泥醉还要强行驾驶机动车，给他人安全构成威胁的，可以武力阻止其驾驶机动车。问题的关键在于对保护单纯的国家、社会法益是否允许实行正当防卫。黎宏教授认为，只有在国家利益面临重大危险而国家机关不及保护时，个人可以为保护国家利益实行正当防卫。④ 本书赞同这一认识。侵害的是国家法益、社会公共重大利益，但专门司法、行政机构尚不能及时介入保护时，应该允许公民个人行使正当防卫。前者如口头制止向未成人兜售淫秽光盘、毒品未果，反而引起对方"反击"时；后者如对实施放火、爆炸行为的防卫是因警察不能及时赶到时。

---

① 参见张明楷：《外国刑法纲要》，清华大学出版社2007年版，第162页。
② 参见张明楷：《刑法学》(上)(第5版)，法律出版社2016年版，第201页。
③ 参见黄荣坚：《基础刑法学》(上)，中国人民大学出版社2009年版，第148页。
④ 参见黎宏：《刑法学总论》(第2版)，法律出版社2016年版，第130页。

正当防卫的对象是不法侵害,因此,对合法行为,则不能实行防卫行为。一般认为以下情况不得实行所谓的防卫:(1) 公民依法捉拿、扭送正在实施违法犯罪的人和被通缉的在逃人犯。被捉拿、扭送者或其他第三人,不得以任何借口实行防卫,否则应按触犯的法条依法处理。(2) 对实行紧急避险的人,受到损失的一方或第三者,不得借口维护自身合法利益而对避险一方实行防卫。(3) 司法人员依法拘捕人犯、扣押物证和进行搜查,被拘捕者、物品的所有者、保管者以及第三者,均不得以任何借口维护利益实行防卫,否则,是阻碍执行公务的违法犯罪行为。(4) 父母对子女实施惩戒权(没有使用暴力)的行为,不能实行防卫等。

2. 不法侵害必须是已经现实发生的

不法侵害要求的现实性,是指不法侵害不能是防卫者主观想象或臆测的。现实性要求不法侵害不能是过去发生的,也不能是今后要发生的。如果客观上并不存在不法侵害,由于事实上的认识错误、主观想象或推测发生了不法侵害,进而实行防卫的,是"假想防卫"。假想防卫,由于不存在现实的不法侵害,不具有防卫的前提。因此,假想防卫不是正当防卫。对假想防卫所造成的损害,应当按事实认识错误原则①处理,即如果行为人是应当预见而竟没有预见,主观上有过失的,负过失犯罪的责任;如果是行为人不可能预见的,则属意外事件。

3. 不法侵害必须是正在进行的

不法侵害要求是正在进行的,是指不法侵害即刻发生、刚发生和在持续中。只有不法侵害正在进行中,才能使法益处于被侵害的紧迫、威胁状态,才使得防卫成为保护法益的必须手段。所以,可防卫的状态从即将发生对法益直接损害的那一刻开始存在,至不法侵害结束后,应停止防卫。

至于不法侵害的开始应如何判断,**侵害现场说**认为,不法侵害者进入侵害现场,则有侵害的危险,为不法侵害的开始②;**着手说**认为,不法侵害着手,是正当防卫的开始③;**直接面临说**认为,不法侵害的开始是合法权益面临侵害的具体危险,包括已经着手、实行侵害迫在眉睫,合法权益将要遭受侵害④;**综合说**认为,一般着手为不法侵害的开始,但在不法侵害现实威胁已十分明显,不实行防卫会立即发生侵害时,也应认为不法侵害已经开始。⑤ 张明楷教授认为上述各说实际上并没有本质上的区别,但前三种学说在个别情况下结论可能存在差异。⑥ 当然,在判断不法侵害何时开始时,也与不法侵害者是以何种方式、方法实施侵害,侵害使用的工具等有着密切的关系,从这一点而言,黎宏教授赞同综合说⑦。至于判断应以何人的认识为标准,也有不同的

---

① 参见第七章第四节"认识错误"。
② 参见辽宁省法学会主编:《辽宁省刑法理论座谈会论文汇集》,辽宁省法学会1980年编印,第196—197页。
③ 参见周国钧、刘根菊:《正当防卫的理论与实践》,中国政法大学出版社1988年版,第41—42页。
④ 参见姜伟:《正当防卫》,法律出版社1988年版,第70页。
⑤ 参见高铭暄主编:《新编中国刑法学》(上),中国人民大学出版社1998年版,第279页。
⑥ 参见张明楷:《刑法学》(上)(第5版),法律出版社2016年版,第201—202页。
⑦ 参见黎宏:《刑法学总论》(第2版),法律出版社2016年版,第131页。

理解。多数学者主张以一般人(第三者)的认识作为判断的标准,不宜以防卫者的认识为标准(否则就没有"防卫不适时"存在的余地了)。

不法侵害的结束,是必须停止防卫之时。如何认识不法侵害的结束,也有不同的认识。**不法侵害状态排除说**认为,防卫是否结束应以侵害的危险状态是否被排除为准,侵害行为停顿,不能断定是否再继续实施,危险状态就是未排除,仍可进行防卫①;**侵害行为停止说**认为,只要不法侵害行为停止下来,侵害就是已经终止②;**危害结果发生说**认为,以危害结果已经实际形成的时间为不法侵害结束的时间③;**侵害状态结束说**认为,在不法侵害发展到危害结果已经发生,即使进行防卫,也不能制止结果发生或及时挽回损失,或者即使不再实行防卫,也不会再发生危害结果或结果不再扩大,则表明侵害已经结束④。姜伟博士认为,侵害的结束不应有统一的标准,应该具体情况具体分析,可以是侵害者自动终止侵害,也可以是侵害者已经被制服或丧失继续侵害能力;可以是侵害后果已经发生,也可以是侵害人脱离侵害现场等。⑤

应该说,不法侵害的结束,无论以何种形式表现出来,都是意味着法益不再处于现实的侵害、威胁之中。侵害者已经被制服,当然是已经结束,侵害者已经脱离现场,当然也是已经结束,侵害者已经表明放弃,当然也是已经结束,等等。因此,结束的形式并不重要,关键在于从其表现上是否能够判断出对法益紧迫的侵害、威胁已经消除。

对预先采取防卫措施的,是为了防卫今后可能发生的不法侵害,而不是已经发生的不法侵害。如安装报警装置、摄录像装置,是合法行为,即使其在不法侵害发生时发挥了作用,一般也不会造成不法侵害人身伤亡,因此,与正当防卫一般不会有关联性。但是,有的防卫装置在发挥作用时,可能会造成人身伤亡。例如,在住处安装低压电网、捕兽器、触发式弹弓等,如果其安装不危及公共安全,一般而言,当防卫的利益与造成的人身损害是相适应的,防卫装置发挥的作用,应视为正当防卫的效果;反之,可能构成过当防卫。如果安装的处所危及公共安全,如在围墙上私自安装高压电网、在围墙外设置陷阱并在内安装竹签、在果园成熟的果实上喷洒剧毒农药防盗(可能都设置了警示标志)等,则"防卫行为"本身即是不法侵害,在造成不法侵害人或者无辜者人身伤亡的情况下(不作为不法侵害),或构成过当防卫,或构成以危险方法危害公共安全罪。

"不法侵害正在进行",是正当防卫的时机条件。如果不法侵害行为尚未开始或者已经终止的,则不能实行防卫,否则是"防卫不适时"。防卫不适时,因不符合防卫的时机条件,因此不是正当防卫,由此造成损害的,也不属于防卫过当,应承担相应的刑事责任。

---

① 参见陈兴良:《正当防卫论》,中国人民大学出版社1987年版,第136—137页。
② 参见周国钧、刘根菊:《正当防卫的理论与实践》,中国政法大学出版社1988年版,第62页。
③ 参见高格:《正当防卫与紧急避险》,福建人民出版社1985年版,第29页。
④ 参见马克昌主编:《犯罪通论》,武汉大学出版社1999年版,第732页。
⑤ 参见姜伟:《正当防卫》,法律出版社1988年版,第71—75页。

防卫不适时有两种情况:(1) 事先防卫(事前防卫),是指对只有侵害意图流露,而不法侵害尚未着手实行的行为实施防卫,也即不法侵害实际上并没有发生。在该种情况下,由于法益尚未处于被侵害的紧迫、直接的威胁之下,防卫的权利尚未产生,因而还不能实行防卫,但允许采取一定的防范措施(如前所述预先采取防卫措施的情况)。一般认为,虽然尚未着手不法侵害行为,但对权益的侵害已相当迫近,如等待不法侵害人着手后再实行才进行,势必为时已晚,无法制止不法侵害,或防止危害结果发生的情况下,则允许防卫时机提前,而不认为防卫不适时。从现实来看,防卫人通常面对不法侵害时多数是没有思想准备的,存在对当前的实际状况难以准确判断,或存在错误判断的情况。因此,对事前防卫在认定尺度上宜宽,而不宜过于严苛。如因对事实认识错误而提前防卫的,则按"假想防卫"处理,其主观上或属于过失,或无罪过系意外事件。当然,也不排除事前防卫有故意犯罪的情况。造成事前防卫的原因,一是事实认识错误,二是有意的事前加害。

(2) 事后防卫,是指在不法侵害结束后,法益不再处于现实的侵害、威胁之中,仍然不停止而进行防卫的。不法侵害的结束,包括以下情况:一是侵害者在不法侵害过程中确实已自动停止了侵害行为,威胁已消失;二是侵害者已被制服,或者在防卫下已失去了继续侵害的能力和条件,威胁已消失;三是侵害行为已实施完毕,并且没有表现出进一步实行侵害的意图或者行为已实施完毕,虽仍然存在造成重大损失的危险,但通过防卫并不能排除危险状态防止结果发生,或者挽回损失的。在上述情况下,如果仍然不停止防卫,则为事后防卫。事后防卫,造成的损害也不属于过当防卫,应承担相应的刑事责任。

同理,在突发侵害而实行防卫时,也存在由于惊愕、恐慌、紧张而对已经结束的不法侵害不能准确判断的问题,因此,在认定事后防卫时,也应采取宜宽而不宜过于严苛的原则。一般认为:(1) 在具体情况下,由于防卫人情绪的极度紧张、激愤、恐惧,虽然不法侵害已经结束,但危险的消除事实并不十分明显,对侵害结束的事实一时难以分清,没有立即停止防卫的,不宜对防卫人过分苛求,应当认为是适时的防卫。(2) 在比较特殊的情况下,虽然侵害行为已经终了,但侵害行为所造成的损害,当场还可以通过防卫来得及挽回时(法益仍具有可防卫性——也可理解为防卫时机的延伸),应视为不法侵害仍然具有现实性,属于尚未结束,允许实行防卫。不能轻易认定是防卫不适时。当然,这种情况下,应当特别注意防卫的限度问题。

造成事后防卫的原因有二:一是事实认识错误,以为不法侵害依然在进行中而实行防卫。对此可按"假想防卫"处理,主观上有过失的,应以过失犯罪论处;无过失的,则属于意外事件。二是对不法侵害人实施具有报复性的事后加害。对于报复性的事后加害,应以故意犯罪论处。

4. 防卫意识

依据我国《刑法》第 20 条第 1 款的规定,只有在防卫人具有正当防卫意识的情况下,才能成立正当防卫。防卫意识包括对防卫的认识和防卫的意志,防卫的认识,是指认识到不法侵害正在进行;防卫意志,是指防卫是出于为了使国家、公共利益、本人或者他人的人身、财产和其他权利免受正在进行的不法侵害的目的。基于第20条"为了使……"的规定,通说认为,这是对正当防卫成立主观目的性的要求。多数学者也认为,防卫意志对于正当防卫的成立具有重要的意义,是正当防卫之所以被排除犯罪属性,不承担刑事责任的重要根据之一。

张明楷教授认为,在防卫意识中防卫的认识具有重要意义,但只要认识到是与正在进行的不法侵害相对抗,就应该视为具有防卫意识。这有利于将基于兴奋、愤怒等进行防卫的情形纳入正当防卫之中。将防卫意识作为正当防卫的条件,也只能说不具有防卫意识的情形不成立正当防卫,而不能直接得出就是犯罪的结论。因为第20条"为了使……"的表述,完全可以理解为正当防卫是客观上排除不法侵害或保护法益[1]。

黎宏教授也表达了相同的观点,认为对防卫意识的要求如果过多,则违背设立正当防卫制度的本意。因为正当防卫是源于人的自我防卫、自我保护本能,在面临不法侵害的紧急状态下,会因吃惊、紧张、激愤、恐惧而陷入无意识状态,反击会出于本能,难有基于冷静判断而实施具有防卫意图(意志)的行为。不能否认其正当防卫的性质。而且,在实务中,防卫与加害意思并存的情况是现实存在的,如预测到将遭受侵害而事先做准备,在不法侵害发生时,利用准备的条件进行反击的,其意识中就同时具有防卫与加害的内容,不能说具有纯粹的防卫意识,但不能因为防卫人事先有准备,在不法侵害发生时有反击对方的动机而否定有正当防卫的权利。因此,基于我国现行刑法的规定,在防卫意识的要求条件上可以适当放宽,即在防卫当时,认识到面临紧急不法侵害,基于理性的防卫目的的自不待言,即使对毫无思想准备而突然面临不法侵害时,防卫人只要认识到是与正在进行的不法侵害相对抗,就应该视为具有防卫意识。哪怕防卫人意识中夹杂着有加害意识的场合,也应承认有防卫意识。[2]

本书赞同上述看法。事实上正确认识到这一点,对纠正"面对不法侵害只能临时找防卫工具,或者事先有准备不能成立正当防卫"这种很狭隘的防卫观念,非常重要。

防卫意识的进一步探讨

根据防卫意识的条件,以下几种情形需要具体分析:

(1)防卫挑拨,也称为挑拨防卫,是指以加害对方的故意,挑逗对方首先进行不法侵害,尔后借口防卫加害于对方,造成较重大人身伤亡的行为。造成损害的,应以故意犯罪论处。因为所谓防卫的一方主观上并不是基于防卫的意识,而是具有犯罪的故意,只是客观上像防卫,事实上其挑拨行为本身就是一种不法侵害行为。因此,被挑拨者的反击行为,实质上是排除不法侵害,应属于正当防卫。挑拨者如果是以具体带有攻击性的具体行为进行挑拨时,是较好判断挑拨一方的。但实务中,这类案件

---

[1] 参见张明楷:《刑法学》(上)(第5版),法律出版社2016年版,第204页以下。
[2] 参见黎宏:《刑法学总论》(第2版),法律出版社2016年版,第133—134页。

通常表现出来的首先是一方的言语挑衅,而在言语冲突中也存在某一方首先使用了非常恶毒的语言去羞辱对方,逐渐升级为肢体冲突的情况①。根据我国《刑法》的规定,言语也是危害行为的表现方式之一,因此,可以肯定的是,言语的攻击,也是一种不法侵害,应该承认存在防卫权。问题在于,能否对言语挑衅视为"挑拨"行为进行防卫?在承认言语挑衅是不法侵害,具有防卫权的前提下,不仅有一个需要能够掌握的言语侵害的"度",也有如何确定挑拨者的问题,不宜将突发的言语冲突,都视为不法侵害。

如前所述,防卫挑拨是有侵害他人思想准备的不法侵害,在该种情况下,并不是说由哪一方引起事端,就是挑拨者,因不排除事端的被动方会采取挑拨;也不是哪一方言语更恶毒,就是挑拨者,不恶毒的一方也可能是挑拨的一方。因此,能否确定哪一方是有意而为是关键,而且,挑拨者的挑拨行为,应符合不法侵害质与量的一般性要求。一般而言,符合不法侵害造成防卫的紧迫状况的,应限于实施具体行为的挑拨,而不是仅仅以言语的方式激怒对方。例如,有准备地率先以具体的轻微不法行为引起肢体冲突,或者故意使矛盾冲突升级。由挑拨行为而引发被挑拨者的反击行为,挑拨者的行为应视为不法侵害,而被挑拨者的反击行为实质上是在排除不法侵害,可认为有防卫的权利。

(2) 互相斗殴,是指双方都有侵害对方的意图而发生的互相侵害行为。斗殴的双方都不具有正当防卫的意图,因此各自的行为都具有不法性质,都不能成立正当防卫。张明楷教授认为,相互斗殴之所以不能成立正当防卫,一是因为双方的殴打是基于承诺的行为,是相互同意他人的殴打,因而不具有侵害对方人身法益的违法性;二是双方的行为在客观上都不是为制止不法侵害、保护法益而为之,故不成立正当防卫并非因为双方缺乏防卫意识。但是,同时他也认可在相互斗殴中也可能存在正当防卫②。

本书不大赞同张明楷教授的观点。如果说可以因为基于承诺而不具有侵害对方人身法益的违法性,则意味着是阻却了违法性,反过来说斗殴就是合法行为,至少在承诺的意义上也可以说法律没有禁止(但斗殴不违法吗?)。相互斗殴中也不存在"我愿意你给我造成何种伤害,你也应该愿意我给你造成何种伤害"之意,斗殴者都是在极力避免对方伤害自己而意图加害于对方,这才是认识相互斗殴行为都属于不法行为的根据所在,何以能认为不具有侵害人身法益的违法性。极端点说,如果是双方签订"生死状"的斗殴,是否也能认为是基于承诺而不具有侵害人身法益的违法性?用基于"承诺"的法理解释相互斗殴不成立正当防卫,是多余的。

实践中,当斗殴的一方已经停止斗殴而逃避,但另一方继续实施严重侵害对方身体行为的,或者一方在暴力和伤害程度较低的斗殴中突然使用明显升级的暴力手段,

---

① 从现实看,防卫挑拨的形式表现与"斗殴"很难区别,因此,在处理防卫挑拨问题上能否与"斗殴"予以清晰区别是值得考虑的。
② 参见张明楷:《刑法学》(上)(第5版),法律出版社2016年版,第135页。

且对另一方的人身构成严重威胁甚至危及其生命的,应允许对此实施正当防卫。当然,这种情况比较复杂,应认真分析是否符合防卫条件。张明楷教授也认为,斗殴中的一方不承诺对自己生命和身体进行重大侵害时,对方应属于不法侵害,可以实施正当防卫。① 这是否又将复杂的相互斗殴案件理想化为都事先约定"一般伤害为止"?

(3) 为保护犯罪所得或非法利益实行所谓的防卫,不成立正当防卫。如走私犯以暴力抗拒缉私的,就绝对不能认为是正当防卫。但为保护犯罪所得或非法利益在现实中也呈现复杂情况,不应一概否定有防卫权。当行为人合法的人身法益与非法利益交织在一起时,对自己人身法益的保护,可根据案件的具体情况认定正当防卫。例如,在典型的"黑吃黑"的案件中,企图以杀人方法抢劫盗窃者所盗窃的财物,盗窃者对非法所得财物的防护,不宜视为正当防卫,但是对抢劫者意图杀人灭口的行为,完全可以实行防卫。再如,毒品贩卖者为保护毒品而将抢劫者杀死、伤的,不能成立正当防卫,但是,当抢劫者的行为严重威胁到贩卖者的生命、重大健康权利时,也应允许其实行正当防卫。当然,这种情况下认定是否成立正当防卫,应当依照正当防卫的条件严格地把握。

(4) 偶然防卫,是指行为人故意对他人实施犯罪行为时,巧遇对方正在进行可以成为正当防卫起因的不法侵害,其行为客观上制止了他人的不法侵害的情况。例如,甲欲开枪杀乙,未发觉乙也在准备开枪杀丙,甲将乙杀死,客观上避免丙被害,即客观上制止了乙对丙的不法侵害,但甲主观上并不具有保护丙合法利益的意识。对偶然防卫的法律属性,存在"有罪说"和"无罪说"对立。有罪说认为,有关其犯罪形态,还存在既遂说与未遂说的区别②,张明楷教授持"无罪说"③,黎宏教授持"未遂说"的观点④。

本书赞同偶然防卫不成立正当防卫的见解。如前例所述,即使丙处于被侵害的急迫情形下,甲不知情时对乙开枪射击的行为,既无防卫的前提条件,也不是基于正当防卫的意图实施的防卫行为,而就是为了"杀人",更何况甲自身并不具有被侵害的急迫形势,只是以客观上具有防卫的效果而认为无罪的观点,值得商榷。无罪说是认为偶然防卫者挽救了无辜者的生命⑤,所以不能认为是结果无价值。实际上这样的分析并非基于法理,而是基于情理。在该种情况下,之所以被称为偶然防卫,是因为其恰好制止了另一个不法侵害的发生;但就实施者而言,仍然是蓄意杀人,更何况"无辜者"是如何界定出来的? 如果说所有非依法被宣告有罪之人,在法律面前都是"无辜者"(即使有罪应处死刑但未经审判之人),那么,甲要杀的乙是正在执行伏击、准备逮捕武装歹徒的便衣警察时,武装歹徒也是"无辜者",因为即使是警察,也无权决定歹徒的生死。如结论是偶然防卫,是基于结果无价值的理论那就是"无罪";如结论是

---

① 参见张明楷:《刑法学》(上)(第5版),法律出版社2016年版,第198页。
② 转引自黎宏:《刑法学总论》(第2版),法律出版社2016年版,第137页。
③ 参见张明楷:《刑法学》(上)(第5版),法律出版社2016年版,第206页以下。
④ 参见黎宏:《刑法学总论》(第2版),法律出版社2016年版,第137—138页。
⑤ 参见张明楷:《刑法学》(上)(第5版),法律出版社2016年版,第208页。

"有罪",则是处于情理的认识。因此,将"偶然防卫"解释为"无罪"是否妥当,值得思考。

本书认为,偶然防卫符合故意犯罪的有关规定,应构成犯罪,至于与防卫结果的巧合,可以作为情节考虑。

正当防卫无罪过主要有两种理由:一是正当防卫使用暴力,是禁止使用暴力的例外,也即从防卫人的角度而言,当认识到自己的防卫是正当、合理的,那么,就可以说具有"为了使……免受正在进行的不法侵害"的防卫意识,可使之成为防卫合法的依据。二是认为防卫人主观上不具有"犯罪的意图",也即认为防卫权是当然的权利,人人都具有防卫权,所以,实施防卫就是防卫权的行使。在此意义上,防卫意识是否正确、合理与防卫权行使并不直接关联。可以看出,就前一种理由而言,可以从具体事件中合理地加以证明而免责;而后一种理由根本无需证明,就应该免责。然而,在认定正当防卫能否成立以及是否过当时,单纯强调人人具有防卫权就可以免责,是不合理的;它更适合于解释刑法设置正当防卫的根据,是否成立正当防卫以及是否过当,不可能脱离防卫意识。

由此,防卫挑拨、相互斗殴、偶然防卫,不符合上述任何一种无罪过的理由。原因在于:防卫挑拨、相互斗殴中的双方,随时可以成为另一方(加害方),在实务中可能根本无法区别;只是在此类问题上,是依据唯物辩证法惯常性地提出的"折中"意见解决罢了。就偶然防卫而言,意图故意犯罪并实施,无论哪种无罪理由都不具备。

5. 防卫对象

防卫行为必须是针对不法侵害者本人实施,不能损害第三者(包括不法侵害人的亲属)的利益。这是正当防卫的本质所决定的,因只有对不法侵害者本人实施防卫,才能制止其继续实施不法侵害。这里的不法侵害者,包括共同实施不法侵害的行为人,这种情况下,无论针对哪个不法侵害人都是可以实施防卫。如果在实施防卫中损害到第三者法益的,应如何处理,按照理论上的通说,根据不同情况按下列意见处理:(1)如果在迫不得已的情况下,损害了第三者的法益,符合紧急避险条件的,按紧急避险处理,否则,应根据其行为和罪过,决定是否符刑事责任;(2)如果误把第三者认为是不法侵害者而进行防卫,则是假想防卫,按假想防卫处理;(3)如果明知第三者未实施不法侵害而实行防卫的,则是故意犯罪。

在上述三种处理意见中,后两种是没有大的争议的,但是,对第一种处理意见,理论上仍然有不同认识。有观点认为,紧急避险是在"不得已"情况下采取损害较小利益保全较大利益的,是明知而故为之,并没有什么错误;而防卫造成第三者损害,则是由于认识错误或者行为误差造成的,因此与紧急避险并不相同。[①] 黎宏教授认为,这种情况下并不一定存在一定要实施紧急避险的实质性要件,即给第三者造成损害不是避险的唯一选择,不是真正的紧急避险。但是,所实施的行为确有紧急避险的意

---

① 参见彭卫东:《正当防卫论》,武汉大学出版社2001年版,第93页。

思,这样一来,可以按照假想避险来处理,或者构成过失犯罪,或者是意外事件,但不是故意犯罪。①

本书赞同通说的观点。如果将第一种情况也都视为是在防卫对象选择上发生认识错误、打击误差的,而将此视为紧急避险,则与通说的第二种假想防卫并没有什么区别。但是,是否存在明知第三者不是不法侵害者,为避免不法侵害"不得已"故意损害第三者利益的情况?例如,防卫人为抵抗不法侵害者的猛烈攻击,"不得已"有意识地将不法侵害者的孩子拉过来抵抗,造成孩子受到伤害(当然在最终结论上不能成立紧急避险)。正当防卫与紧急避险都是公民可以行使的权利,在急迫情形下,公民可以作出正当防卫的选择,也可以作出紧急避险的选择,也可以两者都选择实施,也可以两者都放弃实施。如果在该种情况下,否认有紧急避险的权利,显然是不当的。防卫人明知孩子不是不法侵害人,其行为也不是针对孩子实施防卫,也不能否认防卫者主观上既有防卫的意识,也有避险的意识,其避险显然并不是假想的。按照黎宏教授的假想避险来处理,是勉为其难的。

正当防卫可以对不法侵害者造成人身以及财产的损害,来制止不法侵害。通常情况下,是通过对其人身的损害制止不法侵害的。但是,在特殊情况下,也可以通过对"物"的防卫,制止不法侵害。例如,对不法侵害者指挥其豢养的狗攻击他人时,可以通过将狗击死、伤来制止不法侵害。

6. 防卫限度

我国《刑法》第20条第2款规定:"正当防卫明显超过必要限度造成重大损害的,应当负刑事责任,但是应当减轻或者免除处罚。"防卫行为明显超过必要限度造成重大损害的,是防卫过当,应承担相应的刑事责任。该条件就是要求正当防卫必须在一定限度内实施,其行为才是正当有益社会的,超出这个限度,正当的行为就会演变为有害于社会的行为。因此,防卫是否过当,以是否明显超过必要限度造成重大损害为标准,这是区别正当防卫与防卫过当的标准,也是划分罪与非罪的界限。在我国刑法中,正当防卫允许采用的手段和允许对不法侵害者造成的损害,法律上并没有限制性的规定。也就是说,无论是赤手空拳防卫,还是使用器械,甚至武器防卫,只要在防卫最终的结局上没有明显超过必要限度,都是正当防卫。

至于防卫的必要限度,学界以及实务上的理解都存在不同认识。主要有"基本相适应说""必要说""需要说"以及"有效制止不法侵害说"等。当然,这些主张原本是基于修订前《刑法》第17条第2款"正当防卫超过必要限度造成不应有的危害的,应当负刑事责任;但是应当酌情减轻或者免除处罚"的规定。在《刑法》修订前的规定中,没有现行《刑法》要求"造成重大损害的"内容。因此,基于现行《刑法》的规定,如何理解"必要限度"与"造成重大损害"之间的关系,也成为问题。

(1)**基本相适应说**(客观说)。基本相适应说是正当防卫必要限度的传统观点,认为防卫行为和侵害行为必须基本相适应。就是防卫的性质、手段、强度和后果,与

---

① 参见黎宏:《刑法学总论》(第2版),法律出版社2016年版,第139页。

不法侵害行为的性质、手段、强度和后果之间,要基本相适应(不是要求完全等同),才能成立正当防卫。如果两者不是基本相适应,防卫明显超过侵害行为,造成重大损害的,就是防卫过当。① 因此,这就要求根据侵害行为的性质、强度以及防卫利益的性质、防卫的强度等来决定是否符合必要限度。

(2) **必需说**(客观说)。该种观点主张,正当防卫的必要限度,是保卫合法利益的客观需要。只要是为了制止不法侵害所需要的,就是没有超过限度。只有防卫的限度超过了应有的必需的强度才是过当的防卫。② 所以,应从防卫的实际需要出发,以客观上有效制止不法侵害的实际需要为防卫的必要限度。为达成保护合法利益的目的,防卫的强度不应被不法侵害的强度所限制。只要防卫的客观需要,防卫行为的强度既可以大于,也可以小于,还可以相当于侵害的强度,这都认为是正当的。③

(3) **需要说**(主观说)。该观点主张,以制止不法侵害为正当防卫的必要限度。只要防卫者认为是为制止不法侵害所需要的,则无论造成的损害是轻是重,防卫都是适当的。所谓需要,也即必要,是指防卫人在制止不法侵害的过程中,如果非此手段、强度不能制止不法侵害,就是必要的,则无论防卫手段、性质、强度和后果与不法侵害相适应,都不能认为超过必要限度。④ 相反,如果不是非此不能制止不法侵害,造成不应有危害的,就应认为是超过必要限度。

(4) **有效制止不法侵害说**(折中说)。这是将"基本相适应说"与"必需说"结合的观点,认为防卫是否超过必要限度,要看是否为正好足以有效制止不法侵害所必需的,而未对不法侵害人造成重大损害。必要限度也就是必需的限度,但同时应考虑所防卫的利益的性质和可能遭受损害的程度,要与不法侵害人造成损害的性质和程度大体相适应。⑤ 因此,应对案件作综合分析。

基本相适应说既认为防卫的性质、手段、强度和后果,可以超过不法侵害行为的性质、手段、强度和后果,但是有要求二者之间不能有过于悬殊的差别,既有利于公民行使防卫的权利,也可防止防卫权的滥用。但是,该说仅从客观上考察防卫的必要限度,对防卫的意识强调得不够;必需说则紧扣防卫的主观意识,在客观上对防卫的必要限度的约束上过于宽泛;需要说则是从防卫者角度,以防卫者认为需要的为必需的限度,没有客观上的限制,实际上也等于取消防卫必要限度的要求,这是不合适的。为此,折中说的理解是比较合适的。目前多数学者赞同这一观点。

只要为保护法益,制止不法侵害所必需,为正当防卫必要限度的标准,同时,防卫的性质、手段、强度和后果,与损害行为的性质、手段、强度和后果之间,要基本相适应。在具体案件中,正当防卫行为有些超出必要限度,或明显超过必要限度但是没有造成达到"重大"程度的损害,都是必要限度内的正当防卫。根据我国《刑法》第20条

---

① 参见杨春洗等:《刑法总论》,北京大学出版社1981年版,第174页。
② 参见陈兴良:《正当防卫论》,中国人民大出版社1987年版,第118页。
③ 参见赵秉志主编:《刑法争议问题研究》(上卷),河南人民出版社1996年版,第531—532页。
④ 参见陈建国:《从调戏妇女的流氓被防卫人刺伤谈起》,载《光明日报》1983年5月21日。
⑤ 参见高铭暄主编:《中国刑法学》,中国人民大学出版社1989年版,第153页。

第 2 款的规定,正当防卫限度条件中的"明显超过必要限度"和"造成重大损害",具有应独立考察的侧重点,但二者同时是"防卫过当"的必要内容。首先,应当确定"必要限度"的标准,其次,应当确定是否"明显超过",此外,还应当考察对不法侵害人造成的损害的程度是否属于"重大"。根据上述考察的要求,仅仅是超过"必要限度",但不属于"明显超过",以及"明显超过必要限度",但没有对不法侵害人造成"重大损害"的,均不属于防卫过当。仅有防卫造成的"重大损害"后果,但防卫没有明显超过必要限度的,也不属于过当防卫。所以,"明显超过必要限度",以造成不必要的重大损害为重要标志,即在防卫没有造成不必要重大损害的情况下,一般难于认定是"明显超过必要限度"的防卫;只有在造成重大损害的情况下,才可能存在明显超过必要限度的问题。过当的防卫必须同时具备"明显超过必要限度"与"造成重大损害",不存在仅仅是防卫"手段过当"或者"结果过当",即使防卫的性质、手段、强度,与不法侵害在性质、手段、强度之间差别悬殊,但只要未造成重大损害,也不能以防卫过当论。

一般而言,判断防卫行为的强度是否为制止不法侵害所必需,并且二者是否基本相适应,无明显的悬殊差异和是否造成不应有的重大损害时,应根据不法侵害行为的强度、防卫的法益、防卫行为的强度以及双方的具体情况等因素综合分析。例如,双方的人数、体质、体力,是否使用武器、器械,武器、器械的性能以及侵害时的客观环境等情况,不法侵害的缓急和不法侵害针对的法益等。首先要考察的是不法侵害的强度,如果用小于或相当于不法侵害强度的防卫不足以有效地制止,可以采取大于不法侵害强度的防卫;能用较为缓和的手段足以制止的,不得采用激烈的手段;如果采取明显超过制止不法侵害所必需的激烈手段而造成了不应有的重大损害时,就是超过了必要限度。其次,不法侵害的缓急,是指侵害的紧迫性,即不法侵害对法益侵害的危险程度。侵害发生的越急迫,防卫的需要也就越紧迫,防卫的强度也就越大。因此,当防卫强度大于侵害强度的情况下,应考察不法侵害的缓急。最后,为防卫重大的法益而造成不法侵害者死伤的,可以认为是为制止不法侵害所必需,但不能为了较小的法益而给侵害者造成严重的损害;为保护微小法益,即使非此不能保护,造成了不法侵害人的重大伤亡,也应认为是明显超过了必要限度。

在我国,对过当的防卫,根据《刑法》的规定,应承担刑事责任,因此,防卫过当并不是一个具体的罪名,必须根据刑法分则相关的罪名定性和处罚,但是,应当减轻或者免除处罚。

(二) **防卫过当的罪过形式**

过当防卫是需要承担刑事责任的犯罪行为,但在过当的情况下,防卫者应承担何种罪责? 其主观的罪过形式是什么? 在理论上有不同认识。主要有四种观点:(1) **故意说**。该说认为,过当的防卫都是故意犯罪,因为是防卫人故意造成不应有的重大损害的[①]。(2) **过失说**。因为防卫者是具有正当防卫的意识,但没有要危害社会的故

[①] 参见冯军、肖中华主编:《刑法总论》(第 2 版),中国人民大学出版社 2011 年版,第 270—271 页。

意,因此,过当防卫都是过失犯罪①。(3) **过失与间接故意说**。该说认为,过当防卫的罪过可以是过失,也可以是间接故意,但不能是直接故意,因承认有直接故意,就必须要肯定防卫者主观上有犯罪的目的与动机,但显然这一点与防卫的意识是相互排斥的,二者不可能并存在同一主观心态中②。(4) **过失、故意说**。该说认为,过当防卫的罪过形式,可以是过失,也可以是故意③。在过当防卫中当防卫的强度违反了法律的约束时,一般是过失、间接故意,但刑法并没有将过当的罪过限定为过失,因而不能认为法律排除了故意过当的情况;限定为过失,是不当地限制了防卫过当存在的范围④。

毋庸置疑的是,即使成立过当的防卫,行为人主观上也首先具有正当防卫的意识,所实施的也是正当防卫的行为,只是在最终的结局上,被评价为防卫超过必要限度造成不应有的重大损害。因此,不应将防卫的故意混同于犯罪的故意,作为过当罪过内容的,只是就防卫者对超出防卫的需要而造成的那部分不应有的重大损害结果而言,是何种罪过形式。因此,防卫过当的主观罪过与防卫时的合法防卫意识是同时存在的一种心理活动,是不可能截然区别开的,但将防卫的故意等同于对过当结果的故意显然是不正确的。由此可见,第三种意见认为过当防卫的主观罪过不能是直接故意,因为是与防卫的意识相互排斥的,二者不可能并存在同一主观心态中的认识,还值得商榷。

本书认为,在正当防卫中,多数情况下的不法侵害,是防卫者事先没有预见到的,即使在事先可能已经有所预感,但限于自身条件(女性、年老、年幼等)、环境条件(地处偏僻、室内)、时间条件(夜晚)等,无法对可能的不法侵害作出预防性措施,再突遇紧迫的不法侵害时,精神状态不可避免地处于惊慌、恐惧之中,要求防卫者都能够做到冷静、理智,恰到火候地把握防卫的尺度,是强人所难,因此,多数情况下的过当结果,主观上是过失的心态。但是,这并不排除有冷静面对不法侵害的防卫者,有防卫与加害意思并存的防卫,在该种情况下,对可能发生的过当结果,当然可以持间接故意的放任态度,甚至是希望过当结果发生的直接故意的心态;在实际案件中,很难区别出是间接故意还是直接故意,将直接故意排除在外是不当的。

需要指出的是,只有在正当防卫的前提下才发生防卫过当的问题,在不法侵害者已被制服的情况下,其防卫意图已经达到,已经不存在现实紧迫、正在发生的侵害,就不得再实施加害行为。对出于义愤继续加害不法侵害人的,实质上已是故意犯罪,根本不存在防卫过当的问题。

---

① 参见郑德豹:《也论正当防卫与防卫过当的界限——与金凯同志商榷》,载《法学研究》1981 年第 6 期。

② 参见王作富:《中国刑法研究》,中国人民大学出版社 1988 年版,第 211—212 页;赵秉志主编:《刑法争议问题研究》(上卷),河南人民出版社 1996 年版,第 535 页;高铭暄、马克昌主编:《刑法学》(第 5 版),北京大学出版社、高等教育出版社 2011 年版,第 135 页。

③ 也有主张认为一般是过失,但是不排除有故意的,与过失、故意说实质上相同。参见阮齐林:《刑法学》(第 3 版),中国政法大学出版社 2009 年版,第 138 页。

④ 参见马克昌:《刑法理论探索》,法律出版社 1995 年版,第 78 页。

三、特殊防卫

我国《刑法》第 20 条第 3 款规定:"对正在进行行凶、杀人、抢劫、强奸、绑架以及其他严重危及人身安全的暴力犯罪,采取防卫行为,造成不法侵害人伤亡的,不属于防卫过当,不负刑事责任。"理论和实务中多数人虽然对此持肯定的观点,但对具体内容的理解存在争议。

首先,是关于第 20 条第 3 款的称谓,有称其为"无限防卫"者[1]、"无过当防卫"者[2],还有称其为"无限防卫权"者[3],或者"特殊防卫"[4]等。从第 20 条条款之间的关系而言,该款的规定并不意味着对实施第 20 条第 3 款规定的属于犯罪的不法侵害者可以进行无任何限制的防卫,也不意味着防卫者一定非要置不法侵害人于死地,只是表明在针对严重危及人身安全的暴力犯罪进行防卫时,可以不考虑造成不法侵害人伤亡而过当行使正当防卫权;即使最终的防卫结果是造成不法侵害人伤亡的,仍然属于正当防卫。所以,这只是放宽了正当防卫必要限度的限制条件,并非说已经有效地阻止了不法侵害,也一定非要置不法侵害人于死地。陈兴良教授认为,该款只是在防卫的前提条件上有限制,而在防卫限度上没有限制[5],将第 20 条第 3 款称为"无限防卫""无过当防卫"是不当的。

1. 防卫的范围限制

第 20 条第 3 款适用的前提,必须符合第 20 条第 1 款有关正当防卫的起因条件的规定,即必须是针对不法侵害实行防卫;不法侵害必须是正在进行的;必须具有防卫意图;必须是针对不法侵害者本人实行防卫。具体而言,(1) 必须是暴力犯罪行为,一般违法的暴力行为和非暴力犯罪,不适用该款规定;(2) 必须是严重危及人身安全的暴力犯罪,非严重危及人身安全的暴力犯罪不适用该款规定。严重危及人身安全,主要包括对人的生命、重大健康权、妇女性权利等,完全针对财产性的不法侵害应排除在外;"其他严重危及人身安全的暴力犯罪",是指犯罪所使用的暴力的程度以及侵害的急迫性,相当于该款所列举的杀人、抢劫、强奸、绑架犯罪,而不能是其他不法侵害行为。

2. 防卫的时间限制

防卫必须是针对正在进行的严重危及人身安全的暴力犯罪。所谓正在进行的,是指暴力犯罪行为已经开始实施并且处于尚未结束的过程之中。既不能针对事前的,也不能针对事后的暴力犯罪实施;既不能针对已经中止或终止的,也不能是针对

---

[1] 参见王作富主编:《中国刑法的修改与补充》,中国检察出版社 1997 年版,第 17 页。
[2] 参见曲新久:《刑法学》(第 2 版),中国政法大学出版社 2009 年版,第 119—120 页。
[3] 参见赵秉志、赫兴旺:《论刑法总则的改革和发展》,载《中国法学》1997 年第 2 期。
[4] 参见张明楷:《刑法学》(第 4 版),法律出版社 2011 年版,第 204 页;黎宏:《刑法学》,法律出版社 2012 年版,第 143 页;高铭暄、马克昌主编:《刑法学》(第 5 版),北京大学出版社、高等教育出版社 2011 年版,第 130 页等。
[5] 参见陈兴良:《论无过当之防卫》,载《法学》1998 年第 5 期;卢勤忠:《无限防卫权与刑事立法思想的误区》,载《法学评论》1998 年第 4 期。

已被制服失去继续侵害能力而被迫停止的暴力犯罪实施防卫。认为不法侵害者已不能再实施侵害,还可以继续防卫致使其伤亡的认识,没有法律根据。

3. 防卫的限度限制

第 20 条第 3 款规定的特别防卫,同样必须符合第 2 款没有明显超过必要限度造成重大损害的制约。这里并不存在因为保卫的利益是人身权利,就可以无限制行使防卫权的情况。

特殊防卫的若干问题

在司法中适用中,特殊防卫争议的问题主要有以下几个:

(1)"行凶"的理解。可以肯定的是,"行凶"一词并不是规范上刑法的用语,它更多的是在犯罪学上对具有暴力、侵袭、破坏性特征的一类违法犯罪行为的概括。对此争议,主要有两种截然不同的态度。一种是以应然意义上完全否定立法"行凶"的表述,认为将"行凶"与杀人、抢劫、强奸、绑架犯罪并列在一起,逻辑上是混乱的,因为它既不是一个法律术语,也不是一个罪名,无论从立法用语还是我国《刑法》第 20 条第 3 款的适用来看,都是一种立法缺憾。因此,今后的立法修订,应该删除这一不严谨的规定。① 另一种是从实然的角度,意图从规范意义上对"行凶"作出解释。黎宏教授认为是"严重的故意伤害"的犯罪②,张明楷教授认为是"严重危及生命、重大身体安全"的犯罪③。因此,意图从规范上予以解释的,意见也并不一致。

无论对"行凶"作出何种限制性解释,要求"行凶"的严重程度④,都是与该款规定"杀人、抢劫、强奸、绑架犯罪"在逻辑上混乱的。因为解释虽然略有不同,但在结论上,仍然没有脱离行凶所涉及的罪名(罪行)包括故意杀人。这样一来,对"行凶"的故意杀人有要求严重程度的条件,而随之规定的"杀人"又似乎意味着没有在严重程度上有限制要求,只要是杀人即可行使特殊防卫来认定,这就是矛盾之处。

"行凶"一词虽然并不是刑法的专门用语,而在立法尚未修订之前,还不能否定在我国现行刑法上,它的确成为了刑法上的用语。因此,作为规范刑法学,就必须从实然解释的意义上对"行凶"作出合理解释。就此而言,如果从"行凶"之后随之规定有"杀人",因此将"行凶"限制在严重的故意伤害,可以缩小与"杀人"之间在逻辑上的矛盾。

(2)"杀人、抢劫、强奸、绑架"的理解。其一,这里规定的是指"罪名"还是指"罪行",也有不同认识。有的认为既可以是指具体罪名,也可以是四种形式的犯罪手段,

---

① 参见周加海、左坚卫:《正当防卫新型疑难问题探讨》,载《山东公安专科学校学报》2001 年第 4 期;田宏杰:《刑法中的正当化行为》,中国检察出版社 2004 年版,第 257 页下。
② 参见黎宏:《刑法学总论》(第 2 版),法律出版社 2016 年版,第 143 页。
③ 参见张明楷:《刑法学》(上)(第 5 版),法律出版社 2016 年版,第 216 页。
④ 从这一角度的解释虽然有所不同,但是仍然没有脱离行凶是"严重的故意伤害、严重危及生命、重大身体安全"的。

是罪名与犯罪手段结合的立法形式。① 也有的认为是四种具体罪名,至于四种罪名之外的犯罪,可以归于"其他严重危及人身安全的暴力犯罪"中②。本书认为,"罪名说"是比较合理的解释,不仅可以避免与"其他严重危及人身安全的暴力犯罪"在解释上的重复以及逻辑上的矛盾,还可以避免将"抢劫、强奸、绑架"解释为其他暴力犯罪手段而造成规范解释上的混乱③。

其二,"杀人、抢劫、强奸、绑架"是否限于以暴力手段实施,有不同认识。第一种观点认为,无论是否以暴力实施,都不影响特殊防卫权的行使。④ 第二种观点认为,应具体分析具体的犯罪,对杀人、绑架、强奸犯罪的,任何情况下都应允许特殊防卫,但对抢劫犯罪,限于使用暴力手段的才可行使特殊防卫。⑤ 第三种观点认为,对"抢劫、强奸、绑架"犯罪限于暴力手段,但杀人的是否限制在暴力手段,在解释上没有作出说明。⑥ 至于使用的暴力程度,也有学者指出,除强奸罪之外,"杀人、抢劫、绑架"犯罪,暴力的程度应该达到严重危及人身安全程度的,才能行使特殊防卫权⑦。如果从"罪名说"的立场看,对上述犯罪作限于"暴力"的解释,似有不当。但是,从我国《刑法》第20条第3款已经放宽了防卫限度的实际情况看,对所列举的犯罪如果没有必要限制,特殊防卫的滥用并非不可想象。因此,本书认为,针对具体犯罪进行必要限制的解释,是比较合理的。在此,赞同第二种观点,除强奸罪之外,"杀人、抢劫、绑架"犯罪的暴力程度应该达到严重危及人身安全程度的,才能行使特殊防卫权的认识。

(3)"其他严重危及人身安全的暴力犯罪"的理解。王作富教授等认为,应从暴力犯罪的范围和犯罪的程度上来理解。暴力犯罪的范围,是以刑法规定明文规定暴力或隐含着以暴力为手段的犯罪;暴力的程度,则要求具有严重危及人身安全性质时,才可以适用特殊防卫。具体考察暴力程度,一是从具体罪名上来确定,二是从具体案件上是否具有"严重危及人身安全的"威胁来确定,三是从法定刑上,对法定刑轻的,即使属于暴力犯罪,任何时候都不得实施特殊防卫⑧。

上述意见总体上是一个可行的合理的解释,但是,实际上仍然有不够明确之处。正因为所谓的"暴力犯罪"如同"行凶"一词相同,并不是一个规范上的刑法术语,而是犯罪学的术语;从犯罪学的角度看,"所谓暴力犯罪,通常是指犯罪人使用暴力或者以暴力相胁迫而实施的犯罪……从刑法学的角度看,凡是刑法分则规定的以暴力为

---

① 参见王作富、阮方民:《关于新刑法中特别防卫权规定的研究》,载《中国法学》1998年第5期。
② 参见高铭暄主编:《刑法学专论》(第2版),高等教育出版社2006年版,第485页。
③ "杀人"可以解释为其他暴力犯罪的手段行为,例如,杀人可以是抢劫罪的手段行为,但是"抢劫、强奸、绑架"在规范上,不宜理解为其他犯罪的手段。
④ 参见姜振丰:《关于正当防卫的几个问题研究》,载刘守芬、黄丁全主编:《刑事法律专题研究》,群众出版社1998年版,第252—256页。
⑤ 参见王作富、阮方民:《关于新刑法中特别防卫权规定的研究》,载《中国法学》1998年第5期。
⑥ 参见高铭暄主编:《新编中国刑法学》(上),中国人民大学出版社1999年版,第284页。
⑦ 参见赵秉志、刘志伟:《正当防卫理论若干争议问题研究》,载《法律科学》2001年第2期。
⑧ 参见王作富、阮方民:《关于新刑法中特别防卫权规定的研究》,载《中国法学》1998年第5期。

特征作为犯罪构成要件的各种犯罪都应该认为是暴力犯罪"①。暴力犯罪"是指伴随行使暴力的犯罪,典型的如强盗、暴行、伤害等。所谓暴力,包含暴行以及威胁行使暴行"②。也就是说,犯罪学上的暴力犯罪,是泛指以暴力、威胁为犯罪手段的犯罪行为。那么,从规范意义上解释"暴力犯罪"时,是否包括以威胁、胁迫为手段实施的犯罪,就值得研究。不过,需要申明的是,以下讨论是以防卫人即被害人为视角。

首先,在刑法分则规定的以暴力为手段的犯罪中,除极个别犯罪外,绝大多数是将暴力和胁迫或威胁同时规定为客观方面的构成要件,有些罪还规定可由其他方法、手段构成。胁迫的内容,从规范的解释上,可以是暴力,如杀人、伤害、殴打等,也可以是以毁坏财产、破坏名誉、揭发隐私为内容,或者以对被害人不利,但内容是合法的进行胁迫,如以揭发其违法乱纪、犯罪行为进行威胁。对这样的犯罪,法律虽然明文规定了暴力是其构成要件,但如果威胁、胁迫的内容不是将要实施暴力,而是以毁坏名誉、揭发隐私等为内容,或者是以其他方法、手段实施,即实际上没有实施暴力、胁迫,而使用使被害人不知反抗或丧失反抗能力的方法、手段,如用酒灌醉、用麻药麻醉等,这样的胁迫手段或者其他方法、手段与暴力的内涵相去甚远,如果行为人没有以将要实施暴力为胁迫的内容,实施了犯罪的,视为(可实施特殊防卫的)暴力犯罪显然不够妥当。

其次,从实践上看,犯罪人在实施暴力犯罪时,暴力手段和以将要实施暴力进行威胁的胁迫手段通常是交错使用的,威胁行为传输给被害人的信息是:若有必要,就决定使用公开的暴力。也就是说,刑法中的有些犯罪所使用的胁迫手段是以暴力为后盾的,因而以暴力为威胁内容的胁迫手段,同样具有暴力犯罪的本质特征,将其排除在暴力犯罪之外是不妥当的。这就是犯罪学上定义"暴力犯罪"包括公开以实施暴力为胁迫内容的犯罪理由。

因此,在规范意义上,对暴力犯罪的界定应如何考虑? 本书认为,在特殊正当防卫意义上要界定暴力犯罪,重要的并不在于刑法分则条文本身是否明文规定以暴力或隐含暴力为犯罪构成要件,而在于行为人在实施犯罪时所采取的是否为暴力或者暴力相威胁的行为。当行为人事实上是以暴力行为实施犯罪的,才可能归入可实施特殊防卫的暴力犯罪的范畴或者称其为暴力犯罪。据此,将"暴力犯罪"限定在使用了暴力或者以暴力相胁迫而实施的犯罪上是比较合理的。但是,即使能够明确"暴力犯罪"的界定,有关特殊防卫的问题仍然没有解决,即对使用胁迫或威胁使用"暴力",但实际上没有真正使用现实"暴力"的犯罪,也能使用特殊防卫吗? 本书认为结论是否定的,即以威胁、胁迫为手段实施犯罪,一般上是很难界定为"严重危及人身安全的"犯罪上,应该不允许对这样的不法侵害实施特殊防卫。当然,实践中暴力和胁迫、威胁通常存在混合或交替使用的情况。这种情况下,一般而言,如果对人身的打击的实际暴力侵害,并不严重,如打几耳光、踢几脚等,也可以认为尚未达到严重危及人身

---

① 曹子丹主编:《中国犯罪原因研究综述》,中国政法大学出版社1993年版,第256页。
② 〔日〕日本犯罪学研究会编:《犯罪学辞典》,日本成文堂1982年版,第497页。

安全的程度,也应不允许特殊防卫。因此,对"其他严重危及人身安全的暴力犯罪"应采取限缩解释,不包括单纯使用威胁、胁迫手段,只限于单纯以暴力手段或者交叉有胁迫手段但最终以暴力手段实施严重危及人身安全的犯罪。

四、警察正当防卫①

根据我国《人民警察法》的规定,人民警察是武装性质的国家治安行政力量;人民警察在打击和制止犯罪、维护社会治安、保护公共利益和公民合法权益、保卫国家政权和社会主义现代化建设方面,发挥着重要的作用;公安机关是我国行政机关中唯一能够限制他人人身自由和使用武器等权利的机关。正是因为人民警察拥有这些种种特权,国家立法部门更应当立法规范警察的权力,用法律武器维护人民的合法利益,同时保卫自身的人身安全。但是,警察的防卫权,在我国现行刑法中没有界定它的属性。

正当防卫对普通的国民来说是权利,但是,对于警察来说,则是一项法律义务。因为人民警察在必须实行正当防卫行为的时候,放弃职守,致使公共财产、国家和人民利益遭受严重损失的,依法追究刑事责任;后果轻微的,由主管部门酌情给予行政处分。因此,正当防卫对普通国民而言,是一项权利,是可以放弃实施正当防卫的,但是对身为警察的特定人而言,在遇到必须实施正当防卫的情况下,放弃职守的,则可能承担刑事责任。因此,对警察而言,正当防卫是一项法律义务,而非权利。

警察实施正当防卫,是否可适用我国《刑法》第20条的规定,理论上存在争议。有的认为,警察的正当防卫从性质上说与普通国民的正当防卫有着诸多不同,是一种法定义务而非权利,应该属于阻却违法性的执行职务行为。② 另有不同观点认为,刑法规定的正当防卫适用于警察的正当防卫,因为警察也是具有公民身份的,当然可以实施刑法规定的正当防卫,从上述规定而言,与普通公民的防卫要求相同,只是属于防卫性质的执行职务的行为而已。③

---

① 1983年9月14日最高人民法院、最高人民检察院、公安部、国家安全部、司法部颁布的《关于人民警察执行职务中实行正当防卫的具体规定》第1条规定:"遇有下列情形之一,人民警察必须采取正当防卫行为,使正在进行不法侵害行为的人丧失侵害能力或者中止侵害行为:(一)暴力劫持或控制飞机、船舰、火车、电车、汽车等交通工具,危害公共安全时;(二)驾驶交通工具蓄意危害公共安全时;(三)正在实施纵火、爆炸、凶杀、抢劫以及其他严重危害公共安全、人身安全和财产安全的行为时;(四)人民警察保卫的特定对象、目标受到暴力侵袭或者有受到暴力侵袭的紧迫危险时;(五)执行收容、拘留、逮捕、审讯、押解人犯和追捕逃犯,遇有以暴力抗拒、抢夺武器、行凶等非常情况时;(六)聚众劫狱或看守所、拘役所、拘留所、监狱和劳改、劳教场所的被监管人员暴动、行凶、抢夺武器时;(七)人民警察遇到暴力侵袭,或佩带的枪支、警械被抢夺时。"第3条规定:"遇有下列情形之一时,应当停止防卫行为:(一)不法侵害行为已经结束;(二)不法侵害行为确已自动中止;(三)不法侵害人已经被制服,或者已经丧失侵害能力。"第5条第2款规定:"防卫超过必要限度造成不应有的危害,应当负刑事责任,但是应当酌情减轻或者免除处罚。"
② 参见张敏:《论人民警察在执行职务中的排除社会危害性行为》,载《人民检察》2003年第10期。
③ 参见纪辉:《论人民警察职务行为中正当防卫的若干问题》,载《中国人民公安大学学报》(社会科学版)2006年第1期。

本书认为,在当前我国刑事立法尚未明文规定警察正当防卫的情况下,警察的防卫只能依据上述"两院三部"的规定执行,既然是"正当防卫",当然应该符合《刑法》第20条正当防卫的所有条件,而且,从规定警察防卫过当的刑事责任看,也是"应当酌情减轻或者免除处罚"。所以,在涉及不法侵害人人身重大权益时,从法的意义上说,不应该另有不同的标准,否则难以认为是公平、公正的。但是,必须看到警察防卫在性质上与普通国民的防卫有着质的差别,不仅在必须实行防卫的前提上,与普通国民防卫只针对的是"不法侵害"有重大区别,更重要的是,警察在放弃职守时,需要受行政处分直至承担刑事责任。因此,将警察的正当防卫在目前立法尚未明文规定的情况下,归于执行职务、命令而阻却违法性行为中,更为合适。

根据"两院三部"有关警察防卫的规定,刑事责任涉及两部分内容,即防卫过当的责任与放弃职守的责任。在警察防卫过当时,应依据现行刑法防卫过当的规定认定,应当负刑事责任,但是应当减轻或者免除处罚。在放弃职守追究刑事责任时,依据现行刑法,应以玩忽职守罪等相关渎职罪追究刑事责任。

第三节 紧急避险

一、紧急避险的概念

根据我国《刑法》第21条的规定,紧急避险,是为了使公共利益本人或者他人的人身和其他权利免受正在发生的危险,不得已采取的损害第三者的合法利益来避免危险发生的行为。紧急避险,也是一种阻却违法性的行为,其特点在于:当两个以上的合法权益发生冲突,又只能保全某一个(或者其中的某些利益)的紧急情况下,法律允许以牺牲较小的权益来保护较大的权益免遭损害。所以,虽然从客观上说,紧急避险会造成合法权益的损害,但是出于不得已,避险是为保护更大的利益,所以根本上仍然是对社会有益的行为。[①]

紧急避险的免责理由

理论上,紧急避险多解释为宽宥的可免责的理由而不视为正当理由,原因主要在

[①] 在紧急避险的讨论中,也有学者将重大自然灾害发生时的政府、某领导者的决策行为解释为刑法上的紧急避险。例如,汛期的泄洪、分洪、森林大火防火带的设置等,这些本已经由政府依据行政法规、形成制度性安排,最终由决策者执行的行为,解释为刑法上的紧急避险,本书认为是不妥当的。当然,这是紧急避险,但性质上并不是刑法意义上的紧急避险,而是国家、政府事务。换言之,面对重大灾害的危险处置,是一个国家、政府的社会管理职能部分,是政府(哪怕是最低一级的政府)在依法处置紧急状态所采取的管理活动,即使这样的决策过程直至执行也是一种法治意义上的行为,但是,就避险措施而言,不是由刑法评价的紧急避险制度调整的。当然,在依法处置紧急状态的过程中,并非不涉及紧急避险问题;即便是政府行使社会管理职能,也是需要具体的人来采取具体措施。但是,这一过程所涉及的避险已经属于个案,与政府行使社会管理职能的活动不是同一个层面上的法律问题。

于:从表象上说,紧急避险是一种有意识要侵害法益造成损害的行为。但事实上,避险是不得已决定而损害另一种合法利益,并不符合有意识要造成损害行为的要求。换言之,造成的损害是违背其意识和意志的。所以,根本的问题在于能否期待避险者能够合理地避免实施避险行为(包括自招危险的情况)。如果实施的行为严重危及他人的生命、重大身体的完整性,则被胁迫、被强迫不能成为免责的理由。例如,被胁迫杀人、实施重大伤害,因为所造成的损害等于或大于胁迫、强迫可能造成的损害,避险就不再能够成为免责的理由。这就必须以减少损害来加以衡量,即遵循法益比较原则——"两利相权取其重、两害相权取其轻"。

在我国多数观点中,针对行为人被胁迫、强迫实施的行为,如实施暴力或胁迫,或以恶害相告将侵害其家人、至亲、朋友等,从而使行为人不得实施一定行为,或者必须实施一定的行为,要么被认定为是胁从犯,要么被解释为紧急避险①。实际上,问题仍然在于被胁迫者、被强迫者能否合理避免被胁迫、被强迫(不排除是自招危险而被胁迫、被强迫的情形)。在英美法系中,有"合理机会原则"作为该种情形下的免责理由。合理机会原则的理论认为,每一个人都是不希望受到刑罚处罚的,是希望避免刑罚的。而有意识行为和罪过原则均要求,如果不是有意识或没有意识到危险,就不可能依法行事。所以,要证成有意识行为和有罪过,必须以合理机会原则为前提。虽然行为是有意识的,行为人也知道自己在做什么,但是仍然可能无法依法行事——不具有避免该行为的合理机会;缺乏避免行为合理机会的,行为人在伦理上不受非难。显而易见,这与大陆法系"期待可能性"理论异曲同工,都是基于相同的法理理念。所以,行为人在行为时缺乏依法行事的合理机会,则不负刑事责任。合理机会原则有这样的要求:当不能合理获知行为是非法或未被告知是不合法时,则无合理机会,不负刑事责任;当不能合理得知法律或信赖有法律或有规定时,则无合理机会,不负刑事责任。

然而,也有观点可能基于这样的考虑:当行为人没有可能有合理的机会避免较小损害,或同等损害,既然损害必然发生,选择实施损害,虽然非理性所要求,但是此种情形是没有合理机会的,也可以说不具有期待可能性。那么,在被胁迫、强迫的情形下,违法胜于守法。不过,这可能会成为为挽救自己生命而牺牲他人生命的理由之一,但本书认为这不应视为阻却违法性的理由,以不具有期待可能性来减轻其责任,更符合法理。

---

① 理论上可以称为"多害择一"。例外的是,当服从不法要求属于职业行为有免责规定时,则阻却违法性。也就是说,当暴力、胁迫在涉及社会法益和公共法益以及其他个人法益时,为保护更大法益,则"服从要求"就是一种职业上的要求。如航空器被劫持的,空乘人员不能反抗而"配合"劫持的;金融机构工作人员被劫持当做人质,不敢阻止抢劫的等情况。由于我国刑法对这种情况并没有免责的规定,也没有规定其他阻却违法性的行为,只能通过紧急避险理论来阻却违法性。在一般意义上,这种解释似并无不当,但可能存在的重大误解是:只要存在被胁迫、强迫实施或不实施某种行为,要么是无责的紧急避险,要么是胁从犯。这样的解释是否妥当?请参见胁从犯相关内容。

二、紧急避险的条件

(一)避险起因(前提条件)

1. 必须发生了现实的危险

现实的危险,是指对法益的损害处于客观危险的威胁之中,也就是说,客观的危险已经对国家、公共利益、本人或者他人的人身和其他权利形成了严重的威胁。紧急避险中对法益构成现实威胁的危险,就是指客观存在足以使法益造成损害的危险的事实状态。危险必须具有客观性,也就是说,作为紧急避险前提条件的危险必须是客观上已经发生的,而不是杜撰和主观上的臆测。如果事实上不存在危险,由于事实认识的错误,推测或臆测发生了危险,或者善意地误认为存在危险,而实行避险的,理论上称为假想避险。因不具有紧急避险前提条件,可按照假想防卫的原则处理,即依照对事实认识错误的原则解决,其责任或为过失,或为意外事件。

2. 危险的绝对性和相对性

在刑法上,实施紧急避险的危险,是专门针对普通人面对法益即将遭受侵害危险的威胁而言。因此,当非法利益遭到危险威胁时,无权实施紧急避险,也就是说,不得以保护非法利益而损害合法利益。但是,依据我国《刑法》的规定,并不是只要合法利益遭到危险都可以实施紧急避险。

(1)我国《刑法》第 21 条第 3 款规定:"第 1 款中关于避免本人危险的规定,不适用于职务上、业务上负有特定责任的人。"也就是说,在职务上或业务上负有特定责任的人,在其本人的职责范围内,即便其本人的合法利益遭到危险,也不能实施紧急避险。例如,军人、警察、消防员等,之所以有此项限制避险的要求,是法律是基于职务、业务的要求,具有对职务上、业务上负有特定责任的人承受危险的期待可能性。这就是危险的相对性。但是,职务上、业务上负有特定责任的人,是就在其在职务或业务岗位时遭遇危险威胁时而言,但在非职务或业务岗位时系普通人,遇到危险威胁时,应以普通公民对待,允许实行紧急避险。

对第 21 条第 3 款限制避险的规定,有以下问题值得研究:第一,职务上、业务上负有特定责任的人在排除危险时,当危险已经构成对其本人绝对的人身重大法益损害威胁,采取了必要的避险措施,是否违反了第 21 条第 3 款的规定? 例如,警察在执行职务时,遭遇对方强大的武器攻击,不得已击破居民家的门窗进入室内与之对抗,造成居民家中财产重大损失的;消防员在对着火的房屋结构尚不清晰的情况下,没有立即进入房屋施救,致使有人员伤亡的等。从立法规定上看,当然实施的是一种避险行为,在形式上是违反了第 3 款的规定,但是,不能追究责任。因为法律不能对处于不能抵抗强制之人提出实施(职务)正确行为的要求,对于职务上、业务上负有特定责任的人而言,也是相同的。该种情况在国外相关阻却违法事由理论中,可以"推定承诺"而认定,阻却违法性。在我国现有的法律中,尚未有此类规定。本书认为,只要在职务上、业务上负有特定责任的人,遵守了避免某种危险所规定的程序①,就应该成立紧急避险。只有不遵守避险程序而实施的避险,才不能成立紧急避险。当然这种情况下的避险是否可以与刑法规定的紧急避险相提并论,是值得讨论的。基于立法不明确,有的情况下,视为"推定承诺"更具合理性。

第二,我国刑法对紧急避险在限制条件上,只是规定了"职务上、业务上负有特定责任的人"不能实行避险,但是对在社会生活中具有特别法律关系,又处于优势地位的人能否为保全自己实行避险,并无规定。例如,父母与年幼子女,同处危险状态中的避险刑法没有规定。《德国刑法典》第35条规定,在遭遇危险威胁时,因行为人处在特定的法律关系中而须忍受该危险的限度内,不适用紧急避险免责。也就是说,基于特别法律关系,不能实行避险,如果避险则构成犯罪。但如果不顾及特定的法律关系行为人也须容忍该危险,可以适用第49条第1款减轻处罚。这就说明,对处于法律保证人地位的人,不得为保护自己个人的利益而损害被保护之人的利益实行避险;如果实施避险的,减轻处罚的规定表明,并没有否认有避险的权利。我国《刑法》第21条第3款只是规定了在职务上、业务上负有特定责任的人,不得为避免本人危险而实施避险,但是,在法律上负有保证义务之人,是否适用该款规定,并没有明文规定。本书认为,基于保证人地位之人,同样不得为避免本人危险而损害被保护之人的利益,否则,同样不能成立紧急避险。例如,为保全自己的生命,面对歹徒的利刃,将幼子作为抵挡的"盾牌";带领邻居幼童游园而遭遇翻船,有溺毙危险而抢夺了孩子身上的救生圈,均不能成立紧急避险。

(2) 当危险威胁中的利益既包括非法利益,也包括合法利益时,对合法利益的避险是允许的。例如,盗窃者甲路遇抢劫者乙,乙不仅夺取了财物,还意图杀人灭口时,甲踢破丙住宅大门进入室内逃避,可以成立紧急避险。

3. 危险的来源②

目前,依据通说,认为危险的来源主要包括以下几个方面:(1) 自然之力形成的危险。如突遇的自然灾害,沙尘暴、水灾、火灾等。(2) 动物袭击形成的危险。包括各种野生和喂养的动物对人进行的攻击。至于动物是受到人的驱使还是自发的侵袭,在所不问。(3) 人体病症导致的危险。主要是指突发的危及生命和其他严重影响健康的危险病症,需要紧急护理。(4) 人的侵害行为导致的危险。这里的侵害行为主要包括犯罪行为、一般违法行为和由无责任能力人实施的侵害行为。合法行为即使可能造成财产损失的,也不能成为紧急避险的危险来源。例如,对依法实施逮

---

① 从事具有危险性职业、行业的,都具有面对危险发生时,应采取的规范上的避险措施和程序。例如,1983年9月14日颁布的最高人民法院、最高人民检察院、公安部、国家安全部、司法部《关于人民警察执行职务中实行正当防卫的具体规定》,在此意义上,也应该视为紧急避险。

② 我国《民法通则》第129条规定:"因紧急避险造成损害的,由引起险情发生的人承担民事责任。如果危险是由自然原因引起的,紧急避险人不承担民事责任或者承担适当的民事责任。因紧急避险采取措施不当或者超过必要的限度,造成不应有的损害的,紧急避险人应当承担适当的民事责任。"可见,民事法律所调整紧急避险危险的来源,只限于两种情况,即他人引起的危险和因自然原因引起的危险。那么,刑法中的紧急避险,危险的来源是否应受此规定的限制?

捕、拘留、查封、扣押的公务行为,被威胁之人不得实行避险,即使在发生公务执行错误的情况下,只要执行是合法的,法律也有理由认为利益被威胁者具有承受威胁的期待可能性;错误的公务行为,应通过其他法律途径予以救济和补偿。

基于客观违法性理论,对来自人的行为的危险,不以行为人具有违法意识为条件,如无责任能力的精神病人,在疾病发作时,丧失辨认或控制能力,不能认为是在有意识实施侵害,但对其行为可以实行避险。

"自招"危险的避险

如果是由行为人自己的行为所招致的危险,能否实行避险?这在有的国家刑法中有明文规定,例如《瑞士联邦刑法典》第34条规定:"……不得已而为之紧急避险行为不处罚,但以该正在发生的危险非因行为人所致,且以当时的情况不能要求其放弃受到威胁之法益为限。该危险是由行为人所致,或者根据当时的情况可要求其放弃受到威胁之法益的,法官以自由裁量减轻处罚。"《德国刑法典》第35条规定:"……在因自己的行为引起危险……而须忍受该危险的限度内,不适用该规定;但是,如果不顾及特定的法律关系行为人也须容忍该危险,可以适用第49条第1款从轻处罚。"紧急避险的危险来源,只有与己无关的情况下,才能成为避险的正当性理由。如果危险的发生是与己有关,则是自招的危险,虽然法律上没有否定仍然有紧急避险的权利,但是在法律可以期待行为人放弃危险威胁到的法益而行为人仍然实施避险时,是构成犯罪的。有这样的立法规定,当然少了理论上的争议,但是多数国家的立法中并无类似的规定,自然有不同认识。

张明楷教授详细介绍了国外有关理论主张[①],并认为,如果自招的危险发生,威胁到他人的法益,应该允许对此实行紧急避险,但是,对于自招针对自己的危险,他认为,当有意识地制造自己与他人法益的冲突而引发紧急状态的,可认为制造者放弃了自己的法益,不得再实行避险;当虽故意、过失或者意外实施的违法或犯罪行为,但非故意制造法益冲突,却发生没有预料的重大危险,也存在避险的余地时,应通过法益的权衡、自招危险的情节以及危险的程度综合评价。[②] 本书赞同自招危险,威胁到他人的法益,允许对此实行紧急避险的主张(这其中可能还会与正当防卫有交叉),这也是符合紧急避险保护法益的宗旨;也赞同当故意制造法益冲突,虽然引发紧急状态,但不得实施紧急避险的主张,这种情况与正当防卫中不具有防卫意识的"防卫挑拨"有相似之处,因而即便实施避险也不能成立紧急避险。

但是,当故意、过失或者意外实施的违法或犯罪行为引发危险发生,对合法权益构成威胁,如果由此而引发被侵害者(包括利益的关联人)反击时,对反击者而言,可

---

① 参见张明楷:《刑法学》(上)(第5版),法律出版社2016年版,第218—219页以下。
② 参见同上书,第219页。持相同实质性考察观点的,还有如黎宏教授。参见黎宏:《刑法学总论》(第2版),法律出版社2016年版,第148页以下。

能存在着无法分辨侵害危险是因故意、过失的违法犯罪行为,还是因意外而造成危险发生的情况。如果从自招危险者的立场看,对反击者在激愤下(冲动)的攻击行为是界定为"须忍受该危险的限度内的危险"不能实施避险,还是界定为"不法侵害"可以实施防卫,或者就实行紧急避险①? 本书认为,当由故意(犯罪)行为引发危险后,在被侵害者(包括利益的关联人)反击时,无论如何都不能将"反击"视为"危险"(反击者是否构成犯罪是另一个问题),而主张自招危险者可以实施正当防卫或紧急避险,否则,有悖立法设置正当防卫和紧急避险制度精神。而当由过失、意外引发危险发生时,可能就存在需要考虑自招者是否存在"须忍受该危险的限度内的危险"的问题了。换言之,应该承认在该种情况下,反击者在激愤下(冲动)的攻击行为是"危险",这就需要考虑对自招危险者有无"期待可能性"的问题。

结合我国当前的法治环境,当自己法益受到侵害不能冷静处理,极端情况下要致害者于死地的情况并非鲜见。例如,当发生交通事故时,亲属(包括与此无关人员)甚至不顾被害一方有严重违章而导致事故发生的事实,群殴司机致死、伤的情况并不鲜见。在前述瑞典和德国刑法的规定中,均有对自招危险需要考虑期待可能性的问题,特别是瑞士刑法规定的"该危险是由行为人所致,或者根据当时的情况可要求其放弃受到威胁之法益的,法官以自由裁量减轻处罚"的规定表明,在自招危险中,如果不具有行为人放弃受威胁法益的期待可能性,在一定程度上仍然承认避险有正当根据。德国刑法的规定,事实上也表明了这一思想。我国刑法虽无这样的规定,但不无借鉴意义。

但是,对张明楷教授主张这种情况下,需要通过法益的权衡、自招危险的情节以及危险的程度综合评价的看法,本书认为并不妥当。紧急避险正当化,或者说阻却违法性的理论依据在于冲突说,避险保护的法益比避险损害的法益在质或量上具有本质区别时,是紧急避险阻却违法性的关键所在,当不具有这一本质区别时,行为因缺乏正当性就是违法行为。对自招危险时的避险,在法益的比较上是否需要采取更为严格的标准? 这值得考虑,因为这种"额外"的标准并不是有无危险客观的判断标准,有无危险,与情节、程度无关,在承认自招危险有避险权利的前提下,仍然是法益的比较。即便自招危险可能导致对危险发生应该承担其他相应的法律责任,但只要避险保护的法益比避险损害的法益在质或量上具有本质区别时,就不应成为否定实行避险具有正当性的理由。

自招危险与故意制造法益冲突危险的区别在于,前者具有避险的正当根据,而后者从根本上说是不具有避险的正当根据的,因而"不得实行避险"或"不允许实行避险"。因此,只要自招针对自己的危险,不是借口避险而故意损害他人的法益,应不影响避险的正当性。至于对自招危险发生是否需要另行承担法律责任,是另一个法律关系,不应影响紧急避险的成立。

---

① 如果是"不法侵害"对自招危险者而言,当然就有可以实施正当防卫的问题,当然,在"防卫权""避险权"均是合法权益的情况下,也就不排除可以实施紧急避险。

(二) 避险时机

避险时机要求危险正在发生,是指危险具有现实性,处于尚未结束的状态,这表明危险所造成的损害已迫在眉睫,对法益已构成直接现实的威胁,若不采取避险行为,则完全可能使合法权益遭受重大的损害。

紧急避险的危险,与正当防卫不法侵害的危险在现实性上有着一定的区别,不法侵害的危险与紧急避险的危险虽然都要求是客观现实的,但是避险中面对的危险,即使危险的损害并不会即刻发生,但只要避险成为唯一的选择,或者延误避险将导致不能避险的情况下,危险仍然视为是现实性的。因此,危险无论持续时间的长短,无论是一时的危险,还是具有持续性,但无法预料何时会发生的危险,都不影响紧急避险的成立。而正当防卫面临的危险,现实性要求是即刻的损害危险威胁。

危险尚未结束,是指危险继续威胁着一定的合法利益或者可能给合法利益造成更大损害的状态。如果合法利益不再受到现实威胁或者受到进一步损害,就说明危险已经结束。凡是在危险尚未出现或已经结束之后实行避险的,在刑法理论上称为"避险不适时",避险不适时不符合紧急避险的时机条件,不成立紧急避险。应按照"防卫不适时"的原则处理。当然,由于危险的性质不同,对法益可能造成的损害程度及损害的缓急不同,因此,避险也是在仓促中作出的决定,对避险时机的认定也不能过于苛求避险人。

(三) 避险的必要性

根据我国《刑法》的规定,只有在不得已的情况下采取的紧急避险行为,造成损害的,不负刑事责任。"不得已",是指避险行为在客观上已成为达到保护较大法益的必需手段,除了以牺牲较小法益,来保护另一较大的益为代价的办法之外,没有其他办法排除危险的威胁。之所以要求"不得已",就是要求如能够以不损害法益的情况下达到保护法益的效果,就应该避免对另一个法益的损害。

根据"不得已"的要求,避险者必须认识到不能用其他方法排除危险时,才能表明避险者明确自己采取的避险行为是在不得已的情况下实施的。所以,对避免损害的客观性要求,避险者是否已经认识到,同样是考察避险者是否具有合法避险意识的重要条件。据此,如果客观上存在其他可以避免危险的方法,避险者不发挥或不愿发挥自己的主观能动性,或者已经认识到客观上尚有其他可行的方法来避免危险,就不能实行避险,造成损害的,应根据其罪过形式,可分别承担故意、过失的刑事责任,当然不排除存在意外事件不承担刑事责任的情况存在。

那么,"不得已"的条件,是否没有例外?本书认为,在危险来源于人的不法侵害行为,紧急避险的实施,"不得已"应为避险者的选择条件,而不应是必须条件,即当危险是来自于人的不法侵害行为,特别是犯罪行为时,则不能以"不得已"时才能允许避险。如行为人面对不法侵害之下进行防卫,固然是正当防卫,但放弃防卫权而实行避险的,也应当认为成立紧急避险。正当防卫和紧急避险均是法律赋予公民可以行使的权利,既然如此,当然具有选择行使其中某一项权利的自由,而无论其均行使或均不行使,都有其自由。当选择紧急避险而放弃正当防卫时,仍然是权利行使的表现。

法律不能要求当面对不法侵害时,公民必须冒生命危险去实施正当防卫;放弃防卫而实行避险的,也应当成立避险,不能以"非不得已"而论罪。当然,对于其他危险来说,则仍应以"不得已"为条件。

需要指出的是,"不得已"是避险者对危险威胁的一种主观判断,既然如此,就有发生错误认识(判断)的可能性。在发生错误判断的情况下,应当考察避险者是否有能力作出正确判断。如果避险者没有这样的能力,在紧急情况下不得不作出这样的选择,不能不说仍然是"不得已";如避险者有丰富的经验(如船长)能够作出正确的判断,没有发挥主观能动性而造成错误判断的,除非在作出判断后,客观情况发生变化,一般而言,避险者有罪过。

不过,对于危险的发生,事前已有所预见,本来可以停止其行为的实施以避免合法权益受到损害,但行为人一意孤行,以致遭遇危险,也的确是在"不得已"的情况下实行避险的,是否还成立紧急避险。虽然该种情况下实施的避险客观上是符合"不得已"条件的,但是,事先的可避免性表明,有其他方法可以避免危险的威胁,因此,对法益的损害结果具有罪过,应承担相应的刑事责任。

(四) 避险意识

避险意识由避险认识和避险意志构成。避险认识,是指避险者认识到国家、公共利益、本人或者他人的人身、财产和其他权利面临着正在发生的危险的威胁;认识到选择避险损害另一个法益是避免更大的法益免受损害的唯一方法。避险意志,是指避险者所以选择避险,是为了使国家、公共利益、本人或者他人的人身、财产和其他权利免受正在发生的危险威胁的目的。如意图损害无辜者合法利益,故意制造危险所实行避险,不能成立紧急避险;为保护非法利益即使客观上符合避险条件的,也不成立紧急避险,均应以故意犯罪追究刑事责任。在不具有避险意识,也未认识到危险发生的情况下,故意或过失损害法益的行为,恰好客观上保护了较大利益时,是偶然避险,理论上是有争议的①。本书持与偶然防卫相同的处理意见。

(五) 避险对象

通说的观点认为是对第三者的法益的损害,即损害的是与危险无关的第三者的利益,并认为只有损害第三者法益的,才是紧急避险,如果是与危险源的直接对抗,就不是紧急避险。如对不法侵害的直接对抗,就是正当防卫②。张明楷教授认为,是否限于损害第三者的法益,还值得研究。例如,在遭遇歹徒追杀时,闯入他人住宅躲避是紧急避险,同样情况下,闯入歹徒家中关门不使其进入,也不失为紧急避险。并以国外理论为依据,认为紧急避险可分为防御性避险和攻击性避险两种,针对危险源而实施的,是防御性避险,而针对与危险源无关第三者法益的,是攻击性避险③。也有赞同不仅仅是损害第三者法益的紧急避险的观点,但主张具体分析。该观点认为,由于

---

① 参见张明楷:《刑法学》(上)(第 5 版),法律出版社 2016 年版,第 220 页。
② 参见高铭暄、马克昌主编:《刑法学》(第 5 版),北京大学出版社、高等教育出版社 2012 年版,第 138 页。
③ 参见张明楷:《刑法学》(上)(第 5 版),法律出版社 2016 年版,第 220 页以及页下注释。

危险源的不同,避险的对象也有区别。对于人的侵害行为,损害第三者法益是避险,如直接抗制排除侵害是防卫;对自然灾害的危险源,是损害第三者的法益;此外其他的危险源,损害的对象不一定是第三者的法益,可以是受益者的法益。例如,为了将突发疾病者急送医院,未经病人同意而砸破其私人轿车的窗户以便驾驶,该行为应当成立紧急避险,但对象不是第三者法益,而是受益人的法益①。

当危险来源于人的不法侵害,直面危险而与之对抗,当然是正当防卫。张明楷教授所举闯入歹徒家中阻挡歹徒进入,成立紧急避险的合理的解释,可能只限于歹徒是一个人居住时,损害的只是歹徒个人住宅安全的法益(有其他人同住的,更是典型的紧急避险)。本书赞同这种分析,但这是一种例外,而通说认为只限于对第三者法益损害的观点,也值得反思。应该说,危险状态下为避免更大利益的损害而允许对第三者的财产法益造成损害,是刑法上紧急避险的典型类型,如遭遇风暴将承运的他人货物抛入海中避险。但将避险分为防御性避险和攻击性避险,并不能起到说明在损害的不是第三者法益时,是否可以成立紧急避险的作用。

攻击性的避险,的确可以损害与危险源无关的第三者的法益。例如,为打通通往灾区的道路,将阻碍通道的旅游者的汽车推入山谷,开枪射杀扑咬路人的恶犬,这是攻击性避险,损害的是与危险源无关的第三者法益。但是,防御性避险也同样可以损害与危险源无关的第三者的法益。例如,为抢救自己突患疾病的孩子,未经允许将路边停放的汽车开走的;在海上突遇风暴,因险情而将货物抛入大海的。这是防御性避险,损害的也是与危险源无关的第三者法益。因此,本书认为这种分类意义有限,只是表明紧急避险的类型,并不在于解释避险的对象。换言之,防御性避险的对象,并非不可以是与危险源无关的第三者的法益。由此可见,避险的危险来源,事实上与避险对象并无直接的关联,所举砸车窗、抢救事主之例,与其说是紧急避险,还不如以推定承诺解释阻却违法性更具合理性。

(六) 避险限度标准

避险限度标准,即避险不能超过必要限度造成不应有的损害。因为紧急避险是以牺牲一个法益来保全另一个法益,所以只能在必要限度内实施避险行为,才具有对所损害的法益不承担刑事责任的根据。

如何理解紧急避险的必要限度?通说认为,必要限度是指避险所引起的损害必须小于所要避免的损害,这就要求行为人必须权衡法益的意义,以较小的损害的代价换取保护较大的益的安全,如果相反,就失去了紧急避险的意义②,即"两利相权取其重、两害相权取其轻"。避险后果损害的法益与保护法益等同,依多数说,是无需讨论的避险过当,也有认为在"不得已"情况下即便损害等同法益的,也不一定超过必要限度③。在财产法益等同情况下避险,可能并不会产生大的异议,但对于等同人身法益,

---

① 参见马克昌主编:《刑法》(第3版),高等教育出版社2012年版,第125页。
② 参见高铭暄、马克昌主编:《刑法学》(第5版),北京大学出版社、高等教育出版社2012年版,第140页。
③ 参见张明楷:《刑法学》(上)(第5版),法律出版社2016年版,第220页。

特别是生命法益时,以牺牲他人生命实行避险,是否还具有合理性?即便赞同生命等价(也可以说生命无价)仍然坚持法益比较的张明楷教授认为,一般当然是不能允许;如不允许牺牲一个人而宁愿导致更多人死亡,也难被社会理念所接受。因此,特定情况下牺牲特定人的生命是"超法规阻却违法性"成立紧急避险,依据"社会契约论"这会得到理性的一般人的同意①。陈兴良教授则以在法益比较中充分考虑有无期待可能性的情况,损害与保护法益等同时,不阻却违法性,但可成立可免责的紧急避险②;黎宏教授则主张在法益比较的前提下,还应该充分考虑到被转嫁的危险给予他人的人格尊严,防止弱肉强食违背法治后果的出现③。

损害等同人身法益,特别是等同生命法益损害的避险,以不具有期待可能性视为可减轻罪责的紧急避险更具合理性。之所以如此认识,在于损害等同生命法益进行避险仍然要冠以"法益比较"阻却违法性,事实上是对法益比较标准的否定,因为从根基上说就是无法比较的(这与生命多寡有多大关联性?)。在生命法益本不具有可比性前提下的避险,说到底也只能是对每一个参与者人性的拷问。被牺牲者为挽救更多人的生命同意自己死,当然是其个人人性最高的体现。例如,"以身饲虎"——不能是自己采取措施,否则,那只能是以"自杀"方式救人,根本不涉及司法上认定自杀者是否成立紧急避险。"被牺牲"至少需要"同意被欲避险者推出去喂虎"才符合审查是否成立紧急避险④。但能否因"他"离"虎"近,会首先受到攻击、会先牺牲,或者能否因"他"是带领大家陷于险地的、是招致大家都面临危险有过错等,就应该可以被作为理性人都会同意的牺牲品?即便"他"集所有错误为一身,仍然不愿意牺牲自己时,是否就可以采取强制方式,甚至杀死他去"祭虎"?恐怕愈是有理性的人,愈不可能同意去实施的行为⑤。

至于如何衡量比较损害法益与保护法益孰大孰小,刑法没有具体规定,一般而言,人身法益大于财产法益;人身法益中的生命法益为最重;财产法益则可根据财产的性质及价值来衡量。但这只是相对而言,在具体案件中还应具体分析。

---

① 这需要具备以下条件:(1) 被牺牲者自己同意牺牲;(2) 被牺牲者被特定化为不对之实行避险也会牺牲;(3) 被牺牲者客观上不可能行使自主决定权且不能对之实行防卫;(4) 被牺牲者死亡危险性大于其他人;(5) 被牺牲者成为导致他人死亡的危险源;(6) 为保护多数人而牺牲少数有过错使自己的生命处于危险的人。这也包括以牺牲他人生命保护自己或亲属生命的。参见张明楷:《刑法学》(上)(第5版),法律出版社2016年版,第221、222页。

② 参见陈兴良主编:《刑法学》,复旦大学出版社2003年版,第127—129页。

③ 参见黎宏:《刑法学总论》(第2版),法律出版社2016年版,第149页。

④ 张明楷教授列举了美国"911恐怖袭击案"中"联合航空93号"客机上乘客与歹徒搏斗同归于尽牺牲的例子,以说明在无法明确被牺牲者意愿或被牺牲者无法表达自己意愿时,可以被作为避险的手段,是会得到被牺牲者同意的。参见张明楷:《刑法学》(上)(第5版),法律出版社2016年版,第222页。该例很恰当说明如果采取击落客机保护地面上无辜公民是国家行为,而不是由刑法审查的个人行为。即便是事后可能会纳入司法程序审查决定者的在此刻的决策是否有必要,前提也是要审查国家层面上制定该决策是否符合国家目的,将国家、政府的决策的国家行为,等同于刑法规制的个人行为,是否妥当值得商榷。本书认为,这与刑法上的紧急避险并不关联。

⑤ 这种理解不只是对人性的反思,而是期待可能性问题。

一般而言，当损害的法益与保护的法益均为财产法益，是否超过必要限度，可以得出相对一致的结论。不过本书认为，在财产法益比较上，财产属性"公"还是"私"，不应成为比较财产法益的标准；如果一定要以此作为判断标准之一，本书以为"私"比"公"为大（当然，这一点可能与现行立法精神相悖），如果财产法益不能以价值比较，或者无法考察价值，应该以避险者的认识为标准，是比较合理的。当损害的法益为财产法益而保护的法益为人身法益，特别是生命法益时，同样，在结论上也不会有大的争议。

以他人生命为对象的避险

紧急避险中最有争议的问题，就是同为生命法益时，以牺牲他人生命换取保全自己生命，还能否认为是合法避险的问题。该问题，是由以下典型案例而引发的讨论：

【案例6-3-1】

某县委机关女干部李某骑自行车下乡工作晚上返回县城途中，遭遇张某拦路抢劫。李某机智地用打气筒将张某击倒在地后骑车报案。当李某来到最近的村庄时，只有村边一户人家有灯光，进去后看到家中只有母女二人。李某向女主人说明情况，母女深表同情，让她先在家住下，明早再报案。李某答应后被安排与其女儿在偏房中同睡一床。李某人生地不熟，心中惊恐，夜深了也没有睡着。深夜时，李某听见院门响，进来一人，此人正是拦路抢劫自己的张某。张某见到院内的自行车急忙询问母亲，其母就将事情原委告诉了张某。张某听后十分惊慌，表明自己就是那个抢劫的人，李某听到张某询问其母亲自己睡觉的位置和方向。其母告诉张某，女干部睡在外侧，其妹睡在内侧。李某听到上述对话后，担心被张某杀人灭口，情急之下悄悄将熟睡的女孩推到床的外侧，自己睡到内侧。没有过多久，张某就摸黑走进来，手拿一把菜刀猛然砍向床外侧睡的人，结果将自己的妹妹杀死。李某趁张某及其母抬尸体外出之机，骑车回县公安局报案①。

本书以为，在合法避险必要限度内，必须考虑避险的妥当性要求。所谓妥当性，就是要求避险的结果评价，应该符合社会一般的公平、公正价值观念的要求。否则，即便避险的损害小于所保护法益的损害，也不当然具备正当性根据。例如，为求自保将幼儿作为抵挡歹徒利刃的盾牌，即使只是造成幼儿轻伤而避免自己被杀的；带领邻居幼童游园而遭遇翻船，面临被溺毙危险而抢夺孩子身上的救生圈②，即使孩子最终没有溺亡而获救的，也不能成立紧急避险，应该以避险过当论。如果这一认识能够成

---

① 参见陈兴良主编：《刑事法判解》（第1卷），法律出版社1999年版，第313页。
② 对于上述情况而言，由于保证人地位决定了在遭遇危险时，保证人具有必须承受该种危险的义务，如果实施了不作为行为当然构成犯罪；而在上述情形下，则不再属于不作为犯罪，应为作为形式的犯罪。

立,则"以牺牲他人生命换取保全自己生命,还能否认为是合法避险的问题",可以进一步讨论。

生命权不在个人可以自由处分的法益范围内,仍然是国际社会的一项基本原则①,因为它毁灭的是作为自主、自由权主体本身。如果法律选择了允许自己的生命处置权可由别人来掌握是合法行为(故意杀人的不就是如此决定他人不能活下去吗),那这样的法律不是良法,而是"恶法"。"为保全自己而牺牲他人"难以符合社会一般的公平、公正价值观念的要求。按照这样的思路,父母的生命利益当然优越于幼儿,为求自保将幼儿作为抵挡歹徒利刃的盾牌,是合法的②;野外探险突遇暴风雪,为避免自己被冻死而夺取了同伴的御寒服,致使同伴冻死也是合法的。本书认为,在法益比较的原则下,损害法益只要大于或等同于所保护的法益,就已经缺乏了行为的正当性(法益比较,当然包括符合社会一般的公平、公正价值观念的要求的评价在内),至多在期待可能性的前提下,考虑责任轻重,而不能成立紧急避险。

三、避险过当及其刑事责任

我国《刑法》第21条第2款规定:"紧急避险超过必要限度造成不应有的损害的,应当负刑事责任,但是应当减轻或者免除处罚。"如防卫过当一样,避险过当也是构成犯罪的行为,应根据避险中的具体情况,可能构成过失犯罪(必须造成严重后果),或故意犯罪。当然,不排除即使过当但主观上无罪过,应以意外事件处理的情况。在构成犯罪的情况下,根据上述规定"应当减轻或者免除处罚"。在具体决定是应当减轻,还是免除处罚时,应该综合考察避险中的具体情况,如危险源、时机、避险对象、避险的必要性等。

四、避险失败的责任

所谓避险失败,是指在符合紧急避险的条件下,采取了必要的避险措施,但因客观原因,未达成避险效果,但却造成财产损害的情形。例如,在海上遭遇未接到预报的风暴,如果不及时采取避险措施,货船将面临倾覆,但是,在采取避险措施丢弃部分货物后,风暴转移方向并逐渐消失,即属之。应该说,避险失败并不是避险者在主观上对危险的发生属于推测、臆测的,而是的确面临危险的威胁。避险失败的情形,在防御性避险中,有值得探讨的意义。一般在攻击性避险中,即使避险失败,通常情况下不涉及责任问题。例如,路遇狂犬咬人,奋力将其击毙,但是路人仍然因伤重不治。该种情况下,一般不存在未亡者要求追究避险者责任的问题。

避险失败一般不涉及刑事责任问题,应适用我国《民法通则》第129条的规定。

---

① 即便在现代,虽然有少数国家使严格条件下的"安乐死"合法化,但也不得随意处置。
② 实际上从我国理论到实务,对杀害婴幼儿(溺婴案件)行为的处理上,理论的观点和实务的处理,都轻于其他情况下的故意杀人,说明了什么问题?

根据上述规定,防御性避险失败,在排除实施避险措施不当的情况下,不承担民事赔偿责任。

第四节 其他违法阻却事由

一、不可抗力

不可抗力,是指不是出于故意或者过失,而是由于不能抗拒的原因引起损害结果的情形。从客观违法性的角度看,不可抗力属于阻却违法的事由;从法律不能强人所难来说,在不可抗力的情形下,法律也不可能期待行为人实施合法的行为。我国《刑法》第 16 条规定:"行为在客观上虽然造成了损害结果,但是不是出于故意或者过失,而是由于不能抗拒……的原因所引起的,不是犯罪。"不可抗力,具有以下特征:一是行为在客观上引起了损害结果;二是行为人在主观上无罪过,即对发生的损害结果,主观上既无故意,也无过失;三是损害结果的发生,是由于不可抗拒的原因所引起。

在不可抗力的情况下,行为人对损害结果的发生,在主观上已经认识到。已经认识到,是指在实施行为时,对自己的行为可能引起损害结果发生(因果律)已经有所预见,但是行为人对可能发生的损害结果难以阻止或抗拒其发生。之所以难以阻止或抗拒其发生,可以是多方面的原因,造成不可抗力的来源是多种多样的,法律不可能列举穷尽其原因。可以是因自然力无法与之抗衡,如对骤起的风暴无法操控船只而翻沉;也可以是因突遇的风险来不及采取措施,如突然的地陷使铁轨悬空,巡道工来不及采取阻拦措施时,列车已然翻车;可以是凭一己之力无法控制局面,如在成功抓捕嫌疑人后遭遇其众亲属暴力劫夺,无法阻止嫌疑人逃脱等。

不可抗力不包括精神的胁迫,在精神胁迫下而为的行为,如果不符合紧急避险的条件,不排除在有的情况下,可构成我国《刑法》第 28 条共同犯罪中的胁从犯。例如,面对黑社会性质组织成员"不提供假证言,即刻杀死其家庭成员的威胁",而向法庭提供假证言,使嫌疑人脱罪的;有的情况下,可以单独构成犯罪。例如,不堪忍受无休止的家庭暴力,将施暴后酣睡中的丈夫杀死的,仍然构成犯罪。当然,上述在精神胁迫下实施的行为,在一定意义上,也可以视为是不具有期待可能性的避险。

二、义务冲突

义务冲突,是指两个以上法律上的义务同时存在时,为履行其中一个义务,除怠于履行其他义务之外,别无其他方法的情形。① 义务冲突,通常情况下,在紧急状态下讨论,才使之意义凸显,而这种状态,主要是避险。例如,两个孩子落水,父亲只拯救

---

① 参见马克昌:《比较刑法原理——外国刑法总论》,武汉大学出版社 2002 年版,第 395 页。

一个而另一个因未能得到救助而溺亡的;医生面对同时送来的两个急诊病人,但只有一台治疗仪器,医生决定给一个病患使用抢救,另一个病患因得不到救护而死亡的。

紧急状态下的义务冲突,同样是为了避免法益的损害,从这意义上说,也需符合紧急避险的一般条件。但学者们指出,紧急避险与义务冲突虽相似但不完全等同,因为避险通常是作为形式造成损害,而义务冲突是不作为形式造成损害;如可以忍受危险,完全可以不避险,但义务冲突,是负有义务的人必须履行义务①。这是有一定道理的。义务冲突可以分为紧急状态下的义务冲突与非紧急状态下的义务冲突②。国外也有学者将义务冲突作如下分类:作为义务与不作为义务冲突;同等价值义务冲突;同价值不作为义务冲突③。

义务冲突下,如果两个以上的法益能够从法益优越性上作出比较,当然,选择优越的法益义务履行,放弃履行次优越的法益义务,当然可以阻却违法性。但是,当法益同为人身法益,如生命法益,这是等值的生命权利。显然,在这种情况下,法益优越性比较失去了应有的意义。在国外刑法理论中,义务冲突的法律属性有多种不同见解④。本书认为,正是因为不能履行另一个义务时,存在着不能履行的情况,也就不符合"只有在能够履行而不履行"构成不作为犯罪的条件。换言之,该种情况在刑法上本就不应该再评价为"不作为"。因此,对等价值法益,只要履行其中的任何一个,都应该阻却违法性,不构成(不作为)犯罪。

当然,在法益等值的情况下,法律无法代替行为人作出选择,这就使事件本身暂时处于法律的真空,行为人面临选择履行哪一个义务,放弃履行哪一个义务,成为一种对良心的考问。但只要作出了选择,法律都不可评价选择的不正当性。例如,落水的两个儿子,其中一个有残疾,父亲无论选择救助残疾儿子,还是去救助健康的儿子,法律都不能对父亲的选择作出正确与否的评价。正因为如此,只要行为人选择了其中任何一个义务去履行,都应该阻却未履行义务行为的违法性。从法益保护的原则出发,也只能从规范意义上对其选择予以评价,而不能将其选择置于伦理道德的评价中。张明楷教授指出:"在权衡法益时,不必考虑伦理的因素。"⑤他举例,当医生面临事故的受害者和事故的制造者,只能先抢救一个人时,医生没有义务考虑谁对紧急状态有过错,即使先抢救事故制造者,也阻却违法。当然,在义务冲突中并非不涉及选

---

① 参见马克昌:《比较刑法原理——外国刑法总论》,武汉大学出版社2002年版,第396页;张明楷:《刑法学》(第4版),法律出版社2011年版,第220页。
② 当然,在非紧迫的紧急状态下,也存在义务冲突的情况。例如,家庭专职医生确诊丈夫感染艾滋病,但丈夫不打算将此事告诉不知情、无防备的妻子。医生一方面基于与其妻子的医疗关系,有义务保护其妻子的生命与健康,有义务告诉妻子,否则成立杀人罪或伤害罪;另一方面,从职业上的信赖原则看,医生有义务保守其丈夫私生活的秘密,否则成立侵犯他人秘密罪。这两种义务相冲突,但医生必须履行其中一项义务(是作为与不作为义务冲突)。参见张明楷:《刑法学》(上)(第5版),法律出版社2016年版,第239页下注释。这也是义务冲突,但是当事人所面临的还不一定是紧迫的危险状态,也就是说仍然可以有比较充分的选择余地。
③ 转引自马克昌:《比较刑法原理——外国刑法总论》,武汉大学出版社2002年版,第397页。
④ 参见同上书,第396页。
⑤ 张明楷:《刑法学》(上)(第5版),法律出版社2016年版,第239页。

择错误而应该承担刑事责任的问题,这也涉及无期待可能性而免责或责任减轻的情况①。

三、被害人承诺

被害人承诺在国外理论中,属于阻却违法性事由还是阻却责任事由,始终存在着争议。

被害人承诺,是指具体法益所有者对侵害自己能够支配的法益所作出的允诺。也就是说,在法益所有者允许或请求行为人侵犯其法益时,表明了法益的所有者对该法益放弃了刑法的保护。因此,当行为人实施了某种行为时,也就并没有侵害该法益,阻却行为的实质违法性。当然,在现代社会,刑法的目的并非单纯保护个人的法益,也会通过对社会秩序的维护而达到对个人法益的刑法保护。因此,承诺如果危害到社会秩序,即便有其承诺,所实施的行为也构成犯罪。例如,即便得到幼女同意的性交,也构成强奸罪。但是,在法益所有者能够支配的法益(不危害到社会秩序)范围内,其承诺阻却行为的违法性。

被害人承诺的有效范围,一般认为要求具备以下条件:

(1) 法益的个人专属性。要求被害人的承诺只能在个人法益具有处分权的范围内,才阻却违法性,对涉及公法益、他人法益,在任何情况下都不具有可承诺性。至于对个人专属法益的承诺也是有一定的限度,一般认为,生命权法益不具有可承诺性,即使在承诺下而杀死他人的,也不阻却违法性,仍然成立故意杀人罪。对身体的健康法益,是否具有可承诺性,一般也认为在有限的范围内才具有可承诺性,严重的伤害,同样违反刑法对身体健康保护的规范目的。例如,屡犯性侵害之人,为避免再犯请求医生为自己"去势",因可能带来严重的社会问题,其承诺不认为具有有效性。也就是说,一旦发生侵害不具有可恢复性的人身重大法益,不属于可承诺的范围。

(2) 承诺者必须对所承诺之事项具有理解能力。刑法所关注的,只是是否可由受害者能够自由支配与处分的法益。没有辨别控制能力的精神病患者,不具有承诺能力,但也不限于只有成年人才成立有效的承诺。对未成年人承诺,应该具体分析。一般而言,未成年人对其个人财产具有处分权,如幼童将自己的玩具赠送给其他小朋友,将自己的零花钱捐献给灾区等,其承诺有效。但是对重大财产,未成年人的承诺仍然是无效的。不过,未成年人的法定监护人、代理人有权在某种特定情况下有义务代为履行承诺。例如,愿在去世后将募集未用完的治疗费用捐献给罹患同样疾病的小朋友,其法定监护人、代理人可在其死亡后,代其实现承诺,承诺仍然是有效的。未成年人对自己身体的个人专属法益,不具有承诺的有效性,如幼女、幼童同意下的猥亵、性行为(通常认为其法益也具有不可恢复性)、未成年人的器官捐献等,即使有其个人承诺,依法律规定承诺无效。

(3) 承诺须出于真实诚意。承诺要求出于真实诚意,则意味着在被威胁、强制下

---

① 参见第四章第三节之三"危害行为"中有关不作为犯的内容。

的承诺无效;在认识错误下的承诺(被欺骗)无效;或者在诙谐(开玩笑)情况下的承诺无效。例如,强迫他人写下承诺还款的协议,该协议无效,可构成敲诈勒索罪。承诺一般是法益所有人为达成一定的目的而实施,在可承诺的个人专属法益范围内,基于何种原因承诺被害,在所不问。例如,想出名而允许他人在网络上发表对自己人身侮辱性、攻击性的言论,通过反驳而提高自己"人气、知名度",其承诺阻却侮辱行为的违法性。但在受到欺骗下的承诺,不阻却违法性,例如,欺骗产妇出生的婴儿有严重的残疾,要求由自己处置可免于抚养的麻烦,在得到承诺后,转手将婴儿卖出的,不阻却违法性,构成拐卖儿童罪。承诺者需对承诺的可能后果有认识,如果对承诺的后果没有认识,应排除承诺的有效性。例如,趁妇女劳累入睡后冒充其丈夫要求性交的,妇女同意性交也不阻却违法性,构成强奸罪。因此,在错误认识下承诺无效①。

(4)承诺必须是现实的。如何理解承诺的现实性,理论上有不同的观点。张明楷教授列举了不同学说②,并从结果无价值的立场主张**意思方向说**,认为承诺只要存在个人内心即可,不需以语言、举动表现于外部,因为承诺本就是自我决定权的表现。所以,不必要求行为人认识到被害人的承诺③。而**意思表示说**则认为,承诺的现实性,要求意思表示必须通过一定的形式表现出来,并使其他人(包括加害人)能够明确把握。这主要是基于行为无价值的立场。本书认为,问题不在于是坚持结果无价值还是行为无价值,而在于结论是否能够对阻却违法性作出判断。因为原则上承诺不允许事后的追认(事后同意),如果承诺不通过语言、举动表现于外部,行为人无需认识承诺的含义,则无法对是否阻却违法性作出判断。张明楷教授也同时指出,得承诺的行为不得超出承诺的范围实施,否则无效,如同意砍自己一个手指,结果被砍掉两个手指,仍然构成故意伤害罪。如果无需认识承诺的含义,行为人如何认识承诺是砍一指还是二指则成为问题。行为人应该认识到被害人的承诺,并按照承诺的含义(范围、结果)实施行为,才能阻却违法性。

(5)承诺以损害结果发生时成立。在损害发生之前,承诺者收回承诺,同样导致承诺无效。例如,承诺在去世后将器官捐献并签署相关文件,但是此后反悔,明确表示不再同意捐献的(如再签署声明),如果仍然在其死后摘取其器官,不阻却违法性,甚至可构成侮辱尸体罪。

四、推定承诺

推定承诺是特殊的阻却违法性的事由,因为的确是在没有得到许可的情况下,实施了法益损害行为。它是指根据实际情况,从客观现实的角度考察,在法益受害人知道真实情况时,是完全同意这种做法,因而推定是符合受害人意志所实施的行为。至于为何没有得到受害者的现实承诺,可能是受害者丧失了意志,或者其监护人、代理

---

① 承诺的错误认识,是指在承诺者知道真实情况下,不会作出承诺时,该承诺无效。
② 参见张明楷:《刑法学》(上)(第5版),法律出版社2016年版,第226页。
③ 同上。

人无法代替其行使承诺权,如因情况危急无法拖延等待其同意,或者无法联系上监护人、法定代理人。例如,对重大交通事故的受伤者急需实施开颅手术以保全生命,但伤者已经昏迷而又无法联系其家属,推定承诺实施手术的。推定的承诺也应该包括侵害者可以肯定受害者不会要求征得自己同意的情况。例如,在没有医疗条件的野外,伤者的肢体已经感染炭疽病毒出现坏死,为挽救其生命必须立即截肢,即使伤者明确表示不愿截肢,而后在未告之的情况下,采取必要的措施使之昏迷并实施截肢的,也阻却违法性①。

实际上,推定承诺除了没有得到法益所有人现实的承诺这一点,其他的条件与被害人承诺没有多少区别。如果说有区别,承诺不一定在急迫情形下,而推定承诺多发生在急迫情形下。当然,这不是绝对的区别,有的情况下,即使符合推定承诺,也并非是急迫情形下,如在职业拳击比赛中,击中对方身体致伤的,即使搏击的双方均无此身体伤害的承诺,也视为在规则范围内的伤害是推定的承诺②,推定承诺阻却违法性。

五、法令行为

国家为维护社会秩序的稳定,在法定范围内具有实施一定强制力行为的权力,这样的强制行为的执行,由于得到法律上的允许,因此不具有违法性。例如,法警执行死刑命令;依法搜查人身、检查随身物品;实施查封、扣押、强制拍卖;羁押犯罪嫌疑人等。

基于法律、法令行为,广义上包括职权行为,如公务员的职务行为、警察职务行为;依据法律使之合法化的行为(如发行福利彩票);基于法律、法令明示的适法行为(如对死因不明尸体的解剖);保护观察行为(如对精神病患者强制性治疗);惩戒行为(包括父母行使亲权的惩戒行为、学校对违规学生一定的惩戒行为,当然,这是以惩戒行为不得以违背法律禁止性规定为前提,对儿童实施虐待作为惩戒,对学生侮辱其人格作为惩戒,均不阻却违法性)等。

在基于法律、法令行为中,虽然有实施行为的法律、法令根据,但是如果在执行行为的实体或者程序上违反法律、法令的规定,则不再是为法令行为,不阻却违法性,甚至构成相关犯罪。例如,执行命令的行为是职务行为,是基于上级的命令实施的行为。该行为阻却违法性而使之正当化的根据在于命令的有效性,即形式上和实质上均是合法的。形式合法性,要求上级在其职权范围内按照有关规定发布,如果明知命令是上级越权发布的(职权之滥用)而仍然执行,不阻却违法性。实质合法性,则要求命令不得与现行法的基本精神相悖。如命令中具有侵犯人权的内容,则不具有实质的有效性。在明知命令违法时,执行者的行为不阻却违法性,不能免责。即使在战争

---

① 当然,在这种紧急情况下,视为紧急避险也是可以成立的,但以推定承诺解释更合理,这也不同于医疗行为,因为截肢行为并不具有医疗的属性,而是一种避险。
② "允许的危险"行为。

状态下,执行违法杀害平民行为、虐待战俘的行为都是不能免除责任的①。一般而言,作为执行命令的下级具有执行的义务,而无需质疑命令的合法性,以有质疑而不执行命令是不能允许的,特别是在军队中;例外的是,如果知道上级在了解具体情况时不会下达这样的命令,而且执行命令是犯罪行为时,才可抗拒命令。同理,虽然实施法律、法令行为有依据,但执行中有其他违反法律、法令行为时,不阻却违法性。例如,教师或父母在实施惩戒权时,使用对儿童人身侮辱、暴力的方式进行惩戒的,均不阻却违法性,可能构成侮辱罪、虐待罪、虐待被监护、看护人罪、故意伤害罪,甚至故意杀人罪。

合法的命令在任何情况下都是有效的命令,如依法签署的逮捕令,即使最终是错捕,也不影响命令的合法性,不影响阻却执行者违法性。但是,执行错误的命令阻却违法性,是指对执行命令者而言,阻却的效力不及于下达命令者,除非执行者执行的也是上级的命令。

六、正当业务行为

正当业务行为,是指虽然没有法律、法令的直接规定,但为维持必要社会生活而从事合法的行业等活动实施的行为。行业是基于社会生活需要,须反复实施的行为,但是正当业务行为阻却违法性的依据,不在于因为是"业务"行为,而在于行为的"正当性"阻却违法性。一般认为,成立正当业务行为阻却违法性,应符合一定的条件:(1)业务行为的范围是有严格限制的,不能超出业务范围;(2)须遵守现实存在的该业务的行为准则;(3)须有执行业务的意思,以执行业务的手段达到与该业务无关的目的,不能免责;(4)须在正当业务范围内的行为;(5)须是方法适当的行为。例如,出租车司机载客的行为,即为业务行为,在遵守运送规则要求的前提下,是合法行为,但是违反规则任意提高运送价格,则不为合法行为,可能构成强迫交易罪、敲诈勒索罪等;新闻记者的采访报道是正当业务行为,但报道不遵守其职业行为准则,捏造虚假事实诽谤他人的,则可能构成诽谤罪;医生的医疗活动,也是正当业务行为(无论基于承诺还是推定承诺),但是非法摘取人体器官予以贩卖,则可构成组织出卖人体器官罪,或者故意杀人罪、故意伤害罪。

七、自救行为与自我冒险

自救行为,是指法益受到侵害之人,在不能及时得到官方保护,无暇等待法律救

---

① 有不得依据"接管原则"作为免责事由的理论。这是指当一种违法行为已经构成完全的归责时,不能以一个代替性行为人已经准备好,如果自己不实施,代替性行为人就会接管这个行为作为理由排除对自己的归责。此外,根据1998年联合国《国际刑事法院罗马规约》第33条的规定,也是不能免责的。该第33条规定:"上级命令和法律规定"规定:(1)某人奉政府命令或军职或文职上级命令行事而实施本法院管辖权内的犯罪的事实,并不免除该人的刑事责任,但下列情况除外:该人有服从有关政府或上级命令的法律义务;该人不知道命令为不法的;命令的不法性不明显。(2)为了本条的目的,实施灭绝种族罪或危害人类罪的命令是明显不法的。

助或者明显难以恢复权利的情况下,进行的自我保全法益的行为。例如,通过一定的手段抢夺回携赃逃跑的盗窃者手中自己的手机,就是自救行为。自救行为是一种事后的自我救济,自救的手段通常也具有侵害性,因此理应有一定的限制。一般而言,自救行为具备以下条件:(1)侵害的现实性。侵害的现实性,是指对法益的侵害事实已经成立,通常是侵害已经结束之后(不能实行正当防卫)。(2)时不可待性。时不可待性,是指自我救助时机就在眼前,稍纵即逝而无暇等待法律救助,或者通过必要的法律程序仍然明显难以恢复受到侵害的法益。(3)方法的妥当性。方法的妥当性,是指自我救济的手段在造成损害时,必须与所救济的法益具有相当性。例如,对盗窃自己财物者,通过恐吓或轻微暴力将财物取回是可以的,但是采取将盗窃者捆绑、吊打的方式取回自己的财物,则可构成非法拘禁罪、故意伤害罪。

自救保全法益行为的实施,通常都伴随着自我冒险[①],即便有明确的目的性但也多具有一定的盲目性和危险性。在造成严重后果的情况下,冒险者本人除应对自我损失自我担责外,也应对造成其他人的损害承担责任,且不排除承担刑事责任。

【案例6-4-1】"自我冒险自力救济案"

某年3月14日15时许,陈某刚、李某凯驾驶悬挂假车牌的捷达小轿车(该车后排被改装,安装有输油泵以及油管钢丝,并安装储存柴油的容器),伺机盗取停靠在路边大货车油箱中的柴油。下午16时许,陈某智驾驶一辆福田面包车,载李某珍(陈某智之妻)、陈某某、郭某某、张某(均为大货车司机)去某镇街上准备再接大货车司机袁某回村时,发现陈某刚、李某凯正在盗取停靠在路边袁某的大货车油箱内的柴油。陈某智等人于是下车喝问,陈某刚、李某凯遂驾车逃跑,陈某智等人返回车上,由陈某智驾车追赶,途中向110报警。袁某得知此事后也驾驶一辆轿车随后追赶。袁某追赶至国道一段上坡路段时,发现轿车后车窗有人(李某凯)持油管向外喷洒柴油,油呈现雾状洒落导致路面打滑。袁某紧急刹车降速,侧滑至逆向车道后放弃追赶。

陈某智仍然驾车赶至国道"1281 km+250 m路段"时,面包车车身前部右侧与陈某刚驾驶的轿车左侧前部相接触,接触后两车又分别与道路右侧树木相撞致两车起火燃烧,造成轿车上陈某刚、李某凯、面包车上陈某智、李某珍当场死亡,陈某某、郭某某、张某三人重伤。经鉴定,面包车事故前瞬间时速为93 km/h,轿车事故前瞬间时速为84 km/h。该国道限速70 km/h。

---

① "冒险"也有"正当冒险"的提法。参见王政勋:《正当行为论》,法律出版社2000年版,第547页以下。但"正当冒险"所指的是允许危险范畴内的冒险,是在无经验性为指导的前提下,为社会福祉所进行的活动,非本书所讨论的"自我冒险"。"自我冒险"并非一定与"自救行为"有关联性,单独的"自我冒险"多具有"明知危险"而有意为之的特点。例如,无驾驶资质驾驶机动车发生单方事故致本人死伤的情况,等等。

本案中,事故两车的驾驶者陈某刚、陈某智均已死亡,即便涉嫌严重犯罪①也不再追究刑事责任。但是,造成轿车同乘李某凯、面包车同乘李某珍死亡、陈某某等三人重伤严重后果,应该由谁承担责任?

陈某刚、李某凯实施盗窃被发现后,为了逃跑由陈某刚驾车高速行驶,而且在逃跑中李某凯以极其危险的方法——向公路上喷洒柴油企图阻止追赶。陈某刚和李某凯具有驾驶机动车常识,知道高速行驶具有的高度危险性为法律所禁止,而李某凯向公路上喷洒柴油,将追赶车辆置于不可预知的危险中。因此,二人驾驶机动车逃跑是"自我冒险",同时,也将为维权追赶的车辆置于高度危险之中,触犯了以危险方法危害公共安全罪。陈某刚的行为最终造成自己和同乘人员李某凯死亡,是其"自我冒险"后果,责任应当自负。

同时,只是为了夺回被盗的柴油,陈某智等人驾车追赶逃跑的二人,在法律性质上属于自救行为。陈某智等人在已经报警的情况下,仍然高速驾驶车辆追赶盗窃者,同样是具有高度危险性的行为而不为法律所允许,因此该自救行为也具有"自我冒险"的性质,同乘人员对陈某智高速驾车追赶行为没有提出异议,是参与了"自我冒险"。特别是在李某凯故意向道路喷洒柴油后,陈某智仍然执意高速追赶,实际上将自己和车上其他四名同乘人员的生命、健康和财产安全置于高度风险之中。本案中自救行为,是在已经报警的情况下(警察已经出警并告知前方设置路障不得再追赶),不符合"时不可待性";驾驶汽车高速追赶,不仅使自己也将同乘人员置于具有高度危险之中,"自救"方法明显不具有妥当性;陈某智的行为造成自己与妻子李某珍死亡、同乘三人重伤的严重后果,法益损害程度也与意图救济的法益明显不相当。因此,陈某智等"自我冒险"实施的自救,对造成的己方损害具有重大过失,但因其已经死亡,不能再追究刑事责任,责任自负;同乘人员对陈某智高速驾车追赶行为没有提出异议,是"自我冒险"的参与行为,因陈某智已经死亡,不承担刑事责任,因此三人重伤的后果亦应自负。

八、自损行为

自损行为,顾名思义,是指自己损害自己法益的行为。自伤、自残、自毁财物的行为,由于这样的行为一般不侵害他人的法益,因此,自损行为阻却违法性。但是,如自损行为同时危害到社会、他人法益时,则可能构成犯罪。例如,放火烧毁自己的房屋,

---

① 陈某刚、李某凯实施盗窃货车柴油的事实清楚。另外,李某凯和陈某刚为了逃避而采用危险的方法——向车外故意喷洒柴油,致使路面打滑,造成袁某紧急减速刹车后,车辆侧滑向逆行车道,险与对面来车相撞,该行为已经属于以危险方法危害公共安全罪的行为。尚未有证据表明发生事故的两车相接触与李某凯喷洒柴油有关,或陈某智是否企图以抢道方式逼停逃跑或迫使追赶者放弃逃跑而故意所为,公安交管部门推定系驾驶失误导致两车接触。因此,本案中陈某刚、陈某智的行为均符合我国刑法所规定的以危险方法危害公共安全罪,陈某刚驾驶机动车发生事故,是造成李某凯死亡的原因;陈某智发生事故,是造成其妻李某珍死亡、陈某某等三人重伤的原因。本案中,涉嫌以危险方法危害公共安全罪的陈某刚、李某凯均以死亡;陈某智也已经死亡,根据我国《刑事诉讼法》第15条"犯罪嫌疑人死亡的,不追究刑事责任"的规定,公安机关依法不得再以刑事案件立案并进行刑事诉讼活动。

但是殃及四邻,则危害公共安全,同样构成放火罪;军人为逃避作战而自伤的,构成战时自伤罪等。

九、劳资争议

劳资争议,也称为劳资纠纷,这是我国近年来比较突出的社会现象①。由于现阶段我国尚未将劳资纠纷完全纳入法治范围内,虽然《劳动法》规定用人单位与劳动者发生劳动争议,当事人可以依法申请调解、仲裁、提起诉讼,也可以协商解决。但是目前我国集体劳资纠纷的处置,基本以地方劳动主管部门为主,或者社会机构参与调解,这种由政府主导的处理模式,一方面极大增加了政府的负担,另一方面有可能导致员工与政府的关系激化。

劳动者一方如果采取极端的手段维权,可能会引发群体性事件,严重影响社会局部秩序,而维权的劳动者一方可能触犯妨害社会管理秩序类犯罪、侵犯人身类犯罪等,而业主一方也可能会触犯人身权利方面的犯罪。但是,只要有维权过激就视为犯罪,则我国《宪法》第35条规定的公民有言论、集会、游行、示威的自由,保障劳动权利,可能就变得毫无意义。因此,集体劳资纠纷与刑法的关联性,应该关注。

如果从阻却劳动者维权实质违法的角度看,首先,维权目的的正当性必须考虑,即应该是以重视劳动者劳动报酬、劳动安全、经济地位、社会地位提高为目的(即便附带对当地政府、行政主管部门批评的目的),也不应该认为是违法的。如果以政治目的借维权的形式,扰乱社会经济生活并向国家权力机关施压,如以使企业瘫痪为目的的罢工,就不能认为目的是合法的。其次,维权手段的正当性必须考虑,即只能以法律允许的手段和方法维权,从劳动者方面说,不得使用暴力方法维权,也不得以排除业主管理权、业主财产权来维权,如占领企业。同理,从业主方面看,业主在维权中,也不得使用暴力,即便业主或者劳动者可以组织各自人员维护自己的权益,如纠察,被组织者也不能使用暴力。在劳资双方或者一方违法,且侵害比较严重的情况下,有正当防卫和紧急避险适用的余地。

---

① 在我国主要是劳动报酬的争议,在国外劳资争议的范围涉及面很广,例如,可以包括对劳动设施的安全、对劳动者休息或者关乎所有劳动者福利等。

第七章 责任阻却和减轻事由

阻却违法性所考察的,是一个具体行为具备哪些条件,则在根本上与法律保护的秩序没有发生矛盾和冲突,换言之,即不认为是符合具体犯罪构成要件并为刑法所禁止的行为。显然,对阻却违法性的判断,只是针对某个具体的行为。能否阻却违法性,是由法律设定的具体条件来认定的,而与具体实施行为的人并没有直接联系。例如,任何人不论其性别、身份等都可以实施正当防卫。由于在我国当前犯罪评价体系中,阻却违法性也就意味着责任的阻却,所以,责任的阻却在这一评价体系中并无独立的地位。然而,作为近代刑法基本原则要求"没有责任,就没有犯罪,也就没有刑罚"①,责任的根本在于行为人必须对所实施的行为性质以及结果有认识,或者有认识的可能性,否则,在行为人不具有违法意识的情况下,科处刑罚并不能达到谴责的效果。换言之,刑罚所要否定的,正是行为人违法的行为意识形成所具有的可谴责性②,并不因为行为在客观上符合了刑法条文规定的构成要件,对法益造成侵害或侵害的危险,就当然应该受到刑罚处罚。行为人应受刑罚处罚的前提,是要求对自己的行为具有辨认和控制的能力。如果因为年幼、患有精神疾患,不能同正常人一般具有对事物的辨别和控制自己行为的能力,或者不具有期待其不实施违法行为可能性时,施以刑罚既不人道,也达不到可能影响其心理而收到预防其再次犯罪的效果。

第一节 责任阻却和减轻事由概述

一、责任阻却和减轻事由的概念

责任内容如何,行为人为何要对自己的行为承担刑事责任,在各国刑法中并没有明文的规定,刑法中只是规定了与责任判断有关的责任能力、责任年龄以及故意和过失等内容。在刑法的上述规定中,有些规定是从积极方面作出对构成犯罪责任的认

---

① 黎宏:《刑法学总论》(第2版),法律出版社2016年版,第164页。
② 在大陆法系刑法理论中,也被称为"非难可能性"。

定要求,例如故意和过失,这不仅是构成要件的内容,同时也是确定责任的要件①;有的规定,则属于从消极方面对阻却或减轻责任的规定,如刑事责任年龄、刑事责任能力、精神病疾患等。从积极方面对责任予以肯定的规定,正因为内容同是构成要件的内容,所以,本书将这种同为构成要件的责任要素,在构成的主观和客观要件中做了必要的分析(详见第四、五章),而责任阻却和减轻事由,以及理论上应该关注的阻却责任或责任减轻事由,如认识错误、原因自由行为以及期待可能性、不可非难的社会行为等问题,将予以讨论。

如前所述,在阻却违法性中被肯定评价具有违法性,是针对具体行为而不是针对具体的人,可以认为,这种评价本身是"有教无类"的,即规范对任何人都具有相同的意义。例如,医生所面临的义务冲突,与从医的时间和经验无关,老医生与新医生同样能够阻却违法性,但是,如果义务选择出现错误,不能免除责任时,是缺乏经验的新医生还是有足够经验的老医生,就可能有不同的责任评价(一定意义上对违法性评价也可能会产生影响)。显然,这里的从医时间和经验,是针对具体人的责任评价。可以看出,在责任中被评价的对象,是指具体的人的具体情况,因而,阻却或减轻责任的事由,就是指对行为人违法行为意识形成所具有的可谴责性的阻却或减轻的理由。

二、责任的本质

责任的本质,是指国家为何可以对实施侵害或威胁法益的行为科处刑罚,其正当性的根据何在。在大陆法系理论中,何为责任,有众多不同的学说,有以因探究责任之对象而对立的行为责任论、性格责任论、人格责任论;有以因寻求责任根据或基础而对立的道义责任论、社会责任论以及法的责任论;有以因责任内容为责任本质而对立的心理责任论与规范责任论等。由此,可以说基于上述不同标准而倡导各种学说,并非都是在讨论责任的本质的。

(一) 道义责任论、社会责任论、法的责任论

这是以责任评价根据为标准的责任理论。

1. 道义责任论

道义责任论是刑事古典学派的责任论。是以非决定论②的自由意思为理论的基础,认为责任的根据是道义上的非难。认为凡是达到一定年龄,智力健全的人,皆有依理性而行动的自由意思(趋利避害、为善避恶),基于自己的自由意思而为恶的犯罪行为,是一种理性的行为,就应从道义上予以谴责,承当责任。责任有无与个人的素

---

① 有必要指出的是,如故意、过失的规定,虽然从构成要件的意义上,处于积极的方面,但是从责任确定的意义上,仍然可以认为是消极意义上的。从我国《刑法》第16条"行为在客观上虽然造成了损害结果,但是不是出于故意或者过失,而是由于不能抗拒或者不能预见的原因所引起的,不是犯罪"的规定中,可以明确地得到无故意或者过失,阻却责任的这一意义。"无责任则无刑罚"正是从消极意义上对责任的说明。

② "非决定论"是与"决定论"相对立的有关人的自由意思在责任中地位的不同学说。前者是以人具有意思自由为理论根据,认为除精神病患者、精神发育不全者、年幼者外,任何人都具有为善避恶的自由意思,犯罪是恶,能避免而敢为之,就是基于自由意思而实施的;相反,认为人无自由意思,犯罪是由个人的素质和环境决定的,称为"决定论(宿命论)"。

质、环境无关。责任就是以结果为前提的故意、过失心理状态。所以,成为责任非难对象的就是该行为的意思。正是在此意义上,道义责任论被称为个别行为责任论、心理责任论。

2. 社会责任论

社会责任论是刑事近代学派(刑事人类学派和刑事社会学派)的责任理论,是以决定论为理论根据的学说,否定古典学派的意思自由的理论,认为犯罪是由社会因素、自然因素、人的素质所决定的。对具体行为在道义上并没有非难的理由,而是人对社会的危险性格;责任的根据不在于人有自由意思,而在于防卫社会。由此犯罪的能力则为刑罚的适应能力,对有刑罚适应能力者,要给予刑罚处罚;对无刑罚适应能力者(年幼、精神病患者),则给予保安处分。社会责任论是以人对社会的危险性格上,无论什么人,只要危害社会,就必须对社会承担责任。

3. 法的责任论

法的责任论认为,责任根据不在于违反道义和社会伦理,而在于从作为社会统制手段的法的立场上的非难。法的责任论,承认非决定论(自由意思),认为在可以选择适法行为或违法行为时,选择违法行为,就要用刑罚手段进行非难。因此责任非难的对象是违法行为,如果从法的立场看,作为对法益的侵害或危险来把握的,就是法的责任论。法的责任论是以结果无价值为根据,这是与道义责任论的区别,但以非决定论为前提,所以在理论构造上与道义责任论没有质的区别。

道义责任论以具体行为为责任非难的对象,是符合"无行为则无犯罪"现代刑法理念的,道出了责任的核心基础,但是,对归责主体的人的忽视以及不承认自然、环境等因素对人的影响,是被诟病的主要原因。此外,能否说犯罪都是人理性的自由意思的产物,也是被质疑的。社会责任论,将人身危险性作为责任的根据,但是在责任的概念中,责任的要素都被否决,责任以及责任的程度完全取决于人身危险性,已经脱离了责任原本的含义,责任成为社会的防卫措施。法的责任论,强调责任的评价主体是国家,明确了国家与个人的关系,这与道义责任论相同,但是其实质内容,又要取决于国家的刑罚权的根据、法益的内容,又是不确定的。

(二) 行为责任论、性格责任论、人格责任论

这是以责任评价对象为标准的学说。

1. 行为责任论

行为责任论认为,成为责任非难对象的,是形成具体行为的意思,即在行为人的意思上寻求责任的根据,也被称为"个别行为责任论""意思责任论"。该说以非决定论为理论根据,基于"被处罚的应是行为,而不是行为人"的行为主义责任而产生,所以,责任中讨论的是行为,而不是行为背后的人格、性格。这是从道义责任论、法的责任论中引申出来的学说。

2. 性格责任论

性格责任论认为,责任的对象不是具体的行为,而是行为人对社会的危险性格。这是以人的危险性格寻求科以社会防卫处分为根据的学说,是以决定论为理论的根

据,责任的根据不是人的个别行为,而是人的危险性格,责任就是对行为当时人的危险性格的非难。它属于行为人责任理论,但因对人性格的评价标准是以社会为视角,因此,也属于社会责任论。

3. 人格责任论

人格责任论的发源地在德国,由德国学者麦兹格和鲍克曼所倡导,该说一方面以道义责任论为根基,另一方面主张在行为所表现的人格主体上寻求责任的根据。但这一理论却是在日本得到推崇[1]。系统并使之完善的是日本团藤重光教授,他认为,责任的第一层次是行为责任,应着眼于行为人人格主体现实化的行为,但在行为背后存在着虽然受到个人素质和环境制约,但却由行为人的主体性努力形成的人格,可以针对这种人格形成的人格态度非难行为人,这就是人格形成责任。所以,为把握现实的人格态度,就必须论及人格形成[2]。这样被合二为一理解的行为责任与人格形成责任,在整体上被称为人格责任。

在行为责任论上,行为责任的基础明确,但对需要归责主体的人未加以关注;性格责任论,对人之性格本身有直观的结论,但主体性被忽略;人格责任论,承认人格受到素质、环境影响下而形成,但人无法选择自己的出身,将人格形成的过程,作为责任非难,显然不足以说明责任的有无,而只能在责任的程度上发挥作用[3]。

(三) 心理责任论、规范责任论、实质责任论

这是以责任的内容(评价要素)为责任本质的学说。

1. 心理责任论

心理责任论是在行为人对行为的心理关系上寻求责任根据的学说,是以意志自由为理论基础,责任就是指行为人与已经发生的违法结果之间的主观联系,故心理关系可以分为对行为以及结果的有认识(故意)以及认识的可能性(过失),故意和过失是责任的形式,责任就是故意、过失的上位概念,所以,有故意或过失就有责任;反之,就没有责任。

2. 规范责任论

规范责任论是为克服心理责任论的缺陷而提出的学说。该学说认为,故意和过失是统一的"规范要素",还要求行为人具有适法行为的期待可能性。即使存在责任能力以及故意或过失,如果无期待可能性也没有责任。责任非难的根据在行为人违反义务实施违法行为的决意上,应承认责任,除要求有责任能力、故意、过失之外,还存在第三个责任要素,即期待可能性。所以,责任的非难,虽以国家非难为前提,但行为人不仅要求具有一般遵守法律的能力,也要求在实施违法行为之际有遵守法律的能力,故对行为人的责任评价,需要行为人有适法行为的期待可能性。规范责任论一方面承认人的素质、环境的作用,另一方面认为人的内心可以超越素质和环境自发向

---

[1] 参见马克昌:《比较刑法原理——外国刑法总论》,武汉大学出版社2002年版,第435页以下。
[2] 参见〔日〕大塚仁:《刑法概说(总论)》,冯军译,中国人民大学出版社2003年版,第377页。
[3] 参见马克昌:《比较刑法原理——外国刑法总论》,武汉大学出版社2002年版,第435—346页。

上,所以法秩序可以对这样的人期待适法行为;违反法秩序的期待,责任就应成立。

3. 实质责任论

实质责任论是立足于社会责任论的基础而提出的规范责任论。在第二次世界大战后,相继有其他实质的责任概念被提出,以期待可能性为基础的规范责任论丧失了其核心地位。而认为责任的内容是科处刑罚的实质意义,表明刑罚对犯罪的一般预防与犯罪人复归社会的必要性为责任的根据,并认为期待可能性并不能推导出具体的刑罚,因而只能根据预防犯罪的目的来确定责任和适用刑罚。

心理责任论,被诟病为与无认识过失无关,即使故意、过失可以认为在对结果的心理事实上是共同的,但无认识过失是应该认识而无认识,不能承认有这样的心理联系,就不能统一在责任的概念下;而且,也无法说明为何在构成责任或缺少心理关系时阻却责任。例如,精神病患者有故意,但为何不承担责任。心理责任论已经没有支持者。实质责任论,从其理论上说,均以社会需要为责任的根据,不仅有"强权"之嫌,而且,何种社会责任应作为责任根据不明确。而以社会防卫需要而确定刑罚为责任的根据,虽然以适用刑罚目的(对犯罪的预防)为基础,而且在其中不乏以责任能力为责任的内容,但多多少少与社会责任论纠缠在一起,很难说是一个合适的责任理论了。

而规范责任论,其责任的要素包括故意、过失以及期待可能性,对责任的内容有全面的限定,特别是期待可能性的提出,对责任的评价对象加以限制,符合近代刑法对人权保障的需要,得到不少学者的赞同不是偶然的,这确实反映了它具有的合理性[①]。

(四)责任阻却理论的基础、效果及分类

在我国刑法理论中,人具有相对的意志自由,是长期以来的刑法理论基本共识,当然,这一认识的理论基础,是马克思主义唯物辩证法理论。这一理论,也就成为指导我国刑法理论对责任研究的基本逻辑起点。"人的意志受到环境、生理等各方面的制约和影响,不可能是完全自由的[②]。但是,具有辨别控制能力的人,具有接受法律规范的要求、实施合法行为的可能性,因而具有相对的意志自由。具有相对意志自由的人,如果不接受法律规范的要求,实施了符合构成要件的违法行为,就能够对之进行非难……因为刑法上的责任概念,原本就是以自由意志为前提而形成的。"[③]虽然"原本"并不意味着就是合理的,虽然"意志自由"仍就是一个哲学命题,是一个理论假设,包括具有辨别控制能力的人,在行为时是否有选择其他行为的可能性,在哲学上也是无法证明的,但是,相对的意志自由论,较其他理论在解释人之所以会选择实施违法犯罪行为,以及只有对事物具有辨识能力,具有归责能力之人,才具有责任,在结论上更具合理性。因而,成为中外理论中都能够接受的主流理论,也就不足为奇。

---

① 参见马克昌:《比较刑法原理——外国刑法总论》,武汉大学出版社2002年版,第441页。
② 这是有限承认决定论的基本认识。
③ 张明楷:《刑法学》(上)(第5版),法律出版社2016年版,第244页。

如前所述,责任的评价是根据具体的人的具体情况,然而,法规范上刑事责任能力等被评价的因素,是根据一般人的辨认控制能力。换言之,所谓能够选择不实施违法犯罪行为的可能性,也是以法律期待一般人具有这样的能力为假设的。一个13周岁未成年人的辨别、控制能力,完全可能超过一个15周岁的未成年人,但是,责任的评价不可能依照13周岁未成年人的实际辨认、控制能力,而只能以《刑法》规定的是否"已满14周岁"为标准。很显然,责任的评价要求可能使这个所谓的一般人标准陷于"两难境地"。正是因为个人的生理、素质、环境条件使我们认为人的意志自由只是相对的,刑事责任能力因受到个人的生理、素质、环境条件的影响因而有别,那在有限承认决定论的前提下,为何用一般人具有而行为人实际不具有的能力来进行评价?是否有悖于行为人具有相对自由意志,就具有选择可能性的这一逻辑前提?显而易见的结论是:"有教无类"原则在责任的具体评价中并无立锥之地。

根据我国《刑法》的规定,借鉴国内外学者的研究成果,阻却责任的事由包括:阻却故意的成立(而可能成立过失)的认识错误;阻却故意、过失的成立意外事件;因精神障碍而阻却或减轻责任;因刑事责任年龄而阻却或减轻责任;因重要生理缺陷而减轻责任;不具有期待可能性阻却或减轻责任以及原因自由行为等。能够合理得出是否能够达到阻却或减轻责任的理论,应该借鉴的是规范责任论。

基于阻却或减轻责任事由可以给予阻却或减轻的根据,按照规范责任论的基本认识,就是期待可能性理论。当然,期待可能性,应该是法官在具体案件的审判中,根据具体案件的事实作出的判断。需要遵循的基本的标准①,虽然也可以说是具有"规范性",但在目前仍然是颇有争议的问题。这也成为我国一些学者不待见期待可能性理论原因之一。如果从刑法的具体规定而言,应该说具有阻却或减轻责任的事由,绝大部分是明文规定的,如前述的精神障碍、刑事责任年龄、老年人、聋哑人等,即使在超法规违法性阻却的事由中,如义务冲突,期待可能性再辅以具体法益衡量标准,是可以得出阻却责任的合理结论的。但是,立法的规定以及阻却违法性理论本身并没有回答为何基于这样的事由就可以阻却或减轻责任。从我国学者依据的基本理论而言,是刑事责任能力。如果基于当前的评价体系,应该说阻却违法性与责任的阻却或减轻具有一致性。因为当行为人处在一个非常紧急的情况下,即使行为人仍然具有责任能力,但在生命、健康受到紧迫危险的威胁,或在精神极度紧张的状态下,辨认和控制能力受到严重阻碍,这是不需要证明的。从这一点来说,之所以责任被阻却或减轻,辅以期待可能性理论仍然是能够得到一个可接受的合理结论。详言之,可以说不具有期待可能性责任被阻却或减轻,使得行为的违法程度降低(即使是正当防卫或紧急避险,也是对法益的侵害,这是之所以对这样的行为设置"正当"条件的理由,就是期待对法益损害降低到法秩序可以接受的限度之内②),从而行为的责任程度降低,以

---

① 参见第七章第五节中的"期待可能性的标准"。
② 至于超法规违法阻却事由中如基于承诺、自损等,可以认为是基于国民的自由权,但是,自由权的行使也是有限度的,也只能在法秩序允许的范围之内。所以,本书认为在法理上具有一致性。

致行为不具有刑事可罚性或可罚性降低。对某些行为而言,即使不具有这样的紧迫状态,应从道德上予以谴责(例如刑事未成年人的盗窃行为),法秩序基于期待可能性也应该宽宥,这当然也是可以接受的合理结论。

黎宏教授在赞同规范责任论的前提下认为,为避免对不具有可罚违法性的违法行为的刑事归责,应"从实质意义上来理解规范责任论,即这里的规范,不是道义上或者日常生活规则中'应当如此'或者'不得如此',而是刑法规范意义上的'应当如此'或者'不得如此'的要求"①。并以我国刑法盗窃罪要求数额较大的规定为例,认为盗窃罪所规定的,不仅仅是"不得实施盗窃行为",而是"不得实施有较大数额损失结果的盗窃行为"。"因此,我国刑法中的刑事责任,就是以刑罚为手段对行为人过去的、伴随有特定的结果的行为的谴责。谴责的前提仍然以行为人应当具有认识或者应当认识为前提。否则,就难以在刑法意义上对其进行谴责。如此说来,行为人尽管引起特定的法益侵害结果,但在其不可能达到'应当如此'或者'不得如此'行为要求时,难以肯定其具有刑事责任。"②

当然,从实质意义上来理解和把握规范责任论的具体要求是完全正确的。从立法层面而言的对行为人责任能力的要求,同样是"有教无类"的。因为这是法的规范要求,对任何人都是一样的,否则就没有法规范存在的可能性,也就没有了法律。但是,上述论证过程似并非所言是从实质的规范责任论理论来解释。如果说盗窃罪的成立要求数额较大的条件,在客观上没有数额较大财产损失的,从构成要件的符合性上,或者实质的违法性上就能够排除归责,而无需等待在责任阶段时才考虑排除。本书认为,实质意义对规范责任论的借鉴,恰恰是脚踏实地地从行为人个人的实际情况出发,对其个人刑事责任能力的判断,以及对其不实施违法行为的期待。换言之,在盗窃行为造成较大数额财产损失的情况下,根据行为人的具体情况,得出阻却(或者减轻)责任时,才是从实质意义上对规范责任论理论的运用,这才更具合理性。

三、责任原则与责任阻却与减轻

(一) 一般适用的责任原则

1. 主观责任原则

主观责任是与客观责任相对立的归责原则;客观责任原则,即为结果责任。这是近代刑法发达前对行为人归责的主要原则。客观责任原则要求,只要在客观上发生危害结果,无论行为人对其能否认识,一概要承担刑事责任。而在启蒙主义思想下形成近代古典学派刑法理论之后,则主张对行为人不能预见、不能回避的结果,不能承担刑事责任。主张法律是为了确保个人的自由、保障人权,因此对国家权力应设定明确的界线:国家的任务是维持必要的市民社会的最小限度的自由和秩序。这成就了以个人主义、自由主义为基本思想的刑法思想,主观责任原则逐渐占据了责任的主导

---

① 参见黎宏:《刑法学总论》(第2版),法律出版社2016年版,第169—170页。
② 同上书,第170页。

地位。主观责任原则反对客观责任原则不问主观的结果责任,主张只有在行为人具有责任能力和故意或过失的情况下,才能对行为人追究刑事责任(期待可能性理论最终也成为其中的重要内容)。依据主观责任原则,当行为人主观上既无故意,也无过失时,即使在客观上造成了损害结果,也不应该以犯罪而追究刑事责任。①

2. 个人责任原则

个人责任原则是与团体连坐责任原则相对立的归责原则。团体连坐,即在个人犯罪的情况下,刑及与犯罪者有特定关系的个人或者社会团体。中国古代的"联保连坐""诛九族",就是例证。"株连无辜"是古代刑法的突出特征。在近代刑法发达前,刑罚奉行报复、威慑,实行客观责任,刑及无责任能力者、无责任者、株连无辜者与罪刑擅断之风盛行。近代刑法发达后,奉行"刑及个人",不得再牵连到没有实施犯罪之人,并以教育犯罪人,使之复归社会为目的。个人责任原则要求,任何人只能对自己所实施的犯罪承担刑事责任,而不对他人所实施的犯罪承担刑事责任,故任何人都不对他人实施的犯罪承担刑事责任。②

3. 风险责任原则

在现代社会,由于工业化的高度发达,社会发展的成本提高,随之而来的是要对每一个社会成员都赋予更多的防止危险发生的义务。德国人类学家和社会学家乌尔里希·贝克(Ulrich Beck)在 1998 年《风险社会》一书中首次提出"风险社会"的概念。工业化在伴随着科技革命的发展和深化过程中,人们除了要面临传统自然风险,还要面临各种人为风险,"风险"已然成为人类生存的一种当然状态。现代文明的发展虽然造就了高度发展的现代生活,同时也创生出各种人为的风险和危机,这对整个人类社会构成根本性的威胁,如生态环境恶化、食品安全、卫生防疫、核物质泄漏等重大事故、事件,对社会发展的影响日渐凸显③。但是,在"主观责任原则"和"个人责任原则"下,因确定因果关系的自然法则、经验法则越来越难以提前获得,主观责任以及个人责任原则在这样的事件、事故中已经无法发挥其应有的作用,已经不能满足法秩序共同体在风险社会中对安全保障的现实需要。因此,在主观责任、个人责任的原则下,应辅之以风险责任(或曰社会连带责任)。在特定事件中不严格区分个人责任而实行团体的风险责任。当然,责任主体不仅仅局限在个人不意味着殃及无辜和对个人责任原则的否定。风险责任范围仍限制于特定范围内,即着眼于特定经济利益团体的行为对法益侵害的风险,是将刑法的防御前置,对行为人的行为提前归责。风险责任原则的意义,并不在于法益侵害发生后,对责任人的刑事追究,而在于提高社会以及经济利益团体的风险意识;同时,风险责任原则并不排斥在具体追究刑事责任

---

① 我国《刑法》第 16 条规定:"行为在客观上虽然造成了损害结果,但是不是出于故意或者过失,而是由于不能抗拒或者不能预见的原因所引起的,不是犯罪。"该规定是主观责任原则在刑法中的具体体现。

② 当然,在现代刑法中,"个人责任原则"是有所突破的,但前提仍然是以"主观责任原则"为基础。参见本节相关内容。

③ 实际上,除含有高科技成分的事故犯罪之外,即使是传统意义上的犯罪,也会以新的形式出现。例如,因互联网发达而出现的"网络犯罪"。

中,个人责任原则与主观责任原则的适用。

4. 严格责任原则

严格责任原则,是英美刑法对涉及侵害社会、公共重大法益行为实行归责的原则。针对实践中侵害重大公共法益的行为(如重大公害事故),如果将主观责任原则置于必需的地位,要证明其主观上责任,往往成为不可能完成的任务,绝大多数案件都会因无法证明其有无犯罪故意或过失而不了了之。正是基于这样的原因,从预防犯罪的角度出发,为更好地节省司法资源而实行"严格责任"。严格责任,是指一种不问主观过错的刑事责任。① 也就是说,实行严格责任,并非说行为人主观上一定没有过错,而是在刑事诉讼中无需具体认定是否存在过错以及过错的种类,即可令其承担刑事责任的原则。实行严格责任,实际上也具有刑法防御线前置的意义,对涉及社会重大法益的行为,通常都有严格的预设注意义务。例如,有的国家规定禁止向未成年人出售酒精饮料、烟草制品的法规,违反者无论其主观意思如何,一律构成犯罪,就算是行为时的确没有认识或者有认识的可能性,也会因违反预先的预见义务而承担刑事责任。至于我国是否实行严格责任原则,理论上有争议。通说基于主客观相统一的原则,反对引入严格责任原则②。刘生荣博士认为,我国刑法中存在严格责任③;但陈兴良教授认为,我国刑事立法和司法实务中不存在严格责任,今后也不应该采严格责任④。本书认为,由于我国《刑法修正案(八)》在《刑法》第133条之一规定了"危险驾驶罪",还能否坚守不宜适用"严格责任原则"的观点,值得深思。

(二)具体适用的责任原则

1. 直接责任与从属责任原则

直接责任,是指因自己危害法益的行为直接导致的刑事责任。刑法中绝大多数情况下产生的刑事责任,为直接责任。例如,甲实施的砍杀行为导致乙死亡结果;甲实施抢劫时,乙实施恐吓被害人的行为,共同劫取丙财物的;甲为纳税人,在税务人员征税中,使用暴力手段抗拒纳税。上述各个行为人的刑事责任,均为直接责任。而当自己实施违法、违规等行为后,要为他人的犯罪后果,或者为此后发生的事件承担刑事责任,是从属责任。因此,从属责任,就是指与典型的由于直接实施危害行为而产生的"直接责任"相对的责任,是当未能避免、阻止危害或者因实施帮助而发生法益侵害所产生的刑事责任⑤,有以下两种情况:

(1)在实施违法行为后,对法益侵害危险状态负有特定义务之人,怠于履行或者

---

① 参见〔美〕道格拉斯·N.胡萨克:《刑法哲学》,谢望原等译,中国人民公安大学出版社1994年版,第137页。
② 参见高铭暄、马克昌主编:《刑法学》(第5版),北京大学出版社、高等教育出版社2011年版,第119页。
③ 参见刘生荣:《论刑法中的严格责任》,载《法学研究》1991年第1期。
④ 参见陈兴良:《刑法哲学》(第2版),中国政法大学出版社2000年版,第247页。
⑤ 这里的从属仅指是否产生责任,从属于事态发展(包括他人行为的结果),并非是指责任的属性,该种责任是否具有可罚性,并非由事态发展的结果或者他人行为的结果而决定,是由具体案件情况决定的。所以,只能说这样的责任,从属于事态发展(包括他人行为的结果)。

拒绝履行义务,即便事态发展不在自己掌控之下,仍然应承担刑事责任的情况。例如,丢失枪支不报罪中"依法配备公务用枪的人员,丢失枪支不及时报告,造成严重后果的"、他人提供书号出版淫秽书刊罪中"为他人提供书号,出版淫秽书刊的",以及根据有关的司法解释,对虽然并不是由行为人的行为直接导致的严重后果,仍然需要追究刑事责任的情况。①

显然,因丢失的枪支而发生的严重后果,是因得到枪支者(其他犯罪或非犯罪之人)的行为而造成,是否发生严重后果,也完全不受丢失枪支之人控制,但是,只要在丢失枪支后不履行及时报告义务,发生严重后果的,就需要承担刑事责任。同理,为他人提供书号后淫秽书刊的出版,并不是提供书号者(是得到所提供书号者实施了印刷出版淫秽书刊的行为,是构成"出版淫秽物品牟利罪"的行为人)的行为,但是,只要实施提供书号的行为,放弃审查、监管而造成淫秽书刊出版结果的,就需要为此承担刑事责任。这是我国刑法上少有的明文规定"为他人的(犯罪)行为"需要承担刑事责任的几个条款。

(2)具有从属性,但没有直接参与犯罪活动,侵害法益的犯罪活动以及事件发展不在自己掌控之下,仍然应对此承担刑事责任的情况。例如,明知他人要去杀人,在他人要求下将自己匕首借给行凶者,当行凶者实施杀人,则提供者就要负共同杀人的责任;明知前来买汽油的人是要去放火,加油站雇员将汽油卖给他,放火者实施放火,出售汽油的雇员要承担共同犯罪责任。

从属责任的特点在于,法律要求的后果的发生,都不是受本犯(构成各自犯罪的行为人)的行为所控制的。详言之,从属责任取决于事态的发展,而不取决于本犯自己的行为。之所以如此,是因为事件客观上的因果流程不受行为人控制。换言之,行为人与他要为此承担责任的事实之间的因果关系,并不表现为由自己的行为导致结果发生这种直观的因果关系,而是法律拟制的因果关系,也即不作为的因果关系。不作为的原因力,就在于它应该阻止而没有阻止事物向危险方向发展,以致引起危害结果的发生。② 之所以客观因果关系不受从属责任的行为人控制,是由于从属责任人对他人的行为不具有支配力,或因独立的原因介入,或者事件的自然流动过程而引发结果,责任产生于应该阻止事态发生而没有履行阻止的义务。

父母拒绝将身患重病有残疾的女儿送到医院救治(希望孩子死亡可以免除今后的负担),如果女儿没有送医最终也没有死亡,则父母就没有刑事责任;如果死亡,虽然死亡表现为疾病导致的事件的自然流动过程,但其父母也需要承担遗弃罪,甚至故意杀人罪的刑事责任。显然,孩子的死亡与否,并不在其父母的控制下(即使送医院也未必不会死亡,即使死亡,也是疾病导致的事件的自然流动过程)。虽然这种情况

---

① 2006年7月26日最高人民检察院《关于渎职侵权犯罪案件立案标准的规定》第31条第2项对不解救被拐卖、绑架妇女、儿童罪规定"导致被拐卖、绑架的妇女、儿童被转移、隐匿、转卖,不能及时进行解救的",应立案追究刑事责任。

② 参见高铭暄、马克昌主编:《刑法学》(第5版),北京大学出版社、高等教育出版社2000年版,第85页。

与父母直接采取作为措施导致孩子死亡的有区别,不过从刑事责任上看,责任可以(能)是一样的。再如前例,明知他人要去杀人,即使在请求下将匕首借给欲行凶者,也并不因此就能够断定行凶者一定就去杀人,而当行凶者以此工具实施了杀人,提供者就要负共同杀人的责任;当行凶者没有实施杀人,或者没有利用提供的工具实施杀人,提供者就不用承担责任。

需要注意的是,没有直接参与犯罪,但实施有从属性的帮助行为,要追究刑事责任的,也有少数条款刑法分则中有明文规定①。理论上,还有一些犯罪在规范解释上,属于事前通谋以共同犯罪论处的情况。例如掩饰、隐瞒犯罪所得、犯罪所得收益罪,也属于在事前通谋以共同犯罪论处的情况。但是,共同犯罪中具有从属地位的帮助犯、教唆犯的责任,也并不都是从属责任②,即从属责任与从属性共犯的责任(例如部分帮助犯的责任)并不是完全等同的概念,从属责任,只是从属性共犯责任产生的一种形式,而不是从属性共犯责任产生的全部内容。换言之,有部分共犯的责任产生属于"从属责任"(明知前来买汽油的人是要去放火而出售汽油,如果构成共犯,责任就是从属责任),但是,也有的共犯的责任,产生的形式上是直接责任(从属性共犯责任中存在着属于直接责任的情况)。例如,只带领受诱骗的被害人前往犯罪现场驾驶汽车,没有直接参与实施杀人行为,即使死亡结果的发生不受其控制,刑事责任也是直接责任而非从属责任,因为其将被害人带往被害地点的作为行为,实质上直接参与了对被害人死亡结果发生的因果流程。上述情况与结果的发生都具有直接的因果关系,因此,责任形式是直接责任。

由此可见,对从属责任而言,前提条件之一是行为人本身具有违法行为(不送病重的女儿去医院、丢失枪支不及时报告等),或具有法律应予以否定评价的主观认知,或有特殊认知具有不可信赖的事由为辩解的行为。例如,他人在药店买了安眠药回家服用自杀了,药店的雇员不能承担责任,因为雇员出售药品的行为,是基于可以信赖购买者合理使用药品而实施的商业行为。但是,在明知他人要放火而出售汽油,则没有理由信赖扬言要去实施放火的人购买汽油是要给摩托车加油。当然,在具有从属责任的情况下,也并非一定成立共同犯罪,如果主观上确有过失的,即便不成立共同犯罪,也可能需要单独承担过失(正犯)责任。

但是,这并不是说违反法律期待作为而没有作为(不作为)的责任,都是从属责任。产生从属责任的另一个条件是,当某一侵害法益的危险发生后,行为人是否应该"实施必须介入的作为行为",只有负有实施阻止义务而没有实施时,行为人的行为才可能具有可罚性。换言之,这也是阻却行为人的从属责任的事由。例如,丢失枪支及

---

① 例如我国《刑法》第310条第2款规定,对实施窝藏、包庇行为"事前通谋的,以共同犯罪论处";《惩治骗购外汇、逃汇和非法买卖外汇决定》中骗购外汇罪规定:"明知用于骗购外汇而提供人民币资金的,以共犯论处。""海关、外汇管理部门以及金融机构、从事对外贸易经营活动的公司、企业或者其他单位的工作人员与骗购外汇或者逃汇的行为人通谋,为其提供购买外汇的有关凭证或者其他便利的,或者明知是伪造、变造的凭证和单据而售汇、付汇的,以共犯论,依照本决定从重处罚。"

② "狭义共犯"的从属性是指在犯罪的法律属性和刑罚上从属于正犯。

时履行报告义务,即使发生严重后果,也不构成犯罪;提供书号但履行审查出版物内容、监管印刷、发行环节的义务,就不构成犯罪。履行了应该介入的行为,就阻却责任。当然,即使履行了作为义务,并不意味着侵害法益的结果就能够避免,但是表明了行为人为阻止结果的发生作出了努力,与所发生的结果之间不具有不作为的因果关系,就不能归责于行为人。

虽然表明从属责任是在需要行为人"介入作为行为"而没有介入才产生,但是不作为的责任,有的就是直接责任而不是从属责任。例如,刑法规定的"逃税罪""遗弃罪"是不作为行为,对法定义务违反产生的责任是直接责任。因此,理解何种情况下需要"介入作为行为"就非常重要。

首先,直接违反法律明文规定作为义务的不作为是直接责任。该种情况下,不存在需要行为人实施的"介入"作为行为,去阻却某种侵害法益的危险发生,而是要求以作为完成法律规定义务。例如,不履行纳税义务的逃税罪,对法定义务违反的不作为是直接责任。

其次,违反需要"介入"的作为义务,应是针对所发生的特定危险状态,法律可以期待行为人履行特定的"介入"作为行为,而不是期待遵守一般意义上法的注意义务。例如,甲饮酒后驾驶汽车将乙撞死。法律规定"饮酒后不得驾驶机动车",这是法律规定的一般注意义务,对所有机动车驾驶人员来说,都必须遵守,而绝不是只禁止甲饮酒后驾驶机动车。又如,未能及时将病儿送医抢救,致使病儿死亡的。要求介入送患儿去医院,是针对患儿有生命危险状态的特定义务,而不是一般意义上的育儿应该注意的义务;当孩子病重时,需要父(母)必须介入履行送医的行为。可见,上述情况都是违反义务的行为,都具有发生法益侵害的危险;当实际危害发生时,都可以表现为意料之外的事件,似乎可以看出都需要介入实施一定行为,而且在事件中都具有对自己应负义务的自我驾驭能力——自由意志。但是,这里的责任是有区别的,前者违反法律的一般注意义务,是不得酒后驾驶机动车,违反的就是直接责任,原因就在于行为人的行为在控制着事件因果关系的流程;后者违反需要"介入"作为行为义务,应该送患儿去医院,履行该义务就是为了消除针对患儿特定的生命危险,避免严重后果发生的义务,因此是从属责任(因病是否导致死亡,行为人的行为不能控制,法律要求的是及时送医的介入行为)。

综上所述,只要履行了该介入的作为行为,危害结果不能再归责于行为人。何种情况下可以认为阻却了从属责任? 应该是及时介入的行为阻断与特定危险事态的互动关系——发现枪支丢失,及时报告;当得知对方借刀是要杀人时,拒绝借出[①];当发现孩子病重,及时送医。不能阻断这样的互动关系,除非丧失意志自由或者不具有期待可能性,都不可免除刑事追诉。

---

① 属于直接责任的从属性共犯责任的阻却,也同样要求有效阻断与正犯、其他共犯的这种互动关系时成立。

2. 共同犯意范围内共同责任原则

我国刑法中的共同犯罪,是指二人以上共同故意犯罪。因此,共同犯罪的刑事责任只在共同故意内成立。在刑法理论上,历来有"共同犯意内共同责任"原则,如果就我国刑法对共同犯罪的具体规定而言,即共同犯罪的参与者,只对共同故意范围内的共同犯罪分担共同责任[①]。这就是共同犯罪刑事责任承担的一般范围,也是共犯刑事责任的一般原则。当共同犯罪参与者的行为超出共同故意范围,实施其他犯罪行为,属于实行过限的情况时,阻却其他参与者对该种犯罪的刑事责任,即不分担该犯罪的刑事责任。如甲、乙二人合谋盗窃,甲在外望风,乙入室盗窃中发现邻屋内有孤身女子遂实施强奸,乙的强奸行为即为"实行过限"。尽管甲的行为在客观上帮助了乙完成了强奸行为,因超出共同盗窃犯意范围,主观上无强奸罪的共同故意,故甲只在盗窃罪的范围内承担刑事责任,对乙所实施的强奸行为不分担共同责任。[②]

3. 部分行为全部责任原则

共同犯罪参与者在共同犯罪故意范围内,即使只是实施了该种犯罪的部分行为,也必须对其他参与者的实行行为所造成的结果,承担共同责任。如甲、乙二人伤害丙,其中因乙的行为打击过重致丙死亡,则甲也应对加重结果分担共同责任。再如甲、乙共同实行杀人行为,实行中虽然甲自动停止了继续实施的杀人行为,但因乙并没有放弃实施而造成被害人死亡的,构成犯罪既遂时,甲也必须对犯罪既遂承担责任,不能成立犯罪中止。但是,部分行为全部责任原则,只适用于共同正犯(共同实行犯)的责任承担,对其他参与共同犯罪的帮助犯、教唆犯,则是根据其具体参与犯罪的情况,承担相应的责任,一般不能适用部分行为全部责任原则,教唆犯也只有在可以认定为主犯(正犯)的情况下,适用该原则。

4. 全部责任原则

全部责任原则,是基于我国立法所特有的规定,是指对于共同犯罪中作为组织、领导犯罪集团主犯的首要分子,必须按照集团所犯的全部罪行处罚,以及对于在一般共同犯罪中的主犯,必须按照其所参与的或者组织、指挥的全部犯罪处罚的原则。上述刑事责任原则,是我国《刑法》第 26 条第 3、4 款规定的基本内容。按照上述规定的基本精神,这里作为主犯的共同犯罪人,应当是指在共同犯罪中实施组织行为的共同犯罪人。一般而言,实施组织行为的共同犯罪人,在理论上被称为"组织犯",但是,根据我国《刑法》的规定,并非实施组织行为的共同犯罪人在理论上都可被称为"组织犯"。只有在集团犯罪中组织、领导犯罪集团主犯的首要分子,理论上可被称为"组织犯",而在一般共同犯罪中,即使在共同犯罪中具体实施的是组织、指挥的组织行为的,也只能构成共同犯罪中的主犯,而不能称其为"组织犯"。目前理论上对集团犯罪的首要分子,并不采用"组织犯"的称谓。

---

① 共同责任的分担,并非是承担相同的刑事责任,而是需要根据参与共同犯罪的情况,承担各自应该承担的刑事责任。

② 持行为共同说的理论,有不同解释。参见第九章"共同犯罪"相关问题。

5. 共同犯罪承担刑事责任原则的例外

共同犯罪承担刑事责任原则的例外具体包括两种情况：(1) 根据刑法的规定，针对刑法中个别的犯罪，即使存在共同实行行为，但在追究具体刑事责任时，不能按照"共同犯意范围内共同责任"和"部分行为全部责任"追究参与者的刑事责任，只能适用"个人责任原则"处理。这类犯罪，即为刑法中所规定的，只有行为人亲自实施犯罪行为，即使有他人参与也不能代替其实施实行行为的"亲手犯"。例如，服刑中的甲、乙合谋从监狱逃跑，甲顺利从围墙上翻越逃走，而乙在翻越时被当场抓住未能脱逃成功，甲应承担脱逃罪既遂的刑事责任，乙只对自己脱逃未遂承担刑事责任，不对甲脱逃既遂承担刑事责任。再如，甲母已经年老且病重无钱救治，甲经朋友乙劝说共同外出"闯世界"离家出走，数月后其母因无人照顾死亡，乙虽然有唆使甲遗弃的行为，但是，不具有保证人身份的乙，不能对甲所实施的遗弃行为承担全部刑事责任，最多只能按照"个人责任原则"以教唆犯承担从犯责任。之所以有上述认识，是因为刑法评价的行为并非单纯事实概念上的行为，因此，法定构成要件不仅有定型化功能，更有适格主体类型化功能，换言之，只有适格主体的行为人①，才是犯罪类型化实行行为评价的对象。在上述脱逃案件中，脱逃是依法被逮捕、关押的罪犯、被告人、犯罪嫌疑人逃脱羁押和监管的行为。也就是说，适格主体类型化的实行行为是依法被羁押、关押的人自己脱逃，别人不可能代替逃脱，甲、乙有适格主体资格，各自的行为符合类型化的实行行为，但是，各自的行为不可替代。在遗弃案件中，乙不具有保证人身份承担赡养义务，同样不可替代甲实施遗弃行为，因此，非适格主体的行为，不符合类型化的构成要件行为。

(2) 我国《刑法》第25条第2款规定："二人以上共同过失犯罪，不以共同犯罪论处；应当负刑事责任的，按照他们所犯的罪分别处罚。"即为构成共同过失犯罪时，分别承担刑事责任(个人责任)原则。我国刑法理论对共同过失犯罪是否成立共同犯罪存在争议。就刑法规定而言，是持否定的态度，但是，最高人民法院在相关的司法解释中，对特定的过失犯罪规定了参与者可以构成共犯②，是有限地承认特定共同过失犯罪构成共同犯罪。但是，即便有此规定，争论仍然存在，集中于对解释精神、解释内容以及责任原则的质疑。例如，既然是共犯，是适用刑法对共同故意犯罪的共犯责任原则来追究刑事责任，还是根据第25条第2款规定的分别追究刑事责任？仍然是不甚明确的③。本书认为，该解释的效力，当然不能随意扩大到其他过失共同犯罪的适用上。不过，上述司法解释是有积极意义的，在过失共同犯罪问题上，是实现了重大理论上的突破④。

---

① 即便是"一般主体"，其刑事责任年龄与刑事责任能力的条件，也是"主体"适格的标准。
② 00.11.21《交通肇事解释》第5条第2款规定："交通肇事后，单位主管人员、机动车辆所有人、承包人或者乘车人指使肇事人逃逸，致使被害人因得不到救助而死亡的，以交通肇事罪的共犯论处。"
③ 参见第九章第四节"共同正犯中的争议"之七"过失共同正犯"。
④ 同上。

第二节 年　　龄

一、刑事责任年龄的概念

刑事责任年龄,是指依据刑法规定,自然人对自己实施的危害行为承担刑事责任,以及以此适用从宽处理必须达到的年龄。自然人的年龄是随着时间的流逝而逐渐变大而直至生命的终结,而刑法规定的刑事责任年龄,是与刑事责任能力具有内在联系的整体,作为刑事责任年龄最低标准的年龄,是自然人应承担刑事责任的起点;未成年人从幼年向成年过渡时期,因对事物的辨识能力、控制自己行为的能力尚未达到如同成年人一样的程度,因此对自己实施的危害行为,依法可以得到从宽处理。在步入成年后,法律就将一视同仁,没有例外。然而,随着自然人年龄的增大,当步入老年时,身体各个器官的功能下降,其行为能力以及对事物的辨识能力、接受能力均会减弱,这也就意味着其刑事责任能力也在相应减弱,如果对他们的犯罪仍然与青壮年人的犯罪相提并论,难以被社会认同。所以,从消极的意义上看,刑事责任年龄是阻却或者是为了排除自然人主体具备责任能力或者责任能力减弱而设置的特别规定。

虽然年龄的变化是一种自然现象,但是,在刑法上,年龄的变化是经法律认可的自然现象。换言之,只有经过法律认可,未成年人才能成为法律上的未成年人,老年人才能是法律上的老年人,必要的司法程序是认定是否属于未成年人和老年人的必经过程。未成年人会因达到法律规定的年龄后,丧失未成年人身份,未达到刑法规定的老年人标准的人,也不可因事实上对事物的辨识能力减弱而被视为老年人。因此,从基于法律规定而言,刑事责任年龄是对应负刑事责任的自然人主体附加的限制性客观条件(适格条件)。

责任年龄也是影响自然人犯罪主体责任能力的重要因素,未达法定责任年龄的人即便实施了危害社会的行为,也不成为犯罪主体承担刑事责任,达到一定年龄的老年人实施犯罪的,刑事责任也应减轻。

二、刑事责任年龄的立法规定

各个国家由于存在法律传统、法律文化以及风俗习惯的不同,因此,对未成年人以及老年人的界定标准也不同,刑法规定的未成年人刑事责任年龄的最低标准[①],以及老年人刑事责任年龄的最低标准也不尽相同。

我国《刑法》是在借鉴当代世界各国有关立法,根据我国未成年人以及老年人责

---

① 以未成年人的标准为例,1984 年修订的《印度刑法典》规定的是年满 12 周岁;1968 年修订的《意大利刑法》、1971 年《加拿大刑法》、1976 年《联邦德国刑法》和现行的《日本刑法》等,规定的是已满 14 周岁;1954 年《格陵兰刑法典》、1971 年修订的《瑞士刑法》等,规定的是已满 15 周岁;而 1996 年的《俄罗斯刑法典》、1968 年《罗马尼亚刑法典》等规定的是年满 16 周岁;另有少数国家规定的承担刑事责任的年龄起点更高,如 1940 年《巴西刑法典》为年满 18 周岁。

任能力的实际情况,在第17条规定了未成年人过渡时期承担刑事责任的年龄,以及可以适用从轻、减轻处罚规定的老年人刑事责任年龄。

(一) 刑事责任年龄阶段的划分

1. 完全不负刑事责任年龄阶段

我国《刑法》第17条第2款规定,不满14周岁的未成年人,完全不负刑事责任。该年龄阶段的未成年人由于仍处于幼年期,心智发育尚不成熟,对社会事物缺乏辨识能力,因此,法律上认为该年龄阶段的未成年人尚不具备刑事责任能力。对该年龄阶段的未成年人所实施危害社会的行为,一概不追究刑事责任。但是,对因不满14周岁不负刑事责任的未成年人,应该责令其监护人加以管教,如果有必要可以由社会服务机构或者福利机构配合其监护人共同对未成年人进行必要的教育。

2. 相对负刑事责任年龄阶段

我国《刑法》第17条第2款规定:"已满14周岁不满16周岁的人,犯故意杀人、故意伤害致人重伤或者死亡、强奸、抢劫、贩卖毒品、放火、爆炸、投毒罪①的,应当负刑事责任。"该年龄阶段的未成年人,只对刑法有明确限定的一定范围内的犯罪承担刑事责任,而对刑法规定的一般危害程度的犯罪不负刑事责任。达到该年龄阶段的人,对一定的重大社会事项已具备辨识大是大非的能力,已具备对此类事项的刑事责任能力,所以法律要求对所犯一些严重的罪行,除具有法律规定的特殊情况外(如因患精神病导致刑事责任能力丧失),应当承担刑事责任。这里的"相对",仅指对所要承担的罪行范围是"相对于"应对自己的危害行为完全负刑事责任②的成年人以及已满16周岁不满18周岁的未成年人而言,只对部分罪行承担刑事责任,并不是说其刑事责任是相对的;就其要负的刑事责任而言,是绝对要负的,并不是在"负刑事责任"与"不负刑事责任"之间相对不确定,要由法院来决定。如所犯是列举的故意杀人罪、抢劫罪等,就一定要负刑事责任,对除列举之外的罪,就不负刑事责任,这是绝对的,因此不存在刑事责任处于不确定状态问题。在确定其负刑事责任的情况下,因其属于限制刑事责任能力人,所以处罚时必须从宽处理,但这与犯上述罪行应当负刑事责任没有直接关联性。

此外,第17条第4款规定:"因不满16周岁不予刑事处罚的,责令他的家长或者监护人加以管教;在必要的时候,也可以由政府收容教养。"③

3. 完全负刑事责任年龄阶段

我国《刑法》第17条第1款规定:"已满16周岁的人犯罪,应当负刑事责任。"根

---

① 我国《刑法修正案(三)》已将"投毒罪"修订为"投放危险物质罪"。

② "完全负刑事责任"与"负完全刑事责任"不是等同的概念,前者是指对责任范围的界定,即对刑法规定的所有犯罪,都需承担责任;后者是指对责任程度的说明,即应当按照刑法规定的犯罪的刑事责任,承担责任。

③ 收容教养制度虽然在我国的社会实践中已经实行了多年,但不仅存在缺乏有效监督和实际效果不佳的问题,也因收容教养制度与人权保障之间存在的巨大矛盾,成为当前中国法治发展进程中的重大障碍,2013年12月28日第十二届全国人大常委会第六次会议表决通过了《关于废止有关劳动教养法律规定的决定》。现阶段,也只能由社会服务机构或者福利机构配合其监护人共同对未成年人进行教育。

据我国未成年人心智发育以及接受教育的情况,已满16周岁的人不仅在体力和智力已经有相当的发展,在了解社会事物以及在是非观念、法制观念上也达到一定的程度,而且已经能够根据国家的法律和社会道德规范约束自己的行为。因此,刑法上即认为除具有法律规定的特殊情况(如因患精神病导致刑事责任能力丧失)外,已满16周岁的人对实施所有危害社会的行为,都必须承担刑事责任。[1]

4. 减轻刑事责任年龄阶段

我国《刑法》第17条第3款规定:"已满14周岁不满18周岁的人犯罪,应当从轻或者减轻处罚。"《刑法》第17条之一规定:"已满75周岁的人故意犯罪的,可以从轻或者减轻处罚;过失犯罪的,应当从轻或者减轻处罚。"[2]这是对未成年人和老年人犯罪从宽处罚的刑事责任年龄阶段的规定。据此规定,16周岁至18周岁之前犯罪的未成年人,以及犯罪时已满75周岁的老年人,虽然应该对自己的危害行为负刑事责任,但是应当或者可以从轻或者减轻处罚。

未成年人虽然已经达到刑法规定的完全刑事责任年龄阶段,应该对刑法所规定的所有罪行承担刑事责任,但是,毕竟该年龄阶段的人还是未成年人,心智发育尚未完全成熟,与成年人相比对社会事物的辨识能力仍然存在一定的差距,也因为未成年人犯罪,社会本身也负有着一定的责任。而且,未成年人仍然具有较大的可塑性,因此,必须在承担刑事责任方面与成年人犯罪有所区别,从宽处理以有利于今后的教育和改造,使之能够以健康的心态复归社会。而已满75周岁的人已经步入人生的最后阶段,不仅体力下降、身体的各个器官功能也在下降,行为能力以及对事物的辨识能力、接受能力均在减弱,这也就意味着其刑事责任能力也在相应减弱。从实践中看,除特殊情况,已满75周岁的老年人很难实施需要耗费重大体力的恶性、严重的犯罪,如果将这类人的犯罪仍然与青壮年人的犯罪相提并论,是不公正的。因此,我国《刑法》在第17条中增加了该款的规定,即在满足犯罪时已满75周岁年龄的前提下,对犯罪的老年人一般要从宽处理,但是,从宽的幅度与老年人所犯之罪时的主观罪过形式有密切的关系:对过失犯罪的,是"应当从轻或者减轻处罚";对故意犯罪的,"可以从轻或者减轻处罚",也即一般情况下对故意犯罪的应考虑从宽处理,但是如果故意犯罪性质恶劣、造成严重后果的,也可以不考虑从宽处理。

(二) 刑事责任年龄对刑罚适用的限制

1. 对不满18周岁未成年人刑罚适用的限制

我国《刑法》对犯罪的未成年人在刑罚适用上有诸多方面的限制性规定:(1)《刑法》第49条规定:"犯罪的时候不满18周岁的人……,不适用死刑"。(2)《刑法》第65条第1款有关累犯的规定"……不满18周岁的人犯罪的除外"表明未成年人不构成累犯。(3)《刑法》第72条第1款有关适用缓刑的规定,不满18周岁的未成年人,

---

[1] 完全负刑事责任的已满16周岁阶段与已满18周岁的人是属于完全责任能力人,不是同一个概念,要注意区别。

[2] 我国《刑法修正案(八)》的补充规定。

如果被判处拘役、3年以下有期徒刑的,同时符合犯罪情节较轻;有悔罪表现;没有再犯罪的危险;宣告缓刑对所居住社区没有重大不良影响的,应当宣告缓刑。(4)《刑法》第100条第2款规定,犯罪的时候不满18周岁被判处5年有期徒刑以下刑罚的人,免除在入伍、就业的时候,应当如实向有关单位报告自己曾受过刑事处罚的义务。①

2. 对已满75周岁老年人刑罚适用的限制

我国《刑法》主要有以下限制性规定:(1)《刑法》第17条之一规定:"已满75周岁的人故意犯罪的,可以从轻或者减轻处罚;过失犯罪的,应当从轻或者减轻处罚。"(2)《刑法》第49条第2款规定:"审判的时候已满75周岁的人,不适用死刑,但以特别残忍手段致人死亡的除外。"即在一般情况下,对犯罪的老年人原则上不再适用死刑,只有在使用特别残忍的手段致人死亡的情况下,考虑适用死刑。(3)《刑法》第72条第1款有关适用缓刑的规定,已满75周岁的人,如果被判处拘役、3年以下有期徒刑的,同时符合犯罪情节较轻;有悔罪表现;没有再犯罪的危险;宣告缓刑对所居住社区没有重大不良影响的,应当宣告缓刑。②

这里值得研究的是,在上述有关刑罚适用的限制性规定的刑事责任年龄,年龄的时间基准是否是相同的概念?换言之,诸如"不满18周岁""已满75周岁"是否均是指"犯罪时"?诚然,《刑法》明确规定的以"犯罪时"为时间基准的条款是没有疑问的,即未成年人不适用死刑的规定、未成年人不构成累犯的规定、未成年人免除报告义务的规定,以及已满75周岁的老年人故意犯罪和过失犯罪的规定。此外,明确规定"审判时"为时间基准的条款也没有疑问,即已满75周岁的老年人原则上不适用死刑的规定。尚有疑问的是对不满18周岁的未成年人以及已满75周岁的老年人适用缓刑的时间基准,是指"犯罪时"还是"审判时"?本书认为,"审判时"是合理的,原因在于缓刑适用涉及对犯罪之人裁判后的处遇的裁定,当然,未成年人在审判时是未成年人,也就同时表明在审判时已经对在犯罪时是未成年人身份的确认,在刑事责任上必须依法从宽处理。但是,已满75周岁的老年人则不同,在涉及老年人刑事审判后的处遇时,更多应当关注的是对服刑期间的生活照顾,而不是需要重视如何使其从事以付出体力来审视自己的行为对社会危害的劳动改造。犯罪时已满75周岁,审判时肯定也已经过了75周岁,因此,对缓刑适用审查上的时间基准,以"审判时"理解是合理的。

(三)刑事责任年龄的计算以及适用的基准时间

根据相关司法解释的规定③,我国对刑事责任年龄采取公历年、月、日计算实足年龄的方法——"周岁",即在生日第二天起为该年龄阶段的实足年龄。例如,14岁生

---

① 以上限制性规定除我国《刑法》第49条外,均为《刑法修正案(八)》修订所增加的内容。
② 以上限制性规定,均为我国《刑法修正案(八)》修订所增加的内容。
③ 06.01.23《未成年人刑事案件解释》第2条规定:"刑法第17条规定的'周岁',按照公历的年、月、日计算,从周岁生日的第二天起算。"

日当天为"不满14周岁",16岁生日当天为"不满16周岁",只有在生日后的第二天（零时后),才为"已满周岁"标准。因此,对不满14周岁、已满14周岁不满16周岁等年龄段的计算,都应以相应的方法计算。

未成年人犯罪,是指实施犯罪行为时已满14周岁不满18周岁。因此,不应将案发的时间、立案、破案时间,以及逮捕时间、起诉和审判时间等,作为认定是否为未成年人犯罪的时间基准,只能是考虑犯罪行为实施时的情况。因为上述不同的时间,完全可能是未成年人犯罪数年后的时间,如果以此为时间基准,则可能导致将案件不视为未成年人犯罪的案件,这当然是错误的。因此,要求在犯罪时是未成年人,是刑事责任年龄与刑事责任能力内在联系的要求。未成年人犯罪时的年龄基准确定后,如果仍然处在未成年人犯罪审理的刑事诉讼过程中,则上述不同时间主要涉及案件审理适用的程序、审判后关押的场所以及执行刑罚的制度等问题;只是上述时间基准,均不属于确定未成年人适用法律从宽处理的刑事责任年龄的时间基准。需要关注的是,对已满75周岁的老年人在适用从宽处理的时间基准,有的是以"犯罪时"为基准,有的是以"审判时"为基准,应该具体分析。

（四）骨龄鉴定结论的采信

在司法实务中存在着犯罪嫌疑人真实姓名、住址不清、年龄不明的案件,虽然存在犯罪嫌疑人有意隐瞒的情况,但从我国的司法实践来看,也存在是因为客观原因形成这种状况的。例如,居住在农村的犯罪嫌疑人,父母所记忆、记载的出生日期可能是农历,而犯罪嫌疑人的户籍或者有关学籍登记的,可能又是公历,或者也可能因失学、转学等原因造成出现多份出生证明文件且不一致。因此,在无法查清犯罪嫌疑人是否属于未成年人时,会造成认定很大的困难,但这又是能否适用对未成年人从宽处理所必需的条件。在司法实践中,对这类案件必要时需通过"骨龄"鉴定来认定行为人的年龄。为此,骨龄鉴定在刑事司法中发挥的作用是值得研究的。①

骨龄②是现代医学中观测人体生长发育的重要标尺,是根据骨化中心的数目和大小,骨化中心和骨骺的形态变化,骨骺和骨干的愈合情况,观测到被测人发育进程及骨骼生长空间,依据一定的比例关系,可以推算出生理年龄大致与骨骼发育状况是否吻合,如生理年龄与骨骼发育状况存在较大的差异,就可以为及早采取人为的干预措施提供必要的依据。在运动医学和法医学方面,骨龄鉴定的结论可以帮助判断一个人能否继续长高,或者判断人的身份为刑事侦查提供必要的侦查方向(当然,即使有这样的依据也只是一种"概率")。现代医学已经证明,由于个体遗传基因以及生长发育的环境的差别,包括父母过早干预孩子的发育或者忽视孩子的发育中出现的问题,

---

① 00.02.21《骨龄鉴定》规定:犯罪嫌疑人不讲真实姓名、住址,年龄不明的,可以委托进行骨龄鉴定或其他科学鉴定,经审查,鉴定结论能够准确确定犯罪嫌疑人实施犯罪行为时的年龄的,可以作为判断犯罪嫌疑人年龄的证据使用。如果鉴定结论不能准确确定犯罪嫌疑人实施犯罪行为时的年龄,而且鉴定结论又表明犯罪嫌疑人年龄在刑法规定的应负刑事责任年龄上下的,应当依法慎重处理。

② 1992年中华人民共和国正式公布实施《中国人手腕骨发育标准CHN法》为行业标准。

均会造成生理年龄与骨龄的巨大反差。骨龄鉴定的结论,事实上不可能精确地得到人的具体生理(生物)年龄。而且,根据人在18至20周岁后骨化基本停止,因此成年后的骨龄鉴定,表明的"相当于某某年龄至某某年龄"的骨龄结论(对无名尸体提供侦查方向,查清"尸源"是有意义的),对刑事责任年龄的确定已经没有意义。那么,00.02.21《骨龄鉴定》"能够准确确定犯罪嫌疑人实施犯罪行为时的年龄"应如何理解?本书认为,在司法上,需要骨龄鉴定的结论,应该从积极为适用未成年人犯罪从宽处理而考虑,从最高人民检察院对骨龄鉴定所持的慎重态度上,也应该得出这样的认识。骨龄鉴定既然为是否"成年"而不再为具体生理年龄提供结论,所以,骨龄鉴定结论不能独立于其他证据而直接作为认定年龄的证据。骨龄鉴定结论一般只有在与其他证明年龄的证据相互印证时,才可以作为判断年龄的证据使用。在没有其他年龄的证据的情况下,如果鉴定结论为"未成年"时,或者鉴定结论为"成年",但有其他相左的证据时,从有利于被告的原则出发,均可以认定为"未成年"。特别是在当事人的年龄是否处于法律规定的"临界点"问题上存在矛盾证据时,就不能以骨龄鉴定作为认定年龄的证据。

【案例7-2-1】

　　张某抢劫杀人一案,查明被告人共有六个出生日期的证明材料,分别为:1987年12月2日,系全国第四次人口普查底册没有被改动的出生日期;1988年3月2日,系由全国第四次人口普查底册被改动后形成的出生日期;1987年2月7日,即由农业人口迁出时登记表没有改动过的出生日期,同时亦系被告人户籍登记卡所登记的日期;1988年5月7日,系由农业人口迁出时登记表改动过形成的出生日期;1988年2月7日,即被告人学籍档案所登记的出生日期;1987年9、10月间,系被告人生母口述回忆的出生日期(不排除是农历的日期)。骨龄鉴定结论为相当于生理年龄18.6岁。

在案例7-2-1中,排除被改动过不能作为证据采信的出生日期材料,还有:(1)1987年12月2日,全国第四次人口普查底册没有被改动的出生日期;(2)1987年2月7日,由农业人口迁出时登记表没有改动过的出生日期,同时系被告人户籍登记卡所登记的日期;(3)1988年2月7日,被告人学籍档案所登记的出生日期。根据本案的情况,如果采信1987年2月7日为被告人出生日期,则被告人实施抢劫杀人时已满18周岁,但是,显然此证据是不具有排他性的,因为1987年12月2日全国第四次人口普查底册没有被改动的日期为何不能采信?1988年2月7日被告人学籍档案所登记的出生日期为何不能采信?可见,上述出生日期均不具有排他性,均不能作为认定已满18周岁年龄的证据。即使有骨龄鉴定的结论,但从有利于被告原则出发,应当根据06.01.23《未成年人刑事案件解释》第4

条规定的推定原则①,从有利于当事人的年龄予以认定。

(五) 跨法定责任年龄阶段违法犯罪的处理

这是指同一性质的危害行为处于连续状态跨越法律规定的不同责任年龄阶段,如何处理的问题。根据06.01.23《未成年人刑事案件解释》第12条"行为人在达到法定刑事责任年龄前后均实施了犯罪行为,只能依法追究其达到法定刑事责任年龄后实施的犯罪行为的刑事责任"的精神,(1)已满16周岁后实施某种犯罪,但在已满14周岁不满16周岁时,也实施过相同性质行为的,如果在已满14周岁不满16周岁期间所实施的是《刑法》第17条第2款规定的特定严重犯罪,则应一并追究刑事责任;否则,就只能追究已满16周岁以后犯罪的刑事责任。已满14周岁不满16周岁期间所实施的行为,如果与已满16周岁后实施的犯罪行为具有密切联系,则说明行为人的人身危险性较大,可以作为量刑情节予以考虑。(2)在已满14周岁不满16周岁时实施《刑法》第17条第2款规定的严重的故意犯罪,而在不满14周岁之前也实施过相同性质的行为,不能一并追究刑事责任,只能追究已满14周岁以后法律规定应负的犯罪的刑事责任。黎宏教授认为,不满14周岁时实施的行为如果与已满14周岁不满16周岁期间所实施的行为具有密切联系,则说明行为人的人身危险性较大,应作为量刑情节予以考虑。②本书认为这是不恰当的,已满14周岁之前的行为无论怎样,都不应受刑法评价,即使只是作为量刑时考虑的情节,也明显与《刑法》第17条规定的精神相左③。根据上述解释第12条第2款的规定,行为人在年满18周岁前后实施了不同种的犯罪行为,对其年满18周岁以前实施的犯罪应当依法从轻或者减轻处罚。行为人在年满18周岁前后实施了同种犯罪行为,在量刑时应当考虑对年满18周岁以前实施的犯罪,适当给予从轻或者减轻处罚。

三、已满14周岁不满16周岁未成年人的刑事责任的范围

该问题是相对刑事责任年龄阶段目前争议较大的问题之一。我国《刑法》第17条第2款规定:"已满14周岁不满16周岁的人,犯故意杀人、故意伤害致人重伤或者死亡、强奸、抢劫、贩卖毒品、放火、爆炸、投毒罪④的,应当负刑事责任。"此规定较我国1979年《刑法》有了很大进步,但是,随着1997年修订的《刑法》的适用,在处理未成年人犯罪时仍然存在问题,已满14周岁不满16周岁的未成年人绑架并故意杀害被绑架人或者故意伤害致被绑架人死亡的案件,以及该年龄阶段的未成年人涉毒案件就是其中适例。由于在《刑法》修订前几乎没有发生已满14周岁不满16周岁的未成年

---

① 06.01.23《未成年人刑事案件解释》第4条规定:"对于没有充分证据证明被告人实施被指控的犯罪时已经达到法定刑事责任年龄且确实无法查明的,应当推定其没有达到相应法定刑事责任年龄。相关证据足以证明被告人实施被指控的犯罪时已经达到法定刑事责任年龄,但是无法准确查明被告人具体出生日期的,应当认定其达到相应法定刑事责任年龄。"

② 参见黎宏:《刑法学总论》(第2版),法律出版社2016年版,第175页。

③ 但是,本书主张,不排除将不满14周岁之前,能够反映主观恶性不大、人身危险性小的情节,作为"量刑"的情节考虑。

④ 我国《刑法修正案(八)》修订为投放危险物质罪。

人绑架并故意杀害被绑架人或者故意伤害致被绑架人死亡的案件,因此,《刑法》第 17 条第 2 款对该年龄阶段刑事责任范围中没有规定绑架罪;而在 1997 年修订的《刑法》实施后,对实践中屡屡发生这类案件不知如何适用法律。由于这类案件完全符合《刑法》第 239 条第 2 款"……致使被绑架人死亡或者杀害被绑架人的"规定[①],但是第 17 条第 2 款中没有规定绑架罪,不仅如此,也因为绑架罪中该种情况下能够适用的唯一的法定刑是死刑,因此,从根本上说也就失去了以绑架罪定罪处罚的可能性。针对这种状况,有的学者坚持绑架罪的主体应当限于已满 16 周岁的自然人[②],而有的学者则认为,不以犯罪论处违背罪责刑相统一原则,以及基于刑法的公正性要求,主张该年龄阶段的人应该成为绑架罪的主体[③],还有的学者则主张直接按照故意杀人罪论处[④]。

面对这种各执一词的局面,2002 年 7 月 24 日全国人大法工委出台的《关于已满 14 周岁不满 16 周岁的人承担刑事责任范围问题的答复意见》(以下简称 02. 07. 24《已满 14 周岁不满 16 周岁刑事责任范围答复意见》)规定:"刑法第 17 条第 2 款规定的八种犯罪,是指具体犯罪行为而不是具体罪名。刑法第 17 条中规定的'犯故意杀人、故意伤害致人重伤或者死亡',是指只要故意实施了杀人、伤害行为并已造成了致人重伤、死亡后果的都应负刑事责任。而不是指只有犯故意杀人罪、故意伤害罪的才负刑事责任,绑架撕票的,不负刑事责任。对司法实践中出现的已满 14 周岁不满 16 周岁的人绑架人质后杀害被绑架人、拐卖妇女、儿童而故意造成被拐卖妇女、儿童重伤或死亡的行为,依据刑法是应当追究其刑事责任的。"也就是说,我国《刑法》第 17 条第 2 款规定的是具体犯罪行为而不是具体罪名,只要行为是符合第 17 条第 2 款规定的,就应当追究刑事责任。最高司法机关对此问题也持相同的看法[⑤]。

从法理层面上说,故意杀人、故意伤害还是可以理解为是其他犯罪的手段行为,包括以放火、爆炸、投放危险物质为故意伤害、故意杀人的手段行为的情况,因为刑法中众多犯罪的手段行为最极端的当然可以表现为故意杀人或者故意伤害,按照故意杀人罪、故意伤害罪追究刑事责任是合适的,但同时也将强奸、抢劫等也解释为是"行为",就目前我国《刑法》的规定而言,使人难以理解上述行为也能够成为其他犯罪的"手段行为"。进一步分析,仅仅就故意伤害、故意杀人为手段的行为所涉及的罪名其

[①] 我国《刑法修正案(八)》对绑架罪作出了修订,但该款内容并没有改动修订。
[②] 参见孙光骏、李希慧:《论绑架勒索罪的几个问题》,载《法学评论》1998 年第 1 期;周道鸾主编:《刑法的修改与适用》,人民法院出版社 1997 年版;陶驷驹主编:《中国新刑法通论》,群众出版社 1997 年版等。
[③] 严军兴主编:《新刑法释义》,中共中央党校出版社 1997 年版;胡祥福:《绑架罪若干问题探讨》,载《南昌大学学报》(人文社会科学版)2001 年第 4 期等。
[④] 参见阮方民:《论刑法中相对负刑事责任年龄规定的适用》,载《浙江大学学报》(人文社会科学版)1999 年第 2 期。
[⑤] 06.01.23《未成年人刑事案件解释》第 5 条规定:"已满 14 周岁不满 16 周岁的人实施刑法第 17 条第 2 款规定以外的行为,如果同时触犯了刑法第 17 条第 2 款规定的,应当依照刑法第 17 条第 2 款的规定确定罪名,定罪处罚。"第 10 条规定:"已满 14 周岁不满 16 周岁的人盗窃、诈骗、抢夺他人财物,为窝藏赃物、抗拒抓捕或者毁灭罪证,当场使用暴力,故意伤害致人重伤或者死亡,或者故意杀人的,应当分别以故意伤害罪或者故意杀人罪定罪处罚。"

范围就非常广泛,放火、爆炸、投放危险物质当然可以成为故意伤害、故意杀人的手段行为,除了直接构成第17条规定的具体犯罪之外,如果以故意伤害、故意杀人为手段的行为实施的犯罪,都应当追究刑事责任,则当然可以故意伤害、故意杀人为手段的行为(参与)构成劫持航空器罪、劫持船只、汽车罪、绑架罪、拐卖妇女、儿童罪、妨害公务罪等,不仅因为上述犯罪都可以故意伤害、故意杀人的手段实施,而且都不排斥有造成"重伤或者死亡"的结果。虽然发生"重伤或者死亡"结果的,不是按照上述可能触犯的罪名定罪处罚,但即使按照想象竞合犯"从一重处断"原则予以处理并不违反法理,但是,仍然避不开以所触犯的两个以上罪名的构成要件来评价。而且,除了刑法条文中明文规定故意以"暴力"为手段的犯罪外,还有多少条款的犯罪构成中隐含着可故意以"暴力"为手段实施的犯罪,并由此而造成"重伤、死亡"的结果?如此,已满14周岁不满16周岁相对负刑事年龄人责任范围规定的"故意杀人、故意伤害致人重伤或者死亡……罪"的,实践中如何掌握?我国《刑法》第17条第2款限制未成年人刑事责任的范围的规定则没有了实质意义①。

只不过,02.07.24《已满14周岁不满16周岁刑事责任范围答复意见》以及06.01.23《未成年人刑事案件解释》是具有法律效力的解释,在司法实务中仍然应当遵照执行。

(1) 06.01.23《未成年人刑事案件解释》第5条规定:已满14周岁不满16周岁的人实施《刑法》第17条第2款规定以外的行为,如果同时触犯了《刑法》第17条第2款规定的,应当依照《刑法》第17条第2款的规定确定罪名,定罪处罚。因此,已满14周岁不满16周岁的未成年人以故意杀人、故意伤害(致人死亡结果发生)的行为,实施刑法所规定的可以"暴力"手段实施的犯罪的,应该以想象竞合犯的"从一重处断"的原则,以故意杀人罪、故意伤害(致死)罪追究刑事责任。

(2) 已满14周岁不满16周岁的未成年人实施贩卖毒品的,本书认为应该限于只是贩卖毒品罪,不应将范围扩大到其他毒品犯罪,如走私毒品、制造毒品、运输毒品等其他毒品犯罪。1992年最高人民法院曾发布《关于已满14岁不满16岁的人犯走私贩卖运输制造毒品罪应当如何适用法律问题的批复》②,其中规定该年龄阶段的未成年人犯上述毒品犯罪的,应当负刑事责任。因此,第17条第2款的规定是指单独的贩卖毒品罪一个罪名,或者其中的部分罪名,还是涉毒犯罪的所有罪名?贩卖毒品罪如果解释为具体"行为",几乎所有涉毒犯罪行为都可以看作为贩卖毒品服务的,"贩毒"同样可以将走私、运输、制造毒品的行为包括在其中,当然大部分毒品犯罪行为也都可被贩卖行为所涵盖,故将"贩卖毒品"解释为"行为"是不合适的。

---

① 参见林亚刚:《论我国未成年人犯罪刑事立法的若干规定》,载《吉林大学社会科学学报》2005年第3期。
② 已经废止。

第三节　精神障碍及重要生理功能缺陷

一、精神障碍的概念

精神障碍,也被称为"精神病",是指大脑机能活动发生紊乱,导致认知、情感、行为和意志等精神活动存在不同程度障碍的疾病的总称。有情感性的精神障碍,也有因大脑器质性病变而引发的精神障碍等。在刑事法领域,人的精神状态是否正常,是影响行为人刑事责任能力的重要因素之一。

一般而言,精神状态正常的人,在达到一定年龄后,会随着社会阅历的丰富,具备对社会事物的辨别能力,也会具备对自己行为的控制能力,从刑法意义上说,就是具备了相应的刑事责任能力。但是如果人存在精神障碍,即使达到一定的年龄,也可能存在不具备刑事责任能力,或者刑事责任能力减弱的情况,从而造成其在实施一定行为时,即使侵害到法益,也使其刑事责任的承担受到影响。我国《刑法》第18条第1款至第3款,专门就精神障碍对刑事责任的影响作出了规定。这是从积极意义上为阻却或减轻刑事责任的规定。

二、精神障碍对刑事责任能力的影响

(一)完全丧失辨认或控制能力的精神病患者

我国《刑法》第18条第1款规定:"精神病人在不能辨认或者不能控制自己行为的时候造成危害结果,经法定程序鉴定确认的,不负刑事责任,但是应当责令他的家属或者监护人严加看管和医疗;在必要的时候,由政府强制医疗。"精神病患者在发病期间,不能辨认或者不能控制自己行为时,即为无刑事责任能力人,即是指因精神障碍不具备或者丧失了刑法意义上的辨认或者控制自己行为的能力[①]。根据刑法规定,患精神障碍疾病而不具有刑事责任能力,需要具备以下两个条件:

(1)医学标准(生物学标准),是指从医学上看,行为人必须是基于精神病理作用而实施危害行为的人,并且行为实施时其精神病处在发病期而不是缓解期或间歇期。包括以下条件:一是行为人必须是精神病患者。精神病在医学和司法精神病学上有确切的含义,是指因各种原因而引起的人的精神活动,即意识、思维、情感、意志严重失调的疾病,主要表现在人的知觉、思维以及情感、智能活动障碍。可以是急性的,也可以是慢性的。非精神病性精神障碍,如神经官能症、人格障碍、臆病、抑郁症等,俗称"神经病",是指神经系统机能障碍的疾病,不应与精神病混淆。该种疾病有器质性的,如肿瘤压迫,也有非器质的心因性的,人格因素、心理社会因素是致病主要因素。外因压力大时加重;反之,症状减轻或消失。患有非精神病性精神障碍的,在一定程

---

① 我国《刑法》规定,无刑事责任能力包括第17条规定的尚未达到法定的最低刑事责任年龄的人,即是未满14周岁之人。其无刑事责任能力,是依事实来推定,无需证明其有无刑事责任能力。

度上会影响其辨认和控制能力,但一般不会直接导致完全丧失辨认或控制能力。但如果器质性病变严重压迫到大脑组织,如肿瘤对脑组织的压迫,也可能会导致精神失常,有些可能属于限制责任能力人,有些则可能是完全无责任能力人。二是在实施危害行为时必须是基于精神病理作用,处于发病期而不是缓解期或间歇期。

(2)心理学标准(法学标准),是指从心理学、法学角度看,行为人因精神病理作用,在实施行为时丧失了辨认或者控制自己行为的能力。根据我国《刑法》的规定,丧失辨认能力或者控制能力的任何一个方面,都应视为无责任能力。

丧失辨认能力,是指由于精神病理作用,行为人在行为时不能正确地了解自己行为的性质及其危害后果。这里要求的是丧失了刑法意义上对事物的辨别能力,并不是说行为人丧失了对事物、对自己行为事实的认识能力。例如,即使是精神病患者,也可能对汽油的易燃性有认识,不能辨别的是,点火的行为性质是"放火"及其后果。丧失控制能力,是指行为人因受精神病理作用,不能根据自己的意志自由地选择实施或不实施某种行为,或表现为不能根据自己的意志选择和控制行为实行的时间、地点、方式与程度。也就是说,丧失控制能力,是丧失了刑法意义上控制实施与不实施行为的能力,而并不是说丧失了行动的能力,或者说对事物的反应能力。如精神病患者甲在幻觉中认为自己的孩子始终处于饥饿中,因此,只要见到任何食物都要强行给孩子喂食。某日在家人未能注意时,甲强行喂食直至孩子被食物阻塞呼吸道窒息死亡,直到家人发现,甲仍然对已经死亡的幼儿喂食物。甲即为丧失刑法意义上的控制能力。丧失控制能力,是考察在患有精神病时,其病理对其意志活动的过程,是否有障碍,是否能够导致其行为失常。有些精神病患者,是在未完全丧失辨认能力的情况下,无法控制自己的行为而造成危害的。但是,尚无在具有辨认能力而完全丧失控制能力的情况,也就是说,当判断丧失控制能力的,无一例外存在辨认能力丧失或减弱的情况,只是两者表现的程度不同而已。

我国刑法中精神病人无责任能力的认定标准,采纳的是医学标准与心理学标准相结合的方式,只有两标准同时具备,才符合刑法规定的属于无责任能力的精神病患者。只需注意的是:精神病患者,在心理学标准上,采纳的是丧失辨认能力或控制能力择一说,具备丧失其一则为无责任能力。所以,医学标准只是确认是不是精神病患者,而心理学(法学)标准则又以医学的结论为基础。

在是否患有精神障碍疾病并导致丧失辨认或控制行为的能力,要依据司法精神病鉴定结论,审判人员不能根据自己的审判"经验"下结论。

(二)精神正常的间歇性精神病患者

我国《刑法》第18条第2款规定:"间歇性的精神病人在精神正常的时候犯罪,应当负刑事责任。"间歇性精神病,是指具有间歇性发作特点的精神病,其精神正常时期的精神是正常的。因此,对实施的危害行为应承担刑事责任。这种间歇性精神病主要有两种:(1)循环性周期发作性精神病,在间歇期精神状态恢复正常,如青春期精神病;(2)重型精神病缓解期,如精神分裂、反应性精神病等在部分缓解、减轻或彻底缓解期、治愈期。此外,根据我国司法实践,非精神病性精神障碍人,即使因疾病具有一定程度精神障碍,也存在具备完全刑事责任能力的情况,如各种神经官能症、轻度臆病、神经衰弱、强迫症等;各种人格障碍的变态人格、恋物癖、性虐待、窥淫癖、恋童癖等;未达精神病程度的情绪反应;未达到精神病程度的药物中毒以及药物依赖;生理醉酒及慢性酒精中毒;脑震荡后遗症及轻度精神发育不全等①。上述非精神病的精神障碍者,多数不因其精神障碍而使其辨认或控制能力丧失。在具有完备的刑事责任能力时,不能减轻其刑事责任。如果确实因疾病导致的精神障碍对刑事责任能力有影响的,也可成为限制刑事责任能力人甚至无刑事责任能力人,但同样需经过司法精神病鉴定。

(三) 未完全丧失辨认或控制能力的精神病患者

我国《刑法》第18条第3款规定:"尚未完全丧失辨认或者控制自己行为能力的精神病人犯罪的,应当负刑事责任,但是可以从轻或者减轻处罚。"这也称为部分或者减轻刑事责任能力精神障碍人,是指辨认和控制能力介于完全有和完全无刑事责任能力精神障碍之间的人。

同样,对这里的精神病仍然需要从广义上来理解,这里"尚未完全丧失",是指即使其具有精神病,但其辨认能力和控制能力与精神正常人相比,并没有很大区别。例如,案发后的反侦察能力、自我保护意识与正常人是相同的。这种精神病,多属于精神病发病处于早期或部分缓解期(与精神病是否属于重症无关)、治愈期。此外,非精神病性精神障碍人,也有属于具备刑事责任能力的情况,如中度精神发育不全(愚鲁)、变态人格、强迫症、臆病等,通常并不影响其刑事责任能力。从严格意义上说,即使未完全丧失辨认或控制能力的,仍然属于精神病患者,因此是否属于"未完全丧失辨认或控制能力"也必须通过司法精神病鉴定确认,审判人员同样不能根据自己的审判"经验"下结论。

三、影响刑事责任能力的重要生理功能缺陷②

从刑事法角度说,并非人的任何生理功能有缺陷都与刑事责任能力有关,有的生理缺陷只会影响人的行为能力,并不影响对事物的辨认能力和控制行为的能力。直接能够影响到人的辨别和控制能力的,主要是语言、听觉和视觉功能,会影响其接受教育、知识学习以及智力开发,进而影响到能够完全具备刑法意义上的辨认和控制能力。正因为如此,我国《刑法》第19条规定:"又聋又哑的人或者盲人犯罪,可以从轻、减轻或者免除处罚。"该规定表明,聋哑人以及盲人实施危害行为,同样构成犯罪,只是其刑事责任能力与正常人相比,有所减弱,对其犯罪的处罚,"可以从轻、减轻或者免除处罚"。"可以"的规定表明,在原则上对聋哑人、盲人犯罪的,在不具有特别严重情节或特别恶劣情节的情况下,应该考虑"从轻、减轻或者免除处罚",如果不属于这

---

① 精神发育不全,也称为精神发育迟滞,分为三类:愚鲁、痴愚、白痴。白痴司法上已认为无责任能力,被侵害为常见,侵害他人者,尚未所闻。

② 有些发达国家已经取消了对重要生理功能缺陷从宽处理的规定。

种情况的,也可以不适用从轻、减轻或者免除处罚的规定。

从刑法的具体规定出发,是否"聋哑人、盲人",是有明确标准的,这如同年龄的标准一样,立法选择的就是一个形式上的标准,不需要从宽处理的依据,只应根据其犯罪的具体情况不应该从轻。还应该注意到,"又聋又哑",是指既聋也哑,只聋不哑,或者只哑不聋的,不能适用该规定;生理功能缺陷是先天还是后天的,在所不问。聋哑和盲达到何种程度应视为"又聋又哑和盲人",可以根据14.01.01《人体损伤标准》确认。

第四节 认识错误

一、刑法上的认识错误的概念及存在的范围

认识错误,顾名思义,就是指人的主观认识与客观事实之间不一致。刑法上的认识错误,是指行为人对自己的行为在法律上的意义有不正确的认识,或者对与行为有关的事实方面有不正确认识。也就是当行为人主观认识和客观现实不一致时,如何确定行为人主观罪过,解决其应负的刑事责任。认识错误可能影响到行为人刑事责任的有无,也可能影响到刑事责任的轻重。刑法上的认识错误,通常分为两类:一是法律上的认识错误;一是事实上的认识错误。

有观点认为,刑法上的认识错误的前提是行为人的主观认识因素处于有认识状态,故无认识因素的无认识过失(疏忽大意)不存在认识错误问题。过于自信的过失虽然是一种有认识错误的情况,但这种认识错误已经是一种独立的罪过形式,也就不属于刑法上认识错误研究的范畴,故刑法上的认识错误只存在于故意的罪过之中。①本书不赞同这种观点。疏忽大意的过失是在法律要求应当预见的事项上没有认识,但并非所有疏忽大意的过失的行为人的心理状态是空白的。在疏忽大意的过失中,是"应当预见竟然没有预见到",之所以没有预见,是行为人选择关注了本不应当关注的与履行注意义务无关的事项。换言之,行为人是在认识的基础上做出了错误认识的选择,否则,行为人就不会有疏忽。过失忘却犯当然是有点特殊,即在危害结果发生之际心理上是空白的,但同样是应当预见,虽然表现为未做出认识的选择是一种不作为,但不能说没有做出选择认识没有错误,与法律要求应当预见无关。疏忽作为没有预见的原因,在认识的意义上当然是错误认识。故即使是疏忽大意的过失,也不宜认为与认识错误无关。过于自信的过失,是在有认识的情况下,自信不会发生危害结果,仍然实施了预定的行为而未能避免危害结果发生,之所以有过于自信的法律否定评价,是因为行为人过高地估计了自己的能力和条件,实施了不应该实行的行为,或者没有实施应该实施的行为。所以,自信仍然是由于认识错误而导致。应该说,无论何种形式的过失永远都是以主观上发生了错误认识为前提的。没有认识上的错误,

---

① 参见马克昌主编:《刑法》(第3版),高等教育出版社2012年版,第106页。

也就不存在犯罪过失。

至于研究刑法上的认识错误是否限于故意,这涉及研究认识错误要达成的目的,但这是另一个问题。就研究认识错误对刑事责任有无以及责任轻重的影响而言,原本就是因为认识错误而导致的过失罪过,错误的认识只是评价过失罪过的前提,而不是过失罪过承担责任的原因。从阻却故意责任及责任轻重的意义上说,研究故意罪过中的认识错误是合理的,但这不能成为否认过失罪过属于认识错误范畴的理由。

二、法律认识错误

法律认识错误,是指行为人对于自己的行为在法律上是否构成犯罪,或者在法律上应当受到什么样的处罚存在不正确认识。法律上认识的错误,可分为三种情况:

(1) 假想犯罪。行为在刑法上并不是犯罪,而行为人自己认为是犯罪。这在刑法理论上也称为"幻觉犯",是一种存在于行为人想象中的犯罪,因实际上该行为在法律上并未规定为犯罪,自然不能因为行为人自认为是犯罪而作为犯罪处理。

(2) 假想不犯罪。行为在刑法上是犯罪,但行为人自己误认为自己的行为不是犯罪。这种情况,实际上涉及的是违法性意识是否为罪过成立的必要条件。通说认为,违法性意识不是(故意)罪过成立的必要条件,因此,违法性认识[①]错误,不阻却故意的成立;只是在特别情况下,如果行为人对行为的危害性没有认识而影响到对违法性认识时,才阻却故意的成立。但是,本书认为,通说对于为何需要有这样的例外,以及对社会危害的认识如何能够成为违法性意识的根据上,其基本的理论出发点均以古罗马法"不知法不赦"的信条为根据,已经不足以说服。

(3) 对自己的行为在刑法上应当成立的罪名或者判处的刑罚轻重有错误认识。即使行为人对自己的行为应成立的罪名,或应判处的刑罚轻重有误解,本身都不涉及构成犯罪事实,因此,该种错误认识,既不阻却犯罪的成立,也不影响刑事责任的认定。

综上所述,从对刑事责任有无影响的意义上说,法律上的认识错误,第(1)、(3)种法律认识错误实际上不具有影响刑事责任意义,仅是第(2)种情况有研究的价值。而在罪过成立上,要求"违法性意识必要"或赞同"违法性意识可能性"也得到越来越多学者的赞同。

三、事实认识错误[②]

事实认识错误是指行为人对与自己实施的行为有关的事实有不正确认识,即主观认识与实际发生的构成犯罪的客观事实有不相符合的情况。根据故意罪过成立的基本原理以及主观责任原则,对事实认识错误处理的基本原则是"依所识,不依所实"。事实认识错误,是行为前的"事前错误"。

---

① 参见第五章第三节"故意"的有关内容。
② 同上。

(一) 对象认识错误

对象认识错误是指行为人对侵害的人或物发生的错误认识,以致现实被侵害的不是意图所侵害的。对象错误可分为以下几种:

(1) 行为所指向意图侵害的具体对象实际上根本不存在,但实施了侵害行为。如向误认为有人,但实际上无人在内的房子投掷爆炸物。由于对象实际上不存在,不可能发生实际的危害结果(被害人的死亡),行为实际侵害的是他人财物(房屋)。针对被害人的故意行为,只能构成犯罪未遂,但行为同时侵害他人财产,触犯爆炸罪或故意毁坏财产罪,成立故意杀人罪(未遂)与爆炸罪或故意毁坏财产罪的想象竞合犯①,可根据"从一重罪原则"论处;如果行为并未同时触犯其他罪名,只论以所犯之罪的未遂。

(2) 行为所指向意图侵害的对象实际上并不存在,而误认为存在,而实施侵害行为,但却存在着非同一法益的其他对象。具体有两种情况:一是行为人针对预定对象的行为,刑法上规定为犯罪,实施时误将甲对象当作乙对象实施侵害,但甲、乙的法益不同。具体包括:第一,意图侵害的和实际被侵害的,刑法上都规定为犯罪。例如,欲捕杀珍贵动物金丝猴,却将树上的一孩子误认为是金丝猴而射杀。由于对实际是孩子的事实应当预见而没有预见,主观上有过失罪过而无杀人的故意,对欲捕杀的金丝猴则不能完成犯罪,形成过失致人死亡罪与非法猎捕、杀害珍贵、濒危野生动物罪(未遂)的想象竞合犯,应从一重罪论处。第二,意图侵害的在刑法上是犯罪,而实际被侵害的刑法没有规定为犯罪。例如,图谋杀人时,将树丛中缓慢移动的野猪误认为想杀的人而射杀之,这在理论上应成立故意杀人罪(未遂)②。理论上也有主张为不可罚不能犯。二是行为人针对预定对象的行为,刑法上没有规定为犯罪,实施时误将甲对象当作乙对象实施侵害,但甲、乙的法益不同。例如,误认为树丛中缓慢移动的影子是其合法狩猎的目标野猪,遂开枪射击,但实际上击中的是同去狩猎的伙伴。由于行为人主观上并无杀人的故意,应阻却故意犯罪,如果主观上有过失罪过,成立过失致人死亡罪;如果由于无法预料的原因对事实无法判断成立意外事件的,不承担刑事责任。上述两种情况下的对象错误,理论上也有称其为"不同构成要件内的对象错误"③。

有学者认为,第二种情况下成立过失犯罪的,应排除过于自信的过失的情况④。本书认为不应对自信过失予以排除,只要行为人有自信的依据,就不能排除该种罪过形式。例如,甲、乙、丙三人同去狩猎(经批准的)祸害庄稼的野猪,经三人商议形成三角形包围圈,并约定如果靠拢时以口哨(一种鸟叫声)为联系信号后,三人分散开来。夜深后原地守候多时的甲发现庄稼地里有向自己方向移动的声音和黑影,吹了一声口哨没有得到回答,便认定为是野猪,遂开枪射击,击中了丙致死。在该案中,由于事

---

① 参见第十章第二节中的"想象竞合犯"。
② 当然,这种情况下只有证据确凿才可能在实务中认定为"犯罪未遂"。
③ 参见马克昌主编:《犯罪通论》,武汉大学出版社1999年版,第379页。
④ 参见马克昌主编:《刑法》(第3版),高等教育出版社2012年版,第107页。

前三人约定靠拢时以口哨为联系信号,当黑影靠近时,甲虽然客观上采取了发出信号的措施求证,是采取了避免误击同伴的措施,在没有收到回答的信号时,主观上当然可以有"没有信号是野猪"的自信判断依据,不过,甲虽然是在没有得到求证信号的情况下,自信是野猪而开枪的,但既然事前有约定可以相互靠拢,那就不能排除同伴有过来的可能性。甲主观上如果存在过失罪过,只能是过于自信的过失。

(3) 行为在刑法上规定为犯罪,但行为意图指向的对象并不存在而误认为存在,却把同一法益的另一对象误为侵害的对象,以致实际被侵害的不是意图所侵害的。例如,甲欲杀乙,但误将丙为乙而杀之。该种情况下,由于乙、丙的生命法益相同,因此,不能阻却故意杀人责任。该种情况下对实际侵犯的对象,也不能认为是因过失而造成的,因为这种对象的错误,在意图侵害的和实际被实际侵害的对象的法益侵害上并没有发生错误认识。对这种对象错误,理论上也称为"相同构成要件内的对象错误"①。

(二) 打击错误

打击错误也称为行为偏差、行为误差②。打击错误是否需要置于认识错误中研究,理论上认识不同。虽然对象错误和打击错误都是行为人实际认识的结果与客观发生的结果的不一致,但传统理论认为,打击错误不属于刑法理论中事实认识错误的范畴。在大陆法系理论上,认为两者有区别是不言而喻的,所以,很少有学者对二者从理论上加以详尽的探讨。③ 当然,不同的认识仍然存在,张明楷教授就认为,认识错误并不限于行为人主观上发生了错误,而是包括行为人的认识与客观事实不相符合的一切情况。在打击错误的情况下,行为人的认识与客观情况并不一致,应放在认识错误中研究。④ 而曲新久教授认为,狭义上的打击错误不属于故意领域的错误问题,但是从广义上说,由于故意实施危害行为中认识的与实际的不一致,也可以归入认识错误的范围。⑤

打击错误,也称行为失误、行为误差或者行为偏差,是指行为人故意侵害某一特定对象时,由于客观条件的限制,致使行为实施中发生偏离,以致侵害了另一对象,所侵害对象并非行为人所意图侵害对象的情况⑥。例如,甲挥棒击打乙时,乙的躲闪致使木棒击中赶来劝解的丙的头部,伤重不治。此案中,所侵害的对象并非行为人所意图侵害的对象,是打击错误。由此可见,打击错误不是"事前错误"而是"事后错误"。

根据打击错误与构成要件的关系,通说也把其分为同一构成要件内的打击错误

---

① 参见马克昌主编:《犯罪通论》,武汉大学出版社 1999 年版,第 379 页。
② 也有学者称其为"方法错误"。参见陈兴良主编:《刑法学》,复旦大学出版社 2003 年版,第 160 页。
③ 参见〔日〕木村龟二主编:《体系刑法事典》,日本青林书院新社 1981 年版,第 209—210 页;〔日〕野村稔:《刑法总论》,全理其、何力译,法律出版社 2001 年版,第 206—207 页。野村在其著作中,只是通过定义和事例来表达两者的区别。
④ 参见张明楷:《刑法学》(第 4 版),法律出版社 2011 年版,第 249 页。
⑤ 参见曲新久:《刑法学》(第 2 版),中国政法大学出版社 2009 年版,第 107 页。
⑥ 参见林亚刚、赵慧:《对象错误与打击错误——与倪培兴同志商榷》,载《中国刑事法杂志》2002 年第 3 期。

和不同构成要件内的打击错误。在打击错误中,行为人对于自己要意图侵害的对象是有正确认识,之所以行为发生偏离,发生行为人所没有预见到的结果,不是由于对对象有错误认识,而是基于"行为错误"①。也就是说,在行为之前认识并没有发生错误,导致该种结果的发生不是出于行为人的本意,而是在实施行为过程中,对这种结果的发生行为人既没有去预见,也没有采取措施避免。但是,成立打击错误的行为人主观上必须是数罪过,即对于实际侵害对象,必须具有过失的罪过。而且,对于该结果,行为人从一开始就必须连放任的故意也不存在②,否则,这种错误就不是打击错误,行为人对结果就要承担故意犯罪的责任。在打击错误的情况下,可否定行为人对于实际结果的故意责任甚至无责任,但却不排除行为人对于自己所预定的侵害对象具有犯罪未遂的责任。至于最终的刑事责任是按照过失犯的结果责任来承担,还是按照故意犯的未遂来承担,则按照想象竞合犯从一重罪的原则来解决③。

打击错误一般具有以下特征:(1) 只能出于一个行为。"一个行为"是基于故意罪过对意图侵害的对象实施侵害行为,而不包括过失行为。(2) 主观上必须同时具有数个不同罪过。"数个不同罪过",是指异质的数个罪过,即犯罪故意和犯罪过失。(3) 实际侵害的对象与意图侵害的对象不一致,即实际侵害的对象既不是行为人意图侵害的,也不是侵害行为所指向的。换言之,行为是同时侵犯数个不同对象,包括意图侵害的对象和实际侵害的对象(也可理解为行为指向的对象和行为实际侵害的对象)。(4) 对实际侵害的对象,行为人主观上既不持有希望的心理态度,也未持有放任的心理态度,但必须具有过失。换言之,如果对实际发生的结果有故意的因素,说明结果发生不违背其本意,则不是打击错误的问题。(5) 一行为必须同时触犯数个不同罪名。所谓"数个不同罪名",是指在数个罪名之中,包括不同种的数罪名,如故意杀人未遂与过失致人死亡。如果犯罪性质相同而不同形态的罪名(如故意杀人未遂与故意杀人既遂),则不属于打击错误④。

打击错误与对象错误有相似之处,两者被侵害的对象,都不是行为人意图侵害的。但两者的法律意义不同。打击错误,是行为实施中因客观原因致使行为的实际指向发生误差,以致发生侵害的并非意图侵害的对象;而对象错误则完全是行为人事前主观认识上错误选择了对象,以致被侵害的并非意图所侵害的,但行为指向的法益是正确的并没有错误认识。打击错误,是由客观原因所造成的,对意图侵害的对象本身并无错误认识,而对象错误是由行为人本人的主观上对事实的认识错误原因所造成的,是对侵害对象本身有错误认识。具体而言:(1) 错误的内容不同。对象的错误属于行为人对对象的同一性发生的错误认识,即在行为人着手实施行为时,这种错误

---

① 参见李海东:《刑法原理入门——犯罪论基础》,法律出版社1998年版,第67页。
② 参见〔日〕木村龟二主编:《体系刑法事典》,日本青林书院新社1981年版,第215页。
③ 在我国,在理论上可以说,原则上所有的故意犯罪的未遂都要承担责任(实际上是否承担责任是另一回事,有些也可因情节轻微、性质不严重而不具有可罚性)。因此,在这种情况下,如果行为人对侵害的该实际结果存在过失,行为则成立故意犯罪的未遂和过失犯罪的想象竞合。
④ 参见林亚刚:《犯罪过失研究》,武汉大学出版社2000年版,第270—271页。

认识一直存在,可以延续到行为的结束。正是由于这种错误认识,决定了行为从一开始就不可能对预定的对象产生侵害。而在打击错误中,错误的内容是行为错误。行为人在实施行为前,对自己所要侵害的对象有明确和正确的认识,只是由于其他客观因素的存在,才使行为人的行为产生偏离,出现行为人没有预见到的结果。如果没有其他因素的产生,行为是能够完成对特定对象的侵害的。(2) 错误的性质不同。在对象错误中,发生的结果也是行为人所追求的结果,行为人的错误只涉及所认识的行为对象的同一性。而在打击错误的情况下,其特征是事实与行为人的想象发生了双重偏离,一是打击未中其预想的目标,二是打击行为误击(偶然地)行为人未预见的一人或物①。(3) 对罪过的影响不同。对象错误中,犯罪结果的发生不违背行为人的本意;而在打击错误中,由于行为人对该结果的发生没有预见到,也没有采取措施防止,是否定该结果的,因此否定故意责任的成立。(4) 罪过的形式不完全相同。在对象错误的情况下,行为人对于错误侵害的对象,可以是直接故意或间接故意的心理,也可以是过失的心理;而打击错误,行为人对于错误打击的对象,只能是过失心理,如果行为人对对象已经认识到有可能错误地侵害,放任侵害发生仍然实施行为的,应为对象错误而非打击错误。

理论上对于打击错误有不同认识。张明楷教授定义的打击错误,只是以客观上对欲打击与实际打击对象不一致为内容,对实际打击(侵害)对象在行为前有无认识必要,或者说是否已经有认识,均不是"打击错误"的特征,并从法益保护立场依据"法定符合说"重视法益的性质,并不重视法益主体区别而认为,既然在构成要件内容上完全一致,打击错误下对实际被侵害对象仍然成立故意犯罪②。如此,打击错误与对象错误的确无再区分的必要,因为打击错误最终结果也表现为"对象错误"③。这在过去就存在二者区别困难无需区别的见解④。

打击错误在成立条件上的不同认识,直接导致对处理原则不同认识。例如,甲挥棒攻击乙,乙躲闪致使木棒击中刚赶过来劝解丙的头部,丙伤重不治身亡。对丙伤重致死结果是甲不曾预见的意外结果,当然也就没有采取预防误击他人的措施,故而应该排除故意伤害致死,而认定为具有过失罪过(甚至可能是意外事件)。由此形成对乙的故意伤害未遂与对丙过失致人死亡的想象竞合,按照从一重罪原则处理。这种"打击错误"的理解,张明楷教授认为是"具体符合说"的结论,而基于同一构成要件内,对实际被侵害对象仍然成立故意责任,排除过失责任,则是"法定符合说"。

---

① 参见〔德〕汉斯·海因里希·耶赛克:《德国刑法教科书》,徐久生译,中国法制出版社 2001 年版,第 376 页。

② 参见张明楷:《刑法学》(上)(第 5 版),法律出版社 2016 年版,第 272 页以下。黎宏教授原主张"法定符合说"。参见黎宏:《刑法学》,法律出版社 2012 年版,第 216 页,但他在新版著作中则主张"具体符合说",并对"法定符合说"提出批评。参见黎宏:《刑法学总论》(第 2 版),法律出版社 2016 年版,第 206—208、209—210 页。

③ 需要指出的是,张明楷教授所主张的"对象错误"的范围是狭义的,只限于"同一构成要件"内的对象错误,如将甲误为乙而侵害。参见张明楷:《刑法学》(上)(第 5 版),法律出版社 2016 年版,第 269 页。

④ 参见〔日〕大塚仁:《犯罪论的基本问题》,冯军译,中国政法大学出版社 1993 年版,第 199—200 页。

与多数说不同的看法,当然源于对打击错误与主观认识错误是否有关这一点上。如前所述,对象错误是"事前错误"而打击错误是"事后错误",在实施侵害行为前或实行中,对实际被侵害对象是否需要认识,有认识与无认识是否可以得出相同的结论,才是问题的关键。张明楷教授历数了所谓"具体符合说"的种种不可接受的缺陷①。力主"法定符合说"的理由在于"有利于平等保护法益""与故意是责任要素的立场吻合""有利于刑罚目的实现""能合理区别正犯与共犯"②。他指出:"采取法定符合说,符合责任的本质,有利于实现刑罚目的。责任的本质是就符合构成要件的违法行为对行为人的非难。一方面,行为人 A 故意向 X 开枪击中了 X,与行为人 B 故意向 X 开枪却击中了 Y 相比,二者的责任非难程度是不应当有区别。因为 A 与 B 不仅认识的事实相同,而且反对动机形成的可能性完全相同,合法行为的期待可能性也完全相同。在此意义上说,行为人对死亡结果是否有故意,由其行为时的认识内容和意志内容决定,而不能事后确定。另一方面,采取法定符合说有利于禁止故意犯罪。亦即,对于以杀害 X 的犯罪故意开枪射击他人的行为人,即使其因为方法错误造成了 Y 死亡,其预防性也未减少。如若采取具体符合说,对 B 以故意杀人未遂论处,便与其预防必要性不协调;采用法定符合说以故意杀人既遂论处,正好与预防必要性相适应。"③在这段论证中,当然看不出 B 向 X 开枪击中 Y 时有没有认识到 Y 的存在;但认识到与没有认识到的结论是否应该一样?

罪过,无论将其视为责任要素还是责任基础之一,如何理解它在犯罪论的地位以及意义,都离不立法设定需要认定的内容。除了疏忽大意的过失之外,其他形式罪过的认识因素,都需要有认识犯罪的基本事实为前提,没有例外。因此,当 B 向 X 开枪击中 Y 时,Y 是否处于 B 的认识范围内,是决定 B 主观罪过的前提,在认识范围内,是 B 对如击中 Y 持有何种心理态度则是决定罪过性质的根据。不说明 Y 是否在 B 的认识中而论及是故意罪过,是否有罔顾标准之嫌?

对同一构成要件内属于"事前错误"的对象错误处理,是没有多少争议的,这也是"依所识,不依所实"的必然结论。但对"事后错误"的打击错误适用"法定符合说"来解决是否妥当,这才是问题的关键。详言之,对"事后错误"的打击错误,如适用力主的"法定符合说",则意味着对行为人行为时没有预见的事实,是在事后进行追认。这是否妥当,不无疑问。根据罪过的基本认定标准,是"依所识,而不依所实"。"依所识"是依据"事前、事中对构成事实的认识",这从刑法中故意、过失犯罪规定中可以明确得到这一答案。要成立故意罪过而要求的"依所识",也就是要求"事前、事中明知的构成事实"。而发生打击错误时,实际上并没有,或者说并不存在故意罪过"明知"要求的认识内容,因为事实上是没有认识到实际被侵害的对象(至于是否应当预见,是另一个问题)。但当以"事后错误"而追认对当时没有认识的实际被侵害对象是故

---

① 参见〔日〕大塚仁:《犯罪论的基本问题》,冯军译,中国政法大学出版社 1993 年版,第 270—272 页。
② 参见同上书,第 272—273 页。
③ 同上书,第 273 页。

意罪过时,也就意味着故意罪过可以在主观上没有认识内容的情况下成立。是否有违"行为人对死亡结果是否有故意,由其行为时的认识内容和意志内容决定,而不能事后确定"①的故意罪过成立要求?张明楷教授批评"具体符合说"并举例:A想先杀沙滩上躺着的甲,瞄准甲却击中甲身边的乙,再瞄准(可能已经死亡的)乙却击中甲。按照具体符合说,只能成立两个杀人未遂(或一个未遂一个不能犯),根据"法定符合说"应该是两个故意的既遂②。就"两个既遂"结论而言,并无异议,但就本案而言,甲乙均在"明知"要杀的范围内,A的"枪法准与不准"与"事后错误"没有关联性,对甲乙均为欲打击对象而言,其"打击的先后"实际上是"择一故意""概括故意"的问题,并不阻却故意既遂责任。而择一故意、概括故意不仅均是行为时的故意,并且,无论从行为还是故意内容上,均没有错误可言,即便在具体认识上(先杀谁)有错误,只要是同一构成要件范围内,也不影响故意的成立,换言之,对"均为侵害对象的枪法不准"与打击错误无关。

至于张明楷教授"能合理区别正犯与共犯"所举A想杀X,B得知,便设计将与自己有隙的Y前来该处,A将Y误认为是X而杀之。依据"法定符合说"的结论,A是直接正犯,B则是帮助犯(共犯),因B没有在杀人上起支配作用,故而不能根据"具体符合说"认为是正犯③。这是"正犯后正犯"概念下④很有争议的典型事例,A是对象认识错误,即便依据法益同质的抽象符合说,该对象错误也不影响A是直接正犯,具有故意,行为既遂,并非只有依据"法定符合说"才能得出这样的结论。恰恰是B对A杀Y有无支配关系是有争议的,所以,对B是否为"正犯后正犯"还是"帮助犯"或"间接正犯"等,是因A的"对象错误"而引发,实际上被杀的是B想杀的Y,对B的法律属性的争论,实质上只在于B对A杀X有无支配关系,而非其他。换言之,如果说已经合理地将B作为共犯而非正犯认定,那就意味着"正犯后正犯"的争议问题已经合理解决了,但实际上是如此吗?

(三)可免责事由的认识错误

可免责事由的认识错误通说也表述是"行为性质认识错误",是指不存在阻却违法性或责任的正当事由而误认为存在的情况。如将不存在不法侵害误认为正在进行的不法侵害而实行"假想防卫",把不存在的危险事实误认为危险正在发生而实施"假想避险",这是对阻却违法性事由的错误认识。在我国犯罪的评价体系中,违法性阻却事由的成立,也就意味着责任被阻却,从这一意义上说二者可以一起评价。当然,如果对这种可免责事由的认识错误是不可避免的,责任仍然可被阻却。如(轻微的)防卫过当或避险过当,在刑法中均有应当"免除处罚"的规定。至于阻却的是否"故

---

① 张明楷:《刑法学》(上)(第5版),法律出版社2016年版,第273页。
② 同上书,第270—271页。
③ 同上书,第273页。
④ 正犯后正犯即是说,A是杀X直接正犯,B是A杀X的正犯后面正犯之意。争议主要是对B对A杀人中的作用看法不同,在法律属性有帮助犯、正犯(间接正犯——"正犯后正犯")多种看法。参见本书第九章第四节"共同正犯中的争议"的相关内容。

意"责任,国外理论上是有争议的①。我国通说认为,此种情况下行为人主观上不具有犯罪的故意,如有过失的,则以过失犯罪论处。如在当时情况下,行为人不可能预见的则为意外事件。

单独对责任要素有认识错误,理论上一般没有独立出来讨论。例如,乙在资金周转时发生困难向甲借款30万元,约定一周归还,写好借据并将自己的汽车作为抵押,但是到期后不归还借款,屡催无果,甲便去停车场将车门撬开将汽车开走变卖。在该案中,虽然抵押手续并不完善,但抵押仍然是有效的。甲在无法主张自己债权的情况下,采取将车窃走变卖,从形式上看,是符合盗窃罪的构成要件的,但是,甲是基于有合法债务以及"汽车是抵押物"的认识,自认为主观上不具有盗窃的故意②。显然,该案是属于民事纠纷不构成犯罪。那么,应阻却构成要符合性(违法性)还是阻却故意责任的成立,是值得研究的。本书认为,该种情况下,仍然以阻却违法性是合适的。也即对责任要素的认识错误在不可避免的情况下,阻却构成要件的符合性,相反,如果错误认识是可以避免的,则故意责任成立,但在不具有期待可能性的情况下,阻却故意责任。

(四) 工具、手段的认识错误③

工具、手段的认识错误是指行为人选择的犯罪工具、手段按照其客观性质或当时的具体情况,无论怎样都不能发生危害结果,而行为人误认为能够发生,而使用该工具或手段实施故意犯罪。该种错误由于不可能发生行为人所追求的危害事实,我国通说一般称为"手段、工具不能犯未遂",按犯罪未遂论处,这也是事前的认识错误。

理论上一般将此种认识错误分为两类:一是手段、工具相对不能犯。即行为人采取的手段、工具在该种具体场合、条件下不能发生危害结果,但如果不是因为错误,换成另一具体场合和条件下,则完全能够发生危害结果。例如,枪中忘记装弹,而误认为有子弹,对实施抓捕的警察头部开枪,未能击发。由于枪中没有装上子弹而不能发生死亡后果,但是,从采取的工具和实施的手段而言,只要有子弹,则完全有可能发生危害结果。二是手段工具、绝对不能犯。即行为人所采用的手段、工具在客观上一般就不具备使危害结果发生的根据(即可能性),因而在正常情况下不能发生危害结果。通说将白糖错认为砒霜(毒药)杀人,认为是绝对不能犯,不可能发生危害结果。对这种绝对不能犯,是否具有可罚性,理论上有很大的争议④。

对于工具、手段的认识错误区分为相对和绝对两种类型是否有意义,理论上也有不同的认识。因为相对与绝对本身就没有一个明确的判断的标准。任何事物对于其他事物的存在而言,可以是相对的,也可以是绝对的。如白糖,对正常人而言,是甜品、调料或食品添加剂,但对糖尿病人来说绝对就是毒药。通说认为是绝对不能犯,那是指对正常人而言的"投毒",但是,对患有糖尿病的人来说,就不是绝对不能犯,完

---

① 参见张明楷:《刑法学》(上)(第5版),法律出版社2016年版,第279—280页。
② 汽车属于特殊动产,其质押和处理需要经过一定的法律手续。
③ 参见第八章第四节中的"犯罪未遂形态的种类"。
④ 在犯罪未遂中讨论。

全有可能得逞,则又是相对的。再如向误认为有人的空房间投掷炸弹,因为是无人的,如果有人就能得逞,所以是相对的不能,但同时也可以认为,正因为是无人的,因此是绝对的不能,这也是能够成立的说法。

为此,在绝对与相对的区别中,并不能很好地区分出责任的程度批评是成立的。但是,全然否定绝对与相对在区分上的意义,也未必是妥当的。

此外,通说也认为,在绝对不能犯中,如果由于愚昧无知而采用实际上根本不具有侵害性的手段、工具去实施犯罪的,是不能认为是犯罪。例如,以念咒语、针扎、火烧形象人偶等迷信手段,诅咒他人死亡的迷信犯的情况。

(五) 因果关系的认识错误

因果关系的认识错误是指行为人对自己行为与危害结果之间的因果关系的存在与否,以及因果关系的实际发展过程有错误认识。在故意的认识因素中,因果关系是否属于认识的内容,理论上是有不同认识的。[①] 本书认为故意罪过对行为与危害结果之间因果联系,是对因果律的认识,而不仅仅是对因果关系这一客观事实本身的认识,因此,原则上对因果客观事实的错误认识,不阻却故意责任。通说认为,因果关系错误有以下几种情况:

(1) 行为人认为行为已达到预期的结果,但实际上预期的结果并没有发生。例如,砍杀他人,被害人倒地不动,认为已经死亡,但实际上被害人是失血昏迷,最终经抢救而未死亡的。该种情况不阻却故意,行为人应当负犯罪未遂的刑事责任。

(2) 行为人实施了危害行为,所预想追求的结果事实上是由其他的原因而造成的,但行为人误认为是由自己的行为所造成的。这属于行为人对自己行为与危害结果之间关联性的错误认识。由于行为与结果之间事实上不具有因果关系,虽然不对发生的危害结果负刑事责任,但也不阻却故意,应承担犯罪未遂的责任。

(3) 因果关系没有按照行为人所预想的方向发展,而是向另外的方向发展,以致发生了与行为人所预想的结果不同的另一种危害结果。具体可以包括两种情况:一是行为人误认为自己的行为没有引起预期的结果,实际上已经发生了这种结果,即没有认识到实际发生的结果与自己行为的关联性。例如,慌乱中在被害人的食物中投毒,过后认为药量不足,尚不足以致被害人死亡,但实际上被害人确实是因其毒药致死。这种认识错误,不阻却故意,应以犯罪既遂追究刑事责任。二是发生的危害结果与行为人所预想的结果不同,但是行为人对发生的该种结果有认识的可能性或者是已经认识到的。前者如只想造成伤害结果,不料打击过重,造成被害人死亡的,不阻却故意;后者如抢劫,在遭遇反抗时持棍猛击被害人头部,放任死亡结果发生的,不阻却故意,成立结果加重犯,应对加重结果承担责任。

上述两种情况下,实际发生的结果与预想结果不一致时,令行为人对此承担刑事责任,应当是有预见可能性,或已经认识到结果。至于行为人实际上是否预见,则不影响应当承担的刑事责任。如果实际发生的危害结果,是由于其他介入因素,如被害

---

① 参见本书第五章第三节"故意"的内容。

人的特殊体质、他人的过错行为、被害人自己的过错行为等，行为人在实施行为时根本无法预见，则行为人不应对该种结果承担刑事责任。如果行为人的行为对最终结果的发生具有原因力，并且主观上有过失的，他人的过错、被害人的过错，不能成为不负责任的理由。例如，被害人有血友病的特殊体质，伤害行为只是造成轻伤结果，不料因出血不止而造成死亡的，如果对该结果是行为人无法预见的，不应对死亡结果承担责任，只对轻伤结果负责；相反，如伤害造成重伤，因重伤本就具有造成死亡结果的危险，即便在一般情况下（比如抢救及时）不会发生死亡结果，在被害人患有血友病而发生死亡结果时，行为人也必须对该结果承担刑事责任。

（4）行为在导致一个结果发生之后，误认为自己的行为的意图已经实现，基于其他目的实施另一个行为，才造成第一个行为的预期结果。该种情况，即为"事前故意"①。例如，在重击下造成被害人昏迷倒地后，误认为已经死亡，处于毁灭罪证的意图，系上重物将被害人投入河中灭迹，被害人是因溺水而死亡的。对于这种情况，有不同的处理意见，本书认为因果关系的认识错误并不阻却故意的成立，"由于介入行为人的对第二个行为并不异常，应肯定第一个行为与结果之间的因果关系，而且现实所发生的结果与行为人意欲实现的结果完全一致，故应以故意犯罪既遂论处"②。

理论上有一种情况也认为属于因果关系错误，即行为人的前行为引起的危害结果并不是行为人预先追求的，且不知已经引起了这种结果，基于其他目的，实施后续行为追求实际上由第一个行为已经发生的结果。③ 例如，实施伤害行为因打击过重已经造成死亡结果发生，又基于逃避处罚产生杀人故意而将被害人（尸体）投入河中。应该说，这种情况与"事前故意"不同。对实施第一个行为的结果（结果加重），属于前述"因果关系没有按照行为人所预想的方向发展，而是向另外的方向发展，以致发生了与行为人所预想的结果不同的另一种危害结果"的错误，原则上不阻却故意责任的成立；第二个行为，则属于"行为人认为行为已达到预期的结果，但实际上预期的结果并没有发生"的错误，同样原则上不阻却责任的成立。但是，该种情况下的责任，是需要"数罪并罚"的，即是出于两个故意、实施两个行为，成立故意伤害（致死）罪和故意杀人（未遂）罪。

（六）客体认识错误

通说认为，行为人意图侵犯一种法益而实际上侵犯的是另一法益。实际上是并不具有真正意义上的客体错误，因为犯罪的行为人并非都是在理解刑法保护的"法益"意义后才去犯罪。例如，意图侵犯的是他人的身体健康，但实际妨碍的是公务执行。该种情况下，仍然是对象的同一性的认识错误，是因对象行为所体现的法益的不同，而非行为人主观上对法益认识的不同。这实际上就是对象错误而已，"依所识，不依所实"也只能按照主观意图来认定，不能按实际侵害的法益来定罪。

---

① 参见第五章第三节"故意"中的"刑法理论上犯罪故意的其他分类"。
② 参见张明楷：《刑法学》（上）（第5版），法律出版社2016年版，第276页。
③ 参见马克昌主编：《刑法》（第3版），高等教育出版社2012年版，第108—109页。

第五节 期待可能性

一、期待可能性的意义

期待可能性,是指在具体情况下,能够期待行为人实施适法行为,不实施违法行为。在能够期待的情况下,背离这种期待而实施违法行为,其行为就应该受到谴责,如果不具有期待可能性,就不能对其进行非难。由此可以说,在没有期待可能性时,即便行为人具有刑事责任能力,行为符合构成要件,也不能对行为人进行法的谴责,或给予严厉的谴责。因此,期待可能性问题不仅存在有无责任的问题,也存在责任程度的问题①。期待可能性理论,是根据德国"癖马脱缰案"的判决理由(马车夫受到要换"癖马"则失业的威胁,虽在驭马中致人重伤,也不具有期待可能性而不负刑事责任),以德国学者弗兰克(Reinhard Frank)《论刑事责任的构成》一文的论述为起点,在哥德休密特(James Goldschmidt)、弗洛登塔尔(Berthoid Freudenthal)、施密德(Eberhard Schmidt)、麦兹格(Mezger)、弗尔蒂(Foltin)等人相继著述下,最终成为规范责任论的核心理论。

弗尔蒂对期待可能性与责任的关系问题给予了论述。他认为,人对法的规定(禁止、命令)具有遵守的义务,违反此义务的行为是违法行为;有避免违法可能性而竟实施了违法行为就会受违反义务的非难。这种非难是责任的本质,如行为时违反义务的违法行为是出于不可能避免,不可能期待时,对行为人不能归责。这样一来,合法行为的期待可能性是应受非难的责任界限,期待不可能则无责任。② 如果违反期待而决意实施违法行为时,才发生责任问题,所以,期待可能性是责任的规范要素。③

期待可能性理论在进入我国刑法理论研究视野的早期,不待见它的看法并不少。还有不必照搬大陆法系的期待可能性理论的认识,认为我国立法中已经体现了期待可能性理论,刑法中的故意、过失本身便是心理事实与规范评价的统一,已经完全体现了期待可能性思想。④

当前我国理论对期待可能性理论的借鉴,已经得到多数学者的赞同,也都一致认为是因行为附随状况对行为人的意志选择的影响可产生期待可能性问题。但在借鉴

---

① 参见张明楷:《刑法学》(上)(第5版),法律出版社2016年版,第326页。
② 参见何鹏、甘雨沛:《外国刑法学》(上册),北京大学出版社1984年版,第344页。
③ 参见高仰止:《刑法总则的理论与适用》,台湾五南图书出版公司1986年版,第287页。
④ 李立众、刘代华:《期待可能性理论研究》,载《中外法学》1999年第1期。

基础上如何对其理论定位①,主要有两种认识:陈兴良教授认为期待可能性是责任的要素②,但属于罪过的成立要素,不具有期待可能性是因阻却罪过而无责任。③ 如认为缺乏期待可能性是行为人没有意志自由,也即期待可能性虽是责任要素,但是不具有期待可能性仍然是在阻却罪过成立上阻却责任。④ 冯军教授认为期待可能性是独立的责任要素⑤,缺乏期待可能性是阻却责任的事由,由于并非立法所规定,因此是超法规阻却责任的要素⑥。张明楷教授认为期待可能性并不是罪过的构成要素,也即罪过的成立不以期待可能性为前提,因为并非任何情况下都需要证明有期待可能性,或无期待可能性。只是在例外的情况下才需要判断是否缺乏期待可能性,所以,缺乏期待可能性是责任阻却事由。⑦ 本书赞同冯军教授和张明楷教授的观点。以过失罪过为例,如果行为时存在不可期待行为人履行注意义务特殊附随的情况,只能是在不具有期待可能性上阻却责任,但不能说在客观上没有违反注意义务,责任被阻却,当然,也存在责任减轻的情况,这正是期待可能性的意义所在,也恰恰是我国刑法在研究行为人刑事责任理论上欠缺的内容。

从责任的角度说,当然可以说当行为人主观上有故意或过失时,原则上是有责任的,但是,现实也存在虽然对行为以及结果有认识、认识的可能性,但是在行为时,无视这样的客观情况以犯罪论处,显然是强人所难。将行为人心理事实与对违法性评价以及责任性的评价统一为整体的我国刑法理论,现实中造就了只需对行为人的主观心理事实作出评价,就可以对违法性以及责任作出规范评价,但是,这样的评价体系是不合理的。

二、期待可能性的标准

期待可能性判断标准,是指判断行为人在行为时,是否具有实施可期待的适法行为可能性的标准。主要有行为人标准说、平均人标准说和国家标准说的对立。

行为人标准说认为,应该以行为人本人的能力为标准,判断在具体的行为情况下

---

① 期待可能性在体系中的地位,在大陆法系也是有争论的,主要有三种学说:(1)期待可能性是故意、过失的构成要素说。该说认为缺乏期待可能性时,主观的罪过本身就会被阻却。(2)期待可能性是与责任能力、故意、过失并列的独立的责任要素说。由此,缺乏期待可能性时,罪过仍然存在,只是阻却责任。(3)缺乏期待可能性是阻却责任的事由,即责任能力和罪过为责任的原则要素。所以,有责任能力和罪过时,可以推定有期待可能性,缺乏期待可能性只是在例外的情况下,推定缺乏期待可能性。转引自冯军:《刑事责任论》,法律出版社1996年版,第253页。
② 参见陈兴良主编:《刑法学》,复旦大学出版社2003年版,第163页以下;陈兴良:《口授刑法学》,中国人民大学出版社2007年版,第223页以下。
③ 参见陈兴良、曲新久:《案例刑法教程》(上卷),中国政法大学出版社1994年版,第171页。
④ 参见陈兴良:《口授刑法学》,中国人民大学出版社2007年版,第223页。
⑤ 参见冯军:《刑事责任论》,法律出版社1996年版,第234页以下。
⑥ 参见张明楷:《刑法学》(上)(第5版),法律出版社2016年版,第326页以下;陈兴良:《口授刑法学》,中国人民大学出版社2007年版,第223页以下;黎宏:《刑法学总论》(第2版),法律出版社2016年版,第217页以下。
⑦ 张明楷:《刑法学》(上)(第5版),法律出版社2016年版,第327页。

是否能够期待行为人实施其他的合法行为。① "刑法中的责任是就符合构成要件的违法的行为对行为人进行的人格性非难,正如在责任故意和责任过失中所说明的那样,必须考虑行为人个人的立场,期待可能性的判断也应该以行为人为标准。"②

平均人标准说认为,应该把平均人(一般人)置于行为人的立场之下,看是否具有期待平均人(一般人)实施合法行为的可能性,据此决定行为人之期待可能性的有无。③ "刑法既不是相对于圣人、贤人的规范,也不区别勇者和怯懦者,而是相对于社会的一般人的规范。在这种意义上,以社会的一般人为标准,根据社会的一般人若处在行为人的立场上是否可能作出合法行为的决意来判断期待可能性的有无才是妥当的。"④

国家标准说(法规范标准说)认为,是否存在实施合法行为的期待可能性,不应该以被期待一方的情况为标准进行判断,而应该以期待一方的国家或者法秩序为标准进行判断。⑤ "在法律世界给期待可能性判断问题提供终极标准的理念或最高价值必须是国家——在现实中进行支配的具体的国家。在超法规的责任阻却原因的判断中,法官应该沿着作为最高价值的具体支配着现实的国家所要求的方向进行法的判断。"⑥

我国理论对上述各种标准也有不同评述,陈兴良教授主张行为人标准说,认为该标准是设身处地来考虑行为人的意志选择的可能性,使得归责更具合理性。⑦ 黎宏教授主张一般人标准说,即行为人的处境一般都会如此,就不能期待适法行为,不具有期待可能性;一般人不会如此,就具有期待可能性。⑧ 冯军教授则主张一般人与国家标准兼顾说,认为期待可能性有无的判断主体应当是平均人,不是具体的行为人对自身具体行为当为性的判断,法官代表社会一般人的判断,必须与社会一般人的判断相一致,否则,会失去社会相当性。法官站在平均人立场,是根据平均人对具体环境下的行为人的评价判断行为人有无期待可能性,判断的资料仍然是行为时的具体环境和行为人的具体状况,只是判断的立场是平均人的立场。⑨ 张明楷教授认为,三种不同学说把握的只是期待可能性的不同侧面,因此对立并无实际意义。行为人标准,侧重判断资料;一般人标准侧重判断基础;国家标准侧重于期待主体。三者可以一并适用。在借鉴的基础上,主张站在法益保护立场,根据行为人当时的身体、心理条件以及附随状况,通过与具有行为人特性的其他多数人的比较,判断能否期待其行为当时

---

① 参见〔日〕阿部纯二主编:《刑法Ⅰ》(总论),日本评论社1987年版,第116页。
② 〔日〕大塚仁:《刑法概说》(总论),日本有斐阁1992年改订增补版,第420页。
③ 参见〔日〕阿部纯二主编:《刑法Ⅰ》(总论),日本评论社1987年版,第116页。
④ 〔日〕木村龟二:《刑法总论》(增补版),日本有斐阁1987年版,第305页。
⑤ 转引自冯军:《刑事责任论》,法律出版社1996年版,第246页。
⑥ 同上书,第247页。
⑦ 参见陈兴良:《口授刑法学》,中国人民大学出版社2007年版,第225页。
⑧ 参见黎宏:《刑法学总论》(第2版),法律出版社2016年版,第218页。
⑨ 参见冯军:《刑事责任论》,法律出版社1996年版,第248页。

通过发挥其能力而不实施违法行为。①

从论证的说服力上说,张明楷教授的观点有力,但本书仍然赞同行为人标准说。国家标准是法的期待,对所有国民期待都实施适法行为。不去侵害法益,则是法的目的,但它不是为说明行为人在此时此刻还是否具有行为的可选择性。期待可能性是针对处于具体非正常情况下行为人,在心理、精神压力下,对行为选择的影响而言的,也并不是从自然、物理的角度对行为人选择适法行为困难的理解。也就是说,是否具有期待可能性,与"意外事件"和"不可抗力"行为人的行为能力、行为的选择受制于客观条件的限制不同,也不当然就是"意志自由"(这不是否定在意外事件、不可抗力下,行为人也存在精神受到强制)的问题。

就一般人的标准而言,一般人是法律拟制的人,因社会上并不存在所谓的"一般人",所以,一般人标准只能是一种抽象的评价规范。一般人标准要求司法者依据社会上一般人的心理、精神压力对行为人行为的可选择性考察,这与国家标准实质上没有区别,因为国家标准就是根据"一般人"所制定的规范。因此,这同样也只是解决了期待可能性的共性问题,而同样不能判断此时此刻行为人有无期待可能性的特殊性问题②,当然也不能确定在不具有期待可能性时的责任程度。

期待可能性标准,建立在具体行为人在具体的非正常情况下的个人的行为是否具有可选择性上,更具合理性、人道性。期待可能性原本就是个案的判断,并非普遍性要求。③ 在个案中有无期待可能性,只是为了提示行为的"可宥性"④和法的义务不明确界限的途径。所以,判断有无期待可能性以及程度所依据的事实,应当是行为人自身的状况和行为时的具体情境,脱离此时此刻具体的行为人状况和具体的行为环境,不可能实现期待可能性所追求的目的。

诚然,期待可能性的判断是要法官作出的,行为人标准说也给予法官过多的自由裁判的权利,甚至可能导致出现在判断上的极端化。然而,事物总是具有两面性的,一般人标准与国家标准说,也同样如此,无论国家标准还是一般人标准,其基础都是具有强大约束力的,特别是国家标准,更无法保障规范评价不会强加于人,导致判断

---

① 参见张明楷:《刑法学》(上)(第5版),法律出版社2016年版,第328页。

② 不否认有些行为人选择了违法行为,是出于以求自我保护的脆弱人性,但是,却存在着不可能得到国家、社会、民众宽恕的情况。例如,受刑人因为自由受到限制或被剥夺,为了获得自由而从监狱中逃脱;抢劫犯为阻止被揭露自保而杀害被害人等,就不能以不可能期待该人不实施追求自由的行为,或者逃避惩罚为由而否定其应受谴责性。因为其面临的情况并不是非常规的,而是一般的、常规的情况,具有期待可能性自不待言。"但是,如果该人在监狱中服刑时,经常受到虐待或者生命安全受到重大威胁却得不到保护,那么,当他从监狱逃脱时,就能够以不可能期待该人不实施保护自己的行为为由而否定其脱逃行为的应受谴责性,受刑人经常被虐待或者生命安全受到重大威胁却得不到保护的情况具有具体的非常规的性质。"冯军:《刑事责任论》,法律出版社1996年版,第235页。

③ 参见张明楷:《刑法学》(上)(第5版),法律出版社2016年版,第327页。

④ "其目的是把那些不幸陷入某种具体的恶劣境况中的行为人从责任的追究中解救出来,是为了在法律上对人类普遍的脆弱人性表示尊敬。"冯军:《刑事责任论》,法律出版社1996年版,第247—248页。"期待可能性正是想对在强大的国家法规范面前喘息不已的国民的脆弱人性倾注刑法的同情之泪的理论。"〔日〕大塚仁:《刑法论集Ⅰ》,日本有斐阁1978年版,第240页。

权力上的极端化也同样会给予法官擅断的权力。即使法官能够将自己置于行为人所处的环境中,就可以认为期待可能性的判断就是公正、客观?即便如此,法官仍然是法官,而不是行为人。

缺乏期待可能性阻却责任及其程度,可有两个方面的考虑:(1)确认责任阶段,缺乏期待可能性,阻却责任,即否定犯罪的成立。对此应考虑是否存在法律规定的不负刑事责任的各种情况,如紧急避险、被"强令违章冒险作业"以及"当事人自己毁灭、伪造证据"等。(2)确认责任程度阶段,缺乏期待可能性,阻却完全责任的成立。在此,应考虑是否存在"超法规阻却责任事由"的各种情况,如被强迫开违章车船、生活所迫从事不得从事的职业或者业务等。如胁从犯,可以说是存在法律规定的缺乏期待可能性,但是,根据刑法规定不能免责;也可以说是因受的精神强迫的具体内容、性质等不同,具有"超法规阻却责任事由",虽然不能免责但可以从轻、从宽处理。

三、意外事件

根据我国《刑法》第 16 条"行为在客观上虽然造成了损害结果,但是不是出于故意或者过失,而是由于……不能预见的原因所引起的,不是犯罪"的规定,意外事件,是指非出于故意或者过失,而是因为不能预见的原因引起损害后果。由于不能预见损害后果的发生,一般并不涉及期待可能性问题,但也可以认为,正因为不能预见,所以法律上不可能期待行为人实施适法行为。[①]

意外事件,因行为人主观上不具有犯罪的故意或过失,因而即使行为引起损害后果,也不构成犯罪。换言之,如果从立法规定而言,如果有故意或过失,则是犯罪行为,在这意义上说,构成意外事件的行为,在法的层面上并没有排除行为的违法属性。也就是说,即使在实施犯罪行为时,引起的严重后果,是行为人无法预见的原因引起时,也同样符合意外事件的条件,对这样的严重后果不承担刑事责任。例如,我国《刑法》第 257 条暴力干涉婚姻自由罪第 2 款规定:"犯前款罪,致使被害人死亡的,处 2 年以上 7 年以下有期徒刑。"如果这样的结果并非由暴力干涉直接导致,在排除行为人知道或可能知道因干涉会导致自杀结果的情况下,该结果的发生就是意外事件。干涉者只承担第 1 款"以暴力干涉他人婚姻自由的,处 2 年以下有期徒刑或者拘役"的责任,不承担致使被害人死亡的责任。正是基于上述分析,意外事件阻却的是责任,并不当然阻却违法性。之所以这样说,是因为引起损害结果发生的行为,除可以具有违法行为之外,也存在行为本身属于"被允许危险"范围内的行为等。

意外事件具有三个条件:一是行为在客观上引起损害结果;二是主观上对损害结果发生,既没有故意,也没有过失;三是损害结果的发生时不能预见的原因。

不能预见的原因,是指根据行为人自身的条件以及行为当时的客观条件,超出了行为人所能够认识的范围、个人的认识能力。能否预见,既要根据行为人的个人认识能力,也必须考虑认识的客观条件。如上例,被害人被限制人身自由时,明确表达了

---

① 参见黎宏:《刑法学总论》(第 2 版),法律出版社 2016 年版,第 220 页。

"再关下去,毋宁死"的意思时,那么,致被害人死亡的结果,就不再是不可预见的,而要承担致人死亡的刑事责任。

四、不可非难的社会行为

(一) 不可非难的社会行为概述

在社会生活中,不可避免地有些社会活动对犯罪活动在客观上提供了帮助,或者该种行为既非法律所允许,也未被法律所禁止,也即法律规范中就没有涉及这类行为,也即在"法无禁止则自由"(Law is prohibited without freedom)[1]的情况下,实施了该种行为。前者如明知道与甲没有经济往来,甲要将钱款汇入自己的账号,就是为了逃避所欠缴的税款而转移财产,仍然将账号提供给甲,供其隐匿了财产的;街边日杂用品商店的老板估计到刚在马路上与人争执"吃了亏",怒气冲冲进来的顾客,买砍刀可能用于杀人仍然向其出售砍刀;出租车司机在接到拦车顾客后发现其身上有血迹,且随后有人追赶,估计到乘客是犯罪之人,仍然继续驾车行驶使之逃脱的。以上种种是否构成共同犯罪的帮助犯?后者如明知自己的孩子尚未成年,允许其驾驶机动车、允许其饮酒,情侣的婚前同居、鸳鸯浴、裸游、夫妻看黄碟(出售淫秽影片的另当别论),情侣(不包括性服务者)在公共场所性交等。这类行为,或者在客观上表现为社会的正当业务行为,或者是法律并未禁止的行为,但是,即使表现为社会的正当业务行为,即使法律并没有禁止性规定,也可能有一定的社会影响,是否产生法律责任?

对既非法律所允许,也未被法律所禁止的行为,在行为属性上,多涉及的是个人私生活领域的行为,如果纯属个体基于生活习性和生理本能而实施的自然意义上的行为,这些行为一般不会有什么社会影响,单纯就该种行为而言,法律就不宜介入,可以说不涉及刑法问题,也无需其他法律进行调整。即便有一定的社会影响,法律也应该保持谦抑,否则,人们将会丧失最起码的生活自由。对这类行为,问题只在于何种情况下会涉及法律调整,而需要承担责任。有些社会活动客观上对犯罪活动提供了帮助的行为,则涉及是否能够以共同犯罪的帮助犯(我国刑法中从犯中的一种分类)追究责任的问题。

(二) 不可非难的社会行为分析

1. 既非法律所允许,也未被法律所禁止的行为

既非法律所允许,也未被法律所禁止的行为,在学理上一般称为"中性行为",它是因为法律自身具有的不周延性而发生的。[2] 之所以法的规定有不周延性,当然与立法者认知能力的局限性、立法技术有密切关系,也与法要求的稳定性、谦抑性等有关。但是,如何理解"中性行为",理论上是有不同看法。有学者指出,中性行为之所以成为中性行为,并不是因为法律对它的态度不明确,没有界定它在法律上的性质,而是

---

[1] 它的对立面是"法无授权则禁止"(Without authorization is prohibited),这是对代表国家、政府公权力的制约,即只要没有经过法律授权,都不是合法的公权力。当然,不合法的公权力并不当然导致刑事责任,通常情况下,对公权力的滥用,可以通过行政诉讼予以撤销,责任人一般也是负行政处罚的责任。

[2] 参见第一章第一节中的"刑法规范的不足"。

因为法律根本就没有涉及这类行为,人们无法从法律中找到有关这类行为的任何规定。换言之,中性行为是无法根据法律对其作出评价的行为,而不是法律将其评价为"中性"的行为。一行为一旦进入法律调整的领域,则要么合法,要么违法,不存在"中性"之说。所以,"中性行为"根本就不存在,它是一个错误的概念。① 本书认为,对既非法律所允许,也未被法律所禁止的行为,是否以"中性行为"来界定,对其冠以何种称谓并不重要,而是对这种社会行为能否达成一个实际存在共识;如果这一称谓的指代,没有可能产生其他歧义,称为"中性行为"也未尝不可。

正因为行为既非法律所允许,也非法律所禁止,那么,是否可以认为处于"合法"与"违法"中间状态的行为,就是"中性行为"?要判断一个行为是合法行为还是违法行为,当然应以法律的规定作为唯一的衡量标准,这是实行法治的当然要求。但是,"中性行为"并非处于二者之间属于纯粹真空状态的行为。事实上,人的任何具有社会意义的行为,都有责任存在,只在于它是否处于法律调整的范围而使责任有别。只能说"中性行为"不承担法律责任,而不是绝对没有任何责任。例如,放纵自己未成年的孩子喝酒、吸烟②,即使没有法律责任,也应该受到道德的谴责;出家的僧人在外喝酒、吃肉,结婚生子,法律当然不会干涉,但是,不意味着宗教戒规不能干涉和处罚;发生婚外情、秘密"换偶",法律不能干涉,但不意味着道德不能谴责;等等。如果认为"法无禁止则自由"就是可以任意实施法律没有禁止的任何行为,法律不能评价、任何社会性规则都不能干涉,则只会导致社会陷于更加无序状态。"法无禁止则自由"所基于的深层法理在于:国家来自于人民授权,人民所未授予即人民保留自由权利的空间;社会空间中的诸多事宜遵循自由原理处理起来更有效率。但是,法治社会是多元规则并存的社会,宗教习俗、道德规则、自治规章其实都是弥补法律功能欠缺的手段。但是,任何社会利益最终调整的可靠手段仍然是法律的调整。例如,有人通过司法程序干涉他人秘密"换偶",包养情人,那么,出于对个人私权的保护,通过法律程序宣布干涉是无法律依据的,就是这个道理。从这一点而言,"一行为一旦进入法律调整的领域,则要么合法,要么违法,不存在'中性'之说",是成立的。

应该承认,所谓的"中性行为"并非永远是处于"非允许、非禁止"状态中,如果从法的责任的意义上说,当然只有"中性行为"能够被评价为"违法"时,才有可能。③ 因此,虽然这里说"中性行为"多属于个人"私权"范围内的行为,法律应该更多地予以宽容,但是"中性行为"一旦越过界限,则不再是中性行为,而是违法行为。例如,秘密

---

① 参见李林:《法制的理念与行为》,社会科学文献出版社1993年版,第127—128页。
② 就我国目前的法律规定而言,该种情况下其父母及监护人不承担法律责任。
③ 也有认为违法行为与法律责任之间不是对应关系。例如,未成年人就不对自己的违法行为承担法律责任;饲养动物的行为不是违法行为,但如果饲养的动物致人损害,饲养人或管理人是要承担一定的法律责任。实际上该种观点偷换了概念,违法行为的法律责任是多种类型的,不承担刑事责任,并不是说不承担民事责任;饲养动物不是违法行为,但管理上失误的不作为,仍然是违法行为,承担民事或刑事责任是理所当然的。

"换偶"刑法不会干涉,但具有公然特征的聚众"换偶"则可能触犯刑法;包养情人,法律不能干涉,但是越界而形成重婚,则触犯刑法;放纵自己未成年的孩子喝酒、吸烟,法律不会干涉,但孩子因饮酒过量、吸烟过量致死,父(母)要承担(不作为)过失致人死亡的责任。显而易见的是,即使是"中性行为",一旦越界而触犯法的禁止性规范,则当然发生法律责任,甚至是刑事责任。因此,不可非难的中性行为,如果从刑法意义上说,阻却责任的情况,只限于在个人行为在"私权"范围内,刑法不能予以非难。当然,这并非说所有的"中性行为"都存在因越界构成犯罪的问题,仍然应该具体对待。

2. 社会活动客观上对犯罪活动提供了帮助的行为

这类行为通常表现为社会生活、社会发展不可或缺的行为,其突出的特点在于,该种行为具有日常性、业务性(反复性)、无害性(可以从社会允许的危险行为考虑)和可替代性。例如,制造、出售危险商品的商业行为、开设旅店提供住宿服务的行为、网络接入服务商提供他人接入互联网建立网站的行为、为方便旅游服务异地汽车租赁行为等,不一而足。这类行为,在客观上都存在现实地为犯罪活动提供了帮助的情况(可表现为事前帮助或事后帮助)。例如,杀人者逃亡异地,谎称身份证丢失,请求住店,服务员未按规定进行登记,提供住宿,使之逃避追捕的(事后帮助);网络接入服务商明知他人是要建立黄色网站,基于利润的追求仍然允许接入互联网建立网站的(事前帮助)等。

对于这类行为,称谓多有不同,如"外表无害的'中立'行为"、"日常生活行为"①,台湾学者称为"中性帮助行为"②、"日常生活的中性行为"③等,在研究这一社会行为较发达的德国刑法理论上,称谓也相差无几。如果从行为的客观形式上说,台湾学者提出的"中性帮助行为"、"日常生活的中性行为",能够比较准确地界定。

现实中,在客观上能够为犯罪者提供帮助的中性行为,在法律上是不可能穷尽的,它的范围既可以包括日常生活中的行为,也包括经济行为、文化行为等。虽然刑法不可能为保护法益而将惩罚延伸到社会的各个方面,但对在客观上为犯罪活动提供了帮助的行为,并非都不具有可罚性。例如,明知甲要将钱款汇入自己的账号,就是为了逃避所欠缴的税款,别无他意,仍然将账号提供给甲,帮助甲隐匿了财产,逃避缴纳欠缴税款的行为,这里看似合法的提供账号的行为,就具有可罚性。看似合法生产经营的"康润公司制贩'地沟油'案",涉案的117家大中型食用油、食品加工企业以及个人粮油店④,是康润公司"地沟油案"的下游链条,是帮助其实现犯罪所得的行为;而提供其加工"火炼油"原料的"上游"行为,这些行为应该如何看待?不过,如何区分不可罚的中性帮助行为与可罚的中性帮助行为,理论上有

---

① 参见周光权:《刑法总论》,中国人民大学出版社2007年版,第326页。
② 参见林钰雄:《新刑法总则》,台湾元照出版公司2006年版,第457—459页。
③ 参见林山田、许泽天:《刑总要论》,台湾元照出版公司2006年版,第205页。
④ 《117家企业涉案,国内特大制贩地沟油案江苏开审》,载中国日报网:http://www.chinadaily.com.cn/hqgj/jryw/2013-09-05/content_10041223.html,2013年9月5日访问。

不同的看法。

周光权教授认为,日常生活行为是否可能成立帮助犯,要从客观上行为是否具有明显的法益侵害性,即日常生活行为对于正犯行为的物理、心理因果性影响、行为本身给法益带来的危险是否达到了可以作为"帮助"看待的程度;从主观上看行为人是否对他人可能实行犯罪有明确认识,即是否存在片面的帮助故意①。总而言之,对于外观上合法的日常生活行为,不能仅仅因为行为人在个别情况下多少知道他人可能会利用其行为实施犯罪,就对其进行处罚。过分夸大帮助犯的范围,对于维护法的安定性,对于法治秩序的形成可能得不偿失。但是,在帮助行为超过了一般社会观念允许的程度,制造了难以被法律所容忍的风险时,以帮助犯论处又是必要的。②

张明楷教授则认为,一种外表无害的"中立"行为(日常生活行为),客观上帮助了正犯时,是否成立帮助犯?例如,出租车司机 A 明知他人要前往某地实施杀人行为仍然将其运往该地;五金商店的店员 B 明知购买者将螺丝刀用于盗窃仍向购买者出售螺丝刀;丙在撬他人保险箱时口干舌燥,C 递给乙一瓶矿泉水,使丙得以继续撬保险箱。③ 这些情况应当综合考虑正犯(实行犯)行为的紧迫性,帮助者对法益的保护义务,其行为对法益侵害所起的作用大小以及对正犯行为的确定性认识等要素得出结论。④

在国外理论上,对帮助的可罚与不可罚的理论观点更是多样化,在评述的基础上,有论者主张以客观归责理论解决此问题。认为对具体中性帮助行为性的判断,应考虑是否制造了不被法允许的危险,基于利益衡量是否存在优越的利益需要保护,是否存在注意义务违反等,进行综合判断。并认为对中性帮助行为性的判断只能是一种客观的判断,与行为人是出于确定的故意还是未必的故意无关。也就是帮助行为性是客观判断的问题,不应掺入主观归责的因素⑤。

从上述各种观点在解决中性帮助的可罚性上,可以认为差别不大,不过从是否归责的意义上,认为对中性帮助行为性的判断只能是一种客观的判断,与行为人是出于确定的故意还是未必的故意无关的主张是否妥当,值得商榷。客观归责理论,只是解决归责的客观基础,而并非可罚与不可罚的标准。具有可罚性的反面,是本不具有可罚性和具有可罚性但基于某种原因不可归责。换言之,中性帮助行为具有可罚性和具有可罚性但不可归责的前提,均在于具有可非难的前提,区别仅在于在具有合理原因的情况下阻却责任。周光权和张明楷教授,都指出可罚的中性帮助行为主观面罪

---

① 本书认为,该种情况下虽然不排除有"片面帮助犯"的情况,但并非成立犯罪的都是"片面帮助犯",因此使用"片面"之词的表述不够准确。
② 参见周光权:《刑法总论》,中国人民大学出版社 2007 年版,第 326 页。
③ 参见张明楷:《刑法学》(上)(第 5 版),法律出版社 2016 年版,第 424 页。而提供矿泉水之例,本书认为不够妥当,在盗窃现场只是为盗窃者作"后勤"服务吗?只实施后勤保障,就是帮助犯的行为,而不是"中性帮助行为"。
④ 参见张明楷:《刑法学》(上)(第 5 版),法律出版社 2016 年版,第 424 页。
⑤ 参见陈洪兵:《中立的帮助行为论》,载《中外法学》2008 年第 6 期。

责要求(在主张规范责任论的前提下,当然包括对期待可能性的要求)是妥当的。例如,出租车司机不知所载乘客要去杀人,帮助行为是正常的营运行为(出租车司机没有义务探求乘客要去做什么),与明知乘客是去杀人仍然运载前往犯罪地,在帮助的行为性上没有区别,但在评价是否成立帮助犯上将有截然不同的结论。应当看到,这种中性帮助行为与主动帮助行为是有区别的,多属于被动、不明就里①(当然,这里不是指经营性业务行为有无主动性,出租车司机招揽顾客,厂家为自己的产品联系潜在的客户等,就是主动性行为),是否能够评价为可罚的帮助行为,与主观是否有罪过不无关系。本书赞同张明楷教授对中性帮助行为可罚性的分析。

从可罚的中性帮助行为阻却责任的意义上说,只有有效地阻断自己行为(履行了介入行为——作为或不作为)与特定事件结果的互动关系(也即排除对法益侵害的因果性联系),应阻却责任,为不可非难的社会行为,否则除非丧失意志自由,或不具有期待可能性,都不可免除刑事追诉。

第六节 原因自由行为

一、原因自由行为的意义

原因自由行为,也称为原因中的自由行为,是指故意或因过失使自己在一定时间内,在陷于丧失责任能力或限定责任能力状态下,实施危害行为的情况。例如,饮酒后对邻人施暴,致人死亡;在吸食毒品后驾驶汽车在公路上连续肇事,造成多人死伤;劳作一天的母亲哺乳不觉入睡,乳房阻塞婴儿口鼻致窒息死亡的(过失忘却犯);过度疲劳在驾驶时睡着,致使汽车冲入人群,致使多人死伤等。使自己陷于丧失责任能力或限定责任能力状态下的行为,被称为原因行为,在该种状态下实施造成危害结果的行为,称为结果行为。之所以称为原因自由行为,是因为在使自己陷于丧失责任能力或限定责任能力状态之前,行为人是有辨认和控制自己行为的刑事责任能力的,也就是说,在原因行为阶段,行为人是有意思自由的,也就是说可以自由决定自己是否陷于该种状态。

根据责任与行为(罪过)同在的责任原则,行为人只对在具有刑事责任能力情况下所实施的危害行为(也就是在有责任能力情况下有故意或过失罪过),承担刑事责任。在无责任能力情况下实施的危害行为,不承担刑事责任;在刑事责任能力减弱的情况下,不承担完全的刑事责任。在这一点上,刑法中精神病患者的刑事责任规定,就是在立法上这一原则的体现。然而,这一原则面临着原因自由行为的挑战,即虽然在原因行为阶段,行为人有刑事责任能力,但是,在结果行为阶段,如果是处于无刑事

---

① 即指不知道内幕,不明白其中含义。

责任能力状态,如何能追究刑事责任,是有疑问的。①

我国学者对原因自由行为如何实现责任追究,大体上有两种认识:

一是认为在原因行为阶段存在自由意思的行为,即便在结果行为阶段与原因行为没有心理上的联系,但只要该自由意思体现在结果行为时,也应认为对行为的结果具有支配力。不能以结果行为时瞬间处于无责任能力状态或限定责任能力状态,而认定行为人是无责任能力人或限定刑事责任能力人,因此,仍需要追究其刑事责任。②

二是认为,只要原因行为是具有责任能力,且与结果的发生具有因果关系时,即便在原因阶段行为时并没有要实施侵害的结果行为的意思,而在原因中产生该意思,或者在事先已经有实施结果行为的意思,而使自己陷于无责任能力或限定责任能力状态后,实施结果行为的,都可以肯定原因行为与结果之间具有因果关系,这已经表明行为人主观上有故意或过失,也就具有责任的非难性③。

两种认识,前者是从主观责任的角度,将行为人的自由意思与结果行为相联系,来解决结果行为时的刑事责任能力、主观的故意、过失问题;后者则从原因行为对结果发生是否具有支配力的因果关系角度,来解决原因阶段行为的刑事责任能力、主观的故意、过失在结果发生中的作用。本书认为,如果从维护"责任与行为(罪过)同在"的责任原则的立场看,将结果行为视为"实行行为"似不够合适,而且,从具有因果关系角度论证原因行为的非难性,也存在问题,因为毕竟因果关系属于客观归责事实,而原因自由行为是为了解决主观的归责基础的刑事责任能力、主观的故意、过失。从原因行为具有意思自由则为责任非难的对象看,实际上结果行为在原因自由行为中并不重要。即便行为在实施原因行为时,有使自己在丧失刑事责任能力之后,所为的结果行为因故意或过失心理的缺失来意图规避法律,只要没有去实施结果行为,也无需以犯罪追究责任,更何况如果因过失使自己丧失刑事责任能力之后所为行为,如果没有发生结果,更不可予以非难。前者如为杀人壮胆而饮酒,却酩酊大醉无法去实施杀人行为,饮酒的原因行为不具有可罚性;后者如因疲劳驾驶睡着了,在汽车即将冲上人行道时惊醒,及时刹车避免了后果发生,其原因行为也不能认定为有刑事责

---

① 对于原因自由行为是否具有可罚性以及可罚性的根据,大陆法系理论上有很大的争议。理论上一般是将"原因行为"视为实行行为,其可罚性的理由主要是:首先,从法律评价的角度看,可以认为在使自己陷入无责任能力状态之前的犯罪心理状态与实行行为时的心理状态是统一的,因此,使无责任能力状态出现之前的犯罪意思得以实现的,就是"原因上自由行为"。其次,原因行为本身并不是问题的核心,问题在于"为犯罪目的"而使自己陷入无责任能力状态,而对犯罪在法律没有特别限定手段的情况下,则使自己陷入无责任能力状态的行为(如饮酒),就是可能成为手段的行为。因此,他们认为"原因行为"就是实行行为,即使在原因设定行为与结果行为发生之间间隔时间很长的情况下,也应当视原因行为是实行行为。此外,也有着眼于从结果发生阶段考虑"原因上自由行为"的可罚性,将其作为实行行为的观点。理由主要是在结果发生阶段明显存在实行行为,所以,"原因上自由行为"是"行为与责任同时存在原则"的一个例外。参见[日]木村龟二主编:《体系刑法事典》,日本青林书院新社 1981 年版,第 192—193 页。后一观点虽然符合构成要件"定型性"要求,但仍然受到学者的批判。张明楷教授对此有详细的介绍。参见张明楷:《刑法学》(上)(第 5 版),法律出版社 2016 年版,第 308 页以下。

② 参见马克昌主编:《犯罪通论》,武汉大学出版社 1999 年版,第 282 页以下。

③ 参见张明楷:《刑法学》(上)(第 5 版),法律出版社 2016 年版,第 310 页。

任。张明楷教授主张侵害的自由意思无论是在原因中产生,还是事先有要实施结果行为的自由意思,在结果行为实施后,对原因行为应非难的观点,应该赞同。当然,该问题仍可进一步研究。

二、醉酒人的责任能力

我国《刑法》第 18 条第 4 款规定:"醉酒的人犯罪,应当负刑事责任。"醉酒是酒精中毒的别称,一般而言,饮酒是一种社会生活中的行为(至今我国也未制定违反禁止未成年人饮酒和吸食烟草、吸毒的法律责任的承担①),属于中性的行为。但是,如果在醉酒后实施危害行为,醉酒则与刑法相关。

这里的"醉酒"是否应做广义上理解,既包括因酒精作用下丧失辨认或控制能力的情况,也包括"饮酒"而没有丧失辨认或控制能力。从立法专设此款的意义上说,如果饮酒而没有丧失辨认或控制能力的,是否在饮酒后犯罪,无需在刑法上讨论。因此,这里的"醉酒"是狭义的,仅指在饮酒后陷于无责任能力状态时(实质上也是涉及"原因自由行为"),实施危害行为的刑事责任问题。

在司法精神病鉴定中,醉酒分为生理性醉酒和病理性醉酒两类。生理性醉酒,又称普通醉酒、单纯性醉酒,是指因饮酒过量而致精神过度兴奋甚至神志不清,丧失辨认或者控制能力的情况,多发于一次大量饮酒后,属急性酒精中毒。生理性醉酒的发生与血液中酒精的浓度以及个体对酒精的耐受力关系密切。普通醉酒,行为人的精神变化大致可分为兴奋期、共济运动失调和昏睡期、昏迷期三个时期。在上述前两个时期内,醉酒者对作为与不作为方式的危害行为均有能力实施,通常所见的多是作为。就生理性醉酒的人犯罪,应当负刑事责任是确定的,包括可以属于原因自由行为的情况。病理性醉酒,是指过敏性急性酒精中毒,它是指少量饮酒后,因身体异常反映(司法精神病学认为属于)急性发作的短暂性精神障碍疾病,该病目前病因不明,但国内外司法精神病学、医学界,都认为病理性醉酒属于精神病范畴,是纳入精神病治疗范畴的疾病。病理性醉酒的患者,通常是不饮酒或者对酒精无耐受性,可能会在偶尔接触酒精饮料的情况下,精神障碍状态突然出现,伴有幻觉、妄想等症状,在丧失辨认或控制能力后仍然能够实施危害行为。在清醒后,多伴有失忆等精神障碍。

对生理性醉酒犯罪应追究责任是没有疑问的,但是,病理性醉酒,是否包括在刑法"醉酒的人犯罪,应当负刑事责任"的范围内,学界还有不同认识,存在着肯定说和否定说以及折中说三种观点。当前,持否定说和折中说的居多数。折中说认为,对病理醉酒实施危害行为的一般不应当追究刑事责任,因其属于精神病范畴,在病理性醉酒状态下不具有刑事责任能力,不能与我国《刑法》第 18 条第 4 款规定的"醉酒的人"等同视之。不过也有例外,即知道自己有病理性醉酒病史(甚至有因此而未负法律责任),也明知饮酒后还可能再次导致发病而实施危害行为,希望或放任自己处在这种无责任能力状态下危害社会,属于"原因自由行为",应当负刑事责任。

---

① 我国《未成年人保护法》第 11 条,将预防和制止未成年人吸烟、酗酒、流浪、沉迷网络以及赌博、吸毒、卖淫等,规定为将父母或者其他监护人义务,而不是社会责任,有所不当。

第三编 | 犯罪形态论

第八章　故意犯罪的停止形态

第九章　共同犯罪

第十章　罪数形态

第八章 故意犯罪的停止形态

第一节 故意犯罪的犯罪形态

一、概述

(一) 犯罪形态的意义

理论上虽然对犯罪构成的研究,是将各个要件以及构成的要素分解了,但是一般仍然是在完成了或成立犯罪的意义上对犯罪要素分解。例如,对危害结果、因果关系、故意、过失等要素的研究。现实中因种种原因,有的故意犯罪并没有能够完成,这些没有完成的犯罪,仍然是对法益侵害或威胁的行为,因此,在具有某些特定情况下犯罪未完成,仍然具有可罚性。虽然各国对未完成的犯罪处罚的范围多有不同的规定,但是,对具有可罚性认识的基本理论认识则大同小异。

刑法理论上故意犯罪的预备、未遂、中止和犯罪既遂,称为故意犯罪过程中的犯罪形态或故意犯罪过程中的停止状态。

故意犯罪的犯罪人自产生犯意,并确定要实施犯罪以后,从其开始准备犯罪,到实行犯罪以至完成犯罪,有一个纵向的时间流动过程,这一时间过程的长短各异。由于不同犯罪中情况各不相同,其纵向发展过程并非都是完整顺利的,在各种因素的影响和制约下,犯罪可能就会有种种不同的表现形式和产生不同的结局。这些有着不同结构的表现形式和结局的行为形态,即是故意犯罪的形态理论研究的对象。因此,故意犯罪的形态,即是指因主客观原因而使犯罪停止下来形态。这种形态,并不是在犯罪过程中短暂的停顿状态,而是作为终局性停止下来的形态。如果在犯罪过程中只是暂时有所停顿,此后仍然继续实行的,停顿不具有犯罪形态的意义。犯罪的停止状态,按其停止时是否已完成犯罪为标准,刑法理论上将其区分为两种基本类型:

一是犯罪的完成形态。完成形态,标志着某一具体故意犯罪的完结或者说终结,即故意犯罪在其发展过程中没有在中途停止下来(即便有停顿,也没有独立地作为犯罪形态评价的意义),而得以实施完毕的形态。完成形态就是行为人完成了犯罪的情况。通说认为,当具备某一犯罪的全部的犯罪构成要件,即属犯罪的完成形态,理论上一般称其为犯罪既遂,并认为,刑法分则规定的具体犯罪及其刑事责任,就是以既遂形态的犯罪构成模式而设置的。这就意味着对完成的犯罪,需要按照刑法分则规定的刑罚予以处罚。因此,既遂也被认为是分则规定的犯罪构成的一般形态。

二是犯罪的未完成形态。未完成形态,是指故意犯罪在其发展过程和不同阶段中,因各种主客观原因中途停止下来,致使犯罪未实施完毕,或者说未能完成犯罪的情况。虽然未完成犯罪,但犯罪已然成立,只是犯罪的某些构成要件(客观要件)不完整。在未完成形态中,根据其停止犯罪的原因或距离完成犯罪的不同原因,可进一步划分为犯罪的预备、未遂、中止形态。由于犯罪没有完成,在刑事责任的承担上,应该与完成的犯罪承担的责任有所区别。这就是研究犯罪完成与完成形态的意义。

(二) 故意犯罪停止形态的特征

故意犯罪的完成与未完成形态,具有重要的共同特征,即犯罪行为都是已经停止下来的状态,是故意犯罪过程中不再继续发展而固定下来相对静止的不同结局。从终局性停止而言,也表明犯罪一旦因某种原因停止形成某种形态之后,意味着不可能再形成另外一种形态。所以,犯罪的停止形态之间是一种彼此相对独立而存在,不具有前后的连接性,即不能在形成前一犯罪形态转为后一犯罪形态;在形成后一形态后,不能再返回到之前的某一形态。如形成犯罪的预备形态,就不可能再向前发展为犯罪未遂、犯罪既遂形态;形成犯罪中止形态,也不可能再发展为犯罪预备、犯罪未遂、犯罪既遂;一旦成立犯罪未遂,则意味着不可能再形成犯罪的中止或犯罪的既遂;成立犯罪既遂,也就不可能再返回到犯罪未遂、犯罪中止。

上述犯罪形态之间的关系,是把握犯罪形态与犯罪发展过程中犯罪不同阶段关系的基础。犯罪阶段是故意犯罪过程中的犯罪形态存在的基础,故意犯罪过程中的犯罪形态总是停止于某个犯罪阶段上。所以,离开犯罪阶段,就不发生故意犯罪过程中的犯罪形态问题。故意犯罪的犯罪阶段,也称为"发展过程"或者"发展阶段",是故意犯罪在发展过程中因行为主客观具体内容的不同而划分的段落,是故意犯罪发生、发展和完成所要经过的过程的连续性,在时间、空间上的表现。例如,在准备犯罪过程中的预备阶段,是着手进入实行阶段的一个(可能)过程,而要达成完成犯罪阶段,着手实行阶段则是必须经过的过程。由此可见,犯罪的过程,虽然可以因具体内容不同而划分出不同的阶段,但各个阶段在故意犯罪发展的完整过程中,却呈现出前后相互连接,此伏彼起的递进发展变化关系,即运动、发展、变化的递进的关系,是故意犯罪阶段共有的属性。其阶段以行为人开始实施犯罪预备行为为起点,以完成犯罪为终点。而犯罪形态,就是发生在犯罪过程中各个不同阶段上的停止形态。所以,犯罪的阶段可以具有接续的特点,但是,犯罪形态不具有接续性,一旦形成某种犯罪形态,就是一种固定的结局。

犯罪过程的阶段,根据具体内容的不同,可以分为以下不同阶段:

一是犯罪预备阶段,在空间和时间上,是从行为人开始实施犯罪预备行为为起点,至行为人完成预备未着手实行犯罪行为终点。犯罪的预备形态,以及在预备阶段的犯罪中止,就发生在该阶段。

二是犯罪的实行阶段,在空间和时间上,从行为人着手实行犯罪实行行为为起点至行为人完成犯罪为终点。犯罪的未遂形态、实行阶段的犯罪中止形态,以及犯罪既遂,就发生在该阶段。在实行达到犯罪既遂后,可以存在犯罪后果的扩大以及所造成的不法状态的持续,但这不是犯罪形态的内容,通常只能以量刑的情节看待。

目前,通说认为,依据犯罪形态作为犯罪结局所具有的特性,在犯罪既遂之后,则不可能再返回到此前的犯罪形态上。不同观点认为,即使是按照通说认定的行为终了后达到既遂的,实害结果尚未发生,如果在行为人真诚努力下,有效排除对法益侵害危险威胁的,也可以成立犯罪中止形态。因此,可以在犯罪发生的阶段上,增加一个"实行后阶段",以解决该类问题①。张明楷教授不赞同有"实行后阶段"的划分,认为在着手后经过一段时间才发生结果的,仍然可以认为是实行阶段,因此这种划分没有必要②。之所以有此分类的建议,并不是针对一般情况下,着手实行后,身体虽然相对静止但结果发生尚需一段时间发生的情况,而是针对危险犯既遂标准质疑,认为在"实行后阶段"成立危险犯罪中止的理论观点。如果说对危险犯既遂有质疑,也不能说建议划分没有意义。换言之,此划分并不是为解决既遂、未遂的问题,核心是讨论能否成立危险犯罪中止的问题。张明楷教授前述否定的认识,是以条款对危险状态是否还规定有替代的实害结果为依据。例如,抽象危险犯的盗窃枪支、弹药,鉴于法益的重大性用另一种侵害结果(对枪支的控制)替代对抽象危险的认定,替代结果发生(控制枪支),是盗窃枪支既遂,反之是未遂;具体危险犯可以分为两种情况,一是危险状态有替代侵害结果,如盗窃、抢夺毒害性、放射性、传染病病原体等物质,危害公共安全的犯罪,认定原则如同抽象危险犯,当盗窃、抢夺控制了危险物质,替代结果发生的,就是既遂,反之就是未遂;二是对危险状态和加重结果规定了独立法定刑,但未对具体危险类型化侵害结果,这种犯罪原则上就没有未遂形态,可以认为这是对原本就是未遂犯的具体危险犯规定了独立法定刑,所以不再适用总则未遂的处罚规定,例如放火没有造成侵害结果时。在没有将具体危险类型化为侵害结果时,发生具体危险,但自动防止侵害结果发生的,应成立中止犯。所以,张明楷教授的观点是,不承认危险犯可以成立中止犯不妥当;在既遂之后阶段可以成立中止犯的结论不正确。③

盗窃枪支、弹药罪与盗窃危险物质罪是同一个条款,是前半段与后半段的规定而已,何以前半段是抽象危险犯,后半段就是具体危险犯,这里的法律关系是如何解读的,实不清晰。更何况,盗窃枪支也好,盗窃危险物质也好,对枪支或危险物质控制的

---

① 这里对通说观点的质疑,建立在对刑法上的危险犯既遂标准的不同认识,并因此而形成不同观点。参见马克昌主编:《犯罪通论》,武汉大学出版社1999年版,第412、473—474页。
② 参见张明楷:《刑法学》(上)(第5版),法律出版社2016年版,第331页。
③ 同上书,第345—346页。

结果①,本身就是犯罪既遂的标志,现实中很少有为了盗窃而盗窃枪支等,是另有所图的目的,但是,立法并没有将盗窃后做了什么,或者企图做什么,作为判断既遂的依据。将枪支或危险物质的"控制结果"视为替代结果依据基本原理是什么,还不十分明了②。

至于在危险状态发生后,通过真诚努力防止实害结果发生,是否成立中止的问题,这当然与如何理解危险状态在危险犯③的犯罪构成中作用和意义有关,容后表明观点。

在着手实行后,阶段,在空间和时间上,为着手实行行为后达到犯罪既遂为终点。在此阶段,可以形成犯罪的既遂形态。犯罪的过程中,在犯罪预备阶段之前,可以有犯意产生的阶段,但是,单纯的犯意,只是一种犯罪的思想,而非具体的行为。因此,不具有可罚性,不能因有犯意而构成犯罪;在犯罪预备阶段,有的行为虽然是为犯罪进行的准备活动,但是在行为人尚未着手实行犯罪之前,其单纯的准备活动,也不具有可罚性,理论上称为事前不可罚行为,如为准备抢劫购买易装需要的假发、去商场购买菜刀以及为走私先成立公司等。同样,在该犯罪既遂后,也可能存在事后不可罚行为,如盗窃、抢夺、抢劫后,本犯销售、转移赃物的行为。

二、故意犯罪的停止形态存在的范围

依据通说,故意犯罪过程中的未完成停止形态,只可能发生在直接故意的犯罪

---

① 实害犯与危险犯是以对处罚根据的理解(对法益侵害的样态)而形成的对应的概念。以对法益的实际侵害作为处罚根据的犯罪,称为实害犯,以对法益发生侵害的危险作为处罚根据的犯罪,是危险犯(包括抽象危险犯),二者同属于实质犯。与实质犯相对应的概念,是连法益侵害危险都不需要考察的犯罪,称为"形式犯"。行为犯和结果犯是对应的范畴,是根据构成要件标准,不以结果发生为必要,仅以行为为构成要素的,是行为犯(包括举动犯);而以一定结果为构成要素的,是结果犯(包括结果加重犯)。可以看出,上述概念的理论定位是不相同的,前者是用于说明犯罪处罚的条件,而后者是为了判明犯罪的既遂与未遂。当然,概念在所表述的内容上不可避免会有一定的交叉,虽然如此,但并不影响概念原本的功用是为界定何种问题的。如从张明楷教授将上述犯罪定位于"危险犯"而言,当然是着眼于所保护的法益的重要性,是公共安全法益,但是,对所保护"益"的价值判断——是否威胁到"公共安全",是基于法价值判断的对象——枪支、危险物质,而不是基于价值判断的标准本身——"法"——是将其规定在"危害公共安全罪"中。正是从这一意义上说,当运用"危险犯"概念时,与结果犯概念本不交集的,换言之,危险犯并不需要以"结果"来说明既遂还是未遂。而从盗窃行为的角度,盗窃枪支、危险物品,与盗窃普通财物没有什么区别,实际控制"对象"的结果,当然是既遂的标志,因而,对控制枪支、危险物质,也没有必要评价为是"危险"的"替代结果",因为"控制"本身就是"结果"。

② 理论上也有观点认为对立法规定从不同角度予以审视,既可以是抽象危险犯,也可以是行为犯甚至是结果犯的观点。例如,德国的雅各布斯教授就认为,抽象危险犯的主观或客观构成要件在与法益侵害或危险相适应的场合成为结果犯。如放火罪一方面是抽象危险犯,另一方面由于要求建筑物毁损结果,也能被认为是结果犯。参见 Vgl. Gunther Jakobs, Strafrecht, Allgemeiner Teil, 2. Aufl, 1991, §6 Rn. 86, S. 172,转引自李晓龙:《刑法保护前置化趋势研究》,武汉大学 2014 年博士学位论文,第 117 页。本书认为,雅各布斯教授的分析,从我国当前的理论看,当然是可以接受的,因为通说对放火罪也认为是抽象危险犯,在发生实害结果时,属于实害犯的范畴(如果从既遂与未遂的角度考察,是结果加重犯,属于结果犯范畴)。但这仍然不宜认为这里的实害结果是"替代"发生的结果,而是原本就可能发生的实害结果。

③ 这里所指的危险犯,限于刑法明文规定的危险犯,即法定危险犯,非指客观行为事实对法益侵害有"危险"的危险犯,如犯罪预备、犯罪未遂。

中。但这一结论并不意味着,凡基于直接故意的犯罪,都一定会发生未完成停止形态。

一般认为,(1)只要着手实施,即意味着犯罪完成的举动犯、不要求实际的物质性的危害结果必须发生就可构成犯罪的行为犯,只可能存在犯罪预备形态和在犯罪预备阶段上的犯罪中止形态,但不存在犯罪未遂和在实行阶段上的犯罪中止形态;(2)以情节严重、情节恶劣为犯罪构成要件的犯罪,一般不存在需要评价犯罪未遂形态;(3)结果加重犯,包括我国立法特有的情节加重的犯罪,只有成立与否的问题,而不发生犯罪未遂形态。① 此外,突发性的非预谋的直接故意犯罪,一般也不存在需要评价犯罪预备形态,只可能发生犯罪未遂、犯罪中止形态。

因此,即使是直接故意犯罪的,是否发生犯罪未完成形态,也同样受着犯罪构成要件的制约。在犯罪未完成停止的情况下,虽然在犯罪构成要件的某些要素不完整,但是,犯罪是已然成立的。

未完成停止形态存在范围的争议

根据通说,犯罪未完成的停止状态,并非在一切犯罪中都可能存在,而是严格受到犯罪构成限制的。具体而言,犯罪未完成形态中的犯罪预备、犯罪未遂和中止,只可能发生在出于直接故意的犯罪中,主观上出于间接故意的犯罪和过失的犯罪,都不可能存在上述的各种停止状态。对过失犯罪不存在犯罪未完成形态,在我国尚无大的争议②,但是对间接故意的犯罪,则有不同看法。

通说认为,间接故意犯罪由其主客观特征所决定,不可能存在未完成犯罪的停止形态。主观上,间接故意是对可能造成的一定危害结果的发生与否持放任的心理态度,发生与否都可以的心理态度,谈不上对完成特定犯罪的追求,也就谈不到这种追求的实现与否。而犯罪未完成形态,原本都存在着实施和完成特定犯罪的犯罪意志与追求心理,所以间接故意犯罪的放任心理不符合犯罪未完成形态的主观特征的。客观上,犯罪未完成形态是行为人完成犯罪的意志以外的原因的阻止,或者行为人自动放弃犯罪意志,而使犯罪停止在未完成的状态下。间接故意由其主观放任的心理的支配,在客观上不可能存在未完成特定犯罪的状态,因为客观上出现的此种状态或彼种结局都是符合其放任心理的,是应以行为的实际结局定罪。这样间接故意犯罪也就没有了犯罪未完成形态存在的余地③。

不同的看法认为,如果说犯罪中止是指犯罪人放弃了犯罪意图,自然不发生间接故意犯中止犯罪的问题。但中止犯罪,应理解为犯罪人对其先前犯罪心理的否定,而不应限于犯罪意图。倘若犯罪人在放任心理支配下导致法益处于危险状态,不采取

---

① 理论上有争议,将在既遂形态中讨论。
② 在国外刑法理论上还是有过失犯罪存在未完成形态的看法。
③ 参见高铭暄主编:《刑法学原理》(第2卷),中国人民大学出版社1992年版,第273页。

措施必然导致危害结果发生时,犯罪人此时心生悔悟,遂采取措施避免犯罪结果发生的,应认定成立犯罪中止。如行为人打猎时,看到旁边有牧童,基于一种放任心理,行为人开枪朝兽射击结果竟将牧童打伤,生命垂危,此时行为人积极采取抢救措施,将牧童送至医院抢救,而使其脱险。如果否认间接故意可成立中止犯,对行为人只能视为无罪,显然不当,所以通说否定间接故意犯罪可成立犯罪中止的观点不妥。

张明楷教授也持间接故意存在中止(和未遂)形态的看法,但论证不同。他认为,现实中存在放任结果发生但结果没有发生,也值得处罚的情况,因为直接故意犯罪与间接故意犯罪没有质的区别,没有理由只处罚直接故意的未遂而不处罚间接故意的未遂。而且,直接故意与间接故意可以成立共同犯罪,在共同犯罪未遂时,没有理由只处罚直接故意的犯罪人而不处罚间接故意的犯罪人;至于在间接故意犯罪未遂时,有无证据证明行为人放任结果发生,则是个案具体判断问题,不是否定间接故意存在犯罪未遂和中止的理由①。

如对刑法规定的间接故意犯罪,在放任结果发生才能成立持一致的看法,也同意多数说对放任心理态度的界定,则肯定的认识难以认为是合理的。首先,间接故意放任心理所认识到的可能性,并非只是对一种可能性的认识②,而是全方位的可能性,即明知可能发生这种结果也可能发生那种结果,也可能不发生任何结果。正因为如此,在实施的行为没有发生任何危害结果之前,行为还不能说就是间接故意犯罪行为,认为其心理活动就是间接故意的犯罪心理并无依据。根据什么事实认为发生最终结果之前,采取抢救措施是对先前犯罪心理的否定? 其次,理论和实践中,只有放任发生结果实际发生时的心理态度,才是间接故意的放任心理。③ 依据什么事实认为在实施行为时,行为人的心理活动就是杀人的间接故意,而不能是伤害的间接故意? 或者既不是杀人,又不是伤害的间接故意? 放任心理的界定,是就其已经发生的结果而言是放任发生的,实际发生的结果才能被认定为放任发生的结果。结局是被害人伤害的结果,应当构成(间接)故意伤害罪,何以认为如不以故意杀人罪的犯罪中止来认定,就应当认定为无罪的荒谬的结论? 这种观点经不起推敲。

张明楷教授对间接故意犯罪的看法与多数说是一致的。④ 不过,认为"有无证据证明放任结果发生是个案判断问题,不是否定间接故意存在未遂和中止的理由"⑤,这本身就是问题所在,证据恰恰是决定是否构成(任何一种)犯罪的各种事实所必需。

---

① 张明楷:《刑法学》(上)(第5版),法律出版社2016年版,第331页。
② 如果事物发展方向只有一种"可能性",那就意味着结果发生的必然性。
③ 参见赵秉志:《犯罪未遂研究》(第2版),中国人民大学出版社2008年版,第215页。
④ 参见张明楷:《刑法学》(上)(第5版),法律出版社2016年版,第263—264页。
⑤ 张明楷教授在新版著作中进行了修订,原论据是:"至于在间接故意犯罪未遂时,由于没有发生结果,难以认定行为人是否放任结果发生,但这是证据问题,而不是否定间接故意存在犯罪未遂和中止的理由。"参见张明楷:《刑法学》(第4版),法律出版社2011年版,第309页。

如前所述,依据什么证据证明放任的最终结果,阻止的是最终构成某种哪个犯罪的结果①?就以投毒杀妻,妻与孩子分食案为例(是以孩子中毒仍然有救治可能性为前提,如毒药具有极端危险性而无可能救治则无需讨论),行为人是居于保证人地位,如在现场则负有抢救孩子的义务,可以不期待其救助妻子,但不阻止其妻的分食的不作为行为,并非能评价为就是基于间接故意放任心理,而是与希望、追求妻子死亡心理方向相反的反对动机形成过程,因此,没有阻止分食的不作为,尚不具有导致结果发生的原因力,还不能评价是杀人行为,只是不履行救治的不作为在发生死亡或伤害结果时,才能评价为犯罪行为。如不救护则是其不救护的不作为放任死亡结果发生;如果抢救则证明对死亡结果执否定心态,没有放任死亡结果发生。就送医抢救的证据而言,证明是没有放任,而不能同时证明是对放任结果发生的阻止,换言之,该证据本身不具有证明"不是",同时也证明"是"的正反不同方向上的证明标准(即便最终未能抢救成功,也不成立间接故意杀人)。在主观放任的非难性没有证据证明,坚持间接故意有未完成停止形态的意义何在②?能在违背间接故意罪过认定要求下,以犯罪未遂或犯罪中止追责?如无需结果发生也可以认定是放任心态,是否与自己所赞同放任结果发生是成立间接故意罪过的基本主张是相矛盾?

至于对共同犯罪未遂在现有文献中,并没有主张只能对直接故意者处罚,对持间接故意者不处罚的观点。在共同犯罪的共同责任原则,同样适用于不同故意罪过形式的责任承担。甲追求死亡结果,乙放任死亡结果,丙未死亡。就乙的主观心态而言,依据放任心理的发生机制,可能发生与可能不发生死亡结果,可能不发生任何危害结果,都包括其明知的范围内。因此,即便参与者中有持有放任态度的,发生任何结果,都是在其认识之中。当共同犯罪未遂时,持间接故意者理所当然要对共同犯罪的未遂承担共同责任,但这并不是其个人的责任,而首先是共同犯罪的责任,这也不是对持直接故意者个人认定的犯罪未遂,而是对共同犯罪整体是未遂的认定。成立从属的教唆犯、帮助犯就是适例,当然可以对正犯犯罪是执放任态度,但不可因正犯没有完成犯罪成立未遂或中止,因教唆或帮助持放任态度,就网开一面不认为是犯罪吧?以单独个人间接故意有无未遂来论证共同犯罪的未遂问题,本就有不是在同一议题下讨论之嫌。

当然,依照张明楷教授对共同犯罪持行为共同说的立场,即便是共同犯罪也是要

---

① 如结果具有唯一性(必然发生),难以认为还能成立间接故意,因此多数说不认为"明知必然发生可以成立间接故意"。张明楷教授持相同观点。参见张明楷:《刑法学》(上)(第5版),法律出版社2016年版,第264页。本书认识亦相同。

② 从我国最高司法机关的态度看,同样不认可对间接故意犯罪有未遂的见解。"曹成金故意杀人案"的裁判理由认为:"正因为在间接故意中,行为人对危害结果的发生与否持一种放任态度,当法律上的危害结果发生时,则已成立犯罪既遂,如造成被害人死亡的,应以故意杀人罪定罪处罚;造成被害人受伤(轻伤以上)的,应以故意伤害罪定罪处罚;没有造成人员伤亡的,也是行为人这种主观心理所包含的,而不是什么意志以外的原因所致,无所谓'得逞'与否,犯罪未遂也就无从谈起了。"最高人民法院刑事审判第一庭、第二庭编:《刑事审判参考》(第10辑),法律出版社2001年版,第17页。当然,理论刑法学的研究,不是非得要迎合司法的需要,但不能对司法需要提出理论指导意见的研究,并不能推动司法的进步。

各自承担刑事责任的①,似乎也存在对共同犯罪参与者中持间接故意的单独评价的问题。但是,即便如此,按照间接故意认定的要求,现实没有发生任何结果,并不违背乙的意愿,根本就不能认定主观上有放任的罪过,理所当然没有证据证明放任而追责,如果这样的结论是不可接受,问题并不是因犯罪完成与为完成形态理论所造成,而是由对共同犯罪持有何种理论,包括对共同犯罪的未遂、中止持有何种理论观点所决定。

在现行刑法规定犯罪未遂是因"意志以外原因而未得逞",犯罪中止是"自动放弃犯罪或者自动有效地防止犯罪结果发生"的法定条件下,间接故意的未完成的停止形态难以成立。非要论证出间接故意存在犯罪未遂、犯罪中止形态,并不是理论有障碍或论证有什么大的缺陷,而在于与我国现行立法之间存在着矛盾。如果今后立法将未完成形态的立法修订的如同国外广义的未遂②,包括犯罪中止形态,只看客观未完成犯罪而不看主观罪过形式,那么,将间接故意未发生所放任结果的情况,要求其承担犯罪未遂、犯罪中止形态的责任,至少理论解释不会有障碍。

第二节 犯罪既遂

一、犯罪既遂标准的考察

犯罪既遂,是指故意犯罪的完成形态③,只有少数国家立法对犯罪既遂有规定,多数国家和地区是将犯罪既遂的概念和理论,留给刑法理论去解释。

大陆法系国家和地区的刑法理论,一般认为犯罪既遂是指"充足构成要件的行为",而充足构成要件,是指构成要件的全部要素都已经具备④。在具体解释中,是将立法机关规定的故意犯罪抽象解释为两大类型,一类为结果犯,另一类为行为犯。对结果犯,不仅要求行为人实施了符合法律规定的犯罪构成要件的行为,而且要求必须造成实质性的损害结果才能成立既遂,即实质性的犯罪结果的发生是既遂的标准。而对行为犯,由于这种行为本身具有较大的危害性,所以,要求行为的实行或完成达到一定程度,而不问是否发生具体的有形的损害结果,只要实行的行为完全符合了法律规定的构成要件就成立犯罪的既遂。⑤

我国理论上对犯罪既遂的理论解释,主要是三种观点:(1)结果说。该说认为,

---

① 参见张明楷:《刑法学》(上)(第5版),2016年版,第379页以下。
② 如1871年《德国刑法典》规定:"依重罪或轻罪实行之着手行为,实际表示重罪或轻罪之决意者,其所意图之重罪或轻罪未达既遂,以未遂处罚之。"在此规定下的犯罪未遂,只要行为人已着手实施犯罪未达既遂的,不问原因均属未遂,包括中止未遂也在其中,主观罪过是何种形式,均不影响认定。
③ 参见高铭暄主编:《刑法学原理》(第2卷),中国人民大学出版社1993年版,第291页。
④ 参见马克昌、杨春洗、吕继贵主编:《刑法学全书》,上海科学技术文献出版社1993年版,第648页。
⑤ 参见马克昌:《比较刑法原理——外国刑法总论》,武汉大学出版社2002年版,第514页。

既遂是指故意实施犯罪行为并且造成了法定的犯罪结果。犯罪既遂与犯罪未遂的区别,就在于是否发生了犯罪结果,发生犯罪结果的是犯罪既遂,未能发生犯罪结果的是犯罪未遂。① 该观点是对苏联犯罪既遂理论的借鉴,犯罪未遂与犯罪既遂相比,"缺少的是结果这一构成要素"②。也有基于我国刑法理论中的危害结果,是指对我国刑法所保护的社会关系(已经或可能)造成的损害,认为无论何种形式的犯罪,也不管是何种犯罪形态,都必然侵犯一定的社会关系,因而任何犯罪都具有结果,所以,可以结果发生与否为既遂与未遂的标准。③ 危害结果,一般是指物质性危害结果,至于这种结果是否具有法定性,又有不同认识。有的认为,是指法定的危害结果;还有的认为,"犯罪人实施终了的犯罪行为,引起的他所希望发生的犯罪结果"④。但这种观点,与其说是结果说,倒不如说是目的说更准确。无论对结果属性认识有何分歧,将结果的实际发生作为犯罪既遂的标志这一点上,则是共同的。(2)目的说。该说认为,犯罪既遂是指行为人故意实行犯罪行为并达到了其犯罪目的。其目的即为行为人希望发生的物质性犯罪结果。⑤ 犯罪既遂与犯罪未遂的区别,就在于行为人是否达到了其犯罪目的,达到犯罪目的的是既遂,反之是犯罪未遂。⑥ 因为既遂犯只存在于直接故意犯罪中,而直接故意犯罪都有犯罪目的。犯罪目的的实现,既意味着犯罪愿望的满足,也意味着整个犯罪活动的完成。因"每一个直接故意犯罪行为都有其直接目的,也有其相应的结果。该目的的实现或者说其相应结果的产生,就是'得逞',是犯罪既遂;否则,就是'未得逞',是犯罪未遂"⑦。(3)犯罪构成要件齐备说。这是对大陆法系"充足构成要件的行为"学说的借鉴,认为结果说、目的说存在着不足,无法将其贯彻运用于分则所规定的各种具体犯罪中。因此,主张把行为人所实施的行为,是否齐备分则所规定的具体犯罪的全部构成要件,作为认定犯罪既遂的标志。至于是否全部具备的标志,在各种不同的犯罪中可以有不同的表现形式,并据此区分出结果犯、结果加重犯、危险犯、行为犯、举动犯等不同类型的犯罪既遂形态。这是国外刑法理论中通行的观点,在我国也占据通说的地位。

持"结果说"和"目的说"的学者普遍认为,"构成要件齐备说"的观点是建立在"刑法分则所规定的故意犯罪都是以犯罪的既遂形态为模式的"基础上,而这一结论的合理性值得质疑。刘之雄教授就认为:"我国刑法分则对故意犯罪的规定既有既遂罪的规定,又有未完成形态犯罪的规定,但更多的是包含既遂罪和未完成形态犯罪的共同性规定。因此,认为我国刑法分则规定的犯罪都是以既遂罪为模式,因而认为凡

---

① 参见杨春洗等主编:《刑法总论》,北京大学出版社1985年版,第186页。
② 〔苏联〕A. H. 特拉伊宁:《犯罪构成的一般学说》,薛秉忠等译,中国人民大学出版社1958年版,第253页。
③ 转引自叶高峰主编:《故意犯罪过程中的犯罪形态论》,河南大学出版社1989年版,第30页。
④ 陈彦海、张伯仁:《犯罪既遂定义浅探》,载《西北政法学院学报》1988年第4期。
⑤ 参见张明楷:《犯罪论原理》,武汉大学出版社1991年版,第487页。
⑥ 转引自高铭暄主编:《刑法学原理》(第2卷),中国人民大学出版社1993年版,第292页。
⑦ 李居全:《关于犯罪既遂与未遂的探讨》,载《法商研究》1997年第1期。

是符合刑法分则规定的罪状的就是犯罪既遂的观点是不能成立的。"①我国刑法分则规定的犯罪,有些是既遂,如第115条规定的放火、决水、爆炸、投放危险物质罪;有些只能发生未遂,如第114条规定的放火、决水、爆炸罪;有些既可以发生既遂,也可以发生未遂,如故意杀人罪、强奸罪、抢劫罪等;有些是要么构成犯罪,要么不构成犯罪,不存在既遂与未遂的问题,如过失犯罪等;有个别犯罪是要么发生预备,要么发生未遂,不可能发生既遂,如阴谋颠覆政府、分裂国家罪。所以分则中的具体犯罪,并非都是以既遂为标准的。②侯国云教授站在目的说立场,认为汉语中"遂"本为"通"之意,演变为"成功、顺利"之意,现代为"如意、如愿";"既"是"已经、已然"之意;将二者合并,当然是"已经如愿"。这就说明,"既遂"与人的愿望、目的紧密联系在一起。因此,给犯罪既遂下定义,不能脱离行为人的目的。意志活动不仅与目的紧密相联,而且还要"组织自己的行动实现这一预定的目的"。只有在这一目的得到实现的时候,行为人才会感到满足、如愿。所以,既遂应当是实施终了的犯罪行为,达到了行为人预期的目的。③姜伟博士指出:"既然把'未得逞'理解为未完成犯罪,那么,是否得逞的标准只能以法律的规定为根据。'未得逞'就是行为人的行为未完全具备刑法分则规定的某种犯罪的构成要件。"④"虽然'未得逞'的本意是未达到犯罪目的,但是,在刑法意义上,不能用是否达到犯罪目的来认定'未得逞'。犯罪目的是行为人希望通过实施犯罪所追求的结果,是一种主观认识,有一定的随意性。行为人具有何种目的,往往取决于行为人的自我说明。如果把未得逞理解为未达到犯罪目的,便模糊了未遂犯的法律标准,意味着以行为人的自我认识认定'未得逞',这是不严肃的,也是不合适的,任何犯罪形态都应以法律的规定为根据,不能仅仅以行为人的主观心理为标准……也不同意将'未得逞'理解为未发生危害社会的结果。一般而言,犯罪的完成以发生危害社会的结果为标志。但是,在法律意义上,并不是一切犯罪的完成都以发生危害社会的结果为条件。我国刑法规定的犯罪的完整形态有多种形式……以危害结果的发生与否认定既遂犯与未遂犯,是不合适的,起码不符合我国刑法分则对各类犯罪完整形态的规定。如果采用危害结果未发生解释'未得逞',在认定未遂犯时便会步入歧途。"⑤

刑法上确有以构成要件结果的发生作为成立犯罪既遂标准,如故意杀人罪,而且行为人希望发生的结果通常就是立法规定的判断构成既遂的结果。但"目的说"和"结果说",或是将行为个体的心理活动等同于刑法上直接故意的心理活动,或是将行为人希望发生的结果等同于刑法规定的结果,并以此来说明行为人心理活动的"遂愿"就是"得逞"之义。这实际上提出了一个必须思考的问题,即刑法规定的犯罪目的以及内容与行为人的心理活动内容是否必须一致?刑法规定的结果是否应当与行为

---

① 刘之雄:《关于故意犯罪既遂标准的再思考》,载《法商研究》1998年第6期。
② 同上。
③ 参见侯国云:《对传统犯罪既遂定义的异议》,载《法律科学》1997年第3期。
④ 姜伟:《犯罪形态通论》,法律出版社1994年版,第159页。
⑤ 同上书,第159—160页。

人希望的结果一致？当两者不一致时，法律的规定或要求是否应迁就行为人的心理愿望（目的实现或希望发生的结果①），才能认为犯罪是得逞的？

直接故意杀人的"目的"就是追求"人的死亡"，要求的"结果"就是"人的死亡"的结果。当行为人主观上还追求"饮其血""啖其肉"的目的和结果，若不能遂其所愿时，能够因为他的犯罪没有"遂愿"而是未遂吗？主张"目的说"和"结果说"的学者，在这里往往又会以"法律规定"目的和结果对自己的论据予以限定，以免论述的范围过于宽泛。既然仍然是以"法律规定"为标准，为何强调是以行为人心理是否"遂愿"，或者"遂愿的结果"才能视为既遂？如果将"目的说"或"结果说"作为认定所有犯罪既遂一般标准，是否妥当？诬告陷害罪是行为犯，根据"目的说"，只要司法机关追究被害人的刑事责任，目的就已经实现，至于是否被错误地追究刑事责任的结果是否发生，不影响既遂成立；而依据"结果说"，仅仅实现被追究刑事责任目的还不够，必须是被害人必须已经实际被错误地追究刑事责任结果实际发生，才是既遂。然而，根据诬告陷害罪的规定，却得不出目的实现或结果发生才能对犯罪既遂负责任的结论。再如，立法规定的目的犯，是典型的直接故意的犯罪，但特定的目的，仅仅是该种犯罪构成主观方面的必要条件。目的是否实现，并不影响行为人应当就刑法规定的刑罚承担刑事责任，如拐卖妇女、儿童罪，要求"以出卖为目的"，但实际上是否卖出，不影响承担既遂责任。当然，有的犯罪在实现犯罪目的的场合，可以构成既遂，这是因行为人预期的犯罪结果与法律要求是吻合的，但这本就是有的犯罪判断既遂的标准，如故意杀人罪。但有的犯罪即使犯罪目的事实上没有实现，结果没有实际发生，也不会影响行为人承担刑事责任，如拐卖妇女、儿童罪。

而且，"目的说"或"结果说"也不能适用于解释一些危害公共安全犯罪的既遂与未遂问题。根据"目的说"，是以"危险状态发生"为目的，但有何种理由认为行为人的目的不是希望"实际结果的发生"？如认为这些条款规定的犯罪只能是"未遂"②，那又有何种理由认为行为人追求的不是"危险状态发生"的目的？或者不是在追求实害结果发生？再根据"结果说"，又有何种理由认为行为不能只追求"危险状态"而必须是追求"实害结果"？现实中，有不少恐怖活动犯罪的案例表明犯罪分子是在对于社会造成恐怖氛围，并没有打算实际引发实害结果的恐怖事件，如安置爆炸物以恐吓政府，但并没有打算引爆爆炸物的，对这样的案件如持结果说，又当如何解释？

刑法中的确有一些犯罪是以法定的危害结果的发生与否区分是否为犯罪既遂，但即便如此，结果如作为标准，仍然受到限制。奸淫幼女而构成强奸罪的，无论是以目的的实现，还是以结果发生为标准，实践中的大部分案件都将无法认定为既遂。这是由于幼女性器官发育尚不成熟，由此而造成的不能奸入，能够认为"奸淫目的已经实现"或者"奸淫结果已经发生"？即使两性器官已经接触，也不宜认为奸淫幼女的"目的"就是"为了接触一下"，追求的"结果"就是"接触一下"。"只要行为人的性器官与

---

① 以预期结果发生为目的内容的"结果说"，实际上是"目的说"诠释的注脚而已。
② 参见侯国云：《对传统犯罪既遂定义的异议》，载《法律科学》1997年第3期。

幼女的性器官有实际的接触,就认为犯罪既遂",符合刑法对幼女保护的立法规定;如果要求奸入才"遂愿",发生奸入"结果"才是既遂,主张"目的说"或"结果说"的学者想必也不会赞同①。因此,如不考虑立法的规定,非要从行为人是否"遂愿"的词义上或从心理学的意义上来解释犯罪既遂的问题,或者从希望的结果发生上解释既遂,恐怕与立法规定相去甚远。本书认为,"刑法分则所规定的各种故意犯罪都是以犯罪的既遂形态为模式的"命题是合适的。

研究犯罪既遂与未遂,是为了解决行为人是否应当就其行为根据分则规定的刑罚承担完全刑事责任的问题。在刑法分则中的确有些犯罪从应然形态而言,要么只能是"预备",要么只能是"未遂",如"背叛国家罪""分裂国家罪"不可能是实然的既遂形态,对这类特征的犯罪,立法者是在已经考虑不可能完成的实际情况下规定的法定刑。当法律规定只要实施某种行为,即应当承担完全的刑事责任时,这是立法的规定(也可以说是立法者的认识),与行为人自己希望的结果或意愿是否一致,都不会影响其承担刑事责任,而这一点与立法的构成模式的选择并没有直接关系,也因为不能以行为人没有"遂愿"或"结果"没有发生,而允许按照"预备犯"或"未遂犯"的规定承担刑事责任。既然如此,即便认为其构成要件模式是"预备形态"或"未遂形态",是解决了此类犯罪的犯罪形态问题还是刑事责任问题?实际上哪一个都没有解决。

不同意"构成要件齐备说"的见解,并没有使人更信服论证。比较而言,通说仍然是一种比较合理的理论,能够对不同类型直接故意犯罪既遂形态的认定提供统一的标准。该理论之所以能够成为大陆法系刑法理论上的通说,并非没有原因。

我国刑法分则规定的构成模式再讨论

张明楷教授认为,应该承认刑法分则部分条文规定了预备行为,但不同于独立的预备罪②,而是在描述实行行为的同时,也描述了部分预备行为。所以,不能认为分则条文规定的行为均为实行行为。例如,投保人与保险人签订保险合同时故意虚构保险标的行为,就是实行行为,在行为人后来并未向保险人索赔就被发现时,对该行为也只能认定为预备犯。这就是说,行为人实施了实行行为,也仅成立预备犯,预备犯的行为就既包括了部分预备行为,也包括了着手的实行行为,因为这部分"实行行为"实质上只是预备行为。③再如,盗窃信用卡并使用的,按照盗窃罪定罪处罚;以牟利为

---

① 张明楷教授对奸淫幼女构成强奸罪的既遂持"结合说",其主要理由是"接触说"会导致将较轻的"猥亵儿童罪"的基本行为认定为较重的强奸罪的既遂标准。其他理由参见张明楷:《刑法学》(上)(第5版),法律出版社2016年版,第875页。本书认为这些理由还值得再研究。

② "独立预备罪",指代的是分则中将具有预备性质的行为实行行为化。这是将刑罚的防御功能前置,无需等待行为进入实行后造成法益侵害才处罚,实现对行为的提前归责。在本书看来,从行为由分则规定而言,在形式上已是"实行行为"而非"非实行行为",实际实行该种行为,当然在实质上也是实行行为。如《刑法》第120条之二"准备实施恐怖活动罪"。

③ 参见张明楷:《刑法学》(上)(第5版),法律出版社2016年版,第335页注释。

目的,盗接他人通信线路、复制他人电信码号或者明知是盗接、复制的电信设备、设施而使用的,按照盗窃罪定罪处罚。以上盗窃、盗接、复制行为,均是分则规定的预备行为[1]。

张明楷教授的分析确有独到之处,然而问题在于:就复合实行行为而言,如果将其前部的手段行为(编造虚假保险标的)视为是实行行为的一部分,即便实质上是预备行为,按照张明楷教授的观点,也应该视为"已经着手实行犯罪"[2],也是在实行阶段后未遂或中止评价的问题[3]。联系到只是形式上具有实行行为外表,必须具有侵害法益的紧迫危险的行为才是实行行为的观点[4],那么,有"投保人与保险人签订保险合同同时故意虚构保险标的行为,就是实行行为"的结论,则已经表明已经具有侵害法益的紧迫危险,为何又返回到需要按照预备行为的评价上,这是令人费解之处。

从我国刑法分则规定的复合性行为看,有的复合性行为,只要着手手段行为,即便后行为没有实施,犯罪也成立,只是成立未遂、中止的问题。例如,抢劫罪、强奸罪实施了手段行为,未实施目的行为之前而停止下来的,就只应评价为未遂或中止,不可能能评价只实施的手段行为是预备行为,成立预备犯。复合行为的另一种模式,前行为如不与后行为联系在一起评价,则根本没有根据认为是犯罪,因此,只有手段行为,无法认为具有实质的可罚性,故实施手段行为,还不能认为是进入实行阶段,只有后行为着手,才能认为是进入实行阶段。就以保险诈骗罪规定为例,即便实施了虚构保险标的行为,但没有故意制造保险事故、没有编造未曾发生的保险事故,没有实施索赔行为之前,行为的性质是不确定的,因为不能说不为骗保就不会虚构保险标的,完全可能只是为了对生意伙伴展示财力"雄厚"之用。前行事实行为与后行索赔行为联系起来看,确有预备的性质,然而,前行行为单独评价时既不可能将其视为"实行行为的一部分",也不具有刑法可罚性评价为预备行为的意义,更不可能成立预备犯。没有后行事实行为,虚构保险标的就被发现,实践中根本无法认定是犯罪。实际上,属于后一种复合行为的立法,在我国刑法分则中并非少数。在着手制造保险事故,在着手编造保险事故进行索赔而论以犯罪,是就其骗取保险金的行为,而不是虚构保险标的行为。具有预备性质的实行行为,在已经构成犯罪的评价中,这只是犯罪的一个过程,不再具有独立出来评价为预备行为的意义,因为刑法并不关注过程,而是关注结局,这与普通诈骗罪的认定并无区别。盗窃信用卡并使用的、以牟利为目的,盗接他人通信线路、复制他人电信码号或者明知是盗接、复制的电信设备、设施,同样在没有使用之前,对该种行为的认识何尝不是基于同样的道理。具有过程性预备性质的实行行为,可能影响入罪,也可能影响刑罚轻重,对于此类已经规定在刑法分则中的预

---

[1] 参见同上书,第341页注释。这是从"着手"意义上对"使用行为为着手"的解读,应当赞同,只是对前行为"预备行为"有不同看法。

[2] 以何种标准去认定实行行为,并不影响一旦实行行为进入实行阶段,不可能再回到预备阶段是预备行为的认识,否则,将是对完成与未完成犯罪形态理论整体上的颠覆。

[3] 参见张明楷:《刑法学》(上)(第5版),法律出版社2016年版,第330、339页以下。

[4] 参见同上书,第144页。

备性质的实行行为,一定要解释为分则选择的预备构成模式,单纯只实施的构成预备犯,不具有说服力。

二、既遂犯的形式

(一) 结果犯的既遂

结果犯又称实害犯,是指以法定的犯罪结果发生作为既遂标准。换言之,就是以法定的作为构成要件的物质性结果发生,作为既遂标准的犯罪。结果应属于有形的、物质的结果。例如,故意杀人罪就是通过确定他人生命被非法剥夺的结果来认定既遂。这种有形结果是结果犯构成犯罪既遂所不可缺少的要件,它的实现与否,对于行为的危害程度具有重要影响。

结果犯具有如下几个主要特征:(1) 法定的危害结果的出现,是既遂的必要条件;(2) 危害结果的表现形式必须是客观的、有形的、物质性的,无形的、精神性的危害结果不能作为结果犯中的危害结果;(3) 危害结果必须是法定的,至于这种法定的危害结果与犯罪人预期的危害结果是否一致,并不影响结果犯既遂的成立;(4) 既遂要求危害结果与危害行为之间必须具有刑法意义上的因果关系。

结果犯的结果,并不是构成犯罪的必要条件,只是既遂与未遂的标准。法定的危害结果只影响对犯罪完成形态的认定,而不影响犯罪的成立,如直接故意的杀人。此外,有的直接故意犯罪也可能发生一定的物质结果,但是只要立法并未以某种结果发生来认定犯罪,结果不是判断既遂的标准,如遗弃罪。

(二) 结果加重犯的既遂

结果加重犯,是指实施基本犯罪构成要件的行为,但发生了法律规定的重结果,刑法对此规定了较重刑罚的犯罪。其成立的基本条件是:在基本犯罪构成上,只实施一个行为,触犯的是一个罪名,基本犯罪一般是结果犯,但是不排除立法规定的行为犯对加重结果有规定,也可以成立;对重结果的发生必须具有罪过,实施基本犯罪的行为必须与重结果之间具有因果关系,刑法规定了两个以上的罪刑单位,并且,较重的罪刑单位是依附于基本犯罪的罪刑单位而存在,即离开基本罪刑单位,加重的犯罪构成不能存在。

结果加重犯的行为人对于加重结果的发生,一般是过失所致。但在有些犯罪中,不排除对加重结果也具有故意。典型的结果加重犯则为故意伤害致死,对于死亡结果只能过失,不能有故意因素,否则,为故意杀人;立法中有些非典型的结果加重犯,对加重结果的发生,行为人则可能存在故意,如强奸致人重伤、死亡,可能是过失,不能排除故意,至少可能是间接故意;而有的加重结果,也可是直接故意,如抢劫致人死亡。[①] 从法定危害结果是犯罪构成客观方面而言,结果加重犯与结果犯并无不同。但

[①] 基于司法解释的规定,可以是直接故意,即预谋杀人而劫取财物的情况。

结果加重犯，客观上的危害结果是双重的，即除了基本犯罪的危害结果外，还发生了法定的加重结果；主观上对基本的犯罪结果是出于故意，而对于加重的危害结果则可以是出于过失，也可能是（间接或直接）故意。因此，结果加重犯有复杂罪过形态。

结果加重犯有无未遂形态？通说认为，结果加重犯只有对既遂形态的评价要求，而不讨论未遂的问题。按照通说，加重结果是作为其构成条件来理解，在基本犯完成的情况下，没有发生加重结果，不成立结果加重犯，当然也不是未遂犯，结果加重犯只在发生加重结果的情况下才能成立。如赵秉志教授认为，加重结果既是成立的要件，又是要件齐备的标志，因此，加重构成只有构成与否的问题，而没有既遂与未遂的问题。① 否定结果加重犯有未遂，是理论上多数观点。

不同观点认为，结果加重犯可以成立犯罪未遂②，因为结果加重犯的基本犯罪的罪刑单位与结果加重犯的罪刑单位是相互独立的，因而就可能存在犯罪未遂③。在意欲造成重结果而未发生的情况下，如以非法占有为目的故意杀人抢劫的，在被害人没有死亡的情况下，以结果加重的未遂处罚（适用结果加重法定刑，同时适用总则未遂的规定），否则，与故意杀人罪不协调。④ 陈兴良教授也认为，不应当仅从重结果是否发生来看，而应当就犯罪的主观与客观要件进行具体分析。在基本犯是未遂的情况下，主观上，基本犯是未遂，不能说犯罪已经得逞；客观上，虽然发生了重结果，但是基本犯的结果并没有发生。所以，这种情况下以未遂论处比较妥当，如抢劫未能得逞致人死亡的情况，可称为"未遂犯的结果加重犯"。而对主观上也追求加重结果，加重结果并没有发生的，即便基本犯既遂，也是结果加重犯的未遂，如欲杀人抢劫虽然抢到财物，但人没有杀死；如果否认是未遂，只看到了客观上未发生加重结果，未注意行为人主观上欲发生加重结果，因而不妥，可称为"结果加重犯的未遂犯"。⑤

姜伟博士认为，结果加重犯的犯罪构成属于由基本犯罪构成派生的加重构成。加重构成与基本构成之间构成要件不同，结果加重犯虽然以基本犯罪行为为要件，同时也以加重结果为要件，二者共同构成结果加重犯。而基本犯罪构成不以加重结果为要件，单独构成犯罪。既然结果加重犯有独立的构成要件和法定刑，所以，属于独立的犯罪形态，不是完全依附于基本犯罪。⑥ 正是因为如此，不能以基本犯的既未遂说明结果加重犯。在加重结果发生的情况下，即便基本犯未遂，也是符合加重结果的构成，只能是既遂。⑦ 倘若基本犯罪既遂，又出现加重构成未遂，这是不可思议的矛盾，是与立法精神相抵触的。如果某种基本犯罪未遂，加重结果也没有发生，也只是

---

① 参见赵秉志主编：《侵犯财产罪研究》，中国法制出版社1998年版，第87页。
② 参见李邦友：《结果加重犯基本理论研究》，武汉大学出版社2001年版，第5章；舒慧明主编：《中国金融刑法学》，中国人民公安大学出版社1997年版，第125页。
③ 参见舒慧明主编：《中国金融刑法学》，中国人民公安大学出版社1997年版，第125页。
④ 参见张明楷：《刑法学》（上）（第5版），法律出版社2016年版，第347—348页。
⑤ 参见陈兴良：《刑法适用总论》（上卷），法律出版社1999年版，第676—677页。
⑥ 参见姜伟：《犯罪形态通论》，法律出版社1994年版，第364—365页。
⑦ 同上书，第379页。

基本犯罪的未遂,不是结果加重犯的未遂。① 吴振兴教授也认为把加重结果看作结果加重犯的构成要件较为适当。从罪质论上说,基本犯罪虽然是成立结果加重犯的前提和基础,但是,它与基本犯罪的结果加重犯乃是属于不同的罪质。因为成立结果加重犯以后,已经改变了基本犯罪的罪质,成立新的罪质。加重结果是结果加重犯的有机组成部分,它与基本犯罪在构成结果加重犯方面,都是构成要件。没有基本犯罪,结果加重犯就成了"无源之水,无本之木"。同理,缺少加重结果,结果加重犯也无从谈起。所以,加重结果决不仅是结果加重犯的客观处罚要件,而是结果加重犯必不可少的构成要件之一。结果加重犯有无未遂,不能以基本犯有无未遂,是否既遂为转移②。

　　本书认为,由上述不同观点可以看出,主要节点在于对加重结果视为构成结果加重犯的成立条件,还是客观处罚条件的认识问题。如果只视为后者,理论上有未遂的主张当然是可以成立的。但是加重结果首先应视为结果加重犯的成立条件,其次,才是适用加重法定刑的条件。而且,加重结果是在基本犯罪构成要件(实行行为)的基础上发生的,如果没有发生法定的加重结果,即使意欲追求重结果而未发生的,只能按照基本罪的既遂或未遂处罚,不可能适用加重法定刑,也不可能适用未遂的规定在加重法定刑基础上从宽处理,所以重结果并非单纯的客观处罚条件③,视重结果为构成条件比较恰当。因此结果加重犯不具有未遂形态。④

　　此外,结果加重犯的未遂犯或者未遂犯的结果加重犯提法存在的最大问题,并非概念是否成立,而在于在发生上述情况下,是否需要适用按照未遂犯的"从轻或者减轻处罚"。如果结论是否定的,那么,所谓的结果加重犯的未遂犯或者未遂犯的结果加重犯没有理论和实践的意义⑤。本书认为,在重结果发生的情况下,只有一种犯罪形态,即结果加重既遂。基本犯罪的未遂并不是犯罪形态,只是一个酌定情节而已。

　　结果加重犯不存在犯罪未遂形态,但结果加重犯的基本犯则有存在未遂形态的充分理由。这是因为结果加重犯虽然是一种由复合形态所构成的犯罪,从实质上看,它仍然是一种故意犯罪中的结果犯;在没有发生加重结果的情况下,要么构成基本犯罪的既遂,要么构成基本犯罪的未遂;一旦发生了加重结果,则只能按照结果加重犯

---

① 参见姜伟:《犯罪形态通论》,法律出版社1994年版,第380页。
② 参见吴振兴:《罪数形态论》(修订版),中国检察出版社2006年版,第120页。
③ 只有将加重结果视为客观处罚条件时,未发生可以得到从宽处理。例如,故意杀人罪是否发生死亡结果,不影响构成犯罪,但是未发生死亡结果的未遂,可以得到从宽处理。
④ 也许可以提出这样的疑问:既遂是相对于未遂而存在的概念,否定结果加重犯有未遂,也就否定了有既遂。质疑虽非没有道理,但是,我国刑法中的既遂概念,绝非是只相对于未遂而存在,还有中止与预备与此相对。因此,从概念具有普遍性意义上说,质疑不成立。至于对结果加重犯而言的既遂,是"法律不再关注过程,而关注结局"的必然结论,在重结果发生的情况下,与结果犯没有区别,以重结果发生为既遂的标准,是为了适用法律规定的加重法定刑标准而提出的。
⑤ 2005年6月8日最高人民法院《关于审理抢劫、抢夺刑事案件适用法律若干问题的意见》第10条"抢劫罪的既遂、未遂的认定"的规定认为,抢劫罪侵犯的是复杂客体,既侵犯财产权利又侵犯人身权利,具备劫取财物或者造成他人轻伤以上后果两者之一的,均属抢劫既遂;既未劫取财物,又未造成他人人身伤害后果的,属抢劫未遂。

处罚。就结果加重犯的既遂的特殊性而言,基本犯罪是否完成不影响结果加重既遂的成立。其既遂形式有两种:一是基本犯罪完成,结果加重也既遂。例如,使用暴力强奸妇女已得逞,性行为或暴力手段造成妇女重伤,则基本罪的强奸行为是完成形态,造成妇女重伤的加重结果为既遂。二是基本犯罪未完成,但发生加重结果,仍然是结果加重犯既遂。例如,强奸妇女过程中因妇女拼死反抗而未能实施性行为,但使用暴力造成妇女重伤或死亡。在上述情况下,均应按照结果加重的法定刑处罚。

(三)举动犯的既遂

举动犯,可包括在广义的行为犯中,狭义的举动犯可单独论述。举动犯,是指以着手实行分则条文规定具体犯罪的实行行为作为犯罪既遂条件的犯罪。通说认为,只要行为人着手实行犯罪的实行行为,犯罪即告成立,而不管事实上是否造成了危害结果,也不问可能造成何种危害结果。因此,举动犯既遂,关键在于查明行为人是否已经着手实施实行行为,而不在于其犯罪行为是否造成了有形的危害后果。例如,只要诬告者采用一定方式向司法机关告发,法律上即认为诬告陷害行为已经完成,即使其诬告行为没有引起司法机关对被害人的错误追究,也应当以诬告陷害罪(既遂)论处。如果发生了错误追究的结果,实现了犯罪人的主观愿望,也不是犯罪既遂的标志,而只是在量刑时可以考虑从重处罚的情节。因此,"在举动犯这种犯罪中,并不是不会造成有形的或无形的危害结果,而是法律并没有将特定的危害结果,作为犯罪构成客观方面的必要条件"①。因此,举动犯在造成了有形结果时,是应当考虑的从重处罚情节。

举动犯是否有犯罪未遂形态,理论上也有不同认识。有学者认为在举动犯中不存在犯罪的未遂形态,但可以有预备或其预备阶段的犯罪中止。② 不同观点则认为,"在举动犯中,不仅存在着犯罪的既遂、预备和中止形态,而且也存在着犯罪的未遂形态。在这里,既遂犯与预备犯和预备阶段的中止犯的区分标准,主要是看行为人是否已经着手实行犯罪;而既遂犯与未遂犯的区分,则主要在于实行犯罪过程中是否存在着足以抑制其犯罪意思的意外因素"③。本书认为后一见解比较合适。例如,诬告陷害罪的诬陷行为,只要行为人向特定的机关实施"举发行为",就应当认为是犯罪既遂,但如果行为人采取比较特殊的方式,比如以信件方式"举发",在委托他人投寄时信件途中意外丢失或毁损(他人为无故意的工具),如有可罚性,只可能构成未遂。

(四)行为犯的既遂

行为犯,是指以实施法定的犯罪行为达到一定程度为既遂必要条件的犯罪。广义的行为犯中包括举动犯。它与举动犯相同点都在于,不以发生实际的物质性结果作为犯罪构成的必要条件;不同点在于,举动犯的既遂一般以着手实行犯罪为标志,而行为犯只有当实行行为达到一定程度时,才达到法律要求的既遂状态。

---

① 马克昌主编:《犯罪通论》,武汉大学出版社1999年版,第499页。
② 参见叶高峰主编:《故意犯罪过程中的犯罪形态论》,河南大学出版社1989年版,第33页。
③ 马克昌主编:《犯罪通论》,武汉大学出版社1999年版,第499页。

行为犯,尽管没有将危害结果作为犯罪构成的必要条件,但也没有将实际完成实行行为作为犯罪既遂的标志。不过这并不意味着只要行为人一着手犯罪的实行行为就成立既遂。行为犯形成既遂形态,有一个从着手实施的程度较低行为向完成的高程度行为的发展过程。但是,并不要求都必须达到实际行为完成的程度才论以既遂,而是只要达到法律认可的程度,即使实然行为人尚未完全实施完行为,也应当以既遂论处。例如,脱逃罪的脱逃行为一经着手不是在瞬间可以完成,而有其实施过程。在准备脱逃之前被发觉,则为预备;着手脱逃行为之后未逃离羁押机关的控制范围之前被抓获则为未遂;出于己意而停止则为中止;而当其逃离羁押机关的控制范围,即使随即被抓获,也应当以脱逃罪的既遂论处。脱离监管机关的控制范围,就是认可的行为实行的程度。所以,行为犯即使着手实行行为,尚未达到法律要求达到的一定程度,就应当以犯罪未遂论处。当然,行为犯还可以有预备、中止形态。

（五）危险犯的既遂

危险犯,通说认为,是指以危险状态发生为犯罪既遂标准的犯罪①。危险犯的主要特征是:(1)危害行为本身必须具有造成某种危害结果的客观危险,即具有危险的本质;(2)尚未造成法律规定的实际的严重危害结果,如果已经造成了实际的严重危害结果,则应属于实害犯②,而不是危险犯。对于危险犯,我国刑法理论上还有较多的问题没有取得一致的看法,危险状态是不是危险结果？危险犯的既遂与未遂如何认定？

1. 危险状态是不是危险结果

将危险状态作为"结果"来看待,目前是共识。"我国刑法中的犯罪结果不仅局限于现实性损害,还应该包括危险状态。犯罪行为使刑法所保护的社会关系处在即将受到实际损害的危险状态时就是危险结果。"③这是从规范意义上认识危险状态(不是事实意义),应是犯罪结果的一种特殊形式,属于犯罪结果范畴。④

但是,姜伟博士认为,视危险状态属于犯罪结果的观点,与我国刑法理论结果犯的危害后果指行为人危害行为给犯罪客体——我国刑法所保护的社会主义社会关系造成的实际损害,所以结果犯也称实害犯⑤的观点相悖。也有学者认为,把危险状态视为结果犯之结果,存在诸多无法解释清楚的矛盾。其认识主要是以下几点:(1)它无法使行为人的主观罪过(直接故意)内容得到完整、彻底的刑法评价。因为刑法条文并没有把法定的危害结果作为构成犯罪的必要条件,而只是将法定的危害结果作为区分既遂未遂的标准。未遂与既遂的根本区别仅仅在于犯罪目的是否得以完全实现,就危险犯而言,行为人希望通过实施犯罪行为达到实害结果的目的,而不可能仅

---

① 参见高铭暄主编:《刑法学原理》(第2卷),中国人民大学出版社1993年版,第297页。
② 危险犯的结果加重犯,亦包括在实害犯的概念中。
③ 以上文献转引自刘仁文:《过失危险犯研究》,载《法学研究》1998年第3期。
④ 从既遂与未遂的意义上来看,这里指探讨分则规定的危险犯,至于有学者认为的未遂犯都是"危险犯"的议题,不在该问题的范围内。
⑤ 姜伟:《犯罪形态通论》,法律出版社1994年版,第119页。

仅以创造一种危险状态为满足。(2) 把危险状态视为犯罪结果的内容,并以这一结果作为犯罪既遂的认定标准,已经与危险犯理论的初衷发生冲突。结果犯的传统理论认为,只有出现了属于行为人目的的内容并为犯罪构成所要求的结果时,才属于犯罪的既遂。而危险犯理论的提出,本来就是想否认这一既遂标准的合理性[1],指出犯罪既遂标准的多元化。但是当把危险状态引入犯罪结果内容中,反而为结果犯的既遂标准作了最好的注解。(3) 通说如果认为危险状态是犯罪结果,危险犯属既遂犯,则与之相对应的实害犯就必然是其结果加重犯,但这混淆了结果犯与结果加重犯的区别。因为结果犯之结果是本罪之结果,而结果加重犯之加重结果则是他罪结果,如强奸致死这一结果加重犯,死亡是故意杀人罪或者过失致人死亡罪的结果,而不是强奸罪的应有结果。所以,论者的结论是:"危险犯只不过是与之相对应的实害犯的未遂犯罢了。就此意义上而言,危险犯并没有其独立的价值,而仅仅是实害犯在未遂形态上的称谓。"[2]

本书认为,上述认识仍然混淆了行为人主观上追求的故意内容与立法规定不一致时,以何为准的问题。当然,并不否认危险犯的行为人,主观上并都不是以追求实现"危险状态"为故意内容,有追求的是实害结果的情况,但并没有理由认为不存在以追求"危险状态"发生为故意内容的,恐怖犯罪中并不打算实现实害结果而以此威吓政府的情况就是如此。就立法规定的直接故意犯罪的罪过内容而言,是刑法认为行为人构成故意犯罪应当具有的罪过内容,而并非是以行为人实际的主观故意内容而设立。作为危险犯罪而言,当然必须有对于"危险"的认识。在立法上,只要行为人认识到这一点,就已经符合立法对于构成该种犯罪故意认识因素最低的要求,否则就不可能构成危险犯罪。即便是追求实害结果的心理态度,也必须首先对"危险状态"有认识,两者并不矛盾,不能认为"它无法使行为人的主观罪过(直接故意)内容得到完整、彻底的刑法评价"[3]。而且,将"只有出现了属于行为人目的的内容并为犯罪构成所要求的结果时,才属于犯罪的既遂",认为是传统理论对结果犯的认识,也值得商榷。通说认为,结果犯的既遂是发生法律要求的物质性结果,这一结果与行为人主观上追求的结果可以是一致的,也可以不完全一致。不完全一致,是指行为人的认识和追求超出法律规定的范围,但对自己行为性质的认识与法律规定不存在不一致认识。如果从根本上说是完全不一致的,则就不是该种犯罪的故意。例如,行为人是伤害的故意,当然不符合故意杀人的故意。刑法对其罪过内容所要求的认识,当然也只能是以法律所要求的内容为标准,而不可能以行为人自己认识的内容为标准。在危险犯的情况下,即使行为人追求的是实害结果,也是在造成"危险状态"后才能发生实害结果这一点,必是其认识的内容之一;法律要求行为人认识到这一点,无论是希望还是放任"危险状态"发生,就符合危险犯主观罪过的要求,与行为人事实上还追求实害结

---

[1] 这是毫无根据的"以讹传讹"。
[2] 胡东飞:《危险犯应属实害犯的未遂形态》,载《中国刑事法杂志》2001年第4期。
[3] 同上。

果发生的目的并没有任何冲突。要求以发生危险状态作为犯罪既遂评价,是法律的规定,若与行为人自己对结果的认识,以及与法律所设定的最低评价标准存在不一致,法律也不可能迁就于具体行为人的认识。

最后,认为结果加重犯的加重结果是与本罪完全不同的结果,更值得商榷。立法之所以规定加重结果犯,是因为行为本质上具有使加重结果发生的危险性(危险性在危险犯中就是实害发生的可能性——这一可能性的评价本身就是法的评价,或者说是社会价值的在条款中的反映),否则,刑法根本无理由对某种犯罪规定结果加重。因此,任何结果加重犯的加重结果就是本罪的结果而不是他罪的结果。以强奸罪的加重结果而言,立法之所以规定"致使被害人重伤、死亡"的加重结果,是因为强奸行为的手段具有的"对人身的侵害性",使强奸罪的逻辑结果中就包含着"致使被害人重伤、死亡"的危险性(可能性)。如果一定要说与故意杀人、过失致人死亡罪有关联,也只是加重结果与故意杀人、过失致人死亡结果上有竞合而已,而非就是故意杀人、过失致人死亡罪的结果。同理,对于危险犯而言,实害结果就是危险犯行为本身所具有的性质所决定的,而并非是其他罪的结果所能涵盖。① 因此,是否成立结果加重犯,关键在于法律对该种犯罪所造成的结果是否规定了加重的法定刑。

2. 危险犯的既遂与未遂

核心问题是危险犯条件的"危险状态"的意义和作用。

(1) 危险状态在认定危险犯中的意义

危险状态,是指危害行为具有现实可能引起法定实害结果发生的客观事实。所发生的危险状态,必然是由于危害行为所具有的能够引起实害结果的本质所决定的。

从刑法分则对故意危险犯危险状态的规定来看,理论上将其为两类:一类为抽象的危险犯,一类为具体危险犯。但是无论是抽象危险犯的还是具体危险犯的危险状态,均具有以下特点:第一,法定性。这是指危险行为与危险结果必须都是刑法分则规定的,即是从规范上理解危险状态。如非刑法分则所规定,即使行为事实上具有一定的危险性,也不是所说的危险犯。例如,我国台湾"刑法"中,遗弃罪被规定为危险犯,而我国《刑法》并没有将遗弃罪规定为危险犯。再如,醉酒驾驶汽车的行为,在我国《刑法修正案(八)》没有规定危险驾驶罪之前,即使行为具有公共危险本质,也形成公共危险状态,也不具有法定性的危险状态,如果未发生交通事故,不认为是犯罪而处以刑罚。我国现行刑法将该种行为入刑后,醉酒驾驶机动车,即使没有发生事故,也是犯罪,这就是规范上法定危险性状态的意义。第二,事后可预测性。危险状态都具有一定条件下使物质性损害结果发生的可能性转变为现实性所必需的物质性内容,这是确认危险状态成立的客观依据。不具有物质性内容的危险状态是不存在的。这是指危险状态具有在事后能具体确认和衡量实害结果可能范围和程度的可预

---

① 以危害公共安全罪为例,就危险犯发生实害结果而言,在我国现行刑法中尚无哪个条款规定的犯罪结果,可以与危险犯的实害结果相提并论。

测性,才具有刑法上的意义。如破坏交通工具罪对"足以使火车、汽车、电车、船只、飞机发生倾覆、毁坏危险"的要求;即使是抽象的危险,虽然更适合将危险理解为是行为属性,也能够在一定条件下呈现出能够被认识的"危险状态"。例如,危险驾驶罪的追逐竞驶或者醉酒驾驶行为,当然威胁到公共安全。第三,实害结果发生的现实可能性。只有具备使实害结果发生有现实可能的危险状态,才具有刑法上的意义。危险状态揭示出客观实害结果的发生是危险状态发展趋势,在具体案件中,如果不是因为某种特殊情况或新出现的情况(包括行为人意志以外的原因)阻止了危险状态的进一步发展,实害结果必然发生。因此,发生实害结果的可能性,是一种现实的可能性。

因此,危险状态只是危险行为本质的一种表现,但能否将危险状态与行为危险本质等同看待?没有发生危险状态是否能断定行为不具有危险的属性。没有发生任何后果,也未产生危险状态,但根据侵害的主客观事实,表明社会、公共法益受到侵害的可能性已实际存在时,危险状态可能没有伴随行为同时出现(滞后性),也可能因主客观原因还不足以产生(被阻断),危险状态只是有可能发生的,行为也具有可罚性。危险驾驶罪就是最好的例证。如果行为不具有危险的本质,就不可能形成危险状态,反之,行为的危险本质可以通过客观危险状态呈现出来。因此,不是客观存在的危险状态决定着行为的危险本质,而是行为具有的危险本质决定了在具备一定条件时可产生能够被认识的危险状态,危险状态只是各种各样危险行为本质的表现方式而已,二者是本质与现象的关系。这也是危险又可分为"行为的危险"和"作为结果的危险"的缘由之一。所以,危险状态并不是揭示行为危险本质的唯一依据,也不是决定行为具有危险本质的必需条件。有危险状态,固然可正确揭示行为本质,没有也并不表明法益侵害的可能性不存在,不能肯定行为一定不具有危险的本质。

(2) 危险状态在认定危险犯中的作用

危险状态是行为的结局,那么是危险犯的构成要件还是既遂的标志?学界对此认识不尽一致。有的认为是构成要件,即应以危险状态的有无决定是否构成危险犯。就破坏交通工具罪而言,"犯罪客观方面表现为对上述交通工具进行破坏,并且足以使其发生倾覆毁坏的危险;不足以发生此种危险的,不构成本罪"[1]。另一种观点认为是既遂标志,如"所谓危险犯,是指有些犯罪,行为人只要实施了刑法分则所规定的行为,并且足以造成发生某种危害后果的危险状态,即使尚未发生严重后果,也构成犯罪既遂,也就是说这是以法定的客观危险状态的出现作为既遂标志的犯罪"[2]。这也是通说的认识。

"足以发生"是主客观事实表明已经具备了使危险发生的充足条件,只是客观损害尚未达到法律所要求的严重程度。所以,足以发生揭示出实害结果发生的可能性向必然性的转化,但尚未达成实害。"不足以"则是说主客观事实尚不具备使可能性转变为必然性的充足条件,仍停留在可能性上,即可能发生危险,也可能不发生危险。

---

[1] 梁世伟:《刑法学教程》,南京大学出版社1987年版,第422页。
[2] 叶高峰主编:《危害公共安全罪新探》,河南人民出版社1988年版,第29页。

所以,不足以发生危险包括可能发生与不可能发生的两种可能性,"不足以"并不等于不可能发生(如果根本不可能发生,则是不能犯)。如视危险状态①为构成要件,那就意味着只有完全符合构成要件才构成犯罪,这正是构成要件的意义。如行为人在危险状态产生之前,自动消除了危险产生的条件,使危险不再发生,或因事实认识错误,危险状态根本没有发生的,是否成立犯罪?认为构成犯罪,则与构成要件的意义不吻合,构成要件的危险状态既然没有发生,为何能构成犯罪?如认为不构成,则又违背犯罪停止形态的理论。行为人主观上具有犯罪的故意、客观上实行了危险行为,出于本意自动阻止了危险状态发生,或未发生是意志以外的原因,违背了其本意,完全符合犯罪中止或者未遂的条件。然而,停止形态的犯罪也是犯罪,这又说明已符合犯罪构成要件。可见,如视危险状态为危险犯的构成要件,理论上必然会陷入两难境地。

危险状态作为行为的结局,其意义和作用与客观的实害结果是相同的。如果从规范上把握,只是一种刑法规定的客观事实,不反映行为人的主观罪过及内容,无论有无该事实,如不联系犯罪构成的其他要件,仅此尚不能决定罪责的性质及有无。如14.01.01《人体损伤标准》,只是从法医学角度提供的鉴定活体实际损伤程度的客观标准,结论本身并不能反映行为人主观罪过以及罪责的有无。如鉴定是重伤,能认为一定构成故意伤害罪而不是故意杀人罪?甚至连是否由犯罪行为所造成的,重伤结果本身是不能回答的。同理,判断危险状态的有无也是这样,离开其他要件,即使是没有发生的危险,也不能断言一定不是危险犯②。危险状态只是在整体上评价是否犯罪所要依据的事实之一。正是从最终结局的意义上说,危险状态为既遂标志比较合理。所以,本书认为,危险犯应当以法律规定的危险状态是否发生为既遂标准。

第三节 犯罪预备

一、犯罪预备的概念和特征

我国《刑法》第22条规定:"为了犯罪,准备工具、制造条件的,是犯罪预备。"马克昌教授首先论证了这样的立法规定:虽揭示了犯罪预备的本质特征,但并不是预备犯的概念。③ 通说认为,行为人已经为犯罪准备工具、制造条件,由于意志以外的原因而使行为人并未能着手实行预定的犯罪的停止形态,是犯罪预备。犯罪预备形态是因行为人意志以外原因而被迫使预备行为停止在预备阶段,不能再着手进一步实行预想的犯罪。因此,为进行犯罪而准备工具、制造条件,由于其意志以外的原因而未能着手实施犯罪的行为人,为预备犯,其停止形态为犯罪预备形态,停止的行为为犯罪预备行为。

---

① 危险犯以对法益发生侵害的危险作为处罚根据的犯罪,危险状态在原本意义上是基于对"法益侵害"的样态,不是基于构成要件的标准。
② 需要重申这里对"危险"的解读为"规范"意义上的,不是"事实"意义上的。
③ 参见马克昌:《论预备犯》,载《河南法学》1984年第1期。

理论上如何认识预备形态的特征,多有不同①,但并没有本质区别。犯罪预备形态的特征是:

(1) 已经实施了犯罪预备行为。犯罪预备行为,概括地说,就是为犯罪创造各种便利条件的行为。所以,犯罪预备行为是行为人实行预想犯罪行为之前的犯罪行为。由此可见,也只有出于直接故意的,有预谋的犯罪才需要事前的准备活动。实施预备,行为人主观上是"为了犯罪"。陈兴良教授认为:"无论犯罪预备对进一步实行犯罪的作用大小,其目的都是为了便于完成犯罪。"②便于完成犯罪,并非狭义上"为犯罪的着手创造条件",便于完成犯罪的"完成",当然应当包含以下内容:一是为犯罪便于着手或为犯罪的着手创造必要条件。有些犯罪进行了准备活动的,能够便于犯罪的着手实行,如为杀人而购买毒药的行为。有些犯罪,如果不经预备阶段的准备,则无法着手实行犯罪的,如伪造货币罪,没有预备阶段的准备,是不可能着手实施伪造货币行为。再如刑法中以必要共同犯罪形式的犯罪,如果没有在预备阶段的勾结共犯的行为,单独的个人是无法实施犯罪。二是为犯罪易于完成创造条件,如为实施抢劫而跟踪被害人前往犯罪现场,或者在现场守候的行为。有的犯罪,虽然不经预备,也可着手实行,但就实际效果来看,是否经过预备,完成犯罪的难易程度却有不同。如盗窃罪,经过"踩点"再着手实行易于得逞,如果不经"踩点"就着手,就可能不知财物的大致方位而使犯罪难于得逞。三是为犯罪成果的确保和固定,以及逃避法律制裁创造条件。例如,盗窃犯在着手犯罪前寻找秘密场所以窝藏赃物,或寻找销赃人等,是为了确保和固定犯罪的成果;在实施抢劫犯罪之前调查逃跑的路线,购买"易容"装备,是为了逃避法律制裁。当然,预备可以为自己的犯罪预备,也可为其他犯罪人或者共同犯罪人进行犯罪预备。

(2) 尚未着手实行犯罪的实行行为,而停止在预备阶段。尚未着手实行犯罪,这是犯罪预备与犯罪未遂、犯罪既遂相区别的本质特征。"实行犯罪"在刑法理论中有广狭两义。广义上的实行犯罪,是基于对行为人进行犯罪预备行为开始追究其刑事责任的立法规定,即从追究刑事责任的起点上理解"实行犯罪",在这一意义上,无论实行的是分则规定的行为,还是总则规定的行为,都可称为属于实行犯罪。犯罪预备行为既然是应当承担刑事责任的犯罪行为,因此它的开始实行,也就是实行犯罪。狭义上的实行犯罪,是基于不处罚预备而只处罚未遂立法规定而提出的概念,也就是实施分则具体犯罪的行为,而不包括总则规定的行为的,为实行犯罪。

我国刑法对于"实行犯罪"立法,见于《刑法》对犯罪未遂的规定,是狭义上的实

---

① 参见高铭暄主编:《刑法学原理》(第2卷),中国人民大学出版社1993年版,第302—305页;叶高峰主编:《故意犯罪过程中的犯罪形态论》,河南大学出版社1989年版,第47—59页;马克昌主编:《犯罪通论》,武汉大学出版社1999年版,第420页;张明楷:《犯罪论原理》,武汉大学出版社1991年版,第470—474页;张明楷:《刑法学》(上)(第5版),法律出版社2016年版,第332页等。

② 陈兴良:《本体刑法学》,商务印书馆2001年版,第488页。

行犯罪。在这一意义上的"实行犯罪"是指实施分则规定的实行行为。犯罪预备行为是尚未进入着手实行犯罪的过程，只是在预备阶段中的行为。因此，预备行为也被认为是分则没有规定的行为，是"非实行行为"，如教唆犯的教唆行为、主犯的组织行为或从犯、胁从犯的帮助行为等。非实行行为是对于刑法规定的实行行为具有重要的制约、补充作用的行为。通常认为，实行行为是造成实害结果发生，具有直接的原因力的行为，而非实行行为并不是所有犯罪实施以及完成都必须具有的行为，有些即使没有非实行行为，也不影响实施实行行为。① 非实行行为因为并不直接威胁或侵犯特定的法益，所以对危害结果的发生虽不具有直接的原因力，但也是结果发生的原因。由于实行行为已经是进入实行阶段的行为，因此，已经能够比较准确地揭示行为人的犯罪意图。例如，将购买的毒药投放到他人的食物中，其投放行为就已经能够清楚地表明行为人主观上具有杀人的犯罪意图。而非实行行为，通常情况下还不能够准确表明行为人的犯罪意图。例如，购买毒药的行为，还不足以说明是杀人的犯罪意图，还是投放危险物质危害公共安全的犯罪意图，甚至是否具有犯罪意图，从购买毒药行为本身也不能够准确揭示。

实行行为与非实行行为区别有争议，通说主要是根据行为是否由刑法分则规定为标准，但这是有争议的。② 在某些犯罪中，如果行为人不实施犯罪预备，则不可能着手实行行为。例如，伪造货币罪，如果行为人不首先实施准备伪造货币使用的原材料和必要的工具、设备的预备行为，就没有办法具体实施伪造货币罪的实行行为。有时行为的表现形式具有预备、帮助或组织性质时，也并非都不是实行行为。组织行为在共同犯罪中一般说是非实行行为，如组织盗窃集团的行为，分则并没有规定组织盗窃集团罪，所以，该种组织行为是非实行行为。但组织、领导、参加恐怖组织罪的组织行为，该种组织行为就是实行行为，而不是非实行行为。犯罪预备行为属于犯罪的非实行行为，如为杀人而购买毒药。购买毒药行为在刑法中并没有单独规定为犯罪，因而是非实行行为。但不意味着能够评价为犯罪预备的行为都是非实行行为，也可是刑法分则所规定的具体犯罪行为。当为犯某一罪而进行预备的行为单独构成犯罪时（尚没有实施欲实施之罪）属于一行为触犯数罪名的想象竞合犯，应以该行为触犯的罪名单独论处，如为杀人而盗枪，未行杀人而盗枪时被抓获，其盗枪虽然是故意杀人罪的预备行为，处于杀人犯的预备阶段，但却实施的是刑法分则所规定的具体犯罪的实行行为，而不是非实行行为，应以盗窃枪支弹药罪论处。如已用盗来的枪杀了

---

① 在此需要注意的是，总则规定的非实行行为的主要部分，是涉及共同犯罪的"共犯"的行为，而在共同犯罪中，有些不需要共犯参与，也不影响犯罪的实行或完成，如果有参与犯罪实施的，此类参与者是狭义上的共犯（也即任意共同犯罪中的教唆犯、帮助犯），而有的共同犯罪，必须有参与者参加，共同犯罪才能成立，此类参与者也可称为"必要参与犯"（必要共同犯罪）。参见陈子平：《刑法总论》（下），台湾元照出版有限公司2006年版，第67、71页。但是，从必须有参与者参与犯罪，才能成立共同犯罪的意义上，"必要共同犯"的概念所包含的，就不仅仅是指狭义共犯，也包括（共同）正犯、教唆犯、帮助犯在内。本书中对"无需非实行行为"的指代，包括"任意共同犯罪"的无需非实行行为，也包括"必要共同犯罪"中无需狭义共犯的非实行行为在内。

② 其争议的观点参见第四章第三节中的"危害行为的形式"。

人,该种情况下属于数罪还是牵连犯或吸收犯,还有不同的认识。

成立犯罪预备形态,预备行为必须停止在预备阶段,而没有进入犯罪着手实行过程;如进入犯罪着手实行阶段,则预备行为不再具有单独予以评价的意义。所以,犯罪预备形态中的预备行为,只有停顿在预备阶段,尚未发展到着手实行犯罪过程中的,预备行为才具备单独予以评价的意义。犯罪预备行为停止在预备阶段而尚未着手实行行为,并不一定成立的就是犯罪预备形态。根据我国《刑法》的规定,犯罪中止也可以在犯罪预备阶段成立,因此,停止在犯罪预备阶段,并不当然地都成立犯罪预备,但是,只有在犯罪预备过程(阶段)中停顿下来,才可能具有预备形态的意义当属无疑。

(3) 未着手实行犯罪的实行行为是由于行为人意志以外的原因。这是预备形态与预备阶段中止形态区别的主要特征。"意志以外的原因,是指足以阻止其犯罪意志、迫使其不得不停止预备行为、不再继续实行犯罪的各种主客观因素。"[1]被迫停止在预备阶段,既表明犯罪预备终局形态发生的被迫性,也表明不能进入实行过程,迫使其不得不放弃犯罪的心理与其要实行犯罪意志的相悖性。实施犯罪预备行为,主观目的是"为了犯罪",如前所述,有犯罪目的的直接故意是"有预谋的故意"。只要是"为了犯罪"的目的而实施准备的行为,就表明是以积极追求为故意内容,是有预谋地要实施某种犯罪。所以,行为人所进行的所有犯罪预备的活动,都是围绕着这一目的而进行,其故意的内容决定着犯罪预备活动的性质和特点。但是,由于出现某种情况使行为人被迫地将犯罪停顿预备阶段,不能进入着手实行犯罪这一点,是违背行为人本人的愿意的,是"想为而不能为",这是犯罪预备形态区别于预备阶段犯罪中止形态的本质特征。

"意志以外的原因"具有障碍性,即出现的原因具有使行为人主观上认为不能跨越而进入犯罪实行过程的性质,包括未能使行为人着手的一切客观的或主观的障碍,只要行为人自己认为障碍是不能逾越而不能着手实行犯罪的,即为其意志以外的原因。同时,"意志以外的原因",对不能着手犯罪实行行为具有一定程度上的决定性。这是"意志以外的原因"与只是具有其他不利于犯罪的着手实行,而出于本人意愿自动放弃犯罪着手实行,而成立犯罪中止条件的重要区别。

无论"原因"是主观上认为不可逾越,还是因客观的不利迫使行为人放弃着手犯罪实行行为,都不影响"原因"是与其"要着手实行犯罪意志不相符"的属性。原因可以是自然障碍、物的障碍,如找不到被害人、同伙揭发等,也可以是主观障碍,如对犯罪方法、犯罪工具以及犯罪环境条件存在错误认识等。如果从原因影响行为人着手的作用上看,有两种情况:一是使犯罪必然不能着手的原因。这种因素一旦在犯罪预备过程中出现,就无法着手实行行为,如找不到被害人;侵害对象已不存在;身体受强制;行为人自身原因,如生病住院、或者如被解除职务丧失实施该种犯罪的能力等。二是使犯罪可能不能着手的原因。这种因素的出现,并不必然使行为人不能着手。

---

[1] 马克昌主编:《犯罪通论》,武汉大学出版社1999年版,第421页。

如偶尔的身体不适;气候的突然变化;第三者的突然出现等。这种因素对于是否能够影响着手,应当是因人而异的,即对于有些行为人而言,可能并不能阻碍其着手,而对其他人则可能迫使其不得不放弃或暂时放弃。"不得不放弃或暂时放弃",因为是违背其意志的,因此,成立的仍然是犯罪预备。有的学者认为,精神上受他人的强制,也可以是使行为人无法着手的原因。① 本书认为,这应是可能不能着手的因素,而不属于不得不放弃实行行为着手的因素。因为精神上受他人的强制,对于犯罪意志薄弱者与犯罪意志坚定者来说,是否决定着手实施犯罪的影响是完全不同的。此外,在有些场合中是可能原因,而在另一些场合中则是必然原因。只要是迫使行为人不得不放弃犯罪着手的,都是犯罪未着手的原因。如果存在对着手犯罪仅有轻微不利影响的因素,如第三人的规劝、被害人的哀求等,不足以使其意志改变,因此而放弃犯罪的,则应当成立犯罪中止而不是犯罪预备。因为这些因素,本身不具有迫使行为人不能着手的性质。

二、预备行为的形式

犯罪预备行为形式,立法规定的是"准备犯罪工具、制造犯罪条件"。

(一)准备犯罪工具

准备犯罪工具是指为实施犯罪、完成犯罪,保障犯罪利益而使用的各种物品的行为,包括为实行犯罪而制造、购买、寻找用于犯罪的工具。从一定意义上讲,准备犯罪工具也是制造犯罪条件,但刑法是将"准备犯罪工具"和"制造犯罪条件"分别加以规定的,即表明两者之间具有一定的区别。犯罪工具,是指能够用来实行和保障完成犯罪活动的各种物品。它可以是用于某种特定的犯罪活动的物品,也可以是用于多种犯罪活动的物品。对准备犯罪工具是广义把握的。(1)犯罪工具应理解为供实施、完成犯罪可资利用的各种物品,除物品外,还包括物色和寻求可被其利用的无刑事责任能力的人。(2)准备的犯罪工具可以是日用品,也可以是专供犯罪使用的工具或者物品本身就是违禁品。工具本身是否属于违禁品,应当不影响对准备犯罪工具的认定。(3)对于获取犯罪工具的方法法律并无限制。可以通过合法途径获取,也可以通过违法犯罪行为获取。(4)准备犯罪工具采取何种方式,以何种方法准备,法律并没有限制,可以是制造、改制、购买、寻找(包括租赁、借贷)等。需要注意的是,准备犯罪工具的行为如以违法犯罪方式获取时,可以单独构成犯罪的(当然是没有实施欲想之罪),则为想象竞合犯。所谓制造,既可以是行为人自己制造,也可以是由于他人代为制造。对委托他人代为制造的,如制造者是不知情人,其行为不能视为犯罪预备行为。但是,如被委托人所制造的是法律明文禁止个人持有的物品,如爆炸物品、枪支、弹药、病毒、病菌以及其他法律禁止持有的物品的,没有足够的证据证明被委托人是不知情的,则不排除其共同帮助实施犯罪预备的行为。购买,是指用金钱或以物品交换的方式,购置犯罪工具。购买犯罪工具的,如果出售者与购买者事前有犯罪的通

---

① 参见叶高峰主编:《故意犯罪过程中的犯罪形态论》,河南大学出版社1989年版,第55页。

谋,以有偿的方式提供犯罪工具,则应当以共同犯罪的帮助犯论处。寻找,是指在他处,或者向他人借用、租赁、借贷而收集供实施犯罪的工具。如果出借者、出租者与其事前有通谋,以有偿的方式提供犯罪工具,则应当以共同犯罪的帮助犯论处。准备犯罪工具是一种最常见的预备行为,甚至对于某些犯罪来说是着手实行犯罪必不可少的步骤。

(二) 制造犯罪条件

制造犯罪条件是指除了准备犯罪工具以外为实施、完成犯罪准备各种便利的行为。主要包括:(1) 调查犯罪场所和被害人行踪。日常生活中的行为与预备行为有时是很难区分的。例如,为实施抢劫犯罪踩点,可能就是游览观光;为实施杀人犯罪了解他人的行踪,可以表现为关心。所以必须确定其是否具有特定的犯罪故意。(2) 前往犯罪场所或诱骗被害人赴犯罪地点。(3) 追踪或守候或带领被害人前往犯罪现场。(4) 排除实施犯罪的障碍。对于排除犯罪障碍的行为,应当根据具体犯罪的性质和特点进行必要的分析,即使同属于排除犯罪障碍,有的可能是犯罪预备行为,有的可能是实行行为的着手。例如,撬门扭锁如果是为实施杀人行为,应当是杀人的预备行为;如果撬装有现金的保险柜的门锁,则应当属于盗窃罪的着手行为。即便是相同性质的犯罪,也可因地点、场所和对象的不同而改变行为的阶段性。(5) 拟订实施犯罪的计划。(6) 其他犯罪预备行为。例如,在共同犯罪案件中勾结犯罪同伙;为实施特定犯罪练习必要的犯罪技能等。

上述准备犯罪工具、制造犯罪条件的行为,应注意甄别可能包括不可罚的事前行为,也包括不能将为犯罪预备而进行的预备视为可罚的预备行为,如不能将为购买枪支而筹措现金,或为实施杀人而加入击剑俱乐部练习击剑的行为作为犯罪预备认定。

此外,张明楷教授指出,必须注意到对犯罪预备的处罚范围,即使立法规定处罚预备是原则,但实际处罚是有例外性的。这是因为预备行为不能直接对法益造成侵害结果和具体危险,威胁并不紧迫,一般不具有值得可罚的实质违法性;也因为预备有表现为日常生活的形态,大量处罚会威胁公民自由;即使有预备也可能随时放弃犯罪,广泛处罚反而会促使其实行犯罪,不利于犯罪预防。因此,只有实质上值得处罚的预备,才应作为犯罪处罚。例如,恐怖犯罪的预备,就必须处罚[①]。

犯罪的预备行为一般不是分则规定的具体犯罪构成客观方面的实行行为。所以,在刑法分则中一般是没有得到反映的。预备行为只是相对于欲实施的犯罪的实行行为而言,所以必须结合分则具体犯罪条款规定的犯罪认定,否则就无法确定预备行为是哪一个犯罪的预备行为。所以对预备犯的处罚,既要利用总则条文,也要同时引用分则条文。

三、犯罪预备与犯意表示

犯意表示,一般认为是指具有犯罪意图的人,通过一定的方式,将自己的犯罪意

[①] 张明楷:《刑法学》(上)(第5版),法律出版社2016年版,第336页。

图表露出来的外部活动。犯意表示并不是纯粹只存在于行为人头脑中的思想,而是一种表现于外部的人的行为,之所以属于行为,是因为纯粹的思想,不表现于外部,则不可能被人们所认识,也就无所谓"犯意表示"。犯意表示,只能说明该人具有犯罪的可能性、危险性。有学者认为,"犯意表示必须是犯意人真实犯罪意图的反映⋯⋯有许多场合是行为人出于某种心理需要而说气话或者逗能话,以抒发或者满足内心感受,其实并无犯罪意图。因此,这类表达不能统统称为犯意表示⋯⋯犯意表示的内容是犯罪意图,非犯罪意图不是犯意表示,虚假的犯罪意图也不是犯意表示"①。因而在表述犯意表示时应该强调它是真实犯罪意图的反映②。

犯意表示为非犯罪行为,也不属于犯罪的哪一个阶段,不应当受刑法的评价。研究它只是为正确区别犯罪预备与形似犯罪预备的犯意表示。由此,其流露的"犯意"在行为人没有实施犯罪的情况下,没有办法查证其流露的思想内容是否真实,如何判断其表示的意思是"真实的犯罪意图"还是"虚假的犯罪意图"?即使在判断是真实犯罪意图的情况下,也不受刑法的评价,探讨其真假的意义何在?在行为人实施了所流露的犯罪意图犯罪的情况下,其犯意表示当然无疑是真实的,但是此时受刑法评价的是具体犯罪行为,同样不是所表示的犯意。因此,犯意表示,并不在于其流露的意思内容是否真实思想,而在于其表示的内容是否具有"犯罪"的意图。

正因为犯意表示与犯罪预备都是一种行为,而且都流露和表现出"犯罪"的内容,因此,容易发生混淆。二者相同之处在于:(1)都是一种行为,犯意表示是一种言词行为,而犯罪预备则是为犯罪创造条件的行为;(2)都是一种有意识的行为,都反映了行为人的犯罪意图③;(3)都不能对刑法所保护的法益造成直接的、现实的侵害或破坏。二者的区别主要是:(1)犯意表示是通过口头的或书面的形式,单纯地流露犯罪意图;犯罪预备则是通过各种具体的活动为实行犯罪创造条件。(2)犯意表示停留在单纯表现犯罪思想阶段,尚未通过实际的犯罪行为将犯罪意图的实现付诸行动;而犯罪预备则是将犯罪目的与犯罪行为有机地结合起来,开始实施犯罪的准备活动。因此,单纯的犯意表示,不可能实现主观上的犯罪意图;而犯罪预备行为已使犯罪意图的实现成为可能。④ 所以,犯罪意图的单纯流露,对法益不具有实际的损害或构成现实的威胁,不属于犯罪行为。

相反,如果表示出的"犯罪意思"是为了实现犯罪意图而采取必要具体活动,则是犯罪预备而不是"犯意表示"。例如,寻找共同犯罪人的"犯意表示",请求他人帮助提供病毒的"犯意表示"等,是犯罪预备。犯意表示,只能说明该人具有犯罪的危险,

---

① 姜伟:《犯罪形态通论》,法律出版社1994年版,第140页。
② 参见邢志人:《犯罪预备研究》,中国检察出版社2001年版,第97页。
③ 有学者认为,犯意表示与犯罪预备有着密切的联系,认为主观上都具有犯罪的故意。参见高铭暄主编:《刑法学原理》(第2卷),中国人民大学出版社1993年版,第303页。犯意表示只是犯罪意图的单纯流露,其所谓的"犯罪思想",只是具有某种犯罪的想法或者说打算,还谈不到属于具有刑法意义上的犯罪心理,如何能够评价其为一种"犯罪的故意"?而犯罪预备所表露的犯罪思想,是具有刑法意义的主观罪过。将两种在法律上完全不同的心理现象都称为"犯罪的故意",本书认为这种界定是不正确的。
④ 参见马克昌主编:《犯罪通论》,武汉大学出版社1999年版,第424—425页。

是犯罪意图的单纯流露,不是为了实现犯罪意图而采取的具体活动,更不属于对具体犯罪有实际的行动。而且,这种犯罪意图的单纯流露,并不能使犯罪易于实行、便于完成或者有利于犯罪成果的确保和固定。

四、预备犯的刑事责任

在立法例中,预备犯的刑事责任原则主要是:

(1) 必轻原则。也称为必减原则,即规定对预备犯应当比照既遂犯从轻、减轻处罚或者免除处罚。采用这种原则的,在处罚预备犯的国家里占多数。一般认为这是奉行客观主义的刑事古典学派的理论,即主张刑罚的轻重应当与行为在客观上所造成的危害结果大小相适应。预备犯的行为只是为着手实行犯罪制造条件,对法益的侵害只是一种危险和威胁,因此对预备犯的处罚必须轻于既遂犯。

(2) 等同原则。即预备犯的刑事责任与既遂犯相同。一般认为这是奉行主观主义的近代学派的理论,即认为预备犯之所以没有着手实行行为,是因为意志以外的原因,其主观恶性和人身危险性与既遂犯并没有什么区别,因此,对预备犯的处罚应当与既遂犯相同。目前,几乎没有采用该原则的立法例。

(3) 可轻原则。也称为得减原则,即规定对预备犯可以比照既遂犯从轻、减轻处罚或免除处罚;对极个别危害特别严重的犯罪预备也可以不从轻、减轻处罚。该原则的理论基础,一般认为属于刑事古典学派和近代学派中的折中观点。一方面,预备犯行为在客观上只是具有侵害的危险和威胁,这一点与既遂犯是不同的,具有应予以从轻的情节;另一方面,其没有着手实行行为,由于是因意志以外的原因,其主观恶性和人身危险性与既遂犯并没有什么区别,因而对预备犯不能一律从轻,应当以可以从轻为原则。

我国《刑法》第22条第2款规定:"对于预备犯,可以比照既遂犯从轻、减轻处罚或者免除处罚。"也就是对预备犯刑事责任采取的是"得减原则"。对预备犯一般应当比照既遂犯从轻、减轻或者免除处罚,因为预备行为虽然对法益有侵害性,但它毕竟还没有造成实际侵害,同既遂犯相比,其危害程度低,理应可比照既遂犯从轻或者减轻处罚;对那些危害程度较轻的犯罪的预备行为,可以依法免除处罚。但对少数情节严重或情节恶劣的预备犯,也可以不予从轻、减轻或免除处罚。

具体确定刑事责任时应当考虑:第一,区分预备实施的犯罪的性质。不同性质的犯罪,危害程度和人身危险性程度不一。第二,区分预备实施犯罪准备手段的不同性质和情况,即预备行为本身的不同性质和特点的情况。有的预备行为单独就构成某种犯罪的既遂。这种情况下,不能再适用预备追究责任。第三,区分犯罪预备行为的不同准备程度,准备程度不同,危害程度也不相同。综合考察以上三点,才能确定对预备犯处罚是比照既遂犯从轻、减轻还是免除处罚,或者不予从轻、减轻或免除处罚。例如,准备实施危害特别严重的刑事犯罪的;预备行为本身具有极大危险性的;已多次实施某种犯罪的预备行为,人身危险性较大的;犯罪预备行为准备非常充分、周密,已十分接近于犯罪的实行,可能即刻造成严重后果的等,也可以依法不对其从轻、减轻或免除处罚。

我国《刑法》对预备犯的规定表明,确定预备犯刑事责任的基本"参照对象"是既遂犯应当负的刑事责任。如何"比照"既遂犯从轻、减轻处罚或者免除处罚?这里所"比照"的,一是刑法分则具体犯罪基本形态所规定的法定刑,即是在成立犯罪既遂犯时,在不具有"应当"或者"可以"从严、从宽,从重、从轻、减轻情节,或应当免除处罚情节时,应当承担的刑事责任;特别在共同犯罪中,不应"比照"其他共犯根据其犯罪情节、危害程度对既遂犯决定适用的宣告刑。二是在预备犯本身具有"应当"或者"可以"从严、从宽,从重、从轻、减轻情节时,应当首先确定根据"比照"其应负的基本刑事责任,再依法确定根据"应当"或者"可以"从严、从宽,从重、从轻、减轻情节,决定其应当承担的刑事责任。

第四节 犯罪未遂

一、犯罪未遂的概念

犯罪未遂的概念,由于立法不同而有广义和狭义的解释。基于狭义立法的犯罪未遂,是指已着手实行犯罪,由于行为人意志以外的原因或障碍,而未达犯罪既遂。① 这种立法例将犯罪人自动中止而未达既遂的视为犯罪中止,并把中止与未遂严格区别(根据此规定,轻罪中止一般不具有可罚性)。根据狭义的立法,犯罪未遂具有三个特征:(1)行为人已着手实施犯罪;(2)犯罪未达既遂;(3)犯罪未达既遂是由于行为人意志以外的障碍。基于广义立法的犯罪未遂,是指已经开始实施犯罪未达犯罪既遂。② 这种立法例将犯罪人自动中止犯罪而未达既遂的情况,也包括在犯罪未遂的概念之内。在广义的未遂概念中,犯罪未遂有两个特征:(1)行为人已开始实施犯罪;(2)犯罪未达既遂。犯罪未达既遂的原因,不认为是犯罪未遂的特征,而是未遂中的障碍未遂与中止未遂区别的特征,即因为意志以外原因而未遂的为障碍未遂,出于本意而中止犯罪的为中止未遂③。

我国《刑法》第23条第1款的规定"已经着手实行犯罪,由于犯罪分子意志以外

---

① 首创为1810年《法国刑法典》,其第2条规定:"已着手于犯罪行为之实行,而非因己意中止或因犯罪不能发生结果而不遂者,按既遂犯之刑罚,处罚之。"第3条规定:"轻罪未遂犯之处罚,以有特别规定者为限。"

② 首创为1871年《德国刑法典》,其第43条规定:"一、依重罪或轻罪实行之着手行为,实际表示犯重罪或轻罪之决意者,其所意图之重罪或轻罪未达既遂,以未遂处罚之。二、但轻罪之未遂非经法律明文规定者,不罚。"

③ 有学者批评广义的未遂概念,只注重客观形式和结果,将未完成犯罪的情况都视为犯罪未遂,忽略自动中止犯罪与因意志以外的原因被迫停止犯罪二者之间质的不同。导致对未遂概念不正确的理解,歪曲犯罪中止的实质。参见高铭暄主编:《刑法学原理》(第2卷),中国人民大学出版社1993年版,第312页。这种评价是站在我国刑法对未遂与中止区别规定的基础上,所以,批评既不客观也不合理。犯罪中止与犯罪未遂有质的不同,并不能说明别人没有认识到"障碍未遂"与"中止未遂"有本质区别,更不表明我国的理论比别国的理论更优秀。

的原因而未得逞的,是犯罪未遂"即采取的是狭义立法,表明我国刑法是将未遂形态与中止形态和预备形态作了明确的区别。成立未遂的行为人为"未遂犯",停止的形态被称为犯罪未遂形态。

二、犯罪未遂的特征

(一) 已经着手实行犯罪

已经着手实行犯罪是犯罪未遂区别于犯罪预备的主要特征。"着手"一词,是意大利刑法学家贝卡利亚1764年在《论犯罪与刑罚》一书中首次提出,并将它与犯罪未遂作了联系。1810年《法国刑法典》首次在刑法中将其立法化后,多数国家在规定未遂时,采用了与其相同或相似的表述,并视其为未遂的必备特征。自着手一词进入刑法领域后,它就从一般意义上的行为特征上升为具有特定含义的法律概念。从其直接含义上来看,各国刑法理论中通说均视"着手实行犯罪是开始犯罪的实行行为",或"开始实行相当于犯罪构成客观要件的行为"。自近代刑法理论中犯罪未遂的理论形成后,刑事立法普遍确立了以行为人是否着手实行犯罪为犯罪未遂成立必不可少特征的立法例。在对犯罪预备和犯罪未遂均处罚的立法例中,是否着手实行犯罪,是区别犯罪预备与其他犯罪未完成形态的标志;在认为犯罪预备原则上不具有可罚性,而只处罚犯罪未遂的立法例中,是否着手实行犯罪,是区别犯罪未遂与不具有可罚性的犯罪预备的标准。因此,可以说是否着手实行犯罪这一特征,在犯罪未完成形态中,具有非常重要的意义。

在大陆法系刑法理论中,由于认识犯罪未遂可罚性的根据的不同①,有以行为的客观危险性、特别是对于法益侵害的危险性为处罚根据的客观未遂论,以及以行为人的主观危险性、特别是以其意思的危险性为处罚根据的主观未遂论的区别。由于上述未遂学说的争论,使得对于"实行行为的着手",形成主观说、客观说、折中说三种不同的对立学说。

1. 客观说

客观说是以事实的客观面为着眼点判断实行行为着手的学说。客观说中又分为形式的客观说与实质的客观说。**形式的客观说**,是指以构成要件为基础来决定实行行为是否着手,即完全从形式上考察以开始实施符合构成要件的行为为实行的着手。"所谓'着手'是指以开始实行实现犯罪构成事实的意思的行为。"②基于该立场,是着眼于犯罪未遂的抽象危险性,即以行为抽象的危险性、类型性为判断的基础(行为的危险性)。因此,实行行为的着手,即为"符合构成要件的行为=实行行为的开始"。然而,由于上述见解并没有对实行行为的着手时期作出严密的界定,因此,就有"从自然的角度观察与符合构成要件行为有直接联系的部分为着手行为"③之说,又有"与

---

① 以下参见〔日〕阿部纯二等主编:《刑法基本讲座》(第4卷),日本法学书院1992年版,第21页。
② 〔日〕小野清一郎:《新订刑法讲义总论》,日本有斐阁1952年版,第182页。
③ 〔日〕泷川幸辰:《犯罪论序说》,日本有斐阁1947年版,第184—185页。

实现构成要件全部或其一部分事实密切联接的事实"①为实行行为着手之说。**实质的客观说**,是指以对法益侵害的危险性实质,作为判断实行行为是否着手,即以未遂犯的可罚性之实质的根据为判断着手的标准。所以,在该立场上是着眼于犯罪未遂的具体危险性(结果危险)。②"处罚未遂犯,是以行为是否具有结果发生的具体危险性决定,该危险性并不是行为人的(主观)危险性,而是行为具有对法益侵害的客观危险性。未遂犯是抽象的危险犯还是具体的危险犯,该危险对法益侵害的迫切性是能够区别未遂与预备的实质性理由。"③但是,以何种要素、在何种场合下判断危险性,能够认为是实行行为的着手,实质的客观说并没有更进一步深入地说明其具体内容。

2. 主观说

主观说是以事实的主观面(犯意)作为判断实行行为的着手标准的学说。该理论虽然都是立足于近代学派的立场,但学者的具体着眼点并不完全相同。例如,有的以"能够明了地确认犯意是否成立时期为实行行为"④着手之说,有的以"犯意飞跃表动"时期为着手之说,即"当犯意的表动从预备发展到实行之际,通常其过程由于直接面对侵害法益,多多少少会受到感情障碍的抵抗,为克服这种障碍,就要求犯意更高一层的紧张的飞跃,而且,犯意这种飞跃表现出来时,在完成犯罪的轨迹上意思表动业已十分充分,开始全力实行这样的犯意即是完成力的犯意。所以,从主观主义来说,一旦是这样的犯意表动,犯罪者无论怎样都能完成犯罪,这是可以给予同一处罚的理由"⑤。还有的以"对自己的行为,如果从事物自然经过看,能够确认具有能够实现犯罪的可能性的该行为实施时"⑥为实行行为着手之说。虽然主观说的理论背景是近代学派刑法理论,但它不以行为的危险性,而以行为人的危险性显现时为国家刑罚权介入的根据,完全不考虑实行行为开始的特征,在排除实行行为开始的要素方面的缺陷,显而易见是其受到批判的主要原因。这正如德国学者汉斯·海因里希·耶赛克所指出的,纯主观说将未遂的开始仅仅取决于行为人开始实施犯罪行为时的态度的理论,早已过时了⑦。

3. 折中说

折中说是一并考虑行为人的主观方面与法益侵害危险的客观方面,确定实行着手时期的学说。⑧ 主观上,就是指从行为人所为的犯罪计划着眼,判断实行行为着手与否,而从这一方面而言,很明显是倾向于主观说;客观上,就是从对法益侵害的实质

---

① 〔日〕植松正:《全订刑法概论Ⅰ总论》,日本劲草书房1966年版,第267页。
② 实质的客观说的具体主张,学者们的观点也各有不同。参见马克昌:《比较刑法原理——外国刑法总论》,武汉大学出版社2002年版,第530—532页。
③ 〔日〕平野龙一:《刑法总论Ⅱ》,日本有斐阁1985年版,第313页。
④ 〔日〕牧野英一:《增订日本刑法》,日本有斐阁1928年版,第198页。
⑤ 〔日〕宫本英脩:《宫本英脩著作集》(第2卷),日本成文堂1985年版,第367页。
⑥ 〔日〕江家义雄:《刑法》(总论),日本千仓书房1956年版,第156页。
⑦ 参见〔德〕汉斯·海因里希·耶赛克:《德国刑法教科书》,徐久生译,中国法制出版社2001年版,第620页。
⑧ 参见马克昌:《比较刑法原理——外国刑法总论》,武汉大学出版社2002年版,第532页。

性危险性的考察。其中有:(1) 主观的客观说。主张"以行为人的'全部意图'为基础,对于符合构成要件的保护客体达到具有直接的威胁,行为中犯罪意图明确地表现出来时,为实行行为的着手"①。(2) 个别的客观说。这是目的行为论的首倡者德国学者威尔泽尔主张的观点,基于人的行为是目的的活动的认识,强调行为无价值的立场,认为"行为人根据其计划,开始直接为构成要件实现的行为"为着手。② (3) 直接、迫切性标准说。这是"如果根据行为人的计划,对符合构成要件的保护客体具有直接、迫切性侵害的具体危险时"③,为实行行为的着手。(4) 直接前行为标准说。关于实行行为的着手,着眼于行为人基本的犯罪计划中,直接位于构成要件行为前一位置的行为,此为判断基础的见解。"开始实施直接位于构成要件前一位置的行为,是实行行为的着手。所谓直接前行为,是指从其作用看可自动过渡到构成要件行为的行为,或者在时间上接近构成要件行为的行为。不过在犯罪类型中具有被害人的情况下,应将直接前行为作为原则介入该领域"作为着手。④

从国外学者关于"实行行为的着手"的不同见解,可以窥见解决该问题的复杂和困难。我国学者多是从犯罪主客观相统一认识的意义上,对国外学者的观点予以否定的多而肯定的少,即按照我国刑法理论对于着手的行为为"构成要件行为"的共识,所着手的行为当然应当是既具备主观上的要件,同时也具备客观上要件的犯罪行为。上述德、日学者的观点,无非是所强调的侧重面不同而已⑤。但本书持不赞同据此认为西方学者的观点属于"各执一词的"只强调一个方面而无视另一个方面的观点。

我国目前多数学者的认识,概括起来,是认为"实行行为的着手也是体现犯罪的主客观相统一原则要求的"。犯罪实行行为的着手体现了犯罪构成主客观要件的统一,犯罪实行行为的着手具备主客观两个基本特征。其中,主观上,行为人实行犯罪的意志已经通过客观实行行为的开始充分表现出来,而不同于在此之前预备实行犯罪的意志⑥。所以,着手实施实行行为,既是实行行为的起点,又是区分预备行为与实行行为的显著标志,它意味着故意犯罪行为已完全脱离预备阶段,而向实行跨出关键的一步。因而,它并不意味是预备行为的终点,只是标志着实行行为的开始,但同时它也不是独立于实行行为之外的某一种犯罪行为,而是在时间和空间上与实行行为密切相接的动作或行为,就是实行行为的一部分。

然而,即使以此为出发点,学者们的认识也是不尽一致的。不过,细观分歧均不在对主观要素有不同认识,而是集中在对客观要素的判断上。而且,与国外学者研究

---

① 〔日〕木村龟二:《刑法总论》,日本有斐阁1959年版,第345页。
② 转引自〔日〕阿部纯二等主编:《刑法基本讲座》(第4卷),日本法学书院1992年版,第27页。
③ 〔日〕野村稔:《大注释刑法》(第2卷),日本青林书院1989年版,第911页。
④ 〔日〕盐见淳:《关于实行行为的着手》(3),载日本《法学论丛》1987年第121卷6号。
⑤ 参见赵秉志主编:《犯罪停止形态适用中的疑难问题研究》,吉林人民出版社2001年版,第30—35页;高铭暄主编:《刑法学原理》(第2卷),中国人民大学出版社1993年版,第307—330页。
⑥ 参见赵秉志主编:《刑法争议问题研究》(上卷),河南人民出版社1996年版,第404页;高铭暄主编:《刑法学原理》(第2卷),中国人民大学出版社1993年版,第314页;叶高峰主编:《故意犯罪过程中的犯罪形态论》,河南大学出版社1989年版,第88—90页。

不同的是,部分学者对"着手"的研究,还扩张到对如教唆犯、帮助犯、组织犯以及预备犯的犯罪"着手"。① 例如,认为作为实行行为起点的着手,实际上是指开始实施可以直接导致危害结果发生的行为,不能认为着手是开始实施犯罪构成客观要件的行为,因为这一观点表明,着手前的犯罪预备行为是不符合犯罪构成客观要件的行为,然而我国刑法明文规定处罚犯罪预备行为,犯罪构成要件是成立犯罪不可缺少的因素,因此,上述观点是自相矛盾的。② 还有的认为,"已经着手实行犯罪"解释为着手实行行为是不全面的,因为着手实行犯罪可以分为着手非实行行为与着手实行行为。对着手实行行为,没有异议,而非实行行为的着手,是指着手进行教唆或者帮助行为,而教唆行为与帮助行为不是刑法分则所规定的犯罪实行行为,属于非实行行为。对教唆犯和帮助犯来说,是否着手实行犯罪是指是否着手进行教唆或帮助行为。并主张对于非着手实行行为研究应引起足够的重视。③

4. 对我国刑法中"着手"的分析

我国刑法理论对"着手"的理解,通说是借鉴国外理论上的多数观点和我国现行立法的规定,认为行为人开始实施刑法分则规定的具体犯罪客观方面的实行行为为着手。对狭义共犯可罚的未遂研究有无必要,是以对狭义共犯持何种理论的立场而决定的④。但是,对预备是否有必要,值得商榷。这并不是否认犯罪预备的行为同样是"符合构成要件的行为",但是,基于"着手"在犯罪未遂特征中的意义,如果将犯罪预备行为的着手也引入"着手"的概念中,"着手"则不再具有能够区别预备形态与未遂形态的实质意义。更何况对一般情况下的犯罪预备,都不具有可罚性,研究预备行为的"着手"从这一点而言,更无实践和理论价值。

对形式说,黎宏教授认为虽然与罪刑法定原则要求一致,但是在"着手"的标准上仍然是不清晰的,难与预备区别开,如用枪杀人,是掏枪时还是举枪瞄准了要扣动扳机时是着手实行都难于判断。而且,还可能会不当地扩大或缩小未遂的处罚范围,也会对行为人主观要素有所忽略,而主张结果危险说。⑤ 张明楷教授更是直截了当地从不具有具体危险的不能犯,不具有可罚性立场,主张客观说中的危险结果说。⑥

本书认为,被批评采"形式说"的观点,在研究何种情况下可以视为"着手"的综合判断,不能说不是需要从实质上对"着手"的分析。但要求"着手"的是实行行为这一点并没有错误,至于根据什么判断是否"着手",这是两个不同的问题。换言之,张

---

① 参见张明楷:《再探犯罪未遂的特征》,载《中南政法学院学报》1989 年第 4 期;徐逸仁:《故意犯罪阶段形态》,复旦大学出版社 1992 年版,第 87—88 页。
② 参见张明楷:《再探犯罪未遂的特征》,载《中南政法学院学报》1989 年第 4 期。
③ 参见叶高峰主编:《故意犯罪过程中的犯罪形态论》,河南大学出版社 1989 年版,第 87 页。
④ 在主张共犯从属性的立场看,共犯不具有独立的可罚性,是从属于正犯的既遂与未遂,对共犯则没有必要独立研究"着手";但从主张共犯独立性的立场,共犯的可罚性是独立的,故而理论上对共犯自身未遂的研究,当然需要研究"着手",不过,这一研究必须(否定或)修正传统理论对"着手"是在实施实行行为的理论的前提下。
⑤ 参见黎宏:《刑法学总论》(第 2 版),法律出版社 2016 年版,第 229 页。
⑥ 参见张明楷:《刑法学》(上)(第 5 版),法律出版社 2016 年版,第 342 页以下。

明楷教授主张的"法益侵害危险达到紧迫程度(发生危险结果)时,是着手"的标准,也是要求根据不同犯罪、不同案件的具体情况综合判断。① 所以,"标准"与判断是否符合标准的"材料"或者说"素材",是两个不同层面的东西。

目前学者对"着手"的研究,大体上分为两个层次:一是宏观上根据犯罪构成客观方面实行行为的特点,要求根据不同构成的实行行为的特点来具体考察;二是要求从具体案件的客观事实所表现的特点,综合起来具体认定。

宏观上考察有代表性的观点认为,既然犯罪实行行为着手是具体犯罪构成客观方面行为的开始,它属于犯罪实行行为的一部分,而且它也是犯罪预备行为与犯罪实行行为相区别的标志,那么就应当从分类把握具体犯罪构成实行行为的特点,以及正确理解预备行为与实行行为的区别,来认定犯罪实行行为的着手。具体说来,有以下几点:(1) 以法律所规定的具体犯罪的罪状为依据,以立法规定的内容来判断。(2) 以实行行为的形式和内容为基础。因为着手是实行行为的开始,是实行行为的一部分,因此,必须以实行行为为基础。实行行为的形式和内容不同,也决定了着手的不同特点。应当根据分则条文所规定的犯罪的实行行为的类型,并根据是单一的行为、选择行为、并列行为、复合行为的立法特点,来判断犯罪的着手与否②。

综合具体事实分析,有影响的主要是以下三种认识:

第一种观点认为,对于实行行为的着手,由于犯罪实行行为的性质不同,着手的具体形态也就不同,但可以概括出着手的共同特征主要有三点:(1) 着手实行犯罪的行为已经同对象发生了接触,或者说已经逼近了对象。例如,杀人犯对被害人已经举刀,这表明杀人行为已经开始了,并且已指向了对象,并危及到对象的安全。(2) 着手实行犯罪的行为是可以直接造成犯罪结果的行为。例如,举枪瞄准被害人,这个动作只要再稍微进一步,死亡结果就会发生。(3) 着手实行犯罪的行为是刑法分则所规定的具体犯罪客观方面的行为,因此,要在理解刑法分则条文的基础上,把握每个实行行为的着手。在某些情况下,同是一个动作,在不同犯罪中具有不同意义,有时可以视为是此罪的着手,但未必是彼罪的着手。③

第二种观点认为,根据主客观相统一的原则,从以下几个方面去综合判断行为是否可以直接导致危害结果的发生:(1) 行为是否已经直接接触犯罪对象;(2) 行为人是否已经使用犯罪工具;(3) 是否利用了自己所制造的条件;(4) 所实施的行为是否需要自己进一步的行为才可以造成危害结果。④

第三种观点认为,认定犯罪实行行为的着手,要注意以下几点:(1) 考察某种行为是否直接与犯罪客体及犯罪对象发生接触。只有行为同时直接与犯罪客体及犯罪对象发生接触,才应视为犯罪实行行为的着手。(2) 分析某种行为是否可以直接引起危害结果特别是法定的构成要件的结果发生。(3) 分析某种行为与犯罪地点的关

---

① 参见张明楷:《刑法学》(上)(第5版),法律出版社2016年版,第342页。
② 参见马克昌主编:《犯罪通论》,武汉大学出版社1999年版,第443—445页。
③ 参见陈兴良:《刑法适用总论》,法律出版社1999年版,第415—416页。
④ 参见张明楷:《再探犯罪未遂的基本特征》,载《中南政法学院学报》1989年第4期。

系。当某罪的犯罪构成以犯罪地点为要件时,某种行为与犯罪地点的关系对于认定犯罪实行行为的着手具有重要意义。①

对于综合情况判断的认识,有学者认为:"犯罪客体和客观诸因素有时候在某些犯罪中对准确认定犯罪实行行为着手有着很重要的作用,但是不可能从犯罪客体和客观诸因素建立一个认定犯罪实行行为一般的标准。"②本书认为,这种批评是不客观的。现实中,有些犯罪行为是否已直接接触或接近对象,的确可以区别是否已经着手实行行为,因为犯罪的特点要求必须是已实际与对象直接接触犯或接近对象,才能认为已着手,如抢劫,不与被害人发生接触前,则不能认为已着手。再如,在有些犯罪中,行为已对法益构成直接威胁,如没有这种实际的直接威胁,即使已接触或接近对象,也不能认为着手。如杀人犯尾随被害人,这只是潜在的对法益的威胁,不是直接威胁,怎么能够认为这样的客观事实对于认定是否着手没有意义呢?

无论在哪个层面上的研究,学者们都认为"着手"的行为已经不属于犯罪预备阶段中的行为,而是犯罪的实行行为的一部分;"着手"是犯罪实行行为的开始或起点;"着手"标志着犯罪行为从"预备"向"实行"跨出了关键的一步。这些认识是共识。正因为"着手"是犯罪实行行为的起点,又是其与犯罪预备行为相区别的标志,明确犯罪预备行为和犯罪实行行为在本质和作用上的区别,并准确把握犯罪预备行为的外延,对犯罪实行行为着手的认定,就具有极其重要的意义。因此,对于是否"着手"的认定,上述两个方面都应当给予重视。第一个层次的认识,应当是认定判断是否"着手"的基础,即应当从犯罪预备行为与实行行为本质的区别上考察是否属于实行行为,这是前提。而且,以刑法分则对犯罪构成客观方面实行行为的类型,并根据是单一的实行行为、选择的、复合的、并列的实行行为的立法特点,来判断犯罪的所为的行为(举动)是否与实行行为相联系。而第二个层次的认识,应当是结合行为人具体实行的犯罪所采取的具体方法、手段,判断其行为是否已经着手。因为即便是相同性质的犯罪,如故意杀人罪由于行为人具体方法、手段的不同,着手所表现的具体形态也不相同,更不用说不同性质的犯罪,当然不能用相同的某种行为(举动)去判断。"同是一个动作,在不同犯罪中具有不同意义,因而有时可以视为是此罪的着手,但未必是彼罪的着手。"③因此,在第二个层次上,具体考察的内容只能结合行为人所为行为(举动)对法益侵害的具体危险判断,更为重要。

对若干危害行为"着手"的讨论

问题一:间接正犯的着手

间接正犯,是指利用不知情人,或者无责任能力之人实现自己犯罪的情况。常见

---

① 参见姜伟:《犯罪形态论》,法律出版社 1994 年版,第 157—158 页。
② 参见赵秉志主编:《刑法争议问题研究》(上卷),河南人民出版社 1996 年版,第 410 页。
③ 陈兴良:《刑法适用总论》,法律出版社 1999 年版,第 416 页。

的形式有：唆使未达到刑事责任年龄的人实施犯罪，唆使无刑事责任能力的精神病人实施犯罪等。间接正犯是利用者开始加功于被利用者时为"着手"，还是以被利用者开始作为工具的行为时为"着手"，理论上一直存在争议。① 前者被认为是主观主义的立场，后者则是客观主义的立场。间接正犯的特点在于实行犯罪的意思与实行行为分别属于不同的主体，如何认定间接正犯的着手，从规范的见解看，被利用者的行为只不过是利用者之诱使行为的当然延长，是它的必然发展。所以，应当考虑把其背后利用者的行为作为实行行为。从诱使行为的开始之时求得间接正犯的着手，已经成为通说。②

我国也有学者认为，间接正犯具有从属性与独立性二重性相统一的特点。一方面，是利用他人的行为来实施和完成自己的犯罪上，不能不依赖于被利用人的行为，这一点与直接正犯不同；另一方面，间接正犯是把他人作为犯罪工具来利用的，因而间接正犯与被利用者之间永远不成立共同犯罪关系。间接正犯与直接正犯一样，对其犯罪全面地负责，这样，使间接正犯在构成犯罪和犯罪着手上又具有独立性的一面。正是这种独立性决定了其着手问题，应以其利用行为为标准③。张明楷教授原本主张"间接正犯是利用他人来达到自己的犯罪目的，而这里的他人是不知情的、没有故意的人，实际上是间接正犯的工具。在这个意义上说，开始利用他人，也就是开始利用犯罪工具，故而，间接正犯利用他人时间，即为着手实行。另一方面，由于被利用的是无故意的人，其行为不可能构成故意犯罪，而着手是故意犯罪中的特有概念，对于被利用的人来说，是无所谓着手的。由此看来，不能将被利用人的'着手'认定为间接正犯的着手"④。但是，此后他又修正自己的观点，认为从法益侵害紧迫性的角度，主张将被利用人的"着手"认定为间接正犯的着手。⑤

不可否认的是，在间接正犯的情况下，具有实行犯罪的意思主体，与实施"实行行为"的行为主体，分属不同的主体，即有实行犯罪意思之人并无实行行为；而有"实行行为"之人（可以）并无犯罪意思，所以被利用之人不承担刑事责任，而由利用者承担。对于间接正犯而言，之所以需要以其开始实施利用他人的行为为着手，无非是因为被利用的他人是被其视为工具而已。一般而言，利用（使用）了所准备的"工具"，是判断已经"着手"的实质性依据之一。⑥ 也就是说，间接正犯是支配着直接正犯实行行为的因果流程，或者说间接正犯掌控、支配构成要件事实实现，正犯在利用无生命的工具时是"着手"。例如，如果将举枪瞄准扣动扳机视为正犯着手，那么，与开始支配被利用的有生命的直接正犯并没有什么区别。在这一点上，本书赞同张明楷教授早

---

① 参见〔日〕木村龟二主编：《体系刑法事典》，日本青林书院新社1981年版，第245—246页。
② 同上书，第246页。
③ 参见叶高峰主编：《故意犯罪过程中的犯罪形态论》，河南大学出版社1989年版，第103—104页。
④ 张明楷：《犯罪论原理》，武汉大学出版社1991年版，第486—487页。
⑤ 参见张明楷：《刑法学》（上）（第5版），法律出版社2016年版，第343页。
⑥ 参见张明楷：《再探犯罪未遂的基本特征》，载《中南政法学院学报》1989年第4期。

期的观点。① 如果将工具发挥作用形成对法益侵害紧迫性视为"着手",是否有点违背了这一实质性判断依据的初衷呢? 故将利用(工具)行为的开始,视为其着手比较合理。

问题二:不纯正不作为犯的着手

不作为犯,是指负有作为义务,能够作为而不作为的犯罪,即"应为能为而不为"。对于不作为犯,是否存在犯罪未遂的问题,主张有未遂是多数的观点。② 不作为犯理论上通常分为纯正不作为犯与不纯正不作为犯。由于纯正不作为犯罪的成立不以法律规定的特定结果的发生为条件,其在能够履行而故意不履行该义务时,不作为行为即属于完成,法益侵害已经发生,所以,纯正不作为犯并不存在特别需要讨论未遂的问题,也就无特别的必要探讨其着手。而不纯正不作为犯罪的成立,通常是以法律要求的特定的损害结果发生为条件,而行为人不履行作为义务并不意味着特定的损害同时就发生,因此,不纯正不作为犯有着手问题。

德国刑法理论普遍认为,不纯正不作为犯系以不作为而违反通常是以作为方式构成的犯罪,可以说是以不作为而违反的作为犯,因此作为犯可能发生的未遂犯,不纯正不作为犯亦能够成立。然而,如何认识不纯正不作为犯的着手,理论上有不同主张③。有的主张,不纯正不作为犯的着手应在于不作为得以实现构成要件之最初时刻,即因不作为而使第一个救助可能性丧失时为着手④;有的主张,在已经实现构成要件的最后时刻,即使得最后一个救助可能性丧失时为着手⑤;还有的主张,在不作为破坏保证人义务之时为着手实行的开始⑥。在德国理论上,主张主客观相结合认识不纯正不作为犯的着手为多,即以不作为行为人在主观上认识其不作为在客观上对于符合构成要件结果的危险性作综合判断。当行为人主观上认识法律所保护的对象已经处于危险状态,符合构成要件的结果即将发生,而法律要求立即实施救助行为,行为人出于自己的决意,不为应为的行为,对法律保护的对象形成直接的危险,或者使本

---

① 这里不得不指出,如果从间接正犯概念产生于解决共同犯罪中的问题出发,将"利用人——间接正犯"的"着手"视为"着手",从法益侵害的角度说,是将有生命的作为"工具"的人身法益视为被侵害的法益,这样在理论上进行解释才合理。但这一点却是当前不受支持的"责任共犯说"的理论。所以,如果以"被利用者"着手为间接正犯的着手,从侵害法益的意义上可以得到合理解释。就"着手"理论自身的理论要求而言,利用"工具"原本就是被"着手"基本理论内涵所包括(即利用、使用无生命的工具,是判断"着手"的依据之一,不能设定"工具"只能是物品,而不能是有生命的个体)。但是,如果基于行为共同说的立场,原本是没有必要承认间接正犯概念的。例如,按照张明楷教授对行为共同说的解释,被利用者只要有实质的违法性意识,即便是刑法规定的没有刑事责任能力人,也是共同犯罪的"共同正犯",只是在责任阶段"剔除"有责任而已。就这一点而言,本书认为张明楷教授的早期主张还有"道理"。
② 参见林山田:《刑法通论》,台湾三民书局1986年版,第319页。
③ 以下文献转引自上书。
④ Maihofer:Der Versuch derUnterlassung,in:CA1958,S. 297;Maurach:Deutsches strafrecht,Allg. Teil,4. Aufl. 1971,S. 503.
⑤ Armin Kaufmann,S. 210ff.
⑥ Baumann,AT. 1977,S. 510.

已存在的危险因之而增大,在此时此刻的不作为,为着手实行行为①。而日本学者较多主张的仍然是实质客观说和折中说,即是从对法益侵害的现实危险性上考虑的②。

在我国理论上,对于不纯正不作为犯的着手问题关注的较少。张明楷教授认为,对不作为犯的着手,应当以从开始负有义务而故意不履行时,或者行为人一直在履行义务而故意终止履行时,就是已经着手实行犯罪③。还认为,以不履行义务的行为导致法益产生了紧迫的危险(危险结果)时,是不纯正不作为犯的着手④。本书认为,对不纯正不作为犯着手必须考虑实行行为的特殊性。不纯正不作为犯是以不履行特定的作为义务为构成犯罪的必要条件,因而,违反这种作为义务的不作为,就属于构成要件实行行为的内容,这应是无异议的。不过,不纯正不作为犯不履行作为义务时,并不意味着特定的危害结果必然同时发生,如果不作为行为对于法益不具有现实的危险性,这种情形下,仅仅从不履行义务的形式上考察,很难说其不作为行为就属于必须由刑法予以评价的犯罪行为。例如,即便母亲企图将婴儿饿死,但首次不给婴儿喂奶,不宜认为就是杀人的着手。不应仅考察不履行特定作为义务的形式,更应当从实质上考察其不履行特定义务是否对法益构成现实的危险性。因此,本书赞同张明楷教授的观点。

问题三:原因上自由行为的着手⑤

原因上自由行为,在符合构成要件的结果发生阶段虽然没有意思决定的"自由",但是在导致无责任能力状态产生的原因行为的设定阶段,却具有可以阻止原因设定行为的意志决定的自由。当然,对原因自由行为研究着手,是指应评价为故意犯罪的情形。

大陆法系理论上一般认为之所以要承担责任,是因为其在实施"原因行为"时可以作出符合刑法规范的决意,这就是"行为与责任同时存在原则"。然而"原因上的自由行为",可以说是在"原因行为"实施时没有"责任",而有"责任"的时候却并未实施行为。根据"行为与责任同时存在的原则",也有认为对于"原因上自由行为"不应当予以处罚的观点⑥,但对"原因上自由行为"具有可罚性则是通说。

原因自由行为的着手,存在从有责任能力时实施的行为来认识和从不具有责任能力状态下所实施的自然行为中来认识的对立观点。前者是以原因设定行为"为实现犯罪目的",而使自己开始陷入无责任能力状态时,为实行行为的着手,即以对间接正犯着手的理解认识"原因上自由行为"的着手。⑦ 后者认为即便可以肯定原因行为自身具有侵害法益的直接危险,也一般不能肯定这种危险的迫切性,故不能认定为实

---

① Eser in:Schrönk-Schroder,1982,§22Rn50;Jescheck,AT,1978,S519;Straernwerth,AT,1976,S,291;Wessels,AT,1982,S,184.
② 参见张明楷:《未遂犯论》,中国法律出版社、日本成文堂1997年版,第79—81页。
③ 张明楷:《犯罪论原理》,武汉大学出版社1991年版,第486页。
④ 参见张明楷:《刑法学》(上)(第5版),法律出版社2016年版,第343页。
⑤ 有关原因自由行为实行行为的争论,请参见第七章第六节"原因自由行为"。
⑥ 参见〔日〕木村龟二主编:《体系刑法事典》,日本青林书院新社1981年版,第191页。
⑦ 同上书,第246页。

行的着手,只能认为在无责任能力或限定责任能力状态下的结果行为是着手。为此,第一,行为人必须是故意实施原因行为从而使自己陷入无责任能力或者限定责任能力状态;第二,实施实行行为的意思决定必须是在原因行为时作出的①。

张明楷教授仍然是以一贯的对法益造成紧迫危险为基本立场认识原因自由行为的着手,即以实施结果行为时,为着手。② 本书认为,如果将"原因自由行为"的责任认定,视为"责任与行为同在"原则的例外,以结果行为的"着手"为"着手"当然是合适的,但如仍然要维护"责任与行为同时存在"的责任原则,以行为人故意采取某种方法使自己陷入无责任能力或限定责任能力时为着手为宜。因为如行为人没有实施结果行为,则原因行为不具有受刑法评价的意义,换言之,只有在结果行为发生时,原因行为才能够被评价。例如,饮酒致醉还不能认为是犯罪行为,借酒撒疯伤人,才可被评价为犯罪。但是,被评价的原因行为,并非谴责原因行为是实施结果行为的"原因",而是对原因行为具有的"罪过"的谴责,也就是已经计划在使自己陷于无责任能力状态下去实施犯罪的"罪过"。张明楷教授也是主张只要事先有实施结果行为的自由意思,在结果行为实施后,对原因行为应非难③,这当然是指被非难的罪过是依靠原因行为而存在,而不是在无责任能力状态下还存在"自由意思"。如果将结果行为实施为"着手",被非难的罪过,就是经结果行为"事后"追认到原因行为之上而被非难的,这一点并不符合"责任与行为同在"原则的要求以及罪过认定的原理。故而在原因自由行为发生法益侵害时,使自己陷于无责任能力状态,为原因自由行为着手比较合理。

(二) 犯罪未得逞

犯罪未得逞,也即未达到既遂,是未遂形态与既遂形态相区别的主要特征。按照通说,该特征表明了犯罪未遂与犯罪既遂的对立关系,两者不可能同时存在于一个具体的犯罪中,即犯罪一旦既遂,则不可能再产生犯罪未遂问题,反之亦然。但如前所述,关于犯罪既遂与犯罪未遂的区分标准,学界众说纷纭。有的以犯罪目的是否实现划界,称为"犯罪目的说"或"犯罪目的实现说";有的以犯罪结果是否发生为准,称为"结果说"或"犯罪结果发生说";还有的以犯罪构成要件是否齐备立论,称为"构成要件齐备说"。

目前"构成要件齐备说"暂居通说地位,但其他不同观点依然存在,故从理论角度说,这一问题并无定论。但本书认为"构成要件齐备说"较为合理。④根据我国《刑法》的规定,要求过失犯罪必须发生一定的结果(包括危险结果)才能成立,因此,只有成

---

① 参见〔日〕野村稔:《未遂犯的研究》,日本成文堂1984年版,第321—328页,转引自张明楷:《未遂犯论》,中国法律出版社、日本成文堂1997年版,第90页。
② 参见张明楷:《刑法学》(上)(第5版),法律出版社2016年版,第343页。
③ 同上书,第310页。
④ 参见本章第二节"犯罪既遂"的有关论述。

立犯罪与否的问题,而不发生未达到既遂的问题;间接故意犯罪的,法律要求所放任的结果必须发生,才能认为主观上的间接故意成立,即构成犯罪,故亦为犯罪成立与否的问题,而无得逞的问题。因此,通说认为,在过失犯罪和间接故意犯罪中,不发生犯罪既遂与犯罪未遂的区别问题。①

(三) 犯罪未得逞,是由于行为人意志以外的原因

由于行为人意志以外的原因使犯罪停顿下来,而没有达到既遂状态,是成立犯罪未遂的实质要件,又是区别于犯罪中止形态的重要标志。它揭示了未遂和中止在停止犯罪活动时的两种截然对立的主观心理状态。未遂犯是面对自己无法克服的阻碍,被迫停止犯罪,或者使得犯罪未能够完成,而中止犯则是出于内心的意志选择而自动放弃犯罪,使犯罪没有完成。

意志以外的原因,是指违背犯罪人完成犯罪的意志,并能够阻止犯罪行为达到既遂状态的各种主客观因素。这些因素从性质上看,应当与行为人完成犯罪的主观愿望相矛盾;从作用上看,应当与犯罪行为的发展以及完成的进程相冲突。至于如何判断这些因素是否能够阻止犯罪行为达到既遂状态,使犯罪在达到完成的过程中被迫停顿,则应当以行为人自己的主观感受为标准。"意志以外的原因"可以是下列情形之一,或者具有综合的下列情形:

(1) 意外的客观原因。具体包括:遭到被害人强有力的反抗,丧失继续侵害能力;遭到第三者的制止或司法机关的拘捕;被害人有效的逃避(如被砍伤后躲入室内报警);自然力的破坏(如点燃房屋刚离去,天降暴雨将火浇灭);目的物、时间地点变化使犯罪难以继续进行(撬开的保险柜内没有财物);难以克服的物质障碍(无法撬开保险柜)等。从客观上考虑上述因素,不具有能够阻止行为人继续完成犯罪的作用,如被害人轻微的反抗、善意的劝告、严厉的斥责等,虽对犯罪的完成也有不利的影响,但这些因素并不能阻止行为人继续将犯罪实施完,因此而停止犯罪的,应成立犯罪中止,而不能论以犯罪未遂。

(2) 行为人自身的客观原因。因行为人能力、力量、身体状况、技能、经验等,对完成犯罪发生不利的影响,致使行为人不能完成犯罪。如因行为人智能低下,犯罪技术拙劣,在企图骗取保险金时编造的谎言漏洞百出,被工作人员识破而抓获;盗窃时撬保险柜,不知保险柜的结构,无法将柜打开;在持枪杀人时,临场紧张,无法射中;在实施犯罪时身体的突然不适、患病、体力不济,致使犯罪活动无法继续进行。在这种情况下,即使行为人犯罪的意志没有放弃,但由于事实上不具备或者已经丧失了犯罪能力,不得不停止犯罪行为。

(3) 行为人主观上的认识错误。行为人主观上的认识错误导致犯罪未能完成,即由于"事实上认识错误"。具体而言,主要包括以下几种情形:对侵害对象的认识错误;对使用的工具的认识错误;对因果关系的认识错误;对犯罪时周围客观环境的认

---

① 张明楷教授持间接故意有未遂的观点。参见张明楷:《刑法学》(上)(第 5 版),法律出版社 2016 年版。另外,参见本章第一节"故意犯罪的形态"中有关间接故意的论述。

识错误。① 以上情形并非行为人"能为而不为",而是由于出现意志以外的原因,使其"想为而不敢为之",或者"无能力而为之"。

至于"意志以外的原因"应当如何考察,赵秉志教授认为,足以阻止犯罪意志的原因才是犯罪"未得逞"的原因,属于犯罪分子"意志以外的原因";而"意志以外的原因"必须是"足以阻止犯罪意志"的原因。② 姜伟博士认为,未遂的本质不在于某种情况是否足以阻碍其犯罪意志,而在于犯罪未完成是否违背犯罪意志。未完成犯罪的原因只是未遂犯的表现形式,而未完成犯罪这一结果才是未遂犯主观意志感受的基准。如未完成犯罪不违背行为人的本意,不管导致未完成的原因是什么,不论这种原因的作用力有多大,都不是未遂犯。如未完成犯罪违背行为人的本意,不论是何种原因,都是未遂犯,这才是未遂犯的本质特征。所以,犯罪过程对于犯罪意志来说并不重要,重要的是结果是否违背其本意,这是认定未遂犯的立足点。③ 这两种观点论述问题的角度是不同的,前者是就"意志以外的原因"的本质作用,表明什么样的因素可能成为"意志以外的原因";后者只是为说明未遂本质,在于未完成犯罪是违背其意志。不过,姜伟博士的论证过程值得商榷,有本末倒置之嫌。因为只有存在"阻碍其犯罪意志"的因素,才能使得未完成犯罪是违背其意志的,没有这一前提,违背其意志的"意志"因何而生? 无论其"意志"如何,总是因"事"而生的。如果可以不考虑这种原因对意志影响的意义,如何确定没有完成犯罪的结局与其意志是否相符? 当然,有些原因根本无需考察是否违背其意志就可以认定是未遂,因为一旦这样的原因出现,就是足以阻止其继续实行和完成犯罪意志的。讨论"意志以外的原因"无非是为了确定那些看似"不违背其意志",也可以认为是"违背其意志"的原因时,成立未遂还是中止。如果无需考虑这种因素对犯罪意志作用力的大小,不考虑这种因素对意志的实际作用,没有这个过程,根据什么得出是否"违背其意志"? 姜伟博士举了这样的例子:"强奸妇女时因被害人月经来潮,误认为无法性交,而停止犯罪等,也是不情愿地停止犯罪。从行为人的本意讲是想完成犯罪,但误认为出现了阻碍无法完成犯罪而不情愿的停止犯罪的,就是未遂犯。"④ "误认为无法性交"的认识,是因"被害人月经来潮"的事实,只有这一因素产生了对行为人犯罪意志的抑制,才能产生"不情愿地停止犯罪"的结局。如果这一因素没有使行为人产生"无法性交"的认识,也就说明行为人放弃犯罪是出于本人意愿的,应当成立犯罪中止。不分析"原因"作用于行为人犯罪意志影响的意义,是否实际抑制其犯罪意志,怎能得出"不情愿地停止犯罪"的结局是违背行为人本人意志而成立未遂? 理应分析的是具体的因素是否能够抑制行为人

---

① 客观环境原本并非不利于犯罪的完成,由于错误地认为已经不利于实施并完成犯罪,而停止犯罪的。如行窃时,看到窗户外有影子晃动,误认为被发现而逃走,实际上是风吹的树影。这种客观方面的障碍是否实际存在,不影响未遂的成立,所以,即使客观上并不存在障碍,而行为人误认为存在而放弃犯罪的,这种事实认识错误而导致的未得逞,不影响犯罪未遂的成立。

② 参见赵秉志:《犯罪未遂的理论与实践》,中国人民大学出版社1987年版,第117—118、122—123页。

③ 参见姜伟:《犯罪形态通论》,法律出版社1994年版,第164页。

④ 同上书,第165页。

犯罪意志,而不是脱离"原因"的分析而认定结局是否违背其意志。

三、犯罪未遂形态的种类

(一) 犯罪未遂种类概述

犯罪未遂依据何种标准予以分类,分为哪些类型,由于法律文化、历史传统的不同,各国有不同的选择,而且,未遂的种类有的在立法中加以规定,有的只是在理论上予以阐述。大体有三种情形:(1) 依据行为实行的程度,分为实行终了未遂(或称实行未遂、缺效未遂)与未实行终了未遂(或称着手未遂、中绝未遂)。如意大利、西班牙、葡萄牙、墨西哥、智利等国。(2) 依据实施的犯罪实际上能否达到既遂为标准,分为能犯未遂与不能犯未遂。主要有德国、荷兰、挪威、保加利亚、日本等国。(3) 依据未遂形成的原因,分为障碍未遂与中止未遂。主要有日本、德国、荷兰、挪威、保加利亚等国。

在上述分类中,有不同认识的主要是两个问题:一是关于障碍未遂与中止未遂的归类问题。有的国家在刑法中把中止未遂作为未遂的一种,明文加以规定,如《德国刑法典》第24条、《韩国刑法典》第26条、《日本刑法典》第43条等。而有的国家在刑法中则把中止犯与未遂犯作了严格的区分,形成独立的中止犯,如《俄罗斯联邦刑法典》第31条、我国《刑法》第24条等。但也有的国家在刑法上对中止犯的情况不作规定,而是由法官自由解释,如英国、法国、美国等便是如此[①]。二是不能犯未遂是否属于犯罪未遂的问题。对此认识的分歧就比较大。例如,日本学者野村稔就认为,"所谓不能犯,是指在外观上具有犯罪实行行为着手的形式,但是由于不具有结果发生的危险性,不能作为犯罪未遂处罚的情况"[②]。不处罚的理由就在于:不能犯在任何情况下都不具有发生危害结果的危险性(可能性),即缺乏可罚的根据。但也有规定对不能犯予以处罚,如1908年《瑞士刑法典(草案)》规定:"以终不能实行犯罪之手段或对于终不能实行犯罪之客体所为之犯罪,其未遂得以法官之自由裁量,减轻其刑。"[③]还有对不能犯在立法上采取限制态度:有的采用客观标准,即根据犯罪构成之客观事实,规定能够发生犯罪结果者应处罚,尚不能发生犯罪结果者不予处罚,如葡萄牙、西班牙等国刑法的规定;有的采用折中标准,即根据主客观统一原则,将不能犯分为相对不能犯与绝对不能犯,前者以未遂论,后者减免其刑,如我国台湾"刑法"等。[④]

在我国刑法中,虽然没有明确规定犯罪未遂的种类,但理论上多数学者赞同对犯罪未遂的种类划分为实行终了未遂与未实行终了未遂,以及能犯未遂与不能犯未遂。没有主张在犯罪未遂中划分"障碍未遂"与"中止未遂"的观点。

---

① 转引自叶高峰主编:《故意犯罪过程中的犯罪形态论》,河南大学出版社1989年版,第122页。
② 〔日〕野村稔:《不能犯和事实的欠缺》,载阿部纯二等主编:《刑法基本讲座》(第4卷),日本法学书院1992年版,第3页。
③ 金凯:《比较刑法》,河南人民出版社1985年版,第158页。
④ 转引自叶高峰主编:《故意犯罪过程中的犯罪形态论》,河南大学出版社1989年版,第123页。

(二) 实行终了未遂与未实行终了未遂

1. 划分的标准和意义

以犯罪行为是否实行终了为标准,可以把犯罪未遂分为实行终了未遂和未实行终了未遂两种。在国外刑法理论上,前者是"指犯罪的实行行为已经完了,结果没有发生的情况"。后者是"指已着手于实行犯罪,实行行为本身没有完了的情况"①。所以,这是根据犯罪行为的实施程度所作的分类,划分的意义在于:对属于同一性质的犯罪而言,实行行为的实施程度是衡量对法益威胁的客观标准。一般而言,实行行为距离犯罪完成越近,对法益威胁越大。所以,在其他犯罪情节大致相同的情况下,对实行终了的未遂犯,相对来说应当处以比未实行终了的未遂较重的刑罚。

2. 实行终了与未了的不同学说

终了、未了的标准,我国学界存在着不同学说,大体有如下三种:

(1) 主观说。第一,绝对主观说。这种观点认为,判断犯罪行为是否实行终了,应当完全以行为人的主观认识为标准。② 终了是指"犯罪分子已经完全实行了自己认为必要的行为,由于意志以外的原因而使犯罪没有得逞";未了是指"犯罪分子由于意志以外的原因没有完成他要实行的全部犯罪行为,因而所犯罪没有得逞"③。还有的认为,终了"是指……自认为已将实现其犯罪意图所必需的全部行为都实行完毕,但由于意志以外的原因,而使犯罪没有得逞的情况";未了"是指……由于意志以外的原因,未将其认为完成犯罪所必需的全部行为都实行完毕,而使犯罪没有得逞的情况"④。第二,修正的主观说,或称为限制主观说。这种观点是在坚持主观说的基础上,又对主观说提出了限制性条件,即"犯罪构成行为要件范围内的主观说"。其含义是"在法定犯罪构成要件所限定的客观行为范围内,行为是否实行终了,应依犯罪分子是否自认为将实现犯罪意图所必要的全部行为都实行完毕为标准"⑤。

(2) 客观说。第一,法律规定说。该说认为,实行是否终了,应当以法律规定为标准。终了是指"犯罪分子已经完全实施了法律规定的属于该犯罪构成要件的全部行为,但是,由于犯罪分子意志以外的原因未得逞";未了是指"由于犯罪分子意志以外的原因,犯罪分子未完全实行法律规定的全部犯罪行为,因而犯罪未得逞"⑥。第二,一般人标准说。该说认为判断犯罪行为是否实行终了,应当以一般人对犯罪行为发展程度的客观认识为标准,而不能按照犯罪者本人的认识情况来确定。"行为是否实行终了,不应以主观认识作为一个要件,只要行为人的行为足以或已经危害社会,在这种情况下的未遂就是实行终了的未遂。"⑦

---

① 马克昌:《比较刑法原理——外国刑法学总论》,武汉大学出版社 2002 年版,第 527 页。
② 参见樊凤林、周其华、陈兴良主编:《中国新刑法理论研究》,人民法院出版社 1997 年版,第 181 页。
③ 林准主编:《中国刑法教程》,人民法院出版社 1989 年版,第 114 页。
④ 贾宇等主编:《新编中国刑法学》(总论卷),陕西人民出版社 1998 年版,第 276 页。
⑤ 赵秉志:《犯罪未遂的理论与实践》,中国人民大学出版社 1987 年版,第 162 页;赵秉志主编:《犯罪停止形态适用中的疑难问题研究》,吉林人民出版社 2001 年版,第 116—123 页。
⑥ 周柏森主编:《中国刑法学教程》,兰州大学出版社 1988 年版,第 176 页。
⑦ 利子平:《"不能犯"质疑》,载《法学季刊》1985 年第 1 期。

（3）折中说。该说认为按照主客观相统一的原则，在考察犯罪行为是否实行终了时，既要考虑犯罪行为发展的客观情况，又要顾及犯罪人的主观认识。因此，"犯罪行为是否实行终了，其标准应该是主客观的统一，即不但要看客观上是否实施了足以造成犯罪结果的犯罪行为，还要看犯罪分子是否将其自认为实现犯罪所必需的行为都实行完了"①。

我国多数学者认为"修正的主观说"或"法律限度内的主观说"比较合理。绝对主观说脱离了法律对具体犯罪构成客观行为的具体要求，就会使对实行终了与否的认定，丧失了客观的法律评价，从而导致与法与理相悖，是不可取的。② 客观说忽视了直接故意犯罪行为都是在人的主观意志支配下进行的，不考察犯罪者本人的主观认识，而纯粹由一般人置身局外来进行所谓的客观评断，很难得出合乎实际的结论，或是把犯罪结果的发生作为实行终了的唯一标志，或者是将完整的实行行为分解成支离破碎的动作。③ "法律规定说"在法律规定只有定性规定而没有定量规定的情况下，往往无法确定实行行为是否终了，而且，在某些情况下，以法律规定作为是否终了的标准，易将行为与结果相混淆，如不发生法定的犯罪结果，难以认定是否完成法律所要求的全部行为，这无异于否认实行终了的未遂。④ 而折中说这种观点很难在现实的犯罪案件中得到彻底贯彻：当犯罪人的主观认识与一般人对犯罪事实的客观判断不谋而合时，是可以的；当二者的认识不一致时，究竟以何为准，用折中说恐怕是无法解决的⑤。

基于"修正的主观说"，所谓未实行终了的未遂，是指犯罪人已着手实行刑法分则规定的客观要件的实行行为，但由于意志以外的原因，尚未将他认为实现犯罪意图所必要的全部行为实行完毕，未能达到既遂状态的情况。这种意志以外的原因，可以是外部客观原因，也可以是行为人主观上的认识错误。所谓实行终了的未遂，是指犯罪人已着手实行刑法分则规定的客观要件的实行行为，并自认为已经将实现其犯罪意图所必需的行为全部实行完毕，但由于意志以外的原因，而未达到既遂状态的情况。这种意志以外原因，主要是来自行为人自身主观上对事实判断的错误。

（三）能犯未遂和不能犯未遂⑥

1. 划分的标准和意义

以犯罪行为实际能否达到既遂状态为标准，犯罪未遂形态可以分为能犯未遂与不能犯未遂。划分的意义在于：对属于同一性质的犯罪而言，具有完成可能性的，对法益的威胁大。在其他犯罪情节大致相同的情况下，对有完成可能性的未遂犯，相对

---

① 转引自马克昌主编：《犯罪通论》，武汉大学出版社1999年版，第452—453页。
② 参见同上书，第453页。
③ 同上。
④ 参见陈兴良：《本体刑法学》，商务印书馆2001年版，第504页注释。
⑤ 参见马克昌主编：《犯罪通论》，武汉大学出版社1999年版，第453—454页。
⑥ 也有学者将该内容的未遂划分为"客观障碍未遂"与"主观错误未遂"，这种分类并没有得到我国理论界的普遍认可。参见徐逸仁：《故意犯罪阶段形态论》，复旦大学出版社1992年版，第131—132页。

来说应处比不具有完成可能性的未遂犯较重的刑罚。

2. 理论上能犯未遂与不能犯未遂区别的标准

不能犯,是指基于故意犯罪的意思而实施了客观上不可能引起侵害法益结果的行为。迷信犯就是典型的不能犯。在外国刑法理论上,通行观点是认为不能犯不具有可罚性。因此,区别未遂犯与不能犯,是一个长期争议未解的问题。而在我国理论上,除迷信犯共识不具有可罚性外,对行为在性质上不可能完成犯罪的情况,通说仍然认为具有可罚性,即为不能犯未遂,因此只有不能犯未遂的概念而无不能犯概念。

国外未遂犯与不能犯的若干理论观点

国外理论上基于不能犯不具有可罚性,因此未遂犯与不能犯的区别标准很重要,而且,对不能犯是否成立未遂也存在分歧的看法。① 就未遂犯与不能犯的区别主要有以下学说:

(1) 客观危险说。客观说立足于客观事实判断危险,区分能犯与不能犯,具体的主张有:第一,绝对不能说与相对不能说(纯客观说、客观危险说),这是把发生结果的抽象的客观的危险概念作为区别基础的旧的客观说,是由费尔巴哈提出未遂犯与不能犯的见解。它以行为手段、客体②等是否绝对具备抽象的、客观的侵害法益的危险作为这种区分的标准。客观上绝对不具备这种危险的绝对不能,为不可罚的不能犯,而相对不具备这种危险的相对不能,为未遂犯(可罚的能犯未遂)。该说因为不考虑行为的具体情况,在"绝对不能"和"相对不能"的区别上被认为是不确定的。在日本主要是在判例上运用③。第二,法律不能说与事实不能说。这是法国学者的认识,以是否具备法定的犯罪构成要件作为分类标准。法律不能因为欠缺犯罪构成要素而不发生犯罪结果,为不能犯,不予以处罚;事实不能指行为已具备犯罪构成要件,因外部障碍,如使用的方法"不能"实行犯罪,或对象不在犯罪现场等而不能完成犯罪,为能犯未遂,以未遂犯论罪。④ 第三,具体危险说。该说为李斯特所主张,是为补充客观危险说之不足,着眼于具体行为的客观危险性,区分未遂犯与不能犯。在行为人着手时,以一般人都可以认识到的情况和一般人虽然不可能认识到,但行为人根据其特别的知识,按照一般的经验规律可以认识到,并作出具有结果发生可能性判断的,即为具体危险。⑤ 所以,具体危险性的有无是以行为当时情况为判断的基础,包括应根据行为人当时的具体认识以及一般人所可能的认识来判定,但将事后查明的情况排除在判断之外。行为人当时的行为对于完成犯罪有客观危险的为能犯未遂,反之为不

---

① 参见金凯:《比较刑法》,河南人民出版社 1985 年版,第 158 页。
② 相当于我国刑法理论中的犯罪对象。
③ 参见[日]木村龟二主编:《体系刑法事典》,日本青林书院新社 1981 年版,第 255 页。
④ 参见[法]卡斯东·斯特法尼等:《法国刑法总则精义》,罗结珍译,中国政法大学出版社 1998 年版,第 241 页。
⑤ 参见洪福增:《刑法之理论与实践》,台湾刑事法杂志社 1988 年版,第 282—283 页。

能犯。该说受到质疑的是,当行为人的认识与一般人认识不一致时,应当以哪一个作为危险性判断的基准?

（2）主观危险说。主观说立足于行为人的犯罪意思来进行分类,其中又有两种观点:第一,纯主观说。该说认为,行为人只要具有表现其意欲实现犯罪意图的行为而未达既遂的事实存在,不问其未遂原因如何,也不管其外部行为有无危险,皆构成犯罪未遂。例如,日本宫本英脩教授认为:"既然有犯意飞跃表动,不管其得逞的原因是什么,通常都要作为未遂认定……"①即纯主观说原则上是不承认存在不能犯的,但由于将理论上共识为不具有可罚性的迷信犯,也包括在纯主观说未遂犯的概念中因而受到质疑。第二,主观的危险说（抽象危险说、客观的主观说、行为人危险说）。该说是将行为人对法秩序的危险性作为判断基准的学说,其主张与纯主观说的出发点相同,是以行为人认识的情形为判断的基础,再用一般观点判断该行为有无客观危险性,如有危险性即为未遂犯,无危险性则为不能犯。② 此外,弥补上述学说的缺陷和不足,还有更新上述学说的各种观点,如日本学团藤重光教授定型说③。

我国理论界对于能犯未遂与不能犯未遂区别的标准并不存在大的争议,理论上一般是就行为对于完成犯罪的可能性予以考察。通常认为,有实际可能完成犯罪的属于能犯未遂,对没有实际可能性的视为不能犯未遂,或者将能犯未遂视为主要因外部障碍而未完成犯罪,将不能犯未遂视为主要是因行为人主观上对事实的认识错误而未完成犯罪。

能犯未遂,是指行为人已经着手实行刑法分则规定的具体犯罪构成客观要件的实行行为,而且这一行为实际上有可能完成犯罪,但由于意志以外的客观原因,使犯罪未能达到既遂的情况。如何认识是否具有完成犯罪的实际可能性?第一种观点认为,应着重从以下几个方面考查:(1)犯罪手段(方法)是否具有发生犯罪结果的必然趋势;(2)作案工具按实际效能是否能够产生犯罪结果;(3)侵害对象在行为时是否实际存在,并根据其特征及所处空间位置,能够对之施加影响的,就表明有发生犯罪结果的现实可能性;相反,如果对象并不存在而误认为存在,或虽然存在,但根据其特性或所处空间位置,行为人不可能对之施加有效影响的,则不具有发生犯罪结果的现实可能性。④ 第二种观点认为,能犯与不能犯的区分主要是根据犯罪手段、工具的实际情况,如果能够实现预期的犯罪目的,是能犯未遂,否则就是不能犯未遂。⑤ 第三种观点认为,要考查行为人的犯罪活动是否切实有效,是否会引起危害社会的结果。如果某种犯罪行为根本不会造成危害社会的结果,就不具有完成犯罪的可能性,不是能

---

① 参见〔日〕木村龟二主编:《体系刑法事典》,日本青林书院新社1981年版,第256页。
② 同上。
③ 日本理论不能犯观点,参见张明指:《未遂犯论》,法律出版社1997年版,第225—282页;德国不能犯学说,参见〔德〕李斯特:《德国刑法教科书》,徐久生译,法律出版社2000年版,第342—349页。
④ 参见叶高峰主编:《故意犯罪过程中的犯罪形态论》,河南大学出版社1989年版,第137页。
⑤ 参见陈兴良:《本体刑法学》,商务印书馆2001年版,第506—507页。

犯的未遂犯。① 第四种观点认为，可以从以下方面考查：(1) 看行为人所采用的犯罪手段；(2) 看行为人所使用的作案工具；(3) 看犯罪对象的存在与否及所处的空间位置；(4) 看犯罪时的具体环境。如从上述几个方面能够证明，若其犯罪行为顺利发展，就必然会产生预期的犯罪结果，就可以认定这种行为具有完成犯罪的现实可能性。②

综上所述，基于通说对该问题的认识基本上是一致的，即都是认为应当从客观实际出发考察行为是否具有完成犯罪的现实可能性。这一点与国外理论主张从行为人认识事实的角度考察的主观说是不完全相同，但同时也不能认为我国学者的主张是客观说，因为主张考察的内容并不是依据行为所具有的危险性，而是体现在"实事求是"上。然而，即便"实事求是"也应当有一个可供操作的具体标准，实际上有的因素具有独立的障碍作用，根本无需综合所有情况，无论其他方面的情况如何，都应当以未遂认定。但是在上述要求的考察内容上，明显有是否存在认识错误的要求。就能犯未遂而言，必须是因为意志以外客观上障碍的原因而未得逞，才能成立能犯未遂形态。所谓客观上障碍，不仅包括外部的客观障碍，而且也包括犯罪人自身的不利于完成犯罪的客观因素。如果不是因客观障碍原因，而是由于主观上对事实的认识错误导致其未完成犯罪，则构成不能犯的未遂。

不能犯未遂，是指行为人已经着手实行刑法分则规定犯罪构成客观要件的实行行为，但由于主观上对客观事实发生错误认识，致使行为不可能完成犯罪，难以达到犯罪的既遂状态的情况。刑法理论上，通说基于"客观危险说"，对不能犯未遂进一步划分为相对不能与绝对不能，对根本不可能实现犯罪的，称为绝对不能，对由于特殊情况而不能实现犯罪的，称为相对不能。③ 通说也是在此基础上有绝对不能犯未遂与相对不能犯未遂的分类。

(1) 绝对不能犯未遂与相对不能犯未遂。绝对不能犯未遂，是指行为人由于错误认识使用了不可能完成犯罪的手段、工具，或者因对象的客观属性认识错误，而不可能完成犯罪的情况。例如，误认为无毒性的药物有毒实施杀人的，误将男性认为女性而实施强奸的等。在国外刑法理论中，这种绝对不能犯，即通常认为不具有可罚性，并将该种不能犯与未遂犯作严格的区分。前述不同的学说主要就是为区别这两种情况而展开的探讨。在我国刑法理论上，对于不能犯，除迷信犯外，一般仍然认定为未遂犯，具有可罚性而不视为不能犯。相对不能犯未遂，是指根据行为人使用的手段、工具，或者对象并没有认识上的错误，因而在他种情况下具有完成犯罪的可能性，但在当时的具体情况下，由于判断上的错误不可能完成犯罪的情况。例如，开枪杀人，恰恰是哑弹不能打响；投放危险物质杀人药量不足；强奸妇女但该妇女是严重性病患者等。

---

① 参见姜伟：《犯罪形态通论》，法律出版社1994年版，第170页。
② 参见马克昌主编：《犯罪通论》，武汉大学出版社1999年版，第456页。
③ 参见郑军男：《不能未遂犯研究》，中国检察出版社2005年版，第236页以下。

至于有无必要对不能犯未遂划分为绝对不能犯未遂与相对不能犯未遂,目前在理论上还有不同的认识。例如,有学者认为:"所谓绝对的不能与相对的不能的区别,由于判断对象的范围所取的方向不同,也可能得出完全相反的结论。例如,以杀人的意思开枪时,被害者已经死亡,事后即使被证明,然而考虑行为之时,向有生存可能的人实施杀害行为的状况,不是绝对的不能,而是相对的不能。反之,因为被害者穿有防弹衣,弹丸不能击穿的场合,限定于该具体的对象来观察,不能不说不是相对的不能,而是绝对的不能。"①此说"今日在理论上已无人主张"②。通说认为,由于认识问题的立场和角度不同,在有些案件中区别绝对不能犯与相对不能犯,存在界线不清的情况,但绝对不能犯与相对不能犯在是否具有完成犯罪可能性上仍然是有区别的,即行为人的人身危险性和对法益的侵害仍然可以根据其是否具有完成犯罪可能性作出判断。例如,误将男性认为女性而实施强奸的不能,与强奸妇女但该妇女是严重性病患者的不能相比较,后者的危害是大于前者的。

(2) 工具、手段不能犯未遂与对象不能犯未遂。工具、手段不能犯未遂,是指对使用的手段、工具的客观属性发生错误认识,使用了不能完成犯罪的手段、工具,或者对其效用发生错误认识,以致不能达到既遂形态的情况。具体说,这种认识错误主要有:一是对作案工具的实际属性(效能)产生了错误认识,选择了不能完成犯罪的工具,从而导致了犯罪的不能完成。该种情况被称为工具不能犯。例如,误将无毒性的药物当毒药实施杀人的,使用已经失效的炸药去破坏等,不可能造成法律要求的结果。工具不能犯是对选择的工具的认识错误所致,这种对于工具客观属性的错误认识,包括对于效能、工具附件的效能的错误认识。③ 二是对作案方法的效用(适当性)产生了错误认识,选择不当的犯罪方法,以致使犯罪未能完成。例如,投放危险物质杀人,但因毒药剂量太小,无法致人死命;开枪杀人,但由于距离较远,无法射中等。这种情况下的未遂,行为人对所使用的工具本身并无错误认识,只是对使用方法的错误认识造成的未遂。因此,也被称为手段(方法)不能犯未遂,是与工具不能犯未遂有一定的区别。④ 对象不能犯未遂,是指对犯罪对象的客观属性或犯罪对象是否存在产生了错误认识,以致不能完成犯罪的情况。例如,误将尸体当活人加以杀害,误将牲畜、野兽当活人加以杀害,误将男性当女性实施强奸等,都不可能构成犯罪既遂。手段不能犯未遂不同于迷信犯,迷信犯是指行为人出于愚昧无知,采取没有任何客观依据,在任何情况下都不可能产生实际危害结果的迷信手段、方法,企图实现犯罪意图的情形。例如,通过烧香念咒的方法,企图将仇人咒死。迷信犯对自己行为的性质和

---

① 转引自马克昌主编:《犯罪通论》,武汉大学出版社1999年版,第457页。
② 高仰止:《刑法总则之理论与实用》,台湾五南图书出版公司1983年版,第322页。
③ 参见姜伟:《犯罪形态通论》,法律出版社1994年版,第172页。
④ 姜伟博士认为,在不能犯未遂中不存在"手段(方法)不能犯未遂",因为行为人采取的手段、方法不会引起危害结果,则行为就不是犯罪行为,不能构成犯罪。因此该种分类混淆了罪与非罪的界限。参见姜伟:《犯罪形态通论》,法律出版社1994年版,第172页;叶高峰主编:《故意犯罪过程中的犯罪形态论》,河南大学出版社1989年版,第139—140页。

作用的认识,是违反常识、超乎自然的,在任何情况下都不可能对外界造成损害,欲实现犯罪意图的方法不具有实现犯罪的现实可能性,因而不具有可罚性。而在不能犯的未遂下,行为人对自己行为的性质和功能的认识,是符合对客观规律的认识,如果不是由于其认识上的错误,犯罪就会按照其预想的进程发展,使之完成犯罪。所以,二者所实施的行为虽然在客观上都不能完成犯罪,但它们的性质却有着根本区别。

对能犯未遂与不能犯未遂的反思

对通说的观点,黎宏教授和张明楷教授均持有不同看法。张明楷教授在评判我国目前理论上不足的基础上,反对将客观上不具有对法益侵害危险的不能犯视为未遂犯,主张客观未遂论,并认为我国目前对能犯与不能犯的认识,主要是以行为人主观认识的内容作为判断危险性的根据,而与行为在客观上是否具有对法益侵害的客观危险性无关,但这样的理论将导致诸多不合理结论,有主观归罪之嫌。他提出了具体考察的方法,并对不能犯进行了简单归纳。① 黎宏教授也是在对我国理论上有些学者主张的"具体危险说""客观危险说"的不合理之处进行批评,并基于法益侵害说立场上,提出"现实、具体危险说",主张以行为时所存在的各种事实为基础,以行为时为标准考察危险的观点,并提出了与张明楷教授差别不大的具体考察方法。②

从研究不能犯未遂到不能犯,可以看出该问题已经引起了我国学界的重视。张明楷教授对不能犯的认识,具有代表性,并指出理论上没有必要再划分能犯未遂与不能犯未遂。

上述两位教授批评的观点,均是提出了对行为具有危险性的考察的要求。这应该认为是比较妥当的,就通说对不能犯未遂处罚的情况分析,的确存在打击面较大的可能性。不过,对上述学者的分析,本书认为仍然存在对法益侵害危险使人难以具体把握问题。例如,在两位教授看来,用白糖杀人的案件均为不能犯,而不是不能犯未遂。但是,白糖对糖尿病人而言,与砒霜没有区别,为何不能用来杀人?显然,此时有无法益侵害的危险性,是由对象来决定的。如拦路抢劫,因被害人没有带财物而未抢到,但被害人携带财物的可能性非常大,所以是未遂犯而不是不能犯③。如果被害人就是个没有钱的穷学生,是否可因可能性非常小,而是不能犯?在这样的分析中,具体对法益危险的判断又是一个模棱两可的标准。

本书认为,如果还能够赞同对犯罪认定的主客观相统一的要求,将因行为性质、对象、手段上错误而不能完成犯罪的情况,一律视为不能犯而不具有可罚性,也是有问题的。张明楷教授认为,"不能犯是就个别犯罪而言,而不是就全部犯罪而言……对于甲罪属于不能犯的,只是意味着不成立甲罪的未遂犯,但可能成立乙罪(以具有

---

① 参见张明楷:《刑法学》(上)(第5版),法律出版社2016年版,第352页。
② 参见黎宏:《刑法学总论》(第2版),法律出版社2016年版,第241页以下。
③ 参见张明楷:《刑法学》(上)(第5版),法律出版社2016年版,第358页以下。

侵害乙罪的法益的危险性为前提)。"①这也是从另一个角度(法规范性)的相对性上(不仅仅从对象本身的情况)对"能犯"与"不能犯"的解读。本书赞同这一观点。所以,问题在于如何对不能犯的认定有所限制,换言之,是对不能犯未遂的处罚范围应有所限制。从批评的观点以及对不能犯的归纳看,都存在一个可以认为是应该共同关注的问题,也即在行为自身是具有犯罪故意并在实施违法行为的前提下,其可罚性则是由行为(包括方法)与对象的结合而决定的。也就是说,行为自身的危险性是客观的,也不值得再讨论。从行为人可支配的角度说,以"可支配的危险"为区别可罚的不能犯与不可罚的不能犯。据此,对尸体开枪射杀,死亡的危险不可支配,是不能犯;对超出枪支射程的人开枪射杀,是未遂犯;使糖尿病患者食用白糖,死亡结果是可支配的,是未遂犯,而对正常人而言,是不能犯;对将男子误为妇女强奸,危险是不可支配的,是不能犯,对患性病的妇女实施强奸,是可支配的危险,是未遂犯;对自己的财物误认为是他人的,实施盗窃,是不可支配的危险,是不能犯;使用空枪杀人,危险不可支配,是不能犯,用实弹向人射击因枪械故障未能击发(或射击偏差),是可支配的危险,是未遂犯,如此等等。

此外,张明楷教授归纳的主体不能犯,认为其实是不符合特定犯罪构成要件,不成立特定犯罪的未遂犯,如误认为自己是国家工作人员而收受他人财物的,不能成立受贿罪的未遂犯等。② 但因"在主体不能的情况下,由于不存在具备主体要素的可能性,故均应认定为不能犯"③。不具备法律的特定主体的身份要素,当然不能构成该种犯罪而可能符合他罪的条件或者不构成犯罪,这实质上是因为构成要素欠缺阻却该种犯罪的成立,而非都可以因行为不具有实质的、客观的对法益侵害性。例如,误认为自己是具有国家工作人员身份而收受贿赂,当然是因为不具有身份不能构成受贿罪,但不能说收受贿赂的行为对法益不具有侵害性,否则,也就不存在构成其相关犯罪(例如非国家工作人员受贿罪)的可能性。不过,如果对任命的无效性不了解而实施的公务犯罪的无资格的不能犯,在刑法没有规定其他犯罪的情况下,其行为对法益的侵害性,就不具有由刑法评价的意义。例如,已经被解职的国家工作人员,认为自己仍然可以"办事"收受他人财物,则无由构成任何犯罪。

四、未遂犯的刑事责任

理论上一般奉行"以处罚既遂犯为原则、处罚未遂犯为例外",但各国或地区刑法有关未遂的立法例存在较大区别。有的采取如同我国立法一样的,由总则规定处罚未遂犯的一般原则,但在分则条文中不作具体规定;有的在总则规定处罚未遂犯作为一般原则性规定,而在分则中的特别条款划定了处罚的范围;有的总则对于未遂有规

---

① 参见张明楷:《刑法学》(上)(第5版),法律出版社2016年版,第357页。
② 同上书,第359页。
③ 同上。

定,但规定只对重罪的未遂犯予以处罚,同时规定了处罚的具体幅度。基于只是在总则条文中予以规定的指导意义,分则中所有的故意犯罪都存在犯罪未遂,但实务中对于危害轻微的未遂不予以处罚,符合刑法的谦抑性。

未遂犯刑事责任原则主要有以下三种:

(1) 不减主义、同等主义。这是主观主义的理论,基于刑罚作为防卫社会的手段,应当把犯罪人的主观恶性作为刑罚处罚的重心。刑罚的轻重应当以主观恶性的大小为转移,而未遂犯虽然未能完成犯罪,但其犯罪的恶念依然存在。正因为未遂犯与既遂犯主观上恶性相同,故对未遂犯应同样处以与既遂犯同等的刑罚,而不能有所减免。

(2) 必减主义。这是客观主义的理论,基于刑罚处罚的对象是人的行为,应当注重的是客观实害结果之大小。处刑的轻重应当以行为所造成的实害大小为标准,而未遂犯既未发生犯罪之结果,其实害自然比既遂犯为轻,所以,对未遂犯的处罚应当比照既遂犯减轻之。

(3) 得减主义。这是折中的观点,认为未遂犯同既遂犯相比,其行为的客观危害相对来说较小,因此应予减轻处罚;由于犯罪人主观恶性及犯罪未遂的实际情况不同,如果一概减轻处罚,恐有轻纵之嫌。因此,对未遂犯应否减轻处罚,应当由审判机关自由裁量,而不宜在法律上作硬性规定。

相对而言,得减主义能比较全面地考虑到主客观因素,能够灵活地适用于不同情况的犯罪未遂,既可以比照既遂犯减轻处罚,也可以与既遂同罚,故比较适当。目前得到多数国家立法的认同。

我国《刑法》第 23 条规定:"已经着手实行犯罪,由于犯罪分子意志以外的原因而未得逞的,是犯罪未遂。对于未遂犯,可以比照既遂犯从轻或者减轻处罚。"可见所采的是"得减主义"。具体而言,第一,刑法对未遂犯规定的是"可以比照既遂犯从轻或者减轻处罚"。表明对未遂犯刑事责任确定的基本"参照对象",是该犯罪在顺利完成时,既遂犯应当负的刑事责任。"比照"的即是某一具体犯罪行为在成立既遂犯时,在不具有"应当"或者"可以"从严、从宽、从重、从轻、减轻情节,或应当免除处罚情节时应当承担的刑事责任,而不是"比照"决定适用的宣告刑;在未遂犯本身具有"应当"或者"可以"从严、从宽、从重、从轻、减轻情节时,应当首先确定根据"比照"其应负的基本刑事责任,再依法确定根据"应当"或者"可以"从严、从宽、从重、从轻、减轻情节,决定其应当承担的刑事责任。第二,刑法规定对未遂犯的从轻、减轻处罚是"可以","可以"表明对未遂犯可以从轻、减轻处罚,也可以不从轻、减轻处罚。但"可以"所表明的倾向性的态度是:在处理犯罪未遂案件时,首先应当考虑的是能否给予从轻或者减轻处罚,而不是怎样才不至于使其受到从宽处理。然而,不能首先理解为"不可以",但根据具体案件的情况,如果决定对未遂犯处以与既遂犯同等的刑罚,并不违背刑法的规定,如累犯、共同犯罪的主犯、犯罪性质特别恶劣、犯罪手段特别残忍等,可以与既遂犯同等处罚。第三,在具体确定刑事责任时应当考虑:犯罪的性质,如不同性质的犯罪对社会危害程度以及其人身危险性程度不同;未遂的具体类型,如未遂的种类不同,反映出距离完成犯罪的远近程度不同;实际危害结果的程度,如结果程度不同,对法益损害的程度不同;主观恶性的大小,如犯罪动机是否卑鄙、犯罪意志是否坚决等。

第五节 犯罪中止

一、犯罪中止的概念

在故意犯罪过程中,出于本人意愿而放弃已实施的犯罪,因而没有达成犯罪既遂的,刑事立法和刑法理论上称其为犯罪中止。据考证,在立法上首次使用"中止"术语的,是1810年的《法国刑法典》[①],但《法国刑法典》规定的"中止"虽是指犯罪行为已经停顿下来没有进行下去,但排除了"出于本人意愿"而停止犯罪是未遂的情况,既将出于"因己意中止"停止犯罪与未遂区别开来,也表明"因己意中止"而放弃犯罪的行为不具有可罚性。所以,1810年《法国刑法典》的规定,属狭义未遂犯的立法例。广义的未遂立法,认为是1871年《德国刑法典》[②]率先规定,其犯罪未遂的范围由于包括中止,被认为是中止未遂的最早法律规定。此后,各国的刑事立法或者效仿法国,或者效仿德国,但也有将未遂与中止作严格的区别分条规定,如我国《刑法》。

我国《刑法》第24条第1款规定:"在犯罪过程中,自动放弃犯罪或者自动有效地防止犯罪结果发生的,是犯罪中止。"据此,我国刑法中的犯罪中止,是指在直接故意犯罪过程中,行为人自动放弃其犯罪行为,或者自动有效地防止了危害结果发生的一种犯罪形态。中止其犯罪行为的,理论上称为"中止犯"。犯罪中止是一种特殊的犯罪形态,既可以发生在犯罪的预备过程中,也可以发生在着手实行犯罪的过程中,还可以发生在犯罪实行终了而结果尚未发生之前。

二、我国刑法中的犯罪中止的类型

(一) 消极的犯罪中止和积极的犯罪中止

根据犯罪中止成立条件,分为消极的犯罪中止和积极的犯罪中止。消极的(普通的)犯罪中止,是指在犯罪过程中自动中止其犯罪行为,因而未发生犯罪结果的。在这种情形中,行为人只要消极停止犯罪行为的实行,就可以成立犯罪中止。这是犯罪中止最常见的形式,它可在两种情况下发生:一是在犯罪预备过程中自动中止其犯罪行为;二是在已经着手实行犯罪的过程中,尚未实行终了的情况下自动中止其犯罪行为。当然,消极中止并不排斥在特别情况下需要采取某些积极措施防止犯罪结果

[①] 其第2条规定:"已着手于犯罪行为之实行,而非因己意中止或因犯罪不能发生结果而不遂者,按既遂犯之刑罚,处罚之。"

[②] 第43条规定:"(一)凡已着手犯重罪或轻罪行为的实行,因而表现其有犯罪的决心,但未完成其所欲犯的重罪或轻罪者,应依犯罪未遂处罚。(二)但轻罪的未遂,以法律有明文规定应处罚者为限。"第46条规定:"行为人有下列情形之一者,其犯罪未遂不得处罚:(一)行为人中止实施其意图的犯罪行为,而其中止并非由于意外障碍者……"

发生。

积极的(特殊的)犯罪中止,是指在犯罪结果尚未发生之前,有效地防止犯罪结果的发生的犯罪中止。也就是说,只是消极地不再实施行为并不能成立犯罪中止,必须以积极的行为有效地防止犯罪结果发生的,才能够成立犯罪中止。[1]

(二)预备的中止、实行未了的中止和实行终止的中止

根据犯罪中止的空间条件,分为预备的中止、实行未了的中止、实行终了的中止。预备的中止,是指发生在犯罪预备阶段的犯罪中止,即尚未着手犯罪实行行为的犯罪中止。在这种情形中,行为人自认为可以继续犯罪的着手实行,而自动放弃犯罪的实行,不再进行犯罪预备行为或者不再着手犯罪的实行行为。

实行未了的中止,是指发生在犯罪实行过程中,犯罪的实行行为尚未终了时的犯罪中止。主要表现在行为人在自认为可以完成犯罪的情况下,自动放弃犯罪实行行为的继续实行或者完成。一般情况下,只要消极地放弃就能够成立实行未了的中止,但不排除在特别情况下行为人应当采取一定的措施积极阻止结果发生。

实行终了的中止,是指发生在犯罪实行行为终了后,犯罪结果尚未发生(没有达到既遂)时的犯罪中止。一般情况下,这种犯罪中止不能只是消极停止,必须以积极的行为有效地防止犯罪结果的发生。虽然去积极防止结果发生,但是最终未能防止结果发生,则不能成立犯罪中止,仍然是犯罪既遂。

三、犯罪中止的特征

(一)中止的时间性特征

中止的时间性,是指犯罪中止应当在哪一个时间段内成立。我国刑法明文规定犯罪中止的时间界限为"在犯罪过程中",但什么是"犯罪过程",立法没有明确。通说认为:"所谓故意犯罪的过程,是指故意犯罪从产生、发展到完成所经过的程序。它是故意犯罪运动、发展和变化的连续性在时间和空间上的表现……犯罪中止可以发生在从犯罪预备到犯罪结果发生之前的整个过程中。"[2]"从犯罪预备行为发生开始,到形成犯罪既遂形态以前的这段时间内,如果犯罪没有被迫停止于预备形态或未遂形态,而是处于发展过程中的,有犯罪中止成立的可能。"[3](1)发生犯罪预备(过程)阶段的中止形态,无论预备是否完成,只要自动放弃犯罪意图不再着手实行犯罪,即

---

[1] 此种类型的犯罪中止,对其时空条件理论上还有不同的认识。参见本节相关内容。

[2] 马克昌主编:《犯罪通论》,武汉大学出版社1999年版,第464页。

[3] 高铭暄、马克昌主编:《刑法学》(第5版),北京大学出版社、高等教育出版社2011年版,第157页。姜伟博士对此有不同认识,他指出中止的时间界限上,总是惯于强调中止犯发生在犯罪结果出现以前。但这一提法不够确切,不能全面概括中止犯的时间界限。中止只能发生在犯罪既遂之前,才是正确的结论。犯罪既遂与犯罪结果是两个不同的概念,具有不同的法律意义。某些犯罪不以犯罪结果的发生为条件,如阴谋犯、行为犯、危险犯等,未发生犯罪结果也成立犯罪既遂。如果对于这些犯罪形态的中止也以犯罪结果发生作为终限时间,则意味着在犯罪完成以后还可以成立中止犯,这是不合适的。参见姜伟:《犯罪形态通论》,法律出版社1994年版,第182—183页。这一质疑不能说没有一定的道理。但是,基于积极中止要求"防止犯罪结果发生"的立法规定,以及理论上表述的"犯罪处于发展中"而不成立预备和未遂形态,是可以包括行为犯、危险犯的犯罪中止的。

可成立。从刑事政策考虑,多数情况下没有必要给予处罚。(2) 犯罪实行阶段的中止,在尚未将实行行为完成之前,自动放弃犯罪意图停止犯罪的实行的,一般可成立中止。当然,在该阶段也能形成未遂,但犯罪中止与犯罪未遂是两种互相排斥的形态,不能并存。所以,成立未遂犯,就不可能再成立中止犯,反之亦然。(3) 犯罪结果发生前中止,即已将犯罪行为实行完毕,但在法律要求的结果尚未发生之前,自动有效地防止犯罪结果发生。通说认为,不能将行为人在犯罪既遂以后,自动恢复原状和主动赔偿视为中止;不能将行为人在犯罪未遂以后的悔罪表现视为犯罪中止,但可以作为量刑情节。

目前,理论上对危险犯在自动消除危险状态的情况下,能否成立犯罪中止,还有不同的认识,主要有肯定和否定两种观点。(1) 肯定说。该说虽然认为能够成立犯罪中止,但具体的认识不同。徐逸仁教授认为,这属于犯罪既遂后的特殊情况。"一般说,犯罪中止只能发生在犯罪既遂之前,但是刑法规定的放火罪、投放危险物质罪等在犯罪既遂之后仍有可能成立犯罪中止……从法律规定角度看,它已构成放火罪的既遂,但从事实上说,由于行为人自动有效地防止了犯罪结果的发生,以致没有产生预期的严重后果,仍应视为犯罪中止。"① 马克昌教授认为,在这种情况下,"不能认为是危险犯的中止,而只能作为实害犯的中止处理。因为当危险犯已构成既遂状态的情况下,是不可能再转化为中止犯的……在这种场合,犯罪人已完成了危险犯的实行行为,但是,实害犯的犯罪结果并没有发生。在此情况下,犯罪人自动采取措施,并且有效地防止了犯罪结果的出现……这种情况之所以应当构成中止犯是因为,我国刑法对犯罪中止的时间限制,只要求发生在犯罪过程中,同时,刑法只规定了有效防止危险结果发生,是实行行为完成后成立中止犯的必要条件,并没有对犯罪的类型作具体区分。因此,可以认为,无论何种犯罪,只要存在着发生犯罪结果的可能性,在结果尚未发生之前,都应当给予行为人自动有效地防止结果发生的权利。"② (2) 否定说。姜伟博士认为,"危险状态犯在完成犯罪行为,并引起法定的危险状态以后,因某种原因,采取积极行动,避免了危害结果的发生,也不属于中止犯……犯罪既遂以后的行动,不属于中止犯。但这种悔罪的行动对量刑有影响。"③

首先,对危险犯如果持以危险状态发生为犯罪既遂形态的观点,则徐逸仁教授的观点值得商榷。正如马克昌教授指出的,"当危险犯已构成既遂状态的情况下,是不可能再转化为中止犯的",否则,理论上难以自圆其说。其次,在理论上,通说认为在实施危险行为发生法律要求的重大实害结果(并加重其法定刑)的情况下,该种犯罪不宜再认为是危险犯而是危险犯的结果加重犯。而结果加重犯与危险犯属于不同的具体犯罪类型的④,同时,结果加重犯理论上的共识,是只存在犯罪既遂形态,因而在成立危险犯的结果加重犯的情况下,应当属于实害犯的范畴。在实施属于危险犯

---

① 徐逸仁:《故意犯罪阶段形态论》,复旦大学出版社1992年版,第171—172页。
② 马克昌主编:《犯罪通论》,武汉大学出版社1999年版,第466页。
③ 姜伟:《犯罪形态通论》,法律出版社1994年版,第183页。
④ 参见〔日〕木村龟二主编:《体系刑法事典》,日本青林书院新社1981年版,第130、133页。

的行为没有造成重大实害结果的情况下,是应当认定为危险犯的既遂犯,还是实害犯的中止犯(或未遂犯),则是认识该问题的关键。再次,马克昌教授认为,从刑事政策意义上说,规定中止形态,无非是鼓励犯罪人悬崖勒马,正如李斯特所言是"架设了引导犯罪人返回的黄金桥"①,可以避免对社会造成更大的损害。但如此一来,必须对危险犯既遂的标准和结果加重犯的基本理论提出质疑。当危险状态已经发生,即使实害结果没有发生时,从危险犯的角度看,消除的是危险状态(虽然危险状态理论上也是一种"结果"但并非实害结果),则应当成立危险犯的中止,而不是实害犯(结果加重犯)的中止;从结果加重犯的角度看,在危险状态已经发生后,阻止发生的是重大实害结果,则应该成立实害犯(结果加重犯)的犯罪中止(或犯罪未遂),而并非是危险犯的中止。而且,也与结果加重犯只存在既遂形态基本理论相矛盾。所以,即便基于刑事政策将该种情况视为犯罪中止的例外,也应当考虑到这样的例外必须对既遂理论以及结果加重犯理论整体上进行修正。

(二) 中止的自动性特征

中止的自动性,是指犯罪中止必须是行为人在自认为(确信)当时能够完成犯罪的情况下,基于本人的意志"自动"放弃而停止犯罪行为,或者自动有效防止危害结果的发生。自动性特征是行为人自认为当时能够完成犯罪而自愿放弃了犯罪意图,其客观表现是自动终止犯罪的继续实行,或者以主动积极的行为防止危害结果的发生。中止的自动性不仅是成立中止的本质特征,而且也是与预备形态和未遂形态相区别的主要标志。因此,对自动性内涵的界定和对自动性的实际确认,不仅是构造完整的犯罪中止理论的要求,而且也是甄别不同犯罪形态,划清彼此界限的客观需要。

如何理解"根据自己的意思",也即"自动性",国外理论上有不完全相同的认识②。我国理论上对何种情况下放弃犯罪是"自动性"的,也有不同的认识。主要有:(1)绝对自动说。该说认为自动放弃必须是在没有任何外界因素影响的情况下,自我主动放弃犯罪。如在被害人的哀求、警告或别人的规劝下停止犯罪活动的,都不能成立犯罪中止,即自动性是指"人们的活动完全是受自己意志的支配,而不受自己意

---

① 转引自〔日〕板仓宏:《中止犯》,载阿部纯二等主编:《刑法基本讲座》(第4卷),日本法学书院1992年版,第37页。

② (1)客观说,主张"以行为人所认识的外部事物,根据一般人的观念,认为通常不妨碍完成犯罪的情况下,能够确认'任意性'"。也就是说,如果客观外在事实对一般人能够产生强制性影响,行为人放弃犯罪非中止,而是障碍未遂;如果对一般人不足以产生这种影响,则为中止。(2)主观说,认为"行为人对于客观外部妨碍犯罪完成的事实没有认识的情况下,能够确认'任意性'"。换言之,即使这种障碍客观上并不存在,但行为人认为存在而放弃犯罪的,也不能认为是中止犯罪;反之,即使客观上存在阻碍其意志实现这种障碍,但行为人并不认为能够阻碍其意志实现,因而停止犯罪的,也成立中止。(3)限定主观说。主张"以行为人具有广义的悔悟为必要条件"来确认"任意性"。广义悔悟,是指出于内疚、同情、怜悯、惭愧等心理。如在杀人案件中,因看到鲜血感到惊愕,阻碍犯罪完成的,否定任意性成立,就是依据客观说作出的判决。参见〔日〕板仓宏:《中止犯》,载阿部纯二等主编:《刑法基本讲座》(第4卷),日本法学书院1992年版,第39、36页。张明楷教授对此更有详细的介绍。参见张明楷:《刑法学》(上)(第5版),法律出版社2016年版,第365页以下。

志以外的因素影响"①。(2)内因决定说。该说认为外界因素对犯罪的完成只是一种条件因素,而最终决定放弃犯罪活动的还是行为者本人。因此,即使客观上存在影响犯罪进行的不利因素,如被害人的斥责、呼救、认出犯罪人等,只要行为人事实上放弃了犯罪行为,仍应当以中止犯论。(3)主要作用说。该说认为各种外界因素对犯罪人犯罪意志的影响不可能等同,有的足以迫使行为人停止犯罪,有的却不能改变其犯罪意图。因此,只有查明意外因素在行为人主观意志中所占比重的大小,才能正确判断犯罪的形态。②(4)无意义说。该说认为"引起犯罪中止的原因对于中止犯的成立没有意义。犯罪意图的产生与消灭,都是基于一定的原因。中止犯的核心在于行为人主观上打消犯罪意图,客观上放弃犯罪活动。至于促使行为人打消犯意、放弃犯罪的原因,不是中止犯的特征"③。(5)综合考查说。该说认为在具有外界因素的场合,判断犯罪没有完成或危害结果没有发生,究竟是行为人被迫停止犯罪,还是自动放弃犯罪,既不能纯粹从外界因素方面着眼,单纯考虑外界因素的影响,而不承认行为人主观上的决定作用;也不能一味强调行为人的意志作用,而忽视外界因素的强制作用,而应当根据行为人对事实的认识情况,结合外界因素的性质及表现形式,分不同情形加以认定。④

本书认为,促使行为人放弃犯罪意图停止犯罪的原因,正如第5种观点所指出的,并不影响犯罪中止"自动性"的成立。但是,行为人放弃犯罪意图停止犯罪,事实上不可能不受外在客观因素的影响,完全是由于行为人自己"想象"决定。在准备犯罪过程中或已经着手实施过程中"良心发现"而停止犯罪,或自动有效阻止结果发生的,为何不可以是因受到"法制教育宣传片"教育这种客观因素的影响?事实上,人所实施的任何行为的意志,包括决定中止犯罪的意志,都不可能凭空产生。人的意志活动虽然具有高度的自主性和能动性,但这种自主性和能动性是建立在对客观事物的认识之上的。因此,完全否定客观因素对行为人放弃犯罪意图,停止犯罪所起的影响作用没有道理。问题在于决定停止犯罪行为时有无客观因素影响以及影响的程度。不考虑外在客观因素对于行为人犯罪意志的抑制程度,只从客观上看行为人只要放弃犯罪意图、停止犯罪的实施,就成立犯罪中止,同样是不合理的。正是从这一意义上说,本书认为第5种观点是比较合理的⑤。

---

① 叶高峰主编:《故意犯罪过程中的犯罪形态论》,河南大学出版社1989年版,第219页。
② 转引自马克昌主编:《犯罪通论》,武汉大学出版社1999年版,第468—469页。
③ 姜伟:《犯罪形态通论》,法律出版社1994年版,第188页。
④ 马克昌主编:《犯罪通论》,武汉大学出版社1999年版,第471页。
⑤ 具体是指:(1)如果不存在任何外在的物质障碍,行为人也没有因外界因素受到精神强制,应当以犯罪中止论。(2)如果存在外界因素,但这些因素并不能直接迫使犯罪人放弃犯罪意图,若行为人放弃犯罪,应以犯罪中止论。(3)外界因素虽然客观上不足以阻止犯罪的进行,但由于行为的认识错误或受到精神上的威胁,因而停止犯罪的,不构成中止犯,应当以预备犯或未遂犯论处。(4)外界因素虽然在客观上足以阻止犯罪的进行,但行为人当时并没有意识到这些因素的存在,而是出于害怕、悔悟等动机而放弃犯罪的,应以中止犯论处。(5)外界因素按其性质和作用看,不仅客观上足以阻止犯罪的发展,而且行为人主观上也认识到难以完成犯罪,则非犯罪人不愿为,实际上是犯罪人不能为。因此,不能视为自动放弃,而是被迫停止。具体内容参见马克昌主编:《犯罪通论》,武汉大学出版社1999年版,第471—472页。

1. 基本前提：行为人自认为当时能够完成犯罪

具体包括两点要求：(1) 必须是行为人自认为能够完成犯罪。如已经意识到不能完成犯罪，即使其客观上是自动停止了犯罪活动，也无自动性可言。中止犯罪是行为人自认为能够把犯罪进行到底而自愿不将犯罪进行到底，这是认定自动性的前提，即犯罪能否完成必须是基于行为者本人主观上的认识。只要行为人自己认为确有条件、有能力完成犯罪，即使在他人看来不可能完成，或者从客观上看根本无法完成犯罪的，也不影响自动性的成立。因此，能将犯罪进行下去，是就行为人自己的主观认识而言，即使客观上犯罪根本不可能完成，行为人自认为有可能进行到底而放弃犯罪的，也不影响犯罪中止的成立。如 A 携刀去杀 B，行至半路悔悟而自动放弃的，即为中止。即使事实上 B 当天并不在家，去了也不可能实施杀人行为，也不影响犯罪中止的成立。因此，当客观上不能进行，在认识到客观外界障碍放弃犯罪，则不成立中止。如 A 携刀去杀 B，闯入 B 家寻觅不见，抓住 B 妻威逼得知 B 不在家，遂放弃杀人的，属犯罪未遂。因此，实践中，当事后查明客观事实不可能使犯罪完成，就必须要查清停止犯罪是行为人自认为能进行而不进行，还是客观上不能进行，以及行为人是否认识到不能完成的，如果行为人已认识到不能完成犯罪，即使客观上是自动停止了犯罪活动，也无自动性可言。此外，在一般人看来，或者客观上完全可以完成犯罪，但是，行为人却自己认为不能完成而停止实施的，也不能成立犯罪中止。因此，犯罪中止的自动性特征，首先意味着行为人在自己认为能够完成犯罪的前提下主观上不愿继续犯罪。反之，如果行为人已对完成犯罪缺乏信心，犯罪意志发生动摇，则不管其主观认识与客观事实是否一致，都不能成立犯罪中止。

(2) 必须是行为当时自己的认识。要求行为人必须是在实施行为当时，认为自己能够完成犯罪，如果在事后由于某种原因认识到当时能够完成，但放弃了犯罪的，不能认为是行为当时放弃犯罪意志。例如，A 前去实施杀 B，想到过节其家里人可能比较多而放弃犯罪，但事后知道当天只有 B 一人在家，是完全可以实施却放弃犯罪的，这种对犯罪的放弃只是暂时的，并不是行为人犯罪意志变化的结果，不能成立犯罪中止。

2. 实质内容：行为人出于本人的意愿而放弃犯罪

如果停止犯罪活动不是由于行为人自己的主观意志，而是遇到了自认为无法克服的物质障碍或心理障碍，从而停止犯罪，则是被迫停止。这种情况理论上称为"犯罪中断"或"中断犯罪"，是指行为人在实施犯罪过程中，本来客观上尚可继续进行犯罪，直至完成犯罪，但犯罪分子却自认为遇到某种障碍，犯罪已不可能进行，犯意发生动摇而停止犯罪活动。所以，中断犯罪是被迫的，不是出于行为人主观意志而放弃犯罪，应成立预备或未遂。需要注意的是，停止犯罪是行为人自认为遇到不可克服的障碍，使之不能将犯罪继续下去。至于客观上这一障碍是否存在，不影响对性质的认定；即使实际上不存在物的障碍，尚能够实行犯罪的，行为人丧失完成犯罪信心，也是预备或未遂（认识错误）。

自动放弃犯罪是行为人放弃犯罪意图的客观表现，而促使犯罪意图放弃的（原因)动机则是多种多样的,有的是出于真诚悔悟,有的是基于对被害人的怜悯,有的则是慑于法律的威严,惧怕以后的惩罚,有的则是亲朋的规劝和教育等。因不同原因(动机)而中止犯罪,可以反映出行为人悔悟程度的不同,但并无悔悟与不悔悟的差别。因不同原因而放弃犯罪,并不影响自动性的成立,只是不同的多种多样放弃犯罪的原因(动机)在处理和量刑时应适当予以考虑。

(三) 中止的有效性特征

中止的有效性特征,是要求行为人必须彻底抛弃犯罪意图,停止犯罪行为,或者有效地防止犯罪结果的发生。有效性要求行为人主观上真正抛弃了犯某种具体罪的意图,而不是伺机再犯,是客观上彻底终止了犯罪行为,或者事实上阻止了犯罪结果的发生,而不是暂时中断犯罪或者因结果已经发生。如因准备不足或时机不成熟、环境不利而自动停止犯罪的,也不具有有效性。有效性表明行为人停止犯罪是坚决的,是完全地打消了继续或再次侵犯同一对象的意图,表明了中止犯罪的决心和悔悟的程度,因而有些学者也将有效性特征称为犯罪中止的彻底性。理论上依据中止成立必须在"在犯罪过程中"的规定,根据犯罪发展阶段的特征,将"有效性"的分解为以下三种不同要求:(1) 在犯罪预备阶段,中止犯罪的有效性表现为,行为人在放弃继续实行犯罪意图的同时,消极地停止了犯罪的预备行为。(2) 在着手实行犯罪阶段,中止犯罪的有效性表现为,行为人不仅在主观上放弃了完成犯罪的意图,而且在客观上没有将犯罪行为实行完毕。有效性在上述情况下,应当包括两点内容:一是要求彻底放弃已经实施了预备的或者已经着手实行的某个具体犯罪,即相对于某一具体犯罪而言是彻底的放弃,但不意味着行为人以后永不能再次犯罪。只要行为人能彻底停止现行的犯罪行为,即使其以后重新犯罪,也不影响其在该案中的犯罪中止。因此,认定是否彻底放弃,不能以行为人以后未犯其他罪或未犯同种性质的犯罪为条件。二是根据实施的具体犯罪及其程度,即使犯罪行为尚未终了,也并不排除行为人应当采取一定的措施,积极阻止结果的发生。例如,故意杀人已致人重伤但仍有死亡的可能性,虽然停止杀人行为,但仅仅停止并放弃杀人行为是不符合有效性要求的,行为人应当采取一定措施挽救被害人的生命。所以,犯罪行为没有实施完也要求采取一定措施来阻止结果的发生,也是成立中止"有效性"应有之意。(3) 在犯罪行为实行终了之后法定结果尚未发生,中止犯罪的有效性表现为行为人积极采取措施去防止犯罪结果的发生,并且最终由于自己的努力避免了结果的发生。在这种时空条件下要有效地中止犯罪,就必须阻止结果的发生。这就要求行为人必须采取积极的措施去防止。但是,犯罪中止并非不能发生任何结果,而是没有发生行为人所追求的,决定具体犯罪行为性质所要求的犯罪结果。如果实施完犯罪行为,没有采取积极措施,只是消极观望,即使法律要求的结果没有发生,也不成立犯罪中止;如果虽然采取了积极措施,但最终没有能够阻止法律规定的结果的发生,也不成立犯罪中止,但曾经为阻止结果发生作出过努力,应当在决定其刑事责任时予以考虑。

"自动有效地防止犯罪结果发生"的犯罪中止,是否只能发生在犯罪行为实行终了这一特定的时空条件?理论上存在不同的认识。多数说认为,这种特殊的犯罪中止,是指在犯罪行为实行终了、结果尚未发生之前。① 徐逸仁教授认为,这是专指实行终了以后、结果尚未发生之前所成立的犯罪中止,上述情况下仍然属于实行尚未终了的犯罪中止,理由就在于犯罪行为尚未实行终了。② 不同观点认为,在未实行终了的少数情况下,要能够成立犯罪中止,也必须采取积极的措施才能阻止结果发生。例如,故意杀人已经致人重伤,如果不抢救则可能造成死亡,行为人只是消极地放弃故意杀人行为,但不予以抢救是不行的,必须实施积极的抢救行为才能阻止死亡结果发生。在该种情况下的犯罪中止,仍然属于这种特殊的犯罪中止。③ 本书认为,从"自动有效地防止犯罪结果发生"的规定而言,虽然在尚未实行终了的情况下,一般只要出于行为人的本意放弃实行行为,就可以符合"有效地防止犯罪结果发生"的有效性的要求,但立法并没有限定只能在犯罪行为实行终了后才能实施"有效地防止犯罪结果发生"的行为。因此,第二种观点是合理的解释,只要是在结果发生之前,自动有效地防止犯罪结果发生,就符合"自动有效地防止犯罪结果发生"这一犯罪中止的要求。

如果结果的发生是因有其他原因(行为)的介入,则行为人不应当承担犯罪既遂的责任,即行为人确实采取了积极的预防措施,而且这些措施在正常情况下足以防止犯罪结果的发生,如果由于其他因素介入,使本来能够避免的结果未能避免,则不能令行为人对所造成的结果承担犯罪既遂的刑事责任,仍然成立中止。例如,故意杀人已致被害人伤害,中止其行为并且立即将被害人送去医院抢救,如果及时治疗,肯定不至于死亡,由于值班医生故意的刁难、拖延治疗,致使抢救失时而死亡。在送至医院后,应该认为行为人已经有效地履行了"自动有效地防止犯罪结果发生"的作为义务,医生的接诊表明了这一义务的有效转移,是否发生死亡结果,已经不在行为人所能控制之下。因此,当然不能由行为人承担既遂的责任。不过,在这种情况下,也需要注意到,如果死亡结果是由于伤情重笃本身造成的④,仍然不成立中止。

对"自动有效地防止犯罪结果发生"是否只限于行为人本人实施为必要的条件,理论上也有不同的认识。第一种观点认为,必须是因为行为人的行为阻止结果发生的,才能成立犯罪中止,如果虽然想阻止结果,但结果是因他人的行为或其他力量的阻止而没有发生,不成立犯罪中止。⑤ 第二种观点认为,成立中止所要求的,只要是足以有效防止犯罪结果发生的作为即可。如果行为人实施了以避免犯罪结果发生为目的的积极作为,努力避免犯罪结果发生,而事实上由于其他原因,导致行为人的积极努力与犯罪结果未发生不具有因果关系的,也应当认定为犯罪中止。如果行为人没

---

① 参见高铭暄、马克昌主编:《刑法学》,北京大学出版社、高等教育出版社2000年版,第164页;陈兴良:《本体刑法学》,商务印书馆2001年版,第512页。
② 参见徐逸仁:《故意犯罪阶段形态论》,复旦大学出版社1992年版,第174页。
③ 参见高铭暄主编:《刑法学原理》(第2卷),中国人民大学出版社1993年版,第338—339页;高铭暄、马克昌主编:《刑法学》(上册),中国法制出版社1999年版,第286页。
④ 伤情重笃致使死亡结果不再具有可避免性,即使送至医院,也不能认为是有效履行了防止结果发生的义务。
⑤ 梁世伟:《刑法学教程》,南京大学出版社1987年版,第186页;高格主编:《刑法教程》,吉林大学出版社1987年版,第132页。

有实施足以有效防止犯罪结果发生的行为,或者假意避免犯罪结果发生而不采取有效行为的,均不足以构成犯罪中止。① 第三种观点认为,阻止结果发生的措施必须有效,但是,阻止结果发生的行为则并非只能由行为人一人实施,第三者与行为人共同采取措施防止了结果发生的,行为人仍然成立犯罪中止。只要行为人的阻止行为对于防止结果发生起到了关键作用,就可以认定行为人采取积极措施防止了结果发生②。"不能机械地理解为犯罪人完全依靠自己的力量避免了危害结果的发生。事实上,除了非暴力性犯罪以外,在大多数暴力性犯罪案件中,单凭犯罪者一人之力,往往很难防止犯罪结果的发生,因而常常需要他人的协助。在这种情况下,只要犯罪人真心实意地想放弃犯罪,并且确实为防止犯罪结果的发生采取了力所能及的措施,即使有他人的帮助,也不影响其犯罪中止的有效性。"③从设立犯罪中止刑事政策以及更有利于鼓励行为人中止犯罪看,第三种观点合适。

放弃能够重复实施的侵害行为的讨论

何为"放弃能够重复实施的侵害行为",在中外刑法论著中,并没有一个明确的定义,往往不作理论上的概括只是举例说明。如某甲杀某乙,第一次开枪射击未中目标,本有可能再开枪射击,但放弃继续实施犯罪,不再射击,故未发生被害人死亡的结果。当然,放弃可重复实施的犯罪预备行为,不在探讨的范围。

我国理论上的归纳大同小异,主要有以下几种:(1) 凡使用可以一次性造成犯罪结果的工具(不限于枪,还包括刀、铁器等),实施了足以发生其所追求的犯罪结果的行为,但是由于其意志以外的原因,使这种结果没有发生(不是任何危害结果都没有发生),根据主客观条件认为仍可实施重复侵害,基于某种原因自动放弃了重复侵害,因而使犯罪结果不再可能发生的情况,都应属于放弃重复侵害行为。④ (2) 已经着手实行特定的犯罪行为,未能发生预期的危害结果。在能够重复实施同一性质的侵害行为并造成预期危害结果的情况下,放弃了犯罪的继续实行,因而使预期危害结果不再发生的情况。⑤ (3) 实施了足以造成既遂危害结果的第一次侵害行为,由于其意志以外的原因而未发生既遂的危害结果,在当时有继续重复实施侵害行为的实际可能时,行为人自动放弃了实施重复侵害行为,因而使既遂的危害结果没有发生的情况⑥。

也有观点认为:(1)犯罪人已经着手实行犯罪,亦即已经开始实行既定的侵害行

---

① 参见钱舫:《犯罪停止形态若干问题的探讨》,载《刑事法学要论——跨世纪的回顾与前瞻》,法律出版社1998年版,第446页。类似观点参见叶高峰主编:《故意犯罪过程中的犯罪形态论》,河南大学出版社1989年版,第79—199页。
② 参见张明楷:《犯罪论原理》,武汉大学出版社1991年版,第509页。
③ 马克昌主编:《犯罪通论》,武汉大学出版社1999年版,第474页。
④ 参见赵秉志:《犯罪未遂的理论与实践》,中国人民大学出版社1987年版,第144—145页。
⑤ 参见马克昌主编:《犯罪通论》,武汉大学出版社1999年版,第475—476页。
⑥ 参见高铭暄、马克昌主编:《刑法学》,北京大学出版社、高等教育出版社2000年版,第163页。

为。(2) 第一次的侵害行为未能发生预期的危害结果。(3) 犯罪分子能够继续实施同一性质的侵害行为，即犯罪人根据当时的客观实际情况和自己的主观认识，认为能够继续实施侵害行为，直至造成预期的危害结果。(4) 预期的危害结果始终没有发生。①

对该情况的定性有三种不同的认识：

(1) 未遂论。这是我国早期的理论观点，认为在这种情况下，犯罪行为已经实行终了，预期的危害结果没有发生是由于行为人意志以外的原因所致，因此，符合实行终了的犯罪未遂的特征。例如，犯罪人开枪射击被害人，在开第一枪后并未射中要害，虽然他还有再次射击的可能，但是并没有实施射击。在这种情况下犯罪人既然已经实施了为达到犯罪结果所必要的行为，这一行为的危害性，也并不能因为没有开第二枪而消失，所以中止可能重复实施的侵害行为，不能认为是犯罪的中止行为，而仍应以犯罪未遂负担刑事责任。② 因在"这种情况下，不能消除犯罪人已经实施的未遂行为所应负的刑事责任，而只能作为证明犯罪人社会危害性较小的一个情节，在量刑时应当予以考虑，但不能认为是犯罪中止"③。也有的认为，射击未中完全是出于行为人意志以外的原因，而且是已经实施一个完整的犯罪行为……射击杀人行为只需一次动作就可以达到目的，并不是要求由许多连续的行为才能达到目的。④

(2) 中止论。该观点认为，从时间上看，放弃重复侵害行为，发生在犯罪未实行终了的过程中，而不是在犯罪行为已停止的未遂形态或既遂形态；从主观上看，犯罪分子是自动放弃而不是被迫停止；从客观上看，预期的危害结果没有发生。因此，完全符合我国刑法关于中止犯的构成特征的规定，应当以中止犯论处。而且，承认自动放弃重复侵害行为是犯罪中止，有利于鼓励犯罪分子放下屠刀，改恶从善，有利于我国刑罚目的的实现。⑤

(3) 折中论。这是旨在调和"未遂论"和"中止论"而提出的，但具体的主张不同。如有的学者认为，放弃重复侵害行为，总是由两部分构成的，即第一次侵害行为因意志以外的原因未发生预期的危害结果，构成未遂犯；后来放弃能够重复实施的侵害行为，构成中止犯。但在定性上，应当按照重行为吸收轻行为的原则，以未遂犯论处。⑥ 有的则认为，传统上所称的重复性侵害行为(如开枪杀人)是一次性侵害行为，行为人

---

① 参见马克昌主编：《犯罪通论》，武汉大学出版社1999年版，第476页。
② 参见中央政法干部学校刑法刑诉法教研室编：《中华人民共和国刑法讲义》，群众出版社1981年版，第160页。
③ 杨春洗等：《刑法总论》，北京大学出版社1981年版，第189页。
④ 参见蔡健：《放弃重复侵害行为应属犯罪未遂》，载《法学季刊》1985年第1期。
⑤ 参见赵秉志：《放弃重复侵害行为应属犯罪中止》，载《法学季刊》1984年第1期；赵秉志：《犯罪未遂的理论与实践》，中国人民大学出版社1987年版，第141—143页；叶高峰主编：《故意犯罪过程中的犯罪形态论》，河南大学出版社1989年版，第251—254页；赵秉志主编：《刑法争议问题研究》(上卷)，河南人民出版社1996年版，第422—428页；马克昌主编：《犯罪通论》，武汉大学出版社1999年版，第477—481页；赵秉志主编：《犯罪停止形态适用中的疑难问题研究》，吉林人民出版社2001年版，第163—164页。
⑥ 参见张尚鷟编著：《中华人民共和国刑法概论》(总则部分)，法律出版社1983年版，第174页。

放弃重复侵害应属犯罪未遂;重复性侵害行为限于用刀、剑、棍、棒等工具或手段实施故意杀人行为,行为人在第一次行为未能刺(打)中而完全具备继续进行侵害的情况下,自动放弃重复侵害行为,以致未能产生死亡结果的,应为犯罪中止。① 还有的认为,应当根据行为人放弃犯罪的具体原因,或论以犯罪未遂,或论以犯罪中止。② 总之,"折中论"各种观点不一而足。

目前认为成立犯罪中止的主张,居于通说的地位。"未遂论"和"折中论"采取何种标准作为理解"实行终了与未终了"当然也是值得检讨的问题,但其人为地割裂了犯罪实行行为的整体性和犯意的连贯性,将实行行为分割为人的一个一个的举动,并将举动视为一个一个具有完整犯意的实行行为,此乃两种观点最大的理论缺陷。"折中论"试图对"未遂论"和"中止论"予以调和,但其理论上的缺陷更大,使观点各异而陷入失范。例如,根据犯罪未完成形态的基本理论,在实施同一犯罪的过程中,一旦成立某种未完成形态,是不可能再返回到另一种未完成形态的。那么,已经构成犯罪未遂,如何能够返回到重新实施犯罪而成立犯罪中止,或者成立犯罪中止,如何又构成犯罪未遂?这是"折中论"无法回答的问题。

本书认为,放弃重复侵害行为是完全符合犯罪中止的特征的。从客观上看,首次实施的侵害行为未能发生预期的危害结果,但并不因此就阻碍了整个犯罪活动的继续进行,因为客观上具备继续实施犯罪行为的可能性。"继续实施犯罪行为的可能性",是指既包括继续利用和使用犯罪工具和方法的可行性,也包括再度重复实施行为的环境的可能性。利用和使用工具或方法的可行性,当然是指使用的犯罪工具和方法能够反复予以利用。再度重复实施行为的环境的可能性,是指在客观上存在继续实施犯罪行为的客观环境和条件,如侵害对象、时间、空间、无关系的第三人以及行为人的生理等条件,不存在足以影响行为人继续实施犯罪行为的情况。从主观上看,行为人对继续实施犯罪的可能性亦有清醒的认识。我国《刑法》对于犯罪中止的规定,无论哪种类型的中止,其核心的要求就是"有效性"。放弃重复侵害行为同样是符合有效性要求的。在其完成整个犯罪的实行行为并没有实行终了的情况下,行为人完全有机会也有时间不停止犯罪活动,在能够立即进一步实施侵害时,出于本人的意志,自动中止了实行行为,或者在预期的危害结果发生之前,自动有效地避免了预期危害结果的出现。至于行为人放弃自己犯罪意图的原因,除认识到客观上有不利条件使自己无机会继续再实施侵害行为之外,不影响对其主观要件的认定。

正因为停止犯罪完全是出于行为人自己的本意,放弃本来可以继续实施的犯罪行为,从而表现出他主动放弃犯罪的自觉性。这种自觉性,说明行为人的犯意已发生了质的变化,而这种变化是决定其行为性质的最基本的依据。所以,法律要求的结果最终没有发生,正是由于行为人放弃了可以重复实施的侵害行为。因此,自动放弃重

---

① 参见徐逸仁:《故意犯罪阶段形态论》,复旦大学出版社1992年版,第189—193页。
② 参见黎亚薇:《也谈"自动放弃重复侵害行为"的定性》,载《湖南公安高等专科学校学报》2000年第1期。

复侵害行为是完全符合犯罪中止特征的。无论是在理论上，还是从刑事政策方面考虑，都应当以中止犯论处。

四、中止犯的刑事责任

归纳国外或地区刑法对犯罪中止处罚的规定，大体上有以下的处罚原则①：

（一）不处罚原则

大陆法系许多国家或地区的刑法为了鼓励行为人放弃犯罪规定不处罚中止犯②。不处罚的立法例，应当说是出于刑事政策的考虑，对中止犯给予宽大的处理无异于给行为人"架设了引导犯罪人返回的黄金桥"，会鼓励更多的行为人中止犯罪。

（二）必须减免原则

立法例中更多的是规定对中止犯必须减轻或免除处罚③，表明对于中止犯虽然必须减轻或免除处罚，但是根据具体情况减轻或者免除处罚，可以说必须减轻或者免除处罚的立法例是给中止犯"架设了后退的木桥"④。我国《刑法》的规定，原则上属于必须减免的立法例。

（三）得减原则

得减原则即是对中止犯可以减轻或免除处罚，也可以不减轻或免除处罚。该立法例在国际社会中只有极个别国家采用⑤。

我国《刑法》第24条规定："在犯罪过程中，自动放弃犯罪或者自动有效地防止犯罪结果发生的，是犯罪中止。对于中止犯，没有造成损害的，应当免除处罚；造成损害的，应当减轻处罚。"一般认为适用上需要注意：(1) 对中止犯的处罚原则是"应当"，即必须免除或者减轻处罚，而且对中止犯处理时要先考虑损害结果。对中止犯既不

---

① 除列举处罚原则外，在大陆法系有些国家的立法中对中止犯还规定有特别的处罚原则，即当行为人的中止前的行为又符合另一种犯罪的条件时(也即存在竞合情况时)，则成立另一种犯罪的既遂，按该罪的刑罚处罚，不再成立预期之罪的中止。如1930年《意大利刑法典》第56条第3款规定："如果犯罪人自愿中止行为，只有当已完成的行为本身构成其他犯罪时，才处以为该行为规定的刑罚。"1956年《泰国刑法典》第82条规定："着手犯罪行为而自行中止，或变更其恶意并防止其结果之发生者，不罚。但其行为已构成犯罪者，以该罪处罚之。"

② 如《德国刑法典》第24条(犯罪中止)第1款规定："行为人自动中止犯罪或主动阻止犯罪完成的，不因犯罪未遂而处罚。如该犯罪没有中止犯的行为也不能完成的，只要行为人主动努力阻止该犯罪完成，应免除其刑罚。"

③ 如我国台湾地区"刑法"第27条规定："已着手于犯罪之实行，而因己意中止或防止其结果发生者，减轻或免除处罚。"《韩国刑法典》第26条规定："已经着手实行犯罪，但行为人自动中止或者防止其结果发生的，减轻或者免除处罚。"

④ 参见[日]板仓宏：《中止犯》，载阿部纯二等主编：《刑法基本讲座》(第4卷)，日本法学书院1992年版，第37页。

⑤ 如1996年《瑞士刑法典》第21条规定："行为人自动中止犯罪的实施，法官可免除其刑罚。"第22条规定："犯罪行为已经实施终了，但重罪或轻罪的结果未发生的，可对行为人从轻处罚。行为人主动阻止犯罪结果和发生或实际阻止了犯罪结果发生的，法官以自由裁量减轻处罚。"

许可与既遂犯同样处罚,也不允许比照既遂犯从轻处罚。这一处罚原则不但轻于未遂犯,也轻于预备犯,这体现了主客观相统一的刑事责任原则和罪刑相适应原则的要求,也在一定程度上有助于对已经开始的犯罪活动的积极制止。(2)对中止犯的从宽处罚根据不同情况分别掌握,对于造成损害结果的,应当减轻处罚,并应综合考察中止犯罪的各种主客观情况,如具体损害结果的大小、中止犯罪的原因等,来决定减轻处罚的幅度;对于未造成损害结果的,应当免除处罚。(3)中止者所拟实施或刚着手实施的犯罪危害较轻,符合第13条"但书"规定之"情节显著轻微危害不大"的,应依法不认为是犯罪。①

除上述需考虑的问题外,还应当注意,行为人的行为在中止某种犯罪行为以前,是否已经独立构成其他犯罪。例如,盗枪杀人,半路上悔悟中止犯罪的,杀人行为虽自动中止,但盗枪行为已经既遂。还应当考虑行为人中止犯罪的动机(原因)以及犯罪中止的类型。

中止犯刑事责任的特别情况研究

问题一:中止犯与既遂犯的竞合

该问题在我国刑法理论上探讨的不多。所谓中止犯与既遂犯的竞合,有两种情况,是指犯罪人出于特定的犯意,实施预谋的犯罪行为,自动中止了业已实施的预备或实行行为,或者自动有效地防止了预期危害结果的发生,构成所预谋的犯罪中止犯,但预备行为又构成另一犯罪的既遂犯②;或者其为了中止犯罪的手段行为符合某种犯罪构成,却中止预谋之犯罪的情况。前者如出于杀人的目的而盗窃枪支,但在着手实行杀害行为之前,或者实行过程中自动停止了杀人行为并挽救了被害人生命,构成故意杀人罪的中止犯,但其杀人的手段的预备行为,却构成了盗窃枪支罪的既遂犯。后者如在投毒后,见被害人在痛苦中而生悔意,为将其送到医院不得不将其汽车撬开驾驶,手段行为构成故意毁坏财物罪。

在自动中止此罪的同时,其中止前的预备行为或为中止而采取的手段行为产生的结果又符合构成彼罪的情况,究竟应当以此罪的中止犯论处,还是以彼罪的既遂犯,抑或数罪并罚? 具体而言,这是两种不同的情况。前者在预备行为单独构成犯罪的情况下,或者在预备后进入实行过程中止犯罪行为的,是同一犯罪中不同的过程。台湾蔡墩铭教授认为:"吾人认为一切未遂犯虽以结果不发生为其共同特征,但所谓结果不发生,乃未发生犯人所预期应发生之结果,设所发生者非犯人所预期应发生之结果,而系轻微之结果,其所发生之结果,仍违反犯人之预期,亦即未达犯人之目的,在此情况之下,仍应论以普通未遂或中止未遂,不应就其所发生之结果而论以轻罪之

---

① 参见高铭暄、马克昌主编:《刑法学》(第5版),北京大学出版社、高等教育出版社2011年版,第161页。
② 参见马克昌主编:《犯罪通论》,武汉大学出版社1999年版,第482页。

既遂,实较妥当。"①也有的认为应当以所构成的独立罪的既遂论处,不再追究中止之罪的刑事责任。②黎宏教授认为,中止的效果不能及于其他罪,也不能被中止之罪所吸收,例如,为诈骗而伪造公文,虽中止诈骗行为,但仅就诈骗罪是中止,伪造公文仍然是既遂。③但对最终处理的意见没有明确表态。应该说,在预备行为单独可以构成犯罪的情况下,如果没有实施预定之犯罪的实行行为,按照想象竞合犯"从一重罪"原则处理是可行的,毕竟预定之罪并没有进入实行过程,是预备行为触犯可单独构成之罪的罪名,以及同时触犯预定之罪的罪名,符合想象竞合犯的条件;但在预备后进入实行过程后,实行行为所触犯的罪名则是另一个独立罪名。例如,在使用盗窃的枪支击伤被害人后,萌生悔意送医院抢救未死亡的,应该说这是两个不同的罪名,在基于一个犯意(杀人)的情况下,可以认为符合牵连犯的特征,因为牵连犯本质上就是实质数罪,因此,按照牵连犯从一重罪论处完全可以,给予数罪并罚也未尝不可。

对后种情况,因中止而采取的手段行为符合其他犯罪的则不同。"这种情况不能解释为牵连犯,因为无论是手段、结果,都是出于避免预期危害结果的目的而采用或由中止行为所造成的,它既不是基于某种犯罪目的,也不是某种犯罪的手段行为或结果行为,所以不能按照'从一重罪论处'的原则处理。"④张明楷教授对中止而采取的手段行为符合其他犯罪的情况下的定性,认为如果需通过损害A法益才能避免B法益受到侵害因果关系的进程时,必须将A法益的结果归属于其行为,如属故意设定的情况,就要承担对A法益侵害的故意责任。⑤日本学者久礼田益喜主张按照重罪(杀人罪)吸收轻罪(伤害罪)的原则,以重罪(杀人罪)的中止犯论处。"甲罪的中止犯所产生的现实结果,如果在形式上构成乙罪,乙罪与甲罪之间,则是一种吸收和被吸收的关系。例如,在杀人罪的中止犯产生伤害结果的场合,该种伤害结果为杀人罪的中止犯所吸收,不另行构成伤害罪。"⑥而德国学者李斯特认为,在杀人罪的中止犯产生伤害结果的情况下,不能以杀人罪的中止犯论处,而应当以伤害罪的既遂犯论处。⑦日本大塚仁教授认为:"中止行为自身符合某个构成要件时,对其可以作为独立罪处罚。例如,放火的犯人为了灭火而破坏建筑物的一部分时,其行为就可能构成损坏建筑物罪。"⑧由此可见,该种情况下的处理很难取得一致的意见。

马克昌教授不主张实行数罪并罚,认为这样将会加重被告人的刑事责任,认为一般情况下,应当以一罪的中止犯论处,对构成既遂犯的另一罪可不予追究……但由于被告人的行为又触犯另一罪名并构成独立犯罪,因此,它与单纯地中止预谋之罪,并

---

① 蔡墩铭:《刑法总则争议问题研究》,台湾五南图书出版公司1976年版,第246页。
② 转引自马克昌主编:《犯罪通论》,武汉大学出版社1999年版,第482—283页。
③ 参见黎宏:《刑法学总论》(第2版),法律出版社2016年版,第253页。
④ 马克昌主编:《犯罪通论》,武汉大学出版社1999年版,第483页。
⑤ 参见张明楷:《刑法学》(上)(第5版),法律出版社2016年版,第377页。
⑥ 转引自马克昌主编:《犯罪通论》,武汉大学出版社1999年版,第482页。但本书认为,日本学者所谓的"吸收与被吸收关系",并不是吸收犯中的吸收关系。
⑦ 转引自马克昌主编:《犯罪通论》,武汉大学出版社1999年版,第482页。
⑧ 转引自张明楷:《未遂犯论》,中国法律出版社、日本成文堂1997年版,第432页。

未构成其他犯罪的情况,毕竟有所不同。如一概以一罪的中止犯论处,亦有不妥之处。在特定案件中(如中止杀人罪又构成其他重罪),对被告人以中止犯处理,可能会轻纵,有悖罪刑相适应原则时,也可以不考虑中止犯的情况,直接按另一罪的既遂犯定罪量刑。①

按照罪刑关系和处理原则看,犯罪未完成形态的理论与罪数理论之间并不是排斥关系,即并不因为属于是未完成犯罪的情况,而影响其数行为构成数罪或非数罪。对于上述情况,从一定意义上说,中止犯罪为避免预期结果而采用手段行为触犯另一个罪名(造成一定的结果),与罪数理论中吸收犯的一般性研究似有区别,但这只是问题涉及的角度不同而使其内容的侧重点不同,并不是排斥的关系。对中止犯罪为阻止结果发生采取的手段行为,不能不认为与所中止的犯罪是不同的另一个独立的行为。因为如果不视为是另一个独立的行为又触犯其他罪名,而主张按照一罪的犯罪中止,或者另一罪的犯罪既遂处理,是依据什么理论能够得出这种认识,又成为值得研究的问题了。

理论上吸收犯在构成条件上并没有限制必须是既遂的犯罪,当然也包括有些处于未完成形态的情况,只是对上述情况能否作为吸收犯看待的问题。本书认为,上述情况符合吸收犯条件,即在特定情况下为中止犯罪,不得不有此行为时,符合"前行为可能是后行为发展的所经阶段",成立吸收关系。例如,用毒蛇将被害人的胳膊咬伤后,心生悔意,为及时阻止毒液蔓延而挥刀砍断其胳膊。砍断其胳膊的前行为,就是要中止犯罪的后行为需要经过的阶段。② 对此,可以按照吸收犯的"重行为吸收轻行为"的原则处理。

问题二:中止犯与未遂犯的竞合

中止犯与未遂犯的竞合,是指已经着手实行行为,由于手段错误或工具错误(含对象错误)致使所实施的犯罪本身不可能达到既遂,但行为人基于自己的意志放弃了继续犯罪,或采取了防止危害结果发生的措施的情况。对于中止与未遂的竞合,我国有学者基于该种情况不具有达到既遂可能性的基本特征,而将该种情况称为"中止犯与未遂犯的竞合"③。对于该种竞合的表述,有一种观点将其界定"在犯罪过程中"④,而"在犯罪过程中"的含义根据我国《刑法》的规定,是包括犯罪预备阶段在内的,但如果包括预备阶段的犯罪中止,则与犯罪未遂不可能发生竞合问题,因此,这一时间条件界定是不正确的。

中止犯与未遂(不能)的竞合,是司法实践中存在的一种复杂犯罪现象,正如有的学者所指出的,"一方面,由于行为人所采用的手段或所使用的工具,在客观上不能产

---

① 参见马克昌主编:《犯罪通论》,武汉大学出版社1999年版,第483—484页。
② 当然,这样解释也是有不足的,吸收犯的"前行为可能是后行为发展的所经阶段",在一般意义上应该是指在数行为实施之前,行为人已经有实施此行为之意,而在该种情况下,以此界定表明在犯罪之前就已经做好准备实施另一个行为来"中止"犯罪,再视为吸收犯在解释上并非圆满。
③ 马克昌主编:《犯罪通论》,武汉大学出版社1999年版,第484页。
④ 参见张宏:《犯罪未遂与犯罪中止竞合应以中止论处》,载《人民检察》1994年第4期。

生预期的危害结果,甚至根本无法完成犯罪行为,具有不能犯未遂的性质;另一方面,由于行为人确有中止犯罪的意图,并自动停止犯罪行为,或采取了积极防止危害结果发生的措施,因而又具有犯罪中止的某些特征。但是,由于预期危害结果的没有发生,与手段或工具的客观不能犯性质及犯罪人的自动停止犯罪,存在着直接或间接的联系,因此,它又不同于单纯的犯罪中止和不能犯未遂"①。

对这种犯罪形态的竞合如何处理,目前有三种意见:

第一种观点认为,该种竞合应当视行为的发展进程来决定,具体而言:(1)在行为尚未实行终了的情况下,应当以中止犯论处。在这种情况下,是行为人自以为能够将行为实行到底而自动停止,至于这种认识是否符合事实发展的客观进程,所采用的手段、工具最终能否导致预期的危害结果,以及其犯罪目的事实上能否实现,完全可以不问。(2)在行为已经实行终了的情况下,应当以不能犯的未遂论处。因为已将行为实行完毕,但在预期的危害结果尚未发生之前,必须采取积极措施,有效地防止了危害结果的发生,才能以中止犯论处……如果行为客观上根本不可能发生预期的危害结果,不管行为人主观上是否希望结果的发生,以及对结果发生的认识如何,也不管他是否基于善意的动机而采取防止结果发生的措施,都不可能成立中止犯。犯罪行为已经实行完毕,危害结果的不能发生已经成为不能更改的事实,无论行为人是否具有防止结果发生的行为,预期的危害结果都不可能发生。所以,结果没有发生,不是由于行为人的预防措施所避免的,而是由于意外的客观原因而使犯罪未能达到既遂状态……尽管行为人主观上彻底抛弃了犯罪意图,客观上做了积极努力,但这种在放弃犯罪意图之后所进行的积极努力,并不是有效地避免预期危害结果发生的原因。这种努力在主观上是自动的,在客观上却是无效的,虽然符合犯罪中止的自动性条件,但却不具备中止的有效性特征。因此,只能以未遂犯论处,而不能以中止犯论处。②

第二种观点认为,该种情况下的未遂与中止的竞合,应以犯罪中止论,并认为根据行为的发展进程来决定这种竞合是属于中止还是未遂的观点不妥当,因为未遂是没有放弃犯罪意图,仍然希望危害结果的发生。既然没有发生危害结果,行为人主观上也具备了中止的主观要件,就应该对其主观上不希望危害结果的发生,并且对已采取补救措施的积极的一面予以肯定。在未遂与中止竞合时,由于行为人对事实的认识错误,其行为从一开始就不能发生预期的犯罪结果,在这一特定的犯罪构成中是无效行为,既然是无效行为,其是否实施终了已没什么实际意义了。③

第三种观点认为,这种情况符合大陆法系理论上的准中止犯罪的情况,即当行为人在主观上真诚希望能够防止犯罪结果发生,客观上也做出了足以阻止结果发生的真挚努力,而且按照通常观念,这样的真挚努力按照因果流程能够避免犯罪结果发生,只是因其他因素(包括行为本身不可能发生预期结果),使中止行为与结果没有发

---

① 马克昌主编:《犯罪通论》,武汉大学出版社1999年版,第484—485页。
② 参见马克昌主编:《犯罪通论》,武汉大学出版社1999年版,第486—487页。
③ 参见张宏:《犯罪未遂与犯罪中止竞合应以中止论处》,载《人民检察》1994年第4期。

生之间不具有因果关系,即属于准中止犯。而在我国现行刑法框架内,并没有妥善的解决方案。应建立对准中止犯与中止犯同等评价的制度。① 张明楷教授认为,"有效防止犯罪结果发生",表面上要求中止行为与结果没有发生之间存在因果关系,事实上是要求采取有效措施、做出防止结果发生的真挚努力,并不是要求中止行为与侵害结果没有发生之间必须存在因果关系②。也可以看作是对这一问题解决的方案之一,当然在结论上,是成立中止犯。

正是基于在我国现行刑法框架内并没有合适的解决方案,将这种竞合现象只视为犯罪中止或者犯罪未遂都值得商榷。本书认为,中止犯与未遂犯的竞合现象,其行为只有一个,而这一个行为根据我国《刑法》的规定,的确既具有符合中止的特征,也同时也有未遂的特征,但同时也存在不完全符合中止的特征,也不完全符合未遂的特征。在这种情况下,客观上本来就不能够达到既遂,只因对犯罪的手段或工具有认识错误,或对象有认识错误,行为人是在没有认识到的情况下主动放弃犯罪意图,或为防止犯罪结果发生做出真挚努力的。如果从错误对结果发生影响的作用看,有些错误是绝对不可能达到既遂的,有些错误则是相对的,因此,对于这种竞合现象进行具体分析的做法是值得肯定的。

本书认为,在我国现行刑法框架中,应综合考虑不能够达到既遂原因的客观属性和作用。如果属于绝对不可能达到既遂③,即使是为防止结果发生做出诚挚的努力,也是缺效的,结果没有发生与其自动中止的行为并没有直接的关联关系,从中止要求的"有效性"而言,是欠缺的,如果要按照中止犯对待,则与我国《刑法》规定相冲突。例如,投毒故意杀人,因认识错误将对神经损害药物作为毒药,该药物虽不足以致死但不施救仍然可能造成严重的神经性损害,在看到被害人痛苦之惨状后,有悔意而送医抢救。由于死亡结果不会发生,行为人防止的是伤害结果发生。因此,论以中止有所不当,其诚挚努力的行为,完全可以作为情节考虑。如果不能属于相对性质的,则应当认为其自动中止的行为与没有发生结果有关联性。例如,同为投毒杀人,认为"巴豆"是毒性较大,服巴豆油可因呼吸及循环衰竭致死④,但因为被害人身体强壮尚不足以致死,在看到被害人痛苦之惨状后,有悔意而送医抢救。显然,如果投放量大,也足以致死,这里虽然不致死,但防止的是死亡结果的发生,应成立犯罪中止。结合犯罪实行的过程,对于绝对不可能达到既遂的,在实行行为尚未终了的情况下,自动放弃犯罪意图,中止行为的,应当以犯罪中止认定;在实行行为终了的情况下,构成犯罪未遂。对于相对不可能达到既遂的,无论其实行行为是否终了,自动放弃犯罪意图中止行为的,应当以犯罪中止认定。

---

① 参见张平:《中止犯与未遂犯的竞合形态研究》,载《法学评论》2007年第3期。
② 参见张明楷:《刑法学》(上)(第5版),法律出版社2016年版,第372页。
③ 绝对不可能达到既遂应评价为不能犯的,则不发生竞合问题,自应以不能犯解决。
④ 人服用巴豆油20滴可因呼吸及循环系统衰竭而死。

第九章 共同犯罪

第一节 共同犯罪概述

犯罪是一种非常复杂的社会现象,在司法实践中,就实施的人数而言,一人单独实施的犯罪是"单独犯罪",二人或二人以上共同实施的犯罪为"共同犯罪"。共同犯罪属于犯罪的特殊形态之一。在各国刑法的规定中,关于共同犯罪成立、共同犯罪的范围和共同犯罪参与者的分类各具特色,立法规定上多有不同,理论研究也各具特点。

一、犯罪的参与体系

犯罪的参与体系,也就是对犯罪参与的判断和参与角色认定的体系。在19世纪末20世纪初,在德国学者贝林倡导的构成要件理论后,在实体法上形成了绝对(机械)的罪刑法定适用的倾向、无例外地禁止类推、构成要件无价值色彩、形式违法性等一系列鲜明的理论观点。但法定"构成要件"的概念,为理论上一系列难以解决的问题提供了解释的理论基础,在共同犯罪问题上,借助于法定"构成要件"的概念,在正犯与共犯区别上[1],为说明和界定刑法所要处罚的"行为人",在理论上产生了"紧缩的行为人"和"扩张的行为人"对立的概念。按照"紧缩的行为人"[2]概念,可罚行为限于法定构成要件所描述的行为,刑法上的行为人也被限于"自己亲手实现法定构成要件的人"。因此,仅仅实施教唆、帮助行为的,是经由他人(正犯)所为的符合构成要件的行为引起构成要件实现的,那就不属于刑法上的行为人,原本就不是刑法要处罚的对象。但是,基于实定法对教唆、帮助行为有处罚的规定,才能对并没有亲手实现构成要件的行为人施以刑罚。因而,在刑法上对教唆、帮助作为共犯处罚的规定,在本质上是"刑罚扩张的事由";如果刑法上未设这样的规定,则教唆、帮助行为就不具有可罚性。

显而易见的是,"紧缩的行为人"概念从形式上把握"构成要件",将"间接正犯"排除在"正犯"之外,由于间接正犯是未亲自实现构成要件的,无法包括在"正犯"的

---

[1] "正犯"在解释论上,就是指实行犯,即实施刑法分则具体犯罪构成要件行为之人,共犯则是指实施教唆、帮助行为之人。因此,共犯的概念是狭义上的共同犯罪参与者,非指"共同犯罪"。

[2] 也称为"紧缩的正犯"概念。

概念中,只能成立共犯。当然,如从实质意义上解读"实行行为",被利用者成为其实现构成要件的工具,则可将这种利用纳入自己的行为,与自己亲自实现构成要件并无二致,因此也属于正犯。① 但是,在"紧缩的行为人"概念下,这一问题在当时得不到解决。与此相反,"扩张的行为人"②概念,则从主观主义的因果关系理论出发,刑法上的行为人就是指所有惹起构成要件结果之人,只要通过因果关系支配实现构成要件的,就是刑法上的行为人,就是正犯,并不限于"亲手"实现构成要件之人。"扩张的行为人"概念,原本是为解决"紧缩的行为人"概念无法将间接正犯纳入"正犯"概念问题的③,即便实施教唆、帮助行为的,也是惹起构成要件实现之人,本质上也是正犯。只是因为刑法上对教唆行为、帮助行为特别设置轻处罚的规定,所以对教唆犯、帮助犯不再以正犯论。所以,刑法上有关共犯的规定,本质上是"刑罚限制的事由"。

但是,"扩张的行为人"概念,从因果关系的条件说出发,将构成要件事实的实现赋予条件行为,有取代实行行为概念,忽视实行行为定型化,致使正犯成立范围有过于宽泛不明确之虞。换言之,"扩张的行为人"概念作为犯罪论体系的构架,将构成要件的实现以条件行为取代,可能造成原本仅以共犯处理的行为,都有以正犯处理的可能性。④

理论上有学者认为犯罪的参与体系,就是建立在上述理论基础上⑤,即从立法上看,共同犯罪有两种独立的认定犯罪参与体系,一为"区分共犯体系"的立法⑥,认为是以紧缩行为人概念为基础;一为"单一正犯体系"的立法⑦,认为源于扩张的行为人概念⑧。但是,即便是采"区分共犯体系"立法,"扩张的行为人"概念,当然也可以解释为设立"区分共犯体系"的立法的根据。在"区分共犯体系"的学说中,形式的客观说与"紧缩的行为人"概念密切相关,是以法定构成要件为标准;而主观主义的"因果关系条件说",则与"扩张的行为人"概念有共通之处,只是就强调支配、引起法益侵害事实这方面而言,"扩张的行为人"概念与犯罪支配理论更为接近。⑨

"单一正犯体系",即所有共同犯罪参与者,均视为单独的正犯(实行犯)处罚,即所谓的"参与者皆正犯"。这是主观主义共同犯罪理论的立法例,其基本的理论出发点是因果关系条件说的"等价性"。早期的"单一正犯"概念下,"形式单一的正犯"概

---

① 参见陈子平:《刑法总论》(下),台湾元照出版有限公司2006年版,第75页。
② 也称为"扩张的正犯"概念。
③ 参见陈子平:《刑法总论》(下),台湾元照出版有限公司2006年版,第76页。
④ 同上。
⑤ 参见蔡圣伟:《刑法问题研究(一)》,台湾元照出版有限公司2008年版,第142—144页。
⑥ "区分共犯体系"即将共同犯罪参与者分为"(共同)正犯""教唆犯""帮助犯"或者"主犯""从犯""教唆犯",有的立法中还有"组织犯"。
⑦ "单一正犯体系"是以因果关系的条件说认为犯罪参与者"本质上均为正犯"为理论基础的。
⑧ 不过对于将"单一正犯体系"与"扩张的行为人"概念相联系,将"紧缩的行为人"概念导致"区分共犯体系"立法,以及将客观理论与"紧缩的行为人"概念相联系,主观理论与"扩张的行为人"概念相搭配的这种说法,也有指责为错误的认识。参见柯耀程:《刑法总论释义——修正法篇(上)》,台湾元照出版有限公司2006年版,第314页。
⑨ 参见蔡圣伟:《刑法问题研究(一)》,台湾元照出版有限公司2008年版,第142—144页。

念体现的是纯粹的犯罪参与者违法的独立性。也就是说,并不承认共犯参与形态的存在,正犯与共犯参与形式纯属多余,"共犯的从属性说"在共同犯罪中没有立锥之地。① 所以,在共同犯罪参与者中,不区分实施的是组织还是帮助行为或教唆行为,也不根据参与形式确定处罚原则,即使接受组织、帮助、教唆的行为人的行为不构成犯罪,也不影响组织者、帮助者或教唆者构成犯罪,一律按照该种犯罪正犯的刑罚处罚,即对所有参与者设定了单一适用正犯的刑度。②

但是,正在此后的理论发展中,有从功能性对单一正犯予以架构的体系,认为单一正犯非以因果条件性而成立,而是以法律上的等价性为基础,是所有加功犯罪的行为人在法律上作用均等价,加功者虽然对犯罪事实的实现作用等价,但是加功的程度不同,因此在罪责上应予以个别化。这一理论既修正了因果条件理论,也认为参与形式的单一并不代表各个正犯的罪责也应单一,使得各个行为人的行为的不法与罪责各自定位。但是,受因果理论影响的单一制的刑度观念成为该理论深化的障碍。

也有"减缩的单一正犯"体系被提出,认为个别行为人的行为所揭示的不法内涵在法律上的评价并不相同,理应区分正犯形式,即便在单一正犯体系下,也有从属性关系存在,对于惹起正犯与协助正犯的成立,也应从属于直接正犯故意的不法行为(共犯从属性中限制从属性)。也就是说,只有直接正犯的行为是故意行为时,其他人的行为才有处罚的可能性。该说将犯罪支配理论引入单一正犯概念,对各种正犯的形式给予明确,对犯罪事实的加功程度归于正犯的形式中。正因为加功程度的不同,所以在单一的参与形态中,仍然存在区别,但是,要能够区别就需要借助于支配理论以及从属性理论③。在这样的立法例中,所有犯罪参与者均应按照正犯之刑处罚,在责任区别上需要按照对犯罪事实的贡献进行。但是犯罪参与者无所谓存在教唆犯、帮助犯区别的必要。但是,这种单一正犯概念由于引入支配理论和从属性理论,使得单一正犯体系的特点与区分制共犯体系难以区别开来④。现行《俄罗斯刑法典》对犯罪参与的立法规定与单一正犯体系很近似,其第33条第1项规定:"组织犯、教唆犯和帮助犯与实行犯一样,都是共犯。"第2项还规定,直接实行犯、间接实行犯也包括在共犯的概念中。这样的立法例,由于"共犯"在名称的使用上包括各种犯罪参与者,而直接实行犯与间接实行犯都是正犯,也包括在共犯概念中,因此这样的立法也被称

---

① 参见柯耀程:《变动中的刑法思想》,中国政法大学出版社2003年版,第185页。
② 《法国刑法典》可以说是该立法的范例,第121—4条规定:"下列之人为罪犯:1. 实施犯罪行为者;2. 图谋实施重罪,或者在法律有规定之场合,图谋实施轻罪者。"第121—7条规定:"知情而故意给予帮助或协助,为准备或完成重罪或轻罪提供方便者,为重罪或轻罪之共犯。以赠礼、许诺、威胁、命令、滥用权势或职权,挑动或教唆犯罪者,亦为共犯。"第121—6条规定:"第127—7条意义上的共犯,按正犯论处。"
③ 以上见解参见柯耀程:《刑法总论释义——修正法篇(上)》,台湾元照出版有限公司2006年版,第315—319页。
④ 《奥地利刑法典》的规定,就是"减缩的单一正犯"的立法例。其第12条规定:"自己实施应受刑罚处罚的行为,或者通过他人实施应受刑罚处罚的行为,或者为应受刑罚处罚的行为的实施给予帮助的,均是正犯。"第13条规定:"数人共同实施应受刑罚处罚的行为的,按责任大小分别处罚。"

为"包括正犯的概念"①,当然这样的共犯概念是广义的。

在"区分共犯体系"下,共同犯罪的参与者是需要按照各自参与犯罪的形态以及参与的程度承担责任程度不同的刑事责任。以自己的意思参与实行可罚行为构成要件的是正犯;以帮助、教唆之意以及帮助、教唆形态参与犯罪的,是帮助犯、教唆犯。这是基于构成要件的体系在设计上均是针对正犯所定的缘由,因此,实现构成要件之人,在评价上为正犯。而共犯因对构成要件所设定的行为并非自己实施,是加功于他人的构成要件的行为,所以共犯在这种参与体系下,评价上即从属于正犯的行为而存在,这就是"从属性原则"②。区分共犯体系所倡导共犯从属性,是客观主义共犯理论的立法例③。

当然,这里的从属性关系仅就说明共犯的参与形式,不是对共犯的所有价值评价。也就是说,在共犯参与体系下,共犯行为违法的根据,与参与的形式并不直接关联,是需要个别加以认定的,这就是共犯犯罪性、可罚性的根据问题。在理论上,对共犯从属性由此而提出"最低限度从属""限制从属""极端从属"和"最极端从属"四种形式的从属理论。④

在区分共犯体系下,共犯的概念是狭义的,仅指参与实施的行为属于由刑法总则规定的行为,而没有实施刑法分则所规定的行为。因此,就可以对参与者根据参与的形式区分为正犯与共犯。不过对共犯具体的认定与正犯一样,也需要将具体犯罪构成要件也作为评价的基础。只是正犯与非正犯的区别,在规范解释上并非完全遵从于实定法的拟制,而必须是基于构成事实,通过刑法规范进行具体解释。换言之,即便是帮助正犯实现其犯罪意思而直接开枪杀人的,也不可能因出于"帮助之意"而认定为帮助犯,而是故意杀人的正犯。在这种区分体系中,正犯是犯罪的核心,共犯则为依附者,在责任上,正犯的处罚通常要重于共犯。

至于我国刑法的犯罪参与采何种体系,理论上是有争议的。从多数学者的观点看,认为是采"区分共犯体系"⑤,少数学者持"单一正犯体系"⑥。从我国《刑法》对共

---

① 〔日〕木村龟二主编:《体系刑法事典》,日本青林书院新社1981年版,第266页。
② 即使在区分制下,共犯的犯罪性和可罚性仍然是有争论的,即共犯的从属性与独立性之争。
③ 参见阮齐林:《刑法学》(第3版),中国政法大学出版社2011年版,第167—168页。
④ "最低限度从属"是指只要正犯实现构成要件,教唆犯和帮助犯就具有可罚性而成立共犯;"限制从属"是指需要正犯违法地实现构成要件,教唆犯和帮助犯才具有可罚性而成立共犯;"极端从属"是指要求正犯不仅违法而且有责地实现构成要件,教唆犯和帮助犯才具有可罚性而成立共犯;"最极端从属"是指要求正犯不仅违法、有责实现构成要件,而且正犯的行为具有可罚性条件,也即只有正犯构成犯罪时,教唆犯和帮助犯才具有可罚性而成立共犯。
⑤ 参见陈兴良:《共犯论:二元制与单一制的比较》,载中国人民大学刑事法律科学研究中心编:《刑事法热点问题的国际视野》,北京大学出版社2010年版,第155页;张明楷:《刑法学》(上)(第5版),法律出版社2016年版,第381页以下。
⑥ 参见刘洪:《两类犯罪参与体系理论比较研究》,载《福建公安高等专科学校学报》2007年第5期;江溯:《犯罪参与体系研究》,中国人民大学出版社2010年版,第253页;刘明祥:《"被教唆的人没有犯被教唆的罪"之解释》,载《法学研究》2011年第1期;阮齐林:《刑法学》(第3版),中国政法大学出版社2011年版,第168页。

同犯罪的具体规定看,修订后的《刑法》将 1979 年《刑法》对除主犯之外的其他共同犯罪人"比照"处罚的规定①,统一修订为按照"各自"参与犯罪的情况处罚,的确没有将正犯置于定罪处罚的核心地位,但就共犯(帮助犯、教唆犯)而言,《刑法》第 27 条"在共同犯罪中起……作用"的规定,却又将教唆、帮助行为明确在确定具有从属性质上。例外的是我国《刑法》第 29 条第 2 款的规定,即当被教唆者没有犯被教唆的罪,对于教唆犯,可以从轻或者减轻处罚的规定,也被学者认定为"单一正犯体系"的适例。阮齐林教授就认为,我国刑法对犯罪参与者并没有重视其参与犯罪的分工,而重视的是参与犯罪中起到的作用,而且,在刑法的规定中,实行犯并非均是正犯,也可以是从犯、教唆犯;也并非只能成立教唆犯,也可以是从犯。② 这的确具有单一正犯体系的意味。

但是,倾向于认为我国刑法采共犯参与体系的学者则认为,我国的共犯体系,大体上还是贯彻了根据分工和参与程度不同将参与者进行区分的宗旨,而并不是按照单一正犯体系将参与者一律作为主犯或正犯对待;从犯、胁从犯、教唆犯的犯罪性从属于主犯;刑事责任也大体上依附于主犯,即使《刑法》第 29 条第 2 款"如果被教唆的人没有犯被教唆的罪,对于教唆犯,可以从轻或者减轻处罚"的规定看似需要独立处罚,实际上也是要求被教唆者应成立犯罪预备或未遂的程度。③

从我国共同犯罪立法的规定而言,如果以教唆犯为例,当被教唆者没有犯被教唆的罪时,理论上普遍认为这属于"教唆未遂"。④ 然而,如果按照犯罪未遂要求"着手实行犯罪"是指实施分则构成要件行为的通行观点和立法规定而言,教唆犯(包括实施帮助)的行为是非实行行为,如果与既遂、未遂相关联,本应与被教唆者所实行犯罪相关联,如果将此种情况不视为共同犯罪中的教唆犯,教唆者自身的未遂,就成为从现行法的规范上不好解释的问题。因为这种情况下的教唆行为如不是共同犯罪行为,则游离于共同犯罪之外,不能按照被教唆者实行的犯罪来认定,但也不能按照所教唆的罪独立处罚,因为教唆仍然属于刑法总则规定的非实行行为,也因为分则没有规定独立教唆罪。如果主张帮助行为、组织行为的未遂,也将面临相同的难题。

这一点在单一正犯体系下解释论也存在相同的问题。由于单一正犯是对加功实现构成要件的人均视为正犯,在既遂、未遂的认定上同样不需要依靠直接正犯的行为,是依据其自身所实施的行为,以各自独立的标准来认定既遂和未遂。但正是这种"各自为政"的标准,使得"单一正犯体系"下的既遂、未遂标准完全脱离了"既遂、未遂均以是否已经着手实行分则构成要件的行为"的认定标准。这就既使总则规定的

---

① 1979 年《刑法》对从犯规定了"应当比照主犯从轻、减轻处罚或者免除处罚";对胁从犯规定"比照从犯减轻处罚或者免除处罚";对教唆犯规定了"应当按照他在共同犯罪中所起的作用处罚","如果被教唆的人没有犯被教唆的罪,对于教唆犯,可以从轻或者减轻处罚"。
② 参见阮齐林:《刑法学》(第 3 版),中国政法大学出版社 2011 年版,第 168 页。
③ 参见黎宏:《刑法学总论》(第 2 版),法律出版社 2016 年版,第 255 页。
④ 参见赵秉志:《刑法总论问题研究》,中国法制出版社 1996 年版,第 546 页以下;高铭暄、马克昌主编:《刑法学》(第 5 版),北京大学出版社、高等教育出版社 2011 年版,第 178 页;马克昌主编:《刑法》(第 3 版),高等教育出版社 2012 年版,第 164 页。

"着手"概念不再具有任何意义,也使除直接正犯之外的教唆、帮助行为可罚性界限更加模糊不清,刑法理论上既遂、未遂理论也得重新立论研究。为此,"单一正犯体系"至少在形式上与罪刑法定原则所要求的犯罪是符合"法定构成要件"的基本要求有所背离。

虽然在"区分共犯体系"下,在"被教唆人没有实施所教唆的犯罪"时,对教唆犯的既未遂(法律属性也有争议)存在解释上的困难,但是,在成立共同犯罪时,教唆者的既未遂问题,是要取决于直接正犯(实行犯)的形态而确定则是没有争议的。换言之,在"区分共犯体系"下,对非实行行为的教唆、帮助自身而言适用未遂的解释,遵从以正犯所实施的实行行为为标准,这至少在形式上遵循了实定法规定的以"着手"为界限的标准,也可以说形式上符合罪刑法定原则要求的犯罪是符合"法定构成要件"标准的。

在"区分共犯体系"下,理论上的共通认识是:刑法分则仅仅规定的是正犯的行为(实行行为),而不包括预备、教唆、帮助行为等属于共犯的行为。这就是法定构成要件概念下,"刑法分则规定的是实行行为"这一命题的缘由,也是"刑法分则所规定的各种故意犯罪都是以犯罪的既遂形态为模式的"命题的结论。不过,令人不解的是,我国也有学者在主张共犯参与体系下,却又普遍存在对这一命题合理性的质疑①。显然,这样的质疑如果出自主张"单一正犯体系"的立场,则不会令人感到意外。因为在单一正犯体系下,分则规定的具体行为,在解释论上当然是包括预备行为,包括属于共犯的教唆、帮助行为以及教唆、帮助的既遂、未遂的行为,甚至组织犯的既遂、未遂行为,因而,不可能赞同上述命题的合理性。

本书认为,"区分共犯体系"区分正犯与共犯,是为了解决参与者(共犯)的可罚性问题,而"单一制正犯体系"所解决的是处罚明确性问题,既然单一制下明确了参与者均按照正犯处罚,所以"区分共犯体系"与"单一制正犯体系"要解决的主要问题不完全相同。如是,从我国学者对共同犯罪理论研究而言,是为了解决犯罪参与者的可罚性问题,并不是处罚明确性问题。详言之,"区分制"所关注的恰恰是对犯罪参与者要分别出犯罪的实行者与对犯罪协力、加功者,而且,重点是要解释对犯罪协力、加功者如何认定其与实行者的法律关系,其属性如何以及确定其刑事责任并给予刑事处罚。正因为如此,学界多数仍然倾向于我国刑法共犯体系是"区分共犯体系"。

二、共同犯罪成立的学说

共同犯罪的概念,所涉及的是如何理解犯罪的"共同性",在大陆法系理论上犯罪的共同性,主要有犯罪共同说与行为共同说之争。我国理论上虽然坚持"主客观相统一"原则,但具体问题上仍然反映的是犯罪共同说与行为共同说的争论。

---

① 参见侯国云:《对传统犯罪既遂定义的异议》,载《法律科学》1997年第3期;刘之雄:《关于故意犯罪既遂标准的再思考》,载《法商研究》1998年第6期;曲新久:《刑法学》(第2版),中国政法大学出版社2009年版,第88页;张明楷:《刑法学》(上)(第5版),法律出版社2016年版,第341页注释。

（一）犯罪共同说

犯罪共同说，立足于客观主义的理论，以德国古典学派学者毕克迈耶为代表，其主要观点为：(1) 犯罪的本质是对于法益的侵害，因此，所谓共同犯罪就是二人以上共同对同一法益实施的侵害。(2) 共同犯罪的共同性就是犯罪的共同性，所以，共同犯罪关系是二人以上共犯一罪的关系。(3) 该说以客观上存在的事实为观察的基础，从客观上看，法律预先确定构成要件上的特定犯罪，由行为人单独完成该犯罪事实的，是单独正犯；由数人协力加功完成该犯罪事实的，是共同犯罪；二人以上对客观上特定的犯罪有共同加功的意思，并对共同实施有认识而协力实现某一特定犯罪的，为共同正犯。(4) 共同犯罪的各人虽然加功于犯罪行为的程度有别，但是相互利用以共同完成一个犯罪意思而联系在一起的，故也被称为犯意共同说。如果二人以上分担实施犯罪实行行为，若分别引起不同事实的，即使犯意有联络，也不能成立共犯关系，所以，共犯关系只存在于一个特定犯罪事实的范围内才能予以确认。(5) 犯罪共同说的因果关系以原因说最为有力。毕克迈耶认为，对于结果发生最有利的条件是原因，其余的条件是单纯条件。在共同犯罪中，行为人对结果发生所起的作用可能不同，因而需要据以将共犯者加以区别：以对结果发生为原因者，共同引起犯罪结果发生的，是共同正犯；仅仅成为结果发生的条件的，是共犯（教唆犯或帮助犯）。

基于犯罪共同说的一般结论

(1) 共犯只能在所实施的行为都具备犯罪成立要件的行为人之间才能成立。有责任能力者与无责任能力者之间，故意犯罪者与无罪过者之间，都不能构成共犯关系。

(2) 共同犯罪只能在一个罪事实范围内发生。如果二人共同实施某种行为，各所造成的犯罪事实不同，如一为故意伤害，一为故意杀人，则只能分别构成各自的犯罪，不为共犯关系。

(3) 共犯只能在具有共同犯罪意思的场合发生。片面共犯和不同罪过形式的犯罪之间，共犯关系都不能成立。

(4) 在犯罪后藏匿犯人、湮灭罪证或窝藏赃物等事后帮助行为，能使犯罪的完成可靠，也应是共犯的一种，即事后共犯。

(5) 共犯须有犯意联络、共同行为为必要条件，"共谋共同正犯"因为只有共同犯意，而无共同实行行为，自然不能成立。

（二）行为共同说

行为共同说，立足于主观主义的理论，以德国近代学派学者布黎为代表，其主要观点为：(1) 犯罪行为是行为人反社会人格的征表，因此，采取何种形式将犯罪表现出来并不重要。共同犯罪关系就是共同表现主观恶性的关系，而不是数人共犯一罪的关系。(2) 共同犯罪应以行为本身是否共同为条件,即使实行的犯罪行为不同,但在同一共同犯罪之内,也可以成立共同犯罪,也无所谓以加功之说才成立共犯。二人以上的行为人是否构成共同犯罪,应以自然行为本身是否共同而论。只要基于共同行为实施犯罪的,即使达成是各自预期的犯罪,也为共同犯罪。所以,共犯的关系不以具有同一的犯意为必要,只在共同事实内论其共同犯罪责任。(3) 该说是以因果关系论中的条件说为理论基础。布黎认为,对于加功于犯罪事实的发生的原因力之间没有轻重的差别,都有同等的地位。因此,根据犯罪的客观方面不能区别共犯,应当依主观的标准,以实现自己犯罪的意思而为行为是正犯,以加功于他人犯罪的意思而为行为是教唆犯、从犯。(4) 不仅数人共犯一罪为共同犯罪,凡二人以上有共同行为而实施其犯罪的,皆系共同犯罪。因此,共同犯罪的关系不限于一个犯罪事实,即使在不同的构成要件上,亦可成立共同犯罪,或者为数个犯罪事实或一个犯罪事实的一部分,也成立共同犯罪。

基于行为共同说的一般结论

(1) 共犯关系不一定只在所实施的行为具备犯罪成立要件的行为人之间发生。二人以上只要行为共同,即使其中有人没有责任能力或缺乏罪过,也不影响共同犯罪的成立。

(2) 共犯关系不一定只在一个犯罪事实范围内发生,只要行为共同,即使扩张及于犯意不同的数个犯罪事实,如一为故意杀人,一为故意伤害,也无碍于构成共同犯罪,不过各人就自己实施的犯罪事实负刑事责任。

(3) 共犯关系不要求必须出于共同犯罪的意思。因而片面共犯可以成立,而且不同罪过形式的共犯也存在,只是一方负故意责任,另一方负过失责任。

(4) 犯罪后藏匿犯人,湮灭罪证或窝藏赃物等事后帮助行为,对犯罪的完成并无影响,行为不是共同的,因而事后共犯不能存在。

(5) 共谋而未实行者,因实行了一部分行为,实现自己的犯罪意思,也不影响共犯关系的成立,但是属于加工于他人犯罪的意思,应为从犯。

(三) 犯罪共同说与行为共同说评述

由此可见,从形式上看,犯罪共同说是从法律规范意义(法定构成要件)上讨论犯罪行为的"共同性"的;而行为共同说则是从客观事实意义上讨论犯罪行为的"共同性"。而从实质上看,两者的分歧在于行为主义与行为人主义的对立,所以,两者对犯罪的"共同性"的认识是不可能相一致的。然而,从刑法规定的犯罪的意义上而言,所谓的犯罪是法律规范所规定的,应当被评价为"犯罪"的客观事实,并不是纯粹客观事实上的"犯罪",从这一点而言,应当说犯罪共同说对于犯罪"共同性"的认识,在一般意义上是符合实定法规范意义上"共同犯罪",更利于解释刑法规定的共同犯罪现象。

犯罪共同说批评行为共同说不恰当地扩大"共同犯罪"的范围,因为所依据的共同行为事实,并不等于考虑了法律上构成的犯罪事实,共同行为事实就可能会跨越几个犯罪事实,当然也可能只是一个犯罪事实的其中一小部分,而且,也不要求有相同的犯意,只要有共同实施的意思就可以了。但是,既然共同意思是随自己的犯意而构成犯罪,那么,有无必要将这种现象再解释为共同犯罪是值得怀疑的,完全没有必要再区别共同正犯与教唆犯、帮助犯。这一批评,不是没有道理。① 然而,行为共同说认为,犯罪共同说认为"共犯是两个以上有刑事责任能力的人对同一法益实施犯罪的侵害。所谓'共同',就是以犯同一罪的意思,对同一犯罪事实的加工"②。所以,只有在同一构成要件内才成立共同犯罪,在不同犯罪构成之间不存在共同犯罪的认识,也有不恰当缩小共同犯罪范围之嫌。目前在犯罪共同性上,我国犯罪共同说基本上是通说,而行为共同说,少数学者持全面肯定的态度,但是基于行为共同说所具有的合理内容,多数学者在探讨具体问题时,也有重点借鉴。

三、我国刑法理论有关共同犯罪的观点

我国学者基于《刑法》第25条第1款"共同犯罪是指二人以上共同故意犯罪"的规定,基本上不讨论共同犯罪的本质问题。通说以主客观统一的理论为指导,要求二人以上主观上有共同故意,客观上有共同行为者,就是共同犯罪。由于强调"共同故意"的一致性,实质上仍然是"犯罪共同说"的理论。一般而言,共同参与者围绕实施一个特定犯罪的范围内成立共同犯罪的,参与者在其中承担何种具体行为,参与的程度如何以及在其中作用大小,都不影响成立共同犯罪,所有参与者都必须承担共同犯罪的责任。但是,当参与者中有超出共同犯意实施犯罪行为时,如何定罪处罚成为问题。例如,当甲教唆乙实施伤害,而乙在实施伤害过程中突生杀意,因杀人而致使丙死亡的,由于乙所实施的是故意杀人行为,不是甲所教唆的故意伤害,如果依照我国《刑法》第29条第2款的规定,乙属于"没有犯被教唆的罪",与教唆者之间不能成立共同犯罪,而且对于教唆犯,依法还可以从轻或者减轻处罚。显然,这样的结论使人难以接受。于是,有学者借鉴国外刑法理论中从"犯罪共同说"衍生出的,为弥补完全的"犯罪共同说"不合理结论的"部分犯罪共同说"来解决这一问题。③ "二人以上虽然共同实施了不同的犯罪,但当这些不同的犯罪之间具有重合的性质时,则在重合的限度内成立共同犯罪。"④所谓存在重合性质,包括存在法条竞合关系,或者两种犯罪所侵犯的同类法益,其中一个较轻,在较轻之罪内可以成立共犯,如故意杀人罪与

---

① 参见〔日〕木村龟二主编:《体系刑法事典》,日本青林书院新社1981年版,第282—283页。
② 参见马克昌:《关于共犯的比较研究》,载高铭暄、赵秉志主编:《刑法论丛》(第3卷),法律出版社1999年版,第307页。
③ 参见张明楷:《部分犯罪共同说之提倡》,载《清华大学学报》(哲学社会科学版)2001年第1期;陈兴良:《陈兴良刑法教科书之规范刑法学》,中国政法大学出版社2003年版,第319页;冯军、肖中华主编:《刑法总论》(第2版),中国人民大学出版社2011年版,第347页。
④ 参见张明楷:《刑法的基本立场》,中国法制出版社2002年版,第262页;张明楷:《外国刑法纲要》,清华大学出版社1999年版,第294页。

故意伤害罪、抢劫罪与盗窃罪、强奸罪与强制猥亵罪,或者两种犯罪其中一种所侵害的法益包含了两个犯罪的法益,如放火罪与故意毁坏财物罪,存在重合性质时,也能在重合范围内成立共同犯罪。并认为完全的犯罪共同说不恰当缩小共同犯罪的成立范围,将会导致处理上的不均衡①。

但是,对于"部分犯罪共同说",黎宏教授持不赞同的看法,认为"部分犯罪共同说"本质上仍然是"犯罪共同说",因此,犯罪共同说的固有缺陷在该说中仍然难以避免,即犯罪共同说"忽视了其自身只是一个客观归责原则的事实,在是否成立共同关系的判断中,混入了作为主观责任要素的故意内容,从而将客观归因和主观归责混为一谈"②。他认为,尽管是数人共同实施一个特定犯罪,但从最终受罚的只是单个参与者的现象看,不过是行为人利用了和他人一起实施行为的契机,实现自己犯罪目的的一种犯罪类型而已,和单独犯没有区别。因此,共同犯罪的本质,应当从数人共同行为实现各自犯罪的行为共同说的角度理解,并以此展开论述了行为共同说符合近代刑法的个人责任原则,与客观主义刑法观不矛盾,不会扩大共同犯罪成立范围,不违反我国刑法有关共同犯罪的规定。③

张明楷教授近来也从主张犯罪共同说中的"部分犯罪共同说"转而明确支持行为共同说的立场,一改以往所提倡的"部分犯罪共同说",并评判自己曾经倡导的"部分犯罪共同说"的结论并没有实际意义④,即认为共同犯罪是违法形态,共同犯罪的"犯罪"首先是指违法层面意义上的犯罪,完全意义上的犯罪包含符合构成要件的违法与责任两个层面,所以对共同犯罪应当采取行为共同说。共同犯罪是指数人共同实施刑法上的违法行为,而不是共同实施特定的犯罪。对共同实施者而言,即便不具有刑事责任能力者,也应该在违法性层面上承认是"共同正犯";至于是否承担刑事责任,则是在责任层面解决的问题。⑤ 转而持行为共同说的理由主要是:(1) 日本一些著名学者的立场是"行为共同说",如前田雅英、山口厚等,因为他们认为,只要是采因果共犯或惹起说,就应该采行为共同说。(2) 采行为共同说不违反我国《刑法》的规定,"二人以上共同故意犯罪",完全可以解释为"二人以上共同去故意犯罪",所以《刑法》第 25 条只是限制了共同犯罪的成立范围,而不是否定了行为共同说。而且,修订后的《刑法》修改了对主犯从重处罚,对从犯等"比照"处罚的规定,按照各自的情况适用法定刑,可以说是为行为共同说扫清了障碍⑥。

应该说,我国现行《刑法》的确修订了 1979 年《刑法》对主犯从重,对从犯、胁从犯"比照"处罚的规定,但这是否意味着我国刑法就是采行为共同说的立场,是有疑问

---

① 参见张明楷:《部分犯罪共同说之提倡》,载《清华大学学报》(哲学社会科学版)2001 年第 1 期。
② 黎宏:《刑法学总论》(第 2 版),法律出版社 2016 年版,第 263 页。
③ 同上书,第 263 页。
④ 参见张明楷:《刑法学》(上)(第 5 版),法律出版社 2016 年版,第 393—394 页。
⑤ 同上书,第 394 页。
⑥ 参见张明楷:《刑法学》(上)(第 5 版),法律出版社 2016 年版,第 394 页。值得关注的是,第二点论据也曾经是张明楷教授主张"部分犯罪共同说"的理由。参见张明楷:《刑法的基本立场》,中国法制出版社 2002 年版,第 271—272 页。

的。我国《刑法》第 156 条规定:"与走私罪犯通谋,为其提供贷款、资金、帐号、发票、证明,或者为其提供运输、保管、邮寄或者其他方便的,以走私罪的共犯论处。"第 198 条保险诈骗罪第 4 款规定:"保险事故的鉴定人、证明人、财产评估人故意提供虚假的证明文件,为他人诈骗提供条件的,以保险诈骗的共犯论处。"因为这里并没有"行为共同说"的共同行为,明显不是行为共同说的立法规定;而第 310 条窝藏、包庇罪第 2 款明文规定"犯前款罪,事前通谋的,以共同犯罪论处",也不是行为共同说的立法规定,因为行为共同说是不认可事前有通谋的事后共犯。再如,我国《刑法》第 26 条第 3 款规定"对组织、领导犯罪集团的首要分子,按照集团所犯的全部罪行处罚",第 4 款规定"对于第 3 款规定以外的主犯,应当按照其所参与的或者组织、指挥的全部犯罪处罚"。这种"全部责任原则"明显又是从行为共同说的"部分行为全部责任"原则演变而来的。

  黎宏教授认为,因为刑法的责任是个人责任,而共同犯罪最终的责任是落实在个人责任上,不能对他人的行为承担连带责任,但部分犯罪共同说不能将此原则贯彻到底,并批评部分犯罪共同说是将两个以上没有共同犯罪意思的人,拟制地认定重合关系而承担刑事责任,这实际上就是让没有某种犯罪意思的人,因为他人的原因而要承担其本身并不具有的刑事责任,在这一点上是不能很好贯彻个人责任原则,因为最终违反了不能因为他人的行为承担连带责任的原则。①

  然而,这一评价是不是中肯值得商榷。在共犯的"实行过限"问题上,如甲教唆乙伤害,而实行过程中乙产生杀意而致丙死亡,黎宏教授分别依据行为共同说与部分犯罪共同说分析得出的结论并无区别②。但部分犯罪共同说认为在伤害范围内成立共同犯罪,既然如此,当然对故意伤害(致死)罪在共同犯罪情况下有主从犯的认定问题,这正是认定共同犯罪需要解决的核心问题,否则,认定是共同犯罪没有意义。至于要求乙单独承担故意杀人罪的罪责,也是基于乙的犯意和行为超出了共同犯罪的范围。而且,对乙的行为不存在"重复评价"问题。但是,依据行为共同说,即便认定丙的死亡结果客观上归因于甲、乙二人,在成立共同犯罪上的认定和要求上是有疑问的,因为从各自立场上看是各个行为人自己的行为。既然是各自在实现自己的犯罪意思,是按照各自的行为定罪处罚,即使在罪责的追究上实现了"个人责任原则",但是在评价上,实行行为互为他人所犯之罪的实行行为而成立共同正犯,同时又是自己所犯之罪的实行行为的正犯,有无违反"重复评价原则"③?有无必要将这种现象再解释为共同犯罪当然值得质疑,完全没有必要再区别共同正犯与教唆犯、帮助犯的批评,也不是没有道理的。④ 何以指责部分犯罪共同说就不能贯彻"个人责任原则"?

---

  ① 参见黎宏:《刑法学总论》(第 2 版),法律出版社 2016 年版,第 264 页。
  ② 同上书,第 263—265 页。
  ③ "互为实行行为"的评价,当然存在既考虑对自己犯罪因果的控制,也考虑与他人犯罪因果的关联,这无可避免对行为"作用"需要"两个标准"考察。如果案件还存在其他更为复杂的构成要素,可能对这些其他要素,都不可避免同时需要"两个标准"了。
  ④ 参见〔日〕木村龟二主编:《体系刑法事典》,日本青林书院新社 1981 年版,第 282—383 页。

就犯罪共同说而言,共同正犯的意思联络是指共同的故意;就行为共同说而言,在行为共同上有意思联络就行。根据犯罪共同说,当甲、乙有共同对丙施暴的意思,但甲是怀有蓄意杀人的意思,乙并不想杀人但共同实施了暴力致丙死亡时,按照犯罪共同说二人不成立共同正犯,但是,按照行为共同说两人仍然成立共同正犯。面对是"何种罪名"下的共同正犯的质疑①,黎宏教授认为,这是没有正确理解行为共同说导致的错误,因为行为共同说只是认为共同犯罪是一种犯罪方法类型而已,本质上与单独犯没有区别。在这一场合,行为人是将他人的行为置于自己行为的延长线上或者作为自己行为加以利用而已。站在甲的角度,乙的伤害行为是自己杀人行为的一部分;站在乙的角度,甲的杀人行为也是自己伤害行为的一部分,二者共同构成故意伤害(致死)罪的实行行为。因此,甲、乙分别构成故意杀人罪和故意伤害(致死)罪的共同正犯。② 在这个案例中,犯罪共同说认为不成立共同正犯,而是以各自的正犯承担刑事责任,但行为共同说认为是共同正犯,只不过因乙没有杀人的意思而不承担杀人的责任,这也就需要分别论罪。既然结论相同,一定要说只有行为共同说是贯彻个人责任原则,当然也存在可质疑之处。而且,这种情况下是否有必要认定为是"共同正犯",而且还是互为各自罪名下的共同正犯? 从乙的角度出发,主观上没有杀人意思却成为故意杀人的共同正犯,是否也存在使没有杀人意思的乙要承担故意杀人罪的刑事责任? 还能认为是一个公正的规范评价吗③? 黎宏教授评判部分犯罪共同说"这实际上就是让没有某种犯罪意思的人,因为他人的原因而要承担其本身并不具有的刑事责任"④,这种情况下,适用于批评行为共同说也言不为过。

至于在无法确定是谁的行为导致最终结果的情况下,如何实现定罪处罚,也是行为共同说对犯罪共同说诘问的问题。例如,甲以杀人故意,乙则以伤害故意参与犯罪,共同对丙实施暴力,虽然造成丙死亡,但是,无法确定是由谁的行为导致死亡结果发生的。如果按照犯罪共同说,由于没有主观上的共同犯意,不能认定为是共同犯罪,只能按照各自单独犯罪处理,即甲承担故意杀人既遂责任,乙承担故意伤害致死责任。但是张明楷教授认为,在不能查清是由谁的行为导致死亡结果发生的情况下,犯罪共同说不成立共同正犯,各自论罪虽然限制了共同正犯成立的范围,但是并没有考虑法益侵害的事实。于是,犯罪共同说中还有主张甲、乙成立故意杀人罪的共同正犯。但是这样一来,因为对没有杀人意思的乙只能处以故意伤害致死的刑罚(因不能超越行为人的责任科处刑罚),因此,这种观点将导致没有杀人意思的乙也成立故意

---

① 参见张明楷:《部分犯罪共同说之提倡》,载《清华大学学报》(哲学社会科学版)2001年第1期。
② 参见黎宏:《刑法学总论》(第2版),法律出版社2016年版,第263—264页。
③ 实际上细分析一下不难发现,如果一个犯罪行为可以允许既作为自己的正犯行为,也作为他人共同正犯的行为进行评价,也就意味着"想象竞合关系"的存在,如此,按照"从一重"论处的原则,自己行为触犯的轻罪名,根本就没有适用的余地,必须承担重罪名的刑罚。以上例而言,由于可以评价为甲故意杀人的共同正犯,在竞合关系下,乙就没有任何理由不承担故意杀人的罪名以及刑事责任。这能认为是一个妥当的结论吗?
④ 黎宏:《刑法学总论》(第2版),法律出版社2016年版,第264页。

杀人罪,而且致使刑罚与罪名分离。正因为如此,犯罪共同说基本上被淘汰①。

对此,如果认为成立"故意杀人罪共同正犯"是一种不合理的结论,当然可以弃之不采,问题在于,这是不是"犯罪共同说"主张？因为犯罪共同说原本就不承认犯意不同的行为人之间可以成立共同犯罪,在"犯罪共同说"的各自论罪中,当死亡结果发生,对没有杀人故意的乙按照故意伤害致死处刑,对有杀人故意的甲按照故意杀人既遂追究刑事责任,在最终结论上与"行为共同说"并没有区别,在实现个人责任原则上也已经做到充分,何以指责是"没有考虑法益侵害的事实"？

本书认为,对于被李斯特誉为"绝望之章"的共同犯罪,在针对一般情况下共同犯罪的现象,依据犯罪共同说(包括在特殊案件中采部分犯罪共同说)或者行为共同说在处理的结论上并没有大的分歧,其"绝望"就在于对错综复杂的共同犯罪的现象,面临着只是单纯依据一种学说并非能够合理解决共同犯罪所有问题的尴尬。例如,要承认间接正犯,就得承认犯罪共同说的共犯从属性前提,因为以主观主义为基础的行为共同说,认为正犯的成立并不限于亲自完成,没有特别必要认可间接正犯;要承认事后共犯,就要同意犯罪共同说的理论;而要赞同共谋共同正犯的理论具有合理性,既得承认犯罪共同说,也得承认行为共同说有它的共同基础理论。要赞同继承的共同正犯,则也需要同意犯罪共同说或行为共同说中所具有的合理性部分;要主张片面共犯,就要承认行为共同说;要主张共犯从属性,就要承认犯罪共同说的共犯的核心理论。要承认"部分行为全部责任"的原则,就应该认可行为共同说的合理内核;如果说行为共同说是一种恰当的共同犯罪理论,也应该承认不同罪过形式的故意和过失之间也应该成立共同犯罪,而没有必要基于立法的规定而否定之。

行为共同说在认定共同犯罪问题上,对"共同性"的解释较犯罪共同说宽松,也就是门槛有所降低,但是,不可否认的是,当犯罪参与者双方有相互联系的犯意时,不得不承认这还是"共同犯罪",而并非将有犯意联络的犯罪排除在共同犯罪之外。既然如此,张明楷教授"犯罪共同说基本上被淘汰"之说②还值得商榷。犯罪共同说理论与行为共同说理论合理内核的相互融合和借鉴,可能就是解决复杂的共同犯罪问题的钥匙。

这一点,本书倒是认为张明楷教授已经有所诠释。他对于共同犯罪属于违法层面,是否追究刑事责任属于责任层面的见解,已经体现了这一思路。即在有责任能力人甲应无责任能力人乙之邀为其盗窃把风的案件,认为如不以共同犯罪认定,则不能对甲以盗窃罪论处。在成立违法层面的共同犯罪时,则乙就是正犯,甲就可以按照盗窃的帮助犯论处③。从贯彻违法性是客观的,具有连带性,这是共犯从属性的见解,但单独需要作为盗窃的帮助犯处罚,却采违法的相对性,也即体现的是共犯违法独立性,参与者只要实质上对正犯实现构成要件有物理、心理帮助作用,就可以成立共犯的观点④,表明认定共犯只是在正犯所造成法益侵害结果间一连串作用中的一环(相当性条件行为——本书注)即可,那么,认定共犯也无需从正犯行为观察。既然赞同

---

① 参见张明楷:《刑法学》(上)(第5版),法律出版社2016年版,第393页。
② 参见张明楷:《刑法学》(上)(第5版),法律出版社2016年版,第393页。
③ 参见同上书,第382、411、419页。
④ 参见同上书,第411、419页以下。

"无正犯之共犯"①，就也应该赞同共犯的独立性，但对教唆犯和帮助犯张明楷教授又主张彻底的共犯从属性理论②，不过只要采"无正犯之共犯"之说，事实上会动摇共犯从属性基础，使正犯与共犯区别色彩逐渐消退，有"单一正犯体系"的趋向。张明楷教授认同德国罗克辛教授正犯与共犯区别的"犯罪支配理论"③，但后者认为"无正犯之共犯"在犯罪支配理论中并不存在④。如此疑惑的问题该如何理解，已经说明想单纯地用一种理论解决共同犯罪所有问题是不现实的。

我国《刑法》第 25 条第 1 款规定"共同犯罪是指二人以上共同故意犯罪"，第 2 款规定"二人以上共同过失犯罪，不以共同犯罪论处；应当负刑事责任的，按照他们所犯的罪分别处罚。"根据这一规定，理论上多数说认为共同犯罪，是指客观上共同行为与主观上共同故意的统一。采纳的就是"犯罪共同说"，但不可否认的是，第 25 条第 2 款的规定涉及"共同过失犯罪"，按照"分别处罚"的原则看，则是"行为共同说"⑤。因此，仅就对共同犯罪这一犯罪现象的立法以及处罚原则看，也并非采纳的是单纯的一种理论。此外，我国刑法规定了单位犯罪，单位与单位之间，自然人与单位之间的共同犯罪问题也属于共同犯罪的议题，但在目前理论研究中与共同犯罪相关的主要问题仍然集中在自然人主体之间来探讨。

第二节　正犯与共犯

一、正犯与共同正犯

正犯，在理论上是指实施构成要件所规定的实行行为，或者说是直接实现构成要件之人。理论上有直接正犯、间接正犯、单独正犯、同时正犯、共同正犯等分类。

根据参与行为人的单复与主观犯意是否有联系，正犯在理论上分为单独正犯、同时正犯与共同正犯。单独正犯是指并无其他人参与而由单独个人实现构成要件的行为者。虽然在共同犯罪中也存在由一个人独自实施实行行为的情况，但是单独正犯的概念一般不用于描述该种情况，而是指一人犯罪的情况。同时正犯则是指在没有

---

① 这是"因果共犯论"中"纯粹惹起说"的结论，对共犯违法性采"相对性"说，既认可"无正犯之共犯"，也认可"无共犯之正犯"。所以，"纯粹惹起说"强调的是共犯违法的独立性，而非从属性。如果从主张行为共同说（有责任能力与无责任能力人之间可以成立共同犯罪的立场看），直接正犯的行为不要求具有可罚性，只要求符合构成要件即可（限制从属性说），也即共犯只要在事实上从属于直接正犯就足够。因此，对直接正犯以及共犯的违法性，也是采违法独立性的评价标准。但这与采"因果共犯论"的"修正惹起说"只认可共犯违法性的连带性说，否定"无正犯之共犯"和"无共犯之正犯"，以及对共犯违法性采折中观点，不认可"无正犯之共犯"而认可"无共犯之正犯"的"折中惹起说"是有明显区别的。参见本章第三节的相关内容。
② 参见张明楷：《刑法学》（上）（第 5 版），法律出版社 2016 年版，第 411、419 页。
③ 参见同上书，第 391 页以下。
④ 参见柯耀程：《刑法总论释义》（上），台湾元照出版公司 2006 年版，第 345 页。
⑤ 通说囿于现行刑法对共同犯罪的规定将共同犯罪界定在共同故意犯罪的范畴内，且采用"区分制共犯体系"。否定二人以上共同过失犯罪行为以共同犯罪认定、处罚，不能否定"共同过失犯罪"的概念和客观上存在这种犯罪现象，而且"分别处罚"源于行为共同说，所采的正是"单一正犯"体系的思路。

共同犯意联系的情况下,同时或者几乎同时实施某一犯罪构成要件的情况(如同时进入仓库盗窃的、同时利用相同机会从监所脱逃)。但是,既不要求时间上、地点上以及着手、完成上的同时为必要,只要在评价上具有接近同时之意,即为同时正犯。由于没有犯意上的联系,同时正犯不过是各自实行自己行为虽为复数主体的单独正犯而已,因此不是共同犯罪,只能各自承担自己的责任。共同正犯则是指在有共同犯意的情况下,复数主体共同实施某一犯罪构成要件的情况。

根据是否亲自实现构成要件,正犯可以分为直接正犯与间接正犯。直接正犯,就是指自己亲自实现构成要件的情形。直接正犯与单独正犯虽都是实施构成要件的实行行为,但是,直接正犯既可以表示在共同犯罪中的正犯和共同正犯,也可以表示单独犯罪中的正犯。间接正犯,是指利用他人实施构成要件的实行行为以实现自己的犯罪的情形。利用者即便与被利用者有共同实行的意思,但在认定利用者成立间接正犯的情况下,不认为与被利用者所实施的全部实行行为之间成立共同犯罪。但是认定成立间接正犯,并不是对共同犯罪的否定,特定情况下对唆使他人犯轻罪而实为较重犯罪的情况下,根据"部分犯罪共同说"的理论,轻罪范围内仍然成立共同犯罪。只不过在认定成立间接正犯范围内的犯罪,不成立共同犯罪而已。换言之,间接正犯的概念,只是表明利用者与被利用者在被利用范围内所实施的行为不成立共同犯罪,而不是对有共同犯罪存在可能性的否定。

而在共同犯罪中的正犯行为,是相对于狭义共犯(从犯、教唆犯)而言。共同犯罪中的正犯行为,可以分为两种情况:一是实行行为由单独的个人实施,即是单独一个行为人独自实施的实行行为,而其他参与者没有实施该种行为。这种情况通常是基于犯罪参与者对犯罪实行有所分工而其没有共同实施。但从共同犯罪角度看这种单独犯,虽然在实行的形式上与不构成共同犯罪的单独正犯没有差别,但也必须将其置于共同犯罪行为整体的组成部分看待,考察不能脱离共同犯罪的整体,至于单独实行犯所实施的实行行为是否完成,并不影响属于共同行为的认定。

在共同犯罪中,共同正犯只表现为单独犯的,有一种情况是例外,即当共同犯罪参与者有事前共谋,即便是由一人承担实行时,犯罪的参与者均视为正犯,也即"共谋共同正犯"①,系共同正犯的类型。

共同正犯②,也就是二人以上共同实行构成要件实行行为的情况,也可以称为共同实行犯。如果从共同正犯的一般类型上说,有故意共同正犯和过失共同正犯。只是基于我国立法的规定,共同故意正犯,属于简单共同犯罪,而共同过失正犯仍然是以各自单独的过失正犯定罪处罚。由于我国理论上不承认过失帮助犯和过失教唆犯的概念③,当然从犯罪共同说立场看,过失帮助和过失教唆与过失正犯之间不属于共

---

① 参见本章第四节中的"共谋的共同正犯"。
② 没有特别说明时,共同正犯的概念是指故意的共同正犯。
③ 是否需要承认过失教唆值得考虑。有则实例:甲系某驾校教练,某日带学员在市郊外出练习返回时已经天黑,在距离一平交路口时,灯光下远远看到路边有一小黑影,甲认定是一条狗,想冬天"进补"便令驾车学员加速将狗撞死,到近旁才发现是一个人蹲在路边,刹车已经不及,直接将路人撞死。本书认为,甲成立过失教唆犯。

同犯罪关系,因此,立法上对过失共同正犯采"单一正犯"制。当然,立法如此规定,并不影响理论上对过失共同正犯的研究,更何况近年来的司法解释已经对过失共同犯罪在认定上有所突破(司法解释事实上已经承认不仅过失犯罪有共同犯罪,而且承认了故意与过失之间可以成立过失的共同犯罪)①。

对故意的共同正犯,理论及实践中遵循"部分行为全部责任"("部分实行全部责任原则")。例如,在甲、乙共同伤害丙时,即便在不能查清是由谁的行为导致丙的死亡的,由于甲、乙均实施的是伤害行为,成立共同正犯,则均需要承担故意伤害致死的刑事责任。在共同正犯中,如果存在有共同犯罪参与者,包括属于共同正犯者,超出共同故意范围实施的其他犯罪时,理论上称为"实行过限"。根据个人责任原则,过限部分的犯罪只应由其个人承担刑事责任,其他参与者不承担责任。共同正犯,要求参与者均共同实施的是构成要件的实行行为,是指所有的共同犯罪的参与者,各自都实现构成要件的一部或者全部的情况。② 共同正犯的实行行为,可以是事前通谋形式,也可以是事前无通谋形式,实行过程中有无分工,都不影响成立。

二、正犯与狭义共犯

共犯的概念有最广义、广义和狭义的区别。③ 最广义的共犯,包括必要共犯和任意共犯。必要共犯是指分则中以二人以上参与实施犯罪为必要条件的特殊犯罪类型,参与者均是共犯,如聚众持械劫狱罪。任意共犯,是指分则中一个人实行犯罪为原则的犯罪类型,实际上由二人以上实现构成要件,参与者均为共犯,如故意杀人罪。广义共犯,是指任意共犯,包括共同正犯、教唆犯、帮助犯(从犯)。狭义共犯仅指教唆犯和帮助犯(从犯)。所谓正犯与狭义共犯的区别,即是指正犯(包括共同正犯)与教唆犯、帮助犯(从犯)的区别。

正犯与共犯的区别,当然与如何认识正犯有密切的关联,但是,正犯与共犯的关系应如何解读?意见并不一致。黎宏教授认为,正犯与共犯的关系,"正确的思考方式是:只有在不构成(间接)正犯的情况下,才考虑有无成立共犯(教唆犯)的可能性,而不是由于不构成较轻的共犯即教唆犯,所以才要将其考虑为较重的(间接)正犯"④。在犯罪参与的区分制体系下,这一思路是很容易形成的,但本书认为对间接正

---

① 参见00.11.21《交通肇事解释》第5条第2款规定:交通肇事后,单位主管人员、机动车辆所有人、承包人或者乘车人指使肇事人逃逸,致使被害人因得不到救助而死亡的,以交通肇事罪的共犯论处。
② 参见马克昌等主编:《刑法学全书》,上海科学技术文献出版社1993年版,第658页。
③ 该分类采台湾学者陈子平教授的分类法。参见陈子平:《刑法总论》(下),台湾元照出版有限公司2006年版,第73页。
④ 这是黎宏教授对正犯,包括对"间接正犯"与共犯关系的解读。由于间接正犯仍然是正犯,因此,仍然可以视为对正犯与共犯关系的认识。参见黎宏:《刑法学总论》(第2版),法律出版社2016年版,第269页。这也是日本学者大塚仁教授的观点,他认为,不从实质上论证间接正犯的"正犯性"有无,去讨论间接正犯的思路很难说是适当的。在逻辑上,正犯的概念应该先行于共犯的概念。参见〔日〕大塚仁:《刑法概说》(总论),冯军译,中国人民大学出版社2003年版,第143页。

犯而言,如果从共犯从属性的立场考察,这一思路也值得商榷①。台湾学者柯耀程教授也不认可这种思考正犯与共犯关系的思路。他认为,关于正犯与共犯区别的理论,都是放在正犯的判断上,似乎只要正犯确认后,即可从非属于正犯的类型中,直接推论出共犯,这将形成"非正犯与共犯同义"的谬误。因为共犯行为不属于构成要件的行为,那么在何种条件下,可以将不属于构成要件的行为纳入刑法判断的范围?在既有理论中没有答案。在犯罪参与的单一制体系下,所有理论只是正犯理论,对区分制下参与形态的区分,充其量仅能得出正犯与非正犯而已。所以,仅依据共犯的从属性关系,仍然无法满足解释何以形成共犯的疑虑。可以说,共犯形成的理论是欠缺的。②柯耀程教授的见解值得赞同。

如前所述,客观主义的"紧缩的行为人"概念,以法定构成要件概念限缩正犯的范围,仅仅将亲自实行构成要件行为作为正犯的标准。因此,在此标准下,正犯与共犯有着本质的差别。而源自主观主义因果关系条件说的"扩张的正犯概念",并不重视结果发生系自己实施的行为还是通过他人行为而实现构成要件,而是认为赋予结果发生有条件关系者,皆是正犯。所以,正犯与共犯原本相同没有区别,只是基于实定法的规定,例外地将"教唆行为"规定为教唆犯,将"帮助行为"规定为帮助犯(从犯)的。正犯与共犯如果说有区别,仅仅是基于实定法的规定有差异而已。

当然,仅仅从形式的构成要件上认定是否正犯的"紧缩的行为人"概念,间接正犯就只能是共犯不是正犯。因此,需要从实质上解读构成要件,但忽视构成要件定型性的"扩张的行为人"概念,模糊了实行行为与教唆、帮助之间区别,使正犯与共犯的界限不清,正犯的成立范围过于扩大,有造成应以共犯论处的皆有可能以正犯处罚之虞。可见,纠结于上述概念,正犯与共犯的区别难以实现。

脱离上述概念,有关正犯与共犯区别的学说,理论上林林总总。根据学者们的归纳③,大体上主要有以下理论。

(1) 主观说。亦可称为"目的说""利益说"和"故意说",是以因果关系条件说为基础的学说,认为从客观上看所有条件皆是原因,不能从客观上区别正犯与共犯,惟有从主观面上才能区别。因此,为自己目的或利益而实施行为者就是正犯,为他人的目的或利益实施行为者,就是共犯。也有主张以故意内容区别正犯与共犯,凡是为实现自己意思实施行为者是正犯,以加功他人意思实施行为者是共犯。

"目的说""利益说"的主要问题在于,以帮助、加功他人之意思成立共犯,未必是妥当的。例如,受嘱托杀人、为解决他人之生活窘境而实施盗窃行为是共犯而不是正犯的结论,显然是不正确的。而且,在实施犯罪为他人的目的、利益的同时也有自己

---

① 这一认识思路对间接正犯而言,是有错误的。详见本章第四节中的"间接正犯"。
② 参见柯耀程:《刑法总论释义——修正法篇》,台湾元照出版有限公司2006年版,第358—359页。
③ 参见陈子平:《刑法总论》(下),台湾元照出版有限公司2006年版,第76页以下;黄荣坚:《基础刑法学》(下),台湾元照出版有限公司2006年版,第828页以下;柯耀程:《刑法总论释义——修正法篇》,台湾元照出版有限公司2006年版,第330页以下;张明楷:《刑法学》(第4版),法律出版社2011年版,第355页以下。

的目的或利益,或者直接为他人,间接也有自己的目的或利益时,是正犯还是共犯难以区别。而"故意说"以加功的意思所实行的加功行为在认定上也是难题,因为即便以加功之意思实施构成要件的行为,也不能评价为是共犯,而是正犯。

（2）客观说。又可进一步分为"形式客观说"与"实质客观说"。形式客观说,是以紧缩的正犯概念为基础的学说,也称为"实行行为说",认为实施符合构成要件行为者是正犯,实施基本构成要件之外的修正(扩张)构成要件行为者是共犯。教唆、帮助行为是修正的构成要件的行为,故而实施者为共犯。该说的理论特点在于从实定法的构成要件区别正犯与共犯,虽然正犯与共犯皆为引起法益侵害或威胁法益,但是,正犯是以符合构成要件之行为引起,共犯则是以修正构成要件行为所引起,所以,共犯是通过正犯行为才能符合构成要件。但是,间接正犯在这一理论中没有立足之地,只能是共犯的结论,受到诘难。① 而且,形式客观说也不能解释构成要件具体、实质的内容②。

实质客观说,并非一种独立的理论,而是在学者各自认识的实质内容上,以客观标准为导向综合形成的见解。具体有"必要理论""同时理论"和"优势理论"。③

"必要理论"④认为,凡是对犯罪事实具有不可或缺重要加功作用的,就是正犯。重要作用就在于无其则犯罪事实无由发生,其余加功的行为是共犯。必要理论被认为虽对部分共同正犯的认定有帮助,但对正犯、间接正犯、教唆犯的界定鲜有意义。"同时理论"认为,正犯只成立于犯罪事实加工的同时,在犯罪实施之际同时对犯罪事实加功者,是共同正犯,如果在犯罪行为前之加工者是共犯。同样,同时理论对于间接正犯的认定,帮助不大。"优势理论"认为,正犯与共犯的区别,并无固定的标准,应具体对待,区别在于对哪种犯罪事实具有优势的关系。对犯罪事实有优势关系的是正犯,共犯加工的犯罪事实限于犯罪的附属部分。但是如何确定优势和非优势,则难以区别,是对该理论的诘难。⑤

（3）综合理论。由于主观理论与客观理论在区别正犯与共犯标准上的差异极大,客观说将判断标准置于构成要件方面,对主观面置之不理;而主观理论相反,将标准置于主观面,而对客观构成实现的关系,又弃之不顾,所以,判断的结果当然大相径庭,故有综合理论的提出。名为综合,实为折中说,但是仍然存在以客观理论还是主观理论为基础的不同认识。德国刑法理论上是以客观理论为主,以其他理论为辅,但是,实务上,则以主观理论为主,客观理论则为辅。⑥ 按照张明楷教授的介绍,从实务

---

① 参见张明楷:《刑法学》(上)(第5版),法律出版社2016年版,第391页。
② 参见陈子平:《刑法总论》(下),台湾元照出版有限公司2006年版,第77页。
③ 参见柯耀程:《刑法总论释义——修正法篇》,台湾元照出版有限公司2006年版,第335页。但是亦有学者认为,实质客观说就是"犯罪支配理论"。参见黄荣坚:《基础刑法学》(下),台湾元照出版公司2006年版,第829页。
④ "必要理论"从张明楷教授诠释的内容看,是指"重要理论"。参见张明楷:《刑法学》(上)(第5版),法律出版社2016年版,第391页。
⑤ 参见柯耀程:《刑法总论释义——修正法篇》,台湾元照出版有限公司2006年版,第335—336页。
⑥ 同上书,第339—340页。

角度进行解答,是指正犯的意思并非法官可以判断的内心事实,而是一个评价性判断,需要对案件的全部情况进行评价后方能得出结论,判断所要依据的事实,包括行为人从犯罪中获得的利益程度、参与的范围、对犯罪事实的支配、对犯罪事实支配的意思等。但是显然这里的评价未给出统领性原则①。之所以有"未给出统领性原则"之说,是因为综合的理论似乎取决于偶然的需要,只是做了对参与行为个别的主观面、客观面的双面考察而已,对区别正犯与共犯无益,反而又制造出逻辑思考上的疑虑。②

(4) 犯罪支配理论。有学者指出"犯罪事实支配"概念是德国学者黑格尔首先提出的,但他仅将其视为责任前提,是犯罪主体的要素,并未用于区别正犯与共犯的参与形态。使之发挥这一作用的,是威尔泽尔,他通过其目的行为论和对统一行为人概念的否定,赋予犯罪支配概念实质内容。威尔泽尔认为,对过失犯而言,由于对发生结果的共同加功,条件均等,要区别正犯与共犯是不可能的。因此,过失犯应适用扩张的行为人概念,采单一正犯体系,从而否定统一的行为人概念的存在。反之,对故意犯而言,正犯者应具备对犯罪事实目的性支配,均具有目的性的认知,而共犯只对其参与具有支配,而不是对犯罪事实本身的目的性支配。③

目前在德国学界认同的是罗克辛的"犯罪支配理论"。犯罪支配理论认为,所谓支配是指基于故意对犯罪构成事实的掌控,因此,正犯与共犯的区别界限应从主观面与客观面综合考察,对犯罪事实居于关键地位的操控者是正犯,而居于边缘地位者是教唆犯或者帮助犯④。罗克辛将犯罪支配关系分为三种:一是"行为的支配",即行为人依所实施的行为而为犯罪支配的内容,这是直接正犯;二是"意思的支配",也即行为人在幕后依据"优越的意思"支配事实为犯罪支配内容的,是间接正犯;三是"功能的犯罪支配",是指在实行阶段中基于分工的相互作用的共同行为支配为犯罪支配内容的,是共同正犯。⑤

在罗克辛看来,共犯是相对于正犯的次要概念,是对犯罪事实不具有支配性、不具有特别义务,也非亲手实现构成要件的行为人,并进一步指出共犯存在的可能情形,亲手犯原则上不具有共犯形态,而对于义务犯则有共犯形态存在的可能性。如果依照犯罪支配理论,共犯只能伴随正犯而存在,"无正犯之共犯"只能是观念上的⑥,实际上不存在,因此否定无正犯之共犯⑦。

张明楷教授认为,虽然形式客观说易被我国理论所接受,但是并不可取,因为何种行为是符合基本构成要件的正犯行为,何种行为是符合修正构成要件的教唆、帮助

---

① 参见张明楷:《刑法学》(上)(第5版),法律出版社2016年版,第391页。
② 参见柯耀程:《刑法总论释义——修正法篇》,台湾元照出版有限公司2006年版,第340页。
③ 同上书,第341页。
④ 参见黄荣坚:《基础刑法学》(下),台湾元照出版有限公司2006年版,第829页。
⑤ 参见陈子平:《刑法总论》(下),台湾元照出版有限公司2006年版,第79页;柯耀程:《刑法总论释义——修正法篇》,台湾元照出版有限公司2006年版,第353—354页。
⑥ 例如,甲帮助乙盗窃乙认为是他人而实际上是自己之物,由于没有正犯,甲只是观念上的共犯。
⑦ 参见柯耀程:《刑法总论释义——修正法篇》,台湾元照出版有限公司2006年版,第344—345页。

行为,往往难以确定。因此,张明楷教授全面支持犯罪支配理论,但也认为该理论与"重要理论"并无明显区别,并基于行为共同说的立场,对犯罪支配理论作了"修正",认为对犯罪事实的支配,不以行为人有故意为前提。故意是责任要素,而共同犯罪是共同违法形态,因此,即便没有故意,其客观行为依然可能支配了犯罪事实。①

我国台湾学者对"犯罪支配理论"的评说

柯耀程教授认为,区别正犯与共犯,犯罪支配理论优于其他理论,但也有不足。②他认为,依照罗克辛的见解,共同正犯的形成,是基于数人对犯罪行为共同性支配关系,该共同关系是一种组织功能的作用。共同正犯成立的主要依据,是对于同一整体事实每一个参与者基于功能性作用,共同支配整体事实。也就是说,每一个参与者并非个别得以支配全体事实,个别参与者也不是仅就个别行为部分得以支配,完全支配关系维系与多数人之手,所以才得以共同实施,全体行为成败维系与每一个参与者,故所有参与者的整体关系,建立在功能性关系之上。同时,依照罗克辛的理论,功能性支配的具体关系,建立在犯罪意思形成的共同性,以及意思实现(实行)共同性基础上,所以功能性支配必须从意思决定功能延至行为实现才能成立。因此,支配理论,也否定在犯罪预备阶段可以成立共同正犯。③ 柯耀程教授还认为,支配理论虽然在要求确认共同性后,才认定共同正犯形态上,更为精确,避免共同正犯与同时犯、对向犯的混淆,但是,如何理解对于犯罪事实的支配既不是落于个人之手,又不是部分支配,全体行为成败又维系在每一个参与者手中?完全支配又操之于多人之手?共同关系究竟如何理解?怎样判断参与者在犯罪事实中的角色,在支配理论中都没有答案。④他认为,从单独正犯行为看,行为须是行为人意思发动,且必须展现与外在的意识活动,单纯意思未展现于外部不能评价,这一法理对于共同正犯也没有例外。共同正犯的成立的前提在于数人共同加功于一个犯罪事实上,需要研究的仅在于是否具有共同关系存在。因此,共同性是否存在,或许功能性支配作为辅助可以,但根本上仍然在于形成同一犯罪意思的共同性。单纯意思形成尚不能作为评价基础,必须该共同意思形成共同行为,才能成立共同性关系。⑤

陈子平教授认为,犯罪支配理论的概念过于抽象、多义,不同学者会有不同解读,何况帮助行为是否完全没有犯罪支配之内涵,特别是教唆犯的情况,这都有解释的空间,并认为作为共同正犯的"功能的犯罪支配"也无法说明"附加性共同正犯"和"择一性的共同正犯"。前者如 A、B、C、D 四人杀甲,而在杀人时,A、B、C 三人已经完全掌控杀人的过程,有没有 D 的参与,都不会有任何影响;后者如共同杀人中 A、B 设伏在

---

① 参见张明楷:《刑法学》(上)(第 5 版),法律出版社 2016 年版,第 391—392 页。
② 参见柯耀程:《刑法总论释义——修正法篇》(上),台湾元照出版有限公司 2006 年版,第 345 页。
③ 罗克辛教授的观点,转引同上书,第 354 页。
④ 参见同上书,第 354—355 页。
⑤ 同上书,第 357 页。

不同地点,被害人在经过 A 埋伏之处时被 A 杀死。他认为,区别正犯与共犯的标准,不能脱离构成要件为核心。正犯就是本身实现基本构成要件的意思而实施基本构成要件的行为人,共犯则是以教唆、帮助的意思(通过正犯行为实现基本构成要件的意思)而实施修正构成要件的教唆、帮助行为者。因此,形式客观说基本上是妥当的,问题仅在于如何解读基本构成要件。①

而林钰雄教授认为,在正犯与共犯区别上,虽然犯罪支配理论有优势,但是亲手犯、身份犯、义务犯②的场合,犯罪支配理论则是例外不能适用,因为意思支配者充其量只能是共犯,而不能成立任何一种正犯。③

主观说的缺陷明显,并不可取,但即便对基本构成要件的实行行为学界尚有不同理解,要完全脱离构成要件定型化要求去区别正犯与共犯,也不可取。当然,不可否认的是,在学理上要对正犯与共犯划分出明确的界限,由上述争论也可以看出似乎是一个难以完成的任务。迄今为止,理论上的努力,几乎都不能脱离从形式上加以说明,即便对正犯的认识可以建立在分则对实行行为是为正犯而设置的前提下,但是对正犯的其他类型,仅仅从构成要件上也难以获得明确的答案,如再将尚未解决的问题延伸到对共犯的解读上,对参与的共犯仅以"帮助、加功"之说,或者"以教唆、帮助故意"或"实现自己犯罪"参与犯罪,对厘清正犯与共犯,以及不同类型共犯之间的关系,并无明显的作用。这恐怕就是理论上要从实质意义上解读构成要件含义的初衷。尽管这一点学界可以达成共识,但是,如何从实质上考察,仍然有不同认识。④

本书主张,在不背离构成要件是对适格主体实行行为定型化的前提下,采二元的客观违法定义正犯的实行行为也不失为解决的思路,即基本构成要件的行为,是指具有法益侵害的危险⑤行为,且法益侵害或侵害危险系该危险性所引起的结果。从这一意义上说,直接正犯,就是指基于自己的意思实现基本构成要件,且支配对法益侵害或者危险结果发生的行为人。间接正犯,则是指基于自己的意思,支配和利用他人实现基本构成要件,造成法益侵害、危险结果的行为人。共同正犯,则是指基于共同实行的故意,通过协力实现基本构成要件,共同支配造成法益侵害、危险结果的行为人。如此定义正犯,既有主体适格性要求,并否定其行为无价值,也否定其结果无价值。

对区别正犯与共犯的犯罪支配理论存在的质疑,主要是羁绊于对个别共犯的从属性所致。共犯的违法性、可罚性从属于正犯或具有独立性等虽还存在争议,但是问题在于任何犯罪参与者之所以参与犯罪,都是基于自身的利益诉求。当然,这种利益本身包含着太多内容无法一一列举,例如,即便是被胁迫参与犯罪,自保或者保护至

---

① 参见陈子平:《刑法总论》(下),台湾元照出版有限公司 2006 年版,第 80、82 页。
② 即不作为犯。
③ 参见林钰雄:《新刑法总则》,台湾元照出版有限公司 2006 年版,第 395 页。
④ 参见本书第四章第三节的相关内容。
⑤ 需要说明这里的"危险"只在对法益侵害的意义上,并非对危险犯"危险"的界定。

亲、朋友也是利益诉求。从这一点而言,只为实现正犯的利益,就协助、加功于正犯实现构成要件,而自己没有任何利益诉求是不可想象的。如是,行为共同说认为,犯罪参与者都表现的是自己主观恶性的见解,当然可以成立。实施教唆,帮助行为之故意,从根本上说仍然是为了自己的利益诉求。但显然就共犯利益诉求实现看,受制于正犯所为也是事实。因此,一方面共犯参与犯罪当然有自己的利益诉求,另一方面自己的利益诉求实现受制于正犯所为。所以,在共同犯罪中,共犯被边缘化是不可避免的现象。也正因为是边缘化的犯罪参与者,不仅其实施的行为不能是具体构成要件的行为,而且更重要的是对法益侵害或危险结果的发生,在事实上不应具有支配性。也从这一意义上说,共犯是指基于实现自己的利益诉求而加担的意思,实施教唆、帮助,使正犯实现基本构成要件,造成法益侵害、危险结果的行为人。

柯耀程教授对区别正犯与共犯支配理论的质疑,基于不同的理论立场可能会有不同解读,但是,对一般没有要求主体特别属性的正犯与共犯区别而言,犯罪支配理论能够发挥确实可行的作用是无疑的。陈子平教授认为教唆犯、帮助犯是否完全没有犯罪支配之内涵,特别是教唆犯,都有解释的空间的见解,如与林钰雄教授的见解相配合,也就解释了犯罪支配理论虽有优势,但是亲手犯、身份犯、义务犯的场合例外不能适用,即意思支配者充其量只能是共犯,而不能成立任何一种正犯的情况。至于"附加性共同正犯"和"择一性的共同正犯"支配理论无能为力的见解,本书认为,既然同为共谋而共同实施,无论是否为最终结果做出物理性贡献,以"部分行为全部责任"原则,或"共谋共同正犯"理论也是可以解释的。

本书对共犯之所以使用"利益诉求"而不是"教唆、帮助犯罪意思"参与或者"以实现自己的犯意"参与,是因为这样定义是指"犯意",已包含着强烈的否定谴责。但犯意在认识上只有"有"与"无"的区别,而无程度和内容的要求。而"利益诉求"包含着具体利益需求,可以揭示共犯违法意思的原因,无论对从属性违法还是需要单独评价的违法性,都具有现实意义。不排除有共犯参与犯罪"利益诉求"本身就应给予否定评价,但并非所有的都如此。例如,被胁迫参与犯罪,受到邪教影响等参与犯罪,在利益的诉求上不一定就是"邪恶"的。再如,为自保或保全至亲、朋友生命安全的利益诉求而参与犯罪,同样也不能认为是"邪恶"的。但无论利益诉求是否邪恶,对法秩序的违反却是明知的。共犯并不因所实施的是帮助、教唆行为,主观要素就当然评价为要实现的是自己的犯意,或为了实现正犯的利益,否则,根本无需考察违法性也是当然的共犯。犯罪共同说对共犯要求的"教唆、帮助的意思"参与犯罪;行为共同说对共犯则要求的"实现自己的意思"参与犯罪,两者争论都源于对共犯参与犯罪的心理原因未全面解读。事实上,包括正犯,共犯在内所有犯罪的参与者,都有"自己利益的诉求——为何这样做"?这是可以通过客观证据还原的事实(动机),更具有可靠的规范评价意义,包括应用期待可能性理论予以评价。

第三节 狭义共犯

一、共犯处罚根据

无论采单一正犯体系还是参与共犯体系,实施具体犯罪行为的实行犯,即正犯是单独犯,而共同正犯是正犯的一种,而非共犯①。正犯之所以要承担刑事责任,在于其亲自实现了构成要件,这在各国的刑法理论上都是没有任何争议的。因此,共犯的责任根据,是在"区分共犯体系"下,就狭义的"共犯"即教唆犯与帮助犯而言的。在国外理论中,"区分共犯体系"下的教唆犯与帮助犯由于必须通过实行犯才能予以刑事制裁②,因此,因何对教唆犯与帮助犯予以刑事制裁,就是所谓的"共犯"责任根据。刑法理论上对此有不同的学说,择其主要方面有③:

(1) 责任共犯说。该说认为,共犯的处罚根据不在于共犯对法益的侵害,而在于陷正犯于责任和刑罚使之堕落。正犯是杀人者,教唆犯是制造杀人者。④ 在责任共犯理论看来,共犯的处罚根据在于共犯是将自己的犯罪意思与正犯意思相结合,而助于实行的目的,充分使正犯的决意发生作用。因此,是共犯使得正犯受责任与刑罚,进而参与正犯行为而具有有责性,因此,共犯的犯罪性与正犯有实质区别;而且,诱惑他人犯罪原则上比客观上对法益的侵害更为重要,因此,至少应与正犯负相同程度的责任。

责任共犯说目前没有市场,批评原因就在于责任共犯说的核心理论,是非自由主义、个人主义,而是国家主义。认为犯罪的本质是违反伦理秩序、全体秩序,而不是侵害现实具体的法益,与现代刑法理念相悖。处罚共犯是因为使正犯堕入犯罪而侵害了正犯的法益,采取了"极端从属性说"的立场,然而这种共犯的法益与刑法保护的法益相比其实体是什么,无法确定。

(2) 不法共犯说。该说主张,共犯的处罚根据在于共犯使得正犯实行犯罪,而惹起正犯反社会状态,扰乱了社会的平和,或者在于是共犯惹起正犯行为的无价值。前者被称为"社会完整性侵害说",后者被称为"行为无价值惹起说"。⑤ 前者基于"人的不法论"为前提,认为共犯之所以应受处罚,不仅仅在于惹起正犯行为,也因使法的共同体成员(国民)陷于不法,使之处于与法敌对的事实中,侵害该成员社会的完整性。后者则从目的行为论立场,认为共犯处罚根据,不在于共犯将正犯引入责任与刑罚,

---

① 参见陈子平:《刑法总论》(下),台湾元照出版有限公司 2006 年版,第 109 页。
② 这只能说是多数国家和地区刑法以及理论上的通例,在我国理论上,是否也是如此,是有争议的。
③ 参见陈子平:《刑法总论》(下),台湾元照出版有限公司 2006 年版,第 108—114 页;许泽天:《共犯的处罚基础与从属性》,载《罪与刑——林山田教授 60 岁生日祝贺论文集》,台湾五南图书出版有限公司 1998 年版,第 4—12 页。
④ 参见陈子平:《刑法总论》(下),台湾元照出版有限公司 2006 年版,第 110 页。
⑤ 参见同上书,第 111 页。

而是共犯诱发或促成正犯实施社会不能容忍的无价值行为。共犯所参与的犯罪,是具有目的性的正犯固有的支配行为,所以,不仅共犯是故意行为,正犯的行为也必须是故意行为,这对正犯与共犯同等重要。所以,共犯的不法不是结果无价值,而是以行为无价值为违法本质。

对"社会完整性侵害说"批评的观点认为,将共犯处罚的根据理解为共犯是对正犯社会完整性的破坏,以此为处罚的根据,但社会完整性侵害是非常抽象、不易确定的,是否为现行法律所认可也有疑问。对"行为无价值惹起说"批评的观点认为,如将惹起正犯行为的无价值作为根据,则对共犯违法性判断会漫无边际。在正犯没有实现对法益的侵害,仅以唆使、引起正犯行为的无价值,共犯已经具备处罚根据并不妥当。而且,无论就共犯还是正犯而言,都是以行为无价值与结果无价值的共同为存在的基础,所以,共犯的不法并非仅仅以引起正犯行为无价值。

(3) 因果共犯说(惹起说)。该说是以因果关系为基础而倡导的共犯理论①,主要有三种学说,即纯粹惹起说、修正惹起说和折中惹起说。

纯粹惹起说认为,共犯的处罚根据在于自身对法益的侵害,其不法是完全独立于正犯的,产生于共犯自身的行为。所以,共犯的处罚根据与正犯的处罚根据并无区别,共犯从属于正犯,采"最小限度从属性说"。② 因此,共犯只是在事实上从属与正犯即具有可罚性③,即共犯的违法、责任都是通过正犯惹起构成要件的结果而被肯定。换言之,共犯是根据"使正犯实行犯罪"而惹起正犯的结果才被肯定。虽然共犯行为是"非实行行为",但相当于"构成要件的扩张形式",因此,共犯与正犯的犯罪相同——有侵害法益之意思态度和行为,教唆与帮助就是"共犯者的犯罪"。纯粹惹起说原则上主张违法性的相对性,既认可"无正犯之共犯"(无正犯的不法,共犯的不法也能存在——教唆自杀的,自杀者是正犯,不为罪,教唆者违法),也认可"无共犯之正犯"(有正犯的不法,共犯的不法也未必存在——请求被杀的,杀人无论怎样都是违法,因此,得承诺杀人的正犯仍然违法,但唆使杀自己,并不违法)。对纯粹惹起说,有的认为强调共犯不法的独立性,最符合刑法个人原则,但对摆脱从属性要求,有扩张刑罚适用之虞④,而且,共犯不法,则必须在共犯本身充足构成要件要素而实现不法,

---

① 在"共犯与正犯区别标准"的争论中,形成了以德国学者布黎主张的"主观共犯论"与毕克麦耶为代表的"客观共犯论"的对立。布黎认为所有的条件都是原因而具有同等价值,并认为从客观上的因果性无法区别共犯与正犯,而只能从主观面上考察,以自己行为的意思而实施犯罪者为正犯,以加功于他人行为的意思而实施行为者为共犯。相反,毕克麦耶则将所有条件区别为属原因者为正犯,属条件者为共犯。两种见解虽有区别,但在"不具有条件者不为共犯"这一点上的认识是相同的。在规范论兴起后,对共犯的见解形成了"形式客观说"与"扩张正犯概念"的对立。"形式客观说"以"共犯为刑罚扩张事由"为立论,主张共犯为构成要件的修正形式,从而将考察共犯出发点从因果关系领域——对结果有何种影响,转移到构成要件领域——实施何种行为。如此,共犯甚至不要求行为与正犯的结果之间具有因果关系,也具有可罚性。而"扩张正犯概念",则将共犯理解为结果犯,主张对侵害一定法益者应同样处罚,所以,实现构成要件不仅是正犯,也包括共犯在内。
② 参见陈子平:《刑法总论》(下),台湾元照出版有限公司2006年版,第112页。
③ 只要求正犯行为符合构成要件,共犯的行为即可成立。
④ 参见陈子平:《刑法总论》(下),台湾元照出版有限公司2006年版,第112页。

则非身份者共犯加功与真正身份者时,将无法对其予以处罚。

修正惹起说也以从属性理论为前提,认为共犯的处罚根据在于参与了正犯对法益的侵害,共犯的不法不在于共犯行为本身,而是由正犯行为的不法而导出①,以此与纯粹惹起说相对立。修正惹起说是完全否认共犯具有独立的不法要素,完全从属于正犯的违法性,所以,侵害法益的正犯违法,则对共犯而言也是违法,只要正犯实施对该法益的侵害而违法,则共犯者亦应负其责任,即否定违法的相对性,肯定共犯违法性的连带性,既不存在"无正犯之共犯"(没有正犯的不法,也就没有共犯的不法——教唆自杀,自杀者是正犯,不违法,教唆者也不违法),也不存在"无共犯之正犯"(存在正犯的不法,就存在共犯的不法——请求被杀,杀人者违法,请求的教唆者也违法)。因此,有采"限制从属性说"的倾向②。对修正惹起说,有的认为其虽然是以从属性为前提,但不认为从属性是绝对必要的。③ 主张共犯的不法系由正犯的不法而导出,是客观违法性论之违法的连带性结论,忽视共犯违法的独立性。贯彻违法连带时,由正犯不法导出共犯不法的见解,亦将会产生不能接受的结论。④

折中惹起说是介于二者之间的观点,主张共犯之所以受处罚是因为共犯者本身不实行正犯构成要件的行为,而是通过正犯实现构成要件的行为,间接地侵害受保护的法益。所以,共犯的不法是由本身侵害法益所形成的独立、固有的要素,但却是通过正犯行为的不法所引导出的从属性要素。所以,折中惹起说是一部分肯定,一部分否定违法性的相对性,不认可"无正犯之共犯"(无正犯的不法,就无共犯的不法——教唆自杀,自杀者是正犯,自杀行为不违法,教唆者也不违法),但认可"无共犯之正犯"(有正犯的不法,共犯之不法也未必存在——请求被杀的,杀人无论在任何情况下都是违法,因此,得承诺杀人者的正犯仍然违法,但唆使杀自己,并不违法)。⑤ 对折中惹起说,批评主要是认为正犯在共犯体系上的地位不明确。⑥

大陆法系关于共犯处罚根据的学说,由于各自的立场的不同,是很难能够统一认识的,而且,这种争论在我国台湾刑法理论中也有体现,我国大陆多数学者仍然是坚持共犯责任根据的主客观相统一性,但是也有学者直接主张大陆法系理论观点。

黎宏教授主张修正惹起说,认可共犯只具从属性(违法连带性),否定其独立性,主要观点是:采"修正惹起说"符合现行刑法教唆犯、帮助犯的立法规定,即狭义共犯具有依附于正犯的从属性,也符合现阶段刑法整体上体现的客观主义刑法观。处罚的根据在于教唆、帮助是为犯罪结果提供相当性条件的行为类型,是通过正犯的实行行为参与犯罪,其自身并无引起结果的现实危险,是借助正犯行为间接侵害、威胁到

---

① 参见陈子平:《刑法总论》(下),台湾元照出版有限公司2006年版,第112—113页。
② 同上书,第113页。
③ 同上。
④ 如甲嘱托乙杀死自己,乙实施而未遂,虽然乙得以受嘱托成立杀人未遂,却无法从正犯(乙)具有不法,将教唆者(甲)论以杀人的教唆犯。
⑤ 参见陈子平:《刑法总论》(下),台湾元照出版有限公司2006年版,第113页。
⑥ 同上。

法益,所以,只有正犯实施犯罪构成结果的实行行为,共犯才具有可罚性,是以正犯为中介间接侵害法益①。张明楷教授同样认为共犯是通过正犯间接侵害法益,但认为共犯的处罚根据在于其诱使、促成正犯直接造成法益侵害,所以,共犯的违法性来自于其自身和正犯的违法性。而共犯自身违法性,是指在共犯不具有违法阻却事由时,才能成立。如果共犯具有违法阻却事由,则只有正犯可构成犯罪,而教唆者、帮助者不成立犯罪②,这称之为共犯违法连带性的"有限相对性"③。具体说,共犯从属性是"相对性"的不是"绝对性"的。即:共犯无违法阻却事由,贯彻违法连带性(从属性),反之,违法性采"相对性"。那么是对正犯还是共犯违法性采相对性?显然,二者都有"份"。在共犯具有违法阻却事由时,共犯违法性不采连带性而对正犯单独评价(无共犯之正犯)是明确的④,如正犯有违法阻却事由时,共犯仍然存在(无正犯之共犯),上述论证虽未涉及,但张明楷教授执肯定的看法⑤。此刻,对共犯的违法性则采"独立性"说。只不过,张明楷教授对共犯的属性,一直采"(限制)从属性说"⑥,不认可共犯违法具有独立性⑦,为何需要对共犯违法性独立评价?

本书认为,处罚共犯的依据,就在于共犯通过加担于正犯实行行为,表现出自己利益诉求反法规范性,破坏法秩序。但也不宜认为共犯参与犯罪都是"不可宥"的。故而,在正犯或共犯审查具有违法阻却事由的情况下,当然需要单独评价,所以,对违法性独立考察并非没有意义。在大陆法系违法性理论中,违法性是"有教无类"的评价,只针对具体的行为而不针对具体人。但从共犯责任阻却或减轻的理论中,则体现着针对个人具体考察责任情况的要求,如果可以承认"无共犯之正犯""无正犯之共

---

① 参见黎宏:《刑法学总论》(第2版),法律出版社2016年版,第259页以下。
② 参见张明楷:《刑法学》(上),法律出版社2016年版,第407—408页。
③ 参见同上书,第407页。这也即"因果共犯论"中的"折中惹起说",部分肯定,部分否定违法的相对性。但"折中惹起说"不认可"无正犯之共犯"。参见陈子平:《刑法总论》(下),台湾元照出版有限公司2006年版,第113—114页。因此,张明楷教授的共犯违法连带性的"有限相对性"与"折中惹起说"并不完全相同,也就是对共犯违法的连带性(从属性)设置了条件。共犯违法性是"连带性(从属性)的"但是这种从属性是"有限相对的",是附有条件的连带性,条件就是"共犯有无违法(责任)阻却事由"。
④ 当A依照X的请求对X实施重大伤害,A的行为违法,但X的教唆不违法;而当B唆使Y自伤,Y的自伤不违法,则B的唆使行为也不违法。参见张明楷:《刑法学》(上)(第5版),法律出版社2016年版,第407页。前者,体现的是违法连带性是相对的。有正犯的不法,共犯不法也未必存在,认可"无共犯之正犯"。后者,无正犯的不法,就无共犯的不法,不认可"无正犯之共犯",但共犯具有违法阻却事由的,违法判断上采"相对性",认可"无正犯之共犯"。
⑤ 有责任能力人甲应无责任能力人乙之邀为其盗窃把风案件的"无正犯之共犯"说,参见张明楷:《刑法学》(上)(第5版),法律出版社2016年版,第382、383页。从"行为共同说"立场看并无不当,因行为共同说认可"二人以上只要行为共同,即使其中有人没有责任能力或缺乏罪过,也不影响共同犯罪的成立",但同样从"行为共同说"立场看,参与者有无责任能力,都不影响"共同犯罪"成立,那在违法层面上的共同犯罪,正犯也好,共犯也罢,刑事责任都可能在责任阶段被剔除,既然无违法阻却事由,都不影响在违法层面上认定为共同犯罪,那就再难有不适合于违法层面的共犯以及正犯和共同正犯的现象。讨论"无正犯之共犯""共犯之正犯"实际意义,只是解决了各自违法性而已,因此,需要认可"无共犯之正犯""无共犯之正犯"解决什么问题才是关键。
⑥ 参见张明楷:《刑法学》(上)(第5版),法律出版社2016年版,第419页。
⑦ 参见同上书,第411、419页。

犯"在一定情形下具有合理性,那么,就需要从"有教无类"中考察具体人是否存在违法性阻却事由。这意味着违法性独立性考察在于排除具有违法性(是否具有超法规违法阻却事由),而不是从肯定的意义上认定具有违法性。正是在这一层面上,说共犯违法性具有独立性,也不是不能成立。故而,这并非是对违法性"有教无类"的否定,而恰恰是认定违法性有无所需要的。

至于黎宏教授所采"修正惹起说"虽然全面贯彻了共犯违法连带性(从属性),但"折中惹起说"不认可"无正犯之共犯"以及"无共犯之正犯",那么面临"教唆未遂",特别是控制下交易的"陷害教唆"①是否具有可罚性问题,是个难题。

二、狭义共犯的法律属性

在"区分共犯体系"下,共犯的成立是以教唆或者帮助他人犯罪为条件的,那么,教唆行为与帮助行为,是因对他人犯罪做出贡献,使得教唆或帮助行为具有违法性和可罚性的评价,还是因为教唆行为或帮助行为自身就具备违法性和可罚性的评价。这就是共犯的法律属性是从属于正犯具有从属性,还是具有自身的独立性之争②。

共犯从属性是以古典学派客观主义为思想基础的学说,主张共犯的成立,至少以正犯着手实行行为为必要。共犯对法益的侵害,是潜在的危险,因此其本身并无违法性、犯罪性,或者仅有部分违法性、犯罪性。其完整的违法性、犯罪性,需要通过显在、现实危险性的正犯的实行行为存在方能实现。所以,共犯的成立,必须从属于正犯行为方可。如贝林在其《犯罪论》中指出:"所谓从属的共犯,是如果缺乏'正犯',就完全难于构成。"③共犯从属性分为:实行从属,探究是否以正犯着手实行行为为共犯成立条件;要素从属,探究共犯如果从属于正犯,以正犯具备何种程度的犯罪条件为前提。麦耶还从论证共犯从属的程度出发,提出了四种不同的共犯从属形式,即最小限度从属形式、限制从属形式、极端从属形式以及最极端从属形式。德国刑法典采"限制从属性",即以正犯具备构成要件符合性、违法性为以足。罪名从属,探究共犯所成

---

① 理论上"教唆未遂"与"未遂教唆"亦有无必要加以区分的观点。参见黄荣坚:《基础刑法学》(下),台湾元照出版公司2006年版,第363页以下。但这是基于两种"未遂"台湾"刑法"规定均是在共同犯罪中予以评价的缘故,也即"未遂教唆"包括被教唆者已萌生犯意进入预备尚未着手;"教唆未遂"则是指被教唆者未达成既遂的情况。参见陈子平:《刑法总论》(下),台湾元照出版有限公司2006年版,第176、180页。大陆学界基于现行立法规定,多数说认为前者是指"单独犯",即不成立共同犯罪需对教唆者单独处罚;后者在"共同犯罪"范畴,包括被教唆者完成或未完成犯罪情况。但当被教唆者接受教唆,实施非教唆之罪(包括对教唆内容理解错误)时,符合第29条第2款"被教唆者没有实施所教唆的犯罪",本应只处罚教唆者本人,但如贯彻"正犯不法,共犯亦不法"的从属性原则,教唆者需要对非其教唆之罪承担责任,似有不当。"陷害教唆"有认为是"未遂教唆"的一种情形,也有认为二者应该严格区别的观点。如采前一观点,"陷害教唆"是教唆他人实施不能完成之犯罪,包括基于使他人成为犯罪人之意图,教唆他人实施不能完成之犯罪;也包括在刑事侦查中,采取诱使手段使他人实施不能完成之犯罪(亦称为"诱惑侦查"或"侦查陷阱")。实务中,对难以缉捕的毒贩会采用"控制下交易",对缉毒警的诱使行为性质成为争议问题。如果贯彻从属性原则,缉毒警察也应该以"教唆犯"入罪了。

② 学说基本内容,参见陈子平:《刑法总论》(下),台湾元照出版公司2006年版,第116页以下。

③ 转引自马克昌:《关于共犯的比较研究》,载《刑法论丛》(第3卷),法律出版社1999年版,第312页。

立罪名,是否与正犯罪名相同为必要。①

共犯独立性,是以近代学派主观主义思想为基础的学说,主张共犯行为本身已经具备完整的违法性、犯罪性,甚至可罚性。因此共犯的成立,不以正犯着手犯罪实行为必要,共犯行为本身已呈现完整的反社会性,即主观恶性。因此,有无正犯的实行行为,并不影响共犯的成立。如宾丁(Binding)就认为:"共犯对于正犯是独立的犯罪,共犯的可罚性对于正犯是独立的,共犯之所以被处罚,不是因为他人实施了可罚的行为,而是因为行为者自身实施了犯罪。"②

我国学者,通常对帮助犯持从属性说,如果从实施帮助行为具备可罚性的条件看,通说是以正犯至少着手实施实行行为为原则。"不论以什么形式或在什么时间内实施帮助,都对实行犯罪起辅助作用,都可能构成从犯。"③对缺效帮助,一般不主张具有可罚性。这从理论上对帮助错误的分析中可以得出这一结论④。所以,对共犯中的帮助犯,可以说采从属性的观点⑤,这与大陆法系采区分制共犯体系国家的刑法理论基本上是一致的。

我国理论上争议最大的,即为教唆犯的法律属性问题。较多的学者对此持二重性说,这与我国刑法对教唆犯的规定不无关系。二重性说认为,基于《刑法》第29条第1款在教唆成立共同犯罪情况下,教唆犯的罪名以及形态从属于被教唆实施犯罪的正犯,即教唆者仍然受制于正犯完成犯罪的情况,但处罚的力度是要根据在共同犯罪中的作用,可能是主犯或从犯,也就是具有了相对的独立性。而在符合第2款规定情况下,由于不成立共同犯罪,是教唆未遂,故教唆者既无犯罪的从属性,也无刑罚的从属性,表现出的只是独立性。⑥

在共犯(包括教唆犯)二重性说论证中,陈兴良教授主张与纯粹的二重性说稍有区别,主张的是抽象二重性说,即共犯具有从属性与独立性是辩证统一的关系。刑法总则的规定,使共犯(当然包括教唆犯在内)获得在法律上具有可罚性的依据,这奠基于自身的行为,是具备独立的主客观相统一承担刑事责任基础的危害社会的行为,这就是体现了共犯相对的独立性。因此,共犯构成犯罪并不取决于正犯是否实行犯罪。故从属性是在相对独立性基础上的从属性;而独立性是在相对从属性前提下的独立性⑦。

---

① 参见陈子平:《刑法总论》(下),台湾元照出版有限公司2006年版,第116页。
② 转引自马克昌:《关于共犯的比较研究》,载《刑法论丛》(第3卷),法律出版社1999年版,第315—316页。
③ 高铭暄、马克昌主编:《刑法学》(第5版),北京大学出版社、高等教育出版社2011年版,第174页。
④ 参见马克昌主编:《犯罪通论》,武汉大学出版社1999年版,第605页。
⑤ 也有学者认为帮助犯(包括组织犯、教唆犯)也具有独立性的可罚性。参见陈兴良:《共同犯罪论》(第2版),中国人民大学出版社2006年版,第42页。
⑥ 参见马克昌主编:《犯罪通论》,武汉大学出版社1999年版,第556页;陈兴良:《共同犯罪论》(第2版),中国人民大学出版社2006年版,第41—44,226页。笔者也曾经主张"二重性说"。
⑦ 参见陈兴良:《共同犯罪论》(第2版),中国人民大学出版社2006年版,第42、44页。

而张明楷教授否定二重性说,认为二重性说不可成立。① 这一否定的观点目前也得到不少学者的赞同,如黎宏教授、曲新久教授等②。当然,对我国《刑法》第29条第1款教唆犯的从属性,在解释上并无区别。不赞同二重性说,主要是对教唆犯具有独立性的否定,即认为无论是第1款还是第2款的教唆犯,都是共同犯罪中的教唆犯,只具有从属性,不具有独立性。第1款的规定只是对教唆犯所规定的处罚原则,并非是对其具有独立性的规定。例如甲、乙共同对丙教唆而遭拒绝,按照二重性说的独立性,甲、乙也成立教唆犯,但此种情形对二者既要适用第1款规定,也要适用第2款规定,是自相矛盾的。对第2款的教唆犯独立性的否定,仍然基于在适用上的矛盾,即当被教唆者的犯罪只是在犯罪预备阶段时,按照第1款从属性解释,教唆者成立共同犯罪预备犯的教唆犯,可以按照犯罪预备"从轻、减轻或者免除处罚";而当被教唆者连犯罪预备都没有实施时,则需要适用第2款"可以从轻或者减轻处罚"。本来前者的责任重于后者,可实际上却是前者轻于后者,处罚上明显是不协调的。而如果按照从属性说,完全可以解决这一处罚的不协调。这就需要在共同犯罪前提下重新解读第2款教唆犯的从属性,即该款规定的"被教唆的人没有犯被教唆的罪",可以解释为"被教唆的人没有犯被教唆的既遂罪"或者"被教唆的人没有犯罪既遂"。从这一角度理解,第2款的规定也属于共同犯罪的范畴,这样就可以克服处罚上不协调,就可以认为第2款的教唆犯是未遂教唆③,也只有基于从属于正犯上才能成立。所以,从属性说不仅能有效避免独立性说导致的处罚不协调问题,也使得处罚依据上更为明确。④

黎宏教授也指出,在无身份者教唆真正身份犯的犯罪中,无身份者只能构成真正身份犯的共犯,这是确定的,但是,如果对第2款的教唆犯按照独立性来理解,会得出不合理的结论。例如,如果公务员甲没有听从非公务员妻子乙的教唆收受贿赂,那么岂不是非公务员的乙可以单独构成真正身份犯的受贿(未遂)罪⑤?

我国《刑法》第29条第2款规定有别于其他国家或地区刑法,这是造成争议的原因。但是问题在于,教唆具备可罚性,是因为教唆引发他人犯罪的犯意,还是引发他人产生犯意后实施犯罪? 教唆犯无论从独立性还是从属性研究,首先应该承认它是在共同犯罪中被研究的对象,即使在单一正犯体系下,教唆犯仍然是共同犯罪中的教唆犯,只是视为正犯而已。在区分共犯体制下,即便教唆他人犯罪不成立共同犯罪,也是依据共同犯罪理论予以否定的,而不是依据正犯理论认定的,间接正犯就是适

---

① 对二重性说的批驳,参见张明楷:《刑法的基本立场》,中国法制出版社2002年版,第305页;张明楷:《刑法学》(第4版),法律出版社2011年版,第373—376页;黎宏:《刑法学》,法律出版社2012年版,第268—269页。

② 参见黎宏:《刑法学》,法律出版社2012年版,第268页;曲新久:《刑法学原理》,高等教育出版社2009年版,第176—178页。

③ 通说则认为第29条第2款是教唆未遂,即包括被拒绝接受教唆、教唆未实际引起犯意以及接受教唆但未去着手实施犯罪的情况。通说认为该种情况下不成立共同犯罪,对教唆犯是独立处罚的。参见马克昌主编:《刑法》(第3版),高等教育出版社2012年版,第163、164页。

④ 参见张明楷:《刑法学》(第4版),法律出版社2011年版,第373—376页。

⑤ 参见黎宏:《刑法学》,法律出版社2012年版,第268页。

例。在间接正犯的情况下,"教唆"他人实施某种行为而具备可罚性,并不是因为不成立共同犯罪而当然获得,仍然是因为教唆他人犯罪。只是因教唆者与被教唆者之间不能形成共同犯罪关系,而应将教唆者称为"间接正犯"①而已,但是,认定为"间接正犯"的前提,必须是被利用的直接正犯至少着手"构成要件的行为"。换言之,直接正犯未去实施实行行为,间接正犯也无由成立②。因此,将"教唆"这一相同的犯罪现象,同时赋予两种法律属性,的确是存在解释上的问题③。正是如此,张明楷教授认为"共犯从属性说与独立性说,从具体观点到理论基础都是非此即彼、完全对立的,无论如何也看不出可以调和、折中","二重性说在逻辑上有自相矛盾之嫌"的批评,并非没有道理。

教唆犯本身对社会有危害性,无论正犯是否去实行犯罪,教唆犯本身都应该认定为犯罪的观点④,一直是主张我国刑法中教唆犯具有违法独立性认识基础⑤,并延伸至对组织、帮助犯认为也独立具备可罚性⑥。应该说,包括教唆犯在内的共犯,主观上均具备双重的故意,这包括其共犯行为是故意而为之,也包括有加担于正犯实现故意犯罪的构成要件的故意。不过,本书认为,实施总则规定的教唆(包括帮助)行为,主观上有故意,这只是说具备了可罚性基础(罪过基础),并非就具备了可罚性。

如前所述,无论采独立性还是从属性,教唆犯应在共同犯罪的范围内讨论。在正犯尚未实行犯罪的情况下,共犯对法益的威胁仍然只是潜在的,而非现实的;即便在正犯实施犯罪的情况下,也应承认共犯对法益的侵害是间接的。帮助犯对实行者所实行的犯罪不具有支配作用,否则就不是帮助犯。教唆者即使在成立共同犯罪的前提下,对被教唆者所实施的犯罪同样不具有优势的意思支配关系,也不存在能够对被教唆者所实施犯罪流程具有控制、支配关系。教唆犯的特点,在于引发他人实施犯罪的决意,至于能够决定被教唆者与被教唆者罪责内容的具体犯罪的具体实行,可以说是交由被教唆者自己处理。教唆者既不能决定被教唆者在何时、在何地去实施犯罪,也不能决定被教唆者以何种方式、采取何种行为去犯罪。虽说教唆犯罪是希望或放任他人完成犯罪⑦,但也决定不了被教唆者能完成还是不能完成犯罪。可以说,被教唆者接受教唆后实施犯罪完全是自主的,这正是教唆犯与间接正犯的区别所在。间

---

① 当然,间接正犯非以教唆他人实施的是犯罪行为才能成立,也存在利用他人合法行为的情况,在此,只是为说明问题所在,以教唆犯罪为例而已。

② 间接正犯有无未遂?理论上当然不能排除,但正因为间接正犯"唆使"直接正犯实施的行为并非都是犯罪行为,难以全面讨论间接正犯的未遂问题。

③ 以此来看,属于同一现象而被认定为"教唆犯"的,如果从刑法谦抑性的角度,只可能是被教唆者至少应"着手"实施构成要件的行为。

④ 这一观点涉及的问题还有,在独立性下必须承认"无正犯之共犯"。即便可以认为是独立处罚,但是需要从否定共同犯罪为前提,而并非以具有独立性的共犯自身的构成要件来认定具有独立可罚性,否则在逻辑上是不能成立的。

⑤ 参见伍柳村:《试论教唆犯的二重性》,载《法学研究》1982年第1期。

⑥ 这是以陈兴良教授为主导的理论观点。参见陈兴良:《共同犯罪论》(第2版),中国人民大学出版社2006年版,第42页。

⑦ 陷害教唆应除外,不同于一般教唆是希望或放任他人去完成犯罪。

接正犯恰恰是对实行者具有优势的意思支配关系、控制关系,完全掌控着犯罪的因果流程。有观点认为教唆犯的意志在共同犯罪中占据着支配地位是显而易见的①,作为教唆犯具有独立性的论据之一,过于想当然,极不客观,也不符合事实。帮助犯也是同样的道理,如果认可帮助犯不要求对正犯实行犯罪有因果性贡献,就具备独立的可罚性,使之脱离与正犯实施犯罪的关联关系,帮助犯将被视为如同抽象危险犯,其合理性更值得质疑。

当然,全然否定共犯具有独立性,是否就一定符合对共犯的处罚,期望依据从属性完全解决共犯所面临的所有问题,也值得深思。例如,对重结果要求为过失的结果加重犯,要求教唆者、帮助者依据从属性对加重结果承担责任,就必须以教唆者、帮助者对被教唆者实施犯罪引起重结果的发生也有过失为必要,如果加重结果不排除故意,则教唆犯、帮助犯对种结果以至少有过失为条件。这是共同犯意范围内共同责任的基本要求,显见教唆犯、帮助犯与结果加重犯(重结果)之间,并不存在当然的从属性关系。黎宏教授以从属性立场指出,第 29 条第 2 款是教唆未遂,适用上包括两种情况:一是被教唆人构成犯罪未遂;二是被教唆人着手实行但又中止犯罪。② 所以完全拒绝接受教唆、接受教唆实际上什么也不做的,教唆者不受处罚,后两种情况已经从第 2 款中排除了。因此,教唆犯具有独立性之说也是不能成立的③。当然,第 2 款是否将后两种情况排除了,仍然是可以重新解释的,并非是当然的结论。值得考虑的是,被教唆者中止犯罪的,对教唆犯适用第 2 款的问题。在被教唆者着手实行后又中止犯罪的,理论上认为被教唆者成立犯罪中止,但是教唆者需承担未遂责任,这又是不能完全遵从共犯从属性按照中止处罚的适例。再如,共犯教唆或帮助不真正身份犯时,也有存在对具有不真正身份者教唆、帮助,因不能与不真正身份犯同罚,应独立定罪处罚是独立性之说。例如,国家工作人员犯诬告陷害罪的,从重处罚,但不具有国家工作人员的无身份者可以成立共同正犯,也可以成立不真正身份犯的共犯,但都不能适用从重处罚的规定,只能适用普通法定刑。当然,根据行为共同说,有违法行为的共同就足够,责任问题是依照个人责任原则来解决的,不过,要站在犯罪共同说的立场,仍然成为说不清道不明的问题。

如果承认第 2 款规定教唆犯是共同犯罪下的"未遂教唆",依据犯罪未遂所要处罚的依据,并非仅仅是因为未遂已经对法益构成现实侵害的威胁,而且还在于虽然是被迫停止的,也还存在重演对法益现实侵害而征表出的人身危险性。而教唆犯,是在制造一个对法益侵害的方法、手段——教唆他人去犯罪,即通过被教唆者实现对法益的侵害事实。从这一点而言,当被教唆者没有完成所教唆的罪、中止所教唆的犯罪,或者拒绝接受教唆、接受教唆什么都没有做(无论基于什么原因没有做),教唆者制造出对法益侵害的危险,与普通未遂犯制造出的危险并没有什么不同。上述情形均视

---

① 参见杨诚:《教唆犯理论上三个难题之我见》,载赵秉志主编:《全国刑法硕士论文荟萃(1981—1988 届)》,中国人民公安大学出版社 1989 年版,第 373 页。
② 张明楷教授称这种情况是"未遂教唆",而非"教唆未遂"。
③ 参见黎宏:《刑法学总论》(第 2 版),法律出版社 2016 年版,第 297 页。

为未遂教唆时,教唆者同样也以重演对法益侵害——重复多次教唆,所征表出的人身危险性也与普通未遂也没有什么本质区别①。因此,未遂教唆所征表的人身危险性,只是未遂的教唆犯具有可罚性的基础(有罪过),而并非当然可罚②。是否当罚,并不由人身危险性决定,而是由被教唆者所实施的犯罪决定的。正是从这一要求而言,将被教唆者没有完成犯罪的各种情形包括在第2款中,依据从属性视为教唆者未完成犯罪的教唆,第2款就能符合刑法犯罪未遂立法规定条件。张明楷教授将第2款解释为"被教唆的人没有犯被教唆的既遂罪"或者"被教唆的人没有犯罪既遂",在解释论上当然也就可以成立。如果从独立性上解释第2款属于教唆未遂,面临的最大难题可能还在于对非实行行为的"着手"的重新解释必然要背离是指"着手实行行为"的基本理论,并由此而造成的"着手"理论的混乱,这其中当然还包括对帮助行为、组织行为未遂问题的解释,也是如此。

基于上述认识,本书基本上赞同张明楷教授等对共犯从属性的观点。但是,如前所述,在共犯具有违法阻却事由的前提下,需要对违法性进行相对性评价。但是,可以预见的是,违法相对性评价的范围不会有广泛的适用空间,如对教唆未遂③的情况,违法独立性评价仍然会面临在解释论上对"着手"的是实行行为理论的否定。再如对控制下交易(陷害教唆④),如果采用违法相对性,则结论未必是妥当的。如为抓捕毒枭,缉毒警唆使"零包"贩毒者在缉毒警参与下向贩毒的毒枭购买毒品,实行控制下交易。根据违法的相对性,缉毒警的唆使行为具有阻却违法事由是成立的,但是,被唆使实施购买毒品的"零包"贩毒的正犯,仍然构成犯罪。这样的结论虽然符合可以赞同的"无共犯之正犯",但不符合正当性原则。

所以,在不具有特别情况下,共犯的违法以及犯罪性应以从属性解释,更符合共犯处罚的依据,也许具有特别情况,需要相对的独立性评价。但本书认为,这是从阻却违法的意义上,需要违法的相对性而考虑其独立性而已。

第四节 共同正犯中的争议⑤

一、共谋的共同正犯

共谋的共同正犯,即"共谋的共同实行行为",是指"二人以上就共同犯罪的实行

---

① 这里需要说明的是,犯罪未遂是具有可罚性的客观基础的,因为实施的是实行行为,这一点当然与以教唆未遂的行为是非实行行为有区别。这里只是从人身危险性的意义上对二者进行相同的讨论。
② 不过人身危险性作为评价的根据,当然是依据教唆者个人,说它是"独立"的也并不为过,但同样不能认为已经具备独立的可罚性。
③ 教唆未遂不同于未遂教唆,后者是共同犯罪,而前者是单独犯,如果不认可"无正犯之共犯"的观点,那么,教唆未遂不具有可罚性。
④ 如果控制下的交易失败,失去控制的,缉毒警仍然是教唆行为,在不能免责的情况下,仍然成立教唆犯,则属于"陷害教唆"。
⑤ "共同正犯"的概念,均是在"区分共犯体系"下讨论。

进行谋议,确定担当实行行为者,在担当实行行为的一部分人实施实行行为的情况下,没有担当实行行为只是单纯参与谋议的人,也承担共同正犯责任的情况"①。对于参与共谋,而没有实施实行行为的人,能否成立共同正犯,理论上学说不同②。肯定说主要有:

(1) 共同意思主体说。由日本法官草野豹一郎所倡导,认为二人以上在共同意思下结为同心一体,即共同意思的主体,共同正犯即是有共同目的的数人为一体而实施犯罪的情形,但共犯中至少有一人必须着手实施犯罪的实行行为,此实行行为即为共同意思主体的活动,其效果及于共同意思之全体。共同意思主体说也是主观主义的理论。根据此说,即如二人以上协意由一人实行犯罪行为的,未参与犯罪实行的人,也视为共同正犯③。可见,共同意思主体说在强调"共同谋议"上,是以犯罪共同说的"共同犯意"为基础,但扩大了犯罪共同说行为分担的范围。而且,在强调共同意思主体是超越个人的社会心理活动而存在,也与犯罪共同说有一定的区别。但是,在责任根据上是采行为共同说的"部分行为全部责任原则",即在在共同意思主体下,共谋中任何一个人在共同犯意下实施的行为,即为全体的行为;没有实施实行行为者,也必须负共同实行行为的责任。所以,共同行为不必全部参与犯罪的实行行为,仅参与谋议而未分担实行行为,对参与谋议者的评价,视为实行的分担,为共同正犯。共同意思主体说在承认团体责任上,被指责为违反近代刑法的个人责任原则④。如日本团藤重光教授认为:"共同意思主体说由于认为是团体责任,违背近代刑法个人责任的理念。从限于使各人实行而没有实行来考虑,只停止在谋议者应当被理解为教唆犯或者从犯。"⑤

(2) 犯罪支配理论。该说认为,即便与单独正犯不同,但是未亲自实现构成要件的行为人,亦有成立共同正犯的可能,如果以行为支配作为理由,实质性评价实行行为的分担,就可以肯定未亲自实行者的正犯性。换言之,对于符合基本构成要件事实的行为加以支配者,即使对符合构成要件事实的实现,该行为人本身成为核心人物者,成立正犯应无异议。该说被批评为对于解释"支配型共谋共同正犯"适当,但不能成为平等协力关系的"分担型共谋共同正犯"的理论根据。⑥

(3) 间接故意正犯类似说。由藤木英雄所主张,认为实行的共同正犯中,共犯人相互补充、互相利用向着共同的犯罪目标的实现而努力,这种亲自下手实行的人被确认为正犯没有特别困难……但是,没有亲自下手实行而利用他人实现自己的犯罪,应当作为间接正犯来把握。间接正犯与下手的直接正犯应作同一处理……共同正犯,

---

① 〔日〕藤木英雄、板仓宏主编:《刑法的论争点》,日本有斐阁1987年版,第133页。
② 关于共谋共同正犯的较详细学说分析,参见李邦友:《日本刑法共谋共同正犯的理论及其发展》,载《法学评论》2001年第1期。
③ 参见〔日〕青柳文雄、中谷瑾子、宫泽浩一:《刑法事典》,日本立花书房1981年版,第113页。
④ 参见陈子平:《刑法总论》(下),台湾元照出版有限公司2006年版,第158页。
⑤ 转引自〔日〕中山研一:《刑法的论争问题》,日本成文堂1991年版,第189页。
⑥ 参见陈子平:《刑法总论》(下),台湾元照出版有限公司2006年版,第158页。

特别是利用他人行为的共谋者应与间接正犯作同一旨趣的理解,与亲自下手的直接正犯的行为作同一评价。① 也就是说,当共谋者的利用行为在价值上能够与亲自实行者作相同评价时,能够肯定其正犯性。间接故意正犯类似说也被指责为,用于说明"支配型共谋共同正犯"适当,但对"分担型共谋共同正犯"并不适当,即共谋者与分担者处于平等地位时,不能说明共谋者如何能同间接正犯一样进行支配。②

否定共谋共同正犯的观点目前在日本是少数说,但是仍然有学者强烈主张。③

我国理论上,对于共谋而没有参与实施实行行为,通说认为应当成立的是共同犯罪④,但对"共谋而没有共行",还有两方面的问题尚有不同认识。其一,是否需要对"共谋而没有共行"的行为人以正犯对待?即其法律性质如何?其二,对于"共谋而没有共行者",应当承担何种刑事责任的问题。

对第一个问题,陈兴良教授认为是共同犯罪,但不需要采用共谋共同正犯的理论,因为采用共谋共同正犯理论的实际效用,在于为处罚"幕后的大人物",但是,不采用该理论也可以对"幕后的大人物"予以从重处罚。根据我国《刑法》的规定,参与共谋如果是集团犯罪和聚众犯罪的首要分子,依法可以严惩,是教唆犯的,可以根据其在共同犯罪中的作用以主犯或从犯处罚,所以,否定共谋共同正犯,不会放纵实行犯背后的大人物。⑤ 这当然是指"支配型"的情况。此后,他又进一步补充认为,共谋而共行、共谋而都未行以及共谋一方未行,一方已行,均构成共同犯罪。共谋一方未行,一方已行,未共行者是预备犯。此外,共谋内容是部分人实行,另一部分人不直接实行是有分工的,未共行者可能是教唆或帮助,仍然成立共同犯罪⑥。赞同的观点主张在共同谋议实行犯罪的场合,不论其是否直接参与实行行为,都应根据其在共同犯罪中所起的作用处罚。即或是按主犯处罚,或是按照从犯处罚⑦。这似为解决"分担型"而提出的意见,但不是直面法律属性,而是刑事责任解决的问题。张明楷教授认为,对共同犯罪起到实质的支配作用的共谋者,应认定为共谋共同正犯,只是在共谋中随声附和者,可认定为帮助犯(心理、精神帮助);即使要否定共谋共同正犯概念的,也应承认共谋者对直接正犯实行犯罪和造成结果在心理上的因果性,在直接正犯既遂的情况下,共谋者当然必须承担既遂责任⑧。

本书认为,否定共谋共同正犯理论,不符合我国实践的需要。现实中,存在既不符合集团犯罪、聚众犯罪,也不符合教唆犯的情况,如二人以上简单谋议,二者处于平等地位,不存在谁是教唆者谁是被教唆者的情况。谁又是所谓的"幕后的大人物"?

---

① 参见李邦友:《日本刑法共谋共同正犯的理论及其发展》,载《法学评论》2001年第1期。
② 参见陈子平:《刑法总论》(下),台湾元照出版有限公司2006年版,第159页。
③ 具体反对观点参见同上书,第159—160页。
④ 参见高铭暄、马克昌主编:《刑法学》(上编),中国法制出版社1999年版,第294页;陈兴良:《共同犯罪论》(第2版),中国人民大学出版社2006年版,第74页。
⑤ 参见陈兴良:《共同犯罪论》,中国社会科学出版社1992年版,第61—62页。
⑥ 参见陈兴良:《共同犯罪论》(第2版),中国人民大学出版社2006年版,第74页。
⑦ 参见马克昌主编:《犯罪通论》,武汉大学出版社1999年版,第529页。
⑧ 参见张明楷:《刑法学》(上)(第5版),法律出版社2016年版,第398页。

即使根据立法可以按照主犯或从犯确定其刑事责任和刑罚,但对没有去现场者是否应当按照正犯确定其刑事责任? 其处罚根据是否需要"知其所以然"? 这些问题,恐怕不是简单否定共谋共同正犯理论,就能够正确解释的问题的①。在我国立法实践中,对共谋共同正犯也曾经有过规定②,之所以这样的规定没有延续下来,是因为新中国成立后这类犯罪现象不再尖锐到引起立法者关注,但同时也表明这种犯罪现象是客观存在的。在当前这类犯罪现象有明显增加的情况下(典型的如雇佣犯罪),更有对此类共同正犯予以承认的必要。

对第二个问题,陈兴良教授认为,"共谋"而未共行者,仍属于共同犯罪中预备行为③;一般共同犯罪中共谋而未共行者,承担犯罪预备的责任,是未共行者构成预备犯和既遂犯之间的共同犯罪;在共谋决定有人不直接实行,另由一部分人实行的复杂共同犯罪中(有分工共同犯罪),未共行者以教唆犯、帮助犯追究刑事责任④。而阴剑峰教授认为,未实行者该种情况下应当成立共同犯罪,但不能只负预备的刑事责任⑤;即使是主谋而未实行者在共同犯罪中的地位、作用,也应当以是否实施属于刑法分则规定的实行行为来决定其是否成立"共同正犯"。因为所谓"实行行为",就是指实施刑法分则具体犯罪客观方面的行为,主谋者既然没有实施刑法分则规定的实行行为,自然就不成立"共同正犯"。对其应当按照其他共谋者实施犯罪的情况以及自身没有参与实行的主客观表现,或者以预备论处,或者是既遂、未遂或者属于中止。⑥

本书认为,上述观点混淆了两个不同层面的问题,即"共谋"而未共行者的法律属性与"共谋"而未共行者的刑事责任。换言之,包括共同正犯在内的所有共同犯罪人,当然存在必须根据直接正犯实行犯罪的情况承担完成或者未完成犯罪的刑事责任,但是,这与行为人在共同犯罪中具有何种作用,处于何种地位的法律属性,并不是同一个层面的问题。例如,我国《刑法》第 26 条第 4 款规定:"对于第 3 款规定以外的主犯,应当按照其所参与的或者组织、指挥的全部犯罪处罚。"确定是否属于第 4 款规定的"主犯"是其法律属性;对"其所参与的或者组织、指挥的全部犯罪处罚",是对其刑事责任的规定。所以,这是两个不同层面的问题。就"共谋"而未共行者的法律属性而言,是否成立"共同正犯",即是否需要将未共同实行者作为共同实行者看待的问题,这是确定其法律属性问题,而对此无论是持肯定或者否定的观点,都不影响未共同实行者需要根据实行者完成或者未完成犯罪的情况应承担相应刑事责任。换言之,即便持否定说,未共同实行者也需要根据实行者完成或未完成犯罪的情况承担责

---

① 参见林亚刚:《共谋共同正犯问题研究》,载《法学评论》2001 年第 4 期。
② 1950 年《中华人民共和国刑法大纲草案》第 15 条第 1 款第 3 项曾规定,"事前主谋,临时未共同实施犯罪行为,而仅雇佣或派遣他人,实施犯罪行为者",为正犯。
③ 参见陈兴良:《共同犯罪论》(第 2 版),中国人民大学出版社 2006 年版,第 74 页。
④ 同上书,第 74—75 页。
⑤ 参见阴剑峰、周加海主编:《共同犯罪适用中疑难问题研究》,吉林人民出版社 2001 年版,第 17—18 页。当然,这种观点从实质上说也是否定"共谋共同正犯"这一提法的,前述已经对否定说有过一定的分析,在此仅就共谋而未共行者刑事责任予以讨论。
⑥ 参见同上书,第 19—20 页。

任,并非否定了是共同正犯,就可以不对实行者完成或未完成犯罪承担责任。就以教唆、帮助行为为例,在确定属之的情况下,就不能认为是共同正犯,这是确定其法律属性,但在被教唆者、被帮助者完成或未完成犯罪的情况下,教唆者、帮助者也应相应承担实行者完成或未完成犯罪的刑事责任。所以,前述观点是在尚未确定共谋而未共行的法律属性时,就已经在论及刑事责任,显然是将不同层面上的两个问题混同。根据阴剑峰教授的观点,在共谋者而未共行者刑事责任的论述中,认为即使共谋者没有实施实行行为,也主张可以既遂、未遂犯追究刑事责任[1]。犯罪既遂、未遂只有在着手实施实行行为的情况下才可能成立,既然否认共谋而未共行者成立共同正犯,又主张可以成立既遂、未遂,是否与自己主张的由是否实施属于刑法分则规定的实行行为,来决定成立"正犯"的观点相矛盾?行为人(可以按照共谋)没有实施共同实行行为,不认为是共同正犯,为什么能够成立只能由正犯才能构成的犯罪既遂或者犯罪未遂[2]?(如果就此主张是教唆犯、帮助犯,详见下文分析)显然,在否定成立"共同正犯"时,只是根据未共行者没有共同实行这一点,得不出可以按照既遂或未遂承担刑事责任的结论,而这一结论,恰恰是必须依据直接实行者完成或未完成犯罪的情况来决定。换言之,未共行者的刑事责任并不取决于自身的没有共行的事实,而是由直接实行者完成或未完成犯罪的情况决定,没有清楚认识到这一点,正是上述观点混淆不同层次问题而造成无法自圆其说的矛盾的原因。

至于陈兴良教授认为对有共谋而未共行者按照犯罪预备犯或者教唆犯、帮助犯论处的观点[3],也存在不可解释的矛盾。当然,从一定意义上说,预备犯、教唆犯、帮助犯是对其法律属性的界定,但是,在成立共同犯罪的前提下,共谋未共行者并没有断绝与共谋实行者的共犯关系。我国《刑法》规定,预备犯是因为意志以外的原因使得预备行为停止在预备阶段,即停止是被迫的,而非自愿。按照共谋而未共行的情况看,存在着出于本意放弃不去共同实行(但未阻断关系),也存在根据分工不去共同实施以及因意志以外原因想去而未能成行的各种情况,何以能够在与共谋实行者没有断绝关系的前提下,不加区别对共谋而未共行者按照预备犯"比照既遂犯从轻、减轻处罚或者免除处罚"的优待?这显然也是在没有解决共谋而未共行者为何成立预备犯的法律属性的前提下,一种想当然的结论。

要直接按照教唆犯、帮助犯追究刑事责任,也存在相同的问题。在成立共同犯罪时,并不因为共谋未共行者没有去共同实施实行行为而当然具有教唆犯或者帮助犯法律属性。如果说犯罪集团、聚众共同犯罪的首要分子可以看作在共谋中起到支配作用,作为主犯论处是对其法律属性的界定,也就说明我国《刑法》第26条第3款、第

---

[1] 参见阴剑峰、周加海主编:《共同犯罪适用中疑难问题研究》,吉林人民出版社2001年版,第19页。

[2] 既遂、未遂乃至中止、预备,均是法律属性的规定,对确属之的"处罚"原则,才是其刑事责任的确定。

[3] 参见陈兴良:《共同犯罪论》(第2版),中国人民大学出版社2006年版,第74—75页;阴剑峰、周加海主编:《共同犯罪适用中疑难问题研究》,吉林人民出版社2001年版,第19—20页。

4 款①对主犯"承担全部责任"的规定,恰恰是将作为集团犯罪首要分子的主犯和一般共同犯罪中的主犯视为"亲自实现构成要件事实"的正犯看待,否则是违背个人责任原则的。而且,在一般共同犯罪中视为教唆犯、帮助犯的,是共犯,是起到对直接正犯犯罪的补充、加功作用,而不是对直接正犯实行犯罪具有支配作用。换言之,如果将对犯罪起到支配作用的有共谋而未共行者,视为教唆犯、帮助犯,本身就是对教唆犯、帮助犯现有理论的否定。而且,现实中存在着是平等协力关系的"共同犯罪",有共谋而未共行参与者的刑事责任必须按照实行者实行犯罪的情况来决定。帮助行为成立从犯需要根据直接正犯是否实行犯罪来处罚,即便对成立主犯的教唆犯也是如此。同理,在复杂共同犯罪中,共谋是有分工地决定有人不直接实行,另由一部分人实行时,如果不属于支配型而是平等协力关系的"共同犯罪",也并不因为有共谋而未共行当然成立教唆犯、帮助犯。

本书赞同黎宏和张明楷教授的观点,即共谋共同正犯要求对实行者有强烈影响,以至于不仅在共谋者和实行者之间处于支配与被支配的关系,即便在二者处于对等关系,分担实现犯罪的,就能够肯定共谋共同正犯。② 应当看到,"共谋共同正犯"刑事责任解释的理论基础,仍然是基于行为共同说的"部分行为全部责任原则"。

本书认为,成立共谋共同正犯应具备以下条件:(1) 必须有共谋的事实。这是指就特定犯罪共同实行进行了谋议,属于事前通谋的共同犯罪的情况,因此,"共谋"只能是出于直接故意,具有明确的犯罪目的。只要参与谋议者就共同实施犯罪达成共同故意,就成立共谋,谋议一般应对特定的犯罪实行行为作出具体、明确的安排。(2) 必须是参与共谋而未实施实行行为。至于是在共谋过程中达成不直接参与实行行为,还是因故而没有参加实行行为,都不影响共谋共同正犯的成立。(3) 参与共谋而未实行者可以是作为集团犯罪的组织、策划、领导的首要分子,聚众犯罪中的组织、指挥、策划、领导的首要分子,该种情况下首要分子是对其他直接实行者具有绝对的支配作用。至于在一般共同犯罪中参与共谋而未实施实行行为者,可以是对直接实行者有支配作用(支配型),也可以是处于对等关系(分担型)。(4) 必须有具体直接的实行行为人,并且未超出共谋之内容实施实行行为。实行者可以是根据共谋的内容而实施犯罪实行行为,也可以是在现场根据变化的情况而实施共谋内容的实行行为。至于实际实行者对共谋而未共同实行者没有直接参与实行的原因是否有了解,应当不影响未实行者共谋共同正犯的成立。例如,甲与丁有隙,欲出钱买凶杀害丁。甲、乙、丙三人共谋,由甲筹划细节以及负担杀人及逃跑所需的费用,谋议决定由身强力壮的丙实施杀人行为,由乙在旁协助并确保将丁杀死。某日,丙如约到达犯罪现场,乙却因病住院未能前来,丙见乙届时未到,仍按照谋议单独将丁杀害。本案中甲、乙虽未直接实施杀人的实行行为,但按照谋议内容,仍然应当对丙的杀人行为承担共

---

① 我国《刑法》第 26 条第 3 款规定:"对组织、领导犯罪集团的首要分子,按照集团所犯的全部罪行处罚。"第 4 款规定:"对于第 3 款规定以外的主犯,应当按照其所参与的或者组织、指挥的全部犯罪处罚。"

② 参见黎宏:《刑法学总论》(第 2 版),法律出版社 2016 年版,第 272 页以下;张明楷:《刑法学》(上)(第 5 版),法律出版社 2016 年版,第 398 页。

同实行的责任。

共谋而未共行的原因,可以是根据共谋内容的安排,也可以是身份、地位所决定,也可以是因意志以外的原因。如果处于自己本人的意愿自愿放弃共同实行的,则应该以是否其他共同犯罪终结共犯关系决定是否成立犯罪中止。当然,没有参与实行行为的,并不当然都成立共同正犯,关键在于对"共同谋议"的实体内容是否明确;对于主谋者按其分担,即使其没有直接去实施实行行为,也应当视为共同正犯;如果共谋者中只提供帮助行为,或者只是单纯引起他人实施犯罪的犯意的教唆的,则不成立共谋共同正犯。

二、继承共同正犯

继承的共同正犯,也称为相续的共同正犯,是指他人在一定的意思的支配下,率先着手实施犯罪实行行为一部分,在结果发生前,后续行为者基于共同实行故意(即与前行为人取得意思联络)参与共同实行,由二人以上继续共同将犯罪行为实行到底,或者由后续行为者完成犯罪的情况。继承的共同正犯属于事前无通谋的共同犯罪。例如,甲以杀人之故意已经致乙受伤,恰好甲的朋友丙路过,而以共同杀人意思共同对乙攻击,导致乙死亡。事后也无法查明乙的死亡原因是丙介入之前甲的行为导致还是介入后丙的行为导致,丙即为继承共同正犯。对继承的共犯正犯,国外的理论一般认为,后续的行为人与前行为人不存在共同实行的意思时,当然不成立继承的共同正犯。[①]

在实践中,继承的共同实行行为也是非常普遍的一种犯罪的现象,在承认这种犯罪现象的前提下,尚有争论的是后续的行为人是否只对参与后的行为承担共同正犯的责任,换言之,也就对参与前他人的行为是否也要承担共同正犯的责任。行为共同说主张:"原则上应当只对参与后的行为承担责任,因为他只知道率先实行者的意思,在利用已经成立的事实完成犯罪的情况下,不能说对全体行为承担责任。"[②]因为各个共同者在不同犯罪之间也可以成立共同正犯,因此行为共同说倾向于没有必要承认继承共同正犯的概念,后行为者仅就参与后自己行为范围内承担正犯的刑事责任。犯罪共同说的主张:"就后行为者而言,了解先行为者的意思,而且,因为是利用已经成立的事实,无论对先行为者还是后参与的行为者,就行为的整体而言存在着共同故意。因此,对这两种行为应当理解为全体成立共同正犯是妥当的。"[③]即后继者也要对前行为者的行为承担共同正犯的责任。这在日本,判例的主流也持此种观点[④]。

张明楷教授的观点是行为共同说,认为:"利用前行为人已经造成的结果不等于后行为人的行为与该结果之间有因果关系;后行为人不应对于自己行为没有任何因

---

① 参见马克昌等主编:《刑法学全书》,上海科学技术文献出版社1993年版,第658页。
② 〔日〕阿部纯二:《刑法Ⅰ(总论)》,日本评论社1987年版,第153页。
③ 〔日〕木村龟二:《刑法总论》,日本有斐阁1984年版,第408页。
④ 参见陈子平:《刑法总论》(下),台湾元照出版公司2006年版,152页。

果关系的结果承担责任。"①陈兴良教授认为:"对于这个问题不可一概而论,而应根据不同的犯罪形态加以具体分析。在单一犯的情况下,后行为人虽然是在实施犯罪过程中介入的,仍应对全部犯罪承担共同实行犯的刑事责任。在结合犯、牵连犯等情况下,后行为人对于介入前之行为是否承担刑事责任,应以是否具有共同犯罪故意为标准。"②即仍然主张犯罪共同说的见解。台湾陈子平教授主张可依据犯罪共同说的"部分犯罪共同说"解决继承共同正犯责任,也即在不同犯罪构成要件重叠部分范围内,应承认继承共同正犯的成立。③

本书认为,继承共同正犯的行为如在同一犯罪构成事实内发生的,后继者所实施的行为只要没有超出该具体犯罪构成事实的范围,对前行为者所造成的一定事实,需要承担共同正犯责任,依照"部分行为全部责任"原则,在这一点上争议并不是很大。例如,单独犯的故意杀人,后继者与前行为人共同实现杀人的情况,当然为共同正犯。当然,如果犯罪本身属于继续犯形态的,后续者在犯罪完成之前参与的,应成立继承共同正犯也无异议。例如,绑架罪。即便不是继续犯的形态,从实然状态看,犯罪呈现出持续中没有结束,也不排除可以成立继承的共同正犯。但是,当后继者的行为与前行为者的行为实现的构成事实不同,或者不完全相同时,能否成立继承共同正犯以及在何种范围内成立,这才是真正有争议的。例如,甲以抢劫的故意对乙实施暴力,后继者丙参与实施了夺取乙的财物。按照犯罪共同说,因为丙所参与的是抢劫犯罪,主观犯意是共同抢劫而非抢夺或者盗窃犯罪,因此成立抢劫的共同正犯,也需要对暴力结果承担责任;按照行为共同说,虽然是共同正犯,但是因丙并没有参与甲对乙的施暴,因此不能对甲的暴力结果承担共同正犯责任,只能成立抢夺罪或者盗窃罪的责任;而按照部分犯罪共同说,后续者丙的行为只在占有财物上与甲的行为部分重合,因此只能在抢夺罪或者盗窃罪范围内与甲成立共同正犯,对暴力结果,不能承担责任。再如,甲为抢劫先实施伤害行为,致使乙女昏迷,丙虽后续参与实施了暴力,但致乙女昏迷后实施强奸,由丙的行为致使被害人死亡④。按照犯罪共同说,后续参与实施暴力的丙,无论是否知道甲是抢劫的故意,只是利用了甲的行为成就的事实而实施自己的犯罪,因此不能成立共同正犯,需要按照各自构成的犯罪承担刑事责任。所以,后行为者只是单纯对先行为者的行为事实有了解,利用已经成立的某种事实,实施自己的犯罪,不成立共同正犯。而按照行为的共同说,即便是后续参与实行暴力的,也是共同正犯,但是何种犯罪的共同正犯? 按照行为共同说即便是共同正犯,但根据各自承担责任的原则,丙原本只能对自己的强奸行为负责,甲原本只对自己的抢劫行为负责。但是,从行为共同说的立场看,甲、丙分别构成强奸罪的共同正犯与抢

---

① 张明楷:《刑法学》(第4版),法律出版社2011年版,第391页。
② 陈兴良:《共同犯罪论》(第2版),中国人民大学出版社2006年版,第80—81页。
③ 参见陈子平:《刑法总论》(下),台湾元照出版公司2006年版,第152页。
④ 在有学者的论述中,几乎无一例外是将被害人设计为"因暴力而致死"结果发生,参见张明楷:《刑法的基本立场》,中国法制出版社2002年版,第260—261页。那么,如果不发生死亡结果时,又当如何认识?

劫罪的共同正犯,即丙要对甲的抢劫致人死亡承担共同正犯的责任,甲也需要对丙的强奸致人死亡承担共同正犯的责任①。这样的结论,在为避免还是作为单独犯而没有作为共犯处理的结论上是起到了作用,但是让甲承担无强奸故意和行为的正犯责任,让丙承担无抢劫故意和行为的正犯责任,至少在当前理论上②,结论具有不妥当性。

那么,是否可以采纳"部分犯罪共同说"③的理论就甲与丙的共同伤害行为成立故意伤害罪的共同正犯?本书认为不妥当,如此一来,甲的伤害行为必然既作为共同伤害行为予以评价,同时也作为抢劫罪的暴力手段予以评价;丙的伤害行为既作为共同故意伤害罪的行为,同时也作为强奸罪的暴力手段予以评价,均违反不得重复评价的原则。所以,当犯罪事实不同时,即使在构成要件范围内有重合的内容(如本案中的"暴力"),部分犯罪共同说的结论也很难认为是恰当的。而且,"部分犯罪共同说"对于不属于共同犯罪"伤害故意"的部分,最终的结论必然是选择单独构成的"强奸罪"和"抢劫罪"来承担各自的刑事责任,为避免重复评价之嫌,在重合范围内认定的共同构成的"故意伤害罪",不可能再被评价而实质性存在。如此一来,"部分犯罪共同说"实际上并没有解决任何实际问题。

但目前,全面肯定的犯罪共同说和全面否定的行为共同说的主张并不是主流认识。犯罪共同说中亦有限定肯定立场的见解,认为前行为者的行为已经发挥一定的作用,如抢劫已经致人不能抗拒,后行为者利用被害人不能抗拒之状态参与夺取财物的,对前行为者致人伤害的结果,后行为者亦应承担抢劫致人重伤之责任,成立抢劫共同正犯。④ 行为共同说亦有采限定否定的观点,认为后行为者参与后,前行为者的先行为持续发生效果时,后行为者亦应就参与前的行为承担共同正犯的责任。这是基于因果共犯(惹起说)的见解,即认为,共犯的处罚根据在于共犯者通过正犯而惹起法益侵害的违法结果,共犯是间接的法益侵害行为,由于与根据正犯行为所实现法益侵害或侵害危险之间存在因果关系,因此在该限度内承担责任。所以原则上后行为者仅就参与后的行为以及结果承担责任,但是,在某些情况下,前行为者所实现的事实,并不是犯罪终了,后行为者参与时,前行为效果持续中,后行为者利用先行为者行为的效果,即可谓后行为者的行为与先行为者的行为共同惹起结果。例如,对抢劫罪,前行为者在强制被害人人身后,并不是发生了终了结果,后行为者参与时,前行为的效果尚在持续中,即使参与前先行为者的行为已经完全压制被害人反抗的,也应成立抢劫的共同正犯,而不应只负抢夺或盗窃罪的责任。⑤

就折中的结论而言,犯罪共同说中的限定肯定说重视后行为者"利用意思",与行为共同说中的限定否定说,重视与前行为者行为的"因果性"⑥,即使在限定成立的理

---

① 参见张明楷:《刑法的基本立场》,中国法制出版社2002年版,第261页。
② 是指"主观与客观一致"的理论,当然在"罪过责任"的前提下,这样的结论也并不是妥当的。
③ 参见张明楷:《刑法的基本立场》,中国法制出版社2002年版,第271页。
④ 参见陈子平:《刑法总论》(下),台湾元照出版公司2006年版,第153页。
⑤ 参见同上书,第155页。
⑥ 同上书,第152页。

论依据不同,但在最后的结论上并没有差别,在所设定的条件下,后继者都需要对前行为者的前行为承担共同正犯责任。对共同正犯之所以需要适用"部分行为全部责任"原则决定其刑事责任,就在于共同正犯之间的相互利用和相互补充关系。就继承共同正犯而言,不能认为前行为者行为成就的事实对后继者行为的实行之间的因果联系不具有意义,也不好否定后继实行者利用前行为者造成的事实,有共同实行意思不具有任何意义。因此,如果从结论上说,重视后行为者"利用意思"和重视与前行为者行为的"因果性",对于继承共同正犯刑事责任的确定具有相同的意义。至于是一定要采犯罪共同说中的限定肯定说,还是行为共同说中的限定否定说,实际上并不重要。就这一结论而言,当后继者的行为与前行为者的行为实现的构成事实不同,或者不完全相同时,仍然可以继承共同正犯承担责任。张明楷教授对此种犯罪现象并没有适用继承共同正犯的概念,而是使用了"继承共同犯罪"[①],并指出在继承共同犯罪中,存在着非共同正犯的情形,也即在后继者参与犯罪后如果实施的是"帮助行为"的,则只能构成继承的帮助犯[②]。本书赞同这一认识。

三、片面共犯

片面共犯[③]是指参与实行犯罪的行为人中,一方有与他人共同实施犯罪的意思,并协力于他人的犯罪行为,但另一方却不知道其给予的协力,与其缺乏共同实行犯罪意思的情况。

是否承认片面共犯,以及在何种范围内存在片面共犯,中外刑法理论中都存在较大的争议。如前所述,在犯罪共同说看来,共同犯罪的成立需要犯罪参与者的合意,在一方不知情的情况下,不能成立共同犯罪,因此,均否定片面的共犯。而行为共同说,是以行为的共同或重视因果过程的共同,是主张数人各自依据"行为共同"实现自己的犯罪,不要求各共犯人主观上存在相互的意识联络,因此,大多学者肯定片面共同犯罪。[④] 台湾陈子平教授虽然是持行为共同说立场,但是,不赞同片面共同正犯。他认为,共同正犯的实质处罚根据,在于各个共同正犯者透过部分实行行为所具有的相互补充功能与心理促进功能而惹起法益侵害结果,如果共同者之间欠缺相互利用、补充的意思,就不应有"部分行为全部责任"原则的适用,因而不成立共同正犯。[⑤]

在英美法系存在与片面共犯相对应的概念,如美国刑法中有潜在同谋犯(potential accompolice)概念。潜在同谋犯是"只要帮助者认识到他在帮助他人实施犯罪,这种被帮助人不知情的犯罪帮助者"[⑥]。所谓的共同犯罪意图仅指犯罪意图的相同性

---

① 参见张明楷:《刑法学》(第4版),法律出版社2011年版,第388页。
② 同上书,第390页。
③ 有学者亦称为片面合意的共同犯罪和单向共犯。参见李敏:《论片面合意的共同犯罪》,载《政法论坛》1986年第3期。
④ 在"共谋共同正犯"理论中,同为主观主义理论的"共同意思主体说"所要求有"共谋"才能成立"共谋共同正犯",因此,基于这样立场的不会承认"片面共犯"。
⑤ 参见陈子平:《刑法总论》(下),台湾元照出版公司2006年版,第151页。
⑥ 储槐植:《美国刑法》(第2版),北京大学出版社1996年版,第159页。

质,而不要求彼此知道,只要有一方共犯知道自己在与他人共同加功于犯罪行为即可。如此,"潜在同谋犯规则并不违反共同犯罪要求共同意图这个原则,只不过是一种特殊形式的共同犯罪意图"[1]。英国刑法在一定范围内也肯定片面共犯的存在,根据英国1972年《刑事审判法》,在"促成"的情况下可构成片面共犯。由此可见,虽然各国在片面共犯问题上存在不同的认识,但承认片面共犯为共同犯罪的一种形态已为实务趋势[2]。

张明楷教授原本并不赞同承认片面共犯,因为片面共犯欠缺共同犯罪意思的完全沟通,不具备"共同犯罪的实质特征,暗中教唆、帮助他人犯罪的现象可能存在,但将其作为共同犯罪处理存在许多问题,不能圆满解决其刑事责任问题,或许将其视为间接正犯还妥当一些。"[3]。但目前基于行为共同说的立场,从物理因果关系与心理因果关系共同性出发,他所主张的片面共犯几乎是全方位的,包括片面共同正犯、片面教唆犯和片面帮助犯。[4] 陈兴良教授虽然也是同意应该承认片面共犯,但是他只是认为片面共犯与全面共犯只是在主观犯意联系方式不同而已,本质上没有区别[5],并否定片面正犯,认为:"在共同实行犯的情况下,各共同犯罪人必须具有全面与互相的主观联系,才能成立共同实行犯。如果主观上没有犯意的互相联系,虽然此实行犯对彼实行犯具有片面的共同犯罪故意,也没有必要承认其为片面的实行犯,只要径直依照刑法分则的有关条文定罪量刑就可以了。"[6]故对片面共犯是持有部分肯定的见解,只认可片面帮助犯、片面教唆犯,否定片面正犯和片面组织犯。[7] 通说的部分肯定观点认为:"'片面合意的共犯'在教唆犯和实行犯之间、共同实行犯之间不可能发生,因此,片面的教唆犯、片面的实行犯都是不存在的,但片面帮助犯却是可能发生的。"[8]

当前我国刑法理论承认片面共犯这一犯罪现象的。本书认为,片面共同正犯(详见后文)和片面帮助犯是可以成立的。从赞同片面共犯的观点看,对帮助犯的帮助意思,多数学者赞同"作为从犯的要件,不是像共同正犯中的'共同实行'那样,仅仅是'帮助正犯'就够了,这里'帮助'一词本身没有要求与正犯者意思联络的旨趣"[9]。所以,正犯不知道帮助犯的帮助也不影响犯罪的成立,片面帮助犯则是既未与被帮助者就所实施的犯罪进行沟通,被帮助者也不知晓暗中有他人协助自己犯罪。不过,有帮助犯的帮助能够为直接正犯提供方便以及强化其犯意,则是不争的事实。当然,片面帮助犯的成立,也是要求必须有正犯的实行行为。在犯罪中,只有实行行为才是犯罪

---

[1] 储槐植:《美国刑法》(第2版),北京大学出版社1996年版,第159页。
[2] 参见林亚刚、赵慧:《论片面共犯的理论基础》,载《法学评论》2001年第5期。
[3] 张明楷:《刑法学》(上),法律出版社1998年版,第282页。
[4] 参见张明楷:《刑法学》(第4版),法律出版社2011年版,第392页;
[5] 参见陈兴良:《共同犯罪论》(第2版),中国人民大学出版社2006年版,第101页。
[6] 同上书,第103—104页。
[7] 同上书,第103页以下。
[8] 高铭暄、马克昌主编:《刑法学》(上),中国法制出版社1999年版,第295页。
[9] 转引自马克昌:《关于共犯的比较研究》,载《刑法论丛》(第3卷),法律出版社1999年版,第357页。

的核心。正是因为正犯的实行行为,才直接导致对法益的侵害或威胁,而帮助犯(从犯)只是加功于正犯的行为,对法益侵害是间接的。帮助犯若没有一定的正犯行为作为依托,那么本身就失去了存在的基础。例如,甲知道朋友乙欲盗窃丙住宅的古董、字画,在乙前来盗窃之前利用丙请其修缮花圃的时机,将丙住宅围墙上防盗的碎玻璃清除掉,使乙顺利盗窃成功。此案中如果没有甲的帮助,乙并非不能实行,但盗窃会遇到困难。因此,甲的行为与乙的盗窃结果之间具有因果关系,应该以盗窃罪共犯追究甲的刑事责任。

这种帮助行为必须与正犯的实行行为有直接影响,即帮助行为与正犯的意思必须具有一致性①,如果片面帮助犯的帮助行为无功于正犯行为的实施,那么两者之间的行为不存在共同犯罪所要求的利用关系,自无共犯可言②;如不要求帮助行为与正犯实行行为造成结果之间的因果关系,意味着帮助在无效的情况下也可以追究片面帮助犯的刑事责任,这显然会扩大处罚的范围。因此,"缺效帮助"不具有可罚性。其因果关系是要求帮助犯所提供的条件现实中对正犯所实施犯罪发挥了作用,与正犯行为的结果之间有因果关系。正犯的实行行为也并不一定是达到可罚程度,只要形式上符合具体犯罪的构成要件即可。只要帮助者主观上认为正犯实施的是犯罪,而且事实上如此,即使由于"正犯"自身精神或生理缺陷或者其他原因,具有使行为正当化的事由或免除刑罚的事由,也不影响片面帮助犯的成立。因此,片面帮助犯虽然具有从属于正犯的属性,但是,其本身仍然具有独立价值评价。③

片面共犯中,片面教唆犯能否成立,是有较大争议的。教唆犯,简言之,就是以各种方法故意唆使他人犯罪之人。张明楷教授认为应该承认片面教唆犯,"引起他人实施符合构成要件的违法行为的意思的行为,就是教唆行为。如果他人实施了该违法行为,教唆者也具备教唆故意等责任要件,就当然成立教唆犯。至于他人是否明确意识到自己的行为意思由他人的教唆行为引起,并不重要"④。例如,甲将乙妻与人通奸的照片和一支枪放在乙的桌子上,乙发现后即刻产生杀人故意,将妻子杀死,甲即是片面教唆犯。⑤ 黎宏教授则认为,片面教唆犯就是出于教唆的故意而进行了教唆行为,但被教唆者并没有意识到对方存在而产生了犯罪意思的场合。如甲为教唆乙杀丙,利用乙身材瘦小经常受丙欺负,一直希望得到一件能够制服丙武器的心理,有意在乙的桌上放了把手枪,乙见到枪,如获至宝,骤然产生了杀害丙的念头,完全没有考虑是谁、出于什么目的将枪置于此处,直接用枪将丙杀死⑥,甲就是片面教唆犯。两位教授基本上采纳的是日本学者前田雅英教授的观点,即"片面教唆是可能的,因为被

---

① 参见高仰止:《刑法总则之理论与实用》,台湾文汇印刷厂有限公司1986年版,第417页。
② 参见林亚刚、赵慧:《论片面共犯的理论基础》,载《法学评论》2001年第5期。
③ 参见同上。这里仍然是在特别情况下对"无正犯之共犯"的承认,之所以需要如此,仍然是基于"共同犯罪"的问题,不可能只用一种理论就可以解决所有问题。
④ 张明楷:《刑法学》(第4版),法律出版社2011年版,第393页。
⑤ 同上书,第392页。
⑥ 参见黎宏:《刑法学》,法律出版社2012年版,第299页。

教唆者不必要认识被教唆"①。而陈兴良教授虽然是赞同片面教唆犯,但理由不同,他认为片面教唆犯,就是指以"说者有心,听者不知说者用意而产生犯意"的情况②。有学者也举出这种例子以说明片面教唆犯。甲与乙有仇,见乙致富更嫉妒,见丙想发财,便故意当着丙面与他人讨论,只要将丙的孩子绑架向乙索取赎金就能发财。丙不知甲在教唆自己,听后萌生绑架念头,实施绑架。甲就是片面教唆犯。③

本书认为,张明楷、黎宏两位教授对片面教唆犯的界定都存在可商榷之处。张明楷教授对片面教唆犯没有下定义,如果从他对"片面共同犯罪"的定义"是指参与同一犯罪的人中,一方认识到自己是在和他人共同实施符合构成要件的违法行为,而另一方没有认识到有人和自己共同实施的情况"④。那么,片面教唆犯就是指,教唆者认识到自己是在和他人共同实施符合构成要件的违法行为,而被教唆者没有认识到有教唆者和自己共同实施的情况。显然,按照这样的定义的片面教唆犯是根本不存在的。从故意犯罪心理上说,任何人的犯罪意思的产生都不可能是无诱因的⑤,如果诱因是因为他人有意而为之行为所引发,当然,该人就是教唆犯。但是,被引发犯意之人,即使不知引发自己犯意产生之人是谁,自己从原本没有犯意到已经产生了犯意是因"他人的唆使"引起,不可能还处在一无所知状态,"是否意识到对方存在"与"自己的犯意是被他人所引发",本就不是一个问题。现实中怎么会有被教唆者没有"明确意识到自己的行为意思由他人的教唆行为引起"情况?有不知自己的犯意从何而来的被教唆者吗?如果被教唆者都不知道自己的犯意是由他人所引发,实施了犯罪的人还能否再称其为"被教唆者"都值得质疑,还如何追究所谓的片面教唆犯的共犯责任?当然这一点倒不是要否定片面教唆犯的理由。

既然要将有共同实施犯罪意思的一方认定为成立片面的共同犯罪,另一方不知其存在是情理之中,否则就没有片面共犯之说,但是,这样的原理被二位教授套用在片面教唆犯上,使人感到不可理解。二位教授将片面帮助犯特征的"隐身"套用在教唆者身上,也视为是片面教唆犯特征,是否恰当,值得商榷。如果从共识的片面帮助犯而言,是基于帮助的故意实施帮助行为,但既未与被帮助者就所实施的犯罪进行沟通,被帮助者也不知晓暗中有他人协助自己犯罪的情况。而教唆犯,就是期望通过教唆使原本没有犯意之人产生犯罪意图。首先,被帮助的正犯不知帮助者存在,是片面帮助犯的得以成立的必需条件,但这不是片面教唆犯赖以存在的根据,在任何情况下即便被教唆者不知教唆者是谁,教唆者也未与被教唆者就所实施的犯罪进行沟通,他是"隐身"的,被教唆者也不可能不知道有教唆者的存在。其次,将片面帮助犯不知

---

① 〔日〕前田雅英:《刑法总论》,日本东京大学出版会1998年版,第491页。
② 参见陈兴良:《共同犯罪论》(第2版),中国人民大学出版社2006年版,第105页。
③ 参见田鹏辉:《片面共犯研究》,中国检察出版社2007年版,第127页。
④ 张明楷:《刑法学》(第4版),法律出版社2011年版,第391—392页。
⑤ 教唆是主动而为之,所以教唆行为而引起他人犯意并不同于社会生活中的其他非犯罪因素而引发犯意的情况,前者是"犯罪"之意,而非犯罪的社会因素不具有该属性。穿着暴露的女性引发的强奸行为,不能成为强奸者辩解诱发自己强奸犯意的口实,就是这个道理。

"隐身者"存在,套用解释为使被教唆者不知自己的犯意是由"隐身者"而引起,这不仅仅事实上不能成立,而且,这样的论证结论没有丝毫的说服力。显而易见的是,被帮助者实行犯罪的正犯的故意并非由"隐身"的片面帮助犯者而引发。也就是说,实施犯罪就是基于正犯自己原本的犯意,而被教唆者原本就没有犯意,其犯意的产生是由"隐身"教唆者所引起。就以张明楷教授所举的例子而言,手枪、照片不可能无缘无故就会自己跑到桌子上;放手枪、放照片无疑是他人所为,而且所要表达的意图,也是清晰的,否则乙就不会有杀人犯意的产生和实施杀人行为。如何能说被教唆者"是否明确意识到自己的行为意思由他人的教唆行为引起,并不重要"?如果"是否认识"包括"认识到可以,没有认识到也不妨碍",那么,在乙已经明确意识到有人想让自己去杀人时,还能认为乙在犯意上与甲没有相通?即便从行为共同说的立场,视"共同犯意"是参与者在主观上对共同实行意思的"认知",而不是行为人之间"犯意联络",被教唆者对"隐身者"希望或者放任自己去实施犯罪这一点,就不能排除主观上已经是处于有"认知"。既然如此,即便教唆者与被教唆者犯意形式上没有沟通,也不宜认为实质上犯意是不相通的。被教唆者在主观上至少对"隐身者"将可能强烈刺激自己产生犯意的事实使自己知道,欲达成的目的是有认知的——激发自己的犯意,对希望或者放任自己去实施犯罪这一点是有认知的——杀死自己的妻子或者情人。如果就因此而去实施犯罪,被教唆者在主观上当然具有与教唆者"共同实施的意思",对教唆者和自己是共同实施当然也有认知,更不用说"隐身"的教唆者主观上就是共同犯罪的犯意,如果还将此教唆者视为"片面教唆犯"显然值得商榷。

黎宏教授也认为,"使没有犯罪意图的他人产生实施犯罪意思并该意思付诸实施"①,是教唆犯。那么,在被丙欺负的乙"希望得到一件能够制服丙的武器"时②,就发现自己桌子上突然有了一把手枪③,即使乙不知道是何人将枪置于此处,也不影响乙早已有了犯意,出现的是一把枪还是一把锋利的匕首都无碍于认定乙主观上"希望得到一件能够制服丙的武器"就是犯意,已有犯意的乙还是被教唆者吗?枪的出现只不过是强化了其用枪杀人的犯意而已。与其说甲是片面教唆犯,套用"隐身说"倒不如说是片面帮助犯更合适。正是基于被教唆者原本无犯意,犯意是由教唆者的教唆行为所引发,作为被教唆者心知肚明这一点,即便不知教唆者是何人,教唆者也不是片面教唆犯。

陈兴良教授认为,因唆使而使他人产生犯意,并不以被教唆者是否觉察为转移④,现实中是可能存在的。但是因此而主张"说者有心,听者不知说者用意而产生犯意","说者"是片面教唆犯的观点,也值得商榷。就以前述绑架的案例而言,认定"说者"不难,但"说者"与"听者"之间并无沟通,如何认定"说者有心"是一个理论上说不清

---

① 黎宏:《刑法学总论》(第2版),法律出版社2016年版,第296页。
② 同上书,第298页。
③ 现实中"想睡觉,天上就掉下个枕头"的概率有多大?想有可制服他人的武器,枪在此时此刻出现的几率又有多大?
④ 参见陈兴良:《共同犯罪论》(第2版),中国人民大学出版社2006年版,第105页。

楚、实务中难以操作的问题。而且,既然还有其他人在场一起听,何以见得只是说给乙听的?更何况由于刑法并没有对教唆方式有任何限制,即便是片面教唆犯,理论上对教唆方式、方法也应该不加任何限制,不应将片面教唆只限定在"说"的层面上。如此一来,社会生活中诸多只要事实上引起他人犯意的行为者都有被视为"片面教唆犯"的危险,甚至将某些不够严谨的普法影视宣传节目视为"片面教唆犯"都不为过。

综上所述,本书认为,上述肯定片面教唆犯的理论观点值得商榷。

片面共同正犯,也是理论上争议的问题。如前所述,犯罪共同说全面否定,而行为共同说多数学者赞同,也有少数学者否定。我国理论上同样也有不同的观点。陈兴良教授就持"单独犯"说,认为没有必要承认片面共同正犯①。

在共犯区分制下,正犯与共犯一定要有区别。在单独正犯的情况下,一个人的行为之所以可以构成犯罪,就在于其个人的行为支配着构成要件实现的因果流程,行为与结果之间具有因果关系。而在共同正犯的情况下,参与者个人的行为与构成要件以及与结果之间因果关系,则显得不如单独犯那样重要,取代了对个人行为与结果之间因果关系评价的原因,就在于多数人的行为聚合与构成要件实现,是二者之间的因果关系评价的基础。但客观地说,对共同因果关系的认识,并不是只有行为共同说予以关注。正是在对聚合行为(当然包括共同正犯)共同刑事责任的关注,犯罪共同说拟制了"犯意联络"的犯罪共同说,行为共同说拟制出"行为的共同意思"②。

陈兴良教授对片面正犯采"单独犯说"的观点值得商榷。片面共同正犯区别于单独正犯,在于并不是个人在单独实施犯罪,而是利用了他人的犯罪实行行为,是以直接参与具体实行行为对他人的实行行为进行加工、补充,使不知情的一方能够完成犯罪。在单一实行行为的犯罪中,将单方面具有共同犯罪故意的实行者按单独正犯处理还是按照共同正犯对待,在刑事责任上区别不大,但是,在双重实行行为的场合,结果却迥然有别。以强奸罪为例,甲强奸乙女之前,其母丙在甲不知道的情况下,先给乙女服用了麻醉品(属于强奸罪的"其他手段"行为),使甲的强奸行为得逞。在甲强奸既遂的情况下,对其母丙如不以行为共同说的"部分行为共同责任"原则,以共同正犯论以强奸罪既遂,则是不可接受的结论③。双重实行行为(复合实行行为)是由手段行为和目的行为两部分构成,两种行为都具有实行行为的性质。在部分双重实行行为的犯罪中,只有手段行为的实施,一般说并不能认为是完成犯罪(如强奸罪),只有在实施目的行为,并达到一定程度或发生法定结果,才能视为整个实行行为的完成,也才可能发生犯罪既遂形态。若按单独犯的观点,丙仅仅实行了手段行为,并没有实行目的行为,如果不认为是共同正犯,则其母丙的行为即使说是实行行为,也因

---

① 参见陈兴良:《共同犯罪论》(第2版),中国人民大学出版社2006年版,第103页以下。
② 有客观上相互联络,实现了犯意沟通就是全面的共同犯罪,但从片面共同理论而言,要求客观上有联络就是多余的,即在成立共同犯罪上,降低了认定的"门槛"。不过,这只是涉及对"共同故意"的理论解释,并不是对共同犯罪的否定。
③ 参见林亚刚、何荣功:《片面共同正犯刑事责任的探讨》,载《法学评论》2002年第4期。

为缺乏目的行为,作为犯罪既遂论处在理论上是解释不通的①。正因为丙实施补充甲实行行为,对甲完成强奸实行行为以及对法益的侵害都起到关键作用,应该以共同正犯的"部分行为全体责任"原则,以犯罪既遂追究其刑事责任②。在承认直接正犯可以是无刑事责任能力人的前提下,丙是其子甲的间接正犯,当然就应该按照正犯承担责任;而在认可强奸罪是"亲手犯"时,丙只可认为是帮助犯。但认为是帮助犯的前提,则需要对"实行行为"从"形式"的规定上予以否定,也即必须解释在实施符合构成要件行为,并对法益具有直接的实质侵害时,为何可以认为是"帮助行为"。而且,还需要承认该种情况下这种独立行为具有独立可罚性,以"无正犯之共犯"理论来解决。但是,本书认为强奸罪并非"亲手犯",即便是在强奸现场"助势"、"观摩"满足自己性欲而没有实施性行为的,也是正犯而不是共犯。

四、间接正犯

间接正犯,是区分共犯体制下共犯从属性说所倡导的理论③,是指利用他人实现自己犯罪的情形。在少数国家间接正犯是由立法规定的,如《德国刑法典》第 25 条第 1 项的规定④;多数情况下,间接正犯是刑法理论上产物。但无论是立法上还是理论上,间接正犯都属于正犯的形态,而非共同犯罪形态,但之所以在共同犯罪中研究间接正犯,是为了避免与共犯形态相混淆,也是为了弥补因正犯与共犯区别上遗留下的处罚空隙。

正犯是以自己行为实现构成要件(实施构成要件实行行为)之人,因此,自己亲手实行(徒手袭击),还是利用无生命的工具(利用棍棒)实现构成要件事实,都是直接正犯。但将有生命的他人行为作为自己犯罪行为延长的间接正犯,从法规范的角度说,与直接正犯在本质上没有区别,区别仅在于,从法规范的意义上说,间接正犯与被支配、被利用的实行者之间的意思联络,在被利用者所实行的行为上,不能评价为有"共同实行"的共同故意。

我国刑法理论上承认有间接正犯的犯罪类型,主要采纳的就是间接正犯的"工具说"理论⑤,但是立法上却没有如同域外刑法那样有明文⑥。张明楷教授从"犯罪支配

---

① 即使按照"短缩的二行为犯"观点,只要以实施第二个行为为目的实施第一个行为(即为短缩二行为犯的实行行为),就以既遂论,不要求客观上实施第二个行为,实施该种手段的实行行为也需要以既遂承担刑责。参见张明楷:《刑法学》(上)(第 5 版),法律出版社 2016 年版,第 300 页。
② 参见林亚刚、何荣功:《片面共同正犯刑事责任的探讨》,载《法学评论》2002 年第 4 期。
③ 如果从共犯独立性的立场出发,没有必要承认间接正犯。
④ 《德国刑法典》第 25 条第 1 项规定:"自己实施犯罪,或者通过他人实施犯罪,依正犯论处。"《德国刑法典》,徐久生译,中国法制出版社 2000 年版,第 49 页。
⑤ 参见赵秉志主编:《刑法争议问题研究》(上卷),河南人民出版社 1996 年版,第 440 页。"工具说"仍然被认为是现德国的通说,间接正犯被定义为"以他人作为工具来实现犯罪构成要件者。"参见蔡圣伟:《刑法问题研究(一)》,台湾元照出版公司 2008 年版,第 138 页。
⑥ 《德国刑法典》第 25 条第 1 项的规定,有学者认为仍然是属于"工具说"的立法。参见黄荣坚:《基础刑法学》(下),台湾元照出版公司 2006 年版,第 837 页。

理论"出发,认为对集团犯罪与聚众共同犯罪中的首要分子,宜认定为正犯①,应予以赞同。但是这毕竟只能说是包含着对间接正犯存在立法的精神,而非总则的明文规定。对假他人之手实现自己犯罪的间接正犯的立法,在我国刑法分则中有少数条款有规定。例如,根据我国《刑法》第403条滥用管理公司、证券职权罪第2款的规定,上级部门强令登记机关及其工作人员实施前款行为的,对其直接负责的主管人员,依照前款的规定处罚。该规定表明,上级部门直接负责的主管人员,所构成的滥用管理公司、证券职权罪,就是第1款滥用管理公司、证券职权罪的间接正犯。这是基于上级"组织上"的强制、命令,而支配第1款的国家工作人员,实施对不符合法律规定条件的公司设立、登记申请或者股票、债券发行、上市申请,予以批准或者登记行为,所以,第2款就是第1款的间接正犯②。第347条第6款规定:利用、教唆未成年人走私、贩卖、运输、制造毒品……从重处罚。利用者仍然构成走私、贩卖、运输、制造毒品罪,当然包括可以成立间接正犯的情况。可以认为,我国刑法总则对间接正犯虽然没有明文规定,但是在分则层面上,已经实现对间接正犯的认定处罚。

对间接正犯的成立,对被利用者通说是以"工具"理论解释的,但台湾柯耀程教授认为,按照法理,利用无生命工具的,是直接正犯,那么,如果将利用他人与利用无生命工具相提并论,这里利用者就不是"间接正犯"而是"直接正犯"。因此,间接正犯是指"正犯"是"间接"的,而非"间接"的是"正犯"。因此,只有存在"直接正犯"的前提下,才有"间接正犯"的存在。而且,作为被利用的"直接正犯",无论出于故意还是过失,都不影响"间接正犯"的成立。换言之,作为工具的他人,必须具有符合构成要件的行为,至于"直接正犯"是否有责,不影响间接正犯成立。③ 柯耀程教授对将有生命的他人视为工具而对间接正犯的质疑,不能说没有道理。这是因为,在从属性概念下,正犯与教唆犯、帮助犯本来是同一个基础,具有"一荣俱荣、一损俱损"的意义,一个违法,另一个也违法④。据此,如果一个行为本不是犯罪,那么,另一个也不是犯罪才是,但矛盾就在于,既需要承认从属性,又必须将通过利用、支配不是犯罪行为的背后的人,视为犯罪之人,这就需要将从属性与正犯概念中的不和谐,消弭在创造出间接正犯概念中。详言之,就以限制从属性为例,只有正犯违法,则教唆、帮助行为的违法才能成立,但是,当被唆使实施、被利用者不构成犯罪(包括所实施的行为本身就不是违法行为)的情况下,又不能认为犯罪行为的背后的人不应该处罚,故将其称为"间接正犯",回避了将其作为"教唆犯"或"帮助犯"来认定与从属性产生的矛盾,也算是弥补了正犯与共犯区别上遗留下的处罚空隙。最简单的例子,莫过于教唆行为不能

---

① 参见张明楷:《刑法学》(上)(第5版),法律出版社2016年版,第392页。
② 我国《刑法修正案(七)》对第262条之一"组织未成年人进行违反治安管理活动罪"规定"组织未成年人进行盗窃、诈骗、抢夺、敲诈勒索等违反治安管理活动的"行为构成犯罪。虽然该规定并没有明确将利用未成年人的成年人,单独作为未成年人所实施犯罪的正犯定罪处罚,而且在构成上要求"组织未成年人"行为,才构成犯罪,但在其法律属性上,仍然是间接正犯。
③ 参见柯耀程:《刑法总论释义——修正法篇》,台湾元照出版有限公司2006年版,第378—379页。
④ 参见黎宏:《刑法学总论》(第2版),法律出版社2016年版,第257页。

依附于合法行为而成立教唆犯。① 而黎宏教授认为,"只有在不构成(间接)正犯时,才考虑有无成立共犯(教唆犯)的可能,而不是由于不能构成较轻的共犯,才要将其考虑为较重的(间接)正犯"②是值得商榷的。换言之,对间接正犯的认定,恰恰是因为对教唆者不能认定为较轻的共犯③,而需要认定为较重的(间接)正犯的,而不是相反。但是,将支配者、利用者不作为教唆犯、帮助犯,而作为间接正犯认定,解决了作为共犯认定时与从属性产生的矛盾,又会产生新的不和谐。既然间接正犯是正犯,其违法性就应该单独评价,而与被支配、被利用的人无关。也就是说,被支配、被利用者无论实行的是什么样的行为,甚至可以说实施不是刑法需要关注的行为,只要被支配、被利用去实现支配者、利用者犯罪的,都是可以成立间接正犯。那么,理论上对间接正犯利用、支配形式的讨论,就属于多余之举。

正是在这一层意义上说,间接正犯成为一个事实概念,而不是纯粹实定法规范意义上的概念,即刑法规定的犯罪,只要事实上存在可被支配、利用的,都有存在间接正犯的可能性。例如,诉讼诈骗,利用假证据使得法院依法扣押、拍卖他人财产抵偿债权。如果是正常的债权、债务纠纷法院依法扣押、拍卖抵偿债务是合法行为,但是,如果是恶意要非法占有他人财产的申请执行人,就是利用了法院的合法行为,骗取他人财产的间接正犯④。但理论上又必须要否定有些犯罪不能以间接正犯形式去违法,亲手犯就是适例。支配者、利用者支配、利用亲手犯,只能成立共犯而不是间接正犯。这明显是从需要出发否定具有同样特征行为违法性的独立性,转而主张从属性才能够得出的结论。

由此可见,实际上间接正犯的违法性与被支配、被利用人的行为是否违法并没有关系,间接正犯是因为不成立共犯而被认定为间接正犯,而并不是依据间接正犯的条件被认定为间接正犯而不成立共犯的。由此,间接正犯的正犯性从何而来,才是问题的关键。柯耀程教授所言,有直接正犯才有间接正犯之说,当然是正确的,但很难被祖国大陆学者接受,原因恐怕主要是在犯罪的一体评价仍然占据主流的情况下,"直接正犯"一词所表达的贬义过于强烈,用在对被支配、利用的不具有刑事责任能力、未

---

① 在学者们对间接正犯形式的解释中,不乏列举唆使和利用他人合法行为、无故意、无过失行为的例子。例如,迫使他人自杀,自杀不违法,是合法行为,但是,迫使者(教唆),不成立教唆犯而是间接正犯。
② 参见黎宏:《刑法学总论》(第 2 版),法律出版社 2016 年版,第 269 页。
③ 换言之,对间接正犯正是在否定共犯的前提下,认定为正犯的。
④ 我国司法实践中对此类案件,有按照诈骗处理的,也有按照伪造证据、伪造印章罪处理的,后者的依据就是 2002 年 10 月 24 日最高人民检察院《关于通过伪造证据骗取法院民事裁判占有他人财物的行为如何适用法律问题的答复》。不过,由于《刑法修正案(九)》已对此种行为规定了"虚假诉讼罪",所以前述《答复》已经失效。不过从虚假诉讼罪罪状的设置而言,可以看出刑法所保护的主要法益(排列在前)仍着眼于"司法秩序"。《刑法》对刑事司法活动有多项条款的保护规定,由此可见,"虚假诉讼罪"所保护的法益主要是民事、行政诉讼秩序,而不可能包括属于诬告陷害犯罪之类的刑事司法秩序。因此,将当事人一方的财产法益不视为主要保护的法益,仍然体现的是"司法机关"不能成为被欺骗对象的固有认识。事实上,虚假诉讼"严重侵犯的当事人合法权益"应该主要是财产权而不只是对诉权的侵犯,只是将通过虚假诉讼非法占有他人财产或逃避合法债务的情况认定为可能构成诸如诈骗罪等犯罪,在法理上讲,仍然是值得商榷的。

达到法定责任年龄的未成年人上似不够妥帖。明确可以接受这一概念的,有张明楷教授①。

对间接正犯的正犯性,理论上有多种理论解释,有"工具说""犯罪支配理论"②"实行行为说"③"规范障碍说"等④。但哪种理论对解释间接正犯的正犯性是比较妥当,也是众说纷纭。例如,张明楷教授持"犯罪支配理论"的观点,而黎宏教授、台湾陈子平教授持"规范障碍说"⑤,现在看来学者似乎都不待见早期间接正犯理论基础的"工具说"⑥。不过黎宏教授认为,工具说这种质朴的表述,的确说明了间接正犯的特点⑦。

客观地说,间接正犯从行为人的意思看,是将被利用者作为实现自己犯罪的工具的,但是,却无法说明有自己独立意思的人,为何会成为利用者的工具。如果从"违法是连带的,责任是个别的"行为共同说的立场看,这种情况下利用者与被利用者就应该成立共同正犯,利用者就不能成为间接正犯。犯罪支配理论从是否能够主导犯罪实施的立场区别间接正犯与共犯,在犯罪的原因上,的确有独到之处,但是支配的概念被批评过于抽象和多义,而且,作为共犯的教唆犯、帮助犯未必对犯罪不具有支配作用⑧。因此,作为间接正犯的根据,"实有商榷之余地"⑨。至于实行行为说,在要求间接正犯的利用行为在规范评价上与直接正犯相同上,当然是把握了间接正犯的形式特征,但是,显而易见的是,所谓实行行为不同学者的理解上是不统一的,"何种行为是符合基本构成要件的正犯行为,何种行为是符合修正构成要件的教唆、帮助行为,往往难以确定"⑩。规范障碍理论,是从间接正犯的关联人(被利用者)来认识间接正犯的正犯性,这在说明有刑事责任能力的被利用者,为何可以成为被利用的工具

---

① 参见张明楷:《刑法学》(上)(第5版),法律出版社2016年版,第401页。笔者也主张这一认识。参见林亚刚、赵慧:《论片面共犯的理论基础》,载《法学评论》2001年第5期。
② "犯罪支配理论",是指正犯是犯罪中的核心角色,是支配犯罪实行过程的人,而共犯虽然对犯罪有影响,但不是能决定性支配犯罪过程的人,因此是配角。支配包括行为支配、意思支配和功能支配。参见张明楷:《刑法学》(上)(第5版),法律出版社2016年版,第392页。犯罪支配理论在德国目前是多数说。
③ "实行行为说",是指间接正犯与直接正犯都具有相同的"实行行为性",间接正犯与直接正犯一样都是在实现构成要件的危险行为,区别在于间接正犯是以自己的预期将被利用者的行为加以利用,实现自己的犯罪。参见陈子平:《刑法总论》(下),台湾元照出版公司2006年版,第91页。
④ 同上书,第90—92页。
⑤ "规范障碍说"是指间接正犯与共犯的区别在于,被利用者是否成为利用者实现犯罪上的规范障碍。对具有法的期待可能性者,会形成避恶为善的动机,抗拒动机形成的可能性,就会成为利用者实现犯罪上的规范障碍。因此,当被利用者不成为规范上的障碍时,利用者的利用行为与自己亲自实施并无二致,成立(间接)正犯;反之,被利用者成为利用者实现犯罪规范上的障碍时,利用的行为就无法与自己亲自实现犯罪做相同评价,就只能成立共犯。参见陈子平:《刑法总论》(下),台湾元照出版公司2006年版,第90—92页。
⑥ "工具说"也称为"生活用语说",由德国学者贝林倡导。参见林维:《间接正犯研究》,中国政法大学出版社1998年版,第23页。
⑦ 参见黎宏:《刑法学总论》(第2版),法律出版社2016年版,第269页。
⑧ 可参见黎宏教授对"正犯后正犯"的解释。同上书,第272页。
⑨ 陈子平:《刑法总论》(下),台湾元照出版公司2006年版,第91页。
⑩ 张明楷:《刑法学》(上)(第5版),法律出版社2016年版,第392页。

上,具有一定的说服力。① 但是,这样的理论也可以用于说明教唆帮助的教唆犯与帮助犯之间的关系,但却不能说教唆犯是间接正犯。

显然,在比较上述各种理论的前提下,可以说,脱离"实行行为说"形式上的定型化要求,可能造成间接正犯范围的扩大,使间接正犯的正犯特征受到质疑,有违罪刑法定之嫌;而完全不承认"工具说",又不符合间接正犯主观的意思确有将他人作为工具实现自己犯罪的意图;不待见"支配理论",不能充分解读间接正犯与犯罪过程以及结果之间的支配关系,在实现归责上显然存在困难;不支持"规范障碍说",也不能充分理解有责任能力者为何也能成为利用者的工具。因此,间接正犯的正犯性,的确是一个见仁见智的问题,在解释其正犯性上,存在从间接正犯各个方面特质理解的需要,似乎应该是可以接受的结论。但是,如果从间接正犯的认定需要来看,是为了解决对这种利用他人行为为何可以视为他自己的犯罪而应归责,以及如何实现归责。如是,利用者出于某种动机将他人被视为自己的"工具"自不待言,说明了间接正犯之所以应归责的原因。但是,被利用者为何能够成为被利用者,并不为了直接说明法益被侵害、如何被侵害的事实,因此,在实现归责上并不是重要的节点。更何况,对间接正犯的认识,也并非是为了防备成为被利用的工具。刑法上归责的基本原则应该从如何实现犯罪事实来考察,正是从归责的需要而言,视他人为自己的工具,当然是应归责的心理原因,而对法益是否侵害以及侵害的程度如果有支配关系,就是影响归责轻重的重要因素。按照这一要求,谁对犯罪事实发生有所掌控、支配,谁就应该对此负责。因此,掌控、支配构成要件事实实现的人,就是正犯。张明楷教授说:"对犯罪实施过程具有决定性影响的关键人物或核心角色,具有犯罪事实的支配性,是正犯。其中,行为人不必出现在犯罪现场,也不必参与共同实施,而是通过强制或者欺骗手段支配直接实施者,从而支配构成要件实现的,就是间接正犯。"② 应该说"犯罪支配理论"在间接正犯实现归责上,总体上仍然是比较妥当的理论。张明楷教授总结德国罗克辛教授对支配的三种情形是:第一,幕后者通过强迫使实行者实施符合构成要件的行为;第二,幕后者隐瞒事实真相欺骗实行者;第三,幕后者通过有组织的权力机构将实施者作为可随机替换的机械部件操纵,实现对犯罪事实的支配。并对"支配关系"的认定指出,如果利用者只是使得被利用者实行帮助行为,则不是间接正犯,而是帮助犯③。

我国学者主张的间接正犯主要有以下类型几种:

(1) 利用无刑事责任能力之人。无刑事责任能力人包括未达到法定刑事责任年龄人以及不具有辨认或控制能力的精神病患者。该种情况下,利用处于丧失辨认或控制能力的状态的精神障碍者,实现构成要件的事实,利用者是间接正犯。即便精神

---

① 在这一理论中,无责任能力者当然不会成为"规范上的障碍",间接正犯可以成立;而有责任能力者如何突破自己"抗拒动机",成为"不成为规范上的障碍",才不致影响间接正犯的认定,可能也存在解释上的困难。

② 张明楷:《刑法学》(上)(第5版),法律出版社2016年版,第401页。

③ 同上书,第402页。

障碍者对基于日常生活常识的理解对客观事实有认识的,例如能辨识"刀能杀人""火能毁物",也可以成为被利用的工具,甚至也不排除对行为的违法也有辨识时,只要在病态下实施的行为,也是没有实质性的辨识能力。如唆使妄想型精神障碍者杀人,即便患者知道杀人违法,但在"为民除害"病态认知下的杀人行为,也可以成为被利用的工具。对利用确属年幼的未成年人(如7—8周岁幼童盗窃的),利用者是间接正犯。但是利用确实对自己行为具有一定辨识和控制能力的未成年人实施严重违法行为的,例如唆使13周岁不满14周岁的实施杀人、抢劫、强奸等,包括减轻刑事责任能力的未成年人实施完全刑事责任年龄阶段后的违法行为的,利用者应如何评价?张明楷教授认为,成年人甲唆使15周岁的乙盗窃的,认为甲应为教唆犯而不是间接正犯,原因是减轻刑事责任能力人已然具有辨认和控制能力,因此,不能认为甲的唆使支配了犯罪活动。① 黎宏教授对此也认为,即便是利用未达到刑事责任年龄的人,也不一定都构成间接正犯,仍然要看利用者是否有支配控制②,这也是同一个意思③。

(2)利用无故意的他人行为。具体包括以下情形:一是利用他人无过失行为。如雇佣搬家公司,欺骗工人将被害人家里的财物搬走,被骗的工人的行为是合法行为。这是间接正犯的一般形式,不存在争议。二是利用他人的过失行为④。如让不知情的护士给被害人过量注射药物,护士没有认真查看用药剂量等,造成被害人死亡的。一般认为,在刑法对过失行为规定为犯罪的情况下,被利用者可以构成过失犯罪,利用者为故意犯罪的间接正犯。间接正犯当然可以利用他人过失行为,但间接正犯本身只能是故意犯罪。在共同过失犯罪中,过失行为可能有同时的,也可能有先后实施的,不可认为前行为与后行为之间有支配关系,前行为人也不可认为是间接正

---

① 参见张明楷:《刑法学》(上)(第5版),法律出版社2016年版,第405页。
② 参见黎宏:《刑法学总论》(第2版),法律出版社2016年版,第269页。
③ 张明楷、黎宏教授不赞同多数说的主张。多数说认为,当成年人唆使"未达到刑事责任年龄"人实施已满14周岁不满16周岁的人应负刑事责任的犯罪,唆使"限制刑事责任年龄"人实施其责任范围之外的犯罪的,成年人是间接正犯。而张明楷、黎宏教授认为成年人是教唆犯,因为该年龄阶段的未成年人已经具有相对应的违法性的辨识、控制能力,不能认为成年人在支配、控制犯罪(未成年人此刻在违法层面上是直接正犯)。争议的焦点看似在于对成年人法律属性上的分歧,但实际上包含着对未成年人刑事司法保护政策和立法的理解。国际上通行的对未成年人的刑事司法保护,是否基于未成年人对形式乃至实质违法性无辨识能力?本书认为结论是否定的,未成年人不承担或者必须减免刑事责任的理由,并不在于未成年人对形式乃至实质违法性有无认识,而是他们缺乏放弃暂时利益、防止长期利益受损的能力,或者说是缺乏保护自己长期利益不受损害的能力。换言之,未成年人是缺乏理解现实,并从正确的理解推导出适当行为的能力,缺乏的是理性地依法行事的能力(包括机会),从刑事责任能力的意义上说,这是指"控制能力"。成年人所利用的也正是未成年人心智不成熟这一点,无论事实上未成年人有无辨识违法性的能力,其行为若超出刑法规定的应负刑事责任范围之外,那在刑法面前均视为没有辨识能力。正因为控制能力以辨识能力为前提,相应地,当然是法律也不认为未成年人具有"控制能力",理应将对其的教唆,视为对未成年人违法行为的支配、控制。因此,对未成年人的司法保护不是由对违法性有无"辨识能力"而决定。如果认为未成年人已经能够辨识违法性,只是基于刑法规定不负刑事责任,那就是对未成年人刑事司法保护政策不全面的解读。基于上述认识,本书认为上述情况是间接正犯而非教唆犯。
④ 台湾林山田教授认为,过失犯的行为不可能被利用作为工具完成犯罪,因过失犯只在结果发生时成立,故而无法依支配者的意思而被操纵、支配。但是多数学者并不赞同该观点。参见林山田:《刑法通论》(下),台湾2001年自版,第70—71页。

犯。三是利用他人有实施较轻犯罪故意使之实施较重犯罪。如为杀害甲一家,知道甲一家临时借住在丙家仓库,乙唆使与丙有隙的丁放火烧毁丙的仓库,致使甲与家人遇害。乙为放火罪的教唆犯与故意杀人的间接正犯,并与丁成立放火罪的共同犯罪,按照想象竞合犯从一重罪论处;丁如对致人死亡有过失,则与乙构成放火罪共同犯罪与过失致人死亡的想象竞合犯,从一重罪论处。

(3) 利用有故意的他人行为。包括利用有故意但无法定犯罪目的的他人,以及利用没有特定身份的他人的情况。前者如甲唆使与乙有过节的丙将其孩子拐骗出来交给丁藏匿,报复乙,实则是谈好价格将儿童卖给丁。法定目的是构成"目的犯"的必备要件,而被利用的丙主观上不具有"出卖目的",只能构成拐骗儿童罪,甲则构成拐骗儿童罪的教唆犯,与丙构成共同犯罪,也是拐卖儿童罪的间接正犯,系想象竞合犯,应从一重罪论处。后者如公务员甲唆使非公务员的妻子乙接受他人贿赂款。这种情况下是成立共同犯罪,但是甲与乙的行为各自应如何确定法律属性,理论上争议较大。有甲为受贿间接正犯,乙为帮助犯说;也有甲为受贿教唆犯,乙为帮助犯说。还有具体分析支配关系存在与否,有支配关系则甲为间接正犯,乙为帮助犯;如是平等协力关系,则甲乙为共同正犯;还有甲为直接正犯,乙为帮助犯说等认识[①]。这是涉及较为复杂的共犯与身份的关系问题。

在利用有故意的他人行为中,有"利用有故意之帮助道具"的概念,如员工明知是贿赂款而听从指令将款送至公务员之手。对此的法律属性认识,有利用者间接正犯、被利用者帮助犯说,也有利用者教唆犯、被利用者正犯说[②]。与前述"利用有故意的他人行为"有区别的是,前者仍然是实行的故意,而后者纯粹出于帮助的故意,且犯罪的因果流程不在自己掌控下。本书认为,利用者间接正犯,被利用者帮助犯说,较为合适。因为被利用者实施的只是形式上的实行行为,实质上对法益的侵害,是幕后操纵、支配因果流程的行贿者,所以,"送钱"的行为徒有实行行为的形式而不具有实行行为的实质,不仅对"贿赂"无支配力,也对犯罪没有控制、支配关系。如果对此承担正犯之责,显然处罚过重,有失公允。这也可以视为是本书理解的张明楷教授对有"正犯"行为形式,而无"正犯"实质的标准,可将仅有形式上的实行行为而实质上对法益侵害不能支配的行为予以排除的适例。[③]

(4) 利用被害人自己的行为。通说认为,典型的即将被害人置于无法获得救助的"绝境",而迫使被害人自残、自戕的情况,如迫使被害人自杀的,胁迫者为故意杀人罪的间接正犯。按照通说理论,胁迫也应视为教唆,因为刑法上对教唆犯的教唆方式并无限制,包括使用胁迫方法,而胁迫当然不排除置被害人于孤立无援的绝境而使之自戕。由于自杀者并不是犯罪,按照共犯"从属性",那原本是教唆者在"从属性原则"下,也就不是犯罪,因为不能因唆使他人实施非犯罪行为而成立教唆犯。但是,对

[①] 参见张明楷:《刑法学》(上)(第5版),法律出版社2016年版,第402—403页。
[②] 参见陈子平:《刑法总论》(下),台湾元照出版公司2006年版,第94页。
[③] 参见第四章第三节有关实行行为的内容。

这种肆意侵害他人重大人身法益的行为如果不认为是犯罪,则会形成对法的保护目的的严重质疑①。不过,作为教唆犯认定,则与共犯从属性原则会发生严重冲突,只能退而求其"重",将这种情况认定为(间接)正犯,以填补既不能认定为直接正犯,也不能认定为共犯所遗留的空隙②。

(5)利用他人合法行为。例如,甲唆使乙对丙实施侵害,提前告知丙,丙在有预警的情况下实施正当防卫,致死、致伤不法侵害的乙。③ 该种情况甲是否为间接正犯,张明楷教授持肯定说④,而黎宏教授持"一定条件下"的肯定说。"一定条件",是指利用者在事实上支配行为的进程并按照自己的预设而实现的场合。之所以需要这样的条件,是因为就所举例子而言,事件的流程存在太多的利用者不能确定因素,因此,只有在这样的条件下,利用者才是间接正犯。⑤ 当然,就如同黎宏教授所分析的那样,的确存在着利用者不能确定事件发展流程的各种因素,但是上述支配、利用合法行为的情况,并非纯粹就理论上探讨是否可能的问题,是指在现实中发生该种案件时,是否对甲以间接正犯认定的问题,正是因为教唆犯不能依附于合法行为而存在,本书原则上赞同张明楷教授的观点,但认为也是需要具体分析,而非笼统说利用合法行为。如果系刑法规定的亲手犯⑥,实施者被支配、利用实施的是不违法的行为,则利用者不能为间接正犯。

从上述分析可以看出,即使在认定为间接正犯成立的前提下,也存在共同犯罪的问题。因此,"间接正犯的成立,并不意味着共同犯罪的否定"⑦。从一般意义上说,如果非亲自实施不足以构成正犯的,原则上不存在间接正犯的犯罪类型。但有两种犯罪类型,理论上认为在本质上不可能以间接正犯的形式违反刑法的规定,但实际上存在争议。

(1)亲手犯。必须亲自实现构成要件的犯罪,为亲手犯。对亲手犯所设置的构成要件,本质上不可假他人之手实行自己的犯罪。例如,重婚罪中,不可能假手他人的行为为工具而实现自己重婚,因此,支配其实行者,只能成为其共犯。再如伪证罪,虽然证人、鉴定人、翻译人可以被胁迫作伪证,但是支配者不可能替代证人、鉴定人、翻译人向侦查、检察、审判提供伪证。支配者只能成立共犯。理论上对亲手犯是否有间接正犯是有争议的。

---

① 如果主张此种情形是教唆者的违法的独立性,是教唆犯,那就需认可"无正犯之共犯"是可以成立的,显然,即便持共犯独立性的,也不认可这种情形是教唆犯,仍然认为是间接正犯。
② 这也是黎宏教授认为"只有在不构成(间接)正犯时,才考虑有无成立共犯(教唆犯)的可能,而不是由于不能构成较轻的共犯,才要将其考虑为较重的(间接)正犯"的反例。
③ 参见马克昌主编:《犯罪通论》,武汉大学出版社1999年版,第548页。
④ 参见张明楷:《刑法学》(上)(第5版),法律出版社2016年版,第403页。
⑤ 参见黎宏:《刑法学总论》(第2版),法律出版社2016年版,第272页。
⑥ 参见本节"亲手犯"。
⑦ 张明楷:《刑法学》(上)(第5版),法律出版社2016年版,第406页。

（2）法定义务犯。① 这是指构成要件对特定主体设置了特定法律义务，特定主体即使可被支配、操纵实现构成要件，无特定法律义务的支配者也不能构成法定义务犯的间接正犯，即便支配者是负有特定法律义务者，被支配的也是特定法律义务之人，利用者也不能成立间接正犯。例如，律师甲为使乙脱罪，知道丙对乙不在现场的事实有误解，仍然促使丙出庭作证使乙脱罪的。甲虽知丙认识有误，利用丙作证，也不能成为伪证罪的间接正犯，因为甲不是具有具结身份的证人；甲也不能成立教唆犯，因为丙虽然具结作证，但无伪证故意，教唆不能依附于无犯罪故意的丙的行为上。相反，利用者具备特定法律义务的主体资格，可以成立间接正犯。例如，父母可以支配未成人子女将新生婴儿丢弃。这可以符合前述利用无责任能力的情况。所以法定义务的适格主体，利用、支配非适格主体替代去实现了构成要件的，应成立间接正犯。

在理论上有"正犯后正犯"的概念②，但是，这一概念必须是在承认无论被支配者是否需要承担刑事责任，支配者均为正犯前提下，才能够被承认的概念。间接正犯可以纳入"正犯后正犯"的类型，就是指利用者是正犯，被利用者亦为正犯的情况。理论上常举的例子为：甲得知乙准备在自己通常会去散步之处杀自己，便设计约与自己有隙的丙前来该处，乙将丙误认为是甲而杀之。正犯后正犯即是说，乙是杀丙直接正犯，甲是杀丙的正犯后正犯之意③。台湾林山田教授认为，甲是杀丙的间接正犯。④黎宏教授并不同意对幕后者视为"正犯"的观点，基于法定符合说认为，既然杀丙也是乙自己的意思，则只能认为是乙支配杀人，而不能认为是被甲利用的工具，所以甲只能是帮助犯，不是正犯。⑤ 台湾黄荣坚教授认为，按照正犯与共犯的区别，正犯对构成要件的实现具有关键的支配力，但共犯是处于共同犯罪中的边缘、不重要的地位上。而正犯后正犯的概念，使得"帮助"行为（包括教唆）与正犯对犯罪的支配力上已经没有了区别。虽然按照"帮助犯说"（包括片面帮助犯说）是成立的，但显见"帮助犯"掌控着大局，非居于边缘之人，而实行的正犯仅仅成了工具，处于被支配的下位。换言之，在正犯后正犯的概念下，区别正犯与共犯支配力说是无能为力的，因此，在此只能从间接正犯行为人主观上有利用他人实现犯罪之意，客观上也是利用他人行为实现构成要件来理解。那么，正犯说是合适的。⑥

五、亲手犯

亲手犯也称为"己手犯"或"自手犯"，是指以正犯者本人行为实现构成要件为必

---

① 我国台湾地区学者林山田教授称其为"纯正特别犯"。参见林山田：《刑法通论》（下），台湾2001年自版，第144页。从所描述的主体看，均为负有特别法律义务者，祖国大陆理论上并不使用该概念，故以"法定义务犯"指代之。

② 也有称之为"特别利用关系之间接正犯"。参见林山田：《刑法通论》（下），台湾2001年自版，第67页。

③ 参见黎宏：《刑法学总论》（第2版），法律出版社2016年版，第272页。当然，该例中还有实行的正犯的对象认识错误问题。

④ 参见林山田：《刑法通论》（下），台湾2001年自版，第144—145页。

⑤ 参见黎宏：《刑法学总论》（第2版），法律出版社2016年版，第272页。

⑥ 参见黄荣坚：《基础刑法学》（下），台湾元照出版有限公司2006年版，第843—844页。

要条件的犯罪。刑法中大多数犯罪并非以正犯者自己亲自实现构成要件,但是仍然有部分犯罪要求这样的条件,这就是亲手犯。亲手犯是条款设置为特定主体才能实现构成要件行为的犯罪。德国罗克辛教授认为,亲手犯的条款,一般不可能存在间接正犯的情况①。而张明楷教授认为,从"文本说"定义的构成要件文字含义没有包括亲手实行之外行为方式,是亲手犯的结论,是建立在"只有亲手实施构成要件的人才是正犯"之下,但这一命题是不能成立的。他赞同从"身体行为说"来看,只要有相应行为就可实现构成要件,不必发生结果来定义亲手犯。并认为在这一意义上,行为犯就是亲手犯,那么就可以存在间接正犯。②

不过令人费解的是,张明楷教授认为非法侵入住宅罪是亲手犯,指出在利用无责任能力人闯入他人住宅时,利用者没有理由不认为是间接正犯,同时又认为我国刑法中没有规定亲手犯。③ 那么,非法侵入住宅罪,还是不是亲手犯？不得而知。如果按照张明楷教授的观点,否定我国刑法中有亲手犯的规定,是因为类似的"亲手犯"的行为犯都是可以存在间接正犯。例如,可以强迫他人加入恐怖组织、黑社会性质组织,强迫者是间接正犯;可以在饮料中添加酒精使他人在不觉中实施危险驾驶行为,添加酒精者是间接正犯④。也就是说,似表明只要存在间接正犯,则不必再考虑亲手犯的问题。

那么,亲手犯在理论上是如何认识的？张明楷教授总结的德国罗克辛教授对亲手犯的理解,包括三种类型:一是行为关联性犯罪,即犯罪的不法不取决于侵害结果,而取决于行为本身的可谴责性,最典型的是乱伦罪(这是行为无价值——笔者注);二是生活方式性犯罪,如流浪、游荡罪,也即以特定生活方式为可罚性基础的犯罪(这也是行为无价值——笔者注);三是陈述性犯罪,如依法宣誓作证但作虚伪陈述的伪证罪(注重对法益侵害的,是结果无价值;注重虚伪陈述的,是行为无价值——笔者注)⑤。日本大塚仁教授则将亲手犯分为两类:一是实质的亲手犯,即是指犯罪在性质上要求行为主体与行为之间具有密不可分的关联性,只能将由一定主体进行的行为解释为实行行为,伪证罪属之;二是形式的亲手犯,即是刑罚法规在形式上表明已经将间接正犯排除在外,制作虚假公文书罪属之。⑥

台湾陈子平教授将亲手犯也分为形式与实质两类,同时,又提出实质的亲手犯还可以再区分为"纯正"与"不纯正"二种。纯正的亲手犯,是任何形态下都不可能以间接正犯实现的犯罪,伪证罪属之。但是,对此仍有不同认识,即在将证人、鉴定人、翻译人作为道具利用时,也可实现伪证结果,即可成立伪证罪的间接正犯(结果无价

---

① 转引自柯耀程:《刑法总论释义——修正法篇》,台湾元照出版有限公司2006年版,第344页。
② 参见张明楷:《刑法学》(上)(第5版),法律出版社2016年版,第406页。
③ 同上。
④ 同上书,第371页。
⑤ 转引自张明楷:《刑法学》(第4版),法律出版社2011年版,第371页。
⑥ 参见〔日〕大塚仁:《刑法概说(总论)》,冯军译,中国人民大学出版社2003年版,第147页。

值——本书注)①。不纯正亲手犯,是具有一定目的或身份者(可以成为该种犯罪直接正犯),利用不具有该目的、身份之人实现构成要件,但不具有该目的、身份之人不构成犯罪的。例如,公务员欺骗非公务员的妻子收取的是他人的还款实为收取贿赂时,公务员可成立受贿的间接正犯或共同正犯。②

上述不同学者界定的亲手犯,无论何种类型的亲手犯均是从"文本说"定义,即认为在立法规范上的,构成要件实行行为在设置时,就为只能由作为正犯的行为人自己亲自实现构成要件作出了规定,他人不可能替代实行,这也是"亲手犯"一词之意,同时也表明无一例外亲手犯的主体属于特殊主体。而从"身体行为说"的行为犯来界定亲手犯,因行为犯的主体立法上当然并非都限定是特殊主体,因此,是单纯从客观现象看,所设置的构成要件的行为,一是特定主体是否可被支配实施构成要件行为;二是一般主体是否可被支配实施该构成要件行为。只要结论是肯定的,那么,就是亲手犯;亲手犯也就等同于行为犯,也就当然具有间接正犯。这应该是张明楷教授观点与上述学者认识不同之处。张明楷教授所述问题,主要是亲手犯首先应作为立法现象还是司法现象看待的问题,其次,才是亲手犯与间接正犯是否是对立不可并存的问题。

亲手犯,顾名思义其实行行为具有不可替代性。如果只是说构成要件所设置的实行行为可以假手他人实行,这样的犯罪当然存在间接正犯的可能性,只是假他人之手实现的犯罪可否视为是自己在犯罪,则是另一个问题。否定我国立法中有亲手犯的规定,值得商榷。就以重婚罪而言,即是典型由立法规定的亲手犯。重婚,必须是自己实施重婚行为,不可能假他人之行为代自己重婚。即便由"身体行为说"重婚是行为犯,可被他人支配实施重婚行为的,支配者也不可能成为他人行为的间接正犯。如已婚的甲欺骗未婚的乙与自己结婚的,由于乙是受骗,其行为是"相婚",乙"相婚"行为既不是违法行为,也不是与重婚者的"重婚",更不可能对自己行为的违法性有认识,当然不构成犯罪。因此,甲只能成为自己重婚的直接正犯,不可能成为乙重婚的教唆犯,因为教唆行为显然不能依附他人的合法行为而存在,同时也不可能成为乙的间接正犯,即便支持间接正犯可以利用他人的合法行为,在亲手犯中也不可能适用,如果认为甲是乙的间接正犯,同时自己是直接正犯,那么岂不是甲是自己在与自己结婚,也构成重婚罪?

如前所述,构成要件的行为是适格主体类型化的行为,并非单纯是自然意义上人的行为。就此而言,刑法中之所以有亲手犯的概念,当然是指立法针对特别的构成要件要求特别主体来实现,如果不先行确认行为主体资格,就评价其行为,不可能有正确结论。如果将亲手犯视为是一种司法现象,那么,也就否定了构成要件具有对适格主体行为类型化的基本功能,是否妥当值得商榷。

那么,亲手犯如果有间接正犯,是立法现象还是司法现象?如果从立法规定而

---

① 参见林山田:《刑法通论》(下),台湾2001年自版,第144页。
② 参见陈子平:《刑法总论》(下),台湾元照出版公司2006年版,第97—98页。

言,也应该承认有少数的条款有亲手犯间接正犯的立法规定,如我国《刑法》第403条规定滥用管理公司、证券职权罪第2款的规定。① 不过,从另一个角度说,也是表明第2款的规定排除第1款还有其他间接正犯的形式。

但是,亲手犯有无间接正犯,重点应考察的并不是支配者的资格,首先应是亲手犯是否可被支配实行实现支配者的犯罪。如拒绝提供间谍犯罪证据罪,是只有自己亲自拒绝提供,而不可能由其他人代为拒绝。但是,受到威胁而被迫拒绝提供并非不可想象。再如辩护人、诉讼代理人毁灭证据、伪造证据、妨害作证罪,不可能由无辩护人、诉讼代理人身份的他人代替实行,但是在受到利益诱惑、受到胁迫的情况下,辩护人、诉讼代理人也是可以被支配实施的。实际上就滥用管理公司、证券职权罪而言,无身份者同样可以强迫登记机关及其工作人员实施不实的登记行为。

间接正犯,是利用他人实现自己的犯罪。从这一点而言,能否将立法规定的亲手犯的犯罪,视为支配者自己在实现构成要件,才是问题的关键,而并非不能支配亲手犯实施。应该说,立法规定的亲手犯被支配实施具体犯罪的现象可以说是现实存在的,那么,其次的问题只是:上述可被支配实现的犯罪,能否视为支配者自己实现该犯罪,以及支配者是否都应该评价为"间接正犯"? 如果按照张明楷教授对唆使限制刑事责任年龄人实施超出该年龄阶段应负刑事责任的违法行为,对唆使者法律属性的解读②,当被唆使者对所实施的行为违法性有实质意义上的辨识和控制能力时,唆使者不成立间接正犯而是教唆犯。按照如是观点,当被利用者对自己的违法行为具有实质上辨识能力而具有违法意识时,不能认为利用者的唆使支配了犯罪活动,因此是教唆犯而不是间接正犯。进一步说,就间接正犯的范围而言,只要被支配、被利用者对自己所实施的违法性行为具有实质意义上的辨识、控制能力的,支配者、利用者就不是间接正犯,而是教唆犯③。如此一来,前述间接正犯的各种类型讨论实质意义不大,无论是利用有故意无目的的人,利用他人过失行为,还是利用他人有实施较轻犯罪故意使之实施较重犯罪以及利用被害人自己的行为,只要被利用者有实质性辨识、控制能力的,利用者、支配者都应该是教唆犯,间接正犯存在的空间极小,只剩下利用合法行为这一种情况。就亲手犯而言,不能说被支配、利用者对自己所实施的违法行为不具有实质意义上的辨识和控制能力,这也就意味着亲手犯根本就不存在间接正

---

① "上级部门强令登记机关及其工作人员实施前款行为的,对其直接负责的主管人员,依照前款的规定处罚。"该规定表明,上级部门直接负责的主管人员,所构成的"滥用管理公司、证券职权罪",就是第1款滥用管理公司、证券职权罪的间接正犯。这是基于上级"组织上"的强制、命令,支配第1款的国家工作人员,实施不实的批准或者登记行为,所以,第2款就是第1款的间接正犯。

② 如张明楷教授所言:成年人甲唆使15周岁的乙盗窃的,甲应为教唆犯而不是间接正犯,原因是减轻刑事责任能力人已然具有辨认和控制能力,因此,不能认为甲的唆使支配了犯罪活动。参见张明楷:《刑法学》(第4版),法律出版社2011年版,第367页。

③ "规范障碍说"对利用无刑事责任能力人、限制刑事责任能力人,成立间接正犯反而能够作出合理解释的理论。黎宏教授对间接正犯虽然持"规范障碍说",但是对利用无刑事责任能力人的情况,主张利用者不一定都可以成立间接正犯,而需要以利用者对被利用者是否具有"支配控制"来界定。参见黎宏:《刑法学》,法律出版社2012年版,第274页。显然,在这一点上,黎宏教授并没有以"规范障碍说"作为对间接正犯解读的依据,而主张的是"支配理论"。

犯的可能性,这与传统观点认为亲手犯不具有间接正犯,有异曲同工的结论,但是又与自己所主张的亲手犯都具有间接正犯的观点相矛盾。① 可见,问题并不在于亲手犯(包括其他各种情况下被支配、被利用者)是否对自己的行为的违法性有无辨识能力,来决定利用者是否成立间接正犯,仍然在于被支配实施的行为,是否可以视为支配者、利用者自己实现构成要件。

支配亲手犯实现构成要件在客观上是完全可行,但无法将亲手犯所实现的犯罪都视为支配者自己在实现构成要件。事实上可以强迫、欺骗证人、鉴定人、翻译人作伪证,但是无法认为支配者自己在作伪证;可以强迫登记机关及其工作人员实施不实的登记,但是,不能视为强迫者自己在实施不实的登记;可以强迫、欺骗他人与自己相婚,但不能认为自己是自己的直接正犯,也是被强迫、欺骗者的间接正犯,是自己与自己重婚。此外,危险驾驶罪也属之。张明楷教授认为危险驾驶罪也不是亲手犯,例如甲明知乙要驾驶汽车,却暗中在乙的饮料中添加酒精,致使乙在不知中醉酒驾驶。乙虽有醉驾行为,却无故意,甲成立危险驾驶罪的间接正犯。② 但如何将驾驶座上握着方向盘实际驾驶的乙视为甲在驾驶,是个难题。

在亲手犯同时也是法定义务犯的情况下,不负有法定义务的人,即便实际上支配亲手犯实施犯罪,也不可能为该种犯罪的间接正犯,例如,教唆他人实施遗弃行为的,从主体不具有适格性而言,只能成为遗弃罪的教唆犯,而不能是间接正犯。也就是犯罪在性质上要求行为主体与行为之间具有密不可分的关联性③,非适格主体即便可以支配,也不可能视为替代遗弃应由特定主体承担抚养义务的家庭成员,支配的行为也就不能评价为正犯的行为。所以,不是因不能支配亲手犯实现构成要件而没有间接正犯,而是因为构成要件的实现不能视为支配者在亲自实现犯罪的意义上,亲手犯没有间接正犯。

本书认为,也不能完全肯定亲手犯不具有间接正犯的情况。当亲手犯亦属于"目的犯"时,也可存在间接正犯的情况。如贷款诈骗罪,是以非法占有为目的,诈骗银行或者其他金融机构的贷款;倒卖文物罪,是以牟利为目的,倒卖国家禁止经营的文物。上述法定目的犯,均可以存在无"非法占有目的""牟利目的"时被支配、利用实施骗取贷款、出售或购买国家禁止经营的文物的情况,支配、利用者可以是该罪的间接正犯。当亲手犯也属于"纯正身份犯"时,是否存在间接正犯需要具体分析。如非公务员的妻子收受贿赂,在知情而被指使收受贿赂时,仍然可以看作是身份与共犯的关系问题。④ 但是,如公务员丈夫谎称要其妻接受的是他人的还款而实际是贿赂时,其妻被欺骗只是接受贿赂的工具,公务员当然是受贿的间接正犯。但无身份者不可能构成纯正身份犯的间接正犯,如无身份的妻子完全可能单独地实施收受贿赂的行为,但

---

① 参见张明楷:《刑法学》(第4版),法律出版社2011年版,第370—371页。
② 参见同上书,第371页。
③ 参见〔日〕大塚仁:《刑法概说(总论)》,冯军译,中国人民大学出版社2003年版,第147页。
④ 张明楷教授认为公务员是直接正犯,非公务员的妻子是帮助犯。参见张明楷:《刑法学》(第4版),法律出版社2011年版,第369页。

因为不具有受贿罪要求的"利用职务上的便利条件",即不具有构成要件的身份,不可能构成受贿罪的直接或者间接正犯。

六、对向犯

对向犯,也称为"对合犯"。在我国刑法理论上,多数学者将对向犯是作为必要共犯的下位概念来研究。不过台湾柯耀程教授认为,虽然在行为主体上对向犯是复数主体,但是,即便是数人共同实现一事,行为人的行为也不是一致对外的关系,而是彼此为行为对象,因此,对向犯不是共同正犯的类型。① 祖国大陆学者也有对属于必要共犯提出质疑的观点。② 当然,以犯罪的关系是否一致对外来界定是不是共同正犯,可能主要考虑的是对法益的侵害的行为外在表象而言的,但这一视角,还值得进一步研究,不过,在中外刑法理论上,对向犯置于共同犯罪中研究则是当前共通研究视角,理由容下文说明。

如何定义对向犯,概念争议也是存在的。陈兴良教授认为,只有双方在共犯一罪的情况下才构成对向犯,如已有配偶之人与对方结婚是对向犯的适例,而受贿罪和行贿罪虽然合称为贿赂罪,但并不能称为对向犯,这种情况只能称为对向关系的犯罪。犯罪的对向关系包括对向犯,但又不止于对向犯,还包括那些虽然不构成对向犯,但犯罪之间具有对向关系的情形③。这是最狭义界定对向犯的概念。黎宏教授认为,对向犯是二人以上的互相对向行为为成立条件的犯罪。共有三种类型:双方都构成犯罪;双方都构成犯罪但罪名不同;法律只规定一方是犯罪,另一方未作规定。第三种类型可以称为"片面对向犯",不过这种情况不宜视为"对向犯"适用共犯的规定④。这可以说是狭义的对向犯概念。依此,受贿罪和行贿罪是对向犯,但是如果一方的行为不构成犯罪,则不可能成立对向犯;贩卖淫秽物品和购买淫秽物品就不构成对向犯,因为我国刑法没有规定购买淫秽物品的行为为犯罪。钱叶六教授认为,对向犯是对向性参与行为为要件的必要共犯形态。在借鉴日本学者观点后,认为对向犯可以分为"双面的对向犯"与"片面对向犯"两类。所以,对向犯是基于双方的对向行为而构成的犯罪。双面对向犯自不待言,所谓"片面对向犯",是指刑法明文规定仅处罚对向一方而不处罚另一方的犯罪形态,它主要涉及交易类、伪造类、挪用类以及容留类等几类犯罪。例如,销售伪劣商品类犯罪与购买伪劣商品的行为。也就是说,即便不处罚的一方只是实施一般的违法行为,甚至是日常生活中的行为,被处罚的一方也是对向犯⑤。这是广义的对向犯概念。

在台湾司法与学界,对向犯的认识也不尽一致。"对向犯是指两个或两个以上的

---

① 参见柯耀程:《刑法总论释义——修正法篇》,台湾元照出版有限公司2006年版,第388页。
② 参见高铭暄、马克昌主编:《刑法学》(上编),中国法制出版社1999年版,第297页。
③ 参见陈兴良:《论犯罪的对合关系》,载《法制与社会发展》2001年第4期。
④ 参见黎宏:《刑法学总论》(第2版),法律出版社2016年版,第276页。
⑤ 参见钱叶六:《对向犯若干问题研究》,载《法商研究》2011年第6期。

行为人，彼此相互对立的意思经合致而成立的犯罪。"①林山田教授认为，对向犯是指所有参与者在犯罪实施过程中，有扮演相对角色的犯罪②；洪福增教授则认为，对向犯是指两人以上在各自目的上，向同一目标进行，而以他人之对立或对向行为为构成要件内容的犯罪③；柯耀程教授认为，是指犯罪构成的主体要件要求为复数，且主体立于对向关系，同时，是以对向的行为主体为自己行为对象的犯罪④。

应该说，对向犯必须是复数主体是共识，但上述概念表述仍然有较大区别，原因可能主要源自理论考察的则重点不同。祖国大陆学者主要关注的是罪刑规范上如何理解"对向关系"，而台湾学者有侧重于主观要素，有侧重于客观对向关系。而且，在对向关系的理解上，祖国大陆学者强调行为的"相向性"，而台湾学者有认为是"相向关系"的，也有主张是"相互对立的关系"，或者是"相对角色关系""主体为行为对象关系"等不同解读。

如前所述，学者对对向犯的界定，从最狭义到广义都存在，这当然是对何种"对向关系"是对向犯的"对向关系"有不同解读所致。"对向"必须以有对方主体存在为前提的，这本属构成要件的基本条件，如果欠缺了这一基本要件，既不符合犯罪参与关系，甚至连构成要件也是无法成立。最狭义对向犯概念，只认为共犯一罪时成立对向关系，可能是最适合解释"共同正犯"关系的对向犯。但是，对向犯所要研究的首先是"对向关系"在何种条件下成立。陈兴良教授虽然对对向犯采最狭义的表述，但对"对向关系"的犯罪，包括对向犯在内，却采最广义的观点，并分析了刑法分则中数十个涉及"对向关系"的罪名，包括只处罚一方的对向关系的犯罪⑤。从这一点而言，在对向关系的解读上，陈兴良教授的主张与广义的对向犯概念对"对向关系"的解读是一致的。

就单独犯的行为事实而言，个人不可能既为行为主体又为行为客体（对象）；但从对向犯而言，不论从全体的参与者或个别的参与者来看，所有参与者都是此种犯罪类型的行为主体（首先不应该看作是犯罪主体），对向关系的形成必须既依赖于所有参与者的行为，同时又是彼此间相互实施行为。换言之，必须是所有参与者对向共同加功于具体犯罪事实的行为。因此，在一方主体不适格或参与行为不构成犯罪情况下，并不能够成为否定对向关系成立的理由。在这一点上，广义上对对向关系的解读，当然是有道理的。在对向关系中，各自的行为对象是指向除自身之外的参与者时，对向关系才能成立。因此，对向犯的参与者除了其本身必须为行为主体外，还必须以其他参与者为行为的对象。从这一点说，柯耀程教授认为对向犯是以对向的行为主体为自己行为对象的认识⑥，本书认为原则上应该赞同。

---

① 参见我国台湾地区"最高法院"1981年台非字第233号判例。
② 参见林山田：《刑法通论》（下），台湾2001年自版，第144页。
③ 参见洪福增：《论必要共犯》，载台湾《刑事法杂志》第29卷第2期。
④ 参见柯耀程：《刑法总论释义——修正法篇》，台湾元照出版有限公司2006年版，第385—386页。
⑤ 参见陈兴良：《论犯罪的对合关系》，载《法制与社会发展》2001年第4期。
⑥ 参见柯耀程：《刑法总论释义——修正法篇》，台湾元照出版有限公司2006年版，第385—386页。

如果从参与的行为主体是否适格、行为是否构成犯罪不应该影响对向关系的判断而言，应该说广义的对向犯概念是应该赞同的。但是，必须进行必要的限定解释，如果没有限定，恐怕刑法中但凡以人为犯罪对象的犯罪，都可能与对向犯挂钩，这显然是不正确的。具体而言，广义概念下的对向关系所区分的"片面对向关系"，显然并不是对对向关系的解读。毋庸讳言，这里的"片面"是借用了"片面共犯"概念上的"片面"，有些"词不达意"。片面共犯的"片面"指代的是只有一方有共同实行犯罪的意思，对方并不知晓的情况，而"片面对向关系"，事实上却是你知我、我知你的"双面"而非"片面"，只是刑法对其中一方行为没有作为危害行为禁止而已。所以，此"片面"是处罚的"片面"性，而非彼"片面"是犯意的"片面"性。如此使用"片面"来解读，当然会引起不必要的误读。因此，可以说此"片面"不是直面对向关系的理解，而是基于处罚必要性的解读。如是，除去这一层内容，则与黎宏教授主张的狭义概念的范围并没有区别，当然，黎宏教授并不认可"片面对向犯"是"对向犯"。但是，本书认为"片面对向犯"的问题只在于：如果基于处罚必要性来理解，则社会生活中众多日常行为，都存在被司法作为对向犯的"对向关系"行为审查的可能性，法律过度干涉国民自由就并非仅仅只是有疑虑的问题了。因此，对向关系的理解，无论是最狭义概念、狭义概念还是广义概念，在对向关系的理解上实质上并没有区别，都是广义的对向关系，并且都是以立法规定的范围内予以探讨。就此而言，问题只是在广义的对向关系犯罪中，哪些界定为对向犯是合适的。

本书认为，对向犯的范围，只能从对法益侵害或受威胁的意义上划定其合理范围。应该说，这种平行或者对向而形成的犯罪关系，对法益的侵害，并非是指对对向一方法益的侵害，仍然是对社会法益的侵害。例如，对重婚行为的处罚，并不是为了保护未婚一方正当的婚姻权，重婚与相婚行为在客观上看是相向的，但是实质上仍然是方向一致地侵害合法婚姻制度（包括其配偶的合法婚姻权）；行贿与受贿，其相向行为仍然是方向一致地侵害国家法益。本书认为，理论上创设对向犯（包括聚合犯或聚众犯）概念，主要是为了排除将参与的共犯视为正犯处罚。从另一个角度说，也是为了防止将正犯作为参与的共犯认定。从这一意义上说，将刑法原本就规定为单独犯，而没有将对向行为规定为犯罪的情况，被视为犯罪一方对向犯，值得商榷；而将双方行为均规定为犯罪，侵害法益方向一致但罪名有别的对向行为，排除在对向犯之外，也值得商榷。基于上述认识，本书赞同黎宏教授的对向犯界定的观点。

对向犯属于刑法规范所规定共同正犯。根据我国刑法分则中的具体规定，可以分为两种类型：一是在规范上规定同一的构成模式。例如，赌博罪规定的"聚众赌博"，参与者当然是复数主体，且各个行为主体成立犯罪上的构成要件相同，均为赌博的正犯。在具体罚则的适用上不应有所区别。如果存在加功正犯行为者，应属于共犯。二是在规范上规定不相同的构成模式。例如，行贿罪与受贿罪、重婚罪中的重婚行为与相婚行为。该种形式的对向犯，仍然是以朝对向主体相向而行的关系，由于主体不同。因此，对不同主体所规定的实行行为不同。但是，犯罪形成在结构上，不以对向关系行为的存在，不足以构成犯罪。不过，对向行为虽然在构成行为的形式上因主体不同而由别，但在一方不构成犯罪的情况下，不影响他方犯罪的成立。在对向行为均成立犯罪时，刑罚在适用上通常需要依据具体规定，可以存在适用同一罚则的，如构成重婚罪，无论重为婚姻者，还是相婚者，均适用相同罚则；也存在根据不同规范对不同主体规定的罚则适用，如行贿与受贿的罚则就有重大区别。此种对向犯虽然在参与关系上立于对向，但是通常只视为各自的正犯，而不视为对向关系上他方的共犯，也就是说，只是在对向关系上视为"必要共犯"而非必须以共同犯罪论处。对其他参与加功者而言，通常也只能形成某一方对向犯的共犯，无由既是一方的（间接）正犯，又是他方的共犯。例如，撮合、唆使未婚者与已有配偶之人结婚的，可以认定为重婚者或者相婚者一方的共犯，不能既是某一方的（间接）正犯，又是他方的共犯。只是在我国刑法中，对这种居间加功者有明文规定时，可以单独犯论罪，应是该罪的单独正犯。例如，对介绍贿赂者，有必要时可以作为共同犯罪论处，也可以单独犯论处。

除了上述比较典型的对向犯之外，在我国刑法中，尚有针对特别规定的犯罪对向实施特定犯罪行为的情况，如洗钱罪、强迫劳动罪、协助组织卖淫罪的规定。上述犯罪，在分则规定中均为单独犯，但定向针对特别规定犯罪而实行的犯罪行为，使之具有共同犯罪中协助、加功的属性。如果从对向关系必须以他方对向行为为存在的根据而言，上述虽然是对向于特别规定的犯罪，但显然这些特别规定的犯罪，并不依赖于他方协助行为才能成立，因为这种协助、加功行为具有可替代性。因此，这种对向关系是单方面的对向，而非双方对向，不宜将其纳入"对向犯"中。

七、过失共同正犯

基于犯罪共同说还是行为共同说立场，对共同过失犯罪的看法截然不同，肯定过失共同犯罪主要是行为共同说①，我国《刑法》第 25 条第 2 款规定，过失共同犯罪，明文规定不以共同犯罪论处，其刑事责任是"按照他们所犯的罪分别处罚"。据此，学界囿于现行刑法规定，对共同过失犯罪一直持否定看法②。近年来对共同过失犯罪应给予肯定，在我国理论界逐渐引起了愈来愈多学者的关注③。探讨的主要是过失共同正

---

① 根据行为共同说，共同正犯是"共同实行行为"，是以行为的共同为限，从共同者没有必要是对同一构成要件有故意来考虑，应肯定过失犯的共同正犯。参见〔日〕青柳文雄、中谷瑾子、宫泽浩一：《刑法事典》，日本立花书房 1981 年版，第 113 页。明确基于行为共同说立场的立法，如 1928 年《中华民国刑法》第 47 条规定："二人以上于过失犯有共同过失者，皆为过失正犯。"我国台湾地区现行"刑法"再无此明文规定，实务上采否定观点，而学界则有赞同的学者。参见陈子平：《刑法总论》（下），台湾元照出版公司 2006 年版，第 140 页。

② 参见陈兴良、曲新久：《案例刑法教程》（上卷），中国政法大学出版社 1994 年版，第 437—438 页；姜伟：《犯罪形态通论》，法律出版社 1994 年版，第 221—222 页。

③ 参见侯国云：《过失犯罪论》，人民出版社 1983 年版及 1996 年版；李海东：《共同过失的分类及刑事责任》，载《法学季刊》1987 年第 4 期；李海东：《共同过失行为的性质及其处罚原则》，载《外国法学研究》1988 年第 3 期；林亚刚：《犯罪过失研究》，武汉大学出版社 2000 年版；李昌林：《论共同过失犯罪》，载《现代法学》1994 年第 3 期；阴建峰：《论共同过失犯罪》，载《山东公安专科学校学报》2001 年第 3 期；童德华：《共同过失犯初论》，载《法律科学》2002 年第 2 期；陈兴良：《共同犯罪论》（第 2 版），中国人民大学出版社 2006 年版，第 403 页以下。

犯,对过失帮助犯,过失教唆犯一般持否定态度①。基于刑法规定而否定共同过失犯罪现象并不恰当,该种犯罪现象并不因法律"不以共同犯罪论处"就不存在,而且,对过失共同正犯的刑事责任,如果从各自以正犯承担刑事责任而言,很难说能够公正,反而有加重其责任之虞。本书认为,在赞同过失共同犯罪前提下,过失帮助不构成过失共同犯罪,但应该承认过失共同正犯,对于过失教唆本书持赞同的观点②。

张明楷教授认为,我国《刑法》对过失共同犯罪行为规定了"不以共同犯罪论处",是"按照他们所犯的罪分别处罚"的前提,是采用了"共同正犯"的"部分行为全部责任原则"。因此,我国《刑法》第25条第2款实际上肯定了过失共同正犯的③。同为主张行为共同说的黎宏教授并不赞同这一看法,他认为只能是理论上可以成立过失共同正犯,基于现行立法规定,肯定说会不当地扩大处罚范围。例如,十人打猎都将他人误为猎物,开枪致人死亡,无法查清是谁致人死亡,如果按照过失共同正犯,要处罚十人,则有过于扩大处罚范围之嫌。也因为刑法分则对这种犯罪现象有不少专门的条款规定,直接按照条款规定处罚就可以,没有必要研究过失共同犯罪问题。黎宏教授还认为,二人打猎开枪致人死亡,无法查清谁的枪致人死亡,按照"罪疑有利于被告"原则,二人只能构成过失致人死亡未遂,由于过失未遂不处罚,故二人无罪④。本书不能赞同黎宏教授的观点,如果有认定犯罪的必要,十人分担致一人死亡的结果,总比十人分别都需要独立承担过失致一人死亡的结果更具合理性。按照无法查清是谁的开枪行为,就按过失犯罪未遂而需要宣告无罪的见解,更难使人赞同。

本书认为,各过失行为人虽不存在共同故意犯罪的那种意思联络,却存在着对应当共同履行的注意义务共同懈怠的共同心理态度,存在对共同注意义务共同违反的事实。正是这种共同心理态度助长了各过失行为人主观上的不注意,违反共同注意义务才导致结果的发生。因此,将共同过失造成结果发生只是视为一种巧合,对共同过失行为的理解是不全面的。正是因为共同过失犯罪具备各过失行为人违反共同注意义务的共同行为,具备各过失行为人共同过失的主观心理态度,所以,对共同过失犯罪的行为人以共同犯罪认定和处罚,不违背共同犯罪的责任原则。以下仅就过失共同正犯的条件予以讨论。

(1)二人以上负有防止侵害法益结果发生的共同注意义务。共同注意义务,是过失共同正犯成立的核心要件。具体而言,是指各行为人不仅负有要防止自己行为产生结果的注意义务,而且负有督促其他与自己的活动有关,负有相同注意义务,注意防止发生结果的义务。换言之,这种共同注意义务,从"共同"的含义讲,是相互注

---

① 参见阴建峰:《论共同过失犯罪》,载《山东公安专科学校学报》2001年第3期。
② 参见本章第二节"正犯与共犯"页下注释。
③ 张明楷教授同时还认为,从"部分行为全部责任"出发,由此也就可以确定结果加重犯的共同正犯,即便重结果是由其中一个人的行为导致的,参与者对重结果有预见可能性时,对参与者应适用该原则追究刑事责任。参见张明楷:《刑法学》(上)(第5版),法律出版社2016年版,第400—401页。本书赞同这一观点。参见林亚刚、何荣功:《结果加重犯共同正犯刑事责任的探讨》,载《郑州大学学报》(哲学社会科学版)2002年第4期。
④ 参见黎宏:《刑法学总论》(第2版),法律出版社2016年版,第273—274页。

意、相互协作、相互关注的注意义务。如果从纵、横两方面承担注意义务并各自担负自己的注意义务，即可自觉地防止其他共同者的过失而发生危害结果。从注意义务的"共同"而言，只有各行为人在法律上处于平等的地位，注意义务才可能是共同的。例如，作业的指挥人员与具体作业人员，虽然对防止结果的发生都负有注意义务，但由于作业指挥人员所处支配的法律地位，所以，所负的注意义务的具体内容与具体作业人员不同，因而不属于"共同注意义务"，但同是作业指挥人员或者具体作业人员，其注意义务则是共同的。不过，处于监督地位的行为人不履行监督注意义务的不作为，可以与从业者的不履行或者不正确履行注意义务的行为构成过失共同正犯。

(2) 二人以上都具有违反共同注意义务的共同行为，导致结果的发生。这里的共同行为，是指各个行为人都不仅自己没有履行注意义务，防止结果的发生，也没有履行使共同行为的其他人防止结果的发生的注意义务。各个行为人之间存在违反共同注意的共同行为，至于共同行为的形式是否一致，并不影响共同行为的成立。

(3) 二人以上在违反共同注意义务上都具有在过失心理状态。过失共同犯罪中不具有故意共同犯罪那样的"意思联络"，但各行为人在违反共同注意义务上存在共同心理活动。只要参与者认识到共同的行为具有共同需要遵循的注意义务即可，正是因为各行为人都没有加以注意，才相互助长了对方的不注意，产生了不注意的共同心理，各行为人都是在不注意的相互共同心理状态下，不履行或者不正确履行共同注意义务。换言之，共同过失犯罪的各行为人在心理上存在的互助、互动关系的事实。这是共同过失犯罪成立的主观基础，至于各个行为人的过失的罪过形式是否一致，不影响对共同过失的认定。

在实务上，对过失共同犯罪由于采各自责任原则，一直将谁的行为与结果之间有直接因果关系来追究责任，甚至将其等同于"直接责任原则"，应该说是不正确的。即便在过失共同正犯的前提下，正犯的责任也有区别，仍然应该具体考察各个行为的具体注意义务内容、个人的注意能力、违反注意义务的程度以及履行义务的具体情况等等。

最后，不得不提及00.11.21《交通肇事解释》第5条第2款的规定，"交通肇事后，单位主管人员、机动车辆所有人、承包人或者乘车人指使肇事人逃逸，致使被害人因得不到救助而死亡的，以交通肇事罪的共犯论处"。上述司法解释在过失犯罪中共同犯罪问题上的突破，本书持赞同的看法。但是，值得注意的是，司法解释表述的是"以交通肇事罪共犯论处"。指使肇事人逃逸，"指使"理论上则属于"教唆"，而且，显见这里的教唆是故意的，不是过失，是故意教唆过失犯罪者，成立的是交通肇事罪的共犯，即属于教唆犯而成为共犯。可见，司法解释在这里实现了两个重大的理论突破：一是共同过失犯罪在理念上的突破——过失犯罪存在过失共同犯罪；二是故意犯罪与过失犯罪可以成立共同犯罪的突破——(故意)教唆者为共犯，可与过失犯构成共同犯罪，这当然是行为共同说才能具有的结论。当然，上述司法解释所涉及的理论问题，还值得进一步研究。①

---

① 例如，唆使的内容是让肇事者逃离现场，"逃逸"本身不是交通肇事罪的行为，为何成立交通肇事罪的共犯？

第五节　基于我国立法共同犯罪的分析

一、共同犯罪的条件

根据我国《刑法》第25条的规定，理论上通说认为，共同故意犯罪成立需具备以下条件：

（一）共同犯罪的主体条件

必须是二人以上有刑事责任能力的行为人；单独个人实施犯罪，包括数人在同一时间或相继单独实施犯罪，不能构成共同犯罪。此外，自然人与单位、单位与单位之间亦可成立某些共同犯罪。当然，在单位与自然人的共同犯罪中，其中的自然人也必须符合责任年龄和责任能力的要求[①]。一般认为，在自然人共同犯罪中：(1) 两个以上未达到刑事责任年龄、不具有刑事责任能力的人共同实施危害行为的，不成立共同犯罪。(2) 具有刑事责任能力的人如迫使、诱使、利用无刑事责任能力的人，共同实施危害行为或者迫使、诱使、利用是相对负刑事责任年龄人，共同实施超出相对负刑事责任范围的危害行为，不成立共同犯罪[②]。具有该种情形的迫使、诱使、利用人被称为"间接正犯"，但此为单独实行犯而非共同犯罪人。间接实行犯是行为人利用依法不负刑事责任之人以实现自己的犯罪，因而无刑事责任能力的人或者相对负刑事责任年龄的被支配、被利用者不构成犯罪，应由支配者、利用者承担刑事责任。但对迫使、诱使、利用是相对负刑事责任年龄人的情况，理论上还有不同认识[③]。本书认为，超出相对负刑事责任年龄人应当负担犯罪的范围，迫使、诱使、利用者仍然是"间接正犯"。二人以上共同利用无责任能力人实现犯罪，构成共同间接正犯的，法律关系是共同正犯。(3) 由特殊主体构成的犯罪，不具有特殊身份的人以特定的行为可以与实行犯构成共同犯罪。

（二）共同犯罪的客观要件

各共同犯罪人必须有共同的犯罪行为。共同犯罪行为，是指各共同犯罪人的行为都指向同一犯罪事实，彼此联系，互相配合，参与者与犯罪结果之间都存在着因果关系。各共同犯罪人的行为，无论在共同犯罪中表现的形式如何，都不是孤立存在的，由于共同的犯罪目标把各个行为彼此联系起来，成为统一的犯罪活动，参与者行为都是这一具体的共同犯罪行为不可或缺的组成部分。一般认为，所谓共同行为应当具备以下条件：(1) 各个行为人所实施的行为，都必须是犯罪行为，否则不能构成共同犯罪。可以是参与者都实施作为行为，也可以都是不作为行为，还可以是参与者

[①] 基于我国现行刑法规定了"单位犯罪"，在共同犯罪中，也有学者探讨了"单位共同犯罪"的问题，但在此对共同主体的问题，限于主体为自然人。

[②] 但是持"行为共同说"的学者，不赞同这种认识，认为仍然成立共同犯罪。参见黎宏：《刑法学总论》（第2版），法律出版社2016年版，第265—266页。

[③] 参见张明楷：《刑法学》（上）（第5版），法律出版社2016年版，第404页以下。

有实施作为,也有实施不作为行为①。此外,共同在不可抗力情况下实施造成损害的行为,或者共同在正当防卫或紧急避险条件下实施的造成损害的行为,或者共同实施的情节显著轻微危害不大的行为等,都不能视为具有共同行为,不成立共同犯罪。

(2) 共同实施的犯罪是以一定结果为犯罪构成要件(结果犯、结果加重犯②)并发生危害结果时,参与者的行为与危害结果之间都存在因果关系;在共同实施的非以结果为构成要件的(行为犯)犯罪时,共同行为都应当指向同一对象或者目标,不过对于所造成的法益侵害事实,仍然应当评价为具有因果关系。共同犯罪中的因果关系,是指二人以上犯罪参与者的行为与危害结果(危害事实)之间的因果关系。因此,共同行为整体是危害结果发生的统一的原因,参与者个人的行为是危害结果发生的原因的一部分。因而,对共同犯罪人的行为应当统一地考察,不能只就个别参与者的行为是否现实地导致危害结果发生,应该考察的是"原因的共同性",具体参与形式的不同,虽然与结果发生的作用程度有一定区别,但是仍然统一是结果发生的原因。当然,由于共同犯罪参与的行为方式不同,共同犯罪行为与危害结果之间的因果关系也还有各自的特点。

共同犯罪参与者可以都实施实行行为,如共同实施杀人、抢劫;也可以部分参与者实施实行行为,部分参与者实施非实行行为,如教唆实施抢劫;或者特定情况下,可以都实施非实行行为,如共同教唆、共同的间接正犯、共同的帮助。如果存在有实行行为又有非实行行为的,共同犯罪呈现出复杂形式,参与者所承担的具体行为虽有所不同,但应作为整体予以考察:当共同行为表现为(其他参与者实施非实行行为)只有单独一个人去实施实行行为,此时实行行为者,与单独犯无异,但也需要从整体上认识;共同行为如表现为二人以上共同实施实行行为的,即为"共同正犯",当然,此种情况下也可以还有其他参与者实施非实行行为的情况。

共同实施构成要件的行为(共同正犯),可以分为以下两种情况:第一种情况是并进的共同实行行为。并进的共同实行行为,也称为无分担的共同实行行为或实行行为的并进,是指参与的各个行为人的行为都具备构成要件实行行为的情况。并进的共同实行行为,陈兴良教授将其分为:(1) 共同针对同一对象的共同实行行为;(2) 分别针对不同对象的共同实行行为。前者如出于共同故意,二人以上对同一对象共同同时实施伤害行为,后者如二人以上出于共同故意,对两个不同对象分别实施杀人行为③。至于并进的实行行为,参与者在行为前是否有共谋,是否从开始就参与,均不影响认定。第二种情况是分担的共同实行行为。分担的共同实行行为,也称为有分工的共同实行行为,是指各个共同行为人着手实施犯罪时,就实行行为有一定分工,各人的实行行为在共同故意下相互配合相互利用、补充,共同形成某一具体犯罪

---

① 参与者中有不符合犯罪主体条件的人,以及参与者的行为符合我国《刑法》第13条"但书"规定的"情节显著轻微危害不大的",与其他构成犯罪人的行为不构成共同犯罪,但是否仍然视为"共同行为",是由对共同犯罪"共同"持犯罪共同说还是行为共同说所决定的。

② 广义上危险状态也包括在结果的含义中。

③ 参见陈兴良:《共同犯罪论》(第2版),中国人民大学出版社2006年版,第79页。

客观方面实行行为的情况①,包括"共谋共同正犯"。这里的分工,限于在具体构成要件的实行行为中有分工,参与者的行为均需属于具体构成要件的实行行为。例如,抢劫犯罪中,有实施暴力、胁迫、其他手段的行为的,有实施搜取被害人财物行为的。无论何种行为,均属于抢劫罪的实行行为。分担的共同实行行为具有以下特点:(1) 参与者不以实施构成要件的全部实行行为为必要,这是共同正犯与单独正犯的区别。可以是在单一实行行为中只实施了部分实行行为,也可以是在复合实行行为中分担了部分实行行为。前者如在共同伤害中只是刀刺了被害人的大腿,而其他参与者棒击被害人头部致死,由于刀刺行为是伤害的正犯行为,即便与死亡结果发生没有物理上的因果关系,也应对被害人死亡结果承担责任。后者如在抢劫中由其他参与者暴力压制被害人,只是实施搜取被害人财物的行为,也需要对抢劫所造成的任何结果承担刑责。(2) 参与者的各自的实行行为,应符合具体犯罪构成要件的实行行为,对其中超出共同犯意范围所实施的过限行为,不成立共同正犯。例如,在共同入室盗窃中,甲发现隔壁房间有妇女熟睡便进入实施强奸,乙在客厅翻找财物,与甲的强奸行为既没有心理上的联系,也没有客观上的物理因果关系,因此乙与甲的强奸不构成共同正犯,应由甲单独承担强奸的罪责。这是共同实行行为与共同犯罪中实行过限的区别。(3) 分担的共同实行,参与者之间的分工,可以在事前通谋分工,也可根据现场根据情况而自行分工,事前没有分工的通谋不影响认定。

在共同犯罪中,有实行行为与非实行行为分工的,属于复杂形式的共同犯罪,一般说属于共犯的非实行行为在法律属性上从属于正犯的实行行为。这里从属性,主要是就其法律性质而言,而不仅仅是就其在共同犯罪中的作用而言,即非实行行为成立共同犯罪以及其刑事责任的确定,是以参与者中有实施实行行为的存在为前提的。但非实行行为应在形式上和实质上符合非实行行为特征。如果某种行为在刑法分则中有规定,一般而言,则该种行为应当为实行行为而不属于非实行行为。② 如煽动分裂国家罪、煽动颠覆国家政权罪的煽动,从本质上说也是教唆行为,但为实行行为。窝藏、包庇行为,在事前有通谋的情况下属于非实行行为,应当根据实行犯的实行行为定罪;而在事前无通谋的情况下则为实行行为,构成独立的窝藏、包庇罪。

在复杂共同犯罪形式中,除共同犯罪参与者均成立共同正犯这种情况之外,必须具有参与者实施非实行行为。可以包括以下行为:第一种是组织行为,概括地说,就是在共同犯罪中实施组织、领导、策划、指挥作用的行为。组织行为就行为的外在形式和作用上说,我国刑法的集团犯罪、聚众犯罪和一般形式的共同犯罪中都可以存在,但是,根据通说,并非实施组织行为的人都可以称为"组织犯"③。通说认为,"组织犯"的组织行为,属于非实行行为,只适用于解释集团犯罪"首要分子"的行为。在

---

① 参见陈兴良:《共同犯罪论》(第2版),中国人民大学出版社2006年版,第79—80页。
② 但是,极个别的特定情况下,仅有"实行行为"的表象,而无"法益侵害"实质的(利用有故意之帮助道具),不宜视为"实行行为",而且,不排除不具有期待可能性问题。参见前述相关问题。
③ 在我国刑法上,一般不适用组织犯概念。

一般共同犯罪中不存在组织犯①,其他共同犯罪形式中实施组织行为的,不应以"组织犯"概括。所以,具有组织性的行为并不等于组织行为,组织行为必然是具有组织性的行为,但是,有组织性的行为未必就是组织行为。集团犯罪中首要分子的组织行为,有组织性自不待言,但在其他形式的共同犯罪中,犯罪的实行也可以具有组织性,可以对实施对犯罪的实行进行策划、指挥的行为。但是,这种有组织性的行为,是具体实行行为在实施中可能发生的环节,如果发生,仍然属于实行行为。集团犯罪首要分子的组织行为,我国刑法规定包括组织、领导、策划、指挥行为。"组织"是指根据一定的犯罪目的,将个别的人串联起来,按照一定形式,建立起具有相对稳定性的犯罪集团。"领导"是指首要分子率领并引导该集团的成员实施有预谋的犯罪活动。"策划"是指谋划犯罪集团建立或者制定犯罪集团犯罪活动的计划。"指挥"是指对其成员发号施令,使集团成员根据自己的意思进行犯罪活动。在刑法规定聚众犯罪,有些是以必要共同犯罪的形式为构成犯罪必要条件②,是必要共同犯罪,组织行为属于实行行为。故而,以共同犯罪形式为构成要件的聚众犯罪中首要分子的组织行为,应当属于"实行行为"而不是"组织行为"。第二种是帮助行为,是指在他人实行犯罪之前,或实行犯罪过程中,或在他人实施犯罪后给予协力、加功,使他人易于实行犯罪,或易于完成犯罪或为固定犯罪结果提供各种条件的行为。根据我国《刑法》的规定,共同犯罪中的帮助行为,限于事前有通谋,并在共同犯罪中只能起"辅助作用"的非实行行为。帮助行为根据不同的标准可有多种划分:

(1) 依帮助的性质为标准,可分为广义的帮助与狭义的帮助。前者是指事前通谋,事后隐匿罪犯罪证或毁灭罪迹,或为固定犯罪结果提供各种条件等帮助行为;后者是指提供犯罪工具,指示犯罪目标,清除犯罪障碍等帮助他人实行犯罪的行为。

(2) 根据帮助的内容(形式)为标准,可分为有形帮助与无形帮助,也称为物质性帮助和精神性帮助。前者是指以物质、体力上进行帮助,如提供犯罪工具,指示犯罪目标,窥测被害人行踪,排除实行犯罪的障碍等;后者则是指在精神上、心理上的支持。

(3) 以帮助的时间上为标准,可分为事前帮助、事中帮助和事后帮助。事前帮助主要是指在实行犯实施犯罪之前为其创造便利条件的帮助行为,如为其提供犯罪工具,指示犯罪目标;事中帮助是指在实行犯实施犯罪过程中,予以协助加功的行为;事后帮助是指事前通谋(为成立条件)事后隐匿、毁灭罪证的帮助行为。事后帮助行为若无事前或事中的通谋,则不是共同犯罪。对于事中帮助行为成立共同犯罪的情况,陈兴良教授认为,实施属于刑法分则规定的实行行为的一部分的,也属于事中帮助。如甲把一少女骗到家中欲行强奸,其妻乙见后不但不加制止,反而按住少女的身体,

---

① 参见马克昌主编:《犯罪通论》,武汉大学出版社 1999 年版,第 542 页;陈兴良:《共同犯罪论》(第 2 版),中国人民大学出版社 2006 年版,第 81 页。

② 并非聚众犯罪都是共同犯罪,如果只处罚"首要分子"而不处罚其他参与者,构成要件模式为单独犯,而不是共同犯罪的形式。

使甲强奸行为得以顺利实施。乙所实施的是事中帮助行为,由此构成共同犯罪①值得商榷,共同犯罪的帮助行为与在共同犯罪中具有帮助性的实行行为是有区别的。乙的行为,已经属于强奸罪客观方面的暴力手段行为,属于实行行为,而不属于刑法总则规定的非实行行为。

(三) 共同犯罪的主观要件

各共同犯罪人必须有共同的犯罪故意。通说认为,共同犯罪故意,是指各共同犯罪人通过意思联络,认识到他们的共同行为会发生共同的危害的事实,并决意参与共同犯罪,并且对这种危害的事实持有共同的希望或者放任其发生的心理态度。陈兴良教授说:"共同犯罪故意不是单独犯罪故意的简单复合,而是二人以上的犯罪故意的有机统一,而这种统一的纽带就是主观联络。"②表达的是同一个意思。

共同故意,依照犯罪共同说,是指共同犯罪人的"意思联络",并且特别强调参与者相互之间的犯意联络。而按照行为共同说,则认为共同实行行为的意思。而且,不以有意思联络为必要。我国当前的通说,强调的是以犯罪共同说来解释"共同故意",但是,面对行为共同说,一般也认为,对于共同犯罪人之间的这种意思联络,并不是要求所有共同犯罪人之间彼此都必须存在,只要实行犯与其他共同犯罪人之间存在着意思联络就够了,而且,多数学者也赞同行为共同说的"片面共犯"理论。③ 共同故意,可以是共同的直接故意,也可以是共同的间接故意,也可以是一方直接故意,参与的其他方是间接故意。当然,根据共同犯罪的行为,共同故意可以根据行为作其他多种分类,即实行行为故意,非实行行为的故意,组织故意,帮助故意,教唆故意。目前,对实行故意和教唆故意,学界争议不大,均认为可以是直接故意和间接故意,对帮助故意,也认为具有"片面"足以,但对组织的故意还有不同的理解。

陈兴良教授认为,组织犯的故意是希望或者放任这种结果发生的心理态度。④ 理由主要是集团犯罪的首要分子,对于其成员在实施犯罪过程中突发实施的其他犯罪,并非不能认识,通常也存在有概括、不确定的认识,为集团犯罪目的的实现,在不影响集团犯罪计划实现的情况下,首要分子也会持有放任的态度。所以,集团首要分子的主观罪过可以是间接故意。⑤ 马克昌教授认为,组织行为是一种有目的的活动,其组织、领导犯罪集团正是他们意志所追求的表现,而指挥、策划犯罪活动,也是基于一种积极的心理态度,不可能是出于听之任之的放任发生的心理态度。因此,组织故意应

---

① 参见陈兴良:《共同犯罪论》(第 2 版),中国人民大学出版社 2006 年版,第 90—91 页。
② 同上书,第 100 页。
③ 参见陈兴良:《共同犯罪论》(第 2 版),中国人民大学出版社 2006 年版,第 101 页以下;李敏:《论片面合意的共同犯罪》,载《政法论坛》1986 年第 3 期;张勇:《片面共犯的理论与实践》,载《法学杂志》1995 年第 4 期;林亚刚、赵慧:《论片面共犯的理论基础》,载《法学评论》2001 年第 5 期;林亚刚、何荣功《片面共同正犯刑事责任的探讨》,载《法学评论》2002 年第 4 期。
④ 参见陈兴良:《共同犯罪论》(第 2 版),中国人民大学出版社 2006 年版,第 111 页。
⑤ 参见阴建峰、周加海主编:《共同犯罪适用中疑难问题研究》,吉林人民出版社 2001 年版,第 251—252 页。

当是直接故意①。我国《刑法》第 26 条第 3 款规定:"对组织、领导犯罪集团的首要分子,按照集团所犯的全部罪行处罚。"立法这里规定的是"集团所犯之罪",而并不是"集团成员所犯之罪",如将"集团所犯之罪"与"集团成员所犯之罪"作同一含义的理解,至少不够严谨。作为组织者的首要分子,只能对其组织、领导集团所实施的犯罪承担刑事责任,不在集团犯意内的其他犯罪,根据立法规定是不能承担刑事责任的。"组织""领导"行为在汉语的语义上就是一种有目的的活动,如将"组织"、"领导"行为的主观意志解释为包括"放任"的内容,在词义解释上还值得商榷。

根据共同故意的要求,以下情况,不构成共同犯罪:(1) 同时犯,也称为"同时正犯",是指同时或在近乎同时,各自实施同一构成要件事实的情况。例如,甲、乙两人同时先后对同一座建筑物放火,甲、乙即为同时犯。同时犯虽然在人数上是复数,但是同一个构成要件事实的发生,只是因同时的行为所致,复数行为人之间并没有串联关系存在,在行为和意思上均不具有共同性。理论上也将同时正犯视为共同正犯的一种,有故意的同时犯与过失同时犯,虽在结构上同时正犯似"共同正犯",但不属于共同犯罪,均应按照单独犯论处。(2) 参与一方是故意,另一方为过失时,一般不能成立共同犯罪。包括:一是过失行为帮助了他人故意犯罪时,如果过失行为刑法规定为犯罪的,应当根据各人的行为分别论罪。二是故意利用他人的过失行为实施犯罪。这里利用者构成间接正犯,过失行为的在刑法规定犯罪的情况下可单独构成过失犯罪。但上述情况,不排除在有特定罪名下存在一方故意,一方过失可以成立共同犯罪。② (3) 参与者实施共同犯意之外的犯罪,其他参与者不承担共同责任。只在共同犯意范围内,参与者承担共同责任,对实行过限不具有共同犯意的犯罪,只能由实施者单独承担,其他参与者不负共同的刑事责任。

二、共同犯罪的形式

共同犯罪形式,从共同犯罪类型上说,是指共同犯罪存在的结构特点,从参与者方面说,是共同犯罪参与者之间的结合方式。

(一) 任意共同犯罪和必要共同犯罪

以共同犯罪是否能够任意形成为标准,共同犯罪分为任意共同犯罪和必要共同犯罪。任意的共同犯罪,是指分则规定的一个人单独可能实施的犯罪,由二人以上共同实施构成犯罪。该种犯罪分则中原本是以单独个人犯罪为模式而规定,但单独个人可以实施,也可以二人以上共同实施。例如,故意杀人罪、强奸罪、抢劫罪等,都可以单独实施,当二人以上共同实施的,即为任意的共同犯罪。对任意共同犯罪需同时引用总则条款和分则具体犯罪的条款。

必要共同犯罪,是指分则规定的犯罪构成要件,必须以二人以上的行为为构成犯罪必要条件的犯罪,即分则中该种犯罪的构成模式就是共同犯罪。这种共同犯罪有

---

① 参见马克昌主编:《犯罪通论》,武汉大学出版社 1999 年版,第 543 页。
② 在司法解释中已经有所突破。参见 00. 11. 21《交通肇事解释》第 5 条第 2 款的规定。

以下三种：

（1）对行性共同犯罪。也称为"对向犯"，是指二人以上基于相向而行的向行为构成的犯罪。如缺少任何一方对向行为，犯罪就不能成立。这种犯罪的特点是：第一，触犯的罪名可能不同（如行贿罪与受贿罪），也可能相同（如重婚罪）。第二，各自独立实施自己的行为，双方的行为，均应属于实行行为，至于行为性质是否一致，不影响犯罪成立。如行贿罪与受贿罪，就是一个自动（或者被动）送，一个收（或者索取）。第三，双方的对向行为相互依存而成立，均以对方的对向性行为为存在的依据，行为对向而行并彼此关联，缺少对方的行为，他方行为不可能存在。如受贿行为以存在行贿行为为条件始能发生。第四，一方构成犯罪，一方可能不构成犯罪，但一方如不构成犯罪也不影响对方犯罪的成立，但这种情况下不成为共同犯罪。如不知对方婚姻关系未解除而与之结婚的，不构成重婚罪，但有婚姻关系的一方仍构成犯罪。再如，我国《刑法》第389条第3款规定"因被勒索给予国家工作人员以财物，没有获得不正当利益的，不是行贿"，但这并不影响对方受贿罪的成立。应排除对向行为中不可非难的社会行为①。

（2）聚合性共同犯罪。也称为聚众性共同犯罪，是指将针对同一目标，以不特定多数人参与行为为成立必要要件的犯罪，如武装叛乱、暴乱罪，聚众扰乱社会秩序罪等。其特点是：第一，参与人较多；第二，参与者行为方向、对象相同；第三，参与的程度和形态可能不同，即参与者有实施组织、策划或指挥的，有的只是参与实施具体的行为。但是，如具体犯罪只是规定首要分子构成犯罪，而不以刑罚方式处罚其他的参加者的，则只是聚合性犯罪而不是聚合性共同犯罪。

（3）集团性共同犯罪。这是指以实施组织、领导或参加某种犯罪集团为犯罪成立要件的犯罪。例如，我国《刑法》第120条第1款规定的"组织、领导和积极参加恐怖活动组织的"，第294条第1款规定的"组织、领导和积极参加……黑社会性质的组织的"等。

必要的共同犯罪，直接根据我国刑法分则具体犯罪的条款认定，但是，对参与者在共同犯罪中的地位和作用区分主从关系时，应该适用总则规定的共同犯罪的条款。

（二）事前通谋的共同犯罪和事中通谋的共同犯罪

以共同犯罪故意形成的时间为标准，共同犯罪分为事前通谋的共同犯罪和事中通谋的共同犯罪。事前通谋的共同犯罪，是指共同犯罪人着手实行犯罪以前就形成共同犯罪的犯意，如"共谋共同正犯"。通谋，是指参与者之间以语言或文字互相沟通共同犯罪的意思。通谋的内容没有限制，可以是涉及共同犯罪的所有问题或者只涉及其中的部分，如拟订所实施犯罪、方法、地点、时间、分工，或犯罪后湮灭罪迹、分配赃物等；通谋的方式亦没有限制，可以语言、文字交换意见，也可以身体语言表现，也可以借助现代通讯工具。事前通谋的共同犯罪，共同犯意一般限于直接故意，是危险程度相对较大的共同犯罪之一。

---

① 参见第七章第五节中的"不可非难的社会行为"。

事中通谋的共同犯罪,是指共同犯罪人在着手实行的犯罪之际或实行犯罪过程中形成共同犯罪故意的共同犯罪,如"继承的共同正犯"。事中通谋表明共同犯意是在着手实行犯罪后临时形成的,共同犯意一般也限于直接故意,但因缺乏周密的谋议,人身危险性和社会危害程度相对较小一些。

(三) 简单的共同犯罪和复杂的共同犯罪

以共同犯罪参与者之间有无分工为标准,共同犯罪可分为简单的共同犯罪和复杂的共同犯罪。简单的共同犯罪,也称为"共同正犯",是指二人以上共同故意实行某一具体犯罪客观要件的行为。参与者都实施的是刑法分则规定的具体行为,每一个参与者都是实行犯。是司法实践中最常见的共同犯罪形式。简单共同犯罪,除主体是两个以上达到法定刑事责任年龄具有刑事责任能力的人以外,参与者必须共同实施分则规定的具体犯罪构成实行行为。对实行行为可以不分工共同实施(实行并进);也可以就实行行为的实施进行分工(实行分担)。至于是否针对同一对象不影响认定。而且,参与者必须具有共同实施实行行为犯意,可以是事前通谋的,也可以是事中通谋的。简单共同犯罪,一般应以参与者之间具有必要的意思联络为条件,至于故意内容与故意形式是否相同,在所不问。"片面共同正犯"是理论上仍然有争议的问题,本书持赞同的看法①。简单共同犯罪参与者均为正犯,在刑事责任上适用"部分行为全部责任",也需要根据刑法总则规定认定主从犯。

复杂的共同犯罪,是指犯罪参与者就共同犯罪的实行有一定分工的情况。这种分工不是仅仅就实行进行分工,参与者中同时有实行犯,或有教唆犯,或有帮助犯。复杂的共同犯罪的成立,必须有正犯存在。对复杂共同犯罪,应按照刑法总则的规定,分析参与者参与共同犯罪的具体情况,对共同犯罪的贡献,确定各自的刑事责任。

(四) 一般的共同犯罪和特殊的共同犯罪

以共同犯罪人之间结合的紧密程度为标准,共同犯罪分为一般的共同犯罪和特殊的共同犯罪。一般的共同犯罪,是指各共同犯罪人之间不存在特别组织形式的共同犯罪。犯罪参与者之间没有特别的组织形式,通常只是为了实施某一具体犯罪而临时组合在一起,完成犯罪后,共同犯罪形式也就不复存在。"没有特别组织形式",不是指犯罪实施中没有组织性,实施犯罪有无组织性,不是一般共同犯罪与特殊共同犯罪的区别。一般的共同犯罪可以是事前通谋的,也可以是事中通谋;可以是简单的共同犯罪,也可以是复杂的共同犯罪。前述的共同犯罪形式,除有组织的集团犯罪外,都可以称为是"一般的共同犯罪"形式。

特殊的共同犯罪,是指各共同犯罪人之间建立起特别组织形式的共同犯罪,或称有组织的共同犯罪,我国刑法称其为犯罪集团。特殊的共同犯罪当然也属于事前通谋的共同犯罪、必要共同犯罪的范畴,是由于具有的特别组织形式的特点,在刑法上予以特别的规定。我国《刑法》第 26 条第 2 款规定:"三人以上为共同实施犯罪而组成的较为固定的犯罪组织,是犯罪集团。"犯罪集团,是共同犯罪危害程度最严重的共

---

① 参见林亚刚、何荣功:《片面共同正犯刑事责任的探讨》,载《法学评论》2002 年第 2 期。

同犯罪形式,是我国刑法打击的重点。

犯罪集团必须具备如下条件:(1) 必须由三人以上组成。三人以上包括三人在内,这是对犯罪集团成员人数的最低限度,只有三人或超过三人共同进行犯罪活动的,才可能是犯罪集团。在实践中,犯罪集团的人员通常远不止三人,十几人甚至几十人都有可能。犯罪集团的重要成员是固定的,或基本上是固定的;其成员中有明显的首要分子,首要分子可在集团形成之前或形成过程中产生;集团成员以首要分子为核心,成员之间主观联系与客观结合程度比较紧密。此外,有的集团可能有一定的组织名称和组织纪律。(2) 为共同实施犯罪而组成。犯罪集团总是以实施某一种或者几种犯罪为目的而组成的,通常有明确的犯罪目的,这是犯罪集团的特点之一。所以,集团是为有预谋地进行犯罪而组织。(3) 具有较为稳固的组织形式。犯罪组织,是以特定目的而建立起来的较为固定的集体。在集团形成后,组织形式具有相对的稳定性,是犯罪集团的特点之一。为了在较长的时间里,不断进行一种或几种犯罪活动就必须维护其集团组织状态持续存在。这种特别组织形式,意味着成员之间存在着支配与被支配的关系,形成了集团成员较为固定、集团形式的相对稳定性。但是,认定犯罪集团并不以事实上集团形式已经长期存在为必要,只要查明参与者是以实施多次或不定次数犯罪为目的而组织起来,即便没有来得及实施犯罪,也不影响成立。①

犯罪集团在我国刑法分则有规定的,即属于必要共同犯罪中的集团性共同犯罪,应当依照分则的有关规定处理;分则没有规定的犯罪集团,即是由任意共同犯罪发展而来形成的犯罪集团,如抢劫集团等,应同时依照刑法总则共同犯罪的规定以及分则认定。集团犯罪无论由我国刑法总则认定还是根据分则认定,必须根据总则规定从参与者中区别首要分子、首要分子以外的主犯、从犯、胁从犯,然后分别予以相应的处罚。

有的犯罪集团具有特殊的危险性,因此,通说认为,由我国刑法分则明文规定属于必要的共同犯罪中的犯罪集团的,只要有组织、领导或积极参加的行为就构成犯罪既遂,在此之外实施其他犯罪行为的,则应数罪并罚。非刑法分则明文规定的其他犯罪集团,如走私、盗窃、抢劫、强奸、贩毒集团等,仅有组织,或参加行为,尚未进行任何具体犯罪活动的,则属于犯罪预备行为,以犯罪预备论处。

目前在我国司法实践中仍然经常使用"犯罪团伙"或"团伙犯罪"的概念,通常是指三人以上结成的比较松散的共同犯罪形式。刑法规定有犯罪集团和一般共同犯罪,"犯罪团伙"不是刑法中的概念。犯罪团伙包括犯罪集团和一般共同犯罪。实务中应当分析具体情况,按照条件能定为犯罪集团的,依犯罪集团处理;否则,依一般共同犯罪处理。在判决、裁定等法律文书中避免使用犯罪团伙的概念。

---

① 犯罪集团的性质不同,组织的严密程度大不一样。按照组织严密的程度来划分,犯罪集团可分为普通犯罪集团、间谍组织、恐怖组织、黑社会性质组织、黑社会组织。当前,我国社会中的犯罪集团,组织较为严密的当属间谍组织、恐怖组织、黑社会性质组织。

第六节　我国刑法中共同犯罪参与者及其刑事责任

一、我国刑法中共同犯罪参与者的分类标准

对共同犯罪中参与者如何进行分类,理论和立法例上不完全相同。目前主要有三种分类法:一是分工分类法,即以参与者在共同犯罪的分工为标准,对共犯者的身份予以分类,参与者分为正犯(包括共同正犯)、教唆犯、帮助犯,有的还有组织犯[①]。二是作用分类法,即根据对共同犯罪的实施和完成作用大小为标准,对参与者的身份予以分类,可分为正犯与从犯。三是混合分类法,即以参与者在共同犯罪中的作用为主要标准,同时兼顾在共同犯罪中的分工为补充,将参与者分为主犯、从犯、教唆犯,有的还有胁从犯。其中主犯、从犯、胁从犯是根据共同犯罪中的作用,这是主要的方面;仅以分工为标准的是教唆犯,因而被视为辅助的分类。一般认为,我国刑法是采第三种分类法。

对犯罪参与者采混合分类,学界颇有微词。有学者认为,只有根据"作用"这一标准的分类法,才是科学的分类法。共同犯罪虽因分工形式呈现出一定的复杂性,但共同犯罪行为是因共同故意而联系组成的一个行为整体,所以,参与者的行为形式不同,但是在一个共同的行为整体内有机联系而不可分割,行为形式、参与程度不同,只是表明在共同犯罪中所起的不同作用,而行为的不同作用与不同的刑事责任紧密联系在一起,分工分类法在此是无能为力的。而且,犯罪的性质是犯罪构成的标准决定的,与参与者人数、参与的分工没有内在联系,因此,分工分类法无法起到定性的作用。而混合分类法不恰当地引入分工分类法,但这两种分类方法是互相排斥的,不能混合调和,同一个标准只能得出一个统一的结论,否则是不科学的。还认为,教唆犯没有自己独立的品格,因其刑事责任不是主犯就是从犯,没有自己的独立地位,因此,教唆犯在我国刑法中不是一种共犯的种类[②]。张明楷教授认为,我国刑法只是根据共同犯罪人在共同犯罪中的作用,规定了主犯、从犯、胁从犯,而组织犯、实行犯、帮助犯和教唆犯,只能是刑法理论上的分类。[③]

马克昌教授认为,主犯、从犯、胁从犯是按作用分类的基本种类,而教唆犯则是按分工分类的特殊种类,虽然只规定教唆犯,但共同犯罪中教唆犯是以实行犯存在为条件的,没有实行犯犯罪,就没有作为共同犯罪人的教唆犯。在司法实践中,认定共犯行为的社会危害程度时,先以分工看是属于实行犯、帮助犯,还是教唆犯、组织犯,然后再分析在共同犯罪中所起的作用大小,即是主犯,还是从犯或胁从犯的,由此,在刑法理论上可将我国刑法中的共犯分为两类:第一类是以分工为标准分为组织犯、实行

[①] 参见马克昌主编:《犯罪通论》,武汉大学出版社1999年版,第537页。
[②] 参见张明楷:《教唆犯不是共犯人中的独立种类》,载《法学研究》1986年第3期;杨兴培:《论共同犯罪人的分类依据与立法完善》,载《法律科学》1996年第5期。
[③] 参见张明楷:《教唆犯不是共犯人中的独立种类》,载《法学研究》1986年第3期。

犯、帮助犯、教唆犯;第二类是以作用为标准分为主犯、从犯、胁从犯。这样可以使共同犯罪人的分类在我国刑法理论上更趋于完善,同时又便于司法实践解决共同犯罪人的定罪量刑问题。不过,以分工为标准的分类,除教唆犯外,组织犯、实行犯、帮助犯都不是法定的共犯的种类。①

陈兴良教授认为,我国刑法对参与者分类标准,的确存在分类标准不同一的问题。但是,是否合理,在于这两种分类法是否能够结合,是否相互排斥,同时存在于刑法的规定中,如果不存在这种现象,那么,两者结合的分类是可行的。② 因此,是否具有合理性就在于是哪种分类能够满足对于共犯的定罪量刑问题。

本书认为,针对分工分类与作用分类各自基本作用和各自存在的缺陷,我国学者的认识可以说基本上是一致的。这就是分工分类法将共犯分为正犯、组织、帮助犯和教唆犯,可以很好地解决共犯在共同犯罪中的法律性质而确定对其的定罪问题。例如,对组织犯、共谋而没有实施实行行为的共同实行犯(如雇佣杀人案件中没有实施杀人实行行为的雇佣者),之所以对其可以判处正犯的刑罚,在于对其法律性质界定为正犯。但分工分类不能圆满地解决其刑事责任的程度问题,因为参与者刑事责任的轻重,主要取决于其行为危害的程度,而这只能通过考察参与者的作用才能确定。而作用分类,将参与者分为主犯、从犯、胁从犯,虽可以恰当地确定刑事责任的程度,但是,却不可能正确地说明参与者行为的法律性质而对其定罪,如主犯和从犯都可以实施或者不实施实行行为,如果仅仅实施组织行为,或者共谋行为而没有实施实行行为的,如果不从组织行为、共谋行为的法律性质着手,确定应当承担主犯或者从犯的刑事责任,在理论上是有欠缺的。

有学者认为,"共同犯罪的定罪问题是通过犯罪的故意内容和犯罪的行为内容这个将两者有机结合为一体的犯罪构成标准解决的。事实上,先有共同犯罪事实的存在,才有共同犯罪人的认定问题;先有共同犯罪的行为性质的确定,才有共同犯罪人的刑事责任的承担。既然共同犯罪人的多寡并不影响犯罪性质的认定,那么将如何定罪纳入到共同犯罪人的分类依据中就显得毫无必要。所以作用分类法的目的明确,依据充足,应当成为共同犯罪人的正确分类依据"③。这一认识思路很值得商榷。任何犯罪案件在司法上首先都只是一个"片段",应该先确定参与者在一个具体事实中"做了什么",才能确定该事实是否共同犯罪。如对教唆者、帮助者不首先加以确认,何以认为实行者与教唆者、帮助者之间成立的是共同犯罪的事实,难道能先入为主认定就是共同犯罪,再去从中找出一个教唆犯、帮助犯? 再如对参与共谋而没有参与实行的雇佣者,不根据分工确认参与共谋者具有正犯的法律性质,如何认定该犯罪属于共同犯罪? 应该承认混合分类标准是不统一的,但是司法实践并没有因为混合分类造成法律适用上的错误,看不出非得采某种单一分类标准的必要。至于今后需

---

① 参见马克昌主编:《犯罪通论》,武汉大学出版社1999年版,第540—541页。
② 参见陈兴良:《共同犯罪论》,中国社会科学出版社1992年版,第185页。
③ 参见杨兴培:《论共同犯罪人的分类依据与立法完善》,载《法律科学》1996年第5期。

不需要修订这一标准,恐怕仍然是要考虑定罪与量刑两方面的需要。

二、共同犯罪参与者的刑事责任

(一) 主犯的刑事责任

我国《刑法》第 26 条第 1 款规定:"组织、领导犯罪集团进行犯罪活动的或者在共同犯罪中起主要作用的,是主犯。"这是法定的主犯概念。

1. 主犯的标准与分类

根据我国《刑法》第 26 条的规定,以何种标准划定刑法中的主犯,有不同认识。陈兴良教授根据《刑法》第 97 条有关"首要分子"的规定,认为主犯分为三种人,即在集团犯罪和属于共同犯罪的聚众犯罪中的首要分子,以及在集团犯罪和其他形式共同犯罪中起主要作用的犯罪人。① 马克昌教授认为,主犯分为两种,即在集团犯罪中的首要分子和在集团犯罪以及一般共同犯罪中起主要作用的犯罪人。由于聚众犯罪在刑法中属于必要共同犯罪的情况,是直接按照刑法分则的规定予以处罚,其首要分子可以是主犯,也可能不属于主犯。而我国刑法总则规定的主犯是任意共同犯罪中的,聚众犯罪中的首要分子是否属于主犯,应当是按照"在共同犯罪中起主要作用"来认定,因此,聚众犯罪中的首要分子不是当然的主犯。② 显然,两种观点对聚众犯罪的首要分子,应当说有一致认识,即属于共同犯罪的聚众犯罪中的首要分子是主犯;分歧是聚众犯罪作为主犯的首要分子属于哪类主犯的问题。

聚集至少三人以上不特定的人参与犯罪活动,是聚众犯罪的特点之一。然而,参与违法犯罪活动的人,是否都是参与犯罪的共同犯罪人(或者说聚众犯罪是否都是共同犯罪形式)? 这是疏理不同认识的前提。我国《刑法》第 97 条应当是一种提示性的规定,其内容在于提示首要分子在刑法中存在的范围,而不是对作为主犯的首要分子的解释。聚众犯罪在我国立法中,除去将"聚众"作为单纯处罚条件的情况,从构成要件意义上,有三种类型的规定:一是将聚众作为构成犯罪的客观条件,如扰乱法庭秩序罪规定"聚众哄闹、冲击法庭,或者殴打司法工作人员,严重扰乱法庭秩序的",破坏监管秩序罪规定"聚众闹事,扰乱正常监管秩序的"。在这种犯罪中,"聚众"则是构成犯罪的必要条件。条款虽没有规定"首要分子",但根据第 97 条的规定,必有首要分子存在。二是以"聚众"为首要分子和其他积极参加者构成犯罪的必要条件,如聚众哄抢罪规定"聚众哄抢公私财物,数额较大或者有其他严重情节的,对首要分子和积极参加的,处……"聚众扰乱社会秩序罪规定"聚众扰乱社会秩序,情节严重,致使工作、生产、营业和教学、科研无法进行,造成严重损失的,对首要分子,处……对其他积极参加的,处……"在这种犯罪中,聚众是首要分子和其他积极参加者构成犯罪的必需条件。三是以"聚众"为首要分子构成犯罪的必要条件,如聚众阻碍解救被收买的妇女、儿童罪规定"聚众阻碍国家机关工作人员解救被收买的妇女、儿童的首要分

---

① 参见陈兴良:《共同犯罪论》(第 2 版),中国人民大学出版社 2006 年版,第 171 页以下。
② 参见马克昌主编:《犯罪通论》,武汉大学出版社 1999 年版,第 565—566 页。

子,处……其他参与者使用暴力、威胁方法的,依照前款①的规定处罚",即是否以"聚众"方式,只是首要分子构成犯罪的条件,其他参加者视其是否以暴力、威胁方法阻碍解救的而有别,没有实施暴力、威胁的,适用《关于严惩拐卖、绑架妇女、儿童的犯罪分子的决定》中行政处罚的规定予以行政处罚。反之,构成妨害公务罪。

比较上述规定,显然参与者都构成犯罪的情况下的"聚众犯罪"是以必要共同犯罪形式出现的,其中的首要分子无疑可以是主犯。如果参与者并不构成犯罪,那参与者就只是被首要分子支配、操纵的工具而已,正犯者只有"首要分子"②,"聚众"只是首要分子成立犯罪的条件,首要分子就是"正犯"之意,不是主犯之意。只有根据法律规定,在参与者构成犯罪时,与首要分子构成共同犯罪,其首要分子才可以是主犯。即使构成犯罪的罪名不同,也不影响"聚众犯罪"仍然属于"必要共同犯罪"。由此,认为所有"聚众犯罪"都是必要共同犯罪,则不够确切③。

在共同犯罪的聚众犯罪中,首要分子应当以何种标准认定为主犯?陈兴良教授以起"组织、领导"作用为标准,这是根据我国《刑法》第97条规定得出的结论。马克昌教授认为是第26条规定的"主要作用"。本书认为,在共同犯罪中实施组织、领导行为的,当然是"起主要作用",是主犯,从这一点而言,两种观点都一样,但是在何为起"主要作用"的通行解释上,是指实施实行行为。④ 那么,在"聚众犯罪"属于必要共同犯罪的情况下,则是分则中规定的犯罪,如此实施组织、领导"聚众"的行为,就是实行行为而不属于总则规定的非实行行为。因此,作为实行行为的组织、领导聚众犯罪中的首要分子,是在实行犯罪中所实施的组织、领导行为,应属于第二种"起主要作用"的主犯。

基于上述认识,我国刑法中的主犯分为两种:一是是犯罪集团中的首要分子;二是在集团犯罪或者一般共同犯罪中起主要作用的人。

2. 首要分子

组织、领导犯罪集团进行犯罪活动的,是集团犯罪的首要分子,即集团犯罪中的主犯。理论上根据分工标准即为"组织犯"。"首要分子"不是身份特征,而是在实施犯罪中因"行为表现"而确立的主体,为一般主体,是在犯罪集团形成过程中成就的主犯。所谓组织,主要是为首纠集人员组建犯罪集团,结成比较稳定的核心成员;领导,则是指策划、指挥集团成员实施集体犯罪活动。策划,是制订计划、为犯罪活动出谋

---

① 即根据我国《刑法》第242条第1款的规定,以第277条妨害公务罪定罪处罚。
② 首要分子如果为二人以上成立的共同犯罪,非聚众犯罪应当属于一般共同犯罪。
③ 当然,如果赞同在违法层面上就可以评价为"共同正犯"(张明楷教授的观点),那么,分则规定的"聚众犯罪"中,无论参与者的行为是否被刑法规定为犯罪,甚至是否与首要分子构成同一罪名的犯罪,以及是否承担刑事责任,都可以在违法层面上评价为"共同犯罪",如此,"聚众犯罪"在违法层面上就是"必要共同犯罪"形式。不过,如此一来,"聚众犯罪"的首要分子就是当然的主犯。本书认为不可以这样理解,因为这脱离了立法规定,是在认定层面上的考察。而"聚众犯罪"是立法规定的构成模式而非实务中的"聚众犯罪",因此违法层面上的"共同犯罪"不能成为"聚众犯罪"的首要分子是当然主犯的论据。
④ 参见陈兴良:《共同犯罪论》(第2版),中国人民大学出版社2006年版,第182页;高铭暄、马克昌主编:《刑法学》(第5版),北京大学出版社、高等教育出版社2011年版,第172页。

划策;指挥,是安排和指示成员实施具体犯罪活动。首要分子在集团中可能是一人,也可能不止一人。总之,组织、领导就是对集团成员处于绝对支配地位的行为。

有学者认为,我国《刑法》第 26 条第 2 款规定的"犯罪集团",仅指任意共同犯罪中的犯罪集团,不包括必要共同犯罪中的犯罪集团,即只是分则性犯罪集团,因为必要共同犯罪,只需直接按照刑法分则的条款定罪量刑就足够,这一处理原则表明犯罪集团只是任意共同犯罪中的犯罪集团。① 这种观点不能成立。是否成立分则性的犯罪集团,也须依据第 26 条第 2 款认定,与集团是任意的还是必要的无关,都必须依照总则的规定认定是否首要分子。

根据我国《刑法》的规定,仍需注意的是,即便存在集团犯罪活动的情况,也不意味着所谓的组织行为,只能是对犯罪参与者实施犯罪行为的组织。例如,组织卖淫罪所规定的"组织"行为,所组织的对象所实施的只是违法行为,而不是犯罪行为。同时,这里的组织、领导行为,也并不等同于一般共同犯罪中,对参与者实行具体犯罪活动的组织、领导,在一般共同犯罪的组织、领导性的行为,应视为在共同犯罪中"起主要作用"的主犯对待。

也有学者认为,集团犯罪中的首要分子,不一定就是主犯,因为必要共同犯罪中的犯罪集团中的首要分子,在定罪量刑上无需考虑刑法总则的规定,即"只要直接适用刑法分则有关条款的规定,就能正确、准确地定罪和量刑,因而,其共同犯罪人无需分为主犯、从犯等,它的首要分子与主犯也就不存在从属关系,因为这时'主犯'这个属概念不存在。这样,刑法总则中关于共同犯罪人种类的划分,实际上是仅仅针对任意共同犯罪的共同犯罪人的,对于必要共同犯罪的共同犯罪人来说,就不应适用刑法总则中关于共同犯罪人种类划分的规定"②。因此"对于集团犯罪,应分为两种情况,其中,对极少数刑法分则明文规定为集团犯罪的,其首要分子也不存在是否为主犯的问题;而对于其他的集团犯罪,其首要分子一定是主犯"③。

这种观点是很值得商榷的。我国《刑法》第 26 条第 4 款明确规定了"第 3 款规定以外的主犯……",所指的就是"组织、领导犯罪集团的首要分子",必须"按照集团所犯的全部罪行处罚。"这一适用规则是"全程的",既适用于任意的集团犯罪,也适用于必要的集团犯罪,没有任何例外。分则规定的组织、领导、参加黑社会性质组织罪,是必要共同犯罪中的集团犯罪。2000 年 12 月 5 日最高人民法院《关于审理黑社会性质组织犯罪的案件具体应用法律若干问题的解释》(以下简称 00. 12. 05《黑社会性质组织犯罪若干问题》)第 3 条规定:"对于黑社会性质组织的组织者、领导者,应当按照其所组织、领导的黑社会性质组织所犯的全部罪行处罚。"其处罚原则与《刑法》第 26

---

① 参见丁鹏:《首要分子与主犯关系新探——从任意共同犯罪与必要共同犯罪角度》,载《福建政法管理干部学院学报》2002 年第 1 期。
② 石经海:《首要分子与主犯关系新论》,载《现代法学》2000 年第 6 期。
③ 论者所指的我国刑法分则明文规定的集团犯罪如第 120 条规定的组织、领导、参加恐怖组织罪,第 294 条规定的组织、领导、参加黑社会性质组织罪,是典型的必要共同犯罪,并认为其中的首要分子不存在是否为主犯的问题。参见同上。

条第3款的规定完全相同。如何能认为这种必要共同犯罪的犯罪集团的首要分子不是主犯？这样随意将犯罪集团解释为只是任意共同犯罪的犯罪集团，将其中的首要分子解释为不存在认定是否为主犯的问题，是罔顾刑法规定。

3. 起主要作用的主犯

起主要作用的主犯，从分工的意义上，也就是"主要的实行犯""主要的正犯"。是指除了在集团犯罪中的首要分子之外，在共同犯罪中起主要作用的参与者。我国《刑法》第26条后半段规定"在共同犯罪中起主要作用的，是主犯"。至于何为起主要作用，因刑法未解释，得依靠犯罪事实具体情况分析。

通说认为，"主要作用"是对共同犯罪的实施、完成中起主要作用。主要有以下两种情况：(1) 积极参加犯罪集团的，在集团犯罪中特别卖力地进行犯罪活动的骨干分子。(2) 在一般共同犯罪中起主要作用的，是指主要的实行者。如犯意的发起者、犯罪的纠集者、犯罪的指挥者等。"在共同犯罪中起主要作用"的主犯，存在于集团犯罪与一般共同犯罪中，可以是一人，也可能不止一人。

4. 主犯的刑事责任

(1) 首要分子的刑事责任。我国《刑法》第26条第3款规定："对组织、领导犯罪集团的首要分子，按照集团所犯的全部罪行处罚。"而"集团所犯的全部罪行，应理解为首要分子组织、指挥的全部犯罪"①。因为对这些"全部犯罪"，是指基于集团利益，在首要分子组织、指挥下所实施的全部犯罪，首要分子需要承担全部责任。当然，根据共同犯罪刑事责任范围的一般原则，集团成员实行集团首要分子组织、指挥的犯罪以外的其他犯罪，只能由实行者个人负责，集团的首要分子不应当承担刑事责任。首要分子对组织、指挥集团成员实行的全部犯罪承担刑事责任，当首要分子不止一人时，也需要根据首要分子在组织、指挥成员实行犯罪的具体情况确定，可以存在一定的区别。所以，对"全部犯罪承担刑事责任"并不意味着承担应当相同的刑事责任。

(2) 起主要作用的主犯的刑事责任。我国《刑法》第26条第4款规定："对于第3款规定以外的主犯，应当按照其所参与的或者组织、指挥的全部犯罪处罚。"与非主犯的其他参与者相比，该种主犯造成较大社会危害，也具有较大的人身危险性，但与首要分子相比，却没有那么严重；虽依法应当从重处罚，但在具体适用刑罚上应较首要分子为轻。刑法规定的这种主犯的刑事责任是应按其所参与的或者组织、指挥的全部犯罪负刑事责任。这里的"组织、指挥"，主要是实践中对一般共同犯罪的实施实行进行协调的行为。当然，该种主犯对不是他所参与的或者不是他所组织、指挥的犯罪，自应不负刑事责任。同理，如果一案有数名主犯的，即使都应当对所参与或者组织、指挥的犯罪承担刑事责任，也不意味着需要负相同刑事责任，也可以在处罚上可以体现一定的区别。

(二) 从犯的刑事责任

我国《刑法》第27条规定："在共同犯罪中起次要或者辅助作用的，是从犯。"这是

---

① 赵秉志主编：《新刑法教程》，中国人民大学出版社1997年版，第216页。

从犯的法定概念。在共同犯罪中,从犯是相对于同案主犯而存在的,他们在共同犯罪中不是犯罪的主要实行者,是起到帮助或促成共同犯罪实施或者保障共同犯罪利益获得的人。在犯罪集团和一般共同犯罪中都可能存在。

1. 从犯的种类及标准

一般将从犯分为两种类型,即在共同犯罪中起次要作用的从犯和在共同犯罪中起辅助作用的从犯。(1) 次要作用的从犯。在共同犯罪中起次要作用的参与者,称其为"次要实行犯"[1],也即"次要正犯"。这种从犯,是指直接参与实行犯罪的行为,但对于整个犯罪的预谋、实施和完成起次要作用。次要的实行犯,相对于同案的主要的实行犯而言。虽然实行的是实行行为,但衡量其在共同犯罪实施、完成中所起的作用,是次要的。如听命于首要分子或主要实行者支配,不主动积极实施,情节不属于特别严重的,或者结果非由其直接造成的等。(2) 起辅助作用的从犯。这是指没有直接参与实施实行行为,而是以其他方法协助实行者实施犯罪或者保障共同犯罪利益获得的参与者,也就是实施帮助行为的帮助犯。在共同犯罪中起辅助作用的,当然是起次要作用,但是不能认为起次要作用就是起辅助作用。

帮助犯的特点就在于,没有直接实施实行行为,而是通过提供各种方便条件,促成正犯实行或完成犯罪。通常情况下,帮助犯属于共同犯罪中边缘化的参与者,既决定不了事实上的因果流程,对共同犯罪的实行、完成也起不到控制、支配的作用。帮助行为实践中多种多样,但都不属于实行行为,而是非实行行为。因此,属于帮助犯的从犯与起次要作用的从犯,区别就在于是否实施的是实行行为。对实施帮助的从犯,在犯罪中只能是"起辅助作用",但以何种方式帮助实施犯罪立法并没有限制。既可以在事前通谋对其他参与者实行犯罪之前或实行过程中给予其物资、体力上的帮助,也可以只是鼓励、打气、壮胆进行精神上帮助,也可以事前通谋事后提供帮助,也可以是片面提供帮助等。根据我国《刑法》的规定,(1) 某种帮助行为在分则中已经规定为独立的犯罪,则除事前通谋之外,不能构成帮助犯。如窝藏、包庇罪、包庇毒品犯罪分子罪、窝藏、转移、隐瞒毒品、毒赃罪等,事前通谋的,以共同犯罪论处,即构成该种犯罪的帮助犯;反之,则为独立的犯罪。(2) 有个别实施某种帮助性质的行为,无须查明与正犯是否有通谋,也构成独立的犯罪。例如,我国《刑法》第 244 条第 2 款的规定"明知他人实施前款行为,为其招募、运送人员或者有其他协助强迫他人劳动行为的,依照前款的规定处罚"即构成强迫劳动罪。再如介绍贿赂罪、传授犯罪方法罪等,是帮助性质实行行为,构成独立的犯罪,不以共同犯罪中的帮助犯论处。

起次要作用的正犯是从犯,没有争议,但实施帮助性质的行为,是否只能成立从犯还有不同的认识。[2] 有学者认为,帮助犯不一定都是从犯,有的帮助犯可能就是主犯。理由是因为"帮助"和"辅助"不同,辅助行为在共同犯罪中是起次要作用,但实

---

[1] 参见马克昌主编:《犯罪通论》,武汉大学出版社 1999 年版,第 571 页;叶高峰主编:《共同犯罪理论及其运用》,河南人民出版社 1990 年版,第 152 页等。

[2] 参见高铭暄、马克昌主编:《刑法学》,北京大学出版社、高等教育出版社 2000 年版,第 179 页;陈兴良:《共同犯罪论》(第 2 版),中国人民大学出版社 2006 年,第 196—197 页等。

施帮助行为的有时恰恰能起主要作用,是主犯。① 在汉语中,"辅助"和"帮助"是同义词②,仅从汉语的词义上是无法探讨清楚的。从分工看的"帮助犯"的行为,是为实行、完成犯罪创造条件,因不直接实施实行行为,帮助行为无疑是不能"起主要作用",不可能成立主犯。陈兴良教授对"帮助犯"能够成立主犯的观点予以反驳。③ 本书也赞同这种认识。将形式上就是帮助行为,实质上对共同犯罪不具有支配、控制的行为,视为"起主要作用",是没有理论依据的。

不过,应该补充如下认识:需要分清的是属于从犯的帮助行为,与属于帮助作用的正犯的实行行为,二者并不相同。具体而言,从行为"作用"看,对犯罪起到帮助作用的行为,就不仅是非实行行为,实行行为有的情况下,也为"帮助"性质。例如,在抢劫犯罪中"只动口不动手"实施威胁的行为,是抢劫的"胁迫"行为,是实行行为,从"作用"看,即便起到的是帮助作用,也仍然是抢劫的正犯。更不用说帮助性质的实行行为,可以起主要作用。当然,只是形式上是实行行为,但对犯罪不具有支配、控制的能力,实质上是被边缘化的(有故意的工具),也应排除为是起"次要作用"的从犯,而应是起辅助作用的从犯。例如,听命于行贿者的指示给公务员送钱款的下属(也存在期待可能性问题)。帮助犯,应以其他犯罪参与者接受到实质的帮助,即帮助行为对犯罪作出实质贡献,为帮助者承担刑事责任的必要条件。如果对其他参与者既无物理上的帮助,也无心理上的帮助,则不能成立帮助的从犯。

2. 从犯的认定

对"起次要作用的从犯"主要可考察以下方面:(1) 在共同犯罪中的地位,如是否听命于首要分子,或其他主犯;(2) 实际参与的程度,即是否只参与一部分犯罪的实行,不起主要作用。(3) 具体罪行大小,可考察在共同犯罪中作用,只是赞同、附和、服从,对实施、完成不起主要作用;(4) 对危害结果原因力,起作用较小的,则应当是从犯。对"起辅助作用的从犯",主要考察提供的具体帮助必须是根据具体犯罪构成,不能属于实行行为。如实施教唆,强化犯意;提供工具;窥探被害人行踪,指点对象、地点和路线;提出过建议;传递有关犯罪的消息;事先应允帮助窝藏其他参与者及其赃物;销赃、转移赃物等,都属于从犯。

需要注意的是,从犯在共同犯罪中的次要或辅助作用,没有本质的区别,都是在共同犯罪中不起主要作用,但二者是不同的两个概念。起辅助作用的,在共同犯罪中是起次要作用,但不能认为起次要作用的就是起辅助作用。因为在共同犯罪中直接参与实行犯罪的,教唆他人犯罪的可能是起次要作用,但这不是辅助作用的从犯。

3. 从犯的刑事责任

我国现行《刑法》第 27 条第 2 款规定:"对于从犯,应当从轻、减轻处罚或者免除处罚。"对从犯的上述处罚规定与 1979 年《刑法》的规定相比较,因删除了"比照主

---

① 参见梁世伟:《刑法学教程》,南京大学出版社 1987 年版,第 210 页。
② 参见《辞海》(缩印本),上海辞书出版社 2000 年版,第 1626 页。
③ 参见陈兴良:《刑法适用总论》(上卷),法律出版社 1999 年版,第 541—542 页。

犯"的规定,可以说对从犯采取了具有"独立性"的处罚原则。陈兴良教授指出:"事实上,从轻处罚在任何情况下都不是自足的处罚原则,而是具有比照标准的相对的处罚原则。例如,自首从轻处罚,是与犯同样罪行而没有自首的处罚相对而言之从轻。从犯的从轻处罚是相对于犯同样罪行的主犯而从轻。因此,尽管我国现行《刑法》第27条第2款删除了'比照主犯'的内容,在司法实践中正确地对从犯处罚,仍然必须根据'比照主犯处罚'的精神。因为,比照主犯处罚为从犯的处罚提供了参照对象。"①

上述从犯的处理原则,从宽的幅度较大,既可以从轻,也可以减轻,甚至可以免除处罚。至于何种情况下从轻,或减轻,或免除处罚,这只能考虑从犯所参加实施的犯罪性质和情节轻重、参与实施犯罪的程度以及在共同犯罪中所起作用的程度来确定。如果参与实施的犯罪性质很严重,就不宜免予处罚;如只提供帮助的从犯,就可以依法从轻、甚至免予处罚。当然,这里只是就从犯所参与实施的犯罪及其在共同犯罪中的作用而言的,并未考虑法定或酌定的量刑情节。但量刑时是不能不考虑这些情节的,因而对从犯实际的处刑与上面论述的情况,可能就不尽相同了。② 也就是说,在主犯具有法定从宽处罚情节时,从犯不具有的,不排除从犯实际责任可能重于主犯。

(三) 胁从犯的刑事责任

我国《刑法》第28条规定:"对于被胁迫参加犯罪的,应当按照他的犯罪情节减轻处罚或者免除处罚。"

1. 胁从犯的概念③

通说认为,第28条的规定并不是胁从犯的法定概念,只是表明胁从犯参与犯罪的原因。理论上认为,所谓胁从犯,是指被胁迫参加犯罪的人。1979年《刑法》将"被诱骗"参与犯罪的,也视为胁从犯,现行《刑法》修订后删除了该规定。对被诱骗参与犯罪者,应视为被支配的工具,诱骗者可为间接正犯。

2. 胁从犯的认定

胁从犯就是被胁迫参与犯罪之人。被胁迫参加犯罪,是胁从犯不同于其他参与

---

① 陈兴良:《刑法适用总论》(上卷),法律出版社1999年版,第545页。
② 参见马克昌主编:《犯罪通论》,武汉大学出版社1999年版,第575页。
③ 对紧急避险与胁从犯的关系一般只是做形式上的区别,即只从是否成立紧急避险的角度处罚,只要成立紧急避险,也就不成立胁从犯,而并不从实质上对二者进行界分。这种认识是值得商榷的。可以肯定,二者均是在精神受到胁迫的情况下而不得已做出的行为,但是紧急避险在刑法上是免责的事由,并非典型的阻却违法的事由,因为紧急避险的行为是对另一个合法法益的侵害,这也是紧急避险行为虽然在精神胁迫下不得已而为之,也只能视为免责事由而不阻却违法性的原因。但是对于被胁迫而实施的行为,胁从犯并没有侵害新的法益,其侵害的法益仍然是正犯行为所侵害法益所包含的,所以成立的是共犯中的一种。当被胁迫者的行为超出正犯侵害的法益的范围而对新法益造成侵害时,不得不承认在这种情况下,紧急避险行为与被胁迫行为形成竞合关系,或者说,是其另外实施的行为具有避险的性质,这也就应该承认其被迫实施的行为具有紧急避险的性质;在一定条件下,该行为可能形成既成立紧急避险,也成立胁从犯的情况。当然,也不排除被胁迫者超出共同犯意范围实施其他犯罪,这只能按照"实行过限"原则处理。由此可见,紧急避险与胁从犯并不存在非此即彼的关系,并不意味着只要成立紧急避险,就一定与胁从犯无关,或者是相反的情况。紧急避险只是刑法中的免责事由,而并非是对法律属性的确定;即便在成立紧急避险的情况下,也并不排除可以成立胁从犯而形成竞合关系,二者完全可以同时存在,当然存在只能以胁从犯论处的可能性。值得一提的是,胁从犯的成立并不以紧急避险的成立为前提。

者的主要特征。根据我国立法所设立胁从犯的精神而言,表明要区别出在共同犯罪中所起的作用最小的共同犯罪人,以体现宽严相济的刑事政策。被胁迫参加犯罪,是指在精神上受到一定程度的威逼或强制、客观上是被迫参与共同犯罪。虽因被胁迫,但行为人并没有完全丧失意志自由,因此,应当承担相应的刑事责任。但是,因何种情况可以被视为受到精神胁迫,理论上一般不详细解释。从被胁迫参与共同犯罪的情况看,因自己的恐惧(如有"前车之鉴"),即便主犯等没有强令,而不敢抗拒,行动上受制于主犯情况,也属于被胁迫。所以,被胁迫,既包括受到威逼、恐吓而被迫参与,也包括客观上"被迫"参与。

胁从犯参与犯罪主观上是不自愿的,理论上没有争议。但如何具体认定胁从犯,却有不同的看法。(1)如何理解胁从犯参与共同犯罪的客观行为。有观点认为,胁从犯的行为只能实施起"辅助作用"的帮助行为,而不能是实行行为。① 不同观点认为,胁从犯的行为被胁迫实施的是次要实行行为和帮助行为。② 陈兴良教授认为,胁从犯只能实施帮助行为的观点,是没有法律依据的。"被胁迫参加犯罪",当然是指参加共同犯罪,而共同犯罪行为的形式包括实行行为和帮助行为,无论实施实行行为还是帮助行为,都属于参加犯罪。因此,不能认为胁从犯的行为只限于帮助行为。③ 本书赞同这一观点,在胁从犯的立法规定中,尚不能得出胁从犯只能实施帮助行为的结论。(2)胁从犯能否作为我国刑法中独立的共同犯罪人。有学者认为,胁从犯不应成立独立的共犯种类,提出"胁从犯是被胁迫而参加犯罪的人,而被胁迫参与犯罪这一事实是否充分说明了胁从犯在共同犯罪中所起的作用? 胁从犯在共同犯罪中所起的作用是否必然小于主犯和从犯?"这样的疑问。"犯罪人在共同犯罪中所起的作用不是片面的、阶段性的非确定结论,它是对犯罪人在整个犯罪过程中表现的全面总结和概括,无论理论或实践上,都不存在犯罪之始或者犯罪第一阶段的主犯而犯罪后一阶段的从犯,因而胁从犯对主犯或从犯的'转化'难以自圆其说。再者,既然主犯、从犯、胁从犯的排列顺序已经限定了胁从犯在共同犯罪中的作用,那么,只要构成胁从犯,其作用就自然小于主犯和从犯,不存在构成胁从犯后,还要考察其作用的问题,否则,岂不是对作用的重复考察……既然胁从犯并不反映其在共同犯罪中的作用,胁从犯在实践中可能与主犯、从犯相融合,那么,它便没有独立性,就不是与主犯、从犯相并列的一类独立共同犯罪人……"④即从胁从犯向主犯或从犯转化是不成立的结论。

胁从犯,是否仅仅依据是被胁迫参与共同犯罪这一点而成立? 通说认为,胁从犯是人身危险性最小的共犯,其参与犯罪对社会的实际危害程度,也是认定其是否成立胁从犯的依据。即使是被胁迫参加了犯罪,但参与后其心态发生变化,从不自愿参与犯罪而变化为自觉自愿参加犯罪时,则不能再为胁从犯,因其参加犯罪行为的主动

---

① 参见张尚鷟:《中华人民共和国刑法概论》(总则部分),法律出版社1983年版,第196页,转引自陈兴良:《共同犯罪论》(第2版),中国人民大学出版社2006年版,第209页。
② 叶高峰主编:《共同犯罪理论及其运用》,河南人民出版社1990年版,第166页。
③ 陈兴良:《共同犯罪论》(第2版),中国人民大学出版社2006年版,第209—210页。
④ 刘骁军、刘培峰:《论胁从犯的几个问题》,载《中国刑事法杂志》2000年第4期。

性,而使参与犯罪的原因不能再作为认定胁从犯的标准,或应成立从犯,或应成立主犯。① 通说在此只是表明受胁迫而参与犯罪能够成立胁从犯的原因,并不是只要是因为该原因参与犯罪的就一定成立胁从犯,成立胁从犯不仅是被胁迫参与犯罪,也必须是在共同犯罪中起到的被迫而"胁从"犯罪的作用。当然,不可否认的是,立法在此并没有能够明确胁从犯不能只因被胁迫的原因而成立。从这一点而言,上述观点的疑问也不是没有道理的。

但论者结论性的认识,本书认为是对通说的理解有误所致。认定成立胁从犯,是已经对参与犯罪的原因和在犯罪中所起作用综合考察的结论,并不存在首先认定是胁从犯再考察其在犯罪中作用的问题。论者显然误解了在认定参与犯罪原因后,再考察其在共同犯罪中作用,以确定是否成立胁从犯。被胁迫参加犯罪之人,既存在成立胁从犯的可能性,也存在成立主犯或从犯的可能性。通说中根本不存在成立胁从犯再考察其作用,"转化"为主犯或从犯之内容。正是因为主动参与犯罪与被动参与犯罪的主观恶性不同,参与犯罪后与具有主动性的主犯、从犯在犯罪中的作用不同。因此,在共犯人中划分出"胁从犯",以示对参与者区别对待,符合我国刑事政策。

根据上述理解需考虑以下问题:(1)胁从犯与从犯的区别。胁从犯与从犯(帮助犯),在客观方面的要件是相同的,即都是一种帮助实行犯或促成共同犯罪完成的行为,而且在整个犯罪活动中,处于被边缘化的被动地位,起的作用是次要的。但主观方面的要件却与从犯不同。从犯参与共同犯罪是自觉自愿的,对要参与的犯罪有比较明确的认识,而胁从犯虽然对参与的犯罪有认识,但帮助行为或促成共同犯罪实行的行为,是在被胁迫的情况下实行的,是在不自愿或不完全自愿的情况下参与犯罪活动。如果在被迫参与犯罪活动后,主观意图发生变化,不再具有不自愿或不完全自愿特征的,则不再成立胁从犯,最初被胁迫参与犯罪原因不能再作为认定为胁从犯的根据。(2)身体受到完全强制、丧失意志自由的不可抗力客观上提供了帮助、协助实行的不成立胁从犯。因身体受到强制,丧失意志自由,对所造成的危害结果无罪过,不能认为构成胁从犯。例如,仓库值班员被打昏、捆绑而无法反抗、报警,就不能认为帮助了抢劫犯,是胁从犯。(3)符合紧急避险,一般不能成立胁从犯②。飞机、轮船、机动车辆遭到犯罪分子劫持而遵照指令使劫持者完成犯罪,也不能认为是胁从犯,而是紧急避险。

此外,如法律没有明文规定的,或者确实不可能期待行为人不实施违法行为的,如妇女被胁迫参加"买卖"自己而诈骗财物的、聚众犯罪中被胁迫参加的,法律没有规定处罚的,依法都不作为胁从犯认定。

---

① 参见高铭暄主编:《刑法学原理》(第2卷),中国人民大学出版社1993年版,第479—480页;马克昌主编:《犯罪通论》,武汉大学出版社1999年版,第576—577页;苏惠渔主编:《刑法学》,中国政法大学出版社1994年版,第229页;张明楷:《刑法学》(第4版),法律出版社2011年版,第409页等。

② 如前所述,不排除紧急避险与被胁迫参与犯罪可以形成"竞合"关系,这也就意味着,不能完全排除即便是符合紧急避险条件也具有成立胁从犯的可能性。

3. 胁从犯的刑事责任

我国《刑法》第 28 条规定:"对于被胁迫参加犯罪的,应当按照他的犯罪情节减轻处罚或者免除处罚。"同样在我国现行《刑法》中,也删除了原对胁从犯处罚"比照从犯"予以处罚的规定。对于删除比照从犯处罚的规定,陈兴良教授认为在有胁从犯的案件中,往往不存在从犯,而且,这里的处罚原则是"减轻处罚或者免除处罚",没有参照的对象也可以适用,因此,删除了"比照从犯"予以处罚的规定也是有一定道理的①。至于对胁从犯是减轻处罚还是免除处罚,则需要根据胁从犯被胁迫的程度,所参与的犯罪的性质以及在共同犯罪中实际所起的作用大小来决定。

(四) 教唆犯的刑事责任

1. 教唆犯的概念

我国《刑法》第 29 条规定:"教唆他人犯罪的,应当按照他在共同犯罪中所起的作用处罚。如果被教唆的人没有犯被教唆的罪,对于教唆犯,可以从轻或者减轻处罚。"上述规定不是教唆犯的定义。一般认为,教唆犯是指使用威逼、诱骗、怂勇、授意等方法故意引起他人实行犯罪决意的人。更简洁的表述是:故意唆使他人实行犯罪的人;或者教唆他人犯罪的,是教唆犯。教唆犯的突出特点是:自己不去直接实行犯罪,而是故意地引起他人实行犯罪的意图,唆使他人去实行犯罪。由于这个特点,在古代刑法中教唆犯被称为"造意犯"。教唆犯自己不亲自实行犯罪的实行行为,有的是不愿自己亲自实行某种犯罪,有的是由于某种原因而不可能亲自去实行某种犯罪。例如,不具有管理公共财物的职务而不能直接实施贪污行为。所以,教唆犯唆使本无犯罪意图的人去实施犯罪,具有较大的人身危害性,是刑法打击的重点。

2. 教唆犯的成立条件

(1) 客观上,必须具有引起他人实行犯罪的意图的教唆行为。教唆,是使原无犯意之人产生犯意,即为教唆行为。要求教唆行为与被教唆者产生犯意之间具有客观上以及心理上的因果关系。至于以何种方式、方法实施教唆,并无限制,无论采用劝说、引诱、请求、挑拨、激将、威胁等方法,均可构成,其方法无论是公开的还是隐密的,是明示的还是暗示的,是以语言文字还是身体的动作,均为教唆。无论是对一人进行教唆还是对几人进行教唆,也无论是一人实行教唆还是数人共同进行教唆,也不影响教唆的成立。总之,教唆必须与被教唆者之间具有客观上以及心理上的因果联系,始能成立。为使教唆者承担刑事责任,至少被教唆者应准备了实施所教唆的犯罪。

根据我国《刑法》第 29 条第 2 款的规定,通说认为,即便在被教唆者没有实施所教唆之罪的,教唆者仍然构成犯罪,即教唆犯不以被教唆者实施所教唆的犯罪为成立的必要条件②。通说认为,这是"教唆未遂"③(可罚的独立性),包括被教唆者不知其

---

① 参见陈兴良:《刑法适用总论》(上卷),法律出版社 1999 年版,第 553 页。
② 参见高铭暄、马克昌主编:《刑法学》(第 5 版),北京大学出版社、高等教育出版社 2011 年版,第 176 页。
③ 参见同上;马克昌主编:《刑法》(第 3 版),高等教育出版社 2012 年版,第 164 页。

用意,教唆未实施完,或拒绝接受教唆①;被教唆者接受了教唆者的教唆,但实际上并没有进行任何犯罪活动(包括犯罪预备)②。这种情况下,由于没有正犯的存在,教唆者不属于共犯的教唆犯;也因没有正犯存在,教唆者也不是正犯。那么,究竟属于什么犯罪,成为规范上不可解释的问题,当然,法律适用上的存在的理论障碍并不仅此一点。认可存在"教唆未遂"时,在"失败教唆""无效教唆"的情况下,教唆者当然具有重复教唆的可能性,但是教唆者的教唆行为是否具有可罚性,可能需要依据教唆他人犯罪的具体情况分析。在此主张教唆犯独立性的,可以肯定的是这种情形下的教唆者只能按照单独犯罪论处;不仅要承认"无正犯之共犯",而且教唆未遂是非实行行为,要认定未遂就必须重新创立独立的非实行行为未遂的标准而否定《刑法》第23条犯罪未遂必须以"着手实行行为"为前提条件的理论。

主张共犯从属性的观点将我国《刑法》第29条第2款中被称为"未遂教唆"③(即通说的"教唆未遂"④——独立评价教唆犯)的两种情况规定不具有可罚性⑤。即便教唆者同样具有重复实施教唆的可能性,但如不认可"无正犯之共犯","教唆未遂"当然也不具有可罚性。按照共犯从属性说,接受教唆实施被教唆罪而未达成既遂(包括被教唆者中止)时,因有正犯存在,故而"未遂教唆"仍然成立共同犯罪,即教唆犯的形态从属于被教唆的正犯而定。这样一来,"未遂教唆"与通说的"教唆未遂"相比,面临的理论问题较少。但是不可否认,通说认为"教唆未遂"中被教唆者接受教唆,但实际上实施的却是其他犯罪,或者超出教唆范围实施其他犯罪⑥,包括在我国《刑法》第29条第2款"被教唆者没有实施所教唆的犯罪"范畴中,却不能当然包括在"未遂教唆"范畴内。

本书认为,这种情况下,由于被教唆者实际上接受了教唆,实施了犯罪,也就是在犯罪中存在正犯(被教唆者),如果接受共犯从属性说,即使被教唆者实施了其他犯罪,或者被教唆者实行过限,最终教唆者与被教唆者的罪名可以不同⑦,但仍然成立共同犯罪。不过,该种情况应适用第29条第1款的规定。对被教唆者实施其他犯罪的,

---

① 称为"失败教唆"。
② 称为"无效教唆"。
③ 一是被教唆者接受教唆实施犯罪而未达成既遂(包括被教唆者中止);二是教唆他人实施不能达成既遂的犯罪("陷害教唆",包括"诱惑侦查"或称为"侦查陷阱"),这均是在成立共同犯罪意义上的解释。张明楷教授认为,前者是"可罚性"的;后者则需要视具体情况考察"可罚性"问题。参见张明楷:《刑法学》(上),法律出版社2016年版,第412—413、418页以下。黎宏教授将此种情况仍然称为"教唆未遂",除被教唆者接受教唆实施犯罪而未达成既遂(含被教唆者中止)外,还包括拒绝接受教唆和接受教唆但无任何行动的情况,只是这两种情形不具有可罚性。显然,黎宏教授的"教唆未遂"包括"未遂教唆"所指代的第一种情形,而"未遂教唆"是指"陷害教唆"。参见黎宏:《刑法学总论》(第2版),法律出版社2016年版,第299页。
④ 包括未完成教唆行为;完成但被教唆者未产生犯意;被教唆者接受教唆但未进行任何准备。
⑤ 一是被教唆者拒绝接受;二是被教唆者接受但连预备行为都没有实施。
⑥ 这其中包括"教唆错误"的情形,即被教唆者对教唆内容理解上发生错误认识。
⑦ 这种情况承认"从属性"中的"罪名从属"在无需一致的情况下也可以成立共同犯罪,也可以认为属于"部分犯罪共同说"的理论,或者是依照"实行过限"来解决。

对教唆犯以未遂处罚;对被教唆者实行过限的,按照部分犯罪共同说,在重合的部分内,教唆犯仍然成立,过限部分由被教唆者单独承担责任。

(2)在主观上,必须具有教唆他人犯罪的故意。教唆的故意,理论上一般赞同"双重故意":一是故意引起他人犯罪的犯意,二是希望或放任他人完成犯罪。①

实务中存在着教唆他人产生犯意,但并不希望或放任他人实施或完成犯罪的情况,典型的即为"陷害教唆"。例如,唆使他人盗窃,在他人盗窃之际报警,抓捕了该人。当然,即便是"陷害教唆",如果发生了不可控制的状态,造成了实际损害的,陷害教唆者仍然成立教唆犯是没有争议的。例如,陷害教唆他人杀人,并意图及时报警,但是因其他意外事故导致110报警电话线路中断20分钟,未能报警阻止被害人被杀害,教唆者仍然成立教唆犯。从第29条第2款的规定看教唆犯的故意,通说是以教唆行为会引起他人犯意产生为以足,即便不去考察教唆者对被教唆者心理状态的影响(是否实际引起被教唆者犯意,以及对被教唆者是否实施被教唆的犯罪以及造成危害结果),也不会影响教唆犯的成立。例如,吴振兴教授就认为,教唆犯只要实施了教唆行为,教唆他人犯罪就已经成立。因此,根本不存在"教唆未遂"的问题②。也就是认为第29条第2款只需实施教唆,就成立教唆犯。当然,这一认识是在前提上否定教唆犯具有从属性的,肯定教唆犯的独立性的。

显而易见的是,如果教唆故意不以希望或放任他人完成犯罪也可以成立,那么,就应该承认"控制下交易"也成立教唆犯。例如,为抓捕毒枭,缉毒警唆使"零包"贩毒者在缉毒警参与下向贩毒的毒枭购买毒品,实行控制下交易,缉毒警根本不希望也不会放任毒品犯罪的交易完成,但承认只要有会引起他人犯意产生为以足成立教唆,那么,无论如何缉毒警也成立教唆犯,这在结论上不一定妥当。

张明楷教授在教唆故意的论述中认为,教唆犯的故意,是否要求教唆者明知并希望或者放任危害结果发生是需要具体分析的。在教唆他人去实施不能既遂的犯罪行为时,"如果能够肯定教唆者并不希望或者放任危害结果发生,就不应认定为犯罪。但是,如果被教唆者按照教唆者教唆的内容所实施的行为仍然具有导致结果发生的危险性,则难以否认教唆者具有犯罪故意,而应以教唆犯论处"③。这当然包括"陷害教唆"的情况,本书赞同这一观点。但是,应该看到,该观点一半是对双重故意的维护,即肯定不希望或放任结果发生,就不是教唆犯;一半则是对双重故意的否定,即被教唆者的行为有法益侵害现实危险性时,即便教唆者是不希望或放任结果发生的,也成立教唆犯。④ 如果就第2款的教唆而言,理论上当然可以包括即便教唆者确信被教唆者不能完成犯罪,主观上也是具有教唆他人犯未遂罪的故意,可成立未遂教唆,陷

---

① 参见陈兴良:《刑法适用总论》(上卷),法律出版社1999年版,第487页。
② 转引自吴振兴:《论教唆犯》,吉林人民出版社1986年版,第107页。
③ 张明楷:《刑法学》(上)(第5版),法律出版社2016年版,第418页。这是用于解释"控制下交易"一定情况下,可以构成教唆犯的理论观点。
④ 前述"陷害教唆"的情况。

害教唆当然也成立教唆犯。① 如此，教唆犯之双重故意，对被教唆者实施所教唆之罪的希望或者放任的故意，实际上并不能成为教唆犯成立的条件，只是教唆者与被教唆者成立共同犯罪联系的纽带而已。教唆故意必须是双重故意之说，就难以再成立。

张明楷教授详细介绍了教唆不能完成犯罪的教唆者可罚与不可罚的理论争议观点②，但是这些争议的观点似仍然没有解决教唆犯的处罚根据问题。如果从只要引发被教唆者犯意而具有可罚性出发，这当然是体现共犯独立性的思路；如果从因被教唆者实施所教唆之罪而获得可罚性，可以看作是共犯从属性的要求。联邦德国最高法院对一则案件的判例意见，很有参考的意义："教唆他人之所以应受处罚，是因其有意使正犯的行为既遂，并引起必要的结果（指破坏构成要件所保护的法益）。毒品交易出现构成要件所要谴责的结果，是指毒品即将流向使用者；如果一切都在警察的掌控之下，毒品不至于流入市场，则法益并未被破坏。"③如对第 2 款教唆犯在解释上，教唆他人实施不可能完成的犯罪，也包括在"被教唆的人没有犯罪既遂"④之中，那就应该坚持教唆犯故意的双重性，否定仅仅引起他人犯意但被教唆者根本没有实施所教唆之罪的"教唆未遂"具有的可罚性。但对于接受教唆实施所教唆罪未遂或者中止所教唆的罪，教唆属于教唆未遂的情况便具有可罚性（可以从轻或者减轻处罚）。

过失教唆行为是否成立教唆犯，本书持赞同的看法。

3. 教唆犯的认定

根据我国《刑法》的规定，均以教唆犯所教唆之罪定罪处罚。教唆杀人，就构成故意杀人罪；教唆抢劫，构成抢劫罪。这就是说，认定教唆犯构成犯罪，必须以其教唆他人犯特定之罪为条件。因此，认定教唆犯，应认真查清教唆他人所犯的是何种具体罪行。

（1）被教唆者对所教唆的罪理解错误，实行了其他犯罪，或者在实施犯罪时超出教唆范围而实施其他犯罪（实行过限）。例如，教唆实施伤害，而理解为实施强奸，或教唆盗窃，实行盗窃时又实施强奸犯罪的。在这种情况下，被教唆者具体实施的犯罪，非教唆犯教唆之罪，因缺乏共同犯意和因果关系，对被教唆者实际实施的犯罪，或者实行过限的部分，不成立共同犯罪。教唆者，只对其所教唆之罪承担共同刑事责任（即"无正犯之共犯"）。

（2）教唆之罪并不要求很具体。例如，可以理解为盗窃、抢劫、敲诈勒索，而被教唆者却实施抢劫的；可以理解为侮辱、猥亵、强奸，而被教唆者实施强奸的，司法实践一般是按照被教唆者所实行的具体犯罪而对教唆者定罪。这并非客观归罪，虽然在教唆内容上不很具体，但是希望或放任让人实施犯罪是明确的，应按照被教唆者具体实施的犯罪对教唆者追究责任。但如果教唆的内容根本就不具体，甚至可以理解为不犯罪的，则不能认为是教唆犯。

---

① 当然在此概念下"控制下交易"的情况也能包括在其中，警察也是"教唆犯"。
② 参见张明楷：《刑法学》（上）（第 5 版），法律出版社 2016 年版，第 417 页以下。
③ 转引自林东茂：《刑法综览》，台湾一品文化出版社 1995 年版，第 247 页。
④ 张明楷：《刑法学》（上）（第 5 版），法律出版社 2016 年版，第 418 页。

（3）教唆可对一人实行，也可对数人实施，但对象无论是几人，其教唆的对象必须是特定的人。所谓特定的人，就是指具体的人。为此，如果行为是针对不特定或多数人实施，即使其行为性质是教唆的，也不成立教唆犯，而可能构成刑法上以煽动、聚众方式构成的犯罪。换言之，当刑法分则已将某种具有教唆性质的行为单独作为某种犯罪，规定了具体法定刑时，则不再构成教唆犯。例如，煽动分裂国家罪中，煽动本身就是教唆行为的一种方式，但该行为已作为单独犯罪予以处罚，则不再论以教唆犯，应直接按照《刑法》第93条处罚。

（4）教唆不以教唆他人犯一罪或者教唆他人实施某一特定之罪的实行行为为限。因此，教唆他人实施数种犯罪或唆使他人就特定的数种犯罪选择其一而实行的，也为教唆行为。但该种情况危害程度显然大于就特定某一罪而教唆的，在处理上必须考虑；教唆行为不以必须教唆实施实行行为为限，即使教唆对实行者进行帮助的，或者教唆对第三者进行教唆的，或者对教唆者的教唆进行帮助的，均可成立教唆犯。前者被称为"教唆帮助"，中者被称为"教唆之教唆"或"间接教唆"，后者被称为"帮助教唆"。上述情况均不影响教唆犯罪成立。

（5）不要求教唆者在教唆时给予被教唆者提供犯罪工具和指示犯罪对象。如教唆同时提供犯罪工具，指示犯罪对象的，我国司法实践认为该种情况属于教唆过程中的情节，在决定刑罚时可考虑从重。对该种帮助行为，不单独论罪，因为该种行为与其教唆行为相比，是教唆行为为主，因而吸收其帮助行为；在同时提供犯罪工具，指示犯罪对象的情况下，如果被教唆者未使用该工具，或者选择错对象时，不影响其教唆犯罪的成立；在教唆时，同时又传授给其犯罪方法时，因传授犯罪方法在刑法中是一种独立的犯罪。对此应如何处罚？意见尚不统一。如传授和教唆是出于两个故意，且行为实施有一定间隔的，则为数罪；如在同一地点、时间内实施，以牵连犯或吸收犯对待，不实行并罚为宜。

4. 教唆犯的刑事责任

我国《刑法》第29条第1款规定："教唆他人犯罪的，应当按照他在共同犯罪中所起的作用处罚。教唆不满18周岁的人犯罪的，应当从重处罚。"第2款规定："如果被教唆的人没有犯被教唆的罪，对于教唆犯，可以从轻或者减轻处罚。"

（1）在被教唆者实施所教唆的犯罪的情况下，对教唆犯应当按照他在共同犯罪中所起的作用，以共同犯罪的主犯或从犯论处。一般而言，教唆者为主犯，特别在教唆未成年人犯罪时。但如果教唆确定只起到次要作用的，如后续教唆进一步强化他人犯意，应当认定为从犯。

依据前述分析，如果被教唆者接受教唆，但实际上实施的却是其他犯罪[①]，或者超出教唆范围实施其他犯罪的情况，由于被教唆者接受教唆并实际上实施了犯罪，仍然可以依据从属性要求，因被教唆者实施其他犯罪，是教唆者意志以外的原因，对教唆者可以未遂处罚；被教唆者实行过限的，未过限部分成立共同犯罪，按照教唆者在共

---

① 这其中包括教唆错误的问题。

同犯罪中所起的作用处罚。

（2）如果被教唆的人没有犯被教唆的罪，对于教唆犯可以从轻或者减轻处罚。这里规定的是"可以"而非"应当"。对该款规定，是前述争议比较大的问题，许多相关的问题都是因该款的规定而引起的。如果按照共犯从属性说，则是指在被教唆者犯罪未遂、中止的情况下，对教唆犯适用该款规定，即可以从轻或者减轻处罚。但与被教唆者仍然成立共同犯罪关系，是依照被教唆的正犯的未遂或者中止犯罪的情况，对教唆犯以犯罪未遂论处。如果主张共犯独立性，则被教唆者无论因何种原因没有犯被教唆的罪，对教唆者都应该适用该款规定，可以从轻或者减轻处罚。

通说的教唆未遂，包括"失败教唆"①"无效教唆"②的情况，由于被教唆者并没有实施任何违法犯罪行为，不可能构成预备犯或未遂犯。从共犯从属性的观点看，因无正犯，教唆者亦无法评价为未遂，因而教唆者不具有可罚性。也曾有学者明确要求应删除该款规定③。本书认为，对上述教唆的处罚，会造成刑罚的过度前置造成扩张不当的结果，更何况该种情况下，单纯对他人教唆，虽然可以说是对被教唆者个人人身法益有侵害性（要陷他人于违法），但是，刑法分则中尚未有单纯对陷他人于违法而规定为犯罪的罪名。

（3）教唆不满18周岁的人犯罪的，应当从重处罚。该种情况下，教唆者一般是主犯，可能是从犯。作为从重处罚的法定条件，应包括符合第1款和第2款下，对教唆者都必须依法从重处罚。

5. 教唆犯与间接正犯的区别

教唆犯与间接正犯，均扮演者幕后的支配者的角色，在启动犯罪流程上，二者并没有本质区别。但是，二者对犯罪的支配力、控制力并不相同。间接正犯在参与体系中，是处于对全局的掌控中，被利用者没有自主的意思，或者在懵懂中就被利用，或者虽然在明知"不对"中甘心被作为工具；而教唆犯对参与者的掌控、支配达不到完全的控制，甚至被教唆者是否接受，接受后是否会退缩、放弃，教唆者也无法掌控，而且，被教唆者接受教唆实施犯罪时，是基于自己完全的意思，不由教唆者掌控、支配。正因为上述区别，对间接正犯需要以正犯论处，而对教唆犯在处罚上，通常需要轻于正犯之刑。

不过，现实中教唆犯与间接正犯之间，可能存在着难以区别的问题。唆使犯意的发动者，又操控者犯罪流程时，究竟应以间接正犯论还是教唆犯论？例如，甲女为泄被乙男抛弃之愤，对追求者丙男撒谎自己多次被乙男强暴，承诺如替自己出气，则必嫁其。丙男一怒之下，将乙杀死。甲女并没有挑明要丙男去杀人，丙是否杀人完全是自己的意思，甲女巧妙地利用着丙男对自己的追求，主导着可能发生的杀人案件的流程，实现自己犯罪的意思。如果从丙男的角度，就不是纯粹被利用的工具，有自己的

---

① 被教唆者不知其教唆用意，教唆未实施完，或拒绝接受教唆。
② 被教唆者接受了教唆者的教唆，但实际上并没有进行任何犯罪活动，包括没有实施犯罪预备。
③ 参见章彦威：《"教唆未遂"不应构成犯罪》，载《淮阴师专学报》1997年第2期。

自主权,不能认为甲女是间接正犯;甲女并没有指明要求丙男去杀人,也不完全符合教唆犯的条件。该种情况下,可能基于犯意发动的角度,将甲女视为故意杀人罪的教唆犯,丙男为故意杀人正犯比较合适。①

第七节 共犯与身份

刑法中的身份,是指行为人所具有的影响定罪和量刑的特定资格或人身状况。②在定罪方面,通常将身份分为法律身份与自然身份,在量刑方面则重要研究影响刑罚轻重的身份、排除行为犯罪性或可罚性的身份。可因身份而影响到定罪与刑罚轻重的犯罪,理论上称为"身份犯"。从犯罪成立意义上,以特定身份为构成犯罪必要条件的,理论上称其为真正身份犯或纯正身份犯;因为身份影响到刑罚轻重的,被称为不真正身份犯或不纯正身份犯。在单独犯中身份对定罪量刑没有需要特别关注的,但在共同犯罪中,意义凸显,直接影响到共犯的刑事责任。在我国刑法总则中,并没有身份与共犯关系的直接规定③。所以,身份与共犯的关系,主要是在理论上探讨的。

无身份者不可能单独构成身份为构成要件的犯罪,可以构成身份者的共同犯罪,但是关于犯罪的性质以及应当如何认定和处罚,却有争议。争议的主要问题实际上仍然是犯罪共同说与行为共同说的反映。在一般情况下,无身份者是真正身份犯的共犯,从属于真正身份犯的犯罪性质,体现共犯的从属性,是多数观点,而且无论犯罪共同说还是行为共同说,这是都可以接受的结论④。这就是说,真正身份犯构成的特殊身份,只是针对正犯而言,至于教唆者、帮助者有无这种特定身份,不影响共同犯罪的成立。例如,非公务员的妻子唆使公务员的丈夫利用职务之便为他人谋取利益,非公务员的妻子收受贿赂。再如,帮助服刑的人犯脱逃的,均可以构成共同犯罪。而且,这一理论,在我国的立法以及司法中有具体的反映。如我国《刑法》第382条第3款规定:"与前两款所列人员勾结,伙同贪污的,以共犯论处。"⑤

尚不统一的认识,主要是三个:一是在共同犯罪情况下,各自利用自己身份者,是

---

① 参见林东茂:《刑法综览》,台湾一品文化出版社2006年版,第1—127页。本书对案例有修改。
② 参见马克昌主编:《犯罪通论》,武汉大学出版社1999年版,第652页。
③ 分则个别条款,无身份者与身份犯的关系有规定。例如,第382条第3款贪污罪规定"与前两款所列人员勾结,伙同贪污的,以共犯论处"。此外,在一些司法解释中,也有类似的规定。
④ 参见余振华:《刑法深思·深思刑法》,台湾元照出版公司2005年版,第324页。
⑤ 最高人民法院2000年6月27日《关于审理贪污、职务侵占案件如何认定共同犯罪几个问题的解释》(以下简称00.06.27《贪污、职务侵占解释》)第1条规定:"行为人与国家工作人员勾结,利用国家工作人员的职务便利,共同侵吞、窃取、骗取或者以其他手段非法占有公共财物的,以贪污罪共犯论处。"第2条规定:"行为人与公司、企业或者其他单位的人员勾结,利用公司、企业或者其他单位人员的职务便利,共同将该单位财物非法占为己有,数额较大的,以职务侵占罪共犯论处。"这一解释基本上仍然延续以往解释的精神。

否能以主犯确定犯罪性质①；二是不真正身份犯与共犯的关系；三是无身份者能否为真正身份犯的共同正犯。

一、主犯犯罪性质说的争议

针对以主犯确定共同犯罪性质的 00.06.27《贪污、职务侵占解释》的有关规定，学界否定的观点占主流。较早的观点认为，是否主犯，是在确定成立共同犯罪前提下讨论的问题，如果在尚不能确定的情况下，如何认定主犯是无法解决的问题，那么主犯的认定是确定刑事责任轻重的依据，而不是确定犯罪性质的根据，以主犯确定犯罪性质，在认定的思路上是不符合逻辑的。② 因此，主张根据实行犯的实行行为的性质来决定的③。无身份者教唆，帮助有身份者实施或之共同实施真正身份的犯罪时，应依有身份者的实行犯的实行行为来定罪，即使无身份者是主犯，也不影响上述定罪的原则④。实行行为说，在通常情况下，具有一定的合理性，因为，特别身份者的实行行为，身份是主体适格的条件，因此必须是利用了法律规定的特定的身份条件才能认定为实行行为，因此，依有身份者的实行犯的实行行为确定性质与司法解释的精神一致，但是最大的疑惑在于，依据我国刑法规定，起次要作用的从犯所实施的也是实行行为，既然都是实行行为，在确定共同犯罪性质时，又必然需要返回到以主犯确定犯罪的思路上去。

赵秉志教授认为，对无身份者加功真正身份犯按照真正身份犯的共犯认定，并没有争议，但是这有别于均为真正身份犯时的情况。因为在双方是真正身份犯时，是公职人员相互加功。例如，我国《刑法》第388条规定："国家工作人员利用本人职权或者地位形成的便利条件，通过其他国家工作人员职务上的行为，为请托人谋取不正当利益，索取请托人财物或者收受请托人财物的，以受贿论处。"就是典型的身份者对身份者的相互加功，因此应该对不同身份予以比较，以更为特殊的身份形成的优势地位和影响，对犯罪所起作用的来确定犯罪性质。⑤ 张明楷教授则是基于行为共同说立场认为，在该种情况下，是具有身份者的双方均触犯两个罪名（想象竞合犯），对轻罪名下的身份犯应按照较重的罪名的共犯定罪处罚。例如，企业中的工作人员与受委派的国家工作人员勾结，分别利用各自职务之便，共同非法占有企业财物的，实施职务侵占的身份犯，按照国家工作人员的贪污罪共犯认定；但是如对轻罪名下的身份犯按

---

① 00.06.27《贪污、职务侵占解释》第3条规定："公司、企业或者其他单位中，不具有国家工作人员身份的人与国家工作人员勾结，分别利用各自的职务便利，共同将本单位财物非法占为己有的，按照主犯的犯罪性质定罪。"

② 如前所述，分工分类与作用分类各自存在缺陷。分工分类法将共犯分为正犯、组织犯、帮助犯和教唆犯，可以很好地解决共犯在共同犯罪中的法律性质而确定对其的定罪问题，但却不能圆满地解决其刑事责任的程度；而作用分类，将参与者分为主犯、从犯、胁从犯，虽可以恰当地确定刑事责任的程度，但是，却不可能很好说明参与者行为的法律性质而对其定罪。

③ 参见赵秉志：《犯罪主体论》，中国人民大学出版社1989年版，第536页。

④ 参见马克昌主编：《犯罪通论》，武汉大学出版社1999年版，第584页。

⑤ 参见赵秉志：《刑法总论问题专论》，法律出版社2004年版，第485页。

照重罪名的共犯处罚导致轻于轻罪名的正犯时,应按照轻罪名的正犯定罪处罚。也即虽然仍然是共同犯罪,但是罪名可以不同。① 职务侵占者如果按照贪污罪共犯处罚,会轻于按照职务侵占罪正犯处罚时,则需要按照职务侵占罪的正犯处罚,不再是贪污罪的共犯,但是,二人仍然属于共同犯罪。

由此可见,上述不同认识,仍然回归于犯罪共同说与行为共同说的争论。赵秉志教授仍然主张的是同一罪名下的共同犯罪,而张明楷教授是按照行为共同说的立场,是对从属性原则中"罪名从属"②的论证,既然是可为各自不同罪名仍为共同犯罪,当然从结论上说,主张的是"罪名独立",运用想象竞合犯的原理,贯彻行为共同说这是当然的解决思路。③ 不过,当双方均为真正身份犯时,各自所实行的均是实行行为,各自的身份是均构成身份,而非责任身份(不真正身份犯的身份,只涉及刑罚轻重,故而是责任身份),那么,各自的真正的构成身份都不具有从重处罚的功能(因立法对真正的构成身份的犯罪已经规定了较重法定刑,因此不再因身份而从重处罚),但张明楷教授主张按照想象竞合犯"从一重处断原则"不是以法定刑比较为标准,是"以可能宣告刑为重的原则"。既然真正身份不是"责任身份","可能的宣告刑为重"是依据什么而确定?若只能依据案件的其他非身份因素而确定适用刑罚的轻重,如此一来,与真正身份犯在共同犯罪中解决定性问题时,是否需要再考虑身份问题,已经没有太大的关系了。

为何在轻罪名下的真正身份犯,就可将轻罪名下正犯的实行行为解释为重罪名下属于共犯的非实行行为?张明楷教授认为,这是因为正犯行为具有相对性④,因此,可以成为这一问题解决途径,如前述职务侵占罪与贪污罪的例子。又如投保人与国有保险公司工作人员勾结共同骗取保险金时,投保人的骗取保险金的行为是自己的实行行为,相对于国有保险公司人员的贪污,就是教唆或帮助;换个角度,国有保险公司人员的贪污行为,是自己的实行行为,相对于投保人的保险诈骗,就是教唆或帮助行为。双方既是各自的正犯,互为他方的共犯。由于贪污罪重于保险诈骗罪,所以投保人按照贪污共犯认定;但按照共犯处罚要轻于保险诈骗罪时,则按照各自的正犯处罚,仍为共同犯罪。⑤

按照我国《刑法》第388条受贿罪规定的精神看,对相同的真正身份者的相互加功,是"以受贿论处",而不是将其中某一方"以受贿共犯论处",仍然维持着双方均是"实行行为"的立场。这是因双方都是国家工作人员,将双方行为都视为"实行行为"

---

① 参见张明楷:《刑法学》(上)(第5版),法律出版社2016年版,第441页以下。
② 参见陈子平:《刑法总论》(下),台湾元照出版有限公司2006年版,第116页。
③ 在双方均为非身份犯的情况下,一方实施帮助行为,如帮助正犯盗窃把风,不料正犯入室实施抢劫,望风行为与抢劫结果之间有因果性,客观上是抢劫的帮助行为,但因只是具有盗窃故意而无抢劫故意,因此,帮助行为只能构成盗窃罪。参见张明楷:《刑法学》(第4版),法律出版社2011年版,第397页。当然,这是因为张明楷教授已经不再赞同"部分犯罪共同说"的原因,因而主张分别罪名各自论罪。但随之而来的问题是需要赞同的"无正犯之共犯"存在,也不应该完全否定共犯的独立性。
④ 张明楷教授对正犯行为相对性,运用的是"想象竞合犯"理论。参见同上书,第397—398页。
⑤ 参见同上书,第398页。

并不存在解释上的困难。但是,当虽然均为真正身份犯但真正的身份有别时,能否将其中一方或双方的实行行为解释是互为的"非实行行为",在法规范解读上是存在疑问的。在双方都具有真正身份但具体的身份有别时,只能有一个真正身份者的身份可以用于确定犯罪性质,他方在该罪名下,实际上并没有对方的"真正身份",这就与"无身份者"加功于真正身份犯的犯罪并没有本质上的区别,因为他方并无可能单独构成该罪名的犯罪,只能依附于该罪名的正犯才能成立犯罪。从这一点而言,赵秉志教授所举"身份者对身份者相互加功"例子,是同为相同的真正身份犯,并不典型。而张明楷教授指出的虽均为真正身份犯,但真正的身份有别时的定罪选择,才是问题的症结所在。

既然 00.06.27《贪污、职务侵占解释》只确定了共同犯罪性质的标准(按照主犯的犯罪性质定罪),对参与者各自的法律属性并未限定,那么,按照张明楷教授观点将一方作为对方共犯认定,并非不可。因为在均为真正身份犯但身份有别的情况下,无论哪一方对另一方而言,都与"无身份者"相差无几,无论以哪一方确定犯罪性质,另一方才能依附于该罪成立共同犯罪。但是,问题在于将客观事实层面双方互有"帮助之意"(是将共同犯罪中双方行为理解为"互为帮助性质")的实行行为解释为"共犯行为"所带来的困惑①。因为双方均无对方的真正身份,在规范评价上当然只是各自利用自己身份实施的实行行为,而不是另一方教唆、帮助行为(尽管可以有此性质的评价,也无此形式,因为客观事实上所实施的行为,并不具有教唆、帮助的形式要件)。所以,张明楷教授在此对实行行为依据"相对性"②解释互为非实行行为的共犯,并不是基于刑法规范的规定对构成事实的解释,只是在解释上遵从于行为共同说的客观事实具有的某种特性。如果从贯彻行为共同说的立场,不拘泥于司法解释的规定,按照各自罪名的正犯认定处罚,也并不影响在行为共同说的前提下仍然是共同犯罪,这应该是没有理论障碍的解释,但为何在处罚重时一定要将"实行行为"作为他方的"共犯行为"③,处罚轻时才是自己的正犯,这才是真正困惑之处。

正是基于上述疑问,本书原则上赞同赵秉志教授的观点,在同为真正身份但身份有别的情况下,仍然存在以何方身份犯形成对共同犯罪成立的优势地位和影响的比较标准,在此基础上,可以对共同犯罪确定犯罪性质。但是 00.06.27《贪污、职务侵占

---

① 同时,这也会带来对"共犯"是处于共同犯罪边缘化的参与者,对共同犯罪结果不具有支配、控制能力,只是对"正犯"是"加功"之说的否定。

② 张明楷教授主张的"相对性"运用在形式上的非实行行为,但实际上支配、掌控犯罪流程实质上的实行行为上是合适的。如本书在前所举的例子:甲提供保险柜密码给乙的行为,仅仅提供并不说明任何问题,必须考虑到给乙如果只是提供方便条件,那么,乙是否去盗窃,不由甲控制,是完全由乙自己决定的,乙去行窃,甲是帮助犯;但如果甲提供给其手下的乙保险柜密码,就是让乙去行窃,甲操控、支配着乙盗窃行为的因果流程,甲就不是帮助犯,而是盗窃的(间接)正犯。

③ 连形式要件都不具备,因有"帮助性质"使所实施的实行行为就可以评价为教唆、帮助行为,是否定了分则构成要件定型化?张明楷教授并不赞同将具有"帮助之意"而实施实行行为,不视为正犯的观点,非常明确地指出,即便以加功之意思实施构成要件的行为,也不能评价为是共犯,而是正犯。"行为人受嘱托杀人的、为了第三者的利益而盗窃、抢劫的,都不可能成为正犯,这显然不合理。"张明楷:《刑法学》(上)(第 5 版),法律出版社 2016 年版,第 390 页。

解释》只是确定了共同犯罪性质的标准,实际上并没有解决各有不同真正身份的参与者在共同犯罪的法律属性问题。因此,本书认为,保障刑法分则定型化的基本功能前提下,对真正身份但具体的身份有别的共同犯罪应当按照同一罪名下的共同正犯定罪处罚。①

二、不真正身份犯与共犯的定罪处罚

不真正身份犯的加减身份(责任身份)仅对不真正身份犯有意义,对无此身份者没有意义。无身份者与不真正身份犯可以成立共同犯罪包括两种情况,一是共同实施正犯行为;二是无身份者实施教唆、帮助行为。例如,我国《刑法》第243条第2款规定,国家工作人员犯诬告陷害罪的,从重处罚,但不具有国家工作人员身份者,不能从重处罚。该种情况下,无身份者可以成立共同正犯,也可以成立不真正身份犯的共犯,但都不能适用从重处罚的规定,只能适用普通法定刑。

有身份者与无身份者共同实施不真正身份犯应如何处理?例如,国家工作人员唆使或者帮助非国家工作人员,或者共同实行实施非法拘禁行为。就从属性观点而言,有重视身份为重要个别化的观点,主张有身份者为不真正身份犯的教唆犯、帮助犯或者共同正犯;也有重视罪名从属性的认识,主张有身份者仅成立普通罪的教唆、帮助或共同正犯②。当然,前者对有身份者仍可适用从重或从轻处罚的规定;而后者对有身份者适用普通之刑。马克昌教授认可根据教唆犯、帮助犯定罪的原理,认为有身份者教唆或帮助无身份者实施非身份犯的犯罪,有身份者应以非身份犯的教唆犯或从犯论处……身份可以作为从重情节,在量刑时考虑③的观点。这是采罪名从属,但是在处罚上却采重视身份,实为折中的观点。如果从我国立法规定看,如果均为正犯时,是在贯彻违法是连带的,责任是个别原则,即"分别定罪"处罚。例如,邮政工作人员可以与非邮政工作人员共同实施侵犯公民通讯自由的行为,但非邮政工作人员的普通人只能构成侵犯通信自由罪,而邮政工作人员则构成私自开拆、隐匿、毁弃邮件、电报罪。从这一点而言,如果有身份者教唆、帮助非身份者实施不真正身份犯的犯罪,当然应该从属于非身份犯的普通犯罪而为共犯(也就是以违法身份与责任身份相区别看待④是合适的)。由于不真正身份犯的身份是专属于自己一身的减免或加重事由,具有个别化作用,虽然不影响共犯成立,但是依据个人责任原则,身份不应作为在成立共犯时从重或从轻的依据。之所以如此认识,也与消极身份与共同犯罪的关系有关。

消极身份,是指因不具有一定身份而构成犯罪的类型。反过来说,就是因具有某

---

① 在此需要检讨的是,这一方案也并不是圆满的结论,因为作为共同正犯时,必有一方的行为在解释上需要视为间接正犯,但是,真正身份犯原则上很难解释为另一真正身份犯的间接正犯。该方案只是在维护刑法分则定型化前提下不圆满的结论。
② 参见陈子平:《刑法总论》(下),台湾元照出版有限公司2006年版,第229页。
③ 参见马克昌主编:《犯罪通论》,武汉大学出版社1999年版,第589—592页。
④ 参见黎宏:《刑法学总论》(第2版),法律出版社2016年版,第303页以下。

种身份而阻却犯罪成立的身份。例如非法行医罪、非法进行节育手术罪，是"未取得医生执业资格"之人构成；属于"不满14周岁"之人的身份，阻却犯罪成立，其身份即为"消极身份"①。当具有身份者的行为并不违法时，则不具有身份者加功或者与有身份者共同实施行为，也不违法。例如，未取得医生执业资格之助手加功于取得医生执业资格之人实施行医行为，因为加功于合法行为，未取得医生执业资格之人，当然不能构成犯罪（如个体行医者的助手）；反之，具有身份者加功于不具有身份者，或者共同实施行为违法时，如取得医生执业资格之人，鼓励或默许未取得医生执业资格之助手，在自己不在诊所时单独从事医疗行为，发生重大事故则构成犯罪。从上述消极身份的规定看，是作为构成要件的特别规定而设置，如果从违法连带性的意义上说，也应成立非法行医罪的共犯，或者共同正犯。而具有医生执业资格，并不能成为在刑事责任上从重的理由。

三、无身份者能否为真正身份犯的共同正犯

无身份者加功于真正身份犯，可以成立真正身份犯的教唆犯或帮助犯，这既为理论所赞同，也在相关的司法解释中有体现②，表明我国刑法认可无身份者可以成为真正身份犯的共犯。但无身份者能否与有身份者构成真正身份犯的共同正犯，在国外刑法理论中存在着肯定与否定的见解。③ 我国刑法理论中同样存在不同的认识。

否定的观点认为，无身份者不可能成为真正身份犯的共同正犯。例如，背叛国家罪只有具有我国国籍的人才能构成，非我国公民，不可能与我国公民构成共同正犯。具有特定身份的人与没有特定身份的人之所以不能构成法律要求犯罪主体具有特定身份的犯罪的共同正犯，就在于没有特定身份的人不可能实施法律要求犯罪主体具有特定身份的犯罪的实行行为。身份是犯罪主体的构成要素之一，身份决定着犯罪主体的性质。身份尤其是法定身份总是和犯罪主体的权利与义务联系在一起的，法律在赋予其一定身份的同时，必然加诸一定的权利、义务，而且身份对犯罪行为的性质具有决定意义。就非国家人员可以实施受贿罪实行行为的观点指出，这种观点只看到了非国家工作人员的行为与国家工作人员的行为之间形式上的一致性，没有看到二者间的本质差别，因而错误地将此二者混为一谈。④ 也有学者认为："结合我国目前的犯罪构成理论，应当说否定说的主张是科学的……特定犯罪的实行行为应当与

---

① 阻却犯罪成立的身份，因不构成犯罪，在此可以不讨论。例如，不满14周岁的人，唆使或者帮助已满14周岁的人抢劫的。不满14周岁之人，不成立教唆犯或帮助犯。

② 如1998年4月6日最高人民法院《关于审理挪用公款案件具体应用法律若干问题的解释》第8条规定："挪用公款给他人使用，使用人与挪用人共谋，指使或者参与策划取得挪用款的，以挪用公款罪的共犯定罪处罚。"2007年7月8日最高人民法院、最高人民检察院《关于办理受贿刑事案件适用法律若干问题的意见》第7条"关于由特定关系人收受贿赂问题"中规定："特定关系人与国家工作人员通谋，共同实施前款行为的，对特定关系人以受贿罪的共犯论处。特定关系人以外的其他人与国家工作人员通谋，由国家工作人员利用职务上的便利为请托人谋取利益，收受请托人财物后双方共同占有的，以受贿罪的共犯论处。"

③ 参见马克昌主编：《犯罪通论》，武汉大学出版社1999年版，第581—582页。

④ 参见陈兴良：《共同犯罪论》（第2版），中国人民大学出版社2006年版，第318—319页。

该特定犯罪的行为主体要求是一致的,不能从表面上看,非身份者好像可以实施作为纯正身份犯中的部分实行行为,实际上该实行行为只有特定的有身份者实施才属于该特定犯罪的实行行为,超出此范围就不再是特定犯罪意义上的实行行为。纯正身份犯的本质乃在于,行为人根据其身份而承担了一定的义务,身份的连带性不能超越纯正身份犯的本质。不能将自然意义上行为的共同等同于法律意义上的实行行为的共同。而对共同犯罪中实行行为的评价应当是规范意义、法律意义的,而不能是自然意义上的。"①

肯定的观点认为,没有身份之人可以在事实上分担实施实行行为,根据"部分行为全部责任原则"当然可以要求承担责任。例如强奸罪,没有"男性身份"的女性可以与男性共谋而成立强奸罪共同正犯,也可以参与实施暴力、胁迫等行为成立共同正犯,没有理由将无身份者排除在真正身份犯共同正犯之外②。而且,无身份者可以教唆、帮助的形式参与身份犯实行,当然也可以他人的行为为中介扩张自己的行为的影响方式而参与身份犯的实行,故无身份者也能通过有身份者的行为,参与对真正身份犯保护法益的侵害,成为真正身份犯的共同正犯③。

折中的观点认为,从理论上看,否定说是有道理的。因为真正身份犯,只是具备该身份的人才能实施,但在立法上,有的立法例明文规定'共同实施',但在实际上,某些真正身份犯,无身份者并非不可能实施部分实行行为,在这种情况下,完全否认无身份者与有身份者构成共同实行犯的可能性,似与法律规定和实际情况不合。因此,无身份者与有身份者能否构成真正身份犯的共同实行犯,应当根据具体情况分析。凡无身份者能够参与真正身份犯的部分实行行为的,可以与有身份者构成共同实行犯;凡无身份者根本不能参与真正身份犯的实行行为的,即不能与有身份者构成共同实行犯。④

首先,能否实施某种行为与能否评价为完成犯罪是两个层面的问题,不能因为不能完成犯罪而否认能够实施。即便能够实施,是否应当在法律上评价为该种犯罪的实行行为,又是不同的问题,因而一概否认非身份者是可以实施某种行为,并不正确。其次,否定的理由,是特定身份总是和犯罪主体的权利与义务联系在一起的,法律在赋予其一定身份的同时,必然加诸一定的权利、义务⑤;行为人根据其身份而承担了一定的义务,身份的连带性不能超越纯正身份犯的本质⑥。而对此一概而论是一叶障目。法律身份的真正身份犯,可以说非法律身份的人确实不可能实施法律意义上的特定身份主体的实行行为,如职务行为。但并非所有的真正身份犯都具有法律规定

---

① 阴建峰、周加海:《共同犯罪适用中疑难问题研究》,吉林人民出版社2001年版,第48—49页。
② 参见黎宏:《刑法学》,法律出版社2012年版,第302—303页;
③ 参见黎宏:《刑法学总论》(第2版),法律出版社2016年版,第304页。
④ 参见马克昌主编:《犯罪通论》,武汉大学出版社1999年版,第582—583页。
⑤ 参见陈兴良:《共同犯罪论》(第2版),中国人民大学出版社2006年版,第318页。
⑥ 参见阴建峰、周加海:《共同犯罪适用中疑难问题研究》,吉林人民出版社2001年版,第49页。

的权利、义务问题。认为妇女可以构成强奸罪的共犯,但不能成为强奸罪的实行犯①,是因为妇女不具有真正身份犯的男性的"权利、义务",但犯强奸罪的(男)行为人的权利、义务又是什么呢?恐怕这是否定说的论者不好解释的地方。再次,固然"共同犯罪中实行行为的评价应当是规范意义、法律意义的,而不能是自然意义上的"②,但具体犯罪构成客观方面的行为,行为人能否实施这种行为是一个层次的问题,而法律上是否将这种行为评价为该种犯罪的实行行为,是另一个层次的问题。不否认确实有的实行行为,非特定身份的主体不可能实施。例如,作为亲手犯的遗弃罪,不具有同一家庭成员的身份,不具有扶养、抚养、赡养义务就不可能成立遗弃罪的共同正犯,但这并非对所有的真正身份成立共同犯罪的规律。陈兴良教授认为,甲将一女骗到家中欲行强暴,其妻子不但不制止,反而按住该女身体,使强奸顺利完成,其妻子就是事中帮助的共犯。③ 对此,黎宏教授指出,这是明显的错误,按住被害人身体,已经是强奸罪的"暴力手段",是实行行为的一部分,如何能认为该种行为是强奸罪构成要件之外的内容?④ 本书赞同这一认识。妇女既然实施的是强奸的暴力手段行为,法律上就不是自然意义上的行为,而是强奸罪的实行行为的一部分,不能因无法实施奸淫行为而认为实施的不是实行行为;在妇女教唆强奸而男性不具有刑事责任能力,妇女也是强奸的"间接正犯"。

据此,真正身份犯的犯罪中,应当区别法律身份与自然身份,自然身份的犯罪,非特定身份的人能够与真正身份犯成立共同正犯。

第八节 共同犯罪中的认识错误及共同犯罪关系的脱离

一、共同犯罪中的认识错误

共同犯罪中的认识错误,包括共同正犯的认识错误与共犯的认识错误两部分内容。从认识错误解决定性以及责任的要求上说,应该遵循"依所识、不依所实"。

(一) 共同正犯的认识错误

共同正犯的认识错误是指共同正犯的认识与发生的客观事实之间不一致的情况,既包括共同正犯的共同认识错误,也包括共同正犯之间认识与客观事实之间不一致的错误。前者如甲、乙均将丙误认为丁而实施共同伤害,这与单独犯的对象认识错误在处理上并没有不同。后者如甲、乙共谋杀人丙,共同向丙开枪射击,但甲误认为丙身边的丁是丙,向丁射击,乙并没有错误认识,是向丙射击,分别造成丙、丁死亡的。按照法定符合说,甲的认识错误,是同一构成要件内的错误认识,并不影响犯罪的性质,也非过失造成丁死亡,故甲、乙仍然成立故意杀人罪的共同正犯。

---

① 参见陈兴良:《共同犯罪论》(第2版),中国人民大学出版社2006年版,第319页。
② 阴建峰、周加海:《共同犯罪适用中疑难问题研究》,吉林人民出版社2001年版,第49页。
③ 参见陈兴良:《共同犯罪论》(第2版),中国人民大学出版社2006年版,第90页。
④ 参见黎宏:《刑法学》,法律出版社2012年版,第292页下注释。

共同正犯对不同构成要件内的认识错误,如甲、乙兄弟二人为泄愤对丙家一祖传明清时期的屏风打砸,并共同将屏风推到,意外造成因害怕躲在屏风后丙的孩子被砸中而身亡。甲、乙为故意毁坏财物罪的共同正犯并无疑问,对意外造成丙孩子死亡,在承认过失共同正犯的前提下,均成立过失致人死亡罪共同正犯,应按照想象竞合犯原则处理。此外,针对意图侵害的对象,刑法规定为犯罪,但实际被侵害的刑法没有规定为犯罪。例如,在共谋共同杀人时,将树丛中缓慢移动的野猪误认为想杀的人而射杀之,这在理论上应成立故意杀人罪未遂,但理论上也有主张为不可罚的不能犯。至于甲、乙共谋教训丙,甲怀有杀人故意,而乙只有伤害故意,但甲认为乙同意自己杀人的意思,乙认为甲同意只是伤害丙的意思,在共同造成丙死亡的情况下,如果同意部分犯罪共同说,则在故意伤害的范围内成立共同正犯,甲单独承担故意杀人的罪责;而以行为共同说看,只要行为共同即可成立共同正犯,则甲为乙故意伤害罪(致死)的共同正犯,乙为甲故意杀人罪共同正犯,分别承担刑责。但从主张行为共同说的立场看,这种情况下,实无必要讨论共同正犯的认识错误。

对结果加重犯的共同正犯的认识错误,有无讨论的余地?例如,在共同施暴中,甲只想希望"教训一下",丝毫没有打算致人严重伤害的意图,参与围殴被害人,不料共同实施的乙、丙采取了激烈的打击行为,致使被害人死亡。结果加重犯以对重结果主观上至少有过失为条件[①],本案甲对致人死亡的结果,既然没有认识到,当然也可以说是在认识上有错误。但是基于故意伤害的共同正犯是成立的。因此,甲只要对重结果的发生有预见可能性,即便甲的主观认识与实际发生的结果不符合,只要在故意伤害的范围内,甲的认识错误不影响共同正犯的刑事责任,对被害人死亡结果承担责任。

(二) 共犯的认识错误

1. 教唆犯的认识错误

教唆犯的认识错误是指教唆犯基于教唆时认识的事实与被教唆者的实际情况,以及被教唆者实现的事实不一致的情况。

(1) 教唆者对被教唆者实际情况的认识错误。例如,教唆者认为被教唆者已经是成年人,但实际上被教唆者是刑事未成年人,则该种事实错误不影响其教唆犯罪的成立。如果明知他人未达法定责任年龄或不具有刑事责任能力而进行教唆的,利用其为工具的,教唆者成立间接正犯。

(2) 被教唆者已有犯意并决心实施,教唆者不明就里,仍实施教唆的,该事实认识错误不影响其教唆犯罪的成立。但是,如已知他人有犯意但尚不坚定实行教唆,以

[①] 对结果加重犯重结果的主观罪过,各国的表述有一定区别,如《德国刑法典》第18条规定是以正犯或共犯对特别严重后果产生至少有"过失"为必要条件,而俄罗斯刑法规定,只有在行为人预见到这种后果发生的可能性却没有足够根据轻信可以防止这种后果发生,或应该预见或可能预见这种后果可能发生却没有预见时,才对这种后果承担责任。即是都要求有过失罪过。我国刑法虽无明文规定,结合分则结果加重犯的规定,应该说,应以至少有过失为条件。但如前所述,在司法解释中,实际上存在对偶然结果要求承担加重责任的规定,值得商榷。

强化其犯意,是否成立教唆犯,有不同的认识。多数学者认为仍成立教唆犯。但本书认为,对方本有犯意,并已决心实施,再从旁予以鼓励、支持、怂恿,只能视为对对方精神上的支持,成立帮助犯。

(3) 对被教唆者实现事实不一致的认识错误,也可以分为同一构成要件内的认识错误与不同构成要件内的认识错误。前者如甲教唆乙盗窃丙的财物实施报复,乙却将丁的财物误认为是丙的财物而窃之,该种错误不影响教唆者与被教唆者共同犯罪的成立。后者如甲教唆乙实施杀丙之子进行报复,乙在黄昏视线不好的情况下将其院内的名犬误认为是孩子射杀。乙为故意杀人未遂(也有观点认为属于不可罚不能犯),而过失毁坏财物不为罪,甲为教唆故意杀人未遂,按照从属性原则要求,乙为没有犯被教唆的罪(既遂),对甲可以从宽处理。

(4) 被教唆者工具、手段认识错误(可以分为绝对与相对,本书认为这种划分意义有限)。例如,乙被唆使实施爆炸以报复曾经判自己有罪的法官,并将炸药安置于其小卧车底盘,因炸药受潮未爆炸。乙构成爆炸罪(或故意杀人罪)的未遂,教唆者甲仍然构成爆炸罪(或故意杀人罪)的教唆犯,应以教唆未遂处罚。

2. 帮助犯的认识错误

帮助犯的认识错误指帮助犯基于帮助时认识的事实与被帮助者的实际情况,以及被帮助者实现的事实不一致的情况。

(1) 帮助者对被帮助者实际情况的认识错误。例如,误认为被帮助者已经是成年人,但实际上是未成年人,则该种事实错误不影响犯罪的成立。至于是按照帮助犯还是间接正犯处理,按理应该从所实施的帮助对实行者是否具有完全意义上的支配、控制作用上考虑。从帮助犯而言,尚达不到对被帮助者能够支配、控制的程度,如果能够支配、控制被帮助者,则应该以间接正犯论处;反之,就应该成立帮助犯。但是,必须承认"无正犯之共犯"的结论。

(2) 过剩帮助(无效帮助)。这是指被帮助者实际上并不需要帮助,而帮助者误认为需要而实施帮助,实际上被帮助者并没有利用所提供的帮助条件。例如,得知甲为报复乙准备实施伤害,便将自己趁手的匕首借给甲,但不知甲已经有砍刀,甲是使用自己的砍刀实施伤害。该种情况下,由于甲并没有利用所提供的工具实施犯罪,不宜以帮助犯追究刑责。

(3) 被帮助者的事实认识错误。例如,被帮助者利用了所提供的帮助条件,但实施中出现对象认识错误,不影响帮助者刑事责任的认定。

(4) 被帮助者的工具、手段认识错误。例如,将弩弓提供甲实施杀人,甲并不知弩弓的杀伤力,只是造成被害人轻伤,被帮助者是故意杀人未遂,提供帮助者亦应为未遂。

二、共同犯罪关系的脱离

共同犯罪关系的脱离,是指在共同犯罪关系成立后,犯罪完成之前,部分参与者切断与其他参与者的联系,从共同犯罪关系中得以解脱的情况。共同犯罪关系的脱离,包括共同正犯关系脱离以及共犯关系的脱离。张明楷教授认为,共同犯罪中的犯罪中止与共犯关系的脱离有关联,但不是同一个问题;黎宏教授则认为,共同犯罪的脱离与共同犯罪中的犯罪中止是同一个问题①。本书认为,从承认脱离后的法律效果看,如果刑法规定处罚脱离前的行为,认定的脱离者仍然需要承担犯罪中止的刑事责任,如果不能认定共同犯罪关系的脱离,参与者仍然需要承担既遂,或者未遂的刑事责任。换言之,只有在参与的行为本为刑法规定为犯罪的前提下,才有承认脱离关系的必要。② 既然不能认为参与者对脱离前的参与行为无需承担刑事责任,当然有以中止承担刑事责任的余地。从这一意义上说,共同犯罪关系的脱离,事实上就是为解决共同犯罪参与者能否成立中止的问题。二者实无再区别研究的必要。

在理论上,共同犯罪关系的脱离,主要采"因果关系切断说",即只有参与者断绝了与其他参与者在"物理上的因果力和心理上因果力"这样的关系,才能承认共同犯罪关系的脱离。"广义的共犯关系脱离是指共犯人切断共犯因果系列的一切现象,包括共犯的过限行为,共犯的中止以及狭义的共犯脱离。狭义的共犯脱离仅指在共犯关系中,共犯人停止自身的行为,并为阻止共犯构成事实的实现做出真挚努力者。"③ 在共同犯罪关系脱离上,如果囿于单独犯中止的条件要求,只有欲脱离者成功制止了犯罪完成的情况下才能成立,如果一旦发生犯罪的结果,即便是为制止完成犯罪做出了真挚的努力者,也不免要承担既遂责任。这样的条件显然并不利于分化、瓦解共同犯罪实体,也对真挚的努力者在处罚上过于严苛。

在立法上,多数国家没有这方面立法,只有少数国家立法有规定。例如,《德国刑法典》第31条(共犯未遂的中止)规定:"(1)具有下列情形之一的,不依第30条处罚④:自动放弃命令他人犯重罪的意图,且消除可能发生的他人犯罪的危险的;在已经声明愿意实施重罪后放弃计划;接受他人的犯罪请求或与他人约定实施重罪后,能自动阻止犯罪的。(2)如没有中止犯的中止行为犯罪行为也会停止的,或没有中止犯中止以前的行为犯罪行为也会实施的,只要行为人主动努力阻止行为实施的,即不予处罚。"由此可见,《德国刑法典》对共同犯罪中共同犯罪参与者中止犯罪的规定,是比较宽松的。

(一)共同正犯共同关系的脱离

由于共同正犯采"部分行为全部责任"原则,因此,在共同正犯中只有部分参与者自己停止实施实行行为,而没有制止共同犯罪结果发生的,停止犯罪实施者不能成立中止,不能认为已经与共同犯罪的整体断绝了联系。例如,对犯罪组织者而言,必须

---

① 参见张明楷:《刑法学》(上)(第5版),法律出版社2016年版,第448页;黎宏:《刑法学总论》(第2版),法律出版社2016年版,第305页以下。
② 在此有必要说明的是,本议题是在共同犯罪参与者均为"适格"主体的前提下,也即均需要承担刑事责任的主体;如果从行为共同说的立场出发,主张有非"适格"主体参与而仍然是"共同犯罪"为前提,因非适格主体无需承担刑事责任。本书认为,是否脱离共同犯罪关系并无实质意义,不在本议题讨论的范畴。
③ 赵慧:《论共犯关系的脱离》,载《法学评论》2005年第5期。
④ 第30条为《德国刑法典》对共犯未遂的处罚规定。

有积极劝说或者积极阻止其他参与者实施犯罪的行为,否则,仍然要对其他参与者所实施犯罪承担既遂或者未遂的刑事责任,其个人停止犯罪实施的情节,只能作为量刑情节考虑。但是,参与者为制止犯罪的完成做出真挚努力的情况下,如极力实施了劝阻,甚至报警来阻止犯罪继续实施的,在能够表明切断与其他参与者心理上、物理上的因果时,即便其他正犯完成犯罪的,也应该认为真挚努力者成立中止犯。

对共谋共同正犯而言,有一定的特殊性,即只有在所确定的实行者着手实行行为之前,共谋者通过自己的真挚努力使之放弃着手实行行为,才能使共谋关系脱离。参与共谋者中若有正犯着手实施实行行为,即不再发生适用中止的可能性。但共谋参与者未必一定使其他共谋者放弃犯罪实行才能成立共谋关系脱离;参与共谋后,着手实行实行行为之前,表明自己退出并使其他共谋者明了自己脱离的意思,共谋共同正犯关系的脱离也应该成立,对其他共谋者之后实施的犯罪,不应承担刑事责任。

(二) 共犯关系的脱离①

1. 教唆犯与正犯关系脱离

教唆犯是以引起他人实施犯罪决意为特点,因此,只要被教授者决意实施犯罪,便与教唆者之间具有心理上的因果联系。教唆者与正犯关系的脱离,应以正犯实施犯罪预备之前,或者着手实行行为之前切断与正犯心理上的因果联系为必要。但是,切断与正犯的心理上因果力的关联,并非以教唆者单方面宣告撤回教唆就可以,必须以具体说服方法使接受教唆者放弃犯罪意图为必要。如果说服无效,不能消除被教唆者犯意,又无采用其他方法阻止其实施犯罪的(如没有报警),则不能认为教唆关系脱离。如果接受教唆者已经答应放弃,表明教唆者已经消除了所制造的危险,应以中止犯罪论。即使过后被教唆者仍然去实施犯罪的,教唆者也不能再负教唆责任。

2. 帮助犯与正犯关系脱离

帮助犯是对已有犯意之人提供各种方便条件,使之易于着手实行、完成犯罪,或者助其保障犯罪成果。帮助有物理性与心理性之分,因此,帮助犯关系的脱离,需要根据实际情况就两方面切断与接受帮助者之间的物理、心理因果关系。

物质帮助者,需要在正犯着手实施实行行为之前消除之前提供的帮助条件,方可承认帮助关系的脱离。例如,提供刀具、钥匙等的必须索取回,以切断自己提供物品之加功行为物理因果联系;在提供资讯、技术性辅助知识的情况下,必须通过说服接受帮助者放弃犯罪,或者通过其他物理性方式阻止其着手实施犯罪为必要。

心理帮助者,需要消除因加功而使接受帮助者已有的犯意被强化的效果。劝说放弃犯意也不失为方式之一,但是,对接受精神帮助者而言,已有犯意并非帮助者导致,因此,最终接受帮助者是否同意放弃犯罪,不影响帮助者关系的脱离。如果答应从物理性提供帮助以强化接受者犯意的,则可以单方面取消加功约定并告知。

---

① 广义上可以包括教唆犯与被教唆的帮助犯、被教唆的教唆犯共犯关系的脱离。

第十章 罪数形态

第一节 罪数形态概述

一、罪数区分的意义和区分标准

(一) 罪数区分的意义

罪数,是指犯罪的单复数,可能是一个人犯罪的单复数,也可以是共同犯罪的单复数;区分罪数,也就是区别所犯是一罪还是数罪。区分罪数,既关系到对行为人的正确定罪,也关系到正确适用刑罚。而且,对罪数的研究,也与适用刑事实体法以及刑事程序法等相关的重要制度有密切关系。例如,继续犯、连续犯、牵连犯、集合犯等,会就涉及新旧法律的适用、刑法的追诉时效、刑事管辖权、起诉范围等都具有重要意义。因此,罪数区分并非仅仅涉及定罪和量刑问题。

(二) 罪数区分的标准

如何区分一罪还是数罪,在理论上是颇有争议的问题,由于所持立场的不同,区分的结论可能大相径庭。目前,主要有以下几种学说。

(1) 行为标准说。该说认为行为是犯罪的核心,没有行为就没有犯罪,所以判断罪数就应当以行为的个数为标准。实施一个行为,就是一罪,即便造成数个结果的,也是一罪。行为标准说又有自然行为、社会意义与法律行为之分。自然行为说认为行为就是自然意义上的行为,一个举动或动作就是一个行为;社会意义说认为行为是从社会一般价值观看,是一个还是数个行为,即便是数个举动,从社会意义上看是一个行为的,就是一个行为;而法律行为说主张行为应依据法律规定考察,即便是自然意义上、社会意义上的数个行为,在法律评价上也可能只是一个行为。行为标准说从整体上看,不是一个妥当的标准。

(2) 法益(结果)标准说。该说认为犯罪的本质是对法益的侵害,因此,罪数的区别只能以被侵害的个数法益为标准。造成侵害一个法益的结果,就是一罪,造成侵害数个法益结果的,就是数罪。从法益(结果)的意义上说,因侵害结果为多数,需要适用重刑罚是合理的,但是,当一行为造成数个结果而论以数罪,实质上违背法的精神。

(3) 犯意说(意思说)。该说认为犯意是行为人主观恶性的表现,而行为只是其主观犯罪意思的客观表现。因此,罪数的判断应以犯罪的主观意思为标准,基于一个犯罪意思的就是一罪,基于数个意思的就是数罪。犯意标准只强调主观恶性,全然不顾犯罪客观上的具体状况,是不妥当的。

（4）构成要件标准说。该说认为犯罪是以构成要件为标准而认定，因此，只能以构成要件的个数判断一罪或数罪。一次符合构成要件的行为就是一罪，数次符合构成要件的行为就是数罪。构成要件标准说相比于行为标准说、法益标准说和犯意说，具有较大的合理性，是大陆法系理论上的通说。当然，也并非说行为标准、法益标准或犯意在实质上没有意义。例如，如果只是一个行为，当然不能说是数罪；只侵害一个法益，也不能说是数罪；只有一个犯意，也不能以数罪论处。只是在针对复杂的犯罪现象，这些标准不能合理解决罪数问题而已。不过，由于在阶层性构成体系下，构成要件符合性只是成立犯罪的条件之一，成立犯罪还需具备违法性和有责性；在我国平面结构的评价体系上，直接借鉴是不可行的。但是，构成要件标准说为我国理论上提出的"犯罪构成标准说"提供了有益的基础。

犯罪要件标准说，是以行为符合犯罪构成的个数区分一罪还是数罪，行为一次符合一个犯罪构成的，是一罪，行为数次符合数个犯罪构成的是数罪，但是，行为数次符合同一个犯罪构成的，评价上仍然是一罪。依据犯罪构成标准，这里所谓的犯罪，是指实质上的符合，而非仅仅在形式上触犯刑法的条款。实质上的符合，当然以构成要件所保护的法益为中心，综合犯罪构成所规定的侵害法益的行为状况（单一性，连续性等）、被害法益同一性、犯意内容，判断符合构成要件的次数等，决定罪数。从实质上考察，还包括未完成犯罪形态的犯罪预备、犯罪未遂以及犯罪中止。例如，盗窃罪在我国刑法的规定上，有数额较大或次数，或者特定场所条件的要求，如果不符合这样的条件，即便是窃取他人财物的行为，也不能认为构成犯罪。也就是说，即使在当前犯罪构成体系下，对构成犯罪的判断，也必须是从实质上对达到可罚违法性以及有责任的判断。不过，实质上对构成犯罪的判断，并不排除即便是在实质上是数罪，依据刑法及其相关司法解释的规定，只作为一罪认定处罚的情况。例如，对预谋杀人后抢劫财物的，是故意杀人的犯罪构成和盗窃罪的犯罪构成，但依据司法解释的规定，只认定构成抢劫一罪；再如绑架并杀害被绑架人的，也是符合绑架罪以及故意杀人罪两罪的犯罪构成，但依据刑法的规定，只构成绑架一罪。

此外，在罪数的判断上，司法实务中仍然有一些通常与学理上主张不同的做法。例如，为杀人而盗窃枪支、弹药，并以此而实施故意杀人行为的，学理上认为是牵连犯，主张一般不予以数罪并罚，从一重罪（或从一重罪从重）处理即可，但实务中对此种现象以数罪予以并罚的不在少数。由于牵连犯本质上是符合数罪的，因此，不能认为数罪并罚有什么不对。罪数的区别，在有立法或司法解释的情况下，必须依据立法以及司法解释，只是在没有具体规定时，可以依据学理上的标准。

二、罪数的种类

罪数理论所关注的，是形式上看似数罪但实际上是一罪或被评价为一罪，或在处罚上需要作为一罪处理的情形。目前通说是以"实质的一罪"包括继续犯、想象竞合犯与结果加重犯，"法定的一罪"包括集合犯和结合犯以及"处断的一罪"包括连续犯、牵连犯和吸收犯来概括罪数研究的范围。对无论从形式上还是实质上本来就是一罪和数罪的情况,不是罪数理论所关注的内容。上述分类可以认为基本上是妥当的。当然,由于分类标准的单一性致使各种分类研究的罪数形态之间并没有严格的界限,可能会存在以下现象:

(1) 各种罪数形态之间会有交叉。如一行为触犯数罪名的想象竞合犯,就不存在只能成立想象竞合犯,也可以存在于连续犯的形态之中,牵连犯形态中或者集合犯形态,或者其他形态中,可称之为"连续犯的想象竞合犯""牵连犯的想象竞合犯""集合犯的想象竞合犯"等;相反的现象也存在,如"想象竞合犯的连续犯""想象竞合犯的牵连犯""想象竞合犯的集合犯"等。在这种有交叉的罪数形态中,使罪数形态表现的更为复杂。但限于本书的篇幅,不准备对此类问题进行研讨。

(2) 由于行为的分类标准并不统一,会存在依据不同视角得出不同罪数形态的结论。如伪造身份证而骗取他人财物,如果从伪造是为骗取财物而实施的手段行为,骗取财物是目的行为看,这是牵连犯的形式;但是,如果从法条设置对编造谎言、隐瞒真相使相对人受骗却没有任何限制看,伪造身份证而欺骗他人,本身就是隐瞒真相的内容,则行为人只有一个行为,属于触犯了伪造居民身份证罪和诈骗罪两个罪名的想象竞合犯。因此,研究表明具体标准就非常重要。

(3) 在规范用语上存在内涵外延上的不统一。如"同种罪名",在想象竞合犯中,同种罪名只限于犯罪形态和罪名完全相同的情况;相反,如果罪名相同但犯罪形态不同的,则属于异种想象竞合犯。但是,连续犯的"同种罪名"(或称"相同罪名"),与其不同,包括罪名相同但犯罪形态可以不同的情况,甚至与吸收犯的"同种罪名",学者们在解释上都有区别。这又表明,用语的语境是非常重要的。

上述各种情况,均应成为在罪数形态中需要关注的理论问题。

第二节 实质的一罪

一、想象竞合犯

(一) 想象竞合犯的概念

想象竞合犯,也称为想象数罪、观念上的数罪,或想象并合犯等,是指一个行为同时触犯数个罪名的犯罪形态。例如,一次开枪射击造成一人死亡一人重伤的情形;违章驾驶机动车肇事造成乘客重伤,又撞毁路边通讯适配厢,造成数千用户电信、通讯中断,均为想象竞合犯。

除上述通行的概念外,也有学者认为,想象竞合犯是指:"行为人基于一个罪过,实施一个危害行为,而触犯两个以上异种罪名的犯罪形态。"[1]该概念不同于上述定义:一是表明行为人主观上只能是一个罪过;二是表明不承认同种类想象竞合犯。

想象竞合犯主观上只能是基于一个罪过的观点,值得商榷。想象竞合犯条件,是

---

[1] 高铭暄主编:《刑法学原理》(第2卷),中国人民大学出版社1993年版,第521—522页。

指实施一个行为,但是,想象竞合犯在法律上是选择罪名适用,这当然就不仅仅是形式上符合数罪,是在实质上有重合,才能既符合甲罪名,也符合乙罪名,只是选择了重罪名适用而已。所以,竞合的并不仅仅是罪名,最重要的重合是在罪过上的"竞合"。从"想象竞合""观念竞合"的意义上说,所表明的就是行为人在罪过上存在竞合之意。将想象竞合犯界定为"基于一个罪过"值得商榷。想象竞合犯,必须是出于一个意思发动,主观上的数个罪过,即必须对行为引起的其他法益侵害结果,至少在主观上有过失。如果对其他法益侵害结果根本不具有认识的可能性,仍然认为是想象竞合犯,无疑是以客观结果而归责。我国现行《刑法》没有规定想象竞合犯,但刑法理论以及司法实际中均承认想象竞合犯这种犯罪形态。[①]

(二) 想象竞合犯的条件

1. 实施一个行为

这里的一个行为,在理论上有"自然行为说"与"构成行为说"的不同理解。自然行为说,是指行为人基于单一决意同种多数自然意义的行为,在他人看来依照自然的思考,自然会认为是一个行为的情况。例如,伤害中的拳打脚踢,虽有"拳打"又有"脚踢",但仍然是一个自然意义上的一个伤害行为。盗窃铁路设备,既符合破坏交通设备罪,也符合盗窃罪,但自然观之,就是一个盗窃行为,成立想象竞合犯。构成行为说,即"多行为犯",是指基于自然意义的多个行为,刑法规定或者按照法律仍然是一行为的。例如,在非法拘禁中对被害人有侮辱、殴打行为。而非法拘禁可以只是单纯剥夺人身自由,也可以在剥夺自由中实施侮辱、殴打行为,但虽然实施单独数个所规定行为,但法律上认定为一个行为。再如,抢劫罪就包括自然意义上的多个行为,可以有暴力,也有胁迫等,但这是构成要件原本就以多行为为构成要件的情况,法律上仍然是一个行为。

张明楷教授和黎宏教授均持自然行为说,但稍有区别。黎宏教授的自然行为说,采日本学者是指在自然意义上被评价为一个行为,与犯罪构成无关[②]的观点;张明楷教授的自然行为说,则采德国的通说,主张在社会观念和规范评价上为一行为,是持有两个不同的考察法[③]的认识,即在规范评价上,如果行为分别属于两个以上不同构成要件时,数个行为有重合时,可以成立想象竞合犯。但是,在规范评价上何种限度内可以视为重合,则有不同认识。有"**主要部分重合说**",以数个构成要件各个自然行为的主要部分重合就可以;"**一部重合说**"主张各个自然行为只要有某种程度的重合就足够;"**着手后重合说**"主张,以着手施行阶段各个自然行为合二为一为必要;"**不可**

---

① 1957 年 6 月 28 日《中华人民共和国刑法草案》(第22稿)第72条曾规定:"一行为触犯两个以上罪名或者犯一个罪而犯罪的方法、结果触犯两个以上罪名的,应当就最重的一个罪处罚。"该条前半段的规定,就是指想象竞合犯的情况。

② 参见黎宏:《刑法学总论》(第2版),法律出版社2016年版,第324页。

③ 参见张明楷:《刑法学》(上)(第5版),法律出版社2016年版,第482页以下。当然,这种情况是还未实施抢劫。

分割重合说"认为,以实施一方自然行为而就必须实施他方行为才为一个行为。① 多数说为"主要部分重合说"。例如,持枪抢劫的,如果持有枪支时,原本不是为抢劫,那么主要部分就不是重合,则为数罪;如果为实施抢劫而购买枪支,主要部分重合,就是非法持有枪支罪与抢劫罪的想象竞合犯。②

本书认为,我国刑法均要求实质意义上一个犯罪行为,至于这一个行为是从自然、社会观念意义上观之还是需要同时从规范意义上考察,应该说在规范意义上更符合。因为大陆法系理论上,在构成要件意义上的符合性,只是判断犯罪的一个条件,并非是实质意义上的犯罪,即使在自然意义上的一个行为,在解释上可以与一个犯罪行为相符合,但是,在存在不一致的情况下,自然意义上的一个行为,未必就等同于一个犯罪行为。例如,我国刑法上有的犯罪有罪量的要求,这一点在大陆法系刑法中是非常少见的条件。如盗窃窨井盖造成重大交通事故致人伤亡的,在自然意义上评价为一个行为时,可以是一个行为同时触犯盗窃罪与危险方法危害公共安全罪的想象竞合犯。但是,从我国刑法的规定而言,其盗窃一个窨井盖的行为尚不足以构成犯罪,只能论其以危险方法危害公共安全罪一个行为,并不触犯盗窃罪罪名。

想象竞合犯的一个行为,可以是出于一个故意犯意发动的行为,也可以是出于一个过失犯意发动的行为。出于故意罪过的,是确定故意,还是概括的故意,不影响成立。出自一个故意而实施犯罪,因同一行为过失地造成另一犯罪结果,也只能评价为是一个行为。行为人出自故意实施一行为,因打击错误而发生故意以外主观上有过失的损害结果,是一行为触犯数罪名。例如,意图伤害特定人而实施攻击行为,但错误击中他人致死(打击错误),触犯故意伤害罪(未遂)和过失致人死亡罪两个罪名。在共同犯罪中,参与者的行为同时触犯其他罪名的,在共同犯罪的犯意内,仍成立想象竞合犯。

在想象竞合犯的情况下,行为人主观上实际是具有数个罪过的,如甲杀乙,开枪杀死乙时因过失击伤丙,主观上就是数个罪过的情况。在构成想象竞合犯的情况下,不仅触犯的罪名有竞合,而且主观罪过也存在竞合现象。如果行为人对发生的其他法益侵害结果不具有罪过,就属于意外事件,不能成立想象竞合犯。数行为触犯数罪名,则是实际的数罪,不发生想象竞合犯的问题。

2. 一行为必须触犯数罪名

一行为触犯数罪名,是指一行为同时符合刑法规范所规定的数个犯罪。也就是说,分别考察,在犯罪构成上实质地可以分别构成所触犯罪名的犯罪。所触犯的数罪名,可以是同种数罪名,是同种想象竞合犯,可以是不同的数罪名,是异种想象竞合犯。前者是指罪名以及犯罪形态完全一样的情形。例如,投掷一颗炸弹炸死屋内的数人,符合数个同种故意杀人罪名(或者触犯爆炸罪与数个故意杀人罪——但这为异种想象竞合的概念)。后者是指完全不同性质的数罪名,或者虽然罪名相同,但是犯

---

① 参见陈子平:《刑法总论》(下),台湾元照出版公司2006年版,第268页。
② 参见同上书,第269页;张明楷:《刑法学》(上)(第5版),法律出版社2016年版,第482—483页。

罪形态不同。例如,实施杀人行为,将被害人杀死,但同时意外造成另一人重伤,触犯故意杀人罪和过失致人重伤罪,或者意图将此二人杀死,一人死亡,另一人幸免于难只造成轻伤,则同时触犯故意杀人(既遂)罪与故意杀人(未遂)罪,均是异种想象竞合犯。

理论上,多数学者否认同种想象竞合犯的理论意义,认为对想象竞合犯的研究,主要是为了从一个行为所触犯的数个罪名中选择何种罪名,依法定罪量刑。因此,只有在异种想象竞合的情况下,想象竞合犯才有意义,否认同种想象竞合犯不会对司法实际造成适用法律的困难①。这也是我国理论通行的观点。从解决适用罪名上说,否定说的观点为当,但是,不应否定同种想象竞合犯对适用刑罚的意义。

以数个举动完成一个犯罪的(接续犯);实施一个基本犯罪构成的行为,出现基本犯罪构成以外的重结果,行为人负加重罪责的犯罪(结果加重犯),或者一行为触犯数罪名,是由于法律的错杂规定所造成需要选择法条适用,仅是在形式上符合数个犯罪构成,实质上只能符合一个犯罪构成(法条竞合);实施一种犯罪而其犯罪的手段行为或结果行为又触犯其他罪名的犯罪(牵连犯)和实施具备两个以上犯罪构成的行为,由法律结合规定为一罪的犯罪(结合犯),其自身的犯罪形态,均并不排斥有想象竞合犯的存在。

(三) 想象竞合犯与法条竞合犯

1. 法条竞合与法条竞合犯

法条竞合与法条竞合犯是不同的概念,法条竞合是立法现象,是静态的,而法条竞合犯是司法现象(犯罪现象),是动态的。②"法条竞合主要从静态的角度分析刑法分则规定犯罪的条文之间的重合关系,说明刑法分则体系的某种特殊结构。法条竞合犯说明实际发生的犯罪行为,如何具体触犯相互竞合的法条,是从动态的角度提示刑法分则内部条文的实际联系。"③所以,法条竞合,是指刑法条款之间在所规定构成要件内容上,存在重合或交叉关系。例如,重婚罪与破坏军婚罪④,在"结婚"构成要件的行为上,是重合关系;侵犯通信自由罪与私自开拆、隐匿、毁弃邮件、电报罪,在侵害通讯自由的法益上,是重合关系;叛逃罪与军人叛逃罪,在叛逃的构成要件上,有交叉关系;招摇撞骗罪与冒充军人招摇撞骗罪,在冒充身份及招摇撞骗的构成要件上有交叉关系。在学者们的论述中,对于竞合的原因都认为法条竞合是由立法而产生的问题——法律规定的错综复杂而形成。这种解释虽然臬白化、简单化,但在现代刑事立法中,分则规定的越详尽,法条间的竞合现象就越严重,却是一个不争的事实。

而法条竞合犯,却是一个动态的司法现象,也即必须是行为人的行为,在构成要件所设置的范围内,一个行为从形式上看,既可以符合甲罪的构成要件,也可以符合乙罪的构成要件。由于一行为触犯到一个法条则必然触犯到另一法条,因而从外观

---

① 参见高铭暄主编:《刑法学原理》(第2卷),中国人民大学出版社1993年版,第527页。
② 参见黄京平、陈毅坚:《法条竞合的类型及其法律适用》,载《中国刑事法杂志》2007年第4期。
③ 姜伟:《犯罪形态论》,法律出版社1994年版,第403—404页。
④ 破坏军婚罪是明知是现役军人的配偶而与之同居或者结婚的行为。

上看有数个法条可以同时适用该行为。但是由于这只是从形式上得出的结论,而从实质上构成要件符合性,只能符合所触犯的其中一个条款的犯罪构成,排斥其他条款适用的可能性。

2. 法条竞合犯的成立条件

法条竞合犯的成立条件有四个:(1) 实施一个行为,即行为人基于一个罪过而实施的一个行为。如实施非法采伐、毁坏珍贵树木罪一个行为,就会发生与盗伐林木罪和盗窃罪的竞合。(2) 一行为在形式上触犯了数个法条,数法条可以是同一法律的不同条文(如上例),也可以是不同刑事法律。如单行刑法与刑法典中的数个法条。如数个行为触犯数个法条,则为数罪问题了。(3) 数法条的犯罪构成要件的内容之间具有包容或者交叉关系,即一法条规定的犯罪构成要件内容在逻辑上为另一法条犯罪构成要件内容的一部分,或者法条与法条内容上有重合的交叉关系。例如,与军人配偶结婚,既符合破坏军婚罪,也符合重婚罪,与军人配偶结婚的内容,被重婚罪所包括,当然,只有部分(与之结婚)具有交叉的关系。(4) 法条竞合时,行为人的行为只能符合其中一个法条的犯罪构成要件,即只有一个罪过,实施一个行为,只能适用其中的一个法条定罪量刑,排斥其他法条适用的可能性。因此,法条竞合犯是实质上犯的一罪。

3. 想象竞合犯与法条竞合犯的区别

想象竞合犯与法条竞合犯的区别是理论上尚未完全解决的难题,因二者有诸多情况是相似的,具体而言:(1) 都是一行为;(2) 都是一行为触犯了数个法律条文;(3) 都只适用一个法条并受一罪而不是数罪的惩罚。本书认为,二者有以下区别:(1)想象竞合犯是一个行为,客观上触犯数罪名,而所触犯的数罪名,在形式上均可以适用于该行为;而法条竞合犯,是一个犯罪行为,犯罪自身是单纯的一罪,行为只符合一个犯罪构成。(2) 想象竞合犯的数法规之间,仅有行为的同一,在竞合罪名法条的构成要件内容上不存在必然的重合或交叉关系,如杀人不需要一定采取放火的方法,放火也不以必须有人死亡才能构成放火罪;而法条竞合犯的数法规之间,则是在犯罪构成要件内容上的重合或交叉,以致触犯该条文则必然触犯另一条文。(3) 想象竞合犯主观上是数个罪过;而法条竞合犯主观上只能是一个罪过。(4) 想象竞合犯是形式的数罪,应就其触犯的数罪名中,从一重处断,对轻罪名并非是因构成要件不符合而排斥;法条竞合犯是单纯一罪,在竞合的法条中,因只符合一个法条的犯罪构成,必须择其而适用,排斥其他法条的适用的可能性。

(四) 想象竞合犯的处罚

想象竞合犯,一般不主张实行数罪并罚,但也不是没有其他例外的处罚原则的主张[①],有学者就提出对想象竞合犯施行数罪并罚[②]。但通行的处罚原则是"从一重处

[①] 参见吴振兴:《罪数形态论》(修订版),中国检察出版社 2006 年版,第 72—76 页。
[②] 参见庄劲:《想象的数罪还是实质的数罪——论想象竞合犯应当数罪并罚》,载《现代法学》2006 年第 2 期。当然,这一意见并没有得到广泛的认同。

罚"。然而,从一重处罚的根据是什么,理论上仍然有不同的认识。(1) 主观责任说。此说自行为人主观方面寻求之所以将想象竞合犯视为一罪的根据。认为行为人以一行为触犯数罪名,比较以数行为实施数个独立的犯罪,其反社会性或恶性要轻些,因而,"责任之非难"也相应为轻,故有必要从一重罪处断而予以宽恕。(2) 客观的违法性论。此说从行为的违法性方面寻求一罪论的根据。认为想象竞合犯仅是一行为,与数个独立行为比较,"在道义上应受较轻的非难",故在科刑上作一罪处断,是自然的事。(3) 行为单一性说。此说从行为的数量上寻求以一罪论的根据。认为想象竞合犯只是单一行为,所以在科刑上以一罪处断,实属理所当然①。

想象竞合犯毕竟在客观上仅有一个犯罪行为,不符合实质数罪的标准,只能就所触犯的数罪名选择重罪处罚。但是,就具有可选择适用罪名而言,想象竞合犯实际上按照所触犯的数罪名中的任何一个罪名定罪处罚时,都不能认为有错误。例如,以爆炸方法杀害特定人,但同时危害到公共安全时,定故意杀人罪不能说有错误,选择爆炸罪适用,也是可以的。而且,从我国立法规定而言,即便可以成立想象竞合犯,也并不支持并罚的观点。例如,我国《刑法》第 329 条抢夺、窃取国有档案罪和擅自出卖、转让国有档案罪规定:"有前两款行为,同时又构成本法规定的其他犯罪的,依照处罚较重的规定定罪处罚。"如果没有这样的立法规定,那么,选择哪一个罪名处罚,则是司法人员的法的价值观所能左右的问题,并非纯粹由刑法理论就能决定对错问题。

"从一重处罚"原本的含义是指,应当就所触犯的数个罪名中最重的一个罪名(即性质最重的犯罪)定罪处罚,其效果及于较轻罪名,即较轻罪名之刑被较重罪名之刑所吸收,不再对较轻罪名另行定罪处罚。最重的罪名或最重的犯罪,以法定刑为基础作出判断,即法定刑高者为重罪,法定刑低者为轻罪;法定刑的轻重主要是以主刑刑种的轻重相比较。② 如具有加重、减轻情节,属于科刑的范围,不能以此影响法定刑的轻重,不得在加减刑罚之后,再行比较。在具体罪刑条、款设有基本犯、情节加重或情节减轻并相应有基本法定刑、加重或减轻法定刑的规定时,则该项法定刑应当是在各罪之间比较轻罪和重罪的标准。③ 在较重法定刑范围内酌情决定应执行的刑罚,并不是一律要判处法定最高刑。

然而,由于不可避免存在法定刑同重的情况,使得法定刑比较失去基础,因而,有学者提出以所触犯的数罪名的情节及对社会的危害程度可能判处较重的一罪论处④,即以可能的宣告刑的轻重为标准。张明楷教授认为的"在行为所触犯的两个罪名的法定刑相同的情况下,不是按所谓目的的行为定罪量刑,而是按照事实情节较重的犯

---

① 参见洪福增:《刑法理论之基础》,台湾刑事法杂志社 1977 年版,第 413 页,转引自马克昌主编:《犯罪通论》,武汉大学出版社 1999 年版,第 679 页。
② 参见陈子平:《刑法总论》(下),台湾元照出版公司 2006 年版,第 269—270 页。
③ 马克昌主编:《犯罪通论》,武汉大学出版社 1999 年版,第 680 页。
④ 参见高铭暄主编:《刑法学原理》(第 2 卷),中国人民大学出版社 1993 年版,第 534 页;吴振兴:《罪数形态论》(修订版),中国检察出版社 2006 年版,第 78 页;马克昌主编:《犯罪通论》,武汉大学出版社 1999 年版,第 680 页。

罪论处"①也就是这个意思。

"以可能的宣告刑作为标准"与"以法定刑为标准"应当说是大相径庭的。"从一重处罚"按照法定刑比较是多数看法②,但法定刑同重现象并非鲜见,不能说以可能的宣告刑为标准没有道理。不过,能够影响审判人员价值判断的因素非常多,甚至其个人的价值观都不能排除,是否会背离"从一重处罚"原则,值得研究。

二、继续犯

(一)继续犯的概念

继续犯也称为持续犯、永续犯。典型的继续犯,如非法拘禁罪、非法持有枪支、弹药罪、非法持有毒品罪、窝藏罪等,都属于继续犯。继续犯的概念,通说的观点认为,继续犯是行为从着手实行到行为终了,犯罪行为与不法状态在一定时间内同时处于继续状态的犯罪。③ 有学者认为,继续犯"是指犯罪行为自着手实行之时直至其构成既遂、且通常在既遂之后至犯罪行为终了的一定时间内,该犯罪行为及其所引起的不法状态同时处于持续过程中的犯罪形态"④。

概念都表明了继续犯的主要特征,即犯罪行为与不法状态在一定时间内同时处于继续。但将"犯罪既遂后"作为继续犯的特征之一,值得商榷。继续犯有在既遂之后仍然继续其不法行为的情况,这种继续犯,在立法规定中通常对犯罪构成除主客观要件外,没有其他限制条件。如非法拘禁罪"非法拘禁他人或者以其他方法非法剥夺他人人身自由的"就可以构成犯罪。⑤ 但有的继续犯,有一定限制性入罪条件,如非法持有毒品罪,并非只要持有毒品,就是犯罪,要求持有毒品达到一定的数量才是犯罪;非法持有毒品,当然可能持有数量大,可成立既遂后仍然持有,也可能虽然持有毒品,但没有达到一定数量,而只有持续积累持有量才可能构成犯罪。如此,将"犯罪既遂后"作为继续犯的必备条件,似有不妥。特别是将"通常"这种不确定条件纳入概念之中,无法用于指导实践。因"通常"只是表明了"一般情况下",那么何时需要考虑"既遂",何时不需要考虑"既遂"情节,无疑成为难题。

(二)继续犯的条件

1. 必须是一个实行行为

必须是一个实行行为即主观上继续犯支配行为的犯意只有一个,而且这种犯意贯穿实行行为从开始到终了,在客观上继续犯自始至终只有一个实行行为⑥,并不因实行行为持续时间的长短而改变,即使行为地发生变化,在法律上仍然被评价是一个

---

① 张明楷:《刑法学》(第4版),法律出版社2011年版,第437页。
② 参见陈子平:《刑法总论》(下),台湾元照出版公司2006年版,第270—271页。
③ 高铭暄、马克昌主编:《刑法学》,北京大学出版社、高等教育出版社2000年版。
④ 高铭暄主编:《刑法学原理》(第2卷),中国人民大学出版社1993年版,第505—506页。
⑤ 当然,非法拘禁时间过于短暂,不足以评价为具有实质意义上的可罚性而构成犯罪,但是可以从一般违法的非法拘禁过渡到构成犯罪的非法拘禁。
⑥ 参见吴振兴:《罪数形态论》(修订版),中国检察出版社2006年版,第135—136页。

实行行为。所以,继续犯的一个实行行为意味着行为实行的继续过程,可以表现为不同的举动或者不同的手段,例如,非法拘禁中有侮辱(想象竞合犯)、殴打行为的,在法律仍然评价为一个行为。继续犯通常由作为构成,如非法拘禁罪中的非法拘禁,强迫劳动罪是以暴力、威胁或者限制人身自由的方法强迫他人劳动的,就是作为;但也可能由不作为构成,如遗弃罪的遗弃,即负有扶养义务而拒绝扶养,就是不作为。

继续犯只能是一个犯罪行为,如果不是一个行为,就不是继续犯。但这并不排除行为人在实施过程中另起犯意而实施其他犯罪行为,如在非法拘禁他人后又实施故意杀人,或者绑架他人后又实施故意杀人行为的。这种情况下适用法律,应当按照立法的规定定罪处罚,或者是数罪,或者从重处罚。即使如此,也不影响行为人其前行为仍然构成的是继续犯。

2. 实行行为必须是持续作用同一对象

吴振兴教授说,其前举动与后举动侵害的必须是同一犯罪对象。如果前后侵害的对象不具有这种同一性,虽然从外观上、形式上看,行为人的犯罪行为具有一定的持续性,但仍然不成立继续犯。① 所以,同一对象不是指对象的"数量",而是要求实行行为持续作用的对象只能是同一个对象。② 持续作用于同一对象,也并非要求行为自始至终指向同一对象,而是要求行为的实际效果对同一对象的作用始终如一。例如,对持有的毒品的实际掌控始终如一,而不在于握持在自己手中、藏匿在自己身上。

3. 必须是实行行为与不法状态同时继续,不能仅仅是实行行为造成的不法状态的继续

这是继续犯与状态犯的主要区别。状态犯是指在发生法益侵害结果时,犯罪就是终了,但是,由犯罪所造成的损害状态仍然在持续的情况。例如,在伤害行为终了后,犯罪便终了,但是因伤害造成残疾,这种对被害人法益侵害的状态要伴随被害人终身。继续犯与状态犯,都有不法状态继续,但两者的意义不同。继续犯的不法状态,是与其实行行为同时处于继续之中,而状态犯只有不法状态的继续而无实行行为的继续;继续犯的不法状态,是一种可罚性的不法状态;而状态犯其不法状态,无论继续多久,都不具有不可罚性③。

实行行为必须具有继续性,即犯罪行为从着手实行到行为终了在时间上有一个过程,一直处于不间断进行的状态中。如果在实施过程中发生实质性的中断,或者不能构成犯罪,或者成立(连续犯)的继续犯(或同种数罪)。例如,非法拘禁刚刚着手实行,即被及时解救,则可因"情节显著轻微、危害不大"而不构成犯罪;或在非法拘禁

---

① 参见吴振兴:《罪数形态论》(修订版),中国检察出版社 2006 年版,第 138 页。
② 同一对象,在语境上包括"法益"的同一性。陈兴良教授称其为"客体的同一性"。参见陈兴良:《刑法适用总论》(上卷),法律出版社 1999 年版,第 651 页。
③ 有观点认为,在完成犯罪后,已经不具有犯罪的要素,因此,将该种情况称为"状态犯"是不确切的,状态犯并不是一种犯罪。参见马克昌主编:《犯罪通论》,武汉大学出版社 1999 年版,第 624 页。这当然是对的,但"状态犯"这一概念毕竟已经得到广泛的认可,并没有发生单独将状态犯作为一种具体犯罪看待的错误,为区别于继续犯,还是有意义的。

他人数天后将被害人释放,但立马反悔又实施非法拘禁,如两次非法拘禁行为均可构成犯罪,则应成立连续犯的继续犯(或者同种数罪)。所以,继续犯要求实行行为与不法状态同时存在,这也就意味着要求同时结束。

实行行为要求继续当然有一个时间流程。任何犯罪实施,都需要时间,不需要时间实施的犯罪是不存在的。那么,继续犯的时间继续应以多长时间为准?法律上没有规定。只能根据所规定的犯罪以及案件的具体情况考察。实际上时间过于短暂的,也不宜作为犯罪处理。时间继续应从何时开始?有犯罪既遂后说与犯罪实行后说等分歧。本书认为,应以犯罪实行后说为妥。因为继续犯以一定时间的继续为必要,否则就不可能构成犯罪,也就谈不到犯罪既遂,所以继续犯时间继续,从犯罪实行后开始为妥当。

继续犯有无未遂形态

继续犯有无未遂,也是理论上有争议的问题。姜伟博士将继续犯分为纯粹与不纯粹两类,认为前者不可能即时完成只能由继续犯构成的犯罪,不产生未遂问题;后者是指对即时可以完成的犯罪,由继续状态的行为完成的,就可以存在未遂。例如,不给婴儿哺乳构成故意杀人罪就是适例[①]。陈兴良教授认为,不给婴儿哺乳构成故意杀人罪的确是继续犯,但不是故意杀人罪的继续犯,而是遗弃罪的继续犯,是遗弃罪与故意杀人罪的想象竞合犯。因为继续犯行为的继续,是指犯罪既遂后,因此不纯粹继续犯概念不能成立,继续犯也就不存在未遂。[②]

本书认为,姜伟博士和陈兴良教授都是将继续犯视为一种司法现象而不是立法现象的观点,值得商榷。继续犯是刑法规定的一罪的类型,并不是由实施行为时表现出的行为样态而决定,即继续犯的行为继续的样态,是构成要件预设的。如果根据行为人实际实施的行为继续样态来决定是否属于继续犯,那刑法中的所有的故意犯罪,恐怕都可能以继续犯来解释,与故意犯罪是否"即时完成"没有任何关系,即便是举动犯的诬告陷害罪,也可以连续不断提供虚构的犯罪信息而成为继续犯的适例。

此外,本书不大赞同不给婴儿哺乳构成故意杀人罪案例的分析思路。按照姜伟博士和陈兴良教授想象竞合犯的思路,要承认这种情况属于继续犯的前提,在于每次不哺乳的行为刑法是否给予否定评价,在这一点上恰恰不同于如非法拘禁、非法持有枪支的继续犯行为,只要实施就应当受刑法的评价(是否可罚是另一个问题)。即使母亲已经开始不给孩子哺乳,也不应当受刑法(遗弃罪)的评价,只有当孩子死亡结果发生时,其不哺乳致孩子死亡的行为才受到刑法(构成杀人)的评价。每一次不哺乳的行为不能单独评价遗弃罪的原因,是达不到"情节恶劣"程度。而且,在我国刑法没

[①] 参见姜伟:《犯罪形态通论》,法律出版社1994年版,第293、296页。
[②] 参见陈兴良:《刑法适用总论》(上卷),法律出版社1999年版,第650—651页。

有规定遗弃造成死亡结果(或其他严重后果)刑事责任的情况下[①],遗弃罪并不与故意杀人罪在构成要件上有交集,在一次次不哺乳造成死亡结果发生时,行为就是以不哺乳方式构成的故意杀人罪,并不是故意杀人罪的继续犯,也不是遗弃罪的继续犯与故意杀人罪的想象竞合犯。

但否定继续犯可以存在未遂形态并不合理,非法持有毒品罪和非法持有枪支、弹药罪,都是继续犯的适例,但在持有假毒品误为真毒品、持有不能发射的枪支(实务中以能够发射的枪支为"枪")误为能够发射,不可能认为成立既遂,如果具有可罚性,只能是未遂。

(三)继续犯的意义与处罚

继续犯在实践中的意义主要包括:(1)追诉时效意义。我国《刑法》第89条规定:"追诉期限从犯罪之日起计算;犯罪行为有连续或者继续状态的,从犯罪行为终了之日起计算。"因此,确定某种犯罪是否属于继续犯,在追诉时效的起算上,有重大关系。(2)溯及力意义。如果是继续犯的犯罪实行和犯罪终了分别发生于旧法和新法更替时期,在继续犯的情况下,犯罪成立于犯罪行为与不法状态继续一定的时间之后,不适用行为着手时的旧法,新法有溯及力。(3)诉讼管辖意义。继续犯在其犯罪行为与不法状态继续期间,行为地如有变动,存在诉讼管辖。对继续犯来说,主要犯罪地一般应当是犯罪行为和不法状态继续时间较长者。但也不排除将犯罪状态继续进行中特别严重的犯罪事实发生地确定为主要犯罪地的可能。(4)对继承共同正犯关系的意义。继续犯行为与不法状态所具有可罚性,因而,只要犯罪尚未结束行为与不法状态继续中,后参与者仍可与之发生共同犯罪的关系。

继续犯是实质上的一罪,不实行并罚,只能按照一罪定罪处罚,其行为与不法状态继续的时间长短,应当作为决定刑罚轻重的重要情节考虑。

三、结果加重犯

(一)结果加重犯的概念

结果加重犯,也称为加重结果犯,是指实施故意犯罪基本构成要件的行为,发生基本构成以外的重结果,刑法对其规定加重法定刑的犯罪。故意伤害致死就是典型的结果加重犯。此外,强奸致人重伤、死亡,非法拘禁致人重伤、死亡等,均属于结果加重犯的犯罪形态。

结果加重犯,有广义说与狭义说。广义说主张,结果加重犯,是实施一个基本犯罪构成要件的行为,发生基本构成要件以外的加重结果,刑法规定了加重法定刑的犯罪形态。按照广义说,结果加重犯的基本罪可以是故意罪,也可以是过失罪,对发生的加重结果可以是过失的,也可以是故意的,即结果加重犯是多元类型:(1)基本犯

[①] 遗弃罪的法定最高刑是5年,在评价上也不可能包括致人重伤以上的危害结果,更何况是致人死亡结果。

为故意,加重结果也为故意(故意+故意);(2)基本犯为故意,加重结果为过失(故意+过失);(3)基本犯是过失,加重结果是故意(过失+故意);(4)基本犯是过失,加重结果也为过失(过失+过失)。马克昌教授认为,"过失+故意"的类型,是逻辑推理结论,现实中是不可能存在的。① 的确如此,如果行为人因过失而造成基本犯罪的结果,而又对发生的重结果是故意的心理态度,则无论从哪一个方面说,都只能认为构成故意犯罪,而不应当再评价为结果加重犯。如过失致人伤害,为逃避法律责任而放任被害人死亡的,则应当径直按照故意杀人罪论处,不发生结果加重犯的问题。狭义说认为,结果加重犯,是指因基本犯的故意行为,发生超出其故意的重结果时,刑罚被加重的犯罪形态,即结果加重犯的基本犯只能是故意犯,加重结果主观上只能是过失,即只存在"故意+过失"一种类型的结果加重犯。如从我国立法看,不应否认有对重结果有故意的结果加重犯,如抢劫、强奸致人重伤、死亡的,对重结果就可以是故意的。

基本犯为过失的结果加重犯问题

基本犯是故意的结果加重犯,理论上没有争议,但可否是过失犯,存在肯定与否定观点。

肯定说的主要理由是:(1)从基本犯与加重构成之逻辑关系看,基本的犯罪行为,一般具有高度的危险性,此决定了该行为导致或造成的危害大小的层次性。这不仅是出于故意行为的,出于过失的事故型犯罪具有层次之分。因此,过失犯可以是加重构成前提之基本犯。(2)从加重构成的构成特征看,过失犯亦可能成为基本犯。一般而言,只要具备基本犯构成、加重要件、加重法定刑,即可认为构成加重构成,将过失犯排斥在外是不合理的。(3)从立法目的看,虽然加重构成中包括很多不同情况,但是其之所以被单独规定为一种加重构成,却是基于这样一个简单的事实,即因为某种犯罪行为之危害超出了基本犯的罪质和罪责范围,为了体现罪刑适应,规定加重构成由此成为必要。基于此,排斥过失犯构成基本犯,显然也是缺乏立法根据的②。还有结合具体交通肇事"因逃逸致人死亡"的规定,分析认为这就是基本犯为"过失+过失"的结果加重犯。③ 甚至还有认为可以不要求加重结果由肇事实行行为直接引起,也成立结果加重犯。④ 黎宏教授也主张基本犯是过失的结果加重犯。例如,铁路运营安全事故罪的基本行为的结果是"严重后果",但是造成"特别严重后果"时,就

---

① 参见马克昌:《结果加重犯比较研究》,载《武汉大学学报》(社会科学版)1993年第6期。
② 参见赵嵬、吴峻:《论加重结果犯》,载《吉林大学社会科学学报》1998年第4期;周光权、卢宇蓉:《犯罪加重构成基本问题研究》,载《法律科学》2001年第5期。
③ 于改之:《不作为犯罪中"先行行为"的本质及其产生作为义务的条件——兼论刑法第133条"因逃逸致人死亡"的立法意蕴》,载《中国刑事法杂志》2000年第5期。
④ 吴学斌、王声:《浅析交通肇事罪中"因逃逸致人死亡"的含义》,载《法律科学》1998年第6期。

包括结果加重犯的情形。① 下面的观点,可成为黎宏教授观点的依据。结果加重犯的加重结果相对于基本行为的基本结果而言,可以是重合性的,也可以是非重合性的②。结果重合,是指加重结果包摄基本结果,如故意伤害致人死亡,伤害结果为死亡结果所涵括。结果非重合,是指加重结果独立于基本结果,如抢劫致人死亡,抢劫结果与死亡结果并存。③

否定说认为,基本犯只能是故意犯,主要理由是:(1) 基本罪为过失结果加重与重结果的结果犯没有本质的区别。在这样的结构中,行为人对基本罪结果持过失心理状态,对加重结果亦持过失的心理状态,罪过形式相同,只是结果不同。因此,视为重结果的结果犯,不会引起理论上的混乱。(2) 要承认基本罪为过失的结果加重犯,只有认可对加重结果既无故意、又无过失的偶然的结果加重犯才有理论意义。然而,在现代刑法注重意思责任的情况下,偶然的结果加重犯并没有存在的合理性,承认这种类型的结果加重犯,易扩大刑事责任的范围,甚至可能将与行为人的过失行为无因果关系,仅有偶然联系的结果归属于被告人承担。④ 另有学者认为,过失犯罪以发生法定的危害结果为成立要件,而这种危害结果是单一的,不存在超越单一结果的复合结果即加重结果。因此,过失犯罪不具备结果加重犯的特殊复合构成。⑤

本书持否定的观点。以有学者主张的交通肇事"因逃逸致人死亡"的规定看,得不出是过失结果加重犯的结论。这是因不救助的逃逸行为导致被害人死亡,死亡结果的发生并不是基本的交通肇事行为⑥,此"重结果"是因第二个不救助的逃逸行为造成。目前,理论上没有认为结果加重犯可分别由两个以上的行为构成的理论⑦。黎宏教授的观点,也值得商榷。所谓加重结果,是相对于对基本犯所规定的结果相比较而言。以铁路运营安全事故罪而言,因事故死亡 30 人,按规定已经属于特别重大事故,当已经属于"特别严重后果"时,它相对于什么结果而言是"特别严重后果",需要从死亡的 30 人中找出 3 个人作为"严重后果",将剩下的与其比较是加重结果? 当发生的已经是"特别严重后果"时,哪里还有"严重后果"存在的余地。这样比较"加重结果",那岂不是过失致人死亡罪就是过失致人重伤的结果加重犯? 非重合性的结果当然可以成立结果加重犯,这没有异议,如强奸致人重伤、死亡,就是两个结果,而且,这是指需要刑法单独评价的现实的结果。但重合结果值得商榷,因所谓结果加重犯的结果重合,在发生了重结果的情况下,不存在需要法律再评价的另一个结果。如故意伤害致人死亡,发生死亡的加重结果,基本犯的伤害结果只是法律拟制的规定(即便在现实中曾经出现过),只具有在法规范上比较的意义,而不具有再评价的意义。

---

① 参见黎宏:《刑法学总论》(第 2 版),法律出版社 2016 年版,第 320 页。
② 参见李邦友:《结果加重犯基本理论研究》,武汉大学出版社 2001 年版,第 32 页;
③ 参见陈兴良:《本体刑法学》,商务印书馆 2001 年版,第 603 页。
④ 参见李邦友:《结果加重犯基本理论研究》,武汉大学出版社 2001 年版,第 37—38 页。
⑤ 参见熊赞研:《结果加重犯的构成透析》,载《中国刑事法杂志》2001 年第 6 期。
⑥ 至于"逃逸行为"是否应当予以犯罪化,本书持否定观点,如认为是过失的结果加重犯,则在交通肇事致人重伤,没有逃逸没有抢救致人死亡的,为何不能包括在其中?
⑦ 即便基本犯是想象竞合犯形态的,评价上也是一个行为。

现实中也只能是行为的一个过程中的阶段结果,如果承认这是一种重合结果,那就是现实中发生伤害结果与死亡的实际结果都应该分别受刑法的评价。如此当然可以说故意杀人既遂,就是故意伤害的结果加重犯。因为死亡结果发生,都会经历由伤害结果的发展过程,哪怕过程是瞬间的,那么,是故意伤害致死,还是故意杀人罪规定是多余的?

本书认为,目前立法上没有规定过失结果加重犯。当然,目前没有规定,并不是说今后不能规定,但这是两个不同的问题,不应当混淆。

(二) 结果加重犯的条件

1. 实施故意犯罪基本构成的行为

基本犯是否既遂,不影响结果加重犯的成立;基本犯可以是单一实行行为,也可以是复合实行行为。目前,基本犯是否只能是结果犯,不作为是否存在结果加重犯,还有不同认识。

行为犯,是指实施实行行为,达到法律认可程度成立既遂,不以发生一定的危害结果为既遂的条件。结果犯,不仅要求实施实行行为,还必须发生法定的危害结果才成立既遂。基本犯是结果犯的,可以发生加重结果。例如,抢劫罪的基本结果就是财物的损失,当然可能发生致人重伤、死亡的重结果。对此理论上并没有不同的认识。而对基本犯为行为犯的,是否存在结果加重犯的可能性?姜伟博士认为,对于基本犯的犯罪性质,不应当在理论上加以任何限制,应当完全取决于刑法立法的规定,因此无论基本犯的结果犯还是行为犯,都不影响结果加重犯的成立①。

本书认为,基本犯罪为行为犯,在没有要求特定结果的情况下,其基本罪质与加重结果的罪质能够加以区别,立法有规定时,当然可以成立结果加重犯。例如,非法拘禁罪,基本犯是行为犯,但同时还规定"犯前款罪,致人重伤的,处……致人死亡的,处……"由于罪质有了变化,并能够与基本犯罪相区别,应当成立结果加重犯。再如生产、销售假药罪规定"生产、销售假药的,处……对人体健康造成严重危害或者有其他严重情节的,处……致人死亡或者有其他特别严重情节的,处……"也是行为犯的结果加重犯。但是,如果重结果与基本犯在罪质上相同,即便立法加重法定刑的,也不应视为结果加重犯。私放俘虏罪是行为犯,只要实施私放俘虏的行为就可构成犯罪既遂,可处5年以下有期徒刑。法条后半段规定:"私放重要俘虏、私放俘虏多人……处5年以上有期徒刑。"但无论私放的俘虏是"一般"的,还是"重要"的,无论私放的俘虏是一人,还是数人,基本犯罪的罪质与升格后处罚的罪质没有任何区别,即使法定刑加重,也不能成立结果加重犯。

对于纯正不作为行为可以成立结果加重犯,目前理论上也没有争议。如战时拒不救治伤病军人罪规定:"战时在救护治疗职位上,有条件救治而拒不救治危重伤病

---

① 参见姜伟:《犯罪形态通论》,法律出版社1994年版,第368页。

军人的,处5年以下有期徒刑或者拘役;造成伤病军人重残、死亡或者……处5年以上10年以下有期徒刑。"这是以真正不作为行为构成结果加重犯。但也有认为不真正不作为行为同样可以成立结果加重犯。①

不真正不作为犯,是以发生最终结果才能被认定。例如,负有作为义务却不作为造成死亡结果的发生,可能是故意杀人罪或者过失致人死亡罪。但如何判断行为人是意图造成伤害的结果而成立故意伤害致人死亡的结果加重犯?本书认为,不真正不作为方式构成犯罪时,由于不能确定基本犯罪的结果与最终结果之间罪质的变化,因此,还不宜认为有结果加重犯。至于危险犯能否成立结果加重犯,理论上认识不一。有的学者认为,危险犯不成立结果加重犯,出现严重结果时,则构成实害犯。② 也有的学者认为,危险犯能否成立结果加重犯,应根据刑事立法的规定具体分析,有的不成立结果加重犯,有的则成立结果加重犯。③ 就我国刑法的具体规定而言,危险犯能够成立结果加重犯则是通说。但这一点与认为是"实害犯"并不冲突,因结果加重犯本身就是指在"实害犯"概念中。

2. 必须发生加重结果

加重结果是结果加重犯的必需条件,如果法律规定的加重结果实际并没有发生的,不能成立结果加重犯,即使该条款规定有结果加重犯。加重结果,是指刑法以专门规定,行为人实施基本犯罪实行行为时,发生了基本犯罪构成以外的重结果。该种结果,一方面,它不是基本犯罪构成的结果(如果该基本犯罪规定有结果),另一方面,又是不能够与基本犯罪构成相分离的结果,是基本犯罪实行行为引发,发生于基本犯罪构成之外。相对基本的犯罪构成而言,加重结果具有客观的因果性和依附性,没有基本犯的犯罪构成,加重结果没有存在的余地。加重结果不仅基于基本犯,而且要求在罪质上与基本犯构成要件的罪质和程度上(含结果)有区别。

加重结果与基本犯的实行行为之间具有因果关系。在基本犯造成危害结果时,实行行为与基本犯构成要件的结果和加重结果是一个原因双重结果。在基本犯未发生结果的情况下,基本犯实行行为与加重结果是一因一果。因果关系一般是直接的,个别情形也可以是间接的,如非法拘禁致被害人重伤、死亡,不排除是被害人自杀或者因意外而发生的结果。加重结果是结果加重犯的必备要件,无加重结果,不成立结果加重犯。因此,本书认为结果加重犯无未遂问题。

数额加重与结果加重

基于我国立法有大量"数额犯"的规定,有学者指出:"在金融犯罪中,犯罪结果往

---

① 参见李邦友:《结果加重犯基本理论研究》,武汉大学出版社2001年版,第34页。
② 对于危险犯,有学者认为只是实害犯的犯罪未遂形态。参见胡东飞:《危险犯应属实害犯的未遂形态》,载《中国刑事法杂志》2001年第4期。也有学者认为危险犯不过是危险的行为犯。参见杨兴培:《危险犯质疑》,载《中国法学》2000年第3期。
③ 转引自马克昌:《结果加重犯比较研究》,载《武汉大学学报》(社会科学版)1993年第6期。

往以数额的形式表现出来。例如贪污罪、受贿罪、挪用公款罪等,无不表现出一定的数额。又如我国现行《刑法》第 172 条规定的持有、使用伪造的货币罪,如果持有、使用伪造的货币数额较大的(指一般的、基本的犯罪构成),处……如果持有、使用伪造的货币数额特别巨大,处……这条规定中,数额巨大的持有、使用伪造的货币罪和数额特别巨大的持有、使用伪造的货币罪,就是结果加重犯。在金额犯罪中,以数额为构成要件的规定很多,结果往往以数额的形式表现出来。所以,有的也将以数额为构成要件的犯罪称为数额犯;以数额为加重构成要件的,称为数额加重犯,但是,我们认为,数额是犯罪结果的一种表现形式,所以,将之纳入结果加重犯加以论述。"[1]这一认识,也得到张明楷教授的赞同[2]。

本书赞同将"数额犯"的数额视为行为的结果的认识,将这种侵害数额巨大、特别巨大而规定有加重法定刑的,视为"数额加重犯"完全可行,但作为结果加重犯的类型,却值得商榷。结果加重犯的加重结果应该与基本犯罪构成的结果性质不同才可比较。"数额较大""数额巨大"以及"数额特别巨大"只有程度的区别,罪质上完全一样。而且,当是"数额巨大"或者"数额特别巨大"的结果时,就不可能存在另一个"数额较大"的结果,即(一个)行为最终的结果要么是"数额较大",要么是"数额巨大"或"数额特别巨大",上述结果不可能并存。完全不可能在"数额巨大"或"数额特别巨大"中拿出一部分与"数额巨大"或"数额特别巨大"再进行比较。因此,将"数额加重"置于"结果加重"的范畴,还值得商榷。

3. 对加重结果必须具有罪过

通说是以"至少有过失"为条件[3]。有的结果加重犯只能是过失而不能有故意因素存在,如故意伤害致死;如果有故意因素,则构成故意杀人而不是故意伤害致死。有的结果加重犯,无论是过失还是故意,都不影响结果加重犯的成立,如抢劫致人重伤、死亡。

在实务上,重结果的发生本不在行为人预见的范围内,或可能因偶然介入因素引发严重结果,是否成立结果加重犯?吴振兴教授将其称为"不期结果的结果加重犯"[4]。"不期"当然包括对重结果的发生没有故意也没有过失的情况。按照近代刑法意思责任原则,对无罪过的结果不承担刑事责任。但是,考察我国司法,曾有司法

---

[1] 舒慧明主编:《中国金融刑法学》,中国人民公安大学出版社 1997 年版,第 123 页。
[2] 参见张明楷:《严格限制结果加重犯的范围与刑罚》,载《法学研究》2005 年第 1 期。
[3] "至少有过失"这一最低限度要求的含义,即不排除有对重结果是故意的结果加重犯。
[4] 参见吴振兴:《罪数形态论》(修订版),中国检察出版社 2006 年版,第 104 页。就是偶然的结果加重犯。

解释对重结果发生在解释对"不期"重结果发生,仍然追究刑责的规定①。至今在有效的司法解释中仍然可以看到类似的规定②,偶然结果加重犯的肯定,违背了意思责任原则,是不妥当的。但是,也看到最高司法机关公布的指导案例中,对"不期"重结果发生,否定承担结果加重责任的意见③,值得赞同。

对重结果的过失而言,重点仍然在于考察行为人能否预见,由于实施的基本犯行为本身具有造成严重危害结果的危险性,因此负有应当预见的注意义务。对预见的能力的考察,只要求有概括预见的能力,并非要求具体预见在何种情况下发生重结果。如果对加重结果的发生根本不可能预见,重结果就应属于意外事件,行为人只能对基本犯的事实负责,对重结果不应负责。

4. 结果加重犯应以法律规定为限

结果加重犯是法定一罪的犯罪形态,只是规定在刑法分则中。因此,只有在立法中明文规定发生重结果的,并加重法定刑的,才能是结果加重犯。如果立法没有将某种犯罪规定为结果加重犯,即使在实务中某种犯罪有严重结果发生,也不能成立结果加重犯。例如,暴力抗税致税务人员重伤、死亡的,不是结果加重犯。

(三)结果加重犯与想象竞合犯

结果加重犯是由一行为而产生两个以上的结果,则与想象竞合犯一行为产生数个结果的情况易混淆。例如,对以放火、爆炸方法造成死亡、重伤结果的,张明楷教授认为是放火、爆炸等罪与故意杀人罪的想象竞合犯④,姜伟博士认为是结果加重犯⑤。至于不同认识的原因,吴振兴教授指出,可以说是由于各国或地区刑法的规定中对此多无规定,但实际上主要是因为结果加重犯与想象竞合犯确有相同之处。而且,我国刑法由于在法律用语上不够严谨,以致各执一词。⑥ 的确,二者相同之处在于都是一

---

① 已废止的1992年12月11日最高人民法院、最高人民检察院《关于执行全国人民代表大会常务委员会〈关于严惩拐卖、绑架妇女、儿童的犯罪分子的决定〉的若干问题的解答》曾规定:"造成被拐卖的妇女、儿童或者其亲属重伤、死亡或者其他严重后果的,是指由于犯罪分子拐卖妇女、儿童的行为,直接、间接造成被拐卖的妇女、儿童或者其亲属重伤、死亡或者其他严重后果的。……由于犯罪分子的拐卖行为……引起的被害人或者其亲属自杀、精神失常或者其他严重后果的,等等。"

② 例如,2011年3月1日最高人民法院、最高人民检察院《关于办理诈骗刑事案件具体应用法律若干问题的解释》第2条规定,诈骗公私财物达到规定的数额标准,又造成被害人自杀、精神失常或者其他严重后果的,酌情从严惩处;2013年11月11日《关于办理抢夺刑事案件适用法律若干问题的解释》第3条规定,抢夺公私财物,导致他人自杀的属于抢夺罪的"其他严重情节",最高刑可判处无期徒刑。这里司法解释规定对严重结果承担刑责,并不是结果加重犯,只是为说明对重结果是否要求有罪过。在有效的司法解释中,类似发生行为人无法预见的严重后果的情况比较多,均规定需要承担较重刑事责任的合理性,有理由质疑。

③ 参见最高人民法院刑事审判第一、二、三、四、五庭主办:《刑事审判参考》2012年第4集(总第87集),法律出版社2013年版,第36页以下。指导案例[第794号]"张兴等绑架案——绑架案件中,非因被告人的故意、过失行为导致被害人死亡的,能否认定为'致使被绑架人死亡'"。基本案情是被告人等人在绑架被害人后,雇车在转移被害人途中意外发生交通事故致使被害人死亡,判决否定成立"致使被绑架人死亡"。

④ 参见张明楷:《论以危险方法杀人案件的性质》,载《中国法学》1999年第6期。

⑤ 参见姜伟:《犯罪形态通论》,法律出版社1994年版,第371、373页。

⑥ 参见吴振兴:《罪数形态论》(修订版),中国检察出版社2006年版,第125—127页。

个行为,都是双重罪过,都是发生数个结果。但是,认为是结果加重犯是多数观点。如台湾林山田教授说:"结果加重犯之最终结果固以实害结果为限;惟其前阶段行为之结果则可能为实害结果,亦可能为危险结果,而因危险状态之继续升高,致生实害之加重结果。"①

本书认为,结果加重犯的重结果,不能脱离基本犯罪行为而存在,而且,在基本犯罪发生一定结果的情况下,必须有轻重之分,并且,附随发生的结果必须为重;而想象竞合犯一行为所发生的数个结果之间可以存在轻重之分,也可以是相同危害的程度,如一个故意伤害行为造成重伤害结果,同时又过失地造成其他人重伤害结果。而且,可以是实施基本犯罪的结果为重,附随发生的结果为轻。此外,结果加重犯的重结果,往往体现在同一对象上,但不排除可以体现在不同对象上;而想象竞合犯的数个结果通常体现在不同对象上。

当然,上述情况的区别,是仅就两种不同犯罪形态而言,并不是结果加重犯中的想象竞合犯的问题。

(四) 结果加重犯的处罚

结果加重犯是我国刑法分则规定的一罪类型,因此,在成立结果加重犯时,只需按照该罪加重的法定刑幅度内予以处罚,不实行数罪并罚。

第三节 法定的一罪

一、集合犯

(一) 集合犯的概念

集合犯,在刑法学上有不同的意义。在共同犯罪中,集合犯也被认为是"必要共同犯罪"的一种类型,是指"人"聚合。"所谓集合犯罪,是指犯罪的实行以多数人的协力为必要的共犯的形式之一,要求多数人的协力向同一目的(方向)集中的犯罪。"②在罪数领域,集合犯是指"行为"的积聚。"属于法学上行为单数概念的还有所谓的集合犯。它是指出于一个犯罪故意而实施数个行为、科处一个刑罚的犯罪。"③

继受于德日刑法理论的我国台湾地区的刑法理论,自然也有上述认识。"集合犯为必要之共犯之一种。即集合多数人,以同一目的而为共同行为之犯罪。"④"刑法分则中集合某种有惯常性之行为,认为成立特殊一罪者,学理上谓之集合犯。"⑤

当然,在罪数形态中研究集合犯,是指虽有行为的积聚但刑法规定为一罪,而非必要共同犯罪的情况。在借鉴的前提下,所谓集合犯,是指行为人具有实施不定次数

---

① 林山田:《刑法通论》(下),台湾2001年自版,第184页。
② 〔日〕犯罪学研究会编:《犯罪学辞典》,日本成文堂1982年版,第248页。
③ 〔德〕弗兰茨·冯·李斯特:《德国刑法教科书》,徐久生译,法律出版社2000年版,第391页。
④ 何孝元主编:《法律学》,载《云五社会科学大词书》,台湾商务印书馆1971年版,第349页。
⑤ 韩忠谟:《刑法原理》,台湾雨利美术印刷有限公司1981年版,第382页。

的同种类行为的犯意倾向,但即使实施了数个同种类行为,刑法规定仍作为一罪论处的犯罪形态。赌博罪、非法行医罪,生产、销售伪劣产品罪,非法组织卖血罪等,都属于集合犯的类型。我国理论上一直将具有常习性违法行为作为"惯犯"研究的,然而,常习性的惯犯原本就包括在集合犯的概念之中,且目前立法上对惯犯的规定,只有赌博的多种行为方式中"以赌博为业的"这一种方式构成赌博罪的情况,因此,再独立研究惯犯的意义已经不大。

(二) 集合犯的条件

1. 主观上具有以实施不定次数的同种类行为的犯意倾向

该条件是指行为人不是意图实施一次行为,而是预定有连续实施不定次数的同种行为的犯意倾向。例如,非法行医罪的行为人就是意图实施不定次数的非法行医行为。因此,集合犯在主观上,表现为对实施的数个相同的行为具有连续实施的犯意倾向。"连续实施的犯意倾向",包括两层含意:一是指犯意产生于一次而非数次,如果是数次产生数个相同的犯意,则不是集合犯(在这一点上,与连续犯的犯意是相似);二是指犯意内容有连续的意思,即在着手时就预定连续实施。如果在预定之外又产生的犯意,即使犯意内容是同一的,也不是集合犯,可能为同种数罪①。

2. 客观上预定反复实施同种类行为且通常如此

通常如此是说实践中,查处的情况一般就是行为人实施了数个同种类行为的(至于构成集合犯是否以必须实施数个同种行为为必要,容后讨论)。"同种类行为",是指其数个行为的法律性质是相同的,如数个生产、销售伪劣商品的行为;数个走私普通货物、物品的行为;数个非法组织卖血的行为;数个非法行医的行为等。集合犯虽然是行为人意图实施不定次数的同种行为,并且通常也是实施了数个同种行为,仍然只构成一罪。由此,集合犯的数个同种的行为,在规范意义上,必须触犯的是同一个罪名。

"同一个罪名",即是指行为不断触犯的罪名是同一个。至于行为是否完成,是否有参与者,均不影响对同一罪名的认定。例如,实施了5次生产假药的行为,其行为的法律性质相同,只构成一个生产假药罪;即便第5次的行为是未遂,触犯的也是同一个生产假药罪名。同一个罪名,包括单一罪名,也包括选择性罪名。例如,非法行医罪,是单一罪名。需要说明的是,选择性罪名虽然排列的犯罪的名称不同,但只要犯罪构成同一的数个行为,也属于触犯同一罪名。甲、乙二人共同生产、销售假药,甲生产,乙销售,乙在销售中被抓获,属于犯罪未遂,也同样属于触犯同一个生产、销售假药罪名的集合犯。但如果法律是将不同构成的犯罪排列规定在一个条文中,如放火罪、决水罪、爆炸罪、投放危险物质罪则不属于同一罪名。

3. 刑法将可能实施的数个同种类行为规定为一罪

即集合犯是法律规定的一罪。这是因为构成要件本身预定同种行为的反复,所

---

① 参见林亚刚:《论集合犯》,载《法学研究》2001年第3期。

以被反复的同种行为无例外地予以包括,被作为一罪评价。① 所以,行为人实施了数个同种行为,仍然只能构成一罪。但是,刑法只是将可能实施的数个同种犯罪行为规定为一罪的。那么,集合犯是否以行为人必须已经实施数个同种犯罪行为为成立条件? 姜伟博士持肯定的看法,"集合犯的客观特征在于行为人具有多次实施犯罪的性质。犯罪次数的多少并不是集合犯的必要条件,但凡是集合犯,行为人都可能多次实施犯罪。例如营利犯,行为人的一次危害行为构成犯罪的,原则上不是集合犯,即没有集合的必要,如果行为人实施两次以上的危害行为,就是集合犯"②。这一观点还值得商榷。集合犯是法定的一罪,在构成要件上本身预设的就是同种行为的反复,即便是实施数个相同的行为,在法律也是将其作为一罪规定在刑法中,并不是因为事实上实施了数个相同的行为,在处断时作为一罪来评价,这正是集合犯与连续犯区别的界限之一。③ "集合犯是构成要件本身预想有数个同种类的行为。例如常习犯的场合,常习赌博者即使实施数次赌博行为,只能构成常习赌博(日本《刑法》第186条第1款)一罪。又营业犯的场合,即使反复实施未经准许的医业行为,仍不过是成立未经准许医业罪一罪。"④所以,是否集合犯,是以所触犯的条款决定,并非由客观行为的事实界定。因此,集合犯是立法现象,不是司法现象。

那么,集合犯是否以事实上单次行为达到犯罪程度的评价为前提? 黎宏教授认为,集合犯与连续犯近似,但是二者存在根本区别,集合犯是连续实施数个并不独立成罪的同种行为,刑法规定为一罪,所以是法定一罪,连续犯是连续实施刑法上数个独立成罪的同种行为,本质上是数罪,作为一罪处理,是处断上的一罪。⑤ 从立法规定而言,的确存在单次行为可能尚不足以评价为犯罪的情况,典型的如赌博罪、非法行医罪,虽为在聚众赌博,并非即刻就可作为犯罪评价,至少有相当的聚众赌博的次数,以赌博为业的构成犯罪,当然更要求行为的反复实施;非法行医的,要求"情节严重",这就意味着不是只要接诊就可以评价为犯罪,情节严重也需要考虑"屡教不改"。从这一点说,集合犯存在着由同种一般违法行为的积聚提升为犯罪的情况。但是,这绝非意味着集合犯的单次行为只能是一般违法行为。非法行医罪条款还规定"严重损害就诊人身体健康的,处……造成就诊人死亡的,处……"即便第一天第一次接诊就造成就诊人死亡的,也构成非法行医罪,而不是其他罪;生产、销售伪劣商品一次行为达到数额要求,当然构成一罪,因为行为触犯的就是集合犯的条文。黎宏教授虽然认可集合犯是法定一罪,但实际上是作为处断的一罪来看待的。从法定的一罪而言,除属于常业犯的集合犯(如以赌博为业的构成赌博罪)之外,不能说单次行为构成犯罪的,不是集合犯。

---

① 〔日〕中山研一:《刑法总论》,日本成文堂1989年版,第527页。
② 姜伟:《犯罪形态通论》,法律出版社1994年版,第345页。
③ 参见林亚刚:《论集合犯》,载《法学研究》2001年第3期。
④ 〔日〕前田雅英:《刑法总论讲义》(第2版),日本东京大学出版会1996年版,第537页。
⑤ 参见黎宏:《刑法学总论》(第2版),法律出版社2016年版,第322—323页。

(三) 集合犯与相似犯罪形态的区别

1. 集合犯与连续犯的区别

从数个同种行为构成一罪来看,集合犯与连续犯近似:都具有连续实施同种行为的意思倾向;数个同种行为触犯的是同一罪名。两者的区别:(1) 集合犯是刑法规定同种的数行为为一罪,所以是法定的一罪;而连续犯,连续实施的同种数行为均独立构成犯罪,是数罪而只是作为一罪处理,所以是处断的一罪。(2) 集合犯的数个同种行为之间,在时间上可以有间隔,行为之间不要求必须有连续性;而连续犯的数个犯罪行为之间,必须具有连续性,行为与行为在时间上不能间隔的过久。

2. 集合犯与继续犯的区别

从犯罪在时间上可能存在一定的过程来看,集合犯又与继续犯近似:集合犯实施了数个同种行为侵害的是一个法益,继续犯持续侵害的也是一个法益。两者的区别:(1) 继续犯是一行为处于不间断的持续之中,是实质的一罪;而集合犯可以是由数个同种的行为组成,行为之间可以存在间隔,数行为因法律性质相同,在总体上被法律评价为一罪,所以是法定的一罪。(2) 继续犯是行为与不法状态的继续,同时终了才是犯罪的结束;而集合犯的数个行为不要求存在不法状态的继续。

(四) 集合犯的处罚

集合犯是法定的一罪,刑法分则条文设有明文规定,对集合犯,不论行为人实施多少次行为,都只能根据刑法的规定以一罪论处,不实行数罪并罚,即只需要按照刑法分则条文规定的刑罚予以处罚即可。但是,这仅就判决确定前的一般情况而言,对实践中已经对部分行为作出判决,又发现漏掉相同行为没有予以审判认定的,如何适用法律?刑法上有禁止重复评价的原则。一般而言,是已经作出有罪或无罪的判决生效后,再次起诉的事实确定后轻于前一判决,不能就同一事实再次予以重复评价,即属于对"同一事实"不能再次评价。

因此,在我国,集合犯在有罪判决确定后发现同种犯罪行为,应根据《刑法》第70条的规定,作为"判决宣告以后,刑罚执行完毕以前,发现被判刑的犯罪分子在判决宣告以前还有其他罪没有判决的"的漏罪,决定是否实行并罚,不能撤销生效判决再数罪并罚。但是,如尚未处理的行为的危害程度明显轻于已经判决有罪的行为,或者前判决宣告无罪的,司法机关不得就新发现的相同事实再次提起诉讼或者审判;否则,是对禁止重复评价原则的违反。当然,对不得重复评价原则在适用上,只限于前为无罪判决,或发现的轻于已经判决的,同样要防止以发生判决所产生的既判力无限制扩张,对后发现有新的犯罪证据,或同种犯罪事实重于发生既判力判决的,必须重新起诉审理,或者并罚,或者单独处罚,以正确贯彻罪责刑统一。

二、结合犯

(一) 结合犯的概念

结合犯,是指刑法上原数个独立的犯罪,根据刑法的规定,结合成为另一个独立的犯罪的犯罪形态。例如台湾"刑法"中的强盗强奸罪、强盗杀人罪就是适例。结合犯所结合的数个犯罪,必须原本是刑法所规定的独立的犯罪行为,是由于法律的特别规定而结合成为一个新的犯罪的,所以结合犯是两种犯罪结合的结果。如果某种行为原本不是刑法上的独立犯罪,则不可能成立结合犯。

通说认为,我国刑法没有这种结合犯的典型立法①,有的学者则认为有非典型的结合犯②,有学者认为我国刑法规定有结合犯③,也有学者认为结合犯在我国刑法中大量存在④。

(二)结合犯的条件

1. 所结合的犯罪是数个独立的犯罪

结合犯所结合的犯罪必须是数个独立成罪的犯罪行为。独立的犯罪,是指刑法上规定的不依附于其他犯罪而存在的犯罪;所结合的数个行为,也必须是充分符合犯罪构成的犯罪行为。如果其中的数种行为不是刑法上的独立犯罪,或者只有一个是刑法上的独立犯罪,那么就不能构成结合犯。再次,所结合的数个犯罪,必须是不同罪名的,相同罪名的行为,不能成立结合犯。数个行为均因刑法有规定而各自独立成罪。那么,结合犯对于独立的犯罪性质应当有什么限制条件?姜伟博士认为,结合犯的数个独立的犯罪应当都是故意犯罪,即是故意犯罪与故意犯罪的结合,不存在故意犯罪与过失犯罪的结合以及过失犯罪与过失犯罪形成结合犯的情况⑤。但黎宏教授则认为国外立法存在故意罪与过失罪结合的结合犯⑥。至于结合犯所结合的两个独立的犯罪,在实施上是否有先后顺序,姜伟博士认为,除有的在实施的逻辑上具有不可逆的情况外,一般的法律没有特别的限制。但是有的结合犯的行为在实施上不能颠倒顺序,否则就不能成立结合犯⑦。

2. 必须结合成为一个新罪

数个独立的犯罪结合后就构成一个新罪。新罪应当是能够反映出所结合之罪的基本特征的新罪。典型的用公式表示:"甲罪+乙罪=甲乙罪"。即在新罪名上能够同时反映出所结合之罪的特征。主张我国刑法有非典型结合犯的学者认为,结合形成的新罪,可以不反映被结合的原来的数罪。如"甲罪+乙罪=丙罪",新罪既未反映甲罪,也未反映乙罪,而是刑法上已经规定的另一个独立的罪名,也是结合犯⑧。

从我国立法看,的确存在一种独立犯罪同时可以具有两种独立犯罪的情况,如绑

---

① 参见高铭暄、马克昌主编:《刑法学》(第5版),北京大学出版社、高等教育出版社2011年版,第189页;姜伟:《犯罪形态通论》,法律出版社1994年版,第324页。
② 参见周柏森主编:《中国刑法教程》,兰州大学出版社1988年版,第201页;吴振兴:《罪数形态论》(修订版),中国检察出版社2006年版,第203页以下。
③ 参见孙晓芳:《论罪数不典型》,载刘守芬、黄丁全主编:《刑事法律问题专题研究》,群众出版社1998年版,第298页。
④ 参见刘宪权、桂亚胜:《论我国新刑法中的结合犯》,载《法学》2000年第8期。
⑤ 参见姜伟:《犯罪形态通论》,法律出版社1994年版,第326页。
⑥ 参见黎宏:《刑法学总论》(第2版),法律出版社2016年版,第321页。
⑦ 参见姜伟:《犯罪形态通论》,法律出版社1994年版,第325页。
⑧ 参见吴振兴:《罪数形态论》(修订版),中国检察出版社2006年版,第203页以下。

架而故意杀人的、故意杀人而抢劫的。但是,由于这种独立的犯罪在立法上是以非独立犯罪的手段行为而规定,如抢劫罪的手段就包括暴力、胁迫其他方法,在我国刑法中就不属于独立的犯罪,以故意杀人为手段实施抢劫,在抢劫罪中原本只是规范意义上规定的手段中的一种"例外"①,只将这种"例外"情况下视为结合犯,其他情况排除在外,的确值得商榷。但是,也存在原本是独立犯罪而结合成刑法中原本规定的另一个犯罪的情况。例如,私自开拆、隐匿、毁弃邮件、电报罪,是邮政工作人员私自开拆或者隐匿、毁弃邮件、电报的行为,但依据第2款的规定,犯前款罪而窃取财物时,依照盗窃罪定罪从重处罚。按照部分学者的观点,这就是非典型的结合犯。如有学者就认为,结合犯的形式还包括"甲罪+乙罪=甲(或乙)罪",即结合之罪不应以新罪为限。理由是我国刑法从未明确规定各罪的罪名,确立罪名的工作都是由"两高"通过司法解释的形式来进行的。在这种情况下,如何判断数个犯罪行为规定在一个刑法条文中是否成立一个新罪。在罪名没有立法化的情况下,从刑法条文本身来判断是不是成立新罪,往往是不可能的。结合犯之设置或是为了做到罪刑相适应,或是为了限制法官之自由裁量,减少数罪并罚。因此,结合之罪是否是新罪其实并不重要,只要符合结合犯设置之目的,将数罪结合,皆可谓结合犯②。这正是认为我国刑法存在大量结合犯的认识基础。但这种背离成立结合犯必须形成新罪名的基本要求的观点,是否合适还值得研究。

多数学者认为,结合犯的形式就是指复合形式(甲罪+乙罪=甲乙罪)和创新形式(甲罪+乙罪=丙罪)两种③。按照这种认识,我国刑法中没有规定典型结合犯。

3. 所结合的新罪,必须由刑法明文规定

这是结合犯的法律特征,是由于法律的明文规定,使具有牵连关系和并发关系的实质性数罪结合成为一个新罪,具有独立的罪状和独立的法定刑。因此,如果在立法上没有规定,不可随意将具有牵连关系或者并发关系的数罪解释为结合犯形态。结合关系,因何而产生?(1)牵连关系,即数个犯罪行为之间的目的行为与手段行为或结果行为的关系,行为人的目的在于实施一罪,而以另一犯罪行为作为手段,或者目的在于实施一罪,结果行为又构成一罪。如我国台湾"刑法""犯强奸罪而故意杀被害人"的规定。具有牵连关系的数罪未规定为结合犯时,可解释成立牵连犯,或者成立实质的数罪。(2)并发关系,即数个犯罪行为之间在时空上紧密联系,行为人犯甲罪,在同一时间和地点或在相当密接的时间、地点并发罪,如强盗强奸罪。并发的数罪刑法未规定为结合犯时,则成立实质的数罪。

(三) 结合犯的既遂与未遂

结合犯的既遂与未遂也是有争论问题,归纳起来主要有④:(1)"**共同未遂标准**

---

① 之所以说是规范中的一种例外,是因为现实中的抢劫案件,并非都是以故意杀人为手段行为,而是暴力手段中的极端形式,只是从规范所规定的意义上,不能将以故意杀人为手段的抢劫排除在外。
② 参见刘宪权、桂亚胜:《论我国新刑法中的结合犯》,载《法学》2000年第8期。
③ 参见姜伟:《犯罪形态通论》,法律出版社1994年版,第324页;马克昌主编《犯罪通论》,武汉大学出版社1999年版,第642页等。
④ 参见蔡墩铭主编:《刑法总则论文选辑》(上),台湾五南图书出版公司1984年版,第357、531页。

说"。结合的两个犯罪,有一罪是既遂,以既遂论,两罪都是未遂,定未遂。(2)"**择一未遂标准说**"。结合的两个犯罪都是既遂,才能既遂,其一罪是未遂,以未遂论。(3)"**被结合罪标准说**"。结合的两个犯罪,以被结合的他罪的既遂或未遂为准,与结合的基本罪无关。(4)"**重罪标准说**"。结合的两罪,原则上以全部既遂为既遂,但有时其重点部分既遂,非重点部分未遂者,仍为结合犯之既遂。

学界有学者赞同第 2 种观点,认为结合犯的构成要件"是所结合数罪各自构成要件的总和。那么,结合犯既遂所要求的全部构成要件的齐备也理所当然是其中数罪所包括的各个要件的完全齐备,无论其中任何一罪的要件未齐备,结合犯都不可能达到既遂状态"①。较多学者主张第 4 种观点,当结合犯中既有既遂罪,又有未遂罪时,应以重罪为准,与轻罪的既未遂无关。② 理由主要是,结合犯是结合两个以上的犯罪为一个整体的罪,其犯罪的发展过程通常是由结合的基本罪到被结合他罪的全过程,这是一个始自基本罪终至被结合他罪的整体过程,整体过程结束,才可能有结合犯的既遂,即使过程中的前行为是既遂,如果过程中的后行为是未遂,结合犯就不可能是既遂,这就表明被结合他罪未遂形态对于结合犯的完成形态是否成立具有决定意义。结合犯的立法者所关注的正是被结合的他罪,因此,即使过程中的前行为是未遂,如果过程中的后行为是既遂,应视为是结合犯的完成形态,结合犯的既遂可以成立。纵观中外刑法关于结合犯的立法例,一般而言,被结合的他罪是重罪或者是重点部分,判定结合犯的既、未遂以结合犯全过程中作为重罪的后一行为的既、未遂为标准,可以更实际地体现罪刑相当原则。但同时认为,重罪或重点部分标准说也有缺陷,有时结合的两个罪并无轻重或重点与非重点之分,结合犯的既遂、未遂就无从判定。③ 补充的观点进一步认为,在这种情况下,宜分别采取以下方法:(1) 当结合犯中的数个原罪具有手段行为与目的行为的牵连关系时,以目的行为的未遂与既遂为准。因为手段行为是服务于目的行为的。(2) 当数个原罪在结合犯中所处的地位和作用基本相同,属于并发关系,且易于区分基本罪与被结合罪时,以被结合罪的未遂与既遂为准。如台湾"刑法"中规定的强奸杀人罪,以被结合的故意杀人罪的未遂与既遂作为该结合犯的未遂与既遂的标准④。

(四) 结合犯的处罚原则

结合犯为法律规定的一罪,虽然在性质上是实质的数罪,但被立法结合为一罪时,只能作为一罪论处,不能实行数罪并罚。由于结合犯具有独立的法定刑,所以,应当直接按照刑法规定的法定刑处罚。

---

① 叶高峰主编:《故意犯罪过程中的犯罪形态论》,河南大学出版社 1989 年版,第 177 页。
② 参见顾肖荣:《刑法中的一罪与数罪问题》,学林出版社 1986 年版,第 39 页;马克昌主编《犯罪通论》,武汉大学出版社 1999 年版,第 648—469 页;吴振兴:《罪数形态论》(修订版),中国检察出版社 2006 年版,第 211 页。
③ 参见马克昌主编《犯罪通论》,武汉大学出版社 1999 年版,第 648—469 页。
④ 参见吴振兴:《罪数形态论》(修订版),中国检察出版社 2006 年版,第 211 页。

第四节 处断的一罪

一、连续犯

(一) 连续犯的概念

连续犯是指基于同一的或者概括的故意,连续实施数个独立的犯罪行为,触犯同一罪名的犯罪形态。如一次连续杀害三人,就是连续犯。可见,连续犯的主要特征就在于:在一个犯意的支配下,一连串独立的同一性质的犯罪行为连续实施,触犯的是同一个罪名。

我国《刑法》第89条规定:"追诉期限从犯罪之日起计算;犯罪行为有连续或者继续状态的,从犯罪行为终了之日起计算。"其中的"犯罪行为有连续……状态"的规定,是我国刑法理论和实践中连续犯理论的法律依据。

连续犯是法定的一罪还是处断的一罪?在我国理论上有不同的认识。通说的观点是将连续犯置于"处断的一罪"予以解释的,但目前这一认识受到学者的质疑,并基于国外立法例将连续犯视为"以一罪论处",认为应当属于"法定的一罪"。[1] 显然,这两种不同的认识,前者基于重视连续犯的客观因素的"独立的同一性质的犯罪行为连续实施",因此,视连续犯的罪数本质为"数罪",所以是"处断上的一罪";而后者关注连续犯主观因素"一个犯意",所以连续犯的罪数本质是"法定的一罪"。本书认为,连续犯在客观因素方面,由于是独立成立犯罪的数个同一性质的行为,所以,本质视为数罪并没有错误,虽然其犯意是一次产生的,而分开看其每一个实施的行为,也都具有针对具体对象的具体犯意,符合数罪本质。但显然对于连续犯一般不能实行数罪并罚,在裁判上是处以一罪之刑,因此,视为裁判上的一罪较为妥当。

(二) 连续犯的条件

1. 基于连续的同一犯罪的故意

这是连续犯的主观要素。"连续的同一的犯罪故意"有两层含义:(1) 故意内容是同一性,故意内容不能是多种的。有杀人的故意,又有伤害的故意,犯意就不具有同一性。(2) 同一的故意内容中有连续实施的意思。连续犯罪的意思,是指连续实施行为的意思,是在犯意形成时一次产生,而不是几次产生。如果几次产生犯意内容相同的故意,也不符合连续的同一犯罪故意。同一的故意可称为"总的犯罪意图"或者"概括的犯罪故意"[2],一种是行为人具有明确的犯罪目标和特定的侵害对象,按照预定的犯罪计划,反复实施了同种的犯罪行为。另一种是事先犯罪人只有一个概括的犯罪意向,至于如何具体行动,事先并无具体的计划……但只要其行为是在一个总

---

[1] 参见姜伟:《犯罪形态通论》,法律出版社1994年版,第331页。
[2] 同上书,第333页。

的犯罪意图之内,并且反复地实行了同一种犯罪时,仍可认定为连续犯。① 连续犯罪的意思是针对同一个对象,还是不同对象,不影响认定。

连续犯要求犯意产生的"一次性"。通说认为,连续犯只能由故意犯罪构成;过失犯罪在客观上连续实施的现象,如连续的交通肇事,或者有故意犯罪与过失犯罪在客观上连续实施的现象,如盗窃汽车后在转移过程中发生交通肇事的,都不可能存在连续犯的问题。有观点认为,连续过失犯罪可以成立连续犯②,但多数学者否定。这当然主要是对连续犯"罪过"限于同类性(概括)故意所致,未此限制,连续同类性过失罪过(连续的交通肇事)"犯意"产生也不排除是"一次性"的。

2. 必须连续实施数个性质相同可以独立成罪的行为

这是连续犯必须具备的客观要素。必须是数个性质相同的独立行为,是指数行为符合数个犯罪构成的要件,分别看都可以单独地构成犯罪。所以,具有连续关系的数行为只有在个别可以予以独立评价的意义上,才有可能成立连续犯。其独立予以评价的意义,即是从行为的违法性上说,具有同一性。

黎宏教授认为,连续的行为可以包括都构成犯罪的行为,也可以包括都没有构成犯罪的行为,或者有构成犯罪也有不构成犯罪的行为。如盗窃可以每次都构成犯罪,也可以有的构成犯罪有的不构成犯罪,或都不构成犯罪总和一起构成盗窃罪③。这是将自然意义上行为的单数作为刑法意义具有独立评价意义上的行为,是否妥当,值得研究。至少在每次都是一般违法行为,总和在一起评价为一罪,理论上称为"接续犯"或"徐行犯"的现象④,也视为连续犯这种观点值得商榷。

此外,根据数行为必须具有独立予以评价意义,如某种犯罪行为本质上包括数行为,若行为人连续实行的,也无由成立连续犯。例如,我国刑法规定伪造货币并出售或者运输伪造的货币的,按照伪造货币罪定罪从重处罚,因而在伪造后连续实施的出售或者运输的行为,不能成立连续犯;或者操纵证券、期货交易价格罪,规定单独或者合谋,集中资金优势、持股或者持仓优势或者利用信息优势联合或者连续买卖,操纵证券、期货交易价格的行为等,在性质上均非连续行为,因而不能成立连续犯。

3. 数个同种犯罪行为必须连续实施

判断是否具有连续性,存在主观说、客观说和折中说。⑤ (1)**主观说**主张以行为

---

① 参见顾肖荣:《刑法中的一罪与数罪问题》,学林出版社1986年版,第100页。其他对连续犯故意的表述大致相同。

② 参见高铭暄主编:《新中国刑法学研究综述》,河南人民出版社1986年版,第393—394页。

③ 参见黎宏:《刑法学总论》(第2版),法律出版社2016年版,第327页。不过,这明显与黎宏教授自己对"连续犯"条件的解读有矛盾之处。参见同上书,第326页。

④ 接续犯是司法实践中对多行为回溯而认识的现象,不是立法对构成要件的预设。接续犯是指实现构成要件原本来只需短时间,但行为人事实上却在较长的时间里,以数个行为(举动)完成犯罪,而数个行为(动作)仅在法律上被评价只是一个行为的犯罪(在自然意义上可以说是数个行为,但在法律评价上,只能是一个构成行为)。行为的评价合成,要求具有数个行为(举动)的密接(机会的一致,即时间、场所的一致性)、性质的同一和侵害权益的一致性等特征。例如,故意杀人,本可一刀致人死亡,但故意采取残虐的"凌迟"方式而致人死亡的,这种现象即为接续犯。台湾学者也有将接续犯与徐行犯相互通用的观点。

⑤ 观点参见马克昌主编:《犯罪通论》,武汉大学出版社1999年版,第694—695页。

人的主观意思或决意为标准,如主观意思或决意有连续,其行为自然有连续性。所以,只要行为人基于实现决意而连续实施的行为,且实施的数个可以独立成罪的行为,即可成立连续犯。(2) **客观说**主张,以客观上发生的事实是否相同作为判断的标准,只要犯罪的事实相同,利用相类似的手段、机会等客观要素反复实施犯罪的,就成立连续犯。(3) **折中说**主张,应当综合主观和客观两方面的因素来考察,只强调一个方面都失之偏颇。所以,有主张以客观说为主、主观说为辅;有主张以主观说为主、客观说为辅。日本学者山中敬一认为:"所谓连续犯,指行为人虽然没有像接续犯那样各行为的间隔的密切相接性,但连续实施相当于同一构成要件的数个行为的情况。除了构成要件的同一性之外,作为主观的要件的犯意的继续性,作为客观的要件的法益的同一性、行为的连续性(实行行为形态的类似性、行为情况的同质性、行为经过的同种性、时间的接近性)等,认为是连续犯的要件。"①这是对连续性说明的代表性观点。

我国刑法理论界以综合说为主要的观点。如果行为人具有实施数个犯罪行为的总的犯意,客观上也实施了数个犯罪行为,当然成立连续犯;相反,行为人在时间场所接近的情况下,实施了数个犯罪行为,但主观上没有总犯意,或者总犯意不明,就不能成立连续犯。因此,对于连续犯需要对各种不同案件所表现出的具体情况进行具体分析。例如,连续实施的行为在时间上紧密衔接,或行为实施中就保持着连续关系,或者数个行为在时间上有先后次序可分,都可以认为具有连续性。而强调连续犯在时间上的连续性,只是说连续犯的数行为之间应有时间上的联络关系,连续实施的数个犯罪行为相互之间,即便有时间上的间隔,也应具有连续性。如果时间间隔过长,其数行为的连续性即因此而中断,就不能成立连续犯。

4. 数个行为必须触犯同一罪名

必须触犯同一罪名是连续犯的法律特征。但是,何为同一罪名,在中外刑法理论上有不同的认识。(1) **同一法益说**②。如盗窃、抢夺是同一法益,则连续实施盗窃、抢夺的可以成立连续犯,但不包括高度个人专属法益,如连续强奸不满 14 周岁幼女和已满 14 周岁女性的,不能成立连续犯③。(2) **同一罪质说**。如连续强奸不满 14 周岁幼女和已满 14 周岁女性的,也是连续犯④。(3) **同一构成要件(罪名)说**。同一罪名

---

① 〔日〕山中敬一:《刑法总论Ⅱ》,日本成文堂 1999 年版,第 912 页。
② 法益可以分为个人专属法益与非个人专属法益。前者也称为"一身专属法益",如生命、身体健康、自由、名誉、隐私、性自由等法益,多数受到侵害具有不可恢复性,是其他的法益所不能包括地予以评价的,原则上一次侵害数个个人专属法益,依据被侵害的法益个数,可以确定行为个数。例如,先行拘禁,再行强奸,则为复数行为。与此相对的是非个人专属法益,也称为"非一身专属法益",如财产法益,则允许一定程度的包括性评价。例如,一次盗窃管理下 10 人的财物,允许包括性评价为一次盗窃财物的价值几何;但是,在复数管理下的复数财产法益,则可以根据复数管理的个数,成立数行为,例如,数次盗窃数人财物的,应视为数个盗窃行为,可以分别计算盗窃价值。参见陈子平:《刑法总论》(下),台湾元照出版公司 2006 年版,第 254—255 页。
③ 参见林钰雄:《新刑法总论》,台湾元照出版公司 2006 年版,第 602 页。
④ 参见林山田:《刑法通论》(下),台湾 2001 年自版,第 331 页。

限于构成要件相同的罪名,要求基本构成要件事实相同,连续强奸不满14周岁幼女和已满14周岁女性的,事实相同,可以成立连续犯;连续的普通侵占与业务侵占,侵占事实相同,是连续犯①。我国台湾地区司法实务上则采同一罪名系触犯构成要件相同之罪名。②

我国刑法理论对同一罪名的有多种观点。张明楷教授主张"同一具体罪名(不包括同类罪名)的同一法益说"。原则上同一法益是"同一种法益",例外地对侵犯一身专属法益时,作为连续犯处罚轻时,同一法益,可以是"同一个法益",不视为连续犯,就可以实行同种数罪的并罚。③ 黎宏教授主张"同一基本犯罪构成下的同一法益说",即除了认为是同一基本构成要求与张明楷教授有区别之外,也同样对"同一法益"的解释采相同立场。④ 姜伟博士主张,同一罪名,是指犯罪的具体名称一致,行为的实际性质完全相同。⑤ 吴振兴教授主张,同一基本构成说,即可以是数行为符合同一基本构成的,为触犯同一罪名;符合与基本构成相对应的"对应构成",也视为符合同一基本构成。⑥

结合我国立法对罪名规定的特点,同一法益、同一罪名和犯罪性质相同说,如都认为属于同一条文中的选择性罪名,因犯罪的性质相同,因而也是"同一罪名"⑦,则有扩大连续犯范围造成轻纵之虞。例如,走私、制造、运输、贩卖毒品的,就属于同一罪质的罪名;引诱、教唆、欺骗他人吸毒、强迫他人吸毒、容留他人吸毒,又非法提供麻醉药品、精神药品的,即便不在一个条文中,虽然构成要件不同,侵害的法益相同,因此犯罪性质没有什么区别,也可以视为同一罪名。如果作为一罪处罚,显然会造成轻纵,并不合适。同一基本构成要件说,既然基本构成相同,当然罪名是相同的,也当然包括未完成形态、转化形态的罪名,是比较合适的。连续实施典型抢劫与转化抢劫的,是连续犯;连续强奸不满14周岁幼女和已满14周岁女性的,是连续犯;连续的普通侵占与业务侵占,是连续犯。

(三)连续犯与同种数罪

连续犯本质上就是同种数罪,之所以提出与同种数罪的关系,是基于是否需要并罚的考虑。如果不适用并罚,则与同种数罪的区别没有意义,因此,此问题只有在对同数罪需要并罚时,才有意义。二者的区别有两点:(1)连续犯主观要素是同一的或者概括的故意的总的犯意,支配实施的是可以独立成罪的数行为,触犯同一个罪名;而同种数罪,是基于各个独立的犯意,实施的是数个各自独立的行为,触犯同一个罪

---

① 参见林钰雄:《新刑法总论》,台湾元照出版公司2006年版,第602—603页。
② 林山田:《刑法通论》(下),台湾2001年自版,第331页。
③ 参见张明楷:《刑法学》(上)(第5版),法律出版社2016年版,第478页。
④ 参见黎宏:《刑法学总论》(第2版),法律出版社2016年版,第328页。
⑤ 参见姜伟:《犯罪形态通论》,法律出版社1994年版,第336页。
⑥ 参见吴振兴:《罪数形态论》(修订版),中国检察出版社2006年版,第255—256页。
⑦ 参见姜伟:《犯罪形态通论》,法律出版社1994年版,第336页;马克昌主编《犯罪通论》,武汉大学出版社1999年版,第699页;吴振兴:《罪数形态论》(修订版),中国检察出版社2006年版,第260—263页。张明楷教授不赞同"同类罪名",即将排列式罪名排除在同一罪名之外。

名,主观上可以没有总的犯意。(2)连续犯在客观行为之间必须存在连续性,即使行为之间有一定的间隔,时间也很短暂;而同种数罪,数个同质行为实施在时间的间隔上并没有特别的要求,行为之间不以连续性为条件。

对于同种数罪,根据处罚原则,在判决宣告前的同种数罪一般不需要实行并罚,在判决宣告后刑罚尚未执行完毕之前,发现漏判的或者新犯的与判决宣告之前的同种罪,则需要实行数罪并罚。

(四)连续犯的处罚

连续犯一般不适用数罪并罚,但是针对我国刑法法定刑的特点,也有学者提出有的犯罪法定刑单一而且偏轻,如果对这种连续犯不能适用并罚,有轻纵之嫌,所以,对于危害严重的连续犯,适用该罪名有关"情节严重"或"情节特别严重"的条款的法定刑;在没有上述"情节严重"或"情节特别严重"的条款的法定刑时,可以考虑同种数罪并罚。

二、牵连犯

(一)牵连犯的概念

牵连犯是指出于犯一罪的目的,其方法行为或结果行为触犯其他罪名的犯罪形态。具体说,行为人仅意图犯某一罪,实施的方法行为或实施的结果行为,另外触犯了其他不同罪名。其方法行为与目的行为,或(目的)原因行为与结果行为之间具有牵连关系,就是牵连犯。例如,持伪造身份证,骗取贷款。伪造身份证是方法行为,骗取贷款是目的行为,可以成立牵连犯。

牵连犯的目的行为独立成罪,方法行为或结果行为也独立成罪[①],数行为触犯数个罪名,因此,牵连犯在本质上就是数罪,只是因所牵连的两个行为之间具有方法行为与目的行为,或原因(目的)行为与结果行为的牵连关系,为诉讼便宜,在处断上作为一罪处理。牵连犯的"目的行为"也称为"原因行为","目的行为"的称谓,相对于与方法行为而言,而"原因行为"的称谓,相对于"结果行为"而言。

牵连犯的犯罪的方法(手段)行为,是实现犯罪目的行为的方法或措施的行为。因此,实施方法行为时行为人主观上仍然是出于直接故意,即方法行为的犯罪通常出于直接故意而实施。牵连犯的结果行为,是指行为人为了维护或固定、强化其本罪的犯罪目的(获得的利益),而实施的他罪行为。所以,结果行为是后于目的行为实施后,也是出于直接故意而实施的他罪行为。

(二)牵连犯的条件

1. 实施两个以上的行为

两个以上的行为,是指可以独立成罪的行为,即方法行为与目的行为,或者原因行为与结果行为,都是各自具有独立犯罪构成的可罚行为。如伪造公文、证件、印章

[①] 牵连犯的方法行为,不是具体犯罪构成要件中方法、手段的构成要素;目的行为(本罪),也不是构成要件的犯罪目的;结果行为,也不是具体侵害法益的犯罪结果。

诈骗他人财物,前者是方法(手段)行为触犯伪造公文、证件、印章罪,后者是目的行为触犯诈骗罪,两个行为均是具有分属不同犯罪的独立的构成要件、单独可以成罪的可罚行为。因此,牵连犯的数行为是可以独立评价为犯罪的行为,而非自然意义上的行为。

牵连犯的两个以上的行为必须是法律性质不同的行为,是各自独立的犯罪行为。如只有一个行为,无由成立牵连犯;如两个以上行为有一行为不能独立成罪,不能成立牵连犯;如两个以上的行为法律性质相同,也不成立牵连犯;如果手段行为或者结果行为是不可罚的事前行为或不可罚的事后行为,则为本犯行为所吸收,当然也不是牵连犯。前者如为实施走私犯罪而申请注册一个公司,然后利用公司贸易进行走私犯罪,其申请注册公司的行为是不可罚的事前行为;后者如盗窃后将赃物转移、出售的行为,虽然触犯转移、销售赃物罪,但作为本犯自己处置赃物的不法行为,为不可罚的事后行为,当然也无由成立牵连犯。至于牵连犯两个以上行为实施的时间、地点是否相同,对牵连犯的成立没有影响。

理论上也有学者探讨了作为行为与不作为行为之间成立牵连犯的问题①。

2. 两个以上的犯罪行为之间必须具有牵连关系

依据什么标准来确定牵连关系?理论上有各种不同学说。(1)**主观说**,又称犯意说。此说认为,犯一罪而其方法或结果行为犯他项罪名,有无牵连关系,以行为人主观上有将数罪作为手段行为或结果行为的意思,即自己认为有牵连关系的,就是牵连犯②。(2)**客观说**。以纯事实的客观标准为根据。即以行为之间的性质为认定的标准,凡是数个行为之间具有手段与目的或原因与结果的性质的,才能成立牵连犯。至于行为人主观上有没有使之成为方法行为或者结果行为的意图,在所不问。(3)**折中说**。该说认为,有无牵连关系,应当从主观与客观两方面考察。

当然,考察牵连关系强调某一方面而不顾及其他,总是存在不能圆满解决问题的困惑。牵连犯既然强调是犯一罪的故意,当然行为人对方法行为、结果行为应该认识到,否则难以认为就是牵连犯;而且,方法行为、结果行为确实在其同一故意支配下发挥了实际的作用,即通常就是以那样的方法行为实施,通常会实施那样的结果行为。牵连犯的数行为之间不是并列的关系,而是配合关系,目的的犯罪制约着行为人对他罪行为的选择。也正是这种目的之下行为之间的相互配合,才使得牵连犯的目的犯罪得以实现或者在实现以后利益得以维护和强化。在能够认定是在这个统一的犯罪故意支配下实施的数行为之间具有配合关系的,也就说明了数行为之间的牵连关系。没有必要对客观因素自身性质作出何种界定。说到底,有无牵连关系,仍然需要通过行为人主观上是否具有统一的犯罪故意来确认。本书认为,牵连关系,就是指所实施的数个不同行为之间,具有在统一的犯罪故意下直接的相互配合关系。

---

① 参见姜伟:《犯罪形态通论》,法律出版社1994年版,第450页。
② 参见周永澧:《刑法总则》,北平华北大学1936年版,第117页,转引自同上书,第446页。

3. 数行为必须触犯不同的罪名

有牵连关系的数个行为,分别触犯不同的罪名,才可能成立牵连犯。所谓不同罪名,是指犯罪构成不同,即牵连犯目的行为触犯的罪名,与具有牵连关系的方法行为、结果行为触犯的必须是不相同的其他罪名。触犯相同的两个罪名或数个行为触犯同一罪名,不构成牵连犯。牵连犯触犯的罪名,应当以现行刑法的规定为依据。如果方法行为或结果行为刑法上并未单独规定为犯罪,即便在其目的行为的实现中发挥作用的,也不是牵连犯。例如,杀人后抛尸的行为,其遗弃尸体的行为是杀人的结果行为;遗弃尸体的行为,在刑法中并未规定为犯罪(对同一主体而言,是不可罚的事后行为),因此,不是牵连犯。

同一犯罪构成,法律列举若干构成要件,因择一要件而认定的罪名有差别,不能成立牵连关系。例如,某甲先盗窃军用枪支,后又抢夺民兵枪支,先后两个犯罪行为,同属于盗窃、抢夺枪支、弹药罪,不成立牵连犯。如果出于不同故意,即便在形式上有牵连,也不是牵连犯,应实行并罚。例如,强奸罪与侮辱尸体均是独立的犯罪,如在强奸致人死亡后,出于逃避惩罚而毁坏尸体阴部(毁灭证据),其侮辱尸体的行为,并非强奸罪通常所见的结果行为,也非强奸目的同一故意支配下实施的行为。因此,应构成实质的数罪,应实行并罚。

犯罪行为与目的行为有牵连关系时,方法行为应当是既遂的犯罪,至于目的行为的犯罪是否既遂,在所不问;作为结果行为的犯罪与原因(目的)行为有牵连关系时,原因(目的)行为的犯罪可以是既遂的,至于结果行为的犯罪是否既遂,在所不问。前者之所以方法行为必须是既遂,是因为如果不如此,目的行为的实施无以为继;后者之所以目的(原因)行为可以是既遂的,是因为目的行为无论既遂还是未遂,都不会对结果行为的实施形成障碍。

(三) 牵连犯的处罚

1. 数罪并罚原则

对牵连犯适用并罚处罚,是指在刑法明文规定对牵连犯性质的犯罪实行数罪并罚时,应当按照刑法的规定,实行数罪并罚。如保险诈骗罪规定的"投保人、受益人故意造成被保险人死亡、伤残或者疾病,骗取保险金的",实行数罪并罚。有关的司法解释中也有规定[①]。

2. 从一重罪处断原则

牵连犯本质上就是数罪,但理论上基于诉讼便宜主义不主张实行并罚,对牵连犯实行"从一重处断"原则。以所牵连之罪中最重之罪定罪量刑,效力及于所牵连较轻罪名。从一重处断的原则,在我国刑法条款或司法解释中都有规定。例如《刑法》第399条第4款规定:司法工作人员收受贿赂,有前三款行为的[②],同时又构成第385条

[①] 13.04.04《盗窃司法解释》第10条第3项规定:为实施其他犯罪,偷开机动车作为犯罪工具使用后非法占有车辆,或者将车辆遗弃导致丢失的,以盗窃罪和其他犯罪数罪并罚。

[②] 分别为:徇私枉法罪;民事、行政枉法裁判罪;执行判决、裁定失职罪;执行判决、裁定滥用职权罪。

规定之罪的,依照处罚较重的规定定罪处罚。司法解释中亦有相同的规定①。如果牵连的数罪名,其法定刑同等轻重时,学界一般认为以目的行为触犯的罪名定罪处罚比较恰当。

学界也主张,在立法没有明文规定要求并罚或从一重处罚的情况下,对牵连犯就适用从一重罪处断。由于牵连犯本质上是数罪,按照从一重处断表明是实质上的数罪竞合而产生,行为是实质数罪、侵害的是数个法益,这些情况不予考虑,对较轻罪名不再过问,很明显会有实质上轻罚的可能性,道理上说不过去。故而也有主张对牵连犯实行"从一重罪从重处断",将所牵连的轻罪名,再作为从重处罚的情节,以弥补处罚过轻的问题。这是有道理的见解。但是,问题是如果立法没有规定可以并罚,是否意味着不能适用数罪并罚?例如,为抢劫银行,先策划了将执勤民警杀死夺取枪支,然后持枪抢劫银行。照此实施后,是按照哪一个罪名从一重罪(从重)处断,均是不合适的判决。本书认为,只要牵连的法益并没有重合关系时,同样可以适用数罪并罚,这在本质上并不违反对牵连犯适用刑罚的原则。就上述案例而言,抢劫枪支侵害的法益与故意杀人、抢劫财物所侵害的法益,分属不同对象的不同法益,应该适用并罚原则,而不再以牵连犯从一重罪(从重)处罚。

三、吸收犯

(一) 吸收犯的概念

通说认为,吸收犯,是指数个犯罪行为,其中一个犯罪行为吸收其他的犯罪行为,仅成立吸收的犯罪行为一个罪名的犯罪形态②。

(二) 吸收犯的条件

1. 必须具备数个犯罪行为

必须具备数个犯罪行为是吸收犯的前提条件。吸收犯是数个犯罪行为之间的吸收,如果只实施一个犯罪行为,则无由成立吸收犯。这里所谓的数个犯罪行为,是指充足构成要件的行为,应是相互独立的,依法都具备可罚性的。这里所说的充足构成要件,可能是基本的犯罪构成,或者是派生的犯罪构成,也可能是修正的犯罪构成。只要行为符合某种构成,即属于犯罪行为。如果数个行为中只有一个是犯罪行为,其余是违法行为,也不可能构成吸收犯。如果某种行为的实施,本身就包含在其构成要件之中,如绑架犯罪中实施暴力手段,因不具有独立性,因此,并不成立吸收犯。

吸收与被吸收之罪在罪质上是否要求一致性?在理论上是争议很大的问题。姜伟博士认为,吸收犯是相同罪名下产生的,吸收犯的数个犯罪行为应具有基本性质的一致性,行为之间的差别不过是基本的犯罪构成与修正的犯罪构成之差别,或不同类型的修正的犯罪构成之间的差别。对于某一特定犯罪来说,分别符合不同类型犯罪

---

① 2005年6月8日3日最高人民法院《关于审理抢劫、抢夺刑事案件适用法律若干问题的意见》第9条第3项"抢劫罪与绑架罪的界限"的规定指出:绑架过程中又当场劫取被害人随身携带财物的,同时触犯绑架罪和抢劫罪两罪名,应择一重罪定罪处罚。

② 高铭暄、马克昌主编:《刑法学》(第5版),北京大学出版社、高等教育出版社2011年版,第195页。

构成的数个犯罪行为,则因不同类型的犯罪构成具有共同的基本属性,其基本性质也自然是一致的,所以数个犯罪行为的异质性,不是吸收犯成立的必备构成要件。① 如故意杀人既遂罪与未遂罪以及先有共犯行为,再有实行行为之间的吸收等,就是吸收犯,而不同罪名之间可以形成牵连犯。正是基于吸收犯与牵连犯难以区别的问题,有学者就主张,吸收犯数个行为触犯的罪名必须是一致的,而牵连犯数行为触犯的罪名则必须是不同的。② 当然,如果认可这种认识,那么,吸收犯与牵连犯就不难区别。但是,不同观点仍然存在。黎宏教授主张吸收犯的数行为是触犯不同罪名。数行为触犯相同罪名,则无由成立吸收犯。③ 数个犯罪行为如果触犯的是同一罪名,可以认为是以连续故意反复实施同一罪名的犯罪,成立连续犯;如果无连续故意反复实施数个同种罪名,成立同种数罪,也不可能成立吸收犯。④ 显然,吸收犯与牵连犯以及连续犯,包括同种数罪也交织在一起而难以区别。

同一罪质而形态不同的犯罪行为之间,存在吸收关系是原本吸收犯的基本理解,前行为可能是后行为发展的所经阶段,或者后行为可能是前行为发展的当然结果⑤,就是对这一关系的基本解读。如果认为数个犯罪行为触犯的是同一罪名,可以成立连续犯之说,并不见得正确。例如,前一次的故意杀人未遂,第二次杀害同一对象是时隔三年以后,无论怎么说都不能成立连续犯;同种数罪是可以成立的,但还需要定一个未遂实行并罚吗? 如果不需要,也只能认为被既遂的故意杀人吸收。但是否定异质数罪名成立吸收犯,更值得商榷。例如,潜入住宅实施抢劫,并连续杀害三人,之后放火灭迹。即便对抢劫和放火实行并罚也未尝不可,但对故意杀人与非法侵入住宅行为之间没有必要再单独评价则成为问题,解决的方案只能被吸收。可见,只承认同质罪名成立吸收犯,避免了与牵连犯的交叉,而承认包括异质罪名的,则与牵连犯易混淆,难以区别二者。

2. 数行为之间必须具有吸收关系

通说认为,吸收关系是因为密切联系相关的数个犯罪行为一般属于实施某种犯罪的同一过程中,即前行为可能是后行为发展的所经阶段;或者后行为可能是前行为发展的当然结果。⑥ 这是吸收关系认识的主流观点⑦。此外,还有对吸收关系的补充认识:吸收关系产生于一般观念和法律条文的内容⑧,即根据法律规定,一罪的犯罪构成为他罪所当然包括,或者不特定的若干犯罪可以包含于某个犯罪。⑨ 如金融工作人

---

① 参见高铭暄主编:《刑法学原理》(第 2 卷),中国人民大学出版社 1993 年版,第 626 页。
② 同上书,第 640 页。
③ 参见黎宏:《刑法学总论》(第 2 版),法律出版社 2016 年版,第 329 页。
④ 参见马克昌主编:《犯罪通论》,武汉大学出版社 1999 年版,第 666 页。
⑤ 参见高铭暄主编:《中国刑法学》,中国人民大学出版社 1989 年版,第 223—224 页。
⑥ 同上。
⑦ 参见高铭暄、马克昌主编:《刑法学》(第 5 版),北京大学出版社、高等教育出版社 2011 年版,第 195 页;陈兴良:《刑法适用总论》(上卷),法律出版社 1999 年版,第 705 页等。
⑧ 参见顾肖荣:《刑法中的一罪与数罪问题》,学林出版社 1986 年版,第 26—27 页。
⑨ 参见马克昌主编:《犯罪通论》,武汉大学出版社 1999 年版,第 667 页。

员购买假币、以假币换取货币罪、使用假币罪,所包含的诈骗犯罪行为与诈骗罪之间具有吸收关系。

法条内容上的吸收关系能否成立？立法上的确存在规定的犯罪自身就包含多种犯罪的情况,如在武装叛乱、暴乱的过程中,往往伴有杀人、伤害、放火、抢劫、强奸、故意毁坏财物等犯罪,这是因为武装叛乱、暴乱本身就可以包括这些犯罪,否则就不称其为武装叛乱、暴乱。在此过程中实施了杀人、伤害、放火、抢劫、强奸、故意毁坏财物等行为的,虽然触犯了其他罪名,也不宜实行数罪并罚,只能按一罪处理。再如组织越狱罪、暴动越狱罪、聚众持械劫狱罪,同样会发生杀人、伤害犯罪。这样的犯罪显然不是牵连犯,更不是法条竞合犯,因为这里包括的独立犯罪只是"可能发生的犯罪"并非确定就发生的犯罪,也不存在必然发生这些犯罪中的哪些犯罪才是构成本罪所必需。如果按照通行吸收关系发生的场合,也不能认为在这样的犯罪中实施了杀人、伤害、放火、抢劫、强奸、故意毁坏财物等行为,是"前行为可能是后行为发展的所经阶段,或者后行为可能是前行为发展的当然结果"的关系。基于此,本书认为,法条内容上的吸收关系是应当予以认可的。

(三) 吸收犯的主要形式

1. 重行为吸收轻行为

重行为吸收轻行为是以行为的性质以及危害程度进行比较,性质较严重、危害大的行为吸收性质较相对轻、危害轻的行为。从这一意义上说,法定刑的轻重也可以作为比较的依据之一。两个以上的行为不问孰先孰后,即使重行为在后,也吸收轻行为。例如,在携带管制刀具上了火车后,实施了抢劫。携带管制刀具的行为构成非法携带管制刀具危及公共安全罪,抢劫的行为虽然在后实施,但性质为重的行为,所以吸收非法携带管制刀具危及公共安全的行为。

2. 高度行为吸收低度行为

高度行为吸收低度行为是指以行为实行的程度进行比较,实行程度比较高的行为吸收实行程度比较低的行为。这种情形主要是在两个以上的行为属于同一法条,法定刑没有区别规定,而且行为在性质上难以比较轻重时,以实行程度比较高的行为吸收实行程度比较低的行为。例如,非法制造、买卖、运输、邮寄、储存枪支、弹药、爆炸物罪,当行为人分别实施了非法制造、买卖、运输等行为时,通常情况下,只有非法制造行为实行达到完成的,才能实施买卖、运输等行为。在上述行为中,非法制造的行为实行的程度较买卖、运输等行为为高,所以,以非法制造行为吸收较后实施程度较低的买卖、运输等行为。

3. 实行行为吸收非实行行为

实行行为吸收非实行行为也可称为主行为吸收从行为,是指在共同犯罪中,共犯既实施有非实行行为(教唆行为、帮助行为),又实施实行行为时,以实行行为吸收非实行行为,也即实行行为吸收从属性的非实行行为。例如,教唆者在教唆他人犯罪后,又直接参与所教唆之犯罪的实行行为的,则对教唆者不再论以教唆犯,而直接按照正犯予以定罪处罚。

4. 完成行为吸收未完成行为

完成行为吸收未完成行为是指当行为人在同一法益的犯罪中,既有完成(既遂)的情况,又有未完成的情况时,以完成的行为吸收未完成的(预备、未遂或者中止)行为,对未完成的行为不再单独论罪。例如甲杀乙时,第一次未遂,而第二次实施时将乙杀害,完成了犯罪,则对甲只按照杀人既遂论处,不再论其未遂,即以既遂行为吸收其未遂行为。

(四) 吸收犯与牵连犯的区别

吸收犯与牵连犯的区别,是争议比较大的问题。吴振兴教授指出:"如果将吸收犯的数行为列入异质罪名的范围内,虽然便于与连续犯划线,却易于与牵连犯混淆;反过来,如果将吸收犯列入同一罪名的范围内,虽然便于与牵连犯分野,却易于与连续犯交叉。这正是为吸收犯争得一席生存之地的难点所在。"①吸收关系在数个同一罪名之下,吸收犯与牵连犯并不交集,无需区别。吸收犯与牵连犯的区别,事实上只有在不同罪名下才有意义。如重行为吸收轻行为的吸收形式中,由于可以是性质不同的数个犯罪之间发生吸收关系,所以,才确实与牵连犯易发生混淆。例如,对侵入住宅盗窃的例子,有的说这是牵连犯,有的却认为是吸收犯。

牵连犯是出于犯一罪的目的,其方法行为或结果行为触犯他罪名的犯罪形态。如果先后实施的不同犯罪行为,并不是"出于犯一罪的目的",也就不宜将所有在客观上似有牵连现象的"数行为触犯不同罪名",都解释为牵连犯。如前述在携带管制刀具上了火车后,实施了抢劫行为的,如果并不是"为实施抢劫而携带管制刀具上了火车,并实施了抢劫",则无论如何也不宜说符合牵连犯条件。而吸收犯数行为触犯不同罪名,并不强求主观上目的同一性,与牵连犯必须是"出于犯一罪的目的"有所不同。因此,"出于犯一罪的目的",而数行为触犯不同罪名,只能成立牵连犯,而不是吸收犯。换言之,数个不同质行为在主观上具有不同的独立犯罪目的的,成立吸收犯。

(五) 对吸收犯的处罚

吸收犯由于是以一罪吸收了其他的犯罪,所以,吸收犯的法律后果都体现在这一吸收行为的定罪处罚上,只能以一罪定罪处罚,不实行并罚。

---

① 吴振兴:《罪数形态论》(修订版),中国检察出版社2006年版,第321页。

第四编 | 刑罚论

第十一章 刑罚及其裁量

第十二章 刑罚执行制度

第十三章 刑罚的消灭

第十一章 刑罚及其裁量

第一节 刑罚理论

一、刑罚的概念

黑格尔说:"犯罪是对法律的否定,刑罚是对犯罪的否定。"因而,所谓刑罚,是犯罪之后的法律效果。它是对犯罪之人适用的限制或剥夺其人身自由、财产或其他权益,乃至剥夺生命的强制性制裁方法。

首先,刑罚会给予犯罪之人痛苦。刑罚必须给予犯罪之人痛苦,这是创设刑罚的最原始动机,不带给犯罪人痛苦的刑罚是不存在的,这在任何社会中都是如此,与社会制度无关。刑罚所体现的就是国家与个人之间的法律关系,是审判机构以国家名义对犯罪的个人,以剥夺其权益为手段所进行的必要制裁。对犯罪个人权益的剥夺,轻至财产,重至人身自由乃至生命,无一不给予犯罪个人痛苦。

其次,刑罚是基于报应观为本质。无论是何种刑罚,本质上都是对犯罪的报应,在近代,即便又赋予刑罚更多的理念和功能,如防卫社会,通过对犯罪人权益的剥夺以矫正之恶习,预防再犯,教育国民不要再韬覆辙等,但是,报应仍然是其最主要的理念。报应具有如此强大的生命力,就在于"报应"建立在人与生俱来就具有的公平正义的感情基础上。

再次,刑罚是为了实现法益保护目的以维护社会秩序。"刑罚的本质在于报应,报应的内容在于给犯罪人造成一定的痛苦,而报应的目的又在于对社会秩序的维护。"[①]刑罚具有满足社会报应情绪的功能,平复社会一般民众所抱有的公愤以及平复被害人报复情绪的功能。近代社会,刑罚是社会基于自我保护需要,基于特别目的的政策对犯罪的反动,不是情感的心理的反动,但是,刑罚这一朴素的平复和满足报复情绪的功能仍然是强大的(法律不能要求被害人都能够理性接受被害的事实),正是在满足社会报应、平复被害人报复情绪后,才能使被犯罪行为侵害的法益回归正常状态,以实现对社会秩序的维护。

最后,刑罚是以刑法明文规定为限。并非任何基于报应观念而发动的对人的权益剥夺,使之痛苦的制裁措施都是刑罚,只有在刑法法规上明文规定的制裁措施,才具有刑罚的本质。在现代,固然刑罚不应赋予其威吓的属性,但是,不可避免地,当具

---

① 〔日〕《泷川幸辰刑法著作集》(第1卷),日本世界思想社1981年版,第199页。

体刑罚规定在刑法中时，具有通过警示一般人不要犯罪的作用，虽然在不得不动用刑罚时，不主张因报应而动用刑罚，但是，通过惩罚性所兼具的矫正、教育作用，也是刑罚追求的结果。

二、刑罚的目的

通过对犯罪之人施以刑罚，要达到什么目的，即为刑罚目的的问题。对该问题的不同解答，足以影响到刑事立法以及刑事政策的态度。关于刑罚的目的，报应与预防是构成刑罚目的观的两个基本思想。

报应是人类社会古老的报复情感上升为理性思维的产物，已经不同于"以牙还牙，以眼还眼"的同态复仇，也不同于单纯以威吓为目的的报复。虽然报复、威慑、等价时代，都与报应观有着直接的联系，但是，近代报应理论不再是以暴易暴的理论。报应思想虽然来源于报复思想，但自启蒙思想传播以来，报应思想与报复思想有着本质上区别，报应的核心在于善有善报，恶有恶报，因而它是符合理性与人道，具有自我节制的，而报复思想则不同，报复是对他人所为的恶，报之以更高之恶，以满足复仇泄恨的心理，因此是非理性、无节制的感性冲动。报应观在近现代，是以追求正义为核心理念的。在早期报应理论中，刑罚的目的不在于威吓普通民众，也不是为了预防犯罪，而是为了衡平犯罪之人所犯之罪的罪责，以实现正义，这被称为"绝对理论"。德国学者康德就说，刑罚是一种不受目的构成所拘束的正义的诫命，刑罚的意义只在于罪责报应。黑格尔从逻辑辩证必要性上提出"犯罪是对法律的否定，刑罚是对犯罪的否定"的名言。以上均是"绝对理论"的经典论述。

但是，报应思想下的刑罚仍然只是消极地为处罚犯罪而存在，没有犯罪就没有刑罚，刑罚是因犯罪而反动，是反其而动之。刑罚自身的功能，完全取决于犯罪而处以被动的消极状态。但是，刑罚除建构在这种消极报应思想之外，刑罚对犯罪遏制作用逐渐被认识，刑罚的积极性逐渐被发掘出来。通过刑罚的威慑，从遏制普通人的犯罪思想产生，到剥夺犯罪人的犯罪能力，都可以起到防止犯罪的效果，从而体现出刑罚的积极性。在现代，刑罚的消极的惩罚性，已经被积极的预防性所完全取代，刑罚不再是消极的，积极的预防性是刑罚的重要目的。这就是一般预防与特别预防理论的目的刑思想。

一般预防理论，认为刑法的目的在于通过刑罚的设置和执行，威吓社会上普通大众，从而产生阻吓犯罪的预防功能。这就是德国刑法学家费尔巴哈的"心理强制说"理论。当普通民众知道犯罪将无可避免带来刑罚的痛苦后果时，在"两害相权取其轻"的衡量下，自然会形成心理上的强制，将犯罪的欲望排除，不去犯罪。刑罚的意义和目的就在于此。当今，一般预防理论当然并不是仍然停留在心理强制的意义上，是通过公开的司法审判，发挥正面积极社会教育意义，通过践行刑法正义的理念，树立法的权威，实现强化国民法的意识的社会教育功能。

特别预防理论，认为刑罚的目的和意义不在于报应犯罪所造成的恶害，或者通过刑罚之痛苦衡平犯罪人的罪责，而在于教化或矫正犯罪之人，使之能够再度适应社会的共同生活而不再犯罪。因此刑罚只是使犯罪人再社会化的有效手段。为达成这一目的,刑罚的种类以及轻重,应该依据犯罪人的具体情况和再社会化的目的而决定。这就是"刑罚个别化理论"。德国刑法学家李斯特指出,法具有内在的目的的观念,这一目的是法的本质,根据刑法中的正义的目的,被严格要求遵守,是刑罚的量。依据目的的观念,对刑罚权力进行严格的约束,是刑罚正义的理想。即刑罚的目的性,在于刑罚的公正性,而公正性要求有刑罚的量的约束性,严格要求刑罚的量。在此意义和目的之下,刑罚不再单纯是为使犯罪之人再社会化,而是具有威吓犯罪之人不要再次犯罪,教化或矫正犯罪之人,使之再社会化,以及对无可教化之犯罪人将其隔绝与社会之外,使社会不再受其危害等多种功能。

但是,过于强调一般预防或特别预防,则存在问题。一般预防,为达到威吓目的,可能会导致刑罚无上限,在适用上超出罪责范围,"乱用用重典"与一般预防或多或少不谋而合。我国自1983年以来,多次的"严打"导致的重刑思想,无不与过于强调一般预防有关。而特别预防,强调刑罚的目的,表明即便是为维护法益而动用刑罚,刑罚也是为犯罪之人再社会化以及预防其再犯。但是,单纯强调特别预防,可能导致与罪责相适应原则脱离,为预防再犯,轻罪也可能需要判重刑,刑过于罪,相反,也因由矫正可能重罪轻判,导致对刑罚限制。

正是由于单一理论都具有缺点,无法满足现代社会法治的需要,故有结合理论的提出。结合理论,也称为综合理论,是为了调和单一理论的不足而提出的综合单一理论的长处、抛弃其短处的理论观点。该理论认为,刑罚的目的和意义,应以公正报应为主,辅之以一般预防与特别预防。详言之,刑罚的主要目的,在于公正地报应行为人之罪责,行为罪责乃刑罚的上限,任何人都不应以一般预防或特别预防的理由受到超过其犯罪行为以及个人罪责的刑罚。通过刑罚的公正报应,威吓有犯罪倾向的人不要去犯罪,教育国民增强法的意识,从而产生对犯罪的一般预防效果;通过对犯罪之人适用刑罚,对其进行矫正及再社会化工作,实现对犯罪的特别预防效果。

结合理论使上述单一理论中对立矛盾得以很好解决,不仅调和了刑罚目的的冲突,而且,在实现罪责均衡、再社会化以及一般预防上使之平衡,理论和现实都有所兼顾,因而是刑罚目的理论中的通说,也是各国刑事立法和刑事政策制定的重要理论。在我国,以宽严相济刑事政策指导下的结合理论,是实现刑罚目的的必然结论。

第二节　刑罚种类

刑罚的种类,可根据多种标准进行分类,一般在教科书中是直接按照刑法总则规定的主刑、附加刑进行分类并研究的。这种研究,主要在于明确各种具体刑罚方法的适用规则。在我国司法实践中,对具体刑罚适用的规则,是司法解释的主要内容。

一、主刑

主刑是对犯罪之人独立适用,而不能附加于其他刑罚适用的刑罚方法。对一种犯罪只能适用一个主刑,不能同时判处两个以上的主刑。我国刑法中的主刑包括管制、拘役、有期徒刑、无期徒刑和死刑。

(一) 管制

管制是指限制犯罪人的一定自由但不予关押,而是交由公安机关执行和群众监督改造的一种刑罚方法。管制是我国独创的一种轻刑。管制对受刑人不予关押。这是管制刑具有开放性的特点,也是管制与拘役、有期徒刑等将受刑人羁押在特定的场所或者设施内,剥夺其人身自由刑的重要区别之处。

管制是有期限的刑罚方法。根据我国《刑法》第38条的规定,管制的期限为3个月以上2年以下。另据我国《刑法》第69条的规定,数罪并罚时,管制的期限不得超过3年。

关于管制刑期的计算,我国《刑法》第41条规定:"管制的刑期,从判决执行之日起计算;判决执行以前先行羁押的,羁押1日折抵刑期2日。"这里的判决执行之日,应当是指判决的生效之日,发生法律效力的判决包括已过法定期限没有上诉、抗诉的一审判决以及终审的判决。这里的羁押,是在判决以前的刑事诉讼过程中对犯罪人暂时关押的强制措施,一般指刑事拘留和逮捕。

(二) 拘役

拘役是指短期剥夺犯罪人的人身自由,由公安机关就近执行并对受刑人进行劳动改造的刑罚方法。由于拘役是剥夺人身自由,因而比管制要严厉;但是拘役又是短期自由刑,比有期徒刑要轻。所以,作为填补限制自由的管制刑和较长时间里完全剥夺自由的有期徒刑之间空隙的拘役,在我国刑罚体系中同样占有重要地位。拘役刑是将犯罪人就近关押于特定的场所,剥夺人身自由,并对其进行劳动改造。因此,拘役适用于那些虽然罪行较轻但仍然需要关押的犯罪分子。

拘役刑剥夺自由的期限较短。根据我国《刑法》第42条的规定,拘役的期限为1个月以上6个月以下。第69条规定,数罪并罚时,拘役期限最长不得超过1年。此外,根据我国《刑法》第44条的规定,拘役的刑期从判决执行之日起计算;判决执行以前先行羁押的,羁押1日折抵刑期1日。

(三) 有期徒刑

有期徒刑是指剥夺犯罪分子一定期限的人身自由,并强迫其劳动和接受教育改造的一种刑罚方法。在我国刑罚体系中,有期徒刑居于十分重要的地位。目前,除危险驾驶罪之外,任何一种犯罪的法定刑中都将有期徒刑作为供选择的主刑之一;在司法实践中,有期徒刑也是适用率最高的一种刑罚方法。

根据我国《刑法》第45条的规定,有期徒刑的刑期为6个月以上15年以下。第50条规定,判处死刑缓期执行的,在死刑缓期执行期间,如果确有重大立功表现,2年期满以后,减为25年有期徒刑。根据我国《刑法》第69条的规定,数罪并罚时,有期徒刑总和刑期不满35年的,最高不能超过20年;总和刑期在35年以上的,最高不能超过25年。

根据第65条规定,故意犯罪被判处有期徒刑以上刑罚的犯罪人,在刑罚执行完毕或者赦免以后5年之内再犯应当被判处有期徒刑以上刑罚之罪的,构成累犯。

(四) 无期徒刑

无期徒刑是指剥夺犯罪分子终身自由,强制其参加劳动并接受教育和改造的一种刑罚方法。无期徒刑是剥夺自由刑中最严厉的一种刑罚,严厉程度仅次于死刑。由于无期徒刑的严厉性,因而所适用的对象只能是罪行非常严重虽不必判处死刑,而又需要与社会永久隔离的犯罪分子。

无期徒刑,从理论意义上说,是终身剥夺自由,实行无限期的关押。但是,在现实中并不是一定要把被判处无期徒刑的犯罪人都关押到死为止,只要犯罪人有悔过自新的表现,根据《刑法》的规定,对服刑期间的表现符合法定的条件的,可以将刑罚减为有期徒刑或者对其适用假释。所以,判处无期徒刑并不意味着断绝犯罪人的再生之路。

根据我国《刑法》第65条的规定,判处无期徒刑经减刑后,在刑罚执行完毕或者赦免以后5年之内再犯应当被判处有期徒刑以上刑罚之罪的,构成累犯。

(五) 死刑

1. 死刑的概念

死刑,又称作生命刑,是指剥夺犯罪分子生命的刑罚方法,在我国包括死刑立即执行和死刑缓期2年执行两种情况。因为死刑以剥夺犯罪分子的生命为内容,再无较死刑更为严厉的刑罚,是终极的刑罚方法,因此,死刑又被称为极刑。

由于死刑是剥夺人的生命,一旦发生任何司法错误,则是无法逆转和补救的。自18世纪意大利刑法学家贝卡里亚首次对死刑的合理性提出否定性评价后,死刑是否应当继续保留下去开始成为问题。两百多年来,人们围绕人的生命价值、死刑是否具有威慑力、是否残忍和不人道以及司法部门错判死刑的后果等问题进行了长期的讨论,我国多数学者的共识还是在目前情况下应有限制地保留死刑而不应废除死刑,国家的态度也是如此,因而我国刑法将死刑规定为主刑之一。目前,世界上共有158个国家或地区废除或虽然保留有死刑但实际上停止执行死刑。我国并没有废除死刑,但是,是在保留死刑的基础上贯彻"慎杀、少杀、严防错杀"的方针。在当前的司法和立法改革中,司法改革可以预见的是会进一步严格控制死刑的适用;而在立法改革中,可以预见的是,今后立法机关会进一步消减死刑的罪名,虽不可能一蹴而就,但是分别情况、分步骤消减死刑罪名和控制死刑适用是可以实现的。

2. 适用死刑的限制性规定

(1) 死刑适用条件的限制性规定

我国《刑法》对死刑的适用条件分别在总则和分则中进行了规定。在总则中,《刑法》第48条第1款规定:"死刑只适用于罪行极其严重的犯罪分子。"这表明,适用死刑的条件是犯罪分子所犯的罪行极其严重。罪行极其严重,是指犯罪的性质极其严重、犯罪的情节极其严重以及犯罪分子的人身危险性极其严重,缺一不可。实践中,符合上述三位一体条件的案件,相对于规定有死刑的罪名,能够真正适用死刑相比仍然较少。因此,刑法总则中设定严格的死刑适用条件是限制死刑适用的第一道关口。

在分则中，首先对可以判处死刑的犯罪及适用情节方面的要求均有明确的规定，从而使《刑法》第 48 条第 1 款规定的原则规定得到具体的落实。其次，除个别条款规定犯罪在特定情况下，必须依法判处死刑外，适用死刑的条款都是将死刑与无期徒刑等刑罚方法共同组成一个刑罚裁量单位，死刑不是唯一可供适用的刑种，是作为选择适用的刑种由审判机关来选择。这就意味着即便是罪行极其严重的犯罪分子，只要存在可宽宥的情节，不是非判处死刑不可，也可以适用无期徒刑等刑罚方法。

(2) 死刑适用对象的限制性规定

我国《刑法》第 49 条规定："犯罪的时候不满 18 周岁的人和审判的时候怀孕的妇女，不适用死刑。"第 49 条第 2 款规定①："审判的时候已满 75 周岁的人，不适用死刑，但以特别残忍手段致人死亡的除外。"这些规定，均是基于人道主义对特定群体而作出的特殊规定。这里所谓的"不适用死刑"，是指不能判处死刑，包括不能判处死刑缓期 2 年执行。根据 1998 年 8 月 7 日最高人民法院《关于对怀孕妇女在羁押期间自然流产审判时是否可以适用死刑问题的批复》的规定，怀孕妇女因涉嫌犯罪在羁押期间自然流产后，又因同一事实被起诉、交付审判的，应当视为"审判的时候怀孕的妇女"，依法不适用死刑。因此，"审判的时候怀孕"既包括人民法院审理期间妇女是怀孕的，也包括案件被起诉之前妇女怀孕但自然流产或者被做人工流产的情况。由于已满 75 周岁的老年人在生理、心理上能够符合"罪行极其严重的"的情况少之又少，因此，对已满 75 周岁犯罪的老年人，适用死刑的可能性极小。规定"但以特别残忍手段致人死亡的除外"只是为防止个别极端案件，利用年龄"优势"逃避死刑。

(3) 死刑适用程序的限制性规定

我国《刑法》与《刑事诉讼法》对死刑的适用程序和证据认定作出了明确的规定，这些规定表明，在死刑适用上不得违反程序和证据认定原则。

首先，从死刑案件的管辖上进行限制。根据我国《刑事诉讼法》第 20 条的规定，死刑案件只能由中级以上人民法院进行第一审，基层人民法院无权审理死刑案件。

其次，从死刑核准程序上进行限制。根据我国《刑法》第 48 条第 2 款的规定，死刑除依法由最高人民法院判决的以外，都应当报请最高人民法院核准。死刑缓期 2 年执行的，可以由高级人民法院核准。我国《刑事诉讼法》第 235 条至第 237 条规定：死刑由最高人民法院核准。中级人民法院判处死刑的第一审案件，被告人不上诉的，应当由高级人民法院复核后，报请最高人民法院核准。高级人民法院判处死刑的第一审案件被告人不上诉的，和判处死刑的第二审案件，都应当报请最高人民法院核准。中级人民法院判处死刑缓期 2 年执行的案件，由高级人民法院核准。第 250 条规定：最高人民法院判处和核准的死刑立即执行的判决，应当由最高人民法院院长签发执行死刑的命令；被判处死刑缓期 2 年执行的罪犯，在死刑缓期执行期间，如果故意犯罪，情节恶劣的，应当执行死刑，由高级人民法院报请最高人民法院核准。

---

① 我国《刑法修正案(八)》在第 49 条中增加一款为第 2 款。

再次,从死刑案件的证据认定上规定更为严格的认定要求。① 我国《刑事诉讼法》第 50 条规定:审判人员、检察人员、侦查人员必须依照法定程序,收集能够证实犯罪嫌疑人、被告人有罪或者无罪、犯罪情节轻重的各种证据;严禁刑讯逼供和以威胁、引诱、欺骗以及其他非法方法收集证据,不得强迫任何人证实自己有罪。第 54 条规定:采用刑讯逼供等非法方法收集的犯罪嫌疑人、被告人供述和采用暴力、威胁等非法方法收集的证人证言、被害人陈述,应当予以排除;收集物证、书证不符合法定程序,可能严重影响司法公正的,应当予以补正或者作出合理解释;不能补正或者作出合理解释的,对该证据应当予以排除。2010 年 7 月 1 日施行的最高人民法院、最高人民检察院、公安部、国家安全部、司法部联合发布《关于办理死刑案件审查判断证据若干问题的规定》和《关于办理刑事案件排除非法证据若干问题的规定》明确指出,办理死刑案件,对被告人犯罪事实的认定,必须达到证据确实、充分,包括多项具体要求以及对非法证据的排除。

最后,在死刑复核过程中,依据我国《刑事诉讼法》第 240 条规定,最高人民法院复核死刑案件时,不得仅从书面审理,而是应当讯问被告人,辩护律师提出要求的,应当听取辩护律师的意见。这可以最大限度保障被告人的权益,对防止错杀具有重要意义。

(4) 死刑执行制度的限制性规定

我国刑法在死刑执行制度方面对死刑适用的限制体现在:将死刑立即执行和死刑缓期 2 年执行确定为执行死刑的两种(方法)制度,从而在实际上减少了死刑的实际执行。

二、附加刑

(一) 罚金

罚金,是人民法院判处犯罪分子向国家缴纳一定数额金钱的刑罚方法。罚金主要适用于经济型或财产型的犯罪,也适用于少数妨害社会管理秩序的犯罪。适用罚金刑,主要在于剥夺犯罪人再次犯罪的经济条件,达成惩罚与教育的作用。我国刑法规定的罚金刑适用范围较为广泛。

1. 罚金刑适用

除少数条款规定只能判处罚金外,多数情况下罚金刑是备选的附加刑,因此,对罚金刑在适用上必须依据刑法分则条款对罚金刑适用方式,不得随意决定。同时,罚金数额的确定,在刑法及其司法解释规定有具体确定方式和标准时,也必须依法执行,同样不得随意决定。只有在条款只抽象规定罚金刑,而没有具体规定确定标准的情况下,审判人员可以依据犯罪人的具体经济状况,根据我国《刑法》第 52 条的规定及犯罪情节决定罚金数额。

---

① 应该说,只要涉及对犯罪人权利的剥夺,对证据的要求应该是无区别的,并不能因为可能判处死刑,证据规格就高一些,其他的就可以降低标准。

2. 罚金的适用方式

根据我国刑法分则的具体规定,罚金的适用方式有以下几种:

(1) 选处罚金,即罚金作为一种与有关主刑并列的刑种,由人民法院根据犯罪的具体情况选择适用。此种情况下的罚金只能独立适用,而不能附加适用。如《刑法》第275条规定,故意毁坏公私财物,数额较大或者有其他严重情节的,处3年以下有期徒刑、拘役或者罚金。

(2) 单处罚金,即对犯罪分子只能判处罚金,而不能判处其他刑罚。单处罚金只对犯罪的单位适用。我国刑法分则凡是规定处罚犯罪单位的,都是规定对单位判处罚金。

(3) 并处罚金,即在对犯罪分子判处主刑的同时附加适用罚金,并且是必须附加适用。例如,我国《刑法》第328条规定,盗掘古文化遗址、古墓葬,情节较轻的,处3年以下有期徒刑、拘役或者管制,并处罚金。

(4) 并处或者单处罚金,即罚金既可以附加主刑适用,也可以作为一种与有关主刑并列的刑种供选择适用。例如,我国《刑法》第140条规定,生产者、销售者在产品中掺杂、掺假,以假充真,以次充好或者以不合格产品冒充合格产品,销售金额5万元以上不满20万元的,处2年以下有期徒刑或者拘役,并处或者单处销售金额50%以上2倍以下罚金。这里的罚金既可以附加有期徒刑或者拘役适用,也可以与有期徒刑、拘役并列供选择适用。

3. 罚金数额的确定

(1) 罚金数额的立法规定

比例制,即不规定具体的罚金数额,而是根据犯罪数额的一定比例确定罚金的数额。例如,擅自发行股票、公司、企业债券罪,规定并处或者单处非法募集资金金额1%以上5%以下罚金。

倍数制,即不规定具体的罚金数额,而是根据犯罪数额的一定倍数确定罚金的数额。例如,走私普通货物、物品罪,处偷逃应缴税额1倍以上5倍以下罚金。

比例兼倍数制,即不规定具体的罚金数额,而是根据犯罪数额的一定比例和倍数确定罚金的数额。例如,刑法对生产、销售伪劣商品的各种犯罪均规定处销售金额50%以上2倍以下的罚金。

特定数额制,即明确规定罚金的数额。如变造货币,数额较大的,罚金为并处或者单处1万元以上10万元以下罚金;数额巨大的,并处5万元以上30万元以下罚金。

抽象罚金制,即只抽象地规定判处罚金。例如,刑法对犯罪的单位都是只抽象地规定判处罚金。此外,也有对个人犯某些具体罪只抽象地规定判处罚金的立法例,如强迫他人吸食、注射毒品罪,处3年以下有期徒刑、拘役或者管制,并处罚金。

(2) 罚金数额的司法确定

上述刑法关于罚金数额的规定表明,有的十分抽象,无标准可供执行;有的虽然确定了判处罚金数额的一定标准,但都有一定的幅度和弹性。这就使审判实践对罚金数额的判处有较大的难度,但只要认真地掌握我国《刑法》第52条所确定的判处罚金的根据,以及酌情考虑犯罪人的经济状况,还是可以做到恰当地确定具体案件的罚金数额的。

我国《刑法》第 52 条规定:"判处罚金,应当根据犯罪情节决定罚金数额。"这表明,决定罚金的数额必须以犯罪情节为根据。犯罪情节是表明犯罪行为危害程度和人身危险性的各种事实,根据犯罪情节决定罚金的数额是罪责刑相适应原则的必然要求。因此,在决定罚金数额时必须全面考察犯罪情节。此外,还应酌情考虑犯罪人的经济状况。因为罚金是判处犯罪人向国家缴纳一定数额的金钱,在决定罚金数额时必须考虑到所判处的罚金能否执行的问题,而被判处的罚金是否能得到执行,则取决于犯罪人的经济状况。2000 年 12 月 19 日最高人民法院《关于适用财产刑若干问题的规定》(以下简称 00.12.19《适用财产刑规定》)第 2 条规定:"人民法院应当根据犯罪情节,如违法所得数额、造成损失的大小等,并综合考虑犯罪分子缴纳罚金的能力,依法判处罚金。刑法没有明确规定罚金数额标准的,罚金的最低数额不能少于 1000 元。对未成年人犯罪应当从轻或者减轻判处罚金,但罚金的最低数额不能少于 500 元。"为此,应在以犯罪情节为根据的基础上,酌情考虑犯罪人的经济状况。经济状况较好的,可以适当判处较多的罚金;反之,可以适当判处较少的罚金。如果决定罚金数额时片面地强调犯罪情节而不顾犯罪人的经济状况,那么,会极易形成"空判"导致无法执行,最终影响到判决的严肃性。

(二) 剥夺政治权利①

剥夺政治权利,是剥夺犯罪分子参加国家管理和政治活动权利的刑罚方法。

1. 剥夺政治权利的内容

根据我国《刑法》第 54 条的规定,是剥夺以下权利:(1) 选举权和被选举权;(2) 言论、出版、集会、结社、游行、示威自由的权利;(3) 担任国家机关职务的权利;(4) 担任国有公司、企业、事业单位和人民团体领导职务的权利。剥夺政治权利,亦必须在分则条款有明文规定的情况下适用。

2. 剥夺政治权利适用方式

(1) 附加适用。根据我国《刑法》第 56 条、第 57 条的规定,附加适用的情况有三种:一是对危害国家安全的犯罪分子应当附加剥夺政治权利。只要实施的是危害国家安全的犯罪,无论适用的主刑是何种刑罚,都应当附加适用剥夺政治权利。二是对被判处死刑、无期徒刑的犯罪分子应当附加剥夺政治权利终身。此种情况下,是根据适用的主刑刑种,至于是因为实施何种犯罪而被判处死刑或者无期徒刑则在所不问。三是对于故意杀人、强奸、放火、爆炸、投毒、抢劫等严重破坏社会秩序的犯罪分子可以附加剥夺政治权利。此外,根据最高人民法院 1998 年 1 月 13 日发布的《关于对故意伤害、盗窃等严重破坏社会秩序的犯罪分子能否附加剥夺政治权利问题的批复》(以下简称 98.01.13《附加剥夺政治权利问题》)的规定,对故意伤害、盗窃等其他严

---

① 剥夺政治权利适用于未成年人,参见 2005 年 12 月 23 日最高人民法院《关于审理未成年人刑事案件具体应用法律若干问题的解释》第 14 条的规定。

重破坏社会秩序的犯罪,犯罪分子主观恶性较深、犯罪情节恶劣、罪行严重的,也可以附加剥夺政治权利。

(2)独立适用。这是在罪行轻,不宜判处主刑时,可单独适用剥夺政治权利刑。但独立适用不意味着是独立规定的,剥夺政治权利是与其他主刑相并列供选择适用,一旦选择适用剥夺政治权利,就不能再适用其他主刑。

3. 剥夺政治权利的效力、期限、起算

根据我国《刑法》第55、57、58条的规定,剥夺政治权利刑的期限、起算、效力,分为以下情形:(1)被判处死刑、无期徒刑的犯罪分子,应当剥夺政治权利终身。(2)死刑缓期执行减为有期徒刑或者无期徒刑减为有期徒刑的,应当将附加剥夺政治权利的期限改为3年以上10年以下,刑期应当从减刑后的有期徒刑执行完毕之日或者假释之日起计算。(3)独立适用或者判处有期徒刑、拘役附加剥夺政治权利的期限为1年以上5年以下,刑期从主刑执行完毕之日或者假释之日起计算。(4)判处管制附加剥夺政治权利的期限与管制的期限相同,刑期同时起算,同时执行。根据第58条的规定,剥夺政治权利的效力当然施用于主刑执行期间。

(三)没收财产①

没收财产是将犯罪分子个人所有财产的一部或者全部强制无偿地收归国有的刑罚方法。这是唯一只能附加适用,而不能独立适用的附加刑。我国《刑法》第34条第2款所规定的"附加刑也可以独立适用"不适用于没收财产刑。没收财产刑与罚金刑同属于财产刑,但在惩处力度上重于罚金刑,主要适用于危害国家安全罪和破坏社会主义市场经济秩序罪、侵犯财产罪、妨害社会管理秩序罪、贪污贿赂罪中情节较重的犯罪。

没收财产的适用方式有以下几种:

(1)没收财产与罚金选择并处,即没收财产与罚金作为选择性的两种附加刑供附加主刑适用,审判人员可以选择没收财产附加主刑适用,也可以选择罚金附加主刑适用,两者必选其一。例如,以牟利为目的,制作、复制、出版、贩卖、传播淫秽物品,情节特别严重的,处10年以上有期徒刑或者无期徒刑,并处罚金或者没收财产。

(2)没收财产必须并处,即没收财产必须附加主刑适用,审判人员没有取舍之余地。例如,以勒索财物为目的绑架他人或者绑架他人作为人质,致使被绑架人死亡或者杀害被绑架人的,处死刑,并处没收财产。

(3)没收财产可以并处,即没收财产可以附加主刑适用,也可以不附加主刑适用,是否附加主刑适用,由审判人员酌情决定。例如,犯行贿罪,情节特别严重的,处10年以上有期徒刑或者无期徒刑,可以并处没收财产。

上述没收财产的适用方式表明,没收财产实际上只能附加适用,而不能独立适用。可见,我国《刑法》总则第34条第2款所规定的"附加刑也可以独立适用"目前并不适用于没收财产。

---

① 没收财产刑适用于未成年人,参见2006年1月23日最高人民法院《关于审理未成年人刑事案件具体应用法律若干问题的解释》第15条的规定。

根据我国《刑法》第 60 条规定:"没收财产以前犯罪分子所负的正当债务,需要以没收的财产偿还的,经债权人请求,应当偿还。"以没收财产偿还债务,必须具备以下条件:(1)必须是犯罪分子在财产被没收以前所负的债务。(2)必须是正当债务,如合法的买卖、借贷、租赁、雇用等民事法律关系中所产生的债务,不正当的债务,如赌债、非法经营所欠的债等,不能以没收的财产偿还。(3)所负的债务需要以没收的财产偿还。如果犯罪分子的财产被没收后还有其他财产可偿还债务,就不能以没收的财产偿还。(4)必须经债权人请求。

（四）驱逐出境①

驱逐出境是强迫犯罪的外国人离开中国国(边)境的刑罚方法。通说一般将驱逐出境列为附加刑的一种,但从我国《刑法》第 34 条"附加刑种类"的规定看,并没有将驱逐出境列入其中,只是基于对犯罪的外国人(包括具有外国国籍的人和无国籍的人)在我国境内犯罪,即便判处主刑(不包括判处死刑立即执行的情况),在主刑服刑期满后也需要将其从我国境内驱离,因此,必须规定驱逐出境。我国《刑法》第 35 条规定:"对于犯罪的外国人,可以独立适用或者附加适用驱逐出境。"也是基于这一规定,一般认为驱逐出境是一种特殊的附加刑。

在我国,刑法规定的驱逐出境,与《外国人入境出境管理法》第 30 条规定的驱逐出境,虽然都是将外国人从我国境内强制驱逐,但二者在处罚的性质和适用的对象、适用的机关和法律依据,以及生效执行的时间上均有不同。

三、非刑罚处理方法

非刑罚处理方法,是指人民法院对犯罪分子适用的刑罚以外的处理方法。根据我国《刑法》第 37 条规定,"对于犯罪情节轻微不需要判处刑罚的,可以免予刑事处罚,但是可以根据案件的不同情况,予以训诫或者责令具结悔过、赔礼道歉、赔偿损失,或者由主管部门予以行政处罚或者行政处分"。非刑罚处理方法适用的前提是行为人的行为已经构成犯罪,但免除刑事处罚。如果行为人的行为不构成犯罪,就不能适用非刑罚处理方法。但是,这并不意味着非刑罚处罚方法只能对免予刑事处罚的犯罪人,而不能对判处刑罚的犯罪人适用。实践中,对性质不严重的犯罪,即便对犯罪人没有免除刑罚处罚的,为教育犯罪人,获得被害人谅解,同样可以对犯罪人当庭予以训诫或者责令具结悔过、赔礼道歉、赔偿损失。同时,根据我国当前贯彻宽严相济刑事政策要求,对犯罪行为造成被害人经济损失的,无论是否判处刑罚,均可以判处被告人赔偿经济损失,得到被害人谅解或者双方达成和解,达到预防犯罪的目的。

根据我国《刑法》第 36 条和第 37 条的规定,非刑罚处理方法包括以下几类:

（1）判处赔偿经济损失和责令赔偿经济损失。判处赔偿经济损失,是指人民法院对犯罪分子除依法给予刑事处罚外,并根据其犯罪行为给被害人造成的经济损失情况,判处犯罪分子给予被害人一定经济赔偿的处理方法。责令赔偿损失,是指人民

---

① 驱逐出境只适用于外国人(包括无国籍人),就执行而言没有特别研究的必要。

法院对犯罪情节轻微不需要判处刑罚的犯罪分子,在免除其刑事处罚的同时,根据其犯罪行为对被害人造成的经济损失情况,责令其向被害人支付一定数额的金钱,以赔偿被害人经济损失的处理方法。判处赔偿经济损失与责令赔偿损失,都是赔偿被害人经济损失的非刑罚处理方法,但两者之间有所不同:前者与刑事处罚一并适用,后者则适用于依法被免予刑事处罚的犯罪分子,属于独立适用。

(2)训诫、责令具结悔过和责令赔礼道歉。训诫,是人民法院对犯罪情节轻微不需要判处刑罚而免除刑事处罚的犯罪分子当庭予以批评或谴责,并责令其改正的教育方法。责令具结悔过,是指人民法院责令犯罪分子用书面方式保证悔改,以后不再重新犯罪的一种教育方法。责令赔礼道歉,是人民法院责令犯罪分子公开向被害人当面承认错误,表示歉意的一种教育方法。

(3)由主管部门予以行政处罚或者行政处分。由主管部门予以行政处罚或者行政处分,是指人民法院根据案件的情况,向犯罪分子的主管部门提出对免于刑罚处罚犯罪分子予以行政处罚或者行政处分的建议,由主管部门给予犯罪分子一定的行政处罚或者行政处分的一种非刑罚处理方法。行政处罚,是指行政执法机关,依照国家行政法规和行政处罚法的规定,给予被免予刑事处罚的犯罪分子以经济制裁或剥夺人身自由的处分,如罚款、行政拘留等。行政处分,是指犯罪分子的所在单位或基层组织,依照行政规章、纪律、章程等,对被免予刑事处罚的犯罪分子予以行政纪律处分,如开除、记过、警告等。

(4)职业禁止[①]。我国《刑法》规定,对未成年人不予刑事处罚,必要时由政府有关机关教养;精神病人在不能辨认或者不能控制自己行为的时候造成危害结果,经法定程序鉴定确认的,不负刑事责任,在必要的时候,由政府强制医疗;结合《刑法修正案(九)》有关"职业禁止"的规定、《刑法修正案(八)》对判处管制刑和宣告缓刑实行"禁止令""社区矫正"及假释适用"社区矫正"[②]的规定,有的学者认为我国已经在刑法中初步建立起"保安处分"制度。

我国《刑法》第37条之一规定在"非刑罚处罚"措施中,当然不属于刑罚方法,职业禁止就是要通过限制其从事相关职业资格,使其丧失再利用职业资格进行犯罪的

[①] 这是我国《刑法修正案(九)》第1条的规定:"因利用职业便利实施犯罪,或者实施违背职业要求的特定义务的犯罪被判处刑罚的,人民法院可以根据犯罪情况和预防再犯罪的需要,禁止其自刑罚执行完毕之日或者假释之日起5年内从事相关职业。""被禁止从事相关职业的犯罪分子违反人民法院依照前款规定作出的决定的,由公安机关依法给予处罚;情节严重的,依照本法第313条的规定定罪处罚。""其他法律、行政法规对其从事相关职业另有禁止或者限制性规定的,从其规定。"《刑法》第313条为"拒不执行判决、裁定罪"。

[②] 我国《刑法》第38条第2—3款规定:"判处管制,可以根据犯罪情况,同时禁止犯罪分子在执行期间从事特定活动,进入特定区域、场所,接触特定的人。""对判处管制的犯罪分子,依法实行社区矫正。"第72条第2款规定:"宣告缓刑,可以根据犯罪情况,同时禁止犯罪分子在缓刑考验期限内从事特定活动,进入特定区域、场所,接触特定的人。"第76条规定:"对宣告缓刑的犯罪分子,在缓刑考验期限内,依法实行社区矫正,如果没有本法第77条规定的情形,缓刑考验期满,原判的刑罚就不再执行,并公开予以宣告。"第85条:"对假释的犯罪分子,在假释考验期限内,依法实行社区矫正,如果没有本法第86条规定的情形,假释考验期满,就认为原判刑罚已经执行完毕,并公开予以宣告。"

能力,实现"预防再犯罪的目的"。保安处分也是以特别预防为目的所设立,通过非刑罚方法实现刑罚特别预防目的的预防措施①。无论是职业禁止、禁止令的规定,还是社区矫正、《刑法》第37条的规定②,都能给予当事人受到"惩处"之感,能够起到教育作用。虽然禁止令、社区矫正的规定在管制刑、缓刑、假释的适用中,不同于职业禁止属于单独条款规定,但从预防再次犯罪的法律效果看,二者并没有区别,从这一点而言,其法律属性上也应予以相同的评价。如果将上述种种非刑罚措施统一在"保安处分"概念下,有利于今后对这一制度的系统化研究以及立法完善。

职业禁止是一项"可以"性非刑罚处遇措施,并非因利用职业便利实施犯罪,或者实施违背职业要求的特定义务的犯罪被判处刑罚的,就一定需要宣告职业禁止,而是必须是基于预防可能再次犯罪的需要,并有助于使犯罪人再社会化目的的实现。

根据我国《刑法》第37条之一的规定,适用职业禁止有以下三个条件:

一是因利用职业便利实施犯罪,或者实施违背职业要求的特定义务的犯罪被判处刑罚。这是适用的前提条件。2015年7月29日人力资源和社会保障部、国家质量技术监督总局、国家统计局联合颁布的《中华人民共和国职业分类大典》将我国职业归为8个大类,66个中类,413个小类,共1481个职业,其中主管、管理、经营、经手国家公共管理事务职能的职务活动,也是职业之一,即在中国共产党中央委员会和地方各级党组织、各级人民代表大会常务委员会、人民政治协商会议、人民法院、人民检察院、国家行政机关、企业和事业单位等担任领导职务并具有决策、管理权的人员的公共管理事务职能活动,也是职业活动。所以,职业是"职务"的上位概念。利用职业便利实施犯罪,是指利用自己从事该职业所形成的主管、管理、经营、经手的权力或工作上的方便条件所实施的犯罪。国家工作人员、国有企业以及非国有企业、公司管理人员利用职务上便利实施的犯罪,当然也包括在其中,如贪污罪、受贿罪、背信损害上市公司利益罪、背信运用受托财产罪等。实施违背职业要求的特定义务的犯罪,是指违背法律对特定主体的职业活动所规定的特定作为(或不作为)义务所实施的犯罪,如过失犯罪对特别注意义务的违反。道德义务违反能否能够成为适用的依据。因为道德义务与职业无关,因此本书的观点是否定的。

二是根据"犯罪情况"和"预防再犯罪的需要"决定是否适用职业禁止。这是决定是否需要职业禁止的实质依据。"犯罪情况"是指行为人具体所犯罪行的情况,包括符合构成要件的事实以及决定刑罚轻重所应当考虑的事实。"预防再犯罪的需要"则是要求审判人员在综合"犯罪情况"的前提下,认真(当然是自由心证)考察如果不给予"职业禁止",受刑人在刑满之后,有无可能利用其职业再次犯罪;如果结论是不确定的,则不应适用职业禁止。虽然规定只是以"预防再犯罪需要"作为决定是否宣告"职业禁止"的标准,但是也应该充分考虑被告人所从事的职业。如果不是国家、社

---

① 保安处分是否属于刑罚方法,各国的规定不尽一致。
② 我国《刑法》第37条规定:"对于犯罪情节轻微不需要判处刑罚的,可以免予刑事处罚,但是可以根据案件的不同情况,予以训诫或者责令具结悔过、赔礼道歉、赔偿损失,或者由主管部门予以行政处罚或者行政处分。"

会公共管理职业以及相关职业另有禁止或者限制性规定,那么,其利用的职业是否为刑满后维持家庭生活的唯一技能。因职业禁止不可避免地会对行为人带来经济上的损失,甚至可能剥夺其赖以生存的经济来源,如果为生存而引发新犯罪,并非预防再犯罪的初衷,也与实现受刑人再社会化的目的相冲突。因此,在适用职业禁止时,应当坚持适度原则,对行为人判处职业禁止的范围,既要限定在导致其犯罪所利用的职业活动范围,也应该充分考虑行为人因职业禁止造成生活无着落而实施新犯罪的可能性。

三是"从事相关职业另有禁止或者限制性规定的,从其规定"。该条件独立于第二个条件,即只要"因利用职业便利实施犯罪,或者实施违背职业要求的特定义务的犯罪被判处刑罚",无需根据"犯罪情况"以及考虑"预防再犯罪的需要",也必须根据其从事相关职业另有禁止或者限制性规定,宣告职业禁止。例如,我国《证券法》第233条规定:"违反法律、行政法规或者国务院证券监督管理机构的有关规定,情节严重的,国务院证券监督管理机构可以对有关责任人员采取证券市场禁入的措施。前款所称证券市场禁入,是指在一定期限内直至终身不得从事证券业务或者不得担任上市公司董事、监事、高级管理人员的制度。"

在没有因其从事相关职业另有禁止或者限制性规定的情况下,职业禁止的期限为刑罚执行完毕之日或假释之日起5年之内。至于判处何种刑罚可以考虑适用职业禁止,立法并未明示。原则上,除死刑立即执行,以及所犯罪行被判处死刑缓期执行2年执行期满后减为无期徒刑且法律规定不得减刑、假释的情况之外,都应在可以考虑之列。有学者认为管制刑刑期短且不关押,可以不考虑适用职业禁止。不过,是否需要宣告职业禁止与刑种、刑期无关,而与其实施的犯罪是否利用职业便利,是否违背职业要求的特定义务有关。违反职业禁止的法律后果为两种:一是违反职业禁止由公安机关给予行政处罚;二是违反职业禁止"情节严重的",以"拒不执行判决、裁定罪"追究刑事责任。

第三节　刑罚适用原则

一、量刑的原则

量刑的原则,是指人民法院在查明案件事实的基础上,依法决定被告人是否适用刑罚或者如何适用刑罚的准则。

我国《刑法》第5条规定:"刑罚的轻重,应当与犯罪分子所犯罪行和承担的刑事责任相适应。"第61条规定:"对于犯罪分子决定刑罚的时候,应当根据犯罪的事实、犯罪的性质、情节和对于社会的危害程度,依照本法的有关规定判处。"根据上述规定,通说认为,量刑原则可概括为:以犯罪事实为根据,以刑法规定为准绳。

（一）量刑必须以犯罪事实为根据

所谓犯罪事实,有广义和狭义之分。狭义的犯罪事实,仅指犯罪构成的基本事实,即在犯罪实施过程中所发生的表明犯罪人罪行轻重和刑事责任程度的各种情况,如犯罪人的罪过、犯罪的行为以及手段、犯罪主体的个人情况以及犯罪的性质等情况。广义的犯罪事实,不仅包括狭义犯罪事实,而且还包括表明社会危害程度和行为人主观恶性程度的其他事实。所以,广义的犯罪事实,不仅包括罪中事实,还包括罪前事实和罪后事实,亦即我国《刑法》第61条所规定的"犯罪的事实、犯罪的性质、情节和对于社会的危害程度"都包括在内。以犯罪事实为根据,就是指以犯罪的事实、犯罪的性质、情节和对于社会的危害程度为根据。要全面贯彻该原则,要求刑罚裁量必须做到以下几点:

(1) 认真查清犯罪事实。也即狭义的犯罪事实,是指符合刑法规定的犯罪构成要件的主客观事实。这是准确确定犯罪性质的基础。

(2) 正确认定犯罪性质。犯罪性质,是指具体犯罪的罪质,亦即构成刑法分则的具体罪名,包括犯罪过程中的完成与为完成形态、共同犯罪的具体情况等。

(3) 全面掌握犯罪情节。犯罪情节,分为定罪情节与量刑情节。这里要求掌握的犯罪情节,既包括犯罪情节,也包括量刑情节,例如,再犯可能性(人身危险性)、累犯、自首、立功等情节。因而,犯罪情节,是指虽然并不影响犯罪性质,但与决定犯罪性质的主客观事实情况具有密切联系,同时,又能说明犯罪行为的社会危害程度、人身危险性的主客观事实。

(4) 基于上述事实综合评价犯罪对于社会的危害程度。犯罪的社会危害程度,是由犯罪的事实、性质、情节等多种因素所决定的。因此,评价犯罪的社会危害程度时,必须全面综合考察上述因素。

(二) 量刑必须以刑法规定为准绳

我国《刑法》第61条规定,对犯罪分子决定刑罚时,应当"依照本法的有关规定"判处,这就要求量刑必须以刑法规定为准绳。

(1) 依照刑法的规定,确定对犯罪人应适用的刑种和刑度。刑法有关具体的刑种的适用如果存在特别规定的,必须遵照规定,如附加刑的适用规定。同时,应当遵照罪行所反映的危害程度选择适当的处罚幅度,即遵守刑度的要求。

(2) 必须依照刑法量刑情节的适用原则裁量刑罚,包括遵照有关量刑的司法解释所规定的量刑情节裁量刑罚。刑法规定的各种情节,有适用于一切犯罪的总则量刑情节,还有分则规定只能适用于特定犯罪的量刑情节以及各种量刑情节适用的条件等等。

(3) 严格遵照刑法关于刑罚裁量制度的规定裁量刑罚。量刑制度是刑罚制度的重要组成部分,刑法规定的自首制度、立功制度、累犯制度、数罪并罚制度、缓刑制度、死缓制度等,在裁量刑罚时,必须遵守。

量刑应当执行宽严相济的刑事政策,贯彻罪责原则,以达成犯罪人再社会化为目的。执行宽严相济刑事政策,就要做到该宽则宽,当严则严,宽严相济,罚当其罪;贯彻罪责原则,则是指不仅罪责是刑罚的基础,同时也必须是刑罚裁量的标准,应力求裁判之刑,罚当其罪,不得超越罪责程度处刑,保障法律的效果与社会效果的统一;为达成犯罪人再社会化为目的,要求裁量刑罚(除判处死刑立即执行以及刑法有特别规定,如对犯贪污罪、受贿罪被判处死刑缓期执行的,根据犯罪情节同时决定在死刑缓期2年执行期满后依法减为无期徒刑后实行终身监禁,不得减刑、假释的之外),都应以能够达成促使犯罪人通过刑罚执行,使之在刑满出狱后不致再犯,能够重新适应社会生活。即便在对犯罪人要从重或从轻、减轻处罚,也应在罪责范围内从重或从轻、减轻,不应基于预防需要而随意超越罪责范围而从重或从轻、减轻处罚。

二、量刑情节

(一)量刑情节的概念

量刑情节,又称刑罚裁量情节,是指是否处刑以及处以何种刑罚时必须考虑的,处罚轻重或者免除处罚的各种主客观事实情况。在我国,作为司法改革的重要措施,最高人民法院、最高人民检察院、公安部、国家安全部、司法部2010年10月1日联合下发《关于规范量刑程序若干问题的意见(试行)》,启动了"量刑规范化"工作。最高人民法院于2011年2月28日和2012年2月28日分别公布了《量刑规范化的指导意见》和《关于在审判执行工作中切实规范自由裁量权行使保障法律统一适用的指导意见》,后者明确指出,"人民法院在审理案件过程中,对下列情形依法行使自由裁量权:(一)法律规定由人民法院根据案件具体情况进行裁量的;(二)法律规定由人民法院从几种法定情形中选择其一进行裁量,或者在法定的范围、幅度内进行裁量的;(三)根据案件具体情况需要对法律精神、规则或者条文进行阐释的;(四)根据案件具体情况需要对证据规则进行阐释或者对案件涉及的争议事实进行裁量认定的;(五)根据案件具体情况需要行使自由裁量权的其他情形。"由此可见,自由裁量权的行使,主要是依据量刑情节。因此,量刑情节是审判人员行使自由裁量权的事实根据。

量刑情节,是实现刑法个别化的重要途径,罪责刑相适应是我国刑法明文规定的刑法基本原则,要真正做到罪责刑相适应,就必须使犯罪人应承担的刑罚和其应负的刑事责任相适应,实现刑罚个别化。量刑情节是揭示行为的社会危害程度、人身危险性程度的重要依据,因此,要落实刑事责任和实现刑罚个别化,就必须综合考虑刑法所规定的各种量刑情节,从而决定对犯罪人处罚轻重或者是否免除处罚。

由于定罪是量刑的前提和基础,所以,划清量刑情节与定罪情节的界限,对于量刑的实际操作具有极其重要的意义。量刑情节与定罪情节在刑事审判中具有不同的功能和作用,两者的区别主要体现在以下几点:(1)定罪情节是犯罪构成要件所涵盖的内容和行为成立某种犯罪的事实根据,它表明并揭示该种犯罪的共性;而量刑情节则表明个案之间的特点和差异,揭示同种犯罪中不同案犯的个性。(2)定罪情节不仅决定具体犯罪的性质,而且决定对该种犯罪追究刑事责任的统一标准和范围,同法定刑有着必然的联系;而量刑情节则以某种法定刑为适用的前提和基础,是刑罚个别化的唯一根据,同宣告刑有着必然的联系。(3)定罪情节一般只限于罪中情节,外延比较狭窄;而量刑情节则包括罪中情节、罪前情节和罪后情节,外延比较宽广。因此,在量刑时应当坚持同一事实情况禁止重复评价的刑法原则,不得将已经用于定罪的犯罪构成事实再作为量刑情节使用。

(二) 量刑情节的种类

量刑情节分为法定量刑情节和酌定量刑情节。

1. 法定量刑情节

法定量刑情节是指刑法及其司法解释明文规定在量刑时必须予以考虑的各种犯罪事实情况。[①] 法定量刑情节从性质上说,有属于从宽的情节和从严的情节;从功能上说,有"应当"型情节和"可以"型情节;以所具有的功能的多寡上说,有单功能量刑情节和多功能量刑情节。这些不同特征的量刑情节,只能依据刑法,包括司法解释的具体规定适用。

2. 酌定量刑情节

酌定量刑情节是指虽非刑法明文规定,但是可以影响刑罚轻重,审判人员应当考虑的各种犯罪事实情况。现实中,即便没有法定量刑情节,也必然存在酌定量刑情节。实务中,主要有以下酌定情节:

(1) 客观面的事实,即主要从犯罪客观方面需要考虑的事实。

一是犯罪的手段。在犯罪手段不是犯罪构成要件时,采取何种犯罪手段是刑罚裁量的重要酌定情节。如以极端残忍的方式杀人,危害程度、人身危险性程度更大。

二是犯罪的对象。非特定对象为犯罪构成要件时,犯罪对象的具体状况也会影响到量刑的轻重。如以未成年人、怀孕妇女等为对象的犯罪,就具有更大的危害。

三是危害结果。在危害结果不是犯罪构成要件时,危害结果同样反映行为社会危害程度,也是量刑时应酌定考虑的重要情节。如多次扒窃是以扒窃次数入罪,但是扒窃造成的财产损失数额也是反映危害程度的重要情节。

四是犯罪的时空环境。在刑法未将特定的时空条件规定为犯罪构成要件时,犯罪的时空条件对量刑也具有影响作用。如在发生极端自然灾害时实施犯罪,就比平时具有更大的危害。

五是犯罪行为的方式。以作为或不作为实施犯罪,可以成为在量刑的情节。如故意杀人与不作为故意杀人,通常评价上后者的危害程度轻于前者。

六是任意共同犯罪中的参与者人数,亦应成为酌定量刑情节。

(2) 主观面的事实,即主要从贯彻刑罚个别化,需要考虑的犯罪个人方面的情况。

一是实施犯罪的动机与犯罪目的。在动机和目的不属于犯罪构成要件时,动机和目的直接表明犯罪人的主观恶性程度,是量刑必须考虑的重要因素。

二是犯罪后的态度。行为人犯罪后的态度是反映其人身危险性大小以及改造难

---

① 在很多教科书上,对法定量刑原则都有详细的归纳和整理,可以参阅。

易程度的一个重要因素,对量刑具有重要影响。如负隅顽抗、意图逃避罪责等表现,较之真诚悔过、坦白交待等表现,应当受到不同的评价。

三是犯罪人的生活状况以及一贯品行。犯罪人的生活状况以及一贯品行是反映其人身危险性大小以及改造难易程度的重要因素,对量刑具有重要影响。但是,应避免将出身低微、受教育程度低、个人品行不好等置于过高的评价地位。而且,司法机关不可能将犯罪人的生活状况都去调查了解,应当尽量简化对个人品行考量的内容。不过,接受较好的教育、一贯品行端正等,通常可能被作为从宽裁量的情节。

四是犯罪所受到的刺激。任何犯罪都有外界刺激因素的存在,但是都不能成为行为人犯罪的借口,而可以成为量刑的情节。如屡受欺侮而杀人的因素,可以作为从宽裁量的情节。

五是对犯罪的认知程度。这与受教育程度无关,主要是指犯罪人的社会地位、专业知识与所犯之罪的关联度。如经验丰富的医师造成的医疗事故相比实习医师造成的医疗事故,应有不同评价。

六是犯意形成的样态。犯罪是经过详细预谋,还是临时起意,可以成为量刑的酌定情节。

在上述法定、酌定量刑情节中,应该兼顾对被告人有利与不利的各种情节,应作整体考察、理性判断、法定情节优先考量。同时,根据我国《刑法》第 63 条第 2 款的规定,犯罪分子虽然不具有刑法规定的减轻处罚情节,但是根据案件的特殊情况,经最高人民法院核准,也可以在法定刑以下判处刑罚。此处的"特殊情况",应是一种不确定的情况,如某些可能影响我国政治、外交、民族、宗教,以及其他具有特殊意义的案件情况。遇到该类特殊情况时,人民法院可据此酌情裁量刑罚。

第四节　累　　犯

一、累犯的概念和分类

所谓累犯,是指因犯罪而受过一定的刑罚处罚,刑罚执行完毕或者赦免以后,在法定期限内又犯一定之罪的犯罪人。

我国刑法规定的累犯,可分为一般累犯、特别累犯两类。其中,一般累犯,也称普通累犯,是指因犯罪受过一定的刑罚处罚,刑罚执行完毕或者赦免以后,在法定期限内又犯一定之罪的。特别累犯,是指曾犯一定之罪,刑罚执行完毕或者赦免以后,又再犯一定之罪的。即除两次以上犯某种特定罪者外,犯其他罪不构成特别累犯。

对累犯从严处罚,是当今世界各国通行的做法。累犯在受过刑罚处罚后,仍然不思悔改,在刑罚执行完毕或者赦免以后的一定时间内再次实施犯罪,危害社会。为严厉惩处这类犯罪分子,刑法中设立了对累犯从重处罚制度。累犯较之于初犯,具有更深的主观恶性和更大的人身危险性,故依据罪刑相适应和刑罚个别化原则,应当对累犯从严惩处,即累犯是法定从重处罚情节。

二、一般累犯及成立条件

根据我国《刑法》第 65 条第 1 款的规定,被判处有期徒刑以上刑罚的犯罪分子,刑罚执行完毕或者赦免以后,在 5 年以内再犯应当判处有期徒刑以上刑罚之罪的,是累犯,应当从重处罚,但是过失犯罪和不满 18 周岁的人犯罪的除外。据此,一般累犯,是指年满 18 周岁因故意犯罪被判处有期徒刑以上刑罚并在刑罚执行完毕或者赦免以后,在 5 年内再犯应当判处有期徒刑以上刑罚之故意犯罪之人。一般累犯的成立条件为:

(1) 前罪与后罪必须是故意犯罪。这是成立一般累犯的罪质条件。如果行为人实施的前后罪均为过失犯罪,或者前后罪其中之一是过失犯罪,则不能构成累犯。这是我国刑法对构成一般累犯主观罪过条件的限制。

(2) 犯前罪时必须年满 18 周岁。这是构成一般累犯的主体条件。如果犯前罪时不满 18 周岁,即使是故意犯罪,或者犯后罪是故意犯罪且年满 18 周岁的,也不构成累犯。

(3) 前罪被判处有期徒刑以上刑罚,后罪应当被判处有期徒刑以上刑罚。即构成一般累犯的前罪被判处的刑罚和后罪应当判处的刑罚均须为有期徒刑以上的刑罚。这是成立一般累犯的刑度条件。如果前罪所判处的刑罚和后罪应当判处的刑罚均低于有期徒刑,或者其中之一低于有期徒刑,不构成累犯。被判处有期徒刑以上刑罚,包括被判处有期徒刑、无期徒刑和死刑缓期执行;应当判处有期徒刑以上刑罚,是指所犯的后罪根据其事实和法律规定,应当判处有期徒刑、无期徒刑和死刑,而不是指该罪的法定刑包括有期徒刑以上的刑罚。所以,所谓的有期徒刑以上刑罚,均指宣告刑。

(4) 后罪发生在前罪的刑罚执行完毕或者赦免以后 5 年之内。这是构成一般累犯的时间条件。刑罚执行完毕,是指主刑执行完毕,不包括附加刑在内。主刑执行完毕 5 年内又犯罪,即使附加刑未执行完毕,仍构成累犯。赦免,是指特赦减免。刑法以刑满或赦免后 5 年内再犯罪,作为构成一般累犯的时间条件。若后罪发生在前罪的刑罚执行期间,则不构成累犯,而应适用数罪并罚,若后罪发生在前罪的刑罚执行完毕或者赦免 5 年以后,也不构成累犯。

被假释的犯罪分子,如果在假释考验期内又犯新罪,不构成累犯,而应撤销假释,适用数罪并罚。被假释的犯罪分子,如果在假释考验期满 5 年以内又犯新罪,则构成累犯,根据第 65 条第 2 款的规定,5 年的时间期限,从假释期满之日起计算。因为假释考验期满,就认为原判刑罚已经执行完毕;被假释的犯罪分子,如果在假释考验期满 5 年以后犯罪,同样不构成累犯。

被判处有期徒刑宣告缓刑的犯罪分子,如果在缓刑考验期满后又犯罪,不构成累犯,因为缓刑是附条件的不执行所宣告的刑罚,考验期满原判的刑罚就不再执行了,而不是刑罚已经执行完毕,不符合累犯的构成条件,至于被判有期徒刑宣告缓刑的犯罪分子,如在缓刑考验期内又犯新罪,同样不构成累犯,而应当撤销缓刑,适用数罪并罚。

前罪已在外国受过刑罚处罚,又在我国犯罪的,能否符合构成一般累犯的条件,我国刑法未作明确规定,理论上存在着不同的认识。有学者认为,刑法规定的刑罚执行完毕,是指我国的有罪判决和刑罚执行完毕,我国刑法原则上不承认外国法院的审判,因此,行为人在外国受过有期徒刑以上刑罚判决或执行,以后又在我国境内犯罪的,不能认为具有构成一般累犯的条件。另有学者认为,对此问题,应作具体分析并视情况区别对待。如果行为人在国外实施的行为,并未触犯我国刑法,虽然经过外国审判并执行刑罚,也不能作为构成累犯的条件。若所犯之罪依照我国刑法规定也应当负刑事责任,可以承认其已经受过刑罚执行,如果被判处并执行的刑罚是有期徒刑以上的刑罚,即可作为构成累犯的条件,可依照我国刑法规定再行处理①。本书认为后一见解可取。

三、特别累犯及成立条件

根据我国《刑法》第 66 条,特别累犯是指犯危害国家安全罪、恐怖活动犯罪、黑社会性质的组织犯罪的犯罪分子受过刑罚处罚,刑罚执行完毕或者赦免后,在任何时候再犯上述任一类罪之人。这里对成立累犯的时间条件没有任何限制,体现了对构成特别累犯,更加从重处罚的精神。特别累犯的成立条件为:

(1) 前罪和后罪必须都是危害国家安全罪、恐怖活动犯罪、黑社会性质的组织犯罪其中之一的犯罪。如果前后罪都不是上述任一类罪,或者其中之一不是上述任一类罪,则不能构成特别累犯;但这并不影响其成立一般累犯。

(2) 前罪被判处的刑罚和后罪应判处的刑罚的种类及其轻重不受限制。即使前后两罪或者其中之一罪被判处或者应判处管制、拘役或者单处某种附加刑的,也不影响其成立。

(3) 前罪的刑罚执行完毕或者赦免以后再犯上述任一类罪不受时间的限制。前罪的刑罚执行完毕或者赦免以后,任何时候再犯上述任一类罪,即构成特别累犯,不受前后两罪相距时间长短的限制。

四、累犯的刑事责任

根据我国《刑法》第 65 条的规定,对累犯应当从重处罚。从重处罚,是相对于不构成累犯,应承担的刑事责任而言,即对于累犯的从重处罚,参照的标准,就是在不构成累犯时,应承担的刑事责任。即无论成立一般累犯,还是特别累犯,都必须对其在法定刑的限度以内,判处相对较重的刑罚,即适用较重的刑种或较长的刑期。当然,从重处罚不是一律要判处法定最高刑。

---

① 参见赵秉志主编:《新刑法教程》,中国人民大学出版社 1997 年版,第 345—346 页。

第五节 自首与立功[①]

一、自首的概念和类型

自首制度,也称为自首从宽制度,是当今世界各国刑事立法中普遍采纳的量刑制度之一。由于自首制度能够鼓励犯罪人犯罪后改过自新、分化瓦解共同犯罪人、减少国家对刑事侦查、审判等的人力、物力的投入,符合刑罚经济原则,所以,自首制度历来受到各国立法机关的重视。

根据我国《刑法》第67条的规定,自首是指犯罪分子犯罪以后自动投案,如实供述自己的罪行的行为。被采取强制措施的犯罪嫌疑人、被告人和正在服刑的罪犯,如实供述司法机关还未掌握的本人其他罪行的,以自首论。据此规定,自首分为一般自首和特别自首两种。其中,一般自首也被称为普通自首,是指犯罪分子犯罪以后自动投案,如实供述自己罪行的行为。特别自首,亦称"准自首"或者"余罪自首",是指被采取强制措施的犯罪嫌疑人、被告人和正在服刑的罪犯,如实供述司法机关还未掌握的本人其他罪行的行为。所以,一般自首与特别自首的成立条件不同。

(一)一般自首的成立条件

根据我国《刑法》第67条第1款的规定,成立一般自首必须具备以下条件:

1. 自动投案

自动投案,是自首的前提条件。自动投案,是指犯罪分子在犯罪之后,在未受到讯问、未被施以强制措施之前,出于本人的意志而向有关机关或个人承认自己实施了犯罪,并自愿置于有关机关或个人的控制之下,等待进一步交代犯罪事实的行为。对此,可从以下几个方面加以把握:

(1)投案行为必须发生在犯罪人尚未归案之前。这是对自动投案的时间限定。根据98.05.09《自首和立功解释》,自动投案可以包括:犯罪事实或者犯罪嫌疑人未被司法机关发觉,或者虽被发觉,但犯罪嫌疑人人尚未受到讯问、未被采取强制措施以前投案时,主动、直接向公安机关、人民检察院或者人民法院投案。

此外,根据98.05.09《自首和立功解释》,犯罪嫌疑人向其所在单位、城乡基层组织或者其他有关负责人员投案的;犯罪嫌疑人因病、伤或者为了减轻犯罪后果,委托他人先代为投案,或者先以信电投案的;罪行尚未被司法机关发觉,仅因形迹可疑,被有关组织或者司法机关盘问、教育后,主动交代自己的罪行的;犯罪后逃跑,在被通缉、追捕过程中,主动投案的;经查实确已准备去投案,或者正在投案途中,被公安机关捕获的,应当视为自动投案。10.12.22《自首和立功意见》也指出:具有以下情形之

[①] 最高人民法院1998年4月6日发布了《关于处理自首和立功具体应用法律若干问题的解释》(以下简称98.05.09《自首和立功解释》),1998年5月9日起施行;2010年12月22日,最高人民法院发布《关于处理自首和立功若干具体问题的意见》(以下简称10.12.22《自首和立功意见》)。

一的,也应当视为自动投案:犯罪后主动报案,虽未表明自己是作案人,但没有逃离现场,在司法机关询问时交代自己罪行的;明知他人报案而在现场等待,抓捕时无拒捕行为,供认犯罪事实的;在司法机关未确定犯罪嫌疑人,尚在一般性排查询问时主动交代自己罪行的;因特定违法行为被采取劳动教养、行政拘留、司法拘留、强制隔离戒毒等行政、司法强制措施期间,主动向执行机关交代尚未被掌握的犯罪行为的(这应视为一般自首还是特别自首还值得研究);其他符合立法本意,应当视为自动投案的情形。"其他符合立法本意",如虽然并非出于犯罪嫌疑人主动,而是经亲友规劝、陪同投案的;公安机关通知犯罪嫌疑人的亲友,或者亲友主动报案后,将犯罪嫌疑人送去投案的,也应当视为自动投案。

犯罪后被群众扭送归案的,或被公安机关逮捕归案的,或在追捕过程中走投无路当场被抓捕的,或经司法机关传讯、采用强制措施后归案的,不能认为是自动投案。10.12.22《自首和立功意见》也指出:罪行未被有关部门、司法机关发觉,仅因形迹可疑被盘问、教育后,主动交代了犯罪事实的,应当视为自动投案,但有关部门、司法机关在其身上、随身携带的物品、驾乘的交通工具等处发现与犯罪有关的物品的,不能认定为自动投案。犯罪嫌疑人被亲友采用捆绑等手段送到司法机关,或者在亲友带领侦查人员前来抓捕时无拒捕行为,并如实供认犯罪事实的,虽然不能认定为自动投案,但可以参照法律对自首的有关规定酌情从轻处罚。

(2) 自动投案一般应是基于犯罪分子本人的意志。犯罪分子的自动归案,并不是违背其本人的意愿。把握犯罪分子投案行为的自动性,必须正确理解和把握以下的问题:一是自动投案一般应是犯罪人直接向公安机关、检察机关、人民法院投案,对于向所在的单位、城乡基层组织或者其有关的负责人投案的,也应视为自动投案。但是,明知其不会向司法机关报告、举发的除外。二是犯罪后因某些条件的限制,或者为了减轻犯罪后果,而委托他人先代为投案,或者先以电报、信函投案的,也应视为自动投案。但是,必须在当初不能亲自投案的情况消除后置于司法机关的控制之下,如果投案后又逃跑的,不能认定为自首。三是自动投案的动机是多种多样的,不同的动机,一般不影响归案行为的自动性。四是对于实践中送子女或亲友归案的情况,虽然并非完全出于犯罪人本人的意愿,而是经家长、亲友规劝、陪同投案的,如在有关机关通知犯罪分子的家长、监护人后,或者家长、监护人主动报案后,犯罪分子被送去归案的。这种情况虽然有别于典型的自动投案,但这种行为离开犯罪人本人的意志事实上是不可能实施的,所以,只要犯罪人的行为符合如实供述自己的罪行的条件,也应视为自动投案。

(3) 最终必须自愿置于司法控制之下,等待进一步交代犯罪事实。98.05.09《自首和立功解释》规定:"犯罪嫌疑人自动投案后又逃跑的,不能认定为自首。"此为自动投案的成立的必要条件,也是如实供述自己的罪行,成立自首的前提。

自动投案是否应以"必须接受国家的审查和裁判"为条件。自动投案、如实供述自己的罪行,本身已经表明犯罪分子对于司法机关追究犯罪的活动所持的配合态度,基于这种态度就应当可以对犯罪分子从宽处罚。对于自动投案再附加"接受审查和裁判"的条件,实际上并无必要。当然,如果在自动投案后又隐匿、脱逃的,或者委托他人代为自首,或者先以电报、信函投案而本人拒不到案的,本身已表明犯罪分子的意志发生了变化,不再对司法机关追究犯罪的活动持配合态度,自然不能说是符合自动投案的条件。

根据我国《刑法》的规定,犯罪分子犯罪后,只要同时具备自动投案和如实供述自己的罪行这两个条件,即可成立自首。[①] 2004 年 4 月 1 日起施行的最高人民法院《关于被告人对行为性质的辩解是否影响自首成立问题的批复》中规定:"根据刑法第 67 条第 1 款和最高人民法院《关于处理自首和立功具体应用法律若干问题的解释》第 1 条的规定,犯罪以后自动投案,如实供述自己的罪行的,是自首。被告人对行为性质的辩解不影响自首的成立。"但这样规定,并非是说犯罪分子可以不"接受审查和裁判"。

在司法实践中,有的犯罪人不署名,或者匿名将非法所得送到司法机关,甚至新闻单位,如报刊、杂志社或归还原处,或者用电话、书信等方式匿名向司法机关报案或指出赃物所在。此类行为并没有自首的诚意,因而不能成立自首。但这种主动交出非法所得的行为,表明其悔罪的态度,处理时只能考虑适当从宽。

2. 如实供述自己的罪行

犯罪分子自动投案之后,只有如实供述自己的罪行,才足以证明其有自首的诚意,也才能为司法机关追诉其所犯罪行并予以从宽处理提供客观根据。因此,如实地供述自己的罪行,是自首成立的核心条件。所谓"如实供述自己的罪行",98.05.09《自首和立功解释》规定是犯罪嫌疑人自动投案后,如实交代自己的主要犯罪事实[②]。

一般而言,"如实供述自己的罪行",是向有关机关或者个人承认自己实施的所有的犯罪,即承认自己实施的特定犯罪或承认某些特定犯罪系自己所为。"具体而言,在犯罪事实未被发觉的条件下,只要承认本人实施何种特定犯罪即可;在犯罪事实虽已被发觉,但犯罪人尚未被发觉的条件下,只要承认某一特定犯罪系自己所为即可;在犯罪事实和犯罪人均已被发觉,但犯罪人尚未归案的条件下,只要承认自己是某一特定犯罪的行为人即可。"[③]对于多次实施同种罪行的,10.12.22《自首和立功意见》认为,应当综合考虑已交代的犯罪事实与未交代的犯罪事实的危害程度,决定是否认

[①] 2009 年 3 月 20 日发布的最高人民法院、最高人民检察院《关于办理职务犯罪案件认定自首、立功等量刑情节若干问题的意见》,虽然是针对特定犯罪案件自首、立功认定,但意见中也重申了成立自首只要求"同时具备自动投案和如实供述自己的罪行两个要件"。

[②] 10.12.22《自首和立功意见》指出,如实供述自己的罪行,除供述自己的主要犯罪事实外,还应包括姓名、年龄、职业、住址、前科等情况。犯罪嫌疑人供述的身份等情况与真实情况虽有差别,但不影响定罪量刑的,应认定为如实供述自己的罪行。犯罪嫌疑人自动投案后隐瞒自己的真实身份等情况,影响对其定罪量刑的,不能认定为如实供述自己的罪行。因此,犯罪嫌疑人只要根据客观事实供述所犯的所有罪行,对事实既不缩小也不夸大,就应当认为符合如实供述自己的罪行的条件。至于所供述的罪行司法机关是否已经掌握,是投案人自己单独实施的,还是与他人共同实施的,是一罪,还是数罪,并不影响对如实供述自己罪行条件的认定。

[③] 赵秉志主编:《新刑法教程》,中国人民大学出版社 1997 年版,第 334—335 页。

定为如实供述主要犯罪事实。虽然投案后没有交代全部犯罪事实,但如实交代的犯罪情节重于未交代的犯罪情节,或者如实交代的犯罪数额多于未交代的犯罪数额,一般应认定为如实供述自己的主要犯罪事实。无法区分已交代的与未交代的犯罪情节的严重程度,或者已交代的犯罪数额与未交代的犯罪数额相当,一般不认定为如实供述自己的主要犯罪事实。犯罪嫌疑人自动投案时虽然没有交代自己的主要犯罪事实,但在司法机关掌握其主要犯罪事实之前主动交代的,应认定为如实供述自己的罪行。根据98.05.09《自首和立功解释》,犯罪嫌疑人自动投案并如实供述自己的罪行后又翻供的,不能认定为自首;但在一审判决前又能如实供述的,应当认定为自首。

然而,有的案件因时间久远,或者其他主客观因素,对犯罪事实的细节存在不能供述完整的现象,但在已经供述的事实中,属于主要或基本的犯罪事实,据此可以确定犯罪性质、犯罪的情节的,就应视为如实供述罪行。如在供述的过程中刻意隐瞒主要的犯罪事实,或者推诿罪责、保全自己,意图逃避制裁;或者大包大揽、庇护同伙;或者故意歪曲事实性质、隐瞒重要情节、避重就轻,企图蒙混过关,试图减轻罪责等,不属于如实供述自己的罪行,不能成立自首。

(二) 特别自首的成立条件

根据我国《刑法》第67条第2款的规定,特别自首的成立不要求自动投案的条件,但是有特殊的条件要求。

1. 主体必须是被采取强制措施的犯罪嫌疑人、被告人和正在服刑的罪犯

被采取强制措施,是指根据我国《刑事诉讼法》规定,被采取拘传、拘留、取保候审、监视居住和逮捕措施的犯罪嫌疑人、被告人。正在服刑的罪犯,是指已经人民法院判决、正在被执行所判刑罚的罪犯。除所规定的三种人以外的犯罪分子,不能成立特别自首。

2. 必须如实供述司法机关还未掌握的本人其他罪行

这是成立特别自首的实质性条件,所供述的必须是本人实施的罪行且必须是司法机关还没有掌握的罪行。至于何种情况下是"掌握"或者"未掌握",10.12.22《自首和立功意见》认为,向司法机关主动如实供述本人的其他罪行,该罪行能否认定为司法机关已掌握,应根据不同情形区别对待。如果该罪行已被通缉,一般应以该司法机关是否在通缉令发布范围内作出判断,不在通缉令发布范围内的,应认定为还未掌握,在通缉令发布范围内的,应视为已掌握;如果该罪行已录入全国公安信息网络在逃人员信息数据库,应视为已掌握。如果该罪行未被通缉、也未录入全国公安信息网络在逃人员信息数据库,应以该司法机关是否已实际掌握该罪行为标准。

所谓"其他罪行",10.12.22《自首和立功意见》认为,犯罪嫌疑人、被告人在被采取强制措施期间如实供述本人其他罪行,该罪行与司法机关已掌握的罪行属同种罪行还是不同种罪行,一般应以罪名区分。虽然如实供述的其他罪行的罪名与司法机关已掌握犯罪的罪名不同,但如实供述的其他犯罪与司法机关已掌握的犯罪属选择性罪名或者在法律、事实上密切关联,如因受贿被采取强制措施后,又交代因受贿为他人谋取利益行为,构成滥用职权罪的,应认定为同种罪行。

（三）自首的认定

1. 共同犯罪案件自首的认定

认定共同犯罪中犯罪嫌疑人的自首，一般而言，对自首的，按自首处理；对未自首的，按未自首依法处理。但由于共同犯罪的特性所决定，同时因各共同犯罪人在共同犯罪中的分工和所起的作用不同，成立自首所应当如实供述的罪行的内容也有所不同。98.05.09《自首和立功解释》规定，共同犯罪案件中的犯罪嫌疑人，除如实供述自己的罪行，还应当供述所知的同案犯，主犯则应当供述所知其他同案犯的共同犯罪事实，才能认定为自首。

（1）主犯可分为首要分子和其他主犯。主犯不仅要如实供述其本人单独实施或者指挥、组织、参与实施的犯罪事实，还必须揭发其他共同犯罪人的犯罪行为。其中，首要分子必须供述包括其组织、策划、指挥的以及或受其支配的全部罪行；其他主犯必须供述受首要分子的组织、策划、指挥，单独实施的共同犯罪行为，以及与其他共同犯罪人共同实施的犯罪行为。

（2）从犯分为次要的实行犯和帮助犯。次要的实行犯应供述包括自己实施的犯罪，以及与自己共同实施犯罪的主犯和胁从犯的犯罪行为；帮助犯应供述包括自己实施的犯罪帮助行为，以及自己所帮助的实行犯的犯罪行为，即应当如实供述自己所知的其他共犯的情况。

（3）胁从犯应供述自己在被胁迫情况下实施的犯罪以及所知道的胁迫自己犯罪的胁迫人所实施的犯罪行为，即应当如实供述自己所知的其他共犯的情况。

（4）教唆犯应供述自己的教唆行为，以及所了解的被教唆人所实施的犯罪行为。所以，概括地说，共同犯罪人成立自首时所应供述的罪行，包括自己实施的犯罪，以及自己了解的、与自己的罪行密切相关的其他共同犯罪人的罪行。

2. 数罪的自首

98.05.09《自首和立功解释》规定，犯有数罪的犯罪嫌疑人仅如实供述所犯数罪中部分犯罪的，只对如实供述部分犯罪的行为，认定为自首。具体而言，(1)犯罪嫌疑人自动投案后，如实供述所犯全部罪行的，应认定为全案均成立自首。(2)犯有同种的数罪，投案自首后，如实供述所犯数罪的一部分的，应根据犯罪人供述犯罪的程度，决定自首成立的范围。如果如实供述的是主要或者基本的犯罪事实，应认定为全案成立自首。事后调查未供述的犯罪在性质、情节、社会危害程度等方面与所供述的犯罪大致相当的，只应认定所供述之罪成立自首，未供述或者未如实供述的犯罪不成立自首，即自首的效力仅及于如实供述之罪。(3)犯有不同种数罪，其所供述的犯罪成立自首，未交代的犯罪不成立自首。如确实由于主客观方面的原因，只如实供述了所犯数罪中的主要或基本的犯罪事实的，也应认定为全案成立自首，即自首的效力及于所犯全部罪行。供述基本上不涉及主要犯罪事实的，不成立自首。

就特别自首而言，在犯有数罪的情况下，其自首是否要在数罪性质上存在不同时，才能成立自首？98.05.09《自首和立功解释》规定："被采取强制措施的犯罪嫌疑人、被告人和已宣判的罪犯，如实供述司法机关尚未掌握的罪行，与司法机关已掌握的或者判决确定的罪行属不同种罪行的,以自首论。""被采取强制措施的犯罪嫌疑人、被告人和已宣判的罪犯,如实供述司法机关尚未掌握的罪行,与司法机关已掌握的或者判决确定的罪行属同种罪行的,可以酌情从轻处罚;如实供述的同种罪行较重的,一般应当从轻处罚。"对此规定理论上还有不同的认识。一种观点认为:"对于'其他罪行'是否包括同种罪行,尽管立法上未作限制,从理论上讲自然包括同种罪和非同种罪,但是从立法上讲,原则上应当是指非同种罪行,即犯罪嫌疑人、被告人因此罪被采取强制措施而如实供述了彼罪的事实,这与刑法理论和司法实践中对判决宣告以前一人犯数罪是指不同种数罪是一致的,否则,如果将'本人其他罪行'理解为包括同种罪行在内……而实行数罪并罚,那么,将给司法实践带来诸多问题。当然,如果如实供述的是重大罪行或者主要罪行,尽管与司法机关已经掌握的罪行属于同种罪行,也可以对全案'以自首论'。"①第二种观点认为:"被司法机关依法采取强制措施的犯罪嫌疑人、被告人,如实供述司法机关还未掌握的本人的非同种罪行的;正在服刑的罪犯,如实供述司法机关还未掌握的同种罪行或者非同种罪行的,以自首论。"②

第一种观点对不同种罪的解读与98.05.09《自首和立功解释》并没有本质上的差别,但在同种数罪,自首属于重大情况下,认为可以成立自首。从结论上说,与第二种观点并没有区别。既然刑法没有对"其他罪行"限制为不同种的罪行,理应包括同种罪行在内,如果需要对同种数罪并罚,如果不认定为是对"其他罪行"的自首,并罚是不可能实现的。同时,对同种数罪属于连续作案的案件中,只要犯罪嫌疑人交代了多数犯罪,或者其中的严重犯罪,就应视为如实供述了自己的主要罪行,不必要求一件不漏,犯罪嫌疑人、被告人和正在服刑的罪犯自首后,由于某些因素的影响,有时会出现反复和避重就轻进行辩解的情况,但只要不否定基本事实。就应认定为自首。在这个问题上,不宜掌握得过严。

3. 过失犯罪的自首

根据我国《刑法》第67条对自首的规定,并没有对成立自首的犯罪予以任何限制,即刑法分则规定的所有犯罪均未被排除在可以成立自首的范畴之外。所以,在过失犯罪之后,只要其行为符合自首成立的条件,就应依法认定为自首。但是,对有法律明文规定有"报告义务"的人而言,在事件后实施的"报告"行为,能否视为"自首",仍有不同认识。例如,在交通肇事后向公安交通管理部门报告的行为,是否视为"自首"?有观点认为,我国《道路交通安全法》第70条规定交通肇事后应当保护现场、抢救伤者、向公安机关报告。犯罪嫌疑人实施上述行为同时也是履行法定义务,不是自首,只能从宽处罚;至于是否从宽、从宽的幅度要适当从严掌握。至于交通肇事逃逸后自动投案,如实供述自己罪行的,应认定为自首,但依法以较重法定刑为基准,视情节决定对其是否从宽处罚以及从宽处罚的幅度。③

---

① 周道鸾、单长宗、张泗汉主编:《刑法的修改与适用》,人民法院出版社1997年版,第182页。
② 赵秉志主编:《新刑法教程》,中国人民大学出版社1997年版,第338页。
③ 参见最高人民法院刑一庭负责人就《关于处理自首和立功若干具体问题的意见》答记者问,载最高人民法院官网:http://www.court.gov.cn/xwzx/yw/201012/t20101229_12634.htm,2013年3月18日访问。

4. 单位犯罪的自首

2002年7月8日最高人民法院、最高人民检察院、海关总署联合发布的《关于办理走私刑事案件适用法律若干问题的意见》第21条指出:"在办理单位走私犯罪案件中,对单位集体决定自首的,或者单位直接负责的主管人员自首的,应当认定单位自首。认定单位自首后,如实交代主要犯罪事实的单位负责的其他主管人员和其他直接责任人员,可视为自首,但对拒不交代主要犯罪事实或逃避法律追究的人员,不以自首论。"2009年3月19日最高人民法院、最高人民检察院《关于办理职务犯罪案件认定自首、立功等量刑情节若干问题的意见》第1条第5款规定:"单位犯罪案件中,单位集体决定或者单位负责人决定而自动投案,如实交代单位犯罪事实的,或者单位直接负责的主管人员自动投案,如实交代单位犯罪事实的,应当认定为单位自首。单位自首的,直接负责的主管人员和直接责任人员未自动投案,但如实交代自己知道的犯罪事实的,可以视为自首;拒不交代自己知道的犯罪事实或者逃避法律追究的,不应当认定为自首。单位没有自首,直接责任人员自动投案并如实交代自己知道的犯罪事实的,对该直接责任人员应当认定为自首。"

上述规定明确了单位在犯走私罪、单位职务犯罪后,单位集体决定自首的,或者单位直接负责的主管人员自首的,或者单位直接负责的主管人员自动投案,如实交代单位犯罪事实的,认定为单位自首。上述规定的精神,应在所有单位犯罪后自首中适用。

(四) 自首的法律后果①

根据我国《刑法》第67条第1款和98.05.09《自首和立功解释》第3条的规定,对于自首犯应分别不同情况予以从宽处理。

1. 对于自首的犯罪分子,可以从轻或者减轻处罚

"可以"从宽处罚,表明我国刑法对于自首采取的是相对从宽处罚原则。并非对每一自首的犯罪人都一律从宽处罚,而是既可以从宽处罚,也可以不予从宽处罚,对恶意犯罪造成严重后果,企图以自首逃避严惩的,完全可以不从宽处理。不过"可以"的规定表明一般情况下需要从宽处罚,至于对自首的犯罪人是否从宽处罚,由审判人员根据全案的情况决定。具体是从轻处罚还是减轻处罚,首先,要分清犯罪分子主观恶性的大小;其次,要分析自首的具体情节,如投案早晚、投案动机、客观条件、交代罪行的程度等,判明犯罪分子的悔罪程度,对于犯罪分子主观恶性小、悔罪表现明显的,可以减轻处罚。

2. 犯罪较轻的,可以免除处罚

也就是说,犯罪人犯有较轻之罪而自首的,不是仅可得到从轻或者减轻处罚,根据具体案件及自首的情况,也可以得到免除处罚的从宽处理。一般而言,对于具有主观恶性小,有明显悔罪表现的,可以免除处罚;对于不具有上述表现的,可以减轻处

---

① 自首又有立功情节如何实现从宽处理,参见前述《关于处理自首和立功若干具体问题的意见》第8条的内容。

罚。但应当注意到,"犯罪较轻"是可以免除处罚的前提。至于较轻之罪和较重之罪的划分标准,目前理论界尚无定论。有人主张以犯罪性质作为划分较轻与较重之罪的标准,也有人主张以犯罪的法定刑轻重作为划分较轻与较重之罪的标准。如有学者认为,"应当根据犯罪所应判处的刑罚来划分较轻之罪和较重之罪,应当判处一定刑罚之下的犯罪可以视为较轻之罪,应当判处一定刑罚之上的犯罪可以视为较重之罪",并且具体提出:"应当判处的刑罚为3年以上有期徒刑的犯罪可视为较重之罪,应当判处的刑罚为不满3年有期徒刑的犯罪可视为较轻之罪。"①这一问题还值得进一步研究。

3. 根据我国《刑法》第67条第3款②的规定处罚

犯罪嫌疑人虽不具有前两款规定的自首情节,但是如实供述自己罪行的,可以从轻处罚;因其如实供述自己罪行,避免特别严重后果发生的,可以减轻处罚。

本书认为,由于适用该款要求"如实供述自己罪行",这又是成立自首的核心条件,所以,这里"不具有前两款规定的自首情节"是指,不具有"犯罪以后自动投案",以及不是"被采取强制措施的犯罪嫌疑人、被告人和正在服刑的罪犯",在归案后如实供述自己罪行的情况。虽然不具有"自动投案"或者"被采取强制措施"而失去人身自由后才"如实供述自己罪行",但只要如实供述自己的罪行,都可以得到从轻处罚的处遇,在因如实供述自己罪行而避免特别严重后果发生时,可以得到减轻处罚的处遇。

二、自首与坦白的关系

自首和坦白均属于犯罪人犯罪后对自己所犯罪行的态度的行为。虽然这是两种不同的法律事实,但又存在着许多联系。理论上坦白有广义和狭义两种解释。广义的坦白包括自首,即自首是坦白的内容之一,是坦白的最高形式。广义的坦白与自首是属概念和种概念的关系。狭义的坦白不包括自首,二者是各有自己质的规定性的两种行为。这里所说的自首与坦白是一种并列的、相对独立的关系,即是指自首与狭义的坦白的关系。我国在司法实务中以往是将坦白作为酌定量刑情节考虑的,《刑法修正案(八)》第8条规定,在《刑法》第67条中增加一款作为第3款:"犯罪嫌疑人虽不具有前两款规定的自首情节,但是如实供述自己罪行的,可以从轻处罚;因其如实供述自己罪行,避免特别严重后果发生的,可以减轻处罚。"这使得坦白为法定量刑情节。

坦白,是指犯罪分子被动归案之后,自己如实交代犯罪事实的行为。坦白的本质就在于,它是犯罪分子被动归案后如实交代罪行的行为。被动归案,大体上可有三种情况:一是被司法机关采取强制措施而归案;二是被司法机关传唤到案;三是被群众扭送归案。但是,即使不具有典型的自首的"自动投案",不具有"以自首论的"属于

---

① 周振想编著:《刑法学教程》,中国人民公安大学出版社1997年版,第271页。
② 我国《刑法修正案(八)》第8条规定,在《刑法》第67条中增加一款作为第3款。

被采取强制措施的犯罪嫌疑人、被告人和正在服刑的罪犯身份,但只要在归案后"如实交代自己的罪行",以及"因如实供述自己罪行,避免特别严重后果发生的",都可以得到如同自首一样的从宽处遇。这一规定是我国刑法贯彻宽严相济刑事政策的具体体现。

自首与坦白的相同之处:(1) 两者均以自己实施了犯罪行为为前提;(2) 两者都是犯罪人犯罪之后对自己所犯罪行的主观心理态度的外在表现形式;(3) 两者都是在归案之后如实交代自己的犯罪事实;(4) 两者都是从宽处罚的情节。自首和坦白的区别就在于:(1) 自首是犯罪人自动投案,坦白则是犯罪人被动归案。(2) 自首所交代的既可以是已被发觉的罪行,也可以是尚未被发觉的罪行,当然,如果是犯罪嫌疑人、被告人和正在服刑的罪犯的自首,则交代的必须是被指控的罪行以外的罪行,而坦白所交代的则只限于已被发觉、被指控的罪行。(3) 自首的犯罪分子供述自己罪行时的态度是主动的,而坦白的犯罪分子供述自己的罪行时的态度是被动的。归案的方式和所交代的罪行的不同,表明了自首的犯罪人和坦白的犯罪人在认罪、悔罪乃至悔改的时间及其程度的不同。一般说来,自首的犯罪人认罪时间早,悔罪、悔改的程度高;坦白的犯罪人认罪时间晚,悔罪、悔改的程度也较自首的犯罪人要低。(4) 自首的犯罪分子人身危险性相对较轻,坦白的犯罪分子人身危险性相对较重,对自首的从宽幅度可以是"免除处罚",而坦白的至多是"减轻处罚"。

三、立功

(一) 立功的概念和意义

立功,是指犯罪分子揭发他人犯罪行为,查证属实[①],或者提供重要线索,从而得以侦破其他案件等情况的行为。我国《刑法》第68条规定的立功制度,其制定根据与自首制度基本相同。《自首和立功解释》第5条规定:"根据刑法第68条第1款的规定,犯罪分子到案后有检举、揭发他人犯罪行为,包括共同犯罪案件中的犯罪分子揭发同案犯共同犯罪以外的其他犯罪,经查证属实;提供侦破其他案件的重要线索,经查证属实;阻止他人犯罪活动;协助司法机关抓捕其他犯罪嫌疑人(包括同案犯);具有其他有利于国家和社会的突出表现的,应当认定为有立功表现。"属于立功的情形有如下三种:

第一种情况是,犯罪分子到案后检举、揭发他人犯罪行为,包括共同犯罪案件中的犯罪分子揭发同案犯共同犯罪以外的其他犯罪,经查证属实。犯罪分子之间往往相互了解他方一定的犯罪情况。如果到案后不仅交代了自己的罪行,而且还对所知的其他犯罪人的罪行进行了检举、揭发,并经司法机关查证属实,便视为具有立功表现。

第二种情况是,提供其他案件的重要线索,查证属实并使司法机关得以侦破。已

[①] "查证属实",系对于立功认定查证程序上的要求,具体规定请参见前述《关于处理自首和立功若干具体问题的意见》第6条。

经归案的犯罪嫌疑人或被告人,尽管并不一定确知其他犯罪分子实施过何种罪行,但是,可能会对社会上发生的某些案件是由谁所为有一定的了解和看法。如果向司法机关提供了某些案件的重要线索,司法机关据此侦破了案件,也属于立功表现。但是10.12.22《自首和立功意见》认为,通过贿买、暴力、胁迫等非法手段,或者被羁押后与律师、亲友会见过程中违反监管规定,获取他人犯罪线索并"检举揭发"的;亲友为使犯罪分子"立功",向司法机关提供他人犯罪线索、协助抓捕犯罪嫌疑人的,不能认定为犯罪分子有立功表现。

如果犯罪分子本人曾是司法工作人员,将本人以往查办犯罪职务活动中掌握的,或者从负有查办犯罪、监管职责的国家工作人员处获取的他人犯罪线索予以检举揭发的,不能认定为有立功表现。

第三种情况是,根据98.05.09《自首和立功解释》的规定,属于立功的情形还包括阻止他人犯罪活动;协助司法机关抓捕其他犯罪嫌疑人(包括同案犯);具有其他有利于国家和社会的突出表现的,应当认定为有立功表现。之所以对上述情况也视为立功,例如,对于犯罪分子协助司法机关缉捕其他罪犯归案的,也应当认定为立功,是因为司法机关为缉捕在逃的犯罪分子,往往要花费大量的人力和物力。如果已经归案的犯罪分子协助司法机关缉捕到某些在逃的罪犯,则可以节省司法机关的一定人力和物力,对于这种行为,应当予以鼓励。具体而言,根据10.12.22《自首和立功意见》的规定,以下几种情况,可以认为是立功:(1)按照司法机关的安排,以打电话、发信息等方式将其他犯罪嫌疑人(包括同案犯)约至指定地点的;(2)按照司法机关的安排,当场指认、辨认其他犯罪嫌疑人(包括同案犯)的;(3)带领侦查人员抓获其他犯罪嫌疑人(包括同案犯)的;(4)提供司法机关尚未掌握的其他案件犯罪嫌疑人的联络方式、藏匿地址的;等等。由此可见,协助司法机关缉捕的犯罪分子,可以是与其无关的,也可以是与其实施同一犯罪行为的共同伙犯罪人。无论是哪一种情况,只要确实协助司法机关缉捕到了其他犯罪人,就应视为立功表现。但只是提供同案犯姓名、住址、体貌特征等基本情况,或者提供犯罪前、犯罪中掌握、使用的同案犯联络方式、藏匿地址,司法机关据此抓捕同案犯的,不能认定为协助司法机关抓捕同案犯。①

(二) 立功的种类及其表现形式

刑法上的立功分为两种,一是附属于减刑制度的立功,二是附属于量刑制度的立功。这里所说的立功,仅指后者,是与自首制度、累犯制度并列的一种重要的刑罚裁量制度,仅适用于刑事诉讼中的被告人,是法定从宽处罚的情节。附属于量刑制度的立功,依据我国《刑法》第68条的规定,分为一般立功和重大立功两种。一般立功与重大立功的直接法律后果是,依法受到的从宽处罚程度有所不同。

一般立功的主要表现形式为:揭发他人犯罪行为,包括共同犯罪案件中的犯罪分子揭发同案犯所参与的共同犯罪以外的其他犯罪行为,查证属实的;提供重要线索,

---

① 参见10.12.22《自首和立功意见》。

从而得以侦破其他案件的;协助司法机关抓捕其他罪犯(包括同案犯)的;在押期间制止他人犯罪活动的;等等。

重大立功的主要表现形式为:揭发他人重大犯罪行为,查证属实的;提供重要线索,从而得以侦破其他重大案件的;协助司法机关抓捕其他重要罪犯(包括同案犯)的;在押期间制止他人重大犯罪活动的;对国家和社会有其他重大贡献等。

立功是否重大与检举、揭发他人的罪行、提供的线索以及协助侦破的案件等是否重大、重要有直接的关系。98.05.09《自首和立功解释》第7条规定:"犯罪分子有检举、揭发他人重大犯罪行为,经查证属实;提供侦破其他重大案件的重要线索,经查证属实;阻止他人重大犯罪活动;协助司法机关抓捕其他重大犯罪嫌疑人(包括同案犯);对国家和社会有其他重大贡献等表现的,应当认定为有重大立功表现。"而所谓的"重大犯罪""重大案件""重大犯罪嫌疑人"的标准,一般是指犯罪嫌疑人、被告人可能被判处无期徒刑以上刑罚或者案件在本省、自治区、直辖市或者全国范围内有较大影响等情况。

(三) 立功的法律后果

根据我国《刑法》第68条的规定,对于立功犯应分别依照以下不同情况予以从宽处罚:(1) 犯罪分子有一般立功表现的,可以从轻或者减轻处罚;(2) 犯罪分子有重大立功表现的,可以减轻或者免除处罚。① 此外,98.05.09《自首和立功解释》第6条规定:"共同犯罪案件的犯罪分子到案后,揭发同案犯共同犯罪事实的,可以酌情予以从轻处罚。"

自首、立功制度的反思

法律是规范社会成员行为的规范,也就是为塑造健康的人格的规范。"人为了塑造人性而立法,为了扶持人性而执法,为了修复人性而司法,为了发展人性而守法。弘扬人性的法是良法,压制人性的法是恶法。法治必须以人性为基础。"②98.05.09《自首和立功解释》中,对自首和立功的规定,除了要求犯罪人能够完全配合司法机关侦破、审判案件外,有关对共同犯罪人自首、立功的规定,只是在共同犯罪人的刑事法律关系上有所考虑和要求,而对共同犯罪人之间可能的其他法律关系根本没有涉及。③ 站

---

① 我国《刑法修正案(八)》第9条规定,删除了《刑法》原第68条第2款。
② 李伟迪、曾惠燕:《人性与法治》,载《光明日报》2004年9月21日。
③ 《自首和立功解释》第1条第2项对共同犯罪人"如实供述自己的罪行"的要求是:共同犯罪案件中的犯罪嫌疑人,除如实供述自己的罪行,还应当供述所知的同案犯,主犯则应当供述所知其他同案犯的共同犯罪事实,才能认定为自首。关于立功,第5条规定:犯罪分子到案后有检举、揭发他人犯罪行为,包括共同犯罪案件中的犯罪分子揭发同案犯共同犯罪以外的其他罪行,经查证属实;提供侦破其他案件的重要线索,经查证属实;阻止他人犯罪活动;协助司法机关抓捕其他犯罪嫌疑人(包括同案犯);具有其他有利于国家和社会的突出表现的,应当认定为有立功表现。第6条规定:共同犯罪案件的犯罪分子到案后,揭发同案犯共同犯罪事实的,可以酌情予以从轻处罚。第7条规定:犯罪分子有检举、揭发他人重大犯罪行为,经查证属实;提供侦破其重大案件的重要线索,经查证属实;阻止他人重大犯罪活动;协助司法机关抓捕其他重大犯罪嫌疑人(包括同案犯);对国家和社会有其他重大贡献等表现的,应当认定为有重大立功表现。

在司法者的立场上,犯罪人之所以犯罪,是因为其具有"病态"的人性,司法的任何处置都是对其病态的人性的救赎与重塑,但本书以为这只是问题的一个方面。

当然,在这些规定中有的内容是应当予以肯定的,如个人犯罪后的自首,阻止他人重大犯罪活动,对国家和社会有其他重大贡献等。这些规定传递的是以社会为"公"的道德理念,犯罪人能够以自己的行为实现这样的要求,理所应当受到法律的褒奖——得到从宽处理,这些规定本身也符合能实现对犯罪人正确的社会理念和价值观的重新树立,有利于其再社会化的完成。但是,还有一些规定所蕴涵的思想却值得反思。犯罪人重返社会的复归,并不是服刑期满走出监狱这样简单的问题,而是说他能否重新回到他的家庭、重新回到他生活过的地方;同时,他的家庭、他曾经所熟悉社会能否重新接纳他,使他能够继续生活,承担起重新作为社会一员所应当承担的对家庭、对社会的义务和责任。这就是所说的使之再社会化的实现。

在上述规定中,针对共同犯罪人的自首要求供述所知其他同案犯的规定,对立功要求到案后对他人犯罪行为的揭发以及协助司法机关抓捕其他重大犯罪嫌疑人的规定看,是否能够实现对犯罪人人性的救赎与重塑?由于并没有排除亲属间容隐行为,这样追问下去或许会与如何在法治中实现公平与公正的理念形成悖论,也可能会与我们现在提倡的主流理论相悖,那么,应如何看待这样的规定?如果是从重塑犯罪人人性的意义上考虑,这样的追问不能说是没有意义的。从上述规定为"正确适用刑罚"看,无论从一般预防的意义上还是特别预防的意义上说,传递给社会成员的价值理念是:为获得法律的褒奖——可以灭亲情、可以背信、可以抛弃义等。如果从实务角度说是本犯所提供的"证据",而本犯则是"污点证人",我国《刑事诉讼法》第61条"人民法院、人民检察院和公安机关应当保障证人及其近亲属的安全"的规定,是否适用于"污点证人"?如果可以,是长期适用还是临时适用?在我国《刑事诉讼法》所规定的多项保护措施中,并没有改变"污点证人"社会身份的内容。"自首""立功"的人是没有办法改变自己的自然和社会身份,刑满后仍然要回到他过去生活的环境中。那么,他将如何面对其他人对他选择的评价?如果共同犯罪人之间是亲属关系,当他作出了有利于国家、社会的选择,也就是选择了对"人性"的背叛,或者儿女揭发了自己的父亲,或者父亲揭发了自己的儿女,或者弟弟协助抓捕自己的哥哥,他还能有多大的概率重新回到这个家庭并被接纳?若犯罪人为获得法律的褒奖真正做到了对亲人的犯罪行为进行检举、揭发而无丝毫情感上的歉疚的话,也没有什么理由能够相信他今后对社会、国家或者他人还能有爱心和诚信。这种褒奖并不利于他的再社会化。如将问题再看远点,犯罪的律师为能够获得法律的褒奖而对执业中获得他人犯罪的事实予以揭发,是不是违反了职业道德?而对职业道德的违背是不是同样是人性的泯灭呢?这实际上使得结束了教育、改造而"复归社会"的犯罪人陷于事实上是无法复归社会的境地。当然,发生了这样的事情,我们所能够看到的只是一种客观表面的社会现象而已,更深层的是,在他为获得法律的褒奖而灭亲情、背诚信、抛弃道义的情况下,刑罚还有多大的可能对其人性的救赎与重塑起到作用?因犯罪人"自首""立功"而获得利益的社会,在重新接纳他为社会一员后,有没有再度关注受刑人其人性的救赎与重塑失败的制度?

本书认为,在上述的有关规定中蕴涵的有违"人性"的精神是不值得肯定的。无论他的行为对国家、社会带来多大的好处和利益,就个人而言,国家和社会要求他所付出的或许就是在今后"人性"的进一步泯灭和道德堕落的代价。如果这样考虑问题,自首和立功中的有些规定的合理性值得再考虑。

第六节 数罪并罚

一、数罪并罚概述

(一) 数罪并罚的概念

所谓数罪并罚,简言之,就是指对一人所犯数罪合并处罚的制度。数罪并罚制度是刑事法律中刑罚裁量制度的重要内容。

基于罪责刑相适应原则,我国《刑法》以 3 个条文对数罪并罚制度作出了具体规定。即:第 69 条①关于数罪并罚原则和判决宣告前一人犯数罪的并罚方法的规定;第 70 条关于判决宣告后发现漏罪的并罚方法的规定;第 71 条关于判决宣告后又犯新罪的并罚方法的规定。

根据上述规定,我国刑法中的数罪并罚,是指人民法院对判决宣告前一人所犯数罪,或者判决宣告后,刑罚执行完毕前发现漏罪或又犯新罪的,在分别定罪量刑后,按照法定的并罚原则及刑期计算方法,决定对其应执行的刑罚的制度。

数罪并罚的实质在于,依照一定原则,解决对行为人所犯数个罪的各个宣告刑与执行刑之间的关系。与一人犯一罪时的刑罚裁量不同,在犯数罪的情形下,审判机关所要解决的不仅是罪与刑的关系,即数种罪行与数个宣告刑的关系,而且必须解决数个宣告刑与一个执行刑的关系,包括主刑与附加刑的关系。基于我国《刑法》所规定的刑罚种类及其性质、特点、适用和执行规则等因素的制约,以数罪为前提的数个宣告刑与应执行的执行刑之间,必须依照一定的原则确定对应关系,才能使各个宣告刑成为具有实施可能性、合理性的执行刑。

(二) 我国刑法中数罪并罚制度的特点和适用数罪并罚的条件

我国刑法中数罪并罚的特点和适用数罪并罚的条件,可以概括为以下三点:

(1) 必须犯有数罪。这是适用数罪并罚的前提。所谓的数罪,是指数个独立的罪(实质上的数罪),或者数个非实质数罪,或者独立的罪与非实质数罪(如一个独立的犯罪与一个非实质数罪)。所谓独立的罪,是指不依附于其他犯罪,刑法能够独立予以评价的罪。所谓非实质数罪,根据刑法学中的罪数理论,即指一行为在刑法上规

---

① 我国《刑法修正案(八)》对《刑法》原第 69 条作了修正。

定为一罪或处理时作为一罪的情形、数行为在刑法上规定为一罪的情形和数行为处理时作为一罪的情形。如继续犯、想象竞合犯、集合犯、结合犯、连续犯、牵连犯、吸收犯等(如果只犯有一个非实质数罪,属于犯一罪的情况,一般不按数罪处理)。数罪,就犯罪的罪过形式和故意犯罪的形态而言,既可是故意犯罪,也可以是过失犯罪;既可以单独犯形式,也可以共犯形式;既可表现为犯罪的完成形态(既遂),也可表现为犯罪的未完成形态(如预备、未遂和中止)。一人犯有一罪(包括非实质数罪),或者非共犯的数行为人犯有数罪、属于共犯的数个行为人共犯一罪,均不在并罚之列。所以,数罪并罚既适用于数个独立单纯的一罪,也适用于数个非实质数罪,以及两者兼有的情况。

(2) 所犯数罪必须发生在法定的时间界限内。一人所犯数罪必须发生在判决宣告以前,或者发生在判决宣告以后,刑罚执行完毕以前。既不包括已经超过追诉时效的犯罪,也不包括在刑罚执行完毕以后,又犯罪或者发现漏罪。所以,数罪并罚以刑罚执行完毕以前所犯数罪作为适用并罚的最后时间界限。如果在刑罚执行完毕以后又犯罪的,符合累犯条件的,应当作为累犯从重处罚,但是不涉及数罪并罚的问题。刑罚执行完毕以后,又发现判决宣告之前还有其他罪没有判决而应当追诉的,应当依法另行定罪量刑,且不构成累犯;如果刑罚执行完毕之后又犯新罪,应当依法对新罪定罪量刑,构成累犯的,要从重处罚。但这两种情况同样不能与已执行完毕的刑罚实行并罚。

(3) 必须在对数罪分别定罪量刑的基础上。依照法定的并罚原则、范围和方法,决定并罚后应当执行的刑罚。首先,必须对罪犯所犯数罪,依法逐一分别确定罪名并裁量、宣告其刑罚。再次,要根据适用于不同情况的并罚原则以及在不同时间阶段和法律条件下的刑期计算方法,将各数罪被判处的刑罚合并,确定应当执行的刑罚的种类和期限等。

二、数罪并罚的原则

所谓数罪并罚的原则,是指对一人所犯数罪在分别定罪量刑后,合并处罚所依据的原则。数罪并罚的原则,是数罪并罚制度的核心,它一方面体现着一国刑法所奉行的刑事政策的性质和特征,另一方面从根本上制约着该国数罪并罚制度的具体内容及其适用效果。

(一) 数罪并罚原则概述

各国刑事立法所采用的数罪并罚原则不完全相同,了解各国刑法关于数罪并罚原则的规定,是充分认识我国刑法所规定的数罪并罚原则特点的前提。各国数罪并罚的原则主要可归纳为四种:

(1) 并科原则。亦称相加原则,是指将一人所犯数罪分别宣告的刑罚绝对相加、合并执行的处罚原则。该原则强调刑罚的威慑功能,在某种意义上可以说是报应刑主义刑罚思想的产物。该原则客观上看似公正,但事实上对被告人过于严苛,而且实际弊端甚多。如对有期自由刑而言,采用绝对相加的方法决定执行的刑罚期限,往往会超过自然人的生命极限,与无期徒刑的效果并无二致,已丧失有期徒刑的意义。再如,数罪中若有被判处死刑或无期徒刑者,则受刑种性质的限制,根本无法采用绝对相加的并科予以执行。目前对数罪实行并罚单纯采用并科原则的国家较少。

(2) 吸收原则。这是指对一人所犯数罪采用重罪之刑吸收轻罪之刑的合并处罚原则,即由最重宣告刑吸收其他较轻的宣告刑,仅以已宣告的最重刑罚作为执行刑罚,其余较轻的刑罚因被吸收而不再执行的合并处罚原则。吸收原则虽然对于死刑、无期徒刑等刑种在合并适用上较为适宜,但若普遍采用,在适用于其他刑种(如有期自由刑、财产刑等)时,则弊端明显:一是违背罪责刑相适应的基本原则,有重罪轻罚之嫌。因为,在绝对采用该原则实行数罪并罚的时,可使犯数罪者和犯一重罪者被判处的刑罚相同。二是可能导致刑罚的威慑功能丧失,不利于刑罚的特殊预防和一般预防功能的实现。因为,在犯数罪和犯一重罪承担相同刑事责任的条件下,无疑等于鼓励犯罪人在实施一重罪之后,去实施更多同等或较轻的罪。所以,目前对数罪实行并罚单纯采用吸收原则的国家较少。

(3) 限制加重原则。亦称限制并科原则,是指以一人所犯数罪中法定应当判处或已判处的最重刑罚为基础,再在一定限度之内对其予以加重作为执行刑罚的合并处罚原则。采用该原则的具体限制加重方法主要有两种类型:一是以数罪中最重犯罪的法定刑为基础,加重一定的比例的刑罚,并以加重后的刑罚作为执行的刑罚,同时规定应执行的刑罚不能超过的最高限度。二是在对数罪分另定罪量刑的基础上,以数罪中被宣告的数刑中最高刑期以上、总和刑期以下加重处罚,同时规定应执行的刑罚不能超过的最高限度。

限制加重原则克服了并科原则和吸收原则或失之于过严不便具体适用,或失之于宽纵而不足以惩罚犯罪的弊端,既使得数罪并罚制度贯彻了有罪必罚和罪刑相适应的原则,又采取了较为灵活、合乎情理的合并处罚方式,但该原则并非没有缺陷,因为,对于死刑、无期徒刑限制加重原则无法采用,因而也不能作为普遍适用于各种刑罚的并罚原则。

(4) 折中原则。亦称混合原则,即根据不同情况以某一并罚原则为主,兼采其他原则。一般是根据法定的刑罚性质及特点,兼采并科原则、吸收原则或限制加重原则,将其分别适用于不同刑种或刑罚结构的数罪并罚原则,而不单纯采用并科原则、吸收原则或限制加重原则。由于单纯采用并科原则、吸收原则或限制加重原则各有得失,目前除少数国家单纯采用某一种原则外,世界上绝大多数国家采用折中的原则,避免了采用单一的并科原则、吸收原则或限制加重原则的缺陷,使之能相互补充,适用于不同的情况,使数罪并罚制度更具合理性。当然,各国法律规定的折中原则以哪一原则为主,兼采哪几种原则,则不尽一致。

(二) 我国刑法中数罪并罚原则的适用

我国《刑法》第69条所确立的是以限制加重原则为主,以吸收原则和并科原则为补充的折中原则。我国刑法的数罪并罚原则,具有以下特点:全面兼采各种数罪并罚原则,但限制加重原则的适用居于主导地位,吸收原则和并科原则居于辅助地位。而且,所采用的各种原则均无普遍适用性,每一原则仅适用于特定的刑种。即吸收原则只适用于死刑和无期徒刑,以及同时判处有期徒刑和拘役刑的情况;限制加重原则只适用于有期徒刑、拘役和管制三种有期自由刑;并科原则只适用于附加刑。同时,吸收原则和限制加重原则在适用上互相排斥;并科原则附加适用,其适用效力相对独立,不影响其他原则的适用①。

具体而言,我国刑法中数罪并罚原则的适用情况包括:(1) 判决宣告数个死刑或最重刑为死刑(含死刑缓期执行)的,或者数罪中有判处有期徒刑和拘役刑的,执行有期徒刑,采用吸收原则,应决定执行一个死刑或有期徒刑,低于死刑或有期徒刑的其他主刑不再执行。(2) 判决宣告数个无期徒刑或最重刑为无期徒刑的,采用吸收原则,应决定执行一个无期徒刑,低于无期徒刑的其他主刑不再执行,也不能将两个以上的无期徒刑合并升格为死刑。(3) 判决宣告的数个主刑为有期自由刑即有期徒刑、拘役刑,管制刑的,采取限制加重原则。不得将各种有期自由刑合并升格为另一种或更重的有期自由刑或者无期徒刑,即不得将数个管制刑合并升格为拘役刑或有期徒刑,不得将数个拘役刑合并升格为有期徒刑,不得将数个有期徒刑合并升格为无期徒刑。由此可见,我国刑法规定的限制加重原则的特点在于采取多重的限制加重,即在决定执行并罚后刑期时,受总和刑期的限制;在并罚的总和刑期超过法定最高期限时,受最高执行刑期的限制(即管制刑最高不能超过 3 年,拘役刑最高不能超过 1 年,有期徒刑最高不能超过 20 年或者 25 年)。决定执行的刑期或最低执行刑期,受所判数刑中的最高刑期以上的限制,而且可以超过各种有期自由刑的法定最高期限(即管制可以超过 2 年,拘役可以超过 6 个月,有期徒刑可以超过 15 年)。(4) 数罪中有判处有期徒刑和管制刑的,或数罪中有判处拘役刑和管制刑的,在有期徒刑或拘役刑执行完毕后执行管制刑的,采分别执行原则。(5) 数罪中有判处附加刑的,根据附加刑种类的不同,分别采用并科、合并和分别执行原则。所谓并科,是指《刑法》第 69 条第 2 款规定的,当数罪中除主刑外还判处有附加刑的,附加刑仍须执行;所谓合并原则,是指当数罪中(除主刑外,或者单处)的附加刑有数个且附加刑种类相同的,合并执行;所谓分别执行原则,是指当数罪中(除主刑外,或者单处)的附加刑有数个但附加刑种类不同的,分别执行。之所以我国刑法对主刑与附加刑、数个相同种类或者不同种类的附加刑的执行采取不同的并罚原则,则是由附加刑的属性所决定,附加刑既不能被主刑所吸收,不同种附加刑之间通常也不能相互吸收(但吸收原则针对某种相同的附加刑可以适用,例如两个以上驱逐出境刑)。因无法确定加重的标准以及不同种附加刑之间缺乏可比性,因此,附加刑与主刑之间、不同种类附加刑之间不能采用限制加重原则合并处罚。所以,吸收原则和限制加重原则均不适于主刑和附加刑之间的合并处罚,也不适于不同种类附加刑之间的合并处罚。

---

① 参见赵秉志主编:《新刑法教程》,中国人民大学出版社 1997 年版,第 335—366 页。

三、不同情况下数罪并罚原则的具体适用

我国《刑法》在第69、70、71条中,规定了在不同情况下,或者说对于刑事法律关系不同的发展阶段中的数罪所宣告的数刑予以合并执行所应遵守的方法。这是有区别地对待不同危害程度的数罪和危险程度各异的实施数罪者的规定,也可以说是在不同法律条件下适用数罪并罚原则的具体方法,具体分为以下三种:

（一）判决宣告以前一人犯数罪的合并处罚

《刑法》第69条规定:"判决宣告以前一人犯数罪的,除判处死刑和无期徒刑的以外,应当在总和刑期以下、数刑中最高刑期以上,酌情决定执行的刑期,但是管制最高不能超过3年,拘役最高不能超过1年,有期徒刑总和刑期不满35年的,最高不能超过20年,总和刑期在35年以上的,最高不能超过25年。""数罪中有判处有期徒刑和管制的,执行有期徒刑。或数罪中有判处有期徒刑和管制,或者拘役和管制的,有期徒刑、拘役刑执行完毕后,管制仍须执行。""数罪中有判处附加刑的,附加刑仍须执行,其中附加刑种类相同的,合并执行,种类不同的,分别执行。"

"判决宣告以前",是指判决已经宣告并发生法律效力以前。依据《刑法》第99条"本法所称以上、以下、以内,包括本数"的规定,所谓"有期徒刑总和刑期不满35年的",是指两个以上有期徒刑的总和刑期最高也未达到35年;所谓"总和刑期在35年以上的",则是指两个以上有期徒刑的总和刑期最高已经达到包括35年在内的限度。

《刑法》第69条的规定表明,刑法规定的数罪并罚原则及由此而决定的基本适用方法,是以判决宣告以前一人犯数罪的情形为标准确立的。因此,判决宣告以前一人犯数罪的合并处罚规则,与前述我国刑法中数罪并罚原则的基本适用方法完全一致,故不再赘述。

对于判决宣告以前一人犯有数罪,应当实行并罚的数罪的性质,对异种数罪的并罚没有不同看法,但同种数罪是否需要并罚,学界和刑事审判实践中存在着分歧意见。大体上有三种观点:(1) **一罚说**。主张对同种数罪无须并罚,只需按一罪酌情从重处罚,即只需将同种数罪作为一罪的从重情节或者加重构成情节处罚。此为我国刑法理论的传统主张,也是刑事审判实践的一贯做法。(2) **并罚说**。与一罚说直接对立的观点,主张对于同种数罪应当毫无例外地实行并罚。因为我国刑法关于数罪并罚的规定并未限定只适用于异种数罪,既然同种数罪也是数罪的表现形式,当然不能将其排斥在并罚之外。(3) **折中说**。是介于一罚说和并罚说的折中观点,认为对于同种数罪是否应当实行并罚不能一概而论,而应当以能否达到罪责刑相适应为标准,决定对具体的同种数罪是否实行并罚,即当能够达到罪责刑相适应时,对于同种数罪无需并罚,相反,则应实行并罚。其中,折中说又分为两种具体主张:一是主张以刑法的规定为准决定是否进行并罚,二是主张以适用刑罚的效果为准决定是否进行并罚。

对于判决宣告以前实施同一性质的犯罪,原则上无需并罚,只需在足以使实际处罚结果符合罪责刑相适应原则。例如,在该罪中有"情节严重""情节特别严重"（包

括后果严重、特别严重),同种数罪就可以在此种法定刑幅度内作为一罪从重处罚。但是,被告人在判决宣告以前实施同一性质的犯罪的频繁程度,反映危害程度和人身危险性程度的不同。当该种犯罪的法定刑过轻,并且没有"情节严重""情节特别严重"(包括后果严重、特别严重)相应的法定刑时,则难以使实际处罚结果达到罪责刑相适应,当然就不应该排除对同种数罪进行并罚。

(二)判决宣告以后,刑罚执行完毕以前,发现漏罪的并罚

《刑法》第 70 条规定:"判决宣告以后,刑罚执行完毕以前,发现被判刑的犯罪分子在判决宣告以前还有其他罪没有判决的,应当对新发现的罪作出判决,把前后两个判决所判处的刑罚,依照刑法第 69 条的规定,决定执行的刑罚,已经执行的刑期,应当计算在新判决决定的刑期以内。""新发现的罪",是指在原判决宣告并生效之前实施的并未经判决,应当依法追诉并与原判决之罪进行数罪并罚的罪,理论上一般称为"漏罪"。根据第 70 条的规定,该种并罚的条件和方法是:(1)必须在判决宣告以后,刑罚还没有执行完毕以前发现漏罪。"判决宣告以后",是指判决已宣告并发生法律效力之后。若发现漏罪的时间不是在判决宣告以后,刑罚未执行完毕以前的期限内,而是在刑罚执行完毕之后,或者是在刑罚执行期间实施的,则均不得适用该条的规定合并处罚。(2)对发现的漏罪,不管其罪数如何,也不管是否与原判之罪属于同种性质的犯罪,都应当单独定罪量刑。(3)把前后两个判决所判处的刑罚,即前罪所判处的刑罚与漏罪所判处的刑罚,按照相应的数罪并罚原则,决定执行的刑罚。但必须是与已经生效的前一判决的刑罚实行并罚,而不能与原判决中各罪的数个宣告刑进行并罚,否则就否定了已发生的法律效力的前一判决,影响刑事判决的严肃性。此种情况下的合并处罚与判决宣告以前一人犯数罪的合并处罚不同的是,后者是将同一判决中的数个未生效的宣告刑合并而决定执行的刑罚,前者是将一个已经生效的判决与尚未生效判决所判处的刑罚合并而决定执行的刑罚。(4)"已经执行的刑期,应当计算在新判决决定的刑期以内",是指在计算刑期时(除决定执行的是死刑、无期徒刑者外),应在两个判决合并决定执行的刑期中,减去已经执行的刑期,作为应当执行的刑期。换言之,前一判决已经执行的刑期,应当从前后两个判决所判处的刑罚合并而决定执行的刑期中扣除。故该种计算刑期的方法,可概括为"先并后减"。

(三)判决宣告以后,刑罚执行完毕以前,被判刑的犯罪分子又犯罪的并罚

《刑法》第 71 条规定:"判决宣告以后,刑罚执行完毕以前,发现被判刑的犯罪分子又犯罪的,应当对新犯的罪作出判决,把前罪没有执行的刑罚和后罪所判处的刑罚,依照刑法第 69 条的规定,决定执行的刑罚。"根据第 70 条的规定,刑罚执行期间又犯新罪的并罚条件和方法是:(1)必须在判决宣告以后,刑罚还没有执行完毕以前,被判刑的犯罪分子又犯新罪。即在刑罚执行期间犯罪分子又实施了新的犯罪。"判决宣告以后"是指判决已经宣告并发生法律效力之后,不包括判决虽已宣告但尚未发生法律效力的情形。(2)对于犯罪分子所实施的新罪,不管其罪数如何,也不管是否与原判之罪属于同种性质的犯罪,都应当单独定罪量刑。(3)刑期的计算(除决定执行的是死刑、无期徒刑者外),应当把前罪没有执行的刑罚和后罪所判处的刑罚,

依照刑法规定的相应原则,决定执行的刑罚。"把前罪没有执行的刑罚和后罪所判处的刑罚,依照刑法第69条的规定,决定执行的刑罚",是指应从前罪已经生效判决决定执行的刑罚中,减去已经执行的刑期,然后将前罪未执行的刑罚与后罪所判处的刑罚合并后再决定应执行的刑罚。故该种计算刑期的方法,可概括为"先减后并"①。

四、数罪并罚的其他问题

以上三种情况是数罪并罚案件的基本形式。在实践中,具体的案件中可能会出现各种更加复杂的情况,应当区别不同情况依法处理。

(一)刑满释放后又犯新罪,同时发现在原判决宣告之前有其他犯罪行为未经处理,并且应当依法追诉

有关司法解释曾指出:在处理被告人刑满释放后又犯罪的案件时,发现他在前罪判决宣告之前,或者在前罪判决的刑罚执行期间,犯有其他罪行,未经过处理,并且依照刑法总则的规定应当追诉的,如果漏罪与新罪分属于不同种罪,应当对漏罪与刑满释放后又犯的新罪,依照《刑法》第69条的规定,分别定罪量刑,实行数罪并罚;如果漏罪与新罪属于同一种罪,可以判处一罪从重处罚,不必实行数罪并罚。此种情况下发现漏罪的并罚,与刑罚未执行完毕以前发现漏罪的数罪并罚有所区别,主要表现为:(1)前者是在刑满释放后发现有漏罪;后者是在判决宣告之后,刑罚未执行完毕以前发现有漏罪。(2)前者之漏罪包括前罪判决宣告以前和前罪判处的刑罚执行期间所犯罪行;后者之漏罪仅指判决宣告以前所犯罪行。(3)前者之漏罪与新罪性质各异时才实行数罪并罚,而若属于同种罪则可判处一罪从重处罚,不实行数罪并罚;后者之漏罪无论与前罪是否属于同种罪,都应实行数罪并罚。(4)前者之数罪并罚应当依照《刑法》第69条的规定进行;后者之数罪并罚则应当适用《刑法》第70条规定的方法进行。

(二)判决宣告以后,刑罚还没有执行完毕以前,被判刑的犯罪分子又犯数个新罪的合并处罚

《刑法》第71条所规定的数罪并罚方法,是以刑罚执行期间犯罪分子再犯一个新罪为标准的。对于在刑罚执行期犯罪分子又犯数个新罪应如何并罚,因刑法规定不

---

① 有期徒刑在适用"限制加重"时,《刑法修正案(九)》第4条对总和刑期分别有"不满35年""35年以上"的规定,并针对总和刑期对决定执行刑期上加以限制,分别为"不能超过20年""不能超过25年",这可能会造成在适用"先减后并"规则时,受该限制而形成轻纵的结果。因为"前罪尚未执行完的刑罚"是数罪并罚后的刑罚,如果在前罪刑法执行的期间较短(如果已经执行较长时间,一般不会出现以下问题),再犯"新罪"无论判处多少年有期徒刑,只要符合总和刑期不满35年的,决定执行的刑期不能超过20年;如果总和刑期在35年以上的,决定执行的刑期不能超过25年。例如,前罪并罚执行23年有期徒刑,执行2年后犯"新罪"被判处有期徒刑10年,根据"先减后并"则减去执行的2年,总和刑期是31年,低于35年总和刑期,则只能在20年以上、21年以下决定执行的刑期。即便决定执行21年,结论上实际对"新罪"没有判决,如果新犯的罪也是数罪,造成的轻纵结果更为显著。"先减后并"原本是为了能够对服刑中主观恶性大、人身危险性高的罪犯能实现"重处",但可以看出,如果前罪刑罚执行期过短,反而会造成轻纵结果。这种问题恐怕是在立法修订时没有考虑到的。但在没有对第69条并罚基本规则修订的情况下,依照罪刑法定原则,仍然需要执行。

甚明确,存在不同看法:(1)一次并罚说。主张应当首先对数个新罪分别定罪量刑,而后将判决所宣告的数个刑罚即数个宣告刑与前罪未执行的刑罚并罚。即实行一次并罚。(2)两次并罚说。主张应当首先对数个新罪分别定罪量刑并实行并罚,然后将决定执行的刑罚与前罪未执行的刑罚再进行并罚。多数认可"一次并罚说"更符合《刑法》第71条所确定的对再犯新罪者从严惩处的立法精神。据此,把新犯数罪的各个宣告刑与前罪未执行的刑罚进行并罚的方法,不仅可以使总和刑期居于相对较高的水平,而且一般也不会使数刑中最高刑期因此而降至低于残余刑期的程度,能更好地体现"先减后并"方法。

(三)判决宣告以后尚未交付执行时,发现罪犯还有其他罪没有处理的,也应当实行并罚

如果判决宣告后还没有发生法律效力时,发现罪犯还有其他罪没有处理,并且被告人提出上诉或者人民检察院提出抗诉的,第二审人民法院可以裁定撤销原判,发回原审人民法院重新审理,由检察机关提出补充起诉,而不应当再根据《刑法》第70条实行并罚。

(四)判决宣告以后,刑罚执行完毕以前,被判刑的犯罪分子又犯罪,同时发现犯罪分子有漏罪的并罚

此种情况同时涉及"先并后减""先减后并"数罪并罚的问题。主要有两种观点:(1)应当首先对漏判之罪和新犯之罪分别定罪量刑,然后将其与前一判决或前罪未执行的刑罚进行并罚。即再根据《刑法》第71条规定的"先减后并"的方法并罚。(2)应采取分别判决、顺序并罚的方法,即应当对漏判之罪和新犯之罪分别定罪量刑。然后,按照《刑法》第70条规定的先并后减的方法,将对漏罪所判处的刑罚与原判决判处的刑罚进行并罚,确定执行的刑罚。最后,依照《刑法》第71条规定的先减后并方法,将对新犯之罪所判处的刑罚,与原判之罪和漏罪合并后决定执行的刑罚进行并罚,决定最终应当执行的刑罚。后一种观点比较符合刑法的规定。

(五)在原判决认定犯罪人犯有数罪且予以合并处罚,所发现的漏罪与原判之数罪合并处罚

对此,有两种不同的处理意见:(1)应当将对漏罪所判处的刑罚与原判决决定执行的刑罚,依照相应原则决定执行的刑罚。(2)应当将对漏罪所判处的刑罚与原判决所认定的数罪的刑罚即数个宣告刑,依照相应原则决定执行的刑罚。因《刑法》第70条并未明确规定漏判之罪与原判之数罪合并处罚所须遵守的规则,第一种意见相对较为合理。

(六)裁定减刑后,发现漏罪或者又犯新罪的并罚

根据2012年1月18日最高人民法院《关于罪犯因漏罪、新罪数罪并罚时原减刑裁定应如何处理的意见》的规定,"罪犯被裁定减刑后,因被发现漏罪或者又犯新罪而依法进行数罪并罚时,经减刑裁定减去的刑期不计入已经执行的刑期。"即统一采取"先减后并"的并罚方法。

第七节 缓 刑

一、缓刑的概念

缓刑由英国法官希尔(Hill)所首倡,作为一种刑罚制度,1870年在美国波士顿开始采用。各国刑法所规定的缓刑主要有刑罚暂缓宣告、刑罚暂缓执行和缓予起诉三种。

(1) 刑罚暂缓宣告。也称"宣告犹豫",这是一种广义上的缓刑,指对被告人所犯之罪确认后,在一定期限内不予宣告。在考验期限内,如果没有发生应当撤消缓刑的法定事由,即不再宣告对其所科刑罚的制度。

(2) 刑罚暂缓执行。也称"执行犹豫",这是一种狭义上的缓刑,是在对被告人宣告判处刑罚的同时宣告缓刑。如果在缓刑考验期限内,发生了应当撤销缓刑的法定事由,即撤销缓刑,执行原判刑罚;反之,期限届满后则不再执行所宣告的刑罚的制度。

(3) 缓予起诉。也称"起诉犹豫",是对犯有轻微罪行的人,在一定期限内附条件暂缓起诉的制度。

我国刑法所规定的缓刑,属于刑罚暂缓执行,即对原判刑罚附条件不执行的一种刑罚制度。具体说包括两类:一是一般缓刑,二是战时缓刑。

一般缓刑,根据我国《刑法》第72条①的规定,是指人民法院对于被判处拘役、3年以下有期徒刑的犯罪分子,在符合法律规定条件的前提下,暂缓其刑罚的执行,并规定一定的考验期,考验期内实行社区矫正②,如果被宣告缓刑者在考验期内没有发生法律规定应当撤销缓刑的事由,原判刑罚就不再执行的制度。此为我国刑法中的一般缓刑制度。战时缓刑,根据我国《刑法》第449条的规定,是指在战时,对被判处3年以下有期徒刑没有现实危险的犯罪军人,暂缓其刑罚执行,允许其戴罪立功,确有立功表现时,可以撤销原判刑罚,不以犯罪论处的制度。此为我国刑法中的战时缓刑,相对于前者而言,也被称为"特别缓刑"。

我国刑法中的一般缓刑与战时缓刑在适用对象、条件,适用方法和法律后果等方面均有所不同。缓刑不是刑种,而是刑罚适用、裁量制度的重要内容之一。宣告缓刑必须以判处一定的刑罚为先决条件。即缓刑不能脱离原判决刑罚的基础而独立存在。若犯罪人未被判处拘役或者3年以下有期徒刑,就不能适用缓刑。所以,缓刑的

---

① 我国《刑法修正案(八)》对《刑法》第72条的修订。
② 社区矫正,是我国2003年起实行的,由专门的国家机关在相关社会团体和民间组织以及社会志愿者的协助下,在判决、裁定或决定确定的期限内,对符合社区矫正条件的罪犯置于社区内,矫正其犯罪心理和行为恶习,并促进其顺利回归社会的非监禁刑罚执行活动。社区矫正,是为了适应我国政治、经济、社会及文化的发展要求,积极探索建设中国特色的社会主义刑罚制度,推进社会主义民主法制建设中的刑罚执行制度改革中的一项重要内容。

基本特征为判处刑罚,同时宣告暂缓执行,但又在一定时期内保持执行所宣告的刑罚的可能性。

二、一般缓刑

(一)一般缓刑的共通条件

根据我国《刑法》第72、74、76条规定,一般缓刑的共通适用条件是:

(1)犯罪分子必须是被判处拘役或者3年以下有期徒刑的刑罚。因缓刑是对犯罪人不予以关押,附条件不执行原判刑罚,决定了缓刑的适用对象只能是罪行较轻之人,而罪行的轻重是与犯罪人被判处的刑罚轻重相适应的,缓刑的适用对象要求为被判处拘役或者3年以下有期徒刑之人,就是因为其罪行较轻,造成的危害轻,人身危险性较小。至于被判处管制的犯罪分子,由于管制刑对犯罪人不予关押,仅限制其一定人身自由,适用缓刑无实际意义。"判处拘役或者3年以下有期徒刑",是指宣告刑而不是指法定刑。对数罪并罚决定执行的刑罚后,如果仍符合法定缓刑的条件,仍可宣告缓刑。但只能对数罪并罚决定执行刑罚之后,是否符合缓刑条件进行审查,既不能以数罪宣告的总和刑期决定是否适用并宣告缓刑,也不能对数罪的一部分刑罚宣告缓刑,一部分刑罚不宣告缓刑。

但是,并非被宣告拘役刑和3年以下有期徒刑的,都应该宣告缓刑。根据我国《刑法》第72条的规定,只有同时符合下列条件者,才能适用缓刑:一是犯罪情节较轻;二是有悔罪表现;三是没有再犯罪的危险;四是宣告缓刑对所居住社区没有重大不良影响。

"情节较轻",是指在符合本罪构成要件事实中不具有该罪较重情节,以及其犯罪前后的表现中,不具有应给予较重否定评价的事实。"有悔罪表现",是指行为人有对自己的罪行真诚悔悟,能够认识到错误,并有具体真诚悔悟、悔改的意愿和行为,比如积极向被害人道歉、赔偿被害人的损失、获取被害人的谅解等。"没有再犯罪的危险",是指综合其犯罪情节和悔罪表现,表明其不具有较大的人身危险性,即使将其放置在社会上,再次犯罪的可能性评价较小。如果有可能再次侵害被害人,或者是由于生活条件、环境的影响而有可能再次犯罪的,则不能适用缓刑。"对所居住社区没有重大不良影响",是指对犯罪人适用缓刑不会对其所居住社区的安全、秩序和稳定带来重大不良影响,这种影响必须是重大的、现实的影响,具体情形应由法官根据个案情况来判断。如果对其适用缓刑,会造成所在社区群众心理上的不安全感增大以及使生活、治安环境条件恶化的可能性,则不能适用缓刑。同时,还需要考虑犯罪分子在社会上是否有较好的改造环境。

但上述法律规定的条件,只是审判人员综合案件事实后的一种推测或预先判断,所以必须以事实为根据,不能臆断,也不能片面强调所要求同时具备条件的某一个方面。

(2)犯罪分子必须不是累犯和犯罪集团的首要分子。累犯和犯罪集团的首要分子,均是具有较大主观恶性和人身危险性,有再犯之虞,适用缓刑难以防止其再犯新罪。所以，即使是累犯和犯罪集团的首要分子被判处拘役或3年以下有期徒刑，也不能适用缓刑。因犯何种罪可以适用缓刑，立法并没有限制。但可以肯定对严重刑事犯罪，不宜适用。

适用缓刑必须同时具备上述法定条件，它们必须同时具备，缺乏其中任何一个条件都不能适用缓刑。在刑事司法实践中，需要防止应当适用缓刑但对缓刑条件掌握过严而不适用，以及不应当适用缓刑但对缓刑条件掌握过宽的错误倾向。特别是绝不能将缓刑作为对疑案处理的折中处理方法和使缓刑成为犯罪分子的庇护伞。如对于某些缺乏确凿证据，既不能认定构成犯罪，又不能肯定不构成犯罪的案件，不能认定犯罪并适用缓刑，而应当坚持"疑罪从无"宣告无罪；对于明知不具备或者不完全具备缓刑条件的案件，不能以适用缓刑而轻纵罪犯。只有严格遵守法律明确规定的适用条件，才能充分发挥缓刑制度的积极作用。

(二) 缓刑的宣告

根据我国《刑法》第72条，对被判处拘役及3年以下有期徒刑之人，符合宣告缓刑条件的，必须根据是否具有法律规定的特别条件予以审查。

1. 一般适用

第72条第1款前半段规定：对于被判处拘役、3年以下有期徒刑的犯罪分子，同时符合下列条件的，可以宣告缓刑。这是对被判处拘役或者3年以下有期徒刑之人，人民法院应认真审查是否同时具备《刑法》第72条第1款第1项至第4项规定的条件，包括其生活社区是否有良好的改造条件，如果放置在社会上进行改造条件尚不具备，不应当决定适用缓刑并予以宣告。

2. 特别适用

第72条第1款规定：对于被判处拘役、3年以下有期徒刑的犯罪分子，同时符合下列条件的……对其中不满18周岁的人、怀孕的妇女和已满75周岁的人，应当宣告缓刑。这是对被判处拘役或者3年以下有期徒刑之人，在同时具备《刑法》第72条第1款第1项至第4项规定的条件，同时具有法律规定特别的身份状况的，必须适用缓刑。

"不满18周岁"，应是指在判决宣告之前，仍然未年满18周岁，并非是指犯罪时不满18周岁。如果犯罪时不满18周岁，在判决宣告前已满18周岁的，应根据一般适用条件予以审查。对符合条件的，仍然可以宣告缓刑。"怀孕的妇女"，是指在判决宣告之前妇女怀有身孕，而不是指犯罪时怀有身孕。依据我国的审判实践，判决前怀有身孕的妇女即使因各种原因实施人工流产后，仍然视为怀孕妇女。"年满75周岁"，是指判决宣告之前已满75周岁。

在符合特别身份的条件时，只要具备符合适用缓刑的条件，则必须对其适用缓刑并予以宣告。同时依据第76条"对宣告缓刑的犯罪分子，在缓刑考验期限内，依法实行社区矫正"①的规定,即使是特别适用的缓刑,对社区矫正条件,也应作必要的审查。

(三) 缓刑宣告的内容

根据我国《刑法》第72条第2款规定,宣告缓刑,可以根据犯罪情况,同时禁止犯罪分子在缓刑考验期限内从事特定活动,进入特定区域、场所,接触特定的人。② 这一规定是我国刑罚个别化的有益尝试。

"根据犯罪情况",主要是指根据犯罪分子的犯罪情节、生活环境、是否有不良癖好等确定禁制令的内容。所以,人民法院在决定适用缓刑时,应充分考虑其犯罪的原因、动机、特点等犯罪的情况,决定宣告缓刑时是否应当同时发布禁止令。"特定活动""特定的区域、场所""特定的人",应当与原犯罪有关联,防止引发被宣告缓刑犯罪分子的再次犯罪,或者是为了确保犯罪分子遵守非监禁刑所要求的相关义务。"特定的活动",应是与原犯罪行为相关联的活动;"特定的人",应是原犯罪行为的被害人及其近亲属、特定的证人、同案犯等;"特定的区域、场所",应是原犯罪的区域、场所以及与原犯罪场所相类似的场所、区域等。例如,因子女抚养权引发的故意伤害,应考虑在缓刑考验期内,不得进入被害人工作、生活的场所;因制售伪劣食品、药品构成犯罪的,应考虑在缓刑考验期内,不得从事食品加工、药品生产活动等。总之,禁制令的内容应当有正当理由或者是基于合理推断,不能随意宣告。

(四) 缓刑的考验期

缓刑考验期,是指对被宣告缓刑的犯罪分子进行考察的一定期间。我国《刑法》第73条规定:"拘役的缓刑考验期限为原判刑期以上1年以下,但是不能少于2个月。有期徒刑的缓刑考验期限为原判刑期以上5年以下,但是不能少于1年。"据此规定,在确定具体的缓刑考验期时,应根据犯罪情节和犯罪分子个人的具体情况,在法律规定的范围内决定适当的考验期。

根据我国《刑法》第73条第3款的规定,缓刑的考验期限,从判决确定之日起计算。"判决确定之日",即判决发生法律效力之日。一审判决后,被告人未上诉,检察机关也未提出抗诉的,从判决之日起经过10日生效,即为判决确定之日(死刑判决除外)。对于上诉或者抗诉的案件,二审判决宣告之日即为判决确定之日。判决以前先行羁押的时间,不能折抵缓刑考验期限。一审判决缓刑的案件,人民法院应当对被适用缓刑而正被羁押的被告人变更强制措施,或者取保候审,或者监视居住,等待上诉、抗诉期限届满或者二审判决生效后,再交付执行。如果二审判决变更了一审判决,对被告人判处拘役、有期徒刑而不宣告缓刑的,即应根据二审判决书将犯罪分子予以收押。最高人民法院在有关司法解释中曾经规定,被宣告缓刑的人,在缓刑考验期期限

---

① 结合我国《刑法修正案(八)》第1条规定,在《刑法》第17条后增加一条,作为第17条之一:"已满75周岁的人故意犯罪的,可以从轻或者减轻处罚;过失犯罪的,应当从轻或者减轻处罚。"从体恤老年人实际的生理状况出发,对已满75周岁的老年人宣告缓刑的,实行社区矫正中不宜让其承担过度耗费体力的工作。

② 2011年4月28日最高人民法院、最高人民检察院、公安部、司法部发布《〈关于对判处管制、宣告缓刑的犯罪分子适用禁止令有关问题的规定(试行)〉的通知》(以下简称11.04.28《适用禁止令有关问题》)。

内,确有突出悔改表现或者立功表现的,可以对原判刑罚予以减刑,同时相应缩短其缓刑考验期限。

(五) 缓刑考验期限内的考察

根据我国《刑法》第75、76条的规定,缓刑考验期限内的考察主要为以下内容:

1. 被宣告缓刑者应当遵守的规定

根据《刑法》第75条的规定,被宣告缓刑的犯罪分子应分遵守下列规定:(1) 遵守法律、行政法规,服从监督;(2) 按照考察机关的规定报告自己的活动情况;(3) 遵守考察机关关于会客的规定;(4) 离开所居住的市、县或者迁居,应当报经考察机关批准。

2. 缓刑的监督执行机构

《刑法》第76条规定:"对宣告缓刑的犯罪分子,在缓刑考验期限内,依法实行社区矫正。"《刑事诉讼法》第217条规定:"对于被判处徒刑缓刑的罪犯,由公安机关交所在单位或者基层组织予以考察。"据此,缓刑的执行监督机构是被宣告缓刑者居住生活社区的矫正机构和组织。依据2003年7月10日最高人民法院、最高人民检察院、公安部、司法部《关于开展社区矫正试点工作的通知》的规定,社区矫正由司法行政机关要牵头组织有关单位和社区基层组织开展,并会同公安机关对社区服刑人员进行监督考察,组织协调对社区服刑人员的教育改造和帮助工作;由街道、乡镇司法所要具体承担社区矫正的日常管理工作。

3. 缓刑执行中监督考察的内容

根据《刑法》第72条第2款、第75条的规定,缓刑考察的内容,就是考察被宣告缓刑的犯罪分子,在缓刑考验期限内,是否具有《刑法》第77条规定的情形,即再犯新罪或者发现漏罪,或者违反法律、行政法规或者国务院公安部门有关缓刑的监督管理规定,或者违反人民法院判决中的禁止令并且情节严重。若不具有第77条规定的情形,缓刑考验期满,原判的刑罚就不再执行,并公开予以宣告。

(六) 缓刑的法律后果

根据我国《刑法》第76条、第77条的规定,一般缓刑的法律后果有以下三种:

(1) 被宣告缓刑的犯罪分子,在缓刑考验期限内,不具有《刑法》第77条规定的情形,缓刑考验期满,原判的刑罚就不再执行。

(2) 被宣告缓刑的犯罪分子,在缓刑考验期限内犯新罪或者发现判决宣告以前还有其他罪没有判决的,应当撤销缓刑,对新犯的罪或者发现的漏罪作出判决,把前罪和后罪所判处的刑罚,依照《刑法》第69条的规定,决定执行的刑罚。

(3) 被宣告缓刑的犯罪分子,在缓刑考验期限内,违反法律、行政法规或者国务院公安部门有关缓刑的监督管理规定,或者违反人民法院判决中的禁止令并且情节严重的,应当撤销缓刑,予以收监执行原判刑罚。

此外,根据我国《刑法》第72条第3款的规定,缓刑的效力不及于附加刑,即被宣告缓刑的犯罪分子,如果被判处附加刑,附加刑仍须执行。无论缓刑是否撤销,所判处的附加刑都必须执行。

三、战时缓刑

我国《刑法》第449条规定:"在战时,对被判处3年以下有期徒刑没有现实危险宣告缓刑的犯罪军人,允许其戴罪立功,确有立功表现时,可以撤销原判刑罚,不以犯罪论处。"适用战时缓刑应当遵守以下条件:

(1) 必须是在战时。这是适用的时间条件,在和平时期或非战时条件下,不能适用此种缓刑。战时,根据《刑法》第451条的规定,是指国家宣布进入战争状态、部队受领作战任务或者遭敌突然袭击时;部队执行戒严任务或者处置突发性暴力事件时,以战时论。

(2) 只能是被判处3年以下有期徒刑的犯罪军人。这是适用的对象条件。不是犯罪的军人,或者虽是犯罪的军人,但被判处的刑罚为3年以上有期徒刑,不能适用缓刑。同时,根据《刑法》第74条规定的精神,构成累犯的犯罪军人应同样不适用于战时缓刑。

(3) 必须是在战争条件下宣告缓刑没有现实危险。这是战时适用缓刑最关键的条件。即使是被判处3年以下有期徒刑的犯罪军人,若被判断为适用缓刑具有现实危险,也不能宣告缓刑。因为战时缓刑的适用,是将犯罪军人继续留在部队,并在战时状态下执行军事任务,若宣告缓刑具有现实的危险,则会在战时状态下危害国家的军事利益。至于宣告缓刑是否有现实危险,则应根据犯罪军人所犯罪行的性质、情节、危害程度,以及犯罪军人的悔罪表现和一贯表现作出综合评判。

第十二章 刑罚执行制度

第一节 刑罚执行概述

一、刑罚执行的概念

刑罚执行,是指有行刑权的司法机关依法将生效的刑事裁判对犯罪分子确定的刑罚付诸实施的刑事司法活动。在我国,刑罚执行的主体,包括法院、公安机关以及司法行政机关(监狱);检察院是法律监督机关,但是,不具有刑罚执行权。

刑罚执行的依据,是法院的生效判决和裁定。依据我国《刑事诉讼法》的规定,判决和裁定在发生法律效力后执行。我国《刑事诉讼法》第248条规定,下列判决和裁定是发生法律效力的判决和裁定:(1)已过法定期限没有上诉、抗诉的判决和裁定;(2)终审的判决和裁定;(3)最高人民法院核准的死刑的判决和高级人民法院核准的死刑缓期2年执行的判决。

刑罚执行的对象,是受刑人,即因实施犯罪受到刑罚处罚之人。所以,受刑人与犯罪的行为人是同一主体。根据相关规定,即便受刑人的监护人或其他人可以代受刑人缴纳罚金,代缴的监护人或他人,也不是受刑人。

刑罚的执行,就是将生效的判决、裁定的刑罚内容具体实现的过程,使具体的刑罚内容具体化。因此,刑罚的执行既关乎判决的严肃性,也是实现犯罪预防以及使受刑人实现再社会化的重要措施。刑罚的执行,除判处死刑立即执行之外,就并不单纯是实际落实执行刑罚,执行机构还必须落实对受刑人的教育改造,消除受刑人再犯可能性,实现刑罚的一般预防和特别预防目的。在受刑人服刑期间,由于受刑人对所判处的罪名以及刑罚的认知不同,服刑的态度有别,每个受刑人在服刑期间的表现也各不相同,所表现出的再犯可能性也就有所区别。因此,在行刑过程中有针对性实现对不同受刑者的不同处遇,也是实现刑罚目的的重要方面。对接受改造,确有悔改表现、立功的受刑人及时调整原判处的刑罚,通过减刑、假释,促使受刑者改过自新。

二、刑罚执行的原则

刑罚执行的原则,是指在刑罚执行过程中应遵循或依据的准则。根据我国的行刑目的和行刑实践,监狱法规定的刑罚执行原则,我国刑罚执行的原则主要有:合法性原则、教育原则、人道主义原则、区别对待原则和社会化原则。

(一)合法性原则

刑罚的执行必须合法,这是不言而喻的。合法性原则要求,刑罚执行机构只能执行已经生效的判决和裁定；执行的刑罚内容和方法，必须严格依照刑法的规定；执行的程序必须严格依照刑事诉讼法的规定；刑罚执行机构必须是依照刑法以及刑事诉讼法规定的合法执行机构。

(二) 教育原则

刑罚执行的教育性原则，是指执行刑罚应从实现特殊预防及一般预防的目的出发，坚持惩罚与改造相结合、教育和劳动相结合的原则。教育与劳动是改造罪犯的两个基本手段，两者互为补充，但以教育为主，劳动为辅。为此，必须在生产劳动的基础上重视思想教育、文化教育和技能教育。

(三) 人道主义原则

人道主义原则，要求在刑罚执行期间尊重犯人人格，关心犯人的实际困难，禁止使用残酷的、不人道处罚手段压制受刑人服从。不得刑讯逼供，不用肉刑，不侮辱虐待，我国刑法将殴打、体罚虐待别监管人的行为规定为犯罪；要依法维护受刑人的申诉、控告、检举、辩护权，保护受刑人财产权、受教育权以及未被依法剥夺的其他合法权利不受侵犯。

(四) 区别对待原则

区别对待原则也称为行刑个别化原则，是指在刑罚执行过程中，应根据犯罪人的具体情况，给予个别处遇措施，即根据犯罪人的年龄、性别、性格特点、文化程度、生理状况、犯罪性质及特点、罪行严重程度及人身危险性大小等，给予不同的处遇，采取不同的教育改造方式。我国历来重视刑罚执行的个别化，在罪犯改造上实行区别对待，根据犯罪人所犯罪行的性质轻重、再犯可能性程度分别关押，有专门设立少年犯管教所，对病犯和孕妇，送往医院治疗或送其他场所监护。在教育上，根据罪犯认罪态度、主观恶性的深浅、再犯可能性等，采取不同的教育方式。在劳动中，根据罪犯的身体条件、生理特点、年龄大小、性别状况、文化程度、技术水平等，分配适当的工种，制定合理的定额。在奖惩方面，根据犯人的表现，给予表扬、物质奖励、记功、减刑、假释等奖励，或者给予警告、记过、禁闭等处分，都是行刑个别化的具体体现。

(五) 社会化原则

社会化原则也称为行刑社会化原则，是指在刑罚执行过程中要依靠社会力量对受刑人进行帮教，使之易于复归社会。社会化原则包括两方面的内容：一是调动社会的积极因素影响犯罪人，让社会有关人员或机构参与对犯罪人的改造；二是培养受刑人再社会化能力，使之能适应正常的社会生活。刑罚执行的社会化，是实现刑罚目的的重要举措。一方面，对犯罪的防治是社会的事业，整个社会与犯罪人的改造都有联系。执行刑罚不只是国家执行机关的工作，也是整个社会事业的一部分。执行刑罚的目的是预防犯罪和保卫社会，执行的过程要依靠社会，执行的结果也最终返回到社会。另一方面，刑罚执行的目的是为社会的安宁，执行的成果也需要依靠社会来巩固。如果不帮助受刑人其顺利地复归社会，刑罚执行的成效毁于一旦，受刑人再犯的可能性就会增大，给社会造成新的损害。因此，必须依靠社会来解决刑满释放人员的生活、就业等方面问题，使其开始新的社会生活。

第二节 刑罚的执行

一、死刑的执行

死刑的执行,根据我国《刑法》第48条规定,分为死刑立即执行与死刑缓期2年执行。

(一) 死刑立即执行

死刑立即执行是指死刑判决经最高人民法院核准后,由原判死刑的法院执行死刑。我国《刑事诉讼法》第211条规定,下级人民法院接到最高人民法院执行死刑的命令后,应当在7日以内交付执行。但是发现有下列情形之一的,应当停止执行,并且立即报告最高人民法院,由最高人民法院作出裁定:(1) 在执行前发现判决可能有错误的;(2) 在执行前罪犯揭发重大犯罪事实或者有其他重大立功表现,可能需要改判的;(3) 罪犯正在怀孕。当第(1)、(2)项原因消失后,必须报请最高人民法院院长再签发执行死刑的命令才能执行,但属于第(3)项原因停止执行的,应当报请最高人民法院依法改判。第210条规定:"最高人民法院判处和核准的死刑立即执行的判决,应当由最高人民法院院长签发执行死刑的命令。"第212条规定:"死刑可以在刑场或者指定的羁押场所内执行,采用枪决或者注射等方法执行。"但是,"等方法"非指还有除枪决或注射之外的方法可以适用。实际执行死刑,不得采取除枪决或者注射以外方法执行死刑。执行死刑时,指挥执行的审判人员,对罪犯应当验明正身,讯问有无遗言、信札,然后交付执行人员执行死刑。在执行前,如果发现可能有错误,应当暂停执行,报请最高人民法院裁定。执行死刑后,在场书记员应当写成笔录。交付执行的人民法院应当将执行死刑情况报告最高人民法院。执行死刑后,交付执行的人民法院应当通知罪犯家属。此外,我国《刑事诉讼法》还规定,执行死刑应当公布,不应示众。

(二) 死刑缓期2年执行

我国《刑法》第48条第1款后半段规定:"对于应当判处死刑的犯罪分子,如果不是必须立即执行的,可以判处死刑同时宣告缓期2年执行。"死刑缓期执行是为实际减少死刑适用的一种替代性执行方法,是执行死刑的一种(方法)制度,简称死缓制度,它与死刑立即执行共同构成死刑这一刑罚方法,而不是一个独立刑种。死缓制度是我国刑事立法的一个独创,这一制度的确立,对于贯彻"慎杀、少杀、严防错杀"的方针,缩小死刑的实际适用范围,促使犯罪分子悔罪自新具有十分重要的意义。

1. 适用死刑缓期执行的条件

根据我国《刑法》第48条第1款的规定,适用死缓制度必须具备两个条件:一是"应当被判处死刑的"犯罪分子。这是适用死缓制度的前提条件。应当被判处死刑,是指犯罪分子所犯罪行危害特别严重、情节特别恶劣,论罪应该判处死刑。如果论其罪不是应当判处死刑,不存在适用死缓的问题。二是"不是必须立即执行"死刑。不是必须立即执行,是指论其罪,虽对其应当适用死刑,但是结合其主观恶性以及人身危险性,尚有改造的余地,并非立即执行死刑不可。至于哪些情况属于不是必须立即执行,没有明文规定。依据刑事审判工作的经验,具有以下情形之一的,可以视为不是必须立即执行死刑的情况:犯罪后自首、立功或者有其他法定从轻情节的;在共同犯罪中罪行不是最严重的或者与其他同样或同类案件相比较罪行不是最严重的;因被害人的过错而导致犯罪人犯罪的;犯罪人有可宽宥的情形;有其他应当留有余地的情况的等。

2. 死刑缓期执行的法律效果

由于死缓不是独立的刑种而是暂缓执行死刑的一种制度,所以在判处"死缓"后会有不同的法律效果。根据我国《刑法》第 50 条的规定,有三种最终效果:一是在死刑缓期执行期间没有故意犯罪的,2 年期满以后,减为无期徒刑。"对被判处死刑缓期执行的累犯以及因故意杀人、强奸、抢劫、绑架、放火、爆炸、投放危险物质或者有组织的暴力性犯罪被判处死刑缓期执行的犯罪分子,人民法院根据犯罪情节等情况可以同时决定对其限制减刑。"本书认为,这里的限制减刑是指对在死刑缓期执行 2 年期满减为无期徒刑后的再次减刑,实行严格的控制[①],而并不是对判处死刑缓期执行的 2 年期限进行限制[②]。根据 17.01.01《减刑、假释法律规定》[③],至少在无期徒刑服刑 3 年以上才可对其首次适用减为有期徒刑,但同时,对因所犯罪行的不同,对首次减刑规定了不同的要求。对非 17.01.01《减刑、假释法律规定》第 11 条规定罪行的服刑者,在符合减刑条件[④]的前提下,最低"可以减为 22 年以上 23 年以下有期徒刑",对第 11 条规定罪行的服刑者,符合减刑条件,则最低只能"减为 23 年以上 25 年以下有期徒刑",并对减为有期徒刑后再次减刑,不仅规定了"从严掌握"的要求,而且对属于《刑法》第 50 条第 2 款限制减刑性质的犯罪规定了更为严格的条件[⑤]。二是在死刑缓期执行期间确有重大立功表现的,2 年期满以后将死缓"减为 25 年有期徒刑"。对什么情况属于重大立功表现,应当根据《刑法》第 78 条,结合 17.01.01《减刑、假释法律规定》予以确定。三是"在死刑缓期执行期间故意犯罪,情节恶劣的,由最高人民法院核准后执行死刑"。上述第三种场合是否应等到 2 年期满以后再执行死刑,理论上有

---

① 《刑法修正案(九)》对《刑法》第 383 条贪污罪,第 385 条受贿罪规定的"在其死刑缓期执行 2 年期满依法减为无期徒刑后,终身监禁,不得减刑、假释",广义上也是"限制减刑"的措施,但因只针对贪污罪、受贿罪适用而不具有替代"死刑"的普遍意义。因此,本书不认为属于"限制减刑"研究的内容。因根据最高人民法院 2017 年 1 月 1 日起施行的《关于办理减刑、假释案件具体应用法律的规定》(以下简称 17.01.01《减刑、假释法律规定》)第 15 条规定:"对被判处终身监禁的罪犯,在死刑缓期执行期满依法减为无期徒刑的裁定中,应当明确终身监禁,不得再减刑或者假释。"

② 请参见 17.01.01《减刑、假释法律规定》第 10 – 12 条的规定。

③ 值得考虑的是,根据《刑法》第 50 条第 1 款的规定,判处死刑缓期执行,如果确有重大立功表现,期满以后,减为 25 年有期徒刑。但 17.01.01《减刑、假释法律规定》并没有可以由死刑缓期执行期满后直接减刑为 25 年有期徒刑的内容。

④ 依据《刑法》第 78 条的规定,减刑的基础条件是:认真遵守监规,接受教育改造,确有悔改表现的,或者有立功表现。

⑤ 请参见 17.01.01《减刑、假释法律规定》第 13 条的规定。

不同认识。多数说认为,由于《刑法》第50条对上述前两种情况都明确规定,在2年期满以后才作出决定,而对此种场合并没有规定期限,所以,在死刑期间故意犯罪经查证属实的,不必等到2年期满就可以执行死刑。如等到2年期满以后再执行死刑,可能会导致故意犯罪与执行死刑的时间间隔过长而使得死刑的执行不合情理①。本书赞同这一见解。

"对故意犯罪未执行死刑的,死刑缓期执行的期间重新计算,并报最高人民法院备案"。这是指即便在死刑缓期执行期间故意犯罪,但是不认为属于"情节恶劣"。例如,受到同监人员虐待,甚至生命、身体健康受到重大威胁而实施的故意犯罪,即便致人重伤、死亡,也不应认为其故意犯罪"情节恶劣"。但是,因故意犯罪也会严重影响到其他服刑人员的情绪和改造,危害监管秩序,所以,规定"死刑缓期执行的期间重新计算",也即在2年缓刑期内经过的缓刑期间无效,重新计算2年的死刑缓刑期。因是在对其故意犯罪不属于"情节恶劣"而未执行死刑,这其中当然包括经审理不认为属于"情节恶劣",或认为属于"情节恶劣"报请最高人民法院核准执行死刑未被核准执行死刑,所以,重新计算的2年期限,应该是在对新罪判决生效之后。

如果犯罪人在死缓期间既有重大立功表现,又故意犯罪的,应如何处理?有学者认为这是立法缺憾,应通过立法补救。② 通说从有利于被告人原则出发,主张期满后减为无期徒刑。③

有重大立功又故意犯罪这种情况,现实中并非不会发生,即便故意犯罪在前,在上报最高人民法院核准时,因突发事件而具有重大立功表现的,也并非不可能。我国《刑事诉讼法》第211条第1款第2项规定"在执行前罪犯揭发重大犯罪事实或者有其他重大立功表现,可能需要改判的",必须立即停止执行死刑,上报最高人民法院,并没有排除在死刑缓期执行期间因故意犯罪后上报最高人民法院核准死刑执行时,在执行前罪犯揭发重大犯罪事实或者有其他重大立功表现,查证属实,最终可以改判的情况。本书认为,无论重大立功还是故意犯罪的先后,只要重大立功是成立的,都应不再核准执行死刑。本书赞同期满后减为无期徒刑的见解。

3. 死刑缓期执行以及期间的计算

依据我国《刑事诉讼法》第213条的规定,判处死刑缓期2年执行的,应当由交付执行的人民法院将有关的法律文书送达监狱或者其他执行机关,由公安机关依法将该罪犯送交监狱执行刑罚。执行机关应当将罪犯及时收押,并且通知罪犯家属。

我国《刑法》第51条规定:"死刑缓期执行的期间,从判决确定之日起计算。死刑缓期执行减为有期徒刑的刑期从死刑缓期执行期满之日计算。"即死缓判决确定以前先行羁押的时间,不能计算在死缓的考验期限之内。至于死缓减为有期徒刑的,无论何时作出裁定,有期徒刑的刑期均应从死缓期满之日起计算。

---

① 参见高铭暄、马克昌主编:《刑法学》(第9版),北京大学出版社、高等教育出版社2011年版,第240页;黎宏:《刑法学总论》(第2版),法律出版社2016年版,第346页等。
② 参见刘霜:《论死缓制度的缺憾及其补救》,载《西南政法大学学报》2005年第6期。
③ 参见马克昌主编:《刑法》(第3版),高等教育出版社2012年版,第227页。

二、有期徒刑、无期徒刑的执行

(一) 有期徒刑、无期徒刑的执行场所

有期徒刑、无期徒刑的执行场所为监狱、看守所和未成年犯管教所。根据我国《刑事诉讼法》第213条的规定,罪犯被交付执行刑罚的时候,应当由交付执行的人民法院将有关的法律文书送达监狱或者其他执行机关。对于被判处无期徒刑、有期徒刑的罪犯,由公安机关依法将该罪犯送交监狱执行刑罚。对于被判处有期徒刑的罪犯,在被交付执行刑罚前,剩余刑期在1年以下的,由看守所代为执行。对未成年犯应当在未成年犯管教所执行刑罚。执行机关应当将罪犯及时收押,并且通知罪犯家属。

此外,根据我国《刑事诉讼法》的规定,判处有期徒刑的罪犯,具有以下情形的,可于监外执行刑罚:有严重疾病需要保外就医的(对于适用保外就医可能有社会危险性的罪犯,或者自伤自残的罪犯,不得保外就医,发现被保外就医的罪犯不符合保外就医条件的,或者严重违反有关保外就医的规定的,应当及时收监);怀孕或者正在哺乳自己婴儿的妇女。对于被判处有期徒刑生活不能自理,适用暂予监外执行不致危害社会的罪犯,可以暂予监外执行。

对于暂予监外执行的罪犯,由居住地公安机关执行,执行机关应当对其严格管理监督,基层组织或者罪犯的原所在单位协助进行监督。

(二) 有期徒刑刑期起算及无期徒刑减刑刑期计算

我国《刑法》第47条规定:"有期徒刑的刑期,从判决执行之日起计算;判决以前先行羁押的,羁押1日折抵刑期1日。"根据我国《刑事诉讼法》第213条第5款的规定,判处有期徒刑执行期满,应当由执行机关发给释放证明书,包括判处无期徒刑后减为有期徒刑执行期满。

被判处无期徒刑的,判决执行前羁押的期限不能折抵刑期。根据我国《刑法》第57条的规定,对被判处无期徒刑的犯罪人,应当附加剥夺政治权利终身。判处无期徒刑的减刑,见后述"减刑"。

对未成年人适用无期徒刑的反思

无期徒刑是主刑中仅次于死刑的重刑,适用对象必须是犯有较重罪行的犯罪分子。毋庸讳言,未成年人中有的犯罪的性质非常严重,有的甚至引起了"公愤",但即使是再严重的犯罪,对未成年人而言,依法都是不能适用死刑的。那么,无期徒刑是否可以适用于未成年人犯罪人? 从我国现行刑法的规定而言,除死刑对未成年人不能适用之外,从立法上可以说对未成年人适用无期徒刑并没有明文限制。06.01.23《未成年人刑事案件解释》)第13条规定:"未成年人犯罪只有罪行极其严重的,才可以适用无期徒刑。对已满14周岁不满16周岁的人犯罪一般不判处无期徒刑。"

无期徒刑设立的意义在于通过终生的监禁将危害极大而又无悔改可能性的犯罪

人永久与社会隔离①,显然,将无期徒刑适用于未成年犯罪人,首先就必须是把未成年人视为"无悔改可能性"的犯罪人,这直接与我国现行的《预防未成年人犯罪法》和《未成年人保护法》的基本精神相悖。1990年8月29日我国政府正式签署了联合国《儿童权利公约》②,而且,我国还是该公约共同提案国之一。联合国《儿童权利公议》第1条规定:"为本公约之目的,儿童系指18岁以下的任何人,除非对其适用之法律规定成年年龄低于18岁。"第37条规定:"缔约国应确保:(a)任何儿童不受酷刑或其他形式的残忍、不人道或有辱人格的待遇或处罚。对未满18岁的人所犯罪行不得判以死刑或无释放可能的无期徒刑……"我国是以18周岁为成年的标准,与《公约》规定的不得适用无期徒刑的要求是一致的。因此,根据《公约》的规定,我国负有对不满18周岁的未成年人不得适用无期徒刑的国际义务。

胡云腾博士认为,我国刑法中的无期徒刑,并不同于上述所言的"无释放可能的无期徒刑",因为根据我国刑法的规定,被判处无期徒刑的犯罪分子,可以获得减刑,具备一定的条件,还可以获得假释。因此,对未成年人适用无期徒刑,既符合刑法的规定,也不违背国际惯例和国际人权公约的要求。③ 因对未成年人不能适用死刑,当选择判处无期徒刑时,就已经是在法律限度内实现了减轻处罚。这样考虑当然并不是说没有道理,但这是立法上的减轻设置,并非司法上对减轻处罚的适用,将二者混同本身就不正确。即便我国现行刑法中,并无限制无期徒刑对未成年人适用,06.01.23《未成年人刑事案件解释》也只是规定"一般不适用"。然而,既然有这样的规定,那么问题在于当该罪行极其严重,可适用的法定最高刑是无期徒刑(包括挂死刑但不可适用的情况)时,如何实现《刑法》第17条第3款规定的"已满14周岁不满18周岁的人犯罪,应当从轻或者减轻处罚"? 如果无期徒刑对未成年犯罪人可以适用,则存在下述障碍:首先,由于死刑已经明文规定不得适用于未成年犯罪人,因此,不存在应当判处死刑而从轻或者减轻处罚可以适用无期徒刑的可能性④;其次,由于无期徒刑是没有刑期的刑种,不可能在无期徒刑的范围内实现从轻处罚。因此,可以说对未成年人在适用从轻处罚的规定时是不可能适用无期徒刑的。

---

① 虽然在现实中判处无期徒刑的,可以通过减刑、假释而重获人身自由,但这不能改变无期徒刑的性质和设置的目的。
② 1989年11月20日第44届联合国大会第44/25号决议协商一致通过,并向各国开放供签署、批准和加入。迄今为止已有190多个国家批准履行《儿童权利公约》。我国全国人民代表大会于1992年3月2日批准该公约,该公约于1992年4月1日正式对中国生效。这就意味着我国政府从这一天起承担并负有认真履行公约规定的保障儿童基本人权的各项义务。2005年12月23日最高人民法院《关于审理未成年人刑事案件具体应用法律若干问题的解释》是在我国政府已被批准加入《儿童权利公议》生效之后,因此,这一解释无论从那一方面说都已经严重背离了上述公约的规定,直接影响到我国政府的国际信誉和形象。因此,应当承认目前对未成年犯罪人仍然在适用无期徒刑,是不妥当的。
③ 参见胡云腾、李兵:《未成年人刑事案件法律适用若干问题研究》,载陈兴良、胡云腾主编:《2004年中国刑法学年会论文集》(第2卷)(下册),中国人民公安大学出版社2004年版,第864页。
④ 原刑法规定可以对已满16周岁不满18周岁的未成年犯罪人判处死刑缓期2年执行。现行刑法已经废止此规定。因此,废止前对已满16周岁不满18周岁的未成年犯罪人不判处死刑缓期2年执行,而适用无期徒刑,还可以看做是符合了"减轻处罚",但在现行刑法规定下,显然已没有再如此认识的法律依据。

减轻处罚,根据我国《刑法》第 63 条"应当在法定刑以下判处刑罚;本法规定有数个量刑幅度的,应当在法定量刑幅度的下一个量刑幅度内判处刑罚"的规定,同时,根据第 2 款"犯罪分子虽然不具有本法规定的减轻处罚情节,但是根据案件的特殊情况,经最高人民法院核准,也可以在法定刑以下判处刑罚"的规定,我国刑法理论对减轻处罚的通说,认为是处低于应负法定刑以下的刑罚。"减轻处罚,是指在法定刑以下判处刑罚。这里所说的法定刑以下判处刑罚,应是指判处低于所犯之罪的法定最低的刑罚。"①对"此处之'以下'应进行限制解释,即不包括本数在内,否则会使减轻处罚与从轻处罚产生交叉,因此,减轻处罚实际上是低于法定最低刑判处刑罚"②。显然,即使未成年犯罪人论其罪可以适用无期徒刑时,由于必须适用减轻处罚的规定,所以必须在无期徒刑以下选择刑种,即应当选择的只能是有期徒刑。

根据我国《刑法》第 57 条规定:"对于被判处死刑、无期徒刑的犯罪分子,应当剥夺政治权利终身。"即在适用无期徒刑时,依法必须判处剥夺政治权利终身的附加刑,并没有例外。06.01.23《未成年人刑事案件解释》第 14 条规定:"除刑法规定'应当'附加剥夺政治权利外,对未成年罪犯一般不判处附加剥夺政治权利。如果对未成年罪犯判处附加剥夺政治权利的,应当依法从轻判处。"然而,在对未成年人在适用无期徒刑时,不判处剥夺政治权利终身是违法的,是必须判处剥夺。但是,第 58 条又规定:"……剥夺政治权利的效力当然施用于主刑执行期间。"政治权利依照我国《宪法》的规定,是年满 18 周岁以后才能享有的权利。未成年人在被判处无期徒刑执行期间,还没有享有政治权利,如何实现对政治权利的剥夺? 这是自相矛盾的。

从上述分析可以看出,由于对未成年犯罪人不能适用死刑,即使无期徒刑是其应当适用的刑种,由于无期徒刑不能实现刑法规定的"从轻处罚",因此在必须适用"减轻处罚",而要能够实现"减轻处罚"只有选择无期徒刑以下的刑种。总之,对未成年犯罪人可以适用无期徒刑不仅不具有合理性,也不具有法律上的根据。

三、拘役、管制刑的执行

拘役和管制刑,是短期剥夺或限制受刑人人身自由的刑罚方法。

(一) 拘役刑的执行机关及场所

根据我国《刑法》第 43 条规定,被判处拘役的犯罪分子,由公安机关就近执行,即拘役的执行机关只能是公安机关,其他机关无权执行这种刑罚方法。就近执行,是指将受刑人安置在所在地的县、市或市辖区的公安机关设置的拘役所执行,没有建立拘役所的,可以在看守所或者就近的监狱执行。但在看守所或监狱执行的,必须将其与其他监管人员分押。拘役刑在执行期间,被判处拘役的犯罪分子每月可以回家一天至两天;参加劳动的,可以酌量发给报酬。

---

① 高铭暄、马克昌主编:《刑法学》(第 5 版),北京大学出版社、高等教育出版社 2011 年版,第 265 页。
② 马克昌主编:《刑法学》(第 3 版),高等教育出版社 2012 年版,第 261 页。

根据我国《刑事诉讼法》第 214 条的规定,对于被判处拘役的罪犯,有下列情形之一的,可以暂予监外执行:有严重疾病需要保外就医的(对于适用保外就医可能有社会危险性的罪犯,或者自伤自残的罪犯,不得保外就医,发现被保外就医的罪犯不符合保外就医条件的,或者严重违反有关保外就医的规定的,应当及时收监);怀孕或者正在哺乳自己婴儿的妇女;对于被判处拘役,生活不能自理,适用暂予监外执行不致危害社会的罪犯,可以暂予监外执行。对于暂予监外执行的罪犯,由居住地公安机关执行,执行机关应当对其严格管理监督,基层组织或者罪犯的原所在单位协助进行监督。

(二) 管制刑的执行机关及场所

根据我国《刑法》第 38 条的规定,被判处管制的犯罪分子,由公安机关执行。同时,对被判处管制刑的犯罪分子,依法实行社区矫正。因此,管制刑是一种开放性的执行方法,执行场所就是受刑者原生活所在地。

对判管制刑的虽然不予关押,但在服刑期间,其人身自由必须受到一定限制。根据我国《刑法》第 39 条规定,管制执行期间,要遵守下列规定:(1) 遵守法律、行政法规,服从监督;(2) 未经执行机关批准,不得行使言论、出版、集会、结社、游行、示威自由的权利;(3) 按照执行机关规定报告自己的活动情况;(4) 遵守执行机关关于会客的规定;(5) 离开所居住的市、县或者迁居,应当报告执行机关批准。但是,管制本身不影响受刑人其他权利的行使,被管制人依然享有除上述限制之外的其他各项权利,如选举权、在劳动中同工同酬等。

根据我国《刑法》第 38 条第 2 款的规定,被判处管制刑的,可以根据犯罪情况,同时禁止犯罪分子在执行期间从事特定活动,进入特定区域、场所,接触特定的人。①

依照我国《刑法》第 40 条、《刑事诉讼法》第 218 条的规定,管制期满,执行机关应向被判处管制的犯罪人本人和其所在单位或者居住地的群众宣布解除管制。

被判处管制刑的,符合减刑条件,可依法减刑(见后述"减刑")。

四、财产刑的执行

(一) 罚金刑执行及执行机关

根据 2010 年 6 月 1 日最高人民法院《关于财产刑执行问题的若干规定》(以下简称 10.06.01《财产刑执行规定》)的规定,财产刑由第一审人民法院负责裁判执行的机构执行;被执行的财产在异地的,第一审人民法院可以委托财产所在地的同级人民法院代为执行。

---

① 11.04.28《适用禁止令有关问题》第 2 条规定:人民法院宣告禁止令,应当根据犯罪分子的犯罪原因、犯罪性质、犯罪手段、犯罪后的悔罪表现、个人一贯表现等情况,充分考虑与犯罪分子所犯罪行的关联程度,有针对性地决定禁止其在管制执行期间、缓刑考验期限内"从事特定活动,进入特定区域、场所,接触特定的人"的一项或者几项内容。第 6 条规定:禁止令的期限,既可以与管制执行、缓刑考验的期限相同,也可以短于管制执行、缓刑考验的期限,但判处管制的,禁止令的期限不得少于 3 个月,宣告缓刑的,禁止令的期限不得少于 2 个月。判处管制的犯罪分子在判决执行以前先行羁押以致管制执行的期限少于 3 个月的,禁止令的期限不受前款规定的最短期限的限制。禁止令的执行期限,从管制、缓刑执行之日起计算。

罚金的缴纳执行方式。根据我国《刑法》第 53 条的规定,包括:(1)在判决指定的期限内一次或者分期缴纳;(2)期满不缴纳的,强制缴纳;(3)对于不能全部缴纳罚金的,在任何时候发现被执行人有可以执行的财产,应当随时追缴。同时,如果由于遭遇不能抗拒的灾祸缴纳确实有困难的,人民法院决定,可以延期缴纳、酌情减少或免除。①

此外,根据我国《刑法》第 36 条规定,由于犯罪行为而使被害人遭受经济损失的,对犯罪分子除依法给予刑事处罚外,并应根据情况判处赔偿经济损失。承担民事赔偿责任的犯罪分子,同时被判处罚金,其财产不足以全部支付的,应当先承担对被害人的民事赔偿责任。

罚金刑执行中的问题以及罚金刑易科制度

我国《刑法》第 53 条将罚金刑的执行分为三种不同方式,对一次或者分期缴纳、强制缴纳,并没有大的争议,但对"随时缴纳"理论上有不同解读。通说认为,由于被执行人转移、隐匿财产,造成不能全部缴纳,法院在任何时候发现被执行人有可以执行的财产,都应当随时追缴。②黎宏教授认为,不仅可以是被执行人转移、隐匿财产不能缴纳,也包括被执行人当时确无缴纳能力而不能缴纳。③

从维护法院判决的有效性以及严肃性出发,因被执行人转移、隐匿财产,甚至挥霍财产不能缴纳的,当然应该适用随时追缴,因为被执行人仍然有缴纳的能力。而根据受刑人是自然人的实际状况,此后已经无能力再支付罚金而不能缴纳,仍然主张可以适用随时追缴,实则是不人道地在维护法律的尊严。本书认为,应该承认法院依法判处罚金(包括没收财产)后,构成国家与受刑者之间公法上债权关系④,当然存在民事上债权消灭。实际上,我国《刑法》第 53 条有关罚金的减免,就是债权消灭的方式

---

① 多数学者认为,减少、免除罚金是罚金刑的缴纳方式。本书认为,减免罚金,在一次或者分期缴纳、强制缴纳、随时缴纳这三种缴纳方式中都可能发生,因此,减免罚金并非独立的缴纳方式,只是罚金刑的补救措施。

② 参见高铭暄、马克昌主编:《刑法学》(第 5 版),北京大学出版社、高等教育出版社 2011 年版,第 242 页;马克昌主编:《刑法》(第 3 版),高等教育出版社 2012 年版,第 230 页。

③ 参见黎宏:《刑法学总论》(第 2 版),法律出版社 2016 年版,第 348 页。

④ 在财产刑问题上,一直存在"惩罚权实现说"和"债权实现说"两种观点,但"惩罚权实现说"过于强调刑罚权实现过程中双方地位的不平等性,忽视了受刑者的正当权利,不利于刑罚功能的真正实现。债权实现说,是代表国家的法院基于刑法、刑事诉讼法的规定要求被告人缴纳一定金钱或移转其财产所有权给国家并移转财产占有的一种刑罚措施。就权利义务双方所依据法律看,财产刑成为公法上的关系,就其内容看,表现为一方当事人(国家)有请求对方当事人(被执行人)为一定给付的权利,而对方当事人则有作出给付的义务。债权实现说也有认为,公法上的债权只限于行政法上的金钱给付义务,而不包括法院行使司法权所产生的公法上的债权,如罚金。但基于行政程序产生的公法债权与基于司法程序产生的公法债权形式上都是以政府为一方当事人(权利人),内容上均要求对方为一定的给付或为一定的行为,与民法上的债权无异,应当认定为具有同一的债权性质。参见肖建国:《论财产刑执行的理论基础——基于民法和民事诉讼法的分析》,载《法学家》2007 年第 2 期。

之一,只不过是要符合特别要求的条件。如果从我国现行民事法律关系中,一方当事人不再具备给付能力时,如果是(公司、企业)单位,是可以通过《企业破产法》申请保护,实际上可免除罚金缴纳。① 10.06.01《财产刑执行规定》第 9 条规定,被判处罚金的单位终止,且无财产可供执行的,人民法院应当裁定终结执行。而对自然人而言,只有被执行人死亡或者被执行死刑,且无财产可供执行的,人民法院才裁定终结执行。目前,我国尚未建立公民个人破产保护的法律。我国司法实务中存在财产刑执行难的问题,主要是针对被执行人是自然人的案件,"不得不判,判也白判",无不与我国尚未建立公民个人破产保护的有关。因此,针对受刑人是自然人,其实际上已经无能力缴纳罚金,如因犯罪被宣告"职业禁止"而不能再从事过去的业务、因年老不能再过多赚取合法收入,并不符合第 53 条规定的能够申请罚金减免的情况,可以说对受刑人的人权保障是有欠缺的。所以,应尽快建立对公民个人破产保护的法律体系,对符合个人破产的情况,应免除罚金缴纳义务。

06.01.23《未成年人刑事案件解释》第 15 条规定:"对未成年罪犯实施刑法规定的'并处'没收财产或者罚金的犯罪,应当依法判处相应的财产刑;对未成年罪犯实施刑法规定的'可以并处'没收财产或者罚金的犯罪,一般不判处财产刑。对未成年罪犯判处罚金刑时,应当依法从轻或者减轻判处,并根据犯罪情节,综合考虑其缴纳罚金的能力,确定罚金数额。但罚金的最低数额不得少于 500 元人民币。对被判处罚金刑的未成年罪犯,其监护人或者其他人自愿代为垫付罚金的,人民法院应当允许。"就上述司法解释的规定而言,对犯罪的未成年人可以适用罚金刑②;从司法层面上说,是没有什么疑问的,但是,对于犯罪的未成年人,是否应当适用罚金刑,在理论上仍然是有不同的认识的。有的学者主张不应对未成年人适用罚金刑,因为他们无固定收入,无独立财产,对其判处罚金,势必由其家长或监护人代缴,变成了刑事责任的变相株连。③ 而有的学者则认为,由于刑法对罚金刑在适用主体上并没有任何附加条件,所以,不管被告人是成年人还是未成年人,有无缴纳能力均可适用。④ 还有的明确主张应当对未成年人适用罚金刑,理由主要是部分已满 16 周岁不满 18 周岁的未成年犯罪人,在犯罪时已经有工作并有固定的收入;部分未成年犯罪人,在犯罪时没有工作和固定的收入,也可以适用罚金,并不是"变相株连",而是其父母或者法定监护人没有履行好对未成年子女的管教责任,而这个责任总是要通过具体的行为来体现,可以把其为未成年子女代缴罚金看成是所负法律责任的体现⑤(是否仍有点株连的意味)。由以上争论可言,客观地说,即使有了前述的司法解释,在理论上并没有真正解决对未成年犯罪人适用罚金刑的合理性问题。

---

① 并不是能免除所有公法债权。我国《企业破产法》第 113 条第 1 款关于清偿顺序规定,税款位于第 2 序位。
② 对未成年人没收财产刑适用,存在同样的问题。
③ 参见赵小峰:《对未成年被告人能否适用罚金刑》,载《检察日报》2000 年 9 月 21 日。
④ 参见杜雪明等:《对未成年犯适用罚金刑的限制》,载《人民法院报》2001 年 4 月 3 日。
⑤ 参见杨新京:《论未成年人的犯罪与刑罚》,载《国家检察官学院学报》2001 年第 4 期。

但是，对未成年犯罪人适用罚金刑（包括没收财产刑）能不能实现刑罚教育的作用？① 在上述司法解释中，对未成年人所判处罚金刑的，允许监护人或者其他人自愿代为垫付罚金。之所以如此规定，也说明最高司法机关认识到，在多数情况下，未成年人并没有属于自己个人所有的财产，所以，现实中缴纳的罚金主要是由未成年人的法定监护人代其缴纳；其中使用的是"代为垫付罚金"，当然意味着未成年人与其监护人或者他人形成民事法律上的债权、债务关系，其监护人和他人在其成年后可以向其索取。但是，适用罚金刑，是为了对犯罪人再犯罪的经济能力的剥夺，正是从这一意义上看，即便冠以"代为垫付罚金"，实际受罚的仍然是其监护人。② 未成年人所实施的犯罪，以侵财犯罪居多，适用罚金刑更易形成空判，主要存在两方面的原因：一是易犯此类罪的未成年人家庭，多数系家庭收入不高（低保家庭），有的生活水平甚至更差一些。如《刑法》及其司法解释规定必须判处，明知判处罚金也根本不能执行到位，也必须依法判处，实际上是"依法"加大了空判率，直接影响到判决的严肃性。二是有相当一部分未成年人侵财犯罪异地作案多，这类未成年人群体，有不少是依靠盗窃、抢夺和抢劫生活的，有的甚至都无法查清户籍所在地，判处的罚金，同样无法执行，也根本没有办法实现追缴。因此，在对未成年犯罪人适用罚金刑时，充分估计到这种影响罚金刑适用效果的状况，无疑是非常重要的。

事实上，罚金刑执行难也不仅是我国司法面临的问题。罚金刑执行难，或者因家贫、无固定收入、遭遇重大灾祸而确实无能力缴纳，或者行为人虽然有能力缴纳但不愿为之，而采取隐瞒财产、转移收入、抽逃资金、挥霍一空等恶劣手段，对抗司法。针对实践中罚金刑的执行难问题，各国纷纷寻求相应对策，如德国、意大利、澳大利亚、英国、美国等均在其《刑法》中还规定有罚金刑易科制度。

遗憾的是，尽管该制度已为实践证明是一种积极有效的救济措施，却一直得不到我国实务界认可，最高人民法院就曾明确批复不得适用罚金刑易科自由刑措施。理论上也有不赞同的观点，樊凤林教授就认为："对于期满而不缴纳罚金的，无论理由正当与否，都不能用其他们罚种类替代，尤其不能改判监禁。"③然而，近年来不少学者对罚金刑易科制度提出了中肯的意见。④ 各国实践证明，罚金刑易科制度是针对执行难问题的一个行之有效的解决方案。综观各国、各地区的法律，均表现为在考虑其他处置手段后，对那些罚金缴纳不能者处以其他替代措施，如易科劳役、易科自由刑，或以公益劳动偿付。例如，根据《俄罗斯联邦刑法典》第46条第5款的规定，在被判刑人恶意逃避支付罚金刑时，可以所处罚金的数额分别用强制性工作、劳动改造或拘役代

---

① 参见林亚刚：《论我国未成年人犯罪刑事立法的若干规定》，载《吉林大学社会科学学报》2005年第3期。

② 有的国家刑法明确规定，罚金不得由其他任何人代为缴纳。例如丹麦《刑法》第50条第3款规定：被判处罚金之人，不得要求他人为自己支付或者偿还罚金。

③ 樊凤林主编：《刑罚通论》，中国人民公安大学出版社1994年版，第542页。

④ 参见王晨：《罚金刑：困境与出路》，载《人民司法》1999年第7期；林亚刚、周娅：《罚金刑易科制度探析》，载《法制与社会发展》2002年第1期；魏东、罗志红：《论罚金刑易科制度的正当根据与制度设计》，载《贵州民族学院学报》（哲学社会科学版）2003年第6期等。

替,但以其法典对这些种类的刑罚所作的规定为限。

应该说,对于那些超过判决期限,有支付能力而恶意逃避缴纳者,易科自由刑将是一种既具公正性又不失高效的措施[①]。不过,罚金刑易科制度是否能实现,还取决于具体的易科措施。各国或地区立法例因为罚金立法方式的不同对易科方法又有不同规定。具体分三种情况:(1) 实行日额罚金制的,直接在罚金日数与监禁时间之间进行折算。如我国澳门地区《刑法》第47条规定:不自愿缴纳或在强制下仍不缴纳非以劳动代替之罚金者,即使所犯之罪不可处以徒刑,仍须服监禁,而监禁时间减为罚金时间之三分之二。(2) 直接在法条中规定罚金金额与监禁时间的量化平衡点。如瑞士《刑法》第49条第3款规定:"在转处之情况,30瑞士法郎相当于1日拘役。"(3) 那些未实行日额罚金制也未明确规定易科办法的国家,只能赋予法官自由裁量权,由其在判决时作具体规定。具体易科措施除方式外,还包括具体期限。实行日额罚金制的国家,易科时无需进一步折算,但通常规定了允许易科的最大或最小期限。如德国《刑法》规定:以自由刑替代罚金,最低为1日;最高限在拘役情况下为1周,在监禁刑和重惩役的情况1年。其他多数国家也作了类似规定。

结合10.06.01《财产刑执行规定》的规定,刑法没有明确规定数额标准的,罚金刑的最低数额不能少于1000元。既然有此基点,那么可以得到一个比较合理的折抵自由刑标准的。对确实无支付能力,但有劳动能力的人,可以易科公益劳动,劳动力既然是有价格的,那么按照当时社会用工的工资标准,也能够得出较为合理的折抵公益劳动天数。

现阶段,随着罚金刑适应用范围的扩大,公民个人的财产状况日趋复杂,司法机关有必要对被告人的财产状况作为个人基本情况之一记录在案,以便于法院判决罚金刑时参酌或者作为补充调查时的一个基本线索。因此,仅将罚金刑易科制度立法化是不够的,还必须建立一系列完善的配套措施,如财产申报制度、财产状况附卷移送制度等。

(二) 没收财产刑的执行及执行机关

我国《刑法》第59条规定,没收财产是没收犯罪分子个人所有财产的一部或者全部;审判人员应根据犯罪分子的犯罪性质、情节等具体情况予以决定。如果没收全部财产的,应当对犯罪分子个人及其扶养的家属保留必需的生活费用。在判处没收财产的时候,不得没收属于犯罪分子家属所有或者应有的财产。所谓家属所有的财产,是指犯罪分子家属实际所有的财产。所谓家属应有的财产,是指家庭共有财产中犯罪分子家属应当分得的财产。

我国《刑法》第36条规定,由于犯罪行为而使被害人遭受经济损失的,对犯罪分子除依法给予刑事处罚外,并应根据情况判处赔偿经济损失。承担民事赔偿责任的

[①] 参见林亚刚、周娅:《罚金刑易科制度探析》,载《法制与社会发展》2002年第1期。

犯罪分子,同时被判处没收财产的,其财产不足以全部支付的,应当先承担对被害人的民事赔偿责任。

10.06.01《财产刑执行规定》规定,财产刑由第一审人民法院负责裁判执行的机构执行。被执行的财产在异地的,第一审人民法院可以委托财产所在地的同级人民法院代为执行。《刑事诉讼法》第220条规定:"没收财产的判决,无论附加适用或者独立适用,都由人民法院执行;在必要的时候,可以会同公安机关执行。"

五、剥夺政治权利刑的执行

剥夺政治权利由公安机关执行。我国《刑法》第58条第2款规定,被剥夺政治权利的犯罪分子,在执行期间,应当遵守法律、行政法规和国务院公安部门有关监督管理的规定,服从监督;不得行使第54条规定的各项权利。剥夺政治权利执行期满,应当由执行机关通知本人,并向有关群众公开宣布恢复政治权利。罪犯在恢复政治权利之后,便享有法律赋予的政治权利。但有的政治权利因为法律的特别规定却不可能再享有。例如,根据我国《人民法院组织法》的规定,被剥夺过政治权利的人,无论是否再犯罪,无论经过多长时间,也不能被选举为人民法院的院长、人民陪审员,不能被任命为副院长、庭长、副庭长、审判员和助理审判员等职务。再如,根据我国《检察官法》的规定,曾因犯罪受过刑事处罚的人不得担任检察官。

第三节 减 刑

一、减刑的概念

减刑,是指对被判处管制、拘役、有期徒刑、无期徒刑的犯罪分子,根据其在刑罚执行期间,认真遵守监规,接受教育改造,确有悔改表现的,或者有立功表现,而适当减轻其原判刑罚的制度。

在广义上,减刑还可以包括:原判死刑缓期2年执行,期满后减为无期徒刑,或有重大立功表现,期满后减为25年有期徒刑①;犯贪污罪、受贿罪判处死刑缓期2年期满后减为无期徒刑并实行终身监禁(不得减刑);《刑法》第50条第2款规定属于对被判处死刑缓期执行同时决定对其限制减刑的情形。但是《刑法》第78条至第80条规定的减刑,并不包括上述原判死刑缓期2年执行期满后减为无期徒刑或直接减为25年有期徒刑,以及"限制减刑""终身监禁"的情形。因此,这里的减刑是指狭义的减刑。当然,在原判死刑缓期执行期满后减为无期徒刑后再次减刑,是这里所说的狭义减刑。

---

① 根据《刑法》第50条第1款规定,判处死刑缓期2年执行,如果确有重大立功表现,2年期满以后,减为25年有期徒刑。但17.01.01《减刑、假释法律规定》在对死刑缓期执行的减刑中,并没有由死刑缓期执行期满后直接减刑为25年有期徒刑的规定;2012年7月1日施行的最高人民法院《关于办理减刑、假释案件具体应用法律若干问题的规定》(以下简称12.07.01《减刑、假释司法解释》)第9条死刑缓期执行减刑规定中也同样没有规定。

狭义上的减刑包括两方面的含义：一是将较重的刑种减为较轻的刑种，如将原判无期徒刑减为有期徒刑；二是将较长的刑期减为较短的刑期，如将原判有期徒刑10年减为有期徒刑7年。

二、减刑的适用条件

（一）减刑适用的对象

减刑适用的对象是被判处管制、拘役、有期徒刑、无期徒刑的犯罪分子。这是刑法对减刑适用对象范围的限定。减刑的适用，只有刑罚种类的限制，而没有犯罪性质、罪行轻重或者刑期长短等方面的限制。只要犯罪分子被判处的刑罚是上述四种刑罚之一，不论其是危害国家安全罪犯还是其他刑事罪犯，是故意犯还是过失犯，是重刑犯还是轻刑犯，凡具备法定减刑的实质要件的上述犯罪分子，都可以减刑。

12.07.01《减刑、假释司法解释》第13条规定，判处拘役或者3年以下有期徒刑并宣告缓刑的罪犯，一般不适用减刑。但罪犯在缓刑考验期限内有重大立功表现的，可以参照《刑法》第78条的规定，予以减刑，同时应依法缩减其缓刑考验期限。拘役的缓刑考验期限不能少于2个月，有期徒刑的缓刑考验期限不能少于1年①。

（二）适用减刑的根据

适用减刑的根据体现在我国《刑法》第78条的规定：被判处管制、拘役、有期徒刑、无期徒刑的犯罪分子，在执行期间，如果认真遵守监规，接受教育改造，确有悔改表现的，或者有立功表现的，可以减刑；有重大立功表现之一的，应当减刑。这是适用减刑的实质条件。

1. 认真遵守监规，接受教育改造

认真遵守监规，接受教育改造与确有悔改表现或有立功表现，是何种关系？有的认为是择一关系，有的认为是并列关系。② 从17.01.01《减刑、假释法律规定》③第19条"对在报请减刑前的服刑期间不满18周岁，且所犯罪行不属于刑法第81条第2款规定情形的罪犯④，认罪悔罪，遵守法律法规及监规，积极参加学习、劳动，应当视为确有悔改表现"的规定看，认真遵守监规，接受教育改造与确有悔改表现或有立功表现，应该是并列关系，即只有符合认真遵守监规，接受教育改造，才能视为"确有悔改表现"。

2. 确有悔改表现

根据12.07.01《减刑、假释司法解释》的规定，"确有悔改表现"是指同时具备以下四个方面情形：（1）认罪悔罪；（2）认真遵守法律法规及监规，接受教育改造；（3）积极参加思想、文化、职业技术教育；（4）积极参加劳动，努力完成劳动任务。同

---

① 17.01.01《减刑:假释法律规定》第18条。
② 参见高铭暄、马克昌主编《刑法学》（第5版），北京大学出版社、高等教育出版社2011年版，第299页。
③ 17.01.01《减刑:假释法律规定》第3条。
④ 不满18周岁服刑中报请减刑的，不属于"不得假释"的因故意杀人、强奸、抢劫、绑架、放火、爆炸、投放危险物质或者有组织的暴力性犯罪被判处10年以上有期徒刑、无期徒刑的情形。

时,罪犯积极执行财产刑和履行附带民事赔偿义务的,可视为有认罪悔罪表现。对未成年罪犯,只要能认罪悔罪,遵守法律法规及监规,积极参加学习、劳动的,应视为确有悔改表现。

对罪犯在刑罚执行期间提出申诉的,要依法保护其申诉权利,对罪犯申诉不应不加分析地认为是不认罪、悔罪。对未成年罪犯的减刑,可以比照成年罪犯依法适当从宽。对老年、身体残疾(不含自伤致残)、患严重疾病罪犯的减刑,应当主要注重悔罪的实际表现。

3. 有立功表现

依据17.01.01《减刑、假释法律规定》第4条的规定①,具有下列情形之一的,可以认定为有"立功表现":(1)阻止他人实施犯罪活动的;(2)检举、揭发监狱内外犯罪活动,或者提供重要的破案线索,经查证属实的;(3)协助司法机关抓捕其他犯罪嫌疑人的;(4)在生产、科研中进行技术革新,成绩突出的;(5)在抗御自然灾害或者排除重大事故中,表现积极的;(6)对国家和社会有其他较大贡献的。同时还规定:第(4)项和第(6)项规定中的技术革新或者其他较大贡献应当由罪犯在刑罚执行期间独立或者为主完成,并经省级主管部门确认。有上述立功表现之一的,依法可以减刑。

4. 有重大立功表现

根据《刑法》第78条的规定,有"重大立功表现"是应当依法减刑的情形:(1)阻止他人重大犯罪活动的;(2)检举监狱内外重大犯罪活动,经查证属实的;(3)有发明创造或者重大技术革新的;(4)在日常生产、生活中舍己救人的;(5)在抗御自然灾害或者排除重大事故中,有突出表现的;(6)对国家和社会有其他重大贡献的。②

(三)减刑适用的限度

减刑必须达到最低执行的限度,减刑的目的是鼓励犯罪分子加速改造,它的适用必须以原判刑罚为基础。因此,应当根据犯罪分子的犯罪性质、主观恶性和罪刑轻重等因素确定适当的减刑幅度。减得过多、过频,有损于国家法律的严肃性和法院判决的权威性;减得过少,又起不到鼓励犯罪分子积极改恶从善的作用,失去减刑制度的意义。

为防止减刑过度,《刑法》规定了减刑后必须保障的"实际执行刑期",即判决生效交付执行后服刑者实际服刑改造的最低期限。我国刑法以及相关司法解释针对不同原判刑罚种类,规定了不得少于下列期限:(1)被判处管制、拘役的罪犯,以及判决生效后剩余刑期不满2年有期徒刑的罪犯,符合减刑条件的,可以酌情减刑,减刑起

---

① 17.01.01《减刑、假释法律规定》与12.07.01《减刑、假释司法解释》第3条规定的"立功表现"稍有区别,根据17.01.01《减刑、假释法律规定》第42条规定的"以前发布的司法解释与本规定不一致的,以本规定为准",应以17.01.01《减刑、假释法律规定》为认定依据。

② 17.01.01《减刑、假释法律规定》第5条第1款第3项增加"协助司法机关抓捕其他重大犯罪嫌疑人的"为"重大立功表现"。同时,第2款规定:发明创造或者重大技术革新应当是罪犯在刑罚执行期间独立或者为主完成并经国家主管部门确认的发明专利,且不包括实用新型专利和外观设计专利;其他重大贡献应当由罪犯在刑罚执行期间独立或者为主完成,并经国家主管部门确认。

始时间可以适当缩短,但实际执行的刑期不得少于原判刑期的二分之一①,判决前羁押的,羁押日期折抵刑期;(2)判处有期徒刑的,不能少于原判刑期二分之一,决前羁押的,羁押日期折抵刑期;(3)判处无期徒刑的,不能少于13年,即经过减刑,实际关押改造时间自判决确定之日起不能少于13年,先行羁押日期不能计算在13年内;(4)被判处死刑缓期执行的罪犯经过一次或者几次减刑后,其实际执行的刑期不得少于15年,死刑缓期执行期间不包括在内,先行羁押以及缓期执行的2年期间均不计算15年内;(5)被判处有期徒刑罪犯减刑时,对附加剥夺政治权利的期限可以酌减。酌减后剥夺政治权利的期限,不得少于1年;(6)被判处死刑缓期执行、无期徒刑的罪犯减为有期徒刑时,应当将附加剥夺政治权利的期限减为7年以上10年以下,经过一次或者几次减刑后,最终剥夺政治权利的期限不得少于3年。

(四)减刑的起始和间隔时间

根据《刑法》及17.01.01《减刑、假释法律规定》的有关规定,减刑起始、幅度和间隔时间限度以及未成年、老年服刑人员有以下规定:

(1)原判不满5年有期徒刑的,应当执行1年以上方可减刑;5年以上不满10年,应当执行1年6个月以上方可减刑;10年以上,应当执行2年以上方可减刑。有期徒刑减刑的起始时间自判决执行之日起计算。确有悔改表现或者有立功表现,一次减刑不超过9个月;确有悔改表现并有立功表现,一次减刑不超过1年;有重大立功表现,一次减刑不超过1年6个月;确有悔改表现并有重大立功表现,一次减刑不超过2年。被判处不满10年有期徒刑,两次减刑间隔时间不得少于1年;被判处10年以上有期徒刑,两次减刑间隔时间不得少于1年6个月;减刑间隔时间不得低于上次减刑减去的刑期。有重大立功表现,可以不受上述减刑起始时间和间隔时间的限制。

对符合减刑条件的"特定犯罪的服刑者"②,被判处10年以下的,执行2年以上方可减刑,减刑幅度应当比照一般被判处有期徒刑减刑③要求从严掌握,一次减刑不超过1年,两次减刑之间应当间隔1年以上。对被判处10年以上的"特定犯罪的服刑者",以及犯第81条第2款"不得假释"之罪的,数罪并罚且其中两罪以上被判处10年以上的,执行2年以上方可减刑,减刑幅度应当比照一般被判处有期徒刑④减刑要求从严掌握,一次减刑不超过1年,两次减刑之间应当间隔1年6个月以上。有重大立功表现,可以不受上述减刑起始时间和间隔时间的限制。

(2)被判处无期徒刑的罪犯在刑罚执行期间,符合减刑条件的,执行2年以上,

---

① 17.01.01《减刑、假释法律规定》第16条。
② "特定犯罪服刑者"是指17.01.01《减刑、假释法律规定》第7、9、11条所规定因犯该解释所规定的犯罪的罪犯,即职务犯罪罪犯,破坏金融管理秩序和金融诈骗罪罪犯,组织、领导、参加、包庇、纵容黑社会性质组织犯罪罪犯,危害国家安全犯罪罪犯,恐怖活动犯罪罪犯,毒品犯罪集团的首要分子及毒品再犯,累犯,确有履行能力而不履行或者不全部履行生效裁判中财产性判项的罪犯(该代以下不再另行说明)。
③ 17.01.01《减刑、假释法律规定》第6条。
④ 17.01.01《减刑、假释法律规定》第6条。

可以减刑。确有悔改表现或者有立功表现,可以减为22年;确有悔改表现并有立功表现,可以减为21年以上22年以下;有重大立功表现,可以减为20年以上21年以下;确有悔改表现并有重大立功表现,可以减为19年以上20年以下。无期徒刑罪犯减为有期徒刑后再减刑时,减刑幅度依照一般被判处有期徒刑①减刑要求规定执行。两次减刑间隔时间不得少于2年。有重大立功表现,可以不受上述减刑起始时间和间隔时间的限制。

对被判处无期徒刑的"特定犯罪的服刑者",数罪并罚被判处无期徒刑的罪犯,符合减刑条件,执行3年以上方可减刑,减刑幅度应当比照一般被判处无期徒刑减刑从严掌握②,减刑后的刑期最低不得少于20年;减为有期徒刑后再减刑时,减刑幅度比照一般被判处有期徒刑减刑③从严掌握,一次不超过1年,两次减刑之间应当间隔2年以上。有重大立功表现,可以不受上述减刑起始时间和间隔时间的限制。

(3)被判处死刑缓期执行的罪犯减为无期徒刑后,符合减刑条件的,执行3年以上方可减刑。确有悔改表现或者有立功表现,可以减为25年;确有悔改表现并有立功表现,可以减为24年以上25年以下;有重大立功表现,可以减为22年以上24年以下;确有悔改表现并有重大立功表现,可以减为22年以上23年以下。被判处死刑缓期执行的罪犯减为有期徒刑后再减刑时,比照原被判处无期徒刑的减刑规定④。

对被判处死刑缓期执行的"特定犯罪的服刑者",数罪并罚被判处死刑缓期执行的,减为无期徒刑后,符合减刑条件,执行3年以上方可减刑,一般减为25年,有立功表现或者重大立功表现,可以比照一般被判处死刑缓期执行的罪犯减为无期徒刑后,再次减刑条件掌握⑤,减为23年以上25年以下;减为有期徒刑后再减刑时,减刑幅度比照一般被判处有期徒刑减刑⑥从严掌握,一次不超过1年,两次减刑之间应当间隔2年以上。死刑缓期执行罪犯在缓期执行期间不服从监管、抗拒改造,尚未构成犯罪,在减为无期徒刑后再减刑时应当适当从严。

被限制减刑的死刑缓期执行罪犯,减为无期徒刑后,符合减刑条件,执行5年以上方可减刑。减刑间隔时间和减刑幅度依照"特定犯罪的服刑者"被判处死刑缓期执行期满后减刑规定执行⑦。被限制减刑的死刑缓期执行罪犯,减为有期徒刑后再减刑,一次减刑不超过6个月,两次减刑间隔时间不得少于2年。有重大立功表现,间隔时间可以适当缩短,但一次减刑不超过1年有期徒刑。

(4)被判处有期徒刑、无期徒刑的罪犯在刑罚执行期间又故意犯罪,新罪被判处有期徒刑的,自新罪判决确定之日起3年内不予减刑;新罪被判处无期徒刑的,自新

---

① 17.01.01《减刑、假释法律规定》第6条。
② 17.01.01《减刑、假释法律规定》第8条。
③ 17.01.01《减刑、假释法律规定》第6条。
④ 17.01.01《减刑、假释法律规定》第8条。
⑤ 17.01.01《减刑、假释法律规定》第10条。
⑥ 17.01.01《减刑、假释法律规定》第6条。
⑦ 17.01.01《减刑、假释法律规定》第11条。

罪判决确定之日起4年内不予减刑。在死刑缓期执行期间又故意犯罪,未被执行死刑的,死刑缓期执行的期间重新计算,减为无期徒刑后,5年内不予减刑。被裁定减刑后,刑罚执行期间因故意犯罪,或刑罚执行期间因发现漏罪而数罪并罚,减刑后刑期处理以及限度,参见17.01.01《减刑、假释法律规定》相关规定。

(5) 被判处拘役或者3年以下有期徒刑,并宣告缓刑的罪犯,在缓刑考验期内有重大立功表现的,可以参照刑法第78条的规定予以减刑,同时应当依法缩减其缓刑考验期。缩减后,拘役的缓刑考验期限不得少于2个月,有期徒刑的缓刑考验期限不得少于1年。

(6) 对报请减刑前服刑期间不满18周岁,且所犯罪行不属于刑法第81条第2款"不得假释"的罪犯减刑,减刑幅度可以适当放宽,或者减刑起始时间、间隔时间可以适当缩短,但放宽的幅度和缩短的时间不得超过17.01.01《减刑、假释法律规定》中相应幅度、时间的三分之一。老年罪犯、患严重疾病罪犯或者身体残疾[①]罪犯减刑,应当主要考察其认罪悔罪的实际表现。对基本丧失劳动能力,生活难以自理的上述罪犯减刑时,减刑幅度可以适当放宽,或者减刑起始时间、间隔时间可以适当缩短,但放宽的幅度和缩短的时间不得超过17.01.01《减刑、假释法律规定》中相应幅度、时间的三分之一。

三、减刑的程序和减刑后的刑期计算

(一)减刑的程序

根据我国《刑法》《刑事诉讼法》及相关司法解释的规定,减刑必须遵循以下程序:根据《刑法》第79条的规定,对犯罪分子的减刑,由执行机关向中级以上人民法院提出减刑建议书。人民法院应当组成合议庭进行审理,对确有悔改或者立功事实的,裁定予以减刑;非经法定程序不得减刑。12.07.01《减刑、假释司法解释》规定,执行机关应向受理减刑的法院移送下列材料,受理的法院应当审查执行机关移送的下列材料:(1) 减刑建议书;(2) 终审法院的裁判文书、执行通知书、历次减刑裁定书的复制件;(3) 罪犯确有悔改或者立功、重大立功表现的具体事实的书面证明材料;(4) 罪犯评审鉴定表、奖惩审批表等;(5) 其他根据案件的审理需要移送的材料。同时,人民检察院对提请减刑案件提出的检察意见,应当一并移送受理减刑案件的人民法院。受理的人民法院经审查,如果规定的材料齐备的,应当立案;材料不齐备的,应当通知提请减刑的执行机关补送。

人民法院审理减刑案件,应当一律予以公示,公示地点为罪犯服刑场所的公共区域。有条件的地方,应面向社会公示,接受社会监督。公示应当包括下列内容:(1) 罪犯的姓名;(2) 原判认定的罪名和刑期;(3) 罪犯历次减刑情况;(4) 执行机

[①] 17.01.01《减刑、假释法律规定》第39条规定:"老年罪犯",是指报请减刑、假释时年满65周岁的罪犯;"患严重疾病罪犯",是指因患有重病,久治不愈,而不能正常生活、学习、劳动的罪犯;"身体残疾罪犯",是指因身体有肢体或者器官残缺、功能不全或者丧失功能,而基本丧失生活、学习、劳动能力的罪犯,但是罪犯犯罪后自伤致残的除外。

关的减刑建议和依据;(5)公示期限;(6)意见反馈方式等。

人民法院审理减刑案件,可以采用书面审理的方式。但下列案件,应当开庭审理:(1)因罪犯有重大立功表现提请减刑的;(2)提请减刑的起始时间、间隔时间或者减刑幅度不符合一般规定的;(3)在社会上有重大影响或社会关注度高的;(4)公示期间收到投诉意见的;(5)人民检察院有异议的;(6)人民法院认为有开庭审理必要的。

减刑的裁定,应当在裁定作出之日起7日内送达有关执行机关、人民检察院以及罪犯本人。我国《刑事诉讼法》第263条规定:"人民检察院认为人民法院减刑、假释的裁定不当,应当在收到裁定书副本后20日以内,向人民法院提出书面纠正意见。人民法院应当在收到纠正意见后1个月以内重新组成合议庭进行审理,作出最终裁定。"在人民法院作出减刑、假释裁定前,执行机关书面提请撤回减刑、假释建议的,是否准许,由人民法院决定。

另外,人民法院发现本院或者下级人民法院已经生效的减刑裁定确有错误,应当依法重新组成合议庭进行审理并作出裁定。

(二)减刑后刑期的计算

因原判刑罚的种类不同,减刑后刑期的计算办法也不同。根据我国《刑法》第80条的规定、相关司法解释和司法实践,减刑后刑期的计算办法如下:

(1)原判为管制、拘役和有期徒刑的,减刑后的刑期从原判刑罚执行之日起计算。原判刑期已经执行的部分,应当计算在减刑后的刑期之内。

(2)原判为无期徒刑而减为有期徒刑的刑期,从裁定减刑之日起计算,已执行的刑期,不计入减刑后的刑期之内。

(3)原判无期徒刑减为有期徒刑后,依法再次减刑的,再次减刑的刑期从有期徒刑执行之日即无期徒刑裁定减为有期徒刑之日起计算,已执行的有期徒刑的刑期,应当计算在再次减刑后的刑期之内。

(4)原判死刑缓期执行减为有期徒刑,刑期自判决执行之日起计算,即裁定减为有期徒刑之日起计算,死刑缓期执行期间不包括在内。

(5)原判死刑缓期执行减为无期徒刑,再次减刑为有期徒刑的,刑期自判决执行之日起计算,即裁定减为有期徒刑之日起计算,死刑缓期执行期间以及无期徒刑已经执行期间,不包括在内。

第四节 假 释

一、假释的概念

假释是指对被判处有期徒刑、无期徒刑的犯罪分子,在执行一定刑期以后,因认真遵守监规,接受教育改造,确有悔改表现,不致再危害社会,因而附条件地将其提前释放的一种刑罚制度。我国《刑法》第81条规定:"被判处有期徒刑的犯罪分子,执行原判刑期1/2以上,被判处无期徒刑的犯罪分子,实际执行13年以上,如果认真遵守监规,接受教育改造,确有悔改表现,没有再犯罪的危险的,可以假释。"由此可见,假释是可以对犯罪分子附条件提前释放的一项刑罚执行制度。即便适用假释,如果违反相关规定,国家保留对其继续执行未执行完毕的刑罚的可能性,并以此促使假释出狱的犯罪人在社会活动中保持改过自新。假释,是宽严相济刑事政策在刑罚执行中的具体体现,有利于鼓励受刑人改过自新,复归社会。

二、假释适用的条件

(一) 假释适用的对象

假释的适用对象只能是被判处有期徒刑、无期徒刑的犯罪分子。但是,对累犯以及因故意杀人、强奸、抢劫、绑架、放火、爆炸、投放危险物质或者有组织的暴力性犯罪被判处10年以上有期徒刑、无期徒刑的犯罪分子,不得假释。对上述罪犯,被减为无期徒刑、有期徒刑后,也不得假释。[①] 对于累犯和严重的暴力性犯罪,由于实施这类犯罪的罪犯主观恶性较深、人身危险性较大,难以改造,因此,我国刑法规定对此类犯罪分子禁止假释。

对死刑缓期执行罪犯减为无期徒刑或者有期徒刑后,符合我国《刑法》第81条第1款的规定和经过一次或几次减刑,实际执行刑期不少于13年的,可以假释。但对未成年罪犯的假释,可以比照成年罪犯依法适当从宽。[②] 对既符合法定减刑条件,又符合法定假释条件的,可以优先适用解释。[③]

管制刑本就不予关押,不存在假释问题;拘役刑的刑期由于很短,假释没有实际意义。

(二) 假释适用的限制条件

适用假释的犯罪分子必须已经执行了一部分刑罚,这是适用假释的前提条件。因为只有在犯罪分子已经执行一定刑期的情况下,才能根据犯罪分子在服刑期间的各方面表现,准确分析和判断其是否已经真正悔改,并以此维护法院判决的严肃性和稳定性。我国《刑法》第81条规定,除第2款规定的"不得假释"的情况外,被判处有期徒刑的犯罪分子,执行原判刑期二分之一以上,被判处无期徒刑的犯罪分子,实际执行13年以上,才考虑假释。有期徒刑罪犯假释,执行原判刑期二分之一以上的起始时间,应当从判决执行之日起计算,判决执行以前先行羁押的,羁押1日折抵刑期1日。原判是无期徒刑的,实际执行13年的起始时间,从判决执行之日起计算,判决执行前先行羁押的时间,不能计算在实际执行的期间之内。

对死刑缓期执行罪犯减为无期徒刑或者有期徒刑后,符合我国《刑法》第81条第

---

① 参见17.01.01《减刑、假释法律规定》第25条第2款。
② 参见12.07.01《减刑、假释司法解释》第19条。
③ 参见12.07.01《减刑、假释法律规定》第26条第2款。

1款和17.01.01《减刑、假释法律规定》的,可以假释。当然,在"实际执行刑期"的条件,应该以原判为标准,即原判为死刑缓期执行的,减为无期徒刑或者有期徒刑后假释的,先行羁押期以及2年缓刑期不计算在实际执行期内,实际执行刑期不能少于15年,不得以减刑后的刑罚为准。

减刑后又假释的间隔时间,不得少于1年;对一次减去1年以上有期徒刑后,决定假释的,间隔时间不能少于1年6个月。罪犯减刑后余刑不足2年,决定假释的,可以适当缩短间隔时间。①

我国《刑法》第81条规定:"如果有特殊情况,经最高人民法院核准,可以不受上述执行刑期的限制。"所谓"特殊情况",是指对国家政治、国防、外交等方面特殊需要的情况。②

(三) 假释适用的实质条件

在刑罚执行期间,犯罪分子如果认真遵守监规,接受教育改造,确有悔改表现,没有再犯罪的危险的,可以假释。这是适用假释的实质条件。

"确有悔改表现"是指同时具备以下四个方面情形:(1) 认罪悔罪;(2) 认真遵守法律法规及监规,接受教育改造;(3) 积极参加思想、文化、职业技术教育;(4) 积极参加劳动,努力完成劳动任务。对罪犯在刑罚执行期间提出申诉的,要依法保护其申诉权利,对罪犯的申诉不应不加分析地认为是不认罪、悔罪。罪犯积极执行财产刑和履行附带民事赔偿义务的,可视为有认罪悔罪表现,在假释时可以从宽掌握③;对职务犯罪、破坏金融管理秩序和金融诈骗犯罪、组织(领导、参加、包庇、纵容)黑社会性质组织犯罪等罪犯,不积极退赃、协助追缴赃款赃物、赔偿损失,或者服刑期间利用个人影响力和社会关系等不正当手段意图获得减刑、假释的,不认定其"确有悔改表现"。对于生效裁判中有财产性判项,罪犯确有履行能力而不履行或者不全部履行的,不予假释④。对过失犯罪、中止犯罪、被胁迫参加犯罪;因防卫过当或者紧急避险过当而被判处有期徒刑以上刑罚;犯罪时未满18周岁;基本丧失劳动能力、生活难以自理,假释后生活确有着落的老年罪犯、患严重疾病罪犯或者身体残疾;服刑期间改造表现特别突出的;具有其他可以从宽假释情形的,在适用假释时可以依法从宽掌握⑤。年满80周岁、身患疾病或者生活难以自理、没有再犯罪危险的罪犯,既符合减刑条件,又符合假释条件的,优先适用假释;不符合假释条件的,参照17.01.01《减刑、假释法律规定》第20条有关的规定从宽处理⑥。除法律和司法解释规定不得假释的情形外,可以依法假释。⑦

---

① 参见17.01.01《减刑、假释法律规定》第28条。
② 参见17.01.01《减刑、假释法律规定》第24条。
③ 参见12.07.01《减刑、假释司法解释》第2条。
④ 17.01.01《减刑、假释法律规定》第3条、第27条。
⑤ 17.01.01《减刑、假释法律规定》第26条第1款。
⑥ 17.01.01《减刑、假释法律规定》第31条。
⑦ 参见12.07.01《减刑、假释司法解释》第20条第2款。

"不致再危害社会",是指罪犯在刑罚执行期间一贯表现好,确已具备上述确有悔改表现所列情形,不致违法、重新犯罪的。我国《刑法》第81条第3款规定:"对犯罪分子决定假释时,应当考虑其假释后对所居住社区的影响。"对社区的影响,应侧重从再犯可能性上考虑"不致再危害社会"。判断"没有再犯罪的危险",除符合我国《刑法》第81条规定的情形外,还应根据犯罪的具体情节、原判刑罚情况,在刑罚执行中的一贯表现,罪犯的年龄、身体状况、性格特征,假释后生活来源以及监管条件等因素综合考虑。①

三、假释的程序、考验和撤销

(一) 假释的程序

我国《刑法》第82条规定:"对于犯罪分子的假释,依照本法第79条规定的程序进行。非经法定程序不得假释。"根据这一规定,对于犯罪分子的假释,由执行机关向中级以上人民法院提出假释建议书。人民法院应当组成合议庭进行审理,根据假释的适用条件,作出是否准予假释的裁定。12. 07. 01《减刑、假释司法解释》规定,执行机关应向受理减刑、假释的法院移送下列材料,受理的法院应当审查执行机关移送的下列材料:(1)假释建议书;(2)终审法院的裁判文书、执行通知书、历次减刑裁定书的复制件;(3)罪犯确有悔改或者立功、重大立功表现的具体事实的书面证明材料;(4)罪犯评审鉴定表、奖惩审批表等;(5)其他根据案件的审理需要移送的材料。提请假释的,应当附有社区矫正机构关于罪犯假释后对所居住社区影响的调查评估报告。同时,人民检察院对提请假释案件提出的检察意见,应当一并移送受理假释案件的人民法院。受理的人民法院经审查,如果规定的材料齐备的,应当立案;材料不齐备的,应当通知提请假释的执行机关补送。

人民法院审理假释案件,应当一律予以公示,公示地点为罪犯服刑场所的公共区域。有条件的地方,应面向社会公示,接受社会监督。公示应当包括下列内容:(1)罪犯的姓名;(2)原判认定的罪名和刑期;(3)罪犯历次减刑情况;(4)执行机关的假释建议和依据;(5)公示期限;(6)意见反馈方式等。

人民法院审理假释案件,可以采用书面审理的方式。但下列案件,应当开庭审理:(1)因罪犯有重大立功表现提请假释的;(2)提请减刑的起始时间、间隔时间或者减刑幅度不符合一般规定的;(3)在社会上有重大影响或社会关注度高的;(4)公示期间收到投诉意见的;(5)人民检察院有异议的;(6)人民法院认为有开庭审理必要的。

假释的裁定,应当在裁定作出之日起7日内送达有关执行机关、人民检察院以及罪犯本人。我国《刑事诉讼法》第263条规定:"人民检察院认为人民法院减刑、假释的裁定不当,应当在收到裁定书副本后20日以内,向人民法院提出书面纠正意见。人民法院应当在收到纠正意见后1个月以内重新组成合议庭进行审理,作出最终裁

---

① 参见17.01.01《减刑、假释法律规定》第15条。

定。"在人民法院作出减刑、假释裁定前,执行机关书面提请撤回减刑、假释建议的,是否准许,由人民法院决定。

另外,人民法院发现本院或者下级人民法院已经生效的减刑、假释裁定确有错误,应当依法重新组成合议庭进行审理并作出裁定。

(二) 假释考验期

假释是将犯罪分子附条件地提前释放,所附条件,即是在一定期间内遵守法定条件。一定期限内违反法定条件,就有对其继续执行未执行的刑罚的可能性。因此,必须对假释的罪犯在宣布假释的同时宣布考验期限,以便对其进行监督改造。我国《刑法》第83条规定,有期徒刑假释的考验期限为没有执行完毕的刑期,无期徒刑的假释考验期限为10年。假释考验期限,从假释之日起计算。

对假释的犯罪分子,在假释考验期限内,依法实行社区矫正,如果没有第86条规定的情形,假释考验期满,就认为原判刑罚已经执行完毕,并公开予以宣告(第85条)。被宣告假释的犯罪分子,应当遵守下列规定:第一,遵守法律、行政法规,服从监督;第二,按照监督机关的规定报告自己的活动情况;第三,遵守监督机关关于会客的规定;第四,离开所居住的市、县或者迁居,应当报经监督机关批准(第84条)。

(三) 假释的撤销

根据我国《刑法》第86条规定,撤销假释的原因有三种情况:

(1) 被假释的犯罪分子在考验期内又犯新罪,应当撤销假释,将前罪没有执行的刑罚和后罪所判处的刑罚,依照《刑法》第71条数罪并罚原则(先减后并)的规定,决定执行的刑罚。如果原判刑罚为无期徒刑,则应按照吸收原则,将后罪所判的刑罚吸收,仍决定执行原判的无期徒刑;但如果后罪所判的是死刑(包括死缓),则不论原判刑罚是有期徒刑还是无期徒刑,均应执行死刑或者死缓。如果假释犯在假释考验期限内又犯新罪,考验期满后才发现,只要新罪没有超过追诉时效期限,仍应依照《刑法》第86条的有关规定,撤销假释,把前罪没有执行的刑罚和后罪所判处的刑罚,按《刑法》第71条的规定,决定执行的刑罚。

(2) 在假释考验期限内,发现被假释的犯罪分子在假释前还有其他罪没有判决而且尚未超过追诉时效期限的,应当撤销假释,根据《刑法》第70条的规定(先并后减)进行处理。

(3) 被假释的犯罪分子,在假释考验期限内,有违反法律、行政法规或者国务院有关部门关于假释的监督管理规定的行为,尚未构成新的犯罪的,应当依照法定程序撤销假释,收监执行未执行完毕的刑罚。这种情况下,因没有构成新的犯罪,不存在数罪并罚的问题。

第十三章 刑罚的消灭

第一节 刑罚消灭概述

一、刑罚消灭的概念

刑罚消灭,是指由于法定的或事实的原因,致使司法机关不能再对犯罪人行使具体的刑罚权。刑罚的消灭是以应当适用刑罚为前提,而应当适用刑罚以行为人的行为构成犯罪为前提。因此,刑罚消灭,是以行为人的行为构成犯罪为前提。适用刑罚包括:对犯罪人应当适用刑罚;对犯罪人应当执行刑罚;犯罪人正在被执行刑罚。

刑罚的消灭,也就是国家刑罚权的消灭,刑罚权包括制刑权、求刑权、量刑权和行刑权。因为制刑权由立法机关行使,因此,刑罚消灭不可能导致制刑权的消灭,而只能导致求刑权、量刑权和行刑权的消灭。[①] 而求刑权、量刑权和行刑权的消灭,必须基于一定的原因,其原因可分为两类:一类是法定原因,即法律所规定的引起刑罚消灭的原因,如超过追诉时效。在这种情况下,虽然司法机关事实上能够行使刑罚权,但法律规定不得行使刑罚权。另一类是事实上的原因,即某种特定事实的出现自然地导致刑罚的消灭。如正在执行刑罚的犯罪人死亡,使刑罚执行的对象不存在,自然导致刑罚执行权的消灭。

二、刑罚消灭原因

根据我国《刑法》和《刑事诉讼法》的规定,刑罚消灭的主要法定事由有:(1) 超过追诉时效;(2) 经特赦免除刑罚的;(3) 告诉才处理的犯罪,没有告诉或者撤回告诉的;(4) 犯罪嫌疑人或被判刑人死亡;(5) 被判处罚金的犯罪人由于遭遇不能抗拒的灾祸确有困难的,免除缴纳。依据刑法总则规定的内容,以下仅讨论法定刑罚消灭事由——时效和赦免。

---

① 参见高铭暄、马克昌主编:《刑法学》(第5版),北京大学出版社、高等教育出版社2011年版,第309页。

第二节 时 效

一、时效概述

时效分为追诉时效和行刑时效。追诉时效,是指刑法规定的、对犯罪人追究刑事责任的有效期限。在追诉时效内,司法机关有权追究犯罪人的刑事责任;超过追诉时效,司法机关就不能再追究其刑事责任。这就意味着,超过追诉时效的,司法机关将丧失刑罚权中的求刑权、量刑权。当然,既然丧失求刑权、量刑权,也就谈不到行刑权,因此,追诉时效与行刑权并没有直接的联系。行刑时效,是指刑法规定的、对被判处刑罚的人执行刑罚的有效期限。在行刑时效内,刑罚执行机关有权执行刑罚;超过行刑时效,即便宣告了刑罚的,刑罚执行机关也不能再执行刑罚。所以,行刑时效与刑罚权中的行刑权相关,即行刑时效内,刑罚执行机关有执行刑罚的权力;超过行刑时效,刑罚执行机关的刑罚执行权即告消灭,所判处的刑罚也随之消灭。

多数国家或地区的刑法既规定追诉时效,也规定行刑时效,但我国刑法只规定了追诉时效,而没有规定行刑时效。刑法规定的追诉时效,有利于司法机关集中精力办理现行的刑事案件,而不被陈年旧案所累。更何况,犯罪人在实施犯罪后,在一定的期限内没有再犯罪,说明其人身危险性已经消除,已经达到适用刑罚的目的。在社会已逐渐遗忘其犯罪行径(被害人的怨恨可能因时间流逝而消解)的情况下,不再追诉犯罪人的犯罪行为,也有利于社会的稳定。至于没有规定行刑时效的原因,张明楷教授认为,主要是因战争、自然灾害、司法机关疏漏以及罪犯脱逃,前两者没有发生过,后一种情况不能成为行刑权消灭的理由。① 诚然,我国《刑法》第89条实际上已经明确了行刑权(包括求刑权、量刑权)不因犯罪嫌疑人、被告人脱逃而消灭。但是,司法机关疏漏影响到刑罚执行机关行刑权的问题,在我国实践中曾经发生过,并引起广泛的讨论,质疑司法机关决定再执行剩余刑罚的合理性。② 因此,不能不说没有规定行刑时效,是有缺陷的。

二、追诉时效

(一)追诉时效的期限

根据我国《刑法》第87条的规定,犯罪经过下列期限不再追诉:(1)法定最高刑为不满5年有期徒刑的,经过5年;(2)法定最高刑为5年以上不满10年有期徒刑的,经过10年;(3)法定最高刑为10年以上有期徒刑的,经过15年;(4)法定最高刑为无期徒刑、死刑的,经过20年。如果20年以后认为必须追诉的,须报请最高人民检

---

① 参见张明楷:《刑法学》(上)(第5版),法律出版社2016年版,第648页。
② 参见《男子将因已废除"流氓罪"服刑至2020年》,载网易新闻:http://news.163.com/10/1202/02/6MS8259H00011229.html,2013年10月5日访问。

察院核准。

上述追诉时效期限,是根据犯罪的法定最高刑确定的,这是罪责刑相适应原则在追诉时效期限上的体现。我国确定追诉时效期限的根据,一是与犯罪对社会危害程度密切相关,危害程度越严重,最高刑就越高。罪行越重,追诉时效期限就越长;反之,则越短。所以,以法定的最高刑为根据确定追诉时效的长短,也就是罪行的轻重来确定追诉时效期限的长短。二是犯罪人的人身危险性程度。一般而言,所犯罪行的轻重也能够反映其人身危险性,所犯之罪行越重,其人身危险性往往就越大;反之,其人身危险性就小。所以,根据犯罪的法定最高刑确定追诉期限,也体现出犯罪人人身危险性程度对规定追诉期限的长短的作用。犯罪人的人身危险性越大,对其追诉的期限就越长;反之,追诉期限则相应较短。

根据相关司法解释的规定,法定最高刑不能简单地理解为犯罪人所触犯之罪名的法定最高刑,而是根据行为人所犯罪行的轻重,根据刑法的规定判断所应当适用的刑法条款相应量刑幅度内的法定最高刑,以此来计算追诉时效期限的。具体而言,如果犯罪人所犯罪行的刑罚,分别由几条或几款规定时,犯罪的法定最高刑应是指按其罪行应当适用的条或款的最高刑;如果犯罪人所犯罪行的同条或者同款中有几个量刑幅度时,犯罪的法定最高刑是指按其罪行应当适用的量刑幅度的最高刑;如果条文只规定了单一的量刑幅度,犯罪的法定最高刑就是指该条的最高刑。

我国刑法规定了四个档次的追诉时效期限,即5年、10年、15年和20年后,但又例外规定:如果法定最高刑为无期徒刑、死刑,如果经过20年后认为还必须追诉的,须报请最高人民检察院核准。"认为必须追诉的"犯罪,应限于那些社会危害极其严重、犯罪人的人身危险性特别大,所造成的社会影响极坏,经过20年以后仍然没有被社会遗忘的重大犯罪。不能将适用这种追诉时效期限的犯罪的范围随意扩大化。

为了祖国和平统一大业,最高人民法院与最高人民检察院先后于1988年3月14日和1988年9月7日就去台人员(包括犯罪后去台或者其他地区的人员)去台前的犯罪的追诉问题发布了两个公告,这两个公告现在仍然有效。其主要内容是:(1)去台人员在中华人民共和国成立前在大陆犯有罪行的,根据刑法关于追诉时效规定的精神,对其当时所犯罪行不再追诉。(2)对去台人员在中华人民共和国成立后、犯罪地地方人民政权建立前所犯罪行,不再追诉。(3)去台人员在中华人民共和国成立后,犯罪地地方人民政权建立前犯有罪行,并连续或继续到当地人民政权建立后的,追诉期限从犯罪行为终了之日起计算。凡超过追诉时效期限的,不再追诉。

(二) 追诉期限的计算

根据我国《刑法》第88、89条的规定,追诉期限的计算分以下四种情况:

1. 一般犯罪追诉期限的计算

一般犯罪,是指一般情况下没有连续与继续犯罪状态的犯罪。这类犯罪的"追诉期限从犯罪之日起计算"(《刑法》第89条第1款前半段)。关于"犯罪之日"的含义,理论上有不同的说法:有的认为是指犯罪成立之日,有的认为是犯罪行为实施之日;也有的认为是犯罪行为发生之日;还有的认为是犯罪行为完成之日;也有的认为是犯罪行为停止之日。① 多数学者认为,犯罪之日应是指犯罪成立之日,即行为符合犯罪构成之日。由于刑法对各种犯罪规定的构成要件不同,因而认定犯罪成立的标准也就不同。对不以危害结果为要件的犯罪来讲,实施行为之日就是犯罪成立之日;对以危害结果为要件的犯罪而言,危害结果发生之日才是犯罪成立之日。②

那么,"不再追诉"是何种含义?即从犯罪之日起计算的追诉时效期间,到何时为止?理论上有不同认识。张明楷教授认为,不再追诉,是指在审判之日时为止,也就是在审判之日还没有超过追诉期限的,才能追诉。③ 不同观点则认为,"追诉"应是指追查、提起诉讼,只要行为人所犯之罪经过的时间到案件开始进入刑事诉讼程序时尚未过追诉期限,对其就可以追诉。④

本书认为,"不再追诉"就是指"不再追究刑事责任"。根据我国《刑事诉讼法》第15条规定,有下列情形之一的,不追究刑事责任,已经追究的,应当撤销案件,或者不起诉,或者终止审理,或者宣告无罪:(1) 情节显著轻微、危害不大,不认为是犯罪的;(2) 犯罪已过追诉时效期限的;(3) 经特赦令免除刑罚的;(4) 依照刑法告诉才处理的犯罪,没有告诉或者撤回告诉的;(5) 犯罪嫌疑人、被告人死亡的;(6) 其他法律规定免予追究刑事责任的。显而易见的是,直到审判之日还没有超过追诉期限,当然需要追诉,但是"不再追诉"的程序启动并非等到审判之日才能够确定。在立案侦查时就已经发现超过追诉期限的,当然要停止侦查;在起诉时发现超过追诉期限的,当然要撤回起诉;在审判时发现超过追诉期限的,当然要宣告无罪。因此,本书赞同第二种观点。

2. 连续或继续犯罪追诉期限的计算

"犯罪行为有连续或者继续状态的,从犯罪行为终了之日起计算。"(《刑法》第89条第1款后半段)犯罪行为有连续状态的,属于连续犯;犯罪行为有继续状态的,属于继续犯。"犯罪行为终了之日",就连续犯而言,是指最后的一个独立的犯罪行为完成之日;就继续犯而言,是指处于持续状态的一个犯罪行为的结束之日。当然,对同种数罪的情况,也应该以最后一次行为终了之日作为追诉期限起算之日,如集合犯。

3. 追诉时效的中断

追诉时效的中断,是指在追诉时效进行期间,因发生法律规定的事由,而使以前所经过的时效期间归于无效,法律规定的事由终了之时,时效重新开始计算。

我国《刑法》第89条第2款规定:"在追诉期限以内又犯罪的,前罪追诉的期限从犯罪之日起计算。"这表明在追诉期限内又犯罪的,前罪的追诉期限便中断,其追诉期限从后罪成立之日起重新计算。例如,行为人于2000年3月3日犯故意杀人罪,其情

---

① 参见马克昌主编:《犯罪通论》,武汉大学出版社1999年版,第676页。
② 参见高铭暄、马克昌主编:《刑法学》(第5版),北京大学出版社、高等教育出版社2011年版,第312页。
③ 参见张明楷:《刑法学》(上)(第5版),法律出版社2016年版,第651页。
④ 参见高铭暄、马克昌主编:《刑法学》(第5版),北京大学出版社、高等教育出版社2011年版,第312页。

节较轻,根据我国《刑法》第233条的规定,其法定最高刑为10年有期徒刑,追诉时效期限为15年,如果不犯后罪,其追诉期限至2016年3月3日就结束。但行为人于2011年4月5日又犯盗窃罪。在这种情况下,行为人所犯故意杀人罪的追诉期限因又实施盗窃罪而中断,其追诉期限从2012年4月5日起重新计算。也就是说,行为人所犯故意杀人罪的追诉期限至2027年4月5日才结束。至于所犯的盗窃罪的追诉期限,则根据我国《刑法》第89条第1款前半段规定执行。

刑法之所以规定追诉时效的中断,是因为行为人在前罪的追诉时效期间又犯新罪,表明其并无悔改之意,前罪所体现出的人身危险性并没有消除,从刑罚特殊预防的目的出发,因而对前罪的追诉期限从犯后罪之日起计算。

4. 追诉时效的延长

追诉时效的延长,是指在追诉时效进行期间,因为发生法律规定的事由,而使追诉时效暂时停止执行。我国《刑法》规定了两种追诉时效延长的情况。(1)第88条第1款规定:"在人民检察院、公安机关、国家安全机关立案侦查或者人民法院受理案件以后,逃避侦查或者审判的,不受追诉期限的限制。"此种情况的追诉时效的延长必须具备:第一,人民检察院、公安机关、国家安全机关已经立案侦查或者人民法院已经受理案件。这是此种追诉时效延长的前提条件。对于"立案侦查",陈兴良教授解释为立案并侦查,如果只是立案但还没有开始侦查的,就不存在着追诉时效延长的问题[1];张明楷教授认为立案就是符合立案条件[2]。本书赞同张明楷教授的观点。"人民法院已经受理案件",是指人民法院已经接受自诉人的自诉案件或人民检察院提起的公诉案件。第二,行为人实施了逃避侦查或者审判的行为。"逃避侦查或者审判的行为"就是指逃跑或者藏匿,使侦查或者审判无法进行的行为。对于行为人在立案侦查或者案件受理后,仅仅实施了串供、毁灭犯罪证据等行为,但没有逃跑或者藏匿的,不能适用追诉时效的延长。虽然这些行为也具有妨碍侦查或者审判的性质,但它们不能使侦查或者审判无法进行,因此,不属于《刑法》第88条第1款中所说的"逃避侦查或者审判的行为"。(2)第88条第2款规定:"被害人在追诉期限内提出控告,人民法院、人民检察院、公安机关应当立案而不予立案的,不受追诉期限的限制。"适用这种情况的追诉时效的延长应该具备:第一,被害人在追诉期限内向人民法院、人民检察院、公安机关提出了控告。第二,人民法院、人民检察院、公安机关应当立案而不予立案。"应当立案",是指被控告人的行为已构成犯罪,应当对其进行立案侦查或者受理案件。只要被害人在追诉期限内向上述任何机关提出了控告,而不管该机关是否具有管辖权,也无论司法机关因何种原因应当立案而没有立案,都可以引起诉讼时效的延长。

需要指出的是,被人民法院、人民检察院、公安机关立案侦查或者受理的案件,以及被害人提出控告,有关机关应当立案而不予立案的案件,虽然不受追诉期限的限

---

[1] 参见陈兴良:《刑法疏议》,中国人民公安大学出版社1997年版,第194页。
[2] 参见张明楷:《刑法学》(上)(第5版),法律出版社2016年版,第651页。

制,但行为人其后的犯罪行为仍然受追诉时效的限制。例如,行为人犯故意伤害罪后,被害人向有关机关提出了控告,有关机关应当立案而没有立案。该行为人以后又犯了寻衅滋事罪。此种情况下,故意伤害罪不受追诉时效的限制,但其所犯的后罪仍然受追诉时效的限制。

第三节 赦 免

一、赦免的概念和种类

赦免,是指国家宣告对犯罪人免除其罪、免除其刑的法律制度。赦免包括大赦和特赦两种。大赦,是国家对某一时期内犯有一定罪行的不特定犯罪人免予追诉和免除刑罚执行的制度。大赦的对象既可能是国家某一时期的各种犯罪人,也可能是国家某一时期犯有特定罪行的犯罪人,也可能是某一地区的全体犯罪人,还可能是参与某一重大历史事件的所有犯罪人。大赦的特点是:既赦其罪,亦赦其刑。也就是被赦免的犯罪人既不受刑事追究和处罚,也不存在着犯罪记录。特赦,是指国家对特定的犯罪人免除执行全部或者部分刑罚的制度。特赦的特点是:对象是特定的犯罪人;效果是只免除刑罚的执行而不消灭犯罪记录。

大赦和特赦都属于赦免的范畴,二者的区别在于:(1)对象的范围不同。在大赦的情况下,涉及的犯罪人的人数一般要比特赦所涉及的犯罪人的人数多。(2)效果不同。大赦既赦犯罪人之罪,也赦犯罪人之刑;而特赦则只赦犯罪人之刑,而不赦犯罪人之罪。

我国 1954 年《宪法》对大赦和特赦均做了规定,并将大赦决定权赋予全国人民代表大会,将特赦决定权赋予全国人民代表大会常务委员会;大赦令和特赦令均由国家主席发布。但之后颁布的《宪法》都只规定了特赦而没有规定大赦。由于《宪法》没有规定大赦,相应地,我国《刑法》第 65、66 条中所说的"赦免"仅指特赦。我国《宪法》规定的特赦,由全国人大常委会决定,由国家主席发布特赦令。

二、我国赦免制度的特点

自 1959 年以来,我国先后实行了八次特赦:第一次是 1959 年 9 月 17 日,在新中国成立 10 周年大庆前夕,对确实改恶从善的蒋介石集团和伪满洲国的战争罪犯、反革命罪犯和普通刑事罪犯实行特赦。这是特赦面最广的一次。第二次、第三次特赦分别于 1960 年 1 月 19 日和 1961 年 12 月 16 日进行,两次对确实改恶从善的蒋介石集团和伪满洲国的战争罪犯实行特赦。第四次、第五次、第六次特赦分别于 1963 年 3 月 30 日、1964 年月 12 月 12 日、1966 年 3 月 29 日进行,其特赦对象是确实改恶从善的蒋介石集团、伪满洲国和伪蒙疆自治政府的战争罪犯。第七次是 1975 年 3 月 17 日对经过较长时间关押和改造的全部战争罪犯实行特赦。综观我国实行的前七次特赦,可以发现以下特点:

（1）特赦的对象主要是战争罪犯。前七次特赦除第一次有部分反革命罪犯之外,其余的几次都是针对成批的战争罪犯。例如,第一次特赦的罪犯包括:第一,关押已满 10 年,确有改恶从善表现的蒋介石集团和伪满洲国的战争罪犯;第二,判处徒刑 5 年以下(包括判处徒刑 5 年)、服刑时间已经过 1/2 以上、确有改恶从善表现,或者判处徒刑 5 年以上、服刑时间超过 2/3 以上、确有改恶从善表现的反革命罪犯;第三,判处徒刑 5 年以下(包括判处徒刑 5 年)、服刑时间经过 1/3 以上、确有改恶从善表现,或者判处徒刑 5 年以上、服刑时间经过 1/2 以上、确有改恶从善表现的普通刑事犯;第四,判处死刑缓期两年执行的罪犯,缓刑时间已满 1 年、确有改恶从善表现的,可以减为无期徒刑或者 15 年以上有期徒刑;第五,判处无期徒刑的罪犯,服刑时已经 7 年、确有改恶从善表现的,可以减为 10 年以上有期徒刑。其他几次特赦也是针对成批的罪犯进行的。因此,我国特赦的对象不仅是成批的罪犯,而且主要是战争罪犯。

（2）特赦的条件是必须关押和改造一定的时间且在服刑的过程中确有改恶从善的表现。这表明,虽被宣告判处刑罚但尚没有执行的罪犯不在特赦之列,同时,虽然执行了一定的刑期但没有改恶从善表现的,也不在特赦之列。

（3）对符合特赦条件的罪犯并非一律释放。根据其罪行的轻重和悔改表现予以区别对待,罪行较轻因而所判刑罚轻的,予以释放;罪行重因而所判刑罚重的,只予以减轻处罚。

（4）特赦具有严格的程序。每次特赦都是由全国人大常委会根据中共中央或者国务院的建议的作出决定,并由最高人民法院和高级人民法院负责执行,在设有国家主席期间,均由国家主席颁布特赦令。

（5）特赦的效力只及于刑而不及于罪。即特赦的效力只是免除执行剩余的刑罚或者减轻原判刑罚,而不是宣布其罪归于消灭。

我国根据十二届全国人大常委会第十六次会议于 2015 年 8 月 29 日通过的《关于特赦部分服刑罪犯的决定》,对参加过抗日战争、解放战争等四类服刑罪犯实行特赦。这也是我国实行的第八次特赦。具体而言,对依据 2015 年 1 月 1 日前人民法院作出的生效判决正在服刑,释放后不具有现实社会危险性的四类罪犯实行特赦:一是参加过中国人民抗日战争、中国人民解放战争的;二是中华人民共和国成立以后,参加过保卫国家主权、安全和领土完整对外作战的,但犯贪污受贿犯罪,故意杀人、强奸、抢劫、绑架、放火、爆炸、投放危险物质或者有组织的暴力性犯罪,黑社会性质的组织犯罪,危害国家安全犯罪,恐怖活动犯罪的,有组织犯罪的主犯以及累犯除外;三是年满 75 周岁、身体严重残疾且生活不能自理的;四是犯罪的时候不满 18 周岁,被判处 3 年以下有期徒刑或者剩余刑期在 1 年以下的,但犯故意杀人、强奸等严重暴力性犯罪,恐怖活动犯罪,贩卖毒品犯罪的除外。